中國 考古學

- 중요 주제·항목별로 본 中國 文化史 序說 -

崔夢龍 著

주류성

中國 考古學
– 중요 주제·항목별로 본 中國 文化史 序說 –

지은이 | 최몽룡
펴낸이 | 최병식
펴낸날 | 2018년 12월 20일
펴낸곳 | 주류성출판사 www.juluesung.co.kr
　　　　서울특별시 서초구 강남대로 435 15층
　　　　TEL | 02-3481-1024(대표전화) · FAX | 02-3482-0656
　　　　e-mail | juluesung@daum.net

값 40,000원

잘못된 책은 교환해 드립니다.

ISBN 978-89-6246-367-5 93910

이 조그만 冊을 恩師이신

美國 Harvard 大學 故 張光直 敎授님

(Chang, Kwang-Chih, 서기 1931년 4월 15일-서기 2001년 1월 3일),

서울大學校 故 高柄翊 교수님

(鹿邨, 芸人, 서기 1924년 3월 5일-서기 2004년 5월 19일)과

北京大學 李伯謙 敎授님

(서기 1937년 2월 10일-)께 바칩니다.

中國 考古學

목차

서언 _ 8

01. 編年 _ 22

02. 神話에서 歷史에로의 轉換 _ 66

03. 도시·문명·국가의 발생 _ 84

04. 周-春秋戰国时代의 유적 _ 98

05. 秦·前汉·三国·隋·唐시대의 遺蹟 _ 132

06. 中国의 美女 _ 242

07. 泰山 封禅祭祀 _ 276

08. 萬里長城 _ 284

09. 실크로드(絲綢之路) _ 298

10. 西域三十六国 _ 338

11. 중국, 러시아와 북방민족 -草原丝绸之路- _ 364

12. 宋·元·明시대의 유적 _ 372

13. 北京의 紫禁城 _ 420

14. 北京의 中南海 __ 430

15. 京杭大运河 __ 452

16. 明·清 시대의 皇陵 __ 500

17. 中国의 名醫 __ 522

18. 中国의 佛蹟 __ 542

19. 客家人(Hakka people) __ 566

20. 茶馬古道·鹽馬古道 __ 576

21. 中国 四大名樓 __ 584

22. 香港, 澳門과 厦门 鼓浪屿 __ 604

참고문헌 __ 618

부록 Ⅰ

1. 중국의 세계문화유산 __ 634

2. 중국의 신석기·청동기·철기시대 __ 691
   - 中国의 多元的 文明發生 -

부록 Ⅱ

3. 長沙 馬王堆 前汉 고분 __ 750

4. 티베트·대만 __ 762

5. 스키타이·匈奴와 한국 고대문화 __ 806
   - 한국문화기원의 다원성 -

서언

    서기 2016년 7월 10일부터 20일까지 터키 이스탄불에서 열린 40차 세계유산회의(the World Heritage Committee)에서 등재된 25건의 목록과 서기 2017년 7월 2일 부터 7월 12일 까지 폴란드 크라쿠프(폴란드어: Kraków, 독일어: Krakau 크라카우)에서 열린 제 41차 세계 유산회의목록을 포함하면 전체 세계문화유산(UNESCO World Heritage)은 21건이 더 많은 1,073건, 문화유산(Cultural Heritage)은 18건이 추가된 832건, 자연유산(Natural Heritage)은 3건이 추가된 206건, 자연과 문화의 복합유산(Mixed)은 35건, 유산들이 위치하는 나라(States Parties)는 167개국이 된다. 이 명단에서는 삭제된(Delisted) 유산은 54건, 여러 나라가 공동 소유하는 유산(Trans boundary)은 37건, 위험에 처한(in Danger) 유산 54건도 포함된다. 그리고 서기 2018년 6월 24일(일)부터 7월 4일(수)까지 바레인 마나마(Manama, Bahrain)에서 열린 42차 세계유산회의(42nd session of the World Heritage Committee)에서 문화유산 13, 복합 3, 자연유산 3, 자연유산의 확대 1의 도합 20건이 추가 되었다. 그래서 전체 1,092건으로 다른 것은 변동이 없으나 문화유산 845건, 자연유산 209건, 복합유산 38건으로 되었다. 그 중 중국은 세계유산에 등재된 수자는 서기 2018년 7월 2일(월)에 세계자연유산으로 등재된 貴州省 武陵山脉의 梵净山을 포함해 모두 53건이나 자연유산을 제외하면 문화유산은 서기 2017년 '厦门 鼓浪屿와 역사적 국제 주거지(Kulangsu: a Historic International Settlement: 문화, 2017)'를 추가함으로서 등재된 목록은 40건이 되었다. 그들의 연도별 등재 목록은 다음과 같다.

1. 明·清代궁전: 紫禁城(Imperial Palace of the Ming and Qing Dynasties: 문화, 1987)

2. 周口店의 북경원인 유적(Peking Man Site at Zhoukoudian: 문화, 1987)

3. 泰山(Mount Taishan: 복합, 1987)

4. 萬里長城(The Great Wall: 문화, 1987)

5. 秦始皇陵(Mausoleum of the First Qin Emperor: 문화, 1987)

6. 敦煌의 莫高窟(Mogao Caves: 문화, 1987)

7. 黃山(Mount Huangshan: 복합, 1990)

8. 承德의 遊夏山莊(The Mountain Resort and its Outlying Temples in Chengde: 문화, 1994)

9. 라사의 포탈라 궁(Potala Palace of Lhasa: 문화, 1994/2000/ 2001 확대지정)

10. 曲阜의 孔子 유적(Temple and Cemetery of Confucius, the Kong Family Mansion in Qufu: 문화, 1994)

11. 武當山의 고대 건축물군(Ancient Building Complex in the Wudang Mountains: 문화, 1994)

12. 盧山 국립공원(Lushan National Park: 문화, 1996)

13. 峨眉山과 樂山 大佛(Mt. Emei and Leshan Giant Buddha: 복합, 1996)

14. 平遙 고대도시(Ancient City of Ping Yao: 문화, 1997)

15. 蘇州 전통정원(Classical Gardens of Suzhou: 문화, 1997)

16. 麗江 고대마을(Old Town of Lijiang: 문화, 1997)

17. 頤和園(Summer Palace and Imperial Garden in Beijing: 문화, 1998)

18. 天壇(Temple of Heaven: 문화, 1998)

19. 武夷山(Mount Wuyi: 복합, 1999)

20. 大足 암각화(Dazu Rock Carvings: 문화, 1999)

21. 靑城山과 都江堰 용수로/관개 시스템(Mount Qincheng and the Dujiangyan Irrigation System: 문화, 2000)

22. 安徽-西遞와 宏村 고대마을(Ancient Villages in Southern Anhui-Xidi and Hongcun: 문화, 2000)

23. 龙門石窟(Longmen Grottoes: 문화, 2000)

24. 明과 淸 시대의 황릉(Imperial Tombs of the Ming and Qing Dynasties: 문화, 2000)

25. 云岡石窟(Yungang Grottoes: 문화, 2001)

26. 고대 高句麗 도읍지와 무덤 군(Capital Cities and Tombs of the Ancient Goguryo Kingdom: 문화, 2004)

27. 마카오 역사중심지(Historic Centre of Macao: 문화, 2005)

28. 殷墟 유적지(Yin Xu: 문화, 2006)

29. 開平 碉樓 및 村落(Kaiping Diaolou and Villages: 문화, 2007)

30. 福建省 土樓(Fugian Tulou: 문화, 2008)

31. 五台山(Mount Wutai: 문화, 2009)

32. 天地之中 登封의 역사기념물(Historic Monument of Deng-feng in center of Heaven and Earth: 문화, 2010)

33. 杭州 西湖의 문화경관(West Lake Cultural Ladnscape of Hangzhou: 문화, 2011)

34. 上都(The Site of Xanadu/Šanadu/Shangdu of the Yuan Dy-nasty: 문화, 2012)

35. 紅河 哈尼族(Hāní Zú)의 계단상 쌀 경작지(梯田) 문화경관(Cul-tural Landscape of Honghe Hani Rice Terraces: 문화, 2013)

36. 京杭大运河(The Grand Canal: 문화, 2014)

37. 실크로드/絲綢之路(Silk Roads: Initial Section of the Silk Roads, the Routes Network of Tian-shan Corridor: 문화, 2014)

38. 투시유적/土司遺蹟(Tusi Chieftain Sites: Laosicheng Site/老司城 유적, Hailongtun Site/海龙屯遺蹟, Tang Ya Tusi Site/唐崖土司城遺蹟, Rongmei Tusi Site/龙梅土司遺蹟: 문화, 2015)

39. 左江 花山 岩畵유적과 문화경관(Zuojiang Huashan Rock Art Cultural Landscape: 문화, 2016)

40. 厦门 鼓浪屿와 역사적 국제 주거지(Kulangsu: a Historic Inter-national Settlement: 문화, 2017)

이 책은 중국에서 세계문화유산으로 등재된 목록 40건을 중심으로 중요 주제별 고고학 자료집을 형성하는 동시에 더 나아가서 中國의 考古學을 이해하는 捷徑으로 만들어 졌다. 이제까지 필자는 매년 세계문화유산을 정리해 오면서 중요한 것은 주제별로 확대해 상당히 많은 부분을 상세히 언급해오고 있다. 바탕이 되는 본문은 UNESCO World Heri-tage Center에서 公式的으로 발표한 解說을 바탕으로 하고 거기에 덧붙

여 필자 나름대로 해설에 덧붙일 필요가 있다고 생각하여 學問·學術的
인 면에 補完을 많이 하였다. 그러한 결과 본문 중 일부 내용은 일반 독
자가 읽고 이해하기가 어려운 부분도 있을 것이다. 그러한 결과는 〈최몽
룡 2013, 인류문명발달사-고고학으로 본 세계문화사-(개정 5판, 서울:
주류성) III장 세계문화유산목록 pp.529-986)에 정리되어 있다. 그리고
이에 관한 강의 부탁이 오면 〈최몽룡 2014, 선사와 역사시대의 세계문화
유산(World Cultural Heritage List) -유네스코 세계문화유산 중 자연
유산을 제외한 문화유산 및 복합유산 목록 810건의 해설-, 국립목포대
학교, pp.1-85)처럼 조그만 단행본으로도 정리하고자 노력하였다.

여기에서 언급된 자료들은 서기 2018년 2월 16(금)일까지 필자가 과
거 17여 년간 中国中央电视(CCTV 4 中文国際)의 国寶檔案(National
treasure files, 主持 任志宏)과 記住鄕愁, 遠方的家(표어는 '愛美丽中国
看遠方的家'임) 중 北緯 30° 中国行, 邊疆行, 江河萬里行과 長城內外(서
기 2016년 3월 18일자 105회), 그리고 走遍中国(Around China)의 放映
을 통해서 얻었다. 中国中央电视 방송국에서 내건 선전에 쓰이는 짧은
문구대로 '看央视 董中国'이다. 그리고 과거부터 남겨놓은 문헌과 기록이
많아 고고학 유적·유물의 해석에 많은 도움을 받고 있다. 이를 통해 중
국인들의 文化遺産과 傳統文化에 대한 남다른 愛着을 느낄 수 있었다.

그리고 이 책의 내용은 보편적인 通時·通史的인 서술에 병행하여 관
계있는 主題를 새로운 項目을 만들어 정리해 보았다. 중국어를 배울 때
四聲의 연습 초두에 나오는 '中国很大'라는 말이 정말 실감난다. 陝西省
宝鸡靑銅器博物院에 소장되어있는 '何尊(하준)'이란 청동기의 銘文해석
에서 '中国'이라는 글자가 처음 나타나고 周나라의 건립초기의 역사를 알

려준다. 商나라 마지막 왕인 帝辛(紂王, 28대 또는 30대)은 상나라의 포로수용소였다고 추정되는 현 山東省 济南 大辛庄의 '蘇民部落'에서 헌납받은 愛妾 妲己와 함께 安阳으로 돌아가서 '酒池肉林'의 행사를 벌리게 된다. 이 무렵 商나라를 걱정하고 간언하는 충신들은 살해되고 나라는 망국의 길을 걷고, 또 정부의 재정은 고갈되고 나라의 기강이 무너져 내리고 있었다. 그래서 급기야는 周(기원전 1100년/기원전 1046년-기원전 221년) 2대 武王 姬發이 기원전 1046년 대군을 통솔하여 牧野(현 河南省 新乡)에서 기원전 1046년 商 紂王의 군대와 결전을 벌려 승리를 이끌고 紂王의 자살과 함께 상나라는 멸망하였다. 周나라는 그의 수도를 처음에는 위수지역 서안(西安)의 남서쪽 호경(鎬京)에 두었는데 이때를 西周라 하며 기원전 1100년/기원전 1046년-기원전 771년 사이이다. 그리고 북방 이민족의 잦은 침입으로 그 수도를 낙양(洛陽)으로 옮겼다.

중국의 면적은 9,597,000㎢로 우리나라 남과 북의 총 면적 약 220,000㎢의 40배, 남한의 100,210㎢에 비해 약 95배나 된다. 서기 2016년 12월 31일 현재 중국인구는 1,403,500,365명(세계인구의 18.7%)이며 나라는 中国共产党(공식적으로 서기 1921년 7월 1일 창당했으나 실제로는 서기 1921년 7월 23일 상하이에서 陈独秀书记, 李汉俊, 李达, 陈望道, 俞秀松 등이 설립하였다) 일당 체제를 유지하며 그중 공산당원은 서기 2017년 현재 8,945만 명이 된다.

中华人民共和国의 행정구분은 省級(直轄市, 自治区, 特別行政区)-地級(省 내의 地級市, 自治州, 盟)-县級(自治旗, 旗, 特区, 村区)-乡級(鎭, 乡, 蘇木, 民族乡, 街道)-村級(村, 社区)-村級以下(村民小組)-其他(省會, 首府, 副省級市, 副省級自治州, 副地級市, 計劃單列市)라고 볼

수 있으나 기본적으로 省級-县級-村級의 3계층의 행정구조인 피라미
드 구조로 이루어져 있다. 그래서 중국은 23개 省(安徽省, 福建省, 甘肃
省, 广东省, 贵州省, 海南省, 河北省, 黑龙江省, 河南省, 湖北省, 湖南省,
江苏省, 江西省, 吉林省, 辽宁省, 青海省, 陝西省, 山东省, 山西省, 四川
省, 云南省, 浙江省, 台湾省), 5개 자치구(广西壯族自治区, 内蒙古自治
区, 宁夏回族自治区, 西藏自治区, 新疆维吾尔自治区), 4개 직할시(北京
市, 重庆市, 上海市, 天津市), 2개 특별행정구(香港特別行政区과 澳门特
別行政区은 一国二體制의 근거)로 구성되어 있다.

그리고 중국의 인구는 56개 족으로 구성되어 있으며 약 92%를 차지
하고 있는 汉族(Hàn Zú)을 제외한 소수민족은 55개 족이다. 中国에서
는 壯族(广西, 唐 서기 853년에 지어진 段成式의 酉陽雜俎에 나오는 신데
렐라의 원조 이야기인 吳葉限 Ye Xian이 유명함), 藏族(티베트), 보/북족
(Bo, 僰族, 懸棺), 納西族(Naxi, 東巴문화, 東巴는 納西族의 知者라는 의
미임), 彝族, 苗 族, 瑤族(Yao, 云南省 那坡県 規弄山 藍靛 瑤寨에서는 아
직도 433명 정도의 요족이 전통적인 원시생활방식을 그대로 유지하고 있
음), 珞巴族, 佤族[瓦 族(Wǎ Zú, Va, Vā)·하와인(哈佤人)·카와인(卡瓦
人)·카라인(卡拉人), 云南省 서남부의 滄源 佤族自治県에서는 4,000년
전 新石器时代부터 내려오는 전통적인 岩畵를 현재에도 제작하고 있음]
(云南省), 回族, 布依族과 土家族(贵州省), 카자흐족(哈薩克族), 위구르
(維吾爾族, Uighur), 四川省 瀘沽湖 摩梭族, 內蒙古自治区 및 黑龙江省
塔河県과 遜克県의 어룬춘족/鄂伦春(Orochen/Oroqen/Èlúnchūn, 서
기 5세기 이전 "沃沮", "乌素固", "靺鞨", "鉢室韋"와 관련)과 그 근처에 살
고 있는 에벤키(鄂温克族, 敖魯古雅, Ewēnkè Zú/Evenki/Evenk)족, 黑
龙江省 同江市 街津口村의 赫哲族(골디/Golds/Goldie, 허저, Nanai, 漁

皮衣服을 만듬, 현재 4,600명 정도가 이곳에서 어업과 농업을 기반으로 정착해 살고 있음, 赫哲展覽館)이 특징이 있다.

主要少數民族 중에 壯族(1692萬), 回族(1058萬), 满族(1038萬), 维吾尔族(1006萬), 苗族(942萬), 彝族(871萬), 土家族(835萬), 藏族(628萬), 蒙古族(598萬), 侗族(287萬), 布依族(287萬), 瑤族(276萬), 白族(193萬), 朝鮮族(183萬), 哈尼族(166萬), 黎族(146萬), 哈薩克族(146萬)와 傣族(126萬)이다. 中华人民共和国의 공식적인 56개 민족은 다음과 같다.

1. 한족(汉族 Hàn Zú), 2 쫭족(壯族 Zhuàng Zú), 3 만주족(满族 Mǎn Zú), 4 후이족(回族 Huí Zú), 5 먀오족(苗族 Miáo Zú), 6 위구르족(维吾尔族 Wéiwú'ěr Zú), 7 투자족(土家族 Tǔjiā Zú), 8 이족(彝族 Yí Zú), 9 몽골족(蒙古族 Měnggǔ Zú), 10 티베트족(藏族 Zàng Zú), 11 부이족(布依族 Bùyī Zú), 12 동족(侗族 Dòng Zú), 13 야오족(瑤族 Yáo Zú), 14 조선족(朝鮮族 Cháoxiǎn Zú), 15 바이족(白族 Bái Zú), 16 하니족(哈尼族 Hāní Zú), 17 카자흐족(哈薩克族 Hāsàkè Zú), 18 리족(黎族 Lí Zú), 19 다이족(傣族 Dǎi Zú), 20 쉬족(畲族 Shē Zú), 21 리수족(傈僳族 Lìsù Zú), 22 거라오족(仡佬族 Gēlǎo Zú), 23 둥샹족(东乡族 Dōngxiāng Zú), 24 고산족(高山族 Gāoshān Zú), 25 라후족(拉祜族 Lāhù Zú), 26 수이족(水族 Shuǐ Zú), 27 와족(佤族 Wǎ Zú), 28 나시족(纳西族 Nàxī Zú), 29 치앙족(羌族 Qiāng Zú), 30 투족(土族 Tǔ Zú), 31 무라오족(仫佬族 Mùlǎo Zú), 32 시버족(锡伯族 Xíbó Zú), 33 키르기스족(柯尔克孜族 Kēěrkèzī Zú), 34 다우르족(达斡尔族 Dáwòěr Zú), 35 징포족(景颇族 Jǐngpō Zú), 36 마오난족(毛南族 Màonán Zú), 37 사라족(撒拉族 Sǎlá Zú), 38 부랑족(布朗族 Bùlǎng Zú), 39 타지크족(塔吉克族 Tǎjíkè Zú), 40 아창족(阿昌族 Āchāng Zú), 41 푸미족(普

米族 Pǔmǐ Zú), 42 에벤키(鄂温克族 Èwēnkè Zú), 43 누족(怒族 Nù Zú), 44 징족(京族 Jīng Zú), 45 지눠족(基诺族 Jīnuò Zú), 46 더앙족(德昂族 Déáng Zú), 47 바오안족(保安族 Bǎoān Zú), 48 러시아족(俄罗斯族 Éluōsī Zú), 49 유구르족(裕固族 Yùgù Zú), 50 우즈베크족(乌孜别克族 Wūzībiékè Zú), 51 먼바족(门巴族 Ménbā Zú), 52 어룬춘족(鄂伦春族 Èlúnchūn Zú, 서기 5세기 이전 "沃沮", "乌素固", "靺鞨", "鉢室韋"와 관련, 鮮卑族–北魏国의 發祥), 53 두롱족(独龙族 Dúlóng Zú), 54 타타르족(塔塔尔族 Tǎtǎěr Zú), 55 나나이족(Goldi/Nanai, 赫哲族 Hèzhé Zú), 56 뤄바족(珞巴族 Luòbā, Zú).

중국 동북삼성의 滿洲의 黑龙江, 烏蘇里江(Ussuri Ula, Wusuli River)과 松花江의 三江口/三江平原에 살고 狩獵과 漁撈로 생계를 유지하던 예벤키(鄂溫克), 에벤, 라무트, 사모에드, 우에지, 브리야트족들과 같이 신시베리아/퉁구스(Neosiberian/Tungus)의 하나인 赫哲族(골디, Golds, Goldi, a Nanai clan name, 허저)은 후일 읍루(挹婁)–숙신(肅愼)–물길(勿吉)–말갈(靺鞨)–흑수말갈(黑水靺鞨)–여진(女眞, nǚzhēn, Jurchen, 外興安嶺以南의 外滿州에 걸쳐 居住하던 퉁구스계 滿州族)–생여진(生女眞)–금(金, 서기 1115년–서기 1234년)–후금(後金, 서기 1616년–서기 1626년)–만주/청(滿洲/淸, 서기 1626년–서기 1636년)–대청(大淸, 서기 1636년–서기 1911년)으로 이어가는 바탕이 된다.

揚子江(長江)이 중국의 역사와 문화 그리고 문명의 발생에 있어서 매우 중요한 역할을 하였다. 黃河, 揚子江(長江)과 메콩 강의 발원지인 靑海省 三江源[36만㎢]내에 玉樹, 果洛, 海南, 黃南藏族自治州와 海西蒙古族自治州가 있다. 전장 5,464㎞의 黃河는 靑海省 巴颜喀拉山脉

噶達素齐老峰(海拔高度 5,369m의 果洛山)에서 발원하며 源头는 海拔 4,170m-4,200m 고원의 青海省 果洛藏族自治州 玛多县에 위치한 扎陵湖와 鄂陵湖의 姊妹湖이다. 黄河의 상징인 楚馬尔河의 黄河源头 표지인 牛头碑(玛多县 人民政府가 서기 1988년 9월 "华夏之魂河源牛头碑"를 세웠는데, 碑体는 纯铜铸造로 무게 5.1톤, 높이 3m임)가 서있는 곳은 해발 4,610m이다. 그리고 전장 6,236㎞의 揚子江/長江은 念青唐古拉大雪山/雅魯藏布江의 冰川에서 발원하며 源头는 通天河와 楚馬尔河(长江 北源, 红叶江/紅水河)의 상류인 青海省 玉树藏族自治州 治多县 青藏高原 西北部 唐古拉山(해발 6,099m)과 昆仑山(해발 7,282m)山脉사이의 해발 5,000m-6,000m '万山之王', '青色的山梁', '千湖之地', '中华水塔', '万山之地', '美丽的少女'란 의미를 지니고 世界第三大无人区인 해발 5,000m 이상의 可可西里/阿卿贡嘉의 沼泽地(长江 南源)와 沱沱河·當曲河이다. 可可西里에는 면적 4.5만㎢의 中国青海可可西里国家級自然保護区(索南達杰自然保護区), 萬里長江第一鎭/唐古拉山鎭에는 長江源水生態保護站, 通天河에는 七渡口, 沱沱河에는 長江源斗第一橋/沱沱河大橋가 標識로서 위치해 있다]에서 발원하여 青海省, 甘肅省(兰州), 内蒙古自治区(包头), 陝西省, 河南省과 山東省을 관통해 흐르는 黄河(黄河의 지류인 渭河도 포함)는 서쪽의 陝西省 宜川县과 동쪽의 山西省 吉县 사이의 大峽谷인 壺口瀑布를 지나 函谷关(東, 하남성 靈實県), 隴关(西), 武关(南, 섬서성 商県)과 蕭关(北) 사이의 关中平原을 비롯해 咸阳(秦)-西安(섬서성 長安, 前汉, 隋, 唐)-三門峽市-洛陽(하남성, 東周, 后汉, 魏, 西晉, 唐의 도읍지)-济源의 小浪底댐(Xiǎolàngdǐ)-鄭州(하남성, 商 두 번째 도읍지)-開封(하남성, 전국시대의 魏, 北宋)-安阳(하남성, 殷墟)과 济南 등지를 지나 산동성 渤海灣 東營区 孤東과 友林村 사이의 현재 油田이 개발 중인 東营市 黄河口(서기 1853년 이후-현재까지의 하구)로 빠져나간다.

그리고 揚子江(長江)은 青海, 西藏, 云南, 四川, 重庆, 湖北, 湖南, 江西, 安徽, 江苏, 上海의 省과 市를 거치며 宜宾—泸州—重庆—涪陵—万州—宜昌(湖北省 宜昌市 夷陵区 三斗坪 三峽大坝)—荆州—岳阳—武汉—黄冈—鄂州—黄石—九江—安庆—池州—铜陵—芜湖—马鞍山—南京—镇江—扬州—南通(無錫과 常州 포함)—上海의 城市를 지난다. 이들은 모두 고대 도읍지로 황하문명의 발생지이다. 특히 황하는 세 번째 수도인 安阳의 殷墟를 포함하는 商나라의 멸망에 막대한 영향을 끼쳤는데, 상나라는 生態·氣候의 변화로 망했다고 할 정도로 황하의 환경변화가 중국 문명의 발생과 성장에 영향을 미쳤다. 기원전 2278년—기원전 602년, 기원전 602년—서기 11년, 서기 1048년—1194년, 서기 1194년—서기 1289년, 서기 1324년—서기 1853년, 서기 1939년—서기 1947년 등의 水路變更(改道)을 지칭할 정도로 하남성과 산동성 사이의 황하가 1,590회 정도 범람하고 서기 1855년—서기 1899년 사이에 10회, 서기 1953년 이후 3회를 포함하여 적어도 수 십 회 이상 물줄기가 바뀌어 왔다. 특히 開封의 범람이 가장 심했으며 北宋 때 궁전 터가 현재의 明나라의 궁전(明 太祖 아들이 있던 朱王府) 밑 수 미터 아래에서 확인되는 것도 이러한 것을 입증해주는 한 예다. 그리고 이 황하가 관통하는 陝西省 黃陵県 橋山 黃帝陵과 湖南省 株洲 炎陵县 鹿原镇의 炎帝陵(庙는 宋太祖 乾德 5년/서기 967년에 세움)에서 清明節(寒食)에 국가단위의 제사를 올리고 있으며 또 현재의 夏华族(汉族)이 모두 신화·전설상의 炎(神農)黃帝(軒轅, 서기 1998년 이미 높이 106m의 炎黃帝像을 河南省 鄭州市 黃河景区 炎黃帝塑像广場에 세웠음)의 同系子孫이라는 '中华文明探原大工程'이라는 운동을 벌려 종전의 중국의 역사가 기원전 2200년경 禹임금이 세운 夏나라보다 약 1,000년 더 올라가는 三皇五帝의 시절까지 소급시키려 하고 있다. 중국에서 황하를 중심으로 神話를 歷史로 점차 탈바꿈시키고 있으며 또 이를 통해 중국인민의 마음을 하나로 모으는 정신적 정책을 수립하고 있다.

필자는 이제까지 거의 17년간 중국에 관한 자료를 모아왔지만 아직도 고고학적 유적과 유물에 관해 모자라는 부분이 많을 것으로 인정한다. 이 책의 제목과 부제는《中国 考古學 -중요 주제·항목별로 본 中国 文化史 序說-》로 하였다. 이는 앞으로 중국을 제대로 이해하기 위해 아직도 많은 자료를 추가해야 함을 의미한다. 앞으로 방송과 문헌을 통해 얻는 새로운 자료들을 정리하여 이 책을 계속 보완해 나갈 것이다.

停年退任한지 벌써 7년이 거의 다 되어가지만 아직도 학문적인 정리에 미련스러울 정도로 애타게 매달리고 있다. 그만큼 필자는 머리가 나빠 72세가 되어도 학문적인 정리를 다하지 못하고 있다. 이는 무능하다는 이야기도 된다. 앞으로 거의 완성단계에 있는《世界文化遺産》과《실크로드(絲綢之路)》란 책이 발간되면 마음의 여유가 조금 생길지도 모르겠다. 현재의 심정은 성균관대 安大會 교수의 해설처럼 梅山 洪直弼(英祖 52년 서기 1776년-哲宗 3년 서기 1852년, 마지막으로 서기 1852년 7월 刑曹判書에 除授받았으나 얼마 되지 않아 별세함)의 '江樓有感' 중에 나오는 '행인들은 나루터에 몰려들어 풍랑의 강을 건너 줄 사공을 기다리나 탈 배가 없는 물거품 속의 '虛舟'(盡日行人集渡头 渡头風浪蹴天浮 虛舟 出沒泡花裏 副手梢工底處求)와 같은 처지이다.

이번 이 책의 원고를 준비하면서 唐宋八大家의 한사람인 韓愈(서기 768년-서기 824년 12월 25일, 字 退之, 河南 河陽/현 河南 孟县人, 주요 작품으로《论佛骨表》,《师说》,《进学解》 등이 있음)가 唐 宪宗 元和 8년 (서기 813년) 46세에 썼다고 전하는《进学解》에서 나오는 "业精于勤, 荒于嬉, 行成于思, 毁于随"(학문은 부지런 하는데서 정통해지고 딴 짓 하는

데서 황폐해진다. 행동은 늘 마무리 짓되 미리 계산되어야 한다)"라는 글을 다시 한 번 더 吟味하게 되었다. 매일같이 학문적인 데만 신경을 써야 좋은 글도 기대할 수 있다는 이야기이다. 停年退任전 기대하고 꿈꾸어왔던 學問이외의 外道는 가능하면 해서는 안 된다는 것을 절실하게 느끼고 있다. 내세에 태어나서 다시 학자의 길을 밟는다면 愚直하게 책을 읽고 깊이 생각하는 것을 業으로 삼을 작정이다. 論語 爲政 第二 15장에 "學而不思則罔 思而不學則殆(배우고서 생각하지 않으면 얻음이 없고, 생각하고 배우지 않으면 위태롭다)"라 하여 학문과 생각은 병행해야 한다고 강조하고 있다. 언제까지 긴장을 유지하며 학문의 수준을 유지하며 살아가야 할지 모르겠다.

서기 2016년 9월 13일 고희(古稀, 七旬, 稀宴, 稀筵, 稀慶, 從心, 70세)를 지내고 서기 2017년 9월 13일에 망팔(望八, 71)을 맞았고, 그리고 좀 더 운이 좋으면 희수(喜壽, 77), 산수(傘壽, 八旬, 80)와 망구(望九, 81)까지 바라볼 수 있을 것이다. 그러나 덧없이 늙어가는 것보다 후세 사람들이 필자를 기억해줄 좋은 글과 내용이 담긴 책을 남겨 놓아야 하는 것이 현재의 도리일 것이다. 이것이 현재로서 할 수 있는 최고의 목표('aim high')이다. 蘇軾(東坡居士, 서기 1037년/宋 仁宗 景祐 4년 1월 8일-서기 1101년/宋 徽宗 赵佶의 年号인 建中靖国 元年 8월 24일)의《李君山房記》중 "才分不同 而求無不獲者 惟書乎......以爲己有 發於文辭 見於行事 以聞名於當世矣...."란 구절처럼 분수가 서로 같지 않다 하더라도 추구하여 얻을 수 있는 유일한 것이 책이며 후세사람들이 이를 통해 스스로 이름이 세상에 알려지도록 도와줄 수 있는 좋은 책을 만들어 보도록 노력하고 있다.
山西省 蒲州(현 山西省 永济市 蒲州镇)에 위치한 鹳雀楼에 관한 唐

나라 詩人 王之渙[서기 688년-서기 742년 3월 25일, 字 季凌, 并州(山西太原)人, 盛唐時期著名한 詩人]의 《登鸛雀楼》五絶詩는 '白日依山尽, 黄河入海流. 欲窮千里目, 更上一層楼'(해는 서산으로 지고 황하의 강물은 바다로 흘러간다. 천리 먼 곳을 보려한다면 한층 더 높이 올라가야하리, 얄라의 세상일기, 登鸛雀楼와 행간의 여백-오마이뉴스 블로그, blog.ohmynews.com/uridle2/tag/등관작루에서 引用)에서처럼 먼 곳을 보기위해 한층 더 올라가야 하지 않으면 안 된다. 그래도 매번 노력을 했지만 10년 産苦에 八朔童처럼 되어 불만이 많았던 과거의 경우처럼 이번에도 노력에 비해 보잘 것 없이 될지 모르는 두려움에도 불구하고 컴퓨터를 계속 주시하다가 수면부족, 피로와 스트레스로 인해 '結膜下出血(subconjunctival hemorrhage, hyposphagma)'이라는 병명의 오른쪽 눈이 터지는 아픔도 겪었다. 앞으로 평생의 마지막 의무인 《世界文化遺産》과 《실크로드(絲綢之路)》란 책 출간을 준비할 때 건강에 좀 더 주의해야겠다. 그러나 그저 愚直할 정도로 每事 最善을 다할 뿐이다.

마지막으로 12장의 교정을 꼼꼼하게 읽고 오자를 바로잡아준 서울대학교 대학원 고고미술사학과 박사과정 겸 연세대학교 강사인 姜信愛와 원고 전체를 一瞥해준 檀国大 대학원 사학과 박사과정 겸 国立韓国交通大學校 강사인 姜眞周 孃들에게 이 자리를 빌려 감사를 표한다. 그리고 이 책에서는 중국에 관한 것을 다루기 때문에 汉字의 사용이 많고 특히 중국에서 현재 사용하고 있는 簡字体를 그대로 전통적인 繁字体와의 混用도 불가피하게 되었다. 이 점 독자들의 諒解를 구해둔다.

서기 2018년 2월 16일(금) 戊戌年 첫날에

希正 崔夢龍 謹書

01 編年

　　中国에서는 최근 구석기-신석기시대라는 용어도 병행하지만 기본적인 편년안은 북한과 마찬가지로 유물사관론에 입각하고 있다. 경제가 사회변동의 가장 중요한 원동력(Economy as a prime mover in social evolution)으로 보는 唯物史觀論에 입각하는 편년에 따르면, "Pre-class society(원시무리사회 primitive society): pre-clan(亂婚 promiscuity)→ 母系(matriarchal clan)→ 父系(patriarchal clan)→ terminal clan stages(씨족제도의 분해), Class society: 奴隸制社會 (slave society)→ 封建社會(feudal society)→ 資本主義社會(capitalism), Classless society: 社會主義(socialism)→ 共産主義社會(communism)"의 발전 순이 된다. 즉 북경 중국 역사박물관에서는 Primitive Society(원시무리사회, ca. 170만 년-4,000년 전)-Slave Society(노예제사회, 夏, 商, 西周, 春秋時代, 기원전 21세기-기원전 476년/기원전 475년)-Establishment of the United Multi-National State and the Development of Feudal Economy and Culture(봉건제사회, 秦, 汉, 기원전 221년-서기 220년)-Social and Economic Development in the South and Amalgamation of various Nationalities in the North(魏, 蜀, 汉, 吳, 西晉, 東晋, 16国, 南北朝, 서기 220년-서기 580년)-Development of a Unified Multi-National Country and the Ascendancy of Feudal Economy and Culture(隋, 唐과 5代 10国, 서기 581년-서기 960년)-Co-existence of Political Powers of various Nationalities and their Unification; Later Period of the Feudal Society(北宋, 辽, 南宋, 金, 元, 西夏, 서기 916년-서기 1368년)-Consolidation of a Unified, Multi-National Country, Gradual decline of the Feudal System and Rudiment of Capitalism(자본주의사회, 明, 淸, 서기 1368년-서기 1840년)으로 편년하고 있다(中国歷史博物館/현 中国国家博物館/The National Museum of China 1990, 北京). 그리고 중국에서의 共產主義(공산사회)의 시작은 서기 1931년 11월 7일에 수립되었고 서기 1937년까지 중국 남동부 江西省 志丹縣에 독립적인 정부로 존재했던 중화소비에트공화국(中华苏维埃共和国, 중국 소비에트 공화국, 강서 소비에트)까지 올라가나 공식적인 시작은 서기 1949년 10월 1일 新中國(中华人民共和國)의 건립부터이다.

유럽에서는 技術과 經济行爲에 바탕을 둔 구석기(Palaeolithic age)·신석기(Neolithic age)·청동기(Bronze age)·철기시대(Iron age)라는 편년의 명칭을 사용한다. 그러나 신대륙 중 中美의 고고학 편년은 "horizon과 tradition"(공간과 시간)을 포함하는 "stage"(단계)라는 개념의 용어를 사용하고 있다. 이에 의하면 중국의 신석기시대는 기원전 8000년-기원전 5000년 初期農耕民들의 초기신석기시대에서부터 기원전 5000년-기원전 3200년 仰韶문화시대에 이른다. 그리고 기원전 3200년-기원전 2500년의 龙山式文化(용산문화형성기)와 기원전 2500년-기원전 2200년의 용산문화기를 거쳐 청동기시대는 夏代[奴隸制社會의 시작, 기원전 2200년-기원전 1750년/偃師 二里头(亳)의 夏문화(기원전 2080년-

기원전 1580년)]·商(기원전 1750년-기원전 1100년/기원전 1046년)에서 기원전 475년 戰国時代의 시작까지이다. 다시 말해 技術과 經済行爲로 본 중국의 신석기시대는 기원전 8000년의 初期農耕民들의 초기신석기시대에서부터 기원전 3200년의 仰韶문화시대, 靑銅器時代는 夏·商·周에서 春秋時代(기원전 771년-기원전 475년), 철기시대는 都市, 市場과 人本主義가 발전하고 토지의 소유가 가능한 戰国時代(기원전 475년-기원전 221년)로 보고 있으며, 경제를 바탕으로 하는 유물사관론적 견지에서 본 奴隷社會는 夏, 封建制社會는 秦나라, 資産主義社會의 시작은 明나라, 共産社會의 시작은 新中国(中华人民共和国, 서기 1949년 10월 1일 건국)으로부터 보고 있다.

아무튼 故 장광직(張光直) 교수는 中国文化를 이끌어 온 특성 가운데 하나로 설정된 "政治的 側面에서의 理解"만이 중국을 이해하는 첩경이라 한다. 따라서 古代 中国에 있어서 藝術·神話·儀式(art, myth, ritual) 등은 모두 정치적 권위에 이르는 과정으로 이야기할 수 있다. 중국에서의 이러한 발전과정은 혈연에 기반을 두고 있으며 이에 부수되는 샤머니즘의 우주관과 여러 의식들은 정치권력을 통한 문명 발전의 근거를 제시할 수 있는 보조 역할을 한다. 서구문명이나 국가의 발생에 대한 이론으로 인구의 증가, 관개농업, 전쟁, 종교와 무역 등 여러 요소의 복합작용(乘數效果, multiplier effect)이 제시되고 있으나, 중국의 경우 이와는 달리 정치적인 의미에서 예술, 신화와 의식이 오히려 중요한 역할을 한다고 생각되고 있다. 중국의 문명은 서양의 전통과는 달리 독자적으로 발전해 왔다. 이 점이 바로 세계 문명의 연구에 있어 Karl Wittfogel이 언급한 세계 제4대 灌漑文明인 中国 특히 靑銅器時代의 商文明이 차지하는 중요성이다.

張光直 교수에 의한 중국 고고학의 편년은 아래와 같다.

100만 년 전 – 20만 년 전　　直立猿人　　　전기구석기시대

20만 년 전 – 5만 년 전　　　初期人類　　　중기구석기시대

5만 년 전 – 12000년 전　　　現生人類　　　후기구석기시대

기원전 8000년 – 5000년　　初期農耕民들　　초기신석기시대

기원전 5000년 – 3200년　　仰韶문화

기원전 3200년 – 2500년　　龙山式문화(용산문화 형성기)

기원전 2500년 – 2200년　　龙山문화

기원전 1100/1046년[周 2대 武王 姬發이 기원전 1046년 대군을 통솔하여 牧野(현
　　河南省 新乡)에서 商 紂王의 군대와 결전을 벌려 승리한 해] – 기원전 771년
　　西周

기원전 771년 – 221년　　　東周, 春秋·戰国시대: 春秋(기원전 771
　　년–기원전 475년), 戰国(기원전 475년–기원전 221년)시대 기원
　　전 475년부터 封建사회의 시작

기원전 221년 – 207년　　　秦

기원전 206년 – 서기 220년　汉[前汉: 기원전 206년–서기 9년, 新(王
　　莽): 서기 9년–서기 22년, 后汉: 서기 25년–서기 220년]

서기 220년 – 280년　　　　三国(魏: 서기 220년–서기 265년, 蜀: 서
　　기 221년–서기 263년, 吳/孙吳/东吳 서기 222년–서기 280년)

서기 265년 – 316년　　　　晋(司馬懿/仲達)

서기 317년 – 418년　　　　東晋

서기 302년 – 577년　　　　五胡十六国(서기 302년–서기 421년) 및
　　南北朝시대, 六朝(吳/孙吳/东吳: 서기 222년–서기 280년, 東
　　晋: 서기 317년–서기 418년, 宋: 서기 420년–서기 479년, 齐:

서기 479년-서기 502년, 梁: 서기 502년-서기 557년, 陳: 서기
557년-서기 589년), 北朝(北魏/鮮卑族 拓跋部: 서기 386년-서
기 534년, 東魏: 서기 534년-서기 550년, 北周: 서기 556년-서
기 581년, 北齐: 서기 550년-서기 577년)

서기 581년 - 618년　　　　隋

서기 618년 - 907년　　　　唐, 武则天의 武周(서기 690년-서기 705년)

서기 897년 - 서기 979년/서기 907년 - 서기 979년　五代十国

서기 960년 - 1279년　　　宋: 辽(서기 907년-서기 1125년, 契丹/
Kara Khitan/達斡尔族/Daur족), 金(서기 1115년-서기 1234
년, 女真族), 元(서기 1260년-서기 1368년, 蒙古族)

서기 1206년 - 1368년　　元

서기 1368년 - 1644년　　明

서기 1616년 - 1912년 2월 12일 해체　　　淸[女眞/金-後金(서
기 1601년 努尔哈赤/누르하치/愛新覺羅/努爾哈赤(淸太祖 서기
1616년-서기 1626년 재위)-滿洲/努尔哈赤/누루하치의 後金에
서→ 滿洲/淸→ 大淸으로 바꿈))-大淸/皇太極(서기 1636년-서
기 1643년 재위)-順治(福臨, 淸世祖, 서기 1643년-서기 1661년
재위)-康熙-擁正-乾隆-嘉慶-道光-咸丰-同治-光緒-宣統,
서기 1842년 阿片戰爭]

서기 1900년 6월 21일　　義和團 사건(55일 천하). 이에 대한 배상
금을 기반으로 하여 미국에 의해 '淸华學堂'(서기 1911년)이 세
워졌으며 서기 1928년 国立淸华大學으로 됨. 원래 미국 유학을
목표로 학생들을 교육하기 위해 건립된 학교였다.

서기 1911년　　　　　　辛亥革命. 이는 淸을 무너뜨리고 중화민
국을 성립시킨 중국의 혁명으로 共和革命으로도 불린다.

서기 1912년　　　　　　　　中国의 마지막 太后인 隆裕太后(孝定景皇后, 서기 1868년 1월 28일–서기 1913년 2월 22일, 叶赫那拉氏, 靜芬, 隆裕皇后, 光緒皇后, 光緒帝의 황후이며, 西太后의 동생 都統桂祥의 딸로 西太后의 조카딸)는 宣統帝(서기 1906년 2월 7일–서기 1967년 10월 17일, 재위는 서기 1908년–서기 1912년이나 황제의 칭호는 서기 1924년까지 유지, 서기 1924년 11월 5일 復辟사건 후 中国国民革命军陆军一级上将 冯玉祥의 부하인 国民革命军高级将领인 鹿鐘麟과 그 부하들에 의해 紫禁城에서 퇴출된 후 서기 1925년 10월 10일 紫禁城은 古宮博物院이 됨. 큰어머니는 隆裕太后/孝定景皇后임) 뒤에서 垂簾聽政을 하고 攝政王 載灃(宣統帝의 生父이며 光緒帝의 동생)과 함께 청 제국 마지막 시기에서 정치를 장악하다가 宣統 3년 12월 25일(戊午, 서기 1912년 2월 12일) 太后의 名義로 《淸室退位詔書》를 頒布하여 서기 1644년 順治帝의 淸兵이 入关 이래 청나라 268년의 통치가 종결되었다. 만약 서기 1636년 淸 太宗 皇太極이 国号를 "大淸"으로 바꾼 이후로 보면 淸帝国은 276년간 지속한 것이 된다.

서기 1912년 2월 12일 – 서기 1949년 10월 1일　　　中华民国(孫文→遠世凱→ 蔣介石) 孫文(서기 1866년 11월 12일–서기 1925년 3월 12일)은 서기 1912년 1월 1일–서기 1912년 4월 1일 중화민국 초대 대통령으로 취임하고, 遠世凱(서기 1859년 9월 16일, 咸丰 9년 8월 20일–서기 1916년 6월 6일)는 中国淸末 民初期의 軍人·政治家, 北洋軍閥의 総帥로 大淸帝国 第2代 内閣総理大臣으로 淸朝崩壊後에는 第2代 中华民国 臨時大総統(서기 1912년 3월 10일–서기 1913년 10월 10일), 初代 中华民国大総統(서기 1913년 10월 10일–서기 1915년 12월 12일, 서기 1916년 3월

22일-서기 1916년 6월 6일)에 취임하고 한때는 中华帝国 皇帝
로 즉위하여 洪憲皇帝(서기 1916년 1월 1일-동년 3월 22일까지
83일간)으로 불리기도 하였다.

서기 1921년 7월 23일 - 29일 　　　　　　　中国共産黨의 成立과
第1次 全国代表大會(中华人民共和国直辖市인 上海市 프랑스
조계지인 法租界 望志路/云南路의 中共第1次代表會議 遺址에
서 정해진 中国共産黨第1綱領(露文 複寫本)은 中央檔案館에 소
장되어 있다. 서기 1921년 7월 1일은 당의 공식적 建黨紀念日로
이곳 회의에서는 北京 대표 張国燾, 上海 대표 李達, 武汉 대표
董必武 등 전국에서 13인의 대표가 선출되었는데 毛泽东은 湖南
省 長沙의 대표였다. 그리고 서기 1927년 8월 1일 江西省 南昌
에서 공산당의 蜂起/起義가 있었는데 그 주역은 周恩來, 朱德,
賀龙이었으며 이 날은 人民解放軍의 창립기념일이기도 하다.

서기 1936년 12월 12일 　　　張作霖의 아들 東北軍 총사령관 張學良
에 의한 西安事變으로 国民黨의 총통 蔣介石을 陝西省의 省都
인 西安 华清池에서 납치하여 구금하고 공산당과의 내전을 중
지하고 일본 제국주의의 침략에 맞서 함께 싸울 것을 요구한
사건으로 서기 1924년 1월 31일 国民黨軍과 中国工農紅軍(약
칭 紅軍)의 공동항일전선으로 八路軍(国共合作時의 中国工農
紅軍)이 만들어진다. 이에 앞서 소련의 지지 하에 毛泽东, 周恩
來, 朱德 등에 의해 서기 1931년 11월 7일에 수립되었고, 또 서
기 1937년까지 중국 남동부 江西省 志丹县에 독립적인 정부로
존재했던 중화소비에트공화국(中华苏维埃共和国, 중국 소비에
트 공화국, 강서 소비에트)의 紅軍은 蔣介石의 공산주의 소탕
작전으로 서기 1934년부터 370일간 국민당군의 포위망을 뚫고

江西省에서 9,600km의 大長征(長征, 大西遷)을 거쳐 陝西省 延安에 자리 잡는다. 그러나 처음 출발할 때 86,000명의 홍군 제일방면군의 숫자가 7,000명으로 줄어들어 공산당이 최대의 위기에 처하게 된다. 그러나 張學良에 의해 서기 1937년 7월 7일 제2차国共合作이 이루어져 서기 1945년 8월 15일까지 지속되었다. 이러한 일련의 사건으로 中国共産黨이 일본과의 전쟁을 수행하는 동시에 中国共産黨이 起死回生할 수 있는 계기가 된다. 그러나 紅軍의 뒤를 이어 명칭이 바뀐 八路軍은 서기 1945년 8월 15일 일본의 항복 이후 다시 国民黨에 맞서 人民解放軍으로 명칭이 바뀌었다. 서기 2017년 7월 30일(일) 内蒙古自治区 朱日和(실전훈련장) 기지에서 人民解放軍 창설 90주년(서기 1927년 8월 1일/江西省에서 紅軍 南昌 武裝蜂起日-서기 2017년 8월 1일) 閱兵式이 习近平 国家 主席(현 首長으로 호칭) 참관 하에 열렸다. 그리고 서기 2017년 10월 14일 18기 중국공산당 중앙위원회 7차 전체회의(18기 7중전회)에서 '주석직의 부활'로 20년 만에 毛澤東의 반열에 오르게 되었다. 또 서기 2018년 中华人民共和国第十三届全国人民代表大会(全人大, 3월 5일 월-3월 20일 화)第一次會議에서 현행 헌법 79조에서 '임기가 두 회기(10년)를 초과할 수 없다'라는 대목을 삭제해 习近平이 집권을 세 번째 이상 장기집권을 할 수 있게 되었다.

서기 1932년 - 서기 1945년　満洲国(傅儀, 大同王, 황제로는 康德帝)

서기 1949년 - 현재　　　中华人民共和国(서기 1949년 10월 1일 건국), 大長征과 八路軍의 역사적 사건을 거쳐 대통령(당 총서기/국가주석/중국에서 실질적인 권력의 자리는 공산당중앙군사위 주석으로 가장 마지막에 승계된 관행이 있었음)은 毛澤

東(서기 1949년 10월-서기 1976년 10월)-华国鋒(서기 1976년 10월-1981년 6월)-邓小平(서기 1981년 6월-서기 1989년 11월)-胡耀邦[初代中国共産党中央委員会総書記, 서기 1982년 9월 12일-서기 1987년 1월 16일 실각, 서기 2015년 11월 20일(금) 그의 탄생 100주년을 맞아 공식 복권됨]-江澤民(서기 1989년 11월-서기 2004년 9월)-胡錦濤(서기 2004년 9월, 공산당중앙군사위 주석-서기 2013년 3월)-习近平[서기 2012년 11월 15일-현재, 당 총서기와 공산당중앙군사위 주석은 장악했으며 국가주석(president)은 서기 2013년 3월 14일(목) 中华人民共和国第十二届全国人民代表大会(全人大)一次會議第四次全體會議에서 선출되었으나 서기 2016년 10월 27일 中共十八届六中全会에서 '核心'이란 칭호로 1인 체제를 구축함]으로 이어짐. 또 서기 2018년 中华人民共和国第十三届全国人民代表大会(全人大, 3월 5일 월-3월 20일 화) 두 번째 임기의 주석으로 선출되었음과 동시 第一次會議에서 현행 헌법 79조에서 '임기가 두 회기(10년)를 초과할 수 없다'라는 대목을 삭제해 习近平이 집권을 세 번째 이상 장기집권을 할 수 있는 길을 열어 놓았다.

반면 台湾에서는 일본제국의 패망으로, 1945년 10월 25일 타이완 섬과 澎湖諸島는 50년 만에 중화민국으로 반환되고 1949년 12월에 중화민국 국민정부가 들어서서 蔣介石→ 蔣經国→ 李登輝→ 陳水扁→ 馬英九→ 蔡英文으로 이어진다. 中华民國의 建国記念日은 辛亥革命의 導火線이 된 서기 1911년 10월 10일(双十節) 湖北省 武漢市의 武昌蜂起日로 잡는다.

1. 舊石器时代

中国의 先史时代文化는 中国石器时代의 史前文化를 칭한다. 石器时代의 구분은 旧石器时代, 中石器时代, 新石器时代 및 金石竝用期时代(铜石并用时代, aneolithic. chalcolitjic age)의 4단계를 포함한다. 인류가 침판치로부터 分化된 이후 대략 2~3백 만 년의 발전과정을 겪은 후 기원전 3,000년 전후 文字를 만들어내게 되었다. 중국의 구석기시대는 "最早期"(300만~70만 년 전), "早期"(70만 년 전~10만 년 전), "中期"(10만 년 전~3만5천 년 전), "晚期"(3만5천 년 전~9천 년 전, 후기구석기시대)의 四期로 나누어진다. "最早期"의 主要研究对象은 南方古猿 과 能人(Homo habilis: '기술 있는 인간')의 化石遗存, "早期"는 直立猿人(Homo erectus: 원인, 곧선사람), "中期"는 早期智人(Homo sapiens: 고인, 슬기사람: 인류 종/인종), "晚期"는 智人(Homo sapiens sapiens: 신인, 슬기 슬기 사람)의 연구를 중심으로 한다.[1]

---

[1] 인류는 동물계(動物界, kingdom)-척추동물문(脊椎動物門, phylum)-포유류강(哺乳類綱, class)-영장류목(靈長類目, order, 7000만 년 전)-유인원 아목(類人猿亞目, sub-order)-인초과(人超科, supra-family, hominoidea/hominoids: gorilla와 chimpanzee)-인과(人科, family, hominidae/hominids: Ausrtalopithcus)-인아과[人亞科, sub-family, homininae/hominines/euhominid (Broom과 Robinson이 Swatkranson 847 hominid cranium의 유사성에서 이 명칭을 사용): Java man to homo sapiens]-인류속(人類屬, 人屬, genus, homo/man)-인류종(人類種, 人種, species, homo sapiens/modern man)으로 진화해 나온다.
인류의 진화상 영장류-유인원 아목(亞目)에서 갈라져 나온 오랑우탕(1600만 년 전), 고릴라(1000만 년 전)와 침팬지(600~700만 년 전)가 우리와 가까운데 그중 침팬지가 가장 가깝다.
인류가 침팬지에서 갈라져 계속 진화한 과정은 사할렌트로푸스 챠덴시스(Sahalen-

석기제작으로 보아 1) 올도완(Oldowan) 문화 250만 년-180만 년

thropus tchadensis, Tumai, Michel Brunet와 Brigitte Senut가 Chad의 Jurab 사막계곡에서 발견, Tumai인, 7-6백 만 년 전)-오로린 투게넨시스(Orrorin tugenensis, Martin Pickford, Kenya)-아르디피테쿠스 라미두스(Ardipithecus ramidus, Tim White, Ethiopia, 440만 년 전)-오스트랄로피테쿠스 아나멘시스(Australopithcus anamensis, Meave leakey, Kenya)-오스트랄로피테쿠스 아파렌시스(Australopithecus afarensis, Lucy, 350만 년 전, Donald Johanson)-라에톨리(Laetoli, Mary Leakey, Tanzania, 320만 년 전)-호모 루돌펜시스(Homo rudolfensis, Richard Leakey, 1470호, Koobi Fora, 240만 년-180만 년 전)-호모 하빌리스(Homo habilis)-호모 에르가스터(Homo ergaster)-호모 게오르지쿠스(Homo georgicus, 175/180만 년 전, 조지아/옛 그루지아/그루지야)-호모 이렉투스(Homo erectus, Trinil, 170-25만 년 전)-호모 엔티세서(Homo antecessor, Gran Dollina, Atapuerca, 80만 년 전, 120만 년 전-80만 년 전, 유럽 최초의 인류)-호모 하이델베르겐시스(Homo heidelbergensis, Tautavel, 45-60만 년 전)-호모 네안데르탈렌시스(Homo neanderthalensis, 타분/Tabun, 케바라/Kebara, 샤니다르인/Shanidar)-호모 사피엔스(Homo sapiens, Homo sapiens idaltu 154,000년 전, Omo 1·2 195,000년 전, Quafzeh 와 Skhul 10만 년 전 등 이스라엘 지역: Homo sapiens는 10-5만 년 전 크게 발전하였다. 7만5천 년 전 인도네시아 수마트라 섬의 슈퍼 볼케이노 토바/Toba 화산의 폭발로 인한 빙하기가 닥쳐오고 인간이 멸종 단계에 이르렀으나 이를 극복해 말과 문화를 갖는 현생인류로 발전하게 됨)-Homo sapiens sapiens/Cromagnon[여기에서 오늘날의 黑人(Negroid), 白人(Caucasoid), 黃人種(Mongoloid race) 세 인종으로 발전] 등의 발견으로 인류의 기원이 6-7백 만 년 전으로 거슬러 올라가나, 현재로서는 인류의 직계조상은 아르디피테쿠스 라미두스로 보고 있다. 진화론 상 인간과 침판지와의 분리는 약 5-600만 년 전으로 이로써 거의 모든 화석인류가 발견된 셈이다. 이제까지 알려진 인류 최고의 화석은 탄자니아의 라에톨리에서 발견된 직립원인의 발자국과 에티오피아 하다르의 오스트랄로피테쿠스 아파렌시스(일명 루시)로 그 연대는 300-350만 년 전으로 알려지고 있으나, 최근 에티오피아 아라미스에서 발견된 '아르디피테쿠스 라미두스'가 인류 최고의 화석으로 밝혀지고 있으며 그 연대는 440만 년 전이다. 인류 최초로 도구를 사용하고 육식을 한 것은 에티오피아 보우리에서 발견된 오스트랄로피테쿠

전[찍개 chopper and chopping-tools 등의 자갈돌석기, 에티오피아의 카다고나(Kada Gona) 유적의 석기가 포함된다. 최근 석기의 사용은 캘리포니아 과학아카데미의 제레세나이 알람세게드에 의하면 카다고나 유적보다도 90만 년 전 더 올라가는 340만 년 전임으로 밝혀지고 있으나 현재까지 인류가 사용한 석기 중 카다고나 유적의 몸돌격지가 가장 오래된 것으로 여겨진다. 그러나 서기 2015년 5월 20일(수) Turkana

---

스 가르히로 밝혀졌으며 그 연대도 250만 년 전이다.

유럽인들에게는 적어도 유럽 토착인의 수렵-채집인, 중동지역과 동부유럽과 중앙아시아 초원지대인들의 유전자들이 섞여 있다. 그리고 유라시아와 동아시아에 살고 있는 인종들은 45,000년-36,200년 전에 분리되었을 가능성이 있다. 이는 서기 1954년 현 서부 러시아의 코스텐키-보르시체보(Kostenski-Borshchevo) Kostenki 14에서 발견된 마르키나 고라(the Markina Gora)로 명명된 38,700년-36,200년 전에 살던 젊은 남성의 脛骨(tibia, 정강이뼈, shin bone/shank-bone)에서 추출한 DNA 분석에서 코스텐키인이 현재 동아시아인보다 유럽인들과 공통요소가 많음을 확인됨으로써이다. 그리고 덴마크 코펜하겐 대학 진화생물학자 에스케 윌러스레브(evolutionary biologist Eske Willerslev of the Natural History Museum of Denmark at the University of Copenhagent), 하바드대학 데이브 라이히(David Reich of Harvard University), 독일 요하네스 크라우제(Johannes Krause of the University of Tübingen in Germany)들의 견해를 종합해보면 시베리아에서 발견된 45,000년 된 인골은 현재의 동아시아인과 유럽인들의 공통의 조상에 해당한다고 하며 두 인종으로 분리된 기간이 9,000년 정도 걸렸다는 이야기이다.

또 이는 서기 1920년 시베리아 남부 말타(Malta)에서 발견되어 상트 페테르부르그에 있는 국립 에르미타주 박물관(허미티지 스테이트 박물관, Hermitage State Museum)에 보관되어 온 24,000년 된 어린아이의 인골에 현대 유럽인(Modern European)과 현재 서부지구 토착민(aboriginal people in wetern Hermi-sphere)의 유전인자(strain of genetic material)를 모두 가지고 있어 오늘날의 신세계 토착집단(New World indigenous communities)의 조상에 대한 문제해결과도 관련되고 있다.

Basin Institute at Stony Brook University의 소니아 하몬드(Sonia Harmond) 고고학자는 케냐 서쪽 투르카나 호수 근처 사막 불모지(desert badland)에서 발견된 화산암으로 만들어진 149점의 석기(박편석기/flake, 망치/hammer와 석기를 떼어내던 원석/core를 포함)들은 이제까지 발견된 것보다 70만 년을 더 오르는 330만 년 전에 만들어 졌다고 발표하였다], 2) 아슐리앙(Acheulian) 문화 180만 년-12만 년 전(주먹도끼 biface 또는 handaxe), 3) 무스테리앙(Mousterian) 문화 12만 년-4만 년 전(중기구석기의 격지석기 flake tools, 르발르와 Levollois 기법 등), 4) 후기구석기문화 4만 년-1만 년 전(돌날석기 blade tools, Perigodian-Aurignacian-Gravettian-Solutrian-Magadalenian 등)으로 편년되며, 그 다음에는 신석기시대의 나투피안(Natufian culture)과 캡시안 문화(Capsian culture), 그리고 토기가 출현하는 케냐의 우레외(Urewe) 유적이 있다.

중국의 구석기시대의 "最早期"(300만-70만 년 전)와 "早期"(70만 년 전-10만 년 전)에 속하는 유적들은 잘 알려진 元谋人 및 그 文化(直立人, 云南 元谋县, 左右门齿兩颗, 一说에는 약 170만 년 전 또는 50-60만 년 전으로 봄)을 비롯하여 繁昌 人字洞遺址의 文化(安徽 芜湖市 繁昌县, 200-240만 년 전), 建始人 및 그 文化(直立人, 湖北 建始县, 195-215만 년 전), 巫山人 및 其文化(重庆 巫山县 庙宇镇 龙骨坡遺址, 204만 년 전), 西侯度文化(山西 芮城县 风陵渡镇, 180만 년 전), 蓝田人 및 그 文化(直立人, 陕西 蓝田县, 30여 세의 여성 두개골 化石, 50만 년 전), 北京人 및 그 文化(直立人, 周口店 北京人遺址, 10여 만 건의 石製品, 50-70만 년 전), 和县人 및 그 文化(直立人, 安徽 和县 陶店镇, 완전한 猿人의 두개골화석, 25만 년 전)을 포함하여 등 22개소에서, "中期"(10만 년

전-3만5천 년 전)는 金牛山人(早期智人, 辽宁 营口县 金牛山遺址, 28만 년 전), 大荔人 및 그 文化(早期智人, 陕西 渭南市 大荔县, 20만 년 전), 长阳人 및 그 文化(早期智人, 湖北 长阳土家族自治县, 19.5만 년 전)을 포함하는 13곳에서 그리고 "晚期"(3만5천 년 전-9천 년 전, 후기구석기시대)는 水洞沟文化(宁夏 灵武市 水洞沟遺址, 4만 년 전-1.5만 년 전), 仙人洞遺址 및 吊桶环文化(江西 上饶市 大源镇, 20,000-9000년 전), 北京山顶洞人 및 그 文化(晚期智人, 北京 周口店 龙骨山顶部), 李家沟遺址(河南 新密市 岳村镇, 10,500년-8,600년 전) 등 여러 곳에서 확인 보고되고 있다.

사진 1. 北京 周口店 구석기유적 입구 : 서기 1996년 8월 11일(일) 필자 촬영

서기 1987년 세계문화유산으로 등재된 북경원인 유적(Peking Man Site at Zhoukoudian)은 북경에서 서남쪽 40㎞ 떨어진 주구점 龙骨山 석회암 구릉의 洪績世(更新世, Pleistocene) 중기 불의 사용을 처음 알던 50만 년 된 直立猿人/原人(Homo erectus)과 신인(Homosapiens,

山頂洞)인의 유적이다. 서기 1921년 O. Zdansky에 의해 2점의 치아가 발견되고, 서기 1927년 전파론자인 Graffton Elliot Smith의 제자인 Davidson Black은 중국 주구점에서 인골을 발견하여 北京原人(Sinan-thropus pekinensis)로 명명하였다. 서기 1929년 12월 2일 裴文中이 완벽한 头蓋骨을 발견한 이후 지금까지 40여 점의 인골 화석이 출토되었다. 이 인골들은 주로 1지구에서 출토되었으나 서기 1941년 일본과의 전쟁직후에 사라져 버렸다. 치아 중 門齒는 shovel-shaped incisor(앞니의 뒤가 삽처럼 파여졌다는데서 근거함)로 북경원인이 아시아의 조상으로 추측되는 근거를 마련하고 있다. 북경원인의 키는 남자가 156㎝, 여자 144㎝, 두개 용량은 1,043cc, 두개골에는 骨櫛(矢牀隆起)이 현저하게 남아있다. 유물은 약 10만 점이 되나 석기는 많지 않다. 석기는 주로 15지구에서 발견되었으며 박편, 긁개, 찍개류로 직접타격이나 양극타격을 이용해 석기제작을 하였다. 그러나 片石器가 위주이고 石核石器는 적다. 원료는 주로 脈石英, 砂岩, 燧石이다. 화석은 劍齒虎, 야생말, 양, 비비원숭이, 물소, 곰, 하이에나, 코뿔소, 사슴 등 포유동물이 많다. 이 유적은 불을 이용해 음식을 익혀 먹던 50만 년-20만 년에 걸쳐 살던 직립원인들이다. 또 서기 1934년 주구점 山頂洞에서 두개골 4점 이외에 8명분의 인골과 여러 석기와 골기가 다량으로 나왔는데 이들은 신인(Homo sapiens)으로 후기구석기시대에 살았다.

최근 云南省 江川県 甘棠箐에서는, 서기 1965년 云南 元谋 上那蚌村 부근에서 발견된 170만 년 전경의 元谋人遺址의 발견 이래 100만 년 전의 更新世 旧石器旷野遺址가 발견되었다. 이곳에서는 剝片석기들 이외에 목제품, 불 땐 자리, 식물화석 등이 발견되었으며 목제품들은 전 세계에서 가장 이른 시기에 만들어진 것으로 보고 있다. 이 유적은

'2015年度全国十大考古新发现'의 하나로 정해졌다(2016년 5월 17일 云南网).

　　프랑스의 마그달레니안(Magdalenian) 문화기의 라스코(Lascaux) 동굴벽화의 연대와 같은 시기인 구석기시대 말기에 해당하는 14,500-11,500년 전 현생인류와 고인류의 특징을 모두 갖춘(Highly unusual mixture of ancient and modern features, entirely new species of humanoid) 4구의 '붉은 사슴동굴인'(Red Deer Caveman)이 云南省 蒙自의 붉은 사슴동굴과 广西省 隆林에서 서기 1989년에 발견되어, 云南省 文物考古研究所 吉雪萍 교수와 호주 뉴사우스웨일스(New South Wales)대학 연구팀 커누(Curnoe) 교수의 연구에 의해 새로이 확인되었다. 이들은 매우 이른 시기에 아시아로 이주해 다른 집단과 격리된 채로 살다가 멸종한 원시적 형태의 현생인류이거나 아시아에서 독자적으로 진화해 현생인류와 같은 시기에 살던 별개의 인간종일 가능성이 많다고 한다. 이는 미국 공공과학도서관 온라인 학술지 플러스원(PLoS One) 최신호(2012.03.16 ⓒ Science Times)에 발표되었다.

　　中华民国 台湾의 구석기시대후기 沖積世(Holocene) 때까지 본토와 連陸되어 본토의 동식물이 건너오게 되었다. 서기 1972년 台南 左鎭区 臭屈(Chouqu)와 岡子林(Gangzilin)의 茶寮溪(Cailiao River)에서 현생인류에 속하는 3개의 두개골편과 대구치 화석이 발견되었는데 그 연대는 30,000-20,000년 전에 속한다. 그래서 이 화석인골은 左鎭人(Zuozhen Man, 台湾陸橋人)으로 명명되었으나 여기에서 별다른 석기는 발견되지 않았다. 그리고 서기 2000년-서기 2005년 대만 連江県 馬祖列島 亮島에서 기원전 6370-6210년(7180±40 B.P, 1호 인

골), 기원전 5480년-5360년(6490±30 B.P, 2호 인골)의 인골도 발견되었다. 대만에서 가장 연대가 올라가는 석기는 동남해안의 台東縣 長濱文化(Changbin culture)의 礫石器(chipped-pebble tools)로, 그 연대는 福建省에서 발견되는 이 시기의 유적들과 비슷한 15,000년에서 5,000년 사이에 속한다. 台東縣 長濱의 八仙洞 洞窟遺蹟은 서기 1968년에 처음 발굴·조사된 것으로 5,000년 전까지 존속했던 남쪽 끝의 鵝鑾鼻(Eluanbi) 유적과 비슷하다. 연대가 가장 올라가는 층위에서는 석기들이 나와 수렵과 채집의 생활을 영위했고, 연대가 늦은 층위에서는 석영제 석기를 비롯하여 뼈, 뿔, 조개 등으로 만든 도구들이 나와 어업과 패류의 채집으로 경제가 바뀌고 있음을 알 수 있다. 서기 1980년대에 조사된 대만 서북쪽의 苗栗県의 網形文化[Wangxing culture: 長濱文化와는 달리 苗栗県 大湖鄉 新開村 網形과大湖, 苗栗県 卓兰鎮 西坪里 壢西坪 遺蹟의 후기 구석기문화를 총칭하는 명칭으로 대만 서북지역 苗栗県 伯公龙 遺蹟(47,000년-8,250년 전)의 발굴은 刘益昌에 의해 網形文化로 명명됨]에서는 크기가 작아지고 세월이 지날수록 표준화된 소형 박편석기(flake tools)들이 나와 채집에서 사냥의 생활로 바뀌고 있음을 보여준다.

2. 中石器时代

후빙기가 되면서 종래의 추운 기후에 적응해있던 털코뿔소, 털코끼리 등의 짐승군이 북방으로 이동하게 되자 사람들은 그 대신 따뜻한 기후에 번성하는 작은 짐승들과 식물자원에 주목하게 되었고, 이러는 동안에 주위 환경에 대해 재적응(readaptation)하게 되었다. 이 재적응

과정에서 문화양상도 다양하게 변화하였다. 구석기시대의 석기 제작기술이 점점 발달하여 그 정점에 달하는 것이 후기구석기시대이며 그 다음 시기를 중석기시대라고 한다. 이 시기는 구석기문화에 이어지면서 신석기로 넘어가는 과도기로 파악되는데, 빙하기가 물러가고 기후가 따뜻해지자 사람들이 새로운 자연환경에 대응하는 생활방법을 찾으려 노력하는 가운데 이루어진 것이다. 이러한 생활방식의 결과로 나타난 문화를 中石器時代 문화, 細石器時代(한국은 구석기시대후기인 2만4천 년 전부터 세석기문화가 나오고 있다)라고 한다. 종래의 중석기문화는 구석기문화 최말기로 대체하여 보고 있으며, 유럽에서 중석기시대로 부르는 중석기시대의 존재 여부에 대해서는 찬성과 반대의 두 가지 주장이 있어 중석기시대를 설정하는 것은 아직 문제로 남아 있다. 이러한 경향은 유럽의 중석기시대에 대한 무비판적 수용의 결과로서 동북아시아 전역에서 이루어진 보편적인 것이었다. 그러나 최근 동북아시아 전역에서 나타나는 다양한 문화변동과 특성은 이 시기를 하나의 시대로 평가하기보다는 구석기시대에서 신석기시대로 넘어가는 '과도기시대(transitional period)'로 보는 것이 더 바람직하다는 연구결과가 발표되고 있다. 가장 대표적인 이유는 유럽식의 석기문화가 발견된 예가 없으며, 신석기시대의 산물인 토기가 갱신세 최말기에 나타난다는 점이다.

　중국에서 중석기시대를 細石器의 制造로 보아 細石器時代라고 부르기도 하는데 10,000년 전부터 7,000년 전경까지 약 1-2,000년간 짧은 시간 존속하다가 新石器時代로 진입한다. 이 시기에 속하는 유적은 沙苑文化(陝西省 大荔县 沙苑), 灵井文化(河南省 许昌市 灵井), 下川文化(山西省 沁水县 下川)가 있다.

3. 新石器时代

중국의 신석기시대는 기원전 8000년-기원전 5000년 初期農耕民들의 초기신석기시대에서부터 기원전 5000년-기원전 3200년 仰韶문화 시대까지 포함한다. 新石器时代의 特徵은 기술과 경제행위를 바탕으로 하지만, 경제를 사회변동의 가장 중요한 원동력(Economy as a prime mover in social evolution)으로 보는 공산주의 유물사관론으로 보면 食物採集에서 벗어나 食物을 生産하는 발전에 이르고 石製工具도 간단한 것에서 專門用途로 발전한다. 구석기시대 사람들이 식량채집생활을 영위한 것과는 달리, 신석기시대 사람들은 농경과 목축을 시작하여 식량생산의 경제활동을 전개함으로써 인류의 생활양식은 자급자족으로 크게 변하였다. 이를 신석기혁명(Neolithic Revolution)이라고도 한다. 農業의 出現, 長期的인 聚落 형성, 藝術의 出現과 같은 抽象的 符號가 具體的 事物을 代表하듯이 Vere Gordon Childe는 新石器时代를 「革命(Neolithic revolution)」으로 부르기도 한다. 그래서 인류는 선사시대를 지나 역사시대로 접어들게 되었다. ① 직립보행을 하고 양팔을 사용하는 인류가 지구상에 처음 나타난 사건 이후, ② 농업의 발생(자급자족의 식량생산), ③ 도시의 발생(urbanism)과 아울러, ④ 산업혁명(서기 1760년경 시작)이 가장 큰 사건으로 꼽히고 있다. 그 중 도시의 발생 또는 도시혁명(Urban revolution)은 국가와 문명과 같이 청동기시대에 나타난다.

中国 新石器时代의 대표적 유적들의 연대순은 다음과 같다.

이들은 万年仙人洞(江西 上饶 万年县, 기원전 12000년-기원전 7000년)부터 시작하여 南庄头遗址(华北地区 保定市, 기원전 8500년-기원전 7700년), 彭头山文化(长江中游, 湖南西北部, 기원전 7500년-

기원전 6100년), 裴李崗文化(河南中西部地区, 기원전 7000년－기원전 5000년), 后李文化(山东, 기원전 6500년－기원전 5500년), 興隆洼文化 (內蒙古－辽宁交界, 기원전 6200년－기원전 5400년), 磁山文化(河北南部, 기원전 6000년－기원전 5500년), 大地灣文化(甘肅 및 陝西西部, 기원전 5800년－기원전 5400년), 新樂文化(辽河下游, 기원전 5500년－기원전 4800년), 趙宝溝文化(內蒙古와 河北北部의 滦河流域, 기원전 5400년－기원전 4500년), 北辛文化(山東, 기원전 5300년－기원전 4100년), 河姆渡文化(浙江 余姚와 舟山, 기원전 5000년－기원전 4500년), 大溪文化(三峽地区, 기원전 5000년－기원전 3000년), 馬家浜文化(太湖地区, 기원전 5000년－기원전 3000년), 仰韶文化(陝西, 河南 및 山西, 기원전 5000년－기원전 3000년), 紅山文化(內蒙古, 辽宁, 河北, 기원전 4700년－기원전 2900년), 大汶口文化(山東, 安徽, 河南 및 江蘇北部, 기원전 4100년－기원전 2600년), 崧澤文化(太湖地区, 기원전 4000년－기원전 3300년), 良渚文化(長江 三角洲, 기원전 3400년－기원전 2250년), 馬家窯文化(甘肅 및 青海의 黃河上流, 기원전 3100년－기원전 2700년), 屈家嶺文化(湖北 및 河南省 長江中游, 기원전 3100년－기원전 2700년), 龙山文化(黃河中下流, 기원전 3000년－기원전 2000년), 寶墩文化(成都平原, 기원전 2800년－기원전 2000년), 石家河文化(汉江 中下游地区, 기원전 2500년－기원전 2000년), 馬橋文化(太湖地区, 기원전 1900년－기원전 1200년)까지이다.

4. 靑銅器时代

기원전 3200년-기원전 2500년의 龙山式文化(용산문화형성기)와 기원전 2500년-기원전 2200년의 용산문화기를 거쳐 청동기시대는 夏代[奴隷制社會의 시작, 기원전 2200년-기원전 1750년/偃師 二里头(毫)의 夏문화(기원전 2080년-기원전 1580년)]·商(기원전 1750년-기원전 1100년/기원전 1046년)에서 기원전 475년 戰国时代의 시작까지이다.

다시 말해 技術과 經济行爲로 본 중국의 ① 신석기시대는 기원전 8000년의 初期農耕民들의 초기신석기시대에서부터 기원전 3200년의 仰韶문화시대, ② 靑銅器时代[2]는 夏·商·周에서 春秋时代(기원전 771년-기원전 475년), ③ 철기시대는 都市, 市場과 人本主義가 발전하고 토지의 소유가 가능한 戰国时代(기원전 475년-기원전 221년)로 보고 있으며, 유물사관론적 견지에서 본 奴隷社會는 夏, 封建制社會는 秦나라, 資本主義社會의 시작은 明나라부터 시작된 것으로 보고 있다.

사진 2. 紅山문화[祭壇, 女神廟와 적석총 등이 발굴된 辽宁 凌源県과 建平県의 牛河梁과 東山嘴 유적: 서기 1996년 8월 20일(화) 필자 촬영

그러나 최근 새로운 고고학적 자료들로 알려진 內蒙古의 紅山(기원전 3000년-기원전 2500년경)문화와 夏家店 下層文化, 四川省 成都市 广汉県 興鎮 三星堆 祭祀坑(기원전 1200년-기원전 1000년경) 및 蜀国 初期都城(成都 龙馬寶墩 古城, 기원전 2750년-기원전 1050년이나 기원전 16세기가 중심), 龙山문화(기원전 2500년-기원전 2200년)에 속하는 甘肅省 广河県 齐家坪, 淸海省 貴南 朶馬台 齐家文化유적, 甘肅省 東乡 林家(馬家窯期)유적 출토의 거울(鏡)과 칼 등의 청동제품들은 중국의 청동기시대의 시작이 기원전 2000년 이전으로 올라갈 수 있다는 것을 확인시켜주고 있다. 그러나 본격적으로 청동기시대로 진입한 것은 偃師 二里头(毫)의 夏문화(기원전 2080년-기원전 1580년) 때이다. 그러나 앞으로 中国 靑銅器时代의 上限問題는 龙山문화의 파악, 夏(기원전 2200년-기원전 1750년)나라가 神話로서의 베일을 벗고 고고학 자료를 바탕으로 하는 歷史时代로의 進入, 그리고 靑銅器时代와 그에 따른 紅山문화[祭壇, 女神廟와 적석총 등이 발굴된 辽宁 凌源県과 建平県의 牛河梁과 東山嘴(기원전 3000년-기원전 2500년경)유적, 神樹와 人头의 청동기가 나온 四川省 成都市 广汉県 興鎮 三星堆 祭祀坑[기원전 1200년-기원전 1000년경: 1호 坑은 商晚期, 2호 坑은 殷墟(기원전 1388년-기원전 1122/기원전 1046년)晚期] 및 古蜀/蜀国初期都城(四川省 成都 龙馬寶墩

---

2) 고든 촤일드(Vere Gordon Childe)는 청동기시대에 도시와 국가의 발생, 장거리 외국무역과 도시혁명(Urban Revolution)이 발생하는 제 요인들을 추구한 결과 19개의 기본적인 발견물과 과학의 응용이 바탕이 된다고 한다. 19개의 항목은 관개, 쟁기, 축력의 이용, 범선, 수래, 과수재배, 양조, 구리의 생산과 이용, 벽돌제조, 궁륭, 沙器와 유리제품, 印章, 태양력, 기록, 숫자(기수법), 청동, 철, 알파벳, 도시 물 공급의 수도관이다(최몽룡 1990, 고고학에의 접근-문명의 성장과 멸망-, 서울: 신서원, p.146).

古城, 기원전 2750년-기원전 1050년이나 기원전 16세기가 중심: 商代
早期), 國政을 점치거나 또는 제사용으로 사용되었을 것으로 추정되는
土壇유적], 玉器의 제작으로 유명한 良渚[浙江省 杭州市 余杭区 良渚鎭)
문화(기원전 3350년경-기원전 2350년경) 文明의 多元的 發生과 이의 중
국역사 내에서의 收容 등에 대한 새로운 해석이 가능할 수 있다. 이는 中
国考古學會理事長이며 北京大學校 蘇秉琦 敎授의 제안이며 앞으로 中
国 考古學과 古代史가 당면한 硏究方向이라 할 수 있을 것이다.

그러나 앞으로 中国 靑銅器时代의 上限問題는 龙山문화의 파악, 夏
(기원전 2200년-기원전 1750년) 나라가 神話로서의 베일을 벗고 고고학
자료를 바탕으로 하는 歷史时代로의 進入, 그리고 靑銅器时代와 그에
따른 文明의 多元的 發生 등에 대한 새로운 해석에 달려있다. 이는 앞으
로 中国 考古學과 古代史가 당면한 앞으로의 硏究方向이라 할 수 있을
것이다.

中国文明의 多元的 發生에 대한
편년 순서(chronological order)는
다음과 같이 되겠다.

1) 后李(또는 北辛), 靑蓮崗→
   大汶口[Lungshanoid Cul-
   ture, 后李文化→ 北辛文化
   → 大汶口文化(山東省 广饶
   县 傳家村 392호 묘 출토 인
   골에서는 5000년 이전에 행
   한 뇌수술/穿头術/管錐術/管
   鋸術/開孔術: trepanation

사진 3. 北京大學校 博物館(Arthur
Sackler Museum) 소장 산동성 山東
省 泰安市 岱岳区 大汶口镇(龙山
文化) 유적 출토 尊(준): 서기 1996년
8월 12일(월) 필자 촬영

의 흔적이 발견된다)→ 龙山文化[3]의 순서로 보기도 함]→ 岳石→
山東 龙山文化(Lungshan Culure)→ 商(기원전 1750년-기원전
1100년/기원전 1046년)

2) 老官台→ 裵李崗·磁山[4]→ 仰韶-廟底溝(Lungshanoid Culture

---

[3] 龙山文化의 대표 토기는 黑陶이다. 紅陶(붉은간토기)는 酸化焰(oxidizing fire)으로, 黑陶는 還元焰(reducing fire)으로 구어진다. 中国 靑海省 靑藏高原 三江源 玉树藏族自治州 지역인 扎曲河 北岸 襄謙县 卡永尼村의 藏族들은 과거조상들이 해오던 토기제작방식을 그대로 사용해 토기를 만들어내고 있다. 다시 말해 근처에서 채취한 紅色粘土에다 鐵成分의 돌을 분쇄해 갈아 만든 가루를 섞은 바탕흙(胎土)를 가지고 테쌓기수법(ring-building method)과 발로 간단한 물레(陶車)를 천천히 돌리면서 그 위에 태토를 올려 손비짐으로 원하는 그릇을 成形해나간다. 그리고 그 과정에서 그릇 안에는 拍子를 대고 밖에서는 빨래방망이와 같은 板子로 표면을 두들겨 그릇의 모양을 좀 더 단단하게 굳힌 후 器表面에 나무칼로 陽刻 또는 陰刻의 문양을 새겨 초벌 토기를 완성한다. 최후의 燒成은 잔돌로 테두리를 두른 仰天窯(open kiln) 안에 토기를 거꾸로 쌓아놓고 그 위에 마른 소똥을 덮어 불을 붙이는 방식을 이용한다. 그리고 많으면 한꺼번에 100여 점 정도 구워낸다. 이 제작과정은 모두 남자가 담당한다. 그 결과 5,000년 전부터 시작된 전통적인 紅陶 제작수법이 그대로 유지되고 있다.

[4] 中国에서 가장 빠른 新石器文化 중의 하나는 기원전 5000년의 裵李崗文化와 磁山文化이다. 이 두 개의 문화는 이미 農業, 大量 樹籽(紫草科에 속하는 破布子로 屬學名은 cummingcordia, Sebastan Plum Cordia, 俗稱 樹籽라고도 함), 魚骨, 獸骨의 出土로 採集食物의 相當한 重要性. 農具, 穀物. 家畜의 出現, 상당량 식물의 생산. 早期 新石器文化의 陶器는 모두 手製로 燒成溫度는 900℃, 器形은 매우 複雜하며 약간의 문양 장식이 있고 적지만 彩繪도 있다. 裵李崗文化와 磁山文化의 陶器 器形 中에는 後來의 仰韶文化적 요소도 적지 않다. 繩紋과 彩繪(彩陶)는 다시 仰韶文化 中에 普遍的으로 出現하며 圓形, 方形의 半竪穴 주거지는 裵李崗文化와 磁山文化에서 나타나기 시작하며 같은 형태의 집자리들이 仰韶文化의 村落遺址에서도 보인다. 裵李崗文化와 磁山文化는 仰韶文化의 前身으로 볼 수 있다. 裵李崗文化遺址의 主要 分佈는 河南中部로 방사성탄소연대(碳十四斷代測定的年代)로 보면 裵李崗文化는 기원전 5935±480년, 기원전 5195±300년(樹輪校正後의

河南城 陜県)→ 河南 龙山文化(Lungshan Culture)→ 夏(기원전 2200년-기원전 1750년)

3) 老官台→ 裵李崗·磁山→ 仰韶-廟底溝→ 陜西 龙山文化→ 周(西周시대: 기원전 1100/기원전 1046년-기원전 771년)

4) 彭头山→ 河姆渡(기원전 5000년-기원전 4500년)→ 馬家浜→ 崧澤→ 良渚[玉器의 제작으로 유명한 良渚(浙江省 杭州市 余杭区 良渚鎮)문화(기원전 3400년/기원전 3350년경-기원전 2350년경)]→ 楚

5) 査海(辽宁省 阜新市 阜新蒙古族自治県 沙拉乡 査海村 西五里 "泉水沟" 朝力馬营子, 서기 1982년 발견, 서기 1987년-서기 1994년 7차 발굴, 6925±95 B.P 7360±150 B.P, 7600±95 B.P 7,500-8,000년 이전, 半地穴式 집자리 55기, 墓葬 12기 및 수혈 갱(窖穴), 灰坑 等遺址 房址, 陶器, 石器, 玉器, 龙纹陶片 등 출토, 서기 1992년, 阜新市政府에서 査海博物馆건립, 苏秉琦先生이 이 유적을 "玉龙故乡, 文明发端"으로 언급, 玉·龙文化)→ 興隆窪[内蒙古自治区 赤峰市 敖汉旗 兴隆洼村/敖汉博物馆, 서기 1982년부터 현 10차 발굴, 약 7,500년-8,000년 전, 기원전 6200

연대는: 기원전 5879년) 및 기원전 7350±1000년의 세 개가 나타난다. 裵李崗과 같은 我溝 北崗文化는 기원전 5315년-5025년(校正後연대는 기원전 5916년-기원전 5737년이다), 裵李崗文化의 主要 器物은 帶足의 石磨盤(millstone, 갈판과 갈돌), 石磨桿(맷돌), 狹長扁平의 雙弧刃石鏟(삽)과 帶鋸齒의 石鎌로 모두 農業生産과 관계있는 工具이다. 陶製品 중에는 돼지머리(豬头) 모양을 한 塑像도 있다. 磁山文化遺址의 主要 分佈는 河北 南部와 河南 北部로 磁山文化遺址의 방사성탄소연대(碳十四斷代測定的年代)는 기원전 5405년-5110년(校正後의 연대는 기원전 6005년-기원전 5794년이다). 磁山文化遺址의 저장용 수혈구덩이에서는 썩은 조(粟)가 발견되었고 大量의 돼지와 개(豬狗)의 뼈도 나왔다.

년-기원전 5400년, 石器, 陶器, 玉玦, 玉璜, 骨笛, 骨器, 蚌器 (반월형석도), 女神石雕像, 蚌雕人面飾, 石头堆塑龙形图腾, 출토 곡물 중 기장/黍/Panicum miliaceum과 수수/粟/高梁/Sorghum bicolor 10% 栽培, "中华远古第一村]→ 趙寶溝[赤峰市 敖汉旗 기원전 4110±85 B.C 4200±85 B.C, F6의 標本的年代는 기원전 4.270±85 B.C 樹輪校正年代 6.870±120 B.P 兴隆洼文化中晚期, 趙寶溝文化 出土의 陶器는 砂陶로 尊形器는 趙寶溝文化의 典型陶器 중의 하나임, 動物形象의 도기로 제사지냄, 상투(結髮, 䰂結)를 위한 馬啼形/箍(고)形玉器와 彩陶筒形器가 나옴]→ 富河(赤峰 北部 乌尔吉沐沦河 流域, 5300년 전, 森林草原经济로 卜骨이 나옴, 大量动物骨骼, 蒙古草原地区에 새로운 문화를 제공, 집자리는 수혈로 方形 위주로 中央에 方形의 화덕(灶炕)이 있음, 토기에 '之字纹筒形罐'이 있음, 玉猪龙, 자라와 산양/염소 등의 옥제품, 석촉, 刀柄, 针, 鱼钩, 鱼镖, 有齿骨器 등의 타제석기와 细石器, 鹿, 黄羊, 狐, 松鼠 등의 동물 뼈가 출토)→ 紅山(서기 1921년 발견, 서기 1935년 热河省 赤峰 红山后遺址 发掘, 서기 1956년 红山文化命名. 서기 1970년대 辽西地区大规模 调查로 辽宁 朝阳市 東山嘴[辽宁省 朝阳市 喀左县 兴隆庄乡章 京营子村 东山嘴屯, 新石器时代 红山文化晚期, 女神廟, 祭壇, 積石塚/石棺墓(周溝石棺墓) 20기, 大型祭祀性遺址, 동양의 비너스로 불리는 女性陶塑像편, 孕妇陶塑像편, 双龙首玉璜饰, 绿松石鸮, 彩陶祭器, 기원전 3600년-기원전 3000년]와 朝阳市 建平 牛河梁[辽宁省 朝阳市 建平县 富山街道와 凌源市 凌北街道의 경계, 新石器时代 红山文化晚期, 女神庙, 积石冢, 玉壁, 云形王佩, 扁圆形玉环, 圆桶形 馬啼形/箍(고)形玉器, 玉鸟, 玉

鸽, 玉龟, 玉鱼, 玉兽 등, 5500년-5000년 전] 유적이 발견됨, 주요 분포지로는 內蒙古 동남부, 辽宁 서부 및 河北 북부, 吉林 서부이다. 4,900-5,500년 전, 기원전 4000년-기원전 3000년/기원전 3600년-기원전 3000년/기원전 4700년-기원전 2900년으로 올라가나 중심연대는 기원전 3000년-기원전 2500년경, 紅陶와 黑陶陶罐, '之'字文토기, 禮器的 성격의 雙龙形玉横, 龙形玉, 獸形玉, 勾云形玉佩, 馬蹄形玉, 女神廟, 祭壇, 積石塚/石棺墓(周溝石棺墓)→ 小河沿(敖汉旗 小河沿乡 白斯朗营子, 5000년 전-4500년 전, 기원전 3000년경 石器의 기본은 磨制로 器形은 斧, 锛, 带孔石铲 및 石球, 역자식 삼각형 石镞, 刮削器가 있으며 少数 磨製石铲 및 石斧가 있고 정세하게 가공한 細石이 있어 骨器에 삽입해 이용한 복합도구가 존재, 토기로는 黑陶 및 泥质灰陶)

小珠山[辽宁省 大连市 长海县 广鹿岛中部 吴家村 西쪽 小珠山, 서기 1978년, 辽宁省博物馆, 旅顺博物馆 및 长海县博物馆이 발굴, 서기 1981년 辽东半岛 新石器时代文化를 小珠山 上层{上馬石 중층의 연대가 4400±110 B.P, 王屯南窯 4220±350 B.P, 곽가촌 상층 4180±90 B.P, 4060±90 B.P, 3990±90 B.P, 4110±90 B.P 4000년 전 新石器 晩期文化, 瓦房店 长兴岛 三堂村, 旅顺 郭家村(4180±90 B.P)도 중층에 속한다. 卵殼黑陶가 나옴}, 中层 (4570±100 B.P, 5810±105 B.P, 5,000년-6,000년 전, 老铁山 积石墓, 甘井子区 四平山 积石墓, 长海县 大长山岛 上马石이 속함), 下层(7000년 전, 之字文토기가 존재) 세 시기로 나눔, 갈돌/마분석, 토기와 옥기가 나옴]→ 後窪(東港市 馬家店鎮 三家子村 後窪屯, 下層 6000년 전 이상, 上層은 4465±90 B.P, 4980±159

B.P로 5000년 전, 3000-2900 B.C 서기 1989년 5월 辽宁省博物館文物工作隊 許玉琳이 발굴, 石雕龙, III-상층 기원전 3000년-기원전 2500년 돌대문토기/刻目突帶文土器가 나옴)

新樂(辽宁省 辽河河谷地区 辽宁 沈阳 新樂, 1973년 발굴, 5300년-4800년 전→ 偏堡子(辽宁 沈阳 新民市 張屯乡, 偏堡子村, 서기 1956년 조사, 기원전 3000년-기원전 2500년)로 이어지는 문화계통에는 內蒙古 赤峰市 夏家店 하층문화[內蒙古早期青铜文化, 3965±90 B.P(2015 B.C; 校正연대 2410 B.C), 기원전 22세기-기원전 11세기, 기원전 2000년-기원전 1500년, 4000 B.P-3200 B.P]→ 夏家店 상층문화(西周-春秋早期, 기원전 8세기-기원전 3세기의 青銅文化로 內蒙古 辽宁省 辽河 一帶에 분포, 戈, 矛, 短劍, 鏃, 飾牌青銅器가 발견된다)→ 辽宁 朝陽시 魏營子문화(기원전 14세기-기원전 7세기)→ 凌河문화(기원전 10세기-기원전 4세기, 十二台營子)로 발전하는데 여기에는 비파형동(琵琶形/辽宁式/滿洲式/古朝鮮式銅劍)이 나와 우리 古朝鮮문화와의 관련도 언급된다.

서기 1980년대에 들어와서는 새로이 大連 于家村 砣头 積石塚(1호 주거지: 기원전 1185년과 1280년/3호 주거지: 기원전 1600년과 기원전 1705년/3호 주거지 지면 하: 기원전 2015년과 2135년, 기원전 1680년/기원전 1330년)과 新錦县 雙房 16호 주거지(기원전 2060년/기원전 1170년)에서 기원전 21세기-기원전 12세기경으로 올라가는 연대가 나왔다(文物 79-12). 그리고 積石塚과 비파형동검 관련 유적으로 大連 于家村 砣头 積石塚(3505±135 B.P, 1555 B.C/3555±105 B.P, 1605 B.C, 文物 83-9)와 辽宁 新金县 雙房 6號 石棺墓(于家村 上層 3280±85 B.P

1330 B.C, 上馬石 上層 3130±100 B.P, 1180 B.C, 3440±155
B.P, 1490±155 B.C에 속한다고 한다. 考古 83-4), 辽宁 岡上
積石塚(1565±135 B.C), 雙坨子 3기층(3135±90 B.P, 3130±
100 B.P, 1355±155 B.C), 上馬石 上層(1415±195 B.C, 1370
±160 B.C), 吉林省 星星肖 石棺墓(3055±100 B.P, 1105 B.C)
등이 있으며 이의 연대도 기원전 1605년, 1565년, 1555년, 1415
년, 1370년, 1355년, 1105년으로 나오고 있다. 이제까지 남한에
서 출토한 비파형동검의 연대도 이중구연 단사선문, 구순각목,
공렬토기와 같이 출토하고 있어 그 연대도 청동기시대 전기 말-
중기 초로 종전에 생각했던 것보다 빠른 기원전 13세기-기원전
9세기 사이에 나타나고 있음을 보여 준다.

6) 四川省 成都市 广汉县 南興鎭 三星堆 祭祀坑[기원전 1200년-기
원전 1000년경: 1호 坑은 商 晚期, 2호 坑은 殷墟(기원전 1388
년-기원전 1122/기원전 1046년)晚期] 및 古蜀/蜀国初期都城(四
川省 成都 龙馬寶墩 古城, 기원전 2750년-기원전 1050년/기원
전 2800년-기원전 1100년이나 기원전 16세기가 중심: 商代早期)
의 国政을 점치거나 또는 제사용으로 사용되었을 것으로 추정되
는 土壇유적, 서기 2015년 6월 16일 中国 中央電視台/CCTV 4에
서 商時期의 北城墻 흔적이 발견되었다는 보도가 있음]

三星堆 祭祀坑遺址(12㎢)는 中国 四川省 成都市 广汉市 城西 7㎞ 떨
어진 남쪽 南兴镇 三星村 4㎞의 鴨子河畔에 위치하며 成都에서는 약 40
㎞ 떨어져 있다. 북쪽으로 德阳 26㎞ 青銅时代文化遺址이다. 三星堆란
이름은 古域內 三개처가 연이어 볼록 튀어나온 '三顆星星'의 黃土堆로
이름을 얻었다. "三星伴月"의 이름도 있다. 서기 1929년 봄 广汉县 南兴

镇 真武村 村民 燕道诚 方形坑道에서 玉石器 한 점을 신고하였고 후일 같은 갱도에서 400여 점을 발견하였다. 서기 1934년 3월 华西大學 葛維汉과 林銘均 教授가 考古隊를 구성하여 广汉 月亮湾 遺址의 考古發掘을 실시하여 「三星堆文化」란 명칭을 사용하였다. 그 후 祭祀坑遺址가 발굴되어 각광을 받게 되었다. 이곳은 중국 最大의 古蜀文化遺址로 古蜀王国의 早期都城도 존재한다. 兩大祭祀坑의 발굴 전후 東, 南, 西, 北 城牆에서 성벽의 흔적을 찾아내었다. 三星堆 古城址는 平面은 梯形, 南寬北窄, 東西長 1,600-2,100m, 南北 폭 2,000m로 總 面積은 3.6㎢이다. 古城의 中軸線上 三星堆, 月亮湾, 真武宫, 西泉坎 등 4개의 중요한 遺迹이 분포한다. 그러나 玉石器坑과 兩大祭祀坑도 그 선상에 있다. 古城은 作坊区, 宮殿区, 墓葬区, 祭祀区, 生活区(河道供水), 運輸区로 조성되어 있다. 遗址의 年代는 기원전 2800년-기원전 1100년에 속하며 이 시기는 다시 四期로 나누어지는데 一期는 宝墩文化(前蜀文化), 二·三期는 三星堆文化(古蜀, 기원전 2000년-기원전 1400년), 四期는 十二桥文化(古蜀, 金沙遺址)이다. 이 문화는 中原의 夏·商·周 时期에 해당한다. 서기 1986년 7월 28일 四川省文物考古研究所가 발굴을 시작하고 서기 1987년 1월 16일 四川省第二批文物保護單位로 공표되었다. 현재 그곳은 '三星堆国家考古遗产公园'이다. 현재 世界文化遺産의 등재를 신청 중이다. 一號 坑에서 国宝级의 金杖을 포함해 약 420점이 출토되었다. 二號 坑 출토물은 1,300여 점으로, 국보급의 青铜立人像, 青铜神树, 青铜纵目面具(靑銅大面具), 玉边璋, 玉牙璋를 포함해 人头像(4점), 青銅手, 青铜兽面具, 黄金面罩, 青铜太阳轮(차륜, 수레바퀴), 跪坐人像, 青铜人身形器, 青铜大鸟头, 10여 개의 象牙骨器, 石器, 陶器 등이 발굴되었다. 모두 깨어지고 파괴되어 훼손(破碎)이 심한데, 불에 탄 흔적으로 보아 埋納하기전 燔燎祭祀活動을 거행하였던 것 같다. 三星堆遺址

의 陶器種類에는 圈足豆, 小平底陶罐, 尖底罐, 雙耳罐, 高領罐, 鳥首, 馬首, 羊首把勺, 高柄豆, 盃, 酒瓶, 弧, 杯, 碟, 盤, 圈足盤, 甕, 缸, 長頸壺, 器蓋, 三足形炊器 등으로 地方特色이 농후하다. 이는《呂氏春秋》에서 나오는 春秋戰国시기의 吳越 양국 간의 전쟁에서 패하면 宗廟 등이 파괴되고, 《史記》의 "中也有戰敗国被 毀其宗廟 遷其重器의例子"라는 기록과 부합된다. 그리고《禮記》에서는 "天子造于四方 先柴燎祭"라고 한다. 燎祭 또는 焚燎는 제사지내고 祭品 등을 태울 때 연기 상승함에 따라 天神聞到하고 天地先祖敬畏之情을 얻게 되는 것이다. 이의 주관자는 神權을 담당하는 巫師였을 것이다. 青銅纵目面具(青銅大面具)에서 보면 눈이 튀어나온 기괴한 모습이다. 이는 古蜀의 모습은 西汉 揚雄이 쓴《蜀王本記》에서 "未有文字 不瞭禮樂"로 기재되어 있고《华陽国志》에서 초대왕인 蠶總(잠총)의 모습은 "蜀候蠶總 其目縱 始稱王"이라고 언급한다. 이는 당시 안구돌출증(甲亢症, Hyperthyroidism, 바세도병 즉, 갑상선 기능 항진증)으로 인한 것이며 나무자루에 금을 입힌 金杖(길이 143㎝, 직경 2.3㎝, 무게 463g)으로 볼 때 그는 권력을 함께 가진 神殿政治(theocracy)나 권력을 지닌 절대왕권의 소유자로 보인다. 金杖의 표면에 삼조의 도안이 나있는데 大漁가 羽箭에 맞아 관통되어 있고 중간에 물오리(부, 鳧)가 새겨져 있어 蠶總은 魚鳧国(어부국)王으로 潛淵이나 飛天에 능한 사람으로 金杖은 蠶總이 王權, 神權, 祭祀에 사용하던 '魚鳧王借通神祭祀法器'인 것이다. 중원의 商과 周나라에서 권력의 상징이 青銅鼎인 반면에 三星堆에서는 金杖이 象徵地位를 대신한다. 三星堆博物館에는 1·2호 갱에서 나온 王璋, 玉戈, 象牙, 青銅器, 陶器 등 1,000여 점이 전시되어 있는데 수량은 많고 조형은 奇特하다. 그중 青銅裸樹는 높이가 3.96m인데 세 부분으로 구성되어 있다. 각 부분에는 3개의 가지가 있어 모두 9개가 보인다. 꼭대기에는 太陽神을 상

징하는 새가 한 마리 있었을 것이나 발굴에서 찾지 못했다고 한다. 이것
은《山海經》大荒東經에 나오는 扶桑의 神樹로 "湯谷上有扶木一日方至
一日方出皆載于烏 遠古時期有十只金烏 巴就是太陽神鳥"로 9일은 아래
가지(下枝), 1일은 윗가지(上枝)로 올라가는 烏, 飛龙이 通天하는 기세
를 보이고 있다. 이 靑銅裸樹의 鑄造는 銅環套로 위와 아래를 연결하는
套鑄, 嵌鑄, 鉚鑄 등 다양한 수법과 복잡한 기술을 사용하고 있다. 그리
고 三星堆博物館 소장의 獸面紋牛道尊과 靑銅牌飾은 湖南省博物館의
犧首獸面紋銅尊과 河南省博物院 소장의 嵌綠松石饕餮紋牌飾와 유사하
다. 그래도 중원에 비해 극소수이고 옥기도 그대로 사용할 수 있는 盛裝
玉器로 다른 문화의 성격과는 차이가 난다. 이들의 주인공은 羌族으로
여겨진다. 그리고 印度洋 기원의 貝殼(海貝)이 1,000여 점 이상 발견된
다. 古蜀문화의 본 모습은 黃河의 靑銅器문화 長江의 玉器문화와 별개
로 獨自的으로 발전하였지만 서로 얽혀져 相互融合, 共同構成 및 發展
을 아루고 있었다. 이는 중원의 夏·商·周와 함께 紅山, 良渚文化는 中
国 文明의 多元的 起源의 하나로 볼 수 있다.

그리고 彭头山-河姆渡-馬家浜-崧澤-良渚-楚와 辽宁省 阜新市
阜新县 沙拉乡 查海村 朝力馬营子(阜新蒙古族自治县)-興隆窪(內蒙
古 敖汉旗 興隆窪村-趙寶溝-富河)-紅山-小河沿, 小珠山-後窪, 新
樂-偏堡子(辽宁 新民)로 이어지는 문화계통도 고려된다. 內蒙古 赤峰
市 夏家店 下層문화는 상나라 말기이며 上層문화는 상나라 말-주나라
초에 속한다. 하층문화는 동쪽으로 辽宁 朝陽시 魏營子문화(기원전 14
세기-기원전 7세기)-凌河문화(기원전 10세기-기원전 4세기, 十二台
營子)로 발전하는데, 여기에는 비파형동검(琵琶形/辽宁式/满洲式/古
朝鮮式 銅劍)이 나온다. 여기에는 內蒙古 赤峰市 夏家店문화도 언급된
다. 이제까지 알려진 夏나라보다 약 800년이나 앞서는 紅山문화에 속

하며 祭壇, 女神廟와 積石塚 등이 발굴된 辽宁 朝阳市 東山嘴[辽宁省 朝阳市 喀左县 兴隆庄乡 章京营子村 东山嘴屯, 新石器时代 红山文化 晚期, 女神廟, 祭壇, 積石塚/石棺墓(周溝石棺墓) 20기, 大型祭祀性遗址, 동양의 비너스로 불리는 女性陶塑像편, 孕妇陶塑像편, 双龙首玉璜饰, 绿松石鸮(올빼미, awl), 彩陶祭器, 기원전 3600년-기원전 3000년]와 朝阳市 建平 牛河梁[辽宁省 朝阳市 建平县 富山街道와 凌源市 凌北街道의 경계, 新石器时代 红山文化晚期, 女神庙, 积石冢, 玉壁, 云形玉佩, 扁圆形玉环, 圆桶形 馬啼形/箍形玉器, 玉鸟, 玉鸽, 玉龟, 玉鱼, 玉兽 등, 5500년-5000년 전]유적으로 대표된다. 紅山문화(4,900년 전-5,500년 전, 기원전 4000년-기원전 3000년으로 올라가나 중심연대는 기원전 3000년-기원전 2500년경)는 1935년 초 赤峰市 紅山后에서 발견된 것으로 그 범위는 내몽고 동남부를 중심으로 辽宁 서남, 河北 북부, 吉林 서부로까지 미친다. 경제생활은 농업과 어로가 위주이고 석기는 타제와 마제석기를 사용하였다. 주요 유적들은 內蒙古 那斯台村, 辽宁 朝阳市 喀左 東山嘴 冲水溝(기원전 3000년경), 朝阳市 建平 牛河梁을 비롯하여 蜘蛛山, 西水泉, 敖汉旗 三道灣子, 四棱山, 巴林左旗 南楊家營子들이다. 특히 辽宁 喀左 東山嘴와 建平 牛河梁유적에서는 祭壇(三重圓形), 女神廟[東山嘴 冲水溝의 泥塑像, 여기에서 나온 紅銅/純銅의 FT(Fission Track dating, 우라늄이 포함된 광물이나 유리질의 핵분열에 기초)연대는 4298±345 B.P/2348±345 B.C, 3899±555 B.P/1949±555 B.C, C¹⁴의 연대는 5000±130 B.P/3150±130 B.C가 나오고 있다], 積石塚(牛河梁 馬家溝 14-1, 1-7호, 1-4호, 祭器로서 彩陶圓筒形器가 보임), 石棺墓(2호), 禮器로 만들어진 玉器[龙, 渚(묏/멧돼지), 매, 매미, 거북 자라 등의 動物, 상투(結髮, 離結)를 위한 馬啼形/箍形玉器(趙寶溝, 14-a), 環, 壁, 玦 등 100건 이상], 紅陶와 黑陶가 생산된 橫穴式 窯

와 一·二次 葬을 포함하는 土坑竪穴墓(水葬·風葬·火葬) 등이 알려져 있다. 河南省 南陽市 북쪽에 위치하는 独山[中国 四大名玉 산지 중의 하나인 独山(玉潤独山, 海拔 367.8m)에서 산출되는 玉은 독산으로부터 3㎞ 떨어진 6,000년 전의 玉鏟이 출토한 南陽市 臥龙区 蒲山鎭 黄山村 黄山 신석기시대 晩期의 遺址로 부터 잘 알려져 있으며, 南阳玉, 河南玉, 独山玉(bright green jadeite, nephrite jade)으로 불리 운다. 옥의 主要 组成矿物로는 斜长石(anorthite)을 중심으로 黝带石(zoisite), 角閃石(hornblende), 透辉石(Pyroxene), 铬云母(Fuchsite; chrome mica), 绿帘石(epidote), 阳起石(Tremolite, Tremolite asbestos Actinolite) 등이 있다. 이곳에서 옥은 多色性으로 绿色, 藍色, 翡翠色, 棕色(褐色), 红色, 白色, 墨色 등 7가지 색이 나타나며, 白玉에서 미얀마/버마/Myanmar(緬甸, 서기 1989년 이후 Burma의 새로운 명칭)에서 나오는 翡翠와 유사한 옥에 이르기 까지 다양하게 산출된다] 및 密県의 密玉(河南省 密県에서 산출하는 河南玉 또는 密玉이라고도 함), 辽宁省 鞍山市 岫岩 满族自治県(中国 四大 名玉 산지 중의 하나), 甘肅省 酒泉, 陝西省 藍田, 江蘇省 栗陽 小梅岭, 內蒙古 巴林右旗 靑田(巴林石, 青田石)과 멀리 新疆省 和田과 新疆 昌吉県 瑪納斯에서부터 당시 상류층에서 필요한 玉, 碧玉과 翡翠의 수입 같은 장거리 무역관계도 형성해나갔던 것 같다. 홍산문화에서 나타나는 옥기들은 鞍山 岫岩玉(满族自治県)이 이용되었다. 홍산 문화에서 査海(6925±95 B.P, 7360±150, 7600±95 B.P, 7500-8000년 이전)의 龙纹陶片과 興隆窪(기원전 6200년-기원전 5400년, 7500-8000년 이전)의 石头堆塑龙形图腾崇拜(토테미즘, totemism)를 거쳐 玉猪龙이 사슴·새→ 묏/멧돼지용(玉渚龙)에서→ 龙(C形의 玉雕龙으로 비와 농경의 기원)으로 발전하는 图上의 확인뿐만 아니라 紅山岩畵에서 보이는 종교적 무당 신분의 王(神政政治,

theocracy)에 가까운 혈연을 기반으로 하는 階級社會 중 복합족장사회 (complex chiefdom) 또는 그 이상의 단계인 文明社會를 보여주고 있다. 劣等自然敎는 精靈崇拜(animism)→ 토테미즘(totemism, 图騰崇拜)→ 巫敎(shamanism)→ 祖上崇拜(ancestor worship)로 발전하는데, 이곳 홍산문화에서는 샤만의 원형을 잘 유지하고 있다고 생각되는 고아시아족(Palaeoasiatic people, Palaeosibserian people) 중 축치족 (러시아의 Chukotka에 사는 Chukchee/Chukchi족)에서와 같이 見靈者, 豫言者와 醫療者의 역할을 할 수 있는 巫敎(샤마니즘, 薩満敎)의 무당 신분의 王이 중심이 된다. 도시와 문자의 존재로 대표되는 문명의 발생에 神政政治(theocracy)와 그에 뒤이어 世俗王權政治(secularism)가 나타난다. 여기에는 만신전(pantheon of gods)과 함께 이에 필요한 공식적인 藝術樣式도 나타난다. 이는 남미의 챠빈(Chavin de Huántar, 기원전 900년-기원전 200년/기원전 750년-기원전 400년, 전성기에는 약 3,000명이 거주) 문명이 武力이나 軍隊를 사용하지 않고도 고도의 챠빈 문화를 700년-800년 이상 유지했던 것이 지배층 司祭를 중심으로 산 페드로 선인장(san-pedro-cactus)에서 추출한 환각제를 사용해서 음악과 춤을 배합한 일종의 챠빈교의 永續性을 유지하려던 정교한 宗敎儀式을 행했던 것처럼, 홍산문화도 이와 유사한 神政政治의 모습을 보여준다고 추측된다. 이는 夏·商·周과 같은 고대 중국에 있어서 藝術(art), 神話(myth)와 儀式(ritual) 등은 모두 政治体 또는 정치적 권위에 이르는 과정을 언급한 張光直의 견해와도 일치한다. 그러나 甲骨文字와 같은 문자가 없었던 것이 주목된다. 또 그 사회는 母系氏族社會에서 父系氏族社會로 발전하고 있었다. 그러나 이는 結繩文字(매듭문자, 퀴푸, Quipu)가 문자를 대신하는 잉카와 특히 종교적 예술양식의 분포와 문화적 특질'에 바탕을 둔 호라이존(Early Horizon, 차빈/Chavin), 중

기 호라이죤(Middle Horizon, 티아우아나코/Tiahuanaco/Tiwanaku)
과 말기 호라이죤(Late Horizon, 잉카/Inca, 서기 1438년–서기 1532
년)으로 편년하는 페루 지역에서와 같이 玉의 사용과 전파가 문자를 대
체하여 나타나는 계급 또는 종교적 예술적 상징(symbolism)로 보인
다. 그래서 홍산문화는 垓字가 돌린 성역화 된 積石塚/石棺墓(周溝石棺
墓)이 나타나는 계급사회, 옥을 바탕으로 종교 제사유적을 바탕으로 하
는 중국 동북부 지역에서 나타난 최초의 문명이라 할 수 있다. 이 유적
은 기원전 4000년–기원전 3000년으로 중국고학편년 상 신석기시대 晚
期/後期에 속한다. 대개 문명은 청동기시대에 나타나는 것으로 알려져
있으나 시리아의 텔 카라멜(Qaramel, Tel Qaramel, Tel al–Qaramel)
은 기원전 11000년–기원전 9650년, 터키 산리우르화(Şanliurfa 이전의
Urfa/Edessa)읍의 동북쪽 아나톨리아 고원 동남쪽 쾨베크리 구릉(Gö-
bekli Tepe, Potbelly Hill)은 기원전 9130년–기원전 8800년(9559±53
B.C), 기원전 9110년–기원전 8620년(9452±53 B.C)의 연대를 보인다.
텔 카라멜 유적은 제리코(Jericho) 유적보다도 약 2,000년, 수메르 문명
이나 피라미드의 축조보다 적어도 약 6,000년 이상이 앞선 의례중심지
(ceremonial center)이다. 홍산문화 중 趙寶溝文化의 陶器에서 보이는
토기문양 중 갈 '之' 문양은 평북 의주 미송리와 경남 통영 상노대노에
서, 玉玦은 경기도 파주 주월리와 강원도 고성 문암리에서 나타난다. 周
溝石棺墓는 강원도 홍천 두촌면 철정리, 강원도 춘천 천전리, 충남 서천
오석리와 경남 진주 대평 옥방 8지구 등에서 보여 홍산문화와 한국의
선사문화의 관련성이 점차 증가하는 추세이다.

이 유적에서는 廟底溝 二期文化, 戰国, 汉代, 金 및 元朝의 유물도
보인다. 그러나 이제까지의 조사에서 中原地区의 龙山文化에서 陶寺

類型이 확인되고 放射性炭素연대로 기원전 2500년-기원전 1900년 사이로 밝혀진 것이 중요하다. 이와 같은 陶寺類型의 유적은 晉西南汾河下游와 澮河 流域에서 이미 70여 군데서 발견되었다. 陶寺遺址에서 나온 유물을 복원하면 中国 古代의 階級사회인 夏文化가 된다. 주거지는 소형으로 지상가옥, 半地穴式과 窯洞의 세 종류이나 半地穴式과 窯洞의 두 종류가 압도적으로 많다. 길이와 폭은 일반적으로 2-3m로 실내 지면은 燒成 혹은 塗白灰面으로 처리하였으며 중앙에는 竈坑이, 牆面 上에는 가끔 壁龕도 있다. 주위에는 道路, 水井, 陶窯, 窖穴 및 灰坑이 있으며 우물은 원형으로 직경 10m에 달하며 우물 근처 바닥에는 圓木 搭壘를 세워 우물을 보호하는 벽으로 이용하였다. 우물 바닥에는 대량의 汲水陶扁壺碎片이 깔려있다. 陶窯는 橫穴式으로 窯室直徑은 0.7-1.4m이며 平行狀 혹은 或葉脈狀의 火道가 많다. 窖穴은 筒形, 袋形이며 坑內에는 半環形坡道를 만들었는데 白灰를 넓게 사용해 발라 白灰窯 및 白灰窖穴이 이미 이 시기에 나타났음을 알려준다. 이곳에서 彩绘龙盘으로 대표되는 陶, 石, 骨, 玉 등이 생산되고 生活用具와 裝飾品이 많이 만들어 졌다. 이외에도 판축한 夯土를 부셔 만든 흙덩이와 刻劃을 한 幾何形 花紋白灰의 牆皮도 발견된다. 墓葬은 1,000여 기가 조사되었다. 이곳의 유적·유물은 早期와 晚期 두 기로 나누어진다. 陶寺早期는 遺存是廟底溝二期文化를 발전·계승한 것이며 晚期는 河南 龙山文化 중 三里橋類型과 문화적 관련이 있음을 보여준다. 出土遺物은 陶器, 玉石器, 骨器, 銅器 등이며, 陶器는 夾砂灰陶 및 泥質灰陶가 주이며, 器表面에는 繩紋이 많이 장식되어 있다. 또 素面磨光陶器에서는 籃紋 및 少量의 堆紋, 方格紋, 弦紋, 鏤孔이 보인다. 平底器 및 袋足器도 발달하고 典型器物에는 夾砂缸, 釜竈, 盆形鼎, 罐形斝, 尊形斝, 摺腹斝, 肥足鬲, 大口罐, 鏤孔圈足罐簋, 摺腹盆, 扁壺 등이 발전·서열을 이루어 나타난다. 무덤의 부장품 陶器로 竈, 鼎, 斝, 罐, 壺, 瓶, 盆, 盤, 豆, 觚, "異型器"(土鼓) 등으로 夾砂質의 炊器의 표면을 제외하면 各種 泥質容器 器表에 朱繪 혹은 色彩繪가 많으며 모두 燒成 後에 着彩를 하였다. 흑색 혹은 褐色陶衣를 바탕으로 하고, 혹은 朱紅色을 바탕으로 紅, 白, 黃, 綠色 礦物顔料로 圓點, 條帶, 幾何形紋, 渦紋, 回紋, 龙紋, 變體動物紋을 그려 넣어 斑爛絢麗한 图案을 구성하였다. 彩繪紋樣은 商周靑銅器, 漆器花紋頗와 많이 닮고, 그중에는 朱繪 혹은 朱, 白의 兩色으로 蟠龙紋을 그려 만든 陶盤이 가장 특색이 있다. 大·中型墓에서 출토한 朱繪或彩繪(漆)木器는 陶寺類型文化의 한 特色으로 알려져 있다. 俎, 盤, 豆, 鬥, 勺, 觚, 杯, "倉形器", 高柄豆 등 多種의 器形에는 일반적으로 器表面에 赭紅 혹은 淡紅色으로 칠하고, 少數의 精品에는 紅色의 바탕에 白, 綠, 黃, 藍 등으로 邊框, 條帶, 幾何形紋, 雲氣紋構成의 美麗图案을 그려 넣었다. 彩皮가 떨어져 나갔을 때 卷狀, 其物理形態과 漆皮와 비슷해진다. 黃河流域 出土의 가장 오래된 漆木器實物, 將案, 俎, 盤, 鬥, 勺(작) 등 文物의 歷史가 1,000여 년 전부터 지속되어 오고 漆木器의 造型과 图案도 商과 周漆器와 상당히 근접한다. 이외 晩期 墓中 出土한 한 점의 小銅鈴이 있는데, 이것은 中国에서 가장 빠른 金屬樂器이며 동시 가장 빠른 複合鎔范 이용해 만든 金屬器로 잘 알려져 있다. 또 주거지에서 출토한 한 점의 陶扁壺上에서 毛筆을 이용해 쓴 朱書의 글씨는 字形의 結構가 甲骨文과 동일한 수법을 보인다. 이 유적은 原始氏族社會를 벗어나 새로운 歷史階段인 三皇五帝 중 堯 임금의 도시로 이야기 된다. 이곳에는 '王墓', 陶礼器, 铜器, 朱书文字, 而且有城垣, 宮殿, 祭祀区, 仓储区, '观象台' 등이 존재하기 때문이다. 中华文明探源工程의 일환으로 中国社科院考古所과 山西臨汾地区文化局의 연합 발굴로 이곳이 中国史前 "第一城" 古城임을 밝혔는데, 早期는 小城으로

南北 長 약 1,000m, 东西 폭 약 560m로 中期 大城의 东北에 위치. 중기의 성은 早期 小城의 남쪽에 위치하며, 南北 長 약 1,800m, 东西 폭 약 1,500m의 면적은 280만㎡로 170만㎡의 石家河城보다 크다. 그리고 성내에는 宮殿区, 仓储区, 祭祀区로 구획된다고 한다. 그리고 陶壺上의 朱書符號는 중국에서 알려진 가장 오래된 中国 文字이다. 또 陶寺 早期 (기원전 2300년-기원전 2100년)와 中期(기원전 2100년-기원전 2000년)의 대형 王族墓地는 長 5m, 폭 3.7m, 깊이 8.4m로 大城의 南端에 위치하는 陶寺文化의 中期的 墓地로 1기의 大墓이며, 출토된 72건의 부장품으로 볼 때 墓 主人은 '王'이 가능하다고 한다. 이곳에서 財富를 상징하는 돼지의 하악골(豬下頜骨), 王權과 兵權을 상징하는 6점의 玉鉞이 발굴되었다. 현재 陶寺 '观象台'를 복원시킨 《太极追踪》으로 추정되는 大型圓体의 판축상 夯土建筑과 齒輪의 陶寺文化器物, 中国에서 가장 빠른 金屬樂器이며 동시에 가장 빠른 複合鎔范 이용해 만든 金屬器인 陶寺文化 早期의 銅鈴과 彩绘龙盘 등으로 볼 때, 이곳이 '二十四节令과 四季'와 '期三百有六旬有六日'을 밝히는 등 唐尧时代에 天文历法의 공헌이 많았던 堯임금의 '堯都平阳'의 소재지로 확인된다.

그리고 山西省 襄汾县(臨汾地区) 城 東北 약 7.5㎞의 塔兒山 西麓에 分布한 陶寺, 李莊, 中梁, 東坡의 四村 사이 東西 長 약 2,000m, 南北 폭 약 1,500m의 總 面積 3㎢에 위치하는데, 이곳은 黃河 中游地区 龙山文化 時期의 重要文化類型으로 서기 1978년-서기 1983년 中国社科院考古所과 山西臨汾地区文化局의 연합발굴을 통해 "王墓", 陶礼器, 铜器, 朱书文字, 城垣, 宮殿, 祭祀区, 仓储区, 观象台 등으로 추정되는 房址, 窖穴, 陶窯, 石灰窯, 水井 등의 유적이 발견되었으며 현재 襄汾县 陶寺遺址(Táosìyízhǐ/Taosiyizhi)이름으로 대표된다.

사진 4. 浙江省 余姚県 河姆渡鎮 姚江 옆 河姆渡유적 입구: 서기 2009년 8월 22일 (토) 필자 촬영

浙江省 余姚県 河姆渡鎮 姚江 옆 河姆渡 유적(현 河姆渡博物館)은 기원전 5000년-기원전 3300년경에 속하며, 早期와 晚期 두 시기로 나누어진다.

> 早期문화(제4·3층, 기원전 5000년-기원전 4000년경): 태토의 많은 식물분말이 소성시 타서 까맣게 된 夾碳黑陶 위주로 건축유구가 잘 남아 있음.
>
> 晚期문화(제2·1층, 기원전 4000년-기원전 3300년경): 사질의 陶器인 夾砂紅陶, 紅灰陶가 위주임.

그러나 이 유적을 달리 제1기, 제2기와 제3기 세 문화기로 나누기도 한다.

> 제1기(제4문화층, 기원전 5000년-기원전 4500년경): 건축유구, 골각기, 목기가 대량으로 발견됨.
>
> 제2기(제3문화층, 기원전 4500년-기원전 4000년경): 10여 기의

무덤, 土坑, 솥, 盞와 高杯 등의 陶器類, 木胎漆椀가 발견됨.

제3기(제2문화층, 기원전 3500년-기원전 3000년경): 三足器, 외반구연의 솥, 동체부가 원형인 솥, 鉢형의 杯와 나팔모양의 다리를 가진 豆(器台), 盞 등이 발견됨.

이 유적에서 가장 중요한 것은 대량의 벼가 발견되고 있는 점이다. 재배된 벼는 Oryza Sativa Indica 종류이며, 장강(양자강) 하류유역이 벼의 기원지 중의 하나임을 알려준다. 그 연대는 기원전 5000년경이다. 이곳에서는 소의 肩胛骨로 만든 골제농기구가 대량으로 출토하고 있다. 또 이 유적에서 두 번째로 중요한 것은 周禮 春官 大宗伯에 보이는 六器(蒼璧, 黃琮, 靑圭, 赤璋, 白琥, 玄璜) 중 琮·璧과 璜의 세 가지 祭禮重器라는 玉器 이외에 鉞이 이미 앞선 良渚文化(기원전 3350년경-기원전 2350년경)에서 나타나고 있는데, 良渚文化보다 약 1650년이 앞서는 이 유적에서 이미 璜 이외에도 玦玉이 발견된다는 점이다. 이 옥결(결옥)은 우리나라 고성 문암리(사적 제426호)와 파주 주월리에서도 나타나고 있어 앞으로의 연구과제이다. 그리고 현재 이곳에서 사용되던 옥산지는 江蘇省 栗陽 小梅岑으로 추정되며, 당시 신분의 과시에 필요한 玉과 翡翠의 수입 같은 장거리 무역도 형성되었던 것 같다. 하모도류의 유적의 주요 분포지는 杭州湾 이남의 宁紹平原과 舟山群島 일대이다. 그리고 최근 근처 田螺山에서 기원전 5050년-기원전 3550년에 해당하는 하모도류와 성격이 비슷한 유적이 발굴되고 있어 주목받고 있다. 그리고 최근의 다양한 발굴성과는 皂市下層-彭头山-玉蟾岩으로, 그리고 河姆渡-跨湖橋-上山문화로 발전하는 양상까지도 아울러 보여주고 있다. 그리고 浙江省 余姚市 三七市镇 相岙村에서 서기 2001년에 발견된 河姆渡유적보다 500년이 늦은 余姚市 田螺山유적이 발굴 진행 중인데, 이는 서기 2008년 '中国十大考古新发现' 중의 하나로 꼽힌다.

福建省 福州市 閩侯县 甘蔗街道 昙石村 330号 福建省 昙石山 遺址 博物馆은 서기 1988년에 만들어져 서기 2006년 6월 14일 遺址博物馆 新馆이 落成되어 오늘에 이른다. 昙石山遺跡은 閩江 下游 北岸에 위치하며 福州市에서 약 21km 떨어져 있다. 서기 1954년에 발견되어 지금까지 9차에 걸쳐 발굴되었으며 여기에서 墓葬, 灰坑, 壕沟, 陶窑 등의 유구와 陶器, 石器, 贝器와 骨器 등의 유물이 발견되었다. 서기 2001년 1,460㎡ 넓이의 昙石山遺址는 国务院公布로 全国重点文物保护单位로 지정되고 昙石山文化로 명명되었다. 閩江下游에서 沿海地区에 분포하는 海洋文化의 特色을 가지고 있다. 先秦 時期 閩台兩岸 海洋文化의 원조로 中国 新石器時代文化群 중 东南沿海의 유적으로 연대는 약 5,000년 전으로 거슬러 올라가며 오늘날 福州(복건성) 음식의 기원도 여기에서 찾고 있을 정도로 매우 중요한 위치를 차지하고 있다.

기원전 2700년경(지금부터 약 5,200년 전-4,700년 전) 新石器時代晚期(商周 時期의 馬橋文化)의 良渚文化 時期에 속한 浙江省 湖州市 吳興区 境內 錢山樣 유적에서 비단조각이 발견되었다. 이 유적에서 서기 1956년-서기 1958년 2차에 걸친 발굴에서 비단조각(絹片)을 발견함으로써 신석기시대에 이미 누에를 키워 養蠶을 했었음이 밝혀지고 있다. 이는 世界에서 가장 오래된 蠶絲織品絹片으로 '世界絲綢之源'으로 불렸다. 이 유적은 총 면적이 731.5㎡로 발굴된 곳은 4개소이다. 출토유물은 钱山漾类型文化의 특징인 三足鼎을 비롯해 陶片 6萬여 편, 石器 500여 점, 竹編物 200여 점이다. 그런데 이 연대보다 앞서 山西省 夏県의 仰韶文化遺蹟에서 비단(絲綢)의 證據인 누에나방[잠견, 蠶繭, *Bombyx mori* L.(=*Carthamus tinctoria, Batrytis bassianav*)]이 발견되었는데, 그 연대는 기원전 4000년-기원전 3000년 사이로 추정되었다. 이는 桑蚕

(mulberry silkworm cocoon)을 했다는 증거이다. 浙江省 餘姚県 河姆渡遺蹟에서도 原始織机의 일부 파편을 발견했는데 그 연대는 기원전 4000년으로 보고 있다. 가장 빠른 丝绸织物의 사용례는 기원전 3630년으로 어린아이의 包裹(parcel, wrap up)으로 河南省 荣阳県 青台村의 仰韶文化遺蹟에서 발견되었다. 錢山様 유적에서 같은 비단조각은 商朝(약 기원전 약 1600년-기원전 1046년)의 王陵 안에서도 두어 번 발견된 바 있다.

河南省 舞陽県 北舞渡鎮 西南 1.5km 賈湖村 출토 賈湖骨笛, 또는 「賈湖骨管」이 河南省博物院에 전시되어 있는데, 이 유적은 面積이 약 55,000 m²로 신석기시대에 속하며 그 연대는 9,000년 전-7,700년 전이다. 서기 1979년 가을 賈湖村民들이 마을 제방을 수리하는 기간에 그곳 초등학교 선생이 파놓은 구덩이에서 이 피리의 존재를 확인하였으며, 또 서기 1986년 5월 초 M78호라 불리는 무덤의 정리에서 2점의 완전한 피리가 발굴되었는데 이는 중국에서 가장 오래되고 보존이 가장 잘된 악기이다. 이 악기는 호수 가에 살던 鶴 종류의 물새 尺骨(Ulna)로 길이 22.7cm이며 피리에는 7개의 구멍과 그 밑에 부호같이 보이는 小孔이 나있어 賈湖人의 音階와 音距의 基本概念을 잘 보여준다. 서기 1978년에도 여러 점의 피리가 발견되었는데 M282호 출토의 1支七孔骨笛이 완전하다. 이유적은 서기 1980년 이래 발굴이 수차례 이루어져 집자리 45, 陶窯 9, 灰坑 370, 墓葬 349, 瓮棺葬 32, 埋狗坑 10개소와 濠溝, 柱洞 등이 조사되고, 土陶器, 石器, 骨器 등 수천 점이 발견되었다. 또 이곳에서 原始形態의 粟(Setaria italica, 조)과 稻의 栽培遺跡이 발견되었는데, 이것은 世界에서 발견된 가장 오래된 稻種遺跡이다.
모두 26점의 骨笛이 出土한 이곳의 地层 및 피리의 형식분류를 통해 세 시기로 나눌 수 있다.

① 早期: 기원전 7000년-기원전 6600년경, 피리 위에 五孔 또는 六孔이 있으며, 四声音阶와 五声音阶의 연주가 가능하다.

② 中期: 기원전 6600년-기원전 6200년경. 피리위에 七孔이 있으며 六声과 七声音阶로 연주가 가능하다.

③ 晚期: 기원전 6200년-기원전 5800년경, 피리 위에 七孔과 八孔이 있으며 완전한 七声音阶 및 七音阶 이외의 变化音의 연주도 가능하다.

이들은 七音阶의 고저음역을 가지며 악기로서 가장 연대가 올라가는 실물악기로 세계음악사 중 중요한 위치를 점한다.

02 神話에서 歷史에로의 轉換

1. 三皇五帝时代

商나라 이전은 三皇(太昊/伏羲·神農/炎帝·女媧)과 五帝(黃帝/軒轅 또는 少昊·顓頊/전욱·帝嚳/제곡·堯·舜)시대와 夏이다. 夏나라의 禹임금은 곤(鯀)의 아들로 治水를 잘한 덕에 舜을 이어 임금이 되었다. 夏나라는 서기 1957년 河南省 언사(偃師) 이리두/二裏头(二里头: 毫)에서 발견된 유적을 제외하고는 별다른 증거가 없는 전설상의 국가였다. 그러나 최근 이 이리두 유적에 나타나는 층위와 유물에 대한 새로운 해석을 한 결과 夏나라는 商나라에 앞서 실재했던 역사상의 나라로 여겨지고 있다. 商나라는 그 다음의 周나라에서 성벽으로 둘러싸인 도시(walled capital towns)에 살던 지배자를 商이라고 불렀듯이 商이란 말은 조상들이 살던 수도(ancestral capital town)를 의미한다(陳夢家 1956, 殷墟卜辭綜述, pp.255-258, K. C. Chang 1980, p.1).

山西省 吉県 驪山 頂峰에 위치한 人祖廟안에 중국에서 인간을 창조한 여신으로 알려진 太昊/伏羲와 함께 봉안된 女媧像(명나라 때 제작) 아래에서 발견된 여자 成人遺骨(두개골)의 주인공은 6,280년 전

三皇時代의 女媧(媧皇)로 주장되고 있다. 人祖廟가 위치한 산은 女媧의 전설이 깃든 黃河中游이며, 主峰은 吉県城 東北 30㎞ 떨어진 海拔 1742.4㎞, 主峰頂上 人祖廟의 面積은 약 1,400㎢이다. 人祖廟에는 媧皇宮과 伏羲皇帝正廟 두 건물이 남아있다. 媧皇宮은 서기 1984년 文化大革命으로 파괴된 것으로 추측된다. 유골은 黃綾에 싸여 木函에 안치되었으며 木函墨書는 "大明正德十五年(서기 1520년), 天火燒了金山寺, 皇帝遺骨流在此, 十六年上樑立木, …皇帝遺骨先人流下"이다. 이곳은 서기 1520년 벼락에 의한 화재로 소실된 것을 그 해에 중건한 것으로 여겨진다. 서기 2011년 8월-10월 사이 考古工作者들은 이곳에서 조사를 해서 戰国(천문대), 漢·唐(龜趺石碑), 宋·元, 明·清·民国의 遺物 291점을 발견하였다. 그리고 媧皇宮 積土 中에서 人头骨, 木函殘片과 많은 동물 骨头뼈들을 찾아내어 北京大學 考古文博學院에서 행한 방사선 탄소연대 측정으로 人头骨은 6,280년, 動物뼈들은 2100-900년 전의 것으로 밝혀냈다. 이는 중국 国家文物局 전 副局長 張柏, 故宮博物院副院長 李文儒 등 考古, 歷史, 神話, 民俗學者 23명이 '人祖山考古文化旅遊鑒評聽證會'와 現場考察을 거행하면서 나온 것이다 (黃河新聞網報導, 2012년 6월 3일). 女媧는 당시 母系社會 중 으뜸가는 原始氏族의 명칭과 氏族首領의 이름으로 여겨지며 한사람에 국한한 것이 아닌 것으로 추정된다. 이는 木函題記 중 나오는 '皇帝'의 이야기는 최후의 女媧이며 인골은 그녀의 것으로 추정하고 있다. 그래서 人祖廟는 중국에서 발견된 가장 오래된 여와의 제사유적으로 보고 있다. 女媧에 대한 제사는 山西省 臨汾市 洪洞県 趙城鎮 侯村 女媧廟/女媧陵에서 행해온 것이 가장 유명한데 서기 2004년 6월 10일 山西省 吉県의 人祖廟가 이와 관련된 새로운 유적임을 확인하였다. 여와의 전설과 관련된 유구는 여와의 전설이 깃든 陝西省 宜川県과 临山西省 吉県

에 속하는 황하 중류의 壺口瀑布, 약 1 만 년 전에 제작된 여와의 나체 그림이 그려진 山西 吉県 柿子湾 岩畵(그외 鹿角 魚尾祖龙 등이 그려져 있으며 근처에서 안료로 사용된 철광석과 磨粉石 등이 발견됨), 그리고 근처 清水河 양안의 西村과 大田窩에 산재하는 柿子灘의 후기 구석기시대 유구에서 발견된 불을 피던 곳 4개 처의 생활유적으로 이곳에서는 2,000여 점의 유물들이 발견되었다고 한다. 1만 년 전 일어난 대홍수 시절에 살았던 것으로 전해지는 여와의 신화가 점차 역사적 사실로 탈바꿈하고 있다.

사진 5. 河南省 濮阳县 城西南隅 西水坡에서 발굴되어 河南省博物院 전시실에 전시된 모형의 龙虎图案: 서기 1992년 8월 23일(일) 필자 촬영

서기 1987년-서기 1988년 7월 河南省 濮阳县 城西南隅 西水坡에서 文物部门配合 引黄调节池工程队가 발굴하여 기원전 4600년 전(6600± 135 B.P) 仰韶文化时期에 속하는 조개(蚌, Anodonta woodiana, Mussel 또는 Clam, clamshell)로 만든 蚌龙摆塑形象(蚌壳砌塑龙虎图案)의 龙虎图案을 발굴하였는데 45号 墓穴 중 키 1.84m, 仰卧伸张(头南足北

向)의 一男性骨架 좌우에 주인공의 머리와 정반대로 누운 용과 호랑이 (머리는 북향, 얼굴은 서향)가 조개껍질로 같이 누워 있는데 용에는 사람이 타고 있는 형상이 나타난다. 그리고 주인공의 좌우와 아래에 旬葬한 세 사람이 함께 묻혀있었다. 중국의 神話傳說로 "黃帝乘龙升天"이 있으며 司马迁이 쓴《史記》五帝本紀・集解에 "顓頊都帝丘 今東郡 濮阳是也"라고 있어 이곳이 五帝의 한 명이며 黃帝의 손자인 顓頊遺都임을 알려준다. 따라서 묘의 주인공도 전욱일 가능성이 높다. 그래서 서기 1995년 10월 중순 濮举办에서 열린 '龙文化与中华民族' 学术研讨会에서 '中华第一龙'으로 불리었다. 그러나 이보다 1,000년 이상 앞서고 苏秉琦 교수에 의해 '玉龙故乡, 文明发端'으로 언급되는 查海유적(辽宁省 阜新市 阜新蒙古族自治县 沙拉乡 查海村 西五里 "泉水沟" 朝力馬营子, 서기 1982년 발견, 서기 1987년-서기 1994년 7차 발굴, 6925±95 B.P, 7360±150 B.P, 7600±95 B.P, 7,500-8,000년 이전)에서 龙纹陶片이 출토됨으로서 中华第二龙으로 전락 되었다. 그래도 이 유적은 중국의 신화가 역사로 바뀌는 전욱의 무덤과 관련이 있으며 그 후 중국조상을 상징하는 토테미즘(totemism, 图騰崇拜)으로 청동기, 옥기와 자기 등에 계속 용을 그려 넣고 있다. 예를 들어 嵌紅銅龙紋方豆(春秋시대, 河南博物館 소장), 盤龙銅鏡(唐, 中国国家博物館 소장), 云龙佩飾(宋, 中国国家博物館 소장), 五彩云龙紋盤(明, 中国国家博物館 소장), 青畵海水云龙扁瓶(明, 景德鎮御窯廠), 白磁双腹龙柄傳瓶(明, 中国国家博物館 소장) 등이 그러하다.

그러나 三皇五帝시절 중 堯임금(天子) 때부터 성이 축조된 것으로 알려지고 있다.

集解徐广曰, 號陶唐 皇甫謐曰, "堯以甲申歲生, 甲辰即帝位, 甲午徵舜, 甲寅舜代行天子事, 辛巳崩, 年百一十八, 在位九十八年": 집해(集

解) 서광(徐广)이르기를, "호는 도당(陶唐)이다", 황보밀(皇甫謐)이 이르기를 "요(堯)는 갑신(甲申)년 태어났으며, 갑진(甲辰)년에 곧 제위에 올랐고, 갑오(甲午)에 순(舜)을 거두어들이고, 갑인(甲寅)년에 순(舜)에게 천자(天子)의 일을 대행시켰으며, 신사(辛巳)년에 붕(崩)하여, 118세를 살았으며, 재위는 98년이다"(출처《史記》五帝本紀).

최근 黃河 中·下流 一帶 陝西省 神木県 石峁村에서 灰반죽(mortar)을 이용해 石城을 쌓은 龙山文化(기원전 2500년-기원전 2200년) 말기-夏(기원전 2200년-기원전 1750년)시대에 속하는 4,300~4,000년 전 다시 말해 기원전 2350년-기원전 1950년경의 石城이 발굴되었는데 이는 中国 最大의 史前石城遺址로 최대 장 108.5m로 石城牆, 墩臺, '門塾', 內外"瓮城"(馬面, 甕, 雉) 등이 포함된 皇城臺, 內城과 外城(현재 2.84㎞ 정도가 남아있다고 함)과 祭祀臺(樊庄子祭壇, 皇城臺夯土基址, 池苑遺址)가 잘 갖추어져 있음을 확인하였다. 出土유물은 중국 고대의 一目国을 나타내는 눈 하나 달린 人头像 옥기를 포함한 다수의 玉器, 禮器, 壁畫(용산시기에 속하는 것으로 성벽 하단부에 图案의 형태로 남아있다) 등 龙山晚期에서 夏時期에 걸치는 陶器, 石器, 骨器 등이다. 陝西省博物院에서 발굴한 옥기(서기 1929년 독일인 학자 Salmony가 이곳에서 처음으로 옥기를 수집해 본국으로 가져가 소개함)는 모두 127件으로 刀, 璋, 鏟, 斧, 鉞, 璧, 璜, 人头像, 玉蠶, 玉鷹, 虎头 등이다. 조합하여 巫師의 巫具로 이루어지는 것으로 추정되는 톱니바퀴 모양의 璇玉器, 玉琮과 玉璧 등을 포함해 최대길이 56㎝에 달하는 牙璋도 있으며 玉鏟과 玉璜 등 완전한 형태의 옥기도 6점이 된다. 그 중 牙璋禮器의 盛行은 石峁玉文化의 特色을 보여준다. 그 외에도 石雕人头像이 발견되었다. 이러한 옥제품은 성문근처에서 많이 발견되었는데 이는 辟邪와 驅鬼하던 夏나라의 마지막 임금인 桀王의 玉門을 연상시킨다. 龙山晚期에서 夏時期에 걸치는 陶器 중 瓮形斝는 客省庄(陝西省 西安市)文化最晚期에 속하는데 그 연대는 기원전 2000년-기원전 1900년에 속하며 C^{14}연대측정으로 보면 4030 ± 120 B.P, 3940 ± 120 B.P가 된다. 또 石峁村에서 灰를 이용해 石城을 쌓고 있는데 萬里長城 축조 시 나타난 것보다 훨씬 오래된 수법으로 확인된다. 이곳에는 벽화, 제단과 제사유구도 보인다. 동문 밖 제사유구 내에는 두개골이 한꺼번에 24구가 나오고 전체 7개의 갱에서 모두 80여 구의 두개골이 발견되는데 이는 이곳을 공격하다가 포로로 잡힌 사람들을 죽여 묻은 犧牲坑으로 보인다. 그러나 이 성의 門入口 밖 南-北向의 長方形 수혈갱에서 20세가량의 젊은 女性의 头盖骨이 많이 나왔는데 이는 성의 축조보다 앞서는 시대인 新石器時代 이 마을의 우두머리인 族長의 死后 辟邪, 질병예방, 鎭壇具 등과 같은 성격의 儀禮인 奠基仪式 혹은 祭祀活动으로 묻힌 家屬人들의 殉葬坑으로 보인다. 이곳의 연대는 夏代인 기원전 2070경에서 陶寺晚期의 下限년대인 기원전 1900년 사이로 보고 있다. 이 성은 약 4300년 전(龙山中期 혹은 晚期에 세워졌으며 龙山晚期에는 매우 흥성하였던 것으로 보인다)에 세워졌고 夏代에 폐기된 것으로 추정된다. 그래서 이곳의 발굴은 약 400여 만㎡로 상나라 이전 三皇五帝 중 堯임금과 관련된 都邑(《史記》권 1, 五帝本紀 제 1, "...命和叔住在幽都(幽州)...")으로도 추정하고 있다. 신석기시대에 성이나 제단이 나온 곳은 良渚(浙江省 杭州市 余杭区 良渚鎭, 기원전 3350년경-기원전 2350년경, 300여 만㎡)유적과 陶寺遺蹟(山西省 襄汾県 기원전 2500년-기원전 1900년, 270여 만㎡)을 들 수 있다(中国評論新聞網 서기 2013년 4월 28일, 光明網 서기 2013년 8월 14일, 新华網西安 서기 2014년 2월 20일자 등). 그러나 중국 최고의 城市인 中国第一古城과 城內에서 발견된 世界에서 제일 오래된 벼를 재배하던 논(水稻田) 유적

(6500 B.P)이 湖南省 常德 丰县 城头山에서 발견되었으며 이 유적의 연대는 I기-6000 B.P, II기-5800 B.P, III기-5300 B.P에 해당한다. 그 외에도 居住区, 製陶区, 墓葬区, 祭祠区 등이 성안에서 발견되었다. 湖南省考古研究所와 大陸各地의 전문가들이 서기 1991-서기 1999년 사이 9次에 걸쳐 발굴하였는데 古城東門北側에서 가장 오래된 논 유적과 함께 石器, 陶器, 玉器, 角骨器를 포함하는 1,600여 점과 碳化穀粒이 발굴되었다. 城头山古城의 設計와 城牆의 構築工程規模는 상당히 크며 城 平面은 圓形으로 東, 南, 西, 北에 4개의 城門이 있다. 성벽 안의 넓이는 약 8萬㎡, 성벽밖에는 30-40m의 강이 성을 둘러싸 성을 보호하고 있으며 강바닥의 진흙을 파내어 길이 1000m, 폭 30m, 높이 4-5m의 성을 쌓았다. 성 안 밖 넓이는 15萬㎡로 그 안에서 건물바닥과 기초, 토기를 만들던 곳, 大道, 중첩된 공동묘지, 灌漑設施, 祭壇 등이 발견되었다. 이 유적은 湯家崗文化時期에 속한다. 汤家崗文化는 中国 湖南省 安乡县 黄山头镇에서 서기 1978년에 발굴된 新石器時代의 유적으로 서기 2013년 全国重点文物保护单位로 지정되었으며 서기 1990년에 2차 발굴을 하여 澧县 丁家岗, 湖北 秭归柳 林溪, 朝天嘴, 宜昌 孙家河, 金子山 등지에서 이와 유사한 유적들이 계속 발견되어 이런 유적을 총칭하여 서기 1990년대부터 '汤家岗文化'로 부르게 되었다. 灌漑設施을 갖춘 水稻田, 祭壇과 城市의 발굴로 이곳에 거주하던 신석기시대인들이 地理條件을 이용하여 古代農耕文明과 生產發達을 가져오고 이로 인해 人口增加, 經济繁榮, 社會安定을 촉진시켜 중국문명발달사를 1,000년 정도 앞당기게 되었음을 알 수 있다. 이 유적은 서기 2012년 '十大考古新发现/世界十大田野考古发现/二十一世纪世界重大考古发现'으로 이야기 되고 있다.

또 산서성 양분현 도사(山西省 襄汾县 陶寺)의 요임금의 평양(堯都 平阳)의 소재지로 이제까지의 조사에서 中原地区의 龙山文化에서 陶寺 類型이 확인되고 放射性碳素연대로 기원전 2500년-기원전 1900년 사이로 밝혀진 것이 중요하다. 이와 같은 陶寺類型의 유적은 晉西南汾河 下游와 澮河流域에서 이미 70여 군데서 발견되었다. 陶寺遺址에서 나온 유물을 복원하면 中国古代의 階級사회인 夏文化가 된다. 黄河流域 出土의 가장 오래된 漆木器實物, 將案, 俎, 盤, 鬥, 勺(작) 등 文物의 歷史가 1,000여 년 전부터 지속되어오고 漆木器의 造型과 图案도 商과 周 漆器와 상당히 근접한다. 이외 晩期墓中 出土한 한 점의 小銅鈴이 있는데 이것은 中国에서 가장 빠른 金屬樂器이며 동시 가장 빠른 複合鎔范 이용해 만든 金屬器로 잘 알려져 있다. 또 주거지에서 출토한 한 점의 陶扁壺上에서 毛筆을 이용해 쓴 朱書의 글씨는 字形의 結構가 甲骨文과 동일한 수법을 보인다. 이 유적은 原始氏族社會를 벗어나 새로운 歷史階段인 三皇五帝 중 堯임금의 도시로 이야기 된다. 이곳에는 '王墓', 陶礼器, 铜器, 朱书文字, 城垣, 宮殿, 祭祀区, 仓储区, '观象台' 등이 존재하기 때문이다. 中华文明探源工程의 일환으로 中国社科院考古所과 山西臨汾地区文化局의 연합발굴로 이곳이 中国史前 '第一城' 古城임을 밝혔는데 早期는 小城으로 南北长 약 1,000m, 东西폭 약 560m로 中期大城의 东北에 위치. 중기의 성은 早期 小城의 남쪽에 위치하며 南北长 약 1,800m, 东西폭 약 1,500m의 면적은 280만㎡로 170만㎡의 石家河城보다 크다. 그리고 성내에는 宮殿区, 仓储区, 祭祀区로 구획되어진다고 한다. 그리고 陶壺上에 朱書符號는 중국에서 알려진 가장 오래된 中国文字이다. 또 陶寺 早期(기원전 2300년-기원전 2100년)와 中期(기원전 2100년-기원전 2000년)의 대형의 王族墓地는 長 5m, 폭 3.7m, 깊이 8.4m로 大城의 南端에 위치하는 陶寺文化의 中期的墓地로 1기의 大墓이며, 72건의 부장품이 출토함으로 볼 때 墓主人은 '王'이 가능하다고 한다. 이곳에서 財富를 상징하는 돼지의 하악골(豬下頜骨), 王權과 兵權을 상징하는 6점의 玉鉞이 발굴되었다. 현재 陶寺 "观象台"를 복원시킨 '太极追踪'으로 추정되는 大型圓体의 판축상 夯土建筑과 齒輪의 陶寺文化器物, 中国에서 가장 빠른 金屬樂器이며 동시 가장 빠른 複合鎔范 이용해 만든 金屬器인 陶寺文化早期의 銅鈴과 彩绘龙盘 등으로 볼 때 이곳이 "二十四节令과 四季"와 "期三百有六旬有六日"을 밝히는 등 唐尧时代에 天文历法의 공헌이 많았던 堯임금의 "堯都平阳"의 소재지로 확인된다.

2. 夏

하(夏)나라 우(禹)임금의 제사유적인 安徽省 蚌埠市 西郊 涂山 南麓의 淮河 東岸에 위치하는 蚌埠市 禹會村은 淮河 流域에서 발견된 최대의 龙山文化遺址로 總面積은 50萬㎡에 달한다. 禹會 또는 禹墟라는 명칭은 "禹會諸侯"에서 나왔으며《左轉》 및《史記》에 "禹會諸侯於涂山, 執玉帛者萬国" 및 "夏之興, 源於涂山"으로 기재되어있어 涂山 및 이곳 유적의 역사적 중요성을 알 수 있다. 中国社會科學院考古研究所는 서기 2006년 지표조사를 하고 서기 2007년-서기 2010년간 四次의 發掘을 진행하였는데 발굴면적은 약 6,000㎡에 달한다. 발굴성과는 ① 2,500㎡의 大型祭祀台基를 발견하고 동시에 祭祀台面위에서 中軸線 部位를 확인하고 북에서 남으로 柱洞, 溝槽, 燒祭面, 方土台 및 南北一字排列에서 길이 50m에 달하는 柱洞을 가진 長方形 土坑을 발굴하였다. 그리고 台面西側에 길이 약 40m의 祭祀溝 등의 중요한 시설, 약 100㎡ 數塊磨石

으로 된 燒祭面과 그 위의 溝槽, 陶甂 등의 遺跡·遺物의 층위별 순서를 확인하고, 일렬로 나있는 35個의 柱洞들에서 당시 제사 규모와 복잡한 모습을 파악하였다. ② 발굴된 세 종의 祭祀坑은 풍부한 祭祀 內容과 形式을 보여주며 祭祀台基는 남북 약 100m로 거대하다. 그리고 각기의 祭祀坑에서 매장된 陶器와 磨石으로 만들어진 小型灰坑을 다시 확인하였다. 禹會유적의 연대는 방사성탄소연대에 의해 4140 B.P(기원전 2190년), 4380 B.P(기원전 2430년)이 나왔으며 이는 원시무리사회 末期인 龙山文化(기원전 2500년-기원전 2200년) 晩期에 해당된다. 그래서 禹임금이 활동하던 시기는 考古學上 龙山文化 晩期로, '禹會', '會墟'의 발굴로 인해 淮河流域 龙山文化를 파악하고, 이를 바탕으로 신화·전설상에만 그치던 夏代(기원전 2200년-기원전 1750년) '大禹'의 사건을 역사적 사실로 바꿀 수 있게 되었다. 이곳에서 발굴된 유물은 현재 蚌埠歷史文化博物館에 전시되어있다.

3. 商

그러나 夏나라 다음의 商나라는 한나라 7대(武帝: 기원전 141년-기원전 87년, 6대로도 언급함, 여기서는 7대로 통일함) 武帝 때 司馬遷(기원전 145년-기원전 87년)이 쓴《史記》은본기(殷本紀)와 같은 문헌과 갑골문이 다량(현재까지 약 17만 점이 발견됨)으로 발견된 殷墟 유적의 발굴로 인해 중국의 문명을 따질 때는 殷墟만이 商나라를 대표하는 것처럼 여기게 되었다. 商은 夏·周와 함께 중국 문명의 중심을 이룬다. 그 발생순서는 夏(기원전 2200년-기원전 1750년)-商(기원전 1750년-기원전 1100/기원전 1046년)-周(西周: 기원전 1100년/기원전 1046년-기원

전 771년)의 순으로 그 시간적 차이가 존재하는 것처럼 보이지만, 그들
이 발전해 나오는 지리적·문화적 배경을 보면 이들의 관계는 각기 따로
떼어놓을 수 있는 완전하게 분리된 독립체라기보다 오히려 공·시(空·
時)적이고 유기체적으로 밀접한 상호 交易網 또는 通商圈(interaction
sphere)을 형성하면서 발전해 왔던 것으로 이해되고 있다.

사진 6. 北京大學校 博物館(Arthur Sackler Museum) 소장의 河南省 偃師 二里头
(亳) 출토 토기: 서기 1996년 8월 12일(월) 필자 촬영

상호보완적이고 공생관계에 있는 夏나라의 경우 수도는 왕성강(王
城崗)-양성(阳城)-언사 이리두(偃師 二里头: 亳)의 순으로 옮긴 것으
로 추정된다. 그런데 중요한 것은 하남성 언사 이리두(亳)유적의 경우
1·2층은 夏나라 시대이고, 그 위의 3·4층은 商나라 것으로 밝혀졌다.
그래서 이것은 夏에서 商으로의 점진적인 변화나 연계가 되었음을 짐작
케 해준다. 商나라의 경우 언사 이리두(亳)-鄭州 二里崗/二裏岡(隞)-

　中國 考古學 -중요 주제·항목별로 본 中國 文化史 序說-

安阳 小屯(은허 「殷墟」)으로 도읍을 옮겨 발전해 왔다고 한다. 그 다음의 앞선 商나라의 문화내용을 그대로 답습하다시피 한 周나라는 수도를 처음에는 위수지역 西安의 남서쪽 鎬京에 두었다가(이때를 西周라 함), 북방 이민족의 침입으로 그 수도를 洛陽으로 옮겼다. 이때를 東周라 하며 그 기간은 기원전 771년-기원전 221년 사이이다. 또 그들은 혈족과 祭祀時 신성시한 나무가 각기 달랐는데, 夏나라는 사(似)족으로 소나무를, 상나라는 자(子)족으로 삼나무를 그리고 주나라는 희(姬)족의 밤나무이다.

夏, 商과 周의 발전은 노관대(老官台), 자산(磁山)과 배리강(裵李崗)과 같은 초기농경민들의 사회인 초기신석기문화를 거쳐 仰韶문화, 廟底溝문화라는 龙山式문화(용산문화형성기) 그리고 마지막의 龙山문화의 다음 단계에 나타난다. 즉 기원전 5000년에서 기원전 3200년까지 중국의 仰韶와 后李(또는 北辛), 靑蓮崗문화가 초기신석기문화에 이어 등장하며, 여기에서부터 기원전 3200년에서 기원전 2500년까지 묘저구, 대문구(大汶口)와 악석(岳石)문화라는 용산식(Lungshanoid)문화가 발생한다. 전자의 묘저구문화는 陝西省과 河南省에 후자의 대문구와 악석문화는 山東省을 중심으로 나타난다. 기원전 2500년에서 기원전 2200년까지의 문화가 중국문명이 발생하기 직전의 龙山(Lungshan)문화 단계이다. 龙山문화에서 문명단계와 흡사한 영구주거지, 소와 양의 사육, 먼 곳까지의 문화 전파, 곡식의 이삭을 베는 반월형 돌칼, 물레를 이용한 토기의 제작, 占卜, 版築(夯土/hang-t'u, rammed/stamped earth)상의 공법으로 만들어진 성벽(山東省 日照県 城子崖, 河南省 登封県 王城崗, 河南省 淮陽県 平糧臺)과 무기의 출현, 금속의 출현[山東省 胶県 三里河, 河南省 登封県 王城崗, 甘肅省 広河県 齐家坪, 甘肅省 東乡 林家(馬家窯期), 淸海省 貴南 朶馬臺(齐家文化)유적 출토], 조직화 된 폭력(河北

省 邯鄲県 澗溝村), 계급의 발생, 전문장인의 발생, 제례용 용기와 제도화 된 조상숭배 등의 요소들이 나타난다. 그리고 서기 1991년 '全国十大考古新发现之首'로 불리는 山東大学 历史·考古系(대표 董建华)의 山東省 邹平县 长山镇 丁公村의 발굴에서 商나라보다 약 800여 년이 앞선 문자(丁公陶文, 刻字陶片, 1235호 恢坑 출토)가 용산식문화/용산문화형성기인 岳石文化(기원전 3200년-기원전 2500년)-龙山文化(기원전 2500년-기원전 2200년)의 城址, 蚌器, 石铲, 磨制石斧, 石器, 骨簇, 骨针과 이 시기의 전형적인 도기인 卵殻形黑陶, 陶罐, 泥质灰陶, 鼓腹들과 함께 발굴되었다. 도문은 모두 11자로 鬲, 斧, 魚 등의 占卜문자가 확인되었는데, 이들은 云南省과 貴州省에 살고 있는 彝族의 原始文字 또는 云南省 麗江市 麗江古城 内 納西族文字와 비교된다. 그 다음 기원전 2200년 河南省에서 禹왕의 夏나라, 기원전 1750년 山東省에서 湯(또는 成湯)왕이 다스리는 商(기원전 1100년/기원전 1046년 周 武王에 의해 멸망당했다고도 함), 陝西省에서 武王의 周가 연이어서 나타났다. 夏의 桀王(애첩 末姬)과 商의 紂王(28대 또는 30대 帝辛, 애첩 妲己, 酒池肉林의 古事가 생겨남)은 역사상 잘 알려진 폭군으로 商의 湯王과 周의 武王에 의해 멸망당한 것으로 알려지고 있다. 그러나 현재 고생물과 花粉연구를 통한 商나라 당시 황하유역은 나무와 숲이 우거지고 코끼리(中国科學院의 復原後 北京自然博物館에 所藏된 黄河象), 코뿔소와 사슴들이 뛰어놀던 森林으로 밝혀졌다. 오늘날과 같이 황토분지로 되어버린 것은 秦始皇이 설치한 鐵官 등에 의해 만들어진 다량의 철기로 인한 과도한 삼림개간이 원인이 되었을 것으로 해석되고 있다. 이는 聖域으로 개간되지 않은 陝西省 黃陵県 橋山 黃帝陵 주위에 남아있는 당시 삼림의 원형에서도 찾아 볼 수 있다. 이어서 周에서 東周(기원전 771년-기원전 221년) 즉 춘추전국시대를 거쳐 기원전 221년 진나라의 통일, 그리고 기원

전 206년 한나라의 통일이 연속적으로 이루어진다.

그리고 彭头山-河姆渡-馬家浜-崧澤-良渚-楚와 辽宁省 阜新市 阜新县 沙拉乡 査海村 朝力馬営子(阜新蒙古族自治县)-興隆窪(內蒙古 敖汉旗 興隆窪村-趙寶溝-富河)-紅山-小河沿, 小珠山-後窪, 新樂-偏堡子

사진 7. 北京大學校 博物館(Arthur Sackler Museum) 소장의 湖南省 澧県 澧陽平原 彭头山 출토 토기: 서기 1996년 8월 12일(월) 필자 촬영

(辽宁 新民)로 이어지는 문화 계통들도 고려된다. 여기에는 內蒙古 赤峰市 夏家店문화도 언급된다.

이제까지 알려진 夏(기원전 2200년-기원전 1750년)나라보다 약 800년이나 앞서는 紅山(기원전 3600년-기원전 3000년)문화는 1935년 초 赤峰市 紅山后에서 발견된 것으로, 그 범위는 내몽고 동남부를 중심으로 辽宁省 서남, 河北省 북부, 吉林省 서부로까지 미친다. 경제생활은 농업과 어로가 위주이고 석기는 타제와 마제석기를 사용하였다. 주요 유적들은 內蒙古 那斯臺村, 辽宁県 喀左 東山嘴 冲水溝(기원전 3000년-기원전 2500년경)와 建平県을 비롯하여 蜘蛛山, 西水泉, 敖汉旗 三道灣子, 四棱山, 巴林左旗南楊家營子들이다. 특히 辽宁 喀左 東山嘴와 建平 牛河梁유적에서는 祭壇(三重圓形), 女神廟[東山嘴 冲水溝의 泥塑像, 여기에서 나온 紅銅/純銅의 FT(Fission Track)연대는 4298 ± 345 B.P, 3899 ± 555 B.P C^{14}의 연대는 5000 ± 130 B.P가 나오고 있다], 積石塚(牛河梁 馬家溝 14-1, 1-7호, 1-4호, 祭器로서 彩

陶圓筒形器가 보임), 石棺墓(2호), 禮器로서의 鞍山 岫岩玉으로 만들어진 玉器[龙, 渚(묏돼지), 매, 매미, 거북, 자라 등의 動物, 상투(結髮, 雕結)를 위한 馬啼形玉器(14-a), 環, 璧, 玦 등 100건 이상], 紅陶와 黑陶가 생산된 橫穴式 窯와 一·二次葬을 포함하는 土坑竪穴墓(水葬·風葬·火葬) 등이 알려져 있다. 이 紅山문화에서 興隆窪(8000 B.P-7600 B.P)에서 보이는 玉渚龙이 사슴·새-묏돼지용(玉渚龙)에서 龙(C形의 玉雕龙으로 비와 농경의 기원)으로 발전하는 图上의 확인뿐만 아니라 紅山岩畵에서 보이는 종교적 무당 신분의 王(神政政治, theocracy)에 가까운 최소한 족장(chief) 이상의 우두머리가 다스리는 階級社會 또는 文明社會를 보여주고 있다. 토기문양 중 갈 '之'문양은 평북 의주 미송리와 경남 통영 상노대노에서, 玉玦은 경기도 파주 주월리와 강원도 고성 문암리에서 나타난다. 그리고 해자가 돌린 성역화된 적석총/석관(周溝石棺墓)은 강원도 홍천 두촌면 철정리, 강원도 춘천 천전리, 강원도 중도, 충남 서천 오석리와 경상남도 진주 대평 옥방 8지구 등에서 보인다.

중국 동북지방 內蒙古自治区 昭烏達盟, 哲里木盟, 辽宁省 朝陽, 河北省 承德지구에서 발견되는 청동기는 기원전 1000년-기원전 300년경의 청동기시대 후기에 속하며 燕나라를 포함하는 戰国시대(기원전 771년-기원전 221년)보다는 빠른 것으로 나타나고 東胡 또는 山戎의 문화로 생각되며 또 같은 시기의 西團山문화와도 접촉이 활발했다고 보인다. 최근 內蒙古 赤峰市 宁城県 小黑石溝유적의 최종 발굴 보고서의 간행을 통해(內蒙古自治区 文物考古研究所·宁城県辽中京博物館 2009 小黑石溝-夏家店 上層文化遺址發掘報告, 北京: 科學出版社) 그들의 제사유구, 청동야금술과 豆形토기 등이 자세히 알려지고 있다.

하가점 下層문화는 상나라 말기이며 上層문화는 상나라 말-주나라 초에 속한다. 하층문화는 동쪽으로 辽宁 朝陽市 魏營子문화(기원전 14세기-기원전 7세기)-凌河문화(기원전 10세기-기원전 4세기, 十二台營子)로 발전하는데, 여기에는 고조선식(비파형)동검이 나와 우리 고조선문화와의 관련도 이야기 된다. 이제까지 알려진 夏나라보다 약 800년이나 앞서는 紅山문화에 속하며 祭壇, 女神廟와 적석총 등이 발굴된 辽宁 凌源県과 建平県의 牛河梁과 東山嘴(기원전 3000년-기원전 2500년경)유적, 四川省 広汉県 興鎮 三星堆 祭祀坑[기원전 1200년-기원전 1000년경: 1호 坑은 商晩期, 2호 坑은 殷墟(기원전 1388년-기원전 1122/기원전 1046년) 晩期, 서기 2015년 6월 16일 中国中央電視台/CCTV 4에서 商時期의 北城墻 흔적이 발견되었다는 보도가 있음] 및 古蜀/蜀国初期都城(四川省 成都 龙馬寶墩 古城, 기원전 2750년-기원전 1050년이나 기원전 16세기가 중심: 商代早期)의 国政을 점치거나 또는 제사용으로 사용되었을 것으로 추정되는 土壇유적, 玉器의 제작으로 유명한 良渚(浙江省 杭州市 余杭区 良渚鎮)문화(기원전 3350년경-기원전 2350년경) 등과 같이 종래 생각해오던 중국문명의 중심지역뿐만 아니라 상의 영향을 받아 주변지역에서도 청동기의 제작이 일찍부터 시작되었다는 새로운 사실들이 밝혀지고 있어 중국 청동기문화의 시작에 대한 연구를 복잡하게 만들고 있다. 최근 殷墟 출토와 三星堆의 청동기 假面의 아연(zinc, Zn)의 동위원소를 분석한 결과 産地가 같다는 결론도 나오고 있어 신석기시대 이래 청동기시대 문화의 多元性과 아울러 상나라의 지배와 영향 등의 새로운 해석도 가능해진다. 그러나 이곳은 商나라의 마지막 수도인 殷墟에서와는 달리 甲骨文字와 같은 문자가 없었던 것이 차이점으로 들 수 있다. 《周禮》春官 大宗伯에 보이는 "以玉作六器 以禮天地四方 以蒼璧禮天 以

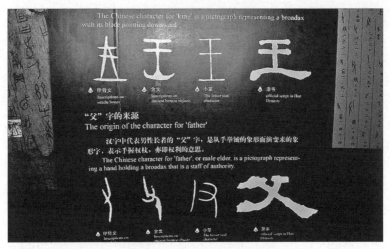

사진 8. 浙江省 杭州市 余杭区 良渚鎭 良渚문화에서 보이는 '王' 자형 문자: 서기 2009년 8월 22일(토) 良渚博物院에서 필자 촬영

黃琮禮地 以靑圭禮東方 以赤璋禮南方 以白琥禮西方 以玄璜禮北方 皆有牲幣 各放其器之色"라는 六器 중 琮·璧·璜과 鉞의 네 가지 祭禮重器라는 玉器가 이미 앞선 良渚文化에서 나타나고 있다. 그중 큰 琮은 人獸面의 문양을 가지고 무게는 6,500g에 달한다. 그리고 서기 1986년 5월부터 발굴을 시작한 良渚文化에 속하는 余杭 甁窯鎭 匯觀山 제단, 彭公村墓地(4900 B.P), 盧虎岭과 毛元岭 등 草裏泥로 쌓은 11개소의 水坝(水利시설의 댐), 版築(夯土)을 기초로 쌓은 750m×450m 규모의 莫角山 王城과 宮殿, 外郭城(古城墻)을 비롯한 余杭 反山과 瑤山 귀족 무덤에서 출토한 玉으로 만든 琮·璧·鉞(浙江省博物館과 良渚博物院所藏)은 神權·財權·軍權을 상징하는 것으로 정치권력과 군사통수권을 가진 족장사회(chiefdom)를 넘어선 국가와 같은 수준의 정치적 기반을 갖춘 정부조직이 있었으리라는 추정을 가능하게 한다. 그리고 여기에 '王'자에 가까운 刻畵文字, 莫角山의 土城(堆筑土의 古城)

과 宮殿, 瑤山 7호와 反山 23호의 王墓, 滙觀山의 祭壇 등의 발굴 자료는 良渚文化가 이미 족장사회를 넘어선 고대국가 또는 문명의 단계로 인식되고 있는 실정이다. 그 외에도 비단의 시작은 지금부터 5,200년 전-4,700년 전 新石器时代 晚期(商周 時期의 馬橋文化)의 良渚文化 時期에 속한 浙江省 湖州市 吳興区 境內 錢山樣 유적에서부터이며, 이곳에서 서기 1956년-서기 1958년 2차에 걸친 발굴에서 비단조각(絹片)이 발견됨으로써 신석기시대에 이미 누에를 키워 養蠶을 했었음이 밝혀지고 있다. 이는 世界에서 가장 오래된 蠶絲織品絹片으로 「世界絲綢之源」으로 불린다. 이 유적은 총면적 731.5㎡로 발굴된 곳은 4개소로 출토유물은 钱山漾类型文化의 특징인 三足鼎을 비롯해 陶片 6萬여 편, 石器 500여 점, 竹編物 200여 점이다. 이곳에서 사용된 玉器의 재료는 江蘇省 栗陽 小梅岭에서 가져온 것으로 보인다. 요새화한 版築城은 河南省 安阳 後崗, 登封 王城崗, 淮陽 平糧臺, 山東省 章丘 龙山鎭 城子崖 등 龙山문화에서부터 이미 나타나기 시작하였다. 여하튼 넓은 지역의 중국에서 文明의 多原論(polyhedral, polyphyletic theory)이 제기될 수 있는 것은 가능하며, 이 점은 앞으로 중국고고학에서 해결되어야 할 문제점이다.

03 도시·문명·국가의 발생

이제까지 전통적인 생각으로는 중국에서 도시·문명·국가의 발생은 夏·商·周부터이다. 이들을 고고학적 유적과 관련지은 발생과정은 아래와 같다.

1) 后李-北辛-青蓮崗-大汶口(Lungshanoid Culture, 后李文化—北辛文化—大汶口文化—龙山文化의 순서로 보기도 함)-岳石-山東 龙山文化(Lungshan Culture)-商(기원전 1750년-기원전 1100년/기원전 1046년)

2) 老官台-裵李崗·磁山-仰韶-廟底溝(Lungshanoid Culture 河南城 陝県)-河南 龙山文化(Lungshan Culture)-夏(기원전 2200년-기원전 1750년)

3) 老官台-裵李崗·磁山-仰韶-廟底溝-陝西 龙山文化-周(西周시대: 기원전 1100년/기원전 1046년-기원전 771년)

그리고 夏나라의 수도는 왕성강(王城崗, 河南省 登封市 告成鎮 告成村 西北 土崗/望城崗, 기원전 2469년-기원전 1543년)→ 양성(阳城,

河南省 登封市 告成鎮 告成村 西北 土崗, 기원전 2500년－기원전 1500
년)→ 언사 이리두(偃師 二里头/河南省 偃师市 翟镇 二里头村/二裏头,
2기, 기원전 2080년－기원전 1590년: 亳, 斟鄩)의 순으로 옮긴 것으로
추정된다. 서기 1959년 가을 이래 中国社會科學院에서 河南省 偃师市
翟镇 二里头를 50년간 발굴해 왔는데 이곳에서 항토(夯土)라 불리는
판축법(版築法, hang-t'u, rammed earth, stamped earth)으로 지
어진 두 곳의 宮城址(V 구역), 祭祀유구(VI 구역), 鑄銅유구(IV 구역),
폭 20m의 十字道路유구 이외에 編織紋平底陶角, 乳釘紋靑銅爵, 有舌
樂器인 帶翼靑銅鈴(河南省博物院 소장), 400여 기의 무덤 등을 발견하
였다. 이들은 商나라 이전의 夏나라 유적·유물로 밝혀졌다. 아마도 이
곳은 斟鄩(짐심)으로 "夏桀摟着妹喜回到王都斟鄩"《列女传·夏桀妹喜
传》라는 기록과 같이 斟鄩는 당시의 夏国首都이며 현재 河南省 偃师市
로 추정된다.

商나라의 수도는 호(亳: 偃師 二里头/二里头/二裏头: 3기－4기 城,
기원전 약 1500년－기원전 약 1300년/기원전 1562년－기원전 1389년)→
안양[安阳/安阳殷墟: 기원전 1300년－기원전 1046년/기원전 1388년－기
원전 1122년의 266년 동안 11 또는 12왕이 재위: 甲骨文字에 의하면 商
전체로는 湯王으로부터 帝辛(紂王)까지 28대 왕이 재위했으나《史記》殷
本紀와 이와 관련된 周書에는 30왕이 언급됨]으로 변천상을 보인다. 周
나라는 그의 수도를 처음에는 위수지역 서안(西安)의 남서쪽 호경(鎬京)
에 두었다가(이때를 西周라 함) 북방 이민족의 침입으로 그 수도를 낙양
(洛陽)으로 옮겼다.

전 세계상 중국의 청동기시대 문화를 대표하는 商文明은 商後期
(殷)에 속하는 하남성 安阳(梅园莊, 小屯, 小屯南地, 大司空村, 西北崗)

의 발굴을 통해 많은 것들이 밝혀지고 있다. 商文明의 특성은 汉文의
원형이라는 甲骨文과 같은 문자, 호(亳: 偃師 二里头)-오(隞: 정주 「鄭
州」 이리강 「二里崗」 임)-안양[安阳: 11 또는 12왕이 재위: 甲骨文字에
의하면 商 전체로는 湯王으로부터 帝辛(紂王)까지 28대 왕이 재위했으
나 《史記》 殷本紀와 이와 관련된 周書에는 30왕이 언급됨][5] 그리고 일

---

5) 司马迁의 史記 殷本紀(卷 3)에 보이는 商王의 이름은 다음과 같다.
  1. Ch'eng T'ang 成湯[T'ai Ting 太丁 : Crown prince, son of Ch'eng T'ang.
     Died before ascension.]
  2. Wai Ping 外丙, younger brother of T'ai Ting
  3. Chung Jen 仲壬, younger brother of Wai Ping
  4. T'ai Chia 太甲, son of T'ai Ting
  5. Wo Ting 沃丁, son of T'ai Chia
  6. T'ai Keng 太庚, younger brother of Wo Ting
  7. Hsiao Chia 小甲, son of T'ai Keng
  8. Yung Chi 雍己, younger brother of Hsiao Chia
  9. T'ai Wu 太戊, younger brother of Yung Chi
  10. Chung Ting 仲丁, son of T'ai Wu
  11. Wai Jen 外壬, younger brother of Chung Ting
  12. Ho T'an Chia 河亶甲, younger brother of Wai Jen
  13. Tsu Yi 祖乙, son of Ho T'an Chia
  14. Tsu Hisn 祖辛, son of Tsu Yi
  15. Wo Chia 沃甲, younger brother of Tsu Hsin
  16. Tsu Ting 祖丁, son of Tsu Hsin
  17. Nan Keng 南庚, son of Wo chia
  18. Yang Chia 陽甲, son of Tsu Ting
  19. P'an Keng 盤庚, younger brother of Yang Chia
  20. Hsiao Hsin 小辛, younger brother of P'an Keng
  21. Hsiao Yi 小乙, younger brother of Hsiao Hsin
  22. Wu Ting 武丁, son of Tsu Chia

반적으로 商나라는 기원전 1750년-기원전 1100년/기원전 1046년 존재함)과 같은 중심도시, 그리고 안양 서북강(西北崗: 후가장 「候家莊」)과 대사공촌(大司空村)에 있는 18대 반경(盤庚)에서 28대 제신(帝辛: 商나라 마지막 폭군인 주 「紂」왕)에 이르는 현재 남아있는 11기의 왕묘와 또 다른 대규모의 귀족들 무덤에서 보이는 殉葬風習, 靑銅祭器와 藝術에서 보이는 직업의 전문화와 고도의 물질문화, 항토(夯土)라 불리는 판축법(版築法)으로 지어진 성벽, 사원, 궁전, 무덤과 같은 대규모의 건축, 기술자 노예 평민 귀족 등에서 보이는 사회계층화와 조직적인 노동력의 이용, 집약-관개농업과 이에 따른 잉여생산으로 인한 귀족과 상류층의 존재, 반족(半族)이 서로 서로 정권을 교대해서 다스리는 이부체제인 을정(乙丁)제도[이는 족내의 분리로 의례목적상 10干에 따라 분리되는데, 이들은 다시 甲乙과 丙丁 다시 말하여 乙門과 丁門의 두 개로 크게 나누어 왕권을 교대로 맡는다. 그런데 주나라에서도 똑같은 성격의 소목(昭穆)제도가 있다], 봉건(封建), 종법(宗法)과 같은 사회제도, 하(夏), 주(周)나라와 함께 종적·횡적으로 상호 관련을 맺으면서 유지해 나갔다. 아울러 河南省 南陽市 북쪽에 위치하는 独山[中国 四大名玉 산지 중의 하나인 独山(玉潤独山, 海拔 367.8m)에서 산출되는 玉은 독산으로부터 3㎞ 떨어진 6,000년 전의 玉鏟이 출토한 南陽市 臥龙区 蒲山鎮 黃山村 黃山 신석기시대 晩期의 遺址로 부터 잘 알려져 있으

26. Keng Ting 庚丁, younger brother of Lin Shin
27. Wu Yi 武乙, son of Keng Ting
28. T'ai Ting 太丁, son of Wu Yi
29. Ti Yi 帝乙, son of T'ai Ting
30. Ti sin 帝辛, son of Ti Yi
張光直, Shang Civilization(1980), p.6에서 인용]

며, 南阳玉, 河南玉, 独山玉(bright green jadeite, nephrite jade)으로 불리 운다. 옥의 主要 组成矿物로는 斜长石(anorthite)을 중심으로 黝帶石(zoisite), 角閃石(hornblende), 透輝石(Pyroxene), 铬云母(Fuchsite; chrome mica), 绿帘石(epidote), 阳起石(Tremolite, Tremolite asbestos Actinolite) 등이 있다. 이곳에서 옥은 多色性으로 绿色, 藍色, 翡翠色, 棕色(褐色), 红色, 白色, 墨色 등 7가지 색이 나타나며, 白玉에서 미얀마/버마/Myanmar(緬甸, 서기 1989년 이후 Burma의 새로운 명칭)에서 나오는 翡翠와 유사한 옥에 이르기 까지 다양하게 산출된다] 및 密県의 密玉(河南省 密県에서 산출하는 河南玉 또는 密玉이라고도 함), 辽宁省 鞍山市 岫岩 満族自治県(中国 四大 名玉산지 중의 하나), 甘肅省 酒泉, 陝西省 藍田, 江蘇省 栗陽 小梅岭, 內蒙古 巴林右旗 青田(巴林石, 青田石)과 멀리 新疆省 和田과 新疆 昌吉県 瑪納斯에서부터 당시 상류층에서 필요한 玉, 碧玉과 翡翠의 수입 같은 장거리 무역관계도 형성해나갔던 것 같다. 그리고 이들 무역을 통한 국제관계, 법과 무력의 합법적이고 엄격한 적용과 사용, 천문학과 같은 과학과 청동기에서 보이는 金石文, 卜骨·龜甲과 같은 占卜術 등에서 찾을 수 있다. 또 상의 사회에서 강력한 부가장제, 도철문(饕餮文)에서 보이는 것과 같은 부족을 상징하는 토템신앙과 조상숭배 또한 빼놓을 수 없는 문명의 요소이다.

候家莊 또는 西北崗의 북쪽에 商의 후기 수도인 殷에서 살던 왕족을 매장한 커다란 무덤들이 11기, 그리고 殉葬된 사람이나 동물을 매장한 작은 묘들이 1,200여 기 발굴되었다. 그리고 鄭州 근처의 구리와 아연광산을 비롯해 安阳 苗圃, 小屯, 薛家庄에서도 鑄銅유적이 확인되고 있다. 서기 1939년 河南省 安阳市 武官村 西北崗에서 출토한 司母戊方鼎(后母戊鼎, 司母戊大方鼎, 皇天后土/商王为祭祀其母戊所鑄的

鼎/献给"敬爱的母亲戊". 中国 国家博物馆 소장)은 솥의 높이 133㎝, 아가리 길이(口长口宽) 112㎝, 아가리 폭(口宽) 79.2 ㎝, 무게 832.84㎏이나 된다. 이 솥의 표면에 보이는 銘文으로 22대 祖庚이 21대 왕 武丁 (또는 22대)의 부인이며 어머니 好(母親 戊)를 위해 만든 것으로 되어 있다. 이 솥은 이제까지 발굴된 제일 크고 무게가 나가는 것이다. 여러 무덤에는 부장품으로 이와 같은 청동제의 대형 솥(鼎)을 비롯해 도기(白陶), 옥, 상아, 대리석의 조각 등이 다수 포함되어 있는

사진 9. 河南省 安阳市 武官村 西北崗에서 출토한 司母戊方鼎[后母戊鼎, 司母戊 大方鼎戊". 中国国家博物馆 소장]: 서기 1992년 8월 24일(월), 韓国-中华人民共和国의 修交)시 中国歷史博物館(현 中国国家博物館)에서 필자 촬영

데, 이는 商나라 후기 수도인 殷의 공예기술을 대표한다. 동기와 골각기의 제작소, 두 마리의 말이 끄는 전차를 매장한 車馬坑도 발견되었다. 또 서기 1976년 小屯의 북서쪽에서 약 100m 떨어진 곳에서 발굴된 은허 5호묘(婦好墓)는 상의 21대 무정(武丁)왕의 왕비 好의 무덤으로 출토유물은 모두 1,928점으로 銅器 468점, 玉器 755점, 石器 63점, 寶石製品 47점, 骨器 564점, 象牙器 3점, 陶器 11점, 蚌器(홍합) 15점, 貨貝 6,820점이다. 그중 青銅禮器는 모두 210여 점으로 그녀 자신은 당시 5,000명의 가신을 거느려 商나라 상류층의 권력과 부를 한눈에 보여준다. 그리고 청동 솥에 담겨져 있는 찜으로 요리되었던 듯한 인간의 두

개골은 당시 포로로 잡혀온 四川省의 羌族[四川省 理县 桃坪에는 기원전 100년경 西汉의 古堡인 桃坪羌寨가 남아있으며, 현재 四川省 理县 浦溪乡 蒲溪村, 汶川県 夢卜寨과 北川県 西北冶城 羌族乡이 잘 알려져 있다. 그리고 陝西省 宕昌県 鹿仁村 嘉陵江의 지류인 岷江의 상류와 四川省 阿坝藏族羌族自治州 茂县 曲谷乡 河西村 일대에는 羌族 8만 여 명이 전통문화를 유지하고 살고 있다. 그리고 治水로 잘 알려진 夏나라의 禹임금은 '蜀王本記'에 의하면 四川 汶山(石紐)郡 广柔县人(현재 四川省 北川县)으로 羌族과도 관련이 있다]것으로 祭式으로 희생된 食人風習(cannibalism)을 보여준다.

서기 1976년 河南省 安阳市 小屯村 西北 商王室 妇好墓에서 출토한 "妇好" 铭文이 있는 鸮尊妇好鸮尊은 妇好墓는 商 21대 武丁王의 왕비이며 22대 祖庚 어머니 好(母親 戊) 好의 무덤이다. 이 청동 鸮尊(효준, 효/올빼미)은 容酒器의 尊으로 通高 45.9㎝, 口径 16.4㎝이다.

이 尊(준)은 肩大口尊, 觚形尊, 鸟兽尊의 세 종류가 있는데 이는 鸟兽尊에 속하며 身兼实用, 美观两职의 특징이 있어 사람들의 사랑을 받는다. 殷墟에서는 이미 아름다운 청동기가 많이 출토하였는데 妇好墓에서 출토한 鸮尊이 表面花纹, 喙과 胸颈部上에 장식된 蝉纹, 高冠外侧에 장식된 饰羽纹, 侧各에 각 한 쌍식 장식된 一条의 怪夔(kuí, 기), 内侧 꺼꾸로 장식된 夔纹, 双翅装饰卷曲의 长蛇, 菱形纹, 兽面纹, 背后 錾下에 장식된 飞翔의 鸮纹 등의 비범한 공예기술로 사람들의 주목을 받고 있다. 河南博物院에 소장·전시되어 있다.

妇好墓는 考古編號 五號로 墓口는 5.6m×4m, 上有房基, 墓中에서 발견된 殉葬人은 16명, 순장된 개는 6마리로 그중 腰坑 가운데 사람과 개가 한 마리씩 묻혀 있었다. 출토유물은 모두 1,928점으로 銅器 468

점, 玉器 755점, 石器 63점, 寶石製品 47점, 骨器 564점, 象牙器 3점, 陶器 11점, 蚌器(홍합) 15점, 貨貝 6,820점이다. 그중 青銅禮器는 모두 210여 점이다. 무덤은 槨內 四壁에 돌아가면서 유물들을 배치한 전형적인 商晩期의 무덤양식을 보여주며 棱脊, 滿裝, 三層花. 小型玉器와 貝類를 棺內 측면에 배치하였다. 妇好鴞尊의 銅器銘文으로 墓主는 婦好(商王武丁의 配偶)임을 알 수 있고 무덤 앞에서 발견된 甲骨卜에도 婦好에 대한 기록이 있다.

그리고 피츠버그 대학교 Tony Barbieri-Low 교수에 의하면 富, 權力과 身分의 상징인 바퀴살 달린 戰車는 남부 러시아-카자흐스탄을 경유해 기원전 1300년-기원전 1200년경 商나라에 들어 온 것으로 商의 전투 실정에 맞게 3인용으로 변형시켰음도 알 수 있다. 그리고 그는 5호묘(婦好墓)에서 함께 출토하는 양쪽 끝에 방울이 달린 弓형 청동제품은 戰爭時 馬夫가 몸을 戰車에 고정시키고 양손에 무기를 들고 자유롭게 움직이기 위한 '허리 부착구'로 새롭게 해석하고 있다. 따라서 주인공인 婦好는 戰士이자 최초의 여성 馬夫 역할도 했던 것으로 추측된다.

지금까지 발견된 약 15만 점의 甲骨文 중 90%는 21대 왕 武丁(또는 22대)때 만들어진 것으로, 占卜의 내용은 건강, 사냥의 허락, 기후의 변화, 제사지낼 대상, 전쟁 참가 여부와 참가할 장수에 이르기까지 商나라 왕실 일상사의 다양한 모습을 보여준다. 그중에서도 武丁의 王妃인 婦好가 羌族과의 전쟁에 관련된 점복도 200여 건이나 된다. 그리고 왕은 이러한 占卜/神託으로 미래를 점치고, 조상을 숭배하고 (ancestor worship), 우주(神)와 접촉하는데 이용하고 궁극적으로 이를 통해 통치의 정당성을 강조하였다. 서기 1936년 洹北商城遗址《史

記》에는 "洹水南 殷墟上"으로 기재)인 하남성 安阳市 小屯村 皇家檔案
庫와 간수인의 窖穴인 수혈갱의 발굴에서 나온 다량의 갑골문들의 새
로운 검토와 해석은 당시 商나라의 사회상을 밝혀줄 뿐만 아니라 서기
1899년 龙骨(甲骨文)연구 嚆矢者인 王懿荣→ 王崇烈→ 刘鹗→ 羅振玉
→ 李济(서기 1896년 7월 12일-서기 1979년 8월 1일)로 이어지는 甲
骨文 研究史까지도 고려되고 있다.

서기 1922년 湖南省 桃源県 漆家河에서 출토한 商나라(기원전
1750년-기원전 1100년/기원전 1046년) 晚期에 제작된 湖南省 博物館
소장의 皿方罍(皿天全方罍, 皿天全方彝, 青銅酒器)는 方罍 중에서 가
장 크다(全體高 84.8cm, 器身高 63.6cm). 그릇 전체에 雲雷紋, 위에는
獸面紋, 夔龙紋, 鳳鳥紋, 어깨에는 雙耳銜環, 正面 한 가운데에는 一獸
首鋬, 四面의 각진 곳에는 邊角과 突起로 장식해 무척 아름다워 '方罍
之王'으로 불린다. 罍蓋와 罍身이 따로 따로 분리되어 외국으로 전전하
다가 서기 2014년 소장자가 세상을 뜬 후 Christie 뉴욕 경매에 나온 것
을 湖南省 博物館과 湖南省 收藏家들이 힘을 합쳐 美貨 1,500만 불에
구입해 罍身은 서기 2014년 6월 21일 중국으로 귀환하고 서기 2014년
6월 28일에는 뚜껑까지 합쳐져 완전한 모습이 현재 박물관에 전시되고
있다. 器蓋에는 '皿天而(全)作父己尊彝'(8자)/'皿天全父乍尊彝(7자)', 器
身에는 '皿作父己尊彝'의 6자 銘文(一說에는 '皿父乍尊彝'의 5자)이 새
겨져 있으며, 서기 1977년 陜西省 隴县 韋家莊에서 발견된 皿氏族의
青銅簋과 이 皿方罍은 年代가 같다.

서기 1935년 처음 농부가 青銅觚, 箭头 등을 발견하였지만 전쟁기
간으로 유물들은 골동상을 통해 해외로 반출되었다. 서기 1949년 10월

1일 新中国의 건국 이후 山東大學博物館, 山東大學歷史文化學院과 考古系에서 전후 7차례 발굴하여 商(기원전 1750년-기원전 1100/기원전 1046년)나라 中晚期 東夷族의 본거지며 商나라 帝辛(紂王)의 공격에 의해 점령되어 동이족 포로수용소가 된 安阳에서 동북향 약 200㎞ 떨어진 '蘇民部落'으로 여겨진 山東省 济南市 歷城区 舍人镇 大辛庄 商代遺蹟에서 圓刀靑銅鉞(圓刀와 平刀의 두 종류가 있으며 이는 砍殺用임)을 비롯한 鼎(직경 40㎝, 높이 60㎝), 盉, 爵, 觚. 罍, 卣, 戈, 矛, 箭, 鏃 등 여러 가지의 청동기, 玉器, 骨器 등의 유물이 발굴되어 현재 산동대학박물관에 전시되어 있다. 서기 1970년의 발굴에서는 靑銅酒具, 兵器 등이 유물들이 商나라라 마지막 수도인 안양[河南 偃師 二里头(亳)→ 鄭州 二里崗/二裏岡(隞)→ 安阳 小屯(은허 「殷墟」)]에서 출토하는 것과 같은 것으로 확인하였으며, 서기 1984년 800㎡의 대규모 발굴에서는 房址(주거지), 恢坑, 취사용으로 사용되는 鬲이, 서기 2004년에는 安阳 이외의 지역에서 처음으로 발견된 34자가 보이는 왕실의 吉凶을 점치는 결과물인 占卜用 甲骨文이 발견되었으며, 또 서기 2010년에 그곳에 파견되어 수비를 담당하고 식량을 확보하는 의무가 있었던 수비대장의 將軍墓인 商代大墓(14건의 청동기와 옥기가 발견됨)가 발굴되었다. 이는 商나라 28대 또는 30대 帝辛(紂王)의 東夷族이 사는 산동성지역의 東征과 東海까지의 영토 확장과 관련이 있다. 처음에는 竹箭과 骨箭으로 무장하고 弓箭의 사용에 강한 동이족의 공세에 밀렸으나 전국에서 30만의 군대를 징발하고 象陣의 코끼리부대를 앞세워 甲冑를 입고 靑銅鏃과 같은 발달된 무기를 이용하여 이들을 정복하게 된 것이다. 安阳 小屯 殷墟는 기원전 1300년-기원전 1046년/기원전 1388년-기원전 1122년의 266년 동안 11 또는 12왕이 재위하였으며 甲骨文字에 의하면 商 전체로는 湯王으로부터 帝辛(紂王)까지 28대

왕이 재위했다고 한다. 그러나 《史記》 殷本紀와 이와 관련된 《周書》에는 30왕이 언급되고 있다. 또 帝辛(紂王)은 포로수용소였다고 추정되는 '蘇民部落'에서 헌납 받은 愛妾 妲己와 함께 안양으로 돌아가서 '酒池肉林'의 행사를 벌리게 된다. 이 무렵 나라를 걱정하고 간언하는 충신들은 살해되고 나라는 망국의 길을 걷게 된다. 정부의 재정은 고갈되고 나라의 기강이 무너져 급기야는 周(기원전 1100년/기원전 1046년-기원전 221년) 2대 武王 姬發이 기원전 1046년 대군을 통솔하여 牧野(현 河南省 新乡)에서 商 紂王의 군대와 결전을 벌려 승리를 이끌고 紂王의 자살과 함께 商나라는 멸망하였다. 이는 '2010中国十代考古新發見'의 하나인 大辛庄 商代유적과 陝西省 宝鸡青銅器博物院에 소장되어 있는 '中国'이라는 글자가 처음 나타나고 周나라의 건립 초기의 역사를 알려주는 '何尊'이란 청동기의 銘文해석에서 잘 알 수 있다. 앞선 商나라의 문화내용을 그대로 답습하다시피 한 周나라는 그의 수도를 처음에는 위수지역 서안(西安)의 남서쪽 호경(鎬京)에 두었다. 이때를 西周라 하며 기원전 1100년/기원전 1046년-기원전 771년 사이이다. 그리고 북방 이민족의 잦은 침입으로 그 수도를 낙양(洛陽)으로 옮겼다. 이때를 東周라 하며 그 기간은 기원전 771년-기원전 221년 사이이다. 또 그들은 혈족과 祭祀時 신성시한 나무가 각기 달랐는데, 하나라는 사(似)족으로 소나무를, 商나라는 자(子)족으로 삼나무를 그리고 주나라는 희(姬)족으로 밤나무이다.

서기 1963년 초가을 宝鸡 賈村鎭 陳堆家 후원에서 발견되고 식량 저장그릇(糧食罐)으로 이용하다가 서기 1965년 폐품수집 고물상에게 30元에 팔려가 영원히 사라질 뻔 했던 것이 서기 1965년 宝鸡市博物馆 干部佟太放이 발견하여 30元에 다시 구입해 박물관에 소장되었다. 이 '何尊'은 주나라의 盛酒器로 높이 38.8cm, 구경 28.8cm, 무게 14.6kg이다. '口

圓體方, 長頸鼓腹, 高圈足'의 형태로 각단이 돌출되고 몸체에는 '四道鏤空 大扉稜'으로 아래쪽에는 雷紋, 券角에는 饕餮紋, 頸部에는 蠶紋圖案, 口沿下에는 蕉葉紋이 나있다.

서기 1975년 中国国家文物局에서 전국의 청동기를 모아 전시하고 그 때 전문가 馬承源이 해독하여 유명하게 되었다. '何尊'의 바닥에 각 12行 모두 122자의 銘文이 보이는데 그 내용은 周 2대 武王 姬發이 기원전 1046년 대군을 통솔하여 牧野(현 河南省 新乡)에서 商 紂王의 군대와 결전을 벌려 승리를 이끌고 紂王이 자살하고 商朝의 멸망 후 洛邑(현 河南省 洛陽)으로 수도를 옮기려고 제안했다가 病死하였는데 周 3대 成王 姬誦이 재위 5년째 아버지인 武王을 위해 祭祀를 올리고 아버지의 유언을 지키기 위해 洛邑으로 迁都하는 '周文王受命 周武王滅商 周成王迁都'라는 주나라 초기의 역사를 전해준다. 당시 商나라는 朝歌(大邑商)이 있었는데 주나라에서는 '控制中心 節制四方'의 관리이념의 '宗周'(周王朝나 周 王都의 所在地 특히 陝西省 長安県 張家坡 丰河의 西岸인 丰京과 西安市 长安区 斗门街道 以北 沣河 东岸의 镐京을 의미한다. 둘을 합쳐 丰镐이라고도 함)에서 국가와 지리적 개념을 통합한 '中国'이라는 단어를 통해 納貢과 朝見中心, 交通構築의 天下中心의 생각으로 洛邑으로 천도하였다. '宗周'(周王朝나 周 王都의 所在地 특히 陝西省 丰京과 镐京을 의미한다)에서 국가와 지리적 개념을 통합한 '中国'이라는 단어를 통해 納貢과 朝見中心, 交通構築의 天下中心의 생각으로 洛邑으로 천도하였다.

그리고 중국 중·고등학교 교과서에 잘 실리는 商代 青铜器 중 대표적인 商代方尊으로 현존하는 最大의 四羊方尊(무게 34.5kg, 높이 58.3㎝)은 서기 1938년 봄 湖南省 宁乡县 黄材镇 月山铺의 转耳仑山에서 출토한 것으로 여러 군데 전전하다가 현재 中国国家博物馆에 소

장되어 있는 중국 鎭館之寶의
하나이다.

그리고 中国 江西省 吉安
市 新干县 大洋洲镇 程家村
유적은 大洋洲 商代 大墓, 新
干大墓 등으로 불리는데, 서
기 1989년 9월 20일 그곳 농민
에 의해 程家村 뒤 沙洲(沙砂)
에서 青铜器가 발견되어 江西
省文物考古研究所에서 발굴을
진행해 1,300余件의 유물을 발
굴하였다. 중요 유물로는 475
건의 青铜器, 754건의 玉器와
139건의 陶器가 포함된다. 大
洋洲商代青铜博物馆에 전시된

사진 10. 湖南省 宁乡县 黄材镇 月山铺
转耳仑山 출토 四羊方尊(北京 中国国家
博物馆所藏), 서기 1992년 8월 24일(월, 韓
国-中华人民共和国의 修交) 시 Historical
Museum, Beijing(中国歷史博物館, 현 中
国国家博物館)의 'The Great Bronze Age
of China, An Exhibition from the Peoples's
Republic of China'에서 購入한 slide

청동유물은 大洋州 商代 大墓 出土의 青铜礼器는 48건으로 鼎, 鬲, 甂,
簋, 豆, 壺, 卣, 罍, 瓒가 있다. 青铜兵器와 農具도 매우 特色이 있는데
여기에는 矛, 戈, 镞, 刀, 匕, 冑, 镰, 犁铧 등 青铜兵器와 農具 수십 건
이 포함되며 이들은 古越文化传统을 보여준다. 青铜工具와 兵器形制는
기이하며 그중에는 中原 器型을 알 수 없게 加工, 改造하여 造型과 纹
样이 이 地域의 특색을 뚜렷이 보여준다. 이 박물관의 전시물 중 蝉纹玉
琮, 绿松石蝉, 活环屈蹲羽人玉佩饰, 原始瓷圈点纹折肩带盖罐, 牛角兽
面纹立鸟青铜镈, 羊角青铜兽面, 兽面纹提梁方腹青铜卣, 兽面纹三足青
铜卣, 兽面纹青铜胄, 原始瓷折肩盖罐, 勾连雷纹青铜铙, 兽面纹羊首青
铜罍, 鹿耳四足青铜甂, 双面神人青铜头像, 嵌红铜云纹青铜钺, 虎耳虎

形扁足青铜鼎, 牛角兽面纹立鸟青铜铸, 伏鸟双尾青铜虎, 羊角青铜兽面, 嵌红铜云纹青铜钺 등이 특히 중요하다. 이곳은 商代 婦好墓와 같은 귀족묘, 四川 成都市 广汉県 興鎮 三星堆와 같은 祭祀터 등 여러 주장이 있으나, 大洋洲镇의 牛头城址와 동일 주인에 속하는 것으로 여겨진다. 그리고 유물에서 虎形이 자주 보여 贛都地区에 살던 당시의 越族인 '虎方'의 문화소산으로 보기도 한다. 그리고 이 虎方国은 호(亳: 偃師 二里头: 기원전 1766년)-오(隞: 이곳은 정주 「鄭州」 이리강 「二里崗」 임: 기원전 1562년-기원전 1389년)-안양(安阳: 기원전 1388년-기원전 1122년의 266년 동안 11 또는 12왕이 재위: 甲骨文字에 의하면 商 전체로는 湯王으로부터 帝辛(紂王)까지 28대 왕이 재위했으나 《史記》 殷本紀와 이와 관련된 周書에는 30왕이 언급됨)으로 수도를 옮긴 商나라의 武丁(21대 혹은 22대) 재위시대 조상인 大甲(4대), 祖丁(16대) 등에 점복을 물어 甲骨文에서 보이는데 무력이 제일 강했던 商나라의 武丁(부인은 女將軍인 婦好, 戊임) 때에 商과 虎方国 사이에 전투가 81건이나 많이 벌어진 모양이다. 이 호방국이 위치하던 江西省 吉安市 新干县 大洋洲镇 程家村 출토 청동유물에서 ① 근처에서 銅鑛이 많아 필요한 청동유물을 자체로 제작하였으며, ② 날개의 폭이 가늘고 긴 청동화살촉(鏤空寬翼青銅鏃, 弧刃寬翼青銅鏃, 單翼青銅魚鱶斗)과 청동투구(兽面纹青銅胄胄)의 발견으로 당시의 전투양상을 추정해 볼 수 있으며, ③ 兽面纹青铜犁鉇라는 청동제 농기구의 출토로 보아 굴경(掘耕, digging stick system)→ 초경(鍬耕/鋤耕, hoe system)→ 려경(犁耕, 쟁기, 보습, plough system) 중 가장 생산력이 많고 발전한 려경(犁耕)단계에 있고, ④ 吳 闔閭 때 사용되던 溫酒器인 吳王光鑒(기원전 506년)의 기능과 같은 青銅鼎(兽面纹青銅溫鼎)과 卣(提梁方腹青銅卣)의 발견으로 당시의 술을 데워 마시던 습관까지도 알 수 있게 되었다.

04 周-春秋戰国时代의 유적

陝西省 宝鸡青銅器博物院에 소장되어 있는 '何尊(하준)'이란 청동기는 宝鸡青銅器博物院의 鎭館之寶라기보다는 銘文에 '中国'이라는 글자가 처음 나타나고 周나라의 건립 초기의 역사를 알려주는 国之重寶이다. 이 서기 1963년 초가을 宝鸡 賈村鎭 陳堆家 후원에서 발견되고 식량 저장그릇(糧食罐)으로 이용하다가 서기 1965년 폐품수집 고물상에게 30元에 팔려가 영원히 사라질 뻔 했던 것이 서기 1965년 宝鸡市博物館 간부 佟太放이 발견하여 30元에 다시 구입해 박물관에 소장되었다. 이 '何尊'(하준)은 주나라의 盛酒器로 높이 38.8㎝, 구경 28.8㎝, 무게 14.6㎏이다. '口圓體方, 長頸鼓腹, 高圈足'의 형태로 각단이 돌출되고 몸체에는 '四道鏤空 大扉稜'으로 아래쪽에는 雷紋, 券角에는 饕餮紋, 頸部에는 蠶紋図案, 口沿下에는 蕉葉紋이 나있다.

서기 1975년 中国国家文物局에서 전국의 청동기를 모아 전시하고 그 때 전문가 馬承源이 해독하여 유명하게 되었다. '何尊'의 바닥에 각 12行 모두 122자의 銘文이 보이는데 그 내용은 이렇다. 周 2대 武王 姬發이 기원전 1046년 대군을 통솔하여 牧野(현 河南省 新乡)에서 商紂王의 군대와 결전을 벌려 승리를 이끌고 紂王이 자살하고 商朝의 멸망 후 洛邑(현 河南省 洛陽)으로 수도를 옮기려고 제안했다가 病死하였다. 周 3대 成王 姬誦은 재위 5년째 아버지 武王을 위해 祭祀를 올리고 아버지의 유언을 지키기 위해 洛邑으로 遷都한다는 것으로, '周文王受命 周武王滅商 周成王迁都'라는 주나라 초기의 역사를 전해준다. 당시 商나라는 朝歌(大邑商)가 있었는데 주나라에서는 '控制中心 節制四方'의 관리이념의 '宗周'(周王朝나 周 王都의 所在地 특히 陝西省 長

사진 11. 陝西省 宝鸡青銅器博物院의 '何尊', 서기 1992년 8월 24일(월), 韓国-中华人民共和国修交) 시 Historical Museum, Beijing(中国歴史博物館, 현 中国国家博物館)의 'The Great Bronze Age of China, An Exhibition from the Peoples's Republic of China'에서 購入한 slide

安県 張家坡 丰河의 西岸인 丰京과 西安市 长安区 斗门街道 以北 沣河 东岸의 镐京을 의미한다. 둘을 합쳐 丰镐이라고도 함)에서 국가와 지리적 개념을 통합한 '中国'이라는 단어를 통해 納貢과 朝見中心, 交通構築의 天下中心의 생각으로 洛邑으로 천도하였다. '宗周'(周王朝나 周 王都의 所在地 특히 陝西省 丰京과 镐京을 의미한다)에서 국가와 지리적 개념을 통합한 '中国'이라는 단어를 통해 納貢과 朝見中心, 交通構築의 天下中心의 생각으로 洛邑으로 천도하였다.

명문의 내용은 다음과 같다.

"唯王初壅, 宅于成周. 复禀(逢) 王礼福, 自(躬亲) 天. 在四月丙戌, 王诰宗小子于京室, 曰: '昔在尔考公氏, 克逑文王, 肆文王受兹命. 唯武王既克大邑商, 则廷告于天, 曰 : 余其宅兹中国, 自兹乂民. 呜呼! 尔

有虽小子无识, 视于公氏, 有勋于天, 彻命. 敬享哉!' 唯王恭德裕天,
训我不敏. 王咸诰. 何赐贝卅朋, 用作庾公宝尊彝. 唯王五祀"

中国国家博物館에 소장되어 있는 또 다른 중국 鎭館之寶의 하나는
清 道光 29년(서기 1849년) 陝西省 郿县 礼村(宝鸡 眉县 常兴镇 杨家村
岐山县)에서 출토한 大盂鼎으로, 周 康王 23년(기원전 1003년) 盂의 貴
族에게 하사한 청동기이다. 높이 102㎝, 무게 153.5㎏으로 鼎 내에 19行
铭文이 2段으로 나누어 모두 291字가 보인다.

中国国家博物館 소장의 虢季子(괵계자)白盤도 周 宣王 12년(기원전
816년) 虢季子가 洛河 北岸에서 猃狁(匈奴의 先祖)과의 전투에서 500
명을 죽이고 50명을 포로로 잡은 대승을 거두어 宣王이 그 공적을 기
려 표창하고 马匹과 함께 斧钺, 彤弓, 彤矢. 虢季子白盤을 상으로 하사
한 것이다. 이는 虢季子白盤에 있는 명문 111자의 해석에 의한 것이다.

淹/奄国의 淹城遺址는 江苏省 常州市 武进区 中心城区 湖塘镇 大坝
行政村의 65만㎡(一千亩)에 남아 있으며 春秋时期에 만들어진 것으로
보인다. 淹城의 옛 이름은 奄国으로 春秋时代晚期에 만들어졌으며 지금
으로부터 2,500여 년의 역사를 갖고 있다. 学界에서는 古奄国은 山东城
曲阜县 一支 출신의 商나라 후예들이 물이 풍부한 이곳에 들어와 '淹'으
로 고쳤다고 한다.

淹城은 春秋时代 晚期의 城池로 남아 있는 곳 중 가장 잘 보존된 中
国 第一 水城의 古城遺址이다. 안에서 밖으로 子城, 子城河, 内城, 内
城河, 外城, 外城河의 三城三河가 함께 组成되었다. 당시의 성들은 대
부분 一城一河이고 少数는 两城一河 혹은 两城两河인데, 淹城과 같은
三城三河는 筑城形制로서는 中国城市建筑史上 비교를 찾아 볼 수 없는

유일한 것이다. 子城은 方形으로 周长 500m이다. 内城은 方形으로 周长 1,500m이다. 外城은 不规则椭圆形으로 周长 2,500m이며 이외에도 淹城 外城河의 外側에는 一道의 外城廓을 가지고 있는데 周长 3,500m이다. 淹城은 東西 长 850m, 南北 폭 750m, 总面积 约 65万㎡이다. 淹城 面积의 大小는 孟子의 '三里之城, 七里之廓'의 기록과 일치한다. 淹城의 三道城墙은 城河를 파고 나온 흙으로 쌓았으며 그 방법은 평지성을 축성할 때와 같이 해당지역의 土质의 粘性을 이용하여 版筑(夯土, stamped earth)으로 아래를 넓힌 梯形으로 쌓고 있다. 淹城 古城의 담은 가장 높은 곳이 20m에 달하였으나 现高 3m-5m, 담 아래 폭 30m-40m, 三护 城河의 平均 깊이 4m 내외 폭 30m-50m, 가장 넓은 곳이 60여 m나 된다.

淹城에 관해서는 東汉 越绝书 吳地傳과 北宋 太平寰宇记의 기록에 의하면 延陵이라는 常武地区는 春秋晚期时代 吳王 夢寿의 넷째 아들 季札(계찰)의 食邑이다. 季札은 오나라의 闔闾(합려)가 부왕 僚를 죽이고 왕위를 찬탈한 것에 불만을 가지고 평생 오나라에 들어가지 않았으며, 자기의 봉지인 延陵에서 운하를 파 축성을 하고 淹城이라는 독립왕국을 형성하였다. 淹城에 대한 가장 올라가는 기록은 東汉 袁康의 越绝書 吳地傳이며 여기에서는 '毗陵县 南城, 故古淹君地也. 东南大冢, 淹君子女冢也, 去县十八里, 吳所葬'이라고 언급하고 있다. 그리고 이 작은 엄국은 越(浙江省 西湖 옆 紹興), 楚(丹陽/河南 淅川, 鄢郢(疆郢)/湖北 宜城, 纪郢/湖北 荆州区, 寿郢/安徽省 寿县. 彭城/江蘇省徐州 등에 도읍, 陳 壽春)와 吳나라(현 江蘇省 太湖 옆 蘇州 姑蘇城姑蘇城에 도읍) 사이에 끼어 정치적으로 弱肉强食의 대표적인 먹잇감이 되었던 모양이다.

서기 1935년 淹城에 대한 조사가 여러 번 실시되었다. 淹城을 古代

居民의 활동지역이 남아있는 중요한 곳으로 간주하고 서기 1950년과 서기 1960년대에 6차에 걸쳐 실시한 발굴에서 淹城 內河에서 3척의 独 木舟와 青铜器, 原始青瓷 및 陶器 등을 발견하였다. 서기 1958년 이래 淹城에서 大量의 印纹陶罐, 缸, 瓮, 钵和青铜器(铜编钟, 铜鼎)을 발굴 하였다. 內城에서 발굴된 独木船은 길이 11m, 폭 0.9m, 깊이 0.45m 로 큰 통나무 속을 까뀌(有溝石斧)로 파낸 원시적인 배로 '天下第一舟' 로 명명되었으며 현재 北京博物院에 전시되어 있다.

그리고 淹城 외성의 서측에 남-북향으로 배열된 3개의 높은 土墩 이 있는데, 이는 土墩墓로 头墩, 肚墩, 脚墩으로 불린다. 이 무덤의 주 인공은 君主의 딸인 渺(묘)/百靈公主임이 밝혀졌다. 奄君이 奄城을 만 든 후 오래지않아 부인이 딸을 하나 낳았는데, 奄君이 딸의 이름을 渺 라 지었다. 공주 渺는 어려서부터 聡明하고 착했는데 15세에 이르러 芙蓉과 같아 娇艳하여 奄君夫妇에게 있어서 손바닥의 明珠와 같았다. 공주는 蚕桑과 纺纱织布, 琴棋书画, 歌舞에 능하였다. 이웃 留城의 공 자 炎이 야심만만하여 엄군의 신임을 얻고 驸马가 되었다. 奄君의 外 出시 公子 炎이 公主의 이름을 빌려 后花园의 열쇠를 얻어 奄君의 护 城之宝인 白玉龟을 훔쳤다. 公子 炎이 성을 탈출할 때 公主가 练兵场 에서 돌아와 이를 목격하고 꾸짖었는데 공주를 검으로 찔러 죽이고 도 망을 갔다. 奄君이 이 소식을 듣고 奄城으로 돌아오다 공자 炎을 만나 죽이고 白玉龟을 회수하였다. 그리고 공주의 무덤을 성 담 위에 쓰고 白玉龟 등 珍宝를 부장하였다. 후일 도굴을 염려하여 가짜무덤을 두 개 더 만들었는데 이들은 头墩, 肚墩, 脚墩로 불렸다. 이것이 渺(묘)/ 百靈公主의 무덤이다. 이 무덤에서 瓷器, 紡錘車, 청동제 악기(編鐘) 등 300여 점의 유물이 나와 春秋淹城博物館에 전시되어 있다.

그리고 이곳에는 뭊나라의 闔閭(기원전 514년-기원전 496년 在

位)-夫差(기원전 495년-기원전 473년 在位)-伍子胥와 관련 있던 孫
武(字는 長卿, 孫子 또는 兵聖으로 불림, 吳国 姑苏/현 江苏省 苏州
吳中区에서 타계, 戰国时代 齐나라 軍師인 孫臏은 于阿, 鄄之间(현 山
东省 阳谷县 阿城镇, 菏泽市 鄄城县 北一带에서 출생하였으며 孙武의
5대 후손임)의 草廬가 있으며 이곳에서 春秋 末年(기원전 515년-기원
전 512년)에 집필한 것으로 알려진 孫武의 13편의 兵書로, 서기 1972
년 4월 10일 山东省 临沂县(1994년 이후 임기, 린이시/临沂市. 이웃하
는 쯔보시 린쯔구/淄博市 临淄区는 齐国의 수도 营丘/yíng qiū/临淄
로 이곳에는 荀子를 비롯한 諸子百家의 문하생들이 모여 열띤 논쟁을
벌린 '直下'가 잘 알려져 있다) 银雀山 西汉墓葬 1号墓와 2号墓에서 출
토한 汉나라 竹簡文으로 된《孫子兵法》이 있으며 이 무덤에서 孙武의
후손인 孫臏의《孫臏兵法》도 함께 출토되었다. 이 죽간문의 병서는 손
자병법 중 가장 오래된 것으로 현재 山東省 박물관에 전시되어 있다.

湖南省 宁乡 炭河里 西周 方国 都城址는 湘江 下流의 黄材盆地인 현
행정구역상 宁乡县 黄材鎮 寨子村에 위치하는 商周古文化遺址로 中国
에서 유일하게 남아있는 西周시대의 城址이기도 하다.
지난 서기 1930년대 이래 湖南 宁乡 炭河里遺址와 반경 2㎞내의 黄
材鎮 지역에서 商周青銅器가 300여 점이나 출토하였는데, 그중 四羊
方尊(서기 1938년 출토), 人面方鼎, 獸面紋瓿(그 안에는 224점의 銅斧
가 들어 있었다), '癸'자 銘이 있는 卣(그 안에는 環, 玦, 管 등의 玉器가
320여 점 들어 있었다), '戈'자 銘이 있는 卣(그 안에는 珠, 管 등 玉器가
1,170여 점이 들어 있었다), 雲紋鐃(環, 玦, 虎, 魚 등의 아름다운 玉器
가 공반하였다), 象紋大鐃(무게 221.5㎏) 등 中国 商周시대의 青銅器 중
上品으로 중국 고고학계에서 '宁乡 青銅器群'으로 불리게 되면서 전 세

계적으로 알려지게 되었다. 그런데 四羊方尊, 虎食人卣, 人面紋方鼎 등은 구리, 주석과 아연의 함량 비율이 中原地区에서 발견되는 靑銅器와는 다르다. 이 유적은 서기 1963년 湖南省考古所가 炭河里遺址를 西周遺址로 확인하고 서기 2001년 国家文物局의 허락을 받아 湖南省 文物考古研究所가 건너편의 炭河里遺址를 試掘하여 大型의 土台建築遺蹟을 발견하였다. 서기 2003년 11월 초에서 서기 2004년 12월 말까지 湖南省 文物考古研究所가 3,000㎡의 遺址에 대한 두 차례의 大規模 發掘을 하였다. 조사결과 2.3万㎡의 넓이에 西周時期의 城牆, 2곳의 大型人工의 黃土로 기초를 다진 建築의 바닥 基址(이곳 토층 제2-4期와 城의 使用年代는 비슷함)과 2채의 宮殿建築의 大型 房屋遺蹟을 확인하였다. 그리고 城 내외에서 城牆과 같은 시기이며 성 담과 나란히 나있는 폭 15m, 깊이 2.5m의 環壕로 추정되는 壕溝線을 찾아내었다. 壕溝와 같은 방향으로 形成原因, 溝内 堆積情況 및 時代별로 발굴을 진행해 城外 台地 위를 정리하면서 西周時期의 小型貴族墓葬 7기(西周 墓 7기 이외에도 春秋시대 墓 2기, 戰國시대 墓 3기가 발굴됨)를 발굴했다. 이 속에서 大量의 靑銅器와 玉器가 출토하였다. 陶器는 砂陶가 위주가 되며, 陶色은 紅褐色으로 少量의 紅胎黑皮陶 및 硬陶로 方格紋이 주로 장식되었다. 기형은 圜底로 三足 및 圈足器로 平底器는 적다. 기형은 形鼎, 高領罐, 碗, 器蓋 및 硬陶罐 등 商周시대의 것이 대부분이며, 外來적 요소로는 仿銅陶鼎, 鬲, 簋, 盆, 尊 등이 보인다. 출토 유물로 보아 이 성이 처음 만들어지기 시작한 연대는 商末周初이며 使用年代는 西周早中期이고 廢棄年代는 西周晚期前後로 보인다. 그리고 외래적인 유물의 요소가 많이 포함된 것으로 보아 炭河里古城은 西周時期 西周王朝 湘江下流地区의 地方靑銅器文化/炭河里文化 혹은 方国의 中心聚落 또는 都邑으로 여겨진다. 炭河里城址와 周围에서 발견된 靑銅器群은 같은 政

治集團의 最高權力階層에 속한다. 그러나 역사적으로 湘江 下流는 商代의 軍事重鎮인 '三苗方国' 밖에 위치하며 상나라의 '三苗方国'에서 鑄造된 青銅器 중에는 구리의 원산지인 江西省 瑞昌市 夏畈鎮 銅嶺村 銅礦과 같은 구리광산이 많았던 '虎方'에 속하는 곳으로 추정된다. 그리고 宁乡 青铜器群의 구리, 주석과 아연의 합금비율도 중원지방의 商나라의 청동기들과 달라 宁乡 青铜器群은 '三苗方国'의 先住民 혹은 虎方人들이 鑄造했던 것으로 보인다. 甲骨文에서 처음 나타나 학계에 문제점을 던져주는 虎方은 토테미즘(totemism, 图騰崇拜)을 숭상하는 蚩尤九黎族인 三苗後人 또는 苗瑤의 民族系統(虎方→ 祝融→ 苗族 후예인 鬻熊/Yù Xióng, 육웅/嬔酓/穴熊/鬻熊子/鬻子/玄帝 顓頊(전욱)의 后裔, 楚国의 先祖로 楚国 开国 君主 熊绎의 曾祖父→ 楚国)으로 여겨진다. 虎方의 기원은 汉나라의 남쪽 荆楚故地说도 있다. 그리고 서기 1989년 江西省 新干县 大洋洲 商墓에서 出土한 480여 점의 铸造된 아름다운 青铜器로 볼 때 이들은 地方特色이 농후하고 青铜器에서 虎形象이 나타나고 있어 江西省 新干県 大洋州鎮 程家村과 같은 贛鄱地区(gàn pó, 江西 贛文化/江西文化/江右文化)의 虎方说도 언급하기도 한다. 이는 商王国의 文化影響을 받은 方国 사이에서 일어난 戰爭과 中原의 商나라 사람들과의 交易을 통해 三苗人들도 商나라의 青銅器 鑄造技術을 배웠던 것으로 보인다. 湖南省에서 西周时期 古城址는 여러 차례 발굴되었는데, 특히 炭河里의 西周方国都城遗址는 地方青铜器文化와 早期国家社会의 形成 등의 연구에 중요한 의의를 지닌다. 즉 宁乡 青铜器群은 湘江流域의 湘西지역 내지 南方地区의 商周青铜器文明과 夏시대부터 시작되는 奴隷制社会의 研究에 중요한 학술적 자료를 제공해준다. 그리고 이 유적은 湖北 盘龙城, 江西 吳城 및 牛头城, 四川 三星堆 등과 함께 南方地区의 西周时期의 城址를 연구하는데 중요하다. 현재 박물관이 들어선

부지를 포함해 保护范围는 60万㎡, 重点规划区域은 3.72㎢이다.

서기 1923년 河南省 新郑县 李家楼郑公大墓에서 出土한 莲鹤方壶은 春秋时期의 青铜器로 한 점은 北京 故宫博物院 青铜馆에, 또 다른 한 점은 河南博物院에 소장되어 있다. 두 점의 方壶는 각기 高 116㎝, 117㎝, 口径 30.5㎝, 24.9㎝이고, 器形은 크고 器身에는 蟠螭纹이 장식되어 있다. 뚜껑(冠盖)은, 垂腹, 圈足이 갖추어져 있다. 壶冠에는 두 층으로 만발한 莲花瓣이, 盖顶에는 한 마리의 비상하는 仙鹤을 붙이고 있다. 壶의 양측에는 龙形의 동물(兽)형상을 한 손잡이(耳)가 달리고 器腹 四面에는 조그만 동물이 器足에는 두 마리의 꼬리가 접힌 동물들이 붙어있다.

이 莲鹤方壶를 포함하여 원래 河南博物院 소장유물인 河南省 新郑县 李家楼郑公大墓('新郑彝器'), 辉县琉璃阁甲乙二墓(楚나라 夫婦墓, 金柄劍, 蟠龙紋方壶, 蟠龙紋附耳升鼎, 燕玉裝飾 등)에서 나온 청동기 유물을 비롯해 李济(서기 1896년 7월12일-서기 1979년 8월 1일)와 董作濱(서기 1895년-서기 1963년)이 발굴한 商나라 甲骨文 3,000편, 唐三彩 등은 抗日전쟁으로 인해 河南博物院이 68상자에 넣어 여러 곳을 옮

사진 12. 莲鹤方壶(배면): 서기 1996년 8월 12일(일) 北京古宫博物院 전시실에서 필자 촬영

겨 다니다가, 38상자는 台北歷史博物館, 나머지 30상자는 河南博物院에 돌아와 소장되어 있으며, 일부는 北京 故宮博物院 靑铜馆을 비롯해 7개 박물관에 분산 소장되고 있다. 서기 2001년 河南博物院과 台北歷史博物館의 합동노력으로 발굴 이후 78년 후《新郑郑公大墓靑铜器, 2001》과《輝县琉璃閣甲乙二墓, 2003》으로 출간되었다.

그리고 서기 1923년 河南省 新郑县 李家楼 무덤에서는 春秋王子嬰次炉(圓角平底, 器壁两侧有环钮, 两端各有3节提链 器底下部有柱状残足 23점의 盘, 中国国家博物馆 소장, 春秋时代)가 나왔는데, 器壁 内侧의 铭文 7字를 통해 王子 嬰次의 炉로 밝혀졌다. 이것은 楚国 尹子重(楚令尹子重, 名 嬰齐, 字 子重, 기원전 470년 卒)의 것으로 鲁成公16년(기원전 575년) 晋楚 "鄢陵之役" 楚军이 패한 후 郑나라로 옮겨진 것 보인다. 당시 楚国의 诸侯는 왕을 칭하지 않았으며 炉纹과 风格으로 보아 뭇王의 아들인 嬰次의 것(王子嬰次之燎炉)으로 보인다.

고대사회에 있어 말의 순장은 중국의 상나라(기원전 1750년-기원전 1100년 또는 기원전 1046년)의 마지막 수도인 殷墟 大司空村 175호분, 山東省 臨淄 齐景公(기원전 548년-기원전 490년) 殉馬坑과 임치 중국고차박물관 내 后李 春秋殉馬車유적 등에서 보이는 바와 같이 마차와 함께 이루어지는 것이 일반적이다. 서기 1996년에 발견된 山西省 臨汾县 侯馬의 西周(기원전 1100년-기원전 771년)유적에서는 宣王 靜(기원전 827년-기원전 782년) 때인 기원전 812년에 해당하는 馬車 48대가 발굴되었다. 그리고 서기 1950년 三门峡 댐 水利枢纽工程建设 때는 黄河水库考古工作队를 구성하여 河南省 三門峽市 上村岭에 위치하는 西周에 속하는 墓葬 230기, 车马坑 3기, 马坑 1기, 出土文物 9,179점을 발굴하였는데 북쪽에 国君墓群과 家族墓가 위치한다. 여기에는 2

사진 13. 중국고차박물관 내 山東省 后李 春秋殉馬車 유적: 서기 2004년 9월 16일(목)
필자 촬영

기의 国君墓, 1기의 国君夫人墓, 2기의 太子墓, 250여 기의 貴族墓葬
가 포함된다. 그리고 서기 1999년에 虢国 都城 上阳이 발굴되었다. 그
중 国君墓群에서는 秦国銅柄鉄劍 綴玉面罩(玉壽衣), "宝铃钟"이란 명
문으로 墓主人이 虢仲(生前에 曾辅佐周天子治理天下, 管理臣民 겸 "受
天子禄")인 姬姓诸侯国의 虢国(괵국, 周文王 동생의 封国, 기원전 9
세기-기원전 6세기) 国君(王)의 虢仲의 1호 대묘(土坑竖穴墓)와 虢季
의 M2001호에서 나온 명문이 있는 두 벌의 編鐘, 金腰帶飾, 64필의 車
馬坑과 함께 玉柄銅芯鐵劍(玉菱铜芯剑, 铜柄铁剑/中华第一剑으로 불
림, 현재 河南省博物院에 소장)이 묻힌 2호를 들 수 있다. 이외에도 "虢
仲作虢妃宝盨, 子子孙孙永宝用"의 명문이 있는 청동기 4점, 9号墓 出
土의 120점의 青铜器 仅礼乐器와 玉龙과 凶猛咆哮的玉虎를 포함하는
724점의 玉器가 발굴되었다. 이들은 모두 1만여 건으로 三門峽市 虢国
博物館에 전시되어 있다. 玉柄銅芯鐵劍은 서기 1990년 2월 河南省 三

门峡市 虢国墓地에서 출토한 것으로 身長 20㎝, 莖長 13㎝의 短劍으로 청동기가 주류를 이루었던 春秋末(西周晚期 약 2,800년전)의 것이다. 集铁, 铜, 玉의 三种의 材質로 이루어졌으며 檢身은 銅芯 위에 철을 덮었으며 劍柄은 新疆省 和田靑玉을 사용하고 자루 끝부분 방형에는 晶莹剔透의 수법으로 綠松石(터키석, turquoise)을 象嵌해 넣었다. 이 검은 이제까지 발견된 것 중 가장 빠른 것으로 여겨졌던 2600년전 秦国铜柄铁剑의 冶炼铁器의 기록을 200년을 앞당겼다. 그리고 越王句踐劍(湖北省博物館 소장), 吳王夫差劍(国家博物院 소장)보다도 앞서는 "中华第一劍"으로 불린다. 그리고 《史記》吳太伯世家에 나오는 季札과 관련된 당시 검을 숭상하던 모습을 잘 보여준다.

이는 두 번째의 铜柄铁剑로 앞서 서기 1973년-서기 1985년 河北省 蒿城県 台西 商代遺址의 발굴조사에서 鐵刃銅鉞이 나왔는데 날은 隕鐵로 제작되었고 연대는 상나라 말 기원전 12세기경에 해당한다. 상나라 말기에도 철을 사용할 줄 알았던 모양이다. 그러나 본격적인 청동기시대로 진입한 것은 偃師 二里头(亳)文化 때이다.

湖北省博物館에는 越王勾踐劍과 吳王夫差矛가 전시되어 있다. 越王(기원전 496년-기원전 464년 재위)勾踐劍은 乾隆帝 裕陵에서 서기 1928년 7월 2일 도굴된 것으로 전해지는 干將劍[春秋时代 铸劍의 鼻祖이며 越王勾踐을 위해 赫赫青铜名劍인 다섯 자루의 宝剑(湛卢, 巨阙, 胜邪, 鱼肠, 纯钧)과 楚昭王을 위해 세 자루의 名劍(龙渊, 泰阿, 工布)을 만든 欧冶子와 후예들인 干將과 그의 처 莫邪가 만든 有名劍으로 서기 1965년 12월 湖北省 江陵県(荆州市, 당시 초나라의 수도 郢都/紀南城) 望山 1號[楚懷王(?-기원전 206년) 때 楚의 貴族인 邵滑의 墓(竹簡文에서 확인, 陪嫁品/dowry으로 楚国에 흘러들어간 것으로 보임)에서 출토

하였는데, 이 검에는 鳥虫書로 써진 '越王勾踐 自作用劍'이란 문자가 새겨져 있다. 이 검은 長 55.7cm, 폭 4.6cm, 柄長 8.4cm로 劍面에는 鑄造한 黑色菱形暗纹이 있고, 슴베 박은 칼자루의 목 쪽에 감은 쇠태인 칼코등이(劍環) 鑲(insert, inlay, set, mount, fill)의 정면에 蓝色琉璃로, 그리고 背面에 绿松石/turquoise/突厥玉/土耳其石을 박아 넣었다. 구천의 검은 아마도 越絶書에서 보이는 바와 같이 欧冶子가 越의 수도인 浙江省 紹興에서 멀지않은 秦溪山 산정에서 구리에 주석을 17–18 %, 약간의 鐵線을 함유시켜 주조한 칼 중의 하나일 것으로 추정된다. 그리고 吳王夫差(기원전 495년–기원전 473년 재위)靑銅矛는 서기 1983년 11월 湖北省 江陵县 楚墓에서 출토한 것으로 길이가 29.5cm이고, 최대 폭은 5.5cm이다. 가운데 血溝(欽血, 血槽)과 獸头가 나있으며 창의 표면에 "吳王夫差 自作用矛"라는 명문이 새겨져 있다. 이들의 연대는 오나라가 월나라에 의해 망하는 春秋时代 末인 기원전 483년경으로 추정된다.

湖北省博物館 소장의 越王勾踐劍과 吳王夫差矛, 苏州博物馆의 吳王夫差劍 이외에도 서기 1976년 河南省 輝县 出土의 吳王夫差劍이 있다. 吳王夫差劍은 상해박물관 소장 등 이제까지 발견된 6자루 중의 하나로 長 58.3cm, 폭 5.5cm로 검신의 명문은 2行 10字로 "攻吳王元差自作其夫用"으로, 또 湖北省 襄陽 蔡坡 12號墓에서 발견된 吳王夫差劍(長 37cm, 폭 3.5cm)의 劍身에는 篆書로 二行 10字의 「攻玫(敔)王夫差自乍其元用」의 명문이 각인되어 있다. 이외에도 苏州博物館 소장의 吳王諸樊戈도 알려져 있는데, "攻吳王姑發諸樊自作作元用"이란 명문이 보인다. 越王勾踐과 吳王夫差과 관계되는 모든 검, 矛는 모두 서기 2017년 6월 28일에 개최된 苏州博物馆의 大邦之夢–吳越楚青銅器特展에 전시되고 있다.
苏州博物館 소장의 鎭館之寶의 하나로 檢身에는 銘文 75자가 새겨

져 있는 吳王余眛劍도 전시되어 있다. 余眛(기원전 약 563년-기원전 527년, 吳나라 22대 君主 겸 春秋時代 吳의 第4代王)의 劍은 당시 오나라 19대 군주이며 초대 吳王이 된 壽夢(?-기원전 561년, 기원전 585년-기원전 561년 재위, 姬姓)의 네 아들인 諸樊-余祭-余眛-季札의 '兄終第及'하던 吳나라의 王位傳承故事와 그에 따른 정치적 상황을 이야기해준다. 銘文에 의하면 壽夢의 넷째 아들인 季札(姬姓, 名札, 또는 公子札, 延陵季子, 延州来季子, 季子)은, 壽夢의 셋째 아들(기록은 嫡四子임)인 22대 君主 餘眛가 세상을 떴을 때 넷째인 季札에게 군주/왕의 자리를 상속시키려고 하였으나 季札은 "禮有舊制 奈何廢前王之禮而行父子之私乎"라 말하면서 형제 간의 왕위계승 대신 주나라의 禮인 父子之間의 계승을 주장하며 사양하였다고 한다. 그래서 王位는 吳王 壽夢의 庶長子인 僚가 継承하였다. 餘眛의 아들인 公子 光이 이에 不服하여 刺客을 보내 吳王 僚를 타살한 후 그는 吳王 闔間(기원전 514년-기원전 496년 在位)로 뒤를 이었으며 그 후 오나라는 春秋五霸의 하나로 성장하였다. 이는 기원전 522년 伍子胥(申胥, 기원전 559년-기원전 484년, 春秋时期楚国椒邑/현 湖北省 监利县 黄歇口镇 伍杨村人)가 吳国으로 도망가 기원전 515년 吳王 諸樊의 아들인 公子 光이 그의 計謀를 따라 僚를 죽이고 吳王 闔閭가 되도록 도와준 결과였다. 季札은 晉国에서 趙文子, 韓宣子, 魏獻子의 三人과 접촉하면서 「君侈而多良, 大夫皆富, 政将在家」로 100년 후 晉国이 三分되는 것을 예언하였다. 그리고 季札이 晋国을 기기위해 徐国을 지날 때 宝剑을 차고 徐国国君을 예방할 때 徐国国君이 욕심을 내었으나 그에게 주지 않았다. 계찰이 다시 귀국길에 徐国을 지날 때 国君은 楚国에서 세상을 뜬 후였다. 계찰은 검을 풀어 徐国国君의 후계 国君에게 주려 하였으나 시종이 "这是吴国的宝物, 不能用来赠送别人"이라고 하여 반대하였다. 그러나 계찰은

"我不是赠给他的. 不久前我经过这里, 徐国国君看着我的宝剑, 嘴上没有说什么, 但是他的神色显露出想要这把宝剑: 我因为有出使上国的任务, 就没有献给他. 虽然如此, 在我心里已经答应给他了. 如今他死了却不把宝剑进献给他, 这是欺骗我自己的良心. 因为爱惜宝剑就使自己的良心虚伪, 正直的人是不会这样做的"라고 하였다. 继位의 徐国国君이 "先君没有留下遗命, 我不敢接受宝剑" 말하니 계찰은 검을 풀어 徐国国君의 묘지 옆 나무 위에 걸어놓고 그곳을 떠났다. 徐国人이 계찰을 칭송해 말하기를, "延陵季子兮不忘故, 脱千金之剑兮带丘墓"라 하였다. 이를 墓上挂劍이라 한다. 安輝省博物館에는 이를 묘사한 季札挂剑漆盤이 있다. 이는 그가 학식이 뛰어나고 厚德仁義함을 칭송하는 고사이다. 延陵에 季札의 墓가 있다. 《春秋》에 季札(기원전 485년)은 延陵(현 常州)에 封地를 받아 史書에서는 延陵季子로 칭하며 死后에 申港(현 申港) 西南에 묘를 쓰고 묘 옆에 江陰季子祠를 세웠다. 묘 앞에는 孔子가 썼다고 전해지는 "嗚 呼有吳延陵季子之墓" 十字篆文碑(十字碑)비가 있다. 따라서 春秋时期에 만들어진 것으로 보이는 江苏省 常州市 武进区 中心城区 湖塘镇 大坝行政村의 淹城은 옛 이름이 奄国으로 春秋时代 晚期에 만들어졌으며 季札의 封地였던 것으로 추정된다.

江蘇省 蘇州 邗城 또는 姑苏城에 도읍을 둔 春秋时代 吳(기원전 585년경-기원전 473년)의 王들은 다음과 같다.

1. 寿夢(기원전 585년-기원전 561년, 国名을 句吳로부터 吳로 改名)→ 2. 諸樊(기원전 560년-기원전 548년)→ 3. 余祭(기원전 547년-기원전 544년)→ 4. 余眛(기원전 543년-기원전 527년)→ 5. 僚(기원전 526년-기원전 516년)→ 6. 闔閭(기원전 515년-기원전 496년)→ 7. 夫差(기원전 6세기?-기원전 473년)

그리고 전체 吳国 君主는 泰伯(吳太伯, 又称泰伯, 吳国第一代君主,

东吴文化的宗祖. 姬姓)→ 仲雍→ 季简→ 叔达→ 周章→ 熊逐→ 柯相→ 彊鳩夷→ 餘橋疑吾→ 柯卢→ 周繇→ 屈羽→ 夷吾→ 禽处→ 转→ 颇高→ 句卑→ 去齐→ 壽夢(19대 군주)→ 諸樊(20대 君主)→ 餘祭(21대 君主)→ 餘眛(22대 君主, 吳의 第4代王)→ 僚(23대 君主)→ 闔閭(24대 군주)→ 夫差(25대 君主)의 순으로 이루어진다.

서기 2013년 1월 山東省 沂水县 紀王崮(면적 4㎢)에서 春秋时代 기원전 690년 齐国의 공격을 받아 멸망한 紀国国君의 夫婦合葬墓가 발견되었다. 紀王崮(고, mountain)는 산동성 沂蒙 72곳의 으뜸(七十二崮之首)으로 정상이 평탄한 산(ku, '四周陡削, 山顶较平的山')을 말하며 당시의 제후로서 산 정상에 묘를 쓴다는 것은 매우 특이한 것 중의 하나이다. 아마도 城堡式国家를 추측케 한다. 春秋时代에는 靑銅鼎이 권력의 상징이었고 '墓而不墳'하듯이 墓主의 이름은 靑銅鼎의 銘文에서 알 수 있었다. 西汉 이후 평지에 무덤을 쓰면서 墓主의 이름이 적힌 碑石을 세우고 墓誌를 안장하게 되었다. 이곳에 출토한 高 66㎝ 铜鼎 위에는 5行 27字가 있는데 "华孟子作中 叚氏姫中子 媵宝鼎其眉 寿万年无疆 子子孙孙保永享"이라는 銘文이 보인다. 华孟子는 제작자를, 中子/"仲子"는 시집올 때 가져온 陪嫁用 宝鼎으로 추정된다. 天子의 무덤에는 四組, 諸侯는 二組의 禮樂器가 副葬되는데, 이곳에서는 靑銅鼎 이외에 天子보다 더 많은 五組의 禮樂器가 부장되어 墓主가 상당한 권력자임을 알 수 있다. 《沂水县志》에는 "纪王崮, 巅平阔, 可容万人, 相传纪侯去国居此"(清 康熙 11년, 서기 1672년)과 "纪王崮, 相传为纪子大夫其国居此, 故名"(道光 7년, 서기 1827년)라고 기재되어 있다.

紀王崮에서 발굴된 墓槨은 남북 28m, 동서 13.6m이며 車馬坑과 墓道가 북쪽과 동쪽에 따로 발견되었다. 여기에서 출토한 유물들은 5套 35

件의 禮樂器/禮器(南邊箱子에서 발견된 대량의 靑銅樂器, 甬鐘, 鎛鐘, 鈕鐘甬, 鈕鐘, 編鐘 등과 陶罐을 닮은 타악기인 2점의 錞于 靑銅禮器), 北邊箱子에서 발견된 樂器인 瑟, 銅盉, 兵器, 神權 財權 軍權을 상징하는 琮, 璧, 戈, 祭天 祭地用 祭祀玉器들이 200점 정도 출토되었다. 또 靑銅鼎은 서기 1975년 발굴된 山東省 沂水縣 刘家店子墓 "莒公" 銘文이 있는 銅戈가 출토한 莒公 墓葬 출토의 附耳鼎과 비슷하다. 靑銅鼎 陪嫁物에서 '江'字 銘文이 보여 紀国国君의 부인은 河南省 息县 일대에 위치한 江国에서 시집온 것으로도 추정된다. 이 묘의 주인은 秦나라와의 전쟁에서 패해 이곳에 대피한 ① 周 赧王 姬延(기원전 316년 – 기원전 256년, 《竹书紀年》에는 周 隱王으로 周 慎靚王之子이며 史文常은 王赧으로 기록하였다)과 아들 姬召(姬王齒에서 紀王齒로 명칭 변경)와 관련된 무덤, 또 ② 江'字 銘文이 보여 紀国国君의 부인은 河南省 息县 일대에 위치한 江国에서 시집온 것으로도 추정된다. 이 묘의 주인은 秦나라와의 전쟁에서 패해 이곳에 대피한 ① 周 赧王(난왕) 姬延 ② 齐国과 鲁国을 아우르는 大国인 莒国(기원전 1064년 – 기원전 431년)国君의 묘, ③ 靑銅鼎上의 銘文인 中叚(音 jiǎ, 通 '遐')로 中叚氏墓 등 여러 설이 있다. 그러나 ④ 이들 유물은 기원전 690년 멸망한 紀国国君의 묘에 속할 가능성이 가장 많다. 현재 이곳 출토 유물들은 모두 沂水县博物館에 소장되어 있고 이 발굴은 '2013년中国十大考古發現(掘)'의 하나로 선정되었다.

그리고 山東省 滕县에서 발견된 西周时代의 滕侯方鼎은 中国歷史上 春秋戰国時代의 一個 諸侯国의 하나이며 《汉書》地理志에 31世 君主, 顧炎武《肇域志》에서 32世가 기록되어 전해오는 滕国의 위치를 알려주는 중요한 자료이다. 滕国君主는 姬姓으로 周武王이 商나를 멸망한 후 異母의 동생 错叔绣(기원전 약 1045년 –?)를 滕国에 봉하고 古

滕城이 滕国의 수도가 되었는데 현재 산동성 滕州에서 7㎞ 떨어져 있다. 春秋 初期에 滕国과 바로 그 위에 붙어 있던 魯国은 긴밀한 관계를 유지하였는데, 魯 隱公 7년(기원전 716년)에 孔子의 역사서인《春秋》에 기재되어 있다. 기원전 414년 越王 朱勾에 의해 멸망당하였다. 후에 復国되어《战国策》宋策에 의하면 战国时期(기원전 약 296년)에 滕国은 宋 康王에, 또는 世族譜에 의하면 齐나라에 의해 멸망되었다고 한다. 기원전 316년 전후 孟子가 齐国을 대표하여 滕国에 가서 祭弔한 기록도 보인다. 이것은 서주(기원전 771년-기원전 475년) 조기의 方鼎으로 뚜껑 안에 滕侯方鼎이란 글이 음각되어 있어 5대 滕侯虎(一作孟虎)에서 서주 중기의 8대 滕侯 시기 사이로 추정된다. 方型鼎은 商나리서 먼저 출현하며 西周早期에 유행하며 서주 만기에는 사라진다. 이 방정은 현재 滕州市博物馆에 소장되어 있다.

그리고 山西省 大河口 覇国 西周墓地는 翼城县 城 以东 약 6㎞ 떨어진 두 강이 합쳐진 三角洲 高地上 4만여 ㎡의 넓이에 있으며 발굴은 서기 2007년 5월 大河口 西周墓地의 도굴이 알려진 이후 山西省 考古研究所가 国家文物局의 허가를 받아 서기 2009년-서기 2011년에 행해졌다. 이곳에서 墓葬 615기, 车马坑 22기를 포함하여 모두 천여 기가 발굴되었다. 그중 新石器时代遗址는 墓地 西南方의 浍河 东岸의 台地上, 西周遗址는 墓地西南 약 0.5㎞ 떨어진 곳, 东周 및 汉代遗址는 墓地의 东北쪽에 분포하고 있다. 그리고 东側 및 西南方 台地 上의 墓地范围内에는 수 십 기의 东周시대의 窖穴이 남아 있다. 여기에서 漆木俑, 原始瓷器 등의 국보뿐만 아니라 西周时期 三足铜盉, 三足鼎式簋 등 珍稀青铜器들과 个別墓葬에서는 金器도 발굴되었다. 墓葬内에서 출토한 青铜器 种类는 食器, 酒器, 水器, 兵器, 工具, 车马器, 乐

器 등, 陶器组合의 중요한 유물은 鬲, 鬲罐, 罐, 鬲盆罐 등이며 이외에
玉, 石, 骨, 蚌器, 贝(子安贝) 및 串饰较가 많으며, 部分 墓葬의 부장
에서는 锡器 혹 漆器, 个别 墓葬에서는 金器도 발견되었다. 大河口 西
周墓地의 발견은 西周 时期의 分封制度, 器用制度, 族群融合 등 고고
학과 고대사를 연구하는데 중요한 자료를 제공한다. 이 묘지의 발굴은
'서기 2011년 中国十大考古新发现'에 포함된다.

  墓制는 长方形의 土圹竖穴(多口小底大로 M1무덤은 墓口长
4.25m, 墓底长 4.6m)로 머리방향이 서향인 东西向 장축이 대부분이
며 남북향 장축과 동침도 약간 보인다. 车马坑은 大中型墓葬의 동측
에 위치하며 남북향 한 곳을 제외하고 모두 동서향이다. 个别 墓葬에
는 壁龛이 있고 葬具는 一棺, 一棺一椁 혹은 二棺一椁, 椁盖板은 일반
적으로 가로로 덮었으며(横铺), 棺盖板은 底板 및 椁底板은 일반적으
로 세로로 덮었다(竖铺). 四壁은 立板으로 榫卯结构(mortise-tenon
connection)로 하였고 墓主는 앙와신전장(仰身直肢)이 주고 일부 屈
肢葬이나 俯身葬式 없었다. 腰坑 및 旬葬된 개(殉狗)의 墓葬이 많으나
殉葬人은 발견되지 않았다.
  M1무덤은 东西方向, 土坑竖穴, 口小底大로 墓口长 4.25m, 宽
3.22m, 墓底长 4.6m, 宽 3.78m, 自深 9.75m, 墓主의 头向은 西, 앙와
신전장(仰身直下肢), 一棺一椁, 椁底에는 腰坑이 있다. 墓室 二层台之
上 四壁에서 11개의 壁龛이 발견되고 壁龛 内에는 漆木器, 原始瓷器 및
陶器 등을 넣었다. 漆木器에는 俎, 罍, 豆, 壶, 杯(双耳杯, 单耳杯, 角
状杯), 牺尊, 坐屏 등, 东部 二层台上에서 발견된 두 개의 漆木俑, 双足
站立이 있는 占卜用 漆木龟, 双手作持物状, 带木柄铜兵器 및 漆木盾牌
등 墓室 内 棺椁의 사이와 棺盖上에서 大量의 青铜器, 原始瓷器, 陶器

등이 발견되었다. 그중에는 青銅器 수가 가장 많고 礼器, 乐器, 兵器, 工具, 车马 등이 포함되어 있다. 青銅礼器 中 鼎 24점, 簋 9점, 鬲 7점, 甗 1점, 盘 1점, 盉 1점, 觚 1점, 爵 6점, 觯 8점, 尊 2점, 卣 4점, 罍 1점, 单耳罐 1점, 斗 1점 등, 乐器에는 铜钟 및 铙 3组 8점, 木盾牌 青銅饰易, 兵器戈, 戟, 矛, 钺 등 30점으로 모두 학술적 가치가 높다. 병기에는 나무자루(木柄)가 남아있으며, 铜工具에는 斧, 凿, 铲 등, 铜车马器에는 铜挂缰钩, 銮铃, 车辖, 当卢 등, 原始瓷尊 4점, 瓷豆 6점, 瓷瓿 1점, 陶器有鼎 1점, 鬲 1점, 豆 6점, 筒形尊 1점, 爵杯 2점, 壶 1점, 圈足盘 1점, 三足盘 1점 등, 이외에도 大量의 玉石器, 骨器, 占卜用 龟甲, 鹿角, 蚌器, 贝 등이 발견되었다. 24점의 铜鼎 중에는 方鼎 2점(한 점은 四足圆角方鼎, 다른 한 점은 四足方角方鼎), 腹足带扉棱圆鼎 8점이 있는데, 그중 한 점의 鼎 内壁에는 "伯作宝尊彝"라는 铭文이 보인다. 无扉棱柱足圆鼎 12점, 扁足鼎 2점, 铜簋 9점으로 그중에는 方座簋 2점, 高圈足簋 2점, 竖条纹簋 1점, 内底铸铭文 "□父戊"가 있는 喇叭形圈足簋 1점, 鼎式簋 1점, 器内底에 铭文 "芮公舍霸马两玉金用铸簋"이 있는 盖, 乳钉纹簋 1점, 盖底에 "霸中作旅彝"이란 명문이 있는 圈足三足簋 1점, 4점의 铜卣形制略同이 큰 것에서 작은 것으로 나란히 배열되어 있다. 그중 가장 큰 1점의 卣盖 内에는 "燕侯旨作姑妹宝尊 彝"라는 명문이 보인다. 그리고 卣 内에는 置酒器一套 7점이 넣어져 있다. 6점의 铜爵 中 두 점에는 "旨作父辛爵" 명문이 있다. 铜觯은 6점으로 그중 한 점의 盖 内에는 "析父丁"이란 명문이 발견되었다. 이 무덤은 부장품 등으로 보았을 때 墓主는 男性으로 国君(王)은 霸伯으로 추정된다. 霸国은 中原 商 周文化에 同化된 狄人人群으로 "霸"는 墓地墓主의 国, 族, 氏 名이며, '霸伯'은 最高权力拥有者인 諸侯(王)를 의미한다.

M2무덤은 무덤 하나에 세 개의 솥(三鼎墓)이 있는 土圹竖穴로 东

西向 장축이며, 墓主의 头向은 西쪽이다. 墓口长은 3.51m, 宽 2.49m, 墓底长 4.2m, 宽 3.47m, 自深 8.2m, 两棺一椁이다. 墓主는 옥으로 만든 목걸이 장식이 많은 것으로 보아 女性으로 앙와신전장(身直肢)이다. 부장된 铜器는 鼎 3점, 簋 1점, 甗 1점, 盘 1점, 盉 1점, 盆 1점, 钟 1점 등, 陶器는 鬲 1점, 罐 1점, 三足瓮 1점, 陶器(未烧结碎) 7점, 玉石串饰 7점, 项饰 2점, 玉玦 8점, 握玉 2점, 柄形饰 2组 이외에도 蚌器 및 贝 등이 발견되었다. 그런데 중요한 것은 M2무덤 铜甗 内壁에서 "唯正月初吉霸(□)伯作 宝甗其永用"라는 명문이 발견되어, 이곳이 霸国의 영역이고 이 무덤의 주인은 国君(王) 霸伯에게 시집온 燕의 諸侯旨(燕侯旨, 姬姓, 名旨, 燕侯克의 셋째 동생으로 燕国 제2대 君主임, 연대 미상이나 召康公→ 燕侯克→ 燕侯旨→ 燕侯舞→ 燕侯宪→ 燕侯和...으로 이어짐)의 누이동생인 燕国公主의 무덤으로 추정된다. 이는 M1무덤에서 출토한 卣에서 '燕侯旨'라는 명문이 발견되었기 때문이다.

M2002무덤은 墓口长 2.75m, 宽 1.68m, 墓底长 3.83m, 宽 2.83m, 自深 9.91m, 口小底大, 墓主의 头向은 西쪽이며 腰坑内 殉狗 1마리가 있다. 一棺一椁, 墓主는 앙와신전장(仰身直肢)으로 男性이다. 부장품으로는 铜鼎 3점, 簋 3점, 鬲 2점, 甗 1점, 盘 1점, 鸟尊形盉 1점, 대량의 青铜兵器, 车马器 및 工具 등이 발견된다. 陶鬲 1점 및 铅, 玉, 石, 骨, 蚌, 贝 등의 器物도 보인다. 瓦棱纹扁腹圈足双耳铜簋의 뚜껑의 内底에 4行近30字와 鸟尊形盉盖内에서도 8行 约50字의 명문이 발견된다.

M1034무덤은 墓口长 3m, 宽 1.61m, 墓底长 3.15m, 宽 1.86m, 自深 4.43m, 口小底大로 墓主의 头向은 西쪽이다. 腰坑内 殉狗 1마리, 一棺一椁, 墓主는 앙와신전장(仰身直肢)로 두 손은 髋骨(pelvis, hip bone)의 位置에 놓여 있다. 묘주는 男性이며, 부장품은 铜鼎 3점, 铜簋 2점, 대량의 青铜兵器, 车马器, 漆器, 蚌器 및 贝 등이다. 이들

유물 중 중요한 것은 北京 首都博物館에 전시되어 있다.

그리고 湖北省 枣阳市 吳店镇 동쪽 赵湖村과 兴隆镇 乌金村 以西의 九连墩 战国楚墓群은 9개의 封土墳으로 九连墩으로도 불린다. 서기 1957년 이곳에서 고분 1기가 조사되었고, 서기 1984년 第一次全国文物普查시 雕龙碑遗址와 동일한 유적이 발견되고 '서기 1984년 襄樊市 文物保护单位, 서기 1992년 湖北省文物保护单位, 서기 2006년 全国重点文物保护单位'로 지정되었다. 서기 2002년에서 서기 2003년까지 湖北省 文物考古研究所에서 古墓群 중의 1, 2号와 墓祭陪葬을 발굴하고 그중 1, 2号의 车马坑을 발굴해 战国시대 中晚期의 楚国 贵族의 墓葬으로 단정짓게 되었다. 出土한 유물들은 青铜器, 漆器, 玉器, 竹简 등이며 车马坑에는 수량이 엄청나게 많은 战车뿐만 아니라 车轮牙, 车幅, 车轼, 屏泥가 거의 완벽하게 보존되어 있다. 그중에는 흔히 발견되는 竹简에 "封君"이라는 銘文이 보여 묘주인은 이 지역의 봉군으로 여겨진다. 당시 봉군은 楚国의 核心 领导层成员으로 楚王이 하사한 封邑을 점유하고 自给自足, 武裝, 征收赋税, 封邑内筑城建邦의 特權을 갖고 또 死后 자기 봉읍 내에 장사지낼 수 있었다. 九连墩 古墓의 墓主는 湖北省 隨县(현 随州市 서남 2㎞ 떨어진 擂鼓墩 东团坡 上) 春秋时代 末-戰国时代 初 曾侯乙(기원전 약 477년-기원전 433년)의 曾国 国君의 신분에 유사한 '楚国 附属国인 唐国의 国君'이다.

또 이곳에는 楚国 无头将军(趙將軍)墓에 관한 전설이 전해온다. 楚懷王(기원전 328년-기원전 296년 재위)이 趙 將軍을 죽이고 이를 후회해 없어진 머리는 금으로 대신하여 厚葬하였는데, 그 장군은 战国의 楚将 唐蔑이다. 齐楚 垂沙(今 河南 唐河县)전쟁에서 패한 楚国 将軍의 무덤은 東周 城址 근처이다. 垂沙之戰은 기원전 301년 秦国, 齐国, 韓

国, 魏国의 4국 연합군이 楚国을 공격한 戰爭이다. 楚国大將 唐蔑를 보내 齐나라를 격파하도록 하였다. 湖北 枣阳은 春秋时代에 唐国의 故地로 唐蔑은 封君으로 그곳에서 출생했을 것이다. 서기 2002년 9월 고속도로 공사 시 九连墩 근처 趙將軍墓로 추정되는 곳을 발굴하였는데 十玄琴, 漆木樽, 漆木龙蛇座豆, 漆木簋, 虎座鳥架鼓 등 8,000여 점의 생활 용구가 출토하였다.

中山王墓는 河北省 平山县에서 발견된 戰国時期 中山国의 陵墓로, 中山国은 春秋戰国時 鮮虞 仿照 東周의 각 제후국이 건립한 国家이다. 서기 1974년-서기 1978년 河北省文物管理處가 平山县 三汲乡 南七汲村에서 1號, 3號, 4號, 5號와 6號 등 戰国時期의 墓葬, 車馬坑, 陪葬墓와 中山国의 首都의 都城인 靈壽古城을 발굴하였다. 이곳에서 출토한 文物들은 모두가 北方民族文化의 特色이 있고 戰国 晚期의 趙国, 魏国 文物과 비슷한데, 北方少數民族들이 사용하던 青銅飾品 등의 출토로 遊牧民族인 北戎의 한 부족인 鮮虞 즉 姬姓白狄과의 친연관계도 밝혀내었다. 1號 墓와 2號 墓는 모두

사진 14. 河北省 平山县에서 발견된 戰国時期 中山国의 陵墓에서 출토한 铜 "山" 字形器(창끝처럼 만들었는데 '山과 中의 합자'로 中山国을 상징한다), 서기 1992년 8월 24일(월, 韓国-中华人民共和国의 修交) 시 Historical Museum, Beijing(中国歷史博物館, 현 中国国家博物館)의 'The Great Bronze Age of China, An Exhibition from the Peoples's Republic of China'에서 購入한 slide

封土墓로 그중 1號 墓는 方壺銘文에 의하여 中山王 粵(普通話로 착/錯/Cuo임, 기원전 344년-기원전 310년, 기원전 327년-기원전 310년 재위)의 陵墓로 封土는 南北 길이 110m, 東西 넓이 92m, 높이 15m로 3개의 피라미드형 층단으로 형성되었다(이와 같은 형태는 기원전 247년부터 만들기 시작해 38년이 걸린 陝西省 臨潼県 驪山에 위치한 秦始皇陵에서도 확인된다). 台上에는 廻廊과 廳堂三層이 건축되어 있다. 王陵 墓室은 평면이 장방형으로 중앙은 方形槨室, 南北은 2줄의 墓道(羨道)로 이루어졌다. 그중 1號墓의 槨室은 約2m의 石塊를 잘라 만들었으며 槨室 안은 四層의 套棺이 있다. 2호 묘는 두 번이나 도굴을 당했던 1호 묘의 부장품이 들어있는 哀后墓로 두 개의 봉토로 따로 따로 형성되어 있으며, 그 속에서 많은 양의 陪葬器具가 출토되었다. 부장된 유물은 1,900건에 달하는데, 여기에는 青銅禮器, 樂器, 雕塑, 玉石器의 生活器具, 陶器, 漆器 등과 配葬墓와 車馬坑이 있다. 이들은 모두 河北博物院에 소장되어 있다.

中山王墓에서 中山王三器(中山王方壺, 中山王鼎, 中山王圓壺)와 같이 아름답고 정교하게 만든 器物이 많은데, 그중에는 鮮虞族의 특색이 있는 器物도 있으며 錯金銀器도 많이 출토하였다. 戰国 前期 대부분 비슷하지만 다른 것도 있으며 이곳에서 특별한 것은 金銀鑲嵌龙鳳形銅方案, 錯金銀虎噬鹿屏風底座, 十五連盞燈, 錯銀雙翼神獸, 銀首人俑銅燈 등이다. 그중에는 金銀鑲嵌龙鳳形銅方案은 극히 정교한데 그릇 둘레에는 錯金銀色花紋, 아래에는 四隻橫臥梅花鹿, 圓形環底座에는 四肢曲臥, 中間에는 弧面에 튀어나온 4條의 獨首雙尾龙, 龙身各蟠繞一鳳, 위에는 龙을 받친 雲紋의 方形案框이 조각되어 있다. 還有造型의 특이한 형태의 十五連盞銅燈은 높이가 82.9㎝, 座徑 26㎝, 무게 13.8kg으로 燈座와 7마디의 燈架로 구성된다. 한 그루의 나무 주위에 7개의 가지가 만들어진 것과 흡사한데 여기에 15개의 燈盞이 달려 있으며, 매 가지마다 새와 원숭이 등 조그만 동물들이 장식되어 있다. 1호 묘에서 銘文이 있는 銘刻銅器가 50여 점 나왔는데, 그중에는 '刻銘鐵足銅鼎', '夔龙紋銅方壺', '銅圓壺'의 方壺와 大鼎(中山王 醫) 등이 있다. 여기에는 燕国內亂 때 燕王 噲가 於相邦子에게 讓位, 中山国 見機가 相邦 司馬賙에 파견되어 軍을 이끌고 燕国을 침공해 燕地를 수 백리 땅을 빼앗은 사건이 적혀 있다.

묘 안에서는 戰国時期 陵墓建築이 묘사되어 있는 金銀錯兆域图銅版(中山兆域图)이 발견되었다. 銅版은 陵墓를 주체로 한 陵园의 總平面图로, 陵园建築의 각 부분과 상호 거리(尺寸)를 표시하였다. 全版長이 약 94㎝, 폭 약 48㎝, 두께 약 1㎝로 金銀을 박아 넣은 陵园의 平面佈置图는 南쪽이 위 北쪽이 아래로 된 중국에서 가장 오래된 縮尺製图로, 지금까지 중국과 세계에서 발견된 가장 오래된 구리로 만든 건축평면설계도이다. 다른 출토유물은 두 개의 호(兩壺)로, 그 안에 2,200년 된 술이 보관되었는데 이것은 세계에서 가장 오래된 술로 여겨진다. 또 묘 안에서 鮮虞族의 器具도 발견되었는데 이로써 中山国은 초기에 북방민족인 鮮虞인들이 건립하였음을 알 수 있다. 또 그들은 中山国 境內에서 华夏民族과 어울려 융합해 살아갔으나 문화적 차이는 시간이 지날수록 사라져 없어진 것으로 추정된다.

商殷의 後裔로도 추정되는 战国时代의 中山国은 北方 '千乘之国'으로 春秋时代의 北戎의 한 부족인 鮮虞 즉 姬姓白狄이 建立한 国家로 战国时期에 중요한 위치에 있었다. 中山王 醫(기원전 327년-기원전 310년 재위) 때 中山国은 富国强兵으로 战国七雄 중 魏, 韩, 赵, 燕의 五国과 같이 서기 325년 稱王을 하였고 秦, 齐, 楚 등의 强国의 侵略을 잘 막아내었고 燕과의 전쟁에서도 대승을 하였다. 국세가 전성시기를 맞고 中山国의 历史地位가 다시 重要하게 되었다. 단지 《史記》 권 43 趙世家와 같은 역사서에 기록이 별로 없어 추정만 가능하였는데 서기 1974년 中山王墓의 발굴에서 여러 추정 가능한 유물들이 출토되어 中山王国의 신비한 면모를 밝혀낼 수 있게 되었다.

中山王陵墓는 두 곳에서 발굴하였는데 한 곳은 灵寿都城 서쪽 2km 떨어진, 東西쪽으로 나란히 있는 2기의 大墓로, 西側의 1号墓는 中山王国의 墓이다. 또 다른 한 곳은 城内의 西北部 南北으로 놓인 3기의 大墓로, 이미 發掘된 6号墓의 墓主는 確定되지 않았다. 1호와 6호의 상부는 版築(夯土)된 높은 봉토가 덮여 있으며 그 위에는 祭祀를 지내는 "享堂"이 건축되어 있다. 1호묘의 봉토와 향당은 보존이 잘 되어 있다. 봉토는 동서 폭 92m, 남북 길이 110m, 높이 15m로 아래에서 위로 3단으로 쌓은 피라미드 형태이다. 제1단의 내측은 폭 1m 정도의 돌로 쌓아 물을 막았고, 제2단은 壁柱와 柱礎가 남아 있다. 마지막 정상부의 3단은 有叠压成을 한 鱼鳞状의 개와가 퇴적되어 주위에 回廊이 둘러있었음을 알 수 있고, 정상부는 台榭式建築으로 瓦片이 퇴적되어 있다. 두 묘의 부근에는 陪葬墓와 车马坑이 있다. 1호 묘의 봉토 범위 안에는 동서 양측에 陪葬墓 2기, 봉토 남면에는 대칭으로 있는 두 곳에 长方形 车马, 有船坑과 殉坑이 각기 하나씩 있다.

6号墓의 陪葬坑은 东側 2座, 西側1座, 南面에 역시 양측에 대칭되어 있는 长方形坑이 있는데 车马坑일 가능성이 많다. 두 곳의 묘의 배치, 1호 묘 椁室 출토의 中山王陵 兆域图铜版 및 辉县 固围村 魏国墓地의 자료를 보면 战国时期 王陵의 形制와 規模의 이해와 비교가 가능하다.

두 곳의 大墓의 墓室结构의 基本은 一致한다. 墓室은 中字形으로, 墓壁은 抹草泥과 白粉을 병용하여 장식하였다. 方形椁室과 南北 2조의 墓道가 있으며, 그중 1号墓는 全长 110m, 椁室 南北长 14.9m, 东西

폭 13.5m, 深 8.2m 돌을 잘라 椁壁을 만들었는데, 폭이 약 2m이다. 6号墓의 규모는 적다. 두 묘의 椁室은 똑같이 도굴을 당했으며, 남아 있는 棺椁의 铜饰으로 보면 1号墓의 葬具는 四层套棺으로 椁室의 两側에는 똑같이 藏器坑을 설치하여 부장품을 넣었다. 1号墓는 东側에 2坑, 西南側에 1坑, 6号墓는 东西側에 各 1坑을 설치하였다.

부장품의 중요한 발견은 椁室 两側의 藏器坑에서였다. 1号 墓의 西藏器坑에서 출토한 铜礼器는 9鼎, 4簋 및 隔 豆 、壺 등, 陶礼器 5鼎 및 壺, 盘, 匜 등 铜礼器와 帐构 漆器와 소량의 陶器이다. 6号墓의 西藏器坑에서는 铜礼器, 东藏器坑에서는 陶礼器 漆器와 帐构 등이 출토되었다. 1号墓의 두 곳의 车马坑에서는 모두 12匹의 말(马)이 나왔는데, 一坑에서는 车 4辆 이외에 다른 一坑에서 나온 车가 있는데, 이 车는 훼손되었다. 船坑에서는 3척의 大船과 2척의 小船이, 杂殉坑에서는 马, 羊, 狗의 뼈 등이 발견되었다.

1호와 6호의 두 묘에서 출토한 유물들은 모두 1,900여 점이다. 그중 1호묘 출토의 中山王鼎 壺와 嗣子壺의 铭文은 모두 1,101字인데, 墓主가 中山王이라는 것뿐만 아니라 中山王의 世系 및 史实도 기록하고 있는 史料이다. 铭文에 의하면 기원전 316년 燕王 哙가 相邦子에게 讓位한 사건, 中山国이 기원전 301년 이전에 망하고 該墓의 年代가 기원전 310년 전후임을 가정할 수 있다. 두 묘에서 나온 巨大한 山字形铜器는 이제까지 본적이 없는 仪仗性器物이다. 1号墓에서 5점이 나왔는데 크기가 모두 같은 1.19m이고, 6号墓에서 나온 것은 高 1.43m로 하부자루가 꼽히는 銎内에는 목질이 남아있고 挂旗를 달은 王权의 상징으로 볼 수 있다.

中山王墓에서 中山王 三器(中山王方壺, 中山王鼎, 中山王圓壺)와 같이 아름답고 정교하게 만든 艺术珍品과 같은 器物이 많다. 그중에는

鮮虞族(姬姓白狄)의 특색이 있는 器物도 있으며 錯金銀器도 많이 출토하였다. 戰国前期에는 대부분 비슷하지만 다른 것도 있으며 이곳에서 특별한 것은 金銀鑲嵌龙鳳形銅方案, 錯金銀虎噬鹿屛風底座, 十五連盞燈, 錯銀雙翼神獸, 銀首人俑銅燈 등이다. 그중 金銀鑲嵌龙鳳形銅方案은 극히 정교한데 그릇 둘레에는 錯金銀色花紋을 아래에는 四隻橫臥梅花鹿을, 圓形環底座에는 四肢曲臥, 中間에는 弧面에 튀어나온 4條의 獨首雙尾龙, 龙身各蟠繞一鳳, 위에는 龙을 받친 雲紋의 方形案框이 조각되어 있다. 다시 말해 器足에 4마리의 누운 사슴으로 만든 圓圈, 圓圈 위에는 蟠绕成半球形의 4龙4凤, 龙顶 상에는 一组斗拱上이 받치는 方案이다. 還有造型의 특이한 형태의 十五連盞銅燈은 높이가 82.9㎝, 座徑 26㎝, 무게 13.8kg으로 燈座와 7마디의 燈架로 구성되며 한 그루의 나무 주위에 7개의 가지가 만들어진 것과 흡사한데 여기에 15개의 燈盞이 달려있으며 매 가지마다 새와 원숭이 등 조그만 동물들이 장식되어 있다. 1호묘에서 銘文이 있는 銘刻銅器가 50여 점 나왔는데, 그중에는 '刻銘鐵足銅鼎', '夔龙紋銅方壺', '銅圓壺'의 方壺와 大鼎(中山王 疊) 등이 있다. 여기에는 燕国内亂 때 燕王 噲가 相邦子에게 讓位, 中山国 見機가 相邦 司馬矔에 파견되어 軍을 이끌고 燕国을 침공해 燕地를 수백 리 땅을 빼앗은 사건이 적혀 있다.

稱號	国君姓名	在位年數	在位기간
中山文公			기원전 507년-기원전 414년
中山武公		9	기원전 414년-기원전 약 406년
中山桓公		29	기원전 약 406년 (기원전 약 380년-기원전 약 350년)
中山成公		22	기원전 약 349년-기원전 328년
中山王疊	疊	18	기원전 327년-기원전 약 310년

中山王舋	舋銎	11	기원전 약 309년 - 기원전 299년
中山王	尚	3	기원전 298년 - 기원전 296년

中山国 5대 중산왕릉[1호묘, 方壺銘文에 의하여 中山王 譽(普通話로 착/錯/Cuo임, 기원전 344년 - 기원전 310년, 기원전 327년 - 기원전 310년 재위)의 陵墓로 封土는 南北 길이 110m, 東西 넓이 92m, 높이 15m로 3개의 피라미드형 층 단으로 형성되었다 그래서 이 고분은 후일 기원전 247년부터 만들기 시작해 38년이 걸린 전체 면적 56.25㎢ 내 封土墳만 25만㎡의 범위를 가진 秦始皇陵의 地下高樓(궁전, 무덤)의 기원이 된다고도 한다. 다시 말해 이 중산왕릉이 만들어진 76년 후 진시황릉이 만들어지게 된다. 그렇다면 高句麗 輯安의 將軍塚의 기원도 밝혀질 수 있을 것이다.

甘肅省 張家川回族自治県 馬家源에서 3萬㎡의 범위에서 62기의 西周-戰国時期(기원전 771년 - 기원전 221년)의 西戎皇室家族墓地가 발견되었다. 1호와 3호묘에서는 車乘 10輛, 車輪 및 金, 銀, 銅, 瑪瑙, 釉陶串珠, 貝殼 및 錯金銀鐵飾 등으로 장식한 車廂側板均, 車廂側板上에서는 여러 종류의 動物장식 및 包金銅泡鑲嵌의 존재는 황제에 해당하는 인물이 이용하던 호화유물로 보인다. 이는 실크로드(絲綢之路)의 문명교류 이전에 北方, 西亞少數民族風格과 秦文化의 특색이 보여, 秦과 戎의 관계를 파악하고 더 나아가 西亞古代民族史, 中国古代中外民族文化交流, 民族融合, 冶金技術, 古代科學技術史의 重要價値를 알려주는 중요한 유적으로 義渠王과 秦 昭王의 母 宣太后가 私通하여 二子를 낳은 昭王 35년(기원전 272년)의 故事《芈月傳(미월전, 기원전 4세기?-기원전 265년, 芈姓, 芈八子)》에 나오는 義渠王의 豪华

座駕의 존재의 확인을 가능하게 알려주는 유물로도 확인된다(https://read01.com/kmeLL.htm, https://read01.com/EyNA4o.html, 壹讀: 第九次玉帛之路: 義渠王豪华座駕可能出土於馬家塬遺址). 義渠人은 中国 东周时 泾水 北部에서 河套地区에 걸쳐 살던 古代民族 혹은 国家를 의미하는데, 후일 义渠는 唐山一带地区에 살던 义渠国을 지칭하며 그 출자는 羌과 狄의 두 가지 설이 있다.

楚昭王 熊壬(熊氏, 또는 名轸, 기원전 약 523년-기원전 489년, 기원전 515년-기원전 489년 재위)墓는 熊冢楚墓로 서기 2006년 8월 15일 熊家冢墓地發掘工作隊에 의해 湖北省 荆州(江陵)市 荆州区 川店 镇 张场村의 조그만 야산에서 발굴되었다. 6기의 殉葬墓, 1기의 소형 車馬坑, 3기의 祭祀坑이 확인되었다. 楚昭王 熊家冢에서만 玉璜, 玉璧, 瑪瑙環, 水晶珠를 포함한 200여 점의 유물이, 차마갱에서는 43기의 마차와 86마리의 말뼈가 확인되었다. 그리고 순장묘 중에서 越王 句踐의 딸이며 楚昭王의 첩 중의 한 명인 姬姒(越姬)의 묘도 확인되었다.

또 서기 1978년 5월 17일 湖北省 隨县(현 隨州市 서남 2㎞ 떨어진 擂鼓墩 东团坡 上) 出土 春秋時代 末-戰国時代 初 曾侯乙(기원전 약 477년-기원전 433년, 曾国의 君主國名, 爵位 겸 人名 周 考王 8년, 楚惠王 56년, 묻힌 주인공은 45세 전후의 남성이고, 순장이 된 사람은 13-25세로 추정된 여성임, "楚惠王五十六年 非常傷心 特意制作了這件铜鍾 送到曾国曾侯乙"의 명문이 있음), 岩坑竪穴木椁墓(墓道가 없으며, 南北向임, 卜字形의 墓坑은 南北 長16.5m, 东西 폭 21m, 깊이 13m, 面积은 220㎡이다. 墓中에서 大量의 아름다운 青铜礼器(青铜冰鉴, 84조의 龙과 蟠螭纹이 조각된 曾侯乙尊盘, 青铜礼器), 乐器(曾

侯乙编钟, 青铜编钟, 铜编钟, 大晟钟, 楚王所送镈钟, 镈磬, 鼓, 瑟, 琴笙) 등 8종 125건, 兵器, 金器(金盞), 玉器(鹿角立鹤), 车马器, 二十八宿의 木竹器, 漆器(鸳鸯形漆盒의 상면에는 击鼓图, 중간에는 撞鐘图가 있음), 竹简, 素纱襌衣 등 15,404점이 나왔다. 모두 湖北省博物館에 전시되어 있다. 墓에는 당시 天子는 '九鼎八簋(春秋九鼎八簋九鬲)', 諸侯들은 '七鼎六簋'가 묻히는데 당시의 周代诸侯의 身份과 엄격한 礼乐制度를 보여준다. 당시 편종은 사람들이 天地神明과 祖先을 敬畏하는데 이용하는데 이용하며 十二律 64건의 青铜双音编钟이다. 그중 曾侯乙编钟은 가장 완전하고 아름다운 青铜编钟이다. 이 편종은 길이 7.48m, 높이 2.6m~2.73m로 65개의 종이 3단(鈕鐘, 甬鐘)으로 달려 있으며 모두 무게는 203.6kg이다. 編鐘의 표면에 '曾侯乙作持'이란 명문을 포함해 3,755자가 있다. 또 편종을 연주하는데 5인 필요하다는 것도 확인하였다. 그리고 편종을 고정시키기 위한 246개의 고정틀(構件)과 함께 연주용 工具인 6개의 T-자형 木槌도 출토하였다.

그리고 台北博物館 所藏 新郑 출토 春秋时代의 龙耳虎足方壺/春秋蟠龙方壺는 서기 1923년 여름 河南省 新鄭의 李锐이 우물을 파다가 춘추시대의 고분을 찾고 그 속에서 다른 100점의 청동기와 함께 발견되었다. 北洋陸軍 14사단장이 이 소식을 들은 후 吳佩孚로 하여금 그곳에 가서 유물들을 접수 보관하게 하였다. 서기 1927년 7월 冯玉祥이 적극적으로 주장하여 이 유물들을 바탕으로 開封市 三聖庙街(현재 开封 三勝街)河南法政学堂 및 河道总督衙门旧址에 河南博物館을 세우게 되었다. 서기 1928년 5월 民族博物院/民族博物院으로 이름을 바꾸었으나 서기 1930년 12월 1일 다시 河南博物馆으로 이름을 바꾸고, 河南省 教育厅에 예속하게 되었다. 龙耳虎足方壺는 높이 90.3㎝, 깊이 57㎝, 밖의 둘레는 36cm×31.5cm, 口徑 19.8cm×14cm, 무게 49.987kg이다. 이 유물은 중국의 내전으로 여러 곳을 전전하다가 서기 1949년 10월 1일 신중국의 탄생과 함께 蔣介石의 명령으로 台湾으로 옮겨져 전시되었다.

그리고 서기 1997년 湖北省 荊州市 馬山鎮 凉林村 秦家山 2號墳이 발굴되었는데 그곳에서 玉覆面(冥目)이 발견되었다. 무덤의 구조는 正方形竪穴土坑墓로 墓葬开口边의 길이 14.8m, 깊이 8.2m이고, 一椁三棺의 楚墓이며 年代는 战国中期 말에 속한다. 墓主人은 여성으로 楚国의 贵族이었다. 이 무덤은 이미 도굴되고 玉覆面, 玉璜, 玉佩 玉笄 등의 玉器만이 남아 있었다. 玉覆面은 山西 曲村 晋侯墓地와 河南 三门峡 虢国墓地에서 나온 것과 같은 典型的인 葬玉이다. 한 덩이의 옥을 长径 20cm, 短径 13.9cm, 厚 0.23cm으로 조각하고 복면의 둘레에 8개의 조그만 구멍을 내어 시체에 부착할 수 있게 하였는데, 크기는 보통 사람의 얼굴을 덮을 수 있는 크기와 일치한다. 이 유물은 현재 湖北荆州博物館에 전시중이다.

东瓯国(동구국) 또는 东海国(기원전 472년-기원전 138년)은 周 元王 4년 古代 越族이 건립한 국가의 하나로 国土는 오늘날 浙江省 东南의 温州[간단히 '瓯'로 부름, 温州/台州(温岭市의 관할 하의 县级市) 中南部와 麗水市 一帯]로 国都는 东瓯이다. 国王의 姓은 駱氏(雒氏)로 春秋战国时期 越王 勾践의 後裔이다. 周 显王 35년(기원전 334년), 越王 勾践의 7세손인 無彊이 楚威王과의 전쟁에서 살해당하고 周 显王 36년(기원전 333년) 东瓯国/越国이 와해되었다. 东瓯는 古代 越王 后裔인 公侯들의 封地로서 越国이 망한 이후 자립으로 割据하였고 秦나라가 六国을 멸망시킨 이후에도 당시의 闽越王 无诸를 君长으로 격하시켰다.

秦二世 元年(기원전 209년) 陈胜, 吳广이 진나라에 대항해 起义할 때 勾 践의 7세손 搖와 闽越王 无诸가 군을 이끌고 秦末 民变에 참가하였다. 또 楚汉战争에도 汉高祖 刘邦을 지원하여 기원전 202년 无诸는 西汉으 로부터 东海王으로 책봉받아 东瓯国을 세웠는데, 기원전 200년 海阳齐 信侯로, 汉 惠帝 3년/기원전 191년 다시 闽君 혹은 闽越君으로 격하되 었다. 기원전 138년 东瓯国은 闽越国의 침범을 받아 나라를 汉朝에 바 쳐 江淮流域의 庐江郡(현재의 安徽 西部의 舒城地区)에 위치하게 되었 으며, 옛 지역은 闽越国에 합병되었다. 이에는 汉 景帝 前元 3년(기원 전 154년) 2월 吳王 刘濞(유비)가 '七国之乱'을 일으키면서 刘濞가 사람 을 东瓯와 闽越에 보내 도움을 설득하였으나 실패하고 또 汉朝 太尉 周 亚夫와 大将军 窦婴击에 패해 자살하였다. 그 후 吳 太子 刘子驹은 闽 越으로 도망가 国王 郢의 보호를 받게 되었다. 刘子驹는 기원전 138년 (建元 3년) 闽越 国王 郢으로 하여금 출병해 东瓯를 토벌하게 하였으나 东瓯은 汉 武帝에게 도움을 요청하였다. 그러나 汉 武帝는 太尉 田蚡의 의견을 무시하고 严助로 하여금 会稽에서 발병하여 东瓯国을 도와 闽越 军을 퇴치한 역사적 사건이 배경이다. 瓯越은 浙江省 温州市의 古称으 로 지금까지 温州인이 스스로 부르는 명칭이기도 하다. 서기 2006년 浙 江省 台州市 温岭 唐山에서 东瓯国의 귀족묘(현 大溪东瓯古墓遺址−含 东瓯貴族墓−博物館)가 발굴되었다. 무덤 내부는 길이 15.7m, 폭 7m이 며 이미 도굴되었으나 墓道(羨道), 墓坑, 坑底部에서 棺槨의 흔적이 있 고, 그 안에서 汉나라 초기의 璧玉을 비롯하여 越나라 계통의 仿青銅陶 制樂器, 印紋硬陶雙耳罐, 硬陶匏壺이 나오고 있다. 또 근처 大溪鎮 里 宅村과 大呑村에는 大溪古城이 있는데, 周나라 穆王(기원전 1001년−기 원전 947년)에 대항해서 徐偃王이 다스리던 徐国의 徐偃王城으로 추정 된다. 南宋《嘉定赤城志》卷 第三十九 소재: "古城 在黄岩县南三十五里

大唐岭东. 外城周十里, 高仅存二尺, 厚二丈. 内城周五里, 有洗马池, 九曲池, 故宫基址, 崇一十四级, 城上有高木, 可数十围, 故老云, 即徐偃王城也. 城东偏有偃王庙"라고 되어 있는데, 근처에서 국가적 傳世之寶로 내려오던 서언왕의 제사용기인 직경 61.5cm, 商나라 말기에 제작된 盤中之王으로 불리는 蟠龙靑銅大盤(蟠龙銅盤, 浙江省博物館소장)이 서기 1984년 3월 浙江省 溫嶺県 琛山郷에서 발견되었다. 이들로 미루어보면 이곳이 역사상의 기록들을 실증해주는 东瓯国으로 추정된다.

　浙江省 杭州博物馆 소장의 水晶杯(水玉, 千年冰, 菩萨石으로도 불림)는 박물관의 鎭館之寶이면서 서기 2002년 国家文物局에서 公布한 64건의 출국금지의 珍贵文物의 하나로, 당시 최고 원로학자인 蘇秉琦를 깜짝 놀라게 한 중국을 대표하는 국보 중의 하나이다. 战国时期(기원전 475년-기원전 221년) 제1급 列侯 계급에 해당하는 '甲'字形 무덤('亞'字는 皇帝, '中'字는 王의 무덤임)에서 출토하였는데, 高 15.4cm, 口径 7.8cm. 底径 5.4cm 圈足 2cm이다. 서기 1990년 杭州市 半山镇 石塘村 战国 1호묘에서 출토한 것으로 중국에서 출토한 早期 水晶制品 중 最大이다. 아가리는 平唇하며 몸체는 喇叭状이고 바닥은 원형으로 玻璃杯와 비슷하다. 이곳에서 原始瓷器(杭州博物馆 소장의 原始瓷鑄와 같은 질), 瑪瑙杯, 琉璃蜻蜓眼拄挂件, '甲'字形 무덤구조로 보아 기원전 332년 당시 吳나라 列侯 귀족의 소유였던 것으로 보인다. 고대 항주는 吳·楚·越의 爭覇 나라 접경지대로, 기원전 332년 楚 懷王(?-기원전 296년, 제37대 군주로 기원전 329년-기원전 299년 재위)이 越王無疆을 공격하여 사살하고 이곳에 파견 주둔케 하였는데, 이 무덤의 주인공은 초나라 최고행정장관이나 軍事首領의 무덤으로 보인다.

05 秦·前汉·三国·隋·唐 시대의 遺蹟

1. 秦

夏, 商, 周를 거쳐 秦에 이르는 중국문명은 단절된 것이 아니라 중국 역사 전체 속에서 연이어 온 것이다. 기원전 771년에서 기원전 221년까지의 東周 즉 春秋戰国시대는 도시와 시장의 확대, 토지의 사유재산, 무기와 공구에 있어서 철의 사용, 竪穴式(움무덤)에서 횡혈식(앞트기식 굴방무덤) 무덤으로의 변화, 그리고 靑銅祭器나 용기의 표면에 나있는 장식에서 보이는 바와 같이 활발한 動物神이나, 神과의 싸움 같은 주제가 보여주는 人本主義의 발달을 들 수 있다. 戰国時代의 시작인 기원전 475년부터는 土地의 私有化와 함께 鐵器时代(진시황 때 鐵官을 두어 철의 생산과 소비를 관장함)가 시작된 것이다. 기원전 221년에 통일한 秦나라는 秦始皇帝(嬴政)를 통하여 자급자족과 中国歷史의 傳統性의 繼承을 확보했을 뿐만 아니라, 戰国시대의 地理的 統一과 度量衡과 公文書(隸書의 사용)를 통해 중국에서 처음으로 地理的·文化的 統一을 이룩해 오늘날의 중국문명의 시작을 이루었다. 그의 묘는 陝西省 臨潼縣 驪山에 위치하며 발굴에서는 보병의 1호(11열로 배치, 1열은 230m임, 서기

2015년 3월 22일 1호 坑에서 완전한 弓弩가 여러 점 새로이 발굴됨, 서기 2015년 5월 6일 2호 坑의 재 발굴을 21년 만에 시작함), 궁수·전차와 기마부대의 2호, 지휘통솔부의 3호의 兵馬坑이 확인되었다. 그리고 최근 중앙 왕릉 근처에서 발견된 80여 개의 坑 중 石板(두께 8㎜의 612개의 석판을 청동 끈으로 꿰어 한 벌을 만듦)이어 만든 갑옷인 石製札甲만 500벌 정도 매장한 坑이 새로이 발굴·조사 중이다. 이는 진시황이 전사자들의 영혼을 위로하기 위해 매장한 것으로 추측된다. 이제까지 발견된 陶俑은 약 8,500점에 이른다. 그리고 2010년 5월 11일(화)자로 1호 坑 북쪽 지역 3차 발굴에서 청동화살촉, 창과 말과 마차를 비롯해 원래 着色한 모습 그대로의 일반무사와 고급군관의 兵馬俑 114점이 추가로 발굴되었다고 발표되었다.

이와 같은 진의 통일은 앞서 孝公[秦 25대 君主, 嬴渠梁(기원전 381년-기원전 338년, 기원전 362/362년-기원전 338년 재위] 때 등용한 法家의 商鞅(기원전 390년경-기원전 338년)의 덕이었다. 그는 衛나라 사람으로 초명은 公孫鞅, 衛鞅으로 刑名之學[法家, 秦 25대 孝公 때 '作法自斃'의 주인공으로 《商君書》가 있다]의 大家로 '變法'을 바탕으로 郡県制, 度量衡과 標準器 등을 실생활에 도입하는 등 富国强兵策을 펴 진나라의 토대를 만들었다. 이외에도 진나라는 关中平原의 견고한 이점(关中之固)을 살려 渭河를 중심으로 堤防(决通堤防, 决通川防)을 쌓아 저수지를 만들고 治水를 행하였던 것 같다.

그리고 秦 昭王(28대, 기원전 295년-기원전 251년)때 蜀郡太守로 있던 李冰과 그의 아들 李郎이 기원전 256년-기원전 251년 都江堰(옛날에는 都安县에 속해 都安堰이라 했으며 그 후 灌县에 속하다가 서기

1988년 都江堰市로 바꿈) 계획으로 岷江을 막아 둑을 쌓고 水路를 내고 灌漑農業을 성공시켜 그곳에서 나온 잉여생산물을 축적하였는데 여기에서 축적된 잉여생산물을 후일 秦始皇이 인구증가와 戰国时代를 통일하기 위한 軍備로 사용하고 있음에서도 잘 알 수 있다. 都江堰 계획은 堰首와 灌漑水路網의 두 가지 系統으로 나누어지며 그 중에 堰首는 鱼嘴(分水工程), 飛沙堰(溢洪排沙工程), 宝瓶口(引水工程)의 세 가지 공정이 중심이 된다. 그리고 그 외에 内外金剛堤, 人字堤를 만들고 기타 附属建筑物의 축조가 추가되었다. 都江堰 工程은 引水와 灌漑를 위주로 하고 防洪排沙, 水運, 城市에 물을 공급하는 것과 같은 부수적인 효과도 겸하고 있다. 成都平原에서 灌漑農業의 성공은 후일 효과가 커 '天府之国'으로 불릴 정도이다. 都江堰은 城西 成都平原 岷江 上游 340㎞떨어진 곳에 위치하며 都江堰 주변에는 二王廟, 伏龙观, 安瀾橋, 玉垒关, 風栖窩 및 斗犀台의 古蹟이 있다. 이 都江堰은 그 후에도 계속 修築을 거쳐 오늘에 이르고 있다. 李冰과 李郎 父子는 이 治水의 공적으로 근처 二王廟(后汉 乾宁 元年 168년경 初築)에 모셔져 숭앙을 받고 있다.

서기 1973년 11월 天府广场 西側 原来의 钟楼(현 四川大剧院 자리)의 修建공사시 지하에서 이미 확인되고 成都文物考古研究所에서 서기 2012년 8월부터 서기 2012년 12월 말까지 발굴을 완료하여 서기 2013년 1월 9일 일반에게 전시되어 成都博物馆新馆의 镇馆之宝 중의 하나로 빛을 본 四川省 成都市 天府广场 发掘面积 4,300㎡에서 출토한 石犀(石雕犀牛, rhinoceros)는 서기 2010년 11월 9일 天府广场 南側의 成都百貨店 건물 人防工程 신축공사장에서 '巍巍大汉'碑(東汉,《裴君碑》와《李君碑》로 "同心齐鲁, 诱进儒墨"라는 銘文과 反贪, 俭政과 移风易俗에 관한 두 개의 비, 石碑 長 2m, 폭 1m, 두께 약 40㎝, 2,300

개 文字)를 발견함으로써 神兽의 연대가 秦汉시대까지 올라간다는 것도 확인되었다. 이곳은 明代의 蜀王府 皇城의 东南隅에 해당한다. 많은 양의 다른 유물들과 함께 발굴된 大型圆雕石瑞兽는 犀牛로서 한 덩이의 红砂岩을 조각해 만든 것으로 이것이 묻혀 있던 坑안에서 犀牛의 머리는 동쪽 꼬리부위는 서쪽 향으로 누워 있었다. 머리 쪽은 圆锥形이며 犀牛의 耳朵, 眼睛, 그 아래 鼻部, 局部에는 간단한 卷云图案으로 장식되어 있었다. 전체 모습은 좀 거칠고 신체에는 풍만하고 四肢는 짧다. 전체 길이 3.3m, 폭 1.2m, 높이 1.7m, 무게 약 8.5톤(吨)이다. 瑞兽인 犀牛가 왜 이곳에 묻혀 있었는지에 대해서는 여러 가지 해석이 가능하다.《蜀王本紀》와《华阳国志》의 기록과 함께 현재 까지 발굴된 결과를 추정해 본다면 戰国时代에 처음으로 王을 칭한 秦 惠文王(기원전 338년-기원전 311년)과 그의 妾 芈八子(미팔자) 宣太后(기원전 4세기 ?-기원전 265년, 芈姓, 芈八子)와의 사이에서 난 昭王(28대, 기원전 295년-기원전 251년) 때 蜀郡太守로 있던 李冰과 그의 아들 李郞이 기원전 256년-기원전 251년에 岷江을 막아 둑을 쌓고 水路를 내고 灌溉農業을 성공한 都安县의 都江堰 계획과 관계가 많은 것 같다. 다시 말해 공사가 성공리에 완성이 된 후 이를 축하하고, 또 앞으로 都江堰의 안전한 보호를 기원하는 祭祀의 犧牲物로 石犀를 이곳에 던져넣거나(投江) 묻은 것(置府) 같다. 이곳은 현재 뭍이지만 당시는 岷江의 일부이거나 인접 호수였던 것으로 짐작된다. 石兽의 製作年代는 발굴된 層位로 보아 秦나라 때이지만 埋藏연대는 西晋(서기 265년 2월 4일-서기 316년 12월 11일) 때 投江·投湖한 것으로 추정된다.

말하자면, 이 石兽는 神兽로서 都江堰의 완공과 투강용 제물인 '鎭堰守'의 상징으로 볼 수 있다. 이 발굴에서 战国, 西汉, 东汉, 蜀汉, 西晋, 东晋, 南朝, 隋, 唐, 五代, 宋, 元, 明과 清의 각 시기의 유적과 유물이 남아 있으며, 유적은 灰坑, 灰沟, 城寺, 角楼, 道路, 排水沟, 房屋, 水井, 建筑台基 등이다. 출토유물들은 대량의 陶器, 瓷器, 铁器, 铜器, 钱币와 如大, 富, 贵, 乐未央 등의 吉祥文字가 적힌 瓦当과 같은 建设材料 등이다. 기원전 347년 蜀国 开明王 九世가 成都로 천도하고 成都平原에 "北少城"을 건립하였는데 그 위치는 현재 天府广场의 북쪽 一带이다. 秦이 蜀을 멸한 후 秦 惠文王이 이곳을 다스리기 위해 임명한 蜀王과 또 大夫 张仪를 보내 咸阳城의 방위를 위해 蜀王城의 南边과 西边에 새로이 성을 쌓아 秦의 '大城'과 蜀의 '少城'이 공존하였다. 그 위치는 현재의 발굴 중심지인 天府广场이다. 당시 秦의 '大城' 중심에서 서쪽으로 지우친 곳인 현 天府广场 展览馆 周围에는 唐代에 摩诃池로 불렸던 五百亩 가량 넓이의 湖水가 있었으며, 蜀 后主 王衍(王建 第11子)은 이 호수를 새로 단장해 宫苑을 조성하고 "瑞兽门"을 만들었다고 한다. 이곳에는 明나라 朱椿의 朱王府가 있었다. 그리고 이 石犀는 楚定王 朱华奎를 익사시키고 朱椿의 朱王府를 불태우면서 서기 1632년 成都에서 明나라에 대항해 반란을 일으킨 張獻忠(서기 1606년 9월 18일-서기 1647년 1월 2일)과 관련된 '石龙對石虎 金銀萬萬五 誰人能識破 買盡成都府'라는 전설처럼 石牛나 石虎와도 아무런 관련이 없는 것으로 파악되었다.

특히 기원전 221년 戰国의 통일 후 秦나라는 점령한 5국과 북쪽 유목민인 匈奴족에 대항해 전국적으로 도로를 정비하고 교통체계를 강화하여 새로운 군사용 直道(함양 부근의 雲陽-內蒙古 包头까지 약 720㎞, 秦始皇 35년/기원전 212년-진시황 37년/기원전 210년), 황제 전용의 마차길(馳道, 폭 50步, 69.3m, 진시황 27년/기원전 220년), 五尺道(战国時代에 修筑한 中原, 四川과 云南을 잇는 通道로 秦国 蜀郡太守 李冰이 개통), 新道(巴蜀-云南省 동부에서 贵州省으로 뻗은 雲貴高原)를 만들었다. 그 중 '北有長城 南有靈渠'라고 할 정도로 秦始皇 때(秦始皇 20년/기원전 219년-秦始皇 23년/기원전 215년) 史祿(監御史祿, 水利家)을 파견하여 벌린 가장 규모가 큰 토목공사의 하나가 현 广西莊族自治区 兴安縣 桂林市에 위치하는 楊子江 水系인 湘江과 珠江 수계의 漓江 사이 전장 36.4㎞를 잇는 人工運河/인공 간선수로인 靈渠(秦凿渠, 秦堤, 湘桂运河, 兴安运河로도 불림)의 축조를 들 수 있다. 이 水利工事에는 分水를 위한 人字坝(人字壩, 閘壩, 閘門, 인자댐)의 형태를 만든 铧嘴(영거의 分水시설로 兴安縣 城东南 2.5㎞의 상강 가운데 있으며 큰 돌로 둘레를 쌓아 석축을 형성함, 높이 약 6m, 폭 23m, 길이 90m), 大小天平坝의 石堤(天平分水原理를 이용한 "湘七漓三"로 상강에 7, 이강에 3할의 물이 흐르도록 함, 大天平과 小天平의 두 石堤는 수량을 조절하는 목적으로 만듦), 泄水天平, 南渠, 北渠, 秦堤와 陡门 등이 포함된다. 그리고 두 강의 水差인 1.5m를 극복하기 위해 板石을 박아 魚鱗石모양으로 경사진 댐을 쌓고 또 陡门은 원래 36곳이 있었음, 폭 5.5m-5.9m, "天下第一陡"란 말을 붙임)을 설치해 급류를 억제하면서 배가 드나들도록 하였다. 이 靈渠는 秦代의 3대 수리공사(都江堰, 鄭国渠, 靈渠)의 하나로, 식량을 운반("鑿渠運糧")하는 목적으로 만들어진 것이다. 이 영거는 中国古代의 水利工程이며 이로 인해 만들어진 運河는 世界에서 가장 연대가 올라가는 것 중의 하나이다. 영거의 운하가 흐르는 계림시의 약 1㎞의 水街에는 陡南靈渠(天下第一陡, 陡南口)를 비롯하여 후일 만들어진 萬里橋, 馬嘶橋, 娘娘橋, 接龙橋, 粟家橋 등의 다리가 놓여 주변에 아름다운 景觀을 만들어 준다. 일반적으로 中国古代四大水利工程은 四川都江堰, 新疆坎儿井, 京杭大运河, 兴安灵渠를 든다.

山東省 泰安市 岱廟 博物館 東御座 내에 중국의 첫 번째 황제인 秦

始皇의 封禅泰山刻石(일명 李斯篆碑라고도 함)이 전시되어 있다. 이는
진시황이 28년(기원전 219년) 탈 것의 도움 없이 泰山 18盤을 거쳐 정상
인 해발 1,545m의 玉皇頂에 올라 封禅祭를 지낸('封泰山, 禅梁父山') 증
거물이다. 封禅泰山의 목적은 齐·魯지구의 儒生을 모아 천하를 석권하
여 다스린다는 명분을('席卷天下 包擧宇內') 封禅儀式을 통해 만천하에
공포함이었다. 또 二世 胡亥 二世 皇帝 元年(기원전 209년)에도 '登封泰
山'하였다. 封禅은 '封'제사와 '禅'제사로 나누는데 '封'은 하늘에 제사이
고 '禅'은 땅에 祭祀지냄을 의미한다. 진시황은 후반에 5차의 東巡을 행
하였는데 세 번은 齐·魯지구였으며 음력(農歷)으로 2월에 출발하였다.
이것은 《史記》高祖本紀에 보이는 바와 같이 이곳에 천자의 기가 있어
이를 진압한다("東南有天子氣 東巡壓之")와 《史記》項羽本紀에 나오는
大陰陽家楚南公의 예언인 '亡秦必楚' 때문이었을 것으로 여겨진다. 咸阳
에서 태산까지는 약 1,000㎞로 西安 秦始皇陵 소장의 2호 銅車馬로 가
더라도 하루 약 30㎞에 지나지 않은 먼 여정이었다. 孝公[秦 25대 君主,
嬴渠梁] 때 등용한 法家의 商鞅 때부터 시도해온 文字, 화폐와 도량형의
통일이 꾸준히 이어져《汉書》賈山傳에 기재되어 있는 대로 요즈음의 고
속도로격인 폭 50步(69m)의 馳道를 건설하였다. 당시의 秦·汉의 도량
형은 一寸=2.3㎝, 一尺=23㎝, 一丈=230㎝이며 한 나무의 크기를 약 13
丈(7m)으로 잡아 표준을 만들었다. 통일된 도량형으로는 上海博物馆 소
장의 商鞅量(秦 孝公 18년 기원전 344년, 二次变法時에 제조되었으며
铭文三十二字容积은 202.15毫升임, 全长 18.7㎝, 内口长 12.4㎝, 폭 6.9
㎝, 깊이 2.3㎝)과 山東省博物館 소장의 秦詔陶量(진시황 26년 기원전
221년)이 있다. 전자 商鞅量의 표면에는 "十八年, 齐率卿大夫众来聘, 冬
十二月乙酉, 大良造鞅, 爰积十六尊(寸)五分尊(寸)壹为升".
　器壁과 자루(柄)의 양쪽에 "重泉"의 二字.底部에는 秦始皇 26년 诏

书인 "廿六年, 皇帝尽并兼天下诸侯, 黔首大安, 立号为皇帝, 乃诏丞相状、绾, 法度量则不壹歉疑者, 皆明壹之"가 새겨져 있다. "重泉"과 左壁铭文은 字体가 一致하여 이는 一次所刻이나 "临"字와 底部 诏书는 第二次加刻으로 보인다. 그리고 이 그릇은 "重泉"에 보관되었던 것으로 보인다. 후자의 秦詔陶量에는 '意指秦始皇詔令丞相 規範度量衡 凡是不一致的都要加以統一 凡是不清楚的都要加以明确'의 20行 40字의 篆書字가 보인다. 東巡時 기후가 나쁠 때가 많아 폭풍우를 만나면 나무 밑에서 피하곤 하였다("逢大風遇水波惡 風雨暴至 休于樹下"와 '始皇泰山 爲暴風雨所击 不得封禅')고《史記》는 전하고 있다. 이는 태산의 五大夫松이 증명한다. 그리고 암살기도도 만만치 않았다. 戰国 6국의 통일 후 3년(기원전 218년) 현 河南省 原陽縣 東郊인 博浪沙에 도착했을 때 '張良刺身事件'이 있었고 咸阳에서는 荊軻(기원전 227년)와 그의 친구 高渐离(燕国人, 현 河北省 定兴县 高里村人)의 암살기도를 직접 겪기도 하였다. 이에 격분한 진시황이 기원전 226년, 연을 쳐서 수도 계(薊, 지금의 北京)를 함락시켰다. 封禅이 끝나면 山東省 동남부의 琅雅(현 山东省 临沂市의 北)로 가 진나라가 통일지구 내의 융합된 모습을 보여주고자 하였다. 그곳에는 진시황이 12년간 세금을 면제시켜주면서 강제로 이주 시킨 3만여 호의 백성이 있었다.

秦始皇陵은 陝西省 臨潼縣 驪山에 있으며 진시황이 13세로 등극하자마자 만들기 시작했으나 50세에 죽을 때까지 완성을 보지 못하였다. 그리고 그의 능도 기원전 207년 楚의 霸王 項羽(또는 項籍: 기원전 232년-기원전 202년)에 의해 도굴 당했으며 그 속에서 가져온 보물의 일부는 애첩 虞美人에게로 흘러들어 간 것으로 여겨진다. 기원전 247년부터 만들기 시작해 38년이 걸린 전체 면적 56.25㎢ 내 封土墳만 25만㎡의 범위를 가진 秦始皇陵의 地下高樓(궁전, 무덤)를 찾기 위한 물리적 탐사가 서기 1981년 水銀의 함유량 조사 이후 계속 진행되고 있는데 서기 2002 년부터 836물리탐사계획 탐사(단장은 刘土毅, 考古隊長은 段淸波임) 에서 진시황릉의 槨室(墓室)주위에 보안과 봉토를 쉽게 쌓기 위한 동서 145m, 남북 120m, 높이 30m의 담장을 두르고 그 위에 전체 三段의 구 획에 각 단 3개의 계단을 갖은 모두 9개의 層段(무덤 하변의 폭 500m, 묘실바닥에서 봉토까지 전체 높이 115m, 계단 한 층의 높이 3m, 각 계 단 폭 2.5m)을 갖고 각 계단의 끝에는 개와를 덮은 極數인 9층의 樓閣 지붕을 가진 목조건물의 피라미드 구조가 확인되고 있다. 그 구조 위에 는 6cm-7cm로 다진 版築의 細夯土(封土下 30cm-40cm에서 발견됨, 묘실 위에는 40cm-60cm의 두께의 粗夯土로 덮여 있음)로 다진 후 봉토로 덮 고 그 위에 享堂(王堂)의 祭祀用 목조 건물을 세운 것으로 밝혀지고 있 다. 이는 中国社會科學院 考古研究所 楊鴻勛 研究員의 생각이기도하다. 이와 같은 형태는 기원전 323년의 河北省 平山縣 三汲乡 南七汲村 城 北 靈山下에서 서기 1974년-서기 1978년에 발굴된 戰国말기 中山国 5 대 중산왕릉[1호묘, 方壺銘文에 의하여 中山王舋(普通話로 착/錯/Cuo 임, 기원전 344년-기원전 310년, 기원전 327년-기원전 310년 재위)의 陵墓로 封土는 南北 길이 110m, 東西 넓이 92m, 높이 15m로 3개의 피 라미드형 층 단으로 형성되었다]에서 그 기원을 찾아볼 수 있다고 한다. 이 중산왕릉이 만들어진 76년 후 진시황릉이 만들어지게 된다. 그렇다면 高句麗 輯安의 將軍塚의 기원도 밝혀질 수 있을 것이다. 묘실 안에는 司 馬遷의《史記》秦始皇 本紀 第 六에서 언급된 바와 같이 인부 70만 명을 동원해 세 개의 모래층을 판 穿三泉을 한 후 槨(묘실)를 만들고 천장에서 天文(보석으로 별자리를 만든 것으로 추측), 바닥은 水銀(100톤 이상으 로 추산)으로 中国의 지형에 따라 강과 바다를 만들고 人魚膏(고래기름)

로 長明燈의 불을 밝혀 오래 가도록 하였다. 그리고 弓矢를 장착해 문이 열릴 때 자동적으로 발사하도록 장치를 갖추었다 한다. 수은은 지형상 바다가 면한 동북쪽과 동쪽에서 많이 含有된 중국의 水界分布를 나타내고 있음이 밝혀졌다. 이는 시체와 부장품들의 腐敗를 防止하기 위한 목적도 있다. 현재 황릉에 대한 다각적인 연구가 진행 중이다.

사진 15. 高句麗 輯安의 將軍塚: 서기 1996년 8월 15일(목) 필자 촬영

長城은 戰国長城, 秦長城, 汉長城, 明長城과 辽宁古長城으로 나누어 생각할 수 있다. 秦長城은 秦始皇이 33년(기원전 214년) 大将 蒙恬(몽염)을 파견해 북쪽 匈奴의 남하를 막으면서 서쪽으로 甘肅省 临洮县(현 临洮县 新添镇 三十墩村 望儿)에서 기원전 221년 戰国時代의 통일 때까지 동쪽으로 辽东 碣石山(현 河北省 藁城县, 昌麗县으로 추정하나 이론이 많음)에 이르는 甘肅省, 陝西省, 內蒙古自治区, 宁夏回族自治区, 辽宁省을 포함하는 만 여리의 長城축조를 포함한다. 이는 앞선 战国時期 秦, 赵, 燕 三国長城의 기초위에 만들어진 것으로 현재 东西로 西吉, 固原,

彭阳의 三县, 固阳县의 城北 7km의 色尔腾山(阴山山脉의 西段 狼山의 以东으로 巴彦淖尔盟 乌拉特前旗 东北部와 서쪽으로 甘肃省 临洮县(현 临洮县 新添镇 三十墩村 望儿)에서 辽东 碣石山에 이르는 甘肃省, 陕西省, 內蒙古自治区, 宁夏回族自治区, 辽宁省을 포함하는 만 여리의 长城 축조를 포함한다. 그리고 崇山을 포함하는 내몽고자치구의 赤峰, 呼和浩特, 包头, 鄂尔多斯(오르도스 Ordos/Erdos, 鄂尔多斯沙漠, 河套/河南)市 鄂托克旗 등지에서 진 장성의 흔적이 뚜렷이 발견된다. 이는 세계 7대 기적의 하나로 여겨진다. 통일전의 전국시대의 秦나라 王世系는 다음과 같다.

女脩----⋯→ 非子----⋯→ 躁公(기원전 443년-기원전 429년)→ 懷公(기원전 429년-기원전 425년)→ 靈公(기원전 425년-기원전 415년)→ 簡公(기원전 415년-기원전 400년)→ 惠公(기원전 400년-기원전 387년)→ 出子(기원전 387년-기원전 385년)→ 獻公(기원전 385년-기원전 362년)→ 孝公(25대, 기원전 362/기원전 361년-기원전 338년)→ 惠文王[기원전 338년-기원전 311년, 戰国時代 처음으로 王을 칭함, 부인은 楚나라에서 온 첫째의 惠文后와 妾 羋八子가 있으며 미팔자는 昭襄王/昭王의 어머니로 중국 최초의 秦国 王太后인 宣太后(기원전 4세기 ?-기원전 265년, 羋姓, 羋八子)가 됨]→ 武王(悼武王, 武烈王, 元武王, 蕩, 武蕩, 기원전 311년-기원전 307년)→ 昭襄王/昭王(기원전 307년-기원전 251년, 기원전 295년-기원전 251년)→ 孝文王(기원전 251년-기원전 250년)→ 莊襄王(기원전 250년-기원전 247년)→ 政/滅齋/嬴政/秦始皇帝(기원전 247년-기원전 210년)→ 胡亥(기원전 210년-기원전 207년)→ 嬰(기원전 207년)

2. 前汉

기원전 202년 12월 楚汉의 相争末期에 项羽군이 패하고 항우는 江东으로 돌아오지 않고 乌江之畔에서 자살하였다. 이로서 오늘날 江苏省 沛丰邑 中阳里人으로 薪水很低의 泗水亭长 出身의 刘邦(기원전 256년-기원전 195년 6월 1일)은 천하통일을 이루고 西汉王朝(汉, 기원전 206년-서기 220년)을 세우게 된다. 이후 汉人, 汉族, 汉字, 汉语 등 모두 一统의 汉王朝와 密切한 관계를 맺게 된다.

中国에서는 高祖(刘邦, 기원전 206년-기원전 195년)-惠帝(刘盈, 기원전 194년-기원전 188년)-高后(吕雉: 高祖 刘邦의 皇后이며 惠帝 刘盈의 生母, 기원전 187년-기원전 180년)-文帝(刘恒, 기원전 179년-기원전 157년)-景帝(刘啓, 기원전 156년-기원전 141년)-武帝(刘彻, 기원전 140년-기원전 87년)로 언급하며 이때 武帝는 6대가 된다. 그러나 日本에서는 高祖(기원전 206년-기원전 195년)-惠帝(기원전 195년-기원전 188년)-少帝恭(기원전 188년-기원전 184년)-少帝弘(기원전 184년-기원전 180년)-文帝(기원전 180년-기원전 157년)-景帝(기원전 156년-기원전 141년)-武帝(기원전 141년-기원전 87년)로 高后(吕雉, 기원전 187년-기원전 180년) 대신 少帝恭(기원전 188년-기원전 184년)-少帝弘(기원전 184년-기원전 180년)으로 摘記하기 때문에 武帝는 7대가 된다. 여기에서 在位年代가 1년씩 차이가 나는 것은 中国에서는 卽位 1년 후로 計算하는 '踰年稱元法'을 쓰고 日本에서는 卽位年을 그대로 쓰는 '當年稱元法'을 사용하기 때문이다.

토착농경사회와 유목민족의 관계는 西汉(前汉) 10대 元帝 16년(기원전 33년) 汉나라의 유화정책에 의해 匈奴王 呼韓邪單于(기원전 58년-기원전 31년 재위)에게 政略結婚으로 시집가 그곳에서 죽어 內蒙古 자치

사진 16. 內蒙古自治区 呼和浩特市의 王昭君(王嬙)의 墓: 서기 1992년 8월 15일(토) 필자 촬영

구 호화호트(呼和浩特) 시에 묻혀 있는 呼韓邪單于의 부인 王昭君(王嬙) 의 묘가 이를 잘 입증해준다. 王昭君(기원전 52년-?)은 기원전 33년 西 汉後期 握衍朐鞮單于의 아들 匈奴單于인 呼韓邪單于(기원전 58년-기 원전 31년 재위)의 요구대로 시집을 와 기원전 31년 呼韓邪單于가 세상 을 뜬 후 胡俗 Levirate marriage(兄死娶嫂制)에 따라 呼韓邪寵妾大閼 氏의 長子인 復株累若鞮單于에게 再嫁하게 된다. 이 王昭君(王嬙)에 대 해서는 李白(서기 701년-서기 762년)의 '昭君拂玉鞍 上馬啼紅頰 今日汉 宮人 明朝胡地妾'과 唐 則天武后(서기 624년 2월 17일-서기 705년 12 월 16일)의 左史였던 東方虯의 昭君怨 '胡地無花草 春來不似春 自然依 帶緩 非是爲腰身'(원래는 3수로 앞의 두 시는 다음과 같다. 汉道初全盛 朝廷足武臣 何須薄命妾 辛苦遠和親. 掩涕辭丹鳳 銜悲向白龙 單於浪驚 喜 無複舊時容)의 두 詩가 남아 있다.

그런데 秦始皇陵은 陝西省 臨潼県 驪山에 있으며 진시황이 13세로 등극하자마자 만들기 시작했으나 50세에 죽을 때까지 완성을 보지 못하였다. 그리고 그의 능도 기원전 207년 楚의 霸王 項羽(또는 項籍: 기원전 232년-기원전 202년)에 의해 도굴 당했으며 그 속에서 가져온 보물의 일부는 애첩 虞美人에게로 흘러들어 간 것으로 여겨진다. 이와 같은 도굴은 서기 2012년 6월 8일(금) 제1호갱 3차 발굴 중간발표(발굴팀장 申茂盛)에서 고의적인 放火로 인한 고열로 토벽과 병마용 조각이 변색되거나, 원래 있었던 병마용의 무기의 도난 등에서 사실로 밝혀졌다. 이 발굴에서는 지하궁전 내 歌舞를 즐기려 한 목적으로 만들어진 황궁 내 오락과 잡기를 담당하던 百戲俑(acrobat)도 20여 점과 함께 才鈍이라고 불리었던 구리방패, 토용 102점, 전차 2대, 말 12필, 화살 등 301점이 새로이 확인되었다. 또 서기 2016년 12월 4일(일) 현재 진시황릉 주위에서 순장구덩이 40여 곳이 새로이 발견되었다. 그리고 秦始皇帝의 兵馬坑은 다음 汉나라에서도 계속 만들어졌는데 陝西省 咸阳市 楊家湾에서 발견된 4·5호묘(이들은 周勃과 周亞夫 父子묘로 기원전 195년 죽은 汉 高祖 무덤인 長陵의 陪葬墓로 추정된다. 서기 1970년-서기 1976년 발굴. 여기에서는 騎兵을 묘사한 陶俑의 경우 唐나라의 黑釉三彩馬 등에서 보이는 鞍裝과 鐙子가 없고 兵馬와 騎兵 모두 2,500점이 출토하였으며 中国国家博物館에 일부가 전시되어 있다)와 江蘇省 蘇州 西樵山에서 서기 1988년-서기 1995년 발굴된 諸侯国 楚나라 3대 왕인 刘禹(기원전 155년에 일어난 吳楚七国의 亂이 실패하여 기원전 154년 35세 나이로 자살, 이때는 西汉 6대 景帝 刘啓 前元 3년임)의 병마가 잘 알려져 있다.

서기 1987년에 발견되어 서기 1990년부터 서기 1992년 말까지 甘肅省文物考古研究所에서 발굴하여 서기 1991년 中国十大發掘 중의 하나가 된 甘肅省 敦煌市 懸泉置遺址는 兰州, 武威, 張液, 酒泉을 포함하는 河西回廊의 長安-天山 간 실크로드(絲綢之路) 상 戈壁(고비)사막의 砂丘灘에 위치한 2.25萬㎡ 넓이의 玉門关의 小方盤城인 軍事防禦措施(시설로는 坞堡, 坞外附属建筑인 창고와 厩构로 구성됨)인 大型驛站으로 매우 중요하다. 현천치의 설립은 ① 당시 중국은 그리스와 로마인들로부터 비단을 의미하는 Seres/Serica/賽里斯로 불리었으며, ② 樓栏(汉나라 때에는 金城임) 등의 西域에 다녀오면서 汗血寶馬/天馬, 포도와 석류 등의 西域 물품을 가져온 張騫(? -기원전 114년, 이 공로로 河南省 南陽市 博望鎭을 分封받음)에 의해서이다. 그 결과 汉 武帝-召帝-宣帝(한 7대-9대, 기원전 141년-기원전 49년) 때 운영된 현천지는 兰州, 武威 張液, 酒泉과 敦煌을 포함하는 河西回廊의 長安-天山 간 정부에 의해 본격적으로 制度化된 실크로드(絲綢之路)의 행정중심지가 되었다. 그 이름은 「煌郡效谷县懸泉置」으로 《韩非子》说林下에 의하면 農夫官職인 嗇夫가 주관하며 驛站公務人員은 37명 정도며 그 시설은 한번에 500명 정도 맞을 수 있을 정도이다. 그러나 이와는 달리 《后汉書》西域傳에 "西汉河西驛置 列郵置于要害之路 馳命走驛 不絶時月"이라 기재하고 있으며 당시 5리마다 郵, 10리마다 亭, 20리마다 置를 설치하며 置에는 400여 인이 상주하는데 관리 82인이며, 상비 말이 120匹, 車輛 50대, 하루 접대능력이 1,000여 인이라고 한다. 한번은 塔里木盆(Tarim 분지) 남쪽 현 新疆维吾尔自治区 和田에 위치한 西域의 于闐国 국왕이 신하 1,006명과 함께 宣帝에게 바칠 玉, 毛皮, 香料 등의 供物을 가지고 이곳에 도착했는데 그날 하루 묵은 과정과 접대에 소비된 돼지, 소, 양, 닭고기와 美酒 등의 기록이 '于闐王行道簡'(甘肅省博物館)에 나타나고 있다. 또 길이 2.2m, 폭 48㎝의 '四時月令詔條'(甘肅省簡牘博物館)는 国家政令詔書로 101행의 문자에는 環境保護法이 담겨져 있다. 기원전 101년 한 무제

가 西汉 楚王 刘戊의 손녀인 解憂公主를 天巴尔 客什湖 동남쪽 伊犁河
일대에 자리 잡고 있던 烏孫国 국왕에게 시집보냈는데 기원전 74년 초
匈奴가 공격해와 한나라와의 관계를 끊으라고 逼迫하였다. 그러나 해우
공주는 현천치에 와서 편지를 급히 선제에게 보냈는데 이것이 '解憂公主
救信'으로 20일 만에 長安의 선제에게 도착하였다. 장안과 돈황 사이는
약 4,450㎞로 당시 상인들의 걸음으로는 1년 반이 걸렸는데 이는 한나라
의 河西回廊의 驛傳制度가 무척 발달해 있었다는 증거이다. 이의 해결
을 위해 외교적 능력이 탁월했던 大臣 常惠가 이곳을 거쳐 빠른 시일 내
오손국에 도착해 이 문제를 해결하였다. 甘肅省博物館에는 長安-敦煌,
武威-敦煌 사이의 이정표인 傳置道里簿가 전시되어 있다. 그리고 이러
한 서류와 기록의 감사에도 철저했던 모양이다. 甘肅肩水都尉府에서 잘
못한 일이 발생하여 감사관이 笞刑 50대와 銀子 2兩의 벌금을 물게 했
는데 당시 한량은 1,500文錢이고 당시의 월급은 1,100文錢으로 이는 당
시 2-3개월의 월급에 해당했다. 한나라 武帝-昭帝-宣帝 때 이용된 이
驛站은 敦煌市 동쪽 60㎞떨어져 있으며 남쪽은 祁連山脈의 火焰山에 가
깝다. 懸泉置란 이름은 부근 산에서 흘러내리는 泉水에서 따왔으며 汉
武帝 元鼎 6년(기원전 111년)에 設置되었는데 이 驛站의 중요한 기능은
《后汉書》西域傳의 記載에 의하면 이곳을 지나는 使者, 官吏, 公務人員
과 外国賓客을 맞고 보내는데 있었다. 이 유적은 西汉 武帝시 '懸泉亭',
昭帝时期에 '懸泉置'로 개칭, 东汉 后期에 또다시 '懸泉邮'로 개칭, 魏晋
시 廢弃하다가 唐이후에 '懸泉驛'로 다시 부르다가 宋이후 또다시 廢置
하였다. 淸代에는 또 '貳师庙', '吊吊水'로 불렀다. 이 유적에서 '懸泉置'
가 써진 竹筒을 비롯해 15,000여 매의 汉簡과 각종 문물 17,650건이 발
굴 되었는데 그 중 한나라 木簡(汉簡)이 3.5만점이나 되며 400여 편의 종
이편지(書紙, 西汉麻紙), 毛筆, 研墨石, 竹筒, 封泥, 印章과 封檢 등의

器物이 나왔다. 한번은 한 무제가 江都王 刘建의 딸 細君公主를 시집보 내는 도중 300명의 복면을 한 무장 강도들에게 婚需品을 모두 빼앗긴 일 이 발생하였는데 그 후 그곳을 古董灘이라 부른다. 그래서 한 무제는 大 臣 桑弘羊과 商議와 의논해 置들의 유지를 위해 기원전 89년(征和 4년) 屯田을 設置했는데 한 무제 때만 8차의 공사가 이루어졌고 첫 회에는 18만 명의 백성이 酒泉에 동원되었다는 기록이 있다. 甘肅 酒泉市 嘉峪 关 新城 魏晉 5호 壁畫墓의 屯墾畵像磚과 3호의 1騎의 馬上都尉騎士像 을 따라 둔전의 개간에 동원된 軍隊(우 9인, 좌 10인)가 묘사된 磚도 당 시 둔전 개간의 상황을 잘 보여주고 있다. 이곳에서는 鞋袜, 絲織品, 杯 碗 등이 발견된다. 敦煌에는 汉 대의 烽燧 1기가 남아있다. 서기 2014년 6월 22일 悬泉置遺址는 중국, 키르기즈스탄(Kirghizstan, 吉尔吉斯斯 坦)과 카자흐스탄(Kazakhstan, 哈萨克斯坦)의 3국 연합으로 '실크로드/ 絲綢之路(Silk Roads: Initial Section of the Silk Roads, the Routes Network of Tian-shan Corridor: 문화, 2014)'로 세계문화유산으로 등 재 되었으며 중국에서 등재된 세계문화유산으로 37번째이다. 여기에는 광범위한 실크로드 중 5,000㎞에 해당하며 한과 당나라의 수도였던 長 安/洛陽에서 중아아시아 키르기즈스탄, 카자흐스탄의 제티수(Zhetysu, Zhetisu, Jetisuw, Jetysu, Jeti-su, Jity-su) 지역에 이른다.

前汉 상류층의 古墳(무덤)의 평면에서 보면 '亜'자형의 무덤 평면구조 는 皇帝(阳陵)→ '中'자형은 王과 일급의 신분(江都王 刘非)을 가진 자→ 그리고 '甲'자형은 列侯(江西省 南昌市 新建区 大塘坪乡 觀西村 '海昏侯 西汉大墓')의 서열을 가지고 있다.

① 汉 阳陵은 西汉의 汉 景帝 刘启(기원전 188년-기원전 141년 3월

9일, 为汉朝 第六位皇帝, 기원전 157년 7월 14일－기원전 141년 3월 9일 在位 16년, 竇太后의 장남)와 그의 皇后 王氏(汉 武帝刘彻의 母 王皇后)와 같은 陵园에 각기 다른 무덤을 가진 合葬陵园(汉景帝刘启 와 孝景皇后王氏, 20만㎞²)으로 陕西省 咸阳市 渭城区 正阳镇 张家 湾 后沟村 北쪽 咸阳原에 위치한 西汉의 여러 皇帝陵 중 가장 동쪽 에 위치한다. 이곳은 咸阳市 渭城区, 泾阳县 및 西安市 高陵县의 세 곳을 포함한다. 즉 汉 阳陵은 汉 长安城의 东北方向으로 陵区는 泾 水와 渭水의 사이에 있다. 景帝는 기원전 141년에 王皇后는 15년 후 인 기원전 126년에 돌아가서 같은 능 안에 합장하였다. 汉 阳陵은 서 기 2001년 全国文物保护单位(이곳의 西汉 帝陵 전체 포괄 함)로 지 정되고, 西安考古所가 서기 1998년 10곳의 陪葬坑을 발굴하였다. 서 기 2004년 西安考古研究所가 陵区内의 丛葬坑(部分), 陪葬墓园, 祭 祀建筑 등을 발굴 진행하였으며 그 앞에 汉 阳陵 考古陈列馆을 건립 하고 帝陵의 外葬坑保护展示厅 등을 설립하였다. 阳陵帝, 后陵의 구 조는 한나라 왕릉의 전형적인 '亚'字形으로 阳陵陵园은 帝陵陵园, 后 陵陵园, 南区从葬坑, 北区从葬坑, 礼制建筑, 庙, 陪葬墓园, 刑徒墓 地로 구성되어 있다. 이곳에서 출토한 士兵俑, 歌舞俑, 宫女俑, 动 物俑의 유물들은 현재 汉阳陵博物館에 전시되어 있다. 清 乾隆(서기 1711년 9월 25일－서기 1799년 2월 7일) 年间 陕西巡抚 毕沅이 阳陵 에 글을 써 碑를 세웠다.

汉 景帝 5년(기원전 153년) 正月(혹은 3월) 阳陵邑으로 阳陵을 건 설하기 시작하여 같은 해 5월 백성을 모집해 阳陵邑으로 이주시키고 월급은 20만량을 지불하였다. 3년이 지난후인 기원전 141년에 경제 가 세상을 뜨고 2월 癸酉日에 下葬을 하였다. 모두 10일이 소비되었 다(《史记》孝景本纪 第十一, 汉书·景帝纪 第五). 景帝의 사후 15년

후 황후가 元朔 3년(기원전 126년)에 세상을 떠 阳陵에 합장하였다. 景帝가 陵墓를 짓기 시작하고 황후가 入葬할 때까지 모두 28년이 소요되었다. 汉 景帝 刘启의 后妃와 자식은 다음 표와 같다.

后妃	■ 皇后 　　□ 薄皇后, 景帝祖母薄太后族人, 後被廢 　　□ 王皇后
	■ 妃嬪 　　□ 栗姬 　　□ 程姬 　　□ 賈夫人 　　□ 唐姬 　　□ 王夫人, 王皇后之妹
子	· 皇太子→ 臨江閔王刘榮(母栗姬) · 河間獻王刘德(母栗姬) · 魯恭王刘余(母程姬)(東汉刘表, 刘璋为其后裔) · 臨江哀王刘閼于(母栗姬) · 江都易王刘非(母程姬) · 長沙定王刘發(母唐姬)(更始帝刘玄, 光武帝刘秀为其后裔) · 膠西于王刘端(母程姬) · 趙敬肅王刘彭祖(母賈夫人) · 中山靖王刘勝(母賈夫人)(蜀汉昭烈帝刘备为其后裔) · 膠東王→ 皇太子→ 汉武帝刘彻(母王皇后) · 广川惠王刘越(母王夫人) · 膠東康王刘寄(母王夫人) · 清河哀王刘乘(母王夫人) · 常山憲王刘舜(母王夫人)
女	· 平陽公主(母王皇后) · 南宮公主(母王皇后) · 隆慮公主(母王皇后)

始建国 元年(서기 9년) 王莽(기원전 45년-서기 23년 10월 6일, 字는 巨君으로 汉朝의 刘氏로부터 禅让을 받음)이 세운 '新朝'(서기 9년-서기 22년 또는 서기 8년-서기 23년, 在位年代가 1년씩 차이가 나는 것은 中国에서는 卽位 1년 후로 計算하는 踰年稱元法을 쓰고 日本에서는 卽位年을 그대로 쓰는 當年稱元法을 사용하기 때문이다)가 망하고 서기 23년 绿林军에 의해 皇帝가 된 更始皇帝 刘玄(?-서기 25년, 字 聖公, 南阳 春陵/현 湖北 枣阳 西南人, 西汉 皇族의 后裔로 年号는 更始)은 刘玄은 长安에 살면서 天下의 주인노릇을 하였다. 그러나 2년 후인 更始 3년/建武 元年(서기 25년) 更始政权은 农民起义军인 天凤 5년(서기 18년)에 거사를 일으켰던 赤眉军과 后汉/東汉의 建立者인 光武大帝 刘秀(기원전 5년 1월 15일-서기 57년 3월 29일, 서기 25년 8월 5일-서기 57년 3월 29일 재위, 廟號는 世祖, 諡號는 光武皇帝)大军의 양쪽으로부터 공격을 받아 와해되었다. 刘玄은 赤眉军에 의해 살해되고 长安부근의 霸陵에 안장되었다. 그리고 绿林军이 长安에 들어왔을 때 长安은 混乱에 빠지고, 死者가 수 십만 명이 되고 霸陵과 杜陵을 제외하고는 宗廟园陵이 모두 피해를 입었다.

汉 阳陵 帝陵陵园은 阳陵의 主要部分으로 그 밑에 汉 景帝가 매장되어 있다. 景帝 무덤의 高는 約 31m, 둘레에는 放射狀으로 81개소의 葬坑이 분산되어 있으며 그 안에서 大量의 文物이 출토되었다. 帝陵의 南阙门이 正门으로 規模는 비교적 크다. 현재 발굴되어 보존되고 있다. 皇后王氏의 후릉은 帝陵의 동쪽 450m 떨어져 있는데 高 약 25.5m이며 둘레에는 28개소의 葬坑이 있다.

阳陵 陵园에 大型의 礼制建筑遗址가 있는데 考古学者들은 一号와 二号建筑遗址로 나눈다. 一号 建筑遗址는 帝陵의 西南 약

450m되는 곳에 있으며 동-서 장 320m, 南-北 폭 210m이다. 둘레에는 壕沟, 垣墙이 있고 墙内에는 保护가 잘된 大型建筑遺址가 있다. 발굴 결과 墙基, 柱礎, 庭院 등 瓦当이나 陶俑 등이 발견되는 建筑遺迹이다. 二号建筑遺址는 帝陵의 东南쪽 약 300m 떨어져 있으며 正方形으로 한 변의 길이는 260m이다. 建筑은 内外 두층으로 外层에는 壕沟가 있고 沟内에는 四角의 廊房이 四边의 가운데에는 门道가 안에는 中心建筑이 있다. 이는 正方形으로 한 변의 길이가 53.7m이다. 遺址는 안이 높고 바깥쪽이 낮으며 夯土/版築으로 축성되어 있다. 가운데에는 中心柱石이 바깥에는 砖铺가 바닥에 깔린 回廊과 羅经石으로 덮인 '散水'가 있다.

南北区 叢葬坑은 帝陵의 西北과 东南方向 450m 지점에 위치한다. 각기 24곳의 叢葬坑이 있고 坑의 길이와 폭은 같지 않다. 가장 긴 것은 299m 가장 큰 폭은 10m 깊이는 일반적으로 7-8m 坑 간의 거리는 一般的으로 20m 전후이며 竖穴土圹 地下隧道式 建筑으로 균일하다. 갱 안에서 나오는 유물은 軍事的인 것으로 西汉 未央宫을 지키는 御林軍인 南軍과 未央宫 外廓을 守禦·鎭守하는 北军의 축소판으로 추정된다. 또 실물의 ⅓크기이며 한 변이 2.3㎝의 '車騎將軍'印 (大將軍, 驃騎將軍의 아래 서열)이 南北叢葬坑 2호에서 발견되었는데 이는 吳王 刘濞의 叛軍 10만을 36만 명의 남·북군을 포함한 중앙군으로 진압한 太尉 周亞夫(반란진압의 공로로 中尉, 丞相으로 승진)와 관련이 있다. 景帝의 셋째 아들인 江都王 刘非(江都易王, 刘非, 기원전 169년-기원전 127년)는 吳軍을 격파한 대가로 오나라의 江都(光陵)를 封地로 하사받았다. 그는 15세 때 大將軍이 될 정도로 景帝의 偏愛를 받았으며 江都王으로 28년간 재위하였지만 12세 연하인 刘彻이 황제(汉 武帝)에 오르자 '吳楚七国의 亂'이라는 모반을 꿈

꾸었다. 그의 아들 刘建(?-기원전 121년 2대 江都王)은 吳楚七国의 亂이 실패하여 재위 6년만인 기원전 154년 35세 나이로 자살한 刘禹(기원전 155년 西汉 6대 景帝 刘啓 前元 3년임, 江蘇省 蘇州 西樵山에서 서기 1988년-서기 1995년 발굴된 諸侯国 楚나라 3대 왕)과 같이 자살하였다. 陽陵에서 실물의 ⅓크기의 身披鎧甲이었으나 세월이 지나면서 썩어 없어진 裸體의 陶俑軍人, 武器, 戰車, 대량의 攻城器具와 함께 출토하였다. 또 宗正之印, 大官之印, 少府之印의 실물 ⅓크기의 官印도 나왔는데 이는 '今削之反 不削亦反'의 削藩策으로 성공한 景帝의 中央集權制를 나타낸다. 당시의 三公九卿은 三公의 '丞相, 太尉, 御史大夫', 九卿의 '太常, 光禄勋, 卫尉, 太仆, 廷尉, 大鸿胪, 宗正, 大司农, 少府'를 말한다. 그리고 그는 농업을 기반으로 政治, 軍事, 外交에서 성공하여 평화를 가져왔을 뿐만 아니라 경제발전과 사회번영도 함께 이루었던 것으로 짐작된다. 이는 叢葬坑의 발굴결과 中国 汉 文帝(5대, 기원전 180년 11월 14일-기원전 157년 7월 6일 在位)와 汉 景帝(6대, 기원전 157년 7월 14일-기원전 141년 3월 9일 在位)의 统治时期인 中国 歷史上 가장 잘된 治世로 후일 雄才大略의 汉 武帝(7대, 기원전 141년 3월 9일-기원전 87년 3월 29일 54년 在位)가 汉朝 중 頂上의 基礎를 만든 '文景之治'를 입증하고 있다.

叢葬坑 13호에서는 돼지, 소, 산양(235마리), 말, 개(458마리), 猫, 麋鹿(고라니) 등 18종의 動物陶俑이 나오고, 叢葬坑 15호에서는 大量糧食창고로 2㎝의 낱알이 썩어 2m에 달하는 곡물이 쌓여 있었다. 그 외에도 茶葉과 함께 4종류의 海鮮이 나왔다. 이는 景帝의 농업을 장려한 정책의 성공으로 보여 진다. 유물의 출토는 《史記》에 景帝가 언급한 "農天下之本也 黃金珠玉飢不可食 寒不可衣" 구절과 맞아 떨어진다. 《史記》에 "至今上卽位數歲 汉興七十余年之間 京師之

錢累巨萬 貫朽而不可校 太倉之栗陣陣相因 充溢露積于外 至腐敗不可食"이라는 구절도 나타난다. 景帝 때는 文景之治로 평화를 가져왔는데 匈奴族과도 和親을 맺어 元朔 6년(기원전 123년)先嫁 南宮侯 张坐, 後嫁张侯疕 申为의 妻가 된 南宮公主(母王皇后)를 政略結婚으로 單于에게 시집보내고 5명의 匈奴將領을 封侯로 삼기도 하였다. 그는 자신의 무덤인 陽陵을 축조할 때에도 농번기의 백성을 동원하지 않고 죄수(刑徒)를 使役시켰다. 이는 西北角의 叢葬坑에서 鐵束頸, 鐵束足, 鉗, 鈦와 같은 刑具와 尸骨이 많이 나오고 있음으로 증명된다. 또 갱 안에서 나체의 無臂, 살색의 신체이나 皮膚, 눈썹과 눈동자는 검은색을 칠하고 두 팔을 만들어 꼽고 그 위에 지금은 썩어 없어진 絲織品의 옷을 입었던 秦始皇 兵馬坑 출토 陶俑의 ⅓크기인 동방의 비너스(venus, 維納斯)라 불릴 정도로 신비한 웃음을 짓는 着衣式陶俑 수천 점은 한 때 세인의 주목을 받았다.

貴族의 陪葬墓园은 동쪽과 북쪽 두 곳에 있다. 北쪽의 陪葬墓는 帝陵의 북쪽 약 600m 떨어져 두 기의 大墓가 있는데 東西向의 中字型으로 封土가 있으며 그 둘레에 叢葬坑 12곳이 있다. 東쪽의 陪葬墓는 司马門 밖 동쪽 100m 떨어진 곳에 東西 2.5㎞, 南北 1.5㎞의 범위 안에 위치한다. 여기에는 大小 年代가 일치하지 않는 陪葬墓园 200여 곳이 있고 모두 10,000여 기의 묘가 있으나 발굴된 것은 2,000여 곳이다.

阳陵邑은 陵园의 동쪽에 있으며 면적은 4.5㎢ 东-西向街道를 따라 11곳 南-北向 31곳, 里坊 200여 개가 主街道를 따라 위치하는데 북쪽은 官署区, 남쪽은 居民区의 두 부분으로 나뉜다.

汉 阳陵에서 彩绘裸体陶俑이 수 천 개가 발견되었으나 秦나라 兵马俑 모습과는 완전히 다른데 이는 역사적 의의도 있을 뿐만 아니라

도굴이 되지 않았다는 증거도 된다. 이외에도 汉代의 宮闕모습과 같은 중요한 도용도 포함된다. 汉 阳陵의 出土器物 중 가장 중요한 것은 裸体의 彩绘陶俑으로 원래는 비단, 布制로 만든 衣服, 혹은 活动하기 좋은 木质双臂 铠甲(개갑, 甲胄는 갑옷과 투구임)을 몸에 걸쳤는데 시간이 지나 썩어 없어졌기 때문이다. 그러나 간혹 铠甲의 흔적이 남아 있는 경우도 있다. 陶俑 중 가장 많은 것이 남성이고 다음이 여성이며 宦官俑은 매우 적다. 크기는 일반적으로 55-60㎝사이이다. 피부와 五官은 얼굴에 칠한 것과 색갈이 다르며 실제 인간의 모습에 닮게 하였다. 裸体俑 중 가장 많은 것이 男性 武士俑으로 铠甲을 입고 군사의 모습을 하고 있다. 가만히 정지된 모습이외 움직이는 모습을 하고 또 얼굴 표정이 생동하나 각기 모습을 다르게 나타내었다. 裸体女俑 중 侍女俑이 많으며 그중에는 橙红彩와 白彩를 바른 것이 많다. 白彩는 女性의 하얀 피부를 상징한다. 宦官俑과 一般 男俑과의 구별은 生殖器가 달린 것으로 확인된다. 宦官俑의 生殖器는 睾丸이 없거나 陰莖이 일반 남자보다 적다. 裸体俑 중 骑兵俑도 있는데 무릎 밑에는 원래 木马가 있었으나 현재 썩어 없어졌다. 그중에는 男骑兵俑과 女骑兵俑도 구분된다. 女骑兵俑은 광대뼈가 높고 안구가 적거나 표정이 기이한 무척 과장되게 만들어졌다. 이 女骑兵俑은 여성이 아니라 女性的 또는 男性的(가슴이 없음)이거나 또는 汉代의 老婦를 나타낸 것이라는 관점도 있다.

裸体俑을 제외하고 또 塑衣式彩绘俑도 있다. 이 陶俑은 모두 도자기로 만들어진 후 彩绘를 해서 완성시켰다. 그중에는 长袍를 입고 서서 손을 앞으로 가지런히 모은 자세를 취한 文吏俑은 汉朝의 공무원인 文吏의 형태를 나타냈다. 侍女俑은 두 종류가 있는데 하나는 땅까지 다다르는 긴 长裙을 입고 두 손을 허리 앞에서 모으고 단정히 서있는 것이고, 다른 하나는 이미 썩어 없어진 소매가 긴 長襦를 입고 똑바로 서서 地位는 앞의 낮은 지위의 사람에 비해 높은 무표정한 얼굴 표정을 짓는 '站立持慧彩绘의 女俑'이다. 이외에도 樂伎俑과 舞蹈俑이 있으며 樂伎俑은 一般 남성용이고 손에 이미 썩어 없어진 악기를 들고 있는 舞蹈俑은 여성으로 長袖善舞의 모습을 취하고 있다.

이외에 大量의 陶制로 만든 动物이 出土하였는데 여기에는 陶猪, 陶牛, 陶马, 陶羊, 陶鱼, 陶鸡 등이 있다. 그 중에는 흑색, 붉은색, 백색의 여러 가지 색으로 칠한 陶公鸡가 있는데 실물보다 적게 만들었다. 그리고 陶盆, 陶罐, 陶鼎과 같은 陶制의 生活用具도 함께 출토하였다.

叢葬坑에서 출토한 冥器 중 兵器는 汉代의 实物을 모방했지만 재질은 铜铁을 为主로 하였다. 여기에는 길이 17㎝의 铁矛头, 36㎝의 铁剑, 5㎝의 铁戟, 3㎝의 铜镞 등이 포함된다. 실물을 축소해 만들었으나 비례가 일정치 않고 실용가치도 없다. 그리고 사용가치가 있는 同一类型의 铜钱, 铜砝码, 铜带钩, 铜升 등도 출토하였다. 그중 '般邑家' 铜锺은 높이 43㎝이며 표면에 铭文이 주조되어 있다. 그 외에도 铜豆, 铜匜, 铜熏炉 등이 陪葬墓园에서 出土하였다.

帝陵의 叢葬坑은 汉朝의 官署를 모방하였는데 陵 동쪽 12号坑에서는 '宗正之印'이란 도장이 나오고 또 수 십 건의 车马器가 나와 원래 木制로 만든 车马模型이 매장되어 있었을 것으로 추정된다. 당시 九卿가운데의 宗正之印은 陵 동쪽 17号坑 내에서 그리고 '宦者臣印'은 陵 동쪽 21号坑 내에서, '东织令印'이란 도장도 발견되었다.

② 梁 共王 刘買(刘买, ?-기원전 137년, 汉朝宗室, 梁国世表에 의하면 2대 梁王)는 梁 孝王 刘武(기원전 184년?-기원전 144년, 기

원전 169년-기원전 144년 재위, 汉 景帝 窦太后(두태후)의 所出이며 汉 文帝의 동생, 梁国世表에 의하면 초대 梁王)의 아들로 保安山, 僖山을 포괄하는 汉梁王墓群/汉墓陵区에 위치하며 여기에는 양 효왕과 황후묘, 柿园 壁畫汉墓, 泰山 奶奶廟, 歌風台와 僖山 金縷玉衣墓, 西汉 梁 国王后墓 및 汉 畫像石墓가 포함한다.

汉梁王墓群은 中国 西汉梁国王室의 陵墓로 河南省 永城市 芒山镇 芒碭山의 梁孝王 刘武, 梁 共王 刘买, 梁 平王 刘襄, 梁 顷王 刘无伤, 梁 敬王 刘定国, 梁 夷王 刘遂, 梁 荒王 刘嘉 등의 梁王(梁国世表: 1 梁 孝王 刘武→ 2 梁 共王 刘買→ 3 梁 平王 刘襄→ 4 梁 貞王 刘無傷→ 5 梁 敬王 刘定国→ 6 梁 夷王 刘遂→ 7 梁 荒王 刘嘉→ 8 梁王 刘立→ 9 梁王 刘音)묘가 있으며 王陵의 분포는 保安山, 夫子山, 铁角山, 南山, 黄土山, 窑山과 僖山을 포함한다. 陵墓의 墓门은 균일하게 정상에서 10여m 떨어져 굴착하였으며 그 위에는 높이 5-10m의 封土가 만들어져 있으며 면적은 5,000-6,000㎡으로 夯土로 版筑하였다. 封土에는 覆盖를 하여 山頂의 半山腰处에까지 이르도록 하였다. 封土의 表面은 편평하며 남쪽이 높고 북쪽이 낮다. 南-北향으로 두 묘를 병렬해 놓았는데 南쪽 것이 王陵 北쪽 것이 王后陵으로 墓道(羨道)는 南쪽으로 붙어 있다. 현재 永城市는 西周에서 東周時期 宋国의 故地로 周 武王이 商을 멸한 후 商/殷 紂王의 庶兄 微子 啟를 宋왕으로 봉하고 宋 微子는 정치를 잘 하여 宋 襄公때 宋国은 中原의 大国으로 성장해 春秋五霸의 하나가 되었으나 기원전 286년 宋王 偃이 荒淫으로 齐, 楚, 魏로 三分되었다. 秦나라 말 陳勝이 병사를 일으켜 秦을 공격하고, 彭越 역시 이곳을 공격하여 약탈을 하였다. 후일 刘邦이 項羽와 천하를 놓고 다툴 때 刘邦은 魏豹를 魏王으로 봉하고, 彭越을 相国으로 삼았다. 그래서 이곳은 魏地 또는

梁地라고 한다. 汉 高祖 5년(기원전 202년) 刘邦은 彭越과 약속하여 韓信과 함께 楚軍을 공격하기로 하였는데 彭越은 군사를 동원하지 않아 汉軍이 大敗하였다. 謀士 張良이 刘邦에게 睢陽 이북에서 谷城에 이르는 땅을 彭越로 하여금 西汉 梁国의 国王으로 삼게 건의 하였다. 汉 高祖 11년(기원전 196년) 彭越에게 "夷越宗族"의 죄목으로 처단하였다. 기원전 196년 皇子 刘恢를 梁王으로 삼고 高皇后 7년(기원전 181년) 刘恢를 趙王으로 삼고 呂產을 梁王으로 봉하였다. 그러나 呂產이 梁国으로 가기도 전에 皇帝의 太傅가 되었다. 기원전 178년 刘揖을 梁王으로 삼았는데 기원전 169년 6월 刘揖이 세상을 뜨고 시호는 梁懷王이 되었으나 무자식으로 후계자가 없었다. 기원전 169년 賈誼가 文帝에 상소문을 올려 淮陽王 刘武로 하여금 梁王으로 삼게 하였다. 梁 孝王 刘 武는 이미 부자이며 皇上의 恩寵도 있어 西汉의 諸王 中 상대할 자가 없었다. 기원전 154년 吳楚七国의 亂을 평정하는데 梁国이 결정적인 도움을 주어 皇上의 寵愛를 받게 되었다. 汉 景帝가 栗太子를 폐한 후 寶(두)太后는 景帝의 동생인 梁王이 景帝의 뒤를 잇도록 하였으나 袁盎과 大臣 堅決 등의 반대로 잘 안되어 羊勝과 公孫詭 등으로 하여금 袁盎과 10여 명의 대신들을 죽이도록 하였다. 皇上은 梁王이 꾸민짓임을 알게 되었다. 그리고 기원전 144년 6월 梁 孝王이 病死하고 시호를 "孝"로 梁 孝王으로 하였다. 梁孝王의 死後 梁国을 五国으로 나누고 孝王의 다섯 아들로 하여금 왕위를 계승하도록 하였다. 梁 孝王의 長子 刘買가 梁王(梁 共王)이 되었으며 그 후 梁国의 疆域이 縮小되고 經済力도 梁孝王 때만 못했다.

梁 共王刘買의 死後 그의 아들 刘襄(梁平王)이 세습하고 梁 平王의 처 任王后와 李太后(梁 孝王 王后)가 싸움을 벌이다가 汉의 皇上에게 알려지고 이를 들은 皇上이 화가 나서 梁王不義를 언급한 후 8

城(10県)을 빼앗았다. 刘音王 때 梁国은 衰落의 길을 걷고 汉 成帝 元延 중(기원전 12년-기원전 19년) 梁王 刘立은 수차에 걸친 殺人罪로 또 5県을 빼앗겼다. 平帝 元始 元年(서기 1년) 중 刘立은 또 "中山衛氏交通"으로 新都侯 王莽의 주청에 의해 폐위되고 庶人으로 강등되어 汉中으로 도망가 27세로 자살하였다. 梁王 刘襄에서 刘立에 이르는 수십 년간 梁国은 소수의 県으로 근근이 버티다가 "衣食足税"로 마감을 하였다.

西汉 梁国은 기원전 169년 梁 孝王 刘武에게서 부터 9대 刘音까지 즉 始建国 원년(서기 9년) 王莽(기원전 45년-서기 23년 10월 6일, 字는 巨君으로 汉朝의 刘氏로부터 禅让을 받음)이 세운 '新朝'(서기 9년-서기 22년)의 始建国 2년(서기 10년)까지 179년간 존속하였다.

梁 孝王 刘武에서 시작하여 西汉 梁王死後 王后, 嬪妃 모두 함께 芒碭山에 장사지냈다. 현재 主峰未發지역을 제외하고는 汉代 梁国 王陵은 保安山 梁孝王墓, 李王后墓, 柿园 壁畫墓, 僖山 金縷玉衣墓, 王后墓, 黃土山 1, 2號墓, 窯山 1, 2號 汉墓, 南山 1, 2號 汉墓, 夫子山 1, 2, 3號 汉墓, 鐵角山 1, 2, 3號 汉墓 등 20여 기가 발견되었다. 汉 梁王墓群은 서기 1996년 11월 20일 国務院公佈로 全国重點文物保護單位로 정해졌다. 현재 保安山 梁 孝王陵区은 이미 발굴된 柿园壁畫墓, 梁孝王墓, 梁孝王의 王后墓는 芒碭山文物旅遊区的主要旅遊景點으로 되었다.

《史記》의 기록에 의하면 刘邦이 泗水亭長으로 있을 때 일꾼들을 데리고 酈山에 가서 秦始皇陵墓를 구축하라는 명을 받고 가는 도중에 일꾼들이 진나라의 폭정을 두려워해 도망간 사람이 많았고 유방 자신도 酈山에 가지 않았고 痛飮한 후 일꾼들이 도망가도록 허락하여 수 십 명의 壯靑年들이 유방을 숭모하여 곁을 떠나지 않아 그들을 데리고 芒碭山에 도망을 가 은거하였다. 유방이 이곳에서 은거하면서 한번은 취해 斬蛇地方에 누워 있었는데 老婦人이 '내 아들 白帝子가 누워있는데 赤帝子에 의해 살해되었다고 하는구나'하면서 反復해서 곡을 하면서 말하였다. 행인들은 노부인이 곧 사라지고 아이도 그곳에 없고 단지 유방만이 누워있음을 알고 유방에게 그러한 사실을 이야기 해 주었다. 이것은 하늘로 부터의 도움과 장래 대업을 이룰 예견으로 받아들여져 汉 文帝시 先帝 유방을 기념하기 위해 芒碭山 紫氣岩(汉 高祖의 隱居處로 天子氣覆蓋岩洞으로 이름을 변경)에 高祖廟를 세우고, 廟앞에 汉高祖斬蛇碑를 세웠다고 하나 斬蛇碑는 존재하지 않는다. 明나라에서 原碑가 있던 곳에 다시 碑를 세웠는데 碑高 2.39m, 폭 1.15m 두께 0.22m이며 碑額書에는 "日月 및 汉高斬蛇之處"라는 大字가 있다. 碑座에는 한 마리의 거대한 龙이 새겨져 있다.

③ 서기 2009년 초 江蘇省 盱眙县 大云山 해발 73.6m 산정의 龙塘의 물밑 10m 아래애서 발견된 墓道(羨道)가 南北長軸으로 위·아래로 2條(南墓道 开口长 40.5m, 폭 8.3-21m, 墓道底部 전체길이 55.1m, 墓室南壁에 相接하는 바깥쪽 폭은 5.8m, 北墓道는 开山의 채석에 의해 파괴가 심하며 남아있는 开口 길이는 30.6m, 폭 12.4-16m, 墓道底部의 남아있는 길이는 44.3m이다. 1호 墓室의 平面은 長方形으로 口大底小로 입구는 南北 35.2m, 东西 26.0m, 깊이 19m 규모이다. 封土 직경 약 150m의 '中'字形 평면구조를 가진 墓主는 汉나라 江都王 刘非(江都易王, 刘非, 기원전 169년-기원전 127년)임이 밝혀졌다. 大云山 江都王陵은 江苏省 盱眙县 马坝镇 云山村 大云

山 山顶에 위치하며, 西南쪽 青敦山과 小云山은 汉代 贵族墓地가 있는 곳으로 西汉诸侯王陵园(25만㎡)으로 보존되어있다. 이곳에는 西汉 제 1대 江都王 刘非(기원전 155년-기원전 127년 재위), 그의 두 王妃와 10명 嬪의 무덤이 모두 존재한다. 1호 江都王 刘非의 무덤은 서기 2009년 발생한 도굴사건으로 인해 서기 2009년 9월에서 서기 2011년 12월 까지 南京博物院에서 행한 구제발굴로 陵园内에서 主墓 3座, 陪葬墓 11座, 车马陪葬坑 2座, 兵器陪葬坑 2座 및 陵园建筑设施 등을 확인하였으며, 陵园外에서는 陪葬墓 1座와 东司马道, 1, 2호 묘 출토 玉棺과 옥관의 벽을 장식하던 玉片, 金缕玉衣, 玉帶아래에서 '江都食長'의 글자가 있는 封泥 등의 발견으로 주인공이 武를 숭상(尚武)하는 사람임을 잘 표시하는 矛, 戈, 劍, 弓箭, 弩器와 전촉(箭鏃) 등을 포함하여 陶器, 铜器, 玉器, 金银器(錯金银嵌寶石铜虎鎭, 錯金银铜犀牛, 錯金银铜象), 漆器, 青铜编鐘, 水晶帶鉤(허리띠) 등 각종 유물 만 여 점을 발견하였다. 여기에는 火鍋와 같은 铜鼎, 錯金银铜汲酒器, 缸燈, 鎏金鹿燈, 铜雁足燈, 铜五支登과 같은 燈具, 银璧, 铜编鐘, 银盤, 그리고 漆奩盒, 玉魚, 搓操石, 九奩盒, 十一子奩盒, 铜鏡 등과 같은 목욕(洗头, 洗操)과 化粧道具, '長毋相忘'(长乐未央, 长毋相忘, 長相思 勿相忘, '젊은이가 자신을 잊자'라는 뜻)의 4자가 새겨진 前汉시대 兵權의 상징인 虎符와 유사한 银帶鉤를 愛妃 淳于사이에 난 嬰兒의 묘(12호)도 포함된다. 이들은 모두 南京博物院에 전시되어 있다. 大云山 江都王陵의 발굴은 서기 2011년도 全国十大考古新发现의 하나가 되었다. 刘非는 汉 景帝와 程姬사이에서 태어난 셋째 아들로의 아들로 汉 7대 武帝 刘彻(유철, 기원전 157년 7월 30일-기원전 87년 3월 29일)과는 同父異母兄弟로 15세에 장군이 되어 '七国之乱'을 평정한 공로로 아버지 景帝로부터 天子旌旗를 그

리고 吳軍을 격파한 대가로 오나라의 江都(光陵)를 封地로 하사받았다. 그는 15세 때 大將軍이 될 정도로 景帝의 偏愛를 받았으며 江都王으로 28년간 재위하였지만 12세 연하인 刘彻이 황제에 오르자 '吳楚七国의 亂'이라는 모반을 꿈꾸었다. 그의 아들 刘建(?-기원전 121년 2대 江都王)은 '吳楚七国의 亂'이 실패하여 재위 6년만인 기원전 154년 35세 나이로 자살한 刘禹(기원전 155년 西汉 6대 景帝 刘啓 前元 3년임, 江蘇省 蘇州 西樵山에서 서기 1988년-서기 1995년 발굴된 諸侯国 楚나라 3대 왕)과 같이 자살하였다. 당시 상류층의 무덤의 평면 甲자형은 列侯(江西省 南昌市 新建区 大塘坪乡 觀西村 '海昏侯西汉大墓'), 中자형은 諸侯王과 일급의 신분을 가진 자, 亞자형의 무덤 평면구조는 皇帝를 의미한다. 이곳에서 발견된 江都王 刘非의 무덤(1호)에서 金縷玉衣와 내부에 金銀薄片으로 장식한 玉棺(玉匣)과 함께 2층의 구조를 가진 中자형 목관주위에 回廊인 樂器庫, 廚具庫, 兵器庫 등에서 靑銅器, 玉器, 漆器 등 만여 점의 유물이 출토되었다. 이곳 구조는 二層으로 上層에는 明器, 下層에는 實用器가 부장되었다. 특히 金縷玉衣는 西汉 中山靖王 刘勝과 그의 처 竇綰의 墓(서기 1968년 5월 23일 河北省 保定市 滿城県 県城, 景帝 前元 3년 기원전 154년에 1대 中山王이 되어 42년간 재위하고 武帝 元鼎 4년 기원전 113년에 죽었다)과 獅子山 汉墓(西汉 2대 楚王 刘郢 또는 3대 楚王 刘戊의 묘로 추정되며 江苏省 徐州市 云龙区 獅子山에 위치)에서 발견되었다. 玉匣, 玉柙玉衣는 東周(戰国)시대의 '綴玉面幕' '綴玉衣服'에서 기원하며 三国時代 魏 文帝 曹丕(조비, 서기 221년-서기 226년)가 玉衣의 사용을 금할 때 까지 약 400년간 유행하였다. 皇帝 및 일부 近臣의 玉衣用金线缕结는 '金缕玉衣', 그 아래 귀족들은 '银缕玉衣', '铜缕玉衣'를 壽衣로 사용하였다. 현재까지 발견된 옥의는 모두 20여 건이 되며, 中山靖王 刘勝 및 그의 妻인 竇绾墓에서 발견된 2건의 옥의 이외에 梁 共王 刘買墓에서 나온 金縷玉衣와 西汉 南越王 赵昧의 絲縷玉壽衣가 잘 알려져있다. 묘의 주인공이 江都王 刘非라는 것은 封泥에서 小篆體의 '江都食長'이라는 명문이 발견되었기 때문이다. 그는 36세 때 흉노족과의 전쟁에 출정할 정도의 최고의 무인답게 병기고에는 弓箭, 弩機, 銅劍, 銅戈, 銅鉾, 箭鏃(15種, 300支)이 나왔는데 특히 靑銅矛(창)의 표면에는 越王 句踐의 劍과 吳王 夫差의 矛에서와 같은 流云紋·暗花紋이 보인다. 또 맹수들을 좋아해서 궁전에 異国의 풍정을 가진 코끼리, 물소, 호랑이를 키웠으며 이들의 형태를 본뜬 鎏金銀銅象, 鎏金銅犀牛, 錯金銀象嵌寶石銅鎭, 50개의 보석이 박힌 虎鎭虎身盤臥, 金柄, 綠松石(turquoise, 土耳其石)과 瑪瑙 등의 보석이 박힌 銀箍(은고)가 있는 5대분의 호사스런 마차(戰車)와 傘柄, 裝飾馬具 등이 나왔다. 그는《汉書》에 기록된 대로 5일마다 목욕을 했는데 화장품을 담는 그릇인 角形玉石漆盒, 11子漆奩盒, 搓燥石도 나왔다. 그리고 五折坂을 가진 요리용 火鍋인 銅鼎과 술을 퍼 올리는 汲酒器, 駱駝와 鑲嵌銀璧으로 테두리를 장식한 靑銅編鐘, 도금된 鹿燈, 五枝燈, 雁足燈 등이 나왔는데 이들 유물들은 기원전 127년 42세로 죽은 江都王 刘非가 諸侯王으로 평소 생각보다 호화롭고 사치스런 생활을 享有했었음을 알려준다. 이는 史書에 기록이 거의 남아있지 않은 그에 관한 부족함을 보완해 준다. 이들은 모두 南京博物院에 전시되어있다. 현재 扬州市(江蘇省 广陵县)에 근거를 둔 江都国의 王에 대한 의 第一次 册封은 2대에 국한하며 그들의 재위기간은 다음과 같다.

- 江都 易王 刘非, 기원전 155년-기원전 127년 28년 在位
- 江都王 刘建, 기원전 127년-기원전 121년 6년 在位

④ 江苏省 徐州 龜山 汉墓(龟山汉楚王墓) 西汉 제 6대 楚襄王 刘注(?-기원전 115년)夫妻의 合葬墓로 中国 江苏省 徐州市 九里区境内의 龜山西麓에 위치하며, 서기 1981년 2월 채석 중에 발견되어 서기 1981년에서 서기 1982년 까지 南京博物院에 의해 두 번에 걸쳐 발굴되었다. 서기 1985년 묘 내부를 정리하는 중 印面阴刻小篆体 "刘注" 二字가 쓰인 墓主 刘注의 龜紐银印(边长 2.1㎝, 무게 39g, 서기 1985년 徐州 전화국원 王德成의 제보로 찾음)과 楚王襄王의 도장이 발견되었다. 묘는 两座가 并列하여 相通하는 夫妻合葬墓로 南北 2개의 甬道(羨道, 널길)가 龟山西側에 나있으며 东端에 连接하여 산을 깎아 横穴崖洞式 大型墓室을 조성하였다. 두 개의 甬道(羨道)는 길이가 56m, 폭 1m, 높이 약 1.77m로 精細하게 만들었다. 石壁은 磨研을 해 매끄럽게 다듬었으며 底部의 两側에는 암반을 파내어 排水溝를 형성하였다. 墓室은 모두 15칸으로 寢室, 厨房, 水井, 车库, 화장실(厕所) 등 하나의 통로로 모두 연결 시켰다. 墓道와 墓室의 총 면적은 700여㎡, 용적은 2,600㎡에 달한다. 이 무덤에서 王莽(王莽, 기원전 45년-서기 25년 10월 6일. 新나라의 황제) 때의 貨泉과 魏晋南北朝时期(서기 220년-서기 589년)의 청자로 보아 두 번에 걸쳐 도굴되었음을 알 수 있다. 그로 인해 출토 유물은 적다. 그러나 묘주의 지석처럼 문자가 새겨져있는 무게가 6-7톤이나 되는 널길의 폐새석(墓塞石), 龟山汉墓 官印, 方形玉麟, 鍍金銅虎, 車馬具, 五銖錢 등은 이 무덤의 역사를 아는데 무척 중요하다. 이 무덤은 서기 1993년 龟山汉墓博物馆으로 만들어 졌다. 龟山 汉墓의 입구를 막은 第百上石의 한 덩이의 墓塞石위에 四十字 "楚古尸王通于天述葬棺椁不布瓦鼎盛器令群臣以葬去服毋今玉器后世贤大夫幸视此书目此也心者悲之"가 새겨져 있는데 大意는 "身为一代楚王, 敢于向上天发誓, 墓葬中没

有放置任何的金银玉器和值钱的陪葬品, 只放置了棺木和尸体, 如果后人有幸看到这段文字, 应该对他产生同情之心, 所以没必要再动他的墓穴了"이다. 그리고 이 무덤 안에는 "此地无银三百两"이라고도 적어 놓았다.

《史记》高祖本纪에 기재된 것과 같이 西汉초에 刘邦은 彭城(江苏省 彭城郡, 徐州市)을 공이 많은 韩信(기원전 230년-기원전 196년, 淮阴/현 江苏 淮安人)에게 분봉하고 楚王으로 삼았다. 韩信은 친족이 아닌 外姓으로 刘邦은 放心할 수 없어 마지막에는 구실을 만들어 淮阴侯로 강등하고 자기의 배다른 어머니의 동생인 楚王 刘交(?-기원전 178년, 楚元王, 汉 高祖 6년 기원전 201년 정월 丙午 楚王으로 분봉)로 하여금 楚王으로 삼아 刘邦의 유일한 亲兄弟처럼 삼았다. 刘邦의 古代帝王登位때 大臣들에게 谦让之礼의 '三让', '不得已'를 지내고 '称帝' 후에도 刘交는 刘邦의 침실까지 드나들 정도가 되고 각종 계획과 비밀에 참여할 정도가 되었다. 刘交와 刘邦의 관계는 비정상 적으로 친밀하여 楚王에 봉해 刘交가 刘邦을 대할 때 十分重视하게 하였다. 刘交이하 楚王은 12代, 东汉은 1代 楚王과 5代 彭城王을 봉했다. 전후 모두 18代 '王', 여기에 王后, 夫人, 妃嫔, 列侯 천여 명 등도 포함된다. 2000년 후 서기 20세기 서기 1980년대 汹涌澎湃의 건설도중 徐州에서 이들의 묘가 발견되어 徐州博物馆의 宝贝를 이루고 乾隆의 서기 1757년 南巡时의 行宫 旧址를 博物馆인 '汉室遗珍'으로 개건하여 汉 楚王의 秘密을 유지하게 하였다. 汉朝 때의 楚王의 册封은 다음과 같다.

- 楚王 韩信, 汉 高祖 刘邦에 의해 册封되었으나 被殺됨

第一次册封
- 楚元王 刘交, 기원전 201년-기원전 178년 在位

- 楚夷王 刘郢客, 기원전 178년-기원전 174년 在位

- 楚王 刘戊, 기원전 174년-기원전 153년 在位

- 楚文王 刘礼, 기원전 153년-기원전 150년 在位

- 楚安王 刘道, 기원전 150년-기원전 128년 在位

- 楚襄王 刘注, 기원전 128년-기원전 116년 在位

- 楚节王 刘纯, 기원전 116년-기원전 100년 在位

- 楚煬王 刘延寿, 기원전 100년-기원전 68년 在位

第二次册封

- 楚孝王 刘嚣, 기원전 52년-기원전 24년 在位

- 楚怀王 刘芳, 기원전 24년-기원전 23년 在位

- 楚思王 刘衍, 기원전 23년-기원전 2년 在位

- 楚質王 刘紆, 기원전 2년-서기 8년

第三次册封(东汉)

- 楚厉王 刘英, 서기 41년-서기 70년 在位, 汉 明帝被废 图谋의 책임 으로 自杀

⑤ 그리고 西汉 中山靖王 刘勝과 그의 처 窦绾(두관)의 墓는 서기 1968년 5월 23일 河北省 保定市 满城县 县城의 西南 1.5㎞ 떨어진 陵山에서 발견되었으며 그해 中国科学院考古研究所와 河北省文物 工作队에 의해 연합발굴이 이루어졌다. 满城汉墓에 관해서는 《史记》 와 《汉书》에 기재되어 있는데 刘勝은 景帝 刘启의 14명 중 9번째 아 들(모친은 贾夫人이며 王夫人/太后 소생의 汉武帝 刘彻의 異腹兄임) 로 景帝 前元 3년(기원전 154년)에 1대 中山王이 되어 42년간 道), 甬道, 库房, 南쪽의 耳室(车马房), 北쪽의 耳室, 中室 및 后室의 6부 분으로 조성되어 있다.

墓道끝에는 南北에 각기 耳室 한 칸이 있고 中室을 넓혀 后室로 들어가게 만들었다. 南쪽 耳室은 车马房으로 안에는 마차 6대, 말 12필이, 北쪽 耳室안에는 粮食, 鱼肉类, 항아리에 가득 찬 美酒, 각양각색의 饮食用具를 저장하고 있다. 中室은 方形으로 길이 15m, 폭 12m로 넓혀 이 안에는 이미 썩어 없어진 두 개의 宴会用 木质帷帐이 있었는데 이것은 死者의 灵魂에 饮酒를 제공하고 요리를 만들던 厅堂이다. 中堂의 西端에는 后门이 하나 나있는데 门扉에는 구리镀金한 兽面의 문고리 한 쌍이 마주보고 있다. 石门을 열면 后室로 들어가는데 안에는 主室과 次室로 나누어지며 주실의 길이 약 5m, 폭 4m로 石板을 잘라 조성하였다. 4벽에는 红色을 칠하고 묘실의 北쪽 한 가운데에는 汉白玉의 棺床이 그 위에는 刘胜의 棺椁이 놓여지고 墓안에는 排水설이 되어있다. 목제로 結構한 천장은 蓋瓦로 덮었다. 배수구가 서로 연결되고 마지막에는 우물에 물이 모이게 해 무덤이 물에 잠기는 일이 없도록 하였다.

2호 묘는 刘胜의 처인 窦绾의 묘로 1호의 유승의 것과 대체로 비슷하며 동서 길이 49.7m, 남북 폭 65m, 최고 높이 7.9m, 용적 약 3,000m³이다. 窦绾의 묘 입구는 博으로 중간에는 鑄造한 철문로 봉해졌다. 刘胜과 窦绾의 묘실은 방대하며 부장품은 豪华奢侈하며 두 묘에서 金器, 银器, 铜器, 铁器, 玉器, 石器, 陶器, 漆器, 丝织品(비단제품) 등 遺物이 1万여 점이 되며 그중에는 '金缕玉衣', '长信宫灯', '错金博山炉' 등 잘 알려진 器物이 많다.

두 무덤에서 나온 부장품은 1万여 점이 되며 모두 완전하며 순서 있게 배치하였다. 그중 陶器数가 가장 많으며 铜器가 다음이다. 그리고 铁器·金银器·玉石器·漆器와 纺织品 등이다. 刘胜墓의 南쪽의 耳室과 甬道는 车马房으로 车·马가 北쪽 耳室은 仓库와 磨房으

사진 17. 西汉 中山靖王 刘勝의 玉衣(金缕玉衣): 서기 1992년 8월 23일(일) 필자 촬영

로 粮食·鱼肉 및 炊饮가 찬 각종의 陶器·맷돌 등이, 中室은 厅堂으로 大量의 铜器·陶器·铁器·金银器 등의 生活用器가, 后室은 內室로 棺槨 및 贵重物品이 있었다. 窦绾墓의 부장품은 배치가 刘勝墓와 비슷하다.

1차 발굴에서 특별히 중요한 것은 "金缕玉衣"와 镶玉漆棺이다. "玉衣"는 전부 장방형, 사다리형, 삼각형, 사각형, 多边形 등의 玉片에 각기 구멍을 뚫고 금실로 이어 만든 것이다. 玉衣는 头部·上衣·裤筒·手套와 鞋의 5부분으로 나누어지며 刘勝의 玉衣는 전장 1.88m, 玉片은 2,498片, 금실의 무게는 약 1,100g이며 窦绾의 玉衣는 전장 1.72m, 玉片은 2,160편, 금실의 무게는 약 700g이다. 刘勝의 붉은 칠(髹漆, red lacquer)을 한 棺槨은 이미 썩어 없어졌으며 窦绾의 옥으로 상감하고 칠한 관(镶玉漆棺)은 관 내벽의 玉板이 192편이 남아있고 外壁의 漆에는 玉璧으로 장식하였다. 棺뚜껑과 棺의 两侧壁에 2줄의 玉璧이 상감되어 있으며 매줄 4편, 棺의 양쪽 머리 부분에는 1편의 큰 玉璧으로 상감되어 있는데 모두 26편이 남아있다. 여기에 사용된 옥은 요녕성 鞍山市 岫岩 满族自治县에서 온 것으로 알려졌다.

금루옥의는 玉匣, 玉柙玉衣인 東周(戰国)시대의 "缀玉面幕" "缀玉衣服"에서 기원하며 三国时代 魏 文帝 曹丕(서기 221년-서기 226년)가 玉衣의 사용을 금할 때까지 약 400년간 유행하였다. 皇帝 및 일부 近臣의 玉衣用金线缕结는 '金缕玉衣' 그 아래 귀족들은 '银缕玉衣', '铜缕玉衣'를 수의로 사용하였다. 현재까지 발견된 옥의는 모두 20여 건이 되며, 中山靖王 刘勝 및 그의 妻인 竇绾墓에서 발견된 두 건의 옥의 이외에 梁 共王 刘買墓에서 나온 金縷玉衣와 西汉 南越王 趙眜의 絲縷玉壽衣가 잘 알려져 있다.

长信宫灯의 '长信宫'이란 말은 실제 汉 景帝 시 皇太后 竇氏(景帝의 母, 刘勝의 祖母)가 살던 宫殿으로 长信宫灯은 그곳에서 사용하던 등으로 竇氏가 귀여워했던 손자며느리한테 보내준 것이다. 등의 모습은 꿇어앉은 궁녀가 두 손으로 등을 받치고 있는데 宫女의 몸은 텅 비어있으며 머리와 오른쪽 어깨는 따로 분리된다. 그녀의 왼손은 灯座를 잡고 오른손은 연통을 들어 올리고 있는데 오른쪽 어깨와 등의 煙筒은 서로 통하도록 되어있다. 灯의 結构는 매우 정교하고 灯座, 灯盘과 灯罩(煙筒)은 모두 분리되며 圓形灯盘은 회전할 수 있고, 두 쪽으로 나뉜 등덮개(罩板)는 서로 접합할 수 있도록 하여 이 등이 인위적으로 灯光照射의 方向과 亮度의 强弱大小를 조절할 수 있도록 하였다. 点灯 후에는 연기를 빨아드리는 虹吸裝置로 연기가 궁녀의 팔과 어깨를 지나 몸체에 들어갈 수 있게 되어 실내공기를 청결하게 유지하였다. 灯座에는 물을 채울 수 있었고 궁녀의 체내에 들어온 연기를 용해할 수 있었다. 이 铜灯은 裝飾과 설계가 뛰어날 뿐만 아니라 공기를 정화시키는 실용적인 면도 갖고 있어 당시의 고도로 발달한 合金冶煉技術을 반영한다.

묘 내에서 출토한 부장품 중 잘 알려진 '金缕玉衣', '长信宮灯' 등 이외에 "中山内府"라는 銘文이 있는 铜器가 있는데 长信宮灯과 같이 象嵌한 博山炉와 银鸟篆文壶, 도금한 银蟠龙纹壶, 鎏金 银镶嵌乳 钉纹壶·, 兽人物博山炉, 各种灯具 등 모두 훌륭한 예술 작품이다. 그리고 刘勝이 몸에 지니던 佩剑은 수차례 反覆鍛打를 해서 만들어진 것이며 표면은 滲碳(carburization), 날은 淬火处理(急冷, quench treatment)後에 만든 것으로 中国古代炼钢术(冶金術) 중 百炼钢工艺의 早期产品에 해당한다. 鎏金银蟠龙纹铜壶는 鎏金(도금)으로 호의 바닥에는 "楚大官, 槽, 容一石口, 并重二 钧八斤十两, 第一"이라는 銘文이 있어 主司膳食의 官用来盛酒의 器物임을 알 수 있다.

刘勝은 일상생활에서 飮酒娛樂, 養生, 醫療에 신경을 많이 썼던 것 같다. 甘酒(15石), 柔酒(11石)와 稻酒(11石)가 가득 찬 16개의 술 항아리(陶酒缸, 각 항아리의 어깨에 15石이라는 양의 표시가 있음), 각종 술병(銅鏈子, 乳釘紋銅壺)과 술잔, 고기를 구워먹던 炊器/鐵燧爐를 포함한 굽거나 찜을 위한 각종 조리기구 64점, 16면에 글씨를 새긴 醉興用 주사위(金銀象嵌銅股子)와 보조도구(宮中行樂錢), 금과 은으로 만들어진 鍼灸, 수술도구를 포함하는 醫療器 등이 많이 발견되었다. 그 외에도 竹簡文을 쓰던 鐵書刀와 銅印(부인 竇綰의 인장)도 함께 출토되었다.

滿城 汉墓의 발굴은 西汉 中山国의 王族墓区로 刘勝부부묘 이외에도 陵山 主峰 南坡의 18기의 소형 陪葬墓의 발굴도 포함한다. 陵山에는 18기의 陪葬墓가 陵山의 南麓에 분포되어 있으며 모두 長方形으로 잘라 만든 巨石을 쌓아 무덤의 외형은 上圓下方으로 각 변의

길이 15m, 高 4-7m, 그 아래에는 竪穴의 洞室이 있다. 그 중에는 "食官容五斗重七斤九兩"이라는 명문이 있는 铜鼎과 기타 铜器 등이 나오고 있는데《史记》五宗世家에 의하면 刘勝은 "有子百二十餘人"이라 记载되어 있어 분봉을 받지 못한 유승의 자손과 가족의 묘로 생각된다. 이 묘들과 출토유물은 西汉时期의 政治, 经济, 军事 및 文件 科学技術에 관해 중요한 자료를 제공한다. 이들은 모두 河北博物院에 전시되어 있다.

⑥ 广陵 厲厉王 刘胥(기원전 2세기?-기원전 54년)는 汉 武帝의 第 6子로 生母는 李姬이며 元狩 6년(기원전 117년) 4월(乙巳) 汉 武帝로부터 초대 广陵王으로 봉해졌다. 昭帝(기원전 86년-기원전 74년)가 즉위하고 아들이 없어 刘胥가 황제를 바라 무당 李女須로 하여금 소제를 저주하였으나 결국 무제의 증손자이며 戾太子 刘據의 손자인 宣帝(기원전 73년-기원전 49년)가 황위를 이어받았다. 선제가 그의 아들 南利侯 刘寶를 太子로 삼으면서 저주를 끝냈다. 그러나 그의 아들이 살인죄를 지어 돌아오면서 다시 저주를 계속하다가 발각이 되어 선제 五鳳 4년(기원전 54년) 자살로 생애를 마쳤다. 선제는 유서의 아들들을 서인으로 만들고 유서에게 '厲'라는 시호를 내렸다. 광릉은 유서의 재위 64년 만에 망했으며 7년 후 广陵孝王 刘霸를 봉함으로 부활하였다. 유서의 무덤은 서기 1970년 말 江蘇省 揚州 高郵市 天山鎮의 神居山上 현 揚州汉 广陵王墓 陵园式博物館(서기 1992년 개관)이 있는 古城遺址의 南緣에서 채석 중 발견되었다. 해당한다. 이 무덤은 당시 天子에게만 허용되는 규모가 광대하고 일반인에게는 사용이 금지된 金絲楠木(柏木) 856개의 목재로 柏木黃心의 외피는 밖으로 棺위에 3층 높이로 포개져 있으며(黃腸) 내피는 안

쪽으로 향해(題湊) 짜 맞춘 결구수법이 근엄하게 보이는 地下宮殿인 '黃腸題湊'를 이용한 木槨墓 구조를 갖고 있다. 이는 中国古代一種의 特殊한 葬製로 汉广陵王墓 1와 2號는 汉 武帝刘彻의 第六子인 广陵王刘胥 및 王後의 寢陵임이 밝혀졌다. 黃腸題湊는 中国 春秋에서 汉朝에 걸쳐 사용되던 墓葬制로 玉衣, 梓宮, 便房, 外藏槨이 帝王의 規格대로 조성되어 있으며 여기에 묻힐 수 있는 주인공은 皇帝 및 妻妾, 寵臣, 諸侯国 国王과 王后들 뿐이나 예외적으로《汉書》霍光傳에 汉 宣帝가 霍光에게 黃腸題湊의 무덤에 入葬하도록 허가하는 기록이 나온다. 東汉에서는 黃腸石逐가 黃腸木을 대신하며 黃腸題湊는 소멸된다. 黃腸題湊에서 黃腸은 黃心의 柏木을, 題는 題头 즉 木材가 接近하는 뿌리의 一端, 湊는 向內聚合상태를 가리킨다. 黃腸題湊는 黃心柏木를 사용하여 棺槨外에 첩첩이 쌓아 올리는 것으로 題头는 전부 안쪽을 향한다. 목곽의 남북 장 16.65m, 동서 폭 14.28m, 총면적 237㎡이다. 현재 一號 汉广陵王인 지하궁전만 전시되어있으며 그 안에는 內槨을 비롯하여 梓宮, 방, 식당, 목욕탕, 창고, 便房 등이 갖추어져 있다. 棺室內에는 彩色套棺이 있으며 서기 1970년 조사 시 주인공의 시신이 도굴로 인해 관 밖으로 나와 있었다. 관내에서 나온 파편으로 복원된 金縷玉衣, 축소된 마차, 人俑, 陶器, 목욕도구, 칠기 등이 발견되어 박물관에 함께 전시되고 있다. 서기 2005년에는 汉广陵王 2號墓도 개방되었다.

⑦ 그리고 서기 2015년 11월 24일(화) 江西文物硏究所 江西南昌西汉海昏侯墓 발굴단을 통해 밝혀진 江西省 南昌市 新建区 大塘坪乡 觀西村 東南 약 1,000m떨어진 墩墩山에 매장된 '海昏侯西汉大墓'의 주인공은 西汉 昭帝와 宣帝사이 19살에 황제에 올라 재위 27

일 만에 폐위된 刘賀(기원전 92년 7월 25일-기원전 59년, 33세) 昌邑王 海昏侯(食邑 4,000호)로서 기원전 63년 元康 3년 汉 宣帝가 刘賀를 海昏侯로 봉했다. 刘贺는 汉 武帝 刘彻의 손자로 그의 아버지 刘髆(bó)는 刘彻과 孝武 李皇后(기록에는 李延年의 동생인 李夫人으로, 汉 武帝 一生 中 가장 사랑하던 여인)의 아들로 汉 武帝의 第五子이며 貳师将军 李广利의 外甥으로 기원전 97년 刘髆는 "昌邑王"으로 수봉하고 昌邑(今 山东省 巨野县大谢集镇 紫金城 王府)에 도읍을 정하였다. 그리고 10년 후 刘髆가 죽은 후 그의 독자인 5세의 유하가 뒤를 이어 제2의 昌邑王이 되었다. 그리고 昭帝 元平 元年(기원전 74년) 昭帝가 붕어했으나 후사가 없어 大司馬大將軍 霍光이 昌邑王을 불러 喪禮를 치르게 했다. 그러나 《汉書》 86권에 海昏侯는 폐위될 때 '鼓吹歌舞, 弄彘鬪虎 甚沔于酒 赦戲 淫亂'으로 기록될 정도로 소제를 계승하여 27일간 1,127건 하루 평균 40건의 황음무도한 일과 令을 내려 霍去病의 동생이며 당시의 실권자인 霍光은 官太后(霍光의 外孫女)에게 요청하여 刘賀를 폐위시켰다. 그래서 年號, 本紀, 廟가 없는 유일한 황제였다. 그는 昭帝와 宣帝사이의 27일간 재위했으며 그에 관해서는 史劇 '云中歌'에 나온다. 이는 당시 황제에 버금가는 권력을 쥐고 있던 실권자인 霍光에게 刘賀가 정치적 걸림돌이였기 때문으로 해석된다. 기록에 나오는 대로 유하는 황제의 자리에 부적합한 인물이 아니라 오히려 그의 무덤 書房에서 출토한 공자와 顔回를 존경한 표시인 孔子屛風, 《論語》, 《禮記》, 《醫書》를 포함하는 다량의 竹簡文, 編鐘과 編磬 등으로 보아 상당한 학식을 지녔던 것으로 보인다. 그리고 그는 龔遂, 王吉, 王武의 세 선생으로부터 '用之則行 舍之則藏'(《論語》 述而)와 '考仁聖之風 習治国之図'(《魏書》 列傳) 등을 배웠다. 그리고 王吉선생께 보답으로 소고기 500斤, 술 5石, 脯 5束

을 보내기도 하였다. 그리고 그의 분봉지인 산동성 昌邑과 강서성 포양호(鄱阳湖, Póyáng Hú)에 살면서 곽광의 끈임 없는 견제와 감시를 받았으며 이로 인해 병이 들어 죽기 전 冬蟲夏草를 장기 복용했던 모양이다. 기원전 63년 刘賀의 아들 刘充国과 刘奉親 모두 海昏侯의 작위를 받기 전에 죽어 海昏侯国은 없어졌으나 汉 元帝 初元 3년(기원전 46년) 다시 刘賀의 다른 어린 아들 刘代宗을 海昏侯로 삼아 海昏侯国은 다시 부활하여 이 가문은 4대 168년을 지속하였다.

南昌 西汉 海昏侯墓의 封土의 높이는 약 7m, 呈覆斗形으로 平面은 方形. 墓室의 平面은 두향은 북향인 남북 장축의 '甲'字形이며 깊이는 약 7m이다. 墓葬槨室은 主槨室을 둘러싸고 있어 迴廊形藏閣을 형성한다. 主槨室과 藏閣은 隔開(隔板分隔)되어있다. 당시 상류층의 무덤에서 甲자형은 列侯, 中자형은 王과 일급의 신분을 가진자, 亞자형의 무덤 평면구조는 皇帝를 의미한다. 墓葬槨室은 가운데의 主槨室과 書房을 중심으로 하여 主槨室과 藏閣의 사이에는 甬道(paved path leading to the main hall)인 甬道(복도)와 回廊이 만들어지고 회랑에 廚具庫, 文書檔案庫, 錢庫(五銖錢 200만매), 樂庫, 武庫, 糧庫, 依笥庫, 娛樂容器庫, 車馬庫, 車馬坑(차량 5대, 마필 20, 차마구 3,000건), 樂車庫를 포함하여 묘 주인이 死後 먹고, 마시고, 놀고. 악기를 연주하는 器物들을 보관한 五花八門의 방 10개 墓室(十室九空)을 형성하는데 總面積은 약 400㎡이다. 무덤 周围에는 주인공 해혼후의 가신의 무덤 m3, m4, m5 등이 陪葬 되어 있다.

海昏侯墓의 主槨室 西室로부터 木盒子 한 상자분의 馬蹄金(horseshoe-shaped gold cake, 48塊/덩이, 40-260g으로 上·中·下의 세 가지 문자가 새겨진 황실생산품)과 두 상자분의 金餠(한 상자에는 99매, 다른 상자에는 88매가 들어있음), 麟趾金(unicorn-

hoof-shaped gold cakes, 25매)과 金板 20개를 포함하는 모두 378
건의 황금들이 발견되었다. 이들은 한 무제가 元朔 5년(기원전 124
년) 衛靑에게 20만근의 황금을 하사한 기록으로 보아 선물로 받은 것
으로 보인다. 中国 汉代의 墓에서 보존상태가 양호한 금제품(순도
95%이상)이 다량으로 나온 것은 이번이 처음이다. 유물은 編鐘, 火
鍋(神仙爐)와 蒸榴器(釀造器)를 포함하는 鼎, 缶(earthen jar with
big belly and small mouth, 장군 부), 壺, 卣, 杯, 豆의 五花八門用
의 靑銅器, 鐵器, 玉器, 漆木器('昌邑九年' 기원전 77년 銘이 있는 칠
기 포함, 昌邑王 刘贺는 기원전 86년-기원전 74년 재위), 陶瓷器, 竹
編, 草編, 紡織品과 簡牘, 木牘(遣策과 奏章副本), 围棋盤(바둑판)
등 각종의 珍貴한 文物이 6,000여 건이 발견되었는데 그 중 漆木器
는 약 2,300여 건, 竹簡, 木牘은 약 3,000여 매, 金銀器, 靑銅鍋와 鐵
器 등을 포함하는 金屬文物은 약 500여 건, 寶石, 瑪瑙, 綠松石을 포
함한 玉器는 약 30여 건, 漆皮陶를 포함한 陶瓷器는 약 100여 건, 紡
織品은 5건이다. 특히 蒸榴器는 '江西李渡元代燒酒作坊' 유적에서 출
토한 양조기보다 천년이 앞선다. 중요한 유물로는 玉橫, 透彫虎龙玉
佩(鰈形佩) 3점, 神獸玉佩, 耳杯, 龙盤, 眼漁燈, 連枝燈, 博山爐이며,
그 외에도 編鐘 2벌을 포함하는 樂器, 編磬 1벌, 琴, 瑟, 排簫과 200
여 점에 달하는 伎樂木俑 등이 발견되었다. 또 北藏閣의 錢庫에서
10여 톤의 五銖錢(한 무제 元狩 5년 기원전 118년부터 주조)을 포함
하는 모두 200萬 枚(10톤, 1,000매가 1串(관)으로 長官의 50년분 年
薪/年俸/Annual salary)의 동전이 나왔는데, 唐·宋이래 1,000점 이
상의 銅錢이 묻힌 것은 西汉에서부터 시작한 것으로 보인다. 이는 당
시의 습속인 賻儀金의 '賻贈制度'에 기인한 것으로 보인다. 南藏閣의
東西兩側의 車庫 안에서 다수의 偶車(원래 모양의 약 ⅓에 해당하는

冥器)가 나왔는데 그중에는 珍貴한 三馬雙轅彩車, 模型樂車, 樂車 위에 靑銅錞於(일종의 古代打擊樂器)와 建鼓, 4점의 靑銅鏡 등이 있어 이는 문헌에서 보이는 先秦樂車 위의 錞於, 靑銅鏡, 建鼓搭의 배합을 잘 보여 준다. 西藏閣 내의 정리에서 수 천점의 竹簡, 木牘 및 文字가 있는 漆笥, 二子奩, 成套漆耳杯 貼金漆盒, 漆盤 등 大量漆器 300여 점이 나왔는데 여기에는 "昌邑九年", "昌邑十一年"의 문자, 汉의 隸書에 속하는 木牘文字(墓葬主人身份指明), 또 한 점의 靑銅豆 上에는 "南昌" 二字가 새겨져 있었다. 西室에서 一组의 漆器屛风이 발견되었는데 屛风表面에는 孔子 생전에 사용되던 묵서명의 隸書와 孔子畵像이었다. 그리고 車馬庫와 車馬坑에서 20마리의 말과 5대의 駕車가 나왔으며 여기에 蓋弓帽, 轅首飾, 衡飾, 秦始皇帝陵 출토 靑铜马车의 靑铜之冠과 같은 杠箍(강고) 등 3,000여 점의 부속도구가 나왔으며 그 중 張騫의 西域 開通 이후 서역풍으로 만들어진 大角羊(Arnoglossus japonicus)의 문양이 있는 銀質堂戶 馬鼻子 裝飾品도 매우 중요하다.

이 발굴은 河北省 保定市 满城县 西汉 中山靖王 刘勝(기원전 113년)과 그의 처 竇綰의 墓, 湖南省 長沙市 東郊 馬王堆路 馬王堆의 軑侯인 利蒼(2호. 呂后 2년 기원전 186년에 죽음), 이창의 부인 辛追의 무덤(1호, 2대 대후인 利豨의 在位 年间인 기원전 160년경에 50세 전후로 죽음)과 그들의 아들 무덤(3호, 30세 가량의 利蒼과 辛追의 아들로 文帝 12년 기원전 168년에 죽음)의 발견에 比肩된다. 江西省 文物考古硏究所 所長 徐長青과 江西 南昌 西汉海昏侯墓 발굴단장 楊軍의 발표에 따르면 지난 5년 동안의 發掘面積은 약 1萬㎡에 달하며 1座의 車馬坑(車5輛, 馬匹 20), 3座의 祔葬墓, 2座의 园門, 門闕 및 각종 墓园의 陪葬, 建築基址, 墓园의 排水 및 道路系統 등을 발굴하

였다고 하며 서기 2015년 초에 발굴을 완료하였다.

⑧ 湖北省 荊州市(현 江陵県) 서북향 약 5㎞ 떨어진 鳳凰山 '遂墓'에서 前汉(西汉)시대의 男子 미라(乾尸, 干尸, mira, mumiya)가 발굴되었다. 이곳은 기원전 278년 秦나라 장군 白起가 楚国의 都城인 紀南城을 함락한 後 폐허가 되다 시피한 곳인데 考古學 조사 결과 이미 秦과 西汉時期의 묘가 180기가 발견되었으며 미라가 발견된 168號 西汉墓도 그중 하나였다. 서기 1975년 168호 고분은 湖北省博物館과 荊州博物館이 발굴을 진행한 결과 무덤은 竪穴土坑墓로 一槨二棺으로 槨은 三部分으로 나누어진다. 棺室과 옆의 兩側室사이에는 구멍을 뚫어 서로 통하게 되어 있었다. 墓內에서는 保存상태가 완전한 一具의 미라와 함께 '竹牘告地書', 붓, 먹, 漆器로 만든 天平衡桿, 銅器, 陶器, 竹器, 絲麻織物, 木俑 등 500여 점이 출토하였다. 주인공의 사후 목구멍에 넣어둔 印章과 竹牘의 記載에 근거하여 이 미라의 이름이 '遂', 江陵 西鄉市 陽裏人으로, 生前 爵位가 '五大夫'(西汉 二十等爵 중 第九級)이며, 約 60세에 사망하고 이 묘가 만들어진 시기는 西汉 文帝 13년(기원전 167년)임으로 밝혀졌다. 그리고 그의 키는 1.66m, 체중 52.5㎏, 皮膚와 근육 등 軟組織은 아직도 彈性을 유지하고 있으며, 四肢大小关節 역시 잘 움직였다. 32개의 치아가 모두 제자리에 단단히 박혀 있다. 또 콧구멍도 잘 뚫려 있고, 왼쪽 귀 고막도 남아있고, 腦殼도 완전하고, 腦膜血管도 뚜렷하며, 內臟器官, 骨骼, 皮下膠原纖維도 保存이 良好하다. 新鮮한 組織, 體內의 蛋白質, 脂肪, 糖類 등도 모두가 완전하게 보존되어 있다. 鳳凰山 168호 汉墓출토 미라는 깊게 매장되고 密封과 棺液이 防腐作用이 낳은 결과로 보여 진다. 그리고 당시의 醫藥과 防腐技術도 꽤 높았던

것으로 짐작된다. 이 미라는 서기 1972년-서기 1974년에 발굴 조사된 湖南省 長沙市 馬王堆 1호 西汉墓 출토의 미라(長沙国 초대 軑侯인 利倉의 부인인 辛追로 기원전 160년 50세로 사망)와 비교된다(서기 2009년 5월 25일자, 华夏經緯網).

⑨ 서기 1981년 5월 陝西省 咸阳 豆馬村 興平 茂陵[陝西省 咸阳兴平市에 위치한 汉 7대 武帝 刘彻의 陵墓로서 建元 2년(기원전 139년)-后元 2년(기원전 87년) 53년간에 걸쳐 조성하였으며 陪葬墓로서는 李夫人, 卫青, 霍去病, 霍光, 金日磾(김일제) 등이 있다]東側에서 다른 여러 가지 200여 점의 유물들과 함께 발견되어 陝西省歷史博物館의 鎭館之寶로 전시되어 있는 鎏金銀竹節銅薰爐은 높이 58㎝, 口徑 9㎝, 底徑 13.3㎝로 青銅質 위에 通體로 鍍金을, 국부적인 곳에는 鎏/鍍銀을 하였다. 熏爐는 博山形형으로 爐體, 爐 柄分을 주조하여 합성하였는데 5節 32磻龙이 있는 鑲金銀竹節 위에 博山爐가 놓여졌다. 그리고 爐蓋座의 外側과 底圈足 外側에 "內子未央尙臥… 建元 4년(기원전 137년)鑄造…."라는 32자의 銘刻이 있어 이 훈로는 汉 7대 武帝 刘彻(기원전 157년 7월 30일-기원전 87년 3월 29일)의 未央宮에서 사용되던 것으로 확인된다. 그런데 景帝 刘启와 王夫人(孝景皇后)사이에서 태어난 누이 陽信公主(封号, 이름과 生卒이 알려져 있지 않음, 平阳公主)가 平阳夷侯曹時(曹参의 曾孙 平阳侯 曹時 또는 曹寿로 景帝 4년 기원전 154년 그는 평양후의 작위를 승계하여 양신공주가 평양공주로 불리움)→ 汝阴侯夏侯颇(元光 4년 기원전 131년 曹時가 逝世하고 元鼎 2년 기원전 115년 하후피에 재가를 함)를 거쳐 마지막으로→ 長平烈侯卫青(위청, 大将軍 卫青과 元朔 5년 기원전 124년)에게 세 번째 시집을 갈 때 한 무제가 누이에게 禮物로 준 것

이 바로 鑲金銀竹節銅薰爐이다. 그리고 平阳公主는 평양공주 시절 侍女인 卫子夫(孝武思皇后, 기원전 2세기-기원전 91년)가 그녀의 남동생인 한 무제에게 시집을 가 위자부와는 올케인 동시에 시누이가 된다. 기원전 106년 위자부의 오빠이며 평양공주의 남편인 卫青(?-기원전 106년, 字仲卿, 河东郡平阳县/今 山西省 临汾市西南人)이 서거하자 公主와 合葬을 했는데 西汉의 合葬는 不同墓로 고증에 의하면 平阳公主의 墓冢은 卫青의 庐山冢 东侧 1,300m 떨어져 있으며 '羊头冢'으로 불리고 있다.

⑩ 楚의 霸王 項羽(또는 項籍: 기원전 232년-기원전 202년)에 의해 도굴 당했으며 그 속에서 가져온 보물의 일부는 애첩 虞美人에게로 흘러들어 간 것으로 여겨지는 陝西省 臨潼県 驪山의 秦始皇陵 兵馬坑을 제외하고 그 다음의 西汉에서도 병마용갱은 계속 만들어져 현재 景帝 阳陵의 병마갱을 포함해 5곳이 확인되고 있다. 陝西省 咸阳市 楊家湾에서 발견된 4·5호묘의 周勃과 周亞夫 父子墓는 기원전 195년 죽은 汉 高祖무덤인 長陵의 陪葬墓로 추정된다. 이는 서기 1970-서기 1976년 발굴되고 여기에서는 騎兵을 묘사한 陶俑의 경우 唐나라의 黑釉三彩馬 등에서 보이는 鞍裝과 鐙子가 없으며 兵馬와 騎兵 모두 2,500점이 출토하였으며 中国国家博物館에 일부가 전시되어있다. 汉 阳陵은 西汉 景帝 刘启(기원전 188년-기원전 141년 3월 9일, 第六位皇帝, 기원전 157년 7월 14일-기원전 141년 3월 9일 在位 16년, 窦太后의 장남)의 무덤으로 여기에서 실물의 ⅓크기의 身披鎧甲이었으나 세월이 지나면서 썩어 없어진 裸體의 陶俑軍人, 武器, 戰車, 대량의 攻城器具와 함께 출토하였다. 景帝의 셋째 아들인 江都王 刘非(江都易王, 刘非, 기원전 169년-기원전 127년)는 吳

軍을 격파한 대가로 오나라의 江都(光陵)를 封地로 하사받았다. 그는 15세 때 大將軍이 될 정도로 景帝의 偏愛를 받았으며 江都王으로 28년간 재위하였지만 12세 연하인 刘彻이 황제(汉 武帝)에 오르자 吴王 刘濞, 楚王 刘戊, 越王 刘遂 등과 연합해 기원전 154년(汉 景帝 3년)에 일어난 '吴楚七国의 亂'이라는 모반을 꿈꾸었다가 모반이 실패로 돌아가자 자살하였다. 또 江蘇省 蘇州 佛山市 西樵山에서 서기 1988년-서기 1995년 발굴된 諸侯国 楚나라 3대 왕인 刘禹는 기원전 155년(西汉 6대 景帝 刘啓 前元 3년임)에 일어난 吴楚七国의 亂이 실패하여 기원전 154년 35세 나이로 자살했는데 그의 무덤에서 나온 兵馬俑이 잘 알려져 있다. 江蘇省 徐州市 云龙区 狮子山 主峰 南坡에서 서기 1984년에 발견되어 서기 1994년 12월-서기 1995년 3월까지 南京博物院, 徐州博物馆, 徐州汉兵马俑博物馆에서 발굴·조사한 바로는 墓主人은 西汉 第三代 楚王 刘戊(?-기원전 154년)일 가능성이 높으며 최근에는 第二代 楚王 刘郢(?-기원전 174년)의 것으로도 추정한다. 狮子山 汉兵马俑은 四个俑坑内에 분포하는데, 1, 2, 3号坑은 东西向으로 平行을 이루어 排列되었고 4号坑은 1, 2, 3号坑의 东端에 위치한다. 南北向의 四个俑坑에서 모두 陶质, 彩绘의 土兵马俑 2,300余件이 출토하였다. 채색은 대다수 탈락하였지만 陶俑의 종류가 많아 官员俑, 卫士俑, 发辫俑, 甲士俑 등 10여 종이 된다. 狮子山 汉楚王墓는 '1995年度中国十大考古发现之一, 또 1996年第四批全国重点文物保护单位'로 지정되었다. 山東省 济南市 章丘区 聖井鎮 危山의 기원전 164년 汉 文帝(第五位皇帝, 기원전 180년 11월 14일-기원전 157년 7월 6일 在位)16년 기원전 164년 章丘, 济陽, 鄒平市를 관할하는 济南国을 설치하고 그의 조카 刘辟光(?-기원전 154년)을 济南王으로 봉했다. 그의 사후 景帝 3년(기원전 154년) 危山의 정상에 그의 무덤을 쓰도록 허락받았다. 그래서 서기 2001년 2년 11월 23일 발굴·조사된 병마갱은 济南王 刘辟光의 것으로 추정된다. 이 병마갱은 4곳에서 발견되었으며 前列의 騎兵(매열 5인의 도합 30명, 한 무제 이후 중원에 많이 들어오는 胡人俑이 특징), 中列의 車隊, 后列의 步兵의 순으로 구성되어 있다. 정상 근처에서 刘辟光의 家臣(近臣)의 묘와 병마용을 굽던 窯址가 발견되었는데 이 안에서 도금한 弩, 靑銅箭头, 陶制半兩錢鎔范, 俑, 陶車 등이 발견되어 그 연대가 西汉中期로 밝혀졌다. 이들은 모두 章丘市博物館에 전시되어 있다.

⑪ 山东省 济南市 长清区 归德镇 双乳山村 長清县城 15㎞에서 文帝 2년(기원전 178년)에 설립된 齐北王의 마지막 諸侯인 刘寬(기원전 121년-기원전 87년, 享年 34세)의 묘가 발견되어 山東大學考古系·歷史文化學院 任相宏 敎授에 의해 조사되었으며 이곳에서 출토한 유물들은 현재 山東省博物館에 전시되어 있다. 이 무덤은 天汉 4년(기원전 97년)에 만들어지기 시작하여 双乳山 汉墓, 福禄山 汉墓 및 东辛 汉墓를 포함한다. 그중 双乳山 汉墓의 墓主는 济北国의 최후의 왕인 刘寬이다. 이 墓葬은 서기 1970년대 村民이 采石하다가 나온 것으로 서기 1995년 6월 유물의 발견으로 급히 구제발굴을 하였으며 '1996年度 中国十大考古新发现'의 하나로 지정되었다. 서기 1949년 이래 山東省에서 행한 考古发掘 중 도굴되지 않은 유일한 汉代王墓로 济北王墓는 郡国史와 汉代陵寝制度의 연구에 있어 학술적 가치가 매우 높다. 유관은 기원전 97년에 即位하여 在位 11년인 기원전 87년 父亲 式王 刘胡의 王后 光과 첩 孝兒를 간통한 죄와 함께 汉 武帝를 저주하였다는 诅咒祭祖를 시행했다하여 주살당해야 한다는 청이 들어와 汉 昭帝 2년 그를 도성으로 압송해 죄를 물으려고 하

니 刘宽은 이를 전해 듣고 자살하였다[《汉書》에는 一段의 文字가 記載되어 있는데 大意는 "歷史上有一位王, 在他即位後的第12年, 與自己父親的王后和愛妃亂倫, 並且在祭祀時詛咒皇帝, 皇帝派人抓他進京, 王拔劍自刎而死"이며, 또 《汉書》에 "刘宽曾經對汉武帝實施當時最流行的'偶像傷害術', 他用桐木削成汉武帝的形象, 並且在木头人的心臟, 头顱等要害部位插上鐵針, 然後把它埋入地下, 並且每天用惡語詛咒, 希望汉武帝早日歸天"이라고 기재되어 있다] 그 후 济北国은 泰山郡 北安县에 예속되었다. 济北王墓와 王后墓는 산에 의지해 工開鑿으로 石壁을 형성한 陵으로 东西 兩座의 山头와 병행하기 때문에 "双乳山汉墓"라는 이름을 얻게 되었다. 兩座墓의 기본평면구조는 같으며 主体墓室은 山顶上을 开凿한 竖穴岩坑으로 一条의 斜坡墓道(羨道)가 나있어 "甲"字形을 보여준다. 前汉 상류층의 古墳(무덤)의 평면에서 보면 '亞'자형의 무덤 평면구조는 皇帝→ '中'자형은 王과 일급의 신분→ '甲'자형은 列侯의 무덤 평면이다. 羨道를 포함하는 墓室의 길이는 20m, 폭 23m, 벽의 높이/깊이는 7층에 해당한다. 높이나 王后墓의 규모는 매우 소략하다. 济北王墓는 座南朝北으로 墓室은 墓道의 높이와 같이 단층에 형성되어 있다. 外浅内深, 外大内小의 형태로 底部에는 北高南低의 경사(斜坡)가 없다. 济北王墓의 건설은 11년이 경과되었으나 墓道, 排水, 墓门 등의 최종공정이 마무리 되지 못했다. 墓门도 역시 돌을 쌓아 임시로 마무리 하였다. 이는 刘宽의 자살로 인해 墓室은 西汉王室의 '帝王陵寢인 槨室의 四周에 柏木(Cupressus funebris Endl. 柏木은 乔木에 속함)을 쌓아 올린 黄肠題凑의 형식'도 제대로 갖추지 못했다. 陪葬品도 金縷玉衣를 사용하지 않고 단지 玉覆面만 갖춘 少玉衣이고 印章도 없고 玉器의 사용도 자살할 때 사용했을 것으로 추정되는 두 점의 부서진 玉劍璏(옥 칼코)이외에 매우 극소수이다. 济北王墓 出土의 随葬品은 2,000여 점으로 铜器, 玉器, 铁器, 漆器, 陶器, 钱币, 7匹馬분의 车马器具 및 家畜家禽 등을 포괄 한다. 그 중 玉覆面과 玉枕은 매우 정교하고 玉覆面의 额, 颐, 腮, 颊, 颔, 耳 등의 부분이 따로 만들어져 끈으로 합성되게 되어 있다. 玉枕은 9件의 玉片, 3件의 玉板, 2件의 玉虎头饰 및 竹板分의 三层으로 组合이 되는 매우 정교한 공예품이다. 근처 魚塘에서는 이 무덤의 준비를 위한 瓦當과 筒瓦를 굽기 위한 窯址와 다량의 건축 자재가 발견되었다.

⑫ 济南市 章丘 洛庄汉墓는 山东省 章丘市 枣园街道办 洛庄村 西쪽 약 1㎞ 떨어진 곳에 있으며 汉墓는 서기 1999년 6월 村民이 근처 土丘에서 铜器를 발견하여 章丘市博物馆에서 그곳을 정리하고 서기 1999년 7월 山东省文物局의 비준을 얻어 济南市考古研究所가 정식으로 발굴을 개시하여 国家文物局의 비준을 거쳐 서기 2000년 3월 山东大学考古系와 济南市考古研究所의 합동발굴이 시작되었다. 이곳에서 지금까지 모두 33개의 陪葬坑을 발굴하여 각종 진귀한 유물 3,000점이 발견되었는데 그중 특별한 것은 19점의 编钟, 107점의 编磬과 秦始皇陵 兵马坑에서 발견된 铜车와 유사한 古拙의 三辆 大型马车, 馬面과 마차부속구의 발견이다. 그래서 洛庄汉墓의 考古发现은 '2000年度十大考古发现之一'로 선정되었다. 이 무덤의 주인은 汉 高祖 刘邦(기원전 202년－기원전 195년 在位)의 두 번째 皇后 吕雉(기원전 241년－기원전 180년 8월 18일, 長陵, 高祖死后 기원전 195년－기원전 180년 太皇太后로 존봉)의 조카인 吕台(?－기원전 187년)로 汉朝 诸侯王 西汉 第一代 吕王이며 할아버지 吕公은 吕后의 父亲이다. 그의 아버지 吕泽은 吕后의 큰오빠(长兄)이며 周吕侯

로 봉작을 받았다. 동생 吕产은 기원전 187년 姑母 吕后에 의해 呂台의 다음 吕王으로 봉작을 받았는데 이는 汉 高帝의 刘氏이외에는 王이되어서 않된다는 原則에 위배되었다. 呂台는 기원전 187년에 죽어 謚号는 肅이며 그의 자식 吕嘉는 아버지의 嗣位를 물려받았다. 무덤의 구조는 황족서열의 두 번째의 평면구조인 '亞'字형 다음의 '中'字형임이 밝혀졌다. 洛庄汉墓 乐器坑(길이 3m, 폭 20m) 안의 유물은 모두 보존생태가 좋은 140건으로 石磬(석경)만 6벌로 모두 107점인데 中国 汉代考古发掘의 石磬 전체를 합친 것보다 많다. 그리고 매 石磬위에 编号가 있는데 石磬排列과 걸려있는 순서를 알려주는 자료가 된다. 출토유물 중 가장 신기한 것은 보존이 완전한 19개의 编钟인데 아직도 2,000년 전 매장당시와 같이 광택이 여전하며 지금도 아름다운 소리를 낼 수 있다. 편종은 외부 표면에 花纹이 매우 精細하게 조각되어 있다. 그 외에도 汉代宫廷乐队를 보여주는 여러 종류의 打乐器와 弹乐器도 발견된다. 洛庄汉墓的全面调查, 主墓室의 평면구조와 形制, 环绕(encircling)墓室의 发现에 병행해 并陪葬坑과 祭祀坑 32곳의 발굴조사, 陪葬坑 중 발견된 수 천 건의 유물의 정리, 发掘出数以千计的文物, 墓道 东端에서 발견된 墓葬建造 혹은 埋葬过程遗迹 조사에 집중해 '洛庄汉墓'이란 결론에 이르게 되었다. 济南 章丘 洛庄汉墓遗址公园의 중요 项目建设의 内容은 文物展示区, 编钟, 编磬演奏区, 餐饮购物娱乐区를 포함하며 관광객을 위한 综合历史文化展示센터가 된다.

洛庄汉墓는 西汉 诸侯王墓 중 이른 시기의 것으로 秦亡汉兴 이후 汉은 秦制를 계승하고 계속 郡县制를 시행하였다. 《汉书》诸侯王表와 《汉书》诸侯王表에 나오는 "宫室百官同制京师"에 의하면 汉初에 실제 郡, 国이 병행하며 诸侯王国 중 큰 것은 "夸州兼郡으로 수십

개의 城으로 이루어져 있음을 알 수 있다. 서기 20세기 서기 1950년
대 말 河北省 定县 北庄에서 여러 차례의 발굴 이래 현재까지 诸侯王
과 王后墓가 43기가 발굴되었고 그 중에는 연대가 비교적 올라가는
河北省 石家庄 小沿村의 赵景王 张耳墓(汉 高祖 5년, 기원전 202년),
山东省 临淄 大武의 齐王墓 陪葬坑(汉 文帝 元年, 기원전 179년)이
있는데 洛庄汉墓出土 遗物은 西汉 初年의 특징을 지니고 있다. 陪葬
坑 出土의 "吕大官印"과 "吕内史印" 등의 封泥와 文献记载에 의해 墓
主人은 기원전 186년에 죽은 吕国 第一代王 吕台임이 밝혀졌다. 이
는 赵景王 张耳墓를 제외하면 汉初 诸侯王墓 중 유일한 吕姓의 诸
侯王墓이다. 墓葬과 陪葬坑의 발굴결과로 西汉时期 诸侯王墓의 묘
제는 三种类型으로 분류된다. 第一种은 산을 굴착해 만든 '崖洞墓'로
河北成 满城 中山王墓, 江苏省 徐州 狮子山 楚王陵이 대표적이며,
第二种은 산사면 혹은 평지에 깊이 판 '竖穴墓坑'으로 坑内에 木椁이
안치된 竖穴土石坑木椁墓로 北京 大葆台 广阳王의 "黄肠题凑" 木椁
墓, 山东省 长清 双乳山 木椁墓 등이 있다. 第三种은 산비탈을 파서
'竖穴石室墓'를 만들었는데 广州 南越王墓 등이 이에 속한다. 洛庄汉
墓의 평면구조를 보면 方形竖穴에 해당하며 깊이 15m 이상으로 东
西 两侧에 墓道(羡道)가 있으며 平面은 "中"字形으로 东西 전체 길이
170m이다. 墓위에는 夯土筑으로 封土를 하였다. 이 묘제는 第二种
으로 '竖穴土坑木椁墓'에 속한다. 단지 주의해야 할 것은 环绕墓室四
周에서 발견된 13기의 大型陪葬坑이며 陪葬坑 平面은 '凸'字形을 보
여준다. 陪葬坑안에는 马匹, 车马, 兵器, 仓储(warehouse, storage)
类器具, 乐器 등으로 분류되어 저장된다. 洛庄汉墓 陪葬坑의 발굴은
竖穴木椁墓와 环绕墓室은 陪葬坑을 '外藏椁'으로 구성한 埋葬制度로
秦代에서 나타나고 西汉时期에는 帝王陵墓에서 채용된 형식이다.

洛庄汉墓에서 발견된 중요 유적은 洛庄汉墓室 周围에서 발견된 19기의 祭祀坑으로 汉代墓에서 여러 차례 발견되었다. 祭祀坑 平面은 "凸"字形 혹은 长方形으로 陪葬坑으로서의 규모는 매우적다. 여기에는 水牛, 马匹, 各种 小型 泥俑과 木俑, 陶器, 漆器, 兽骨 등이 매장되어 있다. 이들 陪葬坑의 크기는 같지 않으며 또 같은 시기에 조성되지 않았다. 坑内의 埋葬物 중 많은 것은 马, 牛, 小型俑类 등 非实用品으로 祭祀의 성격을 보여준다. 祭祀坑의 발견은 西汉王陵의 埋葬과정 중 여러 차례 제사가 이루어 졌음을 알려준다. 이외에도 洛庄汉墓 东쪽 墓道의 南北 两侧에서 발견된 柱洞遗迹은 汉代 帝王陵墓의 발굴에서 수차례 확인된다. 발굴자에 의하면 柱洞遗迹은 地层과 处理로 보아 陵墓修建 혹은 入葬 시 모종의 의식을 거행할 때 主墓道 两侧에 목조건물을 지었다는 설명이 가능해 진다. 埋葬이 완전히 끝난 후 이 건물은 제거되고 묘도는 다시 봉토로 덮여진다. 洛庄汉墓 祭祀坑과 建筑物 흔적의 발견으로 西汉 诸侯王의 埋葬制度, 埋葬过程 및 의례활동은 중요한 연구 자료가 된다.

⑬ 卫子夫(위자부)는 武帝 刘彻의 누이인 平阳公主 집에 平阳侯家僮(house servant) 또는 侯妾의 신분으로 머무르면서 建元 2년(기원전 139년)에 入宮하고 建元 3년(기원전 13년 西汉 征和 2년(기원전 91년) 汉 武帝 在位晚年(66세)시 發生한 政治动乱인 巫蛊之祸(巫蛊之狱) 중 자살하였다. 巫蛊(wū gǔ)는 古代民間信仰에서 일종의 巫术로 당시 사람들은 巫师를 시켜 제사를 지내든가 桐木偶人을 지하에 매장해 저주받도록 하였는데 征和 2년(기원전 91년) 丞相 公孙贺의 아들 公孙敬이 武帝를 저주(巫蛊咒)하고 阳石公主와 간통을 하였다고 고소당했다. 公孙贺의 부자는 옥에 갇혀 죽었다. 诸邑公主와 阳

石公主, 卫青의 아들 长平侯 卫伉이 연루되어 모두 죽었다. 武帝의 宠臣 江充(?-기원전 91년, 大奸臣)이 巫蛊案을 조사하여 죄를 뒤집어 씌워 혹형을 받게 하니 대신과 백성이 모두 떨고 수만 명이 죽었다. 江充과 太子 刘据는 서로 반목해 太子와 案道侯 韩说를 해치고자 하여 宦官 苏文 등 四人이 태자를 모함하였다. 太子는 이에 군사를 일으켜 江充을 주살하였다. 후에 무제가 이를 진압하고 皇后 卫子夫와 太子 刘据는 自杀하였다. 壶关老(hú guān lǎo)와 田千秋 등이 上書를 올려 太子의 죄를 면하도록 하였는데 武帝는 이를 허락하고 "思子宫"과 "归来望思之台(悲台, 河南省 灵宝市 豫灵镇 底董村)"를 지어 태자의 영혼을 위로 했다. 이 사건으로 피해를 입은 자가 10만 명에 달하였다. 역사에서는 이를 巫蛊之祸로 부른다(《汉书》戾太子刘据传). 卫子夫는 자살 후 汉 长安城 南亭(현 西安市 西北) 桐柏亭에 묻혔다. 그녀는 汉宫人으로 49년간 궁에 머물렀으며 皇后 재위 38년간 一男三女를 두었다. 卫子夫는 어릴 적에 平阳侯家에서 歌舞를 교습하였으며 平阳侯府의 歌女 신분이었다.

⑭ 서기 2016년 9월 16일 成都博物館이 일반에게 공개·전시한 四川省 成都市의 "三宝"는 베틀(織機, M2), 竹筒(医简, M3)과 人体医学模型(M3)이며 이들은 四川省 成都市 天回鎭 土門社区 老官山의 지하철 3호 확장공사에서 발견된 한나라 묘 4기중 M2와 M3의 두 기의 汉代 古墳 槨室 아래 底箱에서의 出土品이다. 그중 M2에서 나온 織機의 실물은 이것이 처음이다. 처음 이 베틀은 4대분으로 높이 50cm, 길이 70cm, 두께 20cm의 목재로 모두 3부로 구성되었는데 이를 길이 4.7m, 높이 3.8m의 베틀로 복원한 것이다. 織機는 '連杆型一構多綜提花木織機'로 오늘날의 '大名鼎鼎丁橋織機/丁橋織機'와 유

사하다. 이 고분의 주인공은 출토한 玉印章으로 보아 50대의 여성으로 이름이 万氏奴(만저노)로 종업원을 15명을 둔 비단공장의 여사장이었을 것이다. 종업원 15명은 이곳에서 나온 彩繪木俑 때문인데 그들의 가슴에는 직책, 직무를 나타내는 '享'과 같은 소문자가 각기 다른 자로 써져 있었기 때문이다. 四川의 옛 이름이 "蜀", "蜀国"과 "蚕丛之国"이며, 成都가 '锦城', '锦都', '錦里', '錦江', '錦官'이라는 이름이 남아 있어 비단과 관계된 名不虚传의 장소라는 것이 실증되었다. '錦官'의 명칭은 당시 비단을 관장하는 전문직의 벼슬이었다. 이곳이 桑蚕丝绸业의 기록이 가장 빠르다는 것을 말한다. 중국의 四大名锦은 南京云锦, 苏州宋锦, 广西壮锦과 함께 四川成都地区에서 생산하는 蜀錦을 의미한다. 서기 2006년 蜀锦织造技艺은 '国务院批准列入第一批国家级非物质文化遗产'으로 등록되었다. 여기에서 만들어진 비단은 '蜀錦'으로 '비단장려정책'의 일환으로 나온 결과로 여겨진다. 서기 221년 蜀汉(서기 221년-서기 263년)의 丞相 諸葛亮이 建興(서기 223년-서기 237년)초년 농업을 장려하고 동시에 국가의 이익을 가져다 줄 교역품인 비단장려정책을 펴 富国을 도모한 것도 잘 알려져 있다. 그의 《言錦敎》에는 "今民貧国虚 決敵之資 惟仰錦耳"라 할 정도이다. 諸葛亮의 정책 300년 전에 이미 중국고대 한시에 "迢迢牽牛星 皎皎河汉女 紆紆擢素手 禮禮弄機杼"가 있을 정도로 蠶業이 활발하였다. 成都博物館에 전시중인 波斯 萨珊王朝[Sassan, 서기 224년-서기 652년, 末代君主는 에데게르드(叶斯德苟特, Jezdegerd 3세임]의 영향을 받은 唐나라의 團窠對獸紋夾聯珠對鳥(団窠联珠含绶鸟纹锦)半臂도 成都의 직조기술을 보여준다. 이 무덤들은 成都市文物考古研究所에서 발굴하였으며 출토유물들은 현재 成都博物館에 전시되어 있다. 옛 부터 '비단은 60일 걸러 一匹을 짜고 一匹은 千钱에 가치가 있다'고 말하는 바와 같이 한사람이 비단을 3m 높이의 베틀 위에서 60일 만에 一匹을 짜내는 것이다.

이제까지 비단의 시작은 지금부터 5,200년 전-4,700년 전 新石器时代晚期(商周時期의 馬橋文化)의 良渚文化時期에 속한 浙江省 湖州市 吳興区 境內 錢山樣 유적에서부터이며 이곳에서 서기 1956년-서기 1958년 2차에 걸친 발굴에서 비단조각(絹片)이 발견됨으로써 신석기시대에 이미 누에를 키워 養蠶을 했었음이 밝혀지고 있다. 이는 世界에서 가장 오래된 蠶絲織品絹片으로「世界絲綢之源」으로 불렸다. 그러나 이 연대보다 앞서 山西省 夏県의 仰韶文化遺蹟에서 비단(絲綢)의 證據인 기원전 4000년-기원전 3000년 사이의 누에나방(잠견, 蠶繭), 浙江省 餘姚県 河姆渡遺蹟에서도 기원전 4000년의 原始织机의 일부 파편, 그리고 기원전 3630년의 가장 빠른 丝绸织物의 사용례로 보이는 河南省 荣阳県 青台村의 仰韶文化遺蹟에서 어린아이의 包裹(parcel, wrap up)의 발견 등으로 비단의 시작은 생각보다 연대가 점점 올라가고 있다. 서기 1995년 10월 新疆维吾尔自治区 民丰県 喀巴阿斯卡村 尼雅河畔 東汉시대의 유적에서 精絕国 왕족부부가 묻혀있는 長方木棺墓가 발굴되고 그 안에서 목제 빗(梳), 瑞獸汶錦袋와 錦枕과 함께 남자의 시신에서 화살을 쏠 때 왼쪽 팔을 보호하는 藍色 바탕 위에 黃, 綠, 白, 紅의 4色으로 짠 "五星出東方利中国織錦"의 护膊와 "討南羌褲子"(바지, 新疆文物考古研究所所藏)가 나왔다. 이 면직물의 표면에 隷書로 "五星出東方利中国"과 "討南羌"가 각각 새겨져 있었는데 이는 蜀汉에서 직조된 '蜀錦', 또는 蜀锦纹样으로 여겨진다.

⑮ 서기 1999년 12월 2일 陝西省 西安 未央区 潭家乡 北쪽 十里

鋪村 新华磚廠에서 발견되어 현재 西安博物院에 소장된 西汉의 219 매의 金餠은 직경 6.3㎝(厘米), 두께 1.19㎝, 순도 97-99%이다. 표면에는 小篆의 글과 'V'자가 새겨져 있어 당시 諸侯王들이 중앙정부에 내던 納稅用 황금으로 여겨진다. 이곳은 과거 秦나라의 咸阳 渭南宮殿에 가까운 곳으로 西汉때 도성인 長安 東郊 宣平門 밖에 위치한 서민들의 묘역에 해당한다. 이렇게 많은 金餠이 서민의 묘지구역에서 나온 것은 당시 실크로드(絲綢之路)로 인한 西域의 황금이 많이 들어와 서민들도 다량의 황금을 소장하고 戰時에 지하에 묻어둔 窖藏用(교장용)이라 말 할 수 있을 것이다. 이는 王莽(왕망, 서기 8년-서기 23년 재위)이 서기 8년에 세운 '新朝'를 세우고 모든 민간인과 귀족이 황금을 소유를 범법으로 다스리고 황금을 銅錢으로 바꾸어준 화폐개혁으로 전국의 황금을 未央宮에 모아두었다. 이는 '王莽所擁有的黃金府庫百宮之富 天下晏然莽朝有'란 기록으로 알 수 있다. 그러나 서기 23년 후일 后汉의 光武帝가 된 刘秀와 싸운 昆陽大戰에서 패하고 모아둔 황금 60상자가 이때 散失되어 민간에 다량으로 유포된 결과로 해석하기도 한다. 이제까지 金餠과 馬蹄金이 다량으로 발굴된 곳은 河北省 保定市 滿城县 西汉 中山靖王 刘勝(기원전 113년)과 그의 처 竇绾의 墓, 竹簡六韜가 출토한 河北省 定州 西汉 6대 中山懷王(기원전 69년-기원전 55년)墓와 江西省 南昌市 新建区 大塘坪乡 海昏侯西汉大墓 등의 諸侯王墓이나 민간의 서민묘역에서 출토한 것은 未央区 潭家乡 北쪽 十里鋪村이 처음이다. 그 외의 기록으로는 기원전 124년 이 匈奴 右賢王을 격파하고 王子를 비롯한 많은 포로를 잡아와 汉 武帝로부터 금 20만근을 하사받은 기록이 《汉書》에 "卫青比歲十余万衆擊胡 新捕首攎之士受黃金二十万斤"에 나와 있다.

⑯ 서기 2010년 8월 28일 西安 皇家陵园 杜陵里의 西汉 10대 宣帝(기원전 91년-기원전 48년 1월 10일, 原名은 刘病已, 字는 次卿, 即位后 改名은 刘询)의 杜陵(서기 1988년 陝西省 人民政府에 의해 全国重點文物保護單位로 지정)과 王皇后陵 옆 石室朝神宮이라 부르는 황제에게 祭拜하는 杜陵廟에서 도굴된 和田玉으로 조성된 3점의 金釦玉杯(gold buckled jade cup)와 두 사람의 舞人이 한 몸으로 붙은 一尊連體玉人 한 점의 도합 4점이 회수되어 西安博物院의 鎭館之寶로 전시되고 있다. 편평한 금제띠를 옥배의 주위에 돌려 장식의 효과를 내는 동시 옥배를 고정시키는 金釦로 만든 金釦玉杯는 宣帝가 평소 건강을 위해 甘露水를 담아 마시는 것으로 이와 같은 예는 西汉 南越王博物館 소장의 承盤高足玉杯와 西汉의 黃金金釦, 白銀金釦, 鎏金金釦가 있다. 그리고 玉舞人은 西安의 상류층에서 선호하던 것으로 宣帝의 御用物品이었을 것이다.

⑰ 罗泊湾 一号墓는 서기 1976년 6월에 발견된 그해 8월 13일 까지 3차의 발굴을 거친 南越国 시기의 西汉의 墓葬으로, 中国 广西 壯族自治区 동남쪽 貴县 贵港市 罗泊湾 부근 5km 떨어진 곳에서 발견되었는데 길이 70m, 직경 60m, 높이 7m의 대형 봉토분하에서 발견된 凸(甲)字型 竪穴土坑 木椁墓(남북 12.5m, 동서 7.2m, 깊이 8.7m)이다. 고분의 상층에는 묘주의 묘인 1, 2호 묘, 전실과 후실, 墓道南側에는 车马坑이 있고 하층 椁室아래 경상남도 義昌 茶戶里(사적 제327호, 경남 창원시 의창구 동읍 다호리 237-3번지)고분에서 출토와 비슷한 통나무를 파내고 만든 목곽에는 蘇偃, 胡偃이란 주인공의 이름이 새겨져 있는데 이들은 13세의 남자아이를 제외하고는 모두 16-26세 사이의 歌舞技人 6명을 포함하여 모두 7명이 묻힌 殉

葬坑과 器物坑 등이 확인되었다. 出土 随葬品은 당시 귀한 종이(紙張), 翔鷺紋銅鼓, 铜车马器 30여 건, 竹笛, 銅燈, 壺, 鼎, 桶, 羊角鈕銅鐘 등의 200여 건의 铜器, "布山, 市布草, 市府素, 私府, 胡, 康" 등의 명문이 있는 漆器와 谷紋玉杯, 琥珀과 화장품을 비롯해 모두 1,000여 건에 이른다. 墓의 주인공은 南越国시기의 北方에서 온 汉族官吏로 桂林郡 최고 관리로 보여 진다. 이는 제2의 馬王堆무덤으로도 불리 운다. 《汉書》曾記에는 汉 景帝의 황자가 병을 얻어 죽었을 때 歌舞技人, 시종과 家奴 16명이 자살하여 순장되었음을 알고 경제가 이 후 순장을 금했다는 기록이 보인다. 이곳에서 출토한 유물들은 广西壮族自治区 博物館에 전시되어 있다.

3. 东汉

그리고 南京博物院 10건의 国宝급 소장품 중의 하나로 江苏省 邗江县 甘泉山 2호 东汉(후한: 서기 25년-서기 220년) 广陵王墓 出土 '广陵王玺' 金印을 들 수 있다. 純金製로 무게 122.87g. 龟钮, 钮高 2.121㎝, 台高 0.945㎝이다. 印文은 阴刻篆书로 "广陵王玺"이다. 서기 1981년 2월 24일 邗江县 甘泉公社 老山大队 社员 陶秀华가 땅을 파 해치면서 이 도장을 발견하였다. 원래 서기 1980년 南京博物院에서 甘泉 2호 汉墓발굴을 진행하고 있었는데 그 고분은 오래전에 도굴되어 무덤 안에 砖, 杂土와 陶瓦片으로 차있었다. 발굴정리를 끝내고 1년 후 甘泉公社에서 도로를 수리하다가 金印을 발견하게 된 것이다. 그리고 발굴단은 "山阳邸铜雁足长镫建武廿八年(서기 52년)造比十二"이라는 铭文이 있는 雁足铜灯과 錯銀銅牛燈을 발견하였는데 《后汉书》등 여러 기록에 의해 东汉 光

武帝 刘秀의 8째 아들 刘荆(?-서기 67년)이 建武 17년(서기 41년) 山阳 王으로 봉해지고 汉 明帝 永平 元年(서기 58년) 다시 广陵王으로 봉해 졌다. 雁足灯과 金印의 문자로 볼 때 广陵王 刘荆이 이 도장의 주인임이 틀림없다. 그는 "我貌类先帝. 先帝三十得天下, 我今亦三十, 可起兵末? "라는 이야기가 발각이 나서 广陵侯로 강등되고 永平 10년(서기 67년) 2 월 자살한 것으로 알려진다. 초대 广陵王은 刘胥(기원전 2세기?-기원전 54년)이며 이 金玺(새)는 서기 1956년 12월 28일 云南省 博物馆이 云南 省 晋宁县 石寨山 2차 발굴 中 古墓 6호의 발굴에서 수습한 西汉时期의 古滇国 王印인 蛇纽金玺의 滇王之印과도 비교된다. 인장의 纽로 보는 권위는 龜纽→ 蛇纽→ 陀纽→ 羊纽의 순이다.

4. 三国

三国时代(狭義로 서기 220년-280년, 广義로 서기 184년, 190년, 208년-서기 280년, 서기 220년-280년 三国(魏: 서기 220년-서기 265 년, 蜀/蜀汉: 서기 221년-서기 263년, 吴/孙吴/东吴 서기 222년-서기 280년) 中 서기 263년 鐘會(統帥, 서기 225년-서기 264년 3월 3일, 主 君은 曹芳→ 曹髦→ 曹奂이며 서기 264년 曹魏에 반대하는 擧事인 钟会 之乱으로 서기 264년 3월 3일 鄧艾, 姜维와 함께 蜀汉에서 40세에 죽음) 와 鄧艾(등애, 서기 195년-서기 264년 3월 3일)가 이끄는 위나라 군대 와 촉나라의 姜维(서기 202년-서기 264년 3월 3일)와의 狄道之戰(正元 2년, 서기 255년)과 段谷之戰(서기 255년)을 거친 일련의 전투에서 이겨 魏 景元 4년(蜀汉 炎兴 元年, 서기 263년)蜀汉/蜀나라의 멸망을 가져오 게 되었다. 당시 66세의 고령인 鄧艾(등애)는 蜀의 수도인 成都에 진입하기 위해 四川省 广元에서 10만 명의 군대를 지휘하여 紹化→ 劍門(金牛道의 핵심으로 天下難关으로 諸葛亮이 세우고 마지막 촉나라의 멸망당시 姜維가 3만군으로 지기고 있었음)→ 武連→ 梓潼→ 綿陽→ 蜀의 수도인 成都로 들어와 刘禅(刘備의 아들, 서기 207년－서기 271년)의 항복을 받아 蜀의 멸망을 이끌었다. 그는 험난한 金牛道를 택하고 휘하의 정예병 5,000명에게 도끼 등 工具를 주어 새로운 길을 열도록 하였던 것이다. 成都로 진입하는 길은 해발 3,000m의 고도에 있어 李白(서기 701년－서기 762년, 字는 太白, 号는 青蓮居士로 隴西 成紀/현 甘肅省 天水市 秦安县人)의 诗에서처럼 "蜀道难难于上青天"으로 무척 험난했다. 成都에 진입하는 길은 子牛道, 荔枝道, 儻駱道, 褒斜道, 米倉道, 陳倉道, 金牛道, 祁山道 등이 있는데 그 중 ① 三峽 溯江의 水道, ② 云南省에서부터 들어오는 樊道, ③ 甘肅省에서 들어오는 陽平道, ④ 汉中에서 오는 金牛道로 압축할 수 있는데 鄧艾는 金牛道를 택하였다. 甘肅省 陇南市→ 文县 县城→ 四川省 广元 靑川县→ 摩天岭(해발 2,730m, 甘肅省과 四川省의 경계)→ 唐家河→ 平武县 江抽关→ 成都에 이르는 陰平－江抽의 陰平道는 700리길이 된다. 四川省 广元 靑川县 落衣溝村에 등애가 이 길을 지났다는 '鄧艾過此'라는 石刻이 남아있다. 四川省 广元市에는 古蜀道가 보존되어 있다. 그리고 四川省 广元市 朝天区 嘉陵江 明日峽에는 6가닥의 길이 나있는데 그 중 秦나라 官府에서 설치한 峽壁에 400여 개의 구멍을 뚫어 나무를 밖아 그 위에 나무다리를 설치한 약 3㎞의 棧道은 陝西省 寶鷄－四川 成都의 寶城鐵路가 지나는 嘉陵江水道인 金牛道의 일부로 남아 있으며 서기 2008년 四川 汶川의 지진으로 파괴된 것을 다시 복원하여 놓았다. 이 길의 峽壁에는 역사적인 石刻이 많이 보인다. 또 陝西省 汉中에서 四川에 이르는 '汉中古道' 중 四川省 巴中市 平昌县 西兴乡 天堂村 北 1.5㎞에 明 万历 乙卯年(서기 1615년) 咸安 袁

雪庵书刻의 高 1.18m, 폭 0.7m, 笔划 폭 0.9m의 "长安古道"와 江口镇에 清 光绪 9년(서기 1883년) 廖纶题书의 "群山开路让人行" 및 《石峡颂》의 "天开灵奇, 重峦叠嶂, 岗抱双环, 路开一线, 树老石悬, 竹修烟暗, 宿鸟晨飞, 流萤夕璨, 水汇岷江, 云连秦栈, 剑阁夔门, 东西相间, 玉垒铜梁, 秀分厥半, 拾级连登, 置身霄汉"이라는 石刻들로인해 古代 平昌境内(옛날에는 江口로 부름, 水陆两路로 绥定/현 达州市, 重庆에 이름)에는 古蜀道가 남아있다. 李白의 《蜀道難》은 다음과 같다.

噫吁嚱! 危乎高哉! 蜀道之難, 難於上青天! 蠶叢及魚鳧, 開国何茫然. 爾來四萬八千歲, 不與秦塞通人煙. 西當太白有鳥道, 可以橫絕峨眉巔. 地崩山摧壯士死, 然後天梯石棧相鉤連. 上有六龙回日之高標, 下有衝波逆折之回川. 黃鶴之飛尚不得過, 猿猱欲度愁攀援. 青泥(青泥岭은 崖万仞, 多云雨"으로 代入蜀要道임) 何盤盤, 百步九折縈巖巒. 捫參歷井仰脅息, 以手撫膺坐長歎. 問君西遊何時還? 畏途巉巖不可攀. 但見悲鳥號古木, 雄飛雌從繞林間. 又聞子規啼夜月, 愁空山. 蜀道之難, 難於上青天, 使人聽此凋朱顏. 連峯去天不盈尺, 枯松倒掛倚絕壁. 飛湍瀑流爭喧豗, 砯崖轉石萬壑雷. 其險也若此, 爾遠道之人, 爲乎來哉! 劍閣崢嶸而崔嵬, 夫當关, 夫莫開. 所守或匪親, 爲狼與豺. 朝避猛虎, 避長蛇, 磨牙吮血, 人如麻. 錦城雖云樂, 如早還家. 蜀道之難, 难於上青天, 身西望長咨嗟.(번역 생략)

汉中에서 蜀나라로 들어오는 四川省 广元→ 紹化→ 劍門→ 武連→ 梓潼→ 綿陽→ 成都로 이어지는 金牛道(또는 石牛道)가 지나는 四川省 广元市 靑川县 郝家坪 사천분지 白龙川 하류 喬庄中學校 부지에서 서기 2008년 四川 汶川의 지진으로 파괴된 것을 다시 재건하는 중 戰国時

代 古墳群(서기 2013년 3월 5일, 全国重點文物保護單位로 지정)이 새로이 발견되고 서기 2008년 5월 12일 '靑川木牌'(四川省 靑川縣 郝家坪 50호 秦墓 출토, 四川省考古研究員 소장) 2매가 발굴되었다. 木簡보다 길이와 폭이 큰 것을 '牌'라 부르는데 이것은 길이 46cm, 폭 2.5cm, 두게 0.4cm이다. 이는 기원전 309년 秦 武王 秦 26대 惠文王의 아들로 27대 군주임, 기원전 329년－기원전 307년)2년 때로 만들어진 秦田律로 여겨진다. 銘文은 "二年十一月乙酉酉朔 王命丞相戌內史匽更修爲田律田广一步...." 3行 121字의 隷書體이다. 예서는 程邈(정막, 秦代书法家, 字는 元岑, 內史下邽/현 陝西 渭南北人)이 진나라의 小篆書를 대신해 새로이 만든 것으로 이 木牌는 중국의 書法을 연구하는데 매우 중요하다. 이는 秦 武王 2년 기원전 309년 승상 甘戌에게 명을 내린 更修田律事로 秋 8월 둑(堤防)을 수축하고 田界를 만들고 잡초를 제거하며, 9월에는 대규모 도로의 수리, 10월에는 다리와 못의 둑을 수축하고 교량을 설치해 교통을 원활하게 하도록 하라는 내용이다. 여기에서 240步가 一畝임도 알 수 있다. 이는 고문서 학자인 李學勤(서기 1933년 3월 28일－)이《文物》에 '靑川郝家坪木牌研究'라는 글을 文物에 발표함으로써 알려졌다. 이 고분에서 진나라의 半兩錢, 楚나라 계통의 漆器, 呂不韋(기원전 292년－기원전 235년, 战国时代 衛国 濮阳/현 河南 濮阳南 출신의 著名한 商人으로 战国后期의 著名한 政治家로 秦相이 됨,《呂氏春秋》의 저자, 秦始皇의 아버지로 여겨짐)의 銅戈, 銅劍, 銅矛, 陶器, 耳杯, 桃核(靑川縣文物管理所 소장)이 함께 발견되었다(현재 靑川縣博物館의 개관 함께 이전 소장됨). 이곳은 秦나라가 기원전 316년 발생한 巴蜀之戰으로 멸한 蜀(四川以西), 巴(四川以東), 苴国(广元地区, 저국, 葭萌国, 苴侯国, Cha Country/Ju Country, 기원전 368년－기원전 316년) 중 蜀族(冉), 羌族, 氐族, 华夏族으로 구성된 저국으로 여겨진다. 저국은 都城이 吐費城(平

周城, 현 四川 广元市 昭化区 昭化镇, 蜀道金牛道/剑阁道段)으로 东周 战国时期에 开明氏(姓, 开明氏)가 蜀国의 分封国으로 세웠는데 第一代 君主는 蜀王 杜尚(开明氏 九世)의 王弟 杜葭萌이 세운 나라로 葭萌国으로 불렸다. 开明十一世에 苴国과 巴国은 友好관계를 맺고 时常과 巴国은 联合하여 蜀国에 대항하였다. 苴国은 험준한 산과 계곡이 많아 농산물의 생산이 적어 매년 蜀나라에 구원을 요청하였다. 그러다가 蜀나라의 공격을 받게 되고 秦나라에 구원을 요청하고 기원전 316년 秦 惠文王(秦 孝公의 아들로 26대 군주이며 战国时代 諸侯国 중 처음으로 王을 칭하였다. 기원전 356년-기원전 311년)이 張儀와 司马错(生沒연대는 不详, 秦国 少梁/현 陕西 韩城南人으로 司马迁의 八世祖임, 战国时期 秦国의 著名한 将軍으로 惠文王, 武王, 昭襄王의 3대에 걸쳐 모심)의 통솔 하에 20만 대군을 보내 苴国을 도우면서 蜀, 苴, 巴 三国을 모두 멸망시켰다. 苴国은 56년간 존속하였다. 포로로 잡힌 巴王 및 苴侯는 秦国으로 보내지고 이 땅에 秦国은 巴, 蜀 및 汉中郡을 설치하고 41县으로 나누었다. 蜀을 칠 때 苴国의 葭萌关을 통과하게 되고 이 길이 史書에 기재된 바와 같이 '石牛糞金 五丁開路'로 金牛道 또는 石牛道란 명칭이 생겨나게 되었다. 이 길은 蜀, 苴, 巴 三国의 멸망 전 기원전 317년 7월 진나라에 의해 수리·확장되었다. 蜀, 苴, 巴 三国이 진나라로 편입됨과 동시 移民과 함께 진나라의 정치, 경제, 문화와 문자, 郡县制, 法律, 표준 度量衡제도도 유입되었다. 靑川郝家坪木牌도 이러한 역사적 배경을 갖고 있다.

四川省 북부 广元市 紹和区에는 元末 明初의 소설가인 罗贯中이 쓴 《三国演义》(또는 《三国志通俗演义》,《三国志傳》)에 나오는 三国古城인 역사적 紹和古城(四川 서부의 益州, 紹和, 葭萌으로 후일 汉壽로 개명)이 남아 있다. 이 소화고성은 당시의 정치·문화의 중심지인 西安에서

广元(益州, 紹和, 葭萌)-綿陽(涪城)을 거쳐 成都(蓉城, 锦官城, 锦城)로 가려면 필수적으로 지나야 할 중요한 곳이다. 이 소화고성은 북쪽의 白龙江과 서쪽의 清江, 남쪽의 嘉陵江의 삼강이 교차하는 지점과 험난한 지리적 요충지에 자리 잡은 天然要塞로 易守難攻(easily guarded, hard to attack)의 城이었다. 소화고성(葭萌关)은 金牛道(또는 石牛道)에 자리 잡은 요충지로 蜀汉의 丞相府가 위치해 '蜀汉興 葭萌起'란 말이 나올 정도이다. 紹和古城은 建安 12년(서기 207년) 益州太守 刘璋이 曹操(서기 155년-서기 220년 3월 15일, 字 孟德, 小名 吉利, 小字 阿瞞, 沛国譙/현 安徽省 亳州市人, 東汉 末年의 著名한 軍事家, 政治家 겸 詩人)의 영토확장을 두려워해 종친의 형뻘인 刘備에게 부탁해 함께 조조에 대항하기로 하고 유비는 이곳에서 주둔하여 군대를 훈련시켰다. 이곳에는 汉代城壁, 諸葛亮(서기 181년-서기 234년, 字 孔明, 三国时期 蜀汉丞相), 蔣琬, 董允(?-서기 246년, 字 休昭, 南郡 枝江/현 湖北枝江人, 三国时期 蜀汉重臣이며 中郎将 董和의 아새들로 东汉末年 그의 아버지 董和와 함께 益州太守 刘璋 밑에서 일했다)과 함께 蜀汉 4대 名臣 중의 하나인 费祎(費禕, ?-253년 2월 15일, 字 文伟, 江夏 鄳县人, 蜀汉名臣)墓, 蜀汉 女將軍 鮑三娘의 墓, 宋·元의 古驛站과 天雄关 등이 남아있다. 특히 비의(费祎)묘에는 河南 江下의 同鄉人 清나라 紹和知县(县令) 吴光耀 대장군이 光緒 33년(서기 1907년) 4월 上旬에 11살 난 첫째딸 吴正敬이 쓰고 그의 둘째 딸 吴正和가 도와서 蜀汉 때 세운 비문 옆에 새로이 써 重新한 墓碑, 明나라 때 세운 牌坊, 擁正 13년(서기 1735년) '深謨卓識'의 4자가 쓰인 碑와 碑亭, 费公祠[刘備의 아들이며 蜀汉의 제2대 황제인 刘禅(서기 207년-서기 271년)이 세운 敬侯祠義門], 草堂 등이 남아있다. 费祎는 諸葛亮의 出師表에 나오며 제갈량이 임종전 그를 후임의 승상으로 지목하였다. 그는 서기 252년 紹和(葭

萌)에 府署를 설립한 연후 영화에서 암살당해 죽었다. 그리고 广元市博物館에는 紹和古城汉代大坪子墓의 考古資料와 紹和汉城博物館에는 서기 3세기경의 兵器들이 많이 전시되어 있는데 그 중에는 성벽을 타는데 이용하던 上下로 난 갈고리와 안쪽에 손잡이가 있는 공성용 방패의 합성무기인 '鐵製鏽鐮(鉤鑲)'이 특이하다.

　刘備(서기 161년-서기 223년 6월 10일, 字 玄德, 涿郡 涿县/현 河北省 涿州市人)는 諸葛亮과 龐統(서기 178년-서기 213년 또는 서기 179년-서기 214년, 자는 士元, 刑州 襄陽郡人, 別號는 鳳雛)와 霍峻(서기 177년-서기 216년, 字 仲邈, 荊州 南郡 枝江人, 三国時期 刘备의 部将으로《三国演义》중에는 葭萌关 守將을 맡아 서기 212년 유비와 반목관계가 된 刘璋의 만 명 대군을 수백 명의 수비군으로 막았다)의 도움을 얻어 서기 214년 成都를 포위해 당시의 군벌의 한사람인 益州牧使 刘璋(서기 162년-서기 220년, 字 季玉, 荊州 江夏竟陵/현 湖北省 潜江市人, 東汉 末年 三国時代 军阀의 한사람으로 父親 刘焉을 이어 益州牧을 다스림, 振威將軍으로 서기 214년 刘備에게 投降)으로부터 투항을 받아 서기 221년 称王을 하고 蜀汉/蜀나라를 열개된다. 이로써 魏(서기 220년-서기 265년, 북방통일), 蜀(서기 221년-서기 263년, 四川 蜀汉), 吳/孙吳/东吳(서기 222년-서기 280년, 湖北省 武昌)의 三国国時代(서기 220년-서기 280년)가 형성된다. 삼국시대동안 官渡(河南省 中牟 东北, 서기 200년 2월-10월), 赤壁(湖北省 蒲圻, 서기 208년 11월), 夷陵(猇亭, 夷陵之战, 猇亭之战이라 함, 湖北省 宜昌 长江西陵峡畔, 서기 221년)의 역사적 전투를 거쳐 삼국은 晉(서기 265년-316년) 武帝 司馬炎(서기 236년-서기 290년 5월 16일, 字 安世, 司馬懿/仲達의 아들)에게 넘어간다.

魏 武王 曹操(서기 155년-220년 3월15일, 66세)의 무덤인 高陵이 河南省 安阳県 安丰乡 西高穴村 2號墓(현 河北省 邯郸市 临漳县, 磁县일대로 河南 安阳市 교외, 鄴城 남쪽 10km)에서 발견되 었다고 2009년 12월 17일자 新华社통신에 의해 발표되었다. 이 무덤이 조조의 것임을 이야기하는 증거는 ① 지하 15m에 축조된 塼築墓는 규모는 동-서 길이 60m로 王陵급으로 墓의 평면은 '于(甲)'자형을 동-서향 장축으로 배치하여 양쪽에 묘실을 조성하여 전실과 후실로 나누었다. 묘실은 지하 15m에 축조되었는데 雙室과 4개의 側室을 갖추었으며 전체면적은 740㎡, 널길(羨道)의 길이는 18m, 묘실에 이르는 墓道(연도)의 斜長은 39.5m, 폭 9.8m 东西长 18m, 동쪽 폭 22m, 서쪽 19.5m, 맞졸임천장(또는 귀죽임 천장, 투팔천장, 抹角藻井)으로 塼을 쌓아 피라미드처럼 솟아있는 天井인 두 개의 돔의 높이는 6m로 규모가 크다. 이 시기의 조조의 조카인 曹休(? -228년, 자는 文烈, 돔의 높이가 4.4m)와 南京 江宁 上坊 孫吳墓(전축분, 서기 264년-서기 280년)의 무덤과 비교해 조조의 무덤이 규모가 훨씬 크지만 비슷한 평면구조를 보이고 있다. 그리고 무덤은 封土墳으로 文献에 记载된 曹操寿陵(高陵)은 "因高为基, 不封不树"라는 情况과도 일치하며, ② 천정 두개의 돔에 盜掘坑이 나 있어 수백 년에 걸쳐 지속적인 盜掘이 이루어져 이미 많은 부장품이 없어졌지만 山東省에서 자주 발견되는 귀중한 画像石, 玉璧, 土製鼎 12점 한 세트 등의 출토 유물이 서기 220년대의 것이며, ③ 三国志 魏書 武帝纪에 의하면 서기 218년 임종 전 유언에 의해 그가 존경했던 戰国時代 魏国人인 정치가 겸 水利專門家인 鄴城 西郊에 세워진 西門豹의 廟에서 동쪽으로 7.5km 떨어진 곳에 묻힌 것으로 되어있는데(終令, "西门豹祠西原上为寿陵, 因高为基, 不封不树") 이곳은 현재 安阳县 安丰乡 丰乐镇에 속하며, ④ 조조는 지나친 儀禮禁止와 비용절감으로 薄葬을 주장하였는

데 이 무덤 내의 副葬品은 도굴되고 남은 부장품이만 모두 59점으로 매우 적고 바닥에 깐 磚도 재활용하고 옥으로 만든 靑圭(圭行)도 평소 몸에 지니며 사용하던 것이며, ⑤ "魏武王常所用挌虎大戟", "魏武王常所用挌虎大刀", "魏武王常所用挌虎短矛" "魏武王常所用慰项石(石枕, 枕头)"의 銘文을 비롯해 "魏武王"이라 새겨진 石牌와 墓誌銘으로 이 무덤의 주인이 魏武王 曹操임을 알려주며, ⑥ 묘실에서 20세과 40세의 여자 2명과 남자 한명의 뼈가 발견되었는데 남자 주인공으로 추정되는 두개골(서기 270년경 여러 차례 북쪽 묘실에 침입한 자들에 의해 石床위에 놓인 石棺이 파괴되고 밖으로 내던져진 두개골 중 前头骨 일부와 後头骨만 남음, 키는 150–160㎝로 추정)의 감정은 60세 이상으로 66세에 사망한 조조의 나이와 일치한다. 그래서 이런 이유들로 서기 2009년 12월 27일 河南省文物局은 이 무덤을 国家文物局 文物保护单位로 지정하였다. 전설상 조조의 묘에 대해서는 송나라 이후 河北省 邯郸市 临漳县, 磁县 漳河一带에 축조한 '七十二疑塚'으로 알려져 있다. 이의 내력은 建安 23년(서기 218년) 내린 '终令'에서 그의 사후 鄴城(업성, 현 河北省 邯郸市 临漳县, 磁县일대로 河南 安阳 交界处임)에 묘를 쓰도록 하였으며 그리고 魏国의 名将인 贾逵(가규, 서기 174년–서기 228년)과 司马懿(서기 179년–서기 251년) 등이 鄴城에서 조조의 入葬 사실을 기록(墓誌)으로 남겼다. 그리고 晋(서기 265년–서기 316년)代 文人 陆机(서기 261년–서기 303년, 자는 士衡임)와 陆云(서기 262년–서기 303년, 자는 士龙임)이 그들의 作品 속에서 조조의 장례에 관해 소개하였다. 魏·晋·唐代에도 曹操墓의 소재에 대해서 의문이 없었으며 唐太宗 李世民이 貞觀 19년(서기 645년)高句麗를 정복하려 鄴城 曹操墓를 지나면서 '祭魏太祖文'을 짓기도 하였다. 그러나 宋代 이후에는 아무도 曹操墓의 소재를 알 수 없어 '七十二疑塚說'은 南宋时代에 나타난 民間傳說로 이것이 '三国演义'

(羅貫中, 서기 1330년-서기 1400년, '曹操遺命于彰德府讲武城外, 设立 疑塚七十二, 渲染了曹操的奸诈'), 淸나라 蒲松齡의 聊齐志異 중 曹操塚 篇('異点出曹操墓可能在其设的七十二疑塚之外, 更显示出其诡诈')와 燕 巖 朴趾源의 熱河日記의 口外異聞 曹操 水葬條 등 조조의 사후 송나라 때부터 자신의 무덤이 훼손될 것을 두려워한 나머지 72개의 가짜무덤을 만들었다고 전해지는 '72塚의 민간 유전의 전설'은 이번 발굴조사로 사 라질 듯하다.

서기 2011년 6월 20일(월) 문화재연구소가 실시하는 풍납토성 8차 발 굴(풍납동 197번지)에서 발견된 施釉陶器는 중국의 六朝중 孫吳(서기 222년-서기 280년)로부터 수입되었을 가능성이 많다. 馬韓의 土室과 竪 穴石槨墓가 발굴된 공주 의당면 수촌리(사적 460호)유적은 현재 이곳에 서 나온 5점의 중국도자기로 서기 4세기 후반-서기 5세기 중반으로 편 년되고 있는 마한 54국 중의 하나로 여겨진다. 그러나 최근 같은 도자가 가 나오는 南京 江宁 上坊 孫吳墓(전축분)가 서기 264년-서기 280년으 로 편년되고 있어 적어도 1세기를 올리는 연대의 상향조정도 필요하리 라 생각된다(南京市 博物館 2006,《南京 上坊 孫吳墓》, 南京: 南京市 博 物館 및 2008; '南京 江宁 上坊 孫吳墓 發掘簡報', 北京:《文物》, 2008 12 호, pp.4-34). 그리고 아울러 백제의 건국연대는《三国史記》의 기록대 로 기원전 18년으로 올라간다. 이는 국립문화재연구소에서 1999년 실시 한 서울 풍납동 토성(사적 11호)의 성벽 발굴 최하층에서 확인한 제례용 으로 埋納된 硬質無文土器의 연대는《三国史記》溫祚王 41년條(서기 23 년) "...發汉水東北諸部落人年十五歲以上 修營慰禮城..."이란 성벽(동벽 과 서벽)의 축조연대와 함께 기원전 1세기-서기 1세기경으로 추측할 수 있는 데에서도 알 수 있다. 그리고 春川 中島의 硬質(糟質)無文土器도

기원전 15±90년(1935±90 B.P, 기원전 105년-서기 75년)으로 경질무
문토기의 하한은 늦어도 기원전 1세기-서기 1세기경이 될 것이다. 여기
에 덧붙여 "...十五年春正月 作新宮室 儉而不陋 华而不侈"라는 溫祚王
15년(기원전 4년)에 궁궐의 신축은 이 근처에서 孫吳/东吳(서기 222년-
서기 280년)의 지역인 鎭江근처에서 발견되는 獸面文 수막새를 포함한
여러 종류의 개와의 출토 사례를 보아 백제 건국의 연대가 올라갈 수 있
는 증거가 된다.

　　十干十二支 중 10번째가 닭에 해당하는 酉(오후 5시-7시, 서기
2017년은 丁酉년으로 鷄年吉日으로 본다)이다. 중국에서는 韓詩外傳에
전하는 바와 같이 고대부터 닭을 文, 武, 勇, 仁, 信의 五德을 갖추고,
또 鷄와 吉의 발음이 '치'로 같아 吉祥富貴, 大吉大利을 상징하는 靈物
로 여겼다. 또 多子, 多才, 多福, 多壽도 의미한다. 여기에 富貴花인 牡
丹과 함께 존재하면 功名富貴, 富貴満堂, 春意快然도 상징한다. 그래서
商代 四川 成都 三星堆 출토 靑銅天鷄(三星堆博物館 소장, 높이 40.3
cm), 三国时代 吳나라(孙吳/东吳 서기 222년-서기 280년, 北京 古宮博
物院 소장, 南京과 鎭江博物館 所藏)의 鷄首壺에서 부터 宋 書畵皇帝
인 徽宗의《芙蓉錦鷄图》(서기 1125년, 내용은 "秋勁拒霜盛 峨冠錦羽鷄
已知全五德 安逸勝鳬鷟" 표현하였다), 明 5대 宣德皇帝의 朱瞻基(서기
1399년 3월 16일-서기 1435년 1월 31일)의《子母鷄图》(台北古宮博物
館 소장), 宋나라 그림《子母鷄图》(台北古宮博物館 소장)을 모방해 만
든 明의 成化 年间(서기 1465년-서기 1487년, 成化 元年은 乙酉년임,
明 9대 宪宗의 年号) 중 성화 17년(서기 1481년)에 江西省 景德鎭御窯
廠에서 제작된 明代 成化皇帝의 御用酒杯인 成化斗彩鸡缸酒杯(台北古
宮博物館 소장)에 이르기까지 여러 면에서 平靜安逸, 祥和美満, 吉祥

如意, 生氣勃勃한 닭의 모습을 표현해 왔다. 또 닭은 錦丹, 天鷄, 神鷄 鷄 등의 美稱을 지니고 室上大吉, 冠官, 官上加官, 窩窠, 五子登科, 吉 利萬千, 富貴安康을 상징하고 있다. 山海經에는 '有鳥焉 其狀如鷄 五彩 而文 名曰鳳凰 自歌自舞 見則天下安宁'으로 기술하고 南北朝 晉의 刘 子新論에서는 '楚之鳳凰 乃是山鷄'라고 언급한다. 이는 太平聖代의 상 징이다. 그리고 李白의 詩句에 '半壁見每日 空中聞天鷄'에 천계가 나오 며 《晉書》에는 '鷄起舞'도 보인다. 台北古宮博物館 소장의 雛一桂의 榴 下將雛軸, 周之冕의 《榴實双鷄図》, 이탈리아 화가인 郎世宁(Giuseppe Castiglione, 서기 1688년 7월 19일–서기 1766년 7월 17일, 義大利人, 天主敎耶穌會傳敎士 및 中国宮廷畫家)의 《錦春图》, 壽祝恒春와 北京 古宮博物院 소장의 청나라의 靑玉天鷄薰爐, 水晶天鷄尊, 掐絲琺瑯天 鷄尊), 鷄鳴图扇頁, 靑玉天鷄尊, 粉靑雉牡丹鼻烟壺鷄 金星玻璃天鷄式 水盂, 鷄牡丹紋盤, 雉鷄와 中国国家美術館 소장의 明 궁정화가인 呂紀 의 《牡丹錦丹图》 등이 유명하다. 鷄首壺는 중국 揚子江(長江) 하류 南 京과 鎭江에서 외래수입품(舶來品)으로 전래되어 우리나라 馬韓时代에 속하는 天安 尤院里(興宁 2년인 서기 364년경)와 公州 의당면 水村里 [江蘇 無錫 太和 5년(서기 370년)묘 출토 및 南京 司家山 M4호 '謝球'부 부 합장 義熙 12년(서기 416년)묘 출토품과 유사]의 黑釉계수호, 南原 月山里 출토 靑磁계수호[杭州 黄岩秀嶺水庫 49號墓 출토품 및 浙江 瑞 安 隆山 刘宋 大明 5년墓(서기 461년) 출토 계수호의 형태와 비슷] 3점 을 비롯하여 모두 8점이 알려져 있다(정상기, 2013, 韓半島出土鷄首壺 의 製作年代에 대한 초보적 檢討, 《겨레문화연구》 2, p.62).

5. 西晉

江苏省 宜兴市 周墓墩는 西晉(서기 265년–서기 316년) 平西将军 周处의 家族墓地로 處(1호)–賓(2호)–靖(3호)–魴(4호)–玘(5호)–彝(6호)의 6기 무덤으로 이루어져 있는데 모두 도굴되었으나 周魴(4호묘)의 묘에서 "元康七年(서기 297년)九月廿日阳羡所作周前将军砖"와 永宁 2년(서기 302년)銘의 青瓷神獸尊과 "关内侯"란 铭文砖이 출토되었다. 그리고 周处의 아들 玘(5호묘)에는 建兴, 大兴, 太宁年号 铭文砖가 있다. 周氏는 西晋 때 江南의 大门阀 士族이었다. 조방은 黄武 7년(서기 228년 5월), 魏와 吳나라 사이에 벌어진 石亭之戰의 주역의 한 사람으로 三国志演義에 '周魴斷髮賺曹休'로 주처는 房玄齡의 晋書에서 猛虎와 蛟龙을 제거한 '除三害'의 용맹하고 建威將軍으로 불렸다. 여기에서 중요한 것은 4호묘에서 출토한 青瓷神兽尊으로 이는 中国神话传说中 古代四凶인 饕餮, 混沌, 窮奇[《山海经》西山经 注中云: "似虎, 蝟毛, 有翼, 铭曰穷奇之兽. 厥形甚丑, 驰逐妖邪, 莫不奔走, 是以一名, 号曰神狗"], 檮兀 등 무덤을 지키는 辟邪의 宁衛亡魂神獸(鎮墓獸)이다. 高 27.9cm, 口徑 13.3cm이며 궁기(窮奇)의 모습을 나타내려고 했다고 한다. 이 유물은 南京博物院에 소장되어 있다.

鎮墓獸로는 서기 1978년 湖北省 荊州市 江陵县 戰国时代 楚나라 1호 수혈목곽묘 출토품인 紅黃金三色漆器雙头鎮墓獸/彩漆木雕雙头鎮墓獸(麋鹿角, Elaphurus davidianus, 鹿科 Père David's deer; Milu; Milu Deer로 만듦)를 들 수 있는데 이는 屈原(기원전 약 340년–기원전 약 278년)의《楚辞》중 一篇인 招魂에서 볼 수 있는 土伯("...土伯九约, 其角觺觺些...")으로 기원전 299년 秦国에서 억류되어 죽은 扣留到死的 楚怀王(楚威王의 아들로 기원전 328년–기원전 299년 재위)의 경우처럼

초혼의식을 위하고 묘장의 평안을 祈求하는 진묘수로 생각된다.

鎭墓獸(tomb protecting beast)는 獅头, 豹身, 狼耳, 牛蹄 등이 많은데 新疆維吾爾自治区博物館 소장의 阿斯塔那(Astana) 古墓出土의 镇墓兽鎭墓獸인 彩繪泥塑鎭墓獸와 人首鎭墓獸는 특이하다.

6. 北齐

山西省 太原 徐顯秀 壁畵墓는 서기 2000년 山西省 太原市 迎泽区 郝庄乡 王家峰村 東쪽 梨园에서 발견된 北齐(서기 550년-서기 577년)墓葬으로 墓主人은 무덤 안에서 출토된 墓誌銘에 의해 北齐(南北朝晩期) 太尉 武安王 徐顯秀(서기 502년-서기 571년, 天统 4년 서기 568년 司空, 天统 5년 서기 569년 太尉로 봉해짐)로 밝혀졌다. 서기 2000년 도굴을 王家峰村 사람들의 제보에 의해 이 무덤의 존재가 밝혀졌고 이후 山西省 考古所와 太原市 考古所가 2년 동안 합동발굴을 하였다. 무덤은 정방형에 가까운 평면구조와 磚室墓, 경사진 널길(羡道, 甬道)가 있으며 널길 내에는 浮雕石門, 전을 각도를 죽여 궁륭형을 만든 방형묘실(砖砌弧边方形墓室)은 약 6㎡, 西側에 长方形 棺床이 있다. 서기 2006년 王家峰 墓群 중 徐顯秀 壁畵墓는 全国重点文物保护单位로 지정되었다. 徐显秀 墓는 封土 높이가 약 4m로 현지인들은 王墓라 부르며 발굴 조사에 의하면 이제까지 적어도 5회 이상 도굴을 당한 것으로 밝혀졌다. 출토유물은 모두 500여 건이나 도굴로 인해 피해가 막심하다. 그 중에서 후일 교란되어 들어간 것으로 추정되는 金元时期[辽, 金, 元时期: 辽(서기 907년-서기 1125년, 契丹), 金(서기 1115년-서기 1234년, 女真), 元(서기 1260년-서기 1368년, 蒙古)]의 瓷碗편 한 점이 포함된 여러 陶瓷器편,

돌로 만든 탁자모양의(石桌状)의 墓誌, 320종의 陶俑, 그리스의 헤라클레스(Hercules)신이 嵌蓝된 宝石金戒指(금반지) 1점이 중요하다. 이 반지는 실크로드(絲綢之路)를 다니던 胡商에게서 선물로 받은 것으로 짐작된다. 벽화 총면적은 300㎡, 墓道 三壁의 壁画构成은 원래 龙(좌)과 虎(우), 朱雀(남)과 玄武(북)의 四神이 지키던 묘실의 네 벽이 하나로 연결된 画面위에 墓室東壁의 墓主와 夫人出行図, 墓道/羨道의 儀仗隊, 墓室門 입구 채찍을 든 문지기(执鞭門吏), 墓室北壁의 宴饮图中의 食品, 墓室北壁 宴饮图의 墓主夫人과 墓主人, 墓室南壁의 神兽, 墓室西壁 備車图의 侍女裙裾와 侍女머리형(髮型), 많은 수의 胡人相 등이 펼쳐져 있다. 이 벽화는 隋·唐 墓葬의 영향을 받고 胡·汉文化의 交流와 融合으로 나타난 결과로 보인다.

그리고 北齐 文宣帝 高洋[서기 526년 – 서기 559년, 서기 550년 – 서기 559년 재위, 字는 子進, 晋阳(현 山西 太原)人. 南北朝时期 北齐의 开国皇帝로 10년간 재위. 东魏权臣으로 北齐 神武皇帝(追谥, 实际尚未即位)高欢의 次子, 같은 어머니에게서 난 北齐 文襄皇帝(追谥, 实际尚未即位)高澄의 동생이며, 汉人화된 鮮卑족임]의 武宁陵 墓道(羨道)의 壁畵는 서기 1989년 邯鄲–石家庄 고속도로(G-107) 공사 중 河北省 磁県 陸續湾漳村에서 발견되었는데 길이는 37m, 가장 깊은 곳이 8.2m로 묘도는 경사져 묘실로 들어가게 되었다. 高洋의 墓室壁畵는 파괴가 심하여 알 수 없으나 묘도의 양쪽 벽과 저부의 지면에 벽화가 남아 있다. 면적은 약 320㎡로 동쪽 벽에는 青龙, 西쪽 벽에는 白虎가 兩面에 각각 53인으로 구성된 도합 106인의 侍衛, 文吏, 儀衛 등 직분이 똑같지 않은 인물과 41개의 青龙, 白虎와 원숭이 등 祥禽瑞鳥가 그려져 있으며 儀仗隊列은 남쪽으로 향해 서있다. 이외에 門墻의 壁畵는 매우 壯觀하고 정면 한 가운데에 大朱雀이 날개를 펴고 있는데 그

자태가 雄健하다. 양측에는 神獸, 玉兎(옥토끼)와 鳳凰, 네 벽면에는
彩雲紋 및 蓮花紋이 그려져 있다. 그리고 지면의 그림은 蓮花와 꽃을
연속으로 이어 만든 纏枝花卉紋 장식 도안 내용이 풍부하고 技藝수준
이 매우 높아 南北朝時期의 대표적 회화이다. 그리고 이 무덤 안에서
陶俑을 비롯한 2,000여 점의 유물이 출토되었다. 현재 이 벽화는 처음
100여 덩어리로 나누어 떼어내 습기를 제거하였다. 그리고 서기 1995
년 中央美術學院과 河北省文物部가 합작으로 이 벽화를 모사하고 완
전히 복원을 한 다음 서기 2012년 3월 1일 이후 河北博物院에 전시되
고 있다.

7. 南唐国

河北省 保定市 曲陽県 西燕川村 西坟山에서 서기 1994년 6월 중순
경까지 여러 차례 도굴을 당했다가 신고로 인해 서기 1995년 7월 12일
에 발굴·정리된 王處直墓(M1호)가 이곳에 위치한다. 이 묘는 그곳에서
발견된 王處直의 墓誌銘에 의해 五代十国시기(서기 907년 – 서기 979년)
의 王處直墓로 명명되었다. 서기 1994년 마지막 도굴시 묘실 벽에서 떼
어낸 汉白玉彩畵浮彫武士像 두 점이 홍콩(香港)을 통해 미국으로 밀반
출되었다가 파리(巴黎)조약으로 인해 7년 후인 서기 2001년 5월 26일 河
北省으로 반환되었다. 이 무덤 안에서 王處直의 묘지명을 비롯해 汉白
玉彩畵浮彫散樂图란 石刻도 함께 발견되었다. 이 武士像은 사슴과 소를
밟고 서 있는데 이 상은 唐 太宗시 무공을 세우고 사후 雜鬼를 물리치는
신으로 승격된 尉迟恭(尉遲敬德, 서기 585년 – 서기 658년 12월 26일)을
묘사한 것으로 추정된다.

그리고 江蘇省 南京市 江宁区 祖堂山 南麓에서 서기 1950년에 조사된 南唐烈祖 李昇(서기 943년 死)의 钦陵과 中主 李璟(서기 961년 死)의 顺陵의 南唐二陵이 발견되었다. 그러나 后主 3대인 李煜는 宋나라의 포로로 洛陽에서 죽어 北邙山에 묻히어서 왕릉이 없다. 五代十国(서기 897년-서기 979년/서기 907년-서기 979년) 중 南唐国(서기 935년-서기 975년)은 李昇→ 李璟→ 李煜의 3대 38년간 존속하였다.

钦陵은 永陵으로도 불리며 전돌(砖石)로 건조되고 목제 틀로 짜놓은 仿木结构이다. 규모가 顺陵에 비해 크며 墓长 21.48m, 폭 10.45m, 高 5.3m이며 前, 中, 后의 3방과 10개의 측실로 구성되어 있다. 顺陵은 江苏省 南京市 江宁区 东善桥乡 祖堂山 南쪽에 위치마며 长 22m 폭 10m 高 5.42m이며 묘실은 前, 中, 后의 3방과 8개의 측실로 구성되어 있다.

발굴이 진행되는 도중 钦陵의 바닥에서 중국 고대 제왕이 세상을 뜬 후 살아있는 사람들이 주인공의 살아생전의 功德을 기리는 祭文書를 玉片에 기록하며 이를《玉哀冊》으로 부른다. 李昇의《玉哀冊》에 '維保大元年'이라는 南唐의 年號가 있으며 이는 서기 943년 3월-서기 957년간에 해당한다. 중요한 것은 '人首魚身俑'이 발견되었는데 현재 南京博物院에 소장되어있다. 이것은 크기 15㎝, 長 35㎝로 陶俑의 머리는 머리에 관을 쓴 남자이며 陶俑의 몸은 물고기 형상을 하고 있다. 이는 남당인들이 '人首魚身俑'이 人头와 魚身이 自然融合하여 一體를 이룬 것을 귀하게 생각하였던 모양이다. 《山海經》에서 "人面魚身無足"과 "人面蛇身"이란 글이 나오는데 이는 海神과 山神을 의미하는 것 같다. 이 무덤 내에서 이러한 도용이 나오는 것은 '鎭墓獸'의 역할을 의미한다. 「南唐二陵」에서 各種 人物陶俑이 136개가 나왔는데 '胡服을 입은 南舞俑'을 비롯하여 馬, 狗, 獅, 駱駝 등 動物俑과 人首魚身, 人首蛇身 등 異性俑도 포함된다. 이곳에서 출토한 특별한 도용은 人面魚身陶俑(陶儀魚), 伏羲與女媧을 상징하는 人面蛇身陶俑, 人面龙身陶俑, 人面魚身陶俑 등이다.

8. 北周

李静训墓는 陝西省 西安市 玉祥门外 西大街 南쪽 약 50m의 곳으로 隋나라 당시 都城인 大興城 내 궁궐 왼쪽의 休祥이란 지명이며 그곳에 皇家墓地인 萬善尼寺가 위치한다. 이 무덤은 서기 1957년에 发掘되었다. 墓主人 李静训은 관에서 나온 墓誌銘과 司馬光의 自治通鑑에 의하면 隋朝 煬帝 杨广(서기 569년-서기 618년 4월 11일, 一名 英, 小字 阿麼로 隋 文帝 杨坚와 文献皇后 独孤伽罗의 次子이며 隋朝 第二位皇帝)의 딸이며 北周(서기 557년-서기 581년)의 宇文贊(서기 560년대-서기 581년, 字는 乾依이며 周 武帝 宇文邕의 第二子)에게 시집가서 皇后가 된 乐平公主 杨丽华의 外孙女이며, 할아버지는 李崇(上柱国幽州總管壯公)로 아버지 李敏(左光祿大夫)과 乐平公主의 딸 宇文娥英 사이의 4째 딸로 大业 4년(서기 608년) 9살 때 질병에 걸려 죽었다. 그녀의 曾祖父는 北周时期의 有名한 驃骑大将军 李贤(서기 504년-서기 569년, 字贤和, 原州平高/현 宁夏 固原人, 中国 北周 柱国大将军, 原州刺史)이다. 乐平公主는 北周의 宇文贊에게 시집을 가서 周皇太后로 칭하였으며 북주가 망하고 나서 萬善尼寺에 비구니가 되었다고 한다. 西京 新記 권 3에 의하면 "周宣帝大象二年(서기 580년)立 開皇 二年(隋, 서기 582년)度周氏皇后 嬪御以下千余人爲尼 以處之也"라고 언급되어 있다. 李静训의 墓는 외부의 石椁과 내부의 石棺(西安碑林博物館 소장)으로 구성되어있으며 모두 木造殿堂을 방불케 하는 門板, 門框(doorframe), 門額, 門檻(threshold), 門釘, 蓮花文을 조각한 板瓦와 筒瓦 등 세부적인 것도 묘사해 三間殿堂/궁전을 나타내고 있다. 兩扇 門板의 중간에 門环을 조각하고 门의 양측에 양각으로 侍女를 조각해 넣었다. 石樟안의 宮殿인 石棺은 平面 長方形으로 石棺의 길이는 1.92m, 폭 0.89m, 高 1.22m이다. 관, 관과 곽 사이에 부장되어 있는 유물은 현재 中国国家博物館 소장의 玻璃小瓶(橢圓形錄玻璃瓶, 高鉛玻璃), 隋鑲金口白玉杯(高 4.1cm, 口径 5.6cm, 足径 2.9cm), 白磁双腹龙柄傳瓶(高 18.6cm, 口径 4.5cm, 腹径 6.3cm), 鑲嵌眞珠寶石金項链(一条의 珍珠와 鸡血石이 鑲嵌되고 조각된 大角鹿의 青金石/Lapis lazuli/Lazurite이 있는 金項链), 金冠飾花朶, 金銀珠花头飾, 金手鐲(bracelet, armband, 长径 7cm, 短径 5.5cm), 金銀高足杯, 陶俑, 日用器具, 玉釵, 銅鏡, 鎏金小銅鈴, 金銀器皿, 瓷器(17점) 등이다. 그 중 玻璃小瓶(高 12.5cm)은 唐太宗 때 隋書를 쓴 魏徵(서기 580년-서기 643년 2월 11일)은 玻璃小瓶에 대해 '時中国久絶琉璃之作 匠人無敢厝意'라고 언급하고 있다. 그래서 중국에서 浙江省 杭州博物館 소장의 水晶杯(水玉, 千年冰, 菩薩石으로도 불림)와 같이 出境展出禁止文物目錄의 하나로 정해졌다. 그리고 金銀高足杯는 그리스(古希臘)와 로마제국(羅馬帝国)의 영향을 받아 만들어진 것이다. 古代 페르시아(波斯)의 사산(Sassan, 薩珊, 서기 224년-서기 652년)왕조의 銀貨도 보인다. 그리고 金項链에 장식된 青金石은 아프카니스탄(阿富汗) 타지키스탄 남동부에 위치한 바다흐샨(巴達克山, 拔達克山, Badakhshan)이 원산지로 형태는 파키스탄에서 출토한 유물들과 비교해 볼 때 기원전 4세기경의 것으로 보인다. 이들은 그리스, 로마, 아프카니스탄, 파키스탄과 중국 사이의 문물교류가 일찍부터 있어왔다는 물증이 된다.

9. 隋

서기 1981년 11월 9일 陝西省 旬陽県 旬陽중학교 학생이 발견한 天下第一岳父印章은 서기 1991년 王翰章에 의해 그 비밀이 밝혀졌는데 그 도장의 주인공은 北魏에서 태어나고 후일 친구 宇文泰(서기 506년-서기 557년)의 권유로 西魏로 망명한 '獨孤如原 獨孤信'이었다. 그는 官運도 좋았고 특히 자식 6南 7女를 두었는데 딸 7명 중 셋이 王室에 시집가서 皇后가 되었다. 정실 郭씨와 사이에서 난 첫째는 宇文泰의 아들 北周 2대 明帝 宇文毓(서기 534년-서기 560년)의 부인 明敬皇后가 되었고, 4녀는 李虎의 아들 李昞에 시집가서 唐 개국황제인 李淵을 낳아 元貞皇后가 되었고, 둘째 부인 崔씨 사이에서 난 마지막 7째 獨孤伽羅는 楊忠의 아들 隨文帝 楊堅에게 시집가 文獻皇后가 되었다. 그래서 獨孤如原은 天下第一의 '三朝国丈'으로 불렸다. 인장은 煤精印으로 질은 煤玉黑碳石(jet)로 높이 8㎝, 폭 4.35㎝, 邊長 2㎝ 무게 7.5g이다. 인장은 삼각형 8면, 정방형 18면의 도합 26면을 보이고 14개의 면에 '臣信上疏', '大司馬인', '柱国之印', '信白牋', '令', '密' 등의 楷書體로 쓴 관직명이 14개나 된다. 이 인장은 중국 유일의 형태를 가진 도장으로 陝西省歷史博物館의 鎮館之寶이다.

서기 609년(大业 5년) 隋 炀帝가 甘肃省 祁蓮山脈의 风光清秀한 焉支山하에서 万国展览 會(盛會)를 거행하였는데 当時 参加 盛會에 참가한 나라는 突厥, 新罗, 靺鞨, 毕汰辞, 诃咄, 传越, 乌哪曷, 波腊, 吐火罗, 俱虑建, 忽论, 诃多, 沛汗, 龟兹, 疏勒, 于阗, 安国, 曹国, 何国, 穆国, 毕, 衣密, 失范延, 伽折, 契丹 등 20여 국이었는데 사서에서는 이를 万国展览會로 칭하며《资治通鉴》(북송 때 司馬光이 서기 1084년 11

월에 완성)에서도 이 盛會에 대해 '其蠻夷陪列者, 二十余国'으로 기재하고 있다. 이는 당시 국제정세와 실크로드와 관련된 무역을 파악할 수 있는 좋은 예이다. 그리고 현 原山丹县 文化局 党总支书记 周春林은 隋煬帝 당시 西巡嘜随军行言에서 추론해 六合城, 六合殿, 千亼帐3部份组成. 六合城用作寝宫, 方1百二10步, 高4丈2尺(现茬长 100m, 폭 32m, 高 6层 嘜两幢楼房), 可容纳侍卫 600亼(wáng, 凡亡之属皆从亡, death, destroyed; lose, perish), 车载轮运, 装卸方便: 六合殿用作观风行殿으로 이야기 한다. 최근 陈希儒가 巨幅의 《隋煬帝西巡焉支山图》를 그린 바 있다(中国甘肃网−张掖日报 2014년 3월 18일).

서기 2013년 11월 16일(토) 中国文物局과 中国考古學會에서 江苏省 扬州市 邗江区 西湖镇 产项目工地 内에서 발견된 두 기의 무덤 중 1호는 隋煬帝(楊广, 서기 569년−서기 618년 4월 11일)墓, 2호는 蕭后墓로 煬帝와 蕭后의 合葬墓로 葬全长은 24.48m로 여러 번 도굴을 당했지만 이곳에서 墓誌를 비롯한 100여 점 이상의 유물이 출토되었고 1号 墓에서 발굴된 두 개의 치아는 50대에 속하는 남자로 一号墓의 墓主는 杨广, 2号 墓의 묘주는 키 1.5m의 성년 여성으로 부인 蕭后로 추정된다고 밝혔다. 蕭后는 아버지는 西梁 孝明帝 蕭岿, 어머니는 张皇后로 唐 贞观 21년(서기 647년)에 죽었는데 唐 太宗이 皇后의 예를 갖추어 양주의 수양제(양광)묘에 합장하게 하였다.

서기 2017년 5월 19일부터 9월 18일 까지 열린 十年藏珍−西安博物院新入藏文物精品展에 전시된 西安博物院의 鎭館之寶의 하나인 서기 1974년 西安南郊 八里村 무덤에서 출토한 '董欽鎏金造像'은 탁자모양의 台座에 써진 銘文인 "宁遠將武强县县丞董欽于開皇四年七月十五日敬造"로 보아 隋 初代皇帝 文帝[楊堅, 北周 5대 静帝 宇文闡(서기 573

년-서기 581년)의 외손, 서기 541년 7월 21일-서기 604년 8월 13일 재위] 開皇 4년(서기 584년)에 武强县 县丞 董欽이 供養人으로 출자해서 만든 불상으로 釋迦牟尼佛, 2 菩薩, 2 力士, 2 蹲獅의 도합 5개의 조상으로 이루어진 것으로 印度 古代 16국의 하나인 蘇羅森那(Śūrasena)의 수도인 秣菟羅(摩突羅国, Mathurā)에서 영향을 받은 굽타(Gupta, 笈多)양식이다. 隋 文帝는 부친이 현 陝西省 渭南市 大荔县 一帶의 同州 刺史 楊忠의 아들로 서기 541년, 后魏 大总七年六月十三日/7월 21일) 馮翊城(同州) 般若寺에서 태어나 13세까지 乳名을 梵語로 那羅延(金剛不壞, 金剛力士)이란 이름으로 智仙(智仙神尼, 河东 蒲坂刘氏女로 法名은 智仙)밑에서 자라면서 佛心을 키웠다. 그가 그러한 연유로 불교를 장려하여 전국에 사원과 불탑을 짓고 불상을 조성하였는데 '董欽鎏金造像'과 같은 양식은 이러한 배경에서 만들어졌다. 당시 불상이 150만軀가 만들어 졌다고 한다. 그러나 현재 '董欽鎏金造像'과 같은 양식은 北周와 北齐의 두 가지가 있는데 西安博物院의 '董欽鎏金造像'은 北齐양식으로 이는 董欽이 현 河北省 衡水市인 武强县 县丞으로 부임할 때 北齐양식으로 만들었던 것으로 추정된다.

10. 唐

북으로는 渭河에 임하고 남으로 終南山에 의지하는 지리적 여건으로 秦나라 때부터 首都 咸阳이 들어서게 되고 서기 618년 隋나라의 唐国公 李淵도 唐나라를 세워 長安을 수도로 정했다. 이곳 長安은 汉 武帝 刘彻 (기원전 156년 7월 14일-기원전 87년 3월 29일, 西汉 7대 皇帝)이 張騫으로 하여금 개척한 絲綢之路의 결과로 당시 세계화물의 집산지이며 무역, 경제, 문화의 중심지인 국제적인 대도시가 되었다. 唐 长安城은 初名이 大兴城으로 隋 文帝 開皇 2년(서기 582년)에 짓기 시작하여 开皇 3년(서기 583년 천도하였다. 唐朝의 建立後 長安城으로 바꾸었다. 이 성은 京兆府 長安県, 萬年県에 속하며 隋·唐 两朝의 首都로 当時 世界에서 최대 규모의 城市였다. 外国文献에는 이 성을 胡姆丹이라고 칭하였다. 隋代의 大兴城에서 살던 人口는 隋 文帝 开皇 때는 25万 人(일설에는 60万 人) 唐代 武则天의 시기에는 약 100万 人 정도였다. 城市는 外郭城, 宮城과 皇城의 三部分으로 组成되었으며 面积은 83.1㎢(大明宮 3.11㎢는 포함되지 않음)로 城内는 여러 직업인으로 들끓었고 최대로 많을 때의 인구는 200万 人으로 100万 人을 훨씬 초과하였다. 唐末에 洛阳으로 천도 후 이 성은 훼손이 되고 그 遺址는 현 陝西省 西安市의 大片地帯에 남아있다. 서기 1996년 隋 大兴唐长安城遺址는 中华人民共和国国务院의 公布로 全国重点文物保护单位로 되었다. 이 성은 中国에서 明南京성에 이어 두 번째 큰 大都城이다.

서기 2007년 9월 30일 长安城 南壁의 서쪽에 위치한 含光門이 발굴·정리되었는데 길이 동서 37.4m, 남북 19.6m의 규모로 含光門에는 3개의 通路가 있으며 東과 西의 두 개의 通路는 폭 5.3m, 中央의 通路는 폭 5.5m이다. 발굴 종료 후 이 유지에 西安唐皇城牆含光門遺址博物館(唐皇城牆含光門遺址博物館)이 설립되었다. 각국의 외교관들이 이용하던 含光門 뒤에는 鴻臚寺(홍려시)가 있었는데 이는 鴻臚館으로 오늘날 釣魚台의 国賓館으로 민족·외교사무기구의 역할을 하였다.

大明宮国家遺址公園 내의 大明宮은 高祖 李淵의 次子 秦王 李世民이 武德 9년 6월초 四庚申日(서기 626년 7월 2일) 長安城 太極宮의 北宮門인 玄武门 근처에서 长兄 皇太子 李建成과 四弟 齐王 李元吉을 타살한 '玄武門之變' 후 정권을 장악하고 부친 李淵은 정관 3년(서기 629년)

퇴위해 太上皇으로 大安宮에 머물렀는데 太宗 李世民이 부친을 위해 贞观 8년(서기 634년)에 矩形의 長安城 동북쪽 龙首原 근처에 세우기 시작했으며 중간에 李淵의 사망 후 중단된 것을 太宗 李世民의 아들인 高宗이 麟德 元年(서기 664년)에 落成하였다. 大明宮에서 17위의 황제가 정무를 보았으며 唐朝 末期에 战火로 부서졌는데 그 흔적은 현 陕西省 西安市 城区의 北郊에 남아있다. 서기 1961년 大明宮遺址는 中华人民共和国 国务院의 公布로 全国重点文物保护单位로 지정되었고 서기 2010년 大明宮国家遺址公园이 만들어져 保护와 展示가 되고 있다. 면적이 3.2 km²로 그 안에 남쪽에 大明宮의 正门인 丹凤门, 폭 176m의 丹凤门大街, 북쪽으로 含元殿, 宣政殿, 紫宸殿, 蓬莱殿, 含凉殿, 玄武殿 등으로 조성된 건물들이 南北中轴线에 있으며 宮内의 기타 건물들은 큰길 연 4,5개변에 동서, 남북으로 세워졌는데 규모는 프랑스의 베르사유궁(Versaille, 凡尔赛宮)의 1,000배, 故宮의 4.5배, 크렘린(Kremlin, 克里姆林宮)의 12배, 루브르(Louvre, 卢浮宫)의 13배, 버킹엄 궁(Buckingham Palace, 白金汉宫)의 15배로 唐代 宮城建筑의 雄伟风貌를 짐작하게 한다. 여기에서 출토한 鎏金金銅鋪首(문고리), 蓮花紋瓦當을 포함한 각종 유물들은 현재 西安博物院에 전시되어 있다. 그리고 大明宮 南門인 朱雀門 남쪽으로 뻗어있는 朱雀大路 서쪽에 위치한 西市는 당시 실크로드/絲綢之路의 시발점이다. 이곳에는 현재 陝西省 西安市 大唐西市博物館이 들어서있다.

　서기 2017년 6월 22일−7월 22일 西安唐皇城墻含光門遺址博物館에서 열린 "瞻禮大唐 '一帶一路'背後的器用"전시회는 唐代人의 社會와 生産生活狀을 엿볼 수 있는 金銀器, 銅器, 玉器, 瓷器陶器 등 各種材質의 文物 모두 90件이 전시되었다. 深圳望野博物館에서는 葡萄花鳥紋銀香囊, 三彩紋胎印花方枕, 藍釉盤口壺, 黑釉鏤空香薰, 靑綠釉劃刻花茶碾

碗, 靑綠釉碾球, 白瓷辟雍硯, 三彩辟雍硯, 豹斑石图盒, 靑銅孔雀禽鳥紋葵花鏡, 靑銅象流執壺, 三彩印眞珠地貼花獸面紋鳳首壺, 邢窯白瓷獸柄執壺, 綠釉執壺, 点綠彩小執壺, 綠釉鷹首壺, 白瓷深腹杯罐, 褐綠彩云流紋葫蘆形執壺, 菱格花玻璃壺(白釉穿帶盤口瓶), 巩县窯白瓷辟雍硯, 巩县窯白瓷燭台, 邢窯白釉'盈'字款盖罐, 邢窯'盈'字款碗, 大唐西市博物館에서는 胡人騎駝俑, 唐褐釉胡人俑, 三彩胡姬俑, 彩繪胡姬俑을, 그리고 陝西法門寺博物館에서는 盤口細頸淡黃色琉璃瓶, 八瓣團花紋藍色琉璃盤, 八棱淨水秘色瓷瓶, 三彩印眞珠地貼獸面紋鳳首壺, 三彩模印花碗을 출품하였다. 이들은 刘禹錫(서기 772년-서기 842년, 檢校禮部尚書)이 처음으로 장안성에 왔을 때 《插田歌》에서 '長安眞大處 省門高軻峨', 杜甫(서기 712년 2월 12일-서기 770년, 右卫率府兵曹参军)의 《寄李太白二十韵》에서 "笔落惊风雨 詩成泣鬼神", 李白(서기 701년-서기 762년, 翰林学士)의 《南陵別兒童入京》중 "仰天大笑出門去, 我輩豈是蓬蒿人"과 《客中作》중 "兰陵美酒鬱金香 玉碗盛來琥珀光"과 《饮中八仙歌》중 "天子呼來不上船 自称臣是酒中仙", 李白의 《少年行》其二 중 "五陵年少金市東 銀鞍白馬度春風 落花踏尽游何处 笑入胡姬酒肆中" 등의 시구가 이들의 사회·문화적 배경을 말해준다. 賀知章(서기 659년-서기 744년, 唐 玄宗 開元 13년 서기 710년 禮部侍郎 겸 集賢院學士)이 관료로 李白을 만나 2차로 술을 마실 때 술값이 모자라 차고 있던 금 거북(金龜)으로 해결한 故事도 남아있다.

《新唐書》五行志에 의하면 당나라 여자들은 琉璃로 만든 팔찌와 헤어핀(釵釧)을 무척 좋아했다고 전한다. 琉璃는 唐 太宗 16년(贞观 16년/서기 642년) 사산(萨珊波斯, Sassan Persia)王国의 王子 페로즈(卑路斯, Peroz)의 避身用 入唐과 太宗 21년(贞观 21년/서기 647년) 사산王朝의 에데게르드(叶斯德苟特, Jezdegerd) 3세가 救援을 위해 사

신을 보내면서 동행한 匠人들로 부터 처음 받아들인 이후 전통적인 주틀(鎔范)을 쓰는 熱加工(hot processing)을 대신하여 급격히 발전하였다. 《旧唐書》卷 198에 '貞觀 17년(서기 643년) 拂菻王波多力(Papas Theodoru)遣使 獻赤玻瓈 綠金精 下詔答賽'라고 언급되어 있어 동로마제국(東羅馬帝国, 비잔틴)의 拂菻国에서 온 사신이 적색의 유리제품을 헌상하였다고 한다. 그래서 당 태종은 싸움에 휘말리지 않고 중립을 지키기로 결정하였다. 그리고 서기 874년 당 18대 僖宗(懿宗 第五子, 初名儼, 서기 862년 6월 8일-서기 888년 4월 20일, 서기 873년-서기 888년 재위)이 大唐珍寶로 일컫는 수십 건을 法門寺 寶塔 地下宮에 바쳤다고 한다. 法門寺는 南北朝시기의 北齐에서 처음 만들었으며 후일 당나라 皇家寺廟로 高宗, 武后, 中宗, 肅宗, 德宗, 憲宗, 懿宗과 僖宗의 八位皇帝 '六迎二送'의 供養과 관련이 있다. 陝西 法門寺 地宮에서 발견된 武測天을 제외하면 唐 18대가 되는 僖宗이 法門寺에 奉獻한 珍寶는 唐代黃色琉璃盤, 唐四瓣花紋藍色琉璃盤, 唐素紋淡黃色直筒琉璃杯, 唐十字團花紋盤, 唐代钠钙琉璃盤, 八瓣團花紋藍色琉璃盤 등의 20점의 유리제품들을 들 수 있다. 중국의 전통적인 유리제작방식은 古宮博物院 소장의 汉大鉛鋇琉璃矛와 같이 납 성분이 들어간 유리제품(鉛鋇琉璃, lead barium glass system)인데 법문사 유리제품들은 서기 758년 6월 11일 唐 肅宗을 알현한 回紇(Uyghur Khangale)과 大食国(Seljuk) 사신들이 진상한 八瓣團花紋藍色琉璃盤, 素面藍色琉璃盤, 菱形双環紋深直筒琉璃杯 등 钠钙琉璃製作方式(soda lime glass system)으로 제작한 玻璃(琉璃)제품의 중국화한 것들이다. 당 高宗 때에는 사산(萨珊波斯, Sassan Persia)王国의 페르시아(波斯)로 대표되는 상인들이 西域과 歐洲에서 와서 銀貨로 비단(絲綢), 白瓷와 함께 당시 새로운 발명품인 唐三彩를 많이 구입해 갔다. 유리제품은 李賀(서기 790년-서기 816년)의 《将进酒》에서 언급한 바와 같이 "琉璃钟, 琥珀浓, 小槽酒滴真珠红"와 같다. 白瓷는 南北朝시기의 北齐에서 처음 만들었으며 "色白如雪 精巧秀麗"하였다. 3大 白瓷窑는 巩县窑, 邢窑, 定窑이다. 기종은 각종의 罐, 鉢, 壺, 盏 등이 만들어졌다. 그리고 唐三彩는 黃綠褐藍의 五彩斑爛의 釉色을 低溫에서 구운 것을 말하며 외국상인들의 중요한 수입품 뿐만 아니라 당시 황실과 귀족의 死後 副葬品으로 많이 애용되었다.

중국 당나라 때 외국인에 대한 개방, 민족 화해 국제화 포용의 태도 정책으로 德宗 貞元 3년(서기 787년) 長安에 거주하는 외국인이 4,000명 정도로 불어나고 장안 인구의 1/5에 해당하였다. 이러한 개방, 화해와 포용의 정책에 대해 외국인들이 본국에 돌아갈 생각을 않고 西市에 눌러앉아 장사를 하거나 관리가 되어 녹봉을 받은 폐해를 德宗 贞元 年间에 中书侍郎平章事를 지내고 邺县侯로 봉해진 宰相 李泌(서기 722년-서기 789년)은 그의 항의 상소문에서 언급하고 있다. 又 唐 太宗 16년(贞观 16년/서기 642년) 사산(萨珊波斯, Sassan Persia)王国의 王子 페로즈(卑路斯, Peroz)의 避身用 入唐과 太宗 21년(贞观 21년/서기 647년) 사산王朝(서기 224년-서기 652년)의 末代君인 에데게르드(叶斯德苟特, Jezdegerd) 3세가 救援을 위해 사신을 보내온 사건도 들 수 있다.

서기 2004년 西安에서 발견된 「井眞成」(せい しんせい/いの まにり, 서기 699년-서기 734년)의 墓誌(34.5㎝, 四方의 石板에 12行 171字가 새겨짐)는 그가 서기 717년 玄宗 開元 5년에 中國에 온 일본인 遣唐使 유학생임에도 불구하고 尚衣局(冕服, 几案, 都统을 관장)의 奉御(장관)인 5품을 지냈고 開元 24년(서기 736년) 36세에 사망하여 同年 2월 4일 「万年县」(長安南郊)에 매장되었음을 알 수 있다. 그의 墓誌銘은 다음과 같다.

'贈尚衣奉御井公墓誌文幷序 公姓井字眞成国號日本才稱天縱故能 命
遠邦馳騁上国蹈禮樂襲衣冠束帶 朝難與儔矣豈図强學不倦聞道未終
遇移舟隙逢奔馴以開元廿二年正月 日乃終于官弟春秋卅六 皇上 傷追
崇有典 詔贈尚衣奉御葬令官 卽以其年二月四日窆于萬年县滻水 原禮
也嗚呼素車曉引丹旐行哀嗟遠 兮頹暮日指窮郊兮悲夜台其辭曰 乃天
常哀茲遠方形既埋于異土魂庶歸于于故鄕'

서기 2014년 7월 23일 河南省 洛阳市 建春门 밖에서 出土한《阿罗憾
墓志》(47×47㎝, 正书18行 行17字, 95세 卒)는 阿罗憾(Arhat)이 睿宗 景
云 1년(景龙 4년, 서기 710년) 4월 1일에 95세로 사망하여 제작되었다.
阿羅憾은 페르시아(波斯国人)의 大酋長이면서도 高宗 显庆 年间(서기
656년—서기 661년) 拂林国诸蕃招慰大使로 2품관원에 봉해진 당시 당나
라에 필요한 매우 유능한 외교관으로 西域의 여러 나라(拂林国, 大食諸
胡七十二国)와 官方外交를 펼쳤다. 官方外交는 高宗 乾封 2년(서기 667
년) 비잔틴의 동로마제국과의 제1차 외교관계를 수립하는데서 정점을
이룬다.

西突厥의 阿史那贺鲁(Āshǐnà Hèlǔ, ?—서기 659년)는 汗国大将으로
室点密可汗五世孙이며 후일 西突厥沙钵罗可汗이 된다. 그는 太宗 20년
(서기 646년) 乙毗射匱에 의해 공격을 당해 3,000여 명의 무리를 이끌고
당나라로 투항했다가 唐 高宗 即位 後 반란을 일으켜 自立하였다. 그러
나 高宗 3년(서기 658년) 苏定方이 군사를 이끌고 이를 토벌해 唐 太宗
昭陵에 포로로 바쳤는데 그 다음해에 죽었다.

장안에 체류한 외국인의 고고학적 증거로 陝西歷史博物館의 獸首

瑪瑙杯와 鎏金銅胡勝舞俑, 西安歷史博物館의 客使图[唐 章怀太子 李贤(석기 655년 1월 29일-서기 684년 3월 13일)의 墓道 中部 东壁의 高 185㎝, 폭 247㎝, 六位人物이 묘사됨)와 西安博物院의 三彩陶武官俑 등을 들 수 있다. 또 李白의《少年行》이란 시 "五陵年少金市东, 银鞍白马度春风. 落花踏尽游何处, 笑入胡姬酒肆中"에서도 胡人과 胡姬를 볼 수 있으며 그 외에도 胡人과 관련된 것으로 胡夢卜(Daucus carota L. var. sativa Hoffm. 홍당무), 胡椒(후추), 胡旋舞, 胡琴 등이 언급된다.

또 '唐朝扶风小儿'로 칭하던 唐代 商人 窦乂(매의, 唐朝商贾巨富)와 玉石鉴别이 뛰어난 胡人 米亮과의 故事는 窦乂로부터 여러 번에 걸쳐 도움을 받은 米亮이 다른 집에 있는 于阗(Hotan)玉 덩어리를 窦乂로 하여금 几百贯(한 관은 6.25근 또는 100냥, 또는 1000돈, 약 3.75kg임)에 사게 한 후 이를 가공하여 十万贯을 벌게 해주었다.

長安에는 大慈恩寺와 大雁塔이 잘 알려져 있다. 大慈恩寺는 陝西省 西安市 南郊에 위치하며 唐代 長安의 四大譯經院(法相唯識宗의 祖庭)의 하나로 원래 隋代 无漏寺였다가 唐 高祖 武德 年间에 이미 폐사가 되었다. 그러나 唐 太宗 貞觀 22년(서기 648년) 당시 太子였던 李治(高宗)가 母亲인 长孙皇后의 명복을 빌기 위해 重建하고 大慈恩寺로 개명하였다. 大雁塔은 大慈恩寺가 새로이 만들어진 후 玄奘法師(서기 602년 4월 6일-서기 664년 3월 7일, 서기 646년 貞观 20년 大唐西域記 全12卷을 지음)가 太宗의 명을 받들어 이곳의 主持로 있으면서 唐 高宗 永徽 3년(서기 652년) 그가 求法으로 다녀온 天竺国의 유형을 따라 石造浮屠를 만들었는데 高宗이 砖瓦로 바꾸어 土心五層方塔, 高 180尺으로 만들었다. 武则天이 長安에 있는 동안 이 탑을 다시 개조하여 현재의 194척, 七层의 方形樓閣式으로 높여 놓았다. 玄奘法師에 대해서는《大唐大慈恩寺三

藏法師傳》이 있다. 그는 貞觀 3년(서기 629년) 長安을 출발하여 高昌国
(高昌王麴文泰), 西域諸国, 파미르고원(帕米尔高原)을 지나 키르기스스
탄(吉尔吉斯斯坦), 카자흐스탄(哈萨克斯坦), 우즈베키스탄(乌兹别克斯
坦), 파키스탄(巴基斯坦)의 페샤와르(白沙瓦)를 거쳐 인도 서북부 天竺
国 那爛陀寺에 도착하고 그곳에서 10여 년간 체재 후 16년 만인 貞觀 19
년(서기 645년)에 귀국하였다.

　　小雁塔은 당나라 長安城 安仁坊(현 陕西省 西安市 南郊 友谊西路 72
号) 荐福寺 內에 위치하며 "荐福寺塔"으로도 불리 운다. 이 탑은 唐 景龙
年间(서기 707년–서기 710년, 唐 中宗 李显) 唐代 高僧 义净(서기 635
년–서기 713년, 鸠摩罗什, 真谛, 玄奘과 함께 四大译经家로 불리움)이
天竺国으로부터 佛教经卷, 佛图 등을 가지고 와 이를 보존하기 위해 荐
福寺 안에 세워졌다. 이 탑은 大雁塔과 함께 唐 長安城 안에 보존되어
온 重要标志이다. 小雁塔은 中国 早期 方形密檐式砖塔의 典型作品으로
現存 13层, 高 43.4m이나 원래 15层으로 明 世宗 嘉靖 34년(서기 1556
년)에 일어난 关中大地震으로 파괴되어 13层이 되었다. 小雁塔과 荐福
寺 钟楼안의 古钟은 "关中八景"의 하나로 "雁塔晨钟"으로 현재 西安博
物院을 구성하는 일부분이다. 民国时期(서기 1912년–서기 1949년) 小雁
塔 아래 夯土(版築)로 다져진 基台에서 暗宮인 地宫이 발견되었는데 史
籍에 기록된 바와 같은 舍利 및 珍贵经卷은 없었다. 이는 아마도 지상의
"明宮"인 小雁塔에 보관되었다가 사라진 것으로 추정된다. 이외에도 佛
顶尊胜陀罗尼经幢(唐尊胜幢唐武宗 会昌 2년 서기 842년), 唐나라 때 만
들어진 无头石刻佛像, 金代 明昌 3년(서기 1192년)에 铸造된 铁钟(钟高
3.55m, 重约 8,000kg)이 잘 알려져 있다. 서기 1961년 3월 4일 小雁塔
은 国务院에 의해 第一批全国重点文物保护单位로 공표되었다. 또 서기

2014년 6월 22일 38차 카타르(卡塔尔 State of Qatar) 회의에서 이 탑은 카자흐스탄(哈萨克斯坦)과 키르기스스탄(吉尔吉斯斯坦) 3국 연합의 '丝绸之路: 长安-天山廊道的路网'를 구성하는 일부분으로 세계문화유산으로 등록되었다.

　　唐 明堂(萬象神宮, 明堂·天堂)은 서기 1986년 洛陽에서 공사 중 발견된 武則天[武曌, 武则天, 武后 서기 624년 2월 17일-서기 705년 12월 16일, 并州 文水县(현 山西省 呂梁市)人, 中國歷史上 유일한 女皇帝로, 唐 高宗시 皇后(서기 655년-서기 683년), 尊号는 天后, 唐 高宗 李治와 함께 二聖으로 불림. 서기 683년 12월 27일-서기 690년 10월 16일 唐 中宗과 睿宗의 皇太后로 스스로 武周 皇帝가 되어 서기 690년 10월 16일-서기 705년 2월 22일 사이에 在位함. 서기 705년 退位이래 中國 歷史상 유일의 女性 太上皇으로 即位할 때 67세로 연령이 가장 많고 82세에 최장수로 사망하였다]의 明堂(萬象神宮) 遺址로 문헌에 의하면 明堂은 武則天의 집권기간 薛懷義에 명하여 垂拱 3년(서기 687년)봄에서부터 垂拱 4년(서기 688년) 正月까지 근 일 년 사이 東都 洛陽 宮城안 隋나라 乾元殿 옛터에 '萬象神宮'의 明堂을 만들었다. 明堂의 높이는 35층에 해당하는 295척(86m), 주방형의 폭 300척(88m), 넓이 10,000㎡로 多邊形의 기초위에 원형의 정상과 上·中·下 三層으로 이루어 졌다. 그래서 명당의 下层은 平面正方形, 中层은 12边形, 上层은 24边形, 中·上层은 圓顶으로 나누어지고, 上层의 정상에는 크기 2.94m의 铁로 만든 鳳凰을 얹혀놓았다. 그리고 明堂의 북쪽에 隋나라 大业殿 밖에 高 五层의 天堂을 건조하고 그 속에 거대한 佛像을 안치하였다. 明堂의 規模와 復雜한 程度는 唐 長安과 洛陽 두 개의 수도에 있는 宮殿을 초과할 정도였다. 武則天 때 이곳은 儒家의 礼制建筑物로 군신을 모아 향연을 베풀고

외국 사신들의 朝賀를 받고, 政令을 발표하고 또 하늘에 제사를 지냈던 統治中心이었다. 唐 玄宗 李隆基가 황제를 계승하였을 때 武則天이 지은 건물을 허물고, 開元 27년(서기 739년) 明堂의 上層도 허물고 下層을 新殿으로, 開元 28년에는 新殿을 乾元殿으로 개조하였다. 明堂은 嗣聖 12년(武則天 12년, 中宗 12년, 서기 695년) 1월 16일에 화재가 나고 '安史之亂'(서기 755년 12월 16일-서기 763년 2월 17일)때 완전히 파괴되었다.

서기 1986년 武則天의 明堂 遺址가 발굴되었을 때 武則天이 건조한 明堂의 중심 柱礎가 선 夯土(版築, stamped earth)가 발견되었는데 이는 한 개의 거대한 원형 大柱坑으로 口部直徑이 9.8m, 深 4.06m였다. 坑底는 원형을 4분하여 四塊의 大青石을 바닥에 깔아놓은 柱礎임이 확인되었다. 현재 洛陽 발굴장소에 새로이 복원된 '新明堂'은 綠色으로 總高 21.18m, 外觀은 三層의 基台로 위에는 八角攢尖屋頂이고 발굴된 中心柱礎 遺址는 현재 건물 大廳에 발굴당시의 모습 그대로 전시하고 있다.

武則天은 말년에 道敎를 믿어 長壽, 祈福과 贖罪를 하려고 애를 써 五嶽을 돌며 昇仙太子碑, 泰山 武則天无字碑(鴛鴦碑), 武曌金筒과 자신의 남편이 高宗의 乾陵앞에 武則天无字碑(鴛鴦碑)를 남겼다.

昇仙太子碑는 河南省 洛阳市 东南 약 35㎞ 현 행정구역으로 偃师县 府店鎮 緱山의 山顶에 위치한다. 높이 6.7m 폭 1.55m 두께 0.55m이다. 이 비는 武周 聖歷 2년(서기 699년) 2월 初 4일 武則天이 洛阳 嵩山(숭산)에 封禅하러 갔다가 緱山 升仙太子廟에 지내면서 서기 699년 乙亥년 6월 甲申 朔 19일 壬寅에 一次 完刻을 하였다. 碑文表面에 周 灵王 太子 晋의 升仙 古事를 기술하고 武周의 盛世를 노래한 것이다. 飛白体로 碑額인 '升仙太子之碑'의 6字를 쓰고 본문은 行書와 草書의 중간 형

태인 章草書体로 기술하였다. 여기에서 무측천의 雄才大略(天下第一女碑)과 唐代의 飛白书의 書法神韵이 돋보인다.

武则天无字碑는 陕西省 咸阳市区 乾县 西北方 6km 떨어진 梁山위에 있으며 高宗의 乾陵 (女皇 武则天과 合葬) 司马道 东側에 위치하며, 北은 土阙에 기대고, 南은 翁仲, 西쪽으로는 述聖纪碑/述聖碑(武则天撰文으로 5,000여 자로 中宗 李显의 楷書로 각석되어 있으며 黑漆碑面으로 글자는 金粉으로 칠해 光彩가 나고 사람을 비춘다. 唐 高宗 颂德碑임)와 마주보고 있다. 无字碑는 하나의 큰 돌을 이용하여 만든 것으로 높이 7.53m, 폭 2.1m, 두께 1.49m, 무게 98.9톤이다. 无字碑는 乾陵 뿐만 아니라 女皇 武则天의 권력의 象徵이다. 碑额에는 碑名이 없고 오직 碑首에 八条螭龙을 雕刻해 놓았다. 이 무자비에 대해 해석이 분분하나 女皇 武则天 스스로 자기 권력의 과시나 황위에 올라 서기 위해 저질렀던 죄과에 대한 고백 때문으로 보기도 한다. 무자비는 女皇 武则天가 神龙 元年(서기 705년) 11월 26일 임종 시 남긴 유서로 자신의 帝号를 '则天大聖皇后'로 다시 바꾸고 자기의 位牌를 남편인 高宗 황제의 廟안에 모시는 '祔庙', 그리고 高宗 李治와의 合葬해달라는 결과의 표시로도 보인다. 다시 말해 이는 스스로 세운 '周'를 허물고 皇后였던 옛날의 唐으로의 복귀를 뜻한다.

泰山 禅社首山碑(双束碑, 鴛鴦碑)는 하늘과 땅에 대한 제사인 '封禅'을 하기 위한 인원 5,000명이 12월 泰山아래에 운집하여 그 다음해인 서기 666년 정월 泰山 禅社首에서 하늘에 대한 封제사를 지낸 기록을 담은 것으로 武则天이 43岁때이다. 乾封 元年(서기 666년) 正月 초하루 高宗이 泰山의 남쪽에서 昊天上帝에게 제사를 지냄을 시작으로 초이틀에 태산 위에서 '封제사', 초3일에 社首山에서 '禅' 제사(封은 하늘에 제사이

고 禅은 땅에 제사지냄을 의미함)를 지냈다. 3일째의 제사에서 武后/武则天은 亞獻(제사 시 獻酒의 역할)이 되었다. 그리고 초 5일에 禮华를 하고 어전회의에서 천하에 大赦免令을 내리고 '麟德'에서 '乾封'(乾封 元年은 서기 666년임)으로 연호로 고쳐 쓰다. 19일 泰山을 떠나 曲阜에 도착하여 孔子에게 太师의 칭호를 내리다. 2월 22일 亳州에 도착해서 老君廟에 제사를 지내고 太上玄元皇帝로 삼다. 31일 제사를 모두 끝내고 武后/武则天와 함께 洛陽으로 돌아온 고종은 명을 내려 '登封记号文'을 새겨 태산에 세우도록 하였는데 그 비가 社首山碑(双束碑, 鴛鴦碑)이다. 그러나 후일 그 비문 중 武则天이 남편 고종의 사후 스스로 세운 周나라의 상황에 맞게 11개 글자를 임의로 고쳐 넣었다.

四川省 广元市 皇泽寺 西쪽 嘉陵江의 西岸, 乌龙山의 东麓에 자리잡고 있는 皇泽寺(皇澤寺)는 武后眞容像이 있고 武则天[서기 624년-서기 705년, 이름은 曌(zhào), 并州 文水(현 山西省 文水县 东人으로 中国历史上 年龄 最大의 나이인 67세로 즉위한 유일의 正统女皇帝이다 그녀는 荆州都督 武士彠의 次女이며 母亲은 杨氏이다. 출생지는 四川省 广元市라는 설도 있다)의 祀廟가 있어 그녀를 祭祀지내는 유일한 곳이다. 寺內에는 388m의 길이의 암벽을 굴착해 北魏에서 隋·唐·明·清에 이르는 6개의 洞窟, 41개의 龕室, 1,203躯의 摩崖造像 및 历代碑刻이 보존되어 있어 中华传统文化의 瑰宝로서 文物价值가 매우 높다. 그 중에서도 则天殿, 二圣殿, 大佛楼 등이 유명하다. 이 절은 서기 1961년 国务院에서 全国重点文物保护单位로 공포되고 서기 2006년에는 国家AAAA级旅游景区가 되었다.

황택사의 건설은 唐 开元(서기 713년 12월-서기 741년 12월, 唐 玄宗 李隆基의 연호) 年间 武则天의 父亲인 武士彠가 利州(四川省 广元市로 西魏 废帝 元钦 3년/서기 554년 益州를 개칭하여 利州가 됨)의

都督 시절에 시작되었으며 처음 절 이름은 '乌奴寺' 또는 '川主庙'로 李冰과 그의 아들 李郎을 기념하기 위한 것이었다. 秦昭王(28대, 기원전 295년-기원전 251년) 時 蜀郡太守로 있던 李冰과 그의 아들 李郎이 기원전 256년-기원전 251년 都江堰(원래의 명칭은 都安县의 都安堰임) 계획으로 岷江을 막아 둑을 쌓고 水路를 내어 灌漑農業을 성공시켜 그곳에서 나온 잉여생산물을 축적하였는데 여기에서 비축된 잉여생산물이 후일 秦始皇 때의 인구증가와 戰国時代의 통일을 위한 軍備로 사용하고 있음에서도 잘 알 수 있다. 이때 만들어진 都江堰은 그 후에도 계속 修築을 거쳐 오늘에 이르고 있다. 李冰과 李郎 父子는 이 治水의 공적으로 근처 二王廟(后汉 乾宁 元年 서기 168년경 初築)에 모셔져 숭앙을 받고 있다. 武则天도 이곳에서 출생 또는 성장하였으며 武周(서기 690년-서기 705년) 정권이 들어선 이후 이 절은 武则天으로부터 대규모의 후원을 얻어 '皇恩浩荡, 泽及故里"이라 불리면서 '皇泽寺"로 개명되었다. 明代 陈鸿恩 撰《皇泽寺书事碑》에 "皇泽寺相传为武后创", 清代 张邦伸의《云栈记程》중에는 "武后秉政, 建皇泽寺于此"라고 실려 있다. 또 武则天이 죽어 神이되어 그의 사당을 "皇泽"으로 하고 그녀의 化身인 "在天之灵"으로부터 도움을 받기위해 武则天의 真容像을 봉안하였다고도 한다. '后蜀广政碑' 또는 '广政碑'에 의하면 后蜀 广政 22년 (서기 959년) 이 절을 확장해서 "唐则天皇后武氏新庙"를 만들고 당시 皇泽寺에 절 앞의 강에 '则天门', '天后梳洗楼', '乐楼'(戏楼), '弥勒佛殿', '铁观音殿' 등을 건축하였다. 그 후 여러 번 절이 파괴·훼손되었으나 현존하는 것은 대부분 清代의 건축으로 1,300여 년 전 皇泽寺 당시 건물의 흔적을 볼 수 있는 것은 大门, 二圣殿, 则天殿, 大佛楼, 吕祖阁, 五佛亭 등이다. 절은 높은 암벽에 매달려 있어 그곳에서 강을 굽어 절경을 내다볼 수 있게 해준다. 武则天의 모친 楊氏가 嘉陵江 水域에서 乌

龙(黑龙)에 의해 임신하고(感龙孕而生) 그 해에 난 딸이 武则天으로 매년 음력 1월 23일 皇泽寺는 庙会를 거행하는데 广元시민들이 民间文化活动의 일환으로 참여하여 皇泽寺 앞 乌龙潭에서 배로 游河湾을 건너는 '妇女游河湾', '女儿节游河湾'의 武后生日紀念式을 열고 있다.

'广政碑'는 서기 1954년 皇泽寺 建筑群中心을 관통하는 宝成铁路의 건설 시 발견된 것으로 '后蜀广政碑'라 부른다. 이는 孟昶 广政 22년 (서기 959년)에 만들어진 것으로 碑高는 92cm, 폭 90cm이며 正面 碑文은 右에서 左로 29行이 있으나 碑下段는 없다. 每行 26혹은 27字가 쓰여 있다. 碑文題目은 "大蜀利州都督府皇泽寺唐则天皇后武氏新庙记"이며 碑文结束 落款은 "广政二十二年岁在巳未九月六日记"라고 되어 있다. "广政"은 五代十国时期 后蜀国皇帝 孟昶의 年号이다. 该碑는 현재 皇泽寺 则天殿에 있다. 碑文은 "利州都督府皇泽寺唐则天皇后武氏新庙记"로 新旧《广元县志》에는 실려 있지 않다. 내용은 武后를 尊崇하고 新庙의 重修年代는 武后의 사후 254년이 지난 후임을 알려준다. 이 碑와 함께 唐 李商隐의 '感孕金轮所'인《利州江潭作》"神剑飞来不易销, 碧潭珍重驻兰桡, 自携明月移灯疾, 欲就行云散锦遥. 河伯轩窗通贝阙, 水宫帷箔卷冰绡, 他时燕脯无人寄, 雨满空城蕙叶雕"이란 诗는 郭沫若이 考证한 바에 의하면 武则天이 广元에서 태어난 实物史料라고 한다.

皇泽寺内에는 현재 大门, 则天殿, 二圣殿, 大佛楼, 小南海, 吕祖阁, 五佛亭, 武氏家庙, 钟鼓楼 등의 건축물이 있으며 새로운 건물은 女皇山庄과 宋代墓室浮雕墙이다.

그 중 则天殿은 二圣殿 뒤에 있으며 天殿이 된다. 이 건물은 唐나라 때 만들어 졌으며 '武后真容殿', '则天圣后殿'으로 불리나 일반적으로 민간인이 지은('民办') 寺庙와는 다르다. 则天殿은 女皇의 御敕으로 세운 나라의('官办') 건축물이기 때문에 寺庙 내에는 釋迦牟尼를 모시는 절의 대표건물인 "大雄宝殿"이 없다. 이로 인해 则天殿이 皇泽寺의 主殿이 된다.

殿内에는 武氏家系图가 있는데 기록에는 武则天의 父亲 武士彟(확, huò)은 太原 文水人으로 원래 山西省의 木材商人이었는데 종군하여 李渊(唐高祖)과 인연이 닿아 관직이 순조로웠다. 武德 3년(서기 620년) 正三品 工部尚书(建设部部长)으로 승진하고 唐朝 开国元勋공신이 되었다. 武士彟은 唐高祖의 신임을 얻어 唐 高祖 時 朝廷重臣으로 武德 8년(서기 625년) 八月后 武士彟는 检校 扬州大都督府 长史外放为官이란 闲職으로 半年을 보냈다. 武德 9년 6월 초 4 庚申日(서기 626년 7월 2일) 李世民이 玄武門(太极宫의 북문)之變이란 玄武门兵을 发动하여 长兄 皇太子 李建成(서기 589년-서기 626년 7월 2일, 小字 毗沙門, 唐 高祖 李渊 嫡長子)과 四弟 齐王 李元吉(서기 604년-서기 626년 7월 2일, 名 劼, 小字 三胡)의 두 사람을 사살하고 皇太子가 되고 京師兵權을 장악한다. 그리고 同年 八月初 九甲 아버지 李渊으로부터 황위를 禅讓받는다. 그리고 朝中重臣 全部 李世民의 亲信으로 되었으나 武士彟는 배제되어 朝廷에 복귀하지 못했다. 武德 9년(서기 626년) 8월 李世民이 황제로 등극하고 年号를 贞观으로 바꾼 다음해인 서기 627년 武士彟는 다시 利州都督으로 임명되었다. 그래서 그의 둘째 딸인 武则天의 出生时间은 ① 武德 7년(서기 624년), ② 武德 8년(서기 625년), ③ 贞观 2년(서기 628년)의 세 가지 설이 있다. 만약 ①과 ②의 설에 의하면 则武则天은 长安(현 陕西省 西安)에서 ③의 경우는 广元에서 태어난 것이 된다.

二圣殿은 皇泽寺 大门을 지나 제일 먼저 보이는 건물이며, 大殿 한 가운데 唐 高宗(唐朝 第3代 皇帝로 太宗의 第 9子, 어머니는 長孫皇后임, 서기 628년 7월 21일-서기 683년 12월 27일)과 武则天 두 분을 모셨다. 贞观 23년(서기 649년) 唐 高宗 李治가 即位하고 李治는 太子 時 父亲 唐 太宗 李世民의 才人인 武则天과 인연이 닿아 친분을 쌓아 갔고 형님들인 皇太子 李承乾(서기 619년—서기 645년 1월 5일, 字 高明, 唐 太宗 李世民 长子, 母长孙皇后)과 唐太宗 次子인 泰(서기 620년-서기 653년 1월 20일, 字 惠褒, 小字 青雀, 母长孙皇后)를 제거하고 황제가 되는데 에도 武则天의 권유와 도움이 컸다. 高宗의 即位后에는 武则天이 皇后가 되는데 大臣의 적극적인 반대에 부딪치게 되었다. 李勣(원명은 徐世勣으로 字는 懋功. 또는 茂功. 唐 高祖 李渊이 国姓인 李씨 성을 하사하고 후일 唐 太宗 李世民이 李勣으로 개명함, 英国贞武公 李勣, 서기 594년-서기 669년)의 一句인 "此陛下家事, 何必更问外人"으로 서기 655년 王皇后를 폐한 후 武氏를 皇后로 세우게 된다. 显庆(서기 656년-서기 661년) 末年 高宗이 현기증(风眩头重) 등 자주 병치레를 하게 되고 볼 수 없어 정무를 武则天이 대신 보게 되고 자연히 武则天이 朝政을 장악하게 되었다. 史书에 "麟德 元年(서기 664년)后, 每次上朝议事, 帝坐于东间, 后坐于西间, 政无大小, 皆于闻之, 天下大权, 悉归中宫, 黜陟, 杀生, 决于其口, 天子拱手而已, 中外谓之'二圣'"이라 하여 二圣이란 말이 나오게 된다. 이는 武则天의 탁월한 政治才能의 표현이기도 하다. 殿内 左右两侧에 高宗과 武周朝时期의 九位著名大臣像이 조각되어 있는데 이들은 李勣, 李义府, 魏元忠, 李昭德, 狄仁杰, 娄师德, 张柬之, 来俊臣, 上官婉儿이다.

皇泽寺 大门 北側에 凤阁, 钟楼, 南側에 심경이란 글이 써진 '心经'

洞, 武氏家庙와 鼓楼가 있다. 武氏家庙는 武士彠이 利州都督이 된 후 그가 '招辑叛亡, 抚循老弱, 为官清廉, 政绩卓越, 颇得百姓爱戴, 故今特建庙以纪之'하다고 해서 이를 기념하기 위해 지어진 건물이다. 武氏家庙 안에는 武则天의 全家像, 한가운데에는 武士彠 및 后妻 杨夫人의 조각상이 있다. 武士彠의 첫째부인은 相里氏로 武德 6년(서기 623년)에 죽었다. 武德 7년(서기 624년) 四月 唐 高祖가 스스로 모반을 할 때 두 번째 부인 隋朝 王室 宰相 杨达之의 딸을 后妻로 삼았는데 그녀는 후일 荣国夫人으로 봉해졌다. 그 후 그녀는 딸 셋을 낳았는데 武则天은 貞觀 2년(서기 628년)에 출생한 두 번째이다. 右側에는 武士彠과 첫째부인 相里氏 사이에서 얻은 두 아들 武元庆과 武元爽의 상이 있다. 左側에는 武士彠와 杨夫人 所生의 세 딸인 長女 顺(字 明则으로 王府 法曹 贺兰越石에게 시집을 가서 贺兰敏之를 낳았는데 후일 과부가 되고 韩国夫人으로 봉해졌다. 운이 좋게도 高宗을 만나 후일 또 다시 郑国夫人으로 붕해졌다)과. 차녀[이름이 约 字는 明空 즉 曌(zhào, 조)로 武则天]과 史書에 그녀 이름이 보이지 않는 셋째 딸의 상이 있는데 이는 郭孝慎에 시집을 가서 일찍 죽었기 때문이란다.

출생이 어떻든 간에 武则天은 广元에서 어린 시절 전부를 보냈으며 12세 아버지가 돌아가신 후 그녀는 모친과 함께 族兄의 虐待를 받았다. 贞观 11년(서기 637년) 14세의 그녀는 入宮하여 唐 太宗의 才人(正五品)이 되었다. 당 태종은 그녀를 잠깐 동안 총애하여 '媚'이라는 이름을 하사하여 '武媚娘'이 되었다. 그래서 12년간 才人으로 머물며 승진하지 못했다. 당 태종의 중병기간 그녀는 唐 太宗 李世民의 第九子이며 嫡三子인 후일 高宗이 된 李治와 친분을 쌓아갔다. 李治가 왕위를 계승하고 그녀는 感業寺에 穿照라는 法名으로 比丘尼가 되었으나 感業寺에 분향하러온 高宗에게《如意娘》("看朱成碧思纷纷, 憔悴支离为

忆君 不信比来长下泪, 开箱验取石榴裙")이라는 七言绝句의 詩를 바치고 다시 고종의 마음을 얻어 '昭仪'와 '皇后'로 지위가 높아졌다.

서기 690년 武则天은 正式으로 "皇帝" 보위에 올라 중국역사상 처음으로 女皇帝(67세)가 되어 国号를 周로 바꾸고. 1년이 지나자 서기 705년 周를 唐으로 다시 환원시켰다. 그 다음 中宗이 계승되어 그해 11월 26일 81세로 临终前 "去帝号, 称则天大圣皇后"이란 遗诏를 남겼다.

则天殿 한가운데 中国 内에서 唯一한 '武后真容'의 石刻像이 있다. 宋人《九域志》에 武则天当皇帝后가 "赐寺刻其真容"라는 기록이 있어 武则天이 皇帝后로 '赐寺刻其真容'을 만들어 봉안하였다고 한다. 石刻像은 高 1.8m로 沙岩 한 덩이로 雕成하였다. 1,300여 년이 지난 지금 唐代 女皇은 禅定印을 하고 宝冠을 쓰고 比丘尼의 승복을 걸친("方额广颈, 神态安详, 头戴佛门宝冠, 身着僧尼衣袍, 肩披素帛, 项饰珞圈, 双手相叠于膝, 作法界禅定印") 佛家의 样式에 따라 조각되었지만 이상은 '武则天晚年之像'으로 세속을 벗어난 神秘한 모습("却颇具人 神兼备之气")과 아울러 당시 정치와 종교의 결합을 잘 보여준다. 武后真容像은 서기 1949년 劫难을 맞아 地下에 숨겨졌다가 서기 1950년 현상태로 复原되었다. 石像의 목(颈部)이 원래에 비해 1.5cm 짧아지고 衣饰彩绘가 褪色되어 서기 1993년 泰国藉의 华人 苟寿生이 金 800g을 기증해 다시 전신에 金箔을 하였다. 殿内에는 武则天的石刻画像碑가 있는데 碑上에 女皇이 머리에 冕旒을 쓰고 몸에는 王服을 입고(云环雾鬓, 舞带霓裳)있는데 中华民国 時 临摹는 明代 陈鸿恩 所著《无双传》중에 '金轮遗像'을 조각하였다고 이야기한다. 当是 武则天 '王'의 神态로 "绝代佳人绝世雄, 衣冠万国冕旒崇 须眉有幸朝宸下 宰辅多才到阁中 六尺遗孤兴浩劫千秋高视仰丰功 残山剩水留纤影 依旧倾城醉雁鸿"

라는 시가 전한다. 则天殿에는 '升仙太子碑'와 广政碑가 있다. 升仙太子碑는 作者는 武则天 唐朝女皇帝로 洛阳市 东南 약 35㎞ 떨어진 偃师市 府店镇 缑山之巅에 있으며 碑高 6.70m, 폭 1.55m, 두께 0.55m, 盘龙首龟座高는 1.3m. 碑文은 武周 圣历 2년(서기 699년)二月初四 武则天 洛阳 嵩山에서 封禅을 하고 돌아올 때 偃师县 缑山 升仙太子庙에서 머물렀다가 에 만들어진 것으로 周 灵王太子 晋의 升仙故事를 기록한 것으로 草书体 34行, 武则天 亲书인 碑额 내의 2,129字, 薛稷 题写 上下款 33字의 전체 字数는 2,162字이다.

武氏家庙의 东南쪽에 鼓楼가, 东北쪽 吕祖閣에 《心经》洞이 있는데 이는 唐 代宗 初年 颜真卿이 利州刺史로 《心经》一卷을 쓰고 《心经》이란 글씨를 바위에 새겨놓았다. 그래서 心经洞이라 한다. 心经洞 洞区에는 造像이 있는데 巨石의 三面에 모두 19龛室이 있다. 东面에는 经幢 (Buddhist stone pillar, dhvaja, stone column)과 六道轮回의 内容이 조각되어 있으며 西面의 磨崖造像인 常年埋는 흙에 묻혀 있었는데 서기 2005년 봄에 기초공사를 하는 중에 발견되었으며 造像의 主要内容은 三世佛 및 释迦, 多宝佛에 관한 것이다. 南面 12号, 13号 두개의 洞窟은 武则天의 父母인 武士彟와 杨氏를 위해 조성한 것이다. 贞观 2년(서기 628년)은 武则天의 出生인 第三种 说法(三种说法中 이전의 두 개는 虚妄, 多神话色彩와 名望이 큰 인물인 의 설명인 实际难符이며 第三种说法은 是实事求是로 历史的 事实과 相符한다)과 일치해 두 개의 굴은 武则天의 出生과 祈福을 위한 것이어서 窟안에 현존하는 武氏夫妇의 礼佛图 一组는 무척 가치가 있다.

大佛楼는 원래 樓閣이 없던 것으로 则天殿 쪽 산을 파서 만든 摩崖

造像石窟로 누각은 淸代 道光(서기 1782년 9월 16일-서기 1850년 2월 26일) 年间에 처음 만들어졌으며 후에 쓰러져 현재의 보이는 누각만 남아있다. 서기 1980년 国家文物局이 새로운 누각을 만들고 著名书法家인 李半黎先生이 题书 '大佛楼'이라는 석자의 匾额을 楼上에 달아 '大佛楼'이라 부르게 되었다. 大佛窟의 높이는 7m, 폭 6m, 깊이 3.6m로 唐代中期에 개착하여 阿弥陀佛을 主佛로 莲花台위에 모시고, 左手는 曲举胸前, 右手는 施无畏印을 하고 몸은 雄健魁伟, 表情은 庄严肃穆한데 서기 1966년 5월-서기 1976년 10월 사이에 일어난 文化大革命의 "文革劫难"을 맞아 손이 모두 잘려나가 다시 만들어 붙였다. 主佛左右에는 迦叶, 阿傩 二弟子가 夾侍佛(脇士, 脇侍, 挾侍, 脇立로도 쓴다)로 外侧에는 观音, 大势至二位菩萨이 있다. 石窟안에는 한 사람의 '供养人'像을 새겨 놓았는데 이 "供养人"은 唐 中宗 李显(서기 656년-서기 710년, 原名은 李哲, 唐朝第四位皇帝로 唐 高宗 李治의 第七子이며 武则天의 第三子이다. 서기 683년-서기 684년, 서기 705년-서기 710년 두 번에 걸쳐 在位)으로 보며 또 다른 설은 章怀太子 李贤(무측천의 둘째 아들로 서기 675년 황태자가 되었다가 서기 680년에 폐위되었다)으로 보고 있다. 이는 張大安 등의 학자들을 소집하여 范晔의《后汉書》에 註釋을 붙였는데 내용 중 皇权에 대한 억한 감정의 표현 때문에 武则天의 기분을 상하게 하여 廢位되어 庶人으로 강등되었고, 또 황후가 李贤을 '皇泽寺'의 '監造'로 명한 시절 그는 石工으로 하여금 大佛脚下에 자기의 모습을 조각하라고 명을 내려 무측천의 비위를 상하게 하였다고도 전하기 때문이다.

中心柱窟은 则天殿 위에 大佛楼 左侧에 위치하는데 中心柱窟(45号窟)은 皇泽寺 造像年代 중 가장 오래된 것 중의 하나로 四川地区의 유일한 것이다. 中心柱窟은 塔庙窟, 支提窟로 불리는데 깊이 2.76m, 폭

2.6m, 넓이 약 13㎡로 窟室의 평면은 方形, 정상은 平弧形을 이루고 있다. 窟 中央에 立方柱가 서있는데 窟底에서 窟頂에 이르기까지 그대로 맞 닿아있다. 三壁에는 각기 하나의 大龕室과 두 개의 小龕室이 파져 있다. 中心柱는 돌 한 덩이를 그대로 깍아 조성한 石柱로 造型精美한 经塔이다. 塔의 基壇, 塔身, 相輪의 三部分으로 组成되어 있는데 第一, 二层의 四面에는 각기 하나의 龕室을 팠으며, 龕室안에는 一佛二菩萨의 三尊像을 조각하였다. 佛龕造像은 古拙质朴하며 坐佛의 褒衣(a loose gown)는 正面에서부터 아래로 늘어져 台座의 아래까지 덮고 있다. 左右에 侍立한 菩萨은 双髻을 이루고 長裙(long skirt)은 길어 땅을 쓸고 있다. 넓은 天衣는 가슴 앞에 V字形을 이루어 교차하고 양쪽 어깨는 두 날개모양의 각을 형성한다. 三面石壁의 三大龕室안에는 一佛二弟子二菩萨을 조성해 넣었고 三壁上部에는 千佛을 조각해 넣었다. 中心柱窟은 처음부터 만들어졌으나 三大龕室안의 造像은 후대에 조각한 것이다.

《广元府记碑》는 碑高 2.6m, 폭 1.38m, 두께 0.24m로 원래 이 비는 옛날 县衙에 있었다가 서기 1974년 10월 皇泽寺博物馆에 소장·보존되었다. 乾隆(서기 1711년 9월 25일−서기 1799년 2월 7일) 年间 발행된 《广元县志》에 의하면 "今上皇帝龙飞之十八年至元丁丑(서기 1286년)广元路从学教授章霆撰文广元路总管府知事王世明立石"라고 기재되어 있어 碑文 中에 "……全蜀咽喉, 古今要地, 山川神秀, 而历代设置营建以及官制统属. 仰尝求广元之义, 其在易则曰广大配天地, 其在春秋则谓一为元; 今天下一统, 其亦广元二字有以闻其先乎? ……至元二十六年六月记"라고 언급되어 있다. 碑文中 "广元"이라는 명칭의 유래를 알 수 있다. 또 '广政碑'는 孟昶 广政 22년(서기 959년)에 만들어진 지금으로부터 700여 년 전의 것으로 "碑刻文字 923个, 今碑文已

无从辨认, 所幸乾隆二十二年(서기 1757년)《广元县志》录有该碑文"으로 후세사람을 위해 내용을 남긴다는 广元历史沿革에 관한 귀중한 史料이다.

그리고 또 皇泽寺博物馆에 소장·보존되어 있는 蚕桑十二事图碑는 清代 嘉庆(서기 1760년 11월 13일－서기 1820년 9월 2일) 年间 广元에 소속된 曾逢吉이라는 县에 举人(乡试中试人을 举人로 부르며 달리 '鄕進士', '鄕先進', '鄕進' 등과 俗稱 '老爺'의 명칭이 있음)出身의 湖北 京山人氏가 清 嘉庆 17년(서기 1812년)军功으로 昭化县令(知县, 正七品)으로 부임한 후 县民으로 하여금 뽕나무를 심고 누에를 키우는 일을 장려하여(植桑养蚕) 4년 후 현을 돌아보니 广元县 境内 所有의 道路两旁에 모두 뽕나무가 심어져 있는 정도의 성과를 내어 清 道光 7년(서기 1827년)曾逢吉 县令에서 松潘 知州(从五品)로 승진하고 현지에 부임하기 전《蚕桑十二图》石碑를 세워 백성에게 이별을 고하였다.《蚕桑十二事图》의 碑高는 1.3m, 全长 5.8m로 蚕桑十二事图碑 중《选桑椹》, 《种桑》,《树桑》,《条桑》의 四图는 清代의 培植桑树의 情景을 잘 묘사하고 있다. 이외에도《窝种》,《种蚕》,《喂蚕》,《起眠》,《上簇》,《分茧》,《腌茧》,《缫丝》의 八图는 清代人의 养蚕, 缫丝, 纺织의 전 과정을 일일이 묘사하고 있어 国家纺织部와 上海丝绸博物馆에 이의 拓本을 收藏할 정도로 진귀한 실물 자료이다.

吴越钱王의 金书铁券/丹书铁券은 속칭 '免死牌'로 길이 52cm, 폭 29.8cm, 두께 0.4cm의 蓋瓦形이다. 이는 浙江 嵊州 长乐镇 吴越钱氏 후손의 전세품으로 서기 1959년 국가에 기증하여 현 中国国家博物馆에 소장되어있다. 이 金书铁券은 唐 昭宗 李晔(서기 867년－서기 904

년)가 乾宁 4년(서기 897년) 8월 4일 钱镠의 전 상관이던 董昌이 越州 (현 浙江省 绍兴市)에서 称王을 하고 정부에 반란을 일으켰는데 钱镠이 董昌을 削平한 功绩에 대한 보상으로 당시 46세의 钱镠(서기 852년 3월 10일—서기 932년 5월 6일, 字具美 또는 巨美) 즉 후일 吳越国의 开国君王에게 하사한 것으로 铁券위에는 楷书 金字 333자가 상감되어 있으며 券文明言은 본인의 죽을죄는 9번, 후손의 경우 3번 면제해주며 永保富贵를 보장한다는 ("卿恕九死, 子孙三死, 或犯常刑 有司不得加责")것이다. 이러한 金书铁券은 역사상 宋太宗 赵匡义, 宋仁宗 赵祯, 宋神宗 赵顼, 明太祖 朱元璋, 明成祖 朱棣 및 清高宗 爱新觉罗弘历 등 六位皇帝가 친히 본 것으로 그 중 朱元璋은 두 번, 乾隆皇帝는 보고 돌려줄 때 铁券에 맞춘 특제의 宝匣하나와 친히 쓴《观钱镠铁券歌》라는 시문을 함께 지어 내려 보냈다. 钱镠의 후손인 钱怡[字 汝贤, 一字士俊, 嗜古, 性淡泊, 读书善吟,《就正稿》저서가 있음]가 贪官汚吏가 되어 명나라 주원장에게 죽임을 당할 뻔 했는데 주원장이 南京奉天殿에서 친히 보고 그 죄를 사해주는 고사로 말미암아 후손이 철권으로 목숨을 건졌다고 한다. 그리고 이러한 철권은 한나라 刘邦도 开国元勳功臣들에게 만들어 주었고, 명 주원장도 만들어 丞相 李善长과 礼部尚书 牛亮 등에게 주었다고 전해지나 현존하는 것은 이 钱镠铁券뿐이다. 이것은 처음에는 '丹砂(cinnabar)填字'이었으나 후일 '丹书铁券'으로 바뀌었고 한다. 钱镠의 字는 具美이며 唐 杭州 临安(현 浙江省临安市) 사람으로 五代 吳越国 国王이다. 唐 昭宗 景福 2년(서기 893년) 镇海军节度使를 제수 받고 乾宁 3년(서기 896년) 领镇东军节度使를 겸해 東西 两浙 12州를 통솔하였다. 天祐 4년(서기 907년) 吳王에 봉해지고 后梁 贞明 2년(서기 915년) 诸道兵马元帅로 그리고 그 다음 해 天下兵马都元帅로, 또 后唐 때에는 다시 吳越王으로 天下兵马都元

帥가 되었다. 五代 诗人 贯休(서기 832년-서기 912년, 唐末五代前蜀 画僧)가 일찍이 《献钱尚父》를 써 吴越王 钱鏐에게 보냈는데 시 중에는 "一剑霜寒十四州"의 글자가 포함되었는데 이는 吴越国이 가장 강성할 때 14개州를 관할하여 한 때 雄杰이 되었다는 의미이다. 이 철권은 南宋 德祐 2년(서기 1276년)元兵이 临海를 공격했을 때 잃어버렸다가 元 至順 2년(서기 1331년) 어부가 東湖 물속에서 찾았다. 그리고 明朝 嘉靖 41년(서기 156년) 倭寇가 台州府城을 포위 공격할 때 战火를 피하기 위해 钱氏 제25대 후손 钱珍 등이 이것을 가지고 深山으로 숨어 들어가고 십여 년 후 다시 돌아와 钱家祠堂 榮興台에 모셨다. 서기 1949년 5월 长乐乡이 인민해방군에 의해 解放되자 钱氏族 후예들이 长乐乡의 钱家祠堂에 모셔진 '钱鏐铁券'을 꺼내 서기 1951년 浙江省文物管理委员会保管에 보관하도록 결정하였다.

唐朝公主이며 金乡县主인 李倕(?-서기 736년 正月 7日, 字 淑娴, 唐 高祖 李渊의 第五代孙女)는 唐 玄宗 24년 开元 24년에 25세의 나이로 묘지의 '有子在于襁褓'라는 구절로 보아 难产으로 사망하였을 가능성이 높다. 그녀의 曾祖父는 舒王 李元名, 祖父는 豫章郡王 李亶, 父亲은 嗣舒王 李津(第2女), 그녀의 남편(丈夫)은 鲜卑系统의 宣德郎(正七品의 文散官, 无任所官으로 오늘날의 大学教授에 해당) 直弘文馆学士 候莫陈이다. 입구 墓道에서 나온 墓誌에 의하면 그녀의 남편이 朝散大夫 蜀州司法參軍 縱5品 官員인 于隱임을 알려 준다. 따라서 이 묘는 남편 于隱의 사후 34년 만에 唐朝公主 李倕가 묻힌 夫婦合葬墓가 된다. 이 묘는 서기 1991년 8월 5일 발견되었다. 그리고 서기 2001년 11월-서기 2002년 8월 陜西省考古研究院이 西安 壩橋鎭 西安理工大学 曲江新校의 공사장에서 大型墓葬群을 발굴·정리하였는데 墓葬은 모두 182기로 汉, 唐, 宋, 元, 明과 清代의 墓葬이 포함되어있다.

그 중에서 唐墓는 140여 기로 唐公主 李倕의 묘도 그 중 하나로 석곽 안에서 그녀의 인골도 함께 출토하였다. 그 후 출토한 인골과 头冠(凤冠)을 복원 하여 그녀가 서기 2010년에 그녀 평소의 모습이 3D로 재현되어 그녀가 다시 탄생(重生)하였다. 묘안에서 출토한 西域金筐寶鈿飾, 技卷蓮紋, 梅花金飾 등으로 복원한 金飾头冠은 세계에서 유일한 唐代의 冠飾이다. 이 头冠의 材质은 金, 银, 铜, 铁 등이며 장식된 보석은 玛瑙, 珍珠, 琥珀, 绿松石, 玻璃, 螺钿이었다. 복원 후 头冠의 무게는 800g 정도였다. 이는 陕西考古研究院이 北京师范大学 信息科学과 技术学院(School of information science and chnology)院长 周明全教授에게 위탁하였던 결과였다. 그리고 함께 발견된 共 14行, 合计 267字의 朱书로 쓰인 墓志全文은 "大唐宣德郎前直弘文馆候莫陈故夫人李氏墓志铭并序: 夫人讳倕, 字淑娴, 五代祖圣唐神尧皇帝, 豫章郡王亶之孙, 嗣舒王津之第二女也. 夫人德茂?源, 兰绪, 生于盛?, 长自阿间, 柔顺禀于天心, 礼约费于师训, 及升弁之岁, 苍雁来宾, 皮帛表仪, 出配君子, 承富贵之裔, 逾组钏之功, 处罗绮之荣, 无忌瀚灌之色, 岂谓膏肓??, 药石无?, 灵雨灭于阳台, 魂魄归于泉路, 粤以大唐开元廿四年正月七日, 春秋廿有五, 终于京兆胜业之里第. 即以其年月廿二日迁于龙首原, 礼也. 晨?警路, 哀挽成吟, 里绝相耳, 行多动咽, 有子在于襁褓, 未经吹棘之悲, 亲戚感而临棺, 终痛弥天之别. 乃为铭曰 翠微之北?, 皇城之东, 伤陂白玉沉于此, 申?旷野兮生荒草, 千秋万岁兮多悲风"이다.

그녀의 묘는 單室土洞墓로 《唐六典》에 규정된 "凡磚瓦之作 瓶缶之器 大小高下 各有程准 凡喪葬 則供其明之屬 誕馬 偶人 其高各一尺"이라고 한 一尺(약 30㎝)의 두 배가 되는 높이 60㎝의 文官·武官陶俑을 비롯해 騎馬伎樂女俑, 황가에서 성행하던 騎馬狩獵俑, 그리고 孔雀의 머

리 장식을 한 皇室의 鼓吹儀仗隊俑까지 발견되었다. 西安박물관에 진열된 당나라 永泰公主(唐 中宗 李顯의 7女, 서기 685년-서기 701년 9월 4일)와 惠庄太子(唐 睿宗 第2子, 서기 685년-서기 724년 12월 15일)墓에서 출토한 도용 150여 점의 크기는 평균 28-37㎝ 정도인데 비해 李倕墓에서 출토한 도용은 60㎝의 크기로 보아 고귀한 신분의 皇族이 묻힌 무덤임을 알 수 있다.

西安博物院의 鎮館之寶로 唐朝公主 李倕의 墓誌이외에 唐 2대 太宗 李世民[서기 598년 1월 28일(開皇 17년 12월 16일)-서기 649년 7월 10일(貞観 23년 5월 26일), 貞観 627년-649년 재위]에 의해 서기 626년 7월 2일(武德 9년 6월 4일)에 일어난 '玄武門之変'으로 동생 李原吉과 함께 사살된 唐 開国太子 李建成(서기 589년-서기 626년 7월 2일)과 그의 부인 李建成妃子鄭觀音墓誌가 있다. 이는 서기 2008년 西安市 長安区 郭杜鎮 羊村 건축공사장에서 발견되어 사라졌다가 서기 2013년에 다시 출현한 李建成의 묘지는 '大唐故息隱王'의 시호가 적혀있는데 글자는 모두 55자로 규모는 한 변이 52㎝, 두께 11㎝이다. 그의 묘지명은 "大唐故息隐王墓志. 王讳建成. 武德九年六月四日薨于京师. 粤于贞观二年岁次戊子正月已酉朔十三日辛酉. 葬于雍州长安县之高阳原"이다. 그러나 墓志上 谥号인 "隐"字는 지워졌다가 다시 改刻한 것으로《唐会要》에 記載되어 있다. 그는 息隐王, 亲王의 礼로 改葬하면서 후일 隐太子로 추봉하였다. 이는 李建成太子妃의 묘지가 1,185자에 한 변의 길이가 71㎝로 李建成의 묘지는 이보다 무척 적다. 부인 鄭观音은 서기 599년(隋 开皇 19년)에 태어나고 서기 676년(唐 高宗 上元 元年) 78세로 卒하였다. 그녀는 荥阳 鄭氏로 北魏太常卿, 徐州刺史 鄭道玉의 曾孙女, 北魏司徒府长史, 谏议大夫, 颖川郡太守, 吴山郡公 鄭谌의 孙女, 北齐本州大中正, 吴山公, 隋开府仪同三司, 金紫光禄

大夫, 括州刺史 郑继伯의 딸이다. 묘지명의 "李安严(李安俨)与隐太子 同取郑氏"라는 글 중 李安俨(서기 590년 – 서기 643년)은 본래 隐太子 李建成의 属官이었으며 그의 처 郑氏는 李建成의 太子妃 郑观音과 자 매 사이었다.

06 中国의 美女

당나라의 皇后와 주나라의 女皇帝 겸 중국 최초의 여황제인 武则天이외에도 중국의 역사상 정치, 사회, 문화에 영향을 끼쳤던 미모의 여성은 적지 않다.

① 西施는 本名은 施夷光(스이광)으로 越国 美女인데 일반적으로 西施로 부른다. 후인은 그녀를 존경하여 "西子"로도 부른다. 春秋末期 浙江省 诸暨芑(제기시) 萝村(越州 培公 故乡)에서 태어나 '天生丽质'로 모든 미인의 대명사가 되었다. 西施가 첫째, 王昭君 두 번째, 貂蝉 세 째, 杨玉环은 마지막 네 번째로 그중에 西施가 美의 化身 및 代名词이다. "闭月羞花之貌, 沉鱼落雁之容" 가운데의 "沉鱼"는 "西施浣纱"의 经典传说을 의미한다. 沉鱼의 고사는 '西施는 어릴 때부터 천성이 곱고 용모가 아름다워 항상 부러움을 샀는데, 하루는 강가에서 빨래(浣纱)를 하다가 그녀의 아름다운 모습이 맑은 강물에 비쳤는데 물고기가 물에 비친 아름다운 서시의 모습에 도취되어 헤엄치는 것도 잊어버리고 강바닥으로 가라앉았다고 전한다("浣纱的女子, 五官端正, 粉面桃花, 相貌过人. 她在河边浣纱

时, 清澈的河水映照她俊俏的身影, 使她显得更加美丽, 这时, 鱼儿看见她的倒影, 忘记了游水, 渐渐地沉到河底"). 현재 서시의 출생지라고 알려진 浙江省 诸暨苎에는 서시가 빨래하던 전설의 장소를 浣纱(완사)라 하고 서시를 浣纱女로 부른다. 이로 인해 西施는 "沉鱼"의 代称이 되었다. 이는 貂蝉拜月之故事(闭月), 杨贵妃观花之故事(羞花), 西施浣沙之故事(沉鱼), 昭君出塞之故事(落雁)를 합처 貂蝉, 杨贵妃(杨玉环), 西施, 王昭君을 '闭月, 羞花, 沉鱼, 落雁'로 비유해 '中国古代四大美女'로 부른다. 《莊子》에 나오는 效嚬(효빈)이라는 고사는 西施가 눈썹을 찌푸리면 다른 여자들도 따라 할 정도의 아름다움에서 매우 큰 영향력을 지녔던 모양을 나타낸다. 그녀는 春秋时代말 越나라 范蠡(범려, 기원전 536년 7월 26일, 楚 靈王 5년 -기원전 448년 楚 惠王 41년, 字 少伯, 鸱夷子皮 혹은 陶朱公, 일찌기 楚나라에 살았고 出仕하지 않았다. 그를 范伯으로 칭하고 商業으로 致富해서 그를 陶朱公이라고도 함)의 약혼녀로도 언급되며 越王 句踐과 월나라를 구하기 위해 吳王 夫差의 첩(后宫)으로 들어가기도 하였다고 전한다.

蜀의 刘備/刘玄德은 49세에 吳의 18세 孫尙香(孫小妹, 孫策의 딸이며 孫權의 누이동생)을, 唐 玄宗은 56세에 자기의 18번째 아들 壽王 李瑁의 처인 22세의 梁貴妃(梁玉環/太眞)를, 로마제국의 카이사르(Julius Caesar 기원전 100년-기원전 44년 3월 15일)는 50세 때 21세의 클레오파트라 7세를 부인으로 맞고 있다. 이와 아울러 인류문명 발달사에서 나타난 주인공들에 대한 聖과 俗에 대한 구분이 무척 어렵다. 실제 儒敎가 倫理의 기본이 되는 동양에서 俗에 대한 警戒를 강조하는 구절이 많다. 《明心寶鑑》正己篇 "太公曰 勤爲無價之寶 愼是護身之符(신중함은 몸을 보하는 부적)", 《中庸》 제1장 綱領 "天

命之謂性 率性之謂道 修道之謂教 道也者 不可須有離也 可離非道也 是故君子戒愼乎其所不睹 恐懼乎其所不聞 莫見乎隱莫顯乎微 故君子愼其獨也(도라는 것은 서로 분리할 수 없고 분리되면 도가 아니다. 이런 까닭에 군자는 보이지 않는 곳에서 삼가 해야 하고 들리지 않는 곳에서 두려워해야 한다. 숨겼다고 해서 안 보이는 것이 아니며, 작은 것이라 해도 드러나기 마련이다. 그 까닭에 군자는 홀로 있을 때 삼가해야 한다)", 李珥(栗谷)의 《擊蒙要訣》에서 "處幽如顯 處獨如衆 (어두운 곳에 거처함에 들어난 듯하고, 혼자 있을 때도 여러 사람과 같이 있는 듯해야 한다)"를 들 수 있으며 이는 愼의 重要함을 강조함으로써이다.

② 戰国時代 처음으로 王을 칭한 秦 惠文王(기원전 338년-기원전 311년)의 부인은 楚나라에서 온 첫째의 惠文后와 妾 芈八子(미팔자)가 있으며 미팔자는 昭襄王/昭王(嬴稷, 기원전 307년-기원전 251년, 재위, 기원전 295년-기원전 251년)을 生産한 어머니로 중국 최초의 秦国 王太后인 宣太后(기원전 4세기 ?-기원전 265년, 芈姓, 芈八子)가 되었다.

宣太后는 楚国人으로 성은 芈(mǐ)로 楚国 丹阳(현 湖北 宜昌)에서 출생하고 芈八子로 불리었다. 기원전 306년 秦 武王이 洛陽에서 청동 솥을 들다 깔려 죽고 대를 이을 왕자가 없어 그녀의 아들인 昭襄王/昭王이 왕위를 잇게 되었다. 秦 宣太后는 진나라의 무측천으로 战国時期 秦国 王太后로 秦 惠文王의 妾, 秦 昭襄王의 어머니로 秦 昭襄王 即位初 宣 太后는 太后의 지위로 攝政을 했고 宣太后의 아버지가 다른 형제인(异父弟)인 魏冉(위염)이 輔政을 했다. 그리고 부친이 같은 남동생인 芈戎(미융)과 함께 三貴로 불렸다. 그녀의 执政期間 중 기원전 319년에 义渠国(의거국)을 공격하여 멸망시켜 郁郅(현 甘肃省 庆阳市 东쪽)을 탈취하여 秦国의 西部大患을 근절시켰다. 义渠国은 현재의 甘肃, 陕西와 宁夏一带에서 활동하던 戎, 狄族 등 다민족 游牧民族으로《后汉书》西羌列传에 의하면 "及平王之末, 周遂陵迟, 戎逼诸夏. 自陇山以东, 及乎伊洛, 往往有戎. 於是渭首有狄獠圭冀之戎, 泾北有义渠之戎, 洛川有大荔之戎, 渭南有骊戎, 伊, 洛间有杨拒, 泉皋之戎"이라 되어 있다. 그들의 사회는 原始社会에서 封建社会로 가는 과도기였으며 宣太后가 义渠国을 멸망시킬 당시 义渠는 그녀와 결혼도 하여 두 아이도 낳은 상태였다. 그녀는 정치적 능력이 있었고 사생활도 자유분방했다. 성관계도 자유스러웠고 외국의 사신 앞에서도 '선왕인 惠文王이 위에서 누를 때 천첩은 무겁다고 느끼지 않았다'고 말할 정도로 거리낌이 없었다. 그녀는 기원전 265년 10월 死后 芷阳 骊山(현 陕西 西安 临潼区 骊山)에 묻혔다. 宣太后는 말년에 情夫 魏丑夫를 총애하였으며 그녀가 죽을 때 魏丑夫(宣太后의 男宠)를 자신의 묘에 殉葬하도록 명을 내릴 정도였다. 그녀와 관계된 남자로는 春申君 黄歇(황헐, ?-기원전 238년), 惠文王, 义渠, 魏丑夫 등이 있다.

③ 秦始皇陵은 陕西省 临潼県 驪山에 있으며 진시황이 13세로 등극하자마자 만들기 시작했으나 50세에 죽을 때까지 완성을 보지 못하였다. 그리고 그의 능도 기원전 207년 12월 '鴻門之會' 후 楚의 霸王이 된 項羽(또는 項籍: 기원전 232년-기원전 202년)에 의해 도굴당했으며 그 속에서 가져온 보물의 일부는 애첩 虞美人에게로 흘러들어 간 것으로 여겨진다. 虞美人(?-기원전 202년?)은 秦末부터 楚汉戰争期에 걸쳐 산 項羽(項籍)의 妻(愛人)로 정확한 이름은《汉

書》卷31 陳勝項籍傳 第1 "有美人姓虞氏", 《史記》卷 7 項羽本紀
第7의 "有美人名虞"이다. 「美人」이란 말도 中国古代后宫制度(秦朝)
에는 后宫으로의 役職名이다. 淸나라 聖祖 康熙帝의 妃嬪은 '皇妃
→ 貴妃→ 妃→ 嬪→ 貴人→ 常在→ 答應의 순으로 모두 55位 중 敬
敏皇貴妃와 妃嬪들이 같이 묻힌 능을 제외한, 貴妃 1人(溫僖貴妃,
?-서기 1694년 1월 초 3일), 妃 11人(慧妃, 惠妃, 宜妃, 榮妃, 平
妃, 良妃, 宣妃, 成妃, 順懿密妃, 純裕勤妃), 定妃(嬪 8人, 貴人 10
人, 常在 9人, 答應 9人)의 48위의 비빈은 후일 景陵地宫 내 景陵
妃园寝(康熙熙皇帝嬪妃墓葬群位于景陵东侧. 内葬：溫僖贵妃钮祜
禄氏, 惠妃那拉氏 등 48位의 嬪妃 과 一位皇子/顺懿密妃王氏 幼殇
之子의 묘)에 이장되어 함께 매장되었다. 虞美人의 아름다운 모습
을 表現하기 위해 '虞姬'로 소개하기도 한다. 《史記》와 《汉書》에서
초기에는 그녀의 이름이 나타나지 않다가 汉 高帝 5년(기원전 202
년) 12월 楚汉战争 중 楚와 汉의 兩军이 垓下(垓下之战, 현 安徽省
灵璧县 东南 沱河 北岸)에서 대치하다가 汉军이 胜利하고 项羽가
烏江亭에서 自杀하는 결말을 본다. 그리고 '有美人姓虞氏 常幸從',
"有美人名虞 常幸從 駿馬名騅 常騎之"이란 글이 나온다. '四面楚歌'
란 말도 여기서 나온다. 司马迁의 《史記》卷 7 項羽本紀 第7과 班固
의 《汉書》卷31 陳勝項籍傳 第1에서 項羽가 산을 뽑을 수 있는 힘
을 가져도 때가 오지 않았다고 부른 《垓下歌》 "力拔山兮氣蓋世 時
不利兮騅不逝, 騅不逝兮可奈何, 虞兮虞兮奈若何"가 나온다. 사면
초가의 상태에서 우미인은 항우에게 짐이 되지 않기 위해 자결했다
는 이야기도, 시신을 수습해 묻은 가묘에서 '虞美人草'(쌍떡잎식물
양귀비목 양귀비과의 두 해살이 풀로 애기 아편 꽃, 개양귀비)가 피
었다는 전설도 생겨났다. 正史에는 포위된 항우가 마지막 연회에서

서 垓下歌를 부르고 유방에게 가서 살라는 항우의 제안에 우미인은 두지아비를 섬길 수 없다는 화답가 "汉兵已略地 四方楚歌聲 大王意氣盡, 賤妾何聊生"를 부르고 자결한다. 항우와 우미인의 슬픈 이야기를 엮은 李碧华의 同名小說은 覇王別姬라는 京劇으로 만들어 졌다. 후일 당나라 후기의 시인 杜牧(서기 803년-서기 852년, 字 牧之, 號 樊川, 京兆万年/현 陕西 西安의 士族)은 항우가 자살한 오강정에서 捲土重來하여 다시 도전한다는《題烏江亭》"勝敗兵家不可期 包羞忍恥是男兒 江東子弟俊才多 捲土重來未可知"란 시를 썼다.

④ 汉 高祖 刘邦(기원전 202년-기원전 195년 在位)의 皇后 呂雉(기원전 241년-기원전 180년 8월 18일, 長陵, 高祖死后 기원전 195년-기원전 180년 太皇太后로 존봉)는 전한 고조의 황후이며 전한 2대 惠帝[汉 孝惠皇帝(기원전 211년 10월 29일-기원전 210년 11월 16일-기원전 188년 9월 26일, 秦始皇帝 37년-汉 孝惠皇帝 7년 秋八月 戊寅, 姓 刘氏, 名 盈, 字 满, 西汉 第二位 皇帝(기원전 195년 6월 23일-기원전 188년 9월 26일 在位, 中国历史上 第一位 皇太子]의 어머니로 휘는 雉이며 자는 娥姁(아후, é xū)이다. 시호는 고황후(高皇后)였지만, 나중에 后汉 光武帝 刘秀(기원전 5년 1월 15일-서기 57년 3월 29일) 지위를 박탈하여 廢太后가 된다. 남편인 고조 사후, 황태후, 태황태후가 되어 呂后·呂太后 등으로 불렸다.

呂雉는 山东省 砀郡 单父县(현 山东 菏泽市 单县)人으로 본래 아버지 呂公을 따라 沛县으로 이사를 가고 沛县(江苏省 徐州市)의 泗水亭长인 刘邦(기원전 256년-기원전 195년 6월 1일)에게 시집을 가서 시아버지를 모시고 农桑针织으로 생활을 하고 자식인 汉惠帝 刘盈과 鲁元 长公主를 키웠다. 그녀의 여동생 呂須는 樊噲

(번쾌)에게 시집을 갔다. 그녀의 여동생 呂須는 樊噲에게 시집을 갔다. 呂雉의 統治期间에 기원전 5세기-기원전 3세기 中国战国时代에 만들어진 哲学, 政治思想流派인 '黃老之术'과 長期에 걸친 전쟁 후 民力을 保养하고 경제를 부흥하는 '与民休息'을 실행하고 秦始皇 때 焚书時 실행한 一项法令 '敢有挟书者族'인 '挟书律'을 폐하고 民间藏书, 献书, 旧典을 복구하는 일을 장려하여 后来의 '文景之治'의 기초를 이루었다. 司马迁은 《史记》呂后本纪 그녀에 대한 평가로 "政不出房户, 天下晏然, 刑罚罕用, 罪人是希, 民务稼穑, 衣食滋殖"라고 하여 呂后의 施政에 대해 긍정적으로 보았다.

《史記》는 한 고조 유방이 죽고 친아들 혜제 유영이 즉위하면서 여치는 황태후로 후견을 맡았지만, 혜제가 즉위한 지 얼마 지나지 않아 여치는 趙隱王 刘如意(?-기원전 195년, 전한의 제후왕으로, 전한 고제의 서자)를 14세에 독살하고 유여의의 어머니인 유방이 총애하던 戚夫人[기원전 224년-기원전 194년, 戚姬로 秦末定陶(현을 山東 定陶) 출신으로 刘邦을 따라 전장에서 4년을 보냈다. 汉高祖刘邦寵妃]은 呂后에 의해 변소(廁所)에서 손과 다리를 자르고 눈을 도려내었으며 약을 이용하여 귀를 멀게 하고 목소리를 내지 못하게 하여 변소에 두어 가혹함이 극에 달했으며 그녀를 '인간 돼지(戚夫人人豚)'라고 부르게 했다고 한다("戚夫人囚於永巷, 剃其头髮, 使戴枷鎖, 穿褚紅囚衣, 罰其春米, 服勞役"). 그래서 현재 중국 북부의 변소에는 廁神을 두고 이를 신봉하고 있다. 이 일에 충격받은 혜제가 정무를 방치했고 얼마 되지 않아 죽자, 여치는 혜제의 아들인 少帝(전한의 제3대 황제, ?-기원전 184년, 기원전 188년 9월-기원전 184년 8월 在位)를 황제로 옹립하고 태황태후가 되었다. 친정인 여씨 일족과 (張良(?-기원전 189년), 陳平(?-기원전 178년)과 周勃(?-

기원전 169년) 등 한나라 건국공신에게 협력을 받아서 정치적으로는 안정을 이루었지만 이때부터 각지에서 제후로 봉해져 있던 유방의 서자들을 겁박하고 암살해 여씨 일족의 세력을 키워나갔다. 그후 고조의 서장자인 齐悼惠王 刘肥(?-기원전 189년)를 독살하려는 시도, 韓信[기원전 230년-기원전 196년, 淮阴(현 江苏 淮安人, 军事家, 西汉开国名将으로 彭越, 英布와 함께 汉初 三大名将임]의 제거로 兎死狗烹(狡兎死良狗烹, 《史記》 淮陰侯列傳, 원래 이 말은 春秋時代말 越나라 范蠡가 처음 사용한 것으로 《史記》 越王句踐世家에서 유래한 것이다] 등 악한 짓을 많이 하였다. 그래서 그녀는 唐의 則天武后(武則天, 서기 624년 2월 17일-서기 705년 12월 16일), 清의 西太后(慈禧太后, 서기 1835년 11월 29일-서기 1908년 11월 15일)와 함께 '중국 삼대 惡女'로 불리 운다. 그리고 중국의 최초 정식 황후이며, 중국 최초 황태후이자 태황태후이다. 기원전 180년(高后八年) 呂雉가 病重으로 臨终前 呂氏天下를 위해 病危之时로 조카 赵王呂 禄为上将军으로 임명하여 北军을, 吕产은 南军을 통솔하게 하였다. 그녀는 기원전 187년 济南郡을 呂나라로 고치고 자기 조카인 呂台(?-기원전 187년)를 처음으로 呂肅王으로 세우기도 하였다. 그러나 후한 동란 때에 王莽의 新나라를 무너뜨린 결정적인 역할을 한 농민 봉기군이 綠林軍과 赤眉軍은 전한 황제들의 묘를 도굴하여 안치되었던 여치의 사체를 훼손하였다. 광무제는 여치에게서 황후 지위와 시호인 고황후 칭호를 박탈하고 文帝의 생모인 박씨를 유방의 정실부인으로 인정하여서 시호를 고황후로 추증하였다.

⑤ 西汉时 汉 武帝 刘彻(유철)의 두 번째 皇后인 孝武卫皇后(卫子夫, ?-기원전 91년)는 卫氏로 이름은 알려져 있지 않고 字는 子

夫, 河东 平阳(현 山西省 临汾市 西南人, 母亲卫媪)人으로 그녀는 中国历史上第一位의 独立谥号를 가진 皇后이다. 卫子夫는 武帝 刘彻(유철)의 누이인 平阳公主 집에 平阳侯家僮(house servant) 또는 侯妾의 신분으로 머무르면서 建元 2년(기원전 139년)에 入宫하고 建元 3년(기원전 138년), 西汉 征和 2년(기원전 91년)汉 武帝 在位 晚年(66세)에 發生한 政治动乱인 '巫蛊之祸(巫蛊之狱)' 중 자살하였다. 巫蛊(무구 wū gǔ, 巫术 무술)는 古代民間信仰에서 일종의 巫术로 당시 사람들은 巫师를 시켜 제사를 지내든가 桐木偶人을 지하에 매장해 저주받도록 하였는데 征和 2년(기원전 91년) 丞相 公孙贺의 아들 公孙敬이 武帝를 저주(巫蛊咒)하고 阳石公主와 간통을 하였다고 고소당했다. 公孙贺의 부자는 옥에 갇혀 죽었다. 诸邑公主와 阳石公主, 卫青의 아들 长平侯 卫伉이 연루되어 모두 죽었다. 武帝의 宠臣 江充(?-기원전 91년, 大奸臣)이 巫蛊案을 조사하여 죄를 뒤집어 씌워 혹형을 받게 하니 대신과 백성이 모두 떨고 수만 명이 죽었다. 江充과 太子 刘据는 서로 반목해 太子와 案道侯 韩说를 해치고자 하여 宦官 苏文 등 四人이 태자를 모함하였다. 太子는 이에 군사를 일으켜 江充을 주살하였다. 후에 무제가 이를 진압하고 皇后 卫子夫와 太子 刘据는 自杀하였다. 壶关老(hú guān lǎo)와 田千秋 등이 上書를 올려 太子의 죄를 면하도록 하였는데 武帝는 이를 허락하고 《思子宫》과 《归来望思之台》(悲台, 河南省 灵宝市 豫灵镇 底董村)를 지어 태자의 영혼을 위로 했다. 이 사건으로 피해를 입은 자가 10만 명에 달하였다. 역사에서는 이를 '巫蛊之祸'로 부른다 (《汉书》 戾太子刘据传). 卫子夫는 자살 후 汉 长安城 南亭(현 西安市 西北) 桐柏亭에 묻혔다. 그녀는 汉宫人으로 49년간 궁에 머물렀으며 皇后 재위 38년간 一男三女를 두었다. 卫子夫는 어릴 적에 平

阳侯家에서 歌舞를 교습하였으며 平阳侯府의 歌女 신분이었다.

卫子夫의 주인이었으며 한 무제의 누이인 平阳公主의 무덤은 陕西省 咸阳 豆馬村 興平 茂陵[陕西省 咸阳 兴平市에 위치한 汉 7대 武帝 刘彻(기원전 157년 7월 30일-기원전 87년 3월 29일)의 陵墓로서 建元 2년(기원전 139년)-后元 2년(기원전 87년) 53년간에 걸쳐 조성하였으며 陪葬墓로서는 李夫人, 卫青, 霍去病, 霍光, 金日磾 등이 있다]의 東側에서 다른 여러 가지 200여 점의 유물들과 함께 발견되어 陕西省歷史博物館의 鎭館之寶로 전시되어 있다. 그녀는 景帝 刘启와 王夫人(孝景皇后)사이에서 태어난 누이 陽信公主(平阳公主)로 平阳夷侯曹時(曹参의 曾孫 平阳侯 曹時 또는 曹寿로 景帝 4년 기원전 154년 그는 평양후의 작위를 승계하여 양신공주가 평양공주로 불리움)→ 汝阴侯夏侯頗(元光 4년 기원전 131년 曹時가 逝世하고 元鼎 2년 기원전 115년 하후피에 재가를 함)를 거쳐 마지막으로→ 長平烈侯卫青(大将軍卫青과 元朔 5년 기원전 124년)에게 세 번째 시집을 갔다. 그 때 한 무제가 누이에게 禮物로 준 것이 바로 鑲金銀竹節銅薰爐으로 "内子未央尙臥... 建元 4년(기원전 137년)鑄造...."라는 명문이 있어 한 무제가 未央宮에서 사용하던 것으로 여겨진다. 그리고 平阳公主는 평양공주 시절 侍女인 卫子夫(孝武思皇后, 기원전 2세기-기원전 91년)가 그녀의 남동생인 한 무제에게 시집을 가 위자부와는 올케인 동시에 시누이이가 된다. 기원전 106년 위자부의 오빠이며 평양공주의 남편인 卫青(长平烈侯, ?-기원전 106년, 字 仲卿, 河东郡平阳县/今 山西省 临汾市西南人, 皇后 卫子夫와는 어머니 卫媼은 같고 아버지가 다른 형제로 本名은 郑青으로 大司马大将军을 역임)이 서거하자 公主와 合葬을 했는데 西汉의 合葬는 不同墓로 고증에 의하면 平阳公主의 墓冢(塚)은 卫青의 庐山

冢 东侧 1,300m 떨어져 있으며 '羊头冢(塚)'으로 불리고 있다.

卫子夫는 위로 一兄二姐가 있으며 长兄은 卫长君, 长姐는 卫君孺(卫孺), 次姐는 卫少儿(남편은 霍仲孺로→ 博陆宣成侯 霍光→ 博陆侯 霍禹으로 이어짐)이며 少儿에게는 霍去病(곽거병)이라는 아들이 있었다. 霍仲孺의 아들인 博陆宣成侯 霍光은 霍去病의 동생으로 外孫女인 官太后에게 부탁해 江西省 南昌市 新建区 大塘坪乡 觀西村 東南 약 1,000m 떨어진 墎墩山에 매장된 '海昏侯西汉大墓'의 주인공인 西汉 昭帝와 宣帝사이 19살에 황제에 올라 재위 27일 만에 폐위된 刘賀(기원전 92년 7월 25일-기원전 59년, 33세) 昌邑王 海昏侯의 폐위사건을 주동한 당시의 실권자였다. 卫子夫는 또 어머니쪽의 형제 3인이 있었는데 그들은 卫青, 卫步, 卫广이다. 이들 중에 卫青과 霍去病[기원전 140년-기원전 117년, 河东郡 平阳县(현 山西省 临汾市人, 이모 卫子夫의 외조카(姨甥, sister's children)이며 외삼촌 卫青의 外甥(sister's son, nephew), 西汉 汉武帝时代 匈奴에 대항한 名將으로 休屠王의 太子 祭天之胤 秅侯(투후) 金日磾(김일제, 기원전 135년-기원전 85년)를 현 甘肅省 武威市에서 포로로 데려옴]이 한 무제를 도와 匈奴를 공격하는데 노력하였다. 김일제(金日磾, 기원전 135년-기원전 85년)는 경주 김씨의 조상이다. 이는 추사 김정희(秋史 金正喜)의 해동비고(《海東碑攷》)에 나오는 신라 30대 문무왕(文武王, 서기 661년-서기 681년 재위)의 비문(2009년 9월 4일, 金, 碑의 상부가 다시 발견됨)에 의하면 경주 김씨는 흉노의 후예이고 비문에 보이는 성한왕(星漢王, 15대조, 金閼智, 서기 65년-?)은 흉노의 휴도왕(休屠王)의 太子 祭天之胤 투후(秅侯) 김일제(金日磾, 기원전 135년-기원전 85년)로 부터 7대손이 된다. 그리고 13대 미추왕(味鄒王, 서기 262년-서기 284년, 金閼智-勢漢-

阿道-首留-郁甫-仇道-味鄒王,《三国史記》제2, 신라본기 제2)은 경주 김씨 김알지의 7대손으로 이야기된다. 따라서 경주 김씨의 출자는 스키타이-오르도스-흉노-갈족-동호-오환-선비-돌궐-토번-위굴-거란-몽고와, 읍루-숙신-물길-말갈-흑수말갈-여진-생여진-금-후금-만주/청-대청 등의 유목민족과 같은 복잡한 배경을 가진다. 휴도왕의 나라는 본래 중국 북서부 현 甘肅省 武威市로 이는 신라 적석목곽분(積石木槨墳)의 기원도 중국 요녕성 조양(朝陽)에서 보이는 선비(鮮卑)족의 무덤·출토유물과 관련하여 생각해 볼 가능성이 열리게 되었다. 휴도왕의 나라는 본래 중국 북서부, 현 감숙성 민근현(甘肅省 武威市, 漢 武威郡 休屠県, 현 甘肅省 民勤県)으로, 이는 초원의 스키타이인(Scythian)들이 쓰던 쿠르간 봉토분과의 관련도 배제할 수 없게 되었다. 汉 武帝를 중심으로 卫子夫-卫青-霍去病-霍光으로 卫氏에서 霍氏姓으로 권력중심이 변화해나가는 과정을 卫子夫를 통해 볼 수 있다.

⑥ 王嫱 즉 王昭君(王明君 혹은 明妃, 西汉 蜀郡 秭歸/현 湖北省 興山県人)은 西汉时汉族과 少数民族 특히 匈奴와의 관계를 위해 흉노와 결혼으로 장성 밖으로 나가는 도중 고향생각에 그녀가 古琴을 타고 있을 때 나르던 기러기가 그 소리를 듣고 가까이 왔다가 그녀의 미모에 혹해 날개 짓을 하지 못하고 땅에 떨어졌다는 "落雁" 王昭君이라 부른다. 그러니 이 말은《莊子》의 齐物論 편에 晉나라 獻公(기원전 677년-기원전 651년)의 애첩인 驪姬의 아름다움을 묘사하면서 "沈魚落雁 閉月羞花"라는 표현을 사용하였다. 토착농경사회와 유목민족의 관계는 西汉(前汉) 10대 元帝(기원전 75년-기원전 33년 5월) 6년(기원전 33년) 汉나라의 유화정책에 의해 匈奴王 呼韓邪

單于(기원전 58년-기원전 31년 재위)에게 政略結婚으로 시집가 그 곳에서 72세에 병으로 죽어 內蒙古 자치구 호화호트(呼和浩特) 시에 묻혀 있는 呼韓邪單于의 부인 王昭君(王嬙)의 묘(昭君墓, 靑塚)가 이를 잘 입증해준다. 王昭君(기원전 52년-?)은 기원전 33년 西汉後 期 握衍朐鞮單于의 아들 匈奴單于인 呼韓邪單于(기원전 58년-기 원전 31년 재위)의 요구대로 시집을 와 伊屠智牙師(日逐王)이란 아 들을 낳고 기원전 31년 呼韓邪單于가 세상을 뜬 후 昭君은 한나라로 돌아오고 싶었으나 汉帝 刘驁(汉 成帝 기원전 51년-기원전 7년 3월 18일)의 명에 의해 胡俗 Levirate marriage(兄死娶嫂制)에 따라 아 들 須卜居次과 두 딸(長女 須卜居次, 次女 當于居次)을 낳는다. 이 王昭君(王嬙)에 대해서는 李白(서기 701년-서기 762년)의 "昭君拂 玉鞍 上馬啼紅頰 今日汉宮人 明朝胡地妾"과 唐 則天武后(서기 624 년 2월 17일-서기 705년 12월 16일)의 左史였던 東方虯의 《昭君怨》 "胡地無花草 春來不似春 自然依帶緩 非是爲腰身"(원래는 3수로 앞 의 두 시는 다음과 같다. "汉道初全盛 朝廷足武臣 何須薄命妾 辛苦 遠和親. 掩涕辭丹鳳 銜悲向白龙 單於浪驚喜 無複舊時容")의 두 詩 가 남아 있다. 그녀가 장성 밖으로 나가기 전 그녀를 본 元帝는 너무 아까워 그녀의 모습을 잘못 그린 毛延壽란 궁정화가를 죽여 버렸다.

⑦ 貂蟬(초선, 《三国志演義》에서는 서기 175년-서기 199년임)은 달이 부끄러워 구름 뒤에 숨을 정도로 달빛보다 더 아름다운 그래서 "폐월(闭月)"이라 칭하며, 西施(沉鱼), 王昭君(落雁), 楊貴妃(羞花)와 함께 중국의 4대 미인 가운데 한 사람이다. 그녀는 《三国志》呂布傳 에 "卓常使布守中閣, 布與卓侍婢私通, 恐事發覺, 心不自安"라고 잠 깐 등장하나 '貂蟬'이란 이름이 없으며, 唐《開元占經》卷 33 曾提及

에 "熒惑犯須女. 占注雲", 《汉書通志》에 "曹操未得志, 先誘董卓, 進刁蟬以惑其君"라고 언급하고 있으나 《汉書通志》란 책은 지금 사리지고 없다. 《三国志演義》에서 王允의 시비인 10대 소녀로 등장하며, 왕윤에게 부탁을 받아 董卓과 呂布 사이를 이간질하는 계략에 동원된다. 羅貫中은 이 사실에 대해 三国志演義를 집필할 때 동탁의 시녀 대신 汉 献帝의 大臣 司徒 王允의 歌妓 겸 양녀라는 설정으로 변경하고 초선이라는 이름을 부여했다. 본래 삼국지연의에서는 그 뒤에 여포의 첩이 된다. 심지어 나중에 徐州에서 曹操군과 전투에서 재등장한다. 여포의 부인 엄씨(초선?)와 함께 陳宮(?-서기 198년)의 계책을 따르려는 여포를 붙잡고 말려서 결국 여포를 패망으로 이끄는 역할을 맡게 된다. 여포가 죽자엄씨(초선), 여씨 등 여포의 가족들은 河南省 许昌/許都로 옮겨졌다(將呂布妻女載回許都). 貂蟬墓는 서기 1971년 5월 成都铁路局에서 철로의 수리 시 길이 약 8m, 폭 6m, 깊이 4m 정도 큰 坑 안에 碑가 2개 발견되었고 碑文에 의하면 墓穴主人은 貂蟬임이 밝혀졌다. 두 점의 大碑 중 하나는 隶书로 다른 하나는 篆书로 쓰여졌다. 碑文에 의하면 墓穴主人은 貂蟬으로 오직 貂蟬의 生死는 불확실하고 심지어 그녀는 가공의 인물로 설정될 정도이었다. 그러난 발견된 비문에서 1) "华阳县集贤乡永宁里黄土坡……", 2) 부인은 초선의 장녀로 어미를 따라 촉으로 들어왔다("夫人乃貂蟬之长女也, 随先夫人入蜀"), 3) 초선은 왕윤의 歌妓("貂蟬, 王允歌伎也, 是因董卓猖獗, 为国捐躯……") 등의 내용으로 보아 蟬墓葬는 成都에 있으며 초선은 실제 인물로 여겨진다. 이제까지 中国历史上 일찌기 四大美人의 传说이 있는데 四大美人은 西施, 王昭君, 貂蟬, 杨贵妃이다. 그러나 西施와 范蠡(범려)는 吳나라의 멸망으로 西湖에 돌아와 숨어 지냈다. 王昭君은 장성 밖 匈奴로 가 内蒙

古 草原上 현재의 "青塚"(呼和浩特)에서 죽었다. 杨贵妃는 서기 755년 安史之乱이 爆发하고 서기 756년 7월 15일 唐 玄宗이 명령을 내려 马嵬驿(현 陕西 兴平市 西北 23리) 马嵬坡에서 자살해 그녀의 묘지가 남아 있다. 그러나 貂蝉만은 생사 여부가 불확실했는데 四川 成都 기차역에서 초선의 무덤의 발견으로 실존이 가능했던 여인으로 남게 되었다.

⑧ 文德皇后长孙氏(서기 601년 3월15일−서기 636년 7월 28일, 河南 洛阳人으로 小字 观音婢)는 隋朝 右骁卫将军 长孙晟의 딸로 唐朝 宰相 长孙无忌는 같은 어머니에서 태어난 오빠이다. 唐 太宗 李世民(서기 598년 1월 28일−서기 649년 7월 10일, 中国唐朝第二任皇帝로 祖籍은 隴西郡 成紀县(현 甘肅省 天水市 秦安県北으로 陕西 武功县에서 태어나고 서기 626년−서기 649년 재위)의 皇后이다. 그리고 그는 同年 8월 초 九甲 아버지 李渊으로부터 황위를 禅讓받는다. 그녀는 일찍이 8세에 아버지를 여의고 외삼촌(舅父, uncle) 高士廉(서기 575년−서기 647년 2월 14일, 名은 儉, 字는 士廉으로 渤海蓨県/현 河北省景県人, 唐代開国功臣)에서 양육 받았다. 13세에 李世民에게 시집을 가고 武德 元年(서기 618년) 冊封秦王妃로 冊封을 받고 武德 末年(서기 626년), 竭力争取李渊 및 그의 后宫으로부터 李世民에 대한 지지를 얻어내어 玄武门之变이 일어나는 날 스스로 나서서 여러 将士들을 위로하였다. 武德 9년 6월 초 四庚申日(서기 626년 7월 2일) 李世民이 玄武門(太极宫의 북문)之變이란 玄武门兵을 发动하여 长兄 皇太子 李建成(서기 589년−서기 626년 7월 2일, 小字 毘沙門, 唐 高祖 李淵 嫡長子)과 四弟 齐王 李元吉(서기 604년−서기 626년 7월 2일, 名 劼, 小字 三胡)의 두 사람을 사

살하고 皇太子가 되어 京師兵權을 장악한다. 李世民이 즉위한지 13일 후 皇后로 책봉 받았다. 황후로 재위하는 동안 선행을 많이 베풀고 李世民을 위해 失政하지 않도록 쓴 소리를 많이 하였으며 동시에 魏徵과 같은 간언을 하는 忠臣들을 庇护(비호)하는데 애를 썼다. 李世民과의 사이에서 三子四女를 生産하였다. 그녀는 책읽기를 좋아해 手不释卷으로 손에서 떼지 않았다. 그녀의 3男은 皇太子 李承乾(서기 619년—서기 645년 1월 5일, 字 高明, 唐 太宗 李世民 长子, 母长孙皇后), 唐太宗 次子인 泰(서기 620년—서기 653년 1월 20일, 字 惠褒, 小字 青雀, 母长孙皇后)와 후일 高宗이 되는 李治(서기 628년 7월 21일—서기 683년 12월27일)이다. 贞观 10년(서기 636년) 6월 36세에 돌아가고 11월에 唐 昭陵에 묻히고 그녀의 시호는 文德皇后이다. 그후 咸亨 5년(서기 674년)에 文德圣皇后로, 天宝八载(서기 749년에 文德顺圣皇后로 두 번이나 추존되었다. 또 이세민은 그녀를 '嘉偶(佳偶)', '良佐'로 칭하였다. 그녀의 诗作으로 《春游曲》이 있는데 전문은 "上苑桃花朝日明, 兰闺艳妾动春情. 井上新桃偷面色, 檐边嫩柳学身轻. 花中来去看舞蝶, 树上长短听啼莺. 何须遥借问 林下何须遥借问, 出众风流旧有名"이다. 그녀의 사후 贞观 23년(서기 649년) 그녀의 嫡三子이며 唐 太宗 李世民의 第九子인 高宗 李治가 即位하고 또 李治는 太子 时 父亲 당 태종 이세민의 才人이며 感業事에 穿照라는 法名으로 比丘尼가 된 武则天과 인연이 닿아 친분을 쌓아갔고 형님들인 皇太子 李承乾(서기 619년—서기 645년 1월 5일, 字 高明, 唐 太宗 李世民 长子, 母长孙皇后)과 唐太宗 次子인 泰(서기 620년—서기 653년 1월 20일, 字 惠褒, 小字 青雀, 母长孙皇后)를 제거하고 황제가 되는데에도 武则天의 권유와 도움이 컸었다.

⑨ 武则天(서기 624년-서기 705년)의 이름은 曌(zhào, 조), 并州 文水(현 山西省 文水县 东人으로 中国历史上 年龄 最大의 나이인 67세로 즉위한 유일의 正统女皇帝이다 그녀는 荆州都督 武士獲의 次女이며 母亲은 杨氏이다. 출생지는 四川省 广元市라는 설도 있다. 武则天은 四川省 广元에서 어린 시절 전부를 보냈으며 12세 아버지가 돌아가신 후 그녀는 모친과 함께 族兄의 虐待를 받았다. 무측천은 14세에 입궁하여 唐太宗의 才人(정5품)이 되어 당 태종은 그녀를 잠깐 동안 총애하여 '媚'이라는 이름을 하사하여 '武媚娘'이 되었다. 그러나 12년간 才人으로 머물며 승진하지 못했다. 당 태종의 중병기간 그녀는 唐 太宗 李世民의 第九子이며 嫡三子인 후일 高宗이 된 李治와 친분을 쌓아갔다. 李治가 왕위를 계승하고 그녀는 感業寺에 穿照라는 法名으로 比丘尼가 되었으나 感業事에 분향하러온 高宗에게 '如意娘'(看朱成碧思纷纷, 憔悴支离为忆君 不信比来长下泪, 开箱验取石榴裙)이라는 七言绝句의 詩를 바치고 다시 고종의 마음을 얻어 '昭仪'와 '皇后'로 지위가 높아졌다. 天授 元年(서기 690년) 唐을 周로 바꾸고 洛阳을 "神都"로 하여 武则天은 正式으로 '皇帝' 보위에 올라 중국역사상 처음으로 女皇帝(67세)가 되었다. 그러나 1년이 지나자 神龙 元年(서기 705년) 周를 唐으로 다시 환원시켰다. 그 다음 中宗이 계승되어 그해 11월 26일 81세로 临终前 "去帝号, 称则天大圣皇后"이란 遗诏를 남겼다. 그녀는 皇后의 身份으로 고종의 릉인 乾陵에 合葬되었다. 중종은 그녀의 시호를 "则天大圣皇后"로 내렸으나, 开元 4년(서기 716년)에 '则天皇后', 다시 天宝 8년(서기 749년) '则天顺圣皇后'로 추존되었다. 乾封 元年(서기 666년) 正月 초하루 高宗과 武则天이 43세 때 泰山을 찾아 하늘과 땅에 대한 제사인 '封禅'을 하고 서기 666년 정월 泰山 禅社首禅社

首山碑(双束碑, 鴛鴦碑)를 세우고 또 周나라를 세운 武則天이 77세인 久視 元年(서기 700년) 7월 7일 文武百官을 거느리고 河南省 洛陽 嵩山에 올라 封禅祭를 올리고 祈福을 구하기도 하였다.

그녀는 황후가 되기 위해 여러 악행을 자행하였다. 그녀가 황궁으로 돌아 갈 수 있는 것은 王皇后의 도움이 컸고 이는 李治의 마음을 사로잡은 蕭淑妃를 떼어놓기 위한 것이었다. 무측천은 황후와 소숙비 다음가는 지위인 昭儀가 되고 왕황후와 결탁하여 소숙비를 폐출시켰다. 무측천은 이치와의 사이에서 모두 4남(李弘/義宗·孝敬皇帝, 李賢/章懷太子, 李顯/唐 中宗, 李旦/唐 睿宗) 2녀(安定公主/夭折, 太平公主, 定王/(武攸暨에 시집감)의 자녀를 낳아 이치의 사랑을 독차지하기 시작했으며, 또 무측천은 자신의 손으로 딸을 목 졸라 죽이고 황후의 소행이라 모함하였다. 이에 이치는 왕황후를 서인으로 강등시키고, 昭儀 武則天을 황후로 삼으니, 이때가 永徽 6년(서기 655년) 10월 13일이었다. 당나라 때 妃嬪의 서열 중 昭儀는 皇后(一人)와 四夫人(貴妃, 淑妃, 德妃, 賢妃, 各一人, 正一品)의 아래 九嬪(昭儀, 昭容, 昭媛, 修儀, 修容, 修媛, 充儀, 充容, 充媛 各一人, 正二品)에 속한다. 唐 高宗 때 이를 다시 개편하였는데 四夫人(貴妃, 淑妃, 德妃, 賢妃, 各一人, 正一品)→ 九嬪(昭儀, 昭容, 昭媛, 修儀, 修容, 修媛, 充儀, 充容, 充媛, 各一人, 正二品)→ 婕妤(九人, 正三品)→ 美人(九人, 正四品)→ 才人(九人, 正五品)의 순이다. 무측천은 황후가 되고 나서도 전 왕황후와 소숙비를 죽게 만들었다. 또 황후 무측천은 가장 먼저 남편의 외숙부이자, 승상인 長孫無忌를 자살하도록 강요하고 廢家시켰다. 서기 656년 무측천은 황태자였던 李忠(서기 643년-서기 655년)에게 여러 죄를 씌어 폐위시켰다. 그리고 그 자리에 자신의 장남 李弘(孝敬皇帝 추증, 宮人刘氏의 아들,

서기 652년-서기 675년)를 앉혔다. 그녀의 전횡에 高宗 李治가 대
신들을 불러 무측천의 폐위를 논의하였으나, 무측천이 이를 사전에
알고 오히려 그녀는 대신들을 폐 황태자인 이충과 대역죄를 꾸미려
했다는 이유로 그들을 모두 처형해버렸다. 李忠은 黔州(贵州省 북
부)로 귀양 보내졌다가, 서기 664년에 사약을 받고 죽었다. 얼마 뒤
李治의 건강이 악화되자, 이치는 황태자가 된 李弘(서기 652년-서
기 675년, 中国唐朝唐高宗李治第五子)에게 제위를 물려주려 했다.
李弘은 총명하고 겸손하였으며, 이치와 대소 신료들 사이에서도 신
임이 두터웠지만 무측천의 뜻을 거스르는 일이 많았다. 이에 위기감
을 느낀 무측천은 서기 675년 合壁宮 綺雲殿에서 高宗, 李弘과 함께
식사를 하였고 李弘은 그 자리에서 독살 당하였다. 무측천은 아들
李賢(서기 654년-서기 684년)도 여색을 밝힌다고 모함하였다. 서기
680년에 李賢은 황태자에서 폐출 당하였고 高宗 李治의 요청으로
죽음만은 면하였으나 서기 681년 長安에서 2,300리 떨어진 巴州(四
川省 巴中市)로 유배되었다. 李賢은 유배지에서《黃台瓜辭》라는 시
를 썼는데 이 시가 퍼져 무측천의 귀에까지 들어갔다.《黃台瓜辭》는
唐代 章怀太子 李贤의 创作인 一首五言古诗로 전문은 "种瓜黄台下,
瓜熟子离离, 一摘使瓜好, 再摘使瓜稀, 三摘犹自可, 摘绝抱蔓归"이
다. 서기 684년 무측천은 이를 조사를 한다는 구실로 金吾将軍 丘
神勣(서기 627년-서기 691년)을 巴州로 보내 아들을 자살하게 하
였고 조정에 파문을 불러일으키지 않기 위해 丘神勣이 李贤을 죽였
다고 덮어씌웠다(《旧唐書》卷 86, 章懷太子賢伝). 唐의 則天武后(武
則天)은 황위를 찬탈한 惡女 또는 妖女로 비판을 받고 있어 汉 高祖
刘邦의 皇后 呂雉(기원전 241년-기원전 180년 8월 18일, 長陵, 高
祖死后 기원전 195년-기원전 180년 太皇太后로 존봉), 清의 西太

后(慈禧太后, 서기 1835년 11월 29일-서기 1908년 11월 15일)와 함께 '中国3大惡女'로 불린다. 그래도 그녀는 唐 太宗 李世民의 '貞觀의 治' 이후 성공한 정치를 펼쳐 민생의 안전과 번영을 도모하였으며 国力도 唐代 최강으로 百济(서기 660년)와 高句麗(서기 668년)의 멸망도 이때에 이루어졌다. 그녀는 종교를 정치에 이용한 聖神皇帝 武則天은 內緣男인 馮小寶(薛懷義)를 이용해 道敎 보다 佛敎의 彌勒信仰으로 을 이용해 무측전을 떠받들도록 하였다. 현재도 그녀를 제사지내는 곳은 四川省 广元市 皇泽寺이다.

⑩ 楊貴妃 杨玉环(서기 719년 6월 26일-서기 756년 7월 15일, 太真, 楊太真, 玉環, 玉奴, 楊玉環으로 부름, 唐朝 弘農楊氏로 华陰, 혹은 靈寶 출생으로 적은 蒲州 永樂(현 山西永济市)는 唐代 宮廷의 音乐家로 歌舞에 능하고 律舞에 通音한 蹈家(무희)였다. 또 羞花(수화)의 주인공이다. 원래는 唐 玄宗의 18번째 아들 寿王 李瑁[서기 720년 혹은 서기 721년-서기 775년, 唐朝唐玄宗第18子, 生母武惠妃, 初名 李清, 开元 13년(서기 725년) 封 寿王, 23년, 李瑁(혹 李琩)으로 개명함]에게 시집왔다가 시아버지인 玄宗의 눈에 들어 처음에는 궁중의 道觀(宮觀이라고도 불리는 도교의 寺院)에 太真으로 있다가 陝西省 西安 臨潼区 驪山北麓에 위치한 华清池에서 密愛 후 황후의 다음 서열인 貴妃(貴妃, 淑妃, 德妃, 賢妃의 四夫人으로 正一品)로 책봉되었지만 황후 이상의 권세를 누렸다. 중국의 4大美人 중 西施가 居首, 王昭君 次之, 貂蟬 再次, 杨玉环 为末로 그중에 楊貴妃는 마지막 4번째로 "闭月羞花之貌, 沉鱼落雁之容" 중 羞花之貌를 갖춘 資質丰艶의 미인이다. "羞花(수화)"란 말은 양귀비가 入宮해서 牡丹 꽃 등이 만개한 花园에 들어갔을 때 양귀비의 미모에 놀라 "꽃들이

고개를 떨구었다"라는 고사에서 나온다. 서기 755년 12월 16일-서기 763년 2월 17일 安祿山과 史思明이 唐朝에 發動을 安史之亂 때 서기 755년 安史之乱이 폭발하고 서기 756년 7월 15일 唐 玄宗이 명령을 내려 马嵬驿(현 陕西 兴平市 西北二十三里) 马嵬坡에서 자살해 그녀의 묘지가 남아 있다. 唐朝詩人 白居易(서기 772년 2월 28일-서기 846년 9월 8일, 字 樂天, 行第二十二, 晚号香山居士, 醉吟先生, 广大教化主, 할아버지의 적은 山西省 太原으로 河南 新鄭에서 태어남)所作의 長篇敘事詩인 長恨歌에서 양귀비와 현종과의 비극적이고 영원한 애정을 노래하고 있어 그녀는 중국 역사상 가장 낭만적인 주인공이 되었다. 《长恨歌》는 白居易의 一首长篇叙事诗로 唐 宪宗 元和 元年(서기 806년) 白居易가 당시 盩厔(현 今陕西 周至) 县尉로 임관되어 친구 陈鸿, 王质夫와 함께 仙游寺에 놀러갔다가 唐 玄宗과 杨贵妃의 故事를 적은 것이다 이 시의 내용에, 傾国(之色, 汉皇重色思倾国), 华清池, 后宫佳麗三千人, 三千寵愛在一身, 行宮見月傷心色, 夜雨聞鈴腸斷聲, 芙蓉, 太真, 天長地久有時盡 등 후세에 자주 膾炙되는 문장과 단어들이 나온다. 시는 第一段 貴妃受寵愛, 第二段 馬嵬驚變, 第三段 玄宗皇帝思念, 第四段 仙界尋妃로 구성되어 있는데 특히 白居易는 第一段의 시에서 그녀를 "回眸一笑百媚生, 六宮粉黛無顏色. 春寒賜浴华清池, 溫泉水滑洗凝脂"라고 形容하고 있다.

天生麗質難自棄, 一朝選在君王側.
回眸一笑百媚生, 六宮粉黛無顏色.
春寒賜浴华清池, 溫泉水滑洗凝脂.
侍兒扶起嬌無力, 始是新承恩澤時.
雲鬢花顏金步搖, 芙蓉帳暖度春宵.

春宵苦短日高起, 從此君王不早朝.

承歡侍宴無閒暇, 春從春遊夜專夜.

后宮佳麗三千人, 三千寵愛在一身.

金屋妝成嬌侍夜, 玉樓宴罷醉和春.

姊妹弟兄皆列土, 可憐光彩生門戶.

遂令天下父母心, 不重生男重生女.

驪宮高處入青雲, 仙樂風飄處處聞.

緩歌慢舞凝絲竹, 盡日君王看不足.

漁陽鼙鼓動地來, 驚破霓裳羽衣曲.(번역생략)

杜甫의《哀江头》诗에서는 "明眸皓齿今何在, 血污游魂归不得. 清渭东流剑阁深, 去住彼此无消息. 人生有情泪沾臆, 江花江草岂终极!"으로 또 李白은《清平调词》三首 중 1수에서 "云想衣裳花想容, 春风拂槛露华浓. 群玉山头见, 会向瑶台月下逢"이라 부르고 있다.

⑪ 元의 8대 順帝(惠宗, 서기 1333년−서기 1367년)의 제2황후이며 황태자 愛猷識里達(元 昭宗)의 어머니인 奇皇后(서기 1315년−서기 1369년, 奇子敖의 딸)는 蒙古이름으로 肅良合 完者 忽都(숙량합 완자 홀도로 솔롱고 올제이 후투그회전, ㅇㅇㅇㅇㅇ, 鮑培转写로 Öljei Khutugh, 西里尔字母로 Өлзий хутаг)이며 高丽人이다. 그녀는 高麗 후기 元나라에 바쳐지는 貢女로 고려 출신 宦官 高龙普의 주선으로 황궁의 茶宮女가 되었다가 元 惠宗의 寵愛를 얻어 貴賓으로 책봉되고, 훗날 혜종의 뒤를 이어 황제로 등극하는 아들 아유르시리다르를 낳았다. 정적관계였던 제1 황후 다나슈리(元配皇后 答納失里)가 서기 1335년(元 元統 3년, 元 至元 元年) 答納失里

의 兄弟가 모반하여 역모죄로 毒死되고 丞相 메르키트 바얀(伯顔)이 奇氏의 황후책봉을 반대하여 서기 1337년 元 惠宗 伯顔忽都를 皇后로 册封하였다. 그리고 奇氏가 아들 爱猷识理达腊를 生產하자 서기 1340년(元 至元 6년) 元 惠宗은 奇氏를 第二三皇后로 책봉하여 伯顔忽都와 奇皇后가 함께 제2황후로 공존하였다(兩后並立). 서기 1365년 8월 伯顔忽都 皇后 향년 42세의 나이로 쓸쓸히 죽자 서기 1365년(至正 25년) 12월 元 惠宗 奇氏를 皇后로 책봉하였다. 서기 1363년 奇氏 宰相 賀太平과 결탁하여 爱猷识理达腊를 繼承人으로 옹립하자 元 惠宗은 政事에 나태해졌다. 奇皇后의 高丽에 살고 있는 일가족들은 高丽 恭愍王의 一举击破로 奇氏族人을 몰살 시켰다. 그녀의 長兄: 奇軾은 일찍 죽고, 次弟: 奇轍, 五弟: 奇輈, 六弟:奇輪은 공민왕에 의해 멸족을 당하였다. 그녀의 조상은 門下侍郎 平章事(정2품직)를 지낸 幸州 기씨 奇允肅, 증조부는 武臣 奇洪穎(仁王에 추증), 할아버지 奇琯을 거쳐 아들 奇子敖(서기 1266년-서기 1328년, 榮安王 또는 敬王 추존, 蔭補/蔭職로 摠部散郎)와 영안왕후 이씨[典書 또는 判書는 정二품 또는 정三품) 李幸儉의 딸이다. 고려 高宗(서기 1192년 2월 3일/음력 1월 18일-서기 1259년 7월 21일/음력 6월 30일, 제23대 왕)의 사위인 箕蘊의 종손녀였다. 사후 諡号는 普顯淑聖皇后이다. 그녀의 남편은 元 順帝, 아들은 元 昭宗, 며느리는 權皇后, 손녀사위는 이수데르(也速迭兒)라는 元나라 배경의 家系로 고려왕실에 막강한 영향력을 끼쳤다. 고려의 불교가 그 중의 하나이다. 고려시대의 불교유물인 海州 陀羅尼石幢(북한문화재 국보유적 82호), 光州 十信寺址 梵字碑(大佛頂尊勝陀羅尼碑: 석존이 사위국의 祇樹給孤獨园/祇園精舍에 있으면서 善住天子를 위하여 재난을 덜고 오래살 수 있는 묘법으로 독송하기를 권한 경), 敬

天寺 10층 石塔(국보 제86호), 미륵사가 위치한 月岳山 국립공원 관리사무소 구내의 多羅尼碑片(제천시 한수면 송계리 693-1 월광사 입구에서 출토), 서울 圓覺寺 10층 석탑(국보 제2호)과 昌慶宮 내 春塘池 옆 팔각칠층석탑(보물 제1119호) 등은 元(서기 1271년-서기 1368년)나라의 티베트 불교에 의해 전해져온 것으로 볼 수 있다.

서기 1271년 12월 18일 "大蒙古国"에서 "大元"으로 개칭하여 開封에서 大都(汗八里, 현 北京)로 迁都한 元나라의 世祖 쿠빌라이[忽必烈, Qubilai qaγan, 서기 1215년 9월 23日-서기 1294년 2월 18일, 서기 1271년-서기 1294년 재위, 忽必烈長兄은 蒙哥登基는 大蒙古国皇帝임]는 吐蕃에서 宗敎의 總首領인 샤카(Sakya, 薩迦派)파의 薩迦班智達(萨迦派 第四祖, 萨迦法王, Qöjê Sa'gya "Bantida" Günga Gyäcän, 서기 1182년-서기 1251년, 서기 1216년-1251년 재위)의 조카(侄子) 겸 종교후계자인 八思巴/팍빠[萨迦派 第五祖 萨迦法王, 八思巴国師, 'Phags-pa, 意为圣者, 서기 1235년-서기 1280년, 서기 1251년-서기 1266년 재위]를 그의 스승으로 모셔 티베트의 불교가 원나라의 국교가 되어 그 후 몽고족의 高麗侵入 때 영향을 주었던 것으로 보인다. 이 과정에는 징기스칸(成吉思汗)의 손자인 蒙古汗国凉州(현 甘肅省 武威市)王 闊端과 薩迦班智達사이의 수차례의 담판, 그리고 八思巴와 忽必烈사이 絲綢之路와 정권의 지배에서 서로 긴밀한 傍助와 後援이 작용하였다. 이와 관계된 당시의 정치상황은 《薩迦班智達致蕃人書》(서기 1247년, 西藏博物館 소장, 길이 45.5cm, 폭 7.3cm, 종이)에서 잘 보여준다. 薩迦班智達의 圓寂塔은 甘肅省 武威市 白塔寺(옛 玄化寺)에 八思巴의 것은 大元国師印(西藏博物館 소장)과 八思巴王駐像(46세에 圓寂, 拉薩 布達拉宮 소장)이 남아있다.

奇皇后처럼 唐 太宗(서기 627년-서기 649년)時 百済(서기 660년)와 高句麗(서기 668년)가 羅唐聯合軍에 의해 멸망당한 이후 포로로 잡혀와 外人部隊격인 團結兵으로 당나라에 배치되어 당나라를 위해 아프칸(小勃律, Gilgit), 파키스탄(大勃律, Scarado, 서기 735년)까지 가서 싸운 高仙芝 장군을 비롯하여 黑齒常之 장군 등이 한국과의 구체적 관계를 보여준다. 高仙芝 장군은 서기 751년 7월 Talas(怛罗斯) 전투에서 패전하고 서기 755년 2월에 斬首당하였다.

⑫ 大明孝慈高皇后馬氏(서기 1332년-서기 1382년)는 明 太祖 朱元璋의 처음의 아내(結髮之妻 겸 糟糠之妻)로《大明英烈》에는 마玉环으로 부르고 野史와 地方 戲曲에서는 마秀英으로 부른다.《明史》에서는 기록이 없는데 보통 그녀를 纏足을 하지 않은 '大腳板皇后, 마大脚板'으로 부른다. 馬皇后은 본래 宿州人으로 父母의 이름은 알려져 있지 않고 史書에는 '馬公, 鄭媼. 馬公은 일찍이 죽었다'라고 가록하고 있다. 생전에 그녀의 아버지는 郭子興과는 막역한 친구로 마氏는 어려서부터 郭子興의 府內에서 양육 받았다. 郭子興(서기 1312년-서기 1355년, 定遠/현 安徽省 定远县人, 中国元末 群雄의 하나로 明 太祖 朱元璋이 나라를 세우는 데 있어 후원을 아끼지 않은 중요한 인물)을 義父로 하였는데 처음 朱元璋(安徽 濠州출신으로 서기 1328년-서기 1398년, 중국 역사상 유일한 빈민출신의 황제)이 가난하여 托鉢僧으로 떠돌아다닐 때 郭子興의 紅巾軍 帳下에 들어가서 공을 세워 郭子興은 자기의 양녀 馬氏를 그에게 시집보내 처로 삼게 하였다.

馬氏는 朱元璋을 따라 수십 년간 전쟁터를 누볐는데 부부는 患難도 함께해 서로에 대한 이해가 깊었다. 洪武 元年(서기 1368년) 朱元

璋이 스스로 나라를 세웠을 무렵 '結髮之妻'인 馬氏를 皇后로 책봉하고 동시에 그녀의 소생 嫡長子 朱標을 皇太子로 삼을 정도였다. 洪武 2년(서기 1369년) 장인 馬公을 徐王으로 장모 鄭氏를 徐王夫人으로 추봉하여 朱家太廟의 東쪽에 사당을 지어 祭祀를 지내게 했다.

朱元璋이 郭子興의 부하였을 때 郭子興 두 아들에게서 오는 질투로 인해 의심을 받아 조사를 받고 두 형제는 주원장을 납치하여 작은 방에 가두고는 굶어 죽이려 했다. 馬氏는 炊餅/떡(饅头 혹은 蒸饼)을 만들어 郭子興의 부인인 양어머니에 들킬까 두려워 가슴에 품고 와 朱元璋에게 먹게 하였다. 炊餅이 너무 뜨거워 馬氏의 가슴에 화상으로 말발굽크기의 깊은 상처가 날 정도였다. 어떻게 하든 朱元璋이 따뜻한 옷을 입게 하였으나 馬氏 스스로는 그렇게 하지 못했다. 앞이마가 튀어나오고, 주걱턱에 돼지 코와 말상(馬像)의 못생겼지만 전쟁터에서 군기를 엄격히 준수하는 주원장은 재물을 혼자 삼키는 법이 없이 수하병사들과 백성들에게 나누어 주었다. 그의 못생긴 얼굴 때문에 현재 남아있는 그의 肖像畵는 원래 모습이 아니라 많이 조작된 것이다. 둘이 후일 귀하게 되었을 때 이를 회상해《蕪蔞豆粥》,《滹沱麥飯》을 지어 신하를 볼 때마다 황후의 지혜와 덕(賢慧)을 唐 太宗의 長孫皇后와 비교해 칭송하도록 하였다. 朱元璋이 內室에서 馬皇后에 물을 때 그녀는 "妾聞夫婦相保易, 君臣相保難, 陛下不忘妾同貧賤, 願無忘群臣同艱難. 且妾何敢比長孫皇后也!"라고 대답하고 朱元璋에게 겸손과 進諫을 아끼지 않아 그녀의 지혜를 엿볼 수 있다.

馬皇后가 된 이후 궁에 节俭严谨의 명령을 내리고 朱元璋이 馬氏친인척들에게 马公의 爵位를 계승하도록 허락하지 않고 또 外戚이 정권을 농단(弄权)할 수 있는 가능성을 배제하였다. 잔인하고 포악한 朱元璋이 의심을 해 부하 대신들을 죽이려할 때 항상 谏劝하

여 많은 수의 대신들의 목숨을 구하였다. 洪武 15년(서기 1382년) 8
월 馬皇后가 병에 걸려 병상에 누워 있을 때 군신들은 그녀의 命을
연장하기 위해 禱祀를 청하고 良醫를 구하고자 애를 썼다. 그러나
馬皇后는 朱元璋에게 "死生, 命也, 禱祀何益! 且醫何能活人! 使服
藥不效, 得毋以妾故而罪諸醫乎?", "願陛下求賢納諫, 慎終如始, 子
孫皆賢, 臣民得所而已"라고 말했다. 그 후 馬皇后가 51세에 崩逝하
자 朱元璋은 통곡하고 앞으로 다시 황후를 책봉하지 않겠다고 다짐
했다. 그로 인해 李淑妃, 郭宁妃 등이 馬皇后의 逝世 後 대신해 后
宮들을 거느려 나갔다. 그해 洪武 15년(서기 1382년) 9월 馬皇后는
孝陵(江蘇省 南京 鐘山 기슭의 玩珠峰)에 入葬되고 諡號는 孝慈皇
后라 했다. 馬皇后 死後 宮人들은 감회에 젖어 歌謠를 만들어 馬皇
后를 칭송했다 그 노래 가사는 "我后聖慈, 化行家邦, 撫我育我, 懷
德難忘, 懷德難忘, 於萬斯年, 毖彼下泉, 悠悠蒼天"이다. 洪武 31년
(서기 1398년) 6월 明 惠帝 朱允炆이 祖母를 孝慈昭憲至仁文德承天
順聖高皇后로 追尊하였다. 朱元璋과 马皇后 사에서 生産된 자녀는
正史记載된 바에 의하면 되로 五子二女로 长子 懿文太子 朱标, 次
子 秦愍王 朱樉, 三子 晋恭王 朱棡, 四子 明成祖 朱棣, 五子 周定王
朱橚와 二女 宁国公主와 四女 安庆公主이다.

⑬ 慈禧(서기 1835년 11월 29일-서기 1908년 11월 15일)는 孝
钦显皇后, 叶赫那拉氏로 咸丰帝(서기 1831년 7월 17일-서기 1861
년 8월 22일, 爱新觉罗氏, 諱 奕詝, 제9대 황제)의 妃嬪, 同治帝(서
기 1856년 4월 27일-서기 1875년 1월 12일, 爱新觉罗氏, 名 载淳,
제10대 황제)의 生母이며 清 말기에 重要한 政治人物이며 实际 统
治者였다. 서기 1852년에 入宮하여 赐号는 兰贵人(《清史稿记》에는

懿贵人로 기록됨), 다음해에 懿嬪으로, 서기 1856년 皇长子 爱新觉罗·载淳(同治帝)를 생산하여 懿妃로, 그 다음해에 懿贵妃로 책봉 받았다. 서기 1861년 咸丰帝가 承德 避暑山莊(河北省 承德市) 烟波致爽殿에서 사후 慈安太后(孝貞顯皇后 鈕祜祿氏, 서기 1837년-서기1881년, 東太后, 이의 이름은 養心殿 동쪽 耳房에 거주하여 생김), 慈禧太后[孝欽顯皇后 葉赫那拉氏, 圣母皇后, 上徽号 慈禧, 서기 1835년-서기 1908년, 懿貴妃 西太后, 이의 이름은 養心殿 서쪽 耳房에 거주하여 생김, 老佛爺(title of respect for the queen mother or the emperor's father)는 慈禧太后(Empress Dowager Cixi)의 별명이기도 하다]와 6살의 어린 同治帝를 남겨 두었는데 同治帝(모친은 慈禧太后, 西太后임)를 위해 처음에는 慈安太后와 慈禧太后 양인이 '二宫垂帘, 亲王议政'의 垂簾聽政을 하였다. 그러나 서기 1881년 3월 10일(光緒 7년) 慈安太后의 死後 慈禧太后가 혼자 垂簾聽政을 하였다. 이는 辛酉政变 이후의 일이다. 辛酉政变은 서기 1861년(咸丰 11년, 辛酉年) 咸丰帝의 病死 후 慈禧太后가 恭亲王 奕訢(혁흔)과 연합하여 일으킨 一次宫廷政变으로 顾命八大臣의 势力을 꺾고 赞襄을 政务大臣(역시 顾命八大臣으로 칭함)으로 삼아 皇太子 載淳(同治帝로 嫡母는 慈安太后임)을 황제로 보필하고 朝政을 섭정하였다. 載淳의 年號가 祺祥으로 '祺祥政变', 또는 '北京政变'이라고도 한다. 慈禧太后는 27년간(실제 咸丰 → 同治→ 光緒帝의 48년간 권좌를 누림) 養心殿 東暖閣에서 同治帝와 光緒帝(서기 1871년 8월 14일-서기 1908년 11월 14일) 뒤에서 수렴청정을 하였는데 그 때 同治帝와 光緒帝가 사용하던 寶座(紫檀木嵌碧玉雕龙寶座, 古宮博物院 소장), 그 옆에 '龙'자 簇子, 보좌 뒤에 처 놓은 隔斷用 八幅黃絲로 만든 幔廉과 西太后가 무척 좋

아하던 兰花가 그려진 揷屛(西太后를 兰貴人으로 부름)과 銅鍍金
跑人水法轉花鍾(시계, 古宮博物院 소장)가 당시의 모습대로 복원·
전시되었다. 그리고 당시의 정치적 상황은 咸丰 8년 6월 21일(서
기 1858년 7월 31일)부터 光绪 35년 5월 14일(서기 1904년 6월 27
일)까지 기록해둔 同治와 光緒帝의 先生이었던 翁同龢(옹동화, 서
기 1830년-서기 1904년)의 일기가 전하고 있다. 光緒帝가 총애하
던 珍妃는 13세에 入宮하고 慈禧太后 60세 회갑 때 妃로 승격하였
으며 또 近代史에서 光绪의 变法을 실행하는데 적극 지지하고 사
진(照相)기술과 촬영에 관심을 두어 紫禁城 古宮博物院에 자신의
사진첩을 남긴 것으로 매우 유명하다. 그러나 이로 인해 慈禧太后
의 미움을 받아 서기 1900년 八国联军이 北京을 공격하여 함락시
켰을 때 慈禧太后가 허수아비 傀儡황제인 光绪를 데리고 西安으로
도주하면서 冷宮에서 감금당하고 있던 珍妃를 꺼내 자금성 내 우물
(珍妃井)에 빠뜨려 죽였다. 그 다음해 珍妃의 尸体를 꺼내 京西 田
村에 묻고 民国 2년 서기 1913년 北洋政府가 崇妃园寝을 建成하여
그곳으로 移葬하였다. 이미 퇴위한 逊帝 溥仪(서기 1906년 2월 7일
-서기 1967년 10월 17일)가 그녀를 '恪顺'으로 책봉하였다. 서기
1938년 华北村 村庄里의 鄂士臣과 关友仁이 珍妃의 무덤을 도굴하
여 많은 보물을 훔쳤는데 당시 满洲国(서기 1932년 3월 1일-서기
1945년 8월 18일) 황제 溥仪가 그 사실을 알고 이들을 색출하여 처
형하였다. 그러나 도굴된 무덤은 진비의 것이 아니라 근비의 것으
로 밝혀졌다. 瑾妃(서기 1924년 민국 13년 10월 20일 51세로 東六
宮 永和宮에서 사망)는 珍妃의 친누나(姐姐/胞姐)로 서기 1924년
에 죽어 그녀도 崇妃园寝에 묻혔다. 瑾妃는 西陵의 清朝皇室에 묻
힌 마지막 사람이다. 清帝의 顺治, 康熙, 乾隆 등 제 황제들이 中

南海内에 殿宇와 馆轩을 지어 避暑와 听政의 之所로 삼았다. 同
治, 光绪 年间에 慈禧太后와 皇帝가 이곳에 머물렀으며 음력 十二
月 颐和园에서 紫禁城으로 돌아올 때에도 많은 사람이 中南海 안
에 居住하였다. 清朝 光绪 24년간(서기 1898년 6월 11일-9월 21
일)의 政治改革運動인 戊戌变法이 失败한 후 慈禧太后는 光绪帝
를 南海中의 瀛台에 감금하였다. 서기 1900년 义和团运动 时期 中
南海는 러시아 军驻屯地가 되어 苑内文物이 약탈되어 아무것도 남
지 않았다. 서기 1900년 8월 八国联军 总司令 알프레트 하인리히
카를 루트비히 폰 발더제 백작(Alfred Graf Von Waldersee, 서기
1832년-서기 1904년, 阿尔弗雷德·海因里希·卡尔·路德维希·冯·
瓦德西)가 北京을 점령한 후 中南海의 仪鸾殿(의란전)에 거주하였
다. 이 무렵 중국에서 膾炙되는 清末의 民间의사인 喜來樂도 서기
1900년(光緒 26년, 庚子年) 八国聯合軍이 北京에 침입한 후 괴질
과 전염병이 창궐하였을 때 그는 軍醫로 천거되었으나 도망가서 匪
賊들의 소굴에 은신하였다. 그러나 성격이 강인한 关東 黑瞎子嶺
大當家의 女兒인 金山嬌의 호의와 충고로 북경(皇城)에 가서 군에
입영한 후 西安에 가서 그 곳에 피난 온 西太后와 光緒皇帝를 치료
하기도 하였다. 聯合軍이 물러간 후 西太后와 光緒皇帝가 차례로
세상을 떴다. 八国联军이 물러간 후 西太后와 光緒皇帝가 차례로
세상을 떴다. 서기 1898년 戊戌变法의 실패 후 靖王爷의 亲信인 维
新派의 鲁正明의 자살과 관련되고 이를 책임진 정실부인 胡素花도
자살하였다. 서기 1912년 袁世凱(원세개, 위안스카이, 서기 1912
년 3월 10일-서기 1915년 12월 22일 재위)가 宣統帝로 부터 황위
를 禅讓받았을 때 그는 청나라에 대한 염증과 絕望으로 부인 胡素
花로부터 모든 가사를 위임을 받은 후처 賽西施와 일가족을 이끌

고 关東(黑龙江省)으로 이주하였다가 서기 1912년 中华民国 成立 후 다시 북경에 돌아와 병원 一笑堂을 열었다. 慈禧太后(西太后)의 普陀峪 定東陵에 안장되었다. 西太后 慈禧는 사후 자기를 위해 東陵에 호화로운 陵墓(定東陵)를 건축했는데 光绪帝의 능침은 전혀 고려하지 않았다. 光绪帝는 西陵의 清崇陵에 안장되었는데 원래 묘 자리가 준비되지 않아 光绪가 돌아간 이후에 능묘를 만들기 시작했는데 3년 후 辛亥年(清 宣统 3년)서기 1911년 10월 10일 辛亥革命이 일어나 서기 1912년 2월 12일 청나라가 해체되면서 마지막 황제인 宣統帝(溥仪)가 퇴위하고 民国政府의 협조로 民国 4년(서기 1915년)에 완공을 보았다. 그래서 崇陵의 건축은 새로운 양식으로 만들어졌으며 崇陵崇妃园寝에는 珍妃(서기 1876년 2월 27일-서기 1900년 8월 15일)와 瑾妃(서기 1873년-서기 1924년)의 墓가 만들어 졌다. 그리고 서기 1995년 1월 26일 마지막 황제인 溥仪의 유골은 北京 八宝山 革命公墓로부터 이장되어 清 西陵 부근 易县 华龙皇家陵园에 안장되었다. 그러나 서기 1928년 国民革命軍 第12軍 軍長 孙殿英(서기 1889년-서기 1947년)이 乾隆帝 裕陵과 慈禧太后(西太后)의 普陀峪 定東陵을, 서기 1945년에는 土匪 王紹義와 張盡忠이 順治帝 孝陵을 제외하고 능묘 전체를 도굴하였다. 특히 孫殿英이 서기 1928년 7월 1일 潭溫江의 건의에 따라 7월 4일-7월 10일 군사훈련이란 美名下에 慈禧太后의 定東陵을 파괴하고 능 입구를 못 찾아 4주후 자희태후가 안장된 內棺까지 부수고 여기에서 여러 부장품들을 도굴했다. 이 도굴사건으로 여론이 나빠 그해 蔣介石에 의해 군사재판에 회부되었으나 종결되지 못한 채 서기 1949년 10월 1일 新中国의 탄생으로 유야무야(有耶無耶)되었다. 자희태후의 보물 중 그녀(서태후)의 사후 염으로 입에 물렸던 夜明珠는 蔣介石의 두 째 부인 宋美齡[宋嘉澍(海南島 文昌人, 서기 1863년—서기 1918년 5월 4일, 宋靄齡, 宋慶齡, 宋子文, 宋美齡, 宋子良, 宋子安의 아버지)의 세 째 딸로 蔣宋美齡女士 혹은 蔣夫人으로 불림, 서기 1897년 3월 5일—서기 2003년 10월 24일]에게 云南省 怒江州 福貢県 石月亮乡 瓦格村과 이웃 貢山県에서 많이 나오는 碧璽(電氣石, 綠柱石)西瓜(수박)은 宋美齡의 오빠 겸 宋慶齡(남편 孫中山)의 동생인 宋子文(서기 1894년 12月월 4일—서기 1971년 4월 26일)에게 뇌물로 바쳐진 모양이다. 자희태후의 능은 서기 1947년에 수리·복원되어 현재 전시중이다. 西太后(慈禧太后)는 청나라 말기 역사를 대변하는 중요한 인물이었지만 同治帝, 光緒皇帝와 光绪帝가 총애하던 珍妃를 포함한 여러 사람들에게 악행을 저질러 汉 高祖 刘邦의 皇后 呂雉와 唐의 則天武后(武則天)와 함께 '中国3大惡女'로 불리 운다. 서기 1912년 袁世凱(서기 1912년 3월 10일—서기 1915년 12월 22일 재위)가 宣統帝로 부터 황위를 禅讓받았아 서기 1912년 2월 12일—서기 1949년 10월 1일 中华民国(孫文→遠世凱→蔣介石)으로 이어졌다. 孫文(서기 1866년 11월 12일—서기 1925년 3월 12일)은 서기 1912년 1월 1일—서기 1912년 4월 1일 중화민국 초대 대통령으로 취임하고, 遠世凱(서기 1859년 9월 16일, 咸丰 9년 8월 20일—서기 1916년 6월 6일)는 中国清末 民初期의 軍人·政治家, 北洋軍閥의 総帥로 大清帝国 第2代 內閣総理大臣으로 清朝崩壊後에는 第2代 中华民国 臨時大総統(서기 1912년 3월 10일—서기 1913년 10월 10일), 初代 中华民国大総統(서기 1913년 10월 10일—서기 1915년 12월 12일, 서기 1916년 3월 22일—서기 1916년 6월 6일)에 취임하고 한때는 中华帝国 皇帝로 즉위하여 洪憲皇帝(서기 1916년 1월 1일—동년 3월 22일 까지 83일

간)으로 불려 지기도 하였다.

汉 高祖 刘邦(기원전 202년-기원전 195년 在位)의 皇后 呂雉, 唐의 則天武后(武則天, 서기 624년 2월 17일-서기 705년 12월 16일), 淸의 西太后(慈禧太后, 서기 1835년 11월 29일-서기 1908년 11월 15일)와 함께 불리 우는 '中国三大惡女' 이외에도 '中国四大醜女'인 嫫母(모모), 鍾離春(종리춘), 孟光, 阮氏에 관한 이야기도 전해온다. 중국에는 '추한 아내와 가까이 있는 밭은 집안의 보배다(丑妻近地家中宝)'라는 속담이 있다.

① 嫫母(丑女)는 원 이름은 丑女로 上古时期의 传说人物로 5000년 전에 추녀긴 하지만 무척 현명했었던 모양이다. 黄帝는 옛 부터 내려오는 掠夺婚(劫夺婚, 抢劫婚)인 부락의 "抢婚" 事件을 막기 위해 品德贤淑, 性情温柔, 面貌丑陋의 丑女를 택했고 그녀는 자기 스스로 黄帝의 第四妻室이 되어 황제로부터 '嫫母'라는 封号를 받았다. 황제는 미모를 밝히고 덕을 경시하면 아름다움이 아니고 덕을 중시하고 색을 가볍게 여기면 현명함이다("重美貌不重德者, 非真美也, 重德轻色者, 才是真贤")라고 말했다고 한다. 또 모모는 거울(镜子)을 발명했다고 전해진다.

② 鐘離秋의 언니인 鐘離春은 戰国时代의 鐘離春은 전국시대 齊나라의 無鹽에 살았던 추녀로 齊王에게 문제점과 해결책을 자주 제시해 無鹽君에 봉해졌고 나중에 황후가 되었다. 그리고 魏나라 龐涓(방연)에게 잡혀 미친척한 孫臏(손빈, 鬼谷子의 제자, 孫武의 5대손이고 손무와 같이 孫子로 불림, 孫臏兵法이 있음)을 구하기 위해 田忌에게 부탁한 고사도 있다. 그리고 江苏省 常州市 武进区 中心城

区 湖塘镇 大坝行政村淹/奄国의 淹城遗址는 吴나라의 闔閭(합려, 기원전 514년-기원전 496년 在位)-夫差(부차, 기원전 495년-기원전 473년 在位)-伍子胥(오자서)와 관련 있던 孫武(字는 長卿, 孫子 또는 兵聖으로 불림)의 草廬가 있으며 이곳에서 春秋 末年(기원전 515년-기원전 512년)에 집필한 것으로 알려진 孫武의 13편의 兵書로 서기 1972년 4월 10일 山东省 临沂县(린이현, 서기 1994년 이후 临沂市) 银雀山 西汉墓葬 1号墓와 2号墓에서 출토한 汉나라 竹簡文으로 된《孫子兵法》이 있으며 이 무덤에서 孙武의 5대 후손이며 戰国时代 齐나라 軍師인 孫臏의《孫臏兵法》도 함께 출토되었다. 이 죽간문의 병서는 손자병법 중 가장 오래된 것으로 현재 산동성 박물관에 전시되어 있다.

③ 东汉/后汉时代의 孟光은 梁鸿(字 伯鸾, 扶风 平陵/현 陕西 咸阳人, 东汉诗人)의 아내로 몸집이 크고 얼굴이 검은 추녀였으나 덕행이 높았다. 남편에게 음식을 올릴 때마다 밥상을 눈썹까지 들어 올려 바쳤다는 '擧案齐眉'의 사자성어가 나오게 한 장본인이다.

④ 東晋시대의 阮氏는 許允(?-254년, 三国时期 曹魏의 名士)의 아내이다. 허윤은 阮德慰의 딸에게 장가를 간 첫날 밤 완씨의 용모에 놀라 신방을 뛰쳐나왔지만 뒤에 그녀의 덕행을 알고 백년해로했다'. 이 '4대 추녀'의 이야기는 여자의 아름다운 외모보다는 내면의 재능과 훌륭한 품행을 훨씬 더 강조하고 있다.

07 泰山 封禅祭祀

西汉 武帝 刘彻(유철, 기원전 142년-기원전 87년)도 秦始皇에 이어 8회나 泰山에 올라 封禅祭를 지냈다. 한 무제도 封禅泰山儀式을 통해 儒敎에 기반을 둔 天下統一과 治国態度를 만천하에 공포함이었다고 짐작된다. 당시 한 무제는 董仲舒(기원전 179년-기원전 104년)의 기용(기원전 134년, 武帝 元光 원년)이후 儒敎를 국가의 이념으로 삼았기 때문이었다. 한 무제의 봉선기록은 다음과 같다.

> 元封 元年(기원전 110년) 封泰山, 禅肃然山
> 元封 2年(기원전 109년) 封泰山, 祠明堂
> 元封 5年(기원전 106년) 封泰山, 祠明堂
> 太初 元年(기원전 104년) 封泰山, 禅蒿里山
> 太初 3年(기원전 102년) 封泰山, 禅石闾山
> 天汉 3年(기원전 98년) 封泰山, 祠明堂
> 太始 4年(기원전 93년) 封泰山, 禅石闾山
> 征和 4年(기원전 89년) 封泰山, 禅石闾山

그러나 한 무제의 첫 번째 封禅祭는 황제에 오른 후 32년 후로 기록에 의하면 儒教의 国家的 理念을 벗어난 또 다른 이유가 있었을 것으로 생각된다. 그가 가장 총애하던 王夫人(元朔 6년 기원전 123년 皇二子 齐怀王 刘闳을 生産하고 元狩 2년 기원전 121년 卒)이 죽고 난후 그녀를 그리워하면서도 한편 도교적인 長生不死를 꿈꾸며 求仙과 升仙이 주목적이었을 것으로 추정하기도 한다. 桓潭의《新論》에서 "方士李小君言能致其神 乃夜設燈張幄 置夫人神影 令帝居他遙呈 見好女似夫人之狀"이라고 王夫人의 招魂을 언급한다. 여기에서 煉丹煉藥을 제조할 수 있는 方士 李小君은 중국에서 皮影(shadow play)의 발명자로 여겨진다.《史記》에서 李小君이 한 무제에게 "仙者可見 見之以封禅則不死 皇帝是也"라고 皇帝와 마찬가지로 長生升仙할 수 있음을 알려준다. 이러한 분위기에서 五里將軍 欒大와 같은 인물들이 한 무제 주위에 모여 封禅을 부추긴다. 金 2만량을 받아 태산에서 봉선의식을 치른 후 돌아와 한 무제에게 신선을 만났다고 거짓말도 하게 된다. 여기에서 長公主의 간언도 무시하고 사위를 죽이라는 명령까지도 내린다. 泰山의 정상인 玉皇頂은 '天門直達天庭'으로 尋仙祭祀를 지내기 딱 좋은 곳이다. 한 무제가 산동성을 처음 방문할 때는 이곳이 극히 湖南省博物館 所藏 素紗禅(單)衣 같이 얇은 비단의 산지로《汉書》에서는 "强弩之末 力不能入魯縞"라고 기재하고 있다. 당시 張騫(장건)의 비단길 개척과 霍去病(곽거병, 首推冠軍侯, 기원전 140년-기원전 117년)의 匈奴의 제압과 夭折 등으로 한 무제는 비단의 대량생산이 무척 필요하고 곽거병에 대한 그리움으로 곽거병의 아들 霍嬗을 태산에 데리고 갈 정도로 마음이 무척 상심했을 것이다. 司馬談이 임종 시 아들 司马迁에게 "今天子接千歲之統 封泰山 而余不得從行 是命也夫 命邊夫"라고 유언을 남기고 있다. 8차의 封禅 때에는 태산궁의 솟을 주조하도록 명하고 있으며 이는 서기 1963년 陝西省 西安 서쪽에서 발견되어 陝西省博物館에 소장되어 있다. 명문은 "泰山宮鼎 容一石 具蓋 幷重六十二斤二兩 甘露三年 工王意造"이다. 甘露 3년은 汉 10대 宣帝(기원전 91년－기원전 48년 1월 10일)의 6번째 年号로 기원전 51년에 해당한다. 산동성박물관 소장의 '西王母 · 伏羲 · 女媧石刻畵像'(东汉)과 山東省 泰安市 岱廟 博物館 東南處東 汉柏院 內의 汉 武帝의 泰山无字碑와 한무제가 친히 심었다는 汉栢五株도 당시의 情況을 이야기 해준다.

唐나라도 高宗 李治 乾封 元年(서기 666년, '封泰山 禅社首山'의 결과로 双束碑/鴛鴦碑가 세워짐), 天册金轮圣神皇帝 武曌 万岁登封 元年(서기 696년, '封太室山, 禅少室山')과 玄宗 李隆基 開元 13년(서기 725년, '封泰山, 禅社首山', 台北 故宮博物院소장의 唐玄宗封禅玉冊이 있음)의 세 번에 걸쳐 山東省 泰安市 泰山에서 封禅祭를 거행하였다.

그중에서 泰山 禅社首山碑(双束碑, 鴛鴦碑)는 '岱岳观造像记碑'로 唐高宗 显庆 6년(서기 661년) 唐 高宗과 皇后 武则天의 두 사람의 奉旨를 받들어 封禅泰山 후 세워졌다. 높이 3.18m, 폭 1.05m로 碑首에는 唐代风格을 지닌 殿阁九脊歇山顶을 만들었다. "双束碑"는 원래 泰山 南麓 老君堂院(虎山水库西侧)에 세워졌으나 서기 1960년 老君堂 东侧 建亭으로 옮겼으며 文物工作者가 岱廟 博物館 炳灵门外 地下에 묻어 文化革命 때 劫难을 피하였다. 碑文은 碑身四周에 돌아가며 새겼고 每面은 四五层으로 나누고 每层에는 一则(표준 규범의 원칙에 따라 만들 줄과 구획) 혹은 二则의 꼭 같지 않지만 正书로 모두 24则을 새겼다. 그중에는 武则天 재위기간에 새긴 7则이 포함된다. 하늘과 땅에 대한 제사인 '封禅'을 하기 위한 文武百官, 侍従과 丫鬟(아환, 계집종, 婢女, 女僕, 下女)을 포함하는 5,000명이 서기 665년(麟德 元年) 洛陽을 출발하여 12월 泰山아래에 운집하여 그 다음해인 서기 666년 정월 泰山 禅社首에서 하늘에 대한 封祭祀를 지낸 기록을 담은 것으로 武则天이 43세 때이다. 서기 666년

(乾封 元年) 正月 초하루 高宗이 泰山의 남쪽에서 封祀壇을 세우고 昊天上帝에게 제사를 지냄을 시작으로 초이틀 태산 위에서 '封祭祀', 초3일에 社首山에서 '禅祭祀'(封은 하늘에 제사이고 禅은 땅에 제사지냄을 의미함)를 지냈다. 3일째의 제사에서 高宗이 初獻禮를 武后/武则天은 亞獻禮(제사 시 두 번째의 獻酒의 역할)를 하였다. 그리고 초5일에 禮华를 마친다. 그리고 어전회의에서 천하에 大赦免令을 내리고 그 기념으로 '麟德'에서 '乾封'(乾封 元年은 서기 666년임)으로 연호로 고쳐 썼다. 그에 따라 '乾封泉寶'라는 동전이 발행되었다. 그 해 19일 泰山을 떠나 曲阜에 도착하여 孔子에게 太师의 칭호를 내리다. 2월 22일 亳州에 도착해서 老君廟에 제사를 지내고 太上玄元皇帝로 삼았다. 31일 제사를 모두 끝내고 武后/武则天와 함께 洛陽으로 돌아온 고종은 명을 내려 '登封记号文'을 새겨 태산에 세우도록 하였는데 그 비가 社首山碑(双束碑, 鴛鴦碑)이다. 그러나 후일 "鴛鴦双束碑"의 비문 중 武则天이 남편 고종의 사후 스스로 세운 周나라의 상황에 맞게 11개 글자를 新造의 汉字로 고쳐 넣었는데 예를 들면 비문 중에 '天'字는 원래 '大'인데 한 획을 더 추가해 넣어 만든 것이다. '大'字는 一个 또는 开腿(다리를 쩍 벌린)의 男子이나 한 획을 더 넣음으로 苍天 즉 "男人头顶一片天"의 의미를 갖게 되었다. 다른 신조어들은 照, 臣, 君, 月, 年, 日, 星, 载, 圣, 人, 初, 授, 证, 天, 地, 正, 国 등이다. 唐 高宗 李治와 皇后 武则天의 封禅时. 北方의 突厥, 西域의 于阗, 中亚의 波斯(현 伊郎, 이란), 南亚의 天竺(현 印度), 东邻 倭国(현 日本), 高句麗 등지에서 온 首领들이 각자 부하들을 데리고 봉선에 참여하였다고 한다. 그래서 双束碑는 唐代 政治, 宗教와 历史를 연구하는데 중요하며 이 비는 특히 武则天의 历史的实物资料이다.

封禅은 中国古代政治 중 최대의 典礼로 功绩이 가장 뛰어난 皇帝만이 泰山(후일 垈山)위에 올라가 封禅을 할 수 있다. 봉선은 '奉爲祭天 禅

是祭地'인 가장 중요한 大典祭祀로 역사적으로 秦始皇 嬴政, 汉武帝 刘彻, 汉光武帝 刘秀, 唐 玄宗 李隆基와 宋真宗 赵恒 등이 봉선을 행하였다. 황제가 봉선을 할 때 玉册上面에 새긴 글(祭文)을 읽어 하늘에 고한다. 그리고 읽기를 마친 후 꿇어앉아 옥책을 玉匮에 넣어 금줄(金绳)과 金泥로 잘 봉한 후 '受命'의 두 글자를 새긴 玉玺盖를 그 위에 올려놓고 金匮는 神案 위에 놓는다. 황제는 神案을 향하여 두 번 절한 후 봉선제단에서 내려온다. 이 옥책은 五色土로 봉하고 金匮는 燔祭로 불에 태워(柴上焚烧)지면 옥책 위의 祭文은 하늘 天庭에 이른다.

唐 9대 황제인 玄宗(李隆基, 서기 685년 9월 8일－서기 762년 5월 3일, 서기 712년－서기 756년 在位)도 開元 12년(서기 724년) 宰相 張悅이 "英威邁于百王 至德加于四海"라는 奏請으로 開元 13년(서기 725년) 음력 10월 11일 西安 大明宮을 출발해 泰山에 올라 封禅祭禮(大典)을 올렸으며 제사가 끝난 후 封禅泰山玉册(台湾 台北 故宮博物院 소장)과 紀泰山銘(일명 东岳封禅碑 또는 泰山唐摩崖로 칭함)을 남겼다. 이때 突厥의 可汗도 함께 참여하여 제사를 올렸다. 封禅은 山西省 高平市 仙翁廟 소장의《唐玄宗封禅图》에 묘사되어 있다. 이 옥책은 宋 3대 황제인 眞宗(趙恒, 서기 968년 12월 23일－서기 1022년 3월 23일)의 옥책과 함께 台北 故宮博物院 소장품이다. 당 현종의 옥책은 白色阶玉으로 모두 15简, 每一简의 길이는 29.5cm 정도, 폭 3cm, 두께 1cm로 상하 두 곳에 구멍을 뚫어 금실로 이었으며 옥책에는 隶书로 135字가 새겨져 있으며 끝에는 두 자의 楷书로 '隆基'라는 글이 새겨져 있다. 唐玄宗玉册祭文은 문장에서 글에 이르기 까지 玄宗 본인이 開元 13년(서기 725년, 11월 乙丑년)에 완성한 것으로 宋真宗玉册祭文도 大臣 冯拯이 撰·写하고 글은 真宗 본인이 완성한 것이다. 이 唐玄宗玉册祭文은 서기 1931년 民國의 馬鴻逵(마홍규, 서기 1892년 3월 9일－서기 1970년 1월 14일, 中华民国軍事將領)이 태산 하에서 발견한 것이다. 서기 1971년 马鸿逵가 죽고 나서 이 옥책은 台湾国民政府에 기증되어 台北 故宫博物院에 보관된 후 지금에 이른다.

《纪泰山铭》은 唐 开元 14년(서기 726년) 9월 唐 玄宗 李隆基가 泰山에서 封禅大典을 치른 후 撰书한 碑刻铭文으로 泰山의 观峰 摩崖에 새겨졌다. 높이는 13.20cm, 폭 5.3m로 글은 隶书로 24行, 满行 51字, 现存 1008字가 남아있다. 글자의 크기는 16cm×25cm, 额题는 "纪泰山铭" 隶书로 從으로 2行 4字가 쓰였으며 글자의 크기는 45cm×56cm이다. 开元 13년(서기 7254년) 唐 玄宗이 国力을 선양하기 위해 각종 색깔의 말 각 1,000필을 고르고 泰山에 오를 부대를 조직한 후 封禅大典을 거행하였다. 封泰山神을 天齐王으로 봉하고 大观峰下에 새긴 글《纪泰山铭刻石》에는 唐 玄宗의 神奇한 封禅故事와 皇家秘史가 기재되어 있다. 《纪泰山铭刻石》의 上面은 唐 玄宗 李隆基이 친필로 이를 비에 새긴 铭文으로 泰山은 野外历史博物馆이 된다.

宋 3대 황제인 真宗 赵恒(서기 968년 12월 23일-서기 1022년 3월 23일)은 大中祥符 元年(서기 1008년)에 開封 崇德殿에서 출발해 東京을 거쳐 음력(農歷) 10월 23일 泰山岱顶에서 四海의 굴복을 위한 封禅祭祀를 올렸는데 秦始皇 嬴政, 汉武帝 刘彻, 汉光武帝 刘秀, 唐 玄宗 李隆基에 이은 마지막 封禅祭祀이다. 祭文이 새겨진 真宗玉册祭文(台北 故宫博物院소장)은 大臣 冯拯이 撰·写하고 글은 宋 真宗 본인이 완성한 것이다. 宋 真宗의 봉선제사는 白銀 30萬兩과 絹 20萬匹을 주고 契丹(또는 Khitan, 辽)과 굴욕적인 澶淵之盟(서기 1005년 辽聖宗과 이를 막기 위해 北上하였던 송의 眞宗이 澶州에서 對陣하고 체결한 강화조약)후에 일어났고 李馬勿이라는 大食国(阿拉伯帝国, 波斯语로 Tazi 혹은 Taziks로 씀)상인도 이 제사에 참여 하였다. 그는 5대 선조 때 부터 내려오던 가보인 40cm 정도가 되는 1尺 2寸의 玉圭를 송나라 진종에게 바쳐 封禅

祭祀에 사용하도록 하였다. 이 제사는 송나라 24공신중의 하나인 王旦이 5차에 걸쳐 上奏했기 때문이었다. 宋眞宗封禅泰山玉册은 白色闪玉으로 모두 16简, 每简의 길이는 29.5㎝, 폭 2㎝, 두께 0.75㎝이며 玉册의 상면에는 楷书로 모두 227字가 새겨져 있다.

그리고 泰山岱顶의 东南쪽에 宋摩崖碑가 있는데 이는 宋 眞宗이 泰山에서 封祭祀를 올릴 때 새긴《御制功德铭》인데 후일 明나라 翟涛(적도)가 그 위에 大书로 "德星岩"라고 써놓아 많이 훼손되었다. 현재 篆额은 "登泰山谢天书述二圣功德铭"이며 그 이후에도 磨崖上에 "泰山乔岳", "俯仰乾坤", "天柱东维", "只有天在上, 更无山与齐" 등의 大字题刻이 많이 새겨졌다. 또 西南 盘路변에 튀어나온 柱石의 南쪽 거대한 담장 같은 바위를 이용하여 축조한 天贶殿 내에《泰山神启跸回銮图》가 그려져 있어 '泰山神东岳大帝出巡'을 비롯하여 回宫하는 광대한 장면이 길이 62m 폭 3.3m의 화폭에 묘사되어 있다. 동벽에는 泰山神이 양손에 圭(古代帝王诸侯가 礼仪를 举行할 때 사용하는 玉器)를 들고 송 진종을 맞이하는 그림을 비롯해 天神, 諸神, 天丁力士, 官服과 紗帽를 갖춘 文官과 護衛武將 등 667인이 묘사되어 있다. 宋 眞宗은 黃袍를 입고 손에 玉圭를 들고 4輪 6馬가 끄는 輦을 타고 있다. 이 벽화는 현재 岱庙正中央의 중심 건물인 天贶殿(남문은 南天門임)을 지었는데 이는 故宫太和殿, 曲阜孔庙大成殿과 함께 中国古代 三大殿 중의 하나이다.

《泰山神启跸回銮图》는 원래 宋代에 그린 한 폭의 거대한 壁画로 中国三大皇宫宫殿의 하나인 泰山岱庙天贶殿内에 봉안 되어 있으며 壁画题材는 '东岳大帝出巡和返回的壮观场面'이다. 乾隆帝와 嘉庆朝의 诗人 张鉴이 壁画를 보고 题咏하여 "松柏那论旧, 丹青尚著新", "石坛古柏来风雨, 画壁群神奉敦盘"라는 글을 남겼다. 岱庙壁画가 그려진 후 천 여 년 동안 金大定之火, 贞祐之兵, 元至元之乱, 明宣德, 嘉靖之灾, 清康熙

之震, 庙殿屡建屡毁 등의 수난을 맞았으며 지금의 벽화는 淸 康熙 17년 (서기 1678년) 岱庙의 重修 후 다시 그린 것으로 康熙의《重修岱庙履历记》碑文에 의하면 "大殿内墙, 两廊内墙俱口(使)画工画像"이라 기재하였으며 또 泰安大汶口《刘氏族谱》에 의하면 "刘志学, 善丹青, 泰邑峻极殿(当时岱庙大殿之名)壁画, 即其所绘"으로 기재되어 있다. 차후 乾隆, 同治 年间에도 그림을 다시 손보았다.

그리고 泰山의 封禅祭祀는 아니지만 武则天이 河南省 洛陽 崇山에 封禅을 다녀온다. 周나라를 세운 武则天이 77세인 久视 元年(서기 700년) 7월 7일 文武百官을 거느리고 嵩山에 올라 封禅祭를 올리고 祈福을 구한다. 이에 대해서는 中国国家博物館소장의《武后行從图》에 묘사되어 있다. 서기 1982년 5월 河南省 中岳 嵩山 峻极峰에서 발견된 武曌金简은 竖长方形으로 长 36.2cm, 폭 8cm, 두께 1cm, 黄金纯度는 24K에 가까운 96% 以上으로 무게 223.5g이다. 金简위에 镌刻双钩铭文이 3行 63字가 보이는데 이는 "大周国主武曌好乐真道长生神仙, 谨诣中岳嵩高山门, 投金简一通, 迄三官九府除武曌罪名, 太发庚子七月甲申朔七日甲寅小使臣胡超稽首再拜谨奏"이다 즉 武则天이 宫廷太监 胡超向을 보내 金简을 만들어 道教 三官九府의 諸神들에게 자신의 죄를 消灾해 달라는 내용인데 이는 中国에서 발견된 유일한 金简이다. 三官이란 天官, 地官, 水官 또는 '三官', '三元'을 의미하며 道教에서 지내는 神灵이다. 7월 7일은 道教에서 七夕节, 乞巧节로 人神相会하는 날이며, 三官에서 天官은 唐尧, 地官은 虞舜, 水官은 大禹로 이야기 하는데 道经에서 天官은 赐福, 地官은 赦罪, 水官은 解厄을 담당한다. 그리고 '九府'는 各方神仙洞府를 의미한다. 이 武曌金简은 武则天이 여황제가 되기까지 저지른 여러 죄업이 소멸되기를 바란 것으로 중국에서 발견된 유일한 것이다. 현재 河南省博物館에 전시 중이다.

08 萬里長城

中国古代四大工程은 长城, 都江堰, 灵渠, 京杭大运河이다. 그중 만리장성은 기원전 221년 秦始皇 때 쌓기 시작하였고 明나라 초 서기 1378년(洪武 11년) 塼을 이용해 보강하였다. 특히 戚継光(척계광, 서기 1528년-서기 1587년)과 譚綸(담윤)이 塼을 이용해 서기 1505년(弘治 18년)에 북경 북쪽의 八達嶺을 쌓은 것을 비롯해 서기 1575년(14대 神宗, 万历 3년) 만리장성을 현재의 모습으로 바꾸어 놓았는데 성 주위에 보(步), 기(騎), 차(車), 치(輜), 중(重) 등의 영(營)을 세웠고 성위의 공심적대(空心敵台, 空心墩)가 특징이다. 明長城은 동쪽 山海关(天下第一关, 老龙头 포함)에서 辽宁省 綏中県과 河北省의 分界處로 九江河를 가로지르는 九門口水上長城(또는 一片石关, 京東首关, 서기 1986년-서기 1989년 복원)을 포함해 서쪽 嘉峪关(天下第一雄关)에서 서쪽 嘉峪关까지 뻗어 있다. 그리고 甘肅省 敦煌市 西北쪽 약 90㎞ 떨어진 곳에 위치한 玉門关으로부터 서쪽은 西域이이라 부른다. 북경을 중심으로 하는 명나라의 장성은 다음과 같다.

北京以東: 虎山長城, 老龙头長城, 山海関

北京周辺: 司馬台長城, 金山嶺長城, 蟠龙山長城, 古北口長城, 大榛峪
　　　　　長城, 黄花城長城, 慕田峪長城, 箭扣長城, 八達嶺長城, 水
　　　　　関長城, 居庸関長城, 揷箭嶺長城, 九門口水上長城

北京以西: 老牛湾長城, 楡林鎮北楼, 三関口長城, 騰格里砂漠長城, 丹
　　　　　峡口長城, 嘉峪関, 河倉城, 玉門関, 陽関

사진 18. 萬(万)里長城 山海关(天下第一关)동쪽 끝의 老龙头 : 서기 1996년 8월 21일
(수) 필자 촬영

　長城은 戰国長城, 秦長城, 汉長城, 明長城과 辽宁古長城으로 나
누어 생각할 수 있다. 長城은 戰国長城, 秦長城, 汉長城, 明長城과 辽
宁古長城으로 나누어 생각할 수 있다. 秦長城은 秦始皇이 33년(기원
전 214년) 大将 蒙恬(몽염)을 파견해 북쪽 匈奴의 남하를 막으면서 서
쪽으로 甘肅省 臨洮县(현 臨洮县 新添鎮 三十墩村 望儿)에서 기원전
221년 戰国時代의 통일 때까지 동쪽으로 辽东 碣石山(현 河北省 藁
城, 昌麗县으로 추정하나 이론이 많음)에 이르는 甘肅省, 陝西省, 內

8. 萬里長城　285

蒙古自治区, 宁夏回族自治区, 辽宁省을 포함하는 만 여리의 长城축
조를 포함한다. 이는 앞선 战国时期 秦, 赵, 燕 三国长城의 기초위에
만들어 진 것으로 현재 东西로 西吉, 固原, 彭阳의 三县, 固阳县의 城
北 7㎞의 色尔腾山(阴山山脉의 西段 狼山의 以东으로 巴彦淖尔盟 乌
拉特前旗 东北部와 乌拉特中旗의 东南部에 위치)上, 崇山을 포함하
는 내몽고자치구의 赤峰(赤峰市 傲汗旗-建平县-朝陽은 처음 燕 장
성임), 呼和浩特, 包头, 鄂尔多斯(오르도스Ordos/Erdos, 鄂尔多斯沙
漠, 河套/河南)시 鄂托克旗 등지에서 진 장성의 흔적이 뚜렷이 발견
된다. 이는 세계 7대 기적의 하나로 여겨진다. 중국에서 만들어진 장
성의 총 길이는 서기 2009년도의 8,851.8㎞에서 서기 2012년 6월 6
일에 21,196.18㎞로 늘여 공식 발표하고 있다.

　　明나라 이전의 城은 나무틀을 만들어 그 안에 진흙을 넣고 다지는
版築狀의 土城이며 그러한 성들은 汉·唐나라 때의 비단길과 연결된
다. 이를 '오아시스 길'이라고도 하며, 天山北路와 天山南路(西域北路)
그리고 西域南路 등 세 경로가 있다.

　1. 天山北路: 西安(長安)-兰州-武威-張掖-嘉峪关-敦煌(陽关鎭,
　　 玉門关 포함)-新疆省 維吾尔自治区의 哈密(Hami, Kumul)-
　　 乌鲁 木齐(Urimqi, Urumqi, Ürümqi)-伊宁(Yining)-伊犁河
　　 (Yili He/Ili River)-알마타(Alma-Ata, Kazakhstan/哈萨克
　　 斯坦의 수도인 아스타나/阿斯塔纳)-타시켄트(Tashikent, Uz-
　　 bekistan/乌兹别克斯坦의 수도)-아랄 해-카스피 해-黑海-동
　　 로마의 비잔티움(콘스탄티노플/이스탄불)
　2. 西域北路(天山南路): 西安(長安)-兰州-武威-張掖-嘉峪关-敦
　　 煌(陽关鎭, 玉門关포함)-新疆省 維吾尔自治区의 哈密(Hami,

Kumul)-吐魯番(Turfan)-焉耆-庫尔勒-庫车-阿克苏-喀什
(Kashi)-파미르高原(帕米尔高詢/蔥嶺, Pamir Mountians)-
중앙아시아(中亚, 키르기즈스탄/Kirghizsstan/吉尔吉斯坦, 타
지키스탄/Tadzhikistan/Tajikistan/塔吉克斯坦, 瓦罕/Wakan
走廊의 阿里加布/Aligiabu村)-아프가니스탄 /Afkhanistan/
Afghanistan/阿富汗의 페샤와르/Peshawar/白沙瓦, 파키스
탄/巴基斯坦의 탁실라/Taxila와 마니키알라/Manikiala-인도
(India)/서아시아(西亚)

3. 西域南路: 西安(長安)-兰州-武威-張掖-嘉峪关-敦煌(陽关
   鎭, 玉門关 포함)-楼兰-若羌(Ruòqiang)-且末-尼雅-和田
   (Hotan)-喀什(Kashi)-파미르高原(帕米尔高詢/蔥嶺, Pamir
   Mountians)-중앙아시아(中亚, 키르기즈스탄/Kirghizsstan,
   타지키스탄/Tadzhikistan/Tajikistan, 아프가니스탄/Afkhani-
   stan/Afghanistan)-인도(India)/서아시아(西亚)

이 길도 중국 陝西省의 長安(西安)에서 宁夏回族自治区 黃河와 渭
河의 서쪽 兰州, 武威, 張掖과 嘉峪关을 거치는 河西走(廻)廊을 지나
실크로드(絲綢之路)의 요충지인 甘肅省 敦煌 莫高窟에서 시작한다. 敦
煌에서 哈密-乌鲁木齐-伊犁河-알마타-타시켄트-동로마로 가면 天
山(Tian Shan)北路, 西安-敦煌-哈密-吐魯番(高昌国의 수도)-焉
耆-庫尔勒-庫車(龜茲国)-阿克苏-喀什(Kashi/Kashkar/Kashgar)
을 가면 西域北路(天山南路), 西安-敦煌-楼兰-若羌-且末-尼雅-和
田-喀什으로 가면 西域南路가 된다. 喀什(Kashi)에서는 파미르 고원
(Pamir Mountians)을 지나 키르기즈스탄/Kirghizsstan, 타지키스
탄/Tadzhikistan/Tajikistan, 아프가니스탄/Afkhanistan/Afghani-

stan을 거치면 터키의 비잔티움(콘스탄티노플/이스탄불), 이란과 인도의 세 방향으로 나아갈 수 있다. 이들은 모두 新疆省 維吾尔自治区와 甘肅省에 위치하며 天山山脈(최고봉은 公格尔山으로 海拔 7,719m임, 托木尔峰/Tömür/tomur는 7,000m), 타림 분지(塔里木盆地, Tarim Basin)와 타크라마칸 사막(塔克拉瑪干沙漠. Takla Makan Desert)을 피하거나 우회해야 하기 때문에 만들어진 것이다.

또 明 3대 成祖(朱棣, 永樂 서기 1403년-서기 1424년, 서기 1420년 紫禁城을 완공) 때 宦官 鄭和(云南省 昆陽人, 서기 1371년/1375년-서기 1433년/서기 1435년)에 의해 서기 1403년 南京 龙조선소에서 제작된 300여 척의 배로 조직된 선단으로 서기 1405년-서기 1423년의 18년 동안 7차에 걸쳐 개척된 뱃길은 江蘇省 蘇州 刘家河 太倉市를 기점으로 자바(Java/Jawa, 爪蛙)→ 말라카(Malacca/馬來西亞의 馬六甲)→ 싱가포르(新加坡)→ 수마트라(印度尼西亞)→ 세이론(斯里兰卡)→ 말라바[캘리컷(Calicut)], 페르시아 만의 Hormuz→ 짐바브웨를 거쳐 오늘날의 아프리카와 紅海(Red Sea) 입구인 예멘의 아덴(Aden)과 케냐의 말린디(Malindi)까지 도달했던 것으로 추측된다. 서기 2013년 3월 13일(수) 챠푸르카 쿠심바(Chapurukha Kusimba, The Field Museum)와 슬로안 윌리엄스(Sloan Williams, the University of Illinois-Chicago)가 이끄는 합동조사단이 케냐의 만다섬(Kenyan island of Manda)에서 중국 명나라 때의 永樂通寶[서기 1408년(永樂 6년) 南京과 北京에서 錢局을 설치하여 永樂通寶의 주조를 시작하고 서기 1411년(永樂 9년) 浙江, 江西, 广東, 福建에도 錢局을 설치·발행하여 明나라 전역에서 사용하게 함]를 발견했다는 미국 일리노이 주의 시카고 필드박물관(The Field Museum in Chicago)의 발표가 있었다. 그리고 중국 元나라에서 만들어진 세계지도인《混一彊理图/大明混一图》[복제품은《混一彊理歷代国都地图》로 朝鮮 太宗 2년 서기 1402년 것임, 마테오리치와 李之澡의《坤與萬国全图》(서기 1602년)는 서울대박물관 소장으로 보물 849호임]가 제작된 것으로 추측되기도 한다. 중국 明나라에서 이슬람 세계로 나가는 중요한 교역품은 비단과 함께 青华白磁였다. 이는 이슬람 지역으로부터 얻어온 코발트(1300℃에서 용융) 안료, 당초문이 중국의 질 좋은 高嶺土와 결합해서 나타난 문화복합의 結晶體이다.

그리고 중국의 문명과 인종의 기원을 밝히는 연구가 실크로드(비단길)에서도 확인된다. 실크로드(비단길, 絲綢之路)란 용어는 서기 19세기 독일의 지리학자겸 여행가인 바론 페르디난트 폰 리히트호펜(Baron Ferdinand von Richthofen, 서기 1833년-서기 1905년)이 처음 언급하였는데 이는 중국의 비단이 서방세계로 전래되었음을 밝히는데서 비롯된다. 이 길이 처음 개척된 것은 기원전 139년-기원전 126년 사이 前汉(기원전 206년-서기 8년) 7대 武帝(기원전 141년-기원전 87년)의 사신으로 匈奴, 月氏(大月氏国, 현 아프카니스탄/Afghanistan/阿富汗 지역), 大夏国(현 이란/Iran/伊朗 지역의 大月氏国의 이웃). 身毒国(현 印度/India 지역), 乘象国(현 미안마/Myanmar/緬甸, Elephant riding kingdom), 烏孫(현 키르기스스탄/Kirghizstan 지역), 大宛(현 즈베키스탄/Uzbekistan 지역), 康居国(현 우즈베키스탄/Uzbekistan과 이락/Iraq 사이의 북쪽지역), 安息国[기원전 247년-서기 224년, 阿薩息斯王朝/帕提亞帝国으로 옛 페르시아/波斯地区古典时期의 한 王朝로 현 이란 근처임, 기원전 53년 宣帝 甘露 1년 안식국은 로마제국과 전투가 있었는데 당시 로마旗는 중국의 비단으로 제작되었고 당시 중국은 그리스와 로마인들로부터 비단을 의미하는 Seres/Serica/賽里斯로 불리움]과 樓栏(汉나라 때에는 金城임) 등의 西域에 다녀오면서 汗血寶馬/天馬, 포도와 석류 등의 西域 물품을 가져온 張騫(?-기원전 114년, 이 공로로 河南省 南陽市 博望鎭을 分封받음)에 의해서이다. 그 결과 汉 武帝-召帝-宣帝 때 운영된 甘肅省 敦煌市 懸泉置遺址는 兰州, 武威 張液, 酒泉과 敦煌을 포함하는 河西回廊의 長安-天山 간 실크로드(絲綢之路) 상에 위치한 大型驛站이 중요하다. 그리고 甘肅省 敦煌市 西北 约 90㎞ 떨어진 곳에 위치한 玉門关으로부터 서쪽은 西域이라 부르며 敦煌의 莫高窟에는 장건이 서역으로 떠나는 장면의 벽화도 남아있다. 그리고 武帝는 張騫에 이어 두 번째로《史記》의 저자인 35세의 司马迁을 巴蜀 지역에 보내 成都→ 双流→ 新津→ 邛峽→ 名山→ 雅安→ 榮經→ 汉源→ 越西→ 喜德→ 冕宁→ 西昌→ 攀枝花→ 云南 大理→ 哀牢国(애뢰국, 傣族先民이 怒江-瀾沧江流域에 建立한 部落联盟国家)→ 古滇国[고전국,《史记》西南夷列传, "使將軍莊蹻將兵循江上, 略近蜀黔中以西. 至滇地方三百里, 旁平地肥沃數千里, 以兵威定屬楚"에 나오며 楚 頃襄王時 莊蹻가 連克且兰(지금의 貴州省 福泉市一帶)와 夜郎(지금의 貴州省 桐梓县一帶)를 정복하고 바로 滇池(지금의 雲南省 昆明市一帶), 云南 江川县 李家山일대에 살던 彝族人위에 세운 나라로 한 무제 때 하사한 金印 '滇王之印'이 남아있고 后汉 明帝 永平 12년(서기 69년) 한나라에 귀속하였다]→ 乘象国(현 미안마/Myanmar/緬甸)→ 身毒国(印度)의 제 1루트와 成都→ 彭山→ 樂山→ 鞬殉→ 宣賓→ 高県→ 錫連→ 豆沙芙→ 昭通→ 曲靖→ 昆明→ 哀牢国(傣族先民이 怒江-瀾沧江流域에 建立한 部落联盟国家)과 古滇国→ 身毒国(印度)에 이르는 제 2루트의 서남방의 실크로드(絲綢之路)를 자세히 기술하게 하고 있다.

이는 앞서 장건이 大夏国의 시장에서 발견한 四川에서 身毒国(印

度)을 거쳐 수입된 蜀布와 四川 邛山 竹子인 邛竹杖(공죽장) 때문이다. 그 결과 汉나라는 后汉 明帝 永平 12년(서기 69년)부터 이 서남방의 絲綢之路를 개척하고 또 앞서 西汉 汉 武帝 元鼎(기원전 116년-기원전 111년으로 汉 武帝의 5번째의 연호) 6년(기원전 111년) 广東省 湛江市 徐聞県에 세운 국제무역항인 徐聞港과 함께 한나라의 무역을 크게 확대시켜나갔다. 그러나 비단길을 확대하는 과정에서 이민족과의 충돌도 잦았던 모양이다. 그 한 예로 서기 1995년 10월 中日조사단이 타크라마칸(塔克拉馬干) 사막 남쪽 新疆維吾爾自治区民 民丰県 喀巴阿斯卡村 尼雅 유적[伊瑪木加法爾薩迪克大麻紮(墳墓)로 赫赫이라고 함, 東汉時期에는 鄯善에 속하며 精絶国의 故址임)에서 부부가 묻혀있는 長方木棺墓(2.2m×0.98m)를 발굴하였는데 그 안에서 목제 빗(梳), 瑞獸汶錦袋와 錦枕이 출토되었다. 특히 남자의 시신에서 화살을 쏠 때 왼쪽 팔을 보호하는 織錦의 护膊와 바지가 나왔는데 면직물의 표면에 "五星出東方 利中国 討南羌"이 새겨져 있었다. 이는 司馬迁의《史記》天官書,《汉書》와《后汉書》에 보이는 "五星(土星, 木城, 水星, 火星, 金星)出東方 中国大利 蠻夷大敗 積干西方 外国用兵子利"란 글을 옮긴 것이며 이의 역사적 배경은 西汉 宣帝 元康 4년(기원전 62년) 비단길을 방해하고 반란을 일으킨 南羌族을 토벌하기 위해 한무제 때 활약하던 李广利(?-기원전 88년) 장군을 따라 匈奴族을 토벌한 경험이 많았던 76세의 趙忠国 장군을 파견할 때로 보인다.

그 지역들은 훼르가나, 소그디아나, 박트리아, 파르티아(Parthia, 기원전 247년-서기 224년)와 북부 인디아 등지로 여겨 진다. 비단길/絲綢之路은 '초원의 길'과 '오아시스길'의 둘로 나누어진다. 초원의 길은 비잔티움[콘스탄티노플/이스탄불, 또는 오스만 투르크 제국(서기 1299년-서기 1922년)의 前 首都인 에디르네(Edirne)]-흑해-

카스피해-아랄 해-타시켄트(Tashikent, Uzbekistan의 수도)-알마타(Alma-Ata, Kazakhstan의 수도)-이닝(Yining, 伊宁)-우룸치(Urumchi, 烏魯木齐)-카라코룸(Karakorum/하라호룸)-울란 바토르(Ulan Bator)를 지난다. 다시 말해서 옛 소련의 중앙아시아 초원지대·외몽고·중국을 잇는 북위 35°-45° 부근을 지나는데 이 길을 통해 기원전 7세기-기원전 2세기경 동물문양, 무기와 마구로 대표되는 스키타이 기마민족들에 의해 메소포타미아와 흑해연안의 문화가 동쪽으로 전래되었다.

그래서 이 비단길/오아시스 길을 통해 중국의 汉/唐 나라와 로마 제국과의 만남은 필연적이다. 다시 말해 비잔티움(콘스탄티노플/이스탄불)과 西安[長安, 西安 唐의 大明宮 南門인 朱雀門 남쪽으로 뻗어있는 朱雀大路 서쪽에 위치한 당시 실크로드/絲綢之路의 시발점인 西市의 遺址에 현재 陝西省 西安市 大唐西市博物館이 들어서 있음↔安息国(현 이란/伊朗과 이라크/伊拉克지역, 阿薩息斯王朝 혹은 帕提亞帝国, Emperâturi Ashkâniân: 기원전 247년-기원전 224년)↔羅馬/大秦/Roma]이 시발점과 종착역이 된다. 실크로드의 가장 중요한 상품 중의 하나는 비단이다. 세레스 지역에서 전래된 비단으로 만든 토가라는 옷[수메르의 투그(tug)에 기원을 둔 그리스의 긴 옷인 페프로스(peplos)와 비슷한 것으로 로마에서는 이를 토가(toga)나 세리카(sarica/serica, silken garments)로 부른다]은 로마 시민의 마음을 사로잡았다. 비단길을 통해 중국에서 서역으로 제지술, 인쇄활자 프린트, 도자기, 나침판과 화약이 가고, 서역에서는 유약, 유리 제조술, 유향, 몰약(myrrh, 향기 있는 樹脂), 말, 쪽 빛나는 靑华白磁 顔料(cobalt blue), 호도, 복숭아, 면화, 후추와 백단향 등이 중국으로 들어왔다. 이 비단길을 통해 교역뿐만 아니라 인도의 불교, 동로마제국(비잔틴 제국)의 기독교(景敎), 페르시아의 마니교(페르시아의 마니가 서기 3세기경 제창한 종교)와 조로아스터교(拜火敎), 그리고 이슬람교(回敎)까지 들어와 예술과학과 철학을 포함하는 문화의 교류도 함께 있었다.

汉나라의 海上絲綢之路/실크로드의 시발점은 广東省 湛江市 徐聞縣 二橋村과 遂溪県 仕尾村(大汉三墩港口, 汉 武帝의 徐聞県城이 위치)의 徐聞港→ 인도(Maharashtra 주의 Kãrli 동굴사원 石柱에 새겨진 로마상인의 돈의 기부 흔적)→ 미얀마/버마(緬甸, 乘象国)의 퓨/쀼 고대도시(Pyu Ancient cities, 驃城邦 중 驃国)→ 베트남(오케오와 겟티 유적에서 나타난 로마상인의 흔적)→ 로마[羅馬, 汉나라에서는 大秦으로 부름, 서기 166년경, 이집트의 紅海(Red sea) 연안의 베로니카(Veronica) 항구]를 잇는 해상 비단교역로도 최근 밝혀지고 있다.

베트남의 롱수엔(Long Xuen)에서 30㎞ 떨어진 안 기안(An Gian) 주, 토이(Thoi) 현, 사파바(Sap-ba) 산록의 오케오(Oc Eo) 유적의 발굴 결과 이곳에서 로마의 주화와 중국의 거울, 인도어로 써진 '취급주의'와 '귀중품'이라는 物標가 나오고 있다. 그래서 이곳이 서기 50년-서기 500년 사이의 Phu Nam 왕국(Phu Nam/Funan 왕국, 베트남 남쪽과 캄보디아의 扶南王国)의 항구도시로서 인도와 중국의 중계무역이 이루어지고 있었음을 확인할 수 있다. 이는 서기 14년에 죽은 로마 초대 황제인 아우구스투스(기원전 27년-서기 14년 재위) 靈廟의 입구 동판에 써진 업적 중 그가 황제로서 한 최초의 일이 인도 사신을 접견한 것이었다고 기록해 놓은 데서도 알 수 있다. 이 교역로는 로마인들의 비단에 대한 욕구에서 비롯된 것이다.

그리고 최근 이집트의 紅海(Red sea) 연안의 베로니카(Veronica)

항구의 조사결과 베로니카 항구를 중심으로 로마인들이 Cleopatra VII세(기원전 69년-기원전 30년 8월 12일)의 사후 이집트를 식민지 화한 이후 서기 476년 서로마 제국이 멸망할 때까지 약 400년간 인 도양을 거쳐 아프카니스탄, 파키스탄, 인도 등지와 다국적 국제무역 을 해온 사실을 알 수 있었다. 무역품은 주로 향신료, 감송향(甘松 香), 몰약, 후추, 상아와 옷감(특히 로마에서 아우구스투스 황제 때 로 추정되는 석관에서 발견된 8살 여자의 미라와 함께 인도인형과 중 국 산동성 동남 지방의 Lu Brocade 수공예 직조의 비단옷이 발견 됨), 사파아우 비단 등이었다. 그리고 와디 기말(Wadi Gimal), 시케 이트(Sikeit), 누크라스(Nuqrus), 하마마트(Hammamat)와 게벨 자 바라(Gebel Zabara)와 같이 이집트 동부의 홍해 연안 사막 깊숙한 곳에서 에메랄드(Marsa Alam 지역의 Cleopatra Mines/몬스 스마 라그도스 Mons Smaragdus가 로마 제국의 유일한 에메랄드광산으 로 잘 알려짐), 사파이어(스리랑카), 자수정(인도 코두마날)과 금 등 의 천연자원도 독점·채굴해 서쪽의 스코틀랜드의 빈돌란다 요새에서 동쪽으로 요르단의 페트라와 바쉬르 성, 시리아의 팔미라 지역까지 의 로마 영역 내에서 활발한 교역을 행했던 모양이다. 이와 같은 사실 은 와디 하와메트, 셴세프, 베레니케와 나일 강 유역의 서기 50년 이 후 형성된 기독교 집단인 곱트(Copt, 그리스어로 이집트인을 의미하 는 Aegyptios/Aigyptos의 와전임) 유적 등에서 얻어진 그리스, 나전 어, 곱트어, 시리아어, 인도의 바라문(Brahman)어 등의 11개의 언 어로 파피루스에 써진 당시의 각종 항해 기록, 세관(서기 90년 5월) 기록과 陶片(Ostraka) 등에 의해 확인되고 있다. 또 인도에서 수입 한 다이아몬드로 유리 표면을 깎아서 오늘날의 크리스탈(crystal, cut glass)처럼 만든 유리제품과 틀을 이용해 만든 캐스트 그라스(Roman cast glass) 등으로 잘 알려진 로마의 유리 제조는 유명하다. 로마의 유리는 납을 많이 섞는 중국의 것과 달리 가성소다를 넣어 특색이 있으며, 이러한 로마의 유리제품이 실크로드를 따라 신라까지 전파되어 금관총, 서봉총, 황남대총 남분과 북분(155호분, 鳳首形 유리병), 황남동 98호분(남·북분) 등 멀리 新羅의 積石木槨墳에서도 발견되기도 한다. 慶州 월성군 외동리 소재 新羅 38대 元聖王의 掛陵(사적 26호, 서기 785년-서기 798년)의 石像(보물 1427호), 41대 憲德王陵(서기 809년-서기 826년, 사적 29호), 42대 興德王陵(서기 826년-서기 836년, 사적 30호)의 무인석상과 경주 용강동 고분(사적 328호) 출토 土俑도 실크로드를 따라 중국 隋(서기 581년-서기 618년)와 唐(서기 618년-서기 907년)나라 때의 胡商인 소그드(Sogd/Soghd)들의 영향으로 생각된다.

그래서 이 비단길/오아시스 길을 통해 중국의 汉·唐나라와 로마 제국과의 만남은 필연적이다. 또 명나라 때 북방의 몽고족은 중국과의 교역이 필요해 馬市라는 형태로 시장을 개방해달라고 계속 요구해 왔고 그것이 충족되지 않을 때는 장성을 넘어 공격해오곤 하였다. 明 6대 및 8대 正統帝(永宗, 正統, 서기 1427년-서기 1464년, 서기 1436년-서기 1449년 재위) 14년 서기 1449년에 몽고계 오이라트(Oirāt, 瓦剌部) 족장인 에센칸(也先台吉, 군사령관인 太師였다가 北元 28대 대칸이 됨, 서기 1453년-서기 1454년 재위)이 山西省 大同으로 공격해와 정벌에 나선 永宗이 오히려 몽고군에 피랍되는 사건(土木之變, 土木堡之變)도 그 한 예로 들 수 있다. 그는 다시 7대 景宗(景帝, 景泰, 朱祁鈺, 제5대 宣宗의 次子, 서기 1449-서기 1456년)에 이어 8대(重祚, 天順, 서기 1457년-1464년)로 다시 재위한다.

그런데 正統/永宗→ 景泰/景宗→ 天順/永宗년간의 土木之變에 元

(서기 1206년-서기 1368년)대 중기에 처음 나타나기 시작하여 明의 宣德(서기 1426년-서기 1435년)과 成化(서기 1465년-서기 1487년) 年间에 매우 우수한 青华白磁가 많이 제작된다. 明나라 초 서기 1378 년(洪武 11년) 塼을 이용해 현재의 모습으로 다시 쌓아 만든 萬里長 城의 城墙 아래와 북경시대 元나라의 수도인 大都의 지하유구에서 서 기 1970년대에 많이 출토되어 복원된 元代의 青华白磁와 明나라의 宣 德(明 5대 宣宗 朱瞻基, 서기 1399년 2월 25일-서기 1435년 1월 31 일, 서기 1426년-서기 1435년 재위), 成化(서기 1465년-서기 1487년) 와 嘉靖(서기 1522년-서기 1566년) 年间에 江西省 景德鎭市(일개 地 级市에 해당) 景德鎭 珠山 明代御器廠窯(太祖 건국 11년, 서기 1378년 浮梁県衙, 瓷税房 등 설치) 遺址(현 景德鎭市 政府청사 부근)에서 자 기 제작 중 불합격품으로 파기된 파편들을 서기 1982년-서기 1983년 에 발굴·수습된 파편들을 복원한 青华云龙紋蟋蟀罐(귀뚜라미를 담던 청화백자 그릇으로 특히 明 5대 宣宗 朱瞻基때 특별히 제작되어 애용 됨), 青华鳳紋蟋蟀罐, 青华白鷺黄鶴蟋蟀罐, 青华松竹梅紋蟋蟀罐, 青 华蟬罐, 青华双聯罐, 青华烏食罐, 青华蟾形五毒紋文烏食罐, 青华螭龙 紋硯滴, 青华果盤, 青华龙紋僧帽狀壺, 藍地白魚藻紋靶盞(이상 景德鎭 御窯博物館 소장)들 이외의 각종 청화백자들도 현재 北京의 首都博物 館과 紫禁城의 古宮博物院 등에 전시되어 있다.

명나라 때 嘉靖(서기 1522년-서기 1566년, 11대 世宗 朱厚熜 年 号) 年间 嘉峪关을 통해 출입한 외국의 王들은 74명, 고위층 사신은 290명에 이르며 그들은 奧斯曼(오스만, 魯迷)帝国, 突厥, 蒙古, 波 斯(페르시아), 栗特(소그디아나), 阿拉伯(아라비아), 希臘, 葉爾羌汗 国(Yarkand Khanate, 야르칸드 칸국) 등 21여 개국, 9개의 언어가 사용되었다고 한다. 이는《蒙古山水地图》(내몽고박물관 소장, 帳長

30.12m, 폭 0.59m, 絹本)에 보인다. 그리고 利瑪竇/马泰奥·里奇(意
大利语: Matteo Ricci, 서기 1552년 10월 6일－서기 1610년 5월 11일)
가 쓴《利瑪竇中国札記》,《微州府祁門県江龙帖》(中国国家博物館 소
장)과《万历年潔大魚淸冊》(中国国家博物館 소장)에는 肅州(甘肅省酒
泉市)와 기타 絲綢之路)의 도시에선 실크로드(비단길, 絲綢之路)를 따
라온 외국상인과 현지여성 사이 국제결혼이 성했다고 전한다. 물론 이
들은 요즈음의 비자인 '嘉峪关关照印版'(嘉峪关長城博物館 소장)를 얻
어야만 입국할 수 있었다. 당시 그들의 주요 수입품은 龙泉窯靑磁注子
(Turkey Topkapi Palace museum 소장), 龙泉窯陰刻花葡萄紋大盤
(古宮博物館 소장), 白磁梅瓶(天津博物館 소장), 靑花主相花紋葡萄芦
扁瓶(嘉靖 11년, 서기 1532년, 景德鎭御窯廠燒制) 등이었다.

09 실크로드(絲綢之路)

실크로드(Silk Road/Silk Route, Seidenstraße and Seidenstraßen, 비단길, 絲綢之路)란 용어는 서기 19세기 독일의 지리학자겸 여행가이며 서기 1868년부터 서기 1872년 사이 7차의 중국 탐험대를 이끌었던 바론 페르디난트 폰 리히트호펜(Baron Ferdinand von Richthofen, Ferdinand Freiherr von Richthofen, 서기 1833년 5월 5일–서기 1905년 10월 6일)이 처음 언급하였는데 이는 이익이 많이 남는 중국의 비단이 서방세계로 전래되고 이를 통해 대륙 간의 교역이 형성되었음을 밝히는 데서 비롯된다. 그러나 비단길이란 용어는 서기 1893년부터 서기 1930년까지 네 번에 걸쳐 중앙아시아를 학술 탐사하여 樓란유적을 조사한 스위스 지리학자겸 여행가인 스벤 헤딘(Sven Anders Hedin, 서기 1865년 2월 19일–서기 1952년 11월 26일)이 서기 1938년 'The Silk Road'란 책 제목에서 처음 사용되었다. 그리고 서기 1989년 蘇聯(소련, the Soviet Union)의 해체와 더불어 소련연방에 속하던 중앙아시아 여러 나라들의 실크로드 유적들이 관심을 끌게 되었다. 그래서 중국의 문명과 인종의 기원을 밝히는 연구가 실크로드(비단길)에서도 확인된다.

'Silk Road'의 사용은 육로만이 전부는 아니며 로마제국과 중국사이의 교역은 아랍(阿拉伯, Arab)과 소그드(粟特, Sogd)인들의 중요한 경제적요인이었다. 후일 蒙古帝国(Mongol Empire)과 元나라 때 활약한 베니스 공화국 출신 마르코폴로(Marco Polo)의 東方見聞錄(원제는 Livres des merveilles du monde, Divisament dou monde임)과 영국의 역사학자인 에드워드 기번(Edward Gibbon(서기 1737년 5월 8일-16 January 서기 1794년 1월 16일)의 로마 제국 쇠망사(The History of the Decline and Fall of the Roman Empire)에서는 비단길이라는 용어를 언급하지 않았다. 실크로드는 陸路와 海路의 두 가지로 나누어 생각할 수 있다.

그리고 중국에서 국경을 출입하는 허가증(오늘날의 여권 또는 비자에 해당)은 周나라 때부터 나타났으며 이를 관리하는 기구는 현재의 稅关이라는 의미의 海关(關)이라 하며 函谷关에서 关이라 이름이 있는 汉나라의 瓦當이 발견되었다. 周나라 때 老子가 기원전 485년 函谷关(關)을 통과할 때 史書에 기재된 최초의 세관장인 关令 尹喜가 그를 위해 통관증을 만들던 기간 동안 老子로 하여금 며칠 머물면서 5,000자의 道德經이라는 책을 만들게 하였다는 故事도 있다. 春秋戰國時代의 楚 懷王이 기원전 323년 그의 동생 鄂君이 각국을 돌 수 있는 가장 오래된 실물의 통행증인 청동제 車節과 舟節의 鄂君啓節을 만들어 준 것도 그 한 예이다. 당시 육로통행증은 '車節' 수로통행증은 '舟節'이라 불렸다. 汉나라 때에는 '津关令'이라는 통관관리법규가 있었으며 이에 따라 符, 傳, 致節이 있었다. 이는 변방에 설치된 過所를 통과하는데 필수적이었다.

그 결과 汉 武帝-召帝-宣帝 때 운영된 甘肅省 敦煌市 懸泉置遺址는 兰州, 武威 張液, 酒泉과 敦煌을 포함하는 河西回廊의 長安-天山

간 실크로드(絲綢之路) 상에 위치한 大型驛站이 중요하다. 唐나라 때 국경 밖으로 나가 다른 나라를 방문할 때는 황제친필의 過关文牒이라는 통행증이 필요했다. 이는 西遊記에 나오는 玄奘法師의 각국을 방문할 때마다 제출해서 도장을 받는 過关文牒이라는 해외 통행증이 그 예이다. 당나라의 過所를 통과하기 위한 통행증의 실례로는 길이 78cm × 폭 28.5cm의 24行의 내용을 3장의 종이를 붙인 '石梁典過所'가 전해온다. 이는 서기 732년(開元 20년) 沙州 상인 石梁典이 安西都護府 관내의 瓜州-沙州-伊州 過所를 통과하기위해 瓜州과 沙州의 戶曹處에서 印章를 받은 문서이다. 그 안에는 성명, 거주지, 방문지, 이유, 운송물품의 재료 등을 자세히 기록하고 있다. 唐 玄宗도 广州 주재 市舶司에 파견되어 무역업무의 市舶使로 근무한 적이 있었다. 그 이후 宋과 明나라에서도 广州에 市舶司란 관청을 두어 무역 업무를 관장하였다.

宋나라에서는 당시 화물을 운반하는 배의 선장을 '綱首'라고 불렀는데 그는 貨主의 요청에 따라 市舶司의 出港·出航 허가를 비롯해 선원을 모아 화물을 선적하고 배안에 일 년치의 식량, 술과 여러 필요한 물자를 준비하였다. 日本의 古書인 朝野群載에 기재된 綱首李充去日本貿易前牒(李充公凭)에 의하면 항해에 앞서 해양선박의 구체적인 규정을 담은 关單, 公憑(凭), 公凭을 작성해야한다. 그런 다음 자신의 짐도 함께 싣는데 金, 鎏金毛帶(gilding, 广東省博物館 소장), 觀音과 羅漢像, 銅錢도 포함된다. 그리고 마지막 출항 전에 中国沿海部를 中心으로 있는 항해를 돌보아줄 航海·漁業의 守護神인 馬祖神에 제사를 올리는 것으로 끝난다.

明나라 때는 요즈음의 비자인 嘉峪关关照印版(嘉峪关長城博物館 소장)를 얻어야만 입국할 수 있었다. 嘉靖(서기 1522년-서기 1566년, 11대 世宗 朱厚熜 연호) 연간 嘉峪关을 통해 출입한 외국의 王들은 74명, 고위층 사신은 290명에 이르며 그들은 奧斯曼(오스만, 魯迷)帝国, 突厥, 蒙古, 波斯(페르시아), 栗特(소그디아나), 阿拉伯(아라비아), 希臘, 葉爾羌汗国(Yarkand Khanate, 야르칸드 칸국) 등 21여 개국, 9개의 언어가 사용되었다고 한다. 이는 《蒙古山水地图》(내몽고박물관 소장, 帳長 30.12m, 폭 0.59m, 絹本)에 보인다. 그리고 利瑪竇/马泰奥·里奇(意大利语 : Matteo Ricci, 서기 1552년 10월 6일-서기 1610년 5월 11일)가 쓴 利瑪竇中国札記, 微州府祁門県江龙帖(中国国家博物館 소장)과 万历年 潔大魚清冊(中国国家博物館 소장)에는 肅州(甘肃省酒泉市)와 기타 絲綢之路)의 도시에선 실크로드(비단길, 絲綢之路)를 따라온 외국상인과 현지여성 사이 국제결혼이 성했다고 전한다. 당시 그들의 주요 수입품은 龙泉窯青磁注子(Turkey Topkapi Palace museum 소장), 龙泉窯陰刻花葡萄紋大盤(古宮博物館 소장), 白磁梅瓶(天津博物館 소장), 青花主相花紋葡萄芦扁瓶(嘉靖 11년, 서기 1532년, 景德鎭御窯廠燒制) 등이었다. 清 康熙 23년(서기 1684년) 闽, 粤, 浙, 江의 四海关을 설립하였고 乾隆 때는 广州(粤海关, 广东省 广州市 荔湾区, Canton Customs), 福州(闽海关), 宁波(浙海关), 上海(江海关)에 세관을 두어 해상무역을 관리하게 하였으며 서기 1757년 영국 東印度會社의 사주를 받아 James Flint(洪仁輝) 船長이 배를 끌고 宁波를 거쳐 天津 무단 입항하여 북경과 직접 무역하고자 시도하여 乾隆帝를 격노하게 하여 중국 广州에 3년 억류된 적도 있었다. 서기 1760년 清 朝廷에서 《防范外夷規条》이란 법령도 만들어 发布한 적도 있다. 阿片戰爭(서기 1840년-서기 1842년, 1842년 8월 29일 양국은 南京條約을 체결)이후 廈門도 개항하여 5개의 세관이 서게 되었다. 广州는 珠江을 따라 澳門(Macau, 마카오)-虎門-黃

埔를 거쳐 도착할 수 있는 중국 무역의 南大門에 해당한다. 무역품목은
비단, 도자기, 차, 약재 등이며 청나라 稅收의 40%가 이곳에서 걷혔다.

청나라 말 영국 북아일랜드(Northern Ireland, 아마주 포터다운 英国
北爱尔兰 阿马郡 波特唐 Armagh Portadow)인 赫德(爵士, Bt, GCMG,
Sir Robert Hart, 서기 1835년 2월 20일-서기 1911년 9월 20일, 字는
鷺宾, 퀸스 대학교 벨파스트 Queen's University Belfas 졸업)이 서기
1854년 5월 19세 때 중국에 와서 晚清의 海关总税务司로 서기 1861년-
서기 1911년 까지 반세기를 근무해 관세로 1861년에 은 504만량, 서기
1871년에 은 1,071만량, 서기 1902년에 은 2,837만량을 거두어들여 재
정난에 허덕이던 청나라 말기 정부를 도왔다. 그는 중국 청나라 一品 관
리로서 海关总税务司로 중국 해관 인사관리제도를 정비하고 60세 또는
35년 근무 후 退休하고 養老金을 받는 養老制度도 만들었다. 그는 서기
1911년 병으로 서거하자 그의 가족은 청 정부로부터 영국 돈 40만 파운
드를 養老金으로 받기도 하였다. 또 그는 中国海关, 天津條約(서기 1858
년, 중국인 소유의 영국 해적선 애로호 사건으로 발발한 제2차 아편 전
쟁 이후 청나라가 서양의 여러 나라와 맺은 여러 불평등 조약)과 辛丑條
約(서기 1900년 8월 8개국 열강 연합군이 義和團運動을 진압하고, 청나
라 北京을 점령한 다음 이듬해 서기 1901년 9월 7일 열강 세력이 청나라
정부를 압박하여 체결한 불평등 조약)의 中外外交에 貢獻을 많이 하여
'中国赫德'으로 불리었으며, 개인적으로 보면 各国으로부터 훈장(勛賞)
을 제일 많은 받은 사람 중의 하나로 四個의 世襲勛位, 十五個의 一等騎
士(爵士)勛位 등을 받고 中国政府에서 一品頂戴, 花翎, 雙龙二等第一寶
星, 三代一品封典, 太子太保衛라는 직위를 하사받았다. 그의 동상은 上
海外灘에 그의 이름을 딴 도로는 北京 赫德路(Rue Hart, 台基厂头条),

上海赫德路(Hart Road, 静安区 常德路), 香港 赫德道(Hart Avenue, 九龙尖沙咀)가 있으며 學校로는 서기 1935년에 建立된 북아일랜드 에 赫德爵士紀念小學校(Sir Robert Hart Memorial Primary School)가 있다.

이들 海关 활동의 실증자료들 이외에도 서기 2014년에 개관한 北京市 東城区 長安街 海关博物館에는 '大龙郵票', '九龙关' 青花瓷碗, 李鴻章이 쓴 '津海新关'이란 현판(扁額), 海关 902艦 등이 소장·전시되어 있다. 海关 902艦 緝私艇(300톤)은 广東省 深圳市 珠海-中山세관에 珠江口의 밀수방지용 함정으로 서기 1979년 8월 20일부터 배치되고 서기 2009년 11월 19일 퇴역하여 해체·복원 후 서기 2014년 4월 3일부터 일반인들에게 전시되고 있다. 서기 1992년 1월 23일 88세의 邓小平이 승선한 바 있다. 이 함정이 압수한 虎皮, 상아와 齐白石(서기 1864년 1월 1일-서기 1957년 9월 16일)의 그림, 송나라의 자기 등이 海关博物館 전시실에 전시되어 있다. 그리고 大龙郵票는 中国第一套郵票 또는 '海关一次云龙邮票'로 불리 우며 구체적인 발행일자는 아직 논의 중이나 赫德(Robert Hart)가 서기 1896년 3월 光緖帝로 부터 海关总税务司 겸 郵政局 업무도 책임질 때 서기 1878년(光緒 4년) 7월 24일 大清皇家海关總稅務司服務인 미국인 모스(Hosea Ballou Morse, 서기 1855년-서기 1934년, 馬士)의 도안으로 또 다른 우표의 설계자로는 독일인 費拉尔(Robert Alexis de Villard, 서기 1860년-서기 1904년)을 들 수 있는데 그는 서기 1892년 9월 上海海关 造冊處에 들어와 郵票 발행의 직무를 갖고 있었다. 大龙郵票는 황색(5分銀), 홍색(3分銀), 녹색(1分銀)의 3종이 天津 우정국에서 발행되었던 것으로 본다. 清朝의 海关에서 三款邮票草图, 즉 云龙, 宝塔과 万年有象图를 설계했는데 그중 云龙(300万元 정도)에 해당하며 '万年有象'은 현재 가장 귀하다. 중국 최초의 기념우표로는 光緒 황제의 생일 나온 '万壽票'이다.

서기 1861년 津海新关의 설치로 중국의 주권을 회복하였다. 그리고 청나라 말기에 관료인 李鴻章(江蘇, 安徽와 江西三省을 관할하는 兩江總督, 直隸總督, 北洋通商大臣), 曾国藩(兩江總督, 金陵總督轅門, 서기 1850년에서 서기 1864년까지 중국 대륙에서 벌어진 대규모 내전인 太平天国의 亂을 진압) 등을 중심으로 이루어졌던 군사중심의 근대화 운동인 洋务运动은 赫德(Robert art)가 맡은 海关总税务司의 上海, 天津과 烟台海关의 수입을 바탕으로 이루어졌다. 北洋水師의 설립, 신병훈련을 비롯해 江南製造局煉銅廠, 福州船政局, 汉陽鑛, 輪船招商局, 開平鑛務局의 설치와 船鈔部를 통한 중국 해안의 정비 및 등대 설치, 기차와 電車의 운행, 電報와 근대교육의 실시 등으로 富国强兵을 꿈꾸었다. 그 결과 서기 1878년 파리박람회에서 103개의 상을 획득하기도 했다. 이는 서기 1861년 세관에서 銀 504만 량을 징수해 청나라의 국고에서 모자라는 은 10만 량을 채워주고 '中国赫德'으로 칭송받던 28세의 상해 海关总税务司 대리인 赫德(Robert Hart)이 서기 1863년 李鴻章 大臣과의 만남에서 비롯되었다.

习近平(国务院副总理 겸 秘书长 习仲勋의 아들)은 서기 2012년 11월 15일 이후 胡錦濤에 이어 당 총서기와 공산당 중앙군사위 주석은 장악했으며 국가주석(president)은 서기 2013년 3월 14일(목) 中华人民共和国第十二届全国人民代表大会(全人大)一次會議第四次全體會議에서 선출되었으며 이어 서기 2016년 10월 27일 中共十八届六中全会에서 '核心'이란 칭호로 1인 체제를 강화하고 서기 2017년 3월 5일-3월 13일 北京에서 개최된 全国人民代表会议와 全国人民政治协商會議에서 이를 확고하게 굳혔다. 그리고 서기 2017년 10월 14일 18기 중국공산당 중앙위원회 7차 전체회의(18기 7중전회의)와 서기 2017년 10월 18일(수)-10월 24일 (화) 中国共産黨第19次全国代表大會에서 '주석직의 부활'과 함께 20년 만에 毛泽东과 邓小平의 반열에 오르게 되었다. 그는 權座에 이르자 亂世→ 小康→ 大同사회[6]발전 중 전면소강사회의 건설에 해당하는 '共富', '小康路上', '全面小康社會 共建共享-唱响新时代 点亮中国夢-'라는 슬로건과 함께 治国理政을 핵심으로 하는 '全面的인 改革社會', 社會主義

---

6) 《禮記》禮運 大同·小康篇에 大同과 小康에 대한 子游의 물음에 대한 孔子의 답이 나온다. 즉 大同社會는 '天下為公'으로 '堯舜임금이 다스리는 사회로 능력에 따라 賢者를 선택하고, 밤에 문열어두어도 도둑을 걱정안하는 법 없는 사회'이고, 小康은 '天下為家'로 '禹·湯·文王·武王·成王·周公이 다스리던 시대로 최근 중국식의 해석은 大同사회 보다 한 단계 떨어지지만 기초 복지가 보장된 사회, 안정적이고 조화로운 사회, 모든 국민이 편안하고 풍족한 생활을 누리고, 의식주가 걱정 없는 사회'를 의미한다. 그리고 소강사회에서는 "예의를 벼리로 삼아서 君臣 사이가 바르게 되고, 父子가 돈독하게 되고, 형제가 화목하고 부부가 조화를 이루며 우·탕·문왕·무왕·성왕·주공 여섯 君子는 禮를 우선으로 하여 義가 드러나고, 믿음이 이루어졌으며 만약 이를 따르지 않는 자는 백성들로부터 재앙으로 여겨져서 쫓겨났다"고 공자는 말한다. 원문은 다음과 같다. "昔者仲尼與於蜡賓, 事畢, 出遊於觀之上, 喟然而嘆. 仲尼之嘆, 蓋嘆魯也. 言偃在側, 曰:「君子何嘆?」孔子曰:「大道之行也, 與三代之英, 丘未之逮也, 而有志焉. 大道之行也, 天下為公. 選賢與能, 講信脩睦, 故人不獨親其親, 不獨子其子, 使老有所終, 壯有所用, 幼有所長, 矜寡孤獨廢疾者, 皆有所養. 男有分, 女有歸. 貨惡其棄於地也, 不必藏於己: 力惡其不出於身也, 不必為己. 是故謀閉而不興, 盜竊亂賊而不作, 故外戶而不閉, 是謂大同. 今大道既隱, 天下為家, 各親其親, 各子其子, 貨力為己, 大人世及以為禮. 城郭溝池以為固, 禮義以為紀: 以正君臣, 以篤父子, 以睦兄弟, 以和夫婦, 以設制度, 以立田里, 以賢勇知, 以功為己. 故謀用是作, 而兵由此起. 禹, 湯, 文, 武, 成王, 周公, 由此其選也. 此六君子者, 未有不謹於禮者也. 以著其義, 以考其信, 著有過, 刑仁講讓, 示民有常. 如有不由此者, 在執者去, 眾以為殃, 是謂小康.」

核心價値觀의 기본인 法治治国를 중심으로 한 三个倡道', '全面的인 당 건설'의 4개를 全面에 내세웠다. 그리고 新时代 중국 특색의 社會主義의 진입과 중국부흥을 위한 新思想(馬克思·列宁主义/마르크스·레닌주의, 毛泽东사상, 邓小平 이론들의 융합), 新目標(사회주의 현대화 강국), 이들의 실천을 위한 방법인 구체적인 新征程(new journey, new battle)의 설정을 新中国 역사발전 방향으로 정하였다. "三个倡道"란 中国 宣傳部 部长 刘奇葆가 未成年者들에게 社会主义 核心价值观의 教育을 강화하는 내용으로 이를 아이들에게 价值观 24字의 숙독과 암기를 요구하는 것인데, ① 倡道 富强, 民主, 文明, 和谐, ② 倡道 自由, 平等, 公正, 法治, ③ 倡道 爱国, 敬业, 诚信, 友善라는 国家 价值目标를 압축해놓은 것이다. 다시 말해 社会와 시민의 가치와 규칙은 社会主义 核心价值观의 基本内容으로, "三个倡道" 24字는 国家, 社会, 公民의 세 领域에 걸치며 12项 内容은 하나하나 교실, 현장과 과외활동 등 다방면에 걸쳐 아이들에게 전통적인 교과서인 《三字经》, 《弟子规》을 기본으로 하는 社会主义의 압축된 내용을 학습·암기시킨다는 표어이다.

그리고 이와 함께 당 서열 25위의 정치국원이었으나 中国共産黨第 19次全国代表大會와 13기 전국 인민 대표 대회(전인대) 7차 전체회의 (2018년 3월 5일–3월 20일)에서 최고지도부인 상무위원으로 승격한 王沪宁의 발상인 '强汉盛唐'을 다시 이루기 위해 '築夢一帶一路(One Belt, One Road)', '一帶一路 共建繁榮'을 서기 2012년 11월 中国夢의 하나로 정치전면에 標榜하였다. 서기 2017년 3월 12일(일) 현재 一帶一路 沿邊 관계국에 交通施設의 확대 및 새로운 一帶一路의 開拓으로 美貨 500억 달라 이상을 투자하고 있다. 특히 유라시아와의 연결이 중요하며 여기에는 9천㎞가 되는 '新실크로드'인 高速鐵道와 海上交易路가 중점이 된다. 서기 2017년 5월 14일(일) 중국 北京에서 개최된 '一帶一路·21세기 육상

과 해상실크로드 프로젝트 국제협력 정상포럼'에 一帶一路 주변의 130
개국의 국가 대표가 모였으며 기금으로 300억元(48조원)을 조성하였다.
그리고 习近平 主席은 一帶一路는 和平의 길을 건설하는 것으로 각국의
주권과 존엄, 완전한 영토를 존중한다고 말하였다. 이는 '中国倡仪 創造
世界新繁榮'을 의미한다. 江蘇省 동북부 沿海重點開放 港口都市이며 新
亞歐大陸의 東方橋头堡인 連云区 連云港과 杭州에서 120㎞ 정도 남쪽
에 위치한 浙江省 중부 金华市에 位置한 中国经济发达县市의 하나로 浙
江省综合实力第三大县市인 义乌(浙江省下辖县级市)에서→ 陝西省 西安
과 甘肅省 兰州를 거쳐→ 新疆维吾尔自治区(新疆 伊犁哈萨克自治州 霍
尔果斯市/Khorgas/horgos)→ 카자흐스탄(哈薩克斯坦)→ 우즈베키스탄
(烏玆別克斯坦)→ 러시아(俄羅斯)→ 체코(捷克)→ 폴란드(波兰)→ 독일
(德国)→ 프랑스(法国)→ 스페인(西班牙)의 마드리드(Madrid, 馬德里)
까지 급행열차로, 그리고 반대로 과거 汉나라의 海上絲綢之路/실크로
드의 시발점인 南京 龙江港, 또는 广東省 湛江市 徐聞県 二橋村과 遂溪
県 仕尾村(大汉三墩港口, 汉 武帝의 徐聞県城이 위치)의 徐聞港→ 費信
(費信岛, Flat Island, 南沙群島의 島嶼), 馬歡(南沙群島의 島嶼인 馬歡
島, "广阔"이란 의미의 Lawak, Nanshan Island, Đảo Vĩnh Viễn)→ 汶
萊(汶萊達魯薩兰国, Negara Brunei Darussalam)→ 자바(Java/Jawa,
爪哇)→ 베트남(占城)의 롱수엔(Long Xuen)에서 30㎞ 떨어진 안기안
(An Gian) 주, Thoi 현, Sap-ba 산록의 오케오(Oc Eo)와 겟티 유적
에서 나타난 로마상인의 흔적)→ 싱가포르(新加坡)→ 말레시아(말라카,
Malacca/馬來西亞, 马六甲)→ 수마트라(Sumatera, 蘇門答臘)→ 술루
술탄국(Saltanah Sulu, 苏禄)→ 스리랑카(Ceylon, 锡兰, 斯里兰卡)→ 파
항주(彭亨, Pahang)→ 진랍(Chân Lạp, 真臘, 吳哥/Ankor王朝, Cam-
bodia, 柬埔寨)→ 태국(泰国)→ 캄보디아(柬埔寨)의 扶南王国→ 乘象国

(미얀마/버마, 緬甸)의 퓨/쀼 고대도시(Pyu Ancient cities, 驃城邦 중 驃国)→ 베트남(占城)→ 방글라데시(榜葛剌, 孟加拉)→ 스리랑카(斯里兰 卡)→ 인도(印度 Maharashtra 주의 Kârli 동굴사원 石柱에 새겨진 로마 상인의 돈의 기부 흔적)의 코지코드[캘리컷, Calicut, 말라바/古里国 또 '古里佛']→ 호르무즈(Hormuz, 霍爾木茲, 忽魯謨斯)해협을 지나 소말 리아의 모가디슈(Mogadishu, 摩加迪休, 木骨都束)→ 아라비아(阿拉伯) 半島와 오만의 소하르(Sohar, 蘇哈爾)와 무스카트(Muscat, 馬斯特)항 구를 거치고→ 동아프리카(東非) 마린디(Malindi, 麻林地, 麻林迪)→ 동 아프리카의 소말리아의 모가디슈(Mogadishu, 索馬里의 摩加迪沙), 파 라위(Baraawe, 巴拉韋)와 마린(麻林)国→ 로마[羅馬, 汉나라에서는 大 秦으로 부름, 서기 166년경, 이집트의 紅海(Red sea) 연안의 베로니카 (Veronica) 항구]를 잇는 해상 비단교역로도 최근 밝혀지고 있다.

다시 말해 江蘇省 蘇州 刘家河 太倉市를 기점으로 자바→ 말라카 → 베트남→ 싱가포르(新加坡)→ 수마트라(印度尼西亞)→ 세이론(斯里 兰卡)→ 인도(印度)의 말라바(캘리컷, Calicut), 페르시아 만의 호르무 즈→ 아라비아(Arabian, 天方, 阿拉伯)→ 이락(伊拉克, 伊拉久)의 바스 라(Basra, 巴士拉)→ 이란(伊朗, Jomhuriye Eslâmiye Irân의 시라즈 Shiraz, 尸羅夫, 테헤란/Tehrān/德黑兰 국립박물관에 元·明대의 青华 白磁 전시실)→ 이집트(Zoser, 左法尔, 埃及)→짐바브웨를 거쳐 오늘날 의 印度洋을 넘어 아프리카와 紅海(Red Sea) 입구인 예멘의 아덴과 케 냐의 말린디까지 왔던 것으로 추측된다. 최근 중국은 广东省과 浙江省 으로 되돌아오는 '海上실크로드'의 새로운 개척을 염두에 두고 있다.

비단의 시작은 기원전 2700년경(지금부터 5,200년 전-4,700년 전) 新石器時代晚期(商周時期의 馬橋文化)의 良渚文化時期에 속한 浙江省

湖州市 吳興区 境內 錢山樣 유적에서 부터이며 이곳에서 서기 1956년-
서기 1958년 2차에 걸친 발굴에서 비단조각(絹片)이 발견됨으로서 신석
기시대에 이미 누에를 키워 養蠶을 했었음이 밝혀지고 있다. 이는 世界
에서 가장 오래된 蠶絲織品絹片으로「世界絲綢之源」으로 불렸다. 이를
기원으로 이 비단 길이 처음 개척된 것은 기원전 139년-기원전 126년
사이 前汉(기원전 206년-서기 8년) 7대 武帝(기원전 141년-기원전 87
년)의 사신으로 匈奴, 月氏(大月氏国, 현 아프카니스탄/Afghanistan/
阿富汗 지역), 大夏国(현 이란/Iran/伊朗 지역의 大月氏国의 이웃). 身
毒国(현 印度/India 지역, 天竺), 乘象国(현 미안마/Myanmar/緬甸,
Elephant riding kingdom), 烏孫(현 키르기스스탄/Kirghizstan 지
역), 大宛(현 우즈베키스탄/Uzbekistan 지역), 康居国(현 우즈베키스
탄/Uzbekistan과 이락/Iraq사이의 북쪽지역), [기원전 247년-서기
224년, 阿薩息斯王朝/帕提亞帝国으로 옛 페르시아/波斯地区古典时期
의 한 王朝로 현 이란 근처임]과 樓栏(汉나라 때에는 金城임) 등의 西域
에 다녀오면서 汗血寶馬/天馬, 포도와 석류 등의 西域 물품을 가져온
張騫(?-기원전 114년, 이 공로로 河南省 南陽市 博望鎭을 分封받음)
에 의해서이다.

기원전 53년 (宣帝 甘露 1년) 安息国은 로마제국과 전투가 있었는데
당시 로마旗는 중국의 비단으로 제작되었고 당시 중국은 그리스와 로마
인들로부터 비단을 의미하는 Seres/Serica/賽里斯로 불렸다. 陝西省博
物館所藏 客使図의 阿拉伯(Arab)과 新疆維吾尔自治区 博物館館所藏의
粟特(Sogd)絲織長袍에서 보다시피 아랍이나 소그드 상인들이 중국의 비
단으로 당나라 관복과 꼭 같이 맞추어 입었으며 당시 중국의 비단 옷은
서기 1987년 陝西省 寶鷄市 法門寺 地宮 출토 '紫紅羅地蹙金絲半臂'에
서도 입증된다. 그리고 당시 소그드인의 장부에 의하면 금 475g이나 은

2.5kg으로 비단 5kg을 구입할 수 있었다. 로마인들도 세레스(Seres/賽里斯, 비단의 나라인 중국) 지역에서 전래된 비단으로 만든 토가(toga)나 세리카(sarica/serica, silken garments)를 만들어 입었으며 값은 비단 1파운드 당 금 600g으로 비싸 원로원에서 비단옷을 금지하는 법령을 수시로 만들곤 하였다.

기원전 53년 安息人(塞种人, 塞西安人, 西徐亚人, Emperâturi Ash-kâniân, 기원전 247년-기원전 224년)이 카르헤 전투(卡雷戰, Battle of Carrhae, 칸나이 전투, 토이토부르크 전투와 함께 로마 사상 최악의 패배로 손꼽히는 전투 중 하나)에서 크라수스(Marcus Licinius Crassus, 克拉苏, 기원전 약 115년-기원전 53년)의 로마군(羅馬軍隊)을 격파하였다. 기원전 53년 카이사르(Julius Caesar, 시저, 旣撒, 기원전 100년 7월 13일-기원전 44년 3월 15일)가 동방 원정 때 帕提亞王朝(Parthian帝国)군에게 중국제 비단으로 만든 軍旗를 이용하여 적군을 놀라게 하여 승리를 이끈 기록도 있다. 그리고 그는 기원전 47년 새로 지은 극장에서 연극을 보기위해 처음으로 비단으로 만든 長袍를 입고 나타나 군중을 놀라게 하기도 하였다. 당시 로마인들의 옷은 아마(亞衣)나 모피(毛呢)로 지었기 때문에 비단옷은 처음이었고 후일 이것을 구하기 위해서는 옷 한 벌에 黃金 12兩의 많은 돈을 지불해야만 했다. 또 로마군은 기원전 40년-기원전 39년 사이에 레바논(黎巴嫩, Lebanon) 지구의 티레(泰尔, 提洛, 提爾, Ṣūr, Ṣur, Tzor, Ṣōr, Ṣurru, Τύρος)를 제외한 로마 지배하의 레반트(Levant, 累范特)지구의 安息人을 공략하였다. 로마군의 안토니우스(Marcus Antonius, 马克·安东尼, 기원전 약 83년 1월 14일-기원전 30년 8월 1일)는 安息帝国을 향해 진격하여 휘하 여러 장군들이 메소포타미아(Mesopotamia, 美索不達米亞), 셀레우키아(Seleucia, 塞琉

西亞) 및 크테시폰(泰西封, Ctesiphon, Taysifun)으로 침입한 바 있었
다. 이를 통해 중국 長安과의 로마사이의 무역이 좀 더 활발해졌다.

이러한 고고학적 배경에는 陝西歷史博物館의 鎭館之寶의 하나인
서기 1984년 12월 陝西省 石泉県(安康 石泉) 譚家湾(汉江 月河유역의
池河)에서 汉代五鉄錢과 함께 출토한 길이 5.6㎝, 胸围 1.9㎝, 胸高 1.8
㎝, 胸, 腹, 足, 首尾 9個의 腹節로 이루어진 鎏金銅蠶을 들 수 있다. 이
곳에서는 春秋戰国-唐 때부터 沙金이 많이 나오는 곳이었다. 서역과
비단길을 개척한 張騫이 長安-秦蜀사이의 子午古道를 방문하고 이곳
에서 夏 桀王시기 부터 잠업을 장려하여 이곳의 백성이 의식의 걱정 없
이 부유하게 살아가는 것을 목격하고 이를 前汉 武帝에 추천하여 전국
적으로 蠶業을 장려하고 또 명으로 鎏金銅蠶을 만들게 하는데서 비롯
된다. 그 후 잠업이 무역에서 많은 이익을 가져오고 경제발전에 영향을
주는 결과에 매우 기뻐하였다 한다. 이는 晉代 陸翽의 《鄴中記》 중 永
嘉(서기 307년-서기 312년) 말년 春秋霸主 齐 桓公墓中에 나타난 "金
蠶數十箔, 珠襦, 玉匣……不可勝數", 南朝 梁任昉의 《述異記》에 기재된
吳王 闔閭夫人의 墓에서 발견된 "金蠶玉燕千餘雙", 北宋 李昉編纂의
《太平御覽》 중 秦始皇의 陵안에서 "以明珠為日月, 魚膏為脂燭, 金銀為
鳧雁, 金蠶三十箱"…… 등 여러 책에서 언급된 '金蠶'의 실물이 처음으
로 汉 武帝의 鎏金銅蠶으로 나타난 고고학적 증거로 볼 수 있다. 《石泉
県誌》의 기재에 의하면 이곳은 현 陝西省下 辖 地级市로 陝西南部偏东
에 위치하며 北은 秦岭, 南은 大巴山에 인접한 安康県으로 古代養蠶業
이 매우 興盛했던 곳으로 汉代에 養蠶繰絲業이 安康 石泉에서 최고조
에 달했다고 한다. 이곳에서는 官府經營의 대량의 作坊을 하였으며 作
坊의 織工은 수천 명에 달하였다고 한다. 絲織品의 색깔도 鮮艶하고 花
紋은 多様해 비단제작의 극치를 이루었다고 한다. 이곳에서 만들어진

西汉絲織品은 張騫이 개척한 絲綢之路를 통해 国內뿐만 아니라 서역지방에 수출한 前汉代 무역의 최전선이었다. 그리고 누에의 형태를 조각해 묘안에 넣어 장사지내는 전통은 연대가 가장 올라가는 甲骨文에서 '蠶示三牛', '蠶示三宰'의 占卜記錄에서 찾아 볼 수 있다. 이는 商·周의 유적에서 자주 발견되는 정교하게 조각된 玉蠶은 商周時期에 蠶神에게 제사지내던 것을 증명한다. 前汉시기에 출현한 金蠶은 金屬材料로는 처음으로 만들어진 것이다. 《孟子》의 蠶賦에 "五畝之宅, 樹之以桑, 五十者可以衣帛矣", 《荀子》에 "屢化如神, 功被天下, 爲萬世文. 禮樂以成, 貴賤以分, 養老長幼, 待之而後存"라는 기록이 있어 잠업은 중국의 傳統중에 孕育, 財富 등의 의미를 함축하며 石蠶, 玉蠶, 陶蠶, 金蠶으로 만들어진 누에를 형상화한 蠶神은 모두 크기가 다르지만 기본은 시대를 달리해도 중국인들이 蠶神에 대한 끊임없는 崇拜를 보여준다.

그 결과 汉 武帝-召帝-宣帝(한 7대-9대, 기원전 141년-기원전 49년) 때 운영된 甘肅省 敦煌市 懸泉置遺址는 兰州, 武威 張液, 酒泉과 敦煌을 포함하는 河西回廊의 長安-天山 간 실크로드(絲綢之路) 상에 위치한 大型驛站이 중요하다. 그리고 甘肅省 敦煌市 西北 約 90㎞ 떨어진 곳에 위치한 玉門关으로부터 서쪽은 西域이라 부르며 敦煌의 莫高窟에는 장건이 서역으로 떠나는 장면의 벽화도 남아있다. 그리고 武帝는 張騫에 이어 두 번째로《史記》의 저자인 35세의 司马迁을 巴蜀 지역 에 보내 成都→ 双流→ 新津→ 邛崍→ 名山→ 雅安→ 榮經→ 汉源→ 越西→ 喜德→ 冕宁→ 西昌→ 攀枝花→ 云南 大理→ 哀牢国(傣族先民이 怒江-澜沧江流域에 建立한 部落联盟国家)→ 古滇国[《史记》西南夷列传, "使將軍莊蹻將兵 循江上, 略近蜀黔中以西. 至滇地方三百里, 旁平地肥沃數千里, 以兵威定屬楚"]에 나오며 楚 頃襄王時 莊蹻가 連克且

兰(지금의 貴州省 福泉市一帶)와 夜郎(지금의 貴州省 桐梓县一帶)를 정복하고 바로 滇池(지금의 雲南省 昆明市一帶), 云南 江川县 李家山일대에 살던 彝族人위에 세운 나라로 한 무제 때 하사한 金印 '滇王之印'이 남아있고 后汉 明帝 永平 12년(서기 69년) 한나라에 귀속하였다]→ 乘象国(현 미얀마/Myanmar/緬甸)→ 身毒国(印度)의 제 1루트와 成都→ 彭山→ 樂山→ 鞭殉→ 宣賓→ 高县→ 錫連→ 豆沙芙→ 昭通→ 曲靖→ 昆明→ 哀牢国(애뢰국, 傣族先民이 怒江-瀾沧江流域에 建立한 部落联盟国家)과 古滇国(고전국)→ 身毒国(印度)에 이르는 제 2루트의 서남방의 실크로드(絲綢之路)를 자세히 기술하게 하고 있다. 이는 앞서 장건이 大夏国의 시장에서 발견한 四川에서 身毒国(印度)을 거쳐 수입된 蜀布와 四川 邛山 竹子인 邛竹杖(공죽장) 때문이다. 그 결과 汉나라는 后汉 明帝 永平 12년(서기 69년)부터 이 서남방의 絲綢之路를 개척하고 또 앞서 西汉 汉 武帝 元鼎(기원전 116년-기원전 111년으로 汉 武帝의 5번째의 연호) 6년(기원전 111년) 广東省 湛江市 徐聞県에 세운 국제무역항인 徐聞港과 함께 한나라의 무역을 크게 확대시켜나갔다. 그러나 비단길을 확대하는 과정에서 이민족과의 충돌도 잦았던 모양이다.

滇王之印은 서기 1956년 12월 28일 云南省 博物馆이 云南省 晋宁县 石寨山 2차 발굴 중 古墓 6호의 발굴에서 수습한 西汉时期의 古滇国 王印이다. 汉武帝时期 정복된 古滇国은 滇王은 汉나라에 항복하고 汉武帝는 그곳에 益州郡을 설치했고 滇国 国王을 滇王으로 봉하였다. 그때 滇王之印을 하사하였다. 이 도장은 순금으로 주조한 것으로 무게가 89.5g, 印面은 方形으로 한 변 길이 2.3cm, 高 2cm이며 위에는 뱀을 조각한 손잡이(蛇紐), 머리는 들고, 蛇身은 盘血이고, 背面에는 鱗纹이 있다. 그 외에도 청동기가 100여 점 출토하였는데 중요한 것은 七牛虎耳青銅

貯貝器, 貢納場面靑銅貯貝器, 弔人靑銅矛, 詛盟場面靑銅貯貝器로 현재
이들은 모두 中国国家博物馆에 소장되어 있다

　이 도장의 발견으로 司马迁의《史記》에 기재된 滇国(전국, 기원전
278년－기원전 115년)의 기록을 고고학적으로 확인할 수 있었다. 진국
은 中国 西南 변방의 古代民族이 建立한 古王国으로 疆域은 주로 滇池
를 中心으로 하는 雲南 中部 및 東部地区이며 境內의 主要民族은 古代
越民族의 일파인 滇族이였던 것으로 알려졌다. 滇国은 雲南의 歷史上
390년 동안 존속하였으며 戰國中期에 출현하여 東汉 中期에 소멸하였
다. 서기 1956년의 발굴 후 滇中 및 滇東北地区에서 40여 곳의 滇文化遺
址가 확인되어 영역도 동으로 陸良, 서로 安宁·易門일대, 북으로 昭通·
會澤, 남으로 元江·新平·個舊로 南北길이 4-500km, 東西길이 200km의
범위를 가진 것이 확인된다.

　《史記》西南夷列傳에 記載된 "楚頃襄王時(기원전 298년－기원전
263년) 使將軍莊蹻將兵循江上, 略近蜀黔中以西. 至滇地方三百里, 旁平
地肥沃數千里, 以兵威定屬楚"대로 楚 頃襄王時 莊蹻은 楚 頃襄王의 명
령으로 남쪽을 정벌하고 대략 기원전 279년경 蜀 黔中郡을 지나 沅水의
남쪽으로가 西南을 공략하였는데. 連克且兰(지금의 貴州省 福泉市一帶)
와 夜郎(지금의 貴州省 桐梓县一帶)를 정복하고 바로 滇池(지금의 雲南
省 昆明市一帶)로 가서 黔中, 夜郎, 滇 등의 지구를 정벌하였다. 莊蹻는
점령한 楚国의 巫郡과 黔中郡의 영토가 기원전 277년 다시 秦国에 의해
빼앗기는 바람에 莊蹻는 초나라로 돌아가 초왕에게 보고하려 해도 길이
막히는 바람에 점령지 滇池에 남아서 스스로 滇王, 호는「莊王」으로 칭
하였다.

　秦始皇때 이미 滇国을 타파하고 동시 종전의 五尺道를 현지까지 연
장시켰다. 秦朝滅亡後 交通이 다시 中斷되고 汉 武帝 元封 2년(기원전

109년)때 滇国이 항복을 하여 이곳에. 益州郡을 설치하고 汉王朝의 屬国으로 한나라 疆域으로 편입되었다. 한무제는 同時에 '滇王之印'을 하사하였다. 黃懿陸《滇国史》의 고증에 의하면 古滇国은 東汉 元初 2년(서기 115년)에 완전히 멸망하였다.

《滇国史》를 고고학 발굴결과와 정리해서 나온 滇国君主列表는 다음과 같다.

- 莊蹻(기원전 278년-기원전 256년)
- M33墓主(기원전 256년-기원전 224년)
- M12墓主(기원전 224년-기원전 178년)
- M3墓主(기원전 178년-기원전 ?년)
- M13墓主(기원전 ?년-기원전 ?년)
- M71墓主(기원전 ?년-기원전 123년)
- 嘗羌(M6墓主)(기원전 123년-기원전 85년)

그 지역들은 훼르가나, 소그디아나, 박트리아, 파르티아(Parthia, 기원전 247년-서기 224년)와 북부 인디아 등지로 여겨진다. 비단길/絲綢之路은 '초원의 길'과 '오아시스 길'의 둘로 나누어진다. 초원의 길은 비잔티움[콘스탄티노플/이스탄불, 또는 오스만 투르크 제국(서기 1299년-서기 1922년)의 前 首都인 에디르네(Edirne)]-흑해-카스피 해-아랄해-타시켄트(Tashikent, Uzbekistan의 수도)-알마타(Alma-Ata, Kazakhstan의 수도)-이닝(Yining, 伊宁)-우룸치(Urumchi, 烏魯木齐)-카라코룸(Karakorum/하라호룸)-울란 바토르(Ulan Bator)를 지난다. 다시 말해서 옛 소련의 중앙아시아 초원지대·외몽고·중국을 잇는 북위 35°-45° 부근을 지나는데 이 길을 통해 기원전 7세기-기원전 2세기경 동물문양, 무기와 마구로 대표되는 스키타이 기마민족들에 의해 메소포타미아와 흑해연안의 문화가 동쪽으로 전래되었다.

이곳 유목민족은 匈奴-羯族-東胡-烏桓-鮮卑-突厥(투쥐에, 튀르크, 타쉬티크: 서기 552년 柔然을 격파하고 유목국가를 건설. 돌궐 제2제국은 서기 682년-서기 745년임, 서기 7세기-서기 8세기)-吐藩(티베트, t'u fan: 38대 치송데짼[赤松德贊 서기 754년-서기 791년]이 서기 763과 서기 767년의 두 번에 걸쳐 唐의 長安을 함락함)-위굴(維吾爾, 回紇: 위굴 제국은 서기 744년-서기 840년임, 위굴 제국은 키르기스 點戛斯에 망하며 키르기스는 서기 9세기 말-서기 10세기경까지 존재)-契丹(辽, 서기 907년-서기 1125년)-蒙古(元, 서기 1206년-서기 1368년)-女眞/金-後金(서기 1601년 누르하치/愛新覺羅 努爾哈赤/努尔哈赤(淸太祖 서기1616년-서기 1626년 재위)-满洲/淸(淸太宗, 홍타이지/皇太極, 서기 1626년-서기 1636년 재위)-大淸/皇太極(서기 1636년-서기 1643년 재위)로 발전한다.

우리나라의 金海 大成洞과 良洞里, 永川 漁隱洞 등에서 나온 청동항 아리(銅鍑, cauldron), 鐵鍑(동의대가 서기 1991년에 발굴한 토광목곽묘 162호), 靑銅鼎과 동물문양의 허리띠(馬形帶鉤 등)장식 등이 대표적이다. 또 이들에 의해 남겨진 耳飾, 파지리크와 알타이 유적들은 積石木槨墳의 구조를 갖고 있어 烏丸(烏桓)과 鮮卑문화를 사이에 둔 신라고분과의 친연성도 제기되고 있다. 또 甘肅省 魏晉時期 壁畵古墳으로 嘉峪关 魏晉墓群, 敦煌 佛爺廟湾 古墳群, 酒泉 丁家閘 五號墓(東晋, 서기 317년-서기 418년)를 들 수 있는데 그중 酒泉 丁家閘 五號墓에는 황해도 안악군 유설리 3호분(冬壽墓, 永和 13년, 서기 357년) 내의 것과 비슷한 벽화가 그려져 있어 고구려와 鮮卑族과의 관련도 시사해주고 있다. 특히 丁家閘 五號墓를 제외하고 畵像塼으로 만들었으며 내부의 고분 구조는 后汉(서기 25년-서기 220년) 말 3세기경의 山東省 沂南 石墓 后汉(서기 25년-서기 220년) 말 3세기경의 山東省 沂南 石墓와 같이 맞졸임천장(또는 귀죽임천장, 투팔천장, 抹角藻井이라고도 함. 영어로는 'corbel style tomb in which the diameter of the circle decreased until the final opening at the top could be closed with a capstone'으로 표현)을 하고 있어 주목된다. 이는 그리스 미케네(기원전 1550년-기원전 1100년 또는 기원전 1600년-기원전 1200년)의 기원인 연도(널길)가 달린 솔로스 무덤(tholos tomb with dromos; 복수는 tholoi임)이 기원으로 추정된다.

그리고 시간이 지나면서 비단길(실크로드, Silk road)의 영향도 고려해야한다. 우리나라의 慶州 월성군 외동리 소재 新羅 38대 元聖王의 掛陵(사적 26호, 서기 785년-서기 798년)의 石像(보물 1427호), 41대 憲德王陵(서기 809-서기 826년, 사적 29호), 42대 興德王陵(서기 826년-서기 836년, 사적 30호)의 무인석상과 경주 용강동 고분(사적 328호)출토 土偶과 경주 계림로 보검(보물 635호)도 실크로드를 따라 중국 隋(서기 581년-서기 618년)와 唐(서기 618년-서기 907년)나라 때의 胡商인 소그드(粟特, Sogd/Soghd, 현재의 Tajikistan과 Uzbekistan) 인들의 영향으로 생각된다. 그러나 최근 掛陵의 武人像의 기원이 서역이라기보다 불교의 수호신인 金剛力士像이며 원성왕 사후 경문왕에 의해 조성되었다는 견해도 있다. 이 견해는 경주대 임영애 교수가 서기 2013년 8월 17일 경주에서 열린 신라사학회 창립 10주년 기념 128회 학술발표회에서 '인식과 재현-미술사적 관점에서 본 신라와 서역'에서 발표한 바 있다.

서기 400년 고구려 광개토왕이 한반도 남부를 공격하자 서기 400년 전후 김해 金官伽倻에서 넘어온 多羅国 지배층이 묻힌 慶南 陜川郡 玉田 고분 M1(서기 451년-서기 475년), M3(다라국 전성기의 고분, (사적 제326호)에서 실크로드(絲綢之路)의 교역을 알려주는 로만 그라스(Roman glass)를 포

사진 19. 新羅 38대 元聖王의 掛陵 武人像(사적 26호, 보물 1427호)

함한 龙鳳文環头大刀의 손잡이, 금귀고리, 銀製冠, 甲冑(三角板革綴板甲), 말머리 가리개 (馬头具) 등이 출토하여 다라국의 정교한 금속공예와 아울러 고구려, 백제, 신라, 또는 바다 건너 중국 南朝, 倭(일본) 등과 대외교역을 짐작하게 해준다. 그리고 出字形金銅寶冠 등 각종 무기, 갑옷과 투구를 비롯하여 馬具와 다양한 철제품들이 발견되었을 뿐만 아니라 망치와 집게 등의 鍛冶具가 출토되어 이곳에서 직접 철제도구들을 생산하였다는 것을 알려준다. 또 옥을 다듬던 숫돌도 발견되어 이곳에서 구슬도 제작하였음을 보여준다. 이 고분들에서는 5세기 말-5세기 초 대가야유물이 출토되다가 6세기 후반 백제계유물이 나온다. 이는 6세기 후반 신라에 맞서 백제와의 동맹을 보여준다.

중국 서북 宁夏[Ningxia, 宁夏回族自治区/Ningxia Hui Autonomous Region(NHAR)]는 비단길(Silk Road)에서 남쪽으로 오르도스(Ordos/Erdos, 鄂尔多斯沙漠, 河套/河南)-平城(大同) 河西走(廻)廊 도시 중 甘肅省 武威의 일부인 涼州/涼州区로, 북쪽으로 長安(西安)-

新疆(西安-敦煌-哈密-乌鲁木齐 또는 吐鲁番)-西域으로 가는 天山 (Tian Shan)北路와 西域北路(天山南路) 의 매우 중요한 지역이다. 서기 3세기-서기 10세기 사이의 비잔티움(Byzantium), 페르시아의 사산(Sassan Persia, 서기 224년-서기 652년), 소그드(粟特, Sogd, 현재의 Tajikistan and Uzbekistan)시대에 속하는 彩陶戰士(Painted pottery figures of warriors, 北周, 서기 557년-서기 581년), 石碑(Fragment of a stone stele, 西夏, 서기 1032년-서기 1227년), 유리제품(Glass bowl, 北周 서기 557년-서기 581년), 목제조각품, 비단천, 금속공예품, 교역 각국의 금제와 은제 화폐[비잔틴 동로마제국(서기 395/서기 476년-서기 1453년)의 金貨와 페르시아의 銀貨도 포함]와 불교 유물 등 많은 고고학 자료들 100여 점(北魏/서기 386년-서기 534년-明/서기 1368년-서기 1644년)이 서기 1980년대 이후 30년간의 宁夏 沽源县 原州区(固原市)의 고분발굴에서 출토되어 'The Silk Road in Ningxia'라는 전시가 서기 2008년 12월 3일-2009년 3월 15일까지 홍콩대학 박물관·미술관(the University Museum and Art Gallery, The University of Hong Kong) 沽源县博物館·宁夏回族自治区博物館과의 공동으로 홍콩에서 열렸다. 時間과 空間을 초월해 실크로드(絲綢之路)를 통해 중국에 들어온 것 중 중요한 것들은 馬, 금속공예품과 유리제품을 들 수 있다.

① 甘肅省 武威县에서 서기 1969년 초 발견된 東汉 말-魏晋初에 속하는 雷台大墓로 출토유물 중에 青铜奔马 39점이 가장 중요하다. 청동제품에는 东汉 末의 특징이, 동마의 명문에는 '左骑千人'과 '凉州 张掖县'이 있고 또 魏晋시대의 五铢钱이 남아있다. 墓志铭과 史料记载가 없어 墓主의 신분은 알 수 없지만 车马와 龟钮银印으로

판단하면 張氏 성을 가진 将军으로 任河 西쪽 四郡의 우두머리인 武威郡 郡首로 묘가 발견된 雷台一带는 张家의 家族墓地로 생각된다. 武威는 西安(長安)-兰州-武威-張掖-嘉峪关-敦煌(陽关鎮, 玉門关 포함)-哈密(Hami, Kumul)을 거치는 河西回(走)廊의 실크로드의 중요한 지역으로 이 길이 처음 개척된 것은 기원전 139년-기원전 126년 사이 前汉(기원전 206년-서기 8년) 7대 武帝(기원전 141년-기원전 87년)의 사신으로 月氏, 匈奴, 烏孫, 大宛, 康居 등을 거쳐 西域에 다녀온 張騫(?-기원전 114년)에 의해서이다. 그 지역들은 우즈베키스탄(Uzbekistan, 大宛)의 훼르가나(Ferghana), 소그디아나, 박트리아, 파르티아(Parthia, 기원전 247년-서기 224년)와 북부 인디아 등지로 여겨지며 이 青铜奔馬도 당시 凉州(현 甘肅省, 宁夏, 青海 東北部, 新疆 東南部 및 內蒙古 阿拉善盟一帶)의 명마인 汗血馬(大宛馬, 大哈馬, 中国貓熊)=大宛馬=大哈馬=中国貓熊인 '天馬'를 묘사한 것으로 여겨진다. 天馬에 대해서는 汉 武帝의《西極天馬之歌》"天馬來兮從西極, 經萬里兮歸有德. 承靈威兮降外国, 涉流沙兮四夷服"가 남아있다. 현재 중국정부는 汗血馬인 '天馬' 종인 野馬(蒙古野馬 또는 普氏野馬, 新疆維吾爾自治区의 伊犁馬)들을 內蒙古 錫林郭勒盟(錫林浩特市)烏珠穆沁과 新疆維吾爾自治区의 昭蘇県 草原지역/馬場에서 飼育하고 있다. 경주 155호분 天馬塚에서 나온 障泥(말다래, 말을 탄 사람의 발에 흙이 튀지 않도록 말안장 옆 양편에 늘어뜨려 놓은 가죽제 마구, 말 배가리개)의 天馬图(국보 207호)도 이러한 神馬의 脈絡에서 이해되어야 할 것이다. 그리고 唐 太宗 李世民의 昭陵 六駿의 조각도 汗血馬인 '天馬'에 해당한다 하겠다.

② 西安博物院, 陝西歷史博物館과 陝西法門寺博物館에 소장·

전시되어있는 唐摩羯紋金長杯, 鴛鴦蓮瓣紋金㼛, 萨珊式八曲銀長杯, 鎏金雙雁紋鎏銀盒, 金雙獅子銀㼛 등과 같이 금과 은으로 만들어진 盒子, 杯, 丹藥丸藥筒, 일상생활용 器皿 등의 금속공예품에 나타난 陽刻의 冷打法(冷加工/cold processing, 打出法, 敲击法, 鐘楪技法, 锤击法/hammering method), 금알갱이를 붙이는 鏤金手法(filigree)과 금속의 표면에 선 또는 점을 파거나 찍어서 일정한 문양을 보다 구체적이고 사실적으로 표현하는 방법인 陰刻의 彫伊法(針石打) 등의 金銀細工 技術은 唐 太宗 16년(贞观 16년/서기 642년) 사산(萨珊波斯, Sassan Persia)王国의 王子 페로즈(卑路斯, Peroz)의 避身用 入唐과 太宗 21년(贞观 21년/서기 647년) 사산王朝(서기 224년-서기 652년)의 末代君인 에데게르드(叶斯德苟特, Jezdegerd) 3세가 救援을 위해 사신을 보내면서 동행한 匠人들로부터 처음 받아들인 이후 전통적인 주틀(鎔范)을 쓰는 熱加工(hot processing)을 대신하여 급격히 발전하였다.

③ 그리고 서기 1987년 陝西 法門寺 地宮에서 발견된 唐 19대 僖宗(懿宗 第五子, 初名 儼, 서기 873년-서기 888년 재위)이 法門寺에 奉獻한 唐代黃色琉璃盤, 唐四瓣花紋藍色琉璃盤, 唐素紋淡黃色直筒琉璃杯, 唐十字團花紋盤, 唐代钠钙琉璃盤 등의 20점의 유리제품들을 들 수 있다. 중국의 전통적인 유리제작방식은 古宮博物院 소장의 汉大鉛銀琉璃矛와 같이 납성분이 들어간 유리제품(鉛銀琉璃, lead barium glass system)인데 법문사 유리제품들은 서기 758년 6월 11일 唐 肅宗을 알현한 回紇(Uyghur Khangale)과 大食国(Seljuk) 사신들이 진상한 八瓣花紋藍色琉璃盤, 素面藍色琉璃盤, 菱形双環紋深直筒琉璃杯 등 钠钙琉璃製作方式(soda lime glass system)으로 제작한 玻璃(琉璃)제품의 중국화한 것들이다. 法門寺 발견의 유리제품을 통해 서기 2014년 3월 27일 유네스코에서 중국 习近平(서기 1953년 6월 15일-) 총서기가 실크로드의 상호연구의 중요성을 강조한 바 있다.

趙興(기원전 113년-기원전 112년)을 암살함으로 인해 司馬迁의 《史記》에 등장하는(《史記》酈生陸賈列傳) 南越国(Nanyue, Nányuè Nàahmyuht, Nam Việt)은 오늘날 중국의 广東·广西·云南省과 越南 북부 지역에 자리 잡고 있었으며 기원전 204년 秦제국에서 越族(百越)을 멸하기 위해 파견한 南海軍司令官 赵佗(赵他, Zhao Tuo/Zhào Tuó, Triệu Đà, 武帝, 開天體道聖武神哲皇帝, 기원전 203년-기원전 137년 재위)에 의해 건국되었고 그의 무덤은 广州에 있다고 전해지나 아직 발굴되지 않았다. 그리고 그의 계승자는 27세에 왕위에 오른 손자인 赵眛(Zhao Mo/Zhào Mò, 기원전 137년-기원전 122년 통치) 이다. 이 나라는 기원전 196년 한나라 高祖에 朝貢을 하여 外臣의 직함을 얻었으나 기원전 183년경 스스로 皇帝로 칭하고 기원전 111년 7대 汉 武帝에 의해 멸망하였다. 남월국의 王世系는 赵佗(기원전 203년-기원전 137년)-赵眛(기원전 137년-기원전 122년)-赵嬰齐(기원전 122년-기원전 113년)-赵興(기원전 113년-기원전 112년)-赵健德 (기원전 112년-기원전 111년)의 5대 92년간 이어진다. 서기 1983년 2대왕 赵眛의 墓(현 西汉南越王博物館)가, 서기 1995년에는 南越国宮殿遺址와 함께 御花园遺址, 南汉国宮殿遺址, 各朝官署遺址와 珠江灌의 입구로 들어가는 溉水路用 목제 水門이 广州市 越秀区에서 발굴되어 시내 상가 지하에 그대로 보존되고 있다. 赵眛의 墓는 길이 11m × 폭 12m, 깊이 20m로 750石板으로 만들어 졌으며 현재 확실하지 않지만 외벽에는 할아버지인 趙佗와 묘실의 주인공인 손자 趙眜를 포함하는 채색의 壁畵를 그려 넣었을 것으로 짐작된다. 주인공의 묘실을 포함해 전실, 동실, 서실, 측실, 창고 등 7개 구역으로 나누어지며 여기에는 음식을 준비하는 사람들과 식재료의 屠殺장면을 묘사한 벽화도 있다. 3,900㎡ 넓이의 궁터에서는 당시 中原 汉나라 건축에서 직접 영향을 받아 만들었으나 중원지방의 궁궐에 맞먹는 규모의 건물터가 발굴되었을 뿐만 아니라 이란, 헬레니즘 영향 하의 중앙아시아를 포함하는 지중해나 메소포타미아지방의 건축에서 보이는 石柱(望柱座石), 金花泡, 四聯休熏爐, 5개의 象牙, 靑銅香爐, 藥丸, 乳香, 페르시아 銀箱子(蒜斗紋銀盒), 靑釉'萬歲文字瓦當', 帶釉方磚, 蜻蜓眼玻璃珠, 藍色平板玻璃銅牌 등이 발견되었다. 이들은 南越国·汉·唐나라 때 실크로드(silk road, 絲綢之路) 개통 이전 이미 해상교역(海上絲綢之路)을 통해 들어온 외래품이다. 이들은 아프리카, 스리랑카(斯里兰卡)나 페르시아(古波斯帝国), 아랍(阿拉伯) 등 印度洋의 여러 국가들에서 온 것으로 추정된다. 南越国·汉나라의 海上絲綢之路/실크로드의 시발점인 广東省 湛江市 徐聞県 二橋村과 遂溪県 仕尾村(大汉三墩港口, 汉 武帝의 徐聞県城이 위치)의 徐聞港→ 인도(Maharashtra 주의 Kãrli 동굴사원 石柱에 새겨진 로마상인의 돈을 기부한 흔적)의 코지코드[캘리컷, Calicut, 말라바/古里国 또 '古里佛']→ 미얀마/버마(緬甸, 乘象国)의 퓨/뿌 고대도시(Pyu Ancient cities, 驃城邦 중 驃国)→ 베트남(오케오와 겟티 유적에서 나타난 로마상인의 흔적)→ 로마[羅馬, 汉나라에서는 大秦으로 부름, 서기 166년경, 이집트의 紅海(Red sea) 연안의 베로니카(Veronica) 항구]를 잇는 해상 비단교역로도 최근 밝혀지고 있다. 2대 趙眜의 무덤위에 그대로 지어진 14,000㎡ 넓이의 西汉南越王博物馆(广州市 解放北路 867号)에서는 15명 가신과 노예의 殉葬, 주인

공의 龙과 不死鳥 문양으로 조각되었으며 옥, 고리, 진주와 원반으로
한 세트를 이루는 壽衣를 덮은 胸飾의 玉璧 장신구, 비단실로 2,291매
의 옥을 꿰고 辰砂로 붉게 칠한 絲縷玉壽衣, 趙眜의 수의 속에서 발견
된 龙문양의 손잡이가 달리고 98.6% 純金으로 만들어진 3.1cm 크기의
정방형 金印과 汉 文帝가 下賜한 '文帝行璽'이란 글자가 보이는 官吏印
章, 금으로 '王命車徒'라는 글이 상감된 청동 虎符. 汉 文帝 時에 사용
하던 半兩錢, 옥이 象嵌된 10점의 劍, 金·銀제의 容器, 청동 거울, 토
제와 자기로 구운 头枕, 오늘날 '광동 요리'의 제작에 필요한 생강과 무
채를 갈고 쓰는 薑板과 유사한 도구를 포함한 청동제 50여 점 조리도
구 한 세트, 靑色琉璃板[Blue glass plaques, 이 시기의 유리는 주로
絲縷玉壽衣는 산화바륨(barium oxide, BaO)과 납 성분이 포함됨],
馬車, 709편으로 꿰어 만든 철제갑옷, 鐵戟, 방패, 승리를 자축하며 포
로를 싣고 오던 배 문양과 주인공이 음각된 청동제 술 항아리, 서기
1978년 湖北省 隨县(현 隨州市) 出土 春秋時代 末-戰国時代 初 曾侯
乙(기원전 약 477년-기원전 433년, 曾国의 君主)墓 출토 編鐘(편종 표
면에 '曾侯乙作持'이란 명문이 있음)과 같은 靑銅編鐘과 동손문화(The
Đông Sơn bronze culture)인들이 사용하던 전통적인 타악기인 靑銅
銅鼓(bronze drum) 등을 포함하는 1,000여 점(500점의 중국 청동제
품, 240점의 토제, 유리와 옥제품, 246점의 금속제품 포함) 이상의 유
물이 출토되었다. 특히 玉製品은 汉 武帝 初年의 山东省 菏澤市 巨野
县 红土山 西汉墓(기원전 87년), 絲縷玉壽衣는 江蘇省 徐州市 彭城王
刘恭의 묘[后汉 明帝 莊(서기 57년-서기 75년 재위)의 아들, 銀縷玉
衣], 河北省 满城县 城西南 满城汉墓 1호(기원전 113년, 金縷玉衣, 한
무제의 형인 中山靖王 刘勝과 그의 부인 도완/두관/竇綰의 묘)와 满城
2호(기원전 104년)墓 출토의 것들과 비교된다. 그리고 무덤 안에서 나

온 터키옥(turquoise, 绿松石), 雄黃(鷄冠石, realgar, sandarac), 紫水晶(amethyst), 硫黃(sulfur), 赭石(石間碟, Haematitum ochre) 등의 五色药石은 170㎝의 키로 43세에 사망한 것으로 추정되는 趙眛의 생전 질병의 치료와 관련이 있으며 이 약석들을 통해 볼 때 그의 死因은 결국 砒素의 過多使用에 있었던 것 같다.

广東省 湛江市 徐聞県은 雷州半島의 最南端에 위치하며 汉 徐聞港은 지금의 仕尾村 附近으로 추정된다. 西汉 元鼎(기원전 116년－기원전 111년으로 汉 武帝의 5번째의 연호) 6년(기원전 111년)에 徐聞県城을 설치하였는데 기록은 "前臨海, 峙三墩, 中有淡水, 號龙泉"(宣統 3년/서기 1911년 王輔之 등이 編撰한《徐聞県誌》卷 30 建置志 卷 2 沿革志가 있는데, 二橋, 南湾은 仕尾村의 海湾, 臨海에 위치하며 海上三墩과 그리 멀지않다. 發掘에서는 汉 徐聞県 내에서 이를 입증할 자료가 많이 나오고 있다. 徐聞県은 春秋戰国時代에 楚国百越에 秦汉시대에는 南越国汉에 속하였다. 徐聞港은 汉 徐聞県에 세워진 후 浦郡管轄에 속하였다. 徐聞港의 港口遺址는 徐聞県城에 있으며 早期부터 民間 貿易이 이루어지고 西汉 元鼎 시 徐聞県이 설치된 이래 대규모의 무역항으로 발전하였다. 이는 당시의 近岸航行術때문이었다. 始發港 혹은 補給港은 모두 해당지역의 번화한 곳으로 汉 徐聞県은 이러한 조건을 갖추었다. 汉代 徐聞港의 史料來曆은《汉書》地理志에 "自日南障塞, 徐聞, 合浦船行可五月, 有都元国, 又船行可四月, 有邑盧没国, 又船行可二十餘日, 有諶離国……自夫甘都盧国船行可二月餘, 有黃支国, 民欲略於珠崖相類. 其州广大, 户口多, 多异物. 自武帝以來, 皆獻見"라고 보인다. 이는 당시 徐聞港이 中国南方의 一個 重要한 對外貿易港임을 보여준다. 서기 1990년 广東省文物考古研究所, 湛江市博物館, 徐聞县博物館 등이 徐

聞県의 二橋村에서 大型 汉代遺址를 서기 1993년에 广東省文物考古研究所와 湛江市博物館, 徐聞県文化局의 합동발굴팀이 二橋 汉代遺址를 발굴하였다. 발굴에서 版築(夯土)한 성벽을 비롯하여 墓葬, 灰坑, 房屋, 水井, 燒土面 및 柱洞 등의 유구가, 유물로는 少量의 銅器, 鐵器 및 石器가 발견되었다. 그중 중요한 것은 萬歲瓦當, 龜鈕銅印, 板瓦, 筒瓦 및 磚 등이다. 生活用具로 釜, 罐類가 중심이 되며 瓮, 盆, 鉢, 碗, 器蓋, 器座 및 陶棒. 陶碗, 陶紡輪과 陶網墜, 小方格紋陶片, 弦紋水波紋陶片, 石構 등도 보인다. 동기로서는 銅印, 銅箭鏃이 발견되었다. 青銅製 銅印은 1枚로서 長方形으로 길이 2.5cm, 폭 2cm, 높이 1.3cm이며 손잡이는 거북형이다. 도장에는 '田'字 印面刻陰文으로 "臣固私印" 四字가 확인된다. 그리고 팔각형의 등대 주초(八角航標燈坐)도 발견되었다.

考古調查와 發掘資料의 分析에 의하면 二橋, 仕尾, 南湾村의 汉代遺址를 제외하고 徐聞県의 境内에서 西·東汉墓葬가 약 300여 기, 隨葬品 중에는 銀飾, 琥珀, 瑪瑙, 水晶, 琉璃 등 隨葬飾物의 많은 부분이 외래수입품(舶來品)이며 汉이후의 三国, 晋, 南朝의 遺址에서는 徐聞県境内의 무덤에서는 적게 발견되는데 이는 삼국시대 이후 广州港이 흥한 반면에 徐聞港의 對外貿易은 쇠퇴하고 있음을 반영한다. 특히 明 洪武 2년(서기 1369년) 倭寇와의 교역을 방지하기로 명을 내린 후 더욱 그러하다. 여하튼 徐聞港은 嶺南汉代 海上絲綢之路와 對外貿易에 매우 중요한 위치를 차지하였다.

汉代이후 唐, 宋, 元, 明 시기에는 잘 알려진 江西省 景德鎭市 景德鎭窯를 비롯한 汝窯, 鈞窯, 官窯, 定窯와 哥窯의 五大名窯의 도자기인 景德鎭窯青白釉六棱印花帶盖執壺, 磁灶窯錄釉印花碟, 青釉菊瓣紋壺 뿐만 아니라 广東省 潮州窯, 广州窯과 더불어 3대요지 중의 하나인 雷州半島 雷州市와 湛江市에 분포했던 雷州窯(湛江市 籍富窯, 下山井

窯, 余下窯 등 古窯址)에서 만들어 진 것들의 수출도 많은 비중을 차지하고 있다. 수중에서 발견된 雷州窯에서 구워진 도자기는 雷州窯青釉褐彩瓔珞紋枕, 宋代青釉褐彩侍女菊花紋瓷罐, 唐青釉執壺, 唐青釉盤, 唐青釉刻花紋蓮瓣執壺, 宋青釉印花蓮花紋碟, 宋菊花開光四耳罐, 青釉堆紋樓閣罐, 青釉褐彩菊花紋荷葉盖罐, 青釉褐彩胡蝶菊花紋如意斗形瓷枕, 青釉褐彩罐, 金玉滿堂盖罐, 青釉褐彩積善之家必有余慶罐, 青褐釉堆貼紋塔形盖罐, 青花瓷, 青釉褐彩人物盖罐, 明褐彩四耳小罐, 明青釉四耳小罐이다.

이는 ① 南海 1號船(中国南宋初期, 서기 약 1160년대, 中国 广東省 阳江市 南海 海域에서 沈沒船, 서기 1987년 발굴조사), ② 华光礁 1호 沈船船(海南 西沙群島, 서기 1998년, 아직도 선체바닥과 화물을 조사 중으로 서기 2014년 12월 30일 화요일 현재에도 페르시아에서 만들어진 것으로 추정되는 鏤金, 透彫의 금목걸이와 반지가 발견되었다고 전한다), ③ 白礁船(福建省 福州市 連江県 定海湾, 서기 1990년)의 수중발굴조사결과 발견한 6,000여 점의 청자와 6계통의 80,000점의 도자기를 분석함으로서 밝혀지고 있다.

그중 南海 1號는 서기 1987년 東平港 남쪽 20해리 떨어진 陽江市의 陽江해역에서 어부가 鎏金腰帶(1.72m 560g, 广東省博物館 소장) 한 점을 발견한 이후 중국 최초의 수중시굴조사에서 紹興通寶(南宋 高宗 紹興帝 서기 1131년-서기 1161년 제조), 福建省 德化窯와 磁灶窯, 江西省 景德鎮窯에서 구어 졌으나 執壺(목이 좁은 병으로 옆에 손잡이가 있는 주전자), 喇叭口大瓷碗, 瓷碟, 瓷碗, 瓷首飾盒 등 200여 점이 나왔는데 釉藥, 器型은 아랍(阿拉伯, Arab)의 취향과 정서에 맞춘 주문품인 '外銷瓷'임이 밝혀져 서쪽으로 100㎞ 떨어진 刺桐港(현 福建省 泉州港)

을 출발해 페르시아(波斯)와 아랍의 종착지로 가는 南宋遠洋貿易船임이 밝혀졌다. 당시 육로로는 元과 蒙古 때문에 불가능해 자연히 海上絲綢之路가 발전하게 되었다. 그릇표면의 문자도 壽山福海, 長壽, 祈求平安, 吉祥 등이다. 당시 중국은 水中考古學을 행할 경험이나 장비가 없어 서기 1989년 겨울 中日考古隊合作으로 중국 처음 수중고고학을 시작하였으며 여기에서 차량 10여 대 분량의 자기가 인양되었다. 그리고 喇叭口大瓷碗의 바닥에서 '李立'이란 墨書銘이 발견되어 이곳 자기들은 福建省 德化古城에 살던 이립의 가마에서 만들어진 것으로 추정되었다. 이는 당시 아랍상인과 중국 남송인 들과의 거래를 보여준다. 德化古城에서 주문된 자기를 만들기 위해 窯口가 够窯製인 碗坪侖窯(纯白釉, 青白釉和青灰釉瓷를 위주로 하는 北宋晚期에서 元朝 初年의 古窑)를 운영하였는데 한사람이 하루에 굽는 양이 300개로 이립의 가마에는 6만 명의 陶工과 보조원까지 합치면 10만 명 정도가 가마에 종사했던 것으로 추정된다. 元나라 때의 자기의 가격도 馬可波羅(Marco Polo)에 의하면 威尼斯(Venice) 銀貨 하나로 8점의 瓷杯를 구입할 수 있었다고 한다. 天工開物에는 자기 한 점을 만들기 위해 水飛에서 가마에 굽는 것에 이르기 까지 72개의 공정이 필요하다고 한다.

宋나라에서는 泉州의 '外銷瓷'는 황금가격과 비슷하고 泉州, 广州, 明州의 세관인 市舶司에서 걷어 드린 세금은 銅錢 250萬串으로 전국 稅收의 ¼에 해당하였다고 한다. 諸蕃志에 의하면 당시 동남아 일대에는 음식을 담을 용기가 없었는데 宋나라에서 자기를 수입한 후부터 식생활 습관이 달라졌다고 한다. 화물선은 절강성과 복건성 연안에서 만든 福船 또는 大福船으로 "下側如刀 底尖上闊 首尖尾寬兩头翘"로 기술한 '龙骨로 평형을 잡은 尖底古海船'이었으며 선상에는 水密隔艙이 3칸이 있어 화물을 많이 실을 수 있었다. 당시 화물을 운반하는 배의 선장을 '綱

首'라고 불렀는데 그는 貨主의 요청에 따라 市舶司의 出港·出航 허가를 비롯해 선원을 모아 화물을 선적하고 배안에 일 년치의 식량, 술과 여러 필요한 물자를 준비하였다. 日本의 古書인 朝野群載에 기재된 綱首 李充去日本貿易前塡에 의하면 항해에 앞서 해양선박의 구체적인 규정을 담은 关單, 公憑, 公凭을 작성해야 한다. 그런 다음 자신의 짐도 함께 싣는데 金, 鎏金毛帶(广东省博物館 소장), 觀音과 羅汉像, 銅錢도 포함된다. 그리고 항해를 돌보아줄 馬祖神(航海·漁業의 守護神으로 中國 沿海部에 中心으로 나타나는 道敎의 女神)에 고하고 목적지로 떠난다.

이 침몰된 南海 1號는 '整體打撈'의 수법으로 해저 20m에서 선체를 箱子에 그대로 담아 引揚하였는데 전체 무게가 500噸 정도 나가 힘들었지만 중국식의 새로운 발상이었다. 지금은 广东省海上絲綢之路博物館에 이전되고 유리로 만든 투명한 水晶宮 전시관에 안치되고 그 안은 바다 속과 같은 환경을 조성해 현재에도 그 안에서 발굴을 계속 해나가고 있다. 이 배는 宋나라 초기 때 만들어진 것으로 世界水中考古學 상 가장 연대가 올라간다.

기원전 111년 汉 武帝가 徐聞県城을 설치하기 전까지 广东·广西·云南省과 越南 북부 지역에 자리 잡고 있었던 南越国(Nanyue, Nányuè Nàahmyuht, Nam Việt)이 있었고 남월국의 王世系는 趙佗(기원전 203년–기원전 137년)–趙眜(기원전 137년–기원전 122년)–趙嬰齊(기원전 122년–기원전 113년)–趙興(기원전 113년–기원전 112년)–趙健德(기원전 112년–기원전 111년)의 5대 92년간 이어진다.

秦始皇이 기원전 221년 戰国時代 6국을 멸하고 기원전 218년 50만 대군을 내려 보내 남쪽 岭南 지역(현 广东, 广西, 湖南과 江西省)을 평정한 후 广東省의 桂林郡과 象郡에 任囂를 郡尉로 南海郡과 龙川県(현 广

東省 河源市)에 赵佗를 県令으로 삼았다. 기원전 209년 진시황이 崩御하고 중원이 陳勝과 吳广의 농민 반란 등으로 어지러워져 赵佗는 龙川県 佗城(赵佗城)을 治所로 삼아 그곳에 善政을 베풀었다. 赵佗가 任嚚의 중병으로 인해 桂林郡과 象郡을 합쳐 광동성 전체를 아우르는 南越国을 세우고 자연스럽게 스스로 왕이 되었다(自立爲王). 그리고 广州의 현 西汉南越王宮博物館의 위치로 옮겨 수도로 삼았다. 龙川県은 東江의 水陸 关口로 교통의 요지였으며 龙川県西汉南越王博物館에는 南越国王赵佗의 金印을 비롯하여 鐵劍, 鐵格, 鐵首, 鐵珌, 陸提桶, 銅臼, 銅杆, 陶鼎, 六山紋鏡, 龙鳳紋鏡, 銅框, 玉卮, 玉角杯, 金扣象牙卮 등이, 龙川県博物館에는 靑黃釉陶壺, 褐釉陶罐, 靑銅劍 등의 무기와 생활도구가 전시되어있어 당시의 풍요했던 모습을 살필 수 있다. 또 赵佗는 군인들이 현지인들과의 通婚을 장려하고 진시황에 '求女無夫家者三萬人 以爲士卒衣補'라고 上奏하여 진시황이 보낸 15,000명의 여인과 결혼한 현지인들 사이에서 刘, 黃, 駱氏 등을 비롯한 180姓와 宗祠가 생겨났다. 그리고 唐 韋忠明이 越井記에서 '雖當亢旱 萬人汲之不竭'이라 쓴 바와 같이 수리시설에 애를 써 그 중심이 된 赵王井, 문화와 교육을 장려하여 그 결과로 나타난 龙川學宮과 龙川考棚 등의 흔적을 확인할 수 있다.

한 무제 당시에는 赵嬰齐, 赵興와 赵健德이 왕 노릇을 하였다. 서기 1983년 2대왕 赵眛의 墓(현 西汉南越王博物館, 广東省 广州市 解放北路 867号)가 발굴됨으로서 南越国이 海上絲綢之路/실크로드의 시발점이 되었다. 2대왕 조매의 묘에서 발견된 외래 수입품(舶來品)들은 金花泡, 四聯休熏爐, 乳香, 藥丸, 蒜斗紋銀盒, 象牙, 蜻蜓眼玻璃珠, 藍色平板玻璃銅牌을 비롯하여 궁전의 望柱座石, 靑釉'萬歲文字瓦當', 帶釉方磚 등으로 이들은 미얀마/버마(緬甸, 驃国), 자바(Java/Jawa, 爪哇), 스리랑카(斯里兰卡), 印度(天竺), 아프리카, 페르시아(古波斯帝国), 아랍(阿拉伯)

등 印度洋의 여러 국가들에서 온 것으로 추정된다. 그리고 明 3대 成祖 (朱棣, 永樂 서기 1403년-서기 1424년) 때 宦官 鄭和(云南省 昆陽人, 서 기 1371년/서기 1375년-서기 1433년/서기 1435년)에 의해 서기 1403년 南京 龙조선소에서 제작된 300여 척의 배로 조직된 선단으로 서기 1405 년-서기 1423년의 18년 동안 7차에 걸쳐 개척된 뱃길은 江蘇省 蘇州 刘 家河 太倉市를 기점으로 자바(Java/Jawa, 爪哇)→ 말라카(Malacca/馬 來西亞의 馬六甲)→ 싱가포르(新加坡)→ 수마트라(印度尼西亞)→ 세이 론(斯里兰卡)→ 인도(印度)의 말라바[캘리컷(Calicut)]→ 페르시아 만의 Hormuz(霍爾木兹)→ 짐바브웨를 거쳐 오늘날의 아프리카와 紅海(Red Sea) 입구인 예멘의 아덴(Aden)과 케냐의 말린디(Malindi)까지 도달했 던 것으로 추측되며, 서기 1414년(永樂 12년, 鄭和의 2차 출항) 방가라/ Benglala(謗葛剌, 孟加拉国, Bangladesh)에서 아프리카산 麒麟(長頸 鹿, 神獸)이 북경에 온 것으로 기록되며, 서기 1964년 广州市 广州 东山 姚家岗(옛 永泰寺 뒤) 总镇 两广 内官 太監 韋眷[广州市 城东部(현 署前 路)에 明 成化 年间(서기 1465년-서기 1487년)永泰寺/东山寺를 지음] 의 무덤에서는 謗葛剌의 銀貨(Tonga/湯加, Venice/威尼斯박물관에도 같은 貨幣가 있음)가 나오고 있어 謗葛剌와의 교역도 입증된다.

그리고 당나라 韓愈가 쓴 广東省 广州市 南海神廟의 '南海神广利王 廟碑에 보이는 바와 같이 利潤, 利益과 利民의 財源广進을 담당하던 남 해신 광리왕에게 出港 前 이곳에서 祭祀를 지내었다. 이 南海神廟는 隋 나라 서기 594년 文帝(開皇 14년) 때 처음 만들어졌으며 唐 憲宗 元和 14년에 중수를 하였다. 그 후 南汉(서기 917년-서기 971년, 五代十国时 期의 地方政权 중의 하나로, 현 广东, 广西, 海南 3省 및 越南北部를 다 스리다가 서기 971년 北宋에 의해 멸망함, 광리왕을 승격시켜 昭明帝로 부름), 宋(宋新修广利王廟碑를 세우고 해양전담기구인 市舶司를 설치),

明(洪武御碑), 淸(康熙帝의 萬里波登碑)나라들이 계속 무역을 하면서 제사를 이어갔다. 古波羅国(인도)과의 해상교역을 보여주는 波羅誕도 이곳에 있다. 서기 1997년 인도네시아(印度尼西牙) 수도 자카르타(雅加達) 근처에서 발견된 서기 960년경의 印坦沈船에서는 銀錠이 5,000兩이 나와 南汉(後主 刘銀, 서기 942년 – 서기980년)의 해상무역 의존도가 높고 薔薇水, 玻璃器, 금, 은, 진주, 수정, 산호와 비취의 무역을 통해 막대한 부를 축적했음을 알려준다. 이는 서기 1994년 广州 中山 4路 서단에서 발견된 南汉의 3개 궁전 중의 하나에서 발견된 柱礎(16기의 獅子柱礎), 黃釉鴟尾, 磉墩(磚혹은 石砌의 柱基礎, 積心 石/心礎石), 磚의 규모에서 알 수 있다.

唐 黑石號(난파선, Batu Hitam)는 서기 1998년 독일의 해양구조회사(打捞公司, Marine salvage)가 인도네시아(印度尼西亞) 勿里洞岛 (Belitung Island) 海域에서 발견·조사한 중국의 广東省 广州–인도네시아–아라비아 사이를 오갔던 아라비아의 무역선으로 중국의 자기가 67,000점 이상 실려 있었다. 이들 중 대부분은 湖南省 長沙窯의 瓷器이며 그 외에도 金银그릇 및 3점의 靑花瓷盘, 납과 香料 등이 발견되었다. 이 배가 침몰한 연대는 長沙窯에서 구워진 瓷碗의 어깨에 唐 宝歷 2년 (서기 826년)의 명문으로 서기 9세기경으로 짐작된다.

新安 海底遺物 埋藏海域(사적 제274호, 원래의 명칭인 송원대유물 매장해역에서 서기 2011년 7월 28일. 신안해저유물 매장해역으로 변경, 12,560,000㎡, 1981년 6월 16일 지정)은 海上絲綢之路의 起碇港인 浙江省 宁波市, 중국 浙江省 抗州湾 또는 中国福 建省省 泉州市 泉州港에서 일본 福岡(ふくおか, 옛 이름은 博多, はかた임) 방면으로 가던

중국의 元나라의 무역선 新安船(가칭)이 全羅南道 新安郡 智島面 防築里 道德島에서 침몰한 해역으로 이곳 바다 밑에서 元 世祖 忽必烈(쿠빌라이, 1215년 9월 23일–1294년 2월 18일, 서기 1271년–서기 1294년 재위)가 세운 원나라(서기 1260년–서기 1368년) 때 靑瓷류를 비롯한 대외 무역용의 많은 유물이 발굴·인양되었다. 서

사진 20. 靑磁鎬文壺(청자 주름무늬 항아리. 元대. 서기 13세기 후반–서기 14세기 전반, 中國浙江省 龙泉市 龙泉窯, 문화재청 '우리지역 문화재 자료'에서 引用)

기 1976년부터 서기 1984년까지 9년간 10차례에 걸쳐 바다 밑에서 침몰선과 유물인양 발굴 작업이 실시되었는데, 이때 인양·정리된 유물은 도자류 총 20,611점(靑瓷류 10,063점, 白瓷류 4,962점) 등을 비롯해 紫檀木(靑龙木) 1,017본, 금속제품, 석제품, 동전 28톤, 약품, 일용잡화 등 총 2만2000여 점에 달한다. 침몰된 선박의 몸체는 길이 28.4m, 너비 6.6m(445片)이며 중국에서 우리나라를 거쳐 일본으로 가려던 무역선으로 침몰연대는 도자기의 양식, 銅錢, 木簡의 墨書銘들로 보아 서기 1331년–서기 1350년 사이, 서기 1323년, 또는 서기 1352년 이후)로 보인다. 이는 인도네시아(印度尼西亞) 勿里洞島(Belitung Island) 海域에서 발견·조사된 중국의 广東省 广州–인도네시아–아라비아 사이를 오갔던 아라비아의 무역선과 같이 학술적 가치가 크다. 특히 한국수중고고학의 첫 시도이며 수중유물의 대표적인 예로 기록된다.

아라비아의《千一夜話(아라비안 나이트: Arabian Nights)》중에 나오는 '신바드(辛巴達, Sinbad)의 모험'을 서기 8세기경 海上絲綢之路를 따라 아라비아 오만의 소하르(Sohar, 蘇哈爾)와 무스카트(Muscat, 馬斯特)항구에서 중국의 广州市에 왔던 아부 오비데 카심(Abu Obide Qasim, 艾布·歐貝德·卡賽姆拜)의 이야기로 추정하고 있다.

또 인도의 天竺国 왕의 셋째 아들로 남인도나 파사국(波斯国)에서 태어나서 반야다라에게 배우고 40년간 수도하다가 서기 470년(또는 梁 普通 元年 서기 520년 9월 21일) 남중국에 와서 선종을 포교하고 梁 武帝 萧衍(서기 464년-서기 549년)과 선문답을 주고받았으며 후일 서기 520년 전후에 北魏의 도읍 洛陽에 갔다가 河南省 崇山 少林寺에서 坐禅修行에 정진한 후 禅法을 慧可에게 전수한 중국 선종의 1대 조사인 달마(菩提達摩, 達摩, ?-서기 528/서기 535년)도 인도에서 海上絲綢之路를 따라 중국의 广州市에 왔던 것으로 추정된다.

중국의 禅宗은 初祖 菩提達摩, 達摩(?-서기 528/서기 535년, 서기 457년-서기 528년)→ 二祖 慧可(서기 487년-서기 593년, 서기 528년-서기 593년)→ 三祖 僧燦(?-서기 606년, 서기 593년-서기 606년)→ 四祖 道信(서기 580년 4월 3일-서기 651년, 서기 606년-651년)→ 五祖 弘忍(서기 601년-서기 675년, 서기 651년-서기 674년)→ 六祖 慧能(서기 638년-서기 713년, 서기 674년-서기 718년)→ 七祖南 嶽懷讓(서기 718년-서기 744년)→ 八祖 馬祖道一(서기 709년-서기 788년, 또는 서기 688년-서기 763년, 서기 744년-서기 788년)으로 이어진다. 그리고 五祖 弘忍에서 傳燈弟子인 慧能과 神秀(서기 606년-서기 706년, 禅宗大師, 佛教禅宗 五祖 弘忍의 首座弟子로 北宗禅의 开创者)가 나와 金剛經을 중심으로 頓悟를 주장하는 慧能의 南宗禅과 楞伽經을 중심으로 漸修를 주장하는 神秀의 北宗禅으로 나뉘었다.

《六祖壇經》에 실린 神秀와 慧能의 悟道頌은 다음과 같다.

神秀: 身是菩提樹 心如明鏡台 時時勤拂拭 勿使惹塵埃
慧能: 菩提本無樹 明鏡亦非台 本來無一物 何處惹塵埃

南澳一号(原名은 南海二號이며 서기 2009년 9월 25일 南澳一号로
개칭함)는 明朝 万历(서기 1573년-1620년 8월 27일)년간 주요상품인
青花(青华)白磁를 싣고 가다가 香港, 厦門, 台湾의 중간지점인 中国 广
東省 汕头市 南澳县 附近 수심 27m의 半潮礁(俗称 "三点金")海域에
서 침몰한 商船으로 서기 1987년 南海 海域에서 발견되어 현재 广東省
海上絲綢之路博物館에 이전되고 유리로 만든 투명한 水晶宮 전시되고
있는 南海一号에 이어 "南海二号"로 명명되었었다. 이 배는 서기 2007
년 5월 25일 최초로 발견되고 서기 2010년 4월 9일 引揚되었다. 이 배
는 화물선인 福船, 콜럼버스(Christopher Columbus, 克里斯托弗 哥
倫布船)의 배와도 비교가 된다. 星辰高度를 측량할 수 있는 오늘날의
六分儀인 牽星板과 나침반인 羅盤을 갖추고 항해 중 맑은 날에는 각가
지 색깔의 깃발을, 흐린 날에는 북과 放炮로 밤에는 牽星板으로 星斗를
관찰하거나 航海羅盤(羅針盤)을 이용하기도 하였다. 그리고 '底尖上闊,
首尾高昻'의 明대 조선기술을 푸는 열쇠가 된다. 또 永樂 3년 6월 15일
(서기 1405년 7월 11일)明 3대 成祖(朱棣 永樂 서기 1403년-서기 1424
년, 서기 1420년 紫禁城을 완공)는 心腹인 正使 郑和와 王景弘으로 하
여금 군사 28,000여 인을 거느리고 西洋을 가도록 명령을 내렸다. 鄭
和(云南省 昆陽人, 서기 1371년 9월 23일/서기 1375년-서기 1433년/
서기 1435년, 60세卒, 原姓馬名文彬, 字는 和, 元나라 蒙古 穆斯林/
muslim의 후예인 回族으로 宦官 內官監 太監의 職을 가짐, 小名은 三
宝 또는 三保임, 그래서 그의 묘 앞에는 '馬三宝內官監太監郑和'로 표기
되어 있음)의 船隊는 5가지로 분류되며 泉州海外交通史博物館, 泉州湾

古船陳列館, 中国港口博物館에 진열·전시된 모형들과 같이 寶船, 馬船(裝運馬匹), 糧船(后勤供應), 水船(裝滿淡水), 戰船(保駕護航)으로 이루어진 240여 척의 선단으로 그중 큰 배는 62척이나 된다. 海上絲綢之路의 起碇港인 浙江省 宁波市, 福建省 泉州 老碼斗 등의 조선소에서 제작된 舟山 綠眉毛船(沙船, 福船, 广船와 함께 中国古代의 四大名船 중의 하나), 화물선으로는 八櫓船(장 31m, 폭 6.8m, 吃水深 2.2m, 排水量 230砘), 福船 또는 大福船이 포함되는데 구조는 중국 최초의 수중 시굴조사에서 紹興通寶(南宋 高宗 紹興帝 서기 1131년-1161년 제조)가 발견되어 송나라 때 건조된 南海 1號와 서기 1998년 海南 西沙群島에서 발견된 华光礁 1호 沈船船과 같이 '下側如刀 底尖上闊 首尖尾寬 兩头翹'로 기술한 "龙骨로 'V'자로 평형을 잡은 尖底古海船"이었으며 선상에는 水密隔艙이 3칸이 있고 공간이 넓어 화물을 많이 실을 수 있었다. 이들은 평저선인 沙船이외에 吃水線이 깊어 먼 거리 항해와 파도를 헤쳐 나가는데 적합한 头尖體長形의 广船과 福船의 구조를 따서 만든 것으로 보인다. 서기 2003년 南京 龙江船廠의 발굴에서 7條의 古船塢(dockyard, 조선소) 이외에 造船工具, 船用構件, 船工用品 등 2,000점의 유물과 함께 길이 11.7m의 鐵力木陀杆(Ceylon ironwood rudderstock, Mesua ferrea)가 나와 큰 배는 길이 44丈, 폭18丈(151.18m, 폭 61.6m)이며 배위에는 보통 甲板上에 수직으로 세운 長杆(mast, 돛대)로 双桅橫帆船(brig)이나 三桅帆船(barque, barc, bark)인데 비해 九桅帆船의 돛배(mast)로 12장의 돛(帆)을 달 수 있었음을 알 수 있었다. 그래서 郑和寶船의 길이가 135m가 되는 것으로 추정되었다. 닻(錨, anchor)의 무개는 천 여근(최근 중국의 한 斤은 500g임)으로 항해에 200여 명이 필요하였으며《明史》兵志에 "宝船高大如楼, 底尖上阔, 可容千人"라는 기록과 같이 한 척의 배에는 1,000여 명이 승선할 수 있었다. 이 항해의 목적은 '欲国家富强 不可置海航手不顧'와 같이 비단, 도자기와 차의 무역을 통한 国威宣揚이었다.

이 배는 鐵鍋, 銅錢, 錫壺 등의 生活用具를 비롯해 가치를 매길 수 없는 宋, 元, 明의 三個 年代를 알려주는 靑花白磁, 大盤, 盤, 碗, 罐, 杯, 碟, 瓶, 蓋盅 등 3만점의 瓷器를 운반하고 있었다. 자기는 소량의 山西省 景德鎭窯의 御用靑花를 비롯해 民窯인 景德鎭 觀音閣窯와 福建省 漳州市 平和窯에서 구워진 대량의 '燒制外銷靑花磁'가 주류를 이룬다. 이들은 모두 广東博物館에 전시되어 있다. 이는 万历 36년(서기 1608년)이후 민요에서도 청화백자의 안료인 回靑을 구할 수 있었기 때문으로 보여 진다. 문양은 仕女, 書生 등의 인물, 牧丹의 花卉, 麒麟 동물 도안과 廉, 禄, 義, 福 등의 한자 등이 보인다. 서기 16세기 중반 청화백자는 아랍세계, 네덜란드(荷兰), 프랑스(法国) 등 유럽에서 인기종목이었으며 지안 베르니니(喬凡尼·羅倫佐·貝尼尼, Gian Lorenzo Bernini, 서기 1598년 12월 7일-서기 1680년 11월 28일 이탈리아/意大利 화가, 雕塑家)의 油畵 '群神宴'에 머리에 인 청화백자가 여러 점 묘사되어 있다. 서기 1514년 이후 포르투갈(葡萄牙) 航海家 科尔莎利가 중국에서 10만점 이상의 도자기를, '瓷器與荷兰東印度公司'에 의하면 서기 1602년-서기 1682년 明末 淸초의 80년간에 1,600만 건의 자기를 수입하였다고 한다. 그 댓가로 17,700톤의 白銀이 중국에 유입되었다. 이는 隆庆(第13代 皇帝 穆宗, 서기 1567년-서기 1572년)때 朱元璋이 만든 '海禁貿易'을 解除한 이후부터이다. 서기 1709년(康熙 18년) 프랑스 선교사 앙트르콜르(Entrecolles, 殷弘緖, 서기 1664년-서기 1741년)가 康熙帝에게 포도주 한 병을 선물하고 그 대가로 강희 51년/서기 1712년-강희 61년/서기 1722년 사이 외국인에 허락되지 않은 景德鎭窯에 자유로이 출입하여 자기를 만드는 방법을 배웠다.

10 西域三十六国

高昌国(维吾尔语로 Qara-hoja임)은 汉族이 西域에 건립한 인구 3만
명에 僧 3,000명의 佛教国家로 현재 新疆 吐鲁番 东南 哈喇和卓(Kara-
khoja)地方에 위치한다. 《新唐书》高昌传에 의하면 서기 460년-서기
640년까지 吐鲁番盆地의 좁은 곳에서 자리잡았으며 阚氏高昌, 马氏高
昌, 麴氏高昌과 麴氏高昌의 4개의 姓에 의해 다스려진 独立王国으로 서
기 640년 唐朝가 麴氏高昌을 멸망시키고 高昌郡으로 편입시켰다. 安史
之乱(서기 755년 12월 16일-서기 763년 2월17일)때 高昌은 回鹘(回纥,
Uighur/Uigur, 回鹘汗国 서기 744년-서기 840년으로 그 때는 火州임)
西突厥, 突厥(Turkic Khaganates, Turkic and Turgesh Khaganates,
서기 552년-서기 756년, 돌궐 카간국)과 铁勒(突厥이외의 突厥语族遊
牧民은 回鹘 모두 원래 敕勒人族群에 속한다)에 의해 점령당하였다. 王
世系로 보면 ① 阚氏高昌阚伯周(서기 460년-서기 약 477년 재위): (伯
周子)阚义成(서기 약 477년-서기 약 478년 재위)→ (义成兄)阚首归(서
기 약 478년-서기 약 488년 혹은 서기 491년 재위)→ ② 张氏高昌: 张孟
明(서기 약 488년 혹은 서기 491년-서기 약 496년 재위→ ③ 马氏高昌:
马儒(서기 496년-서기 약 501년 재위)→ ④ 麴氏高昌: 麴嘉(出自春秋燕

王族支系, 先祖汉代西迁, 서기 501년 혹은 502년-서기 약 525년 연호는 承平 义熙임)→ 麴光 麴嘉子(서기 약 525년-서기 약 530년 甘露)→ 麴坚 麴嘉子, 麴光弟(서기 531년-서기 548년 章和)→ 麴玄喜 麴坚子(서기 549년-서기 550년 永平)→ 麴(佚名) 麴玄喜子(서기 551년-서기 554년 和平)→ 麴宝茂 麴(佚名)子(서기 555년-서기 560년 建昌)→ 麴干固 麴宝茂子(서기 561년-서기 601년 延昌)→ 麴伯雅 麴干固子(서기 602년-서기 613년, 서기 620년-서기 623년 延和 重光)→ 麴(佚名) 不详, 政变登位(서기 614년-서기 619년 义和)→ 麴文泰 麴伯雅子(서기 624년-서기 640년 延寿)→ 麴智盛 麴文泰子 서기 640년 연호가 없음). 서기 628년 正月 당나라의 玄奘法師(玄奘三藏, 서기 602년-서기 664년, 서기 646년 7월에 완성된 《大唐西域記》의 저자)가 29세에 高昌을 경유해 阿富汗-巴基斯坦-印度诸国(天竺)으로 불경을 구하러 가는 길에 麴文泰의 초대를 받아 서기 630년 2월경에 도착하여 고창국에 들러 국문태의 간절한 소망을 물리치기위해 나흘간의 단식투쟁(絶食明志) 끝에 ① 독실한 불교 신자인 국문태와 형제의 의를 맺고, ② 일개월간 설법을 해주고 ③ 또 귀국 시 3년간 佛供을 약속한 후 西行求法의 길을 다시 떠나게 되었다. 그는 약속대로 이곳에서 법회를 열어 한 달 동안 《仁王般若經》을 설법했는데, 그 때 법회를 열었던 佛堂은 복원이 되어 있다. 고창국의 왕 국문태에게 융숭한 대접을 받고, 황금 100량과 말 30필, 의복 30벌, 銀錢 만량, 絹 500匹, 시종 25인 등과 여행의 편의와 안전을 위한 24개 국왕에 보내는 소개장 등 많은 선물을 받았는데, 그 후 印度 天竺国에서 10여 년 유학을 마치고 불경을 가지고 다시 약속대로 고창국을 방문할 예정이었으나, 于闐(현 和田)에 도착해보니 그때는 고창국왕 麴文泰는 이미 죽고 고창국도 현장법사의 모국인 당나라에 의해 멸망당한 뒤로 그곳 현주민도 모두 떠났다고 듣고 長安으로 귀국하였다. 이러한 내용은 제자들이 쓴《大藏恩寺三藏法師傳》에 나와 있다. 이곳은 西安(長安)-敦煌-哈密 (Hami, Kumul)를 지나는 絲綢之路의 무역 중간 기착점으로 매우 중요하여 한나라 10대 宣帝(汉 武帝의 曾孙, 기원전 74년 9월 10일-기원전 48년 1월 10일 재위)때 火焰山 하에 屯田을 실시하여 이 길을 보호하였다. 이곳에는 현재 약 4km의 황토 흙을 版築(夯土/hang-t'u, rammed earth, stamped earth)공법으로 만든 都城遺址(外城, 內城, 宮城), 高昌故城, 交河故城, 可汗堡(궁성이나 왕실사원의 일부), 官公署, 作坊, 寺院, 塔林, 廟宇, 民居区이외에 阿斯塔那古墓群(Astana Cemetery, 10 km²내에 500여 기 발굴)과 柏孜克里克 火焰山下 석굴인 千佛洞(Bëzeklik Budda Gharliri)이 남아있다. 이 동굴은 新疆 吐魯番市 동쪽 45km 木头沟 西岸 悬崖上 암반을 파서 만든 洞窟 83곳으로 그중에는 壁画가 있는 동굴이 40여 곳이나 된다. 총면적은 1,200㎡이다. 이 시기는 南北朝后期에서 시작하여 唐, 五代, 宋, 元代에 이르기까지 4세기-서기 840년에 걸쳐있으나 제 82号窟, 제 83号窟은 서기 10세기-서기 11세기 高昌回鹘王国의 强大时期에 속하며 벽화의 내용은 佛寺 高僧 修建의 小型纪念窟이다. 서기 20세기 초 러시아(屡遭俄, 俄罗斯, 露西亞), 독일(德国), 英, 日 등 列强 제국이 이를 도굴하거나 파괴하였다. 서기 1904년-서기 1913년간 伯孜克里克(베제크리크)의 동굴의 벽화 90%가 4개국에 의해 피해를 입어 현재 독일 베를린 인도예술박물관(德国柏林印度艺术博物馆), 러시아 상트 페테르부르크 국립 에르미타쥬/Hermitage Museum 박물관(俄国圣彼得堡艾米塔什博物馆), 日本东京国立博物馆, 英国 大英博物馆, 印度国立博物馆, 韓国国立博物馆에 분산 소장되어있다. 서기 1959년 이래 지금까지 新疆维吾尔自治区 吐鲁番市 高昌区 阿斯塔那乡 (三堡乡)과 哈拉和卓乡(二堡乡)사이에 위치한 西晋-唐나라의 达官(高的官吏), 威武将军, 平民百姓과 下层兵士墓地인 阿斯塔那古墓群을 비롯

한 500여 개의 무덤에서 발굴된 벽화와 絹畵(彩繪伏羲女媧絹図, 莊園生活图, 弊棋仕女絹図), 鎭墓獸(彩繪泥塑鎭墓獸와 人首鎭墓獸)와 泥塑木雕俑像 등 唐나라의 문화와 一脈相承하는 문화전통을 보여준다. 鎭墓獸(tomb protecting beast)는 獅头, 豹身, 狼耳, 牛蹄 등이 많은데 이곳의 진묘수는 특이하다. 그들은 绘画壁画, 版画, 纸画, 绢画, 麻布画 등 多种形式으로 内容은 人物画(唐代仕女图), 花鸟画와 天文图로 분류된다. 출토유물은 绢花, 彩绘陶罐, 丝, 毛, 棉, 麻织物, 墓誌와 서류문건 등이다. 어떤 서류에는 汉文, 吐火羅文(tǔ huǒ luó yǔ, 原始印欧语系), 栗特文(소그드, sogd), 波斯文(persia), 回鹘(回纥, Uighur/Uigur)文이 같이 사용되고 있어 絲綢之路의 중심에 위치한 高昌国의 복잡한 국제관계를 보여준다. 또 이곳은 건조한 사막 기후 때문에 남은 미라(乾尸, 干尸, mira, mummy)가 많이 발견되어 '乾尸館'를 형성하는데 그중에는 高昌国左衛大將軍 張雄의 것도 포함되어 있다. 여기에서 발굴된 소그드(Sogd, 栗特)를 포함한 서역관계유물들은 현재 新疆維吾尔自治区博物館과 吐魯番博物館에 전시되어 있다.

서기 1995년 10월 中日尼雅遺址聯合考察隊가 타크라마칸(塔克拉馬干) 사막 타림분지(塔里木盆地) 남쪽 지금은 水源이 마른 綠洲(oasis)인 新疆维吾尔自治区 民丰県 喀巴阿斯卡村 尼雅河畔 유적[伊瑪木加法尔薩迪克大麻紮(墳墓)로 赫赫이라고 함, 東汉時期에는 鄯善国에 속하며 精絕国의 故址임]에서 精絕国 왕족부부가 묻혀있는 長方木棺墓(2.2m× 0.98m)를 발굴하였는데 그 안에서 목제 빗(梳), 瑞獸汶錦袋와 錦枕이 출토되었다. 특히 남자의 시신에서 화살을 쏠 때 왼쪽 팔을 보호하는 藍色 바탕 위에 黃, 綠, 白, 紅의 4色으로 짠 '五星出東方利中国織錦'의 护膊(18.5㎝×12.5㎝, 四周에 上下 6개의 圓角이 나있으며 각 원각에 팔

에 묶기 위한 白絹鑲邊을 잇대었음)와 "討南羌褲子"(바지, 新疆文物考古研究所所藏)가 나왔는데 면직물의 표면에 隷書로 '五星出東方利中国'과 "討南羌"가 각각 새겨져 있었다. 이는 司马迁의 《史記》 天官書, 《汉書》와 《后汉書》에 보이는 "五星(土星, 木城, 水星, 火星, 金星)出東方 中国大利 蠻夷大敗 積干西方 外国用兵子利"란 글을 옮긴 것이며 이의 역사적 배경은 西汉 宣帝 元康 4년(기원전 62년) 비단길을 방해하고 반란을 일으킨 南羌族을 토벌하기위해 汉 武帝 때 활약하던 李广利(?-기원전 88년) 장군을 따라 匈奴族을 토벌한 경험이 많았던 76세의 趙忠国 장군을 파견할 때와 관계가 깊다. 西域南路 비단길의 중요한 要衝地이며 驛站인 精絕国은 西域 36介 古代小国의 하나로 《汉書》 西域傳에 "王治精絕城 去長安八千八百二十里 戶四百八十 口三千三百六十"이란 기록이 나온다. 그리고 玄奬法師가 귀국길에 이곳을 들렀는데 東汉 末에 망하여 이미 폐허가 되어있었다고 大唐西域記이 '擇地熱濕 難以履步 戶草荒茂 無復途徑'이라 기록하고 있다. 서기 448년 北魏가 鄯善国(楼兰, 선선국)을 멸망시켰으며 精絕国도 东汉(서기 25년-서기 220년) 末에 오아시스에서 水源의 고갈 등 環境惡化로 인해 이미 망한 것으로 보인다.

이곳 尼雅 유적은 헝가리 태생의 영국인 고고학자 오렐 스타인(Marc Aurel Stein卿, 斯坦因, 서기 1862년 11월 26일-서기 1943년 10월 26일)이 영국정부의 후원으로 서기 1901년 1월 에 당시의 건물지를 조사하여 기둥, 문, 창문 등과 문양을 확인·조사하고 서기 1906년 10월과 서기 1932년 2월 재차 방문하여 수십 건의 왕실문서 등 여러 가지 진귀한 유물들을 본국에 우송하였던 곳이다. 그중 印度 챤드라 굽타 마우리야(Chandragupta Maurya, 마우리아 제국의 창건자 기원전 340년경에 태어나서 기원전 320년경 - 기원전 298년경 재위)의 마우리야 왕조(Mauryan dynasty, 기원전 321년-기원전 185년) 중 3대 아쇼카 왕[Ashoka/Aśoka the Great, Aśoka Maurya, 孔雀王朝 阿育王, 기원전 304년경 – 기원전 232년경, 기원전 269년경–기원전 232년경 재위) 때 간다라 지역에 불교 전래 시작함] 때 사용하던 카로슈티 문자 (Kharosthi, 佉戸文, 서기 4세기경에 소멸되었으나 서기 19세기에 해독에 성공함)가 쓰인 木版, 佉戸文木牘 수백 건 이외에 한나라의 10여 건의 木簡, 文書, 銅鏡, 玻璃(유리)器, 陶器, 漆器, 木彫, 藤奩, 나무의자(木倚), 弩機 등이 이곳 尼雅유적에서 발견되었다. 또 서기 1939년 2월에는 '汉精絶王承書從幾個字'란 문자가 포함된 서류가 발견되어 長方木棺墓가 精絶国 왕족부부의 무덤임이 확인 되었다. 서기 1949년 10월 1일 新中国의 설립이후 新疆维吾尔自治区博物館에서 이곳을 수차례 발굴하여 可禾府印 도장을 포함하여 延年益壽錦, 陶器, 木器, 毛織物, 蠶蟲, 弩機, 藤奩 등의 중요유물을 발견하였다. 이들은 현재 新疆维吾尔自治区博物館에 전시 · 소장되어 있다.

또 오렐 스타인은 서기 1906년–서기 1908년의 第二次中亚探险 중 古楼兰遺址의 发掘과 더불어 敦煌 莫高窟을 발견하였는데 서기 1907년 봄 烽燧台 아래에서 소그드(粟特, Sogd, 현재의 Tajikistan and Uzbekistan)의 문자를 발견하게 되었다. 소그드인들은 魏晉에서 唐나라에 이르기까지 비단길에서 활약하던 巨商으로 그들의 발자취는 山西, 陝西와 西安 박물관에 유물로 남겨지고 있다. 그들이 사용하던 화폐인 拜古庭(東羅馬/동로마帝国)金幣(貨)와 사산·파사(萨珊波斯, Sassan Persia) 銀幣를 비롯해 康姓粟特人墓誌銘, 三彩胡人駱駝俑, 史君墓石榔, 安伽墓石門과 敦煌 莫高窟의 粟特夫婦供養像(막고굴 359호)와 胡商遇盗图(막고굴 45호)의 벽화에서 西安에서 사마르칸트(Samarkand)사이의 7,000㎞의 비단길에서의 상업과 일상생활의 모습을 엿볼 수 있다. 우즈베키스탄 (Uzbekistan)/사마르칸트(Samarkand)의 동쪽 펜지켄트(Pen-dzhikent, 서기 1946년 러시아인 Boris Marshak이 발굴, 서기 719년-서기 739년 아랍인의 침공으로 멸망)의 조그만 도시국가에 중심을 둔 소그드인들은 그들의 습관이 중국의《舊唐書》胡書에 기록으로 남아있을 정도로 카라반(隊商)을 형성하여 중국의 수와 당나라 때 활발한 무역을 했었다. 당나라 때에는 西安과 高昌에 정착을 하여 그들의 우두머리가 관리책임자인 薩寶라는 직을 맡기도 하였다. 그들의 무역활동 흔적은 벨기에 후이 성당과 일본 正倉院/法隆寺의 비단(소그드의 씨실 비단 직조법과 사산왕조의 영향을 받은 문양), 그리고 甘肅省 敦煌 莫高窟 45호와 西安 北周의 安伽墓(2004, 陝西省考古研究所)와 史君墓(펜지 켄트 근처 부하라와 키쉬 출신으로 성을 '安', '康', '曺', '史', '石', '米' 등으로 삼음)의 石槨표면에 보이는 벽화를 들 수 있다. 그들의 후손으로 여겨지는 安祿山의 亂(唐 玄宗, 서기 755년-서기 763년)의 실패로 소그드인의 활동이 약화되었다. 그들의 문화는 앞선 페르시아의 사산(Sassan, 서기 224년-서기 652년) 왕조 문화의 영향을 많이 받았다.

西域三十六国의 位置는 周伟洲《丝绸之路大辞典》에 의하면 "西域三十六国"은 西汉时对 西域内에 속하는 诸国 및 游牧部落의 总称이며 《汉书》에 나와 있는 西域三十六国은 모두 匈奴以西, 乌孙 以南에 위치해 있다. 그들은 龟兹, 焉耆, 于阗, 若羌, 楼兰, 且末, 小宛, 戎卢, 扜弥, 渠勒, 皮山, 西夜, 蒲犁, 依耐, 莎车, 疏勒, 尉头, 温宿, 尉犁, 姑墨, 卑陆, 乌贪訾离, 卑陆后国, 单桓, 蒲类, 蒲类后国, 西且弥国, 东且弥国, 劫国, 狐胡, 山国, 车师前国, 车师后国, 车师都尉国, 车师后城国이며 이들 이외에도 大宛, 安息, 大月氏, 康居, 浩罕, 坎巨提, 乌弋山离 등 십여 개 西域诸国이 존재한다.

絲綢之路 중 교역물증을 확실하게 알 수 있는 곳은 敦煌의 莫高窟(Mogao Caves, 속칭 "千佛洞"임, 서기 1987년 세계문화유산 등재)이다. 이 막고굴은 甘肅省 敦煌県 동남쪽 20㎞ 떨어져 그 앞에는 月牙泉이 감싸고 있는 鳴沙山 斷崖에 北朝에서 元에 이르는 서기 4세기-서기 14세기 壁畵가 있는 동굴 사원으로. 祁連山脈 河西走(廻)廊의 마지막 종착역이며 실크로드(絲綢之路)의 시발점이다. 前秦 建元 2 년(서기 366년) 樂僔和尙이 처음 이곳에서 굴을 만들기 시작하여 十六国의 前秦-北魏-隨-唐-五代-西夏(서기 1032년-서기 1227년)-宋-元(서기 1206년-서기 1368년)대의 16국에 이르기까지 계속되었다. 동굴 내 벽화는 4.5만㎡에 이르며 세계적 미술의 보고이다. 이곳에는 北朝, 唐, 西夏 시기의 불교관계 벽화가 중심되어 있다. 막고굴에는 현재 洞窟 735개, 壁画 4.5만㎡, 泥质彩塑 2415尊이 있어 世界에서 최대 규모이다. 돈황은 渭河의 서쪽 兰州, 中衛, 武威, 張掖, 酒泉과 嘉峪关을 거치는 河西走(廻)廊을 지나 실크로드가 시작되는 요충지로 서기 1906년-서기 1909년 사이 프랑스 학자 폴 펠리오(Paul Pelliot, 伯希和, 서기 1878년 5월 28일-서기 1945년 10월 26일)가 서기 1908년 鳴沙山 千佛洞 莫高窟에서 蕙超(聖德王 3년 서기 704년-元聖王 3년 서기 787년)의《往五天竺国傳》2冊(서기 727년, 한행 27-30자 모두 227행, 프랑스 국립도서관 소장)을 발견한 바 있다. 현재 敦煌文物研究院(樊錦詩 院長)에서는 莫高窟 98호굴의 벽화(佛畵)로부터 50℃에서 소금기를 제거하고 벽화를 복구하는 작업이 진행 중이다.

그리고 서기 1944년 여름 막고굴 220호의 宋나라의 벽화를 모사할 때 북쪽 벽 구석 송나라 벽화아래에서 唐나라의 벽화가 새로이 발견되었는데 이 벽화는 중원에서 온 翟(적, 책)氏望族의 일원인 翟玄邁의 翟家窟의 願刹인 막고굴 220호가 그 당시 翟氏집안에서 출가한 道弘法師

의 지휘·감독 하에 조성된 것으로 추측된다. 220호 내의 벽화는 中原에서 모셔온 畵師의 작품들로《維摩詰經變図》(唐, 길이 895㎝, 폭 570㎝, 높이 495㎝),《文殊菩薩受佛祖囑託》,《各国王子聽法図》,《歷代帝王図》(미국 보스톤 미술관 소장), 鮮卑族供养人像列(莫高窟 285호, 西魏)와 女供養人畵像(61호, 唐)을 본떠 제작한 翟氏 供養人畵像(唐, 220호) 등이 이를 대변해 준다. 翟玄邁의 원찰은 唐 太宗이 貞觀 14년 (서기 640년) 侯君集으로 하여금 '西域古国高昌国의 亂'을 평정할 때 絲綢之路의 河西 走(廻)廊을 지나고 현 돈황이 있는 沙州에 兵站을 만든 데서 비롯된다. 이곳에서 사용 된 벽화의 안료는 靑金石(아프카니스탄, 回靑), 朱砂, 孔雀石, 雲母 등으로 모두 서역에서 온 것이다. 이 벽화들은《徵妙比丘尼畵像》(北周, 286호)와《阿彌陀經變畵》(唐, 2228호)의 佛头에서 사용되던 안료와 같이 西域顔料, 中原에서 모셔온 畵師와 沙州打窟人의 합작품이다. 또 벽화를 그리고 塑像을 만들 때 整修崖面-鑿掘-벽면에 麥, 棉花와 麻를 섞은 진흙(泥)과 그 위에 白灰를 바른 후 그림을 그리는 繪制壁畵/塑像의 제작과정에서 도 서역과 중원의 기술이 융합된 슬기로운 면이 엿 보인다. 그리고 당나라 초기의 재상 이자 유명한 화가인 閻立本(염립본, 서기 601년-서기 673년 11월 14일)의 작품인《歷代帝王図》의 亞流도 보인다. 이곳에서 그림을 그릴 때 사용하던 여러 가지 안료의 원료인 천연광물, 硏과 硯(벼루)도 발견되어 현재 敦煌博物館에 전시중이다. 敦煌 莫高窟은 大同 云岡石窟, 洛陽 龙門石窟, 重慶 大足石窟과 함께 중국 4대 석굴의 하나이다.

奈良県 奈良市 雜司町에 위치한 東大寺(とうだいじ)는 华厳宗大本山의 寺院으로 원래의 이름은 金光明四天王護国之寺(きんこうみょうしてんのうごこくのてら)이다. 奈良時代(서기 710년-서기 784년) 聖武

天皇(45대, 서기 724년-서기 749년)이 불교를 중흥하고 国力을 진작시키기 위해 건립하였다. 여기에는 「奈良의 大仏」로 알려져 있는 盧舍那仏(るしゃなぶつ)을 本尊으로 모시고 있으며 開山 初代 別当(職務全体를 統括・監督하는 地位)은 良弁이며 현재의 別当(住職・222世)은 狭川普文이다. 奈良時代에는 中心 堂宇의 大仏殿(金堂)외에 東・西 2개의 七重塔(推定高는 약 約 70m이상임)이 있었던 大伽藍이었지만 中世이후 '平重衡의 兵火'[治承 4년 12월 28일(서기 1181년 1월 15일)]와 '松永久秀・三好義継의 戦火'(서기 1567년 永禄 10년 4월 18일-10월 11일)의 2回에 걸친 大火로 많은 建物이 燒失되었다. 現存하는 大仏은 台座(蓮华座) 등 일부는 당초의 것이지만 現存하는 大仏殿은 江戸時代 서기 18세기 初头(元禄时代, 서기 1688년-서기 1704년)에 再建된 것으로 創建 当時의 건물에 비해 間口(正面幅)가 ⅔정도로 축소되었다. 그래도 東大寺는 聖武天皇이 当時 日本의 60여 国에 건립한 国分寺의 中心 사찰인 '総国分寺'로 자리하고 있다.

서기 1998년 세계문화유산으로 등재된 奈良 역사기념물(Historic Monuments of Ancient Nara)은 나라[奈良]시대의 수도인 혼슈[本州]의 중심부인 奈良県에 남아있는 法隆寺 오층목탑(서기 711년), 平城京의 平城宮, 飛鳥寺(원래는 法興寺 서기 596년 완성), 藥師寺(서기 680년 창건), 東大寺, 元興寺 極樂坊, 唐招提寺, 春日大社와 같은 寺院과 神社 등 많은 역사적 유물이다. 東大寺도 서기 1998년에 古都 奈良 文化財의 일부로서 유네스코 世界文化遺産에 포함되어있다.

東大寺(とうだいじ)는 中世이후 근처의 興福寺와 함께 平重衡(たいらのしげひら)의 兵火로 파괴되고 大仏殿을 시작으로 여러 堂塔이 타버렸다. 南都燒討(なんとやきうち)는 治承 4년(서기 1180년) 12월 28일 平清盛의 命을 받은 平重衡의 平氏軍이 東大寺・興福寺 등 奈良(南

都)의 仏教寺院을 태워버린 사건이다. 그 당시 61세의 僧인 俊乗房重源(ちょうげん)이 大勧進職(the position of Todai-ji Temple Daikanjin)에 任命되어 大仏과 諸仏堂의 재건을 위해 노력하였으며 또 重源[ちょうげん, 保安 2년(서기 1121년)-建永 元年 6월 5일(서기 1206년 7월 12일, 中世初期(平安時代末期부터 鎌倉時代)의 日本의 僧]의 精力的인 活動에 의해 文治 元年(서기 1185년)에는 後白河法皇[77代 後白河天皇(ごしらかわてんのう, 서기 1127년-서기 1192년)]의 참석 하에 大仏開眼法要가, 建久 元年(서기 1190년)에는 上棟式이 이루어졌다. 建久 6년(서기 1195년)에는 大仏殿의 재건이 이루어 졌고 源頼朝(みなもと の より とも, 平安時代末期부터 鎌倉時代初期의 武将, 政治家로 鎌倉幕府의 初代征夷大将軍)의 참석 하에 落慶法要가 이루어졌다. 大仏殿은 戦国時代 永禄 10년(서기 1567년)에도 소실되고 현재 남은 것은 宝永 2년(서기 1705년) 재건된 天竺·大仏様(日本 伝統적인 寺院建築様式의 하나로 天竺様으로도 불리 운다)을 기본으로 하여 和様(中国風·中国様式을 意味하는 唐様에 대한 日本風)을 섞어 만든 折衷様인 三代目大仏殿이다.

重源은 海上絲綢之路起碇港인 浙江省 明州城(宁波市)의 西晋 때 初創된 阿育王寺에 머무르면서 奈浪 東大寺의 재건을 위해 木工·治錬·鑄造의 달인인 陣和卿과 石工인 伊行末 등 7명을 일본에 초청해 銅佛, 大陸由来의 大仏殿의 再建(建久 元年, 서기 1190년), 南大門(正治 元年, 서기 1199년, 五間三戸의 二重門), 鐘樓, 宋양식의 兩尊石獅子 등을 마련하고 石材도 明州産 梅園石을 가져다 이용하기도 하였다. 이는 당시 中·日 문화교류의 증거이기도 하다.

海路 考古學 자료로 중요한 것은 중국 元나라 成宗(서기 1265년 10월 15일-서기 1307년 2월10일, 元朝 第二位 皇帝이며 蒙古帝国의 第六

位 大汗임) 때 된 캄보디아(柬埔寨, Cambodia, 柬埔寨를 方臘으로 부름)의 앙코르 왓트(Ankor Wat)에 가서 서기 1296년 8월 浙江省 溫州에서 해상 길을 이용하여 앙코르(吳哥)에 도착하여 서기 1297년 7월까지 약 1년간 스린드라바르만(Srindravarman) 왕의 궁전에서 머무르면서 《眞臘風土記》(The Customs of Cambodia)을 쓴 周達觀을 들 수 있다. 《眞臘風土記》에 의해 앙코르 왕국(吳哥王朝) 극성시기의 여러 가지 이야기가 남겨져 있는데 이는 앙코르 왕국에 관한 유일한 史料이다. 周達觀(Zhou Daguan, 서기 1266년-서기 1346년)은 字는 草庭, 号는 草庭逸民, 汉族 南人으로 元朝 때 浙江省 溫州 永嘉人으로 元 成宗 元貞 2년 2월 20일(서기 1296년 3월 24일) 浙江省 溫州를 출발하여 약 23일 만인 農歷 3월 15일에 占城(越南 歸仁)→ 真蒲(越南 東南岸 头頓角 Cap St. Jacques 北面의 巴地 Ba Ria一帶)→ 崑崙洋(Condore島 附近의 海域)→ 四港(湄公 Mekong 河口, 大門河 Song Cua Lon 下游의 美荻 My Tho, 小門 Cua Tieu, 茶榮 Tra Vinh 등 설이 있다)에 도착하고 대략 그해 6월 초 메콩강(湄公河)을 거슬러 올라 查南(캄보디아의 磅清揚 Kompong Chhnang, 碼头/부두를 의미)→ 佛村(캄보디아의 菩薩 Pursat)→ 淡洋(캄보디아의 洞里薩湖 Tonle Sap, Siem Reap 河流入 洞里薩湖)에서 앙코르 왕성(真臘王城)에 도달하였다. 귀국 후 필사본인 《真臘風土記》를 써 앙코르 왕국에서 경험담, 宮室, 廟宇 등에 관에 기술하였다. 《真臘風土記》는 모두 四十節로 城郭, 宮室, 服飾, 人物, 語言, 耕種(경작), 出産, 貿易, 蔬菜, 舟楫(선박), 村落, 澡浴, 軍馬 등에 대해 기술하였는데 이는 전성기 앙코르 왕국의 진귀한 사료가 되었다.

기록에 의하면 왕궁과 성벽의 구조, 왕의 첩과 시녀 이외에는 왕궁의 출입이 불가하고, 황금빛 나는 왕의 침소에서 머리 7개나 달린 뱀이 변신한 여인과 왕이 매일 저녁에 동침, 죄를 지어 발가락이 잘린 범법자들의 성문 출입불허, 습기와 곤충을 막기 위한 高句麗의 창고인 椋 또는 浮椋과 같은 양식의 高床家屋과 야자 잎의 지붕, 요리는 밖에서 하고, 어린 아이들에겐 악귀를 물리치기 위하여 좋은 이름을 지어주지 않는 관습, 말다툼을 한 두 사람을 며칠 탑에 가두어 보면 한 사람은 건강하고 또 다른 사람은 중병에 걸려 죄의 유무를 하늘에 맡겨 가름하는 해결방법, 여성의 관능적인 모습과 개방된 성문화와 아울러 여성의 정치·상업적 자유(왕비는 102개의 병원을 지어 활동함), 무당을 통해 병을 치료하는 전통 등에 관한 사회상을 잘 이해할 수 있다. 그러한 사회활동과 관습의 일부는 지금도 그 지방에서 행해지고 있다고 한다. 그래서 그는 지금은 사라진 앙코르 사회와 문화의 유일한 목격자가 되었다. 또 이곳 궁전에서 춤을 추던 무희 압사라들의 춤은 정복자인 샴 족의 침입으로 태국에 잡혀가 인도 남부의 춤이 크메르(앙코르 왓트의 부조에서 보임)를 거쳐 오늘날 태국에서 의상만 변형된 채 그대로 남아 명맥을 유지하고 있다.

크메르 왕국의 앙코르 왓트(Ankor Watt)에 남아 있는 사원의 부조를 보면 힌두의 비수뉴(Vishnu) 신을 포함한 '우유바다 싸움'의 신화 그리고 산스크리트어로 써진 1,200여 개의 비문 등에서 힌두 문화의 영향을 많이 받고 있음을 알 수 있다. 그리고 앙코르 왓트 사원의 구조도 인도 메루(Meru) 산의 다섯 봉우리를 모방하여 힌두교의 우주관을 지상에 구현하고 있다. 다시 말해 남부 인도에서는 현 타밀 나두(Tamil Nadu) 주 탄자부르 (Thanjavur) 현의 중요 도시인 탄자부르(Tanjore)를 중심으로 콜라(Cholas) 왕조가 들어서 종교의 중심지 역할을 하였는데 그 대표적인 사원이 라자라자 콜라(Rajaraja Chola) I세가 서기 1010년경 세운 男根像과 시바 신을 모신 브리아디시와라(Brihadishwara, Brihadishvara)로 여기의 조각상이 앙코르 왓트(Ankor Wat)에 많은 영향을 준 것으로 추측되고 있다.

또 야소다라푸라와 앙코르 톰(Yasodharapura와 Angkor Thom)의 중세도시에 속하는 사원들로부터 동북쪽 25km 떨어진 프놈 델(Phnom Dei, 荔枝山)의 언덕에 위치하는 밴티 스라이(Banteay Srei, Banteay Srey, 女人의 城堡라는 의미의 女王宮) 사원은 힌두의 시바(濕婆)신(Hindu의 Shiva)을 봉헌하기위해 서기 967년 4월 22일 라잰드라바르만 2세(Rajendravarman 王朝, 羅貞陀羅跋摩 二世)에 짓기 시작하여 서기 1002년 쟈야바르만 5세(king Jayavarman V, 闍耶跋摩 五世, 서기 968년경-서기 1001년 경)에 의해 완성되었다 이 사원은 붉은 사암으로 지어지고 또 앙코르 왓트에 비해 규모가 무척 작지만 예술성이 뛰어나 크메르의 보석으로 불린다.

그리고 사원의 부조벽화에는 생선 파는 여인, 닭싸움, 돼지 삶기 등의 많은 서민들의 생활이 묘사되어 있다. 이 크메르 왕국은 서기 1431년 蒙古族의 침공으로 영향을 받은 태국의 아유타야의 샴(Siam) 족에 의해 멸망하였는데 도시는 서기 1432년 폐허화되어 밀림 속에 파묻혀 잊혀 지게 되었다. 그 이유 중의 하나는 멸망 이전 논농사를 위한 농지 확장·개발로 인한 정글에 대한 생태파괴이며 이로 인해 도시의 멸망에까지 이르게 되었다. 그리고 여기에 宋나라 군대도 묘사되고 있다.

서기 1992년 세계문화유산으로 등재된 왕성의 둘레는 1.3km×1.5km로 규모는 파르테논신전이나 콜로세움보다 크다. 캄보디아의 앙코르(Angkor)는 서기 802년-서기 1431년 크메르 왕국의 수도로 수리야바르만(Suryavarman, 비슈누신의 수호자란 의미) II세가 서기 1177년경 습지를 모래, 자갈과 진흙으로 채운다음 이를 다져 세운 앙코르 왓트(Ankor Wat) 사원이 유명하다.

세계 3대 중국기행은 이탈리아 베네치아 공화국/베니스(威尼斯, Venice)상인 마르코폴로(馬可波羅, Marco Polo, 서기 1254년 9월 15일-서기 1324년 1월 8일)의《東方見聞錄》[1298, 원제목은 세계의 서술(Divisament dou monde, Livres des merveilles du monde임], 日本 圓仁(서기 794년-서기 864년 2월 24일, 京都 延历寺, 日本天台宗三祖, 谥号 慈覚大师, 入唐八家(最澄, 空海, 常曉, 圓行, 圓仁, 惠運, 圓珍, 宗叡)의 한 분]이 서기 838년 7월 2일(唐 文宗 开成 3년 6월 13일)-서기 848년 1월 23일(唐 宣宗 大中 元年 12월 14일) 日本 九州 福岡県 福岡市 博多湾을 출발해 중국에 도착하여 본국 博多湾에 돌아갈 때까지 9년 7개월간의 第19次 遣唐使团入唐求法巡礼过程, 서기 9세기 당나라와 당나라 내 신라인의 생활을 상세히 소개한《入唐求法巡礼記》(전 4권)와 崔溥(耽津 崔氏, 서기 1454년-서기 1504년)의《漂海录》을 들 수 있다. 圓仁의 入唐求法巡礼記는 卷一 承和 5년(서기 836년) 6월 13일条-开成 4년(서기 839년) 4월, 卷二 开成 4년(서기 839년) 4월-开成 5년(서기 840년) 5월, 卷三 开成 5년(서기 840년) 5월-會昌 3년(서기 843년) 5월, 卷四 會昌 3년(서기 843년) 6월-承和 14년(서기 847년) 12월 14일條이다.

崔溥의《漂海录》은 조선 成宗 18년(서기 1488년 2월 15일, 閏正月, 당시 35세) 命을 받들어 济州 등 三邑 推刷敬差官으로 제주도에 왔다가 아버지의 訃告를 듣고 상을 치르기 위해 배를 타고 羅州로 향하던 중 海难을 만나 14일을 海上漂流한 끝에 從吏, 護軍, 奴僕, 水手 등 일행 42명과 함께 중국의 浙江省 台州府 临海县 越溪乡 三門湾 해역(현 浙江省 三门县 沿赤乡 牛头门)에 닿았고, 台州에서 육로로 현 海上絲綢之路起碇港인 浙江省 宁波市를 시작으로 绍兴, 杭州와 西湖, 그곳에서 운하로 135일 배를 타고 北京에 가서 다시 육로로 丹東을 거쳐 東鸭绿江을 건너 6월 14일 朝鮮에 조선에 돌아오기까지의 여섯 달 동안의 여정을 기록한 것이다. 그는 明나라 때 북경-항주의 京杭大运河를 지나간 최초의 朝鮮人이 되었다. 최부는 字는 渊渊, 号는 锦南, 朝鮮王朝의 官員으로 全罗南道 罗州 洞江面 仁洞里 성지 마을 사람이다. 그는 金宗直의 문하에서 金宏弼과 수학하였으며 24세에 进士 3등에, 29세에 文科 乙科 제1등으로 합격해 서기 1487년 朝鮮 弘文馆 副校理(五品官)에 임명되었다. 표해록은 全书 약 5.4만 여자로 中国 明朝 弘治(서기 1488년-서기 1505년 中国 明朝 第九대 皇帝 明 孝宗 朱祐樘의 年号) 초년의 政治, 军事, 经济, 文化, 交通, 名勝古蹟, 市井风情, 民俗, 대운하를 통한 상업적 교류 등 다방면의 情况을 기술해 中·韓관계 및 中国 明朝의 重要 历史文献이 되었다. 서기 1488년 7월 朝鮮의 成宗이 明나라 孝宗에게 사신을 보내 43명의 무사귀환에 대해 謝恩을, 그는 또 서기 1492년 三年喪(守孝期满)을 마치고 謝恩團을 따라 북경에 와서 謝意를 표하기도 하였다. 그는 성종 16년(서기 1485년)에 완성된《新編·東国通鑑》56권의 編纂에 徐居正 등과 함께 참여 했으며 328편의 사론 중 118편을 담당하였다. 그는 燕山君 4년(서기 1498년)에 벌어진 戊午士禍에 端川으로 귀양 갔다가 6년 뒤 연산군 10년(서기 1504년)에 일어난 甲子士禍 때 사형 당하였다. 中宗 치세인 서기 1506년에 사후 복권되었다. 현재 그의 묘소는 全南 夢灘面 梨山里에 있다. 그에 대한 기록은 張輔가《台州府志》와《宁海县志》에 쓴 '送朝鮮崔校理序'이 남아 있다. 그는 弘治 元年 서기 1488년 正月 24일 台州 沿岸에서 명나라 관원의 호송을 받아 北京으로 가면서 그동안 받은 은혜를 "我一遠人也 你們對我寬以對之 厚以別之 則一天下 階吾兄弟"란 글로 남겼다. 서기 2002년 7월 11일 韓国人 崔溥의 후손 및 관계 전문들가들이 中国 浙江省 宁波市 宁海县 越溪小学交 운동장 뒤편 越溪巡检司遗址附近에 崔溥漂流事迹碑(서기

2002년 6월 5일 立碑)의 落成式을 가졌다. 비문은 北京大学韩国学研究
中心副主任 葛振家教授가 撰写하였다.

交河故城(新疆吐魯番市古城)은 西域 36개국의 하나인 车师(Jushi)
国이 있던 곳으로 新疆 吐魯番市 高昌区 서쪽 약 11㎞ 떨어진 亞(雅)
尔孜溝內에 위치하는데 이 성은 世界에서 最大, 最古의 土城으로 全中
国에서 유일하게 보존된 汉代城市遺址로 世界著名의 古代城市를 연구
하는 標本이다. 실제 이곳에는 구석기시대 말기부터 사람이 살았던 흔
적이 있다. 이 성은 당시 강 가운데 三角洲 모양 형성된 하나의 柳葉形
의 孤島台地上에 세워져 있으며 주위에는 垓字와 같은 岸底로 깊이 약
30m의 河谷環繞을 보인다. 성의 최장 길이는 약 1,650m, 최대 폭 약
300m, 전체면적은 약 38만㎡로 4면 주위는 崖岸壁立으로 형세는 험준
하여 수비는 쉽고 공격은 어려운 王城과 軍事堡壘를 겸하고 있는 곳이
다. 현재 6m 높이의 토담이 있다. 이 성은 기원전 2세기경에 세워져 서
기 14세기 蒙古軍과의 戰禍로 훼손되었다. 서기 1961년 3월 4일 中华
(성벽), 官署, 王城, 堡壘, 東門甕城, 東北佛事, 大佛寺, 西小佛事 등의
건물이 남아있다. 人民共和国国務院에 의해 제1급의 全国重點文物保
護單位로 지정되었다.

기원전 2세기 이전 车师에 앞선 이름인 姑師(Gushi)인들이 이곳에
이미 살았고 기원전 108년-서기 450년 사이 車師国의 都城이 되었으
며 汉代에 戊己校尉(官名으로 西汉 初元 元年 기원전 62년에 설치한 车
师屯田의 长官, 1,500명의 둔전병이 있었음)가 이곳을 다스렸다. 《汉
書》西域傳에 "车师前国 王治交河城 河水分流繞城下 故號交河 去長安
八千一百五十里 戶七百 口六千五十"이라 기재하고 있다. 서기 450년 南
北朝时代 北凉国 왕족 沮渠와 安周가 이곳을 공격한 후 서기 640년까
지 高昌県의 高昌国에 속하였다. 이곳의 점령에는 汉 武帝 기원전 99년

(1차)부터 기원전 89년-기원전 72년(2, 3차), 기원전 68년 宣帝가 侍郎 鄭吉로 하여금 공격하여 1,500명의 屯田을 설치(4차), 기원전 62년 戊 己校尉의 정식설립(5차)까지 벌린 西汉王朝 車師를 쟁탈하기위한 五次 戰爭인 '五爭車師'의 역사적 사건이 포함된다. 이 전쟁은 匈奴의 개입으 로 저지된다. 서기 640년(貞觀 19년)-서기 690년 唐나라 交河県에 속하 여 西域 最高軍政機構인 安西都護府가 들어섰다(서기 640년-서기 658 년). 서기 9세기 중엽에는 高昌 回鶻(回纥, Uighur/Uigur, 回鶻汗国 서 기 744년-서기 840년으로 그 때는 火州임)의 管辖이었으며 서기 14세기 말 蒙古 貴族 海都 등이 高昌과 交河를 공격하는 전쟁으로 폐허가 되었 을 뿐만 아니라 蒙古统治者는 당지 거주민들을 강압해 전통 佛教信仰을 이스람(伊斯兰, Muslim)교로 개종하게 하여 교하의 역사는 종말을 맞게 되었다. 근교 車師国의 왕족·귀족묘가 발굴되었는데 여기에서 金項飾, 單耳陶杯, 한나라의 五銖錢 등의 화려한 유물들이 발견되어 현재 新疆 维吾尔自治区博物館에 전시되어있다.

故城 中部의 中央大道는 폭 11m로 故城을 東, 西 양쪽으로 나누며 8곳에 통하고 있다. 東区의 가운데는 官府(官署)区로 그 주위는 院落区 가 된다. 西区와 城区 北部는 寺院区로 현재 50여 곳이 있는데 그중 가 장 적은 것은 1㎡, 큰 것은 5,200㎡의 크기이다. 동서 폭은 59m 남북 장 88m로 南北朝時期에서 回鶻時期까지의 유구가 존재한다. 城 北部 빈터 에는 101座의 佛塔이 배열되어 있는데 小方塔은 25座가 1組를 이루는데 모두 4組가 있다. 中間 一座의 大方塔은 城南部 南쪽 城門에서부터 시 작하여 城內로 진입하면서 瓮城을 지나는데 一條는 장 350m 폭 10m의 南北大道를 형성한다. 이것은 交河故城의 主軸線으로 城東쪽에 城門 하 나는 崖底로 향하고 그 위에는 防禦工事를 해놓았다. 大道의 北部는 최 대의 寺院이 형성되어있다. 성은 흙을 파내어 성을 축조하는 '減土法'으

로 修建하였으며. 地下室은 半地下室 위에 흙을 쌓아 版築(夯土/hang-t'u, rammed earth, stamped earth)공법으로 담을 만들고 그 위에 서까래나 小梁을 올려 지붕을 만들어 酷熱의 氣候에 대처하였다.

그리고 서기 2003년 발굴된 新疆省 維吾爾自治区 吐魯番市 鄯善県 吐峪沟乡 洋海夏村 西北 火焰山 南麓의 戈壁(고비, Gobi) 沙漠地帶 5.4万㎡ 太阳墓地古墓群 '양하이(洋海古墓, Yanghai, 서기 2006년 5월 国务院公布로 全国重点文物保护单位로 지정)와 吐魯番市 勝金乡 勝金店村 火焰山下 姑師/車師文化 墓地에서 샤머니즘(무교, 巫敎, sha-manism, 薩満敎)의 巫堂' 미라(姑師/車師文化 墓地 M90 出土, 2050-2200 B.P/기원전 1000년경)가 조사되었다. 车师(Jushi)의 初名은 姑師(Gushi)로 车师는 古代 中亚东部 西域 城郭诸国의 하나로 国都는 交河(현 中国 新疆 吐鲁番 西北). 东南은 敦煌, 남쪽으로 楼兰, 鄯善, 서쪽으로 焉耆, 西北쪽으로 乌孙, 东北쪽으로 匈奴와 통하는데 이곳은 張騫의 丝绸之路 개척이전 西周-春秋时代에 이미 존재했던 草原丝绸之路의 중요한 商站이다. 그 나라 사람은 印欧语系의 焉耆-龟兹语를 사용하고 古代车师人의 인종적 특징은 두개골에서 보이는 러시아의 남쪽 카프카즈(캅카스, Caucasus, Kafkasya, 北高加索)와 蒙古人의 특징을 보인다.

洋海古墳의 구조는 우루무치(Ürümchi, 乌鲁木齐)와 옴스크(Omsk, 鄂木斯克) 사이, 비슈케크(키르기스스탄의 수도, 比什凯克)의 북쪽에 해당하는 러시아의 서남 시베리아(俄羅斯 南西伯利亞) 알타이(Altai, 阿尔泰)산 부근에서 빠른 교통도구인 말과 양을 키우던 유목민족인 스키타이(Scythian, 斯基泰, 사카/Sakā, 《汉书》에는 尖冒人으로 표현)인 기원전 5세기-기원전 3세기경의 파지리크(Pazyrik, 巴澤雷克)의 통나무를 잘라 만들고 활(弓)과 弓弦, 말과 마구를 부장하던 무덤구조와 양식이 같다.

또 270만 건의 문물과 예술품을 소장하고 있는 세계 4대 박물관의 하나
인 러시아 상트 페테르부르크 국립 에르미타주/Hermitage Museum 박
물관(俄国圣彼得堡艾米塔什博物馆, Winter palace)의 이와 관련된 文
物 展示館에는 洋海古墳에서 出土와 유사한 馬具와 鹿毛를 속에 넣고
가죽을 씌워 꿰맨 말안장(馬鞍子), 남자어린애의 옷, 長款外套袖子 이외
에 鳳鳥紋丝綢鞍褥面, 山字紋銅鏡, 鹿形馬飾, 箜篌, 騎士와 女神图案의
毛織地毯, 四輪馬車 등이 전시되어 있다. 洋海古墳 축조자들은 파지리
크고 분묘 축조자들과 밀접한 관련이 있는 스키타이인들이라고 말할 수
있다. 스키타이인은《汉書》에 언급된 바와 같이 유목민으로 코가 크고,
푸른 눈을 가지고, 긴 수염을 기른 서양인 코캐소이드(Caucasoid)인의
특징을 가지고 끝이 뾰족한 '尖冒塞人'으로 불리 우고 있다. 그리고 洋海
古墓와 姑師墓地에서 마른 干葡萄와 115㎝되는 포도 줄기, 見靈者, 豫
言者와 醫療者인 薩満教(Shamanism)의 巫堂의 악기인 箜篌와 환각제
인 大麻, 土器의 口緣裝飾에서 多産(fecundity)의 祈願을 위해 이탈리
아에서 자라는 紫草(gromwell, Lithospermum officinale)의 씨가 출
토되었다. 巫堂(薩満巫師)은 緯織技法(毛織物, 稱緯毛란 색실을 짜 넣
어 그림을 표현하는 태피스트리/tapestry직물 공예)로 만든 바지(褲子)
를 입고 몸에 銅斧와 儀式을 행하는데 필요한 환각용 대마초(大麻葉)를
소지하고 中亞樂器인 箜篌(공후)를 탈 줄도 알았던 모양이다. 그리고 길
이 30㎝의 胡楊木을 파서 만들고 한 겹의 가죽을 씌운 공후악기는 音箱,
頸, 弦杆과 弦이 모두 잘 남아 있는데 이는 柏孜克里克 火焰山下 석굴
인 千佛洞(Bëzeklik Budda Gharliri)과 敦煌의 莫高窟(Mogao Caves)
의 벽화에서 보이는 공후와 유사하다. 특히 歐洲 Scotland(蘇格兰) 緯織
技法으로 만든 태피스트리 가죽바지의 허리에는 소아시아에서 보이는
階梯紋, 品字紋이 무릎에는 商·周의 連雷紋, 立耳彩陶杯, 彩陶圈足盤,

帶流杯, 紅藍色條格紋褐(털옷으로 戰国時代 江陵 楚墓 馬山 1호분 출토와 유사), 楚国 제품의 絹織物과 山字紋銅鏡이 보여 東西문물교류를 나타낸다. 立耳彩陶杯, 彩陶圈足盤, 帶流杯(吐魯番博物館 소장)는 중국 중원지방의 彩陶의 영향도 받았지만 西域문화 전통을 유지하고 있다. 新疆 吐魯番의 또 대마초(Cannabis, Cannabis sativa, Cannabis indica, Cannabis ruderalis, hemp, marijuana/marihuana, drug, 大麻葉)가 나와 기원전 450년경에서 기원전 420년경에 써진 헤로도투스의 역사(The History of Herodotus)에서 언급되어 있던 北海-希臘사이를 왕래하던 스키타이인의 淨化儀式(purification rite)이 사실로 나타나고 있다. 乾葡萄와 小麥은 洋海人이 馴養과 駕馭하던 遊牧民에서 吐魯番盆地에서 잘 적응하면서 농경으로 들어선 증거이다. 양하이 남성은 높이 50-60cm의 头戴護耳氈帽(felt hat's covering their ears)를, 여성은 곤충의 더듬이 모양 양쪽으로 맨 꼰 머리(梳辮子, pigtailed, wear/tied one's hair in braids)를 평소 선호했던 모양이다.

周 穆王(姬満, 周 昭王의 아들로 西周 第五代天子, 在位時間은 약 55년으로 기원전 976년—기원전 922년, 일설에는 기원전 1001년—기원전 947년이라고도 함)은 游牧民族인 戎狄이 주나라에 조공을 하지 않는다고 洛陽을 출발해 犬戎을 두 번이나 공격해 5명의 王을 포로로 잡고 戎人을 분리시켜 太原(현 甘肅 镇原一带)으로 强制移住시켰다. 또 동쪽으로 徐戎을 공격하고 涂山(安徽省 蚌埠市 涂山 禹會村)에서 제후들과 회합을 하고 东南지역의 통치를 공고하게 하였다. 이러한 과정에서 穆王은 연변의 여러 국왕들에게 錦, 綿 등의 絲織品을 선물로 나누어 주게 되어 자연스럽게 草原丝绸之路가 형성되었다. 涂山(安徽省 蚌埠市)은 하(夏)나라 우(禹)임금의 祭祀遺蹟으로 "禹會諸侯"에서 나왔으며 《左轉》 및 《史記》 夏本紀에 "禹會諸侯於涂山, 執玉帛者 萬国" 및 "夏之

興, 源於涂山"이라고 기록되어 있다. 禹會유적의 연대는 방사성탄소연대에 의해 4140 B.P(기원전 2190년), 4380 B.P(기원전 2430년)이 나왔으며 이는 원시무리사회 末期인 龙山文化(기원전 2500년-기원전 2200년) 晚期에 해당된다. 주 목왕을 시작으로 기원전 8세기-기원전 4세기경에는 러시아의 남쪽 북카프카즈(북캅카스, 北高加索)와 중국 甘肅省 敦煌지구 사이의 초원지대를 사이에 두고 끊임없이 활발한 東西의 접촉이 있어 草原絲綢之路를 형성해 왔고 馬具, 武具, 動物文樣으로 잘 알려져 있는 스키타이(Scythian)-오르도스(Ordos/Erdos, 鄂尔多斯沙漠, 河套/河南)-匈奴가 대표적이다. 러시아 상트페테르부르크 에르미타주 박물관 소장의 중국비단, 內蒙古博物院 소장의 鷹形丁冠, 四虎噬牛紋金帶扣, 三鹿紋金飾牌, 新疆維吾爾自治区博物館 소장의 薩満巫師褲子, 紅藍色條格紋褐과 中国 新疆 塔里木盆地附近의 察吾呼墓地也에서 출토한 角狀酒杯(Kurgan/库尔干 13号墓의 鑲金角杯와 유사하다), 陝西省博物館 소장의 虎形神獸金飾 등스키타이/斯基泰 動物紋 裝身具들과 구리, 철, 황금으로 만든 여러 도구들이 이를 입증한다.

洋海古墓에서 발굴된 巫堂을 포함한 기원전 2000년-기원전 4세기까지 포함되는 12구의 미라들을 上海 复旦대학교 펠릭스 진(Fellics Jin)과 Spencer Wells 등이 실시한 DNA 분석결과 이들이 코카사스의 체첸(Chechen)/남러시아 파지리크인을 포함하는 유라시아 계통의 사람들일 가능성이 많다고 발표하는 데에서도 나타나고 있다. 또 吉林大學 고고유전자연구팀의 연구결과는 이들이 동양과 서양의 混血人들로 밝히고 있다. 이들은 오늘날 중국을 구성하는 55개의 소수민족 중의 하나가 될 것이다.

楼兰国[lóu lán, 金城]은 西域 36개 古代小国의 하나로 수도는 楼

兰古城으로 당시 綠洲(oasis)이며 遺址는 현 中国 新疆疆 罗布泊(Nop
Nur, 新疆 巴音郭楞蒙古自治州 若羌县 北境, 罗布泊의 西北角, 12만㎡)
西北岸에 위치한다. 기원전 77년 汉 昭帝때 楼兰国은 鄯善(선선, Shan-
shan)国으로 바꾸었고 수도를 泥城으로 옮겨 汉朝의 臣下로 부르며 汉
朝는 派兵하여 若羌県 米兰鎮에 屯田을 설치하였다. 이곳은 敦煌을 시
발점으로 서남쪽으로 且末, 精绝, 拘弥, 于闐, 북쪽으로 车师, 동쪽으로
白龙堆, 서북쪽으로 焉耆에 이르는 丝绸之路의 要冲에 해당한다. 그 나
라 사람은 印欧人种(caucasoid, 소아시아인)으로 말은 印欧语系의 吐火
罗语(tǔ huǒ luó yǔ, 原始印欧语系)를 사용하였다. 서기 326년 敦煌 지
구를 통치하던 軍閥인 張駿이 누란의 미녀를 탐내 누란을 침공한 적이
있었다. 누란이란 명칭은《史记》"楼兰 姑師 邑有城郭 臨鹽河"에 보이
며《汉書》에 "楼兰国 最在東垂 乏草常主灰辱 負水担糧迎汉使"로 기록되
어 있고, 東汉때에 이곳을 방문한 法顯스님의《佛国記》에 "上無飛鳥 下
無走獸 遍似壁目 唯以死人枯骨爲標識耳"라고 기술하고 있어 누란왕국
이 서기 422년 이후 婼羌, 小宛, 精绝, 且末 등의 나라를 병탐하여 西域
七强의 하나가 되었으나 서기 448년 北魏가 鄯善国을 멸망시켰음을 보
여준다. 당시 호구는 1,570호, 인구는 14,000명이었다. 이 유적은 서기
1900년 스웨덴의 탐험가 Sven Anders Hedin(斯文赫定, 서기 1865년 2
월19일−서기 1952년 11월 26일)이 발견하였다. 누란의 유적에서는 新疆
维吾尔自治区 文物考古研究所 所藏의 '望四海 貴富壽 爲国慶錦', 長壽
明光錦, 魚蛙紋錦, 永昌錦, 獅紋毯, 絹衣, 覆面, 單耳桼杯, 한나라의 桼
器盖, 晉 惠帝 4년(서기 295년)木簡, 木彫·石彫女人像, 香料, 玉鏈珠,
한나라, 安息(Parthia)과 大宛의 화폐(五鉄錢, 王莽貨泉, 쿠샨/貴霜화폐
등)이 출토되었다. 楼兰国의 멸망은 东汉이후 타림(塔里木)河의 수로변
경으로 인한 생태변화에 기인한 것이다.

서기 1980년 발굴된 楼兰国(기원전 77년 汉 昭帝때 楼兰国은 鄯善国으로 바꾸었음)의 城北 孔雀河 古河道 北岸 太阳墓地에서 지금부터 3,800년 전의 것으로 추정되는 '鐵板河干尸, 楼兰美女'로 불리 우는 구라파인(caucasoid, 소아시아인) 中年女性의 미라(干尸, mira)가 조사되었다. 이 미라는 45세 전후의 中年女性의 미라(鐵板河干尸, 楼兰美女)가 仰臥의 자세로 묻혀있었는데 키 1.55m, 혈액형 O型, 体肤과 손톱(指甲)의 保存이 양호하고 그녀의 얼굴윤곽은 구라파인 여성의 날카롭고, 높은 코, 움푹 꺼진 눈, 어깨까지 내려오는 갈색머리를 보여준다. 그녀의 상의는 두터운 양가죽 외투(rug, blanket, 毯子)를 입고 있었으며 머리에는 두 개의 기러기 깃털이 꼽혀있는 毡帽(Felt hat, hood)를 쓰고 하반신은 한 벌의 양가죽 옷을 걸치고 신발을 신고 있었다. 그녀는 '楼兰美女'로 불리 우고 그 연대는 지금부터 3,800년 전의 것으로 추정된다.

그리고 新疆省 羅布泊地区 樓兰의 小河 주거지에서 기원전 1000년경의 국수(麵條/noodle)가 출토하였는데 이보다 더 오래된 기원전 2000년경의 수수/기장(millet)으로 만든 국수가 서기 2005년 10월 黃河江 上流인 青海省 民和縣 喇家村 유적에서 2.4m의 길이로 발견되어 喇家遺址博物館에 전시되어 있으며 이 유적은 아직도 四川大學校 考古系 발굴팀이 발굴 중에 있다.

그리고 일본 니시혼간지(西本願寺) 당주이자 백작인 오타니 고즈이(大谷光瑞, おおたに こうずい, 서기 1876년 12월 27일-서기 1948년 10월 5일)가 서기 1908년-서기 1912년에 조사한 오타니 컬렉션 중 기원전 17세기-기원전 15세기경 小河(샤오허) 무덤에서 이웃 吐魯番市 鄯善縣 吐峪沟乡 洋海夏村 西北 火焰山 南麓의 戈壁(고비, Gobi) 沙漠地帯 太阳墓地古墓群 '양하이(洋海古墓)의 유목민족인 스키타이(Scythian, 斯基泰, 사카/Sakā, 《汉書》에는 尖冒人으로 표현)의 영향을 받거나 그 후

손인 샤머니즘(무교, 巫敎, shamanism, 薩滿敎)의 巫堂', 미라(姑師/車
師文化 墓地 M90 出土, 2050-2200 B.P/기원전 1000년경)와 같은 무당
(주술사)들이 쓰던 도구인 인형목장구, 시신의 몸에 착용된 펠트 모자,
가죽신발 등의 유물들이 최근 국립중앙박물관 수장고에서 小河유적에서
출토한 것으로 새로이 확인되었다(동아일보 2017년 4월 14일 금, A24판,
김상운기자). 이 유물들은 오타니 탐험대가 수집한 유물들 1,700점이 서
기 1913년 3월 조선총독부박물관으로 넘어갔다가 서기 1945년 광복 후
국립중앙박물관으로 인계됐기 때문이다. 이 유물들이 늦게 확인된 것은
이 탐험대의 참가자인 다치바나 즈이쵸(橘瑞超, たちばな ずいちょう,
서기 1890년-서기 1968년 실크로드 탐험가. 일본 西本願寺派 소속의 승
려)가 인형목장구는 치코톤에서 발견된 무기로, 가죽신발은 투루판(新疆
吐魯番)에서 발견되었다는 등 선사시대 유물의 정확한 출토지를 잘못 기
록해 놓았기 때문으로 확인되었다.

君主列表[鄯善(선선, 楼兰)(기원전 92년-서기 542년)]는 다음과
같다.

安归	(15)	己丑	기원전 92년
尉屠耆		甲辰	기원전 77-?
安	(41)	癸巳	서기 33년
广	(38)	甲戌	74
尤还	(12)	壬子	112-124
童格罗迦	(36)	庚辰	200
陀阇迦	(8)	丙辰	236
贝地耶	(8)	甲子	244
安归迦	(37)	壬申	252

马希利	(29)	庚戌	290
伏色摩那	(12)	己卯	319
元孟	(5)	辛卯	331
尉梨阁	(23)	丙申	336
休密驮	(27)	己未	359
胡员叱	(36)	丙戌	386
比龙	(23)	壬戌	422
真达	(3)	乙酉	445
韩牧	(45)	戊子	448
第二	(26)	壬申	492
安末深盘	(18)	甲辰	524
鄀米(鄀朱那)	(1)	壬戌	542

그리고 인도네시아 자바의 키리반 해역에서 서기 960년(宋 太祖 建隆 元年)경에 침몰한 중국 5代 10国(서기 907년-서기 960년)의 주로 도자기 50만 점의 화물을 실은 商船이 조사되어 당시 중국, 자바(Java/Jawa, 爪哇), 싱가포르의 북부, 말라카(Malacca/馬來西亞의 馬六甲), 샹후와 하노이[吳權(고구엔)의 吳朝 서기 938년-서기 968년(최초의 독립왕조)와 丁朝 서기 968년-서기 980년]를 잇는 당시 동남아시아 사회, 종교, 경제와 초기역사를 알려주는 자료도 계속 나타나고 있어 주목을 받고 있다.

11 중국, 러시아와 북방민족
- 草原丝绸之路 -

중국과 러시아의 관계는 '雄图大略'(a great design and a big plan) 의 康熙(서기 1654년 5월 4일-서기 1722년 12월 20일, 서기 1661년-서기 1722년 재위, 淸朝第四位皇帝 爱新觉罗·玄烨의 年号, 청나라의 제4대 황제로 山海关 입관 이후 통일 황조로서 順治 다음의 두 번째 황제)와 銳意改革의 러시아 짜르(Tsar, 沙皇) 표트르 1세(러시아 제국 로마노프/Romanov 왕조의 황제, 서기 1672년 6월 9일-서기 1725년 2월 8일, 서기 1682년 5월 7일-서기 1721년 11월 2일 재위, Peter the Great, Peter I, Peter Alexeyevich, 彼得)의 18세기 초로부터 시작된다. 당시 표트르 1세가 모스크바에 국가 중앙약국을 설치(莫斯科籌建国家中央藥房)하려고 康熙황제에게 부탁을 하여 만든 약물보존용 陶瓷器皿들과 茶가 武夷山→ 北京→ 바이칼호(貝加尔湖)→ 신시베리아(新西伯利亞)→ 모스크바(莫斯科)의 明나라 때부터 있었던 '茶叶之路'와 '草原丝绸之路'를 이용하여 북경에서 모스크바로 보내졌다. 러시아국가동방예술박물관(俄羅斯国家東方藝術博物館) 소장의 双鷹藥瓶, 西洋人像鼻烟壺(여기에는 시계, 닭, 인물, 화초 등의 각종 문양이 있다), 中国朝服, 中国服裝, 漆器, 象牙扇子, 獅子形瓷器와 표트르 1세의 부인 예카테리나 1세(서기 1712년-서기 1725년, Catherine I, 叶卡捷琳娜, 리투아니아 출신으로 표트르 1세의 두 번째 부인으로, 표트르 1세의 사후 서기 1725년-서기 1727년 女帝로 재위에 오름)를 위해 서기 1708년에 지은 叶卡捷琳娜宮(Catherine palace)의 중국자기, 象棋, 花鳥壁紙, 屛風, 漆器, 餐卓과 관련된 부속 그릇 등이 이를 말해준다. 이의 구비는 서기 1712년 康熙황제가 보낸 '中国使團前往俄国'에 의해서이며 중국과 러시아 육로무역의 또 다른 증거이다. 표트르 1세는 어려서부터 해운과 선박의 건조에 관심이 많아 네덜란드(荷兰, Nederland)에 조선기술 습득 파견단을 보낼 때 자신도 이름을 감춘 채 조선기술을 습득하고 후일 황제의 자리에 올랐을 때 '북구 유럽의 베니스'란 상트 페테스부르그(St. Petersburg, 聖彼得堡)에 천도하여 함대를 조직하고 서기 1703년 스웨덴(瑞典)을 공격해 승리를 이끌었다. 상트 페테스부르그는 서기 1703년 5월 27일 피터 대제(서기 1672년-서기 1725년)에 의해 설립되어 서기 1712년-서기 1728년, 서기 1732년-서기 1918년의 거의 200년간 러시아의 수도였다. 그는 荷兰이나 비엔나(Vienna, 維也納)를 포함하는 구라파 상류층에 유행하던 중국풍에 대해서도 관심이 무척 많았다. 그는 카잔교회(Kazan cathedral, 喀山大敎堂), 피의 구원 사원 또는 피 흘리신 구세주 교회(Church of savior on blood, 滴血大敎堂), 성 이삭 사원(달마티아의 성 이삭 성당, 皇家교회당, Majestic Issaki Jef church, Saint Isaac's Cathedral, 伊薩基輔大敎堂), 핀란드 만(Suomenlahti, 芬兰湾, 핀란드와 에스토니아 사이에 있는 발트 해 동쪽의 만으로 네바 강이 흘러드는 러시아의 상트 페테스부르그까지 뻗어 있는 핀란드 만)의 토끼섬(Hare island, 兎子島)에 상트페테르부르크 要塞(Peter and Paul Fortress Zayachy)를 세우기도 하였다. 당시 귀족가문 출신인 푸쉬킨(Aleksandr Sergeyevich Push-kin, 普希金, 서기 1799년 6월 6일-서기 1837년 2월 10일)은 상트 페테스부르그는 유럽(歐洲)을 바라보는 창구로 러시아인들은 여기에 굳건한 발판을 마련하였다(聖彼得堡是瞭望歐洲的窓口 我們要在海邊站隱脚踮)라고 말하였다. 그는 중국에서 만든 西洋人像鼻烟壺(snuff box)를 포함하여 중국문화와 예술에 대해 관심이 많았다. Catherine 11(Catherine the Great, 서기 1762년 1월 5일−서기 1762년 7월 9일 재위) 때 러시아 상류층에서는 중국의 문화, 예술, 건축, 정원, 누각 등에 대해 관심이 많았다. 그는 모스크바 아르바트(阿尔巴特, Arbat)街 53번지(현 푸쉬킨 紀念館)에 거주하면서 중국문화의 소개에 대한 활동을 많이 하였다. 그는 《致友人(To friemds)》란 시에서 "... 怕千里迢迢去中国的長城". 《루슬란과 류드밀라(Ruslan and Ludmila, 魯斯兰與柳德米拉)》에서 ".....中国夜鶯婉轉歌唱", 서기 1819년 발레무곡이며 상트 페테스부르그 극장에서 상연한 '美女與妖怪', '中国孤兒'. 서기 1830년 文學報에 '三子經書評', '擁正皇帝傳子遺詔' 등을 발표하고 본인도 영어, 독어, 불어판의 중국관계책 80종을 소유하고 있었다고 한다. 이는 그의 친구인 사제 비추린(Bichurin, 比丘林)의 영향을 많이 받은 것이다. 비추린은 중국 파견 러시아 司祭로 북경에 14년간 머물면서 汉, 満, 蒙, 藏의 4개 언어에 대해 배우고 또 중국문화에 정통하여 러시아에 귀국 후 《論語》, 《孟子》, 《大學》 등을 번역하였다. 푸쉬킨은 짜르 니콜라이(Nichoas) 1세(로마노프 왕조의 11번째 군주로 서기 1825년−서기 1855년 재위)에게 간청하여 중국외교사절단에 참여하도록 간청하였으나 거절당하였다. 그래도 이에 실망하지 않고 3개월 후 《中华帝国概覽》이란 책을 냈다. 문인 톨스토이(Tolstoy, Lev Nikolayevich Tolstoy, 托尔斯泰)도 '給中国人的一封信'을 쓰고 본인은 孔子, 孟子에 관심이 많았다. 또 《老子》의 道德經을 번역하기도 하였다. 그도 중국방문을 간절히 원했지만 실현하지 못하였다.

草原丝绸之路에는 匈奴의 후손인 突厥(서기 540년 史書에 등장하고 서기 552년 突厥汗国을 세움, 트루크족, Turk), 돌궐의 후신인 契丹(Kh-itay, 中国古代游牧民族, 語言는 알타이/Altai/阿爾泰語系 蒙古語族)과 辽나라가 중국의 이름을 대표하듯이 唐 太宗의 '天可汗路'를 확장시키고 宋나라(서기 960년 2월 4일-서기 1279년 3월 19일, 北宋은 서기 960년 2월 4일-서기 1127년 3월 20일, 南宋은 서기 1127년 6월 12일-서기 1279년 3월 19일이다)를 대신해 시베리아의 草原丝绸之路 무역의 황금시대를 열었다. 이는 中国, 우즈베키스탄(The Republic of Uzbekistan, 乌兹别克斯坦)과 카자흐스탄(哈萨克斯坦共和国)南部에 세운 거란족의 커라한왕국(카라-카니드 카나 테, 喀拉汗 王朝, 서기 840년-서기 1212년, 喀喇汗王朝, Qara-Khanid Khanate, 葱岭西回鹘, 突厥语/古维吾尔语를 사용, 前期는 佛教, 서기 940년 이후에는 이슬람/伊斯兰教로 개종)왕조에 의해서이다. 이 왕조의 중요 城市로는 巴拉萨衮(Balasagun), 撒马尔罕(Samarkland), 喀什噶尔(Kashgar), 叶尔羌(Yarkand), 龜兹(鬼兹, 쿠처), 阿克苏(Aqsu), 塔西干(塔什干, Tashkent)이 있다.

辽나라는 서기 916년 辽 太祖 耶律阿保机(야율아보기)가 통일을 하여 国号를 契丹으로 부르고 수도를 临潢府(현 内蒙古 赤峰市 巴林左旗 南波罗城)에 둔 辽나라(서기 907/서기 916년-서기 1125년, 契丹族이 建立한 封建王朝로 九帝, 210년 존속, 서기 947년 辽 太宗이 五代后晋을 멸하고 "辽"로 개칭하고 서기 983년 다시 '大契丹'으로 바꾸었다가 서기 1066년 辽 道宗 耶律洪基가 다시 国号를 '辽'로 회복하였다. 서기 1125년 女眞族이 세운 金나라에 망하였다. 이는 金나라의 4대 황제인 完顔亮(서기 1149년-서기 1161년) 때이다.

그리고 猛禽類 중 최대의 하나인 海東靑(鹘鹰)으로 상징되는 여진(女眞, nǔzhēn, Jurchen)은 满洲의 乌蘇里江(Ussuri Ula, Wusuli River)과 松花江一带로부터 外興安嶺 以南의 外满州에 걸쳐 居住하던

퉁구스계 滿州族으로 民族의 聖地는 長白山(白头山)이며 여기에는 현재 중국의 辽宁省, 吉林省, 黑龙江省과 한반도의 함경도, 러시아의 연해주, 하바로프스크(Khabarovsk) 지방, 아무르(Amur) 주가 포함된다. 서기 1115년 女眞 完顔部의 阿骨打(금 태조 완안 아골타, 完顔旻, 女真族完顔部의 族長, 서기 1068년 8월 1일-서기 1123년 9월 19일, 金의 初代皇帝로 서기 1115년 1월 28일/1월 1일-서기 1123년 9월 19일/8월 28일 재위)가 辽의 9대 황제인 耶律延禧(야율연희, 서기 1075년 6월 5일-서기 1128/서기 1156년) 때 辽로부터 自立하여 金나라를 建国하였다. 금나라는 수도가 처음 上京 会宁府(현재 黑龙江省 哈尔滨市 阿城区 南白城)이었다가 4대 황제인 完顔亮이 贞元 元年 3월 26일(서기 1153년 4월 21일) 金中都(中国金나라의 都城 中都, 中都路大兴府이며 옛 이름은 大兴城이며, 현 北京 西城 丰台一带/燕京, 中府城)로 천도하였다. 금나라의 역대 10황제는 完顔阿骨打(서기 1115년-1123년, 太祖)→ 完顔晟(서기 1123년-서기1135년, 太宗)→ 完顔亶(서기 1035년-서기 1049년)→ 完顔亮(서기 1149년-서기 1161년)→ 完顔雍(서기 1161년-서기 1189년)→ 完顔璟(서기 1189년-서기 1208년)→ 完顔允济(서기 1208년-서기 1213년)→ 完顔珣(서기 1213년-서기 1223년)→ 完顔珣(서기 1223년-서기 1234년, 哀宗)→ 完顔承麟(서기1234년)의 순으로 이루어진다.

契丹의 草原丝绸之路 貿易은 주변국들과 관계는 共生과 融合, 用兵과 和親의 양면을 보여준다. 서기 2016년 中国国家博物館에서 '丝绸之路與俄羅斯民族文物展'을 개최하였을 때 상트 페테스부르그(St. Petersburg, 聖彼得堡)의 俄羅斯民族博物館에서 보낸 전시된 유물 중에는 불교와 이슬람교의 종교적 상징물, 車馬具, 수공예품 이외에 러시아의 130여 개 소수민족(중국은 한족을 제외하고 55개의 소수민족이 있음)의 草原生活, 異域의 風情, 민족특성의 복식을 잘 나타내는 头飾, 頸飾,

胸飾, 중국제의 珊瑚와 珍珠로 장식한 女性辮飾, 烤饅爐子·蒸籠·刀具가 포함된 中国新疆炊具, 山羊가죽으로 만든 女式長筒靴, 측면에 조상을 상징하는 木製面具와 정면에 중국동전·琉璃·金屬獸角을 붙인 샤만(薩満)冠, 茶葉·茶具를 포함하는 茶炊, 산호와 진주로 장식하고 一枚의 러시아의 루불(rub, rouble, 戶布) 은화를 꿰맨 耳環, 중국제 비단옷으로 황제를 상징하는 金龙도안의 중국옷을 입은 브리야트(Buryats, 布里五特, 바이칼호수 근처에 사는 Neosiberian/Tungus족의 하나)족의 男子服飾, 동로마제국(서기 330년/서기 395년-서기 1453년, Byzantine Empire)의 金貨와 페르시아(波斯)의 銀貨 등이 포함되었다. 특히 브리야트족의 男子服飾에는 그 옷을 만든 가게로 추정되는 '趙永米木機'란 문자가 적혀 있다. 그리고 契丹의 무역은 현재의 러시아의 남쪽 북카프카즈(북캅카스, 北高加索)에 살고 있는 카바르디노 발카르(Kabardino-Balkarskaya Respublika, 卡巴尔达)공화국과 다게스탄(Respublika Dagestan, 达吉斯坦) 공화국, 아랍의 大食国까지 확대되어 서기 1020년 3월 거란 왕자의 딸인 爲可老를 공주로 봉해 大食国에 시집보내 화친을 보여주기도 했다. 宋에 침입한 辽의 聖宗과 이를 막기 위해 澶州(옛 澶淵郡으로 현재 河南省 濮陽市)로 北上하였던 송의 眞宗 사이에 서기 1005년 맺은 강화조약인 '澶淵之盟'으로 인해 송나라는 매년 '歲幣'로 币银 10万 兩, 絹 20万 匹을 요나라에 바치고 요나라는 이것으로 송나라 대신 시베리아지역의 여러 소수민족에게 팔아 막대한 부를 축적하였다. 이로써 종래 동물의 가죽과 털로 옷을 해 입던 유목민들의 생활풍습이 비단옷으로 점차 바뀌게 되었다.

중국의 茶는 서기 1638년 러시아의 귀족 Wassily Starrkov(瓦西里 斯塔尔可夫)가 짜르(Tsar, 沙皇)의 명령을 받고 蒙古可汗(Khan)에게 가 紫貂皮를 선물하고 중국차를 답례로 받아 황실에 헌상한 이후 러시아 상류층에서 귀족과 부자(身分과 富)의 상징으로 여겨질 정도였다. 서기 18세기 러시아인 밀러(Miller, 米勒)가 쨔르에게 '茶在對华貿易中是必不可小的商品'으로 보고하고 있어 중국차는 당시 러시아에서 이미 정착했던 것으로 여겨진다. 서기 1679년 康熙황제 때 청나라와 러시아 사이에 있어 장기적인 차 공급에 대한 文書調印이 있었다. 이 이후 서기 18세기부터 차 무역이 본격화하게 되고 山西省 太谷의 喬家(山西省 太原의 祁県을 중심으로 내몽고 包头까지 활약하던 청나라 말의 喬致庸이 중심), 祁県의 曹家가 晉商(山西省 商人)을 대표하게 되었다. 북경에서 모스크바까지는 1.3万㎞인데 가는 동안 영하 30℃의 혹한, 맹수의 출현과 질병으로 인한 客死者가 속출하였다. 그리고 반드시 茶葉만 운반하는 것이 아니라 駱駝運輸에는 비단, 약재, 식량과 모피도 함께 실렸다. 러시아의 남부 볼가강(Volga, 伏尔加河)과 가마하(Kama, 卡馬河) 근처에 자리 잡고 있던 韃靼斯坦共和国(Tatarstan)의 카잔(Kazan, 喀山)이 중국차 무역의 전진 기지였다. 이곳은 서기 10세기경 불가리아(保加利亚, 保加尔, Bulgars)인들이 이곳에 古城을 쌓고 정착하여 현재에도 유럽풍의 건물, 러시아正教, 이슬람교의 淸眞寺(mosque), 이탈리아 피사의 사탑과 같은 斜塔, 可汗陵(Khan Mausoleum), 煮飯大鍋 등이 남아 있다. 카잔 크레믈린 역사건축물(Historic and Architectural Complex of the Kazan Kremlin)은 서기 2000년도 세계문화유산으로 등재되어 있다. 카잔 크레믈린은 골든 호르드(Golden Horde, Mongolian: Altan Ord, Tatar, East Slave 명칭, 서기 1240년-서기 1502년)와 카잔 카네이트(Kazan Khanate, Golden Horde)를 이은 중세 Tatar 국가, Volga Bulgaria, 서기 1438년-서기 1552년의 회교도국가의 유적이다. 이는 다음 Tsardom Russia(서기 1547년-서기 1721년)의 이반대제(Ivan the Terrible)에 의해 서기 1552년에 멸망하며 이곳 볼가 지역은 기독교화 된다. 현재 러시아에 남아있는 유일한 타타르 유적은 성채로서 순례 대상지이다. 카잔 크레믈린에는 이반 대제의 명령으로 서기 10세기-서기 16세기의 타타르 유적을 파괴하고 그 위에 서기 16세기-서기 19세기에 지은 역사적으로 중요한 건물들이 서있다. 그중 가장 오래된 것은 수태고지교회(Annunciation, 서기 1554년-서기 1562년)인데 6개의 홍예교각(pier)과 5개의 반원형의 後陣(aspse)건물들로 만들어졌다. 保加尔歷史博物館, 保加尔民族誌博物館에는 中国銅鏡과 龙泉窯(中国 浙江省 龙泉市)瓷器 등이 소장되어 있다. 서기 1827년에는 러시아 짜르가 볼가강(伏尔加)지구의 카잔연방대학(Kazan Fedral University)에 명령을 내려 프랑스에 이어 두 번째로 중국문학과 한문학 강좌를 개설하도록 하여 지금까지 중국과 카잔 양국의 유학생들이 문화교류를 지속하고 있다. 카잔-모스크바의 거리는 722㎞, 카잔-북경의 거리는 5,093㎞이다. 차는 겨울 추위를 극복하는 따뜻한 음료 뿐만 아니라 피부 동상의 해독제도 겸하고 있어 러시아 군대의 군수품이 되었다. 러시아의 푸쉬킨(Aleksandr Sergeyevich Pushkin, 普希金), 톨스토이(Tolstoy, Lev Nikolayevich Tolstoy, 托尔斯泰), 비추린(Bichurin, 比丘林), 프랑스의 발작(Balzac, 巴尔扎克)도 중국차의 애호가였다. 그러나 러시아의 茶具는 중국과 달리 銅製茶炊로 목탄을 넣어 추위에서 열을 보존하는 煮沸(자불)保溫용이다.

12 宋·元·明시대의 유적

1. 宋

여성의 장식품 중 山西省 石楼县 后兰家沟, 桃花庄, 永和县 下辛角, 陝西省 清涧县 寺媪村, 淳化县(서기 1982년, 商金耳坠, 陝西历史博物馆 소장, 長 7.4cm, 宽 6.6cm, 厚 0.04cm, 重 10g, 扁平螺旋式, 钩V字形) 등 商나라 때부터 戰国时代, 汉代에 걸쳐 성행한 이당(珥璫)이라고 불리는 귀걸이에는 耳環(이환, 挿戴細湾鉤)과 耳坠(이견, 垂飾附耳飾, eardrop)이 있으며 明나라에서 극치를 이루어 발전한다. 湖北省 蕲春县博物館 소장의 都昌王 朱祁鑑(서기 1432년-서기 1477년, 一代 荆王 荆宪王 朱瞻堈의 嫡次子)의 부인 袁氏와 都昌王 朱戴埼의 묘에서 출토한 金累絲鑲玉蝶赶梅耳堅, 金摺絲葫芦耳環, 金鑲寶梅花耳環이 중요하다. 蕲春县博物館 소장품 중에는 盆蓮小景金耳環, 金鳳銜瓜果耳堅, 瓶蓮鴛鴦金耳環, 金丁香耳環 등이 있어 당시 여인들의 장신구 연구에 매우 중요하다. 귀걸이 장식인 耳璫은《續汉書志》第30 興服志下: "簪珥. 珥, 耳璫垂珠也"라고 하였으며 또 '明璫', '珥璫'으로도 불리는데 처음에는 장신구로 후에는 求愛나 애정의 信物까지 발전한다. 여기에는 东汉

말 司徒 王允의 歌女이며 董卓과 呂布의 사이를 이간질 한 貂蟬, 唐나라 시인 張籍(약 서기 766년-서기 약 830년)의 '還君明珠双泪垂 恨不相逢未嫁時', 明 馮夢龙의 소설 醒世恒言, 덴마크(丹麥)국립박물관 소장의 葫芦耳環을 한 明代王儒人像, 中國歷史上 特大貪污犯의 하나인 明 世宗 시 奸臣 嚴嵩(엄숭, 서기 1480년 3월 3일-서기 1567년 5월 29일)의 20년 적페를 기록한 《天山冰山錄》이 모두 귀걸이와 관련되어 있다. 특히 《天山冰山錄》에는 金水晶仙人耳環, 金点翠寶耳環, 金珠串樓台人物耳環 등 10여 종이 기술되어 있다.

서기 2015년 江蘇 蘇州博物館에서 '金色江南·江南地区藏金銀器展'을 개최하였는데 明나라 여성의 화려한 金簪이 전시되었다. 남자는 20세에 加冠禮를 올리는 반면에 여성은 15세 때 加簪禮를 하며 少女小髻發式, 好女高髻發式, 婦女牡丹头發式을 거치는데 이때 '簪'(비녀)가 필요하다. 明代 婦女의 〈髟狄〉髻头面은 鈿兒, 分心, 挑心, 满冠, 掩鬢, 壓鬢釵 金頂(头)花簪, 草蟲簪, 耳環으로 나눈다. 이곳에 전시된 비녀는 ① 南京博物館의 金累絲鳳簪, 金蟬玉葉, 金麻姑獻壽挑心, 嵌玉石金头面一套, ② 江南博物館의 山形樓閣人物金簪, 金嵌寶花金簪, ③ 江蘇 江陽博物館의 艾葉形樓閣人物金簪, 桃形樓閣人物金簪, 金嵌寶如金簪, 云托日三足鳥金片, 嵌玉石鳳金簪, 艾虎五毒金簪, 蝶戀花金簪, 螳螂捕蟬金簪, 满池橋金簪, 嵌玉鳳凰金簪, 嵌寶石大花頂簪, 嵌玉石花鈿, 金花头銀脚簪, 金祥云托日紋掩鬢, 金花寶火焰形挑心, ④ 常州市 武進区博物館의 銀鎏金牡丹紋挑心(顶用宝花) 등이다. 이외에 明武進王洛家族墓出土 黑縐紗銀絲髟狄髻與金头面, 吳氏先祖容像, 明上海盧湾区李惠利中學明墓出土銀絲〈髟狄〉髻과 金嵌寶满冠, 明 命婦畫像中翟冠底部兩側所插「金簪」등을 들 수 있다.

宋나라 때에는 여자도 술을 즐겨하고 음주문화가 융성했다. 서기 2017년 3월 14일 貴州省 文物考古硏究所에서 발굴한 遵義市 新蒲新区 新蒲村 官墳 楊價 夫婦墓(雙室並列 大型土坑木槨墓)에서 출토한 宋代 敎子昇天金杯盤(金盤), 四川博物院 소장의 金芙蓉花盞, 如意云紋銀注碗, 金壇博物館 소장의 金葵花盞과 銀鎏金鞠花盤盞, 浙江省博物館 소장의 龙紋杯盞, 南京博物館 소장의 卷草紋銀頸瓶, 江蘇省 鎭江 博物館 소장의 唐 論語玉烛金酒籌(龟负论语玉烛酒筹鎏金银筒), 沈陽 東方美術館 소장의 唐 小論語玉燈金酒籌 등이 그것을 뒷받침한다. 宋《東京夢华錄》에 의하면 매년 正月 초, 寒食과 冬至 때 宋 都城 汴梁(현 河南省 開封市)의 부녀들이 거리로 나가 물건도 사고 酒館에 들러 술도 마신다고 했다. 그리고 宋 徽宗 宣和(서기 1119년 2월-서기 1125년)년간에 元宵節(정월 보름) 조정에서 烛展示를 열고 구경 온 남녀들에게 각각 美酒 한잔씩 下賜하였는데 참여자가 金盞을 훔치다가 발각되어 황제에게 끌려갔는데 용서를 받았다고 한다. 그래서《鷓鴣天》에 "天漸曉 感皇恩 傳宣賜酒飮杯巡 歸家恐被翁妬責 窃取金杯作照凭"이라고 언급하고 있다. 술과 관련된 송나라의 여류시인 李淸照(서기 1084년-서기 1151년, 호는 易安居士)의 "三杯兩盞淡酒, 怎敵他, 晚来风急？"(《声声慢·寻寻觅觅》), "昨夜雨疏风骤, 浓睡不消残酒 知否？知否？ 应是綠肥紅痩"(《如今令》)과 "常記溪亭日暮常記溪亭日暮, 沉醉不知歸路, 興盡晚回舟, 誤入藕花深處"(《如夢令》)의 시가 전한다. 그녀는 李白의 李白鬪酒詩百篇을 모방해 쓴 56편 중 28편이 술과 관련되어 있다. 송나라의 常用酒器인 술잔에서 손잡이가 있는 것은 '杯', 손잡이가 없는 것은 '盞'이라 하는데 술잔의 모양은 꽃잎 모양의 손에 쥐기 좋고 浪漫, 典雅, 精美하다. 頸瓶은 盛酒器이며 注子는 酒壺 와 유사하다. 蘇軾(서기 1037년 1월 8일-서기 1101년 8월 24일, 東坡)은 술이 익는 것을 참

지 못해《密酒歌》에서 "...三日开瓮香满城, 快泻银瓶不须拨..."이라 부르고 있다. 白居易의 '花時同醉破春愁 醉折花枝作酒籌'에서 나오는 酒籌는 酒算, 酒枚라고도 하며 古代中国筵席上 饮酒 시 一轮을 一巡으로 하여 籌子로 巡数를 기억하는 도구를 말한다. 酒籌 중 큰 것에는 50支, 적은 것은 10支가 들었다.

宋(서기 960년 2월 4일-서기 1279년 3월 19일)나라에서 여성들의 金銀首飾은 무덤의 副葬品에서만 나온 것뿐만 아니라 陶翁에 담겨진 窖藏遺物에서도 많이 보인다. 이는 송나라가 北宋(서기 960년 2월 4일-서기 1127년 3월 20일)과 南宋(서기 1127년 6월 12일-서기 1279년 3월 19일)으로 나뉘고 북쪽의 金朝(서기 1115년-서기 1234년)와 元朝(서기 1271년-서기 1368년)에 앞선 蒙古軍의 끊임없는 침공과 약탈로 인해 피란이 잦아 高價의 귀중품들을 후일에 대비해 地下에 묻어놓고 떠난 경우가 많기 때문이다. 江蘇省 江陽 박물관 소장의 七花头鎏金銀簪, 五花头鎏金銀簪, 二花头鎏金銀簪, 竹節鎏金銀釵, 五花头鳳鳥紋金簪, 蓮藉金簪 등이 窖藏遺物이다. 송나라의 결혼풍습에서 여자가 시집갈 때《夢梁錄》에 기재된 바와 같이 結婚婚需(dowery)로 金釧, 金鋌, 金帔墜의 三金이 필수였고 혼수가 많으면 많을수록 처가 부모의 祝福이 큰 것으로 생각할 정도였다. 시집가서 죽으면 그녀의 재산은 친자식이나 媤家에 남겨두어야 한다는 것이다. 그로 인해 北宋名臣인 杜衍(서기 978년-서기 1057년 3월 17일)은 부인이 시집올 때 가져온 재산의 도움을 받아 進士가 되었고, 혼수의 과대 피해로 인해 范仲淹은 문중에서 결혼할 때 비용이 남자는 20貫, 여자는 30貫을 쓰도록 문중규칙을 만들게 되었다. 이러한 혼수품의 과다 피해에 대하여는 司馬光,《紅樓夢》의 王熙鳳 등도 관련이 있다. 서기 1127년 金軍이 長江邊 江

陽에 침공했을 때 그곳은 岳飛와 韓世忠 군대의 주둔지인 요충지였다. 그래서 그곳에 窖藏遺物(교장유물)이 많이 나오는 것도 그 때문이다. 또 서기 1221년 金軍이 湖北省 蘄春県 羅州城에, 또 서기 1231년−서기 1259년의 28년간 蒙古軍이 四川省 重慶을 공격하였을 때도 마찬가지였다. 그래서 陶翁에 은제의 그릇, 불상, 銀杯, 碗, 簪, 釵, 鐲, 釧 등이 출토한 江蘇省 星子県 陸家山 銀器窖藏도 그 한 예이다.

서기 1996년 2월에 발견되어 그 해 7월까지 四川省 考古硏究所, 广安市와 华両市文物硏究所의 합동 팀에 의해 발굴된 四川 广安市 雙河鎭東 2㎞ 떨어진 华鎣 华葵市 東郊 华鎣山(鎭然山) 산허리 부분에 위치하는 主墓인 魯国公 少師인 安丙부부묘(m2, m1)를 중심으로 동−서로 배열된 그의 家族墓群(모두 中型石室墓로 m3과 m4의 무덤은 墓主不詳이고, m5는 安丙의 孫女인 安寶孫의 墓로 이들 5기는 일찍이 도굴당하였다)의 도합 5기는 규모가 크고 묘실 내의 조각이 무척 아름답고 보존상태가 완전한 南宋시대의 무덤으로 현재 全国重點文物保護單位로 지정되어있다. 출토 유물도 600점이나 된다. 安丙의 무덤 안은 宋代古建築的 獨特한 風格, 浮雕, 動植物, 器樂 등의 図案이 무척 自然스러워 工藝, 歷史, 藝術 및 과학적 연구 가치가 있으며 또 무덤 주위는 넓이가 4,000여㎡에 달해 야외 박물관으로 活用價値가 매우 높다. 이러한 중요성으로 인해 서기 1996년 全国 10대 考古發掘 중의 하나였다. 주인공인 安丙의 자는 子文이며, 四川 永興鎭人으로, 紹興 18년(서기 1148년) 南實에서 태어나, 南宋 嘉定 14년(서기 1221년) 73세로 생을 마쳤다. 그의 경력은 大足県 主簿, 新繁, 隆慶府 通判, 四川 宣撫副使, 知樞密院事를 거쳐 資政大學士, 그리고 최후 少師(太子少師)로 마감을 하였는데 시호는 忠定이다.

m1과 m2의 묘실 규모는 같으며 m1은 경사진 묘도(널길, 羨道)를 갖고, m2의 묘실은 장방형으로 天井이 있는 구조이다. 묘의 길이 6.5m, 폭 2.9m, 높이 4.5m이며, 무덤 안 4면의 바닥끝에는 배수시설을 위한 홈이 파있다. 水溝棺은 鋪石을 잘라 만들었으며, 묘실은 목조건축을 모방해 기둥면에는 武士, 靑龙白虎와 伎樂(m1)을 笏을 든 朝吏(m2)와 꽃문양을 조합해 부조로 처리하였다. 묘의 들보는 藻井양식으로 부조로 꽃을 새겨 넣었다. m2에는 높은 부조를 위해 波斯(이란)의 奴隸馴會图를 m1에는 송나라의 특징인 '半啟門'을 부조하였다. 좌우에는 악기를 든 시종이 서로 바라보도록 하고, m2에는 墓主와 두 부인을 조각해 넣었다. m1의 台壁에는 瑞鳥, m2에는 두 마리의 용이 여의주를 갖고 노는 장면, 천장 꼭대기에는 朱雀과 玄武를 m2에는 剛勁蓬勃取勝을 부조로 처리하였다. 그리고 m2에서 보이는 墓志銘에 따라 m1이 安丙의 처인 福国夫人 李氏墓이고 m2는 墓主인 安丙의 묘임을 알 수 있다.

m3, m4와 m5는 m1과 m2의 뒤쪽 약 22m 떨어져 있으며 m3은 m4과 m5 사이에 있다. 세 묘는 규모가 두 비슷하며 m1과 m2보다 적다.《安女室孫曠銘碑》에 의하면 m3은 安丙의 손자인 寶安의 묘이나 m4와 m5는 墓主를 알 수 없고 출토유물로 보아 安氏의 家族墓로 보인다. 安丙墓에서 錢幣가 400餘枚 나왔는데 사용하던 돈과 당시 공식적으로 쓰이지 않고 개인이 집에서 만든 私錢 冥錢(노자돈)의 두 종류가 보이며 화폐의 재료는 銅, 鐵, 金, 銀의 네 종류이다. 銅錢에는 南宋宗의 嘉定元寶 摺(접)十大錢, 金正隆元寶平錢, 鐵錢에는 부식되어 알수 없지만 開禧, 端平 등의 자가 보인다. 金錢은 一枚의 貨泉을 제외하고 얇은 冥錢이고 銀錢의 一枚는 太平通寶로 역시 얇은 冥錢에 속한다. 錢幣는 주로 m3, m4, m5에서 나왔다. m2에서는 嘉定元寶 摺十

銅錢이 38매, 天下太平 金錢一枚가 나왔는데 嘉定元寶는 주로 墓道填
土, 墓門東側内, 外封門石의 夾層, 墓室底部 淤積中에서 출토하였다.
金錢은 墓室西南壁의 水溝에서 나왔다. 서기 1950년대 말 이 묘가 발견
될 당시 m3의 墓道의 填土에서 金나라 正隆元寶의 平線이 10여 매 나
왔는데 서기 1980년대 묘를 정리할 때에도 이와 유사한 화폐가 나왔다.
m4에서는 嘉定元寶 摺十銅錢이 113枚, 金으로 만든 私錢 冥錢인 金玉
滿堂 3枚, 加官進祿 7枚, 子孫榮貴 5枚, 萬事大吉 4枚, 寶慶元寶 1枚의
모두 20枚가, 銀으로 만든 冥錢이 18種 97枚나 되며 그중에는, 子孫富
貴 6枚, 子孫吉慶 2枚, 長命寶貴 8枚, 金玉滿堂 4枚, 永遠大吉 4枚, 萬
事大吉 4枚, 紹定元寶 8枚, 太平通寶 4枚, 永遠吉慶 2枚, 子孫滿堂 4
枚 이외에도 利字 한 글자만 써넣은(單字錢) 것이 10枚, 吉字 13枚, 貳
字 3枚, 五字 7枚, 三字 10枚, 百字 6枚, 銀字 1枚나 된다. 金과 銀錢에
서 쓰인 문자는 23種으로 종이와 같이 얇고 만든 방식은 모두 같다. 글
씨는 모두 楷書體로 年號도 써 넣었다. 그중에는 단일의 숫자와 문자도
있다. 양식은 雙郭과 弦文의 두 종류가 있다. 화폐의 직경은 3cm로 금
으로 만든 화폐의 무게는 8g이다. 이외에도 寶慶元寶가 묘실의 水溝内,
棺台 下의 腰坑 및 四周에서 발견되었는데 腰坑은 一條의 돌로써 만들
고 坑底에 조그만 구멍을 뚫고 옥으로 채운 다음 그 위에 거울(銅鏡)을
덮고 거울 위에는 5매의 金錢을 올려놓았다. m5의 棺台 下에서 m4에
서와 유사하게 鐵錢들이 퇴적되어 있다. 철전들의 부식이 심하나 平禧
등의 글자가 확인된다.

河南博物院 소장품인 北宋(서기 960년 2월 4일-서기 1127년 3월 20
일)의 汝窯天藍釉刻花鵝頸瓶은 높이 19.5cm, 口径 5.9cm, 底径 8.2cm로
河南省 宝丰县 清凉寺 汝窑址에서 출토하였다. 목은 細颈, 鼓腹圈足, 목

과 몸통에는 剔刻折枝蓮花纹이 있으며 器表에는 天蓝釉를 施釉하였다. 汝窑는 官, 哥, 钧, 定窯와 함께 宋代 5대 요지의 하나로 장식을 중요하게 여기지 않았다. 北宋晚期 印花青瓷를 생산하던 汝窯는 北宋 徽宗 때 官窯로 되면서 御用瓷器를 구어 내었으나 서기 1127년 金나라의 침입으로 문을 닫게 되었다. 그때 지하에 매장해둔 청자 6점이 서기 1986년 河南省 宝丰县 清涼寺 汝官窑遺址가 발굴되면서 빛을 보게 되었다. 传世되고 있는 汝官瓷는 67점으로 반 이상이 故宫博物院, 上海博物馆 등에 소장되어 있다.

浙江省 杭州市(南宋 때의 臨安) 郊壇下와 老虎洞 南宋(서기 1127년-서기 1279년)官窯는 宋代五大名窯(汝窯, 官窯, 哥窯, 鈞窯, 定窯) 중의 하나로 宋 徽宗(서기 1082년 11월 2일-서기1135년 6월 4일) 靖康元年 閏十一月 丙辰日(서기 1127년 1월 9일) 金나라 군사가 汴京 開封府를 공격해 靖康之難을 맞아 北宋이 멸망하고 高宗 趙構(宋朝 10위 皇帝, 南宋 1위 皇帝(서기 1107년 6월 12일-서기 1187년 11월 9일, 서기 1127년 6월 2일-서기 1162년 7월 24일 35년 재위)는 開封에서 현 杭州로 천도해 修內司官窯에서 나라에서 필요한 祭器를 중심으로 여러 도자기를 만들어내던 곳이다. 서기 1996년 鳳凰山 하에서 도자기를 굽던 굽받침(支釘), 갑발(匣鉢, 盪箍) 등이 발견됨으로써 이 요지들을 확인하였으며 서기 2005년 발굴이 완료되었다. 이곳에서는 《宣和博古图》[北宋 宋徽宗 敕撰, 王黼編纂, 收錄宣和殿所藏古青銅器的譜錄. 大觀 初年(서기 1107년)]에 수록된 商·周代의 청동용기인 鼎, 尊, 罍, 彝, 舟, 卣, 瓶, 壺, 爵, 觶, 敦, 簋, 簠, 鬲, 鍑, 盤, 匜, 鐘, 磬, 錞于, 雜器, 鏡鑒 등 무릇 12종류의 청동기를 도자기로 구웠는데 鬲, 小玉壺春瓶 등 도자기 표면의 翡翠色과 氷裂文(開片)이 특징있다. 老虎洞요지에서는 修內司

官窯置庚子年(서기 1180년 추정)' 명문이 있는 盪箍, 宋 官窯 青瓷貫耳壺을 비롯해 瓷片, 窯具가 발굴되었는데 碗, 盞, 盤, 洗 등 20종류 53型의 器物이 발견되었다.

浙江省 浙江省 台州市 黃岩에서 발견된 趙伯澐(서기 1216년, 62세)墓는 부인 李氏를 같은 해 함께 묻은 合葬墓의 左穴(男穴)로 도굴되지 않고 잘 보존된 朱红髹漆的棺木(길이 2.28m, 폭 0.89m)이다. 묘의 주인(키 1.62m)은 北宋开国 皇帝 趙匡胤의 7世孙으로 발견된 墓誌銘에 의하면 '宋太祖七世孙, 南宋初, 其父趙子英始徙居台州黃岩县, 逐为邑人, 绍兴 25년(서기 1155년)生, 嘉定 9년(서기 1216년)卒, 赠通议大夫, 同年与李氏合葬'임을 알 수 있다. 또 宗谱의 记载에 의하면 趙伯澐은 趙子英의 6번째 아이이고 趙子英은 趙匡胤의 六世孙으로 南宋初 台州府 黃岩县丞으로 부임하였다고 한다. 그 외에 南宋《嘉定赤城志》에 의하면 "趙子英曾于绍兴 五年(서기 1135년)任台州府黃岩县丞: 趙伯澐曾于庆元 二年(서기 1196년)主修黃岩五洞桥(现浙江省重点文物保护单位)"으로 记载되어 있다. 이 무덤에서 趙伯澐가 壽衣로 입던 8件 衣服과 8条 裤子, 一双 袜子, 一双鞋子(신발)와 一挂珠串(염주, 玉石挂, pendant)이 출토하였는데 여기에는 涵盖了衣, 裤, 袜, 鞋, 靴, 饰品 등이다. 그리고 이 옷에는 함께 双蝶串枝, 练鹊穿花, 云鹤莲花 등 다양한 문양이 나타난다. 그리고 함께 출토한 织物은 잘 보존되어 있는데 绢, 罗, 纱, 縠, 绫, 绵绸, 刺绣 등이 보인다. 이러한 옷들이 잘 보존된 것은 관의 漆처리 이외에 松香, 糯米汁, 三合土로 外椁을 봉했기 때문이다. 따라서 이들이 관내에 스며들어 비단 옷들로 잘 보존된 것으로 보인다. 이러한 비단 옷들은 현재 "宋服之冠"으로 불린다. 이는 南宋 男性(文官)의 服饰에 관한 중요한 자료를 제공해 준다. 이외에 趙伯澐무덤에 함

께 부장된 66건의 유물 중 소수 몸에 지닌 玉石挂(pendant), 铜镜, 香盒 등 随葬品이 있는데 그중 한 점의 玉璧은 南唐玉璧으로 "大唐皇帝昇谨于东都内庭修金籙道场, 设醮谢土, 上仰玄泽, 修斋事毕, 谨以金龙玉璧投诣西山洞府. 昇元四年(서기 940년)十月日告闻"이란 글자가 새겨져 있어 서기 940년 南唐 开国皇帝 李昇의 祭天之物로 매우 귀하고 珍贵한 것으로 南宋시대 공백을 메워주는 중요한 사료이다. 또 赵伯澐은 庆元 2년(서기 1196년) '黃岩 五洞桥'(현 浙江省重点文物保护单位)를 수리한 것으로 알려졌다.

四川省 广元市 皇泽寺에는 国内唯一의 武则天의 祀庙 뿐만 아니라 北魏에서 明·清에 이르는 시대의 6窟, 41龛室, 1,203躯의 摩崖造像 및 历代碑刻이 있다. 皇泽寺博物馆 소장 文物 中 宋墓浮雕石刻은 宋代石刻艺术을 보여주는 珍品이다. 이것은 서기 1974년-서기 1980년 사이 广元城 四周坝子 宋墓에서 출토한 浮雕石刻 24점으로 각각 长 2m, 폭 0.8m로 黄砂岩으로 만들어졌다. 墓室 내부 정리 중 출토한 买地卷에 记载된 바와 같이 製作年代는 南宋(서기 1127년 월 12일-서기 1279년 3월 19일)시기로 가장 늦은 것은 780여 년 전인 서기 1230년의 것이다. 镶嵌은 무덤 앞에 만든 总长 28m, 高 4m, 두께 0.8m의 影壁(照壁, 萧墙) 위에 나있는데《四宿神兽图》,《戏剧演出图》,《大典演奏图》,《男女武士图》,《孝行故事图》,《墓主生活图》,《花卉图》등 7가지로 분류되는데 모두 볼 수 있게 만들어졌다. 《四宿神兽图》중 青龙(东), 白虎(西), 朱雀(南), 玄武(北)의 四兽가 있는데 이들은 四方을 수호하고 避邪와 繁榮의 神兽이다. 《戏剧演出图》와《大曲演奏图》의 7幅의 그림 중 남자 舞姬(男伎, 탈렌트)는 몸에 圆领长衫 계통의 腰带를 걸치고 머리에는 软帽(bonnet) 혹은 翅冠(翼官鳥, 鳳冠雉)을 쓰고 있다. 여자 舞姬(女伎, 탈렌트)는 正

手舞足蹈(正手 舞蹈)을 하면서 머리는 위로 올려 묶은 형태(挽发髻, 扎小辫)를 하고 몸에는 長披, 短衫을 걸치고 손에는 擅板, 橫笛, 竖箫, 芦笙, 唢呐, 三弦, 手鼓, 腰鼓, 扁鼓, 马锣, 桶鼓 등의 악기를 들고 연주하고 있다.《男女武士图》중 사람의 크기는 약 1.45-1.51m로 男武士는 머리에 투구(头盔, helmet)를 쓰고 손에는 긴도끼(長钺, 斧)을 들고, 女武士는 女冠을 쓰고 몸에는 软甲战袍를 입고 손에는 長钺을 들고 있다. 宋以后 钺斧는 기본 병기로는 퇴출되고 祭祀와 刑具 등 特定의 경우와 같이 갖는 약간의 상징적 의의만 있을 뿐 오히려 生产生活工具로 大量使用되었다. 중국에서 사용되던 靑銅器와 十八般兵器는 다음 표와 같다.

1) 靑銅器

食器	■鼎	■鬲	■甗	■簋	■簠	■盨	■敦
酒器	■爵	■角	■斝	■觚	■觯	■兕觥	■尊
	■盉	■方彝	■勺				
水器	■罍	■壶	■盘	■匜	■瓿	■盂	
乐器	■编铙	■编钟	■编镈				
兵器	■钺						

2) 十八般兵器

■刀	■枪	■剑	■戟	■斧	■钺
■钩	■叉	■鞭	■锏	■锤	■挝
■镋	■棍	■槊	■棒	■拐	■流星

《孝行故事图》중 5幅은 중국 二十四孝 중 '王祥卧冰', '孟忠哭笋', '乔庄打柴', '董永别妻', '扼虎救父' 등 孝行故事를 묘사해 의도적으로 孝道를 宣扬하고 传统을 알려주고 있다.

《墓主生活图》중에는 抬轿图(Carrying Sedan Chair), 椅轿图, 牵马图, 庖厨图, 夜梦图, 念佛图, 焚香图 등이 있는데 그중에는 《庖厨图》가 2幅이 보인다. 첫 번째 그림에는 女仆 (maid) 二人이 있는데 한 여인은 물을 나르고(挑水, water carrier), 다른 한 여인은 앉아 竹筒을 사용하여 불을 붙이는 모습을 보이는데 부뚜막(灶边, 灶边炉台)에는 땔나무(柴禾)가 있고, 냄비(锅) 위에는 6겹의 찜통(蒸笼六格)을 놓고 있다. 特別히 사람으로 하여금 잊지 못하게 하는 그림인 《飞壶酌酒侍宴图》가 있는데 桌子 위에는 壶, 瓜果, 食盒이 있으나 侍者(waiter)는 없고 오직 술병(酒壶)만이 공중에 나있고 그림에 보이지 않는 "隐身人"이 잔에 술을 따르는 모습을 연상하게 하는데 그 구상이 기발하다.

이외에 《花卉图》중 牡丹, 芍药, 莲花의 石刻이 있는데 墓主의 高雅함과 富贵를 보여주는 상징물이다. 결론적으로 이들 影壁에 나타난 宋墓石刻은 높은 观赏价值 뿐만 아니라 宋代社会风俗, 文化艺术, 宗教传统, 道德理念 등을 연구하는데 있어 귀한 实物资料이다.

晋祠는 中国 山西省 太原市 西南郊 25km 떨어진 瓮山麓에 위치하며 周朝 晋国의 开国 诸侯 叔虞(姬虞) 및 姜子牙(姜太公, 太公望, 武成王, 吕尚, 吕望, ?-기원전 1015년)의 딸이며 그의 母亲 겸 周 武王의 부인인 邑姜을 모시는 祠堂으로 全国重点文物保护单位이다. 《史记》晋世家의 기록에 의하면 周 武王의 아들인 周 成王(西周 第二代天子, 周成王 姬诵, 기원전 1055년-기원전 1021년)이 같은 어머니를 둔 동생인 叔虞를 分封大典을 통해 唐国에 봉하고 唐叔虞라 불렀으며 晋

祠를 지었다. 叔虞의 아들인 燮은 境內에 晋水가 있는 것을 이유로 나라를 晋이라 하였으며 후세 사람들은 叔虞를 위해 제사지냈다. 晋水의 수원지에 祠宇를 세우고 唐叔虞祠라 불렀는데 이를 晋祠라고 줄여 부르기도 한다. 晋祠의 創建年代는 확실하게 고증할 수 없으나 가장 오래된 기록인 北魏 酈道元(서기 466년 혹은 서기 472년?-서기 527년)의 《水經注》에 의하면 "际山枕水, 有唐叔虞祠, 水侧有凉堂, 结飞梁于水上"라는 기록에서 보이는 祠, 堂, 龙이 기둥을 감은 飞梁 모두가 구비되어 있어 晋祠의 历史는 천수 백 년 전을 거슬러 올라갈 수 있다. 서기 2013년 8월에 발굴을 개시한 陕西省 宝鸡市 石鼓山 西周 3号墓에서 출토한 铜器铭文 중 "中臣尊鼎, 帝后"에서 帝后는 邑姜을 지칭한다고 한다. 晋祠는 이미 수 차례에 걸쳐 수리되고 규모를 확대해 모습은 꾸준히 변해왔다. 南北朝时 北齐 文宣帝 高洋이 东魏양식을 北齐식으로 고치고 晋阳을 別都로 정해 天保 年间(서기 550년-서기 559년) 晋祠의 규모를 크게 늘이고 "大起楼观, 穿筑池塘"하였다. 隋 开皇年间(서기 581년-서기 600년) 祠区 西南方에 舍利塔을 만들었으며 唐 貞觀 20년(서기 646년) 太宗 李世民이 晋祠에 와서《晋祠之铭并序》라는 비문을 짓고 건물을 扩張하였다. 宋 太宗 赵光乂도 太平兴国 年间(서기 976년-서기 983년) 晋祠에서 토목공사를 벌리고 또 碑도 만들어 세웠다. 宋 仁宗 赵祯은 天圣 年间(서기 1023년-서기 1032년) 唐叔虞를 汾东王으로 추봉하였으며 唐叔虞의 모친 邑姜을 위해 대규모의 圣母殿을 지었다. 北宋 天圣 年间(서기 1023년一서기 1032년)에 창건, 崇宁 元年(서기 1102년) 重修하여 圣母殿과 鱼沼飞梁의 모습을 대규모로 바꾸어 놓았다. 이후 铁人을 주조하여 성모전, 钟楼, 鼓楼 및 水镜台 등의 건물 앞에 세우고 圣母殿을 서-동향 중심축의 主殿으로 삼았다. 圣母殿은 中国 宋代의 대표적 建筑으로 殿面阔七间, 进深六间,

重檐歇山顶, 黄绿色 琉璃瓦를 덮었으며 殿高는 19m이다. 殿前의 廊柱위에는 木雕盘龙八条와 四周围廊이 있는데 현존하는 중국에서 가장 축조연대가 빠른 목조건물로 中国古建築의 国宝이다. 殿内에는 宋代 彩塑 43尊이 있는데 主像은 鳳冠을 쓴 圣母像으로 木制神龕 안에 안치되어 있고 宦官 5, 侍從 4, 侍女 33尊은 각각의 손에 각종의 물건을 들고 있어 宮廷生活을 보여준다. 殿内의 宋代 侍女塑像들은 晋祠의 文物 中 珍貴한 佳作이다. 晋祠는 周武王의 次子 叔虞를 위해 北魏에 앞서 殿宇, 亭台, 楼阁과 함께 건조되었다. 현재 明나라 때 만든 水鏡台, 對越坊, 唐叔虞祠, 金나라의 獻殿과 難老泉 등이 남아있다. 이 목조건물의 보존과 조사에는 《淸式营造則例》 등의 업적을 남긴 서기 1930년대 中國著名建築史學家인 梁思成(서기 1901년 4월 20일-서기 1972년 1월 9일)의 노고가 컸다.

2. 元

蒙古의 元나라(서기 1260년-서기 1368년)와 중국과의 관계는 유목민족과 정착농경민의 대립이나 元 世祖 忽必烈(쿠빌라이, 1215년 9월 23일-1294년 2월 18일, 서기 1271년-서기 1294년 재위)가 서기 1279년 남송(서기 1127년 6월 12일-서기 1279년 3월 19일)을 멸하고 北京 大都에로의 迁都는 원나라 文化正體(identity)를 포기하고 중국문화에로 同化를 부추겼다. 그래서 원나라는 생각보다 역대 황제와 황실에서 중국의 晋, 五代, 唐과 宋나라의 희귀한 繪畫와 典籍을 아껴 수장하였다. 元 忽必烈이 서기 1274년 명장 伯顔을 앞세워 南宋의 수도 臨安(현 浙江省 杭州)를 공격할 때 秘書監 焦友直의 간언을 받아들여

南宋府庫를 봉인해 大都로 옮겨왔고 女眞族이 세운 金(서기 1115년-서기 1234년)나라를 공격할 때에도 마찬가지였다. 그래서 중국의 귀중한 회화를 포함하는 미술품들이 청나라에 乾隆皇帝(서기 1711년 9월 25일-서기 1799년 2월 7일)때까지 보관되어져 紫禁城 古宮博物院에 있던 乾隆帝의 수집품에 포함되게 되었다. 玉器, 靑銅器, 書畵, 陶瓷器 등 약 65만점(宋·元·明·淸의 24만점 포함)의 중요한 대부분의 文化財들은 蔣介石에 의해 현재 台湾 台北 国立故宮博物院(서기 1965년 개관)에 옮겨져 所藏·展示 중이다[《石渠宝笈》, 乾隆 10년(서기 1745년), 共編 44卷. 淸廷內府 所藏历代 书画藏品을 画卷, 轴, 册 9类로 나눔, The Collection of Imperial Treasures, 12,000점의 소개), 天禄琳琅, 物华天寶, 天工寶物(2006)]. 이는 中日戰爭 동안 北京(서기 1924년)-上海-南京-武汉-長沙-陽貴-安順-四川省 巴県-重慶-陝西省 寶鷄-南鄭-襄城-峨嵋-南京(서기 1945년)로 옮겨 피신 중이었던 문화재들이 정착을 못하고 또 大長征(서기 1934년)과 八路軍(서기 1937년 8월 22일-서기 1947년)의 역사적 사건을 거쳐 서기 1949년 10월 1일 들어선 共産主義者 毛澤東의 中华人民共和国 수립에 앞서 民族主義者 蔣介石의 中华民国의 정부가 대만으로 철수할 때 함께 가져 갔기 때문이다.

원나라 초기에는 王惲, 張易, 程鉅夫, 趙孟頫(서기 1254년-서기 1322년)가 있어 이러한 서화 전적들이 잘 보존되었다. 台北 故宮博物院 소장 趙孟頫 跋題와 奉敕恭跋書가 나있는 晉나라 王羲之의 《快雪時晴帖》, 《皇帝后妃像》, 北宋 郭熙(서기 약 1000년-서기 약 1087년)의 《早春图》, 北京 故宮博物院 소장의 曹植의 抒情詩 洛神譜 따라 만든 宋代 模本인 東晉 顧愷之의 《洛神賦》와 北宋 崔白의 《梅花寒雀图》들이 이때 소

장된 것이다. 특히 王惲과 趙孟頫는 서고를 열어 法書 147幅, 名畵 81폭
모두 228폭의 書畵目錄이 원나라의 수장고에서 확인되었다. 그래서 郭
熙의 《早春図》에는 金나라의 수장인인 明昌御覽印이 확인 되어 금나라
도 명화를 많이 수집한 것으로 파악되었다.

祥可剌吉(Sengge Ragi, 서기 1283년－서기 1331년)은 元代 公主로
元 順宗 答剌麻八剌의 딸(元 世祖 忽必烈의 曾孫女)로 태어나 元 魏
王, 武宗(第三位皇帝, 1281년 8월 4일－1311년 1월 27일)과 仁宗(第四
位皇帝)의 친누이이다. 大德 11년(서기 1307년) 3월 24살 때 蒙元 皇
帝 世戚弘吉剌部(翁吉剌, 汪吉剌, 光吉剌) 首领特薛禅의 4세손 雕阿
不剌 万户에게 시집을 갔으나 서기 1311년 남편이 죽어 28세에 과부가
되었다. 元 武宗 至大 원년(서기 1308년) 鲁国公主로 봉해졌고 그녀의
딸 不答失里는 후일 元 武宗의 둘째 아들 元 文宗(서기 1304년 2월 16
일－서기 1332년 9월 2일, 第八位皇帝)의 皇后가 되었다. 이러한 연유
로 그녀는 文宗의 姑母이자 岳母(장모)로 元 文宗(서기 1304년 2월 16
일－서기 1332년 9월 2일, 元朝 第八位皇帝) 至順 2년(서기 1331년) 48
세로 세상을 떴다. 그녀는 汉族文化를 매우 사랑하여 蒙古贵族의 妇
女 中 公子廟에서 제사를 주관한 유일한 몽고족 여인이다. 그녀의 작
품으로 山东 曲阜 孔庙의 《皇姊大厂公主降香碑》 및 《懿旨释典祝文碑》
가 남아 있으며 그녀는 元나라의 한족 통치와 汉文化学习에 공헌을 하
였다. 그리고 至治 3년(서기 1323년) 3월 23일 그녀는 大都 城南 天庆
寺에서 文人雅集(文人會, gathering of literai)을 거행하여 朝廷官僚
이외에 여러 저명한 儒臣文士들을 초청하였는데 그중 趙岩, 張珪, 李
泂, 袁桷(서기 1266년－서기 1327년) 등 14인의 저명한 문인이 포함되
어 있었다. 그녀는 또 黃庭堅의 《自書松風閣詩》, 展子虔의 《遊春图》.
歐陽詢 模本의 《定武本兰亭序》 등 10여 점의 소장본을 꺼내 보여주어

감상하게 하고 그중《自書松風閣詩》卷后에 14명의 題書(饮酒赋诗)를 받았다. 이 雅集은 书画를 鉴赏하는 元代文坛의 一大盛事가 되어《遊春图》(北京 古宫博物院 소장)를 만들게 되었다. 袁桷의《鲁国大长公主图画记》에 '奉皇妹大長公主命題'라는 拔題로 당시 天庆寺 雅集의 状况이 기록되어 있다. "至治三年三月甲寅, 鲁国大长公主集中书议事执政官, 翰林, 集贤, 成均之在位者, 悉会于南城之天庆寺. 命秘书监丞李某为之主, 其王府之寮寀悉以佐执事. 笾豆静嘉, 尊罍洁清, 酒不强饮, 簪佩杂错, 水陆毕凑, 各执礼尽欢, 以承饮赐, 而莫敢自恣. 酒阑, 出图画若干卷, 命随其所能俾识于后. 礼成, 复命能文词者叙其岁月, 以昭示来世…"

그녀는 또 书画의 收藏을 무척 좋아하여 法书외 山水, 花鸟, 墨竹, 车马人物, 宗教畵, 鱼虫走兽 등 많은 종류의 绘画를 섭렵하였고 统计에 의하면 수장품은 61점이나 되었다고《江行初雪图》(台北 故宫博物院 소장)가 있다. 그녀의 수장품 중에는 宋人作品이 많고 그중 그림이 많았으나 글씨는 반면에 적었다. 元代 文学家, 侍讲学士 袁桷이 편찬한《鲁国大长公主图画记》(载于袁桷《清容居士集》卷 45)에는 그녀의 수장품에 祥哥剌吉公主의 收藏印은 落款과 雅印처럼 两方에 나있는데 하나는《皇姊图书》, 다른 하나는《皇姊珍玩》으로 이는 후일 中国文物收藏鉴赏界에서 작품의 진위를 가리는 특이한 방법 중의 하나가 되고 있다. 그래서 그녀는 후세사람들에 의해 女收藏家로 中国书画作品의 收藏保存을 한 독특한 위치를 점하고 있는 것으로 평가된다. 그녀에 관해서는 傅申의《元代皇室書畵收藏史略》(台北 国立故宫博物院, 1981)에 언급되어 있다. 서기 2016년 10월 6일-12월 26일 台北 故宫博物院에서 '公主的雅集'이라는 전시회가 열리기도 하였다.

그리고 그녀의 귀중한 소장품 중의 하나로 至治 3년(서기 1323년) 3

월 23일에 열린 祥可刺吉 주최의 雅集에서 祥可刺吉이 원나라 초기 화가인 王振鵬에게 직접 부탁하여 그려 받은 台北 故宮博物院 소장의《龙池競渡图》를 들 수 있다. 王振鵬은 嘉定(현 浙江省 溫州)人으로 서기약 1280년-서기 1329년에 활동하였는데 字는 朋梅이며 元代에서 界畵(ruler painting)의 제일인자이다. 界畵란 文人畵와는 달리 당시의 樓閣, 宮殿, 官府의 여러 건축물을 자[尺]를 사용하여 반듯하고 섬세하며 입체감 있게 그리는 중국 畵法의 하나로 宋나라 때 합리적인 사실주의의 요구에 따라 비롯된 것이며 界畵畵法이라고도 한다. 계화의 개척자로는 北宋의 張澤端과 郭忠恕과 元나라의 王振鵬이 있다.

이 작품은 卷尾의 所題에 의하면 北宋 崇宁(徽宗 趙佶의 年號로 서기 1102년-서기 1106년)간 3월 3일에 열린 金明池의 龙舟競渡爭을 그린 것으로 金明池(속칭 西湖)는 中国 北宋 东京 开封府 汴梁城 皇家水上园林으로 北宋 东京城에 위치하며 宋 太宗 太平兴国 1년-3년(서기 976년-서기 979년)에 만들어졌다. 그러나 그가 이 그림을 그릴 때 송나라 황제가 직접 관전하던 寶津樓를 포함하는 송나라 궁전과 건축 군이 배경이 된 金明池는 이미 파괴되어 버린 후여서 그 자신이 그린《阿房宮》을 포함해서 北宋 朱翌의 詩《端午觀競渡曲江》,《金明池龙舟图》(美国大都會藝術 박물관 소장), 宋 張擇端의《淸明上河图》등을 두루 참조했을 것으로 생각된다. 이는 建築, 農舍, 村鎮, 店鋪, 橋梁, 城樓, 茶坊, 酒肆 등을 꼼꼼하게 그린 宋 張擇端의《淸明上河图》(橫卷, hand scroll, 두루마리 그림)와 함께 송나라의 건축양식을 비롯한 여러 생활양상을 알려주는 중요한 자료이다.

祥哥吉刺의 조카 겸 사위인 元 文宗도 書畫를 좋아하는 文藝 1位의 황제로 그의 박물관과 도서관인 奎章閣을 짓고 鑑書博士인 虞集

(서기 1272년-서기 1348년, 字 伯生, 祖籍仁寿/今 四川省, 元代文学家)과 柯九思(서기 1290년-서기 1358년?, 字 敬仲, 号 丹丘生, 別号五云阁史, 中国元代文物鉴藏家, 画家, 浙江仙居人)를 고용하여 중국 제일급품의 서화를 감정·소장하게 하였다. 특히 柯九思이 감정한 작품은 台北 故宫博物院 소장의 元文宗半身像, 五代 关소의 《关山行旅图》, 五代시기의 《丹楓呦鹿宋》, 徽宗의 《臘梅山禽图》, 宋 黃庭堅의 《荊州帖》, 趙干의 《江行初雪图》, 北京 古宫博物院 소장의 唐代 閻立本의 《步輦閣》, 宋 徽宗의 《臘梅山禽图》, 宋 張擇端의 《淸明上河图》, 歐陽詢 模本의 《定武本兰亭序》, 上海博物館 소장 東晋 王獻之의 唐대模本인 《押鬪丸帖》 등 書畵 20점, 法書 60점 등이다. 이들 작품에는 奎章閣과 天歷之寶印이 나있어 元 文宗 대의 소장품임을 알려준다. 奎章閣은 서기 1332년(天歷 5년) 文宗의 死後 다음 元 順帝(서기 1320년 5월 25일-1370년 5월 23일, 원나라의 제11대 칸) 때 宣文閣(원래는 황태자의 교육기관인 端本堂임)으로 바뀌어 虞集과 柯九思은 모두 사직하였다. 그래도 一個少數民族의 傑出書法家인 蒙古族 康里巎巎(字 子山, 號 正齋, 恕叟)가 노력하여 서화 수장의 전통을 잇고 그 중 台北 故宫博物院 소장 五代 때의 《桃杷猿戲图》와 《溪山枝藪》의 원나라 그림에 宣文閣寶印이 있어 원나라 황실에서 꾸준히 서화를 수집·소장하였음을 보여준다.

　　그리고 台北 故宫博物院 소장의 《元世祖出獵图》,《春交遊騎图》,《忽必烈大汗像》,《察必皇后像》 등은 유목민족인 원나라의 정치, 문화와 풍습을 잘 알려주고 있다.

3. 明

明나라 때 嘉靖(서기 1522년-서기 1566년, 11대 世宗 朱厚熜 年号)연간 嘉峪关을 통해 출입한 외국의 王들은 74명, 고위층 사신은 290명에 이르며 그들은 奧斯曼(오스만, 魯迷)帝国, 突厥, 蒙古, 波斯(페르시아), 栗特(소그디아나), 阿拉伯(아라비아), 希臘, 葉爾羌汗国(Yarkand Khanate, 야르칸드 칸국) 등 21여 개국, 9개의 언어가 사용되었다고 한다. 이는 《蒙古山水地图》(내몽고박물관 소장, 帳長 30.12m, 폭 0.59m, 絹本, 從卷/從軸, hanging scroll)에 보인다. 그리고 利瑪竇/马泰奧·里奇(意大利语 : Matteo Ricci, 서기 1552년 10월 6일-서기 1610년 5월 11일)가 쓴 《利瑪竇中国札記》, 《微州府祁門県江龙帖》(中国国家博物館 소장)과 《万历年潔大魚淸冊》(中国国家博物館 소장)에는 肅州(甘肅省酒泉市)와 기타 絲綢之路의 도시에선 실크로드(비단길, 絲綢之路)를 따라온 외국상인과 현지여성 사이 국제결혼이 성했다고 전한다. 물론 이들은 요즈음의 비자인 嘉峪关关照印版(嘉峪关長城博物館 소장)를 얻어야만 입국할 수 있었다. 당시 그들의 주요 수입품은 龙泉窯靑磁注子(Turkey Topkapi Palace museum 소장), 龙泉窯陰刻花葡萄紋大盤(古宮博物館 소장), 白磁梅瓶(天津博物館 소장), 靑花主相花紋葡萄芦扁瓶(嘉靖 11년, 서기 1532년, 景德鎭御窯廠燒制) 등이었다.

梁莊王 朱瞻垍(서기 1411년 7월 7일-서기 1441년 2월 3일)는 明仁宗 朱高熾 庶九子로 어머니는 恭肅貴妃 郭氏이다. 明朝 第一代의 唯一한 一代 梁王으로 朱瞻垍는 永樂 9년 6월 17일(서기 1411년 7월 7일에 출생하여 永樂 22년 10월 11일(서기 1424년 11월 1일) 梁王을

제수받고 宣德 4년 8월 초 3일(서기 1429년 9월 1일) 安陸州(藩封钟祥, 湖北省 钟祥市)에 가서 郢靖王 朱栋의 旧王府에 살았다. 梁庄王墓의 위치는 《兴都志》에 "在兴都城南四十五里城南村瑜灵山"에 기제되어 있는데 현재 湖北 钟祥市 长滩镇 大洪村 二组의 龙山坡이다. 茔园建筑으로 지하 전돌로 만든 묘실은 완벽하게 보존되었지만 지상 건축은 세월이 흘러 볼 수가 없다. 서기 2001년 国家文物局이 考古发掘를 허가해 발굴이 진행되고 金(金錠, 金佛像 등, 16kg), 银, 玉(1,400여 점), 宝石(18종 보석), 铜, 铁, 铝, 锡, 瓷, 陶, 石, 骨角器 등 5,340여 점이 출토하였다. 이 유물들은 도굴 갱 밖에서 수습한 것이 많다. 여기에 梁庄王과 梁王妃 魏氏의 墓誌銘이 나왔으며 출토유물 중 鄭和(서기 1371년 9월 23일-서기 1433년)가 永樂 17년(서기 1419년) 5차 항해 시 西洋으로부터 가져온 것으로 추정되는 金器와 珠飾寶石(3,400여 점)들이 보인다. 明 梁庄王墓는 夫婦合葬墓로 金器, 玉器, 瓷器 등 5,300余件, 各种 镶嵌宝石이 700여 알이 나왔는데 明代 亲王墓 중에서 최고이며 부장품은 明十三陵 중 定陵(第13대 神宗 朱翊钧(서기 1563년-서기 1620년, 연호는 万历이다)에 비견된다. 그중 金, 银, 玉器와 珠饰宝石은 4,800여 점으로 金量이 16kg, 银量 13kg, 玉量 14kg, 宝石은 700여 알로 보존이 양호하여 金玉满堂, 珠光宝气라 말할 수 있다.

梁庄王의 墓誌銘은 다음과 같다.

梁庄王圹志文: 王讳瞻垍, 仁宗昭皇帝第九子, 母恭肃贵妃郭氏. 生于永乐九年六月十七日, 二十二年十月十一日册封为梁王, 宣德四年八月之国湖广之安陆州, 正统六年正月十二日以疾薨. 讣闻, 上哀悼之, 辍视朝三日, 命有司致祭, 营葬如制, 谥曰'庄'. 妃纪氏, 安庆卫指挥詹

之女. 继妃魏氏, 南城兵马指挥亨之女. 女二人. 王以是年八月二十六
日葬封内瑜坪山之原. 呜呼! 王赋性明远, 资度英伟, 好学乐善, 孝友
谦恭, 宜臻高寿, 以享荣贵. 甫壮而逝, 岂非命耶? 爰述其既, 纳之幽
圹, 用垂永久云

大明梁庄王妃圹志文: 梁庄王妃魏氏, 南城兵马指挥亨之女, 母陈氏.
生有淑德. 宣德八年七月初三日 册封为梁王妃, 正统六年正月十二日
王以疾薨. 欲随王逝, 承奉司奏, 蒙圣恩怜悯, 遂降敕旨存留. 抚养王
二幼女, 仍主王宫之事. 景泰二年三月十七日以疾薨. 得年三十有八,
无子以薨. 之年九月初七日 葬封内瑜灵山之原, 同王之圹. 於乎! 妃生
于文臣之女, 选配王室. 正当享富贵于永久, 而遽以疾终, 岂 非命乎.
爰述其既, 纳之幽圹云. 谨志.

梁庄王墓에서 4점의 青花瓷瓶이 출토하였는데 모두 明代官窑인 景
德镇御器厂에서 만들어졌는데 永乐과 宣德년간의 것이 대표적이다. 青
花瓷瓶은 通高 36.8cm, 肩径 20.1cm이다. 青花龙纹瓷盅 및 金盅盖은 瓷
锺高 10.4cm, 口径 15.6cm, 金盅盖高 5.2cm, 口径 16.3cm, 重 183g으로
이것은 王妃使用의 日用器皿이며 瓷盅, 金盅 盖와 银鎏金托盘 3건이 조
합한 것이다. 뚜껑 안에는 "承奉司正统二年(서기 1437년)造 金锺盖四两
九钱"라는 铭文이 있다.

또 湖北省博物館 鎭館之寶의 하나인 元青花四爱图梅瓶은 서기
2006년 湖北省 钟祥市 九里回族乡 三岔河村 四组 皇城湾, 明太祖朱
元璋의 24번째 아들 郢靖王 朱栋(서기 1388년 6월21일-서기 1414년
11월 14일)의 왕비 郭氏의 묘실에서 출토하였는데 时期는 元代로 高
38.7cm, 口径 6.4cm, 底径 13cm이며 瓶身肩部에는 凤穿牡丹이, 腹部

에는 靑花 '四愛图' 즉 '王羲之爱兰', '陶渊明爱菊', '周敦颐(茂叔)爱莲', '林和靖爱梅鹤'이 장식되어 있으며 足部에는 卷草纹, 锦带纹이 경계를 이루고 있다. 백자의 표면에 청화를 이용해 부분 장식을 한 '白釉泛靑' (靑华白磁)의 수법을 보인다. 이 매병은 武汉博物馆所藏品처럼 오직 전세품으로 전해지며 발굴에서는 보기 드문 元靑花精品이다. 梅瓶은 靑花瓷의 일종으로 明代와 그 이전의 元의 매병은 같은 말이다. 淸代의 《饮流斋说瓷》에서는 "口径之小仅与梅之瘦骨相称, 故曰梅瓶"이라 한다.

그리고 湖北省 蕲春県 鳳凰山에서 서기 2007년 도굴범으로부터 압수한 84건의 朱翊鉅国 6대(7대라고도 함) 藩王인 荊恭王 朱翊鉅(서기 1534년-서기 1570년, 追封 莊王 朱載壙 嫡第一子, 端王 朱厚烇 庶長孫, 明朝 第6代 荊王, 在位 17년, 隆慶 4년/서기 1570년 卒) 夫婦合葬墓와 서기 1982년 조사된 蕲春県 橫車鎭 西驛村 周湾後王墳山 一帶의 7대 "荊敬王"墓의 일급 유물 13점은 현재 湖北蕲春県博物館과 湖北明代藩王博物館(武汉市 黄陂区 木兰湖雨霖村)에 소장되어 있는데 杏葉金壷(斗酒器), 金風簪, 金鑲寶釵, 金鑲寶龙風分心, 金鑲寶群仙慶壽鈿, 金鑲寶風穿花簪, 鎏金銀盤, 金素面花口盂, 銀鋌, 6대 주익거의 地契碑와 陶俑 등이다.

荊国은 1대 荊憲王 朱瞻堈(서기 1406년 11월 4日-서기 1453년 12월 11일, 明 仁宗 朱高炽의 第6子)에 시작하여 10대 또는 11대 朱慈煓 대에 이르러 崇禎 16년(서기 1643년) 正月 張獻忠(서기 1606년 9월 18일-서기 1647년 1월 2일, 明末 民變首领의 하나로 大西政权을 세움)에 의해 蕲州이 함락됨으로써 멸망했다.

이곳 荊王府는 《西遊記》의 저자 吳承恩(서기 1501년-서기 1582

년, 淮安府山陽県/현 江蘇省 淮安市 淮安区人)이 隆慶 2년(서기 1568
년, 穆宗 2년) 당시 60세의 長興県 県丞으로 県令과 함께 세금을 받아
들이는 과정에서 뇌물을 받았다고 백성으로부터 고발당하여 직위를
잃었으나 誣告罪로 나와 荊王府 朱翊鉅 밑에 와서 그의 세 아들에게
禮儀와 法理를 가르치는 가정교사로 근무했던 곳으로 알려지고 있다.
朱翊鉅는 당시 《地契碑》에 쓰여 있는 바와 같이 "禮賢下士, 愛情人才,
爲人正波, 愛人敬重"하는 명망이 높았다. 서기 1980년 겨울 江蘇省 淮
安県의 이미 도굴된 吳承恩의 무덤에서 正8品에 해당하는 낮은 벼슬이
름이 적힌 '荊府紀善'이라는 한 장의 棺板이 발견됨으로써 이러한 사실
이 확인되었다. 吳承恩은 《西遊記》 88장에서 "行毅多時 方到玉华王府
府門左右, 有長史府 審理廳 典膳所 時客官" 언급하고 있는데 여기에
서 玉华王府는 湖北省 蘄春県 소재 朱翊鉅의 관저인 玉华州의 荊玉府
를 의미한다. 荊玉府는 '荊蕃家乘'에 언급된 바와 같이 정문에 六脚牌
坊, 賢良坊과 忠孝坊이 있는 7개의 큰 樓閣을 가진 넓이 약 13만㎡이
며 서기 1445년-서기 1643년까지 10대/11대 198년간 존속했다. 현재
에도 이곳에는 우물(古井)과 돌다리(金永橋)가 남아 있다. 吳承恩은 西
遊記를 집필하면서 孫悟空과 관련된 玉华宮을 언급하고 있는데 당시
蘄春県에서 매년 음력 6월 6일 '祭孫大聖'이라는 큰제사를 지냈는데 여
기에서 '孫'을 그리고 荊玉府家廟인 昭化寺에 法號가 悟空이라는 큰스
님이 住持하고 계셨는데 그로부터 悟空을 따와 '孫悟空'이라는 이름을
합성해 만들어 냈다고 한다. 그리고 손오공과 관련된 猪八戒와 沙悟
淨도 그가 가르치던 朱翊鉅의 세 아들이 모델이라고도 전한다. 그리고
근처 蘄春県 馬华山 하에 清나라 때 만들어진 大聖廟에 손오공과 비슷
한 像도 모셔져 있다.

荊国 역대 藩王은 다음과 같다.

稱號	国君姓名	矢係	在位年數	註記
荊憲王	朱瞻堈	朱高熾, 庶六子	1424年-1453年	永樂二十二年封. 宣德四年就藩建昌府. 正統十年移蘄州. 景泰四年薨.
荊靖王	朱祁鎬	朱瞻堈, 嫡一子	1455年-1461年	景泰六年襲封. 天順五年薨.
荊王	朱見㴾	朱祁鎬, 嫡一子	1464年-1492年	天順八年襲封. 弘治五年坐不法召至京, 並其長子朱祐柄俱降為庶人, 遷置武昌. 侄朱祐橺立.
荊世子	朱祐柄	朱見㴾, 嫡一子		成化十九年封荊世子. 弘治五年坐不法召至京, 降為庶人, 遷置武昌.
荊王	朱見溥	朱祁鎬, 嫡二子	追封	成化二年封都梁王. 十三年薨. 後子祐橺襲封荊王. 追封.
荊和王	朱祐橺	朱見溥, 嫡一子	1494年-1504年	成化十九年襲都梁封. 弘治七年進封. 十七年薨.
荊端王	朱厚烇	朱祐橺, 嫡一子	1507年-1553年	正德二年襲封. 嘉靖三十二年薨.
荊莊王	朱載墌	朱厚烇, 庶一子	追封	初封永定王, 嘉靖二十九年薨. 以子翊鉅襲荊封, 追封王, 諡曰莊.
荊恭王	朱翊鉅	朱載墌, 嫡一子	1553年-1570年	嘉靖三十二年以永定長子進封世孫. 三十四年襲封. 隆慶四年薨. 世子朱常泠, 罪降庶人.
荊敬王	朱常㳦	朱翊鉅, 嫡二子	1575年-1576年	隆慶三年封泰宁王, 万历三年襲封. 四年薨. 無子.
荊康王	朱常盉	朱翊鉅, 嫡三子	1579年-1597年	万历三年封安城王. 七年進封. 二十五年薨.

荆定王	朱由樊	朱常盉, 嫡二子	1610年-1622年	万历十七年封世子. 三十八年襲封. 天啟二年薨.
荆王	朱慈煙	朱由樊, 嫡五子	1626年-1642年	万历四十年封世子. 天啟六年襲封. 崇禎十五年薨.
荆王	朱慈煙	朱由樊, 庶一子	1642年後-1646年	不知何年襲封. 崇禎十六年正月, 張獻忠攻陷蘄州, 賊圍王宮, 盡掠而去. 隆武二年五月薨.
荆王	朱和至	朱慈煙, 子		不知何年襲封. 国亡不知所終.

　　吳承恩이 쓴《西遊記》에 나오는 法力이 높은 '紫阳真人' 张伯端(서기 987년-서기 1082년, 字 平叔, 用成 혹은 用诚, 号 紫阳, '紫阳真人' 또는 '悟真先生'으로 불림)은 北宋 台州 临海(현 属浙江)人으로 道教學者이다. 그는 全真教 北五祖 중의 海蟾派(道教金丹派) 广陽真人 刘海蟾(南宗의 실제 건립자인 白玉蟾, 五代十国時期广陽人/北京)의 제자로 그는 修行 중 张伯端은 형식상 세속을 멀리하는 出家에 대해 반대하고 '大隐隐于市'를 강조하면서 出家하지 않고 熙宁 2년(서기 1069년) 成都의 广陽真人 刘海蟾 문하에 들어가《金液還丹訣》을 수여받고 云游道士로 출발하였다. 道教 全真教의 五祖七真 중 五祖는 王玄甫, 钟离权, 吕洞宾, 刘海蟾, 王重阳, 七位真人은 馬丹陽, 譚處端, 刘處玄, 丘處機, 王處一, 郝大通, 孫不二이다. 현재 浙江省 临海市博物館 东湖石刻碑林内에 소장되어 있는 清代 道观石碑[擁正 10년(서기 1732년), 祀紫阳真人张伯端]는 高 약 3.8m, 폭 1m인데, 上面의 碑文은 清朝 雍正皇帝의 친필로 临海에서 출생한 道教真人인 紫阳真人 张伯端에 언급하고 있다.《西游記》의 '行者假名降怪犰, 观音现象伏妖王'은 大罗天上의 紫云仙下 朱紫国王后 解魘인 仙人은 紫阳真人张伯端을 그

려낸 것이다. 西游记 안에 나오는 紫阳真人은 台州人으로 紫阳真人 张伯端을 말한다. 张伯端은 어려서부터 三教经书에 博览하고 诸种方术을 섭렵하였다. 熙宁 8년(서기 1075년)에 《悟真篇》을 지었는데 이 책은 道教 南宗 내 丹修炼의 중요한 경전 중 하나이다. 또 《玉清金筒青华秘文金宝内炼丹诀》《青华秘文》三卷과 《金丹四百字》一卷을 썼는데 만년 '自成都归于故山'로 江南으로 돌아와 传道하였다. 그는 선종의 견성(견성성불)을 도입해 내단설(단전호흡 가설)을 강조하였다. 그는 후대에 金丹道에 영향을 끼쳤다. 練丹術은 불로불사를 주목적으로 하는 고대 중국의 도사가 부리던 기술의 하나로, 辰砂 등의 금속에서 추출한 액상수은(丹)을 먹고 불로불사의 선인(신선)이 되거나, 영약인 仙丹을 만드는 기술을 말한다. '紫阳真人' 张伯端은 《悟真篇》에서 '나는 어려서부터 도를 좋아하여 3교(三敎)의 경서(經書)를 섭렵하고, 형법(刑法), 서산(書算), 의복(醫卜), 전진(戰陣), 천문(天文), 지리(地理), 길흉(吉凶)과 사생(死生)의 술(術)에 이르기까지 마음에 두고 자세히 연구하지 않은 것은 아니나, 오직 금단(金丹), 이 한 법에 대하여는 모든 경(經) 및 여러 유파(流派)의 가(歌), 시(詩), 론(論), 계(契)를 다 읽어보았으나, 모두 말하기를 "일혼월백(日魂月魄)이나 경호갑룡(庚虎甲龙), 수은단사(水銀丹砂)나 백금흑석(白金黑錫), 그리고 감남리녀(坎男離女)로 능히 금액환단(金液還丹)을 이룬다"고 하였을 뿐, 끝내 진연(眞鉛)과 진홍(眞汞)이 어떠한 물색(物色)인지에 대하여는 말하지 않았다' 【僕幼親善道하여 涉獵三教經書하고 以至刑法, 書算, 醫卜, 戰陣, 天文, 地理, 吉凶, 生死之術이나 靡不留心詳究이라. 惟金丹一法에 대하여 閱盡群經과 及諸家의 歌, 詩, 論, 契이나 皆云日魂과 月魄, 庚虎과 甲龙, 水銀과 朱砂, 白金과 黑錫, 坎男과 離女로 能成金液還丹하나 終不言眞鉛과 眞汞이 是何物色이라】라고 자술하고 있다[도가관련 (49)

(오진편서 (悟眞篇序) 장백단ㅣ도가관련 무극진일자 2012.01.22 14:13
http://blog.daum.net/ductgod/1530에서 引用].

都昌王 朱祁鑑(서기 1432년-서기 1477년, 一代 荊王 荊宪王 朱瞻堈의 嫡次子)의 부인 袁氏와 朱載塆(?-서기 1559년, 明朝 第五代 荊王 荊端王 朱厚烇의 庶第一子), 都昌王 朱戴埼의 묘에서 출토한 金累絲鑲玉蝶赶梅耳堅, 金摺絲葫芦耳環, 金鑲寶梅花耳環(蘄春県博物館 소장)도 당시 여인들의 장신구 연구에 있어 매우 중요하다. 資本主義 사회인 明나라는 봉건사회의 잔재로 개인 신분의 등급제도에 있어 엄격하였다. 이는 여성의 髮飾에서 잘 나타난다. 明朝의 규정에 의하면 皇后는 九龙四鳳, 皇妃와 親王妃는 九翟冠, 群王妃는 眞珠·翡翠冠을 사용하도록 되어 있다. 荊端王의 次妃 刘氏는 親王妃 급으로 金鳳簪(湖北省博物館 소장), 都昌王 朱載塔의 비는 群王妃 급으로 진주로 장식한 金鳳簪을 사용하였다. 그러나 万历皇帝(明神宗 朱翊鈞, 明朝 第14代 皇帝, 서기 1563년 9월 4일-서기 1620년 8월 18일)墓인 昌平県 定陵의 조사결과 四頂鳳冠이 출토하였는데 왕비의 봉관은 규정과는 달리 孝靖皇后는 三龙兩鳳冠을, 孝端皇太后는 六龙三兩鳳冠을 쓰고 합장되어 있었다. 그러나 博鬢은 皇后와 皇妃의 관에만 부착된다. 이러한 實例들은 台湾 台北 国立故宮博物院 소장의 明代 仁孝文皇后像, 湖北省博物館 소장의 金鑲寶細花蔦鳳冠과 金鑲寶双鳳花掩鬢 中国国家博物館 소장의 曹国長公主畫像(明太祖 朱元璋의 누이), 蘄春県博物館 소장의 金鑲寶鳳穿花簪, 墨唐絲銀製鬢, 金鑲寶石摩利支天(仏教의 守護神)挑心(顶用宝花), 金鑲寶三大士忿心, 金鑲寶花頂簪을 들 수 있다. 이들은 湖北 蘄春 明 荊藩王의 墓 안에서도 '金玉满堂 黙黙守護(黙守)'의 자세를 지니고 있다.

明나라 초 서기 1378년(洪武 11년) 塼을 이용해 현재의 모습으로 다시 쌓아 만든 萬里長城의 城墻(성벽) 아래와 북경시대 元나라의 수도인 大都의 지하유구에서 서기 1970년대에 많이 출토되어 복원된 元代(서기 1271년-서기 1368년)大都의 靑华(花)白磁 가운데「至正型」, 「延祐型」 등이 가장 많으며 중국우표에 실릴 정도로 유명한 北京首都博物館 소장의 元靑花鳳首扁壺는 처음 48조각의 도자기 片이었으나 서기 2003년 首都博物館 蔣道銀에 의해 현재의 모습으로 복원된 것이다. 이 도자기는 서기 1972년《考古》第一期에 發表 이후 중국 郵政部門 서기 1973년 11월 20일 發行된『文化大革命期間出土文物』郵票 編號 66-77의 面値4分의「元靑花鳳首扁壺」郵票이다. 景德鎭窯에서 만들어진 이 靑花扁壺(高 18.7cm, 口徑 5cm, 底呈為橢圓形 8×5cm. 重量 1500g)는 북경시 鈔胡同을 포함하는 六鋪炕地区 元代居民遺址의 清理 中 一個神秘의 地窖에서 발견된 16점의 瓷器 중의 하나로 10점은 靑花(华)蕉葉紋觚, 靑花龙紋碗, 景德鎭窯靑花菊花牡丹紋托盞 등의 靑花瓷器이며, 나머지 6점은 靑白釉瓷器이다. 이와 비슷한 예로 新疆哈薩克自治州 博物館 소장의 藏元靑花鳳首扁壺을 들 수 있으며 이는 서기 1998년 8월 伊犁哈薩克自治州 霍城県 蘆草溝鎮 西宁莊村에 사는 回族 農民 馬忠이 자기 농장에서 발견한 것인데 손잡이가 없고 손잡이 부분의 문양이 약간 틀린 것이 비교된다.

北京首都博物館 소장의 또 다른 鎭館之寶는 明나라 成化(明 8대 황제인 宪宗 때로 서기 1465년-서기 1487년)年间 景德鎭窯에서 만들어진 斗彩葡萄紋杯(明成化斗彩葡萄紋杯)와 明成化斗彩雞缸杯로 清나라 초 康熙 13년 7세에 죽은 女兒 黑舍里氏(康熙 戊申년 서기 1667년 7월 13일-甲寅년 서기 1674년 12월 27일)의 묘지에서 출토한 것이다. 이

묘들은 서기 1962년 7월 북경시 海淀区 东南部 동쪽으로 文慧 园北路, 서쪽으로 西直门 北大街까지 이르며 北京师范大学가 德胜门외 小西天 西南에 房屋을 만들려다가 발견된 75기의 묘 중 1호 묘에 해당한다. 斗彩(逗彩)葡萄纹杯는 口径 5.6cm, 足径 2.6cm로 1300℃의 高溫하에 1차로 구워진(烧成) 후에 轮廓线内用 红, 黄, 绿, 紫 등의 彩料填色은 700°C-800℃ 低温에서 2차로 구워진 小巧玲珑한 명나라 도자기를 대표하는 진품이다.

黑舍里氏는 康熙帝때 辅政大臣 索尼의 孙女, 保和殿大学士 索额图의 딸이다. 이 무덤에서 明成化斗彩葡萄纹杯, 斗彩八卦紋爐, 明成化青华花卉紋臥碗, 明永樂感白油暗花雲龙紋梨式壺, 明万历五彩花鳥紋洗, 五彩人物故事盤, 青玉臥鹿, 青白夔鳳紋子剛款樽, 白玉瑞獸鎭, 羊脂玉凌雪花를 포함해 자기 15점, 옥기 30점, 수정 2점, 금속기 8점, 墓誌가 나왔다. 索尼(Sonin, 서기 1601년-서기 1667년)는 清王朝 초 皇太极과 福临 양조의 托孤老臣으로 索尼赫舍里氏는 满州 正黄旗 出身으로 满, 蒙, 汉 三种文字에 정통하고 努尔哈赤가 건립한 满州国 초기부터 중용되었다. 처음에는 文馆의 직이었으나 후에는 努尔哈赤의 일등 侍卫로 家臣과 수행원을 겸하였다. 군대를 따라 다니며 공로를 세워 皇太极 继位 후에는 左右重臣으로 皇太极가 病重 시 어린 福临을 맡아 키웠으나 清 顺治 5년(서기 1648년) 多尔衮(도르곤, 顺治攝政 睿亲王, 顺治帝生母 孝莊文皇后와의 관계, 서기 1612년 11월 17일-서기 1650년 12월 31일)의 专横跋扈 시 索尼는 肃亲王豪格으로 민간의 신분으로 떨어져 沈阳 昭陵(清朝开国皇帝皇太极와 孝端文皇后의 的合葬陵墓)의 능지기 역할을 하였다. 그러나 多尔衮의 病死 시 昭雪로 승격하여 一等伯을 제수받아 军机를 장악하였다. 그녀(黑舍里氏)의 할아버지는 索尼, 父亲은 索额图(Songgotu, 서기 1636년 - 서기 1703년)로 모두 清朝 初年의 朝

臣으로 索尼는 满族正黄旗로 康熙 时 一等公 辅政大臣을 제수받았다. 索额图는 索尼의 둘째 아들로 国史院大学士, 保和殿大学士, 太子太傅로 제수 받았다. 그녀의 墓室은 지면에서 4m 아래에 있으며 대부분 砖과 일부 궁륭형 천장은 大理石으로 만들어졌다. 墓室平面은 正方形으로 궁륭형 顶部에는 三层의 拱券이, 东, 西, 北의 三壁에는 3기의 壁龕이 조성되어, 仿木을 사용해 结构样式의 雕砖砌造의 건축물이며 朱漆로 彩画하며 雕花로 裝饰하였다.

그리고 北京首都博物館 소장 '大明宣德(明 5대 宣宗 朱瞻基, 서기 1399년 2월 25일-서기 1435년 1월 31일, 서기 1426년-서기 1435년 재위) 年製'라는 銘文이 있는 '景德鎮窯酒藍釉鉢(또는 酒藍釉, 雪蓋藍釉 魚子藍, 雪蓋藍으로도 불림)'는 北京文物商店 職員이 근처에 사는 할머니에게 중국 돈(RMB) 80元에 구입한 것이다. 경덕진요는 江西省 景德鎮市(地级市) 景德鎮 珠山 明代御器廠窯(太祖 건국 11년, 서기 1378년 浮梁県衙, 瓷税房 등 설치)에 위치한다. 그리고 현 景德鎮市 政府청사 부근에서 자기제작 중 불합격품으로 파기된 파편들을 서기 1982년-서기 1983년의 발굴 중 수습해 복원한 귀뚜라미를 담던 청화백자 그릇으로 특히 明 5대 宣宗 朱瞻基 때 특별히 제작되어 애용된 青华云龙紋蟋蟀罐을 포함하여 靑华鳳紋蟋蟀罐, 靑华白鷺黃鶴蟋蟀罐, 靑华松竹梅紋蟋蟀罐, 靑华蟬罐, 靑华双聯罐, 靑华鳥食罐, 靑华蟾形五毒紋文烏食罐, 靑华螭龙紋硯滴, 靑华果盤, 靑华龙紋僧帽狀壺, 藍地白魚藻紋靶盞(이상 景德鎮御窯博物館 소장)들 이외의 각종 청화백자들도 현재 北京의 首都博物館과 紫禁城의 古宮博物院 등에 분산·전시되어있다.

北京首都博物館 소장품인 白玉双螭耳杯는 高 7.7㎝, 口径 8cm, 足

4.2㎝로 서기 1957년 북경시 宣武区 右安门外 明代 万贵(서기 1392년-
서기 1475년)墓에서 출토하였다. 明代 玉杯는 당시 特色器物로 이 종류
의 옥배 중 代表作品이다. 杯의 两侧에 王을 상징하는 镂雕螭虎가 螭首
额头 위에는 阴刻의 '王'字가 있다. 带는 元代의 遗风이 남아 있다. 이 杯
의 主人인 万贵는 明 8代 皇帝인 憲宗 朱見深(서기 1447년 12월 9일-
서기 1487년 9월 9일, 明 英宗의 長子)의 宠妃인 萬貴妃의 아버지이다.
明 6대 正統帝(永宗, 正統, 서기 1427년-서기 1464년, 서기 1436년-서
기 1449년 재위) 14년 서기 1449년에 몽고계 오이라트(Oirāt) 족장인 에
센칸(군사령관인 太師였다가 北元 28대 대칸이 됨, 서기 1453년-서기
1454년 재위)이 山西省 大同으로 공격해와 정벌에 나선 永宗이 오히려
몽고군에 피납되는 사건(土木之變, 土木堡之變)이 있었으며 그는 포로
에서 풀려나서 그의 아들인 7대 景宗(景帝, 景泰, 朱祁钰, 제5대 宣宗의
次子, 서기 1449-서기 1456년)에 이어 8대(重祚, 天順, 서기 1457년-서
기 1464년)로 다시 재위한다. 만귀는 萬貴妃의 아버지답게 金器로는 嵌
宝石龙纹带盖金执壶(执壶), "海水江崖"金盏托, "太白醉酒"金杯, 荷叶金
洗, 金嵌宝石头花 등 银器로는 有壺, 盘, 盒, 银锭 등이 나왔으며 金銀器
物总重量은 2,500g에 달한다.

또 永樂 3년 6월 15일(서기 1405년 7월 11일) 明 3대 成祖(朱棣 永
樂 서기 1403년-서기 1424년, 서기 1420년 紫禁城을 완공)는 心腹인
正使 郑和와 王景弘으로 하여금 군사 28,000여 인을 거느리고 西洋을
가도록 명령을 내렸다. 鄭和(당시 35세로 云南省 昆陽人, 서기 1371
년 9월 23일/서기 1375년-서기 1433년/서기 1435년, 60세卒, 原姓馬
名文彬, 字는 和, 元나라 蒙古 穆斯林/muslim의 후예인 回族으로 宦
官 內官監 太監의 職을 가짐, 小名은 三宝 또는 三保임, 그래서 그의

묘 앞에는 '馬三宝內官監太監鄭和'로 표기되어 있음)에 의해 서기 1405
년 南京 龙江船廠(明朝官營船廠인 南京寶船廠, 遺址는 서기 2003년
발굴되어 서기 2006년 5월 25일 全國重點文物保護單位로 지정), 海上
絲綢之路起碇港인 浙江省 宁波市, 福建省 泉州 老碼斗 등의 조선소에
서 제작된 舟山 绿眉毛船(沙船, 福船, 广船와 함께 中国古代의 四大名
船 중의 하나), 화물선으로는 八櫓船(장 31m, 폭 6.8m, 吃水深 2.2m,
排水量 230砘), 福船 또는 大福船이 포함되는데 구조는 서기 1987년
東平港 남쪽 20海里 떨어진 陽江市의 陽江해역에서 어부가 鎏金腰帶
(1.72m, 560g, 广東省博物館 소장) 한 점을 발견한 이후 중국 최초의
수중시굴조사에서 紹興通寶(南宋 高宗 紹興帝 서기 1131년-1161년 제
조)가 발견되어 송나라 때 건조된 南海 1號와 서기 1998년 海南 西沙
群島에서 발견된 华光礁 1호 沈船船과 같이 '下側如刀 底尖上闊 首尖
尾寬兩头翹'로 기술한 "龙骨로 'V'자로 평형을 잡은 尖底古海船"이었으
며 선상에는 水密隔艙이 3칸이 있고 공간이 넓어 화물을 많이 실을 수
있었다. 鄭和의 船隊는 5가지로 분류되며 泉州海外交通史博物館, 泉
州湾古船陳列館, 中国港口博物館에 진열·전시된 모형들과 같이 寶船,
馬船(裝運馬匹), 糧船(后勤供應), 水船(裝滿淡水), 戰船(保駕護航)으로
이루어진 240여 척의 선단으로 그중 큰 배는 62척이나 된다. 이들은 평
저선인 沙船 이외에 吃水線이 깊어 먼 거리 항해와 파도를 헤쳐 나가는
데 적합한 头尖體長形의 广船과 福船의 구조를 따서 만든 것으로 보인
다. 서기 2003년 南京 龙江船廠의 발굴에서 7條의 古船塢(dockyard,
조선소) 이외에 造船工具, 船用構件, 船工用品 등 2,000점의 유물과 함
께 길이 11.7m의 鐵力木陀杆(Ceylon ironwood rudderstock, Me-
sua ferrea)가 나와 큰 배는 길이 44丈(151.18m), 폭 18丈(61.6m)이며
배 위에는 보통 甲板上에 수직으로 세운 长杆(mast, 돛대)로 双桅横帆

船(brig)이나 三桅帆船(barque, barc, bark)인데 비해 九桅帆船의 돛배(mast)로 12장의 돛(帆)을 달 수 있었음을 알 수 있었다. 그래서 郑和寶船의 길이가 135m가 되는 것으로도 추정되었다. 닻(錨, anchor)의 무게는 천여 근(최근 중국의 한 斤은 500g임)으로 항해에 200여 명이 필요하였으며《明史》兵志에 "宝船高大如楼, 底尖上阔, 可容千人"라는 기록과 같이 한 척의 배에는 1,000여 명이 승선할 수 있었다. 이 항해의 목적은 '欲国家富强 不可置海航手不顾'와 같이 비단, 도자기와 차의 무역을 통한 国威宣扬이었다. 郑和는 水手, 工匠, 飜譯, 醫生, 배에 실을 物資에 이르기까지 세심하게 준비하였고 배의 경우 宁波市에 거주하던 刘씨성의 장인의 도움이 뒷받침이 되었다. 宁波市의 조선술은 宋나라의 전통이 남아있는 최고의 조선기술을 자랑하던 곳으로 南宋 建炎 3년(서기 1129년) 11월 高宗이 金나라 군대에 쫓겨 남행을 지속할 때 宁波市(당시 明州)에서 10일 만에 배 1,000척을 마련해 난을 피한 古事도 있다. 항해 중 맑은 날에는 각가지 색깔의 깃발을, 흐린 날에는 북과 放炮로 밤에는 牽星板으로 星斗를 관찰하거나 航海羅盤(羅針盤)을 이용하기도 하였다.

洪武(서기 1366년~서기 1398년) 初年 明나라는 江蘇省 南京 龙江关(현 南京城牆 石头城 西北郊)에 龙江船廠을 조성하였다. 船廠은 工部에 예속되었는데 규모가 광대하여 南·北 두 곳으로 나누어 南쪽은 前廠 北쪽은 後廠으로 불렀다. 船廠은 秦淮河를 넘어 下保, 中保, 上報村 및 三汊河地区까지 포함하였다. 내부로는 提擧司, 作房, 分司, 篷廠, 指揮擧를 두어 분업을 엄격하게 구분하였다. 그러나 各廠은 溪口로 龙江을 향하였는데 이는 造船 需要에 대한 기본이었다. 船廠은 외부로 風篷, 細木, 艙作(修船), 鐵作, 索作, 纜作, 油漆의 7개 工作坊에서 일반 유형의 巡邏船의 건조뿐만 아니라 船廠 最初로 전문적으로 戰

艦도 만들도록 설계하였다. 龙江船廠은 城내 居住民에 따라 坊廂編制로 朝廷에서는 장차 工匠을 四廂으로 나누고 四廂은 다시 十甲으로 세분하여 每甲은 꼭 같이 한 사람의 甲長을 두었으며, 一廂에는 船木梭櫓索匠, 二廂에는 船木鐵纜匠, 三廂에는 念匠, 四廂에는 棕篷匠을 두었다. 일반적으로 말하면 船匠은 모두 農業을 겸할 수 있으며 造船의 책임을 지지 않았다. 龙江船廠은 100년을 초과해 경영되었으며 嘉靖(서기 1522년-서기 1545년) 후기에는 船廠은 쇠락하기 시작했다. 工匠은 240여 호로 줄어들었으며 대다수의 다른 사람들은 선조의 가업을 잇지 않아 造船工藝에 종사하는 사람이 많지 않았다. 明代中葉 李昭祥가 쓴 《龙江船廠志》에 記載된 것은 洪武 初年 政府는 浙江, 江西, 湖广, 福建 및 直隸 등지 400戶 船工이 南京造船廠에 모집되어 400戶 船工은 四廂으로 나뉘어 每廂一百戶씩 공유하였다. 다른 사람들도 製造木梭櫓, 木鐵錨, 修補舊船 및 製造棕蓬으로 나뉘었다. 永樂 年间 鄭和가 탄 寶船은 龙江船廠轄下의 寶船廠建造에서 건조되었는데 이는 해당 船廠은 鄭和下西洋이 만들어낸 重大貢獻이었다. 顧起元의 《客贅語》中 記錄에 의거하면 "寶船共六十三號, 大船長四十四丈四尺, 闊一十八丈, 中船三十七丈, 闊一十五丈"으로 당시 鄭和下西洋의 寶船規模가 무척 컸음을 알 수 있다. 武汉 理工大學 交通學院 教授 席龙飛가 지적한 것은 많은 學者들이 寶船廠遺址는 龙江船廠에 섞여 있으며 龙江船廠에 대한 기록은 明 洪武 初年에 만들어진 《龙江船廠誌》에 남아있다. 비록 책 안에 廠図만 남아 있지만 이 廠址는 城壕와 秦淮河사이에 있으며 深闊尺度는 354丈, 138丈이다. 廠址는 長江과 멀리 떨어져 있지만 여기에서 건조된 船舶들은 수역이 넓고 수심이 깊은 秦淮河에서 進水하여 長江에 쉽게 이르렀다. 映寶船廠과 龙江船廠의 위치는 같은 곳이다.

苏州 刘家河 泛海에서 출발하여 福建 五虎门에서 돛을 올려 참파(占城, 현 越南 中南部地区)먼저 도착하고 그곳에서 남쪽으로 방향을 돌려 다음해 6월 30일 쟈바(Java/Jawa, 爪蛙) 三宝垄으로 가서 贸易을 진행하였다. 당시 西자바와 东자바가 内战으로 西자바兵이 郑和士兵 170명을 죽였다. 西자바王이 이를 두려워하여 黄金 6万 两을 바쳐 사망한 정화의 군사들을 보상하였다. 古里에서는 王国王 诰命에게 银印을 하사하고 "去中国十万余里, 民物咸若, 熙嗥同风, 刻石于兹, 永示万世"라는 글을 새긴 비를 碑亭을 세웠다. 永乐五年九月初二(서기 1407년 10월 2일) 명나라에 귀국해 元末明初의 해적 두목인 陳祖義(?−서기 1407년, 广东潮州인) 등을 잡아 헌상하였다. 朱棣(成祖)는 이때 宣慰司 机构를 만들어 陳祖義의 은신처를 제공한 큰 공을 세운 施进卿을 旧港宣慰使로 봉하고 공이 있는 指挥官에게는 钞(纸币, 钞票) 一百锭, 彩币彩币四表里, 千户钞八十锭, 彩币三表里, 百户钞六十锭, 彩币二表里를 医士, 番火长钞에게는 五十锭, 彩币一表里, 锦布三匹을 하사하였다.

그리고 정화함대는 베트남(越南, 占婆王国, The Kingdom of Champa, 서기 192년−서기 1832년)→ 자바(爪哇)→ 수마트라(Sumatera, 蘇門答臘)→ 술루 술탄국(Saltanah Sulu, 苏禄)→ 말레시아(말라카, Malacca/馬來西亞, 马六甲)→ 스리랑카(Ceylon, 锡兰, 斯里兰卡)→ 파항주(彭亨, Pahang)→ 진랍(Chân Lạp, 真臘, 吳哥/Ankor王朝, Cambodia, 柬埔寨)→ 코지코드[캘리컷, Calicut, 古里国 또 "古里佛", 古裏이며, 南亚次大陆(天竺, 히말라야 남쪽 印度次大陆 또는 印巴孟次大陆)의 西南部에 위치한 古代王国으로 马拉巴尔 地区의 一部分인데 그 경계는 현재 印度 西南部 喀拉拉邦의 科泽科德/Kozhikode 一带]→ 타이(Siam, 暹羅)→ 방글라데시(榜葛剌, 孟加拉)→ 아덴(Aden, 阿丹)→ 아라비아(Arabian, 天方, 阿拉伯)→ 이락(伊拉克, 伊

拉久)의 바스라(Basra, 巴士拉)→ 이란(伊朗)의 시라즈(Shiraz, 尸羅夫)→ 이집트(Zoser, 左法尔, 埃及)→ 호르무즈(Hormuz, 霍爾木茲, 忽魯謨斯)→ 소말리아의 모가디슈(Mogadishu, 摩加迪休, 木骨都束) 등 30여 국가와 아프리카(非洲) 東岸, 오만의 무스카트(阿曼, Muscat, 馬斯喀特), 紅海, 메카 주(또는 마카 주, Makkah Al-Mukarramah, 麥加), 가능하면 오스트레일리아Commonwealth of Australia, 澳大利亚)를 포함하고 記錄에 의하면 아프리카 적도 이남의 케냐(肯尼亞)의 말린디(Malindi, 麻林地, 麻林迪), 몸바사(Mombasa, 蒙巴薩, 慢八撒)와 라무(Lamu, 拉穆)까지 항해했던 것으로 추정된다.

다시 말해《鄭和下西航海图》에 의하면 서기 1405년-서기 1423년의 18년 동안 7차에 걸쳐 개척된 뱃길은 江蘇省 蘇州 刘家河 太倉市를 기점으로 자바→ 말라카→ 베트남→ 싱가포르(新加坡)→ 수마트라(印度尼西亞)→ 세이론(斯里兰卡)→ 인도(印度)의 말라바(캘리컷, Calicut), 페르시아 만의 호르무즈→ 짐바브웨를 거쳐 오늘날의 印度洋을 넘어 아프리카와 紅海(Red Sea) 입구인 예멘의 아덴과 케냐의 말린디 까지 왔던 것으로 추측된다. 中国港口博物館 소장의 犀牛角杯, 達磨象牙彫像과 鄭和塑像(明)도 교역증거 중의 하나이다.

서기 2013년 3월 13일(수) 챠푸르카 쿠심바(Chapurukha Kusimba, The Field Museum)와 슬로안 윌리엄스(Sloan Williams, the University of Illinois-Chicago)가 이끄는 합동조사단이 케냐의 만다섬(Kenyan island of Manda)에서 중국 명나라 때의 永樂通寶[서기 1408년(永樂 6년) 南京과 北京에서 錢局을 설치하여 永樂通寶의 주조를 시작하고 서기 1411년(永樂 9년) 浙江, 江西, 广東, 福建에도 錢局을 설치·발행하여 明나라 전역에서 사용하게 함]를 발견하였다는 미국 일리노이주의 시카고 필드박물관(The Field Museum in Chicago)의 발표가 있

었다.

鄭和下西 7차 航海 중 ① 第一次下西洋는 永乐 3월 6월 15일(서기 1405년 7월 11일) 어명을 받아 같은 해 겨울 南京 龙江港을 출발하여 太仓을 거쳐 出海하고 永乐 5년 9월 초 2일(서기 1407년 10월 2일) 귀항하였다. 第一次下西洋한 人員数는 27,800인이었다. ② 第二次下西洋은 永乐 5년 9월 13일(서기 1407년 10월 13일)에 출발하여 汝萊(汝萊達魯薩兰国, Negara Brunei Darussalam), 泰国, 캄보디아(柬埔寨), 印度 등지에 도착하여 스리랑카 錫兰山(僧伽羅国, 師子国, 斯里兰卡島) 佛齒寺에서 부처님의 진신사리 중 치아를 拜見하고 永乐 7년 여름(서기 1409년) 回国하였다. 第二次下西洋한 人員数는 27,000인이었다. 佛齒寺는 서기 1988년 세계문화유산으로 등재된 신성도시(Sacred City of Kandy)인 센카다갈라푸라(Senkadagalapura)로 알려진 캔디(산이라는 의미)에 있다. 신성도시는 스리랑카 신할라(Sinhala 왕국, 서기 1592년 수도가 되어 서기 1815년 영국군에 멸망)의 마지막 수도로 불교와 정치의 중심지였다. 여기에는 기원전 544년 2월 15일 80세로 입적한 부처님의 진신사리 중 치아를 보관한 佛齒寺(Temple of the Tooth, Sri Dalada Maligawa)를 비롯해 해자에 둘러싸인 왕궁, 라자필라 마와타(Rajapihilla Mawatha) 인공호수가 남아 있다. ③ 第三次下西洋은 永乐 7년 9월(서기 1409년 10월) 太監郑和, 王景弘, 候显 등이 官兵 27,000여 인과 함께 宝舟(宝船, 宝舡) 48척으로 9월 太仓刘家港을 출항하여 費信(费信岛, Flat Island, 南沙群島의 島嶼), 馬歡(南沙群島의 島嶼인 馬歡島, "广阔"이란 의미의 Lawak, Nanshan Island, Đảo Vĩnh Viễn) 사람들을 회동하고 越南, 말레이시아(馬來西亞), 印度를 가다. 回国 도중에 스리랑카의 錫兰山을 다시 방문하고 永乐 9년 6월 16일(서기 1411년 7월 6일) 귀국하였다. ④ 第四次下西洋은 永乐

11년 11월(서기1413년 11월) 出发하여 通译 马欢을 데리고 아라비아 (阿拉伯)半島를 지나고 동아프리카(東非) 마린디(Malindi, 麻林地, 麻 林迪)를 수 차례 방문하였다. 永乐 13년 7월 8일(서기 1415년 8월 12 일) 回国하고 같은 해 11월 마린디의 특사가 중국에 와서 "麒麟"(長頸 鹿)을 바쳤다. 第四次下西洋의 人員数는 기록에 의하면 27,670인이었 다. ⑤ 第五次下西洋은 永乐 15년 5월(서기 1417년 6월)에 出发하였으 며 僧 慧信이 수행하였었고 泉州를 경유하여 베트남(占城), 자바(爪哇) 를 지나 최종적으로 멀리 동아프리카의 소말리아의 모가디슈(Mogadi-shu, 索马里의 摩加迪沙), 파라위(Baraawe, 巴拉韋)와 마린(麻林)国 을 방문하였다. 永乐 17년 7월 17일(서기 1419년 8월 8일) 回国하였다. ⑥ 第六次下西洋은 永乐 19년 正月 30일(서기 1421년 3월 3일) 出发하 여 방글라데시(榜葛剌, 孟加拉)로 가다. "於鎮東洋中, 官舟遭大風, 掀 翻欲溺, 舟中喧泣, 急叩神求佑, 言未畢, ……風恬浪靜"이란 기록이 남 아 있다. 항해 도중 돌아와 永乐 28년 8월 18일(서기 1422년 9월 2일) 回国하였다. 永樂 22년 明 成祖가 去世하고 仁宗 朱高熾이 即位하였으 나 經济사정이 나빠져 下西洋을 중지시켰다. ⑦ 第七次下西洋은 宣德 5년 윤년 12월 초(서기 1431년 1월) 龙江关(현 南京 下关)을 출발하였 으나 郑和가 宣德 8년(서기 1433년) 4월 6일 印度 말라바(古里)에서 세 상을 떠나 衣冠塚을 만들었다. 船队는 太监 王景弘이 인솔해 宣德 8년 7월 6일(서기 1433년 7월 22일) 南京으로 돌아왔다. 第七次下西洋에 참여한 人員数는 기록에 의하면 27,550인이었다.

鄭和下西航海에 관한 기록은 明代故事《三寶太監西洋記通俗演義》, 明代雜劇《奉天命三保下西洋》,《三保太監下西洋》등에 보인다. 그는 宣 德 8년(서기 1433년) 4월 마지막 7차 귀국 항해 중 말라바(古里, 코지코 드, 캘리컷)에서 60세로 病死하자 그를 화장해 衣冠과 骨灰를 묻은 그의 무덤이 서기 1956년 7월 1일 南京 南郊 牛首山의 回族양식의 石棺墓인 '鄭和의 衣冠塚'과 弘覺寺 鎏金(도금)喇嘛塔(弘覺寺鎏金藏式佛塔)으로 확인되었다.

서기 1956년 7월 1일 젊은 사람 몇이서 江蘇省 南京市 교외 牛首山에 놀러가서 弘覺寺 불탑에 오르려다 발밑에서 空洞과 울리는 소리를 듣고 南京博物院에 알려 鄭和(云南省 昆陽人, 回族, 서기 1371년/서기 1375년-서기 1433년/서기 1435년)가 서기 1423년의 18년 동안 행한 항해 중 마지막 항해인 7회(明 4대 宣宗皇帝, 서기 1426년-서기 1435년 재위 시)에서 60세로 病死하자 그를 화장해 衣冠과 骨灰를 묻은 南京 南郊牛首山의 回族양식의 石棺인 '鄭和의 衣冠塚' 이외에 다시 그와 관련된 弘覺寺 鎏金(도금)喇嘛塔(弘覺寺鎏金藏式佛塔)을 발견하게 되었다. 鎏金喇嘛塔 塔身에는 4개의 壺門 그 안에는 釋迦, 韦陀佛像, 上施有相轮, 十三天, 宝盖, 宝珠等. 塔内须弥座上布置有一组佛像이 들어 있다. 弘覺寺佛塔의 塔基下에 徑 0.8m, 깊이 1m의 동공이 있고 圓洞 안에서 높이 35㎝의 外形에 像寶瓶 4기를 안치한 鎏金藏式佛塔이 보존되어 있었다.

鎏金藏式佛塔의 考古學發掘에서 青花瓷罐, 龙泉窯瓷罐와 玉瓶 등의 器物이 발견되었고 鎏金藏式佛塔은 佛造像九尊, 紅砂石底座, 4점의 青花瓷罐, 金棺銀槨(안에는 佛陀涅槃像이 안치)의 4部分을 포함하고 있다. 第五個의 青花罐에는 鄭和의 骨灰와 一顆의 老人의 齒牙, 漆盒, 玉貫耳瓶 등의 物品이 있었다. 이는 佛教制度와 儀軌이며 骨灰 등 供奉物은 供奉者 자신의 것이 아닐 수도 있다.

鎏金藏式佛塔은 金剛宝座塔으로 아래에서 위까지 基壇, 塔身과 相輪의 세 부분으로 이루어져 있는데 기단에는 2층의 折角須彌座가 만들어지고 있는데 須弥座에는 珍珠, 宝石, 水晶, 玛瑙, 玉石, 骨灰 등이 내장되어 있다. 最下層 기단에는 "金陵牛首山弘覺寺永充供養" "佛弟子御用監太監李福善奉施"라는 銘文이 새겨져 있었다. 上 一層 탑신에는 불교의 菩提心을 상징하고, 諸尊의 持物 혹은 修法道具인 三股金剛杵가 장식되고 最上層 상륜에는 寶蓋와 圓形의 寶輪이 삼충으로 포개어져 있다.

鎏金藏式佛塔의 主人은 權貴宦官으로 三寶太監인 鄭和이며 이는 鎏金佛塔 위의 皇權인 象徵인 龙紋이 사용될 수 있도록 윤허를 받는 동시에 鄭和의 衣冠塚이 地宮과 同一線上에 있어 弘覺寺 地宮은 鄭和의 歸葬地로 볼 수 있다. 《佛弟子御用監太監李福善奉施》의 銘文 중 '李福善'도 北京市 石景山区 法海寺에 관한 御用監太監李童(李福善)集资에 의하면 明正统 4년(서기 1439년) 건설을 시작하여 正统 8년(서기 1443년) 준공을 보았으며 明 英宗이 절 이름을 法海寺로 지었다 한다. 그리고 法海寺에는 壁畵를 포함해 '五絶'이 있는데 《海寺碑记》(서기 1443년)에 의해 '明正统九年(서기 1444년) 甲子冬日太監李福善等立的楞严经幢上发现'에 나타나는 '李福善(李童)'은 비문 편에서 추정하듯 鄭和를 가리키는 것으로 보고 있다. 그러나 鄭和의 것이 아니라는 異論도 있다.

서기 2010년 10월 20일 眉山市文物保護單位로 지정된 四川省 眉山市 彭山区 江口鎮 沉銀遺址는 岷江 東南岸에서 시작하는 둑(堰)으로 서기 2014년부터 발굴을 시작해 李自成이 北京에서 大順国의 建立後 張獻忠을 그의 편으로 끌어들이기 위해 그에게 준 것으로 추정되는 虎鈕永昌大元帥金印(明 毅宗 崇禎 16년 서기 1643년 음력 11월, '癸未中冬吉日造'라는 九疊篆書의 음각문이 있음), 西王功賞金幣(四川鑄造로 직경 46㎝, 두께 2㎝), 銀錠, 金髮髻, 金錠(天啓 元年, 서기 1621년, 明代

長沙府 歲貢黃金), 金耳環, 金戒指, 髮髻 등의 각종 金銀首飾, 明王朝가 分封한 藩王 및 張獻忠이 分封한 嬪妃의 金冊(天啓 5년, 서기 1625년, 政策頒布用)과 銀冊, 大順通寶銅幣 鐵刀, 鐵劍, 鐵矛, 鐵箭鏃 등의 병기를 포함하는 30,000여 점의 유물(国家一汲 8점, 二汲 38점 三汲 54점)을 발견하여 과거 수백 년간 成都平原에 流傳된 歌謠 "石牛對石鼓, 銀子萬萬五. 有人識得破, 買盡成都府" 중의 "銀子萬萬五"란 구절이 明末 農民義起의 領袖인 張獻忠이 清 肅亲王 豪格이 이끄는 清軍과 吳三桂(서기 1612년 6월 8일-서기 1678년 10월 2일, 吳周开国皇帝, 汉族)의 연합군이 陝西省에서 四川省으로 南下해 張獻忠을 공격을 할 때 평소 20개 방에 보관했던 분량의 財物을 강바닥에 감추었다는 이야기가 사실이었다는 것을 알려준다. 이는 서기 2014년 1월 5일 四川省文物考古研究院이 四川 眉山市 彭山区에서 회의를 열고 彭山江口沉銀遺址의 水中發掘의 시작을 선언한지 2개월 후이다. 張獻忠의 沉船寶藏에 관한 사실은 우연한 기회에 발견되었다. 서기 1794년 乾隆 59년 彭山県志에 四川 眉山에 사는 어부가 칼을 건져 四川總統 孫士毅에게 바쳐 '打撈數日 獲銀萬兩 幷珠寶玉器等物'이란 기록이 남게 되었으며 또, 서기 1939년 幸蜀峰 川軍將領이 工人 100여 명을 동원해 彭山江口沉銀遺址를 뒤졌으나 허탕이었다고 한다. 서기 2005년 4월 20일 오후 雙江村의 村民 楊富华가 江邊에서 鵝卵石(pebble, 4mm-64mm 사이의 石头)을 채취할 때 「崇禎(서기 1628년-서기 1644년) 好多年, 餉銀五十兩. 銀匠姜国慶」라는 刻字가 있는 銀錠을 발견함으로써이다. 그리고 같은 해 岷江大橋 공사 시 근처 老虎灘에서 清江県에서 주조한 官銀인 '伍拾兩一枚 大銀錠' 7매와 함께 재화를 강 밑으로 침수시킬 때 부패를 방지하기 위해 나무 속을 파서 그 안에 보관하던 소위 青岡木이라는 木头(100cm×15cm 木头)를 포함해 1,000여 점의 유물이 발견되었다.

張獻忠(서기 1606년 9월 18일-서기 1647년 1월 2일, 字는 秉吾, 号는 敬軒으로, 明末 民變首領의 한사람으로 榆林府(현 陝西省 定边县)사람이다. 그의 주요 활동은 四川省에서 행하였다. 明 思宗 崇禎 3년(서기 1630년) 張獻忠은 米脂追隨府谷人 王嘉胤이 起事할 때 스스로 八大王으로 부르고 身长이 黃色으로 사람들은 黃虎라고 불렀다. 처음에는 王自用에 속했으나 후에 자기와 同年 同月 生인 李自成의 一軍이 되었고 王自用의 死后 다시 高迎祥에 투항하고, 高迎祥이 闯王(츰왕)으로 칭할 때 張獻忠과 李自成은 闯将으로 불렸다. 崇禎 4년(서기 1631년) 6월 王嘉胤이 전쟁에 패해 피살되고 張獻忠은 洪承疇의 부름을 받아 서기 1632년에 반란을 일으켰다. 서기 1635년 張獻忠은 荥阳之会에 참여하여 高迎祥 등과 더불어 凤阳을 공격하여 明 皇陵을 태웠다. 오래지 않아 張獻忠과 李自成이 分裂하고 張獻忠은 군대를 거느리고 长江流域을 공격하였다. 李自成은 黃河流域을 공격하여 崇禎 10년(서기 1637년) 가을 張獻忠은 河南에서 湖广, 襄陽으로 進攻하였다. 張獻忠은 평소 孫子兵法을 연구하는 武人으로 總兵 秦翼明을 衆寡不敵으로 밀어붙여 退敗시켰으나 明 조정에서 파병한 左良玉, 馬爌, 刘良佐 등 연합군을 맞아 그는 明軍总兵官 左良玉에게 擊退당해 그의 부대도 많을 손실을 입었을 뿐만 아니라 張獻忠 본인도 상처를 입었다. 이에 물러나 湖北房, 竹 일대를 지켰다. 崇禎 11년(서기 1638년) 張獻忠은 湖北 谷城에서 兵部尚書 熊文燦의 부름을 받아 副将職을 얻어 王家河(易名 太平镇)에 주둔하고 休兵하였다. 崇禎 12년(서기 1639년) 楊嗣昌은 五省軍務總理 熊文燦과 密謀하여 "出師关洛, 趨會郧襄"으로 張獻忠을 양쪽에서 공격하였다. 張獻忠은 "殺知县阮之鈿, 隳穀城"하여 反明의 기치를 다시 들게 되었다. 四川 경계에서 전쟁을 치루고 巡撫 邵捷春, 參軍 廖大亨, 閣部 楊嗣昌 등의 部隊를 모두 장악하였다.

이에 献忠戲이 「前有邵巡撫, 常來團轉舞. 後有廖參軍, 不戰隨我行. 好個楊閣部, 離我三天路」라고 칭하였다. 서기 1641년 襄阳을 공격하여 襄王 朱翊铭을 죽이고 "發銀五十萬以脈飢民"하였다. 监军兵备副使 张克儉을 官邘曰广, 知县 李大觉이 공격하여 黎安民 등이 同死하였다. 崇禎 16년(서기 1643년) 武昌에 머물러 大西王으로 칭하였다. 그리고 楚定王 朱华奎를 익사시켰다. 崇禎 17년(서기 1644년) 봄 大西軍은 夔州를 함락시키고 萬县, 水漲에 이르러 3개월을 주둔시킨 다음 涪州를 파하고 서기 1644년 6월에 重慶을 점령하고 明 瑞王 朱常浩, 四川巡撫 陳士奇, 重慶知府 王行儉 등을 죽였다. 8월 9일 成都를 공파하여 巡抚 龙文光, 總兵 刘佳胤, 蜀王 朱至澍 및 嬪妃 전부를 自杀하게 하였다. 张献忠의 60万大军은 四川 대부분의 州县을 장악하고 张献忠은 앞서 秦王으로 칭하다가 8월 16일 大西政权의 大西皇帝, 국호를 大順으로 정하고 成都를 西京으로 삼았다. 서기 1646년 岷江을 따라 남하하여 재물을 옮겼으나 岷江 主河道와 府河交匯에서 明朝 參將 楊展의 기습을 받아 패하고 배는 가라앉았다. 그래서 대량의 재화가 강바닥에 빠져 「石龙對石虎 金銀萬萬五 誰人能識破 買盡成都府」이라는 전설만 남게 되었다. 順治 3년(서기 1646년) 清兵이 汉中留守인 刘進忠이 清軍에 투항하고 張獻忠은 鳳凰山(西充县과 鹽亭县이 만나는 곳인 西充县 城東南 15㎞의 多扶場西) 多寶寺 앞 太阳河畔에서 清 肅亲王 豪格의 선봉장인 刘進의 부하에 의해 사살 당하였다. 그때 그의 나이는 42세였다. 張獻忠의 死後 그의 4명의 義子인 李定國, 孫可望, 刘文秀, 艾能奇는 남은 명나라 연합군의 무리를 거느리고 抗清하여 貴州와 雲南省에서 버텼다. 彭山江口沉銀遺址에서 발견된 유물들을 통해 고고학자들은 「江口沉銀」은 科學, 歷史, 藝術價值, 明代의 政治·經济·軍史·生活史研究에서 중요한 의의를 지니며 마치 한 폭의 中国明朝晚期社

會의 그림을 보는 것 같다고 한다. 현재 발견된 유물은 아직도 冰山一角에 속한다고 한다.

靖江王城 또는 靖江王府는 广西壮族自治区 桂林市 漓江 西岸에 자리 잡고 있는 明朝의 藩王 靖江王 朱守谦(서기 1361년-서기 1392년, 安徽省 凤阳人, 明太祖 朱元璋 侄孙, 제1대 靖江王, 父亲 朱文正은 朱元璋의 长兄 朱兴隆의 아들)의 藩王府로 洪武 5년(서기 1372년)에 만들기 시작하여 洪武 25년(서기 1392년)에 완공을 보았다. 靖江王城 밖에는 완전하게 보존된 明代의 성벽으로 둘러싸여 있다. 秦始皇이 북쪽의 长城과 아울러 南쪽의 桂林에 灵渠를 만들고 唐朝 시기에 李靖이 独秀峰 아래 城을 쌓은 후 거의 천여 년 동안 계림의 独秀峰과 王城은 政府와 学府의 소재지가 되어 왔다. 独秀峰 读书岩은 800년 전 南宋人 王正功이 이곳에 머물면서 摩崖石刻으로 "桂林山水甲天下"라는 이란 글을 새겨 놓았다. 그래서 '桂林山水甲天下'란 말도 여기에서 비롯된다. 靖江王城은 서기 1372년에 축조하기 시작하였는데 규모가 크고 웅장하며 南京古宫의 축소판이며 北京故宫 紫禁城 의 축조보다도 34년 앞서 만들어졌다. 明朝에서 12代 14位의 靖江王들이 280년간 이곳을 다스려 왔다. 이곳은 宋代에는 铁牛寺, 元代에는 大国寺로 후일 万寿殿으로 개칭되었다. 清朝에서는 유일한 汉人 格格孔四贞('还珠格格')의 사저가 되었는데 다시 말해 清 定南王 孔有德이 이곳을 차지하고 定南王府를 세웠는데 清 顺治 9년(서기 1652년) 农民军 李定国이 공격으로 孔有德은 불타 죽고 그 후 250여 년간 王城은 焦土化되었다. 王城내의 明代旧物은 承运殿 앞의 明代 石道, 承运殿의 雕栏, 台基, 石栏와 云阶玉陛 등만 남아 있다. 明代 黄佐의 《广西藩封志》에 의하면 王城辟은 四门으로 南日端礼(后改正阳), 北回广智(后称后贡), 东日体仁(后谓东华), 四日遵义(后改西华)이며 城垣의 左에는 宗庙, 右에는 社稷이 있

고, 城内에는 承运门, 承运殿이 宮殿의 주체 건물을 이루고 있다. 그리고 广建楼, 堂厅院, 亭阁, 轩室의 건물군도 있다. 높이 66m의 独秀峰은 성 가운데 위치해 있으며 산 위에는 玄武阁, 观音堂, 三客庙, 三神祠 등이 산 아래에는 月牙池가 있다. 이외에 靖江王城에서 잘 알려진 三元及第坊은 靖江王城 南面 正阳(端礼)门上에 있는데 이는 清代学者 阮元이 任两广总督로 근무할 때 三元의 陈继昌이 세운 것이다. 三元은 省級의 乡试, 会试와 皇帝가 친히 주재하는 殿试를 모두 일등으로 통과한 사람으로 解元, 会元, 状元이란 칭호를 의미한다. 唐代 이래 科举가 1,000년 지속되었는데 그중 三元이 된 사람은 겨우 13인이고 清代에는 단 2명 뿐으로 그 중 한 명이 陈继昌이다. 그래서 거석의 牌坊을 만들어 王城 正门 위에 세웠다. 状元及第坊은 王城 东쪽 华门 위에 있으며 원래 道光 21년(서기 1841년)에 新科状元 龙启瑞을 위해 세웠다가 光绪 26년(서기 1846년)에 부서져 26년(서기 1900년)에 다시 세웠다. 이곳 출신의 张建勋, 刘福姚, 赵观文, 陈继昌, 龙启瑞 등의 이름이 새겨져 있다. 榜眼及第坊은 王城西쪽 华门위에 同治 4년(서기 1865년) 于建章을 위해 세웠는데 그는 会试 후 殿试에서 황제에 의해 일등으로 선발되었다. 또 과거시험의 선발장인 贡院도 남아있다. 그리고 역대 靖江王의 무덤에서 青华白磁 梅瓶이 많이 나왔는데 이는 永乐(서기1403년-서기 1424년), 宣德 年间(서기 1426년-서기 1435년) 江西省 景德镇窑에서 湖南省 洞庭湖를 거쳐 漓江을 타고 운반된 것이다. 朱守谦이 青华白磁 梅瓶을 무척 좋아하고 그의 7대 손자인 安肃王 朱经扶(서기 1493년-서기 1525년, 明朝 第6任 靖江王)의 묘에서 古花携酒寻芳图梅瓶이 나온 것도 이런 연유이며 따라서 桂林博物館의 青华白磁 梅瓶의 소장품은 전국에서 으뜸이다.

그리고 四川 广元市 蒼溪县에 평지에서 4-50m 높은 곳에 산을 깎아 만든 '尋樂書岩'이라는 명칭의 인공동굴(넓이 470㎡, 大小 7間의 방이 있음)이 있는데 내부는 上下 4층으로 계단이나 사다리를 이용해 모두 통하게 되었다. 이곳은 '洞天淸福', '天然樂趣', '廻岸洞天', '賈氏山莊', '九思祠'라는 이름이 붙어 있다. 그리고 그 안에는 郭尙先, 許磐(閬中县令, 四川省 阆中市 巴郡), 李嘉秀, 林春元 등 淸代 21인 書法家의 작품이 새겨져 있다. 작품은 詩詞, 扁額, 對聯, 題記 등 淸代의 각종 書法으로 써진 152점이며 刻字의 면적은 약 160㎡으로 모두 19,600여 자이다. 그 외에도 孔子坐像, 觀音菩薩, 八仙, 財神 등 35尊의 佛道神像들이 5개 처에, 또 9幅의 壁畵로 浮彫되어 있다. 그래서 이곳을 중국 서남지구에서 가장 큰 규모의 '淸代洞藏磨崖書法石刻', '書法展廳'이라고 부른다. 원래 이곳은 淸 嘉慶 元年(서기 1796년)에 四川, 陝西, 河南과 湖北省 边境地区의 白莲教徒들이 정부에 武裝蜂起한 事件으로 '白蓮敎事件'이라 부른다. 이 봉기는 정부에 의해 즉시 진압되었다. 당시 寇, 賈, 王氏 3성이 산하 石工, 匠人을 모아 동굴을 파서 은신하기로 하여 현재의 동굴이 만들어지게 되었다. 이 동굴 안에는 石泉, 甘露泉이 있어 장기간 피신하는데 지장이 없었다. 그러나 사건의 진압과 함께 이 동굴은 폐기되었으나 40년 후인 서기 1840년(道光 20년) 새로운 주인인 賈儒珍(山亭先生, 자는 聘侯)이 장사를 그만두고 이곳에 고향에 돌아와 私費로 8곳에 石橋를 놓고, 竹橋齐란 학교를 세워 교재용으로 四書五經의 목판인쇄와 《小學集注》등의 책을 발간하였다. 그리고 전문가를 불러 校閱을 하게하고 또 그들의 글을 받아 벽에 石刻으로 남겼다. 이곳에서 최초로 벽에 새겨진 對聯의 석각인 《廻岸洞天》에 "不求富貴利達 只愛山水煙霞", 《鑿洞小志》중 "夏日如秋 冬日如春 如携客興遊"을 포함하여, 《尋樂書岩記》중 "然而地旣淸幽 塵器頓息 于此間稍得逸趣 因而稍黴點綴 不欲繁紛 有書 有畵 有帳 有屛 有几 有榻

有樽 有琴 暇輒携客來遊 逍遙自得"그리고 "讀聖賢者行仁義事 盡人物
性立天地心, 下學人事上達天理 進將有爲退必自修", "胸中有萬卷書 筆
下無点塵" 등의 석각이 山亭先生 賈儒珍의 평소의 마음과 정신을 잘
나타내 준다. 그리고 《九思祠記》에 의하면 그는 光緒 15년(서기 1889
년) 賈儒珍이 73세 때 이곳의 명칭을 九思祠로 바꾸었다. 또 广元市文
物重點保護單位로 지정된 賈氏墓园의 석비에는 賈儒珍이 남긴 家訓이
"花無白日紅 人無三輩富"여서 善行을 하라는 내용이 이를 대변한다.
이 '尋樂書岩'은 皇侯貴族의 문화유산을 대신해 평민이 남긴 不朽의 작
품으로 여겨진다.

13 北京의 紫禁城

　　明나라 3대 成祖(朱棣, 永樂, 서기 1403년-서기 1424년, 72만㎡, 9,000房間) 서기 1420년에 준공한 궁전으로 淸나라 말 서기 1911년까지 사용되었다. 外殿으로 太和殿(登極과 結婚式용), 中和殿, 保和殿이 있으며 太和殿에는 建極綏猷(書經 湯誥편에 나오는 克綏厥猷로 황제는 법도를 세우고 백성은 이를 편안히 여기게 해야 한다는 뜻으로 皇建有極, 建極軒轅도 비슷한 의미를 지닌다)의 현판이 걸려 있다. 황제즉위식이 거행되는 太和殿은 明 成祖 이후 淸 乾隆 때까지 크게 3번(서기 1421년, 서기 1599년, 서기 1679년)에 걸쳐 번개와 화재로 소실되었다가 재건되었다. 이곳은 서기 1925년 10월 10일 北京 古宮博物院이 되었다. 그 외에도 이곳에는 正大光明(乾淸宮), 日升月恒(坤宁宮) 등의 유명한 額字가 많다. 그러나 紫禁城 古宮博物院(현재 180만 건 수장유물)에 있던 乾隆帝의 수집품 중 玉器, 靑銅器, 書畵, 陶瓷器 등 약 65만 점(宋·元·明·淸의 24만 점 포함)의 중요한 대부분의 文化財들이 현재 台湾 台北 国立故宮博物院(서기 1965년 개관)에 所藏·展示 중이다[《石渠宝笈》, 乾隆 10년(서기 1745년), 共編 44卷. 淸廷内府 所藏历代 书画藏品을 画卷, 轴, 册 9类로 나눔, The Collection of Imperial Treasures, 12,000점의 소개), 天

祿琳琅, 物华天寶, 天工寶物(2006)]. 이는 中日戰爭 동안 北京(서기 1924
년)-上海-南京-武汉-長沙-陽貴-安順-四川省 巴県-重庆-陝西省
寶鷄-南鄭-褒城-峨嵋-南京(서기 1945년)로 옮겨 피신 중이었던 문화
재들이 정착을 못하고 또 大長征(서기 1934년)과 八路軍(서기 1937년 8
월 22일-서기 1947년)의 역사적 사건을 거쳐 서기 1949년 10월 1일 들어
선 共産主義者 毛泽东의 中华人民共和国 수립에 앞서 民族主義者 蔣介
石의 中华民国의 정부가 대만으로 철수할 때 함께 가져갔기 때문이다.

서기 2016년 養心殿을 대규모로 開閉修繕하면서 北京 古宮博物院
과 首都博物館이 특별전 '走進養心殿'을 수도박물관에서 개최하였다.
養心殿은 紫禁城 南北 中心軸線上 保和殿 바로 뒤의 乾淸殿 서쪽 옆에
있으며 擁正皇帝(서기 1678년 12월 13일-서기 1735년 10월 8일, 서기
1722년 12월 27일부터 13년 在位)가 머물던 곳으로 가운데의 仁和殿과
그 뒤에 이는 五間耳房의 寢所를 중심으로 동쪽에 隨安堂, 東暖閣, 서
쪽의 佛堂, 勤政親賢殿, 三希堂, 西暖閣을 포함한다. 여기에는 잘 알려
진 中正仁和, 勤政親賢, 自疆不息(寢所), 又日新(殿寢宮龙床 위)의 현
판이 걸려있다. 그리고 膳牌인 紅头牌과 錄头牌, 擁正帝觀書像, 13년
재위기간 20만 건의 서류를 보고 2,000여 자를 批准해 넣었는데 그중에
서 擁正批田文鏡奏折(台北 故宮博物院 소장)와 擁正批年希堯奏折(中国
第一歷史檔案館 소장)를 비롯한 여러 奏折 등과 함께 奏折를 담던 硬木
奏折匣(北京 古宮博物院 소장)도 함께 전시되었다.

養心殿 西暖閣 옆 서남쪽 구석에 있는 8㎡이 채 못 되는 크기의 三
希堂은 乾隆皇帝의 讀書房 겸 詩文을 창작하던 곳으로 그 안에는 清
乾隆古铜彩描金诗文壁瓶, 清乾隆金地粉彩花卉纹壁瓶을 포함하는 7
점의 花瓶 형상의 壁瓶, 《平安春信图》, 王義之의《快雪時晴帖》, 왕희
지의 아들 王獻之의《中秋帖》, 왕희지의 조카인 王珣의《伯遠帖》의 당

시 보기 힘든 3점의 희귀한 書法作品이 보관되어 있어서 이 방의 이름도 三希堂라고 지어졌다. 또 三希堂 額字, 對聯, 嵌玉冠架,《是一是二图幅》,《乾隆弘曆薰風琴韻图》도 이 방의 벽에 걸려 있다. 이 방은 단순한 건륭의 修身養成과 문학활동을 위한 독서방 뿐만 아니라 中國文化 盛世의 産室이며 실제 서기 1747년 乾隆이 主持하여 刊印한 300여 점의 多幅이 수록된 三希堂書帖를 비롯해 文獻叢書인《四庫全書》,《石渠宝笈》등이 모두 이 방에서 구상이 되었다.

北京首都博物館 소장품인 乾隆粉彩六方套瓶은《清宫档案》에 의하면 乾隆帝가 8년(서기 1743년) 长春园과 绮春园 등 巡视赏玩하다가 紫禁城으로 돌아와 그곳에 놓을 新式瓷器의 제작을 景德鎮窯를 책임지고 있는 唐英(字 俊公, 号 蜗寄, 陶器工艺品大师로 16세 때 紫禁省 养心殿 근무하다가 雍正 6년(서기 1728년) 景德镇督理陶务로 발령이 나 그곳에서 30년을 근무함,《陶务叙略》,《陶冶图说》,《陶成纪事》,《瓷务事宜谕稿》등의 저작물이 있음)에게 부탁하여 만든 것으로 원래 北京市 海淀区에 위치하는 宮苑 겸 離宮(圓明园, 康熙 46년, 서기 1709년-咸丰 10년, 서기 1860년, The Old Summer Palace)에 보관되어 있었다. 이것은 烧制陶瓷로 工巧, 翻新하여 무척 珍贵했던 것이며 唐英도 이 점을 잘 알아《清宫档案》에서 成型, 燒制와 成品의 세 가지 難題가 있다고 언급했다. 그런데 이 瓷器는 서기 1709년(康熙 46년)에 짓기 시작하고 서기 1860년(咸丰 10년) 10월 18일 제2차 아편전쟁 시 영국파견 지방장관(현 고등판무관)인 엘긴 卿(Lord Elgin)의 명에 따라 英-佛 연합군(Grant와 Montauban 장군)에 의해 철저히 파괴된 圓明园에서 약탈당한 流散文物인 것이다. 그러다가 北京文物局이 서기 2000년 5월 2일 홍콩(香港)의 蘇富比(Sotheby's) 매장 경매 중 약탈된 물건을 확인하고 秦公으로 하여금

당시 1,900만 홍콩달라(HKD)로 경매에서 구입해 중국으로 다시 반환시킨 것이다. 현재 원명원에는 圓明三園인 長春園과 绮春園(改稱 万春園) 폐허의 흔적과 圓明園을 지키던 8品 技勇太監 任亮과 그의 부하 10여 명이 咸丰 10년(서기 1860년) 10월 6일 밤 圓明園 大宮門에서 최후의 결전을 벌려 殉死한 내용을 알려주는 任亮碑(圓明園 技勇 '八品首领' 任亮 등의 殉職碑)가 서기 1983년 清华大學 建築공사장에서 발견되어 당시의 상황을 전해준다. 그 비에는 "勇哉明亭, 遇難不恐, 念食厚祿, 必要作忠, 奮力直前, 寡弗抵衆, 殉難身故, 忠勇可風"이라고 언급하고 있다.

南京市博物院 소장의 '和碩智親王寶'의 金印은 底部는 正方形으로 龙首, 龜身, 龙爪·龙尾의 印纽를 가지고 있다. 印面에는 6자의 汉文과 6자의 满文 모두 12자가 조각되어 있다. 이는 底面 11.3㎝×11.5㎝, 高 3.6㎝ 纽长 17.5㎝, 무게 약 9kg의 純金으로 제조되었으나 사용 흔적이 없는 皇權의 象徵일 뿐이다. 이 순금제 도장은 嘉庆皇帝를 이은 道光皇帝가(乾隆帝의 親孙子, 원명은 綿宁이며 후일 旻宁이란 이름으로 바꿈, 서기 1782년 9월 16일-서기 1850년 2월 25일) 智親王(鐵帽子王) 시절 皇太子 冊封 때 받은 것이다. 智親王이란 명칭은 綿宁이 嘉庆 18년(서기 1813년) 그의 아버지 嘉庆이 紫錦城 북쪽 承德 避暑山庄으로 출타 시 嘉庆 18년(서기 1813년) 9월 15일 天理教 首领 林清이 지휘한 200여 명의 天理教徒들이 宮中太監의 内应下에 자금성 안을 무장 난입한 '天理教 癸酉之變'을 조총으로 잘 막아 嘉庆帝가 이에 감동을 받아 綿宁을 '和硕智亲王'으로 책봉하고 皇位继承人으로 결정한데서 비롯된다. 嘉庆 25년(서기 1820년) 嘉庆帝가 죽고 绵宁 和硕智亲王이 继位하였는데 연호는 道光이다. 그의 재위시절 영국과 鸦片战争(제1차는 서기 1839년 9월 4일-서기 1842년 8월 29일, 道光 19년-道光 22년, 제2차는 서기 1856년-서

기 1860년)이 폭발하여 〈南京条约〉을 맺은 바 있다. 그 결과 广州市 남쪽 珠江 강구의 동쪽의 香港(Hong Kong, 서기 1842년 8월 29일-서기 1997년 7월 1일)이 영국의 식민지가 되었다. 현재는 영국이 서기 1997년 7월 1일에 반환하여 中华人民共和国香港特别行政区으로 되었다.

그리고 皇家에서 사용하는 기물의 생산 및 제조는 康熙 30년(서기 1691년) 慈宁宫 茶饭房(茶膳房)으로 옮겨 茶饭房과 공유한 151间의 养心殿造办处(清宫造办处 또는 皇室造办处)에서 담당하였다. 이곳 造办处에는 清宫檔案에 기재되어 있는 바와 같이 油木作, 玻璃厂, 盔头作, 灯裁处, 铸炉处, 舆图房金玉作, 匣裱作, 做钟处(自鸣鐘处), 鞍甲作, 铜馂作玻璃厂, 匣裱作, 珐瑯作, 등 '作', '处', '厂', '馆'의 기구가 있었는데 이곳에서 전국각지에서 모여든 재능 있는 100여 명의 能工巧匠들이 전성기에 각종 각양의 제품 61가지(六十一行之处로도 불림)를 만들었다. 이는 清末 외국인의 일기에도 나온다. 이곳은 擁正과 乾隆 때에도 활발하게 작품을 만들었는데 부족한 기술은 서양인들을 데려다가 배우고 하였다. 여기에서 만들어진 제품 중 北京 古宫博物院 소장의 珊瑚, 象牙, 琉璃, 瑪瑙와 碧玉으로 제작한 銅鍍金鑲嵌石料累絲(filigree, 線條細工)長方盆石石榴盆景와 銅鍍金鑲嵌石料累絲長方盆玉石石榴盆景, 擁正의 이복동생인 怡親王 允祥(康熙帝 第 13子, 서기 1730년-서기 1778년)이 감독·제작한 〈雍正寶藪(옹정보수)〉 중의 하나인 〈雍正寶藪〉 爲君難玉璽와 斗彩五倫提梁壺가 있다. 후자는 유교의 三綱五倫에 의거해 만든 것으로 擁正이 奏章된 서류를 검토할 때 틈을 내 차를 마시기 위한 주전자로 擁正이 무척 아끼던 것이다. 그리고 台北 故宮博物院 소장의 广東省 출신 匠人 陳祖璋이 8년간의 刻苦 끝에 乾隆 2년(서기 1737년)에 제작한 雕橄欖核舟(高 1.6cm, 橫 3.4cm, 縱 1.4cm, 重 3g)가 있는데 여기에는 蘇

軾의 后赤壁賦 전문이 1㎠ 당 20자 정도로 300여 자가 새겨져 있다.

그리고 咸丰帝(淸 제9대 황제, 서기 1831년 7월 17일-서기 1861년 8월 22일)가 承德 避暑山莊(河北省 承德市) 烟波致爽殿에서 사후 慈安太后(孝貞顯皇后 鈕祜祿氏, 서기 1837년-서기 1881년, 東太后, 이의 이름은 養心殿 동쪽 耳房에 거주하여 생김)와 慈禧太后[孝欽顯皇后 葉赫那拉氏, 서기 1835년-서기 1908년, 懿貴妃 西太后, 이의 이름은 養心殿 서쪽 耳房에 거주하여 생김, 老佛爺(title of respect for the queen mother or the emperor's mother)는 慈禧太后(Empress Dowager Cixi)의 별명이기도 하다]와 6살의 어린 同治帝(제10대 황제, 서기 1856년 4월 27일-서기 1875년 1월 12일, 19세에 돌아감, 재위 13년)를 남겨두었는데 同治帝(모친은 慈禧太后, 西太后임)를 위해 처음에는 慈安太后와 慈禧太后 양인이 그리고 서기 1881년 3월 10일(光緖 7년) 慈安太后의 사후 慈禧太后(서기 1835년 11월 29일-서기 1908년 11월 15일)가 혼자 垂簾聽政을 하였다. 이는 辛酉政变 이후의 일이다. 辛酉政变은 서기 1861년(咸丰 11년, 辛酉年) 咸丰帝의 病死后 慈禧太后가 恭亲王 奕訢(혁흔)과 연합하여 일으킨 一次宮廷政变으로 顾命八大臣의 勢力을 꺾고 赞襄을 政务大臣(역시 顾命八大臣으로 칭함)으로 삼아 皇太子 載淳(同治帝로 嫡母는 慈安太后임)을 황제로 보필하고 朝政을 섭정하였다. 載淳의 年號가 祺祥으로 '祺祥政变', 또는 '北京政变'이라고도 한다. 慈禧太后는 27년간(실제 咸丰-同治-光緖帝의 48년간 권좌를 누림) 養心殿 東暖閣에서 同治帝와 光緖帝(서기 1871년 8월 14일-서기 1908년 11월 14일) 뒤에서 수렴청정을 하였는데 그때 同治帝와 光緖帝가 사용하던 寶座紫檀木嵌碧玉雕龙寶座, 北京 古宮博物院 소장), 그 옆에 '龙'字 簇子, 보좌 뒤에 쳐 놓은 隔斷用 八幅黃絲로 만든

幔簾과 西太后가 무척 좋아하던 兰花가 그려진 揷屛(西太后를 兰貴人으로 부름)과 銅鍍金跑人水法轉花鍾(시계, 古宮博物院 소장)가 당시의 모습대로 복원·전시되었다. 그리고 당시의 정치적 상황은 咸丰 8년 6월 21일(서기 1858년 7월 31일)부터 光绪 35년 5월 14일(서기 1904년 6월 27일)까지 기록해둔 同治와 光緖帝의 先生이었던 翁同龢(옹동화, 서기 1830년-서기 1904년)의 일기가 전하고 있다.

乾隆(雍亲王 第四子 弘历, 清高宗弘历)황제 때 만들어진 北京 古宮博物院 소장의 중요한 유물은 乾隆황제의 母親 崇庆皇太后(钮祜禄氏, 봉호는 格格→ 熹妃→ 熹貴妃→ 崇庆皇太后→ 孝聖憲皇后임, 서기 1692년 11월 5일-서기 1777년 3월 2일 崇庆皇太后가 圓明园 長春仙館에서 붕어, 무덤은 泰東陵, 휘호는 崇德慈宣康惠敦和裕壽純禧恭懿安祺宁豫皇太后임, 史劇에서는 后宮 甄嬛传으로 알려짐)가 86세로 붕어하자 乾隆이 母親을 위해 제작한 金髮塔(清乾隆金发塔)으로 높이 147㎝, 底座 70×70㎝, 무게 108㎏으로 둘레에 嵌珠宝, 绿松石, 珊瑚 등의 무수한 보석으로 장식한 清宮現存最大의 金塔이다. 이 清代著名金器는 塔由下盘, 塔斗, 塔肚, 塔颈, 塔伞의 6부분으로 조성되었다. 塔肚内 供養佛 뒤에는 머리카락을 모아둔 金匣을 안치하였다. 金匣正面에는 六字真言을, 금갑 둘레에는 八吉祥纹을 장식하였다. 그리고 금갑의 아래에는 白檀香木座로 받치고 塔下에는 紫檀木의 蓮花瓣须弥座로 돌렸다. 塔座의 정면에는 "大清乾隆年敬造"라고 써져 있다. 이는 사람이 头髮을 중시하여 萬民之母인 皇太后가 매일 머리를 빗을 때 모아둔 두발을 사후에도 귀중하게 모신 것이다.

北京 古宮博物院 所藏의 方形佩飾이나 石头 모양의 锭子药(ingot

shaped medicine), 紫金錠(八寶紫金錠朝珠, 点翠紫金錠串), 八寶紫金錠模子(太乙紫金錠과 普度群生의 문자가 있음)는 擁正帝 황실의 妃嬪·后宮이나 大臣들을 위한 당시 만병통치의 日常保健预防用 비상약으로 佩啊, 手串口, 朝珠啊(court beads), 香袋, 香囊, 등에 넣어 몸에 지니고 다녔다. 서기 1752년 6월 兵部左侍郎 稽曾筠(서기 1670년-서기 1738년)이 더위와 습기에 고생하면서 현장에서 水利工程을 감독하다가 허벅지가 부풀어 오르는 통증에 시달렸다. 이 소식을 들은 雍正帝가 그에게 錠子药을 下賜하여 낫게 하였다. 또 广西提督 張應宗(從一品官)이 貴州에서, 奮威將軍 岳钟琪(서기 1686년 11월 8일-서기 1754년, 字는 东美, 号는 容斋, 四川成都人, 原籍凉州庄浪/현 甘肃 临洮, 岳飞의 21세孫, 四川提督 岳升龙의 아들로 清代康熙, 雍正, 乾隆时期의 名将)이 서북에서 전투 중 錠子药은 그의 사병들에게 毒蟲을 예방하고 解毒에게 꼭 필요한 약이 되어 擁正帝가 부하들에게 110여 포(1,000丸)나 下賜하였다. 酷熱로 발진이 온몸에 퍼진 光緒帝도 이 약으로 효과를 보았으며 그때 만들어진 北京 古宮博物院 所藏의 '光緒十八年奉旨傳合紫金錠檔案'이 남아 있어 紫金錠을 蓮蕫子燭子의 형태로 제조하고 합성된 약재를 알 수 있다. 하사받아 효과를 본 신하들은 모두 "伏念劑出天家 賜當炎暑 允以充沛以淸神....療兼各症"이라 찬사를 보내고 있다. 이는 阿諛奉承(阿溲啊, 奉承啊, flattery 혹은 greasiness)로 볼 수도 있다. 이 약은 雄黃, 麝香, 朱砂, 文蛤, 大戟, 山茨菇, 千金子 등의 희귀한 약재들이 들어가고 錠子药 내에 蟾酥錠, 萬應錠, 鹽水錠 離宮錠이 포함되어 있어 避暑, 防蟲, 驅蚊, 解毒, 中風, 腦卒中(醒腦), 腫毒疥癬(Sarcoptes scabiei var. hominis, 진드기에 의한 전염성 피부 침범) 등에 탁월한 효과가 있다. 이는 오늘날의 牛黃淸心丸의 성분과 약효가 일치하는 바가 많다. 北京 同仁堂 제약회사의 十大王牌药의 하나인 牛黃淸心丸淸은 "科学凉茶"로

도 불리 우며 心脑질환(脑卒中, 醒脑)에 현저한 효과가 있다. 그래서 心
解毒, 镇惊安神, 化痰熄风, 可用于高血压, 中风先兆, 脑血管意外, 脑血
栓后遗症, 神经衰弱症, 冠心病, 心绞痛, 抗衰老, 提神醒脑, 醒脾醒酒 등
을 치료하는데 쓰인다. 여기에 들어가는 약재로는 牛黄, 麝香, 水牛角浓
缩粉, 羚羊角, 朱砂, 黄芩, 郁金, 栀子, 人参, 当归, 防风, 麦冬, 白芍, 川
芎, 桔梗, 杏仁, 干姜, 肉桂, 蒲黄, 雄黄, 甘草, 金箔 등이나 同仁堂에서
는 朱砂와 雄黄을 넣지 않는다.

北京 古宫博物院 所藏 중 薄荷油, 巴尔撒末油(Baer Samo oil), 郭巴
益巴油, 多尔門的那油 등의 丁香油類의 약을 담은 약병들이 보인다. 이
들은 원래 선교사들이 공물로 바친 것을 紫錦城 내의 太醫院, 御藥庫,
御藥房(乾清宮 근처), 長春宮 儲秀宮, 永和宮 藥房 등이 보관하고 있던
것들이다. 擁正 4년(서기 1726년)에 御藥房에 넘겨졌을 때 상처를 치유
하는 索耳達(Suoerda), 몸에 지니는 과실 모양의 비상 약인 共達, 위장
에 좋은 達嘎瑪喝 등의 서양식 약도 준비되어 있었다. 康熙 32년(서기
1693년) 5월 康熙帝가 瘧疾(Malaria)에 걸려 몸에 오한이 나고 발열이
심하고 또 치아가 흔들거렸을 때 洪若翰(Jean de Fontaney, 서기 1643
년-서기 1710년)과 刘應(Claude de Visdelou, 서기 1656년 8월 12일-
서기 1737년 11월 11일) 두 명의 프랑스 선교사가 广東省에서 달려와 키
니네(金鸡納霜, Quina, Quinine) 一斤을 바쳐 康熙帝의 목숨을 구한 적
이 있다. 그 후 康熙帝는 서양의약을 믿고 자금성 내 製藥廠을 만들고
그곳에서 金鸡納樹(Cinchona, 作雞納樹, 金雞勒, 奎宁樹)를 구해 증류
기에 넣어 분말이나 액상의 金鸡納霜를 만들어내게 되었다. 그들 약은
丁香油瓶에 담아 보관하였다. 康熙帝는 여기에서 더 나아가《西洋藥書》
를 편찬하고《人體解剖图》,《人體器官結構图》란 책도 만들어 내었다. 이

키니네는 남아메리카 인디안(印第安)이 金鷄納樹의 껍질에서 채취하여 만들어진 것이며 스페인인이 이를 유럽에 소개하고 이것이 다시 두 명의 선교사들에 의해 중국에 알려지게 되었던 것이다.《聖祖五幸江南全錄》에 의하면 康熙 44년(서기 1705년) 南巡時 張氏姓의 提督, 康熙 51년(서기 1712년) 江宁織造 曹寅이 학질에 걸렸을 때 키니네를 하사해 그들의 목숨을 구한 적이 있었다. 이는 康熙帝의《康熙朱批》에 "用二錢米酒調服 若輕了些再吹一服 必要生的 位后或一錢或八分 連吹兩服 可以出(除)根 若不是瘧疾 此藥用不得 須要論眞 萬囑 萬囑"이라고 언급되어 있다.

그리고 明나라 嘉靖 年间(서기 1522년-서기 1566년) 太医가 폭정에 시달리다가 자리를 박차고 나가 福建省 闽南 漳州 璞山寺(璞山岩寺)에서 和尚으로 지내면서 片仔癀을 만들어 내었다. 片仔癀은 牛黄, 三七, 蛇胆, 麝香 등으로 제조하며 消炎, 清凉解毒, 消肿止痛, 急性肝炎, 眼炎, 耳炎 및 一切 炎症으로 인한 疼痛, 发热, 消化系统 癌细胞의 抑制作用 등에 탁월한 효과가 있어 가정집에서 '神丹妙药'인 비상 상비약으로 갖추어 놓는 神藥이다. 자고로 福建漳州는 '海滨邹鲁之称'이 있어 왔다. 그래서 이약을 '漳州片仔癀'으로 부른다. 片仔癀牌片仔癀은 棕黄色 혹은 灰褐色의 中成药으로 명성이 높은 귀중한 약으로 漳州片仔癀药业股份有限公司가 독자적으로 胶囊, 片剂, 锭剂로 생산해 내고 있다. 서기 2011년 '片仔癀制作技艺'는 国家级非物质文化遗产으로 지정되고 国家一级中药保护品种으로 되었다 이 약은 원래 明朝의 宫廷秘方이었다. 또 北京 同仁堂의 家族繁衍史 중에 云南白药의 曲折故事인《国宝神药》에서도 片仔癀의 背后를 찾아 볼 수 있다. 그리고 이 약은 明나라 医药学家인 醫聖 李时珍(서기 1518년-서기 1593년)의《本草綱目》에도 언급되어 있다.

14 北京의 中南海

    中华人民共和国国务院이 公布하여 全国重点文物保护单位가 된 中南海(Zhong Nan Hai, 100hectare/公顷, 水面 약 50ha, 中海, 南海, 北海를 포함)는 北京市 西城区 西长安街 街道에 위치하는데 中南海는 협의로 北京故宫의 西側의 두 개의 连通하는 湖水 즉 '中海'와 '南海'를 의미하는데 历史上 北海는 中海 및 南海를 통칭하는 太液池를 말한다. 처음 辽·金两朝에서 건설하였으며 清朝는 定都한 北京의 紫禁城 뒤 皇城 내 여러 内廷 供奉衙署, 民居를 철거하여 西苑大土地를 조성하고 北海, 中海, 南海 三海의 周围에 '内红墙'을 设置하였다. 御苑은 内红墙 안의 범위를 가지고 있으나 紫禁城 政治를 象征한 곳이다. 清帝의 顺治, 康熙, 乾隆 등 여러 황제들이 中南海内에 殿宇와 馆轩을 지어 避暑와 听政의 之所로 삼았다. 同治, 光绪 年间에 慈禧太后와 皇帝가 이곳에 머물렀으며 음력 12월 颐和园에서 紫禁城으로 돌아올 때에도 많은 사람이 中南海 안에 居住하였다. 清朝 光绪 24년(서기 1898년 6월 11일-9월 21일) 년간의 政治改革運動인 戊戌变法이 失败한 후 慈禧太后는 光绪帝를 南海中의 瀛台에 감금하였다. 서기 1900년 义和团运动 时期 中南海는 러시아 军驻屯地가 되어 苑内文物이 약탈되어 아

무엇도 남지 않았다. 서기 1900년 8월 八国联军 总司令 알프레트 하인리히 카를 루트비히 폰 발더제 백작(Alfred Graf Von Waldersee, 서기 1832년-서기 1904년, 阿尔弗雷德·海因里希·卡尔·路德维希·冯·瓦德西)가 北京을 점령한 후 中南海의 仪鸾殿에 거주하였다. 溥仪(서기 1906년 2월 7일-서기 1967년10월 17일)가 서기 1908년 12월 2일 즉위한 후 中海 西岸에 摄政王府가 세워졌다. 중요 건물로는 瀛台(南海中의 小岛, 서기 1421년 明 成祖 朱棣가 北京으로 천도한 후 明 皇宮 및 「南台」(瀛台)를 세움, 서기 1644년 9월 清나라가 盛京에서 北京으로 천도한 후 서기 1655년 6월 清顺治帝 「人间仙境」이란 의미로 明 南台를 「瀛台」로 명명함. 서기 1681년 7월 清 康熙帝 「瀛台听政」으로 삼음, 慈禧太后가 光绪帝를 감금한 瀛台), 紫光阁(서기 1760년과 서기 1775년 두 번 수축), 勤政殿(中南海의 正殿), 蕉园, 水云榭, 瀛台(康熙, 乾隆, 光绪와 和慈禧太后의 主要活动场所), 宝月楼(서기 1758년), 丰泽园(서기 1949년 이후 会议 및 娱乐场所)과 静谷, 怀仁堂, 淑清院, 西花厅 등이 있으며 서기 1949년 10월 1일 신중국 설립 후 毛泽东, 周恩来, 刘少奇, 邓小平, 陳雲, 陈伯达, 陆定一, 江青, 朱德, 彭德怀, 陈毅, 李先念, 习仲勋과 그의 아들인 习近平(현 核心主席) 등 中华人民共和国 領導人 등이 이곳에 거주하였다. 현재는 中华人民共和国의 的 国家中枢로 最高行政权力의 象征과 代名词이며 이곳에는 현재 中国共产党中央委员会, 中华人民共和国主席, 中华人民共和国 国务院, 中华人民共和国 全国人民代表大会, 中国人民政治协商会议 全国委员会, 中共中央书记处, 中共中央纪律检查委员会 등 党机关과 中央国家机关办公所在地이다. 그리고 또 中华人民共和国最高领导人(主席, president)의 居住地이다.

앞선 金朝时期에는 서기 1161년 金 5대 世宗 完颜雍이 皇位를 이어

받아 中都의 동북향인 오늘날 北海公園 中南海의 北半部 太液池와 大宁宫 琼华島 일대에 皇家园林园을 건조하였는데 元朝가 大都를 수축할 당시 太液池를 皇城 안에 포함시키고 그 주위에 三组의 宮殿 즉 大内, 隆福宮과 兴圣宫으로 둘러싸게 하였다. 太液秋波는 金朝의 燕京 八景의 하나가 되었다. 그리고 여기에는 '皱(皴, 추), 漏, 瘦, 透'를 美로 삼는 江蘇省 太湖石(후일 '折算糧賦'의 고통으로 折糧石으로 개칭)이 庭園의 假山을 만들기 위해 다량으로 이용되었다. 元朝의 太液池 범위는 오늘날의 北海와 中海를 포함한다. 이 太湖石은 宋나라 首都인 開封 근처 汴京에 奇花異石을 광적으로 좋아했던 徽宗 趙佶이 36세인 서기 1117년에 시작하여 서기 1122년에 준공한 皇家园林인 '艮岳园(간악원)'에서 빼온 것이다. 徽宗은 이 돌을 얻기 위해 蘇州에 應奉局을 설치하여 백성의 고통과 원성을 많이 쌓았다. 太湖石과 관련된 그림은 北京 古宮博物院 소장의 《芙蓉錦鷄图》[宋 書畫皇帝인 徽宗의 것으로(서기 1125년에 제작되고 그 내용은 '秋勁拒霜盛 峨冠錦羽鷄 已知全五德 安逸勝鳧鷖'를 표현하였다], 《祥龙石图卷》(徽宗 趙佶), 《芙蓉金鷄图》, 《清明上河图》(宋 張擇端, 太湖石의 운반선 10여 척이 묘사), 台北 故宮博物院 소장의 《池塘秋晚图》(徽宗 趙佶), 《獵梅山禽图》(徽宗 趙佶) 등이 있다. 北京首都博物館의 '紀念金中都建都860周年特展'에 출품된 鶻鸚鵡紋玉帶環, 銅龙坐가 金나라의 특색을 보여준다. 中都 大宁宫 琼华島에 사용되었던 太湖石도 清나라 順治, 康熙, 乾隆帝가 이들을 모두 빼내어 瀛台, 琼华島 남쪽의 永安寺를 건조하는데 다시 이용하였다.

宋나라 徽宗이 汴京(北宋의 四京制인 東京开封府, 西京河南府, 北京大名府, 南京应天府 중 東京이며 현 河南省 开封임)에 '艮岳园'을 만들어 奇花異石을 수집하였는데 그중 江蘇省 太湖石과 四川省 太平花(Philadelphus pekinensis Rupr. 虎耳草科)가 유명하다. 이들은 이후 清나라

에 이르기까지 중국 정원을 대표하는 상징물이 되기도 하였다. 太平花
는 虎耳草科로 山梅花属 중의 일종으로 北方 山林지역에서 항상 보이는
多年生 落叶灌木植物이며 枝叶은 茂密하고 花乳는 黃色이나 清香의 냄
새가 난다. 그리고 색깔은 乳白色으로 옅은 향기가 나며 花瓣은 4개, 卵
圓形으로 꽃은 4-6월에 피며 果期(采摘期)는 8-10월이다. 본래 이 꽃
은 四川省의 名花로 蜀나라에서는 처음에는 丰瑞花란 이름으로 四川 青
城山(中国 道教 发源地 중의 하나로 역시 道教 名山의 하나이다. 四川省
都江堰市 西南에 옛부터 '丈人山'으로 불렸으며 成都市는 동쪽으로 68
km, 都江堰 水利工程 西南 쪽 10km 떨어져 있다. 主峰은 老霄顶이다) 太
平花가 제일 아름답다. 후에 宋 仁宗 趙禎(서기 1010년 5월 12일-서기
1063년 4월 30일, 中国 北宋 第四代皇帝로 서기 1022년 3월 23일-서기
1063년 4월 30일 在位)이 모친의 생신을 축수하기 위해 보내진 盆栽를
모친이 매우 좋아해 이 꽃에 '太平瑞圣花'란 이름을 하사하였다. 그 무렵
가장 좋은 품종의 太平花(처음 이름은 丰瑞花임)는 剑南道(益州 成都府
剑门关 이남) 青城 일대에서만 자라고 있었으며 宝仙, 醉太平, 玉真 등
의 이름을 가진 품종들이 남아있었다. 다시 말해 宋朝 이전에는 "丰瑞花
"는 四川剑南에서만 자라던 특유의 꽃이었다.

　　南宋의 陆游[서기 1125년-서기 1210년, 字 务观, 号 放翁, 汉族, 越
州 山阴(현 绍兴)人으로 南宋의 文学家, 史学家 겸 爱国诗人이다)이 지
은 북송 멸망에 대한 울분의 시인 太平花는 '扶床踉蹡出京华, 头白车书
未一家, 宵旰至今劳圣主, 泪痕空对太平花'이다. 宋代学者 宋祁가 诗词
뿐만 아니라 动植物에 대한 사랑도 偏爱에 가까웠는데 그는 青城山의
慈竹, 天师栗, 楠, 桤木, 红豆, 蝉花, 茑, 金星草 등의 植物과 红桐嘴, 胡
花鸟 등의 鸟类를 시를 써 그 아름다움을 찬미하였다. 그의 诗《瑞圣花》
는 "众跗聚英, 烂若一房. 有守绘图, 厥名乃章. 繁而不艳, 是异众芳"이

다. 宋祁는 또《益部方物略记》中에서 "瑞圣花, 出青城山中, 干不条, 高者乃寻丈, 花率秋开, 四出, 与桃花类, 然数十跗共为一花, 繁密若缀, 先后相继而开, 凡阅月未萎也, 蜀人号丰瑞花, 故程相国琳为益之年, 绘图以闻, 更号瑞圣花, 然有数种, 差小者号宝仙, 浅红者为醉太平, 白者为玉真, 成都人竟移莳园中, 以为尤玩"이라고 언급하고 있다.

太平花는 대략 五代시기의 后蜀[서기 934년-서기 965년, 孟蜀으로 불림, 中国歷史上 十国의 하나로 明德 5년(서기 938년) 후일 广政(서기 938년-서기 965년 正月)으로 개명]의 君主인 孟昶[서기 919년—서기 965년 7월 12일 初名 孟仁赞, 字 保元, 할아버지의 고향은 邢州龙岗(현河北省 邢台市)이나 그는 太原(현 山西 太原西南)에서 태어남, 后蜀 高祖 孟知祥의 3자로 五代十国时期 后蜀의 마지막 皇帝(서기 934년-서기 965년)]에 의해 后蜀의 王宫御苑에 심어지고 서기 965년 北宋이 后蜀을 멸망시키고 蜀 后主 孟昶이 포로로 汴梁(현 开封)에 끌려왔을 때 太平花도 그를 따라 成都에서 옮겨 심어졌다. 后蜀 后主 孟昶의 宠妃인 花蕊夫人(화예부인 徐氏, ?-서기 976년)은 青城 사람으로 姿色美豔하여 慧妃로 봉해졌다 그녀는 花蕊夫人은 五代十国 시 저명한 여류시인으로《花蕊夫人宫词》이란 저서가 있으며《全唐诗》에는 孟昶妃의 작품으로 소개되어 있다. 그녀는 芙蓉花와 牡丹花를 가장 좋아하고 또 고향의 "丰瑞花(풍서화)"를 그리워해서 맹창이 명을 내려 后蜀都城인 成都 皇室御苑에 芙蓉, 牡丹과 '丰瑞花'를 대량으로 이식하였다. '丰瑞花'는 '楚楚小花 国色天香'이 되었다. 또 "洛阳牡丹甲天下, 今后必使成都牡丹甲洛阳"라는 말도 만들어졌다. 그리고 成都는 '芙蓉城'이라는 別称도 생겨났다. '花不足以擬其色'은 花蕊夫人을 나타내는 이름으로 그녀는 매우 총명하고 글을 잘 써 慧妃라고도 하였다. 그녀는 後蜀 广政 30년(서기 965년)孟昶이 趙宋에 투항했을 때 花蕊夫人은 北宋의 어전에서 「君

王城上竪降旗, 妾在深宮哪得知, 十四萬人齊解甲, 更無一個是男兒」라
는 시를 지어 太祖 趙匡胤의 마음을 샀다. 花蕊夫人은 후일 趙匡胤의
妃가 되었지만 孟昶을 못 잊어 그의 畫像을 그려 그녀의 방에서 祭祀지
내기도 하였다. 花蕊夫人은 첫 번째의 사냥에서 조광윤의 친동생 趙光
義(북송 2대 황제)의 화살에 맞아 사살되었다고 하나 사인은 확실하지
않다. 북송 陳師道는 《后山詩話》에서 "費氏蜀之靑城人 以才色入蜀宮
后主嬖之 號花蕊夫人"이라 하였다.

宋 靖康 2년(서기 1127년) 金軍이 汴梁城을 공격해서 북송을 멸망시
키고 徽宗과 欽宗을 포로로 압송해간 '靖康之恥' 때 '太平瑞圣花'도 江蘇
省 太湖石과 함께 전리품으로 金中都(현 北京)의 서쪽 교외에 옮겨졌다.
金나라가 멸망한 이후 金中都 皇城 안에서 자라던 太平花는 폐기되었으
나 교외에서 매년 명맥을 유지하여 元, 明시기에 '太平瑞圣花'는 皇城 御
花園에 다시 이식되었다. 淸나라 때 '太平瑞圣花'는 紫禁城 御花苑의 海
棠樹가 枯死해 그를 대신해 심어졌고 또 暢春園과 圓明园안에도 이식
되었다. 嘉庆帝가 돌아간 후 谥号가 仁宗 睿皇帝로 되었을 때 '睿' 字가
'瑞' 字와 同音으로 避讳로 道光皇帝는 명령을 내려 太平瑞盛花의 "瑞
盛" 二字를 없애 '太平花'로 현재까지 불리고 있다. 같은 꽃이 두 황제에
의해 '太平瑞圣花'와 "太平花"로 달리 불린 예가 매우 드물다. 이 꽃은 北
京 北海 靜心齐, 北海公园, 北京 故宫 絳雪軒에도 이식되어 오늘날 까
지 명맥을 유지하고 있다. 이화원(頤和园)과 같이 北京市 海淀区에 위치
하는 宮苑 겸 離宮(圓明园)으로는 서기 1709년(康熙 46년)에 짓기 시작
하고 서기 1860년(咸丰 10년) 10월 18일 제2차 아편전쟁 시 영국파견 지
방장관(현 고등판무관)인 엘긴 卿(Lord Elgin)의 명에 따라 英-佛 연합
군(Grant와 Montauban 장군)에 의해 철저히 파괴된 圓明园(康熙 46년,
서기 1709년-咸丰 10년, 서기 1860년, The Old Summer Palace)도 들

수 있는데 그곳에 이식된 '太平瑞圣花'도 모두 타버렸으나 후일 두 그루만 살아남아 紫禁城 御花园으로 이식되었다고 한다. 그래서 皇城의 社稷坛과 紫禁城의 御花园에 모두 太平花가 심어져 싹(苞, 苞葉)이 무성한 새로운 품종으로 개량되어 색깔은 눈같이 희고 幽香은 淡雅해서 皇宮의 珍贵名卉가 되었다. 太平花는 慈禧太后의 총애를 받아 王公大臣에 하사하는 答礼品으로 많은 王公子弟가 모두 太平花를 하사받는 것을 영예롭게 여겼다고 한다. 이 태평화를 소재로 그려진 그림은 北京 古宮博物院 소장의 清末畫家 楊無恙의《扇面》, 북송 徽宗의《花卉》, 北宋畫家 趙昌(서기 959년-서기 1016년)의《寫生蛺蝶图》, 台北 古宮博物院 소장 后蜀宮中畫家이면서 宋初著名畫家인 黃居寀(서기 933년-서기 993년 以後)의《山鷓棘雀图》, 張大千(서기 1899년-서기 1983년, 四川 출신의 台湾畫家임)의《花蕊夫人像》이 있다.

明代에 中南海와 北海의 建筑群이 마지막으로 확정되었다. 明朝 明成祖는 北京에 정도한 후 서기 1406년 이후 매년 새로운 皇宮을 짓고 明朝 宮城은 元朝 宮殿의 원 위치에서 남쪽으로 이동하였는데 이로 인해 皇城 성벽도 역시 남쪽으로 옮겨졌다. 남쪽은 皇城의 园林景观이 풍부하여 南海를 파낸 흙과 개착한 筒子河의 흙을 쌓아 万岁山(景山)을 만들었다. 北海, 中海, 南海를 '太液池'로 부르고 이를 皇城의 西苑에 속하게 하였다. 北海와 中海는 鳌玉桥(金鳌玉蝀桥)를, 中海와 南海를 蜈蚣桥로 경계로 하였다.

서기 1911년 清朝 宣統帝의 退位 이후 中华民国시대에는 中南海는 中华民国 大总统 袁世凯의 점용지로 北洋政府의 总统府가 들어섰고 袁世凯의 称帝时期에는 中南海는 新华宮으로, 동시에 宝月楼의 外墙을 철폐하여 新华门으로 바꾸었다. 북에서 新华门은 中南海의 正门으로 되고 차후 中南海는 北洋政府의 大总统과 总理의 办公處로 되어 张作霖의 大

元帅府로 되었다.

中华民国 国民政府가 北平(북경)을 접수한 후 中南海는 公园으로 中国民众에게 开放되었으나 서기 1945년 8월 15일 抗日战争이 끝난 후 国民政府 軍事委員會 北平行营이 中南海에 설치되었다. 共産軍이 北平에 진주하기 전 华北剿匪总司令 傅作义가 中南海에 들어와 办公處를 열었다. 서기 1949년 国共内戰 후에 共産軍(人民解放軍)이 정식으로 北平에 진주하여 오늘날에 이르렀다.

文革时期인 1967년 1월 红卫兵이 이곳을 포위하여 中南海가 한 때 텅 빈 적이 있었으며 서기 1999년 4월 25일 만여 명의 法轮功 学员이 몰려와 대치했다가 당시의 国务院总理 朱镕基와 高级官員이 上访者 代表와 협의가 성공한 "中南海事件" 때에도 그러하였다.

乾隆帝 때 北京 北海御园 太液池에서 冰嬉比賽(빙상시합) 场面을 그린 宮廷绘画인 《冰嬉图》(宮廷畫家 张为邦畫, 北京 古宮博物院 소장)에서 보다시피 겨울이 되면 官兵 八旗軍 정예부대 1,600명이 騎射, 摔跤(씨름)와 같이 만주족 習俗의 하나인 清代宮内 傳統冬季冰嬉인 滑雪, 速度滑氷試合을 벌렸다. 이는 满洲族이 辽宁省 沈阳에 도읍을 두고 중국 동북지방 白山黑水 지역에서 나라를 일으킨 清-大清(홍타이지, 皇太極, 愛新覺羅, 崇德帝, 清 太宗, 서기 1592년 11월 28일-서기 1643년 9월 21일)의 전신인 後金의 초대황제인 누루하치(努尔哈赤, 天命帝, 서기 1559년 2월 21일-서기 1626년 9월 30일, 재위; 建洲女眞 서기 1583년-서기 1616년, 후금 서기 1616년-서기 1626년) 휘하 弗古列 장군이 겨울에 巴尔特虎 部落을 공격할 때 氷上의 高手를 이용하였다. 이후 이는 청나라 八旗軍이 벌린 전투용 동계훈련의 일환이었다. 또 潘榮陛의 《帝京歲時勝序》에 의하면 섣달 8일 北海 太液池 護城河에서 採氷해 '雪池氷

窖'(氷庫, 서기 2003년 北京市文物保護單位)에 저장하였다고 한다. 이는 佛家에서 식품에 한정되지 않고 가장 좋은 맛을 상징하는 제호미(醍醐味)처럼, 朝鮮時代 內醫院에서 端午節 날 임금이 이것을 대신들이나 耆老所에 하사하였던 여름철 더울 때 마시던 청량음료인 제호탕(醍醐湯, 오매육, 사인, 초과, 백단향을 가루로 내어 중탕으로 달인 뒤, 응고시켜 냉수나 얼음에 타서 먹는 한국의 음료)은 황실과 귀족과 같은 상류층 사람들에게 別味였을 것이다. 이는 건륭제가 여름 임신으로 병약한 寧貴人에게 하사한 얼음이 한 가득 찬 北京 古宮博物院 소장의 乾隆掐絲琺瑯氷鑑(氷箱), 甜碗子(연뿌리와 같은 薄片음식), 氷鎭核桃仁(胡桃仁)과 같은 여름용 냉동음식도 이를 잘 보여준다.

중국 근대화 증거의 하나인 철로 개설의 誕生과 發展은 서기 1888년 李鴻章이 慈禧太后의 생일선물로 北海御园(中海, 南海, 北海를 포함)의 太液池 중 中海 瀛秀园⇄北海 鏡淸齋(현 靜心齋)까지 中南海의 湖邊을 따라 西苑鐵路를 만들었으며 慈禧太后는 6량의 객실(六節車廂)을 가진 '慈禧小火車'라는 기차에 타서 사진도 찍고 景觀을 매우 즐겼던 모양이다. 이는 이홍장이 光緖帝와 의논하여 중국철도개설의 필요상 慈禧太后의 환심을 사는데 이용하였던 것이다. 서기 1876년 영국과 미국이 합작하여 上海⇄吳淞에 14.5㎞의 영업용 吳淞鐵路를 이미 개설하였는데 白銀 28만5천兩이 들어갔다. 河北省 唐山 开平煤矿에서 蒸汽汽車로 运河와 여러 码头(부두)를 연결하는 全長 9.7㎞의 唐胥鐵路가 각고의 노력(九牛二虎之力) 끝에 부설되었는데 淸西陵 앞을 지날 때 나는 진동과 黑煙에 대한 惡所聞에 말이 기차를 끌도록 淸朝廷에서 명령을 내리기도 하였다. 서기 1884년 중국-프랑스(中-法)戰爭이 일어났을 때 중국은 군수물자의 운반시설이 부족해 프랑스에 패하였다. 서기 1900년 8월 14일

八国聯合軍이 북경 성 밑까지 밀려왔을 때 서기 1900년 10월 26일 慈禧太后와 光緒帝는 陝西省 西安으로 피난을 가고 서기 1901년 12월 31일 不平等條約인 辛丑條約을 체결한 후 서기 1901년 12월 31일 慈禧太后와 光緒帝는 西安→ 保定까지는 마차로 保定→ 北京 馬家堡(京師)까지는 기차를 이용하여 回宮(兩宮回鑾)하였다. 신문명과 과학기술에 대해 頑固·守旧하던 慈禧太后도 北京 高碑店 ⇄ 河北省 易県 철로의 건설을 허가하고 서기 1903년에는 그 기차를 타고 淸西陵앞을 지날 때 진동에 대하여 조상에게 속죄를 고하기도 하였다.

북경의 什刹海(Shíchàhǎi) 근처에는 賢良祠, 火神廟, 恭亲王 奕訴 등 유적이 많다. 什刹海는 北京市 历史文化旅游风景区로 北京市 历史文化保护区이며 북경시 西城区에 위치한다. 水域面积은 33.6万㎡로 中南海水域과 연결되어 있다. 중요한 문화유적은 恭王府 및 花园, 宋庆龄故居, 醇王府, 舫龉의 집, 郭沫若 纪念馆, 钟鼓楼, 德胜门箭楼, 广化寺, 汇通祠, 会贤堂 등이다.

① 賢良祠는 雍正 8년(서기 1730년), 康熙帝 第13자 允祥(怡賢親王 胤祥 諡號는 賢, 서기 1686년 4월 16일－서기 1730년 5월 4일) 그의 이복동생 允祥이 過勞死하자 그를 추모하기 위해 賢良祠를 지어 开国以后의 名臣硕辅의 위폐를 모시고 春秋 두 번에 걸쳐 祭祀를 지냈는데 '永光盛典'으로 이 제사는 청조 말까지 지속되었다. 賢良祠는 坐北朝南으로 面積은 약 740㎡이며 祠內에는 淸世宗(雍正帝)憲皇帝御制賢良祠碑, 御书额은 "崇忠念旧"이다. 여기에 모신 雍正朝－宣统朝의 名臣硕辅는 金议怡贤亲王允祥宜居首 最初祀王을 비롯하여, 公, 大学士, 尚书, 左都御史, 都统, 将军, 总督, 提督, 巡抚, 副都统

등 도합 78인이며 추가 제사인 21인을 포함하면 모두 99人으로 다음
과 같다.

雍正朝

- 首批：僉議怡賢親王允祥宜居首. 大学士图海, 赖塔, 张英, 尚书顾
  八代, 马尔汉, 赵申乔, 河道总督靳辅, 齐苏勒, 总督杨宗仁, 巡抚陈
  瑸. (此後陸續入祀) 大学士范文程, 巴克什达海, 阿兰泰, 李之芳, 吴
  琠, 张玉书, 李光地, 富宁安, 张鹏翮, 宁完我, 魏裔介, 额色黑, 王熙,
  领侍卫内大臣福善, 费扬古, 尹德, 尚书励杜讷, 徐潮, 姚文然, 魏象
  枢, 汤斌, 提督张勇, 王进宝, 孙思克, 施琅, 总督赵良栋, 于成龙, 傅
  腊塔, 孟乔芳, 李国英, 都统冯国相, 李国翰, 根特, 统领莽依图, 将军
  阿尔纳, 爱星阿, 佛尼埒, 副都统褚库巴图鲁.
- 雍正十二年：祀大学士田从典, 高其位.

乾隆朝

- 乾隆元年, 命入祀诸臣未給予谥號者全部追授. 入祀尚书衔兼祭酒杨
  名时, 大学士朱轼, 内大臣哈世屯, 尚书米思翰.
- 乾隆五年, 祀总督李卫.
- 乾隆六年, 祀尚书徐元梦, 巡抚徐士林.
- 乾隆十年, 釐定祠位. 入祀超勇亲王策凌, 列怡贤亲王左次龛. 大学士
  马齐, 伊桑阿, 福敏, 黄廷桂, 蒋溥, 史贻直, 梁诗正, 来保, 傅恒, 尹继
  善, 陈宏谋, 刘纶, 刘统勋, 舒赫德, 高晋, 英廉, 徐本, 高斌, 协办大学
  士兆惠, 左都御史拉布敦, 尚书汪由敦, 李元亮, 阿里衮, 尚书衔钱陈
  群, 都统傅清, 将军和起, 伊勒图, 奎林, 总督那苏图, 陈大受, 喀尔吉
  善, 鹤年, 吴达善, 何煟, 袁守侗, 方观承, 萨载, 提督许世亨, 巡抚潘
  思榘, 鄂弼, 李湖, 傅弘烈.

撤出

- 乾隆二十年三月, 爆發胡中藻案, 四月, 鄂爾泰的門生胡中藻被斬殺, 鄂爾泰被撤出賢良祠, 不准入祀.
- 乾隆四十六年(1781年), 甘肅冒賑案發, 布政使王亶望和王廷贊被處死, 于敏中的牌位被撤出賢良祠.

嘉慶朝

- 大学士福康安, 阿桂, 刘墉, 王杰, 朱珪, 戴衢亨, 董诰, 尚书董邦达, 彭元瑞, 奉宽, 总督鄂辉.

道光朝

- 大学士富俊, 曹振镛, 托津, 长龄, 卢廕溥, 文孚, 王鼎, 协办大学士汪廷珍, 陈官俊, 尚书黄钺, 隆文, 将军玉麟, 总督杨遇春, 陶澍, 河道总督黎世序.

咸丰朝

- 大学士潘世恩, 文庆, 裕诚, 协办大学士杜受田, 侍郎杜堮, 巡抚胡林翼.

同治朝

- 大学士桂良, 祁寯藻, 官文, 倭仁, 曾国藩, 瑞常, 贾桢, 大学士衔翁心存, 协办大学士 骆秉章, 总督沈兆霖, 马新贻.

光绪朝

- 恭忠亲王奕訢, 名臣大学士文祥, 英桂, 全庆, 载龄, 左宗棠, 灵桂, 宝鋆, 恩承, 福锟, 张之万, 麟书, 额勒和布, 李鸿章, 荣禄, 裕德, 昆冈, 崇礼, 敬信, 协办大学士沈 桂芬, 李鸿藻, 将军长顺, 总督沈葆桢, 丁宝桢, 岑毓英, 曾国荃, 刘坤一, 提督宋庆, 巡抚张曜

宣统朝

- 大学士王文韶, 张之洞, 孙家鼐, 鹿传霖, 协办大学士戴鸿慈

② 地安门 火神廟(또는 敕建 火德真君庙, 什剎海 火神廟)는 北京市 西城区 地安门外 大街 万宁桥 西北側에 위치하는데 唐朝 贞观 6년(서기 632년)에 건립되었으며, 元朝時에는 元顺帝 至正 6년 (서기 1346년)에 重修하고, 明朝 万历 年间 宫廷에서 매년 연속적으로 화재가 일어나 明朝 万历 33년(서기 1605년) 영을 내려 火神庙를 확장해 건축하도록 하는 동시에 琉璃碧瓦를 하사해 화재를 진압할 수 있도록 하였다. 清朝 乾隆 24년(서기 1759년) 다시 重修를 하고 门과 后阁의 지붕에 黄瓦를 덮었다. 清朝末年 太监은 道教界와 왕래가 잦아 친밀하였다. 太监의 네 아들인 许子才, 张子渔, 田子久, 魏子丹의 하나인 田子久는 地安门 火神庙의 住持를 맡는 동시에 北京道教协会의 会长 이외에도 太监信修明曾任副会长도 하였다. 常人春《清代火神庙的中元法会》에 记载된 바로는 张天师(天師道, 道教門派의 하나인 '正一道' 龙虎宗 各代傳人의 칭호)가 두 번에 걸쳐 地安门 火神庙를 방문해 머물었는데 1차는 地安门 火神庙, 正阳门 밖 关帝庙, 朝阳门 밖 东岳庙에서 공동으로 朝廷을 위해 「息災弭亂, 永延清祚」하는 中元法会를 열었다. 이외에도 民国 5년(서기 1916년) 张天师가 북경에 와서 新华宫에서 建醮设坛을 열었다. 中华人民共和国의 成立后 처음에는 軍部队의 주둔과 住居民으로 인해 地安门 火神廟가 많은 피해를 입었으나 서기 1981년 北京市 人民政府에서 北京市文物保护单位로 지정하면서 원래의 모습대로 복원하였다.

③ 청나라의 말기 恭亲王 奕訢(혁흔, 서기 1833년 1월 11일-서기 1898년 5월 29일)의 鑒园 또는 萃锦园이라고도 불리는 什剎海 西北 恭王府 内 花园은 柳荫街甲 14号에 위치하며 처음 乾隆 42년

(서기 1777년)에 独乐峰, 滴翠岩, 湖心亭 등 31개소의 건축물이 들어서 있다. 恭亲王은 乾隆帝 때 大臣인 和珅(화신, 서기 1750년 7월 1일-서기 1799년 2월 22일)의 소유였던 花园의 중건을 위해 能工·巧匠을 수백 명 소집해 山石林木을 쌓고 彩画斑斓을 하였다. 融江(容江, 潭江으로 珠江流에 속함)南의 园林艺术과 北方의 建筑 다시 말해 西洋建筑 및 中国古典의 园林建筑 양식이 합쳐 京师百座王府의 으뜸이 되었다. 그래서 北京에 现存하는 王府园林艺术의 精华로 '什刹海의 明珠'라 불린다. 그중에 中园 한 가운데에 세워진 西洋门에는 御书인 '福'字碑가 있어 室内의 大戏楼, 恭王府와 함께 이들은 '三绝'이라 불린다. 이 정원은 曹雪芹이 쓴《红楼梦》중 大观园의 原型으로 생각될 정도이다. 号가 乐道堂主人인 恭亲王 奕訢은 清末政治家로 洋务运动의 主要领导者이며 清朝十二家铁帽子王 중의 한 분이다. 道光帝의 第6자로 咸丰帝와는 同父异母兄弟로 生母는 孝静成皇后 博尔济吉特氏이며 道光帝로부터 '恭亲王'으로 봉해졌다. 咸丰년간 奕訢은 咸丰 3년(서기 1853년)에서 咸丰 5년(서기 1855년)까지 领班军机大臣으로 임명받았다. 第二次鸦片战争中에 奕訢은 钦差大臣으로 전권을 위임받아 영국, 프랑스와 러시아와의 谈判을 책임져 〈北京条约〉을 체결하였다. 咸丰 11년(서기 1861년) 咸丰帝가 붕어함에 따라 奕訢는 東太后 慈安, 西太后 慈禧과 道光帝六子가 연합하여 辛酉政变을 일으켜 정권을 탈취하는데 성공하여 议政王(Prince of Chief Executive)의 직함을 받았다.

서기 1911년 辛亥革命 이후 가문이 몰락하여 그의 长子 载澄(서기 1858년-서기 1885년, 郡王衔多罗果敏贝勒)의 嗣子 溥伟(载滢长子 恭亲王 奕訢의 长孙, 서기 1880-서기 1936년)가 집안의 골동품 전부를 일본의 山中定次郎(やまなかさたじろ, 원명은 安達定次

郞임, 서기 1866년-서기 1936년)에게 銀 30万兩에 팔았는데 그중
南宋 陳容(서기 약 1200년-서기 1266년, 字는 公儲, 号는 所翁. 臨
川/현 屬江西人)이 그린《六龙图》는 서기 2017년 3월 20일 경매에서
USD 4,350万 달라(人民幣 약 3億元)로 낙찰되었다고 한다.

④ 醇王府는 溥仪의 친아버지이며 攝政王인 和碩親王 載洋이 살
던 곳으로 그의 '和碩醇寶親王金印'이 中国国家博物館 소장되어 있
다. 金印의 주인공인 和碩親王載洋는 中国 清朝末年의 皇室 近亲
王의 한 사람으로 그의 집은 什剎海 뒤 北京市 西城区 海北沿 44号
이다. 이 집은 현재 北京市 第二聋人学校로 사용되며 서기 1989년
西城区 文物保护单位로 지정되었다. 亲王府는 清朝 醇亲王의 王府
로 醇亲王府는 원래 현재의 复兴门 남쪽의 太平湖 旧址로 '南府' 또
는 '太平湖醇亲王府'로 불렸다. 光绪帝가 이곳에서 출생하여 '潜龙
邸'로, 光绪帝가 등극한 후 清나라 朝廷은 이곳 醇亲王府를 "北府"
또는 '后海醇亲王府'로 명명하였다. 이 醇王府 北府(Prince Chun
Mansion Peifu, 4万㎡)는 国家重点文物保护单位로 지정된 清代의
規模가 비교적 큰 王府로 일찍이 纳兰明珠 永瑆의 저택이었는데 서
기 1872년 醇亲王 奕譞이 집주인이 되었다.

清朝末年 北府는 奕譞(醇賢親王 奕譞, 서기 1840년 10월 16일-
서기 1891년 1월 1일, 중국 청나라의 황족 종실이고 청나라 제8대 황
제 道光帝의 庶子이며 청나라 제9대 황제 咸丰帝의 이복동생이다)과
摄政王 載沣(光绪 34년 서기 1908년 军机大臣으로 같은 해 11월 그
의 아들 溥仪가 대통을 잇자 監国 摄政王이 됨)이 살던 곳으로 溥仪
가 醇亲王府의 北府에서 출생하고 또 부의가 宣统帝로 大统을 잇자
載沣은 摄政王으로 이곳은 摄政王府가 되었다. 서기 1911년 辛亥革

命이 일어나고 서기 1912년 淸朝는 멸망하였다.

서기 1912년 中国的末代太后인 隆裕太后(孝定景皇后, 서기 1868년 1월 28일-서기 1913년 2월 22일, 叶赫那拉氏, 靜芬, 隆裕皇后, 光緒皇后, 光緒帝의 황후이며, 西太后의 동생 都統桂祥의 딸로 西太后의 조카딸)는 宣統帝(서기 1906년 2월 7일-서기 1967년 10월 17일, 재위는 서기 1908년-서기 1912년이나 황제의 칭호는 서기 1924년까지 유지함. 宣統 9년 5월 23일(서기 1917년 7월 11일) 청나라 말기와 중화민국 초기의 군벌 정치가인 張勳이 12歲의 淸朝 逊位皇帝 溥儀를 北京에서 復辟하려는 政變의 失敗 후 溥仪가 다시 退位하고 서기 1924년 11월 5일 中国国民革命军陆军一级上将 冯玉祥의 부하인 国民革命军高级将领인 鹿鐘麟과 그 부하들에 의해 3시간 이내 紫禁城을 떠나도록 退出 명령을 받았다. 그 후 서기 1925년 10월 10일 紫禁城은 古宮博物院이 됨. 큰어머니는 隆裕太后/孝定景皇后임) 뒤에서 垂簾聽政을 하고 攝政王 載灃(宣統帝의 生父이며 光緒帝의 동생)과 함께 청 제국 마지막 시기에서 정치를 장악하다가 宣統 3년 12월 25일(戊午, 서기 1912년 2월 12일) 太后의 名義로《淸室退位詔書》를 頒布 하여 서기 1644년 順治帝의 淸兵이 入关 이래 청나라 268년의 통치가 종결되었다. 만약 서기 1636년 淸 太宗 皇太極이 国号를 '大淸'으로 바꾼 이후로 보면 淸帝国은 276년간 지속한 것이 된다. 그 이후 서기 1912년 2월 12일-서기 1949년 10월 1일 中华民国은 孫文 → 遠世凱→ 蔣介石으로 이어졌다.

⑤ 毓嵒(愛新覺羅 毓嵒, 아이신기오로 유얀, 서기 1918년 5월 17일-서기 1999년 1월 18일, 청나라의 마지막 황제 溥仪의 조카 겸 양자이자 상속인, 청나라의 왕위 요구자이며, 청나라 황실의 수장인

류암, yuyan)은 道光帝 第五子 奕誴(서기 1831년-서기 1889년)의 曾孫, 祖父는 載濂(서기 1854년-서기 1917년), 아버지는 溥偁(서기 1873년-서기 1932년)으로 头品顶戴(一品官)로 乾清门의 行走를 역임하였다. 毓嵒는 北京市 海淀区 清朝皇家园林의 현 清华大学 구내 清华园에 있던 奕誴王府(惇勤亲王, 小五爷府)에서 태어났으나 어린 시절 어머니를 여의고 불행한 시절을 보냈다. 자는 巖瑞이며 어릴 적 이름은 小瑞子였다. 그의 집은 銀錠橋 부근 南官房 胡同 12호이다. 서기 1950년 8월 毓嵒은 溥仪가 서기 1950년 满洲国이 해체되고 소련군에 의해 시베리아(西伯利亚)에 포로로 있을 때 溥仪의 嗣子로 있다가 中国으로 돌아와서 抚顺战犯管理所에서 思想改造 교육을 받고 서기 1957년 석방되어 出獄 後 汉语를 교육하고 杂货 장사로 생을 이어갔다. 溥仪는 서기 1934년 3월 1일 일본의 괴뢰정부인 满洲国皇帝로 등극하여 연호는 康德으로 康德皇帝로 불렸다. 서기 1945년 8월 17일 밤 溥仪는 满洲国皇帝를 退位하고 서기 1950년 8월 1일 '满洲国 263명의 战犯'의 하나로 黑龙江省 东南部의 绥芬河에서 복역하다가 抚顺战犯管理所에 전출되어 그곳에서 10여 년간 사상재교육을 받았다.

⑥ 團河行宮은 北京市 大興区 西紅門地区 團河北村에 위치하며 清朝皇家의 行宮으로 당시 南苑 4座의 皇家行宮[기타 3座는 舊衙門行宮(舊宮), 新衙門行宮(新宮), 南紅門行宮(南宮)] 중 유일하게 지금까지 보존되어 있다. 行宮은 大興区 黃村 衛星城 동쪽 3㎞ 떨어져 있다. 총 면적은 약 200㎢로 清朝皇帝의 狩獵, 閱兵, 駐蹕場所이었다. 團河行宮은 乾隆 42년(서기 1777년)에 짓기 시작하였다. 清朝乾隆時期에는 南苑의 西南 구석에 團河行宮을 짓고 차후 團河行宮에는 清

朝皇帝가 와서 南苑遊獵 및 정치를 하던 곳이었다. 團河行宮은 乾隆帝가 四下江 南쪽에 지어 江南 園林의 特色을 지니고 있다. 團河行宮의 宮牆 안에는 東湖, 西湖가 있으며 湖안에는 94泉이 있고 泉水匯은 湖를 이루었다. 御碑亭에 있는 乾隆御製詩에는 「團河本是鳳河源」이란 구절이 있어 團河는 入鳳河에 합류하였음을 알 수 있다. 清朝 末年 国家가 衰弱하여 團河行宮도 쇠락해 갔다. 光緒 26년(서기 1900년) 八国聯軍이 北京을 점거하고 團河行宮의 珍寶를 모두 약탈해 갔다. 서기 1985년에 團河行宮遺址는 大興県文物保護單位로 지정되고 그 해 團河行宮遺址公園(전체 면적 33만㎡)을 만들어 폐허가 된 옛 건물을 복원한 후 사회에 개방하였다. 《欽定日下舊聞考》에 기재된 바로는 「團河之源舊稱團泊, 在黃村門內六里許. 河南北舊寬六十餘丈, 東西五十餘丈. 乾隆 42년, 重加疏浚, 復拓開數十丈」, 團河行宮中에는 「泉源暢達, 清流溶漾, 水匯而為湖, 土積而為山, 利用既宜, 登攬尤勝」라 하였다. 團河行宮은 5년간에 만들어지고 南苑은 清朝의 최대 규모이었다.

⑦ 皇家行宮 중 사라져버린 南海子 舊衙門行宮(舊宮)은 順治(서기 1638년 3월 15일−서기 1661년 2월 5일)와 董鄂貴妃(死后 皇后 孝獻端敬皇后로 追封, 董鄂氏, 董妃, 董鄂妃, 棟鄂妃로 불림, 서기 1639년−서기 1660년 9월 23일, 21살), 그리고 順治의 어머니인 孝庄文皇太后[昭圣(太)皇太后, 서기 1613년 3월 28일−서기 1688년 1월 27일, 努尔哈赤 第8子인 爱新觉罗·皇太极, 清太宗의 側福晋, 努尔哈赤의 14子 睿亲王 多尔衮(도르곤)과의 염문 때문에 雍正 3년 서기 1725년에 昭西陵에 묻힘] 사이에서 軋轢과 愛憎의 애틋한 역사가 머문 곳이다. 董鄂貴妃는 順治帝의 11弟이며 배다른 동생(異母

弟)인 襄親王 博穆博果爾의 妻였다가 博穆博果爾가 順治帝에 의해
죽임을 당한 후 侍女로 들어왔다가 后宮이 되었다.

⑧ 皇家行宮 중의 하나인 北京 万寿寺는 高梁河(長河)의 北岸
广源閘 西側에 위치하며 明 万历 5년(서기 1577년) 3월에 건립하
기 시작하여 万历 6년(서기 1578년) 6월에 완공하였다. 明 隆慶 6
년(서기 1572년) 明 穆宗이 승하함에 따라 그가 생전에 漢經廠(番
經廠, 漢文佛經을 전담출판)을 재건하려는 희망에 따라 皇城 東北
구석 즉 嵩祝寺에 부근에 세워졌다. 그리고 이 절은 미천한 태생의
万历의 어머니인 李太后를 위한 것이기도 하다. 이 절의 명칭은 万
历 6년 완공 시 '依其舊制'에 따라 '藏經香火院'이었으며 明 神宗이
'敕建万寿寺'라는 현판을 쓴 이후 만수사로 불리게 되었다. 敕建万
寿寺碑文은 張居正(서기 1525년 5월 24일 – 서기 1582년 7월 9일,
內閣首輔)이 撰寫하였다. 万历 7년(서기 1579년) 明 神宗이 유지를
내려 萬壽寺를 皇家의 전용사원으로 삼고 僧 수십 명은 이에 따라
최고 예우를 받았다. 清朝 初年 順治帝가 北京으로 진공해 들어와
반년도 안 되어 敕建 万寿寺를 개칭해 '敕建護国万寿寺'로 하고 '大
清順治二年歲次乙酉季夏立'로 落款하였다. 만수사는 그 이후로 清
朝皇家寺院이 되었다. 順治 16년 2월(서기 1659년) 밤 만수사에 불
이나 대부분의 건물이 타버렸으나 단지 寺院 東路에 있던 僧舍 등
건축물만 남아 僧人은 이곳에서 焚修하였다. 康熙 17년(서기 1678
년) 万寿寺 住持 圓亮이 寺院의 香火錢을 이용하여 東路의 건물을
중건하였다. 東路에는 원래 华嚴鐘樓, 藥王殿, 藥房遺址가 있었다.
圓亮은 먼저 藥王殿址의 후면에 5간의 毗盧佛殿을 세워 正殿으로
삼았다. 康熙 20년(서기 1681년)에 다시 毗盧佛殿의 兩側 配殿을

짓고 후에 또 藥王殿을 복원하였다. 康熙 24년(서기 1685년) 万寿寺 西側에 行殿과 中路에 重建하였다. 이 건물은 모두 淸朝宮式 建築規制로 지었다. 부분적으로 明朝 殿堂式의 건물이 남아 있지만 계속 지어 明朝에 비해 건물수가 두 배로 늘었다. 명나라 때 중국 4대 불교성지인 安徽省 池州市 青阳县 九华山, 山西省 忻州 五台県 五台山, 浙江省 舟山群岛 중 하나의 섬인 普陀山, 四川省 省峨眉山市 峨眉山 중 보타산, 아미산, 오대산을 모방하여 만든 假山周邊에 园林을 만들고 假山周围의 못을 돌리고 그 양측에 配殿長廊을 假山 뒤에는 佛殿을 三重으로 만들었다. 雍正 11년(서기 1733년) 봄 雍正帝는 萬壽寺 大延壽殿에 御題 '慧日長輝'의 匾額을 걸고 동시에 명령을 내려 기타 사원에 华嚴鐘을 걸게 하였다. 乾隆 8년(서기 1748년) 겨울 华嚴鐘을 覺生寺로 옮겼다. 傳說에 의하면 이 종의 이송 도중 每一里 마다 울려 우물이 흘러나와 얼음판을 만들었다고 한다.

乾隆 16년(서기 1751년) 乾隆帝는 어머니 崇慶皇太后(孝聖憲皇后, 서기 1693년 1월 1일−서기 1777년 3월 2일)의 回甲, 古稀, 80세 3차의 壽宴을 이곳에서 치루고 모후를 위해 圓明园에서 이용하던 바로크(baroque, 巴洛克)양식의 건물을 가미해 만수사를 擴建하였다. 이 건물에는 중국식의 모란과 구름문을 가미해 중국과 서양의 조화를 이루었다. 수연과 만수사 건물에 관해서는 北京 古宫博物院 소장의 《崇慶皇太后萬壽图卷》, (張廷彦 등 繪) 第四卷 《兰殿延禧》의 《崇慶皇太后万寿慶全图》(60세 경축도), 《香林千衲图》(70세 경축도)에 잘 묘사되어 있다. 乾隆帝撰 《敕修万寿寺碑記》가 大延壽殿 月台 앞에 세워졌는데 동쪽의 비문(東碑)은 滿文, 漢文, 西碑는 蒙古文, 藏文으로 써져 있으며, 내용은 崇慶皇太后 수연(壽辰) 하루 전에 乾

隆帝가 모후와 함께 万寿寺에서 禮佛을 올렸다고 한다.

⑨ 咸丰帝(서기 1831년 7월 17일-서기 1861년 8월 22일, 爱新觉罗氏, 諱 奕詝, 제9대 황제)의 妃嬪이며 동시에 同治帝(서기 1856년 4월 27일-서기 1875년 1월 12일, 爱新觉罗氏, 名 載淳, 제10대 황제)의 生母였던 慈禧太后(서기 1835년 11월 29일-서기 1908년 11월 15일, 孝钦显皇后, 叶赫那拉氏)는 清 말기에 重要한 政治人物이며 实际 统治者였다. 그녀는 서기 1852년에 入宮하여 賜号는 兰贵人(《清史稿记》에는 懿贵人로 기록됨), 다음 해에 懿嬪으로, 서기 1856년 皇长子 爱新觉罗·載淳(同治帝)를 생산하여 懿妃로, 그 다음해에 懿贵妃로 책봉 받았다. 그녀는 불교를 좋아하여 이화원에 가는 길에 만수사에 들려 예불을 드리기도 하였다. 서기 1892년-서기 1896년 사이 막대한 국고를 들여 만수사를 50여 차례나 증·개축과 보수를 하였다. 그래서 그녀의 별명은 老佛爺였다. 노불야는 文殊菩薩의 화신으로 皇帝를 존칭하여 '佛爺'라고 한다. 滿語로는 '曼殊'의 漢譯으로 文殊皇帝라고도 한다. 慈禧水道(船行北京 慈禧水道)라고 불리는 高梁河의 長河水道는 명·청나라 때부터 조성된 모두 10.8km의 御用河道로 紫禁城에서 龙船을 이용해 頤和园에 가는 沿邊에 展覽舘, 동물원, 도서관, 紫竹禅院 등의 건물이 많이 있어 中国古典园林의 水景文化로 대표되는 볼거리가 많은 운하였다. 慈禧水道의 航線은 北京展覽舘 後湖「皇帝船碼头」→ 北京動物园→ 真覺寺→ 五塔寺→ 白石橋→ 紫竹院公园→ 萬壽寺 → 長河橋→ 頤和园 昆明湖이며 만수사는 중간 지점에 해당하여 慈禧太后가 쉬고 가는 곳으로 알려져 있다. 그녀는 光緒 20년(서기 1894년 11월 7일, 阴历 甲午年 十月初十) 万寿寺의 祝壽와 紫禁城

內 宁寿宫(北京 西四十字路口)에서 崇慶皇太后와 같이 3千 万两의 银子를 들여 60세 壽宴을 치루기도 하였다. 北京 古宫博物院에는 大壽라고 찍힌 당시 壽宴 사진이 소장되어 있다.

紫竹院行宫인 紫竹禅院은 北京紫竹院公园 내에 위치한 佛教寺院으로 明 万历 5년(서기 1577년)에 짓기 시작하였는데 그해 慈圣皇太后가 广源闸 西側에 万寿寺도 만들기 시작하였다. 그리고 万寿寺의 下院에 观世音菩萨을 모셔 供奉하였다. 서기 2001년 11월 海淀区人民政府가 "紫竹院行宫"을 海淀区文物保护单位로 공표하였다. 主要建筑은 天王殿, 伽蓝殿, 祖师殿, 观音殿, 地藏殿, 弥陀殿, 大雄宝殿이다. 考古发掘 결과 配殿, 游廊, 二道门遗址가 밝혀졌으며 서기 2010년, 福荫 紫竹院의 중수가 개시되어 서기 2012년 行宫院, 行宫西院(寄云轩), 西南跨院, 东跨院(紫竹禅院)이 복원이 완료되었다. 이절에는 수시로 휴식을 취하고 예불하던 老佛爷 慈禧太后와 관련된 유물이 많고 그중에서도 穿依鏡과 化粧具들이 잘 보존되고 있다. 또 이곳을 배경으로 하여 光緒帝의 황후인 隆裕太后(孝定景皇后), 清朝 最後의 宦官인 太監 李蓮英과 慈禧太后의 御前女官인 德齡公主(裕德齡, 서기 1885년 6월 8일-서기 1944년 11월 22일)와 함께 찍힌 慈禧太后의 사진이 많이 남아 있다. 그리고 乾隆帝의 어머니인 崇慶皇太后의 60세 大壽의 壽宴을 묘사한《崇慶皇太后万寿慶全图》에도 紫竹禅院의 모습이 보인다.

15 京杭大运河

　　서기 2014년 세계문화유산으로 등재된 인공운하인 京杭大运河(The Grand Canal)는 通州(北通州)와 杭州(南通州, 南宋 때 수도인 臨安)를 잇는 京杭运河, 大运河로 불리는 이 운하(中华人民共和国 全国重点文物保护単位 6-810, 서기 2006년 지정)는 중국뿐만 아니라 세계에서도 가장 긴 1,797m의 古代运河로 서쪽으로 陸上絲綢之路, 동쪽으로 海上絲綢之路에 연결되는 물자운송의 大動脈으로 남북문화의 유대를 가져 왔다. 이 운하는 北京市 東南(北京 通州 八里桥)에 위치하며 이 근처에는 元나라 때 처음 開鑿된 通惠河 玉河道(현 通惠河 玉河遺址), 白浮泉遺址, 南新槍(中华人民共和国 全国重点文物保护単位, 서기 2013년 3월), 鎭水獸가 조각되어 있고 汉白玉으로 만들어진 單孔의 虹橋(石拱橋)인 萬宁桥(서기 1285년-서기 1293년, 積水潭码头)와 그 옆의 海子閘 또는 개명된 澄清闸(中国 北京市 西城区 万宁桥 西側의 水闸(또는 '澄清上闸'이라 함)이란 이름의 水閘, 什刹海, 張家湾码头(부두, 선창), 張家湾城 남문, 通运桥, 通运桥碑記, 通州码头, 通州城, 御製通州石造碑, 永通桥, 北浮桥 등의 흔적이 남아 있다. 이 운하는 通州(北通州)에서 시작하여 남쪽으로 杭州市에 이르며 그 사이에 天津, 河北, 山东, 江

苏 및 浙江省의 一市와 四省을 경유하며 海河, 黃河, 淮河, 长江(揚子江) 및 钱塘江의 五大水系와 접속·연결되고 있다. 전체 길이는 1,797㎞(1,115마일)이다. 이 운하가 건설된 연대는 春秋时期·北魏에서 南宋을 지나 清代에 걸친다. 이는 ① 北京에서 洛陽을 잇는 隋唐大运河, ② 北京 通州(北通州)와 杭州를 잇는 京杭大运河, ③ 楊州(오나라의 수도인 우성/邘城 또는 姑苏城)와 淮安 사이를 파서 개통한 邘溝인 浙東运河까지 포함하면 全長 2,700㎞가 넘는다. 서기 1219년 元 世祖 忽必烈(Qubilai qaɣan, 서기 1215년 9월 23일–서기 1294년 2월 18일 남방의 糧食과 물자를 신속히 운반하도록 水理專門家인 郭守敬을 督水監으로 임명해 전쟁 중에 못쓰게 된 元 大都의 건축물(修治大都城)에서 운하의 수축(通州達段運河)에 이르기까지의 重修를 명했다. 서기 1220년 봄부터 시작된 건설은 모든 漕運의 종착점인 積水潭码头의 通惠河 玉河道로 완성을 본다. 이의 건설에서 도성의 基底부터 해발 20m 아래에 있는 한 줄의 수로밖에 없던 通惠河 20㎞의 운하를 개착·확장하고 閘蓋水, 水閘을 설치하여 逆水行舟해 운행하는 梯級通航法을 고안해 낸 것이다. 忽必烈은 南宋의 治理, 開發로 '魚米之乡'을 본받은 것이다. 원래 북경의 取水는 빈약해 神山 아래 白浮泉山河에서 물을 끌어들여 玉泉山으로 이어지고 이것이 翁山泊(현 頤和园 昆明湖)에 모여지는데 이것도 부족하여 동쪽의 楡河, 玉泉, 沙河, 清河, 泉水의 물까지 이용하고 이를 沙灘 北河沿–南河沿–御河 橋南–通州 張家湾码头–北运河로 이어지게 하였다. 이의 성공으로 운하의 길이가 900㎞나 단축되고 元 大都 동쪽에 식량창고가 南新槍, 北新槍 등 54개소가 만들어졌다. 그래서 商貨와 물자가 풍부해진 大都는 번영을 누렸다. 서기 1293년 忽必烈이 萬宁桥 위에서 목재, 도자기, 비단과 식량을 실은 배가 꼬리를 물고 들어오는 모습을 보고 매우 흡족했다 한다. 元代에 세워진 石碑에는 식량

을 운반하는 배가 8,000척이 넘었다고 전한다.

또 明 嘉靖 年间(서기 1522년-서기 1566년)에 御使 吳仲의 지휘 하에 通惠河 运河는 '舟楫之盛'으로 다시 태어났으나 淸 光緒 年间(서기 1875년-서기 1908년)에 通惠河 运河는 다른 운반수단의 발달로 인해 歷史的 使命을 다하고 폐기되었다.

서기 1550년(嘉靖 29년)에 만들어진 张家湾城은 北京市 通州区 张家湾镇에 위치한 明나라의 古城이다. 서기 1995년 '通运桥 및 张家湾镇城墙遗迹'은 第五批北京市文物保护单位로 지정되었다. 서기 2013년 '张家湾城墙 및 通运桥'는 大运河 北京段의 일부분으로 全国重点文物保护单位 大运河로 편입되었다. 大运河에 접하는 地理的 位置는 通惠河, 北运河, 南运河, 鲁运河, 中运河, 里运河, 江南运河의 七段으로 나누어지는데 그중 最北面의 一段은 通惠河, 第二段은 北运河로 北京市 境内에 위치한다. 张家湾城은 北运河(潞河) 바로 옆에 위치하는데 北京市 通州区 中部 북쪽으로 치우쳐 있으며 通州城区에서 8km, 北京城区로부터 약 25km 떨어져 있다. 张家湾에는 北运河, 凉水河, 萧太后河, 玉带河의 四水가 합쳐진다. 北齐 天保 年间(서기 550년 5월-서기 559년 12월) 张家湾城은 长城 戍所, 辽朝 统和 年间(서기 983년 6월-서기 1012년 10월)에는 이곳이 养马圈으로, 元朝에 앞서 张家湾地区는 '长店'으로 불렸다. 元朝 至元 16년(서기 1279년) 현재 북경에 자리 잡은 大都에 재해로 식량이 부족하여 元 世祖 忽必烈의 명령으로 张瑄이 남방의 식량 46,000석(섬, 곡식 한 말의 열 곱절을 나타낼 때 '섬' 또는 '석'으로 사용, 한 섬/석은 쌀로는 144kg, 보리로는 138kg 정도 된다)을 糧船 60척에 나누어 싣고 张家湾运河를 이용하여 大都에로의 운반에 성공한 이래 淸朝 光绪 26년(서기 1900년) 漕运이 停止될 때까지 이 운하는 약 700여 년간 이용되었다. 张家湾이란 명칭은 元代 万户 张瑄이 督海运으로 이전의 명칭인 "长店"에 와서 이를 张家湾으로 개명했기 때문이다. 张家湾은 中国国家博物館 소장의 《皇都積勝図圏》에 보이는 바와 같이 蘇杭의 絲綢, 景德鎮 瓷器, 佛山鐵鍋, 安徽茶葉 등의 화물의 집산지로 상가가 밀집하고 漕运으로 인한 水陆의 码头가 형성되었다. 郭守敬이 서기 1294년 漕運의 종착점인 積水潭码头의 通惠河 玉河道를 완성한 후 화물의 집산지는 通惠河의 積水潭码头로 옮겨간다. 明·清时期에 이곳은 大运河 北端 起点의 水陆交通의 枢纽(hub) 및 物流集散의 中心地이었다.

北京市 西城区 什刹海 西海 北沿의 小岛위에 汉나라부터 전해오는 佛教寺院 내 汇通祠(옛 명칭은 法华寺 또는 镇水观音庵)는 姚广孝가 明朝 永乐 年间(서기 1360년 5월 2일-서기 1424년 8월 12일)에 짓기 시작하고 清朝 乾隆 26년(서기 1761년)에 重修하여 汇通祠로 개칭하였다. 乾隆御制诗碑도 汇通祠 南쪽 净业湖(积水潭)가에 세우고 下面은 德胜门 西水关이다. 서기 1988년 9월 汇通祠를 重建하고 祠内에 원나라의 郭守敬纪念馆을 만들고 祠后에는 碑亭을 세워 乾隆御制诗碑를 重新亭 内에 새로 세웠다.

이는 서기 1368년 朱元璋이 부하 徐達 대장으로 하여금 운하를 타고 올라가 원나라의 大都를 함락시킨 후 张家湾은 명나라 때 다시 번영하였다. 张家湾博物館에 전시된 바와 같이 城内에는 商号가 林立하여 옛 책에는 古籍에는 张家湾은 "官船客舫, 骈集于此, 弦唱相闻 最称繁盛"으로 張家湾 码头는 '大运河第一码头'라고 기재하고 있다. 明 成祖 朱棣가 황제가 된 후 北京을 都城으로 삼으면서 永乐 4년(서기 1406년)부터 北京城墙, 紫禁城을 건설하기 시작하였다. 그리고 '先有张家湾, 后有北京城'으로 通惠河를 요새화 하여 南方에서 오는 배들은 张家湾에서 허락을 받아야 북경으로 진입할 수 있었다. 그렇지 못하면 货物은 잠시 张家

灣 뒤에 있는 창고에 보관하고 다시 육로로 북경에 운반하게 되었다. 그 래서 張家灣은 大运河 水運의 终点이 되고 京城의 客商, 各国 朝貢使도 张家灣에 도착해서 육지에 내려 육로로 북경에 들어갔다. 당시 장가만의 열기는 뜨겁고 사람이 쉴 사이 없이 들락거렸다. 明나라 3대 成祖 朱棣 (주체)가 서기 1420년에 준공한 紫禁城과 北京城을 준비하면서 张家灣 运河 옆에 각지에서 오는 소금, 전돌(城磚)과 진귀한 석재(竹葉紋石灰岩 石과 같은 皇木石塊)와 건축물 자재의 보관을 위한 皇木厅이 세워졌으 며 이는 후일 皇家新村(皇木厅村)으로 바뀌었다. 이곳은 후방의 보급기 지와 같이 전략적으로 중요하게 여겨져 通州와 张家灣에 많은 창고가 세 워졌다. 서기 1550년 嘉靖 29년 土默特部(Тумэд, Tumed, 西伯利亚의 鮮卑, 拓跋, 主要生活은 和浩特에서 이루어진다)의 몽고기병이 남침해 张家灣의 보급 창고를 습격하였는데 그곳에 주둔한 王豫의 소수 부하들 이 운하에 정박 중인 배로 식량을 西岸으로 옮겨 간신히 난을 피하고 난 후 张家灣城을 쌓도록 상소를 올렸다. 嘉靖帝가 이를 보고 太監 柱琦로 하여금 검토하여 각 관서에 보관된 磚과 같은 건축 자재를 올려 보내 이 를 바탕으로 성을 짓게 되었다. 嘉靖帝도 伙食費(food expenses) 중 3만 량의 銀子를 사용하기도 하였다. 성은 주위가 3㎞, 사면에 성문을 만들 고, 성문 위에는 누각을 올리고, 성벽은 磚을 이용해 쌓고, 다리 上板에 는 돌을 磚과 같이 다듬어 깔았다. 동남쪽에는 물이 흐르도록 穹窿形 水 关 3座를 세우고 위급 시 수문만 닫으면(关闭闸門) 河道를 막아 성내의 모든 창고를 보호할 수 있었다. 남문 밖 运粮河 위에 辽朝 蕭太后가 이 름 지은 木造 '蕭太后橋'가 있었는데 이곳을 통과하는 화물의 수량이 급 격히 증가해 石橋로 바꾸고 이름도 通运橋라 하였다. 雕獅望柱 18根이 장식된 万历 33년(서기 1605년) 10월에 建成한 青砂岩의 通运橋(清 咸 丰 元年 서기 1851년 重修, 桥南北向, 全长 13丈, 폭 3丈, 1丈=3.3m)를

지나는 길옆에는 汉 白玉으로 만들어 세운 通运橋碑文(敕建通运橋碑記, 碑首에는 두 마리의 용이 여의주를 갖고 희롱하는 浮彫가 있음)가 서있다. 朝鮮에서 온 朝貢使가 이곳 张家湾에 와서 번화한 장가만의 번영하는 모습을 보고 "舟楫之盛可抵长城之雄"라고 언급한 적도 있다. 일본군이 들어와 장가만 성벽을 허물고 砲樓를 만들기도 하였다. 이 성은 서기 1990년 복원되었다. 清朝 嘉庆 13년(서기 1808년) 洪水로 张家湾의 河道가 넘쳐나 清 政府는 무력하여 이를 수습하지 못해 漕船은 张家湾을 경유하지 못해 张家湾은 점차 衰落의 길을 걷게 되었다.

清朝 乾隆 年间(서기 1711년 9월 25일–서기 1799년 2월 7일)에 通州 坐粮厅 官員 馮應榴(浙江人)가 상부에 보고하기 위해 전문 화가로 하여금 그림으로 제작한 中国国家博物館 소장 《潞河督运图》는 長 6.8m, 高 41.5㎝ 画卷(picture scroll)의 绢本设色(silk scroll with colour selection)으로 京都生命의 江인 潞河, 尾闾, 天津의 三岔 河口 一带의 漕运 盛景과 民俗民风을 좁고 긴 漕运河道의 모습을 한눈에 볼 수 있게 그려 놓았다. 潞河는 남쪽 杭州(南通州)에서 長江을 타고 黃河를 거슬러 올라가 이르게 되는 通州(현 南通, 北通州로 '运河曹运通暢周齐'의 의미가 있음)를 말하며 이곳은 天津–通州의 一段运河로 官用码头인 通州城 张家湾码头이다. 河道에는 漕船이 앞뒤로 왔다 갔다 하고 河道의 两岸에는 복숭아와 버드나무의 桃红柳绿, 田园, 农舍, 店铺, 寺庙가 잘 자리 잡고 그곳을 따라 商贾, 官吏, 船工들의 바쁜 모습들이 보인다. 潞河는 元代부터 시작된 '百司庶府之繁, 卫士编民之众, 莫不仰给于江南'으로 盐, 茶, 米, 粟, 麻, 丝, 殿堂에 필요한 大木, 金砖, 油漆 등 남방의 진귀한 물자들이 배로 운반되어 모이는 화물의 집산지였다.

다시 말해 이 운하는 생명선으로 '漕运京師者 一歲多至三百萬余石

可供百萬人一年食用'이라 표현된다. 이곳에는 관용선, 상선 등을 포함해 3만여 척이 있었다고 한다. 이 그림은 长 5.28m로 画卷 위에 등장하는 인물이 거의 1,000여 명이나 되고, 천차만별로 서로 같지 않고 画中의 각각의 인물과 주위 여러 건물들의 모습이 잘 어울려져 있도록 그려진 北宋 宋 徽宗時期 张择端의 《清明上河图》와 같이 国宝에 해당한다. 내용은 일찍이 '大梁', '汴州', '东京', '汴京', '汴梁'(오늘날의 开封)과 같은 都城의 번화함, 黄河边, 汴河(河南 开封의 汴河镇)를 담고 있다. 《潞河督运图》에는 820人의 인물 이외에도 官船, 商船, 货船, 渔船 등 각종의 배 64척, 河道两岸의 码头, 衙署, 店铺, 银号(지폐를 은으로 환전하는 곳으로 钱庄, 银号, 钱店으로 부름), 酒肆, 民宅, 粮仓, 围墙, 護城河, 銀庫, 銅庫, 烽火台, 浮橋, 北周 때 만들어진 56m의 燃燈塔, 永通橋, 永通祠, 运河의 상황을 한눈에 내려다 볼 수 있는 大光樓 등의 각종 건축물 등이 묘사되고 있다. 이 화폭에는 당시 北京 通州의 번화하고 화려한 모습을 담고 있다. 山東省 四艾寺에서 시작하여 河北省 吳橋 東光—泊头—滄県—靑県—天津 芥园(靜海県)까지를 京杭大运河 중 南運河라고 부르고 杭州(南通州, 南宋 때 수도인 臨安)는 南通州라고 부른다. 乾隆이 河北省 遵化市 境西北部 馬兰峪 昌瑞山에 위치하는 清東陵(順治帝의 孝陵, 聖祖 康熙帝의 景陵이 있음)에 제사지내고 돌아오면서 刘墉과 대화하면서 '南通州北通州 南北通州當南北 東當鋪西當鋪 東西當鋪當東西'라는 對聯을 남기고 있다. 潞河는 '龙头鳳尾'의 北運河로 北京 通州(현 南通) 北关闸을 기점으로 中国 元明清 三朝의 国家漕运의 枢纽으로 商業交通의 要道이다. 画面을 보면 河道에 운행하는 각종의 배는 돛을 올려 떠나는 배, 码头에 정박한 배를 포함해 通州城의 仓库, 商号, 酒肆가 들어 차 있어 북경 동쪽의 상업중심지와 여관, 그 안에 사는 백성의 진솔한 모습을 잘 묘사하고 있다.

이와 관련해 永通桥 및 石道碑가 있다 이 비는 '明代拱卫京师四大桥'의 하나로 明 正统 11년(서기 1446년)에 세워졌으나 후일 여러 번 손질을 하였다. 다리는 三孔拱券(虹蜺, arch)石桥이며 南北走向으로 全長 50m, 폭 16m이다. 3孔拱券로 이루어진 石桥로 中孔의 최대 폭은 6.2m, 高 8.45m, 两边 孔의 최대 폭은 4.5m, 净高 4.31m이다. 桥墩(bridge), 拱券의 부위는 铁로 보강하였다. 서기 1984, 서기 1986년에 다리 북쪽 폭우와 홍수로 망가진 부분을 복원하였다. 또 雍正 11년(서기 1733년) 朝阳门에서 通州城内까지의 国仓, 运河漕运码头, 石道之事가 쓰여 있고 擁正이 "潞河爲国朝宗之地 四海九州 歲到百貨 千檣萬艘"란 글을 새겨 넣고 重修를 한 雍正御制通州石道碑는 光绪 26년(서기 1900년) 八国联军에 의해 파괴되었다가 서기 2005년 원래의 곳에 다시 세워져 黄琉璃 筒瓦를 덮은 歇山式屋顶의 四角亭에 안치되어 있다.

河北省 滄県 捷地鎭 서남에 '坝工紀事'의 七言詩가 적힌 '乾隆御詩碑'가 세워졌다. 捷地减水坝의 완공 후 17년 만에 성공을 확인한 후 다시 五言詩를 추가해 넣었다. 비는 碑座, 碑身, 碑帽의 3부분으로 구성되었으며 높이 1.79m, 폭 1.25m, 두께 0.3m로 비좌는 靑石, 비신은 白玉이며 비모에는 4조의 盤繞蚪龙(규룡)이 조각되어 있다. 乾隆 19년(서기 1754년) 直隷總督 楊廷璋의 上奏를 받아 滄県 捷地의 坝工을 공사를 마무리 짓고 17년 후인 乾隆 36년(서기 1771년, 서기 1711년 9월 25일-서기 1799년 2월 7일, 60세) 홍수의 피해가 극소한 것을 확인도 한 결과였다. 또 乾隆 30년(서기 1765년) 第四次南巡 때 발견된 梅石碑인 '乾隆御制诗碑'는 비의 한쪽 면이 乾隆의 《种松戏题》인 七言律詩이고 다른 면은 《土墻一首》제목의 五言古詩가 새겨져 있다. 乾隆 32년(서기 1767년) 乾隆은 梅石碑를 다시 만들어 圓明园 茜院门 左측 碑亭에 "靑莲朵"(南宋 临安德寿宫 내 유물로 현재 中山公园 社稷坛 西门外에 있음)과 같이 놓

아두도록 명을 내린다. 이 비는 서기 1860년 10월 6일 밤 圓明园에 침입한 英法联军에 의해 훼손되었다가 北京市 海淀区 海淀区 颐和园路5号 北京大学에 보관되어 있다. 이 비에 새겨진 매화는 蓝瑛(서기 1585년-서기 1666년, 字 田叔)이 그린 것은 아니라고 한다.

서기 2010년 河北省 廊坊市 运河県 紅廟村에서 발견된 石碑 편(汉白玉으로 조성되고 폭 1m, 殘高 1.3m, 두께 0.33m)는 乾隆 37년(서기 1772년)에 세워진 '乾隆御製詩碑'임이 밝혀졌고 《香河県志》에 의해 시의 내용이 "金門一尺落低均 疏浚引河宣漲論 通策略同捷地匣 大都去害貴抽薪"임으로 알려졌다. 이는 康熙-擁正-乾隆 때 北运河인 白河 또는 潞河 상 张家湾-北京 通州区 运河-天津市 武清区-天津市 大紅橋-海河로 빠지는 186㎞의 물길이 홍수가 나면 운하에까지 크게 영향을 주어 이를 다스리는 수리공사인 紅廟村 金門匣(원래 이름은 王家務匣/王家務大坝인데 乾隆이 서기 1772년 개명하여 하사함, 현 中国国務院에서 서기 2006년 6월에 全国重點文物保護單位로 지정)의 설치가 잘 마무리 되었다는 것을 확인하고 축하하기 위해 만든 비이다. 이곳은 元나라 때부터 남방의 양식, 소금, 비단, 도자기, 차, 城磚, 건축용 목재 등이 올라오는 생명선으로 淸나라 때에도 이를 중요하게 여겨 수시로 조운과 수로를 감독하여 왔다. 廊坊市 博物館에 乾隆御製詩碑, 倉州博物館에 靑釉實足碗, 白釉執壺, 沈船殘骸, 沈船出土城磚, 白釉燈盞, 靑釉弦紋壺, 靑釉花卉紋盤, 花蝶紋罐 등이 이를 말해준다. 康熙帝는 서기 1677년(康熙 16년) 周 太祖 高皇帝(서기 1612년 6월 8일-서기 1678년 10월 2일)가 일으킨 三蕃의 亂(三桂称帝)을 진압한 후 北运河 근처에 사는 사람들의 부역을 덜어주었다. 擁正 8년(서기 1730년) 擁正帝가 홍수로 인해 운하에 까지 물이 흘러들어오는 것을 방지하기 위해 20.38㎞에 달하는 減河 공사를 시작했었다. 河北省 廊坊市 运河県 紅廟村은 淸나라 때에는 順天府 관할이었는데 北运河 靑龙湾 减河 滚水坝(石坝)의 金門匣의 水利工事는 매우 중요하였다. 서기 1970년대 金門匣을 대체하는 홍수배출용 土門樓·泄洪匣이 새로이 만들어졌다. 이는 乾隆 37년(서기 1772년) 南巡 시 이곳에 들러 공사를 視察·확인하였다. 이때 金門匣으로 개명되었다.

이화원(頤和园)과 같이 北京市 海淀区에 위치하는 宮苑 겸 離宮(圓明园)으로는 서기 1709년(康熙 46년)에 짓기 시작하고 서기 1860년(咸丰 10년) 10월 18일 제2차 아편전쟁 시 영국파견 지방장관(현 고등판무관)인 엘긴 卿(Lord Elgin)의 명에 따라 英－佛 연합군(Grant와 Montauban 장군)에 의해 철저히 파괴된 圓明园(康熙 46년, 서기 1709년－咸丰 10년, 서기 1860년, The Old Summer Palace)도 들 수 있다. 이곳에는 현재 圓明三园인 长春园과 绮春园(改称 万春园)폐허의 흔적과 圓明园을 지키던 8品 技勇太監 任亮과 그의 부하 10여 명이 咸丰 10년(서기 1860년) 10월 6일 밤 圓明园 大宮門에서 최후의 결전을 벌려 殉死한 내용을 알려주는 任亮碑(圓明园 技勇 '八品首领' 任亮 등의 殉職碑)가 서기 1983년 淸华大學 建築공사장에서 발견되어 당시의 상황을 전해준다. 그 비에는 "勇哉明亭, 遇難不恐, 念食厚祿, 必要作忠, 奮力直前, 寡弗抵衆, 殉難身故, 忠勇可風"이라고 언급하고 있다. 이때 乾隆御制诗碑도 파손되었다. 이 그림에는 河道兩岸의 부두인 码头 石坝(dam)公館, 큰 배애 탄 淸나라 官服과 官帽(顶戴花翎, 纓帽/tasseled cap)를 쓴 坐粮厅 관원 등도 자세히 묘사되어 있다. 그리고 北京通州博物館에는 세관인 北浮橋를 통과하기 위한 여러 절차 중에 필요한 军粮經紀密符扇, 漕运布告, 鐵錯, 船釘, 曹糧검사용으로 수 톤의 무게가 나가는 大石權 등을 비롯해 운하와 배에 관련된 여러 가지 도구와 유물들이 전시되고 있다.

淸나라의 동맥이며 생명선인 京杭大运河에서 걷어 들이는 漕糧稅收에 대한 기록은 北京稅務博物館 소장의 '漕糧執照'(청 농민의 完稅證明), 청나라 조량세수 运行제도, 그와 관련된 減免, 運輸, 庫藏 등 상관관계가 적혀있는 《欽定戶部則例》(乾隆 年间 편찬하고 同治 年间 발행), '催糧紙皂', '兵米執照', 道光 27년(서기 1847년)발행 '漕糧執照' 등이 있다. 이를 통해 청(서기 1644년 順治帝의 淸兵이 入关-서기 1912년 2월 12일 해체)나라 268년간의 경제의 발전 추이를 지켜볼 수 있다. 漕糧執照는 咸丰 11년(서기 1861년) 湖南省 瀏陽县(현 湖南省 县级市로 长沙市代管)에 사는 王家常이란 농민이 官府에 7斗8升7合(47㎏)의 세금을 낸 증명서이고, 催糧紙皂는 山西省 靈石县의 세금통지서인 皂隸(흡예, 조례)인 催糧告示이다. 江西省 萬載县의 兵米執照는 同治 8년(서기 1869년) 官府開县給인 奉給米와 八旗兵의 兵米를 적은 것으로 陳登九로 불린다. 八旗兵의 兵米는 240만 석으로 전체 세금의 60%에 달하였다. 또 道光 27년(서기 1847년)의 漕糧執照는 安徽省 歙县에 사는 王桂生이 평소와 달리 上忙과 下忙에 걸쳐 두 번의 세금을 내는 증서이다. 이들 증거를 통해 淸朝의 징수는 초기 順治 때 2,000만량의 銀子, 중기에는 78,000량의 은자, 후기에는 1.2-1.4억 만량의 은자를 세금으로 걷어 들였음을 알 수 있다. 이는 경지면적은 3배가 증가했는데 비해 세수는 6배로 증가해 농민 부담이 컸다는 이야기가 된다. 서기 1861년(咸丰 11년, 辛酉年) 咸丰帝가 承德에서 病死 후 慈禧太后(27년간, 실제 咸丰-同治-光緒帝의 48년간 권좌를 누림)가 恭亲王 奕訢과 연합하여 일으킨 一次宮廷政变인 辛酉政变은 顾命八大臣의 勢力을 꺾고 贊襄을 政务大臣(역시 顾命八大臣으로 칭함)으로 삼아 皇太子 載淳(同治帝로 嫡母는 慈安太后임)을 황제로 보필하고 朝政을 섭정하였다. 載淳의 年號가 祺祥으로 "祺祥政变", 또는 '北京政变'이라고도 한다. 咸丰 11년(서기 1861년)에 발행된 漕糧執

照는 정치적 혼란과 관계없이 세금징수는 꾸준하였음을 보여 준다. 마지막에는 서기 1850년 말—서기 1851년 초 杨秀清, 萧朝贵, 曾天养, 石达开 등이 广西 金田村에 조직한 举事로 후일 建国号가 "太平天国"인 太平天国 때에는 산동성 일대의 운하가 불통되어 세수가 줄어들고 戶部의 재고 은자가 227만량 밖에 되지 않아 관원들의 월급을 주지 못하자 在京의 文靖御使가 급히 명단을 마련하여 官紳捐錢으로 哭喪者를 대상을 우선적으로 한달 치의 월급인 湊出 20만 량의 은자를 지불한 적도 있다. 세수는 京杭大运河 주변의 하남, 산동, 안휘, 강소, 절강, 강서, 호북, 호남성을 중심으로 걷혔으며 이를 八省의 漕糧稅收를 감독하기 위해 정부 황실 측근인 1, 2품 관원이 漕運總督으로 임명되고 그 아래 하위 팔성의 督糧道가 임명되어 휘하에 漕台와 漕師라는 이름의 무장부대와 水師營을 거느렸다. 이들은 황제의 명령을 수행하기 위해 황제가 내린 上方寶劍을 가지고 사건을 현장에서 즉결처분하기도 하였다. 또 이들의 부패를 방지하기 위해 巡漕御使가 파견되기도 하였다. 이들 중에는 淸나라 말기의 林则徐와 景德鎭 督陶官 唐英도 포함되어 있다. 남방의 징수 시찰, 준비와 관리정황을 위해 南巡을 했던 康熙 때에는 1차, 乾隆 때에는 5차의 징수를 감면하였다. 그 당시에는 매년 400만석(2.4억㎏)을 거두어 들여 국고가 넉넉했으나 道光 年间에는 200만석(1.2억㎏)인 반으로 감소되어 漕運總督의 임명이 불가피했다.

北京 通州 张家湾—河北 香河县(安头屯)—天津 三岔河口 南运河 접경지역까지의 北运河의 주변 마을 北京市, 香河县, 正定县, 建瓯市에는 唐, 宋 年间에서 시작하여 淸나라 乾隆帝와 咸丰帝(서기 1850년—서기 1861년 재위) 때에 최고의 발전을 이룬 민간놀이인 '中幡表演'이 전해 내려온다. 그중 河北 香河县 安头屯 中輯의 中幡이 유명하다. 乾隆 16년

(서기 1751년) 乾隆帝가 제1차 '南巡'을 하였는데 中国国家博物館 소장의 《乾隆南巡图》 중 제1권 啓蹕京師와 제2권 過德州에서 음력 1월 13일 皇太后, 后妃, 수행원 2,000여 명을 데리고 紫禁城의 正陽門과 宣武門, 北京城을 빠져나와 德州를 지나 揚州에 도착한 것이 30일 2월 14일이었다고 한다. 첫 번째의 기착지가 香河县 安头屯이었는데 이곳 농민의 환대 중 高踐, 旱船, 秧歌, 舞獅 등이 있었는데 그중 中幡이 '龙翔風舞 人神共悅'하여 乾隆의 관심을 끌고 黃馬褂 8건, 大鼓 8面을 하사받았다. 그때의 연기 책임자는 刘青이었다. 乾隆 사후 100년이 지난 咸丰 1년(서기 1851년) 咸丰帝가 20세일 때 전국의 中幡 연기자들을 불러 모았는데 그중 刘青의 후손인 刘芬도 연기를 해 함풍제의 마음을 얻어 '風調雨順 国泰民安'이 적힌 旗, 裝幡面木箱과 타악기 鐣鐣을 하사받았다. 이들 중 乾隆이 하사한 것은 일본군이 약탈해 갔고 咸丰帝의 유물은 그곳 安头屯의 상자에 보관되어 있다. 이 中幡旗의 相輪에는 牙齒, 鼻梁, 腦門, 幡筒 등이 모두 갖추어져 있다. 이의 기원은 皇室 仪仗队의 旗杆에서부터이나 후일 民間축제(庙会)에서 무대에 올리는 공연순서 중의 하나로 발전하였다. 中幡의 원래의 이름은 '大执事'로 明과 清 양 대의 帝王 仪仗队에서 行军, 사냥 시 王旗의 旗杆(flag pole)의 기수들은 기를 흔들고 북을 쳐 황제가 실증나지 않게 하고 또 鼓舞로서 즐거움과 투지를 되살리게 하였다. 清 乾隆 年间 龙旗위에 덮개와 같은 雨伞(牙齒, 鼻梁, 腦門 등)을 올려 보기 좋게 하였는데 후에 우산을 덮은 大旗杆은 皇宫에서 外交使節을 맞는 仪仗队가 이를 채용해 위엄을 돋보이게 하여 大执事라는 이름이 붙었다. 황실에서는 매년 大执事를 개최해 경축식에 이를 이용하였다. 이는 竹竿으로 만든 旗杆(flag pole)에 길이 약 10m 길이의 旗를 달아 '中幡'이라는 传统杂技로 '手法과 腿法'의 방법으로 흔들며 즐기는 民间庙会 중 表演节目이다. 舞中幡에는 最红火, 最火爆, 最受欢迎 등

의 항목이 포함되어 있어 관중의 즐거움을 더해준다. 中国 北方의 中幡은 体育 겸 娱乐이 되었다. 清末民初, 八旗子弟들이 가두에서 生计유지를 위해 天桥市场(北京市 宣武区 永定门内 大街中段 附近)에서 연기를 하고 이들 중에는 沈三(沈友三), 宝三(宝善林), 张狗子(张文山) 등이 잘 알려져 있다. 서기 2006년 5월 20일 天桥中幡은 国务院批准列을 거쳐 第一批国家级非物质文化遗产名录으로, 서기 2008년 6월 7일 中幡(安头屯中幡, 正定高照, 建瓯挑幡)은 '国务院批准列入第二批国家级非物质文化遗产名录'으로 등록되었다. 咸丰 5년(서기 1855년) 河南城 銅瓦廂 決口(뚝)가 터지고, 산동성 安山 臨清 사이의 운하가 말라붙었으나 수리를 하지 못하고, 또 同治 13년(서기 1874년) 물자의 운반은 증기선으로 대체되고, 光緒 26년(서기 1900년) 양식은 현금으로 구입할 수 있게 되어 점차 운하의 효용은 역사의 뒤안길로 사라지게 되었다.

그리고 처음 健康(南京)을 수도로 정하려고 생각했다가 서기 1138년(紹興 8년) 수도를 臨安으로 확정한 南宋 高宗 趙構 때에는 杭州를 중심으로 북으로 京杭大运河(淮安, 通济渠, 永济渠), 동북쪽으로 錢塘江, 동남쪽으로 杭州-紹興-宁波(海上絲綢之路 起碇港인 浙江省 宁波市)를 잇는 浙東运河와 연결되어 海上絲綢之路를 이루어 朝鮮, 日本, 東南亞, 페르시아(波斯), 아라비아(大食, 阿拉伯帝国) 등 50여 개 국과 무역을 하기도 하여 많은 이익과 세금을 걷어 들여 高宗은 '豈不勝取之于民'이라 글을 남기도 하였다. 日本 圓仁의 入唐求法巡礼記, 崔溥의 漂海录과 함께 세계3대중국기행문 중 이탈리아(意大利) 베네치아 공화국/베니스(威尼斯, Venice) 상인 마르코폴로(馬可波羅, Marco Polo, 서기 1254년 9월 15일-서기 1324년 1월 8일)의 《東方見聞錄》[1298, 원제목은 세계의 서술(Divisament dou monde, Livres des merveilles du monde임]가

元나라 때 杭州를 방문하여 '百貨登市로 世界上 最美麗华貴之城'이라 하였다. 당시의 무역품으로는 비단, 도자기, 차(茶葉), 人物騎鳳飛行图案과 愚意吉祥文이 있는 銅鏡이었다. 海上絲綢之路博物館에는 銅鏡이외에 南宋銀錠, 鐵剪刀, 鐵錢 등이 소장되어 있다. 杭州에는 南宋 建炎 3년(서기 1129년) 王淵, 苗傅, 正彦 등이 苗刘兵變(刘苗之變, 明受之變)을 일으켜 高宗을 退位시키려 하였으나 韓世忠, 張俊이 이 운하를 잘 이용하여 반군을 진압하였다. 그래서 운하 위에 걸려있는 堰橋는 德勝橋로 개칭되어 韓世忠의 공로를 기리고 있다. 이외에도 杭州에는 江張橋(魚码头)와 黑橋(米码头)가 남아있다.

明·淸시기에 이 운하는 南方糧食을 北京으로 옮기는데 많은 공헌을 하였다. 이 운하를 이용해 康熙帝는 6차, 乾隆帝도 6차례나 江南을 방문하기도 하였다. 乾隆帝의 첫 번째 南巡은 건륭 16년(서기 1751년) 1월 12일이었으며 그때 皇后, 妃嬪, 大臣 2,000여 명을 거느리고 갔다. 여정은 北京-黃河-楊州-鎭江-常州-蘇州-嘉興-杭州였는데 南巡을 위해 동원된 배가 5,000척이 넘었다고 한다. 乾隆帝의 南巡의 목적은 ① 水利의 관찰, ② 文敎事業(人文薈萃), ③ 大淸의 国威를 誇示와 이에 따른 閱兵式 등이었다. 그러나 제일 중요한 것은 이 운하를 통한 양식의 확보였다. 그래서 杭州市 三孔의 虹蜺橋인 拱宸橋(일명 石拱橋)가 있는 塘栖運河 옆에 높이 5.45m, 双龙搶珠의 도안이 있고 429자가 새겨진 乾隆御碑를 세워 이에 대한 구체적인 御旨를 내리고 있다. 《禮記》 王制편에 '国無九年之蓄 日不是 無六年之蓄 日急 無三年之蓄 日国非其国也'라는 언급을 하고 있다. 당나라 때에는 배가 漕運의 배가 三門峽에서 더 이상 나아갈 수 없어 도읍을 長安에서 洛陽으로 여러 번 옮기지 않을 수 없었다.

河南省 鄭州 汴河河道는 通済渠段이라는 별칭을 갖고 있는 隋唐大运河로 '人'字 모양의 鄭州의 북쪽 永済渠와 남쪽 通済渠 사이 20㎞의 鴻溝를 이용해 이은 鄭州段이다. 기원전 361년(또는 기원전 339년, 일설에는 魏 惠王 5년 혹은 6년) 戦国時代 魏 惠王 魏罃(魏嬰)이 山西 安邑(山西 夏县北)에서 開封의 서북부 大梁으로 천도하면서 山西 安邑-河南 大梁 다시 말해 북쪽의 黃河와 남쪽의 淮河를 잇는 淸水, 丹水 淮水, 潁水의 天然水道를 이용하는 데에서 비롯되었다. 秦나라 때 북쪽의 黃河와 동쪽의 鴻溝를 잇는 鄭州市 古运河河道를 관할하기 위한 요충지로 榮陽 故城이 세워졌다. 서기 605년(大业 元年) 隋煬帝는 河南의 남녀 100만여 명을 징발해 鴻溝-通済渠를 修通한 隋唐大运河(通済渠段)를 완성하여 黃河와 渭水를 연통하고 码头와 驛站을 만들어 洛陽과 西安(長安)의 교통을 더욱 더 원활하게 하여 鄭州는 全国八雄州의 하나가 되었다. 史書에서 이곳을 '曹船往水 千里不絶'로 불렀던 鄭州段의 전신으로 安史之亂(서기 755년 12월 16일에서 서기 763년 2월 17일까지 일으킨 安祿山과 史思明의 반란) 때 반군 史朝義(서기 8세기?-서기 763년, 突厥族人)이 汴河运河를 공격해 杭州에서 오는 소금, 철과 식량이 잠시 끊기게 되었다. 난을 평정한 후 唐 조정은 汴河运河의 중요성을 인식하고 군을 파견해 지키기도 하였다. 汴河运河는 杭州-鄭州-洛陽-西安(長安)을 잇는 당나라의 생명선이었다. 元나라 이후 京杭大运河로 이전하면서 이 鄭州 汴河河道는 폐기되었다. 明 嘉靖 年间(서기 1522년-서기 1566년)에 세워진 비문에서 보이는 汴水의 위치가 확인되었고 실제 발굴에서 많은 양의 도자기가 나왔다. 현재 이곳 鄭州済惠区 古榮鎭에는 刘邦이 자기를 위해 項羽의 포위망을 뚫어주고 火刑당한 衣冠塚의 紀公廟와 汉忠烈記念碑(높이 3.02m, 폭 1.09m의 篆書와 隷書體의 비로 碑首에는 浮彫로 새긴 6조의 蟠龙紋이 있다)가 세웠으며 근처에는 淸나라 三孔拱劵石橋

인 惠济橋가 남아 있다. 또 淸의《蒙澤县志》에서도 확인된다.

또 운하 연변의 마을에는 茶樓, 酒肆, 典當銀樓 등이 즐비하게 늘어서있고 南北雜貨의 무역에 여념이 없고, 밤에도 등을 밝혀 대낮같다고 하였다. 이에 따라 여러 수공업과 도량형의 발전도 가져왔다. 이의 기록은 古宮博物院 소장의《康熙南巡图》, 中国国家博物館 소장의《潞河督運图》, 中国京杭大运河博物館 소장의 官斛(관곡, 섬, wooden cone measure, 1斛은 5斗로 35.8kg), 驗谷器(grain tester)으로 잘 나타난다. 杭州市 소재 청나라 杭州大运河段(Part, 53km)에 속하는 富義倉(서기 2013년 3월 15일 国家重點文物保護單位로 지정되었다)은 항주에서 북경으로 가는 양식을 저장하던 곳으로 3,000㎡의 넓이에 양식 4-5만 석을 저장하였다고 한다.

北京 古宮博物院 소장의《康熙南巡图》에는 浙江省 杭州市 西興鎭의 활발한 무역으로 인한 번영과 많은 사람들의 모습이 잘 묘사되어 있다. 西興鎭은 당시의 고속도로인 水路의 중심에 위치한 物流中心地이다. 기원전 486년 吳王 夫差가 江蘇省 楊州(오나라의 수도인 우성/邗城, 姑蘇城)과 淮安 사이를 파서 邗溝 즉 浙東運河를 개통시켰으며, 그 무렵 越王 句踐도 錢塘江 연안 浙江省 西興(山阳城)과 上虞 東关練塘의 山陽古水道를 만들었다. 西晉 惠帝 서기 307년 錢塘江 東岸 西興과 會稽城 사이를 굴착해 西興運河를 건설하였다. 그리고 京杭大运河의 江南段과 浙東運河는 南宋의 생명선이었다. 이 西興은 북으로 京杭大运河, 동으로 錢塘江에 다다르고 동남쪽으로 西興-绍兴-上虞-余姚-宁波甬江 入海口로 연결되는 浙東運河의 시발점이자 중심지이다. 그래서 청나라 때까지 이어오면서 西興鎭은 물류중심지로 沿岸에는 藥店, 酒

作房, 醬园店, 肉店이 즐비하게 늘어서 있었다. 당시의 무역품은 농업
부산물인 糧食, 茶葉, 肉蛋를 비롯해 棉花, 蠶絲, 綢緞, 소금(鹽), 술 등
이었다. 이곳에는 당시 전문적으로 상거래를 하던 72家의 過塘行建築
群(国家重點文物保護單位), 码头(부두), 永興匣 등이 잘 남아있다. 청
나라 시인 査慎行은 西興鎭을 '牛車沒穀北沙渾 暗長春湖二尺痕 莫負承
平好風景 河塘燈火鬧黃昏'이라 불렀다. 당시 이곳에는 轎夫와 挑夫(짐
꾼, porter, bearer), 船工 등 천여 명이 상주하고 있었다. 그리고 過塘
行船票(順風快利, 中国京杭大运河博物館 소장), 淸代象牙秤(西興過塘
行码头專用陳列館 소장) 등도 당시의 상황을 말해준다.

  그리고 康熙帝는 康熙 15년(서기 1676년) 三藩의 亂(서기 1673년 12
월 28일-서기 1681년 12월 8일, 吳三桂의 平西, 靖南, 平南의 三藩)을
평정하는 이외에도 운하의 水利工程에 대해 관심이 많아 黃河-淮河-
洪澤湖-大运河의 水利工程에 관심을 쏟았으며 특히 淸口(水利)構紐
(water hub)라고 부르는 江蘇省 淮安市 古末口 70km의 決口를 완성시
키는데 애를 썼다. 그래서 서기 1684년 康熙가 1차로 南巡할 때 運河와
漕運을 잘 알았던 靳輔(서기 1633년-서기 1692년, 漕運部院總督)를 대
동하고 肖家渡, 九里崗, 崔家鎭를 순찰하였다. 南宋 紹熙 5년(서기 1194
년) 8월 黃河決堤가 넘쳐 黃河奪淮入海現象이 일어났고, 康熙 38년(서
기 1699년) 6월 淮河에 연결되어 洪澤湖로 흘러들어가는 72條의 河水와
春秋时代 吳의 夫差가 북쪽의 齐나라를 공격하기 위해 기원전 486년 개
착한 揚州 邗溝運河 중 高家堰大堤(길이 180m, 깊이 13m)와 黃河, 淮
河, 大运河 등의 三河交滙의 연결이 파괴되고, 明나라 洪武 年間(서기
1368년-서기 1398년)에 세워진 邵伯巡檢司 건물도 흔적 없이 사라져 버
린 수 차례의 水災로 決口(breach, a dyke), 坝(dam), 堰(堤坝), 堤防

(Earth Levees) 등 각종 閘, 堤坝, 减水坝, 天妃坝 등이 피해를 입어 河道總督 張棚翮, 于成龙, 任河總督 董安国 등을 문책하고 2년 안에 補修를 마치도록 하였다. 그래서 康熙帝의 명령으로 江蘇省 揚州 江都区 邵伯古鎭(현 高邮市)에 高郵市文物保護單位로 지정된 길이 2m, 높이 1m, 무게 1,500㎏의 鐵牛가 수재발생 2년 후인 서기 1701년(康熙 40년 辛已年)에 세워지게 되었다. 淸口構紐라고 부르는 決口는 6만여 매의 다듬은 돌로 축조한 高家堰大堤(洪澤湖大堤로 淮安 码头鎭에서 시작)의 공사 후에도 무게 2,500㎏이나 되는 鐵牛를 만들었는데 그의 어깨에는 "維金克水蛟龙藏 維土制水龜蛇降 鑄犀作鎭莫淮揚 永除錯執報吾皇"이라고 써져 있다. 江蘇省 淮安市 古末口는 河道總督靳輔가 동행하여 이루어 놓았는데《康熙起居注》에 "步行閱視千余里 雖然泥行瀋沒膝 亦不辭其艱"이라 하였다. 그리고 淸聖祖實錄에 "將河上利害情形體堪祥明 各處堤岸應如何修築"이라 적어 놓았다. 이곳은 淸 咸丰 5년(서기 1855년) 河南 兰陽銅瓦廂에 決口를 새로이 만들 때까지 지속되었으며 이는《淸河县志》에도 기록되어 있다. 이의 성공은 물을 다스리고 뻘을 제거하는 '束水攻沙'에 있었다. 예부터 소는 大地의 상징으로 鎭水, 호랑이(壁虎)는 水患의 제거하는 神獸, 닭(雄鷄)은 水患을 制御하는 능력들을 지녀 '九牛二虎一只鷄'란 말이 나오고 이들 세 마리의 동물들은 모두 하천과 운하의 홍수와 수환을 제거하는 상징으로 이용되었다. 이곳 高邮市에는 서기 1956년에 大運河拓擴寬工程 시 확인된 高郵明淸運河古道, 高邮大運河 가운데 있는 조그만 섬에 唐의 南方大雁塔이라 불리는 鎭国寺 7층탑, 明나라 太祖 朱元璋이 명해서 만든 54개의 驛站 중 유일하게 남은 古盂城驛(高級官員들의 賓館인 禮賓厅을 비롯하여 甘裳軒, 皇华厅 건물 포함), 鼓樓 등이 잘 남아 있다.

또 黃河의 4차 治理를 한 明나라 潘季馴(서기 1521년 4월 23일-서기 1595년 4월 12일)과 淸나라 말기 운하의 치수에 林則徐(임칙서, 서기 1785년 8월 30일-서기 1850년 11월 22일, 福建省 侯官/현 福州市区人)의 공도 많다. 그는 중국의 역사상 위대한 정치가와 民族英雄일 뿐만 아니라 최고의 治水专門家로 宦官의 생애 중 水利事業에 힘을 써 浙江省, 上海 海塘, 太湖流域의 主要河流 등에 대한 水利工程을 하였다. 运河, 黃河, 长江 등의 治理도 하였다. 특히 江蘇省 淮安市 古末口 70㎞의 決口이며 6만여 매의 다듬은 돌로 축조한 高家堰大堤(洪澤湖大堤로 淮安 码头鎭에서 시작)의 공사에는 道光 4년(서기 1824년) 그가 참여하여 만든 大堤의 철제 꺽쇠(鐵鍋)에는 공사 책임자인 林公, 欽工 등의 銘文이 써져 있으며 이들은 현재 洪澤湖博物館에 소장되어 있다. 당시 수로의 流速을 제어하기 위해 縷堤, 遙堤, 月堤와 凹槽와 같은 석재 등의 새로운 고안물도 생겨났다. 그의 저서로는 《北直水利书》와 《北直水利书》를 改编한 《畿辅水利议》가 있다.

高邮市(옛 江蘇省 揚州 江都区 邵伯古鎭)는 中国 江苏省 中部 京杭 大运河 沿岸, 高邮湖畔에 위치하며, 揚州市가 관리하는 县级市에 해당한다. 이 高邮市는 그의 死後 51년 뒤인 서기 1766년에서야 간행된 《聊齐志異》의 저자인 淸나라 蒲松齡[서기 1640년/明 崇禎 13년 6월 5일-서기 1715년/淸 康熙 54년 2월 25일, 字는 留仙, 一字 剑臣, 別号 柳泉居士, 山東 淄川县(현 淄博市 淄川区)人, 世称 '聊斋先生', 马瑞芳(서기 1942년-, 山東省 青州市 출생의 回族人)은 '世界短篇小说의 王'으로 칭한다]와 관련이 있다. 蒲松齡은 明末淸初 小商人의 家庭에서 태어나 父親 蒲槃時의 둘째부인 董氏의 아들이다. 張獻忠, 李自成의 起事와 明朝滅亡, 淸軍入关의 사건으로 나라가 들끓을 때 蒲松齡은 19세에 县·府·

道에서 실시하는 童子试에 참가하여 1등을 하여 山东学政의 闰章奖誉를 얻어 이름을 날리는 수재('名藉藉诸生间')였다. 그러나 과거(進士)를 보아 벼슬길에 나가려고 하였으나 뜻을 이루지 못했다. 서기 1661년(順治 18년) 柳心如와 결혼해 康熙 元年(서기 1662년) 长子 蒲箬을 포함하여 4남 1녀를 두었다. 그는 46歲에 이르도록 小科인 生員科의 과거에 합격하였으나 벼슬 못한 학자인 生員(廩膳生)에 머무르고, 71세에 贡生('明经·擧人'으로 明·清의 秀才 또는 生员으로 成績이 뛰어나 国子監의 讀書로 들어가면 貢生으로 부른다)이 되었다. 그래서 康熙 9년(서기 1671년) 8월 蒲松齡은 생계를 유지하기 위해 江苏省 宝应县 知县인 같은 고향 출신 孙蕙(山东 淄川人, 清朝政治人物로 順治 18년/서기 1661년 進士가 됨)의 공문서를 담당하는 担任師라는 직책을 가진 幕僚로 들어가고 孙蕙가 高邮의 知州를 겸임하게 되자 高邮에 따라가서 정착하게 되었다. 30년 후인 서기 1701년 康熙帝가 揚州 江都区 邵伯古鎭(현 高邮市)에 '九牛二虎一只鷄'라는 邵伯鐵牛를 세우게 된다. 이는 蒲松齡이 폭우가 오면 물이 高邮湖의 河堤를 넘어 運河專用航道를 파괴하게 되어 城郊의 馬棚湾 옆에 있는 清水潭에 決口(breach, a dyke, Levee breach)를 세워 高邮湖의 防治와 治水에 성공하게 되었다. 蒲松齡의 詩文인《清水潭記》에 決口塔가 '성공리에 끝나 영원히 파괴되지 않을 것이다(決口塔修好 千秋萬歲不災'라는 글을 남기고 있어 그가 水利工事의 주역을 담당했었음을 알 수 있다. 그리고 그의 저서인《聊齐志異》중 連城(권 2), 綠衣女(권 5), 宦娘(권 7)篇의 모습은 孙蕙의 첩 顧靑霞의 모습을 그린 것이라고 한다. 이는 中国国家博物館 소장의 '聊齐图說 連城'에서 잘 보여준다. 그는 또 本县(揚州 邵伯古鎭) 西铺村 同鄕 친구 乡绅 毕际, 缙绅 高珩(서기 1612년–서기 1697년, 清诗人으로 山东 淄川人)과 丰泉乡 王观正 蒲松의 절친한 친구로 淄川 鸢桥村 출신)집에서 가정교사(塾师)를 하면서 보냈으며 후일 高邮에 머물기도 하였다. 근 42년간의 舌耕笔耘의 생활 후 61세에 정리해 归家하였다. 서기 1715년(康熙帝 54년) 正月 享年 76세로 病死하였다. 그의 저작으로《聊齋志異》,《醒世姻緣傳》,《晴雲山房詩文集》,《紅椒山房筆記》,《雜說》,《片雲詩話》,《省身錄》,《懷刑錄》,《日用俗字》,《歷字文》,《聊齋詞》,《聊齋白話韻文》,《山市》가 있으나《聊齐志異》가 잘 알려져 있다.

山東省 四艾寺에서 시작하여 河北省 吳橋 東光-泊头-滄県-靑県-天津 芥园(靜海県)까지를 京杭大运河 중 南運河라고 부르는데 홍수 시 항상 滄県 捷地가 문제되어 捷地分洪匣을 건설하였다. 완공 후 17년이 지난 乾隆 36년 그의 나이 60세(서기 1771년) 때 이의 성공을 확인하고 자축해 다시 五言詩를 적어 넣은 것이 御詩碑이다. 이곳은 이미 明나라 때 건립된 곳이지만 乾隆 때 다시 重修한 것이며 淸 말-民国 초에 溢流堰을 덧대어 쌓고 八孔分洪匣으로 거듭 변형을 가하였다. 그래서 이 捷地分洪匣의 공사는 70%만 성공한 것이다. 이 南運河滄州段 沿岸에는 80여 개의 道湾이 있어 항상 위험이 도사리고 있었다. 河北省 東光県 連鎭의 謝家坝는 그곳 주민인 謝乡紳이 앞장서 주민과 함께 자발적으로 만든 길이 218m, 두게 3.6m, 높이 5m의 版築(夯土/hang-t'u, rammed/stamped earth) 夯土坝로 아직도 견고하다.

서기 1998년 5월 南運河滄州段 河上에 가라앉은 金代浸船이 발견되어 磁州窯白釉刻劃花碗, 磁州窯黃釉刻魚紋盆, 單刀, 鏢箱, 獨輪鏢車 등의 유물이 滄州博物館에 전시되어 있다. 이는 북방의 磁州窯, 定窯 磁器와 남방의 龙泉窯 磁器가 교역을 통해 서로 옮겨 다님을 의미한다. 그중 鏢箱은 北京-天津-滄州 간의 거리 250㎞의 운하에서 皇家나 財閥의 중요한 財貨나 財物을 옮기는 '客戶押運財物' 상자로 여기에는 高手의

무인인 鏢師가 호위하였다. 滄州에는 云遊僧人이 전해준 八極拳, 창주
전통 무술인 六合拳, 四川 峨眉山 기원의 兰手拳, 少林寺에서 온 燕青拳
(迷踪拳), 河北滄州一帶에서 유행하던 劈挂拳(披挂拳), 太極拳·形意拳
과 三大內家拳으로 알려진 八卦拳 太極拳(明末淸初 武当 张三丰의 창시
의 形意拳과 八卦掌과 같은 內家拳으로 초기에는 绵拳으로 불림, 유파
로는 陈氏, 吴氏, 武氏, 孙氏, 杨氏, 赵堡太极 등이 있음) 등 五花八門의
武術鍛鍊이 성행하고 있었다. 당시 滄州 부두(码头)는 '工商如雲屯 行舟
共曳車'로 일 년 내내 성황을 이루어 배우 분주한 곳이었다. 獨輪鏢車 중
에서도 이용하기 편하도록 馬車(coach), 轎車(carriage), 推車(cart) 등
이 다시 고안되었다. 明·淸 시기에는 武進士, 武拳人이 1,937명이나 있
었고 청대의 壯元은 8명이나 되었다고 한다. 그래서 河北段滄州에는 国
家重點文物保護單位(서기 1961년 3월 4일 지정)인 滄州鐵獅子가 있다.
여기에는 할아버지가 河北省 滄州市 东光县 安乐屯에 살았고 直隶省 静
海县 小南河村/현 天津市 西青区 南河镇에서 태어난 迷踪藝·迷蹤拳의
창시자인 霍元甲(서기 1868년 1월 18일–서기 1910년 9월 14일, 그를 기
념하기 위해 서기 2009년 1월 18일 南河镇은 精武镇으로 개명됨, 서기
1910년 上海에서 「精武體操會」, 精武體育會를 창설), 鏢局擔任鏢師 李鳳
崗(14세 때 六合拳으로 이름을 날림, 成興鏢局)과 그의 제자인 大刀王五
(源順鏢局)와 후일 死鬪의 比武(賽武)를 통해 친구가 된 賽蛟龙 閔淸 등
이 잘 알려져 있다. 中国武術流派로는 迷踪藝·迷蹤拳, 八極拳, 兰手拳,
燕青拳(迷踪拳), 劈挂拳(披挂拳), 太極拳, 形意拳, 八卦拳, 六合拳(心意
六合拳) 이외에도 紅拳, 形意拳, 意拳, 梅花拳, 螳螂拳, 通背拳, 鷹爪功,
鷹爪翻子拳, 三皇炮捶門, 彈腿, 太祖拳, 南拳, 洪拳, 刘家拳, 蔡家拳, 莫
家拳, 李家拳, 佛家拳, 詠春拳, 永春拳, 白鶴拳, 迷蹤拳, 迷蹤羅汉拳, 花
拳, 孫臏拳, 中国摔跤, 査拳, 縱鶴拳, 金鷹拳, 客家流民拳 등이 있다. 또

滄州는 水滸傳의 본거지인 梁山泊에 가기 전 豹子头 林沖의 '風雲山神廟' 사건과 관련이 있는 곳이다. 당시 무인들 사이에는 '德行不端者不傳 不孝人母者不傳 心胸險惡者不傳 爭强好鬪者不傳'이라 하여 엄격한 원칙이 있었고 이를 서로 존중해 잘 지켰다.

그중 太极拳은 서기 2006년 '中国国家级非物质文化遗产'으로 지정되었다. 이 무술의 요점은 中国传统儒学, 道学, 哲学 중의 太极, 阴阳辩证理念을 核心思想으로 하여 易学의 阴阳五行의 变化를 결합하는 中国传统拳术이다. 서기 1949년 이후 国家体育委員會에 의해 强身健体의 体操运动, 表演, 体育比赛用途의 용도로 개편되었으나 中国改革开放 이후 부분적으로 원래의 제 모습을 찾아 比武用 太极拳, 体操运动用, 太极操과 太极推手로 분리되었다. 太极拳의 门派에는 陈式, 杨式, 武式, 吳式, 孙式, 和式 등이 있다. 太极拳의 창시자로 알려진 張三丰은 元·明代 辽宁省에서 태어난 道士, 仙人으로 字는 君宝이며 아명은 全一이다. 그는 伝説的인 인물로 존재가 잘 알려져 있지 않아 확실하지 않다. 그러나 考証学의 아버지로 알려진 黄宗羲이 기록한《王征南墓志銘》에 張三丰은 内家拳의 창시자로 기록해 놓았다. 伝説에 의하면 少林寺에서 수행한 후 湖北省 十堰市 武当山에서 武当派를 만들고 太極拳을 創設했다고 한다. 그가 登場하는 歴史資料는《明史》,《三丰全集》,《広陽雑記》,《諸真宗派総簿》,《三迴随筆》,《淮城夜語·張玄素入点蒼》등이다. 유년시절 재주가 많고 총명하여 経典·歴史에 정통하였다. 처음 碧落宮 白雲長老에게 師事한 후 全真教의 道士는 丘処機에 배웠다. 서기 1314년(延佑 元年) 67세에 火龙真人에게 道教를 배워 不老長寿의 기술을 익혔다. 그 이후 陝西省 宝鶏 金夢山에서 道教를 연구하여「三峰道人」으로 불렸다. 이「三峰」의 명칭은 후일 그의 이름으로 알려진 張三丰으로 개명되었다. 서기 1324년(泰定 元年) 77세에 그는 武当山 玉虛台에서 太極劍을 연구하여 「兩儀四象」으로 太極拳의 三功(內丹太極劍三百八十四招, 兩儀太極拳三百八十四拳, 陰陽拳)을 創造하였다. 그리고 그는 130세에 세상을 하직할 뻔했다가 다시 생을 찾은 것으로 알려졌다. 張三丰의 名声은 朝廷에 알려져 서기 1385년(洪武 17년) 明 洪 武帝(朱元璋)는 137세의 張三丰를 찾아 請教로 궁에 초빙했으나 성사되지 못하고 그의 아들 湘王 朱栢(서기 1371년 9월 12일－서기 1399년, 明 太祖 第十二子)이 무당산으로 찾아와 道教法器인 金龙(고 4.7cm, 폭 11.2cm, 무게 15g), 石簡, 玉璧을 남기고 떠났다. 이 유물들은 서기 1982년 紫霄宮 賜劍台에서 발견되었다. 그리고 서기 1417년(永樂 14년)에 永樂帝는 168세의 張三丰을 궁으로 초청했으나 그는 이를 모두 거절했다고 한다. 더럽고 지저분하다는 뜻인 邋遢(랍탑)道士 張三丰은 名利에 관심이 없어 제자인 孫碧云道士(?－서기 1417년)에게 무당산의 주지를 맡기고 본인은 山東省 靑島 嶗山 老君峰下 太清宮 뒤 三丰洞窟에 은거해 살았다고 전하다. 그의 저작물은 《大道論》, 《玄機直講》, 《玄譚全集》, 《玄要篇》, 《無根樹詞》, 《云水前集》, 《云水后集》이다. 서기 1994년 武當山의 고대 건축물군(Ancient Building Complex in the Wudang Mountains: 문화, 1994)로 세계문화유산에 등재된 湖北省 鈞県 丹江口市 경내 道教의 名山인 武堂山(주봉은 紫霄峰으로 해발 1,612m)은 서기 14세기－서기 17세기 도교와 관련된 元·明·淸代 건물군 중 天柱峰(大岳, 太岳)의 金殿, 紫霄大殿을 비롯하여 8宮, 72庵廟와 32橋梁이 유명하다. 이 건축물군은 永樂帝(明 3대 成祖 朱棣, 서기 1360년 5월 2일－서기 1424년 8월 12일)가 서기 1417년(永樂 15년)부터 張三丰을 위해 遇眞宮을 비롯한 14년에 걸쳐 33棟의 건물을 지음으로써 시작된다. 그는 이뿐만 아니라 茅山 欽選道士들에게 무당산에 가서 수도를 하도록 명을 내렸다고 한다. 紫雪宮의 벽화, 武當

博物館 소장의 金龙, 聖旨 등은 張三丰, 明 永楽帝와 道教中興의 역사적 사실을 전한다. 특히 벽화는 까치(喜鵲)와 뱀(蛇)과의 싸움을 그린 것으로 이것에서 張三丰이 '以靜制攻, 以柔克剛'을 터득했다고 한다. 성지는 永楽帝가 보낸 600여 건의 성지 가운데 12편의 석조와 3점의 목조로 그 중 永楽 11년(서기 1413년)의 木彫彩繪永楽 聖旨가 눈에 띈다. 이는 四川省 成都 서쪽 都江堰市에 위치해 있는 도교 18개의 名山 중 第 5洞天으로 張道陵이 득도한 靑城山과 비교된다.

京杭大运河의 남쪽 기항지인 杭州(南通州, 南宋 때 수도인 臨安) 위쪽에 위치한 揚州는 통일된 평화시기에는 사방·팔방에서 몰려든 상거래와 화물의 집산지로 戰難 시에는 지방 군벌과 侯士兵이 몰려들어 군사 보루가 되는 곳이기도 하다. 이는 기원전 486년 吳王 夫差가 江蘇省 楊州(오나라의 수도인 우성/邘城 또는 姑苏城)와 淮安 사이 古邗城를 掘鑿해 邗溝 즉 浙東運河를 개통시켰으며 唐 玄宗 때 裴耀卿이 '長運直達法과 分段運輸法'이라는 漕運改革을 한 이후부터이다. 그러나 隋煬帝 杨广(서기 569년-서기 618년 4월 11일) 運河開鑿에 국력을 탕진한 나머지 나라까지 멸망의 길로 몰았다. 淮安節度使 李希列이 정부에 모반을 하여 称王을 하고 漕運을 막으려고 계획하였다. 貞元 2년(서기 786년) 唐 德宗(서기 742년 5월 27일-서기 805년 2월 25일)이 安祿山의 난(安史之亂, 서기 755년 12월 16일-서기 763년 2월 17일)이후 피폐해진 조정에 江淮轉運使 韓洸이 양주에서 보낸 斛(곡)大米 3만 석이 京杭大运河를 통해 三門峽에 무사히 도착했다는 소식에 무척 기뻐했다는 기록이 있다. 조운으로 들어오는 糧食은 전란으로 피폐해진 도성 西安(長安)에서 草根木皮하는 백성과 병사의 식량이 되고 관원의 祿俸이었던 것이다. 揚州博物館 소장의 打馬球文鏡, 黃釉褐綠彩云荷紋罐, 褐綠彩双耳

罐, 阿拉伯(아랍제국)文背水壺, 灰陶駱駝俑 등을 볼 때 양주를 시발점으로 하여 印度尼西亞(인도네시아), 菲律賓(필립핀), 斯里兰卡(스리랑카), 波斯(페르시아) 등 국제 무역이 활발했던 것으로 여겨진다. 서기 1998년 독일의 해양구조회사(打捞公司, Marine salvage)가 인도네시아(印尼) 勿里洞岛(Belitung Island) 海域에서 발견·조사한 唐 黑石號(난파선, Batu Hitam)이 중국의 广東省 广州−인도네시아−아라비아 사이를 오갔던 아라비아의 무역선으로 중국의 자기가 67,000점 이상 실려 있었다. 이들 중 대부분은 湖南省 長沙窯의 瓷器이며 그 외에도 金银그릇 및 3점의 青花瓷盘, 납과 香料 등이 발견되었다. 이 배가 침몰한 연대는 長沙窯에서 구워진 瓷碗의 어깨에 唐 宝歷 2년(서기 826년)의 명문으로 서기 9세기경으로 짐작된다. 당시의 무역품은 鐵, 茶, 비단(絲), 약재, 湖南省 長沙窯의 자기, 銅鏡, 금속기, 주조공예, 향신료, 珍寶, 소금(鹽) 등이었으며 특히 당나라의 거울(銅鏡)은 揚州製造의 雙鸞銜綬鏡, 月宮鏡, 八卦十二生肖鏡으로 형태는 원형, 菱形, 방형이며 배면에 海獸, 葡萄, 胡蝶双鸞衡綬紋 등이 있다. 揚州 교외에는 일본의 求法僧, 페르시아 등지에서 온 상인들이 출입하던 古茱萸湾 避風塘, 码头(부두), 山光寺遺址, 宋代石井, 鎮水神獸, 石壁虎 등이 남아있다. 南宋 시절에는 揚州는 활기찬 도시가 되었으며 이는 岳飛(서기 1103년 3월 24일−서기 1142년 1월 27일), 刘錡, 趙鼎, 韓世忠(서기 1089년−서기 1151년), 張浚 등의 南宋五大名將이 있어서 안보를 잘 담당했었기 때문이었다. 唐나라 때 揚州는 국제무역항 도시로 번영했었다.

越王 句踐이 上虞−紹興城 사이를 개착한 山陰古水道를 포함하여 楊州(오나라의 수도인 우성/邢城 또는 姑苏城)와 淮安 사이를 파서 개통한 邢溝인 239㎞의 浙東运河는 經济繁榮과 文化隆盛의 도시이며 小橋, 流

水, 人家로 詩情畵意가 가득한 紹興-杭州-宁波까지를 말하는데 이를
따로 唐詩之路, 詩瓷之路, 瓷器之路라고도 부른다. 唐诗之路의 정의는
钱塘江을 시작하여 浙东运河를 거쳐 绍兴으로 가는 운하로 紹興市 上虞
와 浙东运河 中段의 曹娥溯 古代剡溪(현 曹娥江 및 上游 新昌江)를 경유
해 嵊州, 新昌, 天台, 临海, 椒江 및 余姚, 宁波를 지나 동쪽 동해의 舟山
과 新昌연안 剡溪로부터 奉化 溪口를 경유해 宁波까지 이르는 길을 말
한다. 다시 말해 唐詩之路는 구체적으로 黃帝가 거울을 주조했다는 고
사에서 이름이 붙여진 鏡湖(鑒湖)-钱塘江-曹娥江-剡溪-新昌-天姥山
-天會山을 지나는 수려한 산수를 자랑하는 코스를 말한다. 鏡湖는 東
汉 會稽太守 馬臻이 36곳의 수원지를 찾아 제방을 쌓은 鏡湖를 수축하
였다. 서기 610년 隋 煬帝는 江南河를 굴착해 소통시켰다. 또 이곳은 道
敎의 洞天福地로 佛敎 天台宗의 發祥地로 또 大禹治水, 臥薪嘗膽, 兰亭
雅集, 東山再起의 故事로도 잘 알려져 있다. 그러나 일반적으로 언급되
는 '文艺路线', '思想路线'는 운하를 이용한 '唐诗之路'와는 다르다. 이는
당나라 賀知章(賀之章, 서기 659년-서기 744년, 字 季真, 号 石窗, 晚年
号는 四明狂客, 唐代 越州 永兴/현 浙江 蕭山人)이 86세에 唐 6대 황제
인 玄宗(李隆基, 서기 685년 9월 8일-서기 762년 5월 3일)을 작별을 고
하고 黃河-大运河-余杭(杭州)-浙東运河를 거쳐 고향인 紹興 西興 鏡
湖로 돌아가기 때문이다. 賀知章은 고향 근처의 鏡湖 근처에서 머물렀
는데 그의 '고향에 돌아와서'(《回鄉偶書》 二首)인 "少小離家老大回, 音難
改鬢毛衰. 兒童相見不相識, 笑問客從何處來?(어려서 고향 떠나 늙어서
돌아오니 고향 말투 그대로건만 귀밑머리 다 빠졌네. 동네 아이들 나를
알아보지 못하고 웃으며 묻네, 손님은 어디서 오셨느냐고?), 離別家乡歲
月多 近來人事半消磨 唯有門前鏡湖水 春風不改舊時波(고향 떠나온 지
오래되어 모든 것이 거지반 사라져버렸네. 문 앞 거울처럼 맑은 호수만

이 봄바람에 이는 물결 예전 같구나."(blog.daum.net/_blog/BlogType-View.do?blogid=0Ajnr&articleno=18344237...에서 인용)

당시의 저명한 시인인 李白, 杜甫, 王勃, 王維 등이 이 길을 이용해 賀之章을 만나거나 紹興의 銘酒인 黃酒를 즐겨 마시면서 운하 주위 풍경의 아름다움을 시로 남겨 놓았기 때문이다. 당나라의 2,200 시 중 400여 수가 이 '唐诗之路'와 관련이 있다. 서기 747년 李白은 賀知章을 만나려고 이곳을 방문했으나 그가 3년 전에 이미 작고한 것을 알게 되어 다음의 두 수를 짓는다. ① "四明有狂客 風流賀季眞 長安一相見 呼我謫仙人 昔好盃中物 今爲松下塵 金龜換酒處"却憶淚沾巾 ② "狂客歸四明 山陰道士迎 敕賜鏡湖水 爲君台沼榮 人亡餘故宅 空有荷花生 念此杳如夢 凄然傷我情"라는 李白의 '술잔을 대하여 賀監을 생각하다(《對酒憶賀監》)'의 두 시는 《李太白集》 23권에 실려 있는데, 이 시의 幷序에 "太子賓客 賀知章이 長安의 紫極宮에서 나를 한번 보고는 謫仙人이라 부르고, 金龜를 풀어 술을 사서 즐겁게 마셨다. 서글픈 마음에 그리움이 일어 이 시를 짓는다"하였다. 하지장은 四明狂客이라 自號한 것에서 알 수 있듯이 曠達하고 소탈한 인물이었다. 이백이 처음 장안에 왔을 때에 이백의 시를 보고 기량을 인정해 주었으며, 술(紹興 黃酒)을 좋아하고 담소를 즐겨 이백의 호방한 성품과 잘 통하였던 인물이다. 그의 고향을 방문해 그가 죽은 것을 알자, 이백이 예전에 그와 함께 즐거웠던 추억을 떠올리며 쓸쓸한 현재의 심경을 읊은 것이다(《古文眞寶前集》). 賀知章의 고향에는 그를 기념하여 '唐秘書鑒賀公祠'를 지어 놓았다.

그리고 瓷器之路 중 上虞 曹娥江 兩岸에 瓷之源으로 알려진 東汉의 小仙壇, 東汉, 三国, 西晉시기에 속하는 禁山窯址 중 3기의 龙窯, 越窯 靑瓷로 알려진 窯寺前古窯 등 刻花, 印花, 劃花, 貼花, 捺塑 등의 공예기술로 만들어진 여러 자기들은 현재 上虞博物館에 전시되어 있다. 그중

東晋越窯青瓷點彩羊, 唐代越窯青瓷蟠龍罌, 唐代越窯秘色瓷粉盒 등이 대표적이다. 그리고 이 자기들은 浙東运河의 종착점이며 海上絲綢之路 起碇港인 宁波에서 해외로 수출되었다. 그 흔적이 紹興市 柯橋区의 古 纤道이다. 그리고 大小의 青瓷를 이용해 두들겨 소리를 내는 타악기인 擊甌(격구)도 이곳에서 발전하였다.

특산물인 紹興 黄酒를 포함하여 쌀(糧食), 비단과 모든 화물의 집산 지인 紹興(越州)의 외곽에 36개의 수원지를 가진 鏡湖(鑒湖)와 浙東运 河 주위의 宁紹 평원은 宋 高宗이 관료들의 건의를 받아들여 관개농업 을 일으켜 매년 수십만 석의 쌀이 생산되어 南宋의 곡창지대이자 생명선 으로 江南의 '魚米之乡'으로 알려져 있다. 이는 宋 徽宗(서기 1082년 11 월 2일-서기 1135년 6월 4일) 靖康 元年 閏十一月 丙辰日(서기 1127년 1월 9일) 金나라 군사가 북송의 수도인 汴京 開封府를 공격해 靖康之難 을 맞아 北宋이 멸망하고 高宗 趙構[宋朝 10위 皇帝, 南宋 1위 皇帝(서 기 1107년 6월 12일-서기 1187년 11월 9일, 서기 1127년 6월 2일-서기 1162년 7월 24일 35년 재위)]는 開封에서 현 杭州로 천도하고 이에 따 라 地主, 官僚와 士大夫, 王室眷屬을 포함한 북방으로부터 유이민이 많 아져 인구증가로 인한 식량해결을 위한 대한 대비책이었다. 紹興은 원 래 越州였는데 남송의 초대황제인 高宗이 서기 1131년 여름 紹(=奕世之 宏休)와 興(=百年之丕緒)의 中興社稷의 의미로 이름을 바꾸었다. 그리 고 소흥시 浙東运河를 가로지르는 水系에 會龍橋(玉龍橋, 浴龍橋, 單圓 形拱橋/七折邊拱橋/馬蹄型拱橋), 瓜咸橋, 八子橋, 永丰橋, 謝公橋(單孔 七折邊拱橋) 晉王右軍題府橋 등 南朝에 初建하고 明朝에 중수한 아름다 운 다리가 많다. 그중 瓜咸橋는 당시 재상인 史彌遠(서기 1164년-서기 1233년, 字 同叔, 南宋中期 权臣)의 막료인 余天錫(?-서기 1241년)이

서기 1221년 밀명을 받고 臨按(杭州)-钱塘江-浙東运河-紹興으로 오다
가 비를 피해 西郭門 외곽의 瓜咸橋 아래에서 후일 理宗이 되는 赵与莒
(宋 太祖 趙匡胤의 둘째아들인 趙德昭의 후예로 赵匡胤의 十世孫으로
宁宗의 景獻太子가 去世함에 따라 서기 1222년 宁宗弟 沂王嗣子 贵诚으
로 서기 1224년 宁宗 皇子昀으로 그리고 최후 태자로 삼은 宁宗의 姪子
인 趙竑을 史彌遠의 계교로 따돌리고 宋朝 第十四位 황제가 됨)과 赵与
芮 형제를 만나게 되는 고사가 있다. 그리고 臨安(현 浙江省 杭州)에 도
읍을 둔 南宋(서기 1127년 6월 12일-서기 1279년 3월 19일)의 宋六陵은
绍兴市 富盛镇 攒宮山에 초대황제인 高宗(서기 1127년 6월 12일-서기
1162년 7월 24일 재위) 永思陵, 제2황제인 孝宗(서기 1162년 7월 24일-
서기 1189년 2월 18일 재위) 永阜陵, 제3황제인 光宗(서기 1189년 2월
18일-서기 1194년 7월 24일 재위) 永崇陵, 제4황제인 宁宗(서기 1194
년 7월 24일-서기 1224년 9월 18일 재위) 永茂陵, 제5황제인 理宗(서기
1224년 9월 17일-서기 1264년 11월16일 재위) 永穆陵, 제5황제인 度宗
(서기 1264년 11월 16일-서기 1274년 8월 12일 재위) 永绍陵이다. 이외
에도 北宋 徽宗陵, 哲宗后陵, 徽宗后陵, 高宗后陵도 함께 있으며 전체
면적은 2.25㎢이다. 모든 陵寢은 꼭 같이 上下宮이 없다. 北宋(서기 960
년 2월 4일-서기 1127년 3월 20일)의 황제는 太祖→ 太宗→ 真宗→ 仁
宗→ 英宗→ 神宗→ 哲宗→ 徽宗→ 钦宗으로 이어지고, 南宋의 황제는
高宗→ 元懿太子(非正统皇帝)→ 高宗(復辟)→ 孝宗→ 光宗→ 宁宗→ 理
宗→ 度宗→ 恭帝→ 端宗→ 少帝로 이어진다. 宋 宁宗과 理宗의《坐像
图》는 台湾 台北 国立故宮博物院에 소장되어 있다.

서기 1751년 乾隆 16년 제1차 '南巡'을 하였는데 中国国家博物館 소
장의《乾隆南巡图》중 제1권 啓蹕京師와 제2권 過德州에서 음력 1월 13

일 皇太后, 后妃, 수행원 2,000여 명을 데리고 紫禁城의 正陽門과 宣武門, 北京城을 빠져나와 德州를 지나 揚州에 도착한 것이 30일 2월 14일이었다고 한다. 제1차 '南巡' 시 2월 16일 京杭大运河와 長江이 十字로 만나는 鎭江 金山 江天寺에 들러 '卽景印證'을 하였다. 그때 그가 가져갔던 서화는 《台北故留帶图》, 《富春山居图》《子明卷》(橫卷, hand scroll)로 현장에서 실물을 확인하고 무척 기뻐했다고 한다. 당시 査愼行(서기 1650년–서기 1727년)의 "舳艫傳栗三千里 燈火沿流一萬家"의 시처럼 鎭江은 경치가 좋은 곳이 많을 뿐만 아니라 북쪽에서 紅棗, 柿餠, 胡桃, 芝麻, 麻油, 남쪽에서 絲麻, 棉花, 茶葉, 桐油, 筆墨紙帳 등이 모이는 집산지로 매우 번화한 곳이었다.

제2차 '南巡'은 乾隆 22년(서기 1757년)이었다. 그는 '南巡' 전 路線, 山川, 名勝에 대해 꼼꼼하게 챙겼는데 당시의 대신이며 화가인 董邦達(서기 1699년–서기 1769년, 字 孚聞, 非聞, 號 東山. 浙江富陽人)과 의논을 많이 거쳤다. 그의 노선은 河北–山東(육로)–黃河–江蘇–揚州–鎭江–常州–蘇州–浙江 嘉興–杭州였다 그는 특히 西湖를 좋아하였다. 台北 故宮博物院 소장의 《柳浪聞鶯》, 《西湖十景图》(3.618m, 橫卷, hand scroll, 斷橋殘雪, 大佛寺 등 54개 처의 명승이 묘사, 董源과 董其昌의 幷駕齊驅가 있음), 《乾隆南巡紀程》, 《老子騎牛图》, 《西湖四十景图》, 《林逋手札二帖》, 十六羅汉像(원래 五大 貫休작으로 西湖 聖因寺 소장. 丁觀鵬의 모방작), 十六羅汉玉雕는 모두 西湖와 관련이 있다. 그는 十六羅汉像 중 제11羅汉尊者에 관심을 보여 옥으로 조각해 글을 써 넣기도 하였다. 그는 또 西湖와 관련된 白居易(서기 772년 2월 28일–서기 846년 9월 8일, 字 樂天), 蘇軾(서기 1036년 1월 8일–서기 1101년 8월 24일), 楊萬里(서기 1127년 10월 29일–서기 1206년 8월 17일), 林逋(서기 967년 혹은 서기 968년–서기 1028년) 등 西湖와 관련된 시인들에도 관심을 가

져 그들의 글도 行李箱에 챙겨 넣어 西湖를 周遊하는데 많이 引用하곤
하였다. 제4차 '南巡'은 乾隆 30년 서기 1765년에 이루어지고 전체 6차
중 제일 긴 126일 걸렸다. 이때 건륭은 민정시찰, 열병과 祭陵도 겸하였
는데 直隷總督 方觀承(서기 1696년-서기 1768년)을 대동하였다. 건륭은
미간인들이 선물한 서화작품을 받고 매우 기뻐하였는데 제4차 '南巡' 시
받은 서화작품은 台北 故宮博物院 소장의 《棉花图》와 《聖駕南巡歡迎曲
冊貢》이었다. 전자 《棉花图》는 면화의 재배에서 방직을 거쳐 의복을 만
드는 전 과정을 그림으로 나타낸 것이고 여기에는 方觀承의 서문이 붙어
있다. 청나라 초기에는 전쟁으로 농업이 피폐하여 "一夫不耕 或受之饑
一女不織 或受之寒 而耕九余三 雖遇荒年 民無菜色"이라고 농업과 방직
에 대한 정부차원의 장려대책에 대한 답변이었다. '授時通考'처럼 민의
가 황제에게 그림으로 잘 전달된 셈이다. 후자의 《聖駕南巡歡迎曲》은 范
仲淹(서기 989년 10월 1일-서기 1052년 6월 19일)의 후손 范瑤가 宋-元
-明代의 유명 시인들의 작품을 모아 四句一曲의 百首를 건륭제에게 바
친 冊貢이다. 이는 건륭제가 蘇州에 도착해서 太湖邊 天平寺 근체에 묻
힌 范仲淹의 사당인 范公祠에서 그가 蘇州知州로 근무할 때 江湖범람의
물길을 太湖로 보내고 이를 다시 西海로 보내 '疏通河渠'를 한 공적에 대
해 제사지내고 扁額을 하사한데 대한 보답이었다.

당시 '南巡'의 隊伍에 동원된 배만 400척이었고 말도 6,000필이 필요
하였다. 비용도 銀 100萬兩이 소요되었는데 이는 양주에 거주하는 戶氏
와 汪氏를 포함하는 鹽商 8대 巨富들이 세금으로 낸 것이었다. 양주는
화물의 집산지로 불릴 만큼 교통의 요지일 뿐만 아니라 전국 소금의 ⅓
을 담당하는 최다의 염전인 '淮鹽이라고 부르는 淮河横貫鹽場'이 있었
다. 이는 吳王 闔閭(합려) 때부터 형성된 것이며, 唐나라 때에는 淮河南
北鹽場, 宋나라에서는 이를 기반으로 鹽工藝가 발전하였고 淸나라 때에

는 전국 最大産鹽区로 되었다. 청나라 당시 소금 한 근이 五文錢(人民幣/RMB 2元 5毛)로 소비자의 손에 들어 갈 때는 2-30文(人民幣 15元)이 되어 500%의 이익이 남았다. 당시 1년의 생산량은 3,000萬kg이었다. 중국 청나라의 전체 재정 수입이 4,500萬兩 白銀이었는데 소금업자로부터 걷어 들인 세금이 750萬兩으로 이는 1/6에 해당하였다. 乾隆帝는 이를 바탕으로 양주에 明 万历년간에 건축을 시작한 文峰塔, 天宁寺, 御馬头(馬는 '码'의 오자임), 《高旻寺行宮图》에 그려진 바와 같이 高旻寺(勅建高旻寺란 康熙帝의 扁額이 있음) 行宮과 天中塔, 大臣등의 朝房, 中殿과 後殿의 皇帝殿 등을 새로 만들거나 중수하였다. 또 그곳에 머무르는 동안 필요한 정원인 园林을 짓고, 戲班(troupe)을 양성하고 美食을 즐기는 데에도 사용하였다. 한번은 西湖 五亭橋를 지날 때 北京의 北海에서처럼 白塔의 건설을 희망하였는데 鹽商들이 이를 놓치지 않고 하루 만에 건조하였다고 하는 故事도 있다. 康熙 27년(서기 1688년) 시작해서 乾隆 20년(서기 1755년)에 끝난 新疆의 準噶爾(厄魯特蒙古準噶爾部)의 叛亂을 伊犁(현 新疆 伊犁州 霍城县)에서 진압할 때에도 그 비용을 이곳의 염상이 대었을 정도이다. 서기 1757년 제2차 '南巡' 때에도 乾隆帝는 天宁寺의 중수, 수리시설, 운하의 관리와 세금의 면제를 頒布하는 南巡御製碑를 세우고 설립, 당시 손님을 접대하던 행궁내의 楠木厅, 도로와 교량가설비, 심지어는 모친의 祝壽를 위한 重宁寺도 이 세금으로 충당하였고 그곳에는 '善現莊嚴 妙香花雨'라는 편액을 걸기도 하였다. 揚州博物館 소장의 清代鹽引과 清代食鹽專賣凭證(光緒 年间 발행)에서와 같이 專賣에는 정부의 허가증이 필요했던 것이다. 鹽商들은 양주에 소금신인 宿沙氏를 모시는 鹽宗廟를 짓고 兩淮鹽運可公署에서 상거래를 하였다.

揚州는 南方糧食을 北京으로 옮기는데 많은 공헌을 한 운하는 화물의 집산지로 불릴 만큼 교통의 요지일 뿐만 아니라 전국 소금의 ⅓을 담당하는 최다의 염전인 '淮鹽'과 鹽船이 통과하던 運鹽河로 史書에서 언급하는 대로 '煮海之利 兩淮爲最'라고 沿岸의 城市 中 淮鹽으로 가장 번영을 누린 곳 중의 하나였다. 그래서 청나라 정부에서는 揚州에 兩淮鹽運使司(兩淮都轉運鹽使司)를 설치하여 모든 鹽業에 대한 모든 관리를 하였다. 재산이 100만량 이하인 小鹽商에게는 이곳에서 '淸代鹽引'(江蘇省揚州博物館 소장)이라는 영업허가증을 발행하기도 하였다. 揚州를 중심으로 '色白 粒大 干爽'의 淮鹽과 李白이 '吳鹽如吳花鹽皎白雪'이라고 표현한 吳鹽[吳王 刘濞(기원전 215년-기원전 154년)에서 기원]에 바탕을 두어 巨富가 된 8대 鹽商이 있었으며 그 중에는 戶紹緖, 高有卿, 汪魯門, 江春과 馬曰琯·馬曰璐 형제가 잘 알려져 있다. 이들이 살던 곳은 揚州 東关街, 康山街, 南河下 일대로 中国歷史文化名街로 지정되어 있다. 미남인 戶紹緖와 高有卿과는 달리 키가 왜소하고 얼굴이 못생겼다고 하는 汪魯門이 살던 康山街 서남쪽 끝에 위치하는 汪氏鹽商住宅에는 照厅, 正厅, 楠木厅이 가장 잘 보존되어 있다. 이들은 단순한 巨富일 뿐만 아니라 여러 鹽商들은 교육기관의 신설과 문화사업에 애를 쓴 것으로 알려져 있을 뿐만 아니라 揚州의 음식, 园林, 京劇, 오락, 이발, 목욕까지 발전시켜 揚州를 특색 있는 文化城市로 발전시켰다. 주방 칼(kitchen's knife), 손톱깎이(nail clipper), 면도칼(razor)의 三把刀도 이곳에서 새로운 모양으로 발전하였다. 또 이곳의 皮包水(water in the skin), 水包皮(skin in the water)는 早茶, 饅头, 沐浴湯과 관련이 있다. 다시 말해 揚州의 사회적 습관과 전통을 鹽商들이 이끌어 갔던 것이다. 白居易의 詩 '鹽商婦 有幸嫁鹽商 終朝美飯食 終歲好衣裳'는 鹽商家의 奢侈를 한 눈에 보여준다. TV드라마(電視劇) '大淸鹽商'의 주인공인 汪朝宗은 당시 鹽商의 領袖인 江春의 일대기를 그린 것이다. 그는 安徽人으로 부모가 관리가 되기를 원했으나 수차례의 考試에서 낙방한 인물로 자기 집에서 德音(昆腔戲, Kunshan opera)과 春台(花部戲, local opera)의 두 개의 戲班(troupe)을 양성하고 京劇(京戲)을 발전시켰다. 그는 乾隆의 6차 南巡 때 모든 것을 책임지고 접대하여 '江春大接駕'라는 별칭도 얻었다. 그리고 中国南方의 四个徽剧班(四大徽班)인 三庆班, 四喜班, 和春班, 春台班 중 3개 반을 藝人 高郎亭의 통솔 하에 북경에 보내 乾隆 80세 生辰을 祝壽하였다. 이는 高雅한 戲曲文化의 培養이었다. 서기 18세기에 출간된《揚州畵舫錄》에서는 天宁寺(勅賜天宁禅寺)와 重宁寺 두 무대에서 京劇(京戲, 昆曲/kunqu, 梆子腔)을 볼 수 있었다고 한다. 이의 북경 행 移動은 京杭大运河를 이용했었음은 말할 것도 없다. 이외에도 揚州园林에는 西湖 小金山, 釣魚台, 五亭橋 등이 만들어져 园林文化도 발전하였다. 园中抱山樓下 甘壁石刻에 园主의 一幅花紋扇面과 江蘇省 揚州博物館 소장의 石刻扇面들은 그들이 鹽商으로뿐만 아니라 文人으로서의 役割도 많이 했던 것 같다. 또 馬曰琯과 馬曰璐 형제는 책을 십만 권 소장해 四庫全書의 발행 시 희귀본을 보내 이를 도왔고, 또 兩淮巡鹽御使인 曹寅이《全唐詩》900권을 출간할 때도 이들 형제가 물심양면으로 도왔다. 또 새 책의 발간도 많이 도왔는데 中国印刷博物館 중 清代雕版 중 상당수는 이들 형제의 영향으로 이루어진 것으로 보인다.

春秋戰国时代 吳나라의 姑蘇城이 있던 수도였으며 清代 曹雪芹의《紅樓夢》이 시작되는 蘇州(姑蘇)는 运河古城, 紅塵 중 一二等繁华之地, 鬧市(요시, 번잡한 시장)을 가진 風流地方. '水網縱橫 魚米之鄕'으로 康熙는 서기 1689년 農曆 정월 8일 북경 통주 张家湾을 떠나 천진-하북성-산동성-강소성-절강성의 長江, 錢塘江 등 五大水系를 거쳐 2월에 蘇州에 도착한다. 소주에서 북으로 12㎞ 떨어진 滸墅关은 棉花, 斗米,

小麥을 비롯해 복건성과 광동성의 海貨, 항주의 絲, 綿, 수공업품들이 모이는 집산지이다. 그리고 이곳에는 楓橋(원래의 명칭은 封橋임)-半塘寺-关帝殿-虎丘(千人石, 五代에 창건된 것으로 八角七層으로 소주를 대표하는 虎丘塔인 云岩寺塔, 劍池)-면제해준 세금으로 만든 萬歲樓를 잇는 七里山塘河는 절경으로 당나라의 시인 張繼의 '楓橋夜泊'(석비는 寒山寺에 소장)가 膾炙된다. 辽宁省博物院 소장의 청나라의 《姑蘇繁华图》에 潮州會館 등을 포함한 번화한 상업지구인 蘇州를 잘 묘사하고 있다. 이는 中国国家博物館 소장의 《乾隆南巡图》에 잘 나타난다. 蘇州城도 南宋 平江图에 의하면 运河가 盤門, 閶門과 胥門을 지나 蘇州城 안에 들어가게 되는데 소주성 안은 '三橫四直共七條主要河道'로 이루어진 바둑판처럼 水系가 나있어 교통도 편하고 수계를 따라 상가가 꽉 들어찼다고 한다. 그리고 康熙가 머물던 行宮은 蘇州織造署(蘇州織造衙門)에 있었으며 '南宋盛典'과 '重建蘇州織造署記'에 따르면 북경의 紫禁城을 본받아 大宮門, 二宮門, 大殿, 寢宮, 戱台, 花园, 亭台樓閣, 假山池水, 방화용 1,500升의 大水缸을 만들어 배치하였다. 그는 昆曲과 戱小甲을 좋아해 밤마다 연회를 열어 京劇(京戲, 昆曲/kunqu, 梆子腔)을 보았다고 한다. 乾隆은 衡州知府 黃興仁 소유의 獅子林(원래는 元代 高僧의 修養處임, 涉园으로 改稱)을 좋아해 乾隆 22년(서기 1757년) 2차 南巡) 이후 6차중 5차를 방문하고 乾隆 36년(서기 1771년)-건륭 37년(서기 1772년) 蘇州織造署에 명을 내려 太湖石을 비롯해 정자와 누각 등을 그대로 모방해 짓도록 하였다. 그는 獅子林을 좋아해 《石渠宝笈》[乾隆 10년(서기 1745년), 共編 44卷. 清廷内府 所藏历代 书画藏品을 画卷, 轴, 册9类로 나눔, The Collection of Imperial Treasures, 12,000점의 소개]에 "早知獅子林 伝自倪高士 疑其藏幽谷 而宛居闹市 肯構惜無人 久居他氏矣 手迹藏石渠 不亡賴有此"라고 기재하고 있다.

이는《清宮內務部造辦處活計檔》에 기재되어 있다. 그리고 绮春园(改稱 万春园)과 함께 圓明三园의 하나인 长春园과 河北省 承德 遊夏山莊에도 獅子林을 모방해 짓도록 하였다.《長物志》에 의하면 蘇州 园林으로 明代의 것이 272개소, 淸代의 것이 130개소, 蘇州古城 내에 69곳이 있는데 그중 세계문화유산으로 拙政园, 留园, 網絲园, 環秀山莊, 滄浪亭(北宋), 獅子林, 藝圃, 耦园, 退思园의 9개소가 등록되었다.

春秋戰国時代 越나라의 수도였던 紹興은 浙東大运河의 중심으로 四通八達하는 교통의 중심지로 모든 농산물과 화물의 집산지였다. 运河古紆道 1,700m에 商阜码头와 老街上店鋪가 많은 교통의 편리로 인해 남과 북의 교류와 함께 지식의 교류도 많아져 風雲人物과 같은 才士들이 많이 생겨났다. 이들은 의 특산인 黃酒(壯元弘)를 즐겨 마시면서 愛讀書, 會讀書의 모임을 자주 가졌다. '無紹不成衙'라 할 정도로 관아를 돕는 紹興師爺가 많이 배출되었고 그 중심은 紹興市 柯橋区 安昌鎭이었다. 師爺는 고대 官府에서 특정한 벼슬과 직책이 없는 幕僚를 의미했다. 紹興師爺博物館 소장의 帳本, 田稅歸戶淸冊, 草書白燕詩卷, 洗寃錄洋義, 續增駁案新編, 康熙字典, 行李箱, 幕學 學務資料 등을 볼 때 師爺에는 軍幕, 刑名, 奏章 등의 전문분야로 나누어져 있음을 알 수 있다. 軍幕師爺로는 明나라 總督 胡宗憲의 師爺인 大才子 青藤老人 徐渭(서기 1521년-서기 1593년), 奏章師爺로는 淸 擁正 年间 田文鏡(서기 1662년-서기 1733년)의 師爺 鄔思道를 들 수 있다. 鄔思道는 擁正의 외숙부인 隆科多(서기 1671년-서기 1728년)를 탄핵하는 상소를 올렸다. 咸丰 年间 曾国藩이 太平軍과 싸워 連戰連敗의 죄를 묻는 상소를 올렸지만 그의 師爺가 '屢北屢戰(battle after defeat)'으로 고쳐 죄를 면제받았다. 이곳에서는 청나라 말 左宗裳(서기 1812년 11월 10일-서기 1885년

9월 5일, 湘軍將領), 張之洞(서기 1837년 9월 2일-서기 1909년 10월 4일), 李鴻章(서기 1823년 2월 15일-서기 1901년 11월 7일) 등의 인 師爺 출신의 風雲人物들이 나와 실제 정치에 참여하기도 하였다. 師爺들의 생활상은 乾隆 때 만들어진 紹興劇인 '三打白骨精'과 '梁山伯與祝英台'에 잘 묘사되어 있다.

无錫에서 출발하여 鎭江이 있는 長江(揚子江)으로 진입한 후 南京으로 가는 뱃길은 明나라 朱元璋이 남경을 수도로 삼고 명나라 건국 2년 전인 서기 1336년부터 27년간 소요된 성과 황실을 수축하는데 필요한 城磚의 운반에 필수적이었다. 鎭江과 南京을 잇는 城磚 운반의 시발점 인 江蘇省 无錫(锡, 梁溪, 金匮 등의 명칭이 있으며, 江南 长江 三角洲로 太湖가에 자리 잡고 아래쪽은 江阴市와 宜兴市가 이웃한다) '江南段'으로 '抱城河段'이며 그곳에는 城磚과 磚瓦을 굽던 江蘇省 최대의 窯厂이 无錫市 梁溪区 大窯路에 44곳에 있었으며 그중 老中窯, 對直窯 등 19곳 이 燃燒室, 窯門, 煙道, 窯膛 등이 완전히 보존되어 있어 서기 2013년 国家重點文物保護單位로 지정되어 있다. 이곳에는 108家의 만여 명이 窯業에 수백 년을 이어 참여해 왔는데 잘 알려진 요는 湯灌窯, 東向窯, 馬家里窯, 大小窯 등이다. 이곳에는 商末 周太王(성은 姬, 이름은 亶父)의 세 아들인 太伯(泰伯, 吳太伯), 虞仲(仲雍, 吳仲雍), 季历(公季, 王季, 周王季, 周王季, 周太王의 末子로 周文王의 아버지임)이 있었는데 太伯이 왕위를 季历에게 양위한 후 이곳 빈한한 땅에 내려와 개척한 곳이 오늘 날 无錫의 下塘(梅里村)에 해당한다. 그 이후 이곳 无錫 下塘은 窯業에 종사하는 장인이 많이 살게 되었다. 太伯은 이곳을 개척하던 중 伯瀆河 를 만들게 되었고 이곳에서 후일 吳王 夫差가 江蘇省 楊州(오나라의 수도인 우성/邘城 또는 姑苏城)과 淮安 사이 古邘城를 掘鑿해 邘溝 즉 浙

東運河를 개통시키게 된다. 城磚用 泥土의 채취, 燒窯, 운하의 개통과 運輸는 상호 보완적인 밀접한 관계를 맺고 있어 이곳이 明·淸시대 城磚의 중심지가 된 것은 당연하다. 明 嘉靖 4년(서기 1525년)에는 6면이 光滑하고 八角이 整齐되고 細密해서 無孔인 金磚이 만들어지고 있었다. 城磚의 제조는 无錫窯群遺址博物館 소장의 明代 城磚에 보이는 銘文에서와 같이 '常州府无錫县督工官魯邦在窯戶段儒造', 提調官, 知县, 窯匠 등의 철저한 감독 하에서 이루어졌다.

宋때에 无錫城은 龜甲狀이었으나 明 嘉靖 年间(서기 1522년-서기 1566년)에 성의 남북으로 관통하는 41㎞의 京杭大运河와 동쪽의 外護城河인 九條箭河(半圓形弓河)를 이용하여 성 둘레에 垓字를 돌리고 이 소운하들을 主航線으로 이용하여 官船, 驛船, 輕船 등이 수시로 다녔다. 그리고 종횡으로 놓여진 石橋, 馬斗, 石埠 등의 시설이 많아 교통과 화물의 집산지가 되었다. 嘉靖 33년(서기 1554년) 无錫知县 王其勤이 왜적의 침입을 앞두고 성안 주민을 총 출동 시켜 1개월 만에 성을 수축하여 외구의 침입을 잘 막아내었고 이때 1,800여 명의 窯兵도 함께 참여하여 築城奇蹟이라는 말도 만들어내게 되었다. 그래서 이곳의 运河網들은 水弄當으로 불린다. 서기 1983년 无錫市의 貨物 物動量의 증가 때문에 교외에 신 운하를 개통하여 오늘에 이르고 있다.

黃埠墩은 江苏 无錫 古芙蓉湖 안에 위치하며 惠山浜이 현 出口로 옛 이름은 小金山이다. 黃埠墩(mound)은 적고 圓形이며, 面积은 220㎡로 주위는 물에 둘러싸인 암벽상의 절벽으로 이루어져 있다. 无錫 吳桥 남쪽 惠山浜口의 古运河를 중심으로 因春申君(黄歇, 기원전 314년-기원전 238년, 楚国大臣)로 인하여 疏通治理라는 의미의 疏治 芙蓉湖(또는 "蓉湖尖"으로도 불림)란 이름이 생겨났다. 이 섬은 古运河가 无锡市区

에 流入되어 南北分水岭을 이루며 섬 위에는 절이 있으며 北쪽은 双河口 남쪽은 江尖渚(蓬莱庄, 江尖公园)이다. 春秋时 吳王 夫差가 齐나라를 공격할 때 芙蓉湖에서 江蘇省 楊州와 淮安 사이 古邗城를 掘鑿해 邗溝 즉 浙東運河를 개통시키게 된다. 수리공사를 하고 섬에서 연회를 베풀었다. 战国时 楚国 春申君 黄歇이 기원전 262년 승상이 되고 淮河 이북 12县을 封地로 받는다. 그리고 蘇州와 无錫 일대의 12城을 잇는 수로망의 고저를 개선하고 堤防(坝, 뚝)을 쌓고 오늘날 芙蓉湖인 无錫湖를 만들어 홍수때 격을 물난리를 대비하였다. 또 无錫城을 축조하고 배가 닿는 연안 부두(馬斗)도 만들었다. 이곳 芙蓉湖에서 준설공사를 벌려 黄埠墩이란 이름이 생겨났다. 无錫博物館 소장의 免毫盏, 影清刻花盖碗, 青釉瓷盒 등이 당시의 공예기술을 말해준다. 이를 黄埠墩이란 지명은 여러 가지로 표현된다. 《越绝书》에 "春申君时, 立无锡塘, 治无锡湖", 明代无锡地方《志书》의 "黄阜墩", 爱新觉罗·弘历의 乾隆 49년(서기 1784년) 第六次南巡时에 나오는 "古稀天子"는 모두 이 "黄浦墩"을 의미한다. 清道光 年间 梁章钜의 책《楹联丛话》에서는 "黄甫墩"으로 표기하고 있다. 无锡湖는 唐朝의 陆羽(서기 733년-서기 804년)가 편찬한 《惠山寺记》중에 나오는 "射贵湖"는 "芙蓉湖"를 의미한다. 현재 蓉湖庄, 莲蓉桥(莲花또는 "水芙蓉") 등의 지명은 明代이래의 芙蓉湖 주위에서 행한 여러 활동에 의한 결과이다. 그러나 이곳은 京杭大运河中의 一段河道로 黄埠墩은 古运河中의 小岛인 "西水墩"로 古运河无锡段의 '天关', '地轴'과는 분리되어야한다. 黄埠墩은 "二帝(清帝 康熙와 乾隆), 二相(楚相 黄歇과 民族英雄 南宋 宰相 文天祥), 一青天('海青天'의 明代名臣 海瑞에 의함)"의 별칭도 갖고 있다.

南宋(서기 1127년 6월 12일-서기 1279년 3월 19일) 시 民族英雄인 文天祥이 세 번이나 이 黄埠墩에 들렀으며 마지막 3차는 서기 1276년 봄으로 元의 포로로 이곳에 도착하였으며《过无锡》이란 爱国诗를 지었다. 明代에 '海青天'의 名臣 海瑞(서기 1514년 1월 23일–서기 1587년 11월 13일)이 黄埠墩에서 '临水玩山第一楼'라는 匾额을 써 걸어 놓았다. 단지 黄婆墩의 명칭은 清康熙帝의 御用画家 王翚画이 一幅의《康熙南巡图》를 그렸는데 그중 第七卷画가 无锡으로 一画幅안에 惠山, 锡山, 秦园(寄畅园)과 黄婆墩이 그려져 있는데 연유한다.《清稗类钞》娼妓类의 "杨兰官负盛名" 一节에는 "黄婆埠"이란 말이 들어 있는데 이는 黄埠墩의 옛 이름으로 보인다. 이곳 黄埠墩은 文天祥(서기 1236년 6월 6일–서기 1283년 1월 9일)과 인연이 많다. 文天祥의 初名은 云孙, 字는 宋瑞, 一字는 履善으로 道号는 浮休道人 文山이다. 江西 吉州 庐陵/현 江西省 吉安市 青原区 富田镇인으로 宋末 政治家, 文学家, 爱国诗人이며 抗元名臣, 民族英雄이다. 陆秀夫, 张世杰과 함께 '宋末三杰'로 불리며 宝祐 4년(서기 1256년) 状元及第하여 右丞相에 이르렀으며 信国에 봉해졌다. 서기 1278년 현재의 广东省 汕尾市 南疆古县/海丰县인 五坡岭에서 元(서기 1271년–서기 1368년)兵에 져 被俘가 되었다. 文天祥은 일생 중 三次에 걸쳐 无锡에 왔는데 최후의 방문은 元军의 포로로 黄埠墩에 억류되어 있었을 때이었다. 그의 1차 방문은 南宋 理宗 宝祐 4년(서기 1256년) 봄, 2차는 서기 1275년 3월, 3차로 无锡에 도착한 것은 元兵이 无锡을 함락한 다음의 德佑 2년(서기 1276년) 봄이었다. 伯颜将(서기 1236년–서기 1295년 1월 11일, 蒙古八邻部人. 元朝大将)이 常州를 공격하고 당시 平江府 知府의 직책인 文天祥이 遣部将 尹玉, 麻士龙 등을 원병으로 보내면서 无锡을 지나간 적이 있다. 文天祥은 전쟁에서 잡힌 포로로 运河를 통해 元의 大都로 압송되던 중 黄埠墩에 억류되었고 鎭江근처에서 탈출하여 福建省으로 가 나머지 여생을 抗元싸움에 몸을 바쳤다. 그때 지은《过无锡》는 "金山冉冉波涛雨, 锡水茫茫草木春. 二十年前曾去路,

三千里外作行人. 英雄未死心先碎, 父老相从鼻欲辛. 夜读程婴存国事, 一回惆怅一沾巾."이다. 그는 원에 포로가 되었을 때에도 죽기를 마다하지 않고 元에의 투항을 거부하였다. 현재 黃埠墩에 있는 "正气楼"는 민족영웅인 그를 기념하기 위한 것이다. 明代에 만들어진 《惠山景物略》에 의하면 黃埠墩은 '黃埠墩上 垂楊掩影 不接不離 登閣九峰環列 風帆片片 時過几案間'이라고 설명하는 하던 명승지였다. 黃埠墩은 黃埠墩은 清代 康熙帝와 乾隆帝가 각기 六次의 南巡을 했을 때 매번 墩上停에 올라 观賞하였다. 康熙는 이곳을 水中兰花에 비유하고 乾隆은 '蓬萊'로 불렀다. 无錫博物館 소장의 청나라 화가 秦儀가 그린 《芙蓉湖图》가 당시의 모습을 전해준다.

无锡 惠山古镇은 无锡市의 서쪽, 锡山과 惠山의 동북향 산록에 위치하는 海拔 8m로 无锡市의 중심에서 또 京杭大运河 主航線의 서쪽으로 약 2.5㎞ 떨어져 있다. 乾隆皇帝는 민정시찰과 국토 강산의 공고를 목적으로 모두 6次의 南巡을 행하였는데 매번 惠山에 가서 깊은 정과 인연을 만들었다. 이는 聽松庵 竹爐山房의 竹茶爐 때문이었다. 그래서 竹爐图詠이라는 書畫卷(hand scroll) 《竹爐图卷》이 알려지게 되었다. 竹爐山房에 대한 偏愛 때문에 乾隆(서기 1711년 9월 25일-서기 1799년 2월 7일)은 北京, 天津, 承德에서도 惠山 竹爐山房과 유사한 竹爐茶舍를 13군데에 만들었다. 乾隆 16년(서기 1751년) 봄 乾隆帝는 1차 南巡을 2월 20일 오후에 행하였는데 乾隆의 御駕가 惠山, 寄暢园, 惠山寺, 二泉 등지를 지나갈 때 그중에서 그의 눈을 끈 것은 竹爐山房의 竹茶爐 및 《竹爐图卷》이었다. 그는 南巡 일 년 전 嚮導 官努三을 파견하여 앞서 방문지의 風景, 名勝 및 文物情況를 살펴 상세한 보고를 올릴 것을 명하였는데, 無錫 竹爐山房의 竹茶爐 및 書畫卷인 《竹爐图詠》을 보고 내심 그곳

을 방문하기로 마음을 먹었다. 御舟가 바로 揚州를 지닐 때 乾隆은 기다리지 못하고《竹爐图卷》을 미리 보고 惠山에 도착한 후 그는 寄暢园(또는 秦园, 江苏省 无锡市의 中式古典园林으로 그 이름은 王羲之의 "寄暢山水蔭"에서 따왔다)을 방문한 다음 惠山寺를 遊覽한 후 竹爐山房에서 휴식을 취하려고 명을 내렸다. 太監으로 하여금 그가 竹爐를 사용하고, 二泉水로 茶를 끓이고 휴식을 취하려고 명을 내렸다. 乾隆이 차를 마셔보고 惠山寺 竹爐가 明 洪武 28년(서기 1395년) 惠山寺 住持 普真(字는 性海) 湖州竹工編制에 청해 精巧하고 仙家 乾坤壺와 유사한 것을 만들고 性海가 소나무 가지를 이용해 二泉水를 끓여 차를 만들고 文人雅士를 초대해 佳話를 나누었다는 사실을 알게 되었다. 竹爐 및《竹爐图詠》는 乾隆 때까지 약 400년간 전해져 乾隆은《汲惠泉烹竹爐歌》이란 시 한 수를 짓게 되었다. 그 내용 중에는 "高僧竹爐增韻事, 隱使裴公慚後塵"가 있는데 高僧 竹爐는 明初 惠山寺 住持 性海가 竹爐를 만든 것을 지칭하며. 裴公은 鎮江 金山寺의 裴头陀 즉 歷史上 매우 유명한 傳說적인 法海和尚을 의미한다. 그러나 실제로는 "真實的法海是一位不畏艱險, 拾金不昧的高僧"으로 표현되기도 한다.

乾隆이 無錫을 떠날 때 竹爐를 함께 가져가려고 蘇州 工匠에게 두 개를 모방해 만들고 진본은 惠山寺에 돌려주었다. 건륭 45년(서기 1780년 70세) 4차 南巡 후 知县 邱漣의 衙門에 화재가 나서 王潑의《竹爐图卷》과 惠山竹爐는 불에 타버렸다. 그리고 乾隆이 궁중화가인 王潑로 하여금 불에 타버린《竹爐图卷》을 대신해 台北 故宮博物院 소장의 溪山魚隱图를 그려 惠山寺에 하사하였다. 그리고 '頓環舊觀'이란 글을 지어 주기도 하였다. 王潑의《竹爐煮茶图》란 石刻은 오늘날 惠山寺에 남아 있다. 또 詠惠泉이란 시 "摩娑几千載 涤蕩含光澤"를 남기도 하였다. 沙無垢先

生의 《竹爐遺韻》이란 글에 의하면 '惠山竹爐原物은 존재하지 않으나 北京 故宮博物院에 乾隆이 모방해 만든 天圓地方의 형상을 한 竹爐煮茶具 한 점이 남아 있으며, 實物은 外方이 內圓, 高 12cm, 폭 18cm, 四柱의 直徑은 각 1.5cm로. 爐芯은 陶土로 만들었는데 內徑은 7cm, 上罩(Reticle, Mask)는 銅質로 墊圈(grommet, carrier ring)을 이루고 爐口는 長方形으로 3×4cm로 銅套로 감싸고 있다. 竹爐의 底板에는 乾隆御筆詩 및 跋題가 쓰여 있는데 그 내용은 "竹爐匪夏鼎, 良工率能造. 胡獨稱惠山, 詩禪遺古調. 騰聲四百載, 摩挲果精妙. 陶土編細筠, 規制偶仿效. 水火坎離济, 方圓乾坤肖. 詎慕齐其名, 聊亦從吾好. 松風水月下, 擬一安茶銚. 獨苦無多聞, 隱被山僧笑. 乾隆辛未春, 過聽松庵, 見明僧性海所遺竹爐, 命仿製並紀以詩. 御題"이다. 乾隆의 仿製竹爐上의 題為는 《仿惠山聽松庵制竹茶爐成詩以詠之》이고 題詩는 1次 南巡 때 지은 것으로 《舟行三十首》 絕句 중 十九首 詠無錫惠山碧山吟社로 "偶泛梁谿尋剩跡, 竹爐第二試茶槽"이다. '竹爐第二'는 仿製竹爐를 지칭한 것으로 북경에 돌아온 후 玉泉山 靜明園 仿製竹爐 竹爐山房을 지은 후인 乾隆 18년(서기 1753년)의 《竹爐山房》 詩의 序文인 "南巡過惠山聽松庵, 愛其高雅, 輒於第一泉仿置之, 二泉固當兄事"와 《詠竹爐》 竹爐를 찬미한 "惠山傳雅制, 嶰谷飭良材. 古擬蟠夔鼎, 华羞翠羽罍"이다. 이후 乾隆은 竹爐山房에 들러 竹爐圖卷에 卷上題詩로 여러 수의 竹爐之詩를 써 넣었는데 乾隆의 南巡과 관련된 無錫의 御製詩는 98首로 그중 竹爐와 관련된 것이 27首로 ¼이나 된다. 그리고 竹爐山房을 모방해 만든 13개소는 1.玉泉山靜明園竹爐山房, 2.圓明園畫禪室, 3.香山靜宜園竹爐精舍, 4.香山靜宜園悅性山房, 5.清漪園, 6.清漪園露香齋, 7.清漪園清可軒, 8.清漪園歇鑒室, 9.西苑焙茶塢, 10.西苑千尺雪, 11.承德避暑山莊枕碧樓, 12.承德避暑山莊味甘書屋, 13.天津盤山千尺雪이다.

惠山古镇의 保护范围는 世界文化遗产의 등재를 위한 资格条件을 갖
춘 곳으로서 그 범위는 东西长 1.7km, 폭 0.8km, 总面积 약 103m²이다.
惠山古祠堂은 二泉, 寄畅园, 惠山镇, 惠山直街, 横街와 惠山泥人博物馆
과 연접해 있다. 南北朝에 처음 세워진 惠山寺에는 无锡을 상징하는 건
물인 明 万历 年间(서기 1573년-서기 1620년 8월 27일)에 만들어진 锡
山 龙光塔이 있으며, 唐代 陆羽(서기 733년-서기 804년)의 惠泉第二에
서 따온 '天下第二泉'인 二泉水도 있다. 明代 南京 兵部尚書 秦金이 지
은 寄畅园은 康熙와 乾隆이 각기 '玉戛金樅' 과 '山色溪光관'이라는 편액
을 만들어 주기도 하였다. 그리고 그곳 토호인 华希閔에게는 여러 진귀
한 비단과 보물을, 周敦頤의 후손에게는 周家祠堂이라는 光齐祠라는 편
액을 하사하였다. 이외에 明代의 '千人报德坊', '华氏四面牌坊'은 古镇牌
坊群 중 최고의 걸작으로 惠山古镇祠堂建筑群의 중심이다. 이는 唐나라
에서 시작하여 明·清대에 가장 발전하는데 현재 120개의 祠堂이 남아
있다. 그중 宰相의 祠堂이 9곳인데 그들은 楚相 春申君 黄歇, 唐相李绅,
陆贽, 张柬之, 宋相 司马光, 王旦, 范仲淹, 李纲, 清代 李鸿章의 것이다.
惠山祠堂群은 尚书祠, 侍郎祠, 御史祠, 巡抚祠, 忠节祠, 贞节祠 등으로
나누어지며, 祠堂의 이름은 매우 번잡하고 성씨도 80개에 이른다. 이들
180여 명의 역사적 인물들은 姓氏의 文化源泉을 밝히는 중요 사료들이
다. 惠山老街는 惠山直街의 동쪽에 있으며 거리의 입구에는 石碑가 서
있는데 横额의 正面砖刻에는 '五里香塍'의 四字가 보인다. 이는 晚清 窦
承焯의 글로 비의 뒷면은 篆书로 '九峰翠嶂'라 되어 있으며 邵宝八世族
孙涵初의 글이며 碑立于清咸丰六年(서기 1856년)에 세워졌다. 邵文庄公
祠(二泉书院)는 邵宝祠 즉 二泉书院으로 惠山 点易台 아래 사면에 있으
며 听松坊 53号이며 처음 明 正德 11년(서기 1516년)에 세워지고, 乾隆
57년(서기 1792년) 顾光旭(서기 1731년-서기 1797년, 字 华阳, 号 晴沙

또는 响泉, 江苏无锡人, 顾可久의 8세손으로 乾隆 17년/서기 1752년 进士로 벼슬은 甘肃干凉道, 署四川按察司使에 이름)이 重修하고 道光 19년(서기 1839년) 邵宝의 八世孫인 邵涵初 등이 비를 세웠다. 서기 1976년 京杭运河 无锡段의 改道로 인해 无锡은 더욱 더 번영하고 있다.

浙江省 湖州市는 비단의 생산으로 잘 알려져 있고 특히 南潯鎭의 비단은 그중에서도 뛰어나다. 여기에서 생산된 비단으로 咸丰帝의 龙袍를 만들었고 그것은 청나라 황실의 내규에 의해서이다. 北京 古宮 博物院 소장의 康熙帝와 乾隆帝의 용포도 이곳에서 나온 輯里湖絲란 生絲로 만들어 진 것이다. 기원전 2700년경(지금부터 약 5,200년 전-4,700년 전) 新石器時代晚期(商周時期의 馬橋文化)의 良渚文化時期에 속한 浙江省 湖州市 吳興区 境內 錢山樣 유적에서 비단조각(綢片)이 발견된 바 있어 湖州 蠶業의 역사는 오래된다. 이는 世界에서 가장 오래된 蠶絲織品絹片으로「世界絲綢之源」으로 불렸다. 그러나 이 연대보다 앞서 山西省 夏県의 仰韶文化遺蹟에서 비단(絲綢)의 證據인 누에나방이 발견되고 그 연대를 기원전 4000년-기원전 3000년 사이로 추정되었다. 이는 桑蚕을 했다는 증거이다. 浙江省 餘姚県 河姆渡遺蹟에서도 原始织机의 일부 파편을 발견했는데 그 연대는 기원전 4000년으로 보고 있다. 가장 빠른 丝绸织物의 사용례는 기원전 3630년으로 어린아이의 包裹으로 河南省 荣阳県 青台村의 仰韶文化遺蹟에서 발견되었다. 錢山樣 유적에서 같은 비단조각은 商朝(약 기원전 약 1600년-기원전 1046년)의 王陵 안에서도 두어 번 발견된 바 있다. 이곳에서 비단 생산과 사업이 발달했던 것은 西晉의 獲塘运河와 唐 貞元 8년 이곳 刺史 于頔(우적, ?-서기 818년, 唐朝大臣. 字 允元, 河南/현 河南 洛阳人, 北周太傅, 燕文公于谨七世孙, 唐 德宗時 湖州/현 浙江 吳兴 刺史)

이 湖州주민을 총 동원하여 湖州 城東 迎春橋-升山-南潯-江蘇省 平望鎭까지 60㎞의 운하를 뚫어 鶯脰湖로 가서 京杭大运河에 연결되게 하였다. 元나라 때 이곳 출신 趙孟頫(서기 1254년-서기 1322년)가《吳興賦》란 글에서 "平陸則有桑麻如云 都郁紛紛"일고 이곳 호주의 뽕나무를 기록하고 있다. 후일 청나라 말 刘鏞(서기 1826년-서기 1899년)이 서기 1846년 蠶桑의 대풍으로 비단의 생산이 늘었지만 가격은 오히려 떨어져 비단을 배에 싣고 3일간 항해 후 上海 黃浦江의 上海十六鋪 码头에 가서 직거래로 3배의 이득을 보았고 이것이 계기가 되어 그는 그곳 湖州의 최고의 갑부가 되었다. 그래서 湖州 南潯鎭의 黃金水道와 300m의 絲行埭(大運河 주변의 生絲를 거래하는 전문업자들이 모인 條街) 거리에는 비단거래를 위해 경향각지에서 모여든 사람들로 붐비었다고 한다. 이는 서기 1840년-서기 1842년 아편전쟁의 패전 이래 上海에 시장을 개방을 하도록 강요받았기 때문이다. 이곳에는 '四象八牛七十二黃金狗'란 말이 나왔다. 이는 천 만량이상의 白銀의 부자는 象, 백 만량이상은 牛, 50만량 이상은 狗란 의미이다. 淸 정부에서 일 년간 이곳에서 걷어드린 비단세금은 7,000만량이나 되었다. 그리고 咸丰 元年(서기 1851년) 5월 1일-10월 15일 런던 하이드 파크(Hyde Park, 倫敦海德公园)에서 열린 英国萬国工業博覽會(Great Exhibition of the Works of Industry of all Nations)에서 이곳에서 출품한 비단 제품이 금상과 은상을 받았다. 湖州博物館 소장의 '浙江巡撫于來辨湖絲咨文', '錢山樣 출토 綢片', '輯里湖絲'와 서기 2013년 3월 全局重點文物保護單位로 지정된 로마식 기둥을 가지고 나무, 돌과 벽돌로 지어진 프랑스풍의 벽돌건물인 紅房子, '大运河絲業會館, 絲商建築 중에 刘鏞의 宅园, 祠堂(刘氏家廟), 园林(小蓮庄), 東升閣(小姐樓)와 四象의 한 사람인 張石銘의 舊宅, 張家女眷居住房屋의 懿德堂 등은 이곳 湖州의 번영을 말해준다.

16 明·淸 시대의 皇陵

서기 2003년과 서기 2004년 확대 지정된 明淸皇家陵寢은 江苏 南京 明 孝陵, 北京 明 十三陵, 湖北 钟祥 明 显陵, 河北 遵化 淸 东陵, 河北 易县 淸 西陵, 辽宁 沈阳 淸 福陵, 辽宁 沈阳 淸 昭陵, 辽宁 新宾 淸 永陵을 포함한다.

① 江苏 南京 明 孝陵: 明代 开国皇帝 朱元璋(서기 1368년-1398년 재위)과 皇后马氏의 合葬陵墓로 洪武 14년(서기 1381년)에 시작하여 洪武 16년(서기 1383년)에 完成을 보았다. 下马坊, 禁约碑, 大金门, 石像生, 碑亭, 文武方门, 享殿门台基, 享殿台基, 内红门, 方城 明楼 및 宝城墙体 등 磚石建筑物이 남아 있으며, 明 孝陵은 규모가 웅장하고 엄숙한 분위기를 자아내며 이후 明·淸 양대의 皇陵建筑에 많은 영향을 주었다.

② 北京 明 十三陵: 북경 '明 十三陵'은 明나라가 北京으로 迁都 후 13位 皇帝陵墓를 총칭하는데 北京市 西北 约 44km 떨어진 昌平 区 天寿山 南麓에 위치하며, 陵의 총면적은 40km²이다. 서기 1409년

長陵를 시작으로 하여 淸나라 順治 初年에 思陵을 건조하기까지 약 200년간의 긴 세월에 長陵(成祖), 献陵(仁宗), 景陵(宣宗), 裕陵(英宗), 茂陵(憲宗), 泰陵(孝宗), 康陵(武宗), 永陵(世宗), 昭陵(穆宗), 定陵(神宗), 庆陵(光宗), 德陵(熹宗), 思陵(思宗)의 十三陵이 만들어지고, 陵内에는 皇帝 13인, 皇后 23인, 皇貴妃 1 인과 수십 명의 皇妃가 殉葬되어있다. 13릉은 중국 역대 帝王陵寢이 건축사상 완전이 보존되어 있다. 지정된 명나라 황릉은 다음 표와 같다.

序號	陵名	皇帝名稱	年號	廟號	諡號	在位年代	世系	享年	祔葬皇后	陵址
1	祖陵	朱百六	德祖		玄皇帝		太祖高祖	不詳	胡氏	江蘇省 盱眙縣管鎮鄉
		朱四九	懿祖		恆皇帝		太祖曾祖	不詳	侯氏	
		朱初一	熙祖		裕皇帝		太祖祖父	不詳	王氏	
2	皇陵	朱世珍	仁祖		淳皇帝		太祖父親	64	陳氏	安徽省鳳陽縣西南
3	孝陵	朱元璋	洪武	太祖	高皇帝	1368–1398		71	馬氏	南京鐘山南麓
4	長陵	朱棣	永樂	成祖	文皇帝	1402–1424	太祖四子	65	徐氏	北京 昌平区 天壽山下
5	獻陵	朱高熾	洪熙	仁宗	昭皇帝	1424–1425	成祖長子	48	張氏	北京 昌平区 天壽山黃山寺一嶺下
6	景陵	朱瞻基	宣德	宣宗	章皇帝	1425–1435	仁宗長子	37	孫氏	北京 昌平区 天壽山黑山下
7	裕陵	朱祁鎮	正統 天順	英宗	睿皇帝	1435–1449 1457–1464	宣宗長子	38	錢氏 周氏	北京 昌平区 天壽山石門山下

8	景泰陵	朱祁鈺	景泰	代宗	景皇帝	1449－1457	宣宗次子	30	汪氏	北京西郊金山下
9	茂陵	朱見深	成化	憲宗	純皇帝	1464－1487	英宗長子	41	王氏, 紀氏, 邵氏	北京昌平区天壽山聚寶山下
10	泰陵	朱祐樘	弘治	孝宗	敬皇帝	1487－1505	憲宗三子	36	張氏	北京昌平区天壽山筆架山下
11	顯陵	朱祐杬		睿宗	獻皇帝		憲宗四子	43	蔣氏	湖北鐘祥県松林山(又名純德山)下
12	康陵	朱厚照	正德	武宗	毅皇帝	1505－1521	孝宗長子	31	夏氏	北京昌平区天壽山蓮花山下
13	永陵	朱厚熜	嘉靖	世宗	肅皇帝	1521－1566	憲宗孫	60	陳氏, 方氏, 杜氏	北京昌平区天壽山陽翠嶺下
14	昭陵	朱載垕	隆庆	穆宗	莊皇帝	1566－1572	世宗三子	36	李氏, 陳氏, 李氏	北京昌平区天壽山大峪山下
15	定陵	朱翊鈞	万历	神宗	顯皇帝	1572－1620	穆宗三子	58	王氏, 王氏	北京昌平区天壽山大峪山下
16	庆陵	朱常洛	泰昌	光宗	貞皇帝	1620	神宗長子	39	郭氏, 王氏, 刘氏	北京昌平区天壽山黃山寺二嶺下
17	德陵	朱由校	天啟	熹宗	哲皇帝	1620－1627	光宗長子	23	張氏	北京昌平区天壽山潭峪嶺下
18	思陵	朱由檢	崇禎	思宗	烈皇帝	1627－1644	光宗五子	35	皇后周氏, 皇貴妃田氏	

위의 표에서 1은 江蘇省 盱眙県 管鎮乡, 2는 安徽省 鳳陽県 西南, 3은 南京 鐘山 南麓, 8은 北京 西郊 金山下, 11은 湖北 鐘祥県 松林山(또는 純德山)下, 나머지는 모두 北京 昌平区 天壽山下 聚寶山, 蓮花山, 陽翠嶺, 大峪山, 黃山寺一嶺, 黃山寺二嶺, 潭峪嶺, 鹿山의 '明 十三皇帝陵'(초대 朱元璋의 묘인 孝陵은 南京에 있음)에 위치한다. 이는 명나라가 '事死如事生'와 같이 사후에도 영혼이 존재함을 믿어 황릉의 건조에 무척 힘을 쏟았다. 定陵(14대 황제 神宗 朱翊鈞, 재위기간 서기 1573년–서기 1620년, 祔葬皇后는 孝端皇后와 孝靖皇后임, 万历 48년으로 재위기간이 명나라에서 가장 김)이 서기 1956년 5월–서기 1959년 발굴되고 陵寢墓室은 현재 '定陵地下博物馆'으로 만들어 놓아 현재 관람이 가능하다. 특히 정릉의 수축은 万历 13년(서기 1585년) 3월부터 매일 2–3만 명이 6년 작업하였는데, 銀 6백만 량(당시 2년간의 농지세) 투입하였다. 서기 1956년 정릉의 발굴에서 陵寢墓室, 陵前 神道, 主神道의 石牌坊, 大红門, 神功圣德碑亭, 石像生, 鳳凰門 등 主要 建筑物이 원래의 모습을 그대로 갖추었음을 확인하였다. 그리고 北京市 昌平区 天寿山下의 長陵(成祖, 서기 1403년–서기 1424년, 祔葬皇后는 徐氏임, 永樂 13년/서기 1413년 完工)은 成祖 朱棣의 陵寢建筑物로, 橫恩殿(献殿)과 享殿은 長陵의 主体建筑物로 제사지내는 중요 장소이다. 長陵 被恩殿은 중국에서 제일 큰 단일의 木造殿堂이다.

그리고 '明 十三陵'에는 嘉靖 19년(서기 1540년) 汉나라 白玉으로 조성하고 정면 5間, 6柱 11樓, 폭 28.86m, 높이 14m 기둥 위에는 기린, 사자, 용과 괴수를 조각한 중국 최대의 石牌坊, 사자, 용, 豸(神獸로 外觀은 羊과 鹿을 닮음), 낙타, 코끼리, 기린, 말의 石獸 24기, 武臣, 文臣, 勋臣의 石人 12기가 배치되고 宣德 10년(서기 1435년)에 정비·수리된 石像生, 棂星門(鳳凰門) 등이 있다.

③ 湖北 钟祥 明 显陵: 明 世宗 朱厚熜(서기 1521년−서기 1566년 재위)의 父亲 恭睿献皇帝 明 睿宗 朱祐杬과 生母 慈孝獻皇后 蔣氏의 合葬墓(嘉靖 18년, 서기 1539년 낙성)로 中国 明代 帝陵 중 最大의 陵墓이다. 湖北省 钟祥市 城 東北 7.5㎞의 松林山(纯德山)에 위치하며 점유면적은 183.13hr, 주위 3,600m이다.

④ 河北 遵化 清 東陵(穆麟德, '昭'에 해당): 河北省 遵化市 境西北部 馬兰峪 昌瑞山에 위치하며, 北京 市区에서 서쪽으로 125㎞, 天津으로부터 150㎞ 떨어져 있는 清朝의 三大陵园 중 最大이다. 이곳에는 世祖 順治帝(서기 1638년 3월 15일−서기 1661년 2월 5일, 서기 1644년−順治 18년/서기 1661년 재위)의 孝陵, 聖祖 康熙帝(서기 1654년 5월 4일−서기 1722년 12월 20일, 서기 1661년 2월 5일−서기 1722년 12월 20일 재위)의 景陵, 高宗 乾隆帝(서기 1711년 9월 25일−서기 1799년 2월 7일, 雍正 13년/서기 1735년−乾隆 60년/서기 1795년 재위)의 裕陵, 文宗 咸丰帝(서기 1831년 7월 17일−서기 1861년 8월 22일, 서기 1850년−서기 1861년 재위)의 定陵, 穆宗 同治帝(서기 1856년 4월 27일−서기 1875년 1월 12일, 서기 1861년−서기 1875년 재위)의 惠陵의 5개의 황릉과 그 외에 孝庄文皇后(太皇太后/聖母皇太后, 万历 41년 2월 初 8일/서기 1613년 3월 28일−康熙 26년 12월 25일/서기 1688년 1월 27일, 아이신기오로 도르곤/愛新覺羅多爾袞/애신각라다이곤/睿忠親王과 再婚으로 인해 그녀의 관은 37년간 지하에 매장되지 못하였다가 서기 1725년 사후 37년 만인 擁正 3년에 昭西陵에 매장되었으며 그녀의 능은 서기 1929년 도

굴당하였다. 그녀의 전남편인 後金의 제2대 군주이며 清朝의 開国 皇帝인 홍타이지/皇太極는 辽宁 沈阳 清 昭陵에 묻혀 있다)의 昭西 陵, 慈禧太后/孝欽顯皇后/聖母皇太后/西太后(서기 1835년 11월 29 일-서기 1908년 11월 15일)의 普陀峪 定東陵, 慈安太后(서기 1837 년 8월 12일-서기 1881년 4월 8일)의 普祥峪 定東陵, 裕妃园寝의 香妃(乾隆 24년/서기 1759년 乾隆帝의 妃가 됨, 위굴/維吾爾의 여자 로 이름은 伊帕尔罕/拉丁维文/西里尔维文, 서기 1734년 9월 15일- 서기 1788년 5월 24일)墓가 포함된다. 聖祖 康熙帝의 妃嬪(皇妃 ← 貴妃 ←妃 ←嬪 ←貴人 ←常在 ←答應의 순) 55位 中 敬敏皇貴妃와 妃嬪들이 같이 묻힌 능을 제외한, 貴妃 1人(溫僖貴妃, ?-서기 1694 년 11월 초 3일), 妃 11人(慧妃, 惠妃, 宜妃, 榮妃, 平妃, 良妃, 宣妃, 成妃, 順懿密妃, 純裕勤妃), 定妃(嬪 8人, 貴人 10人, 常在 9人, 答 應 9人)의 48위의 비빈은, 후일 景陵地宮 내 景陵妃园寝(康熙熙皇 帝嬪妃墓葬群位于景陵东側, 内葬 : 温僖贵妃钮祜禄氏, 惠妃那拉氏 등 48位의 嬪妃과 一位皇子/顺懿密妃王氏 幼殇之子의 묘)에 이장되 어 함께 매장되었는데 清 東陵에서 獨一無二한 독립된 능침은 景陵 妃园寝의 동남쪽에 위치한 景陵皇貴妃陵寝/双妃园寝으로 비빈 중 愨惠皇貴妃/佟佳氏(서기 1668년-서기 1743년, 佟佳氏, 满洲镶黄旗 人, 为领侍卫内大臣承恩公国舅佟国维之女, 孝懿仁皇后의 妹, 双妃 园寝에 매장)와 惇怡愨惠皇貴妃/瓜爾佳氏(서기 1683년-서기 1768 년, 乾隆 36년 薨, 년 86세로 康熙의 비빈 중 최장수함)의 능침인데 이는 康熙의 愨惠와 惇怡 皇貴妃의 두 귀비에 대한 강희의 손자인 乾隆황제의 효심을 잘 보여준 것이다.

清 康熙 2년(서기 1663년)에 시작하여 217기의 宫殿牌楼와 15기 의 陵园을 조성하였는데 陵区는 昌瑞山 主峰下 順治帝의 孝陵을 중

심으로 산세를 의지하여 南麓에 부채꼴 모양으로 宫墙, 隆恩殿, 配殿, 方城明楼 및 宝顶 등을 건축하였다. 전체 모양은 '前朝后寝'으로 方城明楼를 陵园의 最高 建筑物로 삼고 안쪽에는 石碑을 세웠는데 碑에는 汉, 满洲, 蒙古 三種의 문자를 새겨 墓主의 諡號를 새겨 넣었다. 明楼 뒤에는 '宝顶'(大坟闘), 그 아래에는 灵柩 '地宫'을, 陵寝은 明楼와 宝顶 사이에 만들었다. 半圆形의 封闭式 院落('哑巴院') 안에는 琉璃砖瓦를 사용한 '影壁'을 세우고 그 양측에서 明楼를 향해 갈 수 있게 하였다. 陵区 最南端의 石牌坊은 북으로 향하고 順治帝 孝陵의 宝顶에 이르게 하였다. 그리고 약 12m의 넓이, 길이 6㎞의 神道를 깔고 그 신도 옆에 大红門, 大碑楼(聖德神功碑楼), 石像生, 鳳龙門, 七孔橋, 小碑楼(神道碑楼), 隆恩門, 隆恩殿, 方城明楼 등의 建筑物을 순서 있게 만들었다. 그러나 서기 1928년 国民革命軍 第12軍 軍長 孫殿英(서기 1889년-서기 1947년)이 乾隆帝 裕陵과 慈禧太后(西太后)의 普陀峪 定東陵을, 서기 1945년에는 土匪 王紹義와 張盡忠이 順治帝 孝陵을 제외하고 능묘 전체를 도굴하였다. 특히 孫殿英이 서기 1928년 7월 1일 潭溫江의 건의에 따라 7월 4일-7월 10일 군사훈련이란 美名下에 慈禧太后의 定東陵을 파괴하고 능 입구를 못 찾아 4주 후 자희태후가 안장된 內棺까지 부수고 여기에서 여러 부장품들을 도굴했다. 이 도굴사건으로 여론이 나빠 그해 蔣介石에 의해 군사재판에 회부되었으나 종결되지 못한 채 서기 1949년 10월 1일 新中国의 탄생으로 유야무야(有耶無耶)되었다. 乾隆帝 裕陵에서 서기 1928년 7월 2일 도굴된 것으로 전해지는 干將劍[春秋时代 铸剑의 鼻祖이며 越王勾践(월왕구천)을 위해 赫赫青铜名劍인 다섯 자루의 宝剑(湛卢, 巨闕, 胜邪, 鱼肠, 纯钧)과 楚昭王을 위해 세 자루의 名劍(龙渊, 泰阿, 工布)을 만든 欧冶子와 후예들

인 干將과 그의 처 莫邪가 만든 有名劍인 越王勾踐劍이 서기 1965
년 12월 湖北省 江陵県(荊州市) 望山 1號[楚懷王(?-기원전 206년)
시 楚의 貴族인 邵滑의 墓(竹簡文에서 확인, 陪嫁品/dowry으로 楚
国에 흘러들어간 것으로 보임]에서 출토하였는데 이 검에는 鳥虫書
로 써진 '越王勾踐 自作用劍'이란 문자가 새겨져 있다. 이 검은 長
55.7㎝, 폭 4.6㎝, 柄長 8.4㎝로 劍面에는 鑄造한 黑色菱形暗紋이
있고, 슴베 박은 칼자루의 목 쪽에 감은 쇠태인 칼코등이(劍環) 鑲
(insert, inlay, set, mount, fill)의 정면에 藍色琉璃로, 그리고 背
面에 綠松石/turquoise/突厥玉/土耳其石을 박아 넣었다. 구천의 검
은 아마도 越絕書에서 보이는 바와 같이 欧冶子가 秦溪山 산정에서
주조한 칼 중의 하나일 것으로 추정된다(현재 湖北省博物館 소장).
그리고 구천의 검과 함께 부장된 9条의 金龙을 조각해 넣은 蒙古式
彎劍인 九龙寶劍은 国民政府 蒋介石(서기 1887년 10월 31일-서기
1975년 4월 5일, 그러나 干將劍과 九龙寶劍은 그 후의 행방은 묘연
하고 깨져 없어진 것으로 추정된다)에게, 云南省 怒江州 福貢県 石
月亮乡 瓦格村과 이웃 貢山県에서 많이 나오는 碧璽(電氣石, 綠柱
石)西瓜(수박)은 宋美齡[宋嘉澍(海南島 文昌人, 서기 1863년-서기
1918년 5월 4일, 宋靄齡, 宋庆齡, 宋子文, 宋美齡, 宋子良, 宋子安
의 아버지)의 셋째딸로 蔣宋美齡女士 혹은 蔣夫人으로 불림, 서기
1897년 3월 5일-서기 2003년 10월 24일]의 오빠 겸 宋庆齡(남편 孫
中山)의 동생인 宋子文(서기 1894년 12월 4일-서기 1971년 4월 26
일)에게, 그리고 자희태후의 보물 중 서태후의 사후 염으로 입에 물
렸던 夜明珠는 蒋介石의 둘째 부인 宋美齡에게 뇌물로 바쳐진 모양
이다. 이는 陝西省 臨潼県 驪山에 있는 秦始皇陵은 진시황이 13세
로 등극하자마자 만들기 시작했으나 50세에 죽을 때까지 완성을 보

지 못하였는데 그의 능도 기원전 207년 楚의 霸王 項羽(또는 項籍: 기원전 232년-기원전 202년)에 의해 도굴을 당해 그 속에서 꺼내진 보물의 일부는 항우의 애첩 虞美人에게로 흘러들어 갔던 역사적 맥락에서 이해된다. 자희태후의 능은 서기 1947년에 수리·복원되어 현재 전시 중이다.

⑤ 河北 易县 清 西陵(穆麟德, '穆'에 해당): 이곳은 清代의 四位 皇帝인 雍正帝(서기 1678년 12월 13일-서기 1735년 10월 8일, 서기 1722년-서기 1735년 재위, 清 泰陵), 嘉庆帝(서기 1760년 11월 13일-서기 1820년 9월 2일, 서기 1796년-서기 1820년 재위, 清 昌陵), 道光帝(서기 1782년 9월 16일-서기 1850년 2월 25일, 서기 1820년-서기 1850년 재위, 清 慕陵), 光绪帝(서기 1871년 8월 14일-서기 1908년 11월 14일, 서기 1875년 2월 25일-서기 1908년 11월 14일 재위, 清 崇陵) 및 그의 皇后, 嬪妃의 陵园이다.

雍正, 嘉庆, 道光, 光绪帝가 모셔져 있는 清 西陵 중 泰東陵은 雍正(清 西陵 雍正帝의 泰陵, 孝敬宪皇后, 敦肃皇贵妃가 합장)의 皇后이며 乾隆(弘历, 雍正帝 第四子 胤禛, 清东陵, 清裕陵)의 生母인 崇庆皇太后(孝圣宪皇后) 钮钴禄氏(서기 1692년 11월 5일-서기 1777년 3월 2일, 86세)의 단독 단위의 무덤으로 雍正의 泰陵 东北 약 1.5 km에 위치한다. 청나라에서 단독 무덤으로는 顺治皇后의 모친 孝庄文皇后의 東陵 중 昭西陵, 顺治皇后 孝康章皇后(서기 1640년-서기 1663년 3월 20일)의 東陵 중 孝陵)와 慈禧太后의 西陵 清崇陵 등이 있을 뿐이다. 乾隆의 생모인 甄嬛(孝敬宪皇后, 明懿甄皇太后, 讳嬛, 父는 吏部尚书 甄远道임)은 正六品莞贵人→ 正五品莞嫔→ 从四品甄婉仪→ 从三品甄婕妤→ 正三品莞贵嫔→ 从二品甄昭仪(未行册封

礼, 后被废)→ 莫愁师太→ 正二品莞妃→ 正一品莞淑妃(存封号, 例同贵妃)→ 皇贵妃→擁正皇帝가 붕어하고 그녀의 아들인 乾隆帝에 의해 明懿皇太后로 책봉되었다. 그리고 明懿皇太后가 86세에 붕어하자 아들 건륭에 의해 "孝圣慈宣康惠敦和诚徽仁穆敬天光圣宪皇后"의 존호를 받아 그 이후로 불리게 되었다. 그녀가 살던 곳은 皇后朱宜修(皇后党领袖), 纯元皇后朱柔则의 庶出 자매인 朱宜修, 华妃慕容世兰, 鹂妃安陵容, 祺贵人管文鸳, 恚妃汤静言, 贤妃胡蕴蓉, 丽贵嫔, 襄贵嫔曹琴默, 富察贵人, 乔选侍颂芝, 妙音娘子余莺儿, 慕容世芍 등 여러 宿敌과 연계되어 甄府快雪轩→ 棠梨宫莹心堂(后来是莹心殿)→ 太平行宫宜芙馆→ 棠梨宫→ 太平行宫宜芙馆→ 太平行宫无梁殿→ 棠梨宫莹心殿→ 甘露寺→ 凌云峰→ 未央宫柔仪殿→ 太平行宫松涛轩→ 未央宫→ 颐宁宫로 여러 번 옮겨질 정도로 그녀의 인생이 파란만장하여 流潋紫의 小說《后宫甄嬛传, 후궁견환전》과 电视剧(드라마)의 주인공으로 잘 알려져 있다.

乾隆 16년(서기 1751년) 乾隆帝는 어머니 崇庆皇太后(孝圣宪皇后)의 回甲, 古稀, 80세 大壽의 3차 壽宴을 万寿寺에서 치루고 모후를 위해 圆明园에서 이용하던 바로크(baroque, 巴洛克)양식의 건물을 가미해 만수사를 擴建하였다. 이 건물에는 중국식의 모란과 구름문을 가미해 중국과 서양의 조화를 이루었다. 수연과 만수사 건물에 관해서는 北京 古宫博物院 소장의 《崇庆皇太后萬壽图卷》(張廷彥 등 繪) 第四卷《兰殿延禧》의 崇庆皇太后万寿庆全图(60세 경축도), 香林千衲图(70세 경축도)에 잘 묘사되어 있다. 乾隆帝撰《敕修万寿寺碑記》가 大延壽殿 月台 앞에 세워졌는데 동쪽의 비문(東碑)은 滿文, 漢文, 西碑는 蒙古文, 藏文으로 써져 있으며, 내용은 崇庆皇太后 수연(壽辰) 하루 전에 乾隆帝가 모후와 함께 万寿寺에서 禮佛을 올렸다고 한다.

乾隆황제 때 만들어진 北京 古宮博物院 소장의 중요한 유물은 乾隆황제의 母親 崇庆皇太后(孝聖憲皇后가 圓明园 長春仙館에서 붕어함에 따라, 무덤은 泰東陵에 쓰고 휘호는 崇德慈宣康惠敦和裕壽純禧恭懿安祺宁豫皇太后으로 존호를 부여함, 史劇에서는 后宫 甄嬛传으로 알려짐)가 86세로 붕어하자 乾隆이 母親을 위해 제작한 金髮塔(清乾隆金发塔)으로 头髮을 중시하여 萬民之母인 皇太后이 매일 머리를 빗을 대 모아둔 두발을 사후에도 귀중하게 모신 것이다.

雍正의 后妃로는 21명이 있는데 그들은 다음과 같다.

皇后: 孝敬宪皇后 乌拉那拉氏, 孝圣宪皇后 钮祜禄氏,

皇贵妃: 敦肃皇贵妃年氏, 纯悫皇贵妃耿氏

妃子: 齐妃李氏, 谦妃刘氏, 宁妃武氏

嫔: 懋嫔宋氏

贵人: 郭贵人, 李贵人, 安贵人, 海贵人, 张贵人, 老贵人

常在: 那常在, 李常在, 春常在, 高常在, 常常在, 顾常在, 吉常在答应,
　　　格格, 官女子: 苏答应, 英答应, 汪答应, 德答应, 伊格格, 张格
　　　格, 云惠

이상 28명으로 모두 泰陵과 泰陵妃园寝에 안장되어 있다.

皇子로는 모두 10명이 있었으며 그중 4명은 다음과 같다.

长子: 爱新觉罗·弘晖(서기 1697년-서기 1704년), 追封端亲王, 生母
　　　孝敬宪皇后

皇子(未齿序): 爱新觉罗·弘昐(서기 1697년-서기 1699년), 生母齐妃

次子: 爱新觉罗·弘昀(서기 1700년-서기 1710년), 生母齐妃

三子: 爱新觉罗·弘时(서기 1704년-서기 1727년), 生母齐妃

四子: 爱新觉罗·弘历(서기 1711년-서기 1799년), 清 高宗 乾隆
帝, (初封宝亲王, 生母孝圣宪皇后钮祜禄氏) 등 21명이 있었
는데 齐妃의 소생으로 和硕怀恪公主, 弘盼, 弘昀, 弘时의 1녀
삼남이 있었으나 형들은 일찍 죽고 放縱不勤한 성품의 셋째
弘时가 擁正의 政敵이며 작은 아버지인 康熙의 八皇子인 胤
禩(서기 1681년-서기 1726년)와 교분이 많아 옹정의 눈 밖
에 나 生母 齐妃는 대들보에 목매 자살하였다. 그녀의 묘도 泰
陵妃园寢에 모셔져 있다.

雍正帝는 그의 심복이면서 이복동생인 康熙의 13자인 允祥(서기
1686년 11월 16일-서기 1730년 6월 18일, 怡賢親王 胤祥 諡號는 賢,
모친은 敬敏皇貴妃章佳氏임, 駐京禁軍)이 雍正 8년(서기 1730년) 5
월 44세로 과로사로 죽었을 때 무척 슬퍼하고《大淸會典》의 규율을
벗어나서 河北省 保定市 东营房에 왕의 능묘보다 규모가 큰 40만㎡
의 圓寢을 조성하고 '和硕怡親王允祥墓'란 題額의 神道碑, 牌坊, 大
红門, 石像生, 望柱华標, 七孔橋, 寶頂 등을 세워주었다. 怡贤亲王墓
는 서기 1982년 7월 23일 保定市 涞水县의 省级文物保护單位였다가
全国重点文物保护单位로 승급되었다. 또 雍正帝는 그를 추모하기
위해 雍正 8년(서기 1730년)에 賢良祠를 지어 开国以后의 名臣硕辅
의 위폐를 모시고 春秋 두 번에 걸쳐 祭祀를 지냈는데 '永光盛典'으로
이 제사는 청조 말까지 지속되었다.

雍正帝는 康熙帝 17子이면서 처음에는 康熙의 八皇子인 胤禩와
한 패거리(同黨)로 오해했다가 康熙의 13자인 允祥의 奏請으로 소

수민족 통치 중앙기구, 理藩院, 刑官, 戶部三庫 등 궁 내무를 모두 맡기고 后宮에 자유롭게 드나들게 할 정도로 심복이 된 그의 이복동 생(모친은 纯裕勤妃 陳氏임)인 和碩 果親王 允礼(胤礼, 果郡王, 서 기 1697년-서기 1738년, 謐號는 毅로 果毅亲王)의 사후 銀 8万兩, 金磚 등을 들어 易州 上岳 各庄村(上岳各庄)에 王爺의 신분보다 화 려한 陵寢을 조성해 주었다. 현재 그의 神道碑가 남아 있다. 그는 汉, 滿, 蒙, 藏語 등의 어학에 능통하고 風流를 즐기고 詩書畵와 樂 器에 통달하여 康熙皇帝의 총애를 받았다. 그리고 雍正帝의 泰陵 을 만들 때 여러 가지로 공헌하고 또 滿洲語와 汉文으로 된 大泰淸 陵聖德神工碑(双碑)의 篆書를 쓰기도 하였다고 한다. 그는 乾隆 3년 (서기 1738년) 2월 42세 나이로 病逝하였다. 그러나 流潋紫의 小說 《后宮甄嬛传》과 电视剧《甄嬛传》에 의하면 그는 甄嬛이 从二品甄昭 仪를 제수받기 전 폐비가 되고 서민으로 강등되어 민가에서 살 때 그녀와 깊은 애정관계를 유지하고 그 때문에 雍正帝의 미움을 받아 독살 당했다고도 한다. 그의 대표작은 《春和堂集》, 《静远斋集》, 《奉 使纪行诗集》, 《工程做法》이다. 雍正 6년(서기 1728년) 二月初五日 에 써진 果亲王册文인 《雍正册封果亲王上谕》는 다음과 같다.

"果郡王为人直朴谨慎, 品行卓然. 朕即位以来, 命王办理理藩院及三 旗事务数年, 王失志忠诚, 毫不顾及己私, 执持正理, 概不瞻徇, 赞襄 朕躬, 允称笃敬. 王微有弱疾, 虽偶尔在家调养, 而一切交办事件仍然 尽心料理. 今承我圣祖皇考六十余年至圣至神, 化洽宇宙之恩 普天共 享生平, 固无庸似者年诸王效力于其间. 朕以为若能尽心为国, 备极 忠诚, 恪守臣子恭顺之道. 其人为尤甚, 其事为尤难, 着将王晋封亲 王, 为朕之子弟及世世子孙之表范."

孝靜皇后(서기 1812년 6월 19일-서기 1855년 8월 21일, 姓은 博尔济吉特氏임, 孝靜康慈懿昭端惠莊仁和慎弼天抚圣成皇后)는 道光帝(서기 1782년 9월 16일-서기 1850년 2월 26일 諱 綿宁, 河北省 易县 慕陵에 장사지냄)의 후궁으로 清 文宗 咸丰帝의 养母이며 恭亲王 奕訢의 生母로 사후 咸丰帝(清 제9대 황제, 서기 1831년 7월 17일-서기 1861년 8월 22일)에 의해 皇后로 추증되었다. 그녀는 청나라 황제의 생모가 아님에도 불구하고 후궁으로서 황태후로 추존된 유일한 여성이다. 그녀의 무덤은 생전 황후가 아니었기 때문에 孝穆(道光帝第一任妻子, 早逝, 道光帝登基后孝穆皇后로 追封), 孝慎(道光帝第一任皇后) 孝全成(道光帝第二任)皇后와 같이 道光帝와 慕陵에서의 合葬이 아니라 慕東陵妃园寢에 있는 16기 중의 하나로 皇后의 신분으로서는 무척 거북살스럽게 존재한다. 그리고 그녀의 친아들인 皇六子 恭亲王 奕訢(서기 1833년 1월 11일-서기 1898년 5월 29일)은 咸丰帝가 承德 避暑山莊(河北省 承德市) 烟波致爽殿에서 崩御한 후 养心殿 동쪽 耳房에 거주하던 東太后 慈安太后(孝貞顯皇后 鈕祜祿氏, 서기 1837년-서기 1881년)와 养心殿 서쪽 耳房에 거주하던 西太后 慈禧太后와 함께 일으킨 辛酉政变(서기 1861년 咸丰 11년, 辛酉年, '祺祥政变', 또는 '北京政变'이라고도 함)의 장본인이다. 이는 咸丰帝와 西太后 사이에 난 6살의 어린 아들인 同治帝(제10대 황제, 서기 1856년 4월 27일-서기 1875년 1월 12일, 19세에 돌아감, 재위 13년)를 황위에 올리기 위한 정치적 사건이다.

清代의 開开国皇帝인 누루하치/努尔哈赤와 홍타이지/皇太极의 陵墓는 요녕성 沈阳의 盛京三陵에 있으며, 북경으로 천도한 이후 順治帝부터 시작하여 唐山 遵化县 馬兰峪 皇家陵园 즉 清 東陵을 조성하였다.

雍正帝는 永宁 山下의 风水가 좋아 九鳳朝陽山으로 불리고, 아버지 康熙帝를 독살하고 皇位를 찬탈했다는 民間所聞, 汉白玉이 나오는 曲阳县 太行山区와 무척 가깝고, 夏·商·周대 이후 내려온 '昭穆(商나라의 乙丁制度)制度'를 따라 '父子分葬', '次序 隔代 埋葬'으로 현 河北省 易县 清 西陵에 새로이 陵园을 조성하였다. 그래서 東陵은 '昭', 西陵은 '穆'에 해당한다.

雍正의 清 泰陵은 清 西陵에서 제일 큰 陵园으로, 雍正 자기의 능묘에 石像生과 神道를 만들지 말 것을 生前에 명령을 내렸으나 그의 아들인 乾隆帝는 石像生 뿐만 아니라 길이 2.5km에 달하는 神道, 또 神道 앞에 중국에서 가장 큰 3개의 石牌坊도 세웠다. 건륭제는 자기의 할아버지인 康熙帝를 무척 숭배해 자기는 清 西陵 대신 할아버지가 묻힌 清 東陵을 택하여 父子가 한 곳에 묻히지 않는 '昭穆(商나라의 乙丁制度) 次序, 隔代埋葬' 풍습이 만들어졌다. 道光帝는 西陵, 그의 아들인 咸丰帝는 東陵에, 咸丰의 아들인 同治帝는 젊어서 죽어 후에 죽은 모친인 慈禧太后가 묻힌 東陵에 안장되었다.

慈禧는 사후 자기를 위해 東陵에 호화로운 陵墓를 건축했는데 光绪帝의 능침은 전혀 고려하지 않았다. 光绪帝는 西陵의 清崇陵에 안장되었는데 원래 묘 자리가 준비되지 않아 光绪가 돌아간 이후에 능묘를 만들기 시작했는데 3년 후 辛亥年(清 宣統 3년)서기 1911년 10월 10일 辛亥革命이 일어나 서기 1912년 2월 12일 청나라가 해체되면서 마지막 황제인 宣統帝(溥仪)가 퇴위하고 民國政府의 협조로 民國 4년(서기 1915년)에 완공을 보았다. 그래서 崇陵의 건축은 새로운 양식으로 만들어졌으며 崇陵 外面에는 珍妃(서기 1876년 2월 27일-서기 1900년 8월 15일)와 瑾妃(서기 1873년-서기 1924년)의 墓가 만들어 졌다.

西陵의 여러 능묘 중 泰, 昌, 慕의 三陵은 保存이 완전하고 도굴되지 않았다. 그러나 崇陵 및 瑾妃墓는 도굴되어 부장품은 이미 유실되었다. 崇陵 앞의 地宮은 파괴되었으나 현재 博物館으로 이용되고 있다. 그리고 서기 1995년 1월 26일 마지막 황제인 溥儀의 유골은 北京 八宝山 革命公墓로부터 이장되어 淸 西陵 부근 易县 华龙皇家 陵园에 안장되었다.

⑥ 辽宁 沈阳 淸 福陵: 淸 福陵淸 福陵은 淸朝[女眞/金-後金(서기 1616년-서기 1626년 재위, 누르하치/努尔哈赤/愛新覺羅氏/努爾哈赤/努尔哈赤/穆麟德/nurgaci, 淸太祖(서기 1559년-서기 1626년 9월 30일, 서기 1616년-서기 1626년 재위), 서기 1616년 赫图阿拉에서 稱 '汗'을 하고 後金을 세움)-满洲/淸(淸太宗, 홍타이지/皇太極, 서기 1626년-서기 1636년 재위)-大淸/皇太極(서기 1636년-서기 1643년 재위)-順治(福臨, 淸世祖, 서기 1643년-서기 1661년 재위)]가 서기 1644년 北京으로 입성하기 전의 都城인 盛京 三陵의 하나인 開国皇帝인 努尔哈赤의 陵墓로서 辽宁省 沈阳市 東北郊外 南으로 浑河에 임하고 북으로 天柱山의 웅장하고 아름다운 山勢 아래에 위치하는데 이곳에는 后妃 叶赫那 拉氏, 博尔济吉特氏 등이 合葬되어있다. 서기 1626년(天命 11년) 努尔哈赤가 세상을 뜨고 3년 후인 서기 1629년(天聪 3년) 이곳에 능묘를 건립하기 시작하여 서기 1636년(崇德 元年)에 '福陵'이라 칭하고 서기 1651년(順治 8년)에 완성을 보았다. 그 후에도 康熙 와 乾隆 年间에 증축을 하였다.

福陵의 능원은 엄숙한 분위기에 규모가 커서 19.48만㎢에 이르며 전체 평면은 外城内 의 장방형을 이루고 前院, 方城과 宝城의 세 부분으로 구성되며 남쪽으로부터 북으로 점차 고도가 높아지는데 明朝의 능묘와는 다르다. 능의 4면은 붉은색의 담장으로 둘러싸고 있으며 남북 길이 900m, 동서 폭 340m이다. 남쪽 담장 중앙에 '三楹歇山'식의 정문(紅門)이 나오고 양쪽 담 위에는 5색의 유리로 蟠龙을 象嵌해 넣었다. 문외 양측에는 下马碑, 牌坊, 石狮子, 华表 등이 있는데 원래는 나무로 만든 것이나 乾隆帝때 석재로 바꾸었다. 문내에는 神道옆에는 사자, 말, 낙타, 호랑이 등 石象生이 세워져 있다. 신도의 시작에서 끝까지 108개의 燈, 石桥, '大清福陵神功圣德碑'가 보존된 碑楼(康熙 27년, 서기 1688년 건립)가 있다. 碑楼 좌우에는 茶果房, 涤器房, 省牲亭, 斋房 등 보조 건물이 있다. 方城은 城堡式建筑物로 비루 뒤에 위치한다. 능원의 주체를 위해 성 중앙에는 隆恩殿(须弥座台위에 서 있으며 歇山式屋顶이 있는 三间집으로 안에는 木主 位牌를 모셨다)과 東西配殿이 있어 그곳에서 제사를 지냈다. 殿 앞에는 焚帛楼, 殿 뒤에는 石柱門과 石五供이 있다. 동서의 배전은 각 5칸으로 歇山式 건축물로 주위에 回廊이 있다. 方城의 城墙은 높이 약 5m, 주위 둘레 약 370m이다. 남쪽에는 隆恩門, 북에는 明楼, 4隅 에는 角楼가 설치되어 있다. 隆恩門은 一座三层의 歇山顶式 門楼이며 明楼 안에는 '太 祖高皇帝之陵'의 石碑가 모셔져 있다. 楼下의 石洞門을 위해 方城 내의 建筑物은 모두 黄琉璃 瓦를 사용해 지붕을 덮었다. 廊柱는 모두 朱红色으로 廊枋间에는 '和璽彩畫'로 壁画를 하였다. 方城의 뒤에는 둘레 길이 약 190m 月牙形의 宝城(月牙城)이, 城 한가운데에는 높이 약 2m의 宝顶이 있고, 그 아래에는 努尔哈赤와 孝慈高皇后 叶赫那拉氏와 殉葬한 嬪妃 博尔济吉特氏를 안장한 地宫이 위치한다.

⑦ 辽宁 沈阳 清 昭陵: 清 昭陵은 後金의 제2대 군주이며 清朝의
開国皇帝인 홍타이지/皇太極[满洲/清(清太宗, 穆麟德/Hong Taiji,
서기 1592년 11월 28일 申時−서기 1643년 9월 21일 亥時, 서기
1626년−서기 1636년 재위 중 国號를 努尔哈赤/누루하치의 後金에
서→ 满洲/清→ 大清으로 바꿈)→ 大清/皇太極(서기 1636년−서기
1643년 재위)]과 孝端文皇后와 宸妃, 贵妃, 淑妃 등의 後妃를 合葬
한 陵墓로 辽宁省 沈阳市에 위치하며, 청나라가 서기 1644년 北京
으로 입성하기 전의 都城인 盛京 三陵(撫順 永陵, 沈 阳 福陵, 沈阳
昭陵)의 하나이며, 面积 318.74만㎡로 최대의 규모이다. 또 中国에
서 現 存하는 가장 完整한 古代帝王의 陵墓 建筑物 중의 하나이다.

홍타이지/皇太極는 清太祖 누루하치/努尔哈赤의 第8子로 明 万
历 20년(서기 1592년)에 태어나, 그의 아버지를 따라 女真各部族을
통일하고, 满洲/清 政权을 세워 大清의 開創者가 되었으며 中国历史
上 걸출한 政治家, 军事家로 또 스스로 皇帝로서 칭해 大清과 서기
1644년 아이신기오로 도르곤[愛新覺羅多爾袞/애신각라다이곤, 서
기 1612년 11월 17일−서기 1650년 12월 31일)은 청나라 초기의 황
족으로 後金의 초대 '汗'이자 청나라의 초대 황제 누르하치/努尔哈赤
의 열네 번째 아들이며 누르하치의 네 번째 정실 효열무황후(孝烈武
皇后, 서기 1590년−서기 1626년)의 소생이다. 작위는 예친왕(睿親
王)이며, 시호는 충(忠), 정식 시호는 예충친왕(睿忠親王)]의 도움으
로 北京으로 입성하는 기초를 만들었다. 그래서 그는 '上承太祖開国
之绪業, 下啓清代一统之宏图'의 창업군주로 天命 11년(서기 1626년)
아버지를 이어 '汗'으로, 또 天聪 10년(서기 1636년) 4월 '皇帝'로 칭
하고, 後金에서 바꾼 满洲/清의 국호를 다시 '大清'으로 바꾸었다. 그
는 崇德 8년(서기 1643년) 향년 52세, 재위 17년으로 생을 마감했다.

昭陵을 만들기 시작한 것은 淸 崇德 8년(서기 1643년)이며 順治 8
년(서기 1651년)에 기본이 완성되고 난 후에도 여러 차례 改建과 重
增를 거쳐 오늘에 이르렀다. 陵寢의 建筑 平面은 "前朝後寢'의 陵寢
原則으로 南에서부터 北으로 올라가면서 中, 後의 세 부분으로 구성
되어있는데 主體가 되는 建筑物은 모두 중앙 남-북 長軸線上에 지
어졌다. 民国 16년 5월(서기 1927년), 奉天省 政府가 昭陵 및 周边官
地를 北陵公园로 삼아 '昭陵'으로 이름 짓고, 神道를 纵軸으로 南北
으로 형성된 中軸线을 연장하여 현재 面积 330만㎡를 北陵公园에 포
함시켰다. 전체 규모는 陵寢을 중심으로 陵寢 前, 陵寢 後의 세 부문
으로 나누었다.

昭陵의 陵地에서 建筑 部分은 18만㎡를 차지하고 있는데 남쪽으
로부터 陵前部에는 下馬碑부터 正红門에 이르기까지 华表, 石獅子,
石牌坊, 衣厅, 宰牲厅을 포괄하며, 陵中部에는 正红門으로부터 方
城에 이르기까지 华表, 石象生, 碑楼과 祭祀用房을 포함하며, 陵後
部는 方城으로 陵寢의 主體인 月牙城, 宝城이 있다. 陵区의 建筑物
은 陵区 四周围에는 红, 白, 青 三种의 경계표지나 색상이 없고, 南
面에는 挡衆木(拒馬木)이 442그루, 陵区의 南-北은 좁고 길며, 東-
西는 매우 좁고, 陵区의 最南端은 下馬碑 4, 华表와 石獅子 한 쌍이
도로의 양측에 늘어서 있다. 石獅子의 북측에 神橋, 神橋의 서측에
는 우물이, 神橋는 石牌坊에 이른다. 石牌坊의 東西 兩側에는 한 쌍
의 小跨院이 있는데, 東跨院은 皇帝가 옷을 바꾸어 입거나 화장실
로(厕所) 이용하고, 西跨院에는 省牲亭과 馔造房이 있다. 石牌坊의
북쪽은 陵寢 正門인 正红門이, 이 문의 주위는 陵区의 朱红色으로
둘러친 담(风水墙), 正红門 안에는 神道가 나있으며, 神道 兩側에는
石象生으로 부르는 擎天柱, 石獅子, 石獬豸, 石麒麟, 石马, 石骆驼,

石象 한 쌍이 屹立해 있다. 神道 한가운데에는 神功聖德碑亭이, 碑亭의 양측에는 朝房이 있는데, 東朝房은 仪仗 및 奶茶를 준비하고, 西朝房은 膳食과 果品을 준비하는 곳이다. 碑亭의 북쪽은 方城이고, 方城의 正門은 隆恩門이며, 城門의 위에는 五鳳楼가 있다. 方城의 정 중앙에는 隆恩殿이 있고 그 양측에는 配殿과 配楼(晾果楼)가 있는데, 祭祀用果品을 준비하는 곳이다. 隆恩殿 뒤에는 二柱門과 石祭台가, 그 뒤에는 劵門이 또 劵門 위에는 大明楼가 있어, 劵門을 들어서면 月牙城이 나온다. 月牙城의 正面에는 琉璃影壁이, 그 양측에는 蹬道가 있어 方城을 오르내릴 수 있다. 月牙城의 뒤에는 宝城, 宝顶이 있고, 宝顶 안에는 地宫이 宝城 뒤에는 人工으로 쌓아올린 陵山(隆業山)이 있다.

이외에도 昭陵의 特色은 数里에 걸친 古松群에 둘러싸여 있다는 점이다. 현존하는 古松은 2,000여 그루로 수령이 300년에 달한다. 그중에는 神樹, 鳳凰樹, 夫妻樹, 姐妹樹, 龜樹 등 특색 있는 나무도 많다.

⑧ 辽宁 新宾 清 永陵: 清 永陵 辽宁省 抚顺市 新宾县 永陵镇에 위치하는데, 이곳에는 누루하치/努尔哈赤 조상들인 孟特穆(肇祖), 福满(兴祖), 觉昌安(景祖), 塔克世(显祖)과 누루하치의 두 삼촌 礼敦, 塔察篇古와 그 배우자들의 陵墓로 '興京陵'로도 불린다. 明 万历 26년(서기 1598년)에 지었는데 후일 重建과 擴大를 거듭했다. 清 永陵은 盛京三陵(抚顺 永陵, 沈阳 福陵, 沈阳 昭陵)의 으뜸으로 규모는 작지만 满族의 特色과 비교적 완전한 皇家陵寝를 보존하고 있다. 清 永陵은 누루하치/努尔哈赤의 가족적 전통묘지로 福满, 觉昌安, 塔克世 및 努尔哈赤 부모의 삼촌, 작은 할아버지 등이 안장되

어 있다.

　서기 1624년 누루하치/努尔哈赤가 辽阳으로 천도한 후 東京陵을
　　　짓고, 景祖, 显 祖 등의 제릉을 東京陵으로 옮김.
　서기 1636년 홍타이지/皇太极가 国号를 大清으로 바꾸고 興祖墓
　　　뒤에 肇祖의 衣冠冢을 건설
　서기 1651년 喬山尼雅满山岗을 '启運山'으로 봉하고 서기 1653년
　　　享殿, 配殿, 方城門 담장을 건설하고 享殿 뒤를 '启運殿'으로,
　　　方城門을 '启運門'으로 명명함.
　서기 1658년 景, 显 二祖 및 礼敦, 塔察篇古를 興京陵으로 옮겨 安
　　　葬함.
　서기 1659년 이름을 永陵으로 고쳐 현재까지 지속함.
　서기 1677년 永陵에서 黄琉璃 개와를 사용함.

　　永陵의 神道는 길이 약 800m, 神道 입구에 下马碑(서기 1783년
에 세움)를 세우고, 神道에는 石像生과 华表을 설치하지 않았다. 永
陵 入口를 正红門으로 삼고, 正红門은 木柵으로 문을 만들었는데
이는 滿族 建筑의 特色이다. 正红門에 들어선 뒤에는 肇, 興, 景, 显
四祖의 神功聖德碑亭을 세우고 비는 夏·商·周대 이후 내려온 '昭
穆(商나라의 乙丁制度)制度'를 따라 排列하였다. 肇, 興 二祖의 神
功聖德碑亭은 서기 1655년에, 景, 显 二祖의 神功聖德碑碑亭은 서
기 1661년 세웠다. 비는 滿州, 蒙古, 汉語의 三種 文字로 비문을 새
기고 碑亭에는 歇山琉璃顶으로 建筑하였다. 각 변의 아래에는 龙과
肖犬(狗)의 浮雕장식을 하여 가능하면 개를 숭상하여 장례를 치루는
滿族의 尚犬習习俗을 지키려고 하였다. 四祖碑亭 주위에는 두 채의

果房(朝房)이 있는데, 東朝房은 仪仗(옷을 바꾸어 입거나하는 祭祀配套를 하는 곳) 및 奶茶를 준비하고, 西朝房은 膳食과 果品을 준비하는 곳이다. 启運門을 方城의 正門으로, 方城에는 启運殿, 东西配殿 및 焚帛亭 등이 있고, 方城에는 城墙, 角楼가 없다. 启運門 뒤 양측 벽에는 磚돌로 조각한 雲龙으로 장식했다. 一般 琉璃龙壁과는 달리 启運殿(享殿)을 祭祀主体의 建筑物로 삼고, 그 안에는 四帝 및 皇后의 位牌를 모셨다. 顶上의 两端 구석에는 용의 하나인 螭吻로 鸱尾를 삼았는데, 透彫로 '日'과 '月' 혹은 '破明'의 의미를 새기고 있다. 启運殿뒤는 宝城으로 삼았는데 明楼, 哑巴院 등의 건축물은 없다. 宝城의 가운데는 墓葬이 '昭穆次序, 隔代埋葬'의 昭穆制度의 排列順序에 따라 가운데는 興祖, 左에는 景祖, 右에는 显祖, 台下左에는 礼敦, 右에는 塔察篇古, 肇祖 衣冠塚을 안장하였다.

17 中国의 名醫

1. 扁鵲

中国 古代 四大 名醫로는 东汉의 扁鵲(편작), 华佗(화타)와 張仲景, 明의 李时珍을 든다. 중국의학의 기본서인 黃帝內經의 저자로 알려진 黃帝(黃帝軒轅氏)와 그의 신하이며 천하의 명의인 岐伯은 전국시대와 东汉(서기 25년–서기 220년)의 名醫인 醫祖 扁鵲과 外科鼻祖/外科聖 手 华佗에 비견된다. 《黃帝內經》은 素問 81篇과 靈樞 81篇, 各9卷(共18 卷, 162篇)으로 이루어져 있으며, 陰陽五行, 天人相應, 五運六氣, 臟腑 經絡, 病機, 診法, 治則, 針灸 등 당시의 哲學과 自然科學의 결과를 결 합한 것으로 현존하는 가장 오래된 中醫理論經典著作이다. 《黃帝內經》, 《難經》(扁鵲所著), 《傷寒雜病論》, 《神農本草經》은 中国傳統醫學의 四大 經이다. 그러나 사실 《黃帝內經》은 秦汉시대에 황제의 이름에 빌려 저작 한 것으로 보는 견해가 지배적이다. 당시의 鍼術(acupuncture)을 포함 한 중국의 모든 의술은 扁鵲[본명 秦緩, 별명 秦越人으로 鄭国人, 神仙 長桑君에게 수학, 周 安王 元年(기원전 401년) 前后–周 赧王 5년(주나라 37대 마지막 왕인 난왕/隱王, 기원전 310년)]과 华陀[东汉, 서기 145년–

서기 208년, 字 元化, 幼名 勇, 沛国 譙县(현 安徽 亳州市)인으로 알려져 있다.

편작은 渤海郡 鄭人(현 河北省 滄州市)으로 부모는 그곳에서 귀족들을 위한 여인숙(客棧)을 운영해 편작도 어린 시절 그곳을 방문한 神仙 長桑君에게 의술을 배웠다. 또 편작은 东周 战国時期 田齐勃海郡 莫州(현 河北 任丘)인이라고 전하기도 한다. 그는 虢国(괵국)(河南省 三門峽市에 위치)太子, 晉国 大臣 趙簡子, 秦国 穆公을 치료하였다. 그는 장례준비를 하고 있던 死境의 虢国太子를 鍼灸(침구)로 치료해 '扁鵲神針'으로 불렸다. 四川省 成都博物館 소장의 汉나라 '中醫鍼灸模型'(14cm)은 五官, 肢體를 모두 刻畵하거나 색체를 표시해 편작 중의학의 면모를 잘 보여준다. 그 당시 의술은 見靈者, 豫言者와 醫療者의 기능이 있는 巫敎(샤마니즘, 薩満敎)의 샤만이나 주술사에 의존하는 경우가 많았다. 의료도구도 신석기시대의 砭石(stone needle, 北京中醫術醫史博物館 소장)으로부터 철기시대의 청동제 鍼灸(中国醫史博物館 소장)로 발전하였으며 이의 시작도 편작으로부터라고 생각된다. 경험이 많이 쌓인 편작은 河北, 河南에서부터 陝西와 四川에 이르기까지 많은 곳을 돌며 의료행위를 하였다. 鍼灸와 四診法(望診, 聞診, 問診, 切診의 안색, 호흡, 눈, 맥 등을 살핌)의 사용으로 요즈음의 내과, 산부인과, 안과, 이비인후과, 소아과 등 두루 치료하던 五官科醫師로 통했다. 마지막 진나라의 武王(기원전 329년-기원전 307년, 27대 군주로 惠文王의 아들)을 치료한 후 진국을 떠나 骊山 北쪽의 소로에서 秦国 太醫 李醯의 시기로 그가 보낸 자객에 의해 피살되었다고 한다. 中医学의 切脈诊断方法으로 中医学을 열었고 《汉书》艺文志에 扁鵲의 著作으로 《内经》과 《外经》의 이름이 전하나 지금은 찾을 수 없다. 그리고 유명한 《難經》도 그의 所著라고 전한다. 司马迁은 《史记》扁鵲仓公列传에서 扁鵲은 中醫學

에서 開山鼻祖라고 칭하며 그를 "扁鵲者, 勃海郡郑人也, 姓秦氏, 名越人, 至今天下言脈者, 由扁鵲也"으로 기재하고 또 "中评价道: 女无美恶, 居宫见妒; 士无贤不肖, 入朝见疑. 故扁鵲以其伎见殃, 仓公乃匿亦自隐而当刑. 缇萦通尺牍, 父得以后宁. 故老子曰 "美好者不祥之器", 岂谓扁鵲等邪?'라고 전한다. 그리고 宋代에서 扁鵲을 「醫者之師로 봉하고 《宋史》에서 宋仁宗이 扁鵲을 위해 建廟를 세우고 扁鵲을 존경하여 醫神으로 부르고 「靈應侯」로 봉하였다. 그의 門人으로 子容(扁鵲의 學生, 負責藥, 曾協助治療虢国太子), 子明(扁鵲의 學生, 負責灸與炊湯, 曾協助治療虢国太子), 子遊(醫者, 扁鵲의 學生, 負責按摩, 曾協助治療虢国太子), 子儀(扁鵲의 學生, 負責反神與脈神, 曾協助治療虢国太子. 저서는 《子儀本草》임), 子越(扁鵲의 學生, 負責扶形, 曾協助治療虢国太子), 子陽(扁鵲의 學生, 負責磨礪針石, 曾協助治療虢国太子), 子豹(扁鵲의 學生, 負責藥方調配與煎煮, 曾協助治療虢国太子), 子同(子術等人, 皆扁鵲의 學生), 許希(宋仁宗時醫官, 善針灸) 등이 있다. 그리고 그와 관계되는 遺跡으로는 河北 邢台附近 內丘山(近戰国時趙簡子贈扁鵲的封地, 作采藥用), 陝西驪山下有廟와 宋仁宗이 만든 扁鵲廟(《宋史》에 기재)가 있다.

中国国家博物館 소장의 东汉시대 '鍼灸畫像石'의 上面에 神醫로 알려진 扁鵲이 '鳥身人面'의 모습으로 꿇어앉아 침을 놓는 장면이 扁鵲醫術에 관한 유일한 증거물이었다. 그러나 서기 2012년 四川省 成都市 天回鎭 土門社区 老官山의 지하철 3호 확장공사에서 나온 한나라 묘 4기 중 M3의 底箱에서 나온 陶器, 漆器, 木器, 銅器, 銅錢, 人體經穴髹漆木俑과 함께 竹筒이 나왔는데 이 속에서 木簡 920편이 매우 중요하다. 목간에는 扁鵲曰 "人有九徼…", "逆順五色脈臟(臟)驗精神" 등의 문구가 있어 脈書, 六十病方, 刺數 등의 七部古代醫學奇書인 《汉书》艺文志에 보

이는 扁鵲의 著作《内经》과《外经》의 내용과 유사하다. 그리고 人體經穴髹漆木俑에는 10줄의 선, 117개의 人體血位와 心, 肺, 腎 등의 小字가 보인다. 이로써 《史記》에 보이는 扁鵲醫療理論이나 扁鵲의 《内经》과 《外经》이 역사적 사실로 입증이 되고 있다. 西汉 景帝(기원전 157년 7월 14일-기원전 141년 3월 9일 재위) 시 蜀郡太守 文翁이 成都에 西汉一代의 官学制度가 된 지방 최초의 文翁石室이라는 官学을 세운 후부터 이곳의 학문이 유성하게 되었고 M3 무덤 출토의 목간도 이런데 연유하고 있다 하겠다. 老官山汉墓는 서기 2013년 中国十大考古發現 중 으뜸으로 인정되고 있다. 이 무덤들은 成都市文物考古研究所에서 발굴하였으며 출토 유물들은 현재 成都博物馆에 전시되어 있다.

2. 华佗

华佗(汉 永嘉 元年/서기 약 145년-建安 13년/서기 208년)는 字는 元化, 一名 旉, 沛国 谯县人(현재 安徽省 亳州市)는 东汉 末年에 활약하던 著名한 의사이다. 그의 學問은 扁鵲과 华佗와 동시대인인 張仲景의 영향을 많이 받았다.

华佗, 董奉과 张仲景은 东汉皇帝 汉献帝 刘协의 다섯 번째 연호인 建安(서기 196년-서기 220년 2월) 25년간에 활약하여 '建安三神医'라고 불렸다. 그의 의료행위는 정교한 외과수술의 鼻祖('外科鼻祖')일 뿐만 아니라 산부인과, 소아과, 鍼灸에 이르기까지 진료 폭이 넓었으며 行医足迹은 安徽, 河南, 山东, 江苏 등에까지 이르렀다. 그는 수술 시 曼陀罗花(闹羊花, 万桃花, 醉心花, 狗核桃) 1斤, 生草乌, 香白芷, 当归, 川芎 各 4钱, 天南星 1钱, 모두 6종류의 약초로 조제한 痲醉藥인 麻沸散(마불산)을 이용하였다. 《三国志》華佗列传에 의하면 華佗는 일찍이 "麻沸散"을 발명하여 수술 전 병자를 마취시켰다고 한다. 그러나 麻沸散의 제조방법은 曹操의 의심을 사고 감옥에가 죽임을 당하였기 때문에 그의 의료비법이 담긴 医书인 靑囊書가 후세에 전해지지 못하고 단절되었다. '獨一無二'의 의사인 그의 제자로 广陵(현 江蘇 江都县)人 吳普와 彭城人 樊阿가 있으며 華陀는 曹操에 의해 살해됨]로 대표된다. 당시 수술은 《孝經》에 나오는 '身體髮膚 受之父母 不敢毁傷 孝之始也'의 通念을 깨는 혁신적인 것이었다. 中国醫史博物館 所藏의 东汉시대의 銅刀, 小銅勺(국자), 銅小鑷子(족집게), 銅藥杵臼, 銅小鑷子(족집게), 陶製藥研器 5점의 外科手術道具는 華佗 당시의 수술행위를 짐작하게 한다. 羅貫中의 《三国志演義》에서 華佗는 关羽의 독화살에 맞아 刮骨疗伤치료와 曹操의 두뇌 절개수술이 필요한 두통치료, 그리고 《三国志》陳登傳의 广陵太守 陳登의 위장에 서식하던 기생충의 제거와 관련된 명의로 등장한다. 또 그는 五禽之戲를 만들어 전파시켰는데 이는 다섯 동물(熊, 鳥, 虎, 鹿, 猿)의 동작과 習性을 模倣한 신체단령을 위한 체조운동이다(華佗五禽之戲 序文 "人類師法鳥獸生性活動的健身術, 起源於人同獸爭的遠古时代. 華佗五禽之戲是东汉神醫華佗, 在擷取前人各種健身法的基礎上"). 현재 今毫州市에 '华佗庵' 등의 遺迹이 있다. 河南 許昌华佗墓는 許昌 城北 15㎞ 떨어진 苏桥村南 石梁河 西岸에 위치한다. 墓高는 4m로 360㎡ 넓이를 차지하고 있다. 墓묘은 椭园形으로 앞에는 淸 乾隆 17년(서기 1752년에 만든 비가 세워져 있다. 비문은 楷書로 '汉神医华公墓' 서기 1985년 中华全国中医学会 河南分会에서 '华佗学术研讨会'를 열고 '东汉杰出医学家华佗之墓'를 세웠다. 또 沈丘 华佗墓는 河南 周口 沈丘 槐店镇의 西南角 沙颍 河南岸에 있는데 동리에서는 华骨冢라 부른다. 이 무덤은 서기 1979년 1월 당시 沈丘县革命委员会가 이 무덤을

重点文物保护单位로 지정하고 또 서기 2003년 沈丘县 人民政府가 화타 무덤 곁의 도로를 华佗路로 개명하였다. 무덤 남쪽 1里 떨어진 곳에 华 佗寺·廟가 있어 华骨冢(塚)의 이름이 생겼다.

3. 張仲景

张仲景(Zhang Zhongjing, 서기 약 150년 庚寅年/154년 甲午年−서 기 약 215년 乙未年/219년 己亥年)의 이름은 机, 字는 仲景이며, 东汉 南阳 涅阳县(현 河南省 邓州市 穰东镇 张寨村) 사람으로 中国历史上 최 대의 전란으로 인한 '动荡时代'인 东汉(서기 25년−서기 220년) 末年의 著名한 医学家로 후세사람들은 그를 '医圣', '萬世醫宗', 董奉, 华佗와 함 께 '建安三神医', 또 扁鹊, 华佗, 李时珍과 함께 '中国古代四大名医'로 불 렀다. 또 '张长沙'라는 별명도 있는데 그는 官僚家門 출신으로 东汉 末期 灵帝 시(서기 168년−서기 188년 孝廉로 임명되어 官에 발을 들여놓게 되고 建安 年间(서기 196년−서기 219년)에 朝廷에서 长沙太守(长沙郡: 秦置, 下辖湘, 罗, 益阳, 阴山, 零陵, 衡山, 宋, 桂阳 등의 9县으로 治所 는 湘县/현 长沙市임, 长沙太守는 湖南省 省长과 같은 지위임)에 湖南省 长沙의 태수를 지냈기 때문이다. 태수직을 수행하면서 그는 매달 15일에 한 번씩 백성들에게 진료를 해주었다. 《名醫錄》에 의하면 "南陽. 张仲景 은 南陽人으로...舉孝廉(汉 武帝시 설립한 察举考试로 爲官制度의 하나 이며 孝廉은 察举制의 主要科目의 하나임)이 되고 또 長沙太守의 관직 을 지냈다. 그는 동향인 張伯祖로부터 의술을 전수받았다고 한다." 그리 고 그는 어려서부터 扁鵲에 관한 책을 많이 읽었다고 한다. 张仲景은 医 方을 널리 수집하여 《伤寒杂病论》이라는 책을 남겼는데 이 책에서는 논리적인 치료원칙을 확립하였다. 이는 中医临床의학의 基本原則이며 동시에 中医灵魂이 시작되는 곳이다. 方剂学(dosimetry, 복양량 측정) 方面에서도 《伤寒杂病论》은 많은 贡献을 하였는데 여기에서 여러 유형의 많은 剂型을 창출하고, 효율적인 方剂에 대해서 기재하였다. 그리고 外感病(외감에 의한 질병, 병증. 病邪), 肿瘤(tumour), 内伤杂病의 진료와 치료를 위해 太阳, 阳明, 少阳, 太阴, 厥阴, 少阴의 六经辨证의 综合分析의 治疗原则을 확립하였다. 그래서 历代医学家의 추앙과 숭상을 받았다. 이 책은 이론에서 실천에 이르는 중국의학의 제 일보이며 논리적인 치료원칙을 제시한 의학전문서로 중국의학사상 최대의 영향을 끼친 대작의 하나로 후세의 의사준비생, 임상의사와 학자들이 중의학을 연구하고 실습할 때 꼭 읽어야 하는 필수적인 經典이다. 그는 鍼灸에도 정통하였으며 晉 皇甫謐 序 《針灸甲乙經》에도 그의 의술의 경지를 잘 보여주고 있다. 그리고 中国醫史博物館 所藏의 东汉시대의 銅刀, 小銅勺(국자), 銅小鑷子(족집게), 銅藥杵臼, 銅小鑷子(족집게), 陶製藥硏器 5점의 外科手術道具는 华佗 당시의 수술행위 뿐만 아니라 张仲景 당시의 의술도 함께 짐작하게 한다.

张仲景이 살던 东汉 末年은 중국역사상 가장 극심한 戰亂으로 인한 소위 '动荡时代'로 통치계급 내부에 나타난 外戚과 宦官의 상호투쟁으로 "党锢之祸"를 겪고 있었을 때였다. 거기에다 军阀, 호족들이 중원쟁패를 위해 창칼을 들고 격렬하게 싸우던 때이기도 하여 난리를 피해 떠도는 백성이 수백 만이나 되었다고 한다. 汉 献帝 初平 元年(서기 190년) 董卓이 汉 献帝와 洛阳地区에 살던 수백 만의 백성을 長安으로 강제로 이주시켜 洛阳의 宮殿과 민가는 훼손·파괴되어 方圓二百里 안에는 거의 초토화되고 떠돌다 죽은 백성의 수는 헤아릴 수 없었다고 한다. 史书에 기재된 바로 东汉 桓帝时 大疫(전염병)이 三次, 灵帝时 大疫이 五次,

献帝 建安 年间에도 전염병이 여러 차례 유행하여 극심한 피해를 주어 많은 백성들이 목숨을 잃었다고 한다. 东汉 灵帝(서기 168년-서기 188년)시 서기 171년, 서기 173년, 서기 179년, 서기 182년, 서기 185년 등 수 차례의 질병이 널리 퍼져 南阳地区에서 역병이 옮겨져 이를 감당해 내지 못한 많은 사람들이 목숨을 잃었다. 张仲景의 가족은 본래 200여 명의 대가족이었으나 建安 初年이래 10년도 못되어 ⅔의 환자가 발생하여 사망하였다. 그중 伤寒者로 사망한 사람이 ⅞이 되어 张仲景은 내심 비분을 감추지 못했다. 이에 张仲景은 큰 결심을 하고 伤寒病의 치료에 대해 남몰래 연구하게 되고 일정기간 약을 복용하면 이를 치료할 수 있다는 결과를 얻게 되었다. 建安 年间 그는 여러 지역을 다니며 치료행위를 하였으며 스스로 병을 보고 치료해 많은 경험을 토대로 하여 치료방법을 터득하게 되었다. 그래서 경험과 진료를 바탕으로 하여 《伤寒杂病论》이라는 불후의 저작을 내놓게 되었다. 长春中医药大学 附属医院과 河南 中医学院校园内에 张仲景全身石像이 있다. 그의 纪念地는 南阳医圣祠(南阳市 城东 温凉河畔)이며, 穰东医圣故里(穰东镇 张寨村)에 纪念馆이 있다.

4. 葛洪

抱朴子 葛洪(호는 稚川, 葛仙翁, 太康 4년 서기 283년-서기 343년 建元 元年, 江苏省 丹阳 句容县에서 출생)은 西晋·东晋时代의 道教研究家·著述家이지만 실제는 擅長醫術(연금술, 金丹, 炼丹术, 房中術, 식이요법, 호흡과 명상법), 臨床急症醫學의 대가였다. 그는 三国时代 吴国门阀에서 태어났으며 조상인 葛奚曾經은 孫吳擔任大鴻臚, 할아버지는 吏

部尚書, 아버지는 会稽太守였고 갈홍 자신도 20세(西晉 太安 2년 서기 303년)에 張昌의 乱이 일어나서 江南地方이 침략당하자 義軍을 일으켜 잘 막은 공으로 伏波将軍에 임명되었다. 关内侯로 경성에 살고 싶었지 만 晉 惠帝 光熙 元年(서기 306년) 鎮南將軍 刘弘이 嵇含을 广州刺史로 임명하고 嵇含은 葛洪을 그곳의 參軍으로 추천하여 广西省 散騎常侍로 부임하라는 명을 받았으나 이를 사양하고 广东省 博羅县 羅浮山에 은거 하였다고 한다(抱朴子外篇·自叙). 그는 羅浮山에서 약초를 캐고 환자를 돌보면서 여생을 마쳤다. 羅浮山은 3,000여 종의 식물이 있고 그중에서 藥草는 青藁, 艾草, 龙吐珠 등 1,000여 종이 서식하고 있다. 서기 341년 경 葛洪(稚川)이 쓴 全八卷의《肘后備急方》은 简易处方과 함께 얻기 쉬 운 药物로 치료하는 70여 개의 救急방법을 적은 책으로 仓促发病 시 쉽 게 응용할 수 있다. 그는 沙虱(사슬)이라는 皮膚吸血小蟲의 치료제를 青 藁에서 찾아내고, 風寒病의 치료제로 漉白과 豆豉(두시)를 섞어 만든 漉 豆湯을 만들고, 瘧疾(말라리아)의 치료제를 발견하는 등 여러 가지 藥劑 를 찾아내었다. 그리고 이외에도 恐水病인 狂犬病, 牛痘(vaccinia, cow- pox)와 人痘(天然痘), 天花(疱瘡, 小紅点, Myalgia) 등에 정통하였다. 그 가 처와 두 아이를 데리고 羅浮山에 이주하는 장면은 元나라 王蒙이 그 린 '稚川移居图'에 보이며 그의 공적을 기념하는 기념관은 그의 고향인 江蘇省 丹陽 句容县에 세워진 '葽仙承露台', 博羅县의 葛洪博物館이 있 으며 그 안에 晉나라의 青釉研青瓷盆(藥研器)과 綠細博山爐 등이 전시 되어 있다. '박을 안은 사람'이란 의미의 抱朴子(내편 20편, 외편 50편)는 그가 쓴 道敎서적의 이름으로 老莊思想과 神仙術에 기초를 두고 있다. 그는 從祖(아버지의 從兄弟) 葛仙公과 그의 제자 鄭隱의 影響을 받았다. 鄭隱의 제자가 되어, 馬迹山中에서 壇을 만들고 맹세를 하여《太清丹 経》,《九鼎丹経》,《金液丹経》과 経典에 쓰여 있지 않은 口訣을 전수받았

다고 한다. 그의 著作으로는 《神仙伝》, 《隱逸伝》, 《肘後備急方》 등 다수
가 있다.

5. 陶弘景과 그의 후예인 刘混康

陶弘景(서기 456년–서기 536년, 字 通明)은 丹阳秣陵人(현 江苏 南
京, 镇江人)으로 自号는 华阳隐居이며 南朝 宋·齐·梁의 세 나라에서 영
향력이 큰 인물이었다. 그는 医药家, 炼丹家, 文学家로 사람들은 그를
생전에 '茅山道士, 华陽先生, 山中宰相', 사후에는 '溢贞白先生'으로 불
렀다. 그의 作品은 《本草经注》, 《集金丹黄白方》, 《二牛图》, 《华阳陶隐居
集》 등이 있다. 陶弘景의 일생은 宋, 齐, 梁 三代에서 경력은 복잡하나
梁 武帝가 《南史》에서 그는 '山中宰相'으로 부르는 영예도 누렸다. 南朝
梁나라 때 불교를 숭상하는 환경에서 陶弘景은 道教 茅山派의 대표인물
이어서 주위의 압력으로 인해 道教 上清派의 宗师의 신분으로 西晋 稽
鄮县(浙江 宁波)에 가서 아쇼카 왕(印度 孔雀王朝의 第三代国王 阿育王,
阿恕伽 또는 阿輸伽라 번역함, Ashoka/Aśoka the Great, 기원전 304년
경–기원전 232년경, 기원전 269년경–기원전 232년경 재위)의 塔에 예
를 올리고 스스로 受戒를 받고 佛道도 수행할 정도였다.

陶弘景은 草·隶·行书에 뛰어났고 历算, 地理, 医药 등을 연구를 하
여 옛부터 내려오는 《神农本草经》 뿐만 아니라 魏·晋 때 名医들이 이용
하던 新药도 정리하여 《本草经集注》 七卷을 지어냈다. 그 안에는 약물
730종이 실려 있어 현재까지도 이용하는 药物分类方法인 玉石, 草木,
虫, 兽, 果, 菜, 米实로 分类하여 本草学의 发展에 영향을 주었다. 사서
에서 언급하기로 陶弘景의 4–5세의 유년시절은 기이해 "恒以荻为笔, 书

灰中学字"이다. 9세에 《礼记》,《尚书》,《周易》,《春秋》,《孝经》,《毛诗》,
《论语》 등을 읽기 시작해 儒家经典을 이해하고 10세에 葛洪의 《神仙传》
을 얻어 "昼夜研寻, 便有养生之志"하여 급기야는 "神仪明秀, 朗眉疏目",
"读书万余卷, 一事不知, 以为深耻"하게 되었다. 15세에 《寻山志》를 쓰고
은둔생활을 동경하던 17세에는 재주가 뛰어난 사람으로 이름을 날렸다.
江敩, 褚炫, 刘俣와 함께 升明四友로 불렸다. 宋 升明 元年(서기 477년)
22세의 领军将军 萧道成(齐 高帝)이 군사를 일으켜 宋나라 废帝 刘昱(서
기 463년 3월 1일-서기 477년 8월 1일)을 폐하고 朝政을 장악했다. 그는
2년 만에 송나라 황제로 칭하고 南齐 王朝를 세웠다. 齐 高帝 萧道成 및
그 자식 萧赜(소색) 재위 시(齐 武帝, 서기 477년-서기 493년) 陶弘景은
巴陵王, 安成王, 宜都王 등 诸王을 侍读으로 섬기면서 管诸王室 牒疏章
奏(世俗文章)등 文书事务의 书记职도 겸하였다. 36세 시 六品文官인 "奉
朝请"을 맡았다. 그리고 바로 은퇴하여 江苏 句容句曲山(茅山)에 들어가
서 세상과 절교하였는데 梁 武帝 萧衍이 서기 502년 즉위 후 불러도 나
아가지 않았고 "恩礼愈笃, 书问不绝"하였다. 天监 3년(서기 504년) 무제
가 사람을 시켜 黄金, 朱砂, 曾青, 雄黄 등을 보내 炼丹을 제조하는데 사
용하도록 하였다. 天监 13년(서기 514년) 茅山에 朱阳馆을 지어 거주하
고 天监 15년(서기 515년) 또 太清玄坛을 지어 "以均明法教"하였다. 国
家에서 매번 吉凶征讨大事에도 나아가 자문을 하지 않아 그를 "山中宰
相"으로 불렀다. 茅山에 은거한지 45년이 지난 향년 81세에 세상을 떠
梁 武帝는 그를 中散大夫로 시호는 贞白先生으로 하였다.

茅山의 원래 이름은 句曲山으로 西汉 때 陕西省 咸阳 南关에 살던
茅盈, 茅固, 茅衷의 삼형제가 茅山에 와서 茅庵을 짓고 修道하고 미간
치료용으로 采药하고, 炼丹을 만들어서 이곳을 '三茅山', 또는 '茅山'이
라 불렀다. 三国时期에는 葛玄이 茅山에서 공부를 하고 东晋时期에 句

容人 楊羲, 許謐이 《上清经》을 만들었다. 南朝 宋·齐·梁에는 道士, 炼丹家, 医药学家 陶弘景이 벼슬을 그만두고 茅山에 은거하였다. 그 후 上清道派의 기초인 上开创道教 茅山宗(茅山派)이 만들어졌다. 隋末唐初에 道士 王远知가 太平观을 짓고 唐宋时期에는 茅山 高道迭이 나와 上清道派가 가장 융성했다. 魏·晋에서 元朝에 이르기까지 茅山에서 46명의 宗师가 배출되었다. 金·元시기에는 全真道가 中国北方에서 兴起하여 후일 남쪽의 茅山에 이르렀다. 茅山에는 宫观, 庙宇, 馆, 殿堂, 亭台楼阁, 坛, 精舍, 道院, 茅庵, 丹井, 书院, 桥梁 등 300여 기의 건물(5,000여 간)이 들어섰다. 明朝以后에 茅山道教는 쇠락하였다. 中华民国 연간에는 전쟁이 끊이지 않아 茅山의 道教宫观이 많이 파손되었다. 후래의 九霄万福宫, 元符万宁宫, 崇禧万寿宫, 德佑观, 仁佑观, 乾元观, 玉晨观, 白云观의 "三宫五观"이 만들어졌다. 抗日战争 기간 항일 근거지로 日军이 茅山에서 두 번에 걸쳐 불태워 三宫五观도 대부분 파손되었다. 中华人民共和国 성립 후 三宫五观은 '茅山道院'으로 합병되었고 文化大革命 가간에 茅山道院은 모든 宗教活动을 중지하였다. 九霄万福宫과 元符万宁宫이 20여 간 파괴되었다. 서기 1982년 茅山道院의 重修가 개시되고 21세기 초에 九霄万福宫, 元符万宁宫, 葛仙观(句容市 葛仙湖公园에 위치하며 茅山传统의 "三宫五观"에는 속하지 않는다), 서기 1997년 元符万宁宫 후면 积金峰 남쪽 사면에 높이 33m 되는 紫铜太上老君像을 세웠다. 서기 2010년 원래의 三宫 즉 崇禧万寿宫을 중수하기 시작하여 서기 2011년 하반에 九霄万福宫의 대부분의 건축물을 복원하였다. 서기 2012년 5월 하순 九霄万福宫第二期 수리공사도 마무리 지었다. 서기 1992년에 镇江市道教协会는 茅山道院에 자리 잡고 서기 2009년 镇江市道教协会는 镇江市润州区润州道院으로 이전하였다.

刘混康(서기 1036년-서기 1108년, 字 混康, 一字 志通, '华阳先生', 晋陵/현 江苏 常州人)은 宋 神宗 재위(서기 1068년-서기 1085년) 시 《皇朝通鉴纪事》에서 "有节行, 颇为神宗所敬重"이라 언급된 北宋의 道教名人이자 名醫였다. 13세 泰和观道士 汤含象으로부터 수학을 하고 嘉祐 5년(서기 1060년) 道士로 출발하여 茅山宗师 毛奉柔의 뒤를 이으면서 毛奉柔로부터 大洞经箓을 전수받았다. 《墨庄漫录》에 의하면 王安石의 병환이 심할 때 그의 사위 蔡卞曾이 茅山 刘混康에 부탁하여 元祐 元年(서기 1086년)에 고쳐 哲宗이 '洞元通妙法师'로 호를 내려 东京(현 개봉) 上清储祥宫으로 모셨다. 绍圣 4년(서기 1097년) 철종이 江宁府에 칙령을 내려 江宁府 句容县 三茅山经箓宗坛을 쌓고 信州 龙虎山과 临江军 阁皂山, 三山鼎峙, 辅化皇图를 포함하게 하였다. 鲍慎辞에서 편찬한 《茅山元符观颂碑》에는 "茅山上清三景法师刘混康以道业闻于东南, 乃遣中谒者致礼意, 欲必起之. 混康不得辞, 既朝, 遂住持上清储祥宫. 恩数频频, 为国广成. 已而求还故山, 许之, 赐所居为元符观"이라 하였다. 徽宗 즉위 후 그를 믿고 수 차례 동경으로 불러 "尔冲和养气, 得其妙道, 学术精深, 博通奥旨. 救危难以积善, 观德业以养高. 小大之事, 常所访问, 尽规极虑, 颇勤忠恪. 济人利物, 功莫大焉"이라 하였고 편지로 왕래하는 것이 끊이지 않았다고 한다. 崇宁 年间(서기 1102년-서기 1106년)에 41통의 편지, 大观 年间(서기 1107년-서기 1110년)에 31통을 교환하였다. 崇宁 2년(서기 1103년) 刘混康이 모산으로 돌아갈 때 宋哲宗이 《辽王诗简》一卷, 玉剑 한 자루, 《上清大洞卷简诗》十二卷轴, 《上清大洞秘录》十二轴, 玉印, 玉圭, 呵砚, 玉符 등 8건의 珍宝를 하사하고 镇山之器로 삼게 했다. 앞의 四宝는 历代兵祸 중에 소실이 되었지만 후의 玉印, 玉圭, 呵砚, 玉符(镇心符, 玉制의 信物, 鱼形佩饰) 四种의 珍宝는 현재 九霄万福宫에 소장되어 있다. 茅山

鎮山 四宝 가운데 玉印은 白玉으로 길이 6.1㎝, 폭 5.9㎝, 高 약 3㎝이며 위에는 瑞獸鈕, 아래에는 篆体으로 '九老仙都君印'의 6자가 새겨져 있다. 전해오는 이야기로는 明 洪武 年间(서기 1368년-서기 1398년) 玉印은 皇宮으로 들어가 明 太祖 朱元璋이 다시 만들려고 하였다. 첫 번째는 "奉天承运文宝", 두 번째는 "奉天承运文宝"자로 마지막 세 번째의 시도에서는 "九老仙都君印"의 6자로 고쳐 넣었다고 한다. 玉圭는 옥으로 길이 7.1㎝, 폭 3.4㎝, 두께 약 0.7㎝이다. 이 옥규는 일년 4계절 기후에 따라 변하는데 색깔도 같지 않다고 한다. 봄과 가을에 옥의 표면에 "汗水" 층이 생겨 茅山道士가 옛날에 大道場의 회의 때 한 번 사용할 수 있었다고 한다. 哈硯은 도교에서 중요문서를 작성할 때 이용하는 벼루이다. 玉质로 长方形으로 다듬어졌으며 길이 9㎝, 폭 4.4㎝, 높이 1㎝이며 表面에는 墨堂은 있으나 墨池는 없다. 墨堂의 길이 6.4㎝, 폭 3.2㎝로 사람들은 '子午归槽'라고 부른다. 玉符는 '镇心符'로 白玉으로 조각되었으며 길이 9.6㎝, 폭 7.1㎝, 두께 0.6㎝ 위에 '合明天帝日敕' 6자가 새겨져 있다.

6. 宋慈

중국에서 膾炙되는 학자 겸 의사(郎中, 大夫)들은 南宋의 宋慈와 淸末의 民间의사인 喜來樂를 들 수 있다. 송자(南宋 孝宗 淳熙 13년 서기 1186년-南宋 理宗 淳祐 6년 서기 1249년, 字는 惠父임)는 建阳(현 福建 南平)人으로 남송의 法医学者로 '法医学之父'로 불리며 서기 1235년 '法医鉴定学'을 개창하고 그는 提点刑狱官[提刑官 朝议大夫(阶官, 从六品, 宋 理宗 淳祐 7년 서기 1247년), 直宝谟阁(贴职, 从七品), 直焕章

阁(贴职, 从七品), 直秘阁(贴职, 正八品) 등의 벼슬을 함]으로 봉직하였다. 저서로서는 서기 1247년에 지은 세계 최초의 법의학서인《洗冤集录》五卷이 있다. 宋慈의 墓地는 福建 建阳市 崇雒乡 崇雒村 昌茂坊에 있다.

7. 孫思邈

明·清时期의 후세사람들로부터 药王으로 추앙받던 당나라의 의사(医生, 中国古代著名医学家)인 孙思邈(sūn sī miǎo, 손사막, 西魏 大统 7년 서기 541년 辛酉년/혹 581년-唐 永淳 元年 서기 682년 壬午年, 汉族, 별명은 妙应真人, 药王, 孙十常, 白山药王임)은 京兆 华原(현 陕西省 铜川市 耀州区)人으로 唐代 著名한 医药学家 겸 道士로서 后人들로부터 "药王"으로 불렸다. 西魏 大统 7년(서기 541년) 孙思邈은 가난한 농가에서 태어났으며 어려서부터 타인의 추종을 불허할 만큼 총명하여 일찍이 스승(老师)이 될 큰 그릇으로 인정받았으나 말년 道家의 老庄学说을 추종해 陕西 终南山에 은거하였다. 그는 민간의학을 중시하여 가정집까지 往診을 중단하지 않고 진찰한 기록과 경험을 바탕으로 서기 652년 부인과 3권, 소아과 1권, 五官科 1권, 내과 15권, 외과 3권과 解毒救急, 食治養生, 脈學, 鍼灸學이 실린《千金要方》을, 그리고 서기 673년 30세 때 麻風病에 걸려 머리가 빠지고 얼굴에 瘡毒으로 고으로 고생하던 문학가 卢照邻(Lu Zhaolin)을 고쳐 제자로 맞은 卢照邻과 함께《千金翼方》을 著作하였다. 唐朝의 建立 後 朝廷의 요청을 받아 唐 太宗(서기 598년 1월 28일-서기 649년 7월 10일)과 長孫皇后(서기 601년-서기 636년)을 포함하는 皇室의 看病을 도맡고, 또 太醫院을 관장하였다. 中国醫史博物館에 소장되어 있는 '三皇及孙思邈彫像'과 《孙思邈坐虎龙图》는 그가 明나라 때 끈으로 脈을 짚고 침을 놓아 長孫皇后의 長孫皇后의 세 아들(三皇인 承乾, 泰, 治/高宗)의 分娩을 성공적으로 도왔던 기록 혹은 그를 太昊/伏羲·神農/炎帝·女媧와 같은 三皇에 버금가는 신적인 존재로 묘사해 조각으로 남겨 놓은 것으로 추정된다. 그리고 太醫院에서 医学活動을 활발히 한 결과 서기 659년 世界에서 제일의 国家药典이며 大醫精誠과 大醫習業을 강조하는 醫德을 비롯해 本草, 製藥書인《唐新本草》을 완성하였다. 서기 682년에 101세 혹은 141세에 별세하였다. 主要한 업적으로 그가 編纂한《千金方》,《千金要方》,《千金翼方》 등이 있다. 그가 편찬한《千金要方》과《千金翼方》의 영향은 매우 크며 두 책은 모두 60卷으로 그 안의 药方论은 6,500首이다. 그리고《千金要方》와《千金翼方》을 합쳐《千金方》으로 부르는데 이것은 唐代以前의 医药学成就를 系統的으로 总括한 것으로 中国에서 가장 빠른 临床医学 百科全书로 불리며 후세의 医学发展에 많은 영향을 주었다. 그리고 의술에서 그는 内科뿐만 아니라 산부인과 소아과, 外科, 五官科, 鍼灸學에 정통하였다. 孙思邈의 主要著作이 남아있는데 史书, 方志, 典籍, 道藏, 医著, 碑石 등에 의하면 文献资料는 약 90여 종으로 기재되어 있다.《旧唐书》에 "自注한《老子》,《庄子》, 편찬한《千金方》三十卷과《福禄论》三卷,《摄生真录》,《枕中素书》,《会三教论》各一卷이 있으며, 또《耀州志》에는 "《老子注》,《庄子注》,《千金方》三十卷,《千金翼方》三十卷,《千金髓方》二十卷,《千金月令》三卷,《千金养生论》一卷,《养性延命集》二卷,《养生杂录》一卷,《养生铭退居志》一卷,《禁经》二卷,《神枕方》一卷,《五脏旁通道养图》, 一卷,《医家要钞》五卷이 있으며,《唐书·新唐书》와《道藏》및《通志略》중에 그의 책이 20여 종이 있다고 한다.

8. 李时珍

중국의 医药学은 서기 1590년 明나라 医药学家인 醫聖 李时珍(서기 1518년-서기 1593년)은 字는 东璧, 晚年自号는 濒湖山人으로 湖北 蕲春县 蕲州镇 동쪽 长街之瓦屑坝(현 博士街)인이다. 22세 때 세 번째 科擧考試에 낙방하고 아버지의 가업인 의사가 되기로 결심하면서('不爲良相 更爲良醫', '亡父全兒志, 至死不怕難') 후일 名醫가 되어 楚王府奉祠正, 皇家太医院判을 역임하고, 사후 明朝에서 文林郎으로 봉해졌다. 嘉靖 21년(서기 1542년) 고향에 내려와 万历 6년(서기 1578년) 그는 그의 역저인 本草綱目(Compendium of Materia Medica)은 그때까지 내려오던 神農本草經, 陶弘景의 本草經, 唐 新修本草와 宋 開寶本草를 집대성하였다. 또 虎掌, 漏藍子, 黃精 등의 약초를 구분하여 사용하게 하였다. 전 52권으로 여기에는 1,892종의 약물, 新药 374종, 收集药方 11,096개를 싣고 부록으로 1,000여 폭의 药图(插图)를 그려 넣었다. 그리고 阐发药物의 性味, 主治, 用药法则, 产地, 形态, 采集, 炮制, 方剂配伍에 대해 서술하였다. 이 책은 韓, 日, 英, 法国(프랑스)에서 번역되었다. 서기 1982년 李时珍과 그의 부친의 墓地가 있는 李时珍陵园은 国务院列为第二批에 의해 "全国重点文物保护单位로 지정되었다.

그리고 그의 부친은 4대 朱祐欈(서기 1494년-서기 1504년)의 荆王府에서 9품 吏目을, 그 자신은 5대 朱厚烇(서기 1507년-서기 1553년)과 동생 富順王 朱厚焜의 10세의 장자의 병을 고쳐줌으로 인해 湖北省 蕲春县 家鄉의 荆王府 가족의 座上賓으로 또 형왕부의 제사와 의료를 주관하는 奉詞正武으로 일하는 등 형왕부와 밀접한 관계에 있었다. 蕲春县에는 신약인 蕲艾 등을 재배하는 李时珍陵园을 포함하는 李时珍記念館이 있으며 그곳의 百草藥园과 이시진의 부자가 의료를 행하고 道教의

仙藥을 만들던 玄妙觀이 남아있다.

9. 張仲元과 喜來樂

光緒帝(서기 1870년 8월 14일-서기 1908년 11월 14일)가 崩御하면서 光緒 年间의 太醫院院使(5品, 御醫는 8品임) 張仲元은 징계를 당하였다. 張仲元은 字는 午樵로 生卒裏貫은 不詳으로 清 光緒, 宣統 年间에 太醫院에서 근무하였으며 光緒 年间에는 그의 품계가 太醫院 院使로 후애는 太醫院 督辦으로 '花翎三品頂戴, 督辦清察管理太醫院事務'로 승진하였다. 光緒 4년-光緒 21년(서기 1878년-서기 1895년) 張仲元은 여러 차례에 걸쳐 光緒帝, 慈禧太後를 診病했던 한 시기에 太醫院의 가장 중요하고 저명한 의사였다.

그리고 서기 2013년 1월 29일 첫 회(36회)가 방영된 中国電視劇 '神醫喜來樂傳奇'의 주인공인 清末의 民间의사인 喜來樂를 들 수 있다. 喜來樂는 滄州(창저우는 중국 河北省의 地級市로 수도 北京으로부터는 180㎞ 떨어져 있고 주요 항구인 天津으로부터는 90㎞ 떨어져 있다)의 의사로서 慈禧, 光緒, 袁世凱 때 太医 王天和와 朝廷權臣으로부터 모함을 받아 동북지방에 이주를 가는 등 여러 가지 수난과 고통을 겪으면서도 뛰어난 醫術과 지혜로 '滄州民間神醫'로 불렸다. 서기 1900년(光緒 26년, 庚子年) 八国聯合軍이 北京에 침입한 후 괴질과 전염병이 창궐하였을 때 그는 軍醫로 천거되었으나 도망가서 匪賊들의 소굴에 은신하였다. 그러나 성격이 강인한 关东 黑瞎子嶺大當家의 女兒인 金山嬌의 호의와 충고로 북경(皇城)에 가서 군에 입영한 후 西安에 가서 그곳에 피난 온 西太后와 光緒皇帝를 치료하기도 하였다. 聯合軍이 물러간 후 西太后와

光緒皇帝가 차례로 세상을 떴다. 서기 1898년 戊戌変法의 실패 후 靖王爺의 亲信인 维新派의 鲁正明를 치료하면서 그의 간절한 부탁으로 雄黃이란 약재를 넣은 탕약으로 자살하게하고 이를 책임진 정실부인 胡素花도 자살하였다. 서기 1912년 袁世凱(서기 1912년 3월 10일-서기 1915년 12월 22일 재위)가 宣統帝로부터 황위를 禅讓받았을 때 그는 청나라와 그를 질시한 太醫 王天和 등에 대한 염증과 絶望으로 부인 胡氏로부터 모든 가사를 위임을 받은 후처 賽西施와 일가족을 이끌고 关東(黑龙江省)으로 이주하였다가 서기 1912년 中华民国 成立 후 다시 북경에 돌아와 병원 一笑堂을 열었다. 그러나 이러한 劇的인 이야기가 역사적인 사실을 얼마나 뒷받침 하는지는 의문의 여지가 많다.

10. 孫文

中国国民黨을 창립하고 서기 1911년 辛亥革命을 일으켜 淸나라로부터 중국을 구하고자 했던 醫師 孫文(호는 逸仙, 별명은 中山, 서기 1866년 11월 12일-서기 1925년 3월 12일 广州府 广州府 香山県 翠亨村)은 서기 1912년 1월 1일-서기 1912년 4월 1일 중화민국 초대대통령으로 취임하였으며 그 이후 중화민국은 遠世凱(서기 1859년 9월 16일, 咸丰 9년 8월 20일-서기 1916년 6월 6일)→ 蔣介石으로 이어졌다. 서기 1834년 10월 26일 美国 長老會에서 파견한 耶魯大學을 졸업한 醫學博士 伯駕(Peter Parker, 皮特·派克 伯駕)가 광동성 广州市 珠江가에서 서기 1835년 11월 4일 「眼科醫局」(新豆栏醫局, the Ophthalmic Hospital in Canton)을 개업하였으며 이것이 서양의학이 중국에 들어온 최초의 일이다. 그 후 미국의 長老會 전도사인 필라델피아의 제퍼슨 의학교(Jefferson Medical College)를 졸업한 의사 嘉約翰(John Glasgow Kerr, 서기 1824년-서기 1901년)가 서기 1854년 광동성에 도착하여 伯駕(Peter Parker)가 운영하던 「眼科醫局」을 인수하여 博済병원(the Guangzhou Boji Hospital, The Canton Hospital)을 열었다. 그는 그곳에서 47년간 일하면서 서기 1870년 200명의 중국인 의사를 키워냈다. 서기 1886년 받은 그의 제자 중의 하나가 중화민국 초대 대통령이 된 孫逸仙(孫中山, Sun Yat-sen)이었다. 그의 의사로서의 사회활동 흔적은 孫逸仙紀念醫院, 中山大學醫學博物館, 서기 1933년 中山大學과 博済병원이 합쳐진 嶺南醫學院에 남아있다. 서기 1878년 5월과 서기 1884년 봄 孫中山은 長兄 孫德彰이 살던 하와이(夏威夷) 호놀룰루(檀香山)를 두 번 방문하여 여러 가지 새로운 지식을 접하고 중국에 돌아와 嘉約翰(John Glasgow Kerr)의 제자가 되었다. 그의 부인은 宋嘉澍(海南島 文昌人, 서기 1863년-서기 1918년 5월 4일)의 딸인 宋庆齡으로 그녀의 자매인 宋美齡은 蔣介石의 부이이다. 그러나 중국에 서양의학이 실제로 들어온 것은 Peter Parker의 伯駕병원 개업에 앞서며 이는 東印度公司가 전문의를 고용하여 마카오(澳門)에서 한 의료행위였는데 의사로는 Arniston 號商船의 外科의사인 皮爾森(Alexander Pearson, 서기 1802년 來华), Lord Thurber號, Cirencester號와 Coutts號 商船의 外科의사인 利文斯通(John Livingstone, 서기 1808년 來华)와 郭雷樞(Thomas Richardson Colledge), Caledonia商船의 外科의사인 伯萊福特(James H. Bradford)들이었다.

18 中国의 佛蹟

1. 洛陽 永宁寺

永宁寺는 中国·北魏의 孝明帝 서기 516년(熙平 元年)에 당시 实権者였던 靈太后胡氏(宣武帝의 妃)가 当時 首都였던 洛阳城内에 건립했던 절로 永宁寺에는 高 136.71m 정도의 九重大塔이 있었었다고 杨衒之의 《洛阳伽蓝记》에 의하면 "永宁寺塔为木结构, 高九层, 一百丈, 一百里外都可看见"이라 하고 있다. 이 기록에 의하면 塔高는 四十九丈 혹은 四十余丈으로 모두 136.71m 정도이며 塔头部인 相轮까지 합하면 塔刹까지의 높이는 약 147m로 古代最高的佛塔이다. 永宁寺塔은 正方의 平面구조로 매 각 층에 三门六窗이 나있으며 塔刹에는 相轮 30重(일설에는 13重), 周围에는 金铃을 매달고 그 위에는 金宝瓶, 또 宝瓶에는 铁索四道가 있어 塔의 四角을 이룬다. 索上에는 金铃을 꽤달아 바람에 흔들리면 소리가 나도록 되었다. 그래서 10리 내에서 볼 수 있었다고 한다. 塔装饰은 华丽하고 기둥 주위는 锦绣(beautiful brocade)로 门窗에는 붉은 칠을 하고 门扉上에는 五行金钉과 金环铺首을 장식하였다. 당시의 기록에서 전한다. 그곳은 현재 洛阳 白马寺 동

쪽, 310 国道와 陇海铁路가 교차하는 지점이다. 梁에서 北上해서 北魏
에 왔던 菩提達磨가 탑의 壯麗함을 보고 '南無'를 불렀다는 탑은 바로
이 大塔이었을 것이다. 塔의 뒤에는 太極殿과 같은 仏殿이 있고 그를
둘러싸고 있는 築地의 正面에는 三重의 門으로 열렸을 것이다. 永宁寺
伽藍配置는 日本 四天王寺의 祖形으로 보고 있다.

孝武帝 서기 534년(永熙 3년) 2月에 이 탑이 번개(雷电)를 맞아 火
災가 나서 燒失되었다. 이 九重大塔의 기단부는 中国社会科学院考古
研究所에서 행한 서기 1979–서기 1994년 考古発掘報告(中国大百科
全書出版社, 1996)発掘調査에서 잘 밝혀지고 있다. 이 탑의 규모는
사방 100m 정도로 항토(夯土)라 불리는 판축법(版築法, hang-t'u,
rammed earth, stamped earth)으로 기반을 다지고 그 위에 판석형
의 砌青石으로 덮었는데 크기는 38.2m, 高 2.2m가 된다. 주변에는 石
栏杆을 돌렸다. 四面가운데에 경사진 坡道(ramps)가 塔身四角에는 흙
을 쌓아 土堆·土墩을 형성하였다. 탑 주위는 회랑과 門殿을 만들었는
데 이는 탑 중심의 초기 伽藍形式의 대표이다. 이 절은 献文帝가 서기
467년(皇興 元年)에 建立한 平城(지금의 山西省 大同) 永宁寺를 이어
만든 것인데 서기 476년(承明 元年) 8월 孝文帝는 先帝의 追慕供養을
위해 이 절에 100人 정도의 승려를 모시고 자기도 剃髪하고 僧服을 바
쳤다고 한다.

세계문화유산으로 등재된 불교관계 중국 4대 석굴로는 敦煌 莫高窟,
洛陽 龙門石窟, 大同 云岡石窟과 重庆 大足石窟이 있는데 北魏와 관련
있는 것은 敦煌 莫高窟, 洛陽 龙門石窟, 大同 云岡石窟이다.

2. 敦煌의 莫高窟

絲綢之路 중 교역물증을 확실하게 알 수 있는 곳으로 敦煌의 莫高窟(Mogao Caves, 속칭 "千佛洞"임)이 알려져 있다. 이 막고굴은 甘肅省 敦煌県 동남쪽 20km 떨어져 그 앞에는 月牙泉이 감싸고 있는 鳴沙山 斷崖에 北朝에서 元에 이르는 서기 4세기-서기 14세기 壁畵가 있는 동굴 사원으로, 祁連山脈 河西走(廻)廊의 마지막 종착역이며 실크로드(絲綢之路)의 시발점이다. 前秦 建元 2년(서기 366년) 樂僔和尙이 처음 이곳에서 굴을 만들기 시작하여 十六国의 前秦-北魏-隨-唐-五代-西夏(서기 1032년-서기 1227년)-宋-元(서기 1206년-서기 1368년)대의 16국에 이르기까지 계속되었다. 동굴 내 벽화는 4.5만㎡에 이르며 세계적 미술의 보고이다. 이곳에는 北朝, 唐, 西夏 시기의 불교관계 벽화가 중심되어 있다. 막고굴에는 현재 洞窟 735개, 壁画 4.5만㎡, 泥质彩塑 2415尊이 있어 世界에서 최대규모이다. 돈황은 渭河의 서쪽 兰州, 中衛, 武威, 張掖, 酒泉과 嘉峪关을 거치는 河西走(廻)廊을 지나 실크로드가 시작되는 요충지로 서기 1906년-서기 1909년 사이 프랑스 학자 폴 펠리오(Paul Pelliot, 伯希和, 서기 1878년 5월 28일-서기 1945년 10월 26일)가 서기 1908년 鳴沙山 千佛洞 莫高窟에서 蕙超(聖德王 3년 서기 704년-元聖王 3년 서기 787년)의《往五天竺国傳》2冊(서기 727년, 한행 27-30자 모두 227행, 프랑스 국립도서관 소장)을 발견한 바 있다. 현재 敦煌文物研究院(樊錦詩 院長)에서는 莫高窟 98호굴의 벽화(佛畵)로부터 50℃에서 소금기를 제거하고 벽화를 복구하는 작업이 진행 중이다.

그리고 서기 1944년 여름 막고굴 220호의 宋나라의 벽화를 모사할 때 북쪽 벽 구석 송나라 벽화 아래에서 唐나라의 벽화가 새로이 발견되었는데 이 벽화는 중원에서 온 翟(적, 책)氏望族의 일원인 翟玄邁의 翟家窟의 願刹인 막고굴 220호가 그 당시 翟氏집안에서 출가한 道弘法師의 지휘·감독 하에 조성된 것으로 추측된다. 220호 내의 벽화는 中原에서 모셔온 畵師의 작품들로《維摩詰經變图》(唐, 길이 895㎝, 폭 570㎝, 높이 495㎝), 文殊菩薩受佛祖囑託,《各国王子聽法图》,《歷代帝王图》(미국 보스톤 미술관 소장), 鮮卑族供養人像列(莫高窟 285호, 西魏)와 女供養人畵像(61호, 唐)을 본떠 제작한 翟氏 供養人畵像(당, 220호) 등이 이를 대변해 준다. 翟玄邁의 원찰은 唐 太宗이 貞觀 14년(서기 640년) 侯君集으로 하여금 '西域古国高昌国의 亂'을 평정할 때 絲綢之路의 河西 走(廻)廊을 지나고 현 돈황이 있는 沙州에 兵站을 만든 데서 비롯된다. 이곳에서 사용된 벽화의 안료는 靑金石(아프카니스탄, 回靑), 朱砂, 孔雀石, 雲母 등으로 모두 서역에서 온 것이다. 이 벽화들은 徵妙比丘尼畵像(北周, 286호)와 阿彌陀經變畵(당, 2228호)의 佛头에서 사용되던 안료와 같이 西域顔料, 中原에서 모셔온 畵師와 沙州打窟人의 합작품이다. 또 벽화를 그리고 塑像을 만들 때 整修崖面 －鑿掘－벽면에 麥, 棉花와 麻를 섞은 진흙(泥)과 그 위에 白灰를 바른 후 그림을 그리는 繪制壁畵/塑像의 제작과정에서 도 서역과 중원의 기술이 융합된 슬기로운 면이 엿 보인다. 그리고 당나라 초기의 재상이자 유명한 화가인 閻立本(염립본, 서기 601년－서기 673년 11월 14일)의 작품인《歷代帝王图》의 亞流도 보인다. 이곳에서 그림을 그릴 때 사용하던 여러 가지 안료의 원료인 천연광물, 硏과 硯도 발견되어 현재 敦煌博物館에 전시 중이다. 敦煌 莫高窟은 大同 云岡石窟, 洛陽 龙門石窟, 重庆 大足石窟과 함께 중국 4대 석굴의 하나이다.

3. 龙門石窟

河南省 洛陽의 남부 12.5km 떨어진 용문협곡 동서 두 절벽 사이에 위치하며 甘肅省 敦煌 莫高窟과 山西省 大同 云岡石窟과 함께 중국 3대 석각예술의 보고로 불린다. 남북 길이가 약 1km로 현존 석굴이 1,300여 개, 洞窟龕室이 2,345개, 詩文과 碑石 조각 3,600여 점, 佛塔이 50여 개, 佛像이 9,700여 점이 남아 있다. 그중 北魏(서기 386년-서기 534년) 시기 말에 만들어진 賓陽의 中洞과 古陽洞, 唐(서기 386년-서기 907년) 시기의 奉先寺 불상들이 대표적이다.

4. 云岡石窟

云岡石窟은 山西省 大同 武周山 남쪽 기슭에 위치하는 석회암의 석글로 鮮卑의 拓拔部의 北魏(서기 386년-서기 534년) 때인 서기 453년/서기 460년[북위 文成帝 (서기 452년-서기 465년) 興安 2년 또는 和平 1년]경에 시작하여 孝明帝[正光년(서기 520년-서기 524년)]가 洛陽으로 移都하여 북위의 문화가 완전히 중국화 될 때까지 계속되었다. 즉 이들은 서기 5세기-서기 6세기경에 만들어졌다. 운강석굴은 河南省 洛陽의 龙門石窟과 甘肅省 敦煌 莫高窟과 함께 중국의 3대 석굴로 불린다. 현재 252개의 석굴과 51,000개의 佛像이 조각들은 중국화의 시작이며 특히 曇曜 5굴은 중국불교예술의 경전이 되는 대표적이라 할 수 있다. 이곳은 자연 풍화가 심해 辽나라(서기 1049년-서기 1060년) 때 이 석굴사원을 보호하려 10개의 사원을 건조하였으나 파괴되고, 淸나라 서기 1651년(世祖, 順治 8년)에는 목조사원과 17개의 불상을 세운 바도 있다.

5. 峨眉山과 樂山大佛

　　峨眉山과 樂山大佛은 중국 불교 4대 명산인 蛾眉山(大光名山, 해발 3,099m)의 자락에 后汉(서기 25년-서기 220년) 때 불교가 처음 들어와 불교의 東遷 據點이 되었던 곳이다. 당나라 開元 원년(서기 713년)에 海通大師(法師)가 中国 四川省 樂山(옛 이름은 嘉定/嘉洲로 凌云大佛, 嘉定大佛로 불리었음)市 동쪽 3㎞ 떨어진 凌云寺 옆 岷江, 大渡河, 青衣江이 합류하는 지점에 높이 71m의 砂岩에 높이 71m의 낙산 대불을 조성하기 시작하여 90년 만인 서기 803년(貞元 19년)에 완공하였다. 불상 옆에는 唐 韋皐(위고)의 《嘉州凌雲寺大彌勒石像記》(높이 6.6m)가 있어 이 불상이 海通大師→ 唐 劍南西川节度使兼西川采访制置使 章仇兼 琼→ 唐 剣南西川节度使 韋皐의 세 사람의 손을 거쳐 완성된 조성 내력에 관해 자세히 알 수 있으며, 또 근처 암벽에는 바위를 파고 조성한 東汉과 蜀시대의 崖墓가 여러 기 있다. 그리고 전면에 13층 높이의 목조 건물을 세워 햇빛과 비바람을 막아 사암의 풍화를 방지해왔는데 이 건물은 몽고군의 침입으로 불타버렸다. 그러나 불상은 서기 2008년 5월 12일(월) 四川省을 강타한 지진에도 파괴되지 않고 살아남았다. 그리고 다행히도 都江堰의 제방과 물길(寶瓶口) 등 수리시설도 아무런 피해를 받지 않았다.

6. 懸空寺

최근 중국의 7대 불가사의 중 두 번째로 손꼽히는 山西省 渾原県 大同 恒山(北岳) 懸空寺 (Hengshan Hanging Temple, Xuankong si)는 北岳(太恒山)으로 해발 2,017m에 위치한다. 東岳泰山, 西岳 华山, 南岳衡山, 中岳嵩山과 함께 중국 오악의 하나로 불린다. 서기 1982년 風景名勝区로 지정되었으며 "太恒山", "北岳, 紫岳, 大茂山"이 란 명칭도 지니고 있다. 平原의 咽喉와 같은 要衝地로 자고로 전쟁이 일어나면 확보해야 할 兵家의 必爭地였다. 主峰은 天奉嶺으로 渾源県 城南에 위치하며 人天北柱, 絶塞名山, 天下第二山으로도 불린다. 이곳 에는 절벽에 기둥을 세운 현공사란 절이 北魏시대부터 들어서기 시작 했으며 이곳은 儒·佛·道의 삼교가 모두 숭배의 중요한 대상지로 되고 있다. 西汉 初에 사찰이 들어섰으며 현재에도 飛石窟을 중심으로 현공 사가 존재하는데 이 절의 건립은 北魏에서 시작하여 唐·金·元代에 걸 쳐 重修되었다. 明·清시대에는 恒山에 寺廟群이 밀집되어 있었는데 規模가 무척 컸다고 한다. 기록에는 "三寺四祠九亭閣, 七宮八洞十二 廟"가 있었으나 현재 거의 모두 파괴되었다. 이 절과 이 절이 속하는 恒山(북)은 嵩山 (숭산, 중앙), 华山(서), 泰山(동), 衡山(남)과 함께 중 국의 5대 무술의 근거지로 가끔 金庸의《笑傲江湖》와 같은 武侠小說에 등장하기도 한다.

7. 中国佛教의 4大 名山

中国佛教의 四大名山은 安徽省 池州市 青阳县 九华山, 山西省 忻

州 五台県 五台山, 浙江省 舟山群岛 중 하나의 섬인 普陀山, 四川省 省峨眉山市 峨眉山이다. 이는 地藏王菩萨, 文殊菩萨, 观世音菩萨, 普贤菩萨의 道场으로 구별한다. 四大名山은 佛教의 유입, 中国 汉代부터 개시된 사원건립(寺庙)과 불교修道场이 지금까지 계속 이어지고 있다. 中华人民共和国의 建国이후 정부에서 历史性의 保护, 文化文物重点管理单位의 지정, 寺院의 補修와 重修를 계속하여 宗教의 지속과 아울러 觀光名胜地의 역할도 겸하고 있다. 그중 山西省 忻州 五台県에 있는 세계문화유산인 五台山(Mount Wutai: 문화, 2009)은 불교의 聖山으로 정상에 평탄하게 난 葉斗峰, 望海峰, 錦秀峰, 桂月峰, 翠石峰의 5개의 봉우리 때문에 五台山으로 부른다. 오대산 봉우리 주위 五台鎮에 있는 顯通寺가 가장 오래된 절로 東漢 永平 明帝(서기 58년-서기 75년) 年间의 서기 1세기경에 지어졌다. 佛光寺 大佛殿(唐나라의 목조 건물로 가장 높다), 五百羅汉像 높이 9m의 文殊菩薩像을 안치한 五台山 최대의 殊像寺(明) 大雄寶殿 등이 잘 알려져 있다. 南山寺(元)는 极樂寺, 善德堂와 佑国寺의 세 부분으로 구성되어 있다. 그 외에도 集福寺, 碧山寺, 圓照寺, 鎭海寺, 竹林寺, 龙泉寺 등 서기 1세기에서 서기 20세기까지 53개의 절로 들어서 있다. 이곳에서 塔阮寺의 白塔과 輪藏台, 顯通寺의 銅殿, 文殊寺 千鉢文殊菩薩像, 殊像寺의 瑞相天成, 羅侯寺의 木蓮, 龙觀寺 白大理石製入口를 五台七寶로 들기도 한다.

8. 雷峰塔

浙江省 杭州市 西湖 南岸 夕照山에 위치했다가 서기 1924년 9월 25일 허물어져 내린 원래 13층 宝塔인 雷峰塔은 서기 2000년 12월 26일

공식적으로 중건을 발의하여 서기 2001년 重建하기 위한 발굴조사를 한 결과 이 탑은 唐 말-北宋 초의 5대 10국 중의 하나인 吳越国(서기 907년-서기 978년, 錢塘/杭州에 도성을 둠, 5대 군주인 忠懿王 錢弘俶이 서기 978년 宋에 헌상함)의 钱弘俶이 총애하던 황비 孫氏가 세상을 뜨자 이를 기념하기 위해 北宋 太平兴国 2년(서기 977년)에 탑을 짓고 후일 宋나라 宋太祖 趙匡胤(서기 927년-서기 976년)으로부터 '皇后塔'이라는 명칭을 하사받았다. 또는 黃妃가 아들을 낳아 이 탑을 세웠다고도 한다.

이 탑은《孟姜女》,《牛郎织女》,《梁山伯与祝英台》와 함께 中国四大民间故事/传说인《白蛇传》중 蟾蜍(두꺼비, toad)에서 金山寺 法海和尚(禅僧 许仙)으로 변신하여 白素贞이 仙丹을 훔쳐 먹은데 대한 보복으로 端午날 白素贞에게 雄黄酒를 먹여 본모습을 잃게 하고 白素贞을 雷峰塔 아래에 감금한다. 이에 白素贞과 小青이 함께 法力을 연마해 法海를 물리치고 雷峰塔은 무너져 白素贞은 구출된다. 그리고 水漫 金山寺(江苏省 镇江市 金山5A风景区)는 生灵을 잃게 된다'는 이야기와 얽혀져 있다. 이는 明나라 작가인 馮夢龙의《警蛇世通言》에 나오며 서기 1992년 台湾에서《新白娘子傳奇》라는 電戲(電影)로 탄생한다.

서기 2001년 탑의 중건을 위한 기초 발굴 조사 시 탑의 地宮에서 나온 유물들로 보아《白蛇传》과는 아무런 관련이 없고 南宋 李崇의 西湖图에서 묘사된 바와 같이 吳越国의 '皇后塔'으로 본 이름을 찾게 되었다.

이 雷峰塔은 처음 十三层(雷峰塔 원래 十三层宝塔이나 재정부족으로 七层으로 바뀌고 竣工 시 五层으로 됨)으로 砖石으로 축조되었으며 밖으로는 목조 樓閣과 回廊으로 구성되어 있다. 內壁에는《华严经》을 새겨 넣었다. 그리고 塔아래에는 金铜十六罗汉像으로 조각해 넣었다.

明 嘉靖 34년(서기 1555년) 倭寇가 杭州에 침입하여 塔안에 伏兵이 있을 것을 의심하여 이 탑을 불태웠다. 탑의 처마(塔檐, eaves) 등 목조의 기둥은 훼손을 입고 塔身의 砖石은 赭黄色으로 변해 塔身은 약해져 간신히 버티고 있다가 서기 1924년 9월 25일 오후 돌연히 무너져 내려 西湖十景의 하나인 "雷峰夕照"라는 단어가 없어져 버렸다.

雷峰塔 기단 지표 하 2.6m에서 千年을 지속해온 地宫이 발견되었는데 地宫의 입구는 方型石板 하나로 密封하고 다시 石板위에는 무게 750kg되는 한 덩이의 돌로 덮었다. 서기 2001년 3월 11일 雷峰塔 地宫의 발굴을 시작하였는데 雷峰塔 地宫은 크지 않고 길이 약 0.5m, 폭약 0.5m, 깊이 약 1m 정도이다. 地宫안에는 높이 50㎝, 무게 약 100kg의 铁函이 안치되어 있다. 철함 안에는 莲花座青铜佛像, 佛螺髻发舍利, 수천 매의 '开元通宝'가 들어 있었다. 鎏金塔은 四角金涂塔으로 은에 도금한 鎏金银质인데 塔高 35㎝, 밑바닥은 方形으로 한 변 길이 12.6㎝이다. 塔 위에는 水锈(scale, incrustation, watermark)가 나 있으며 塔의 四面에는 佛祖故事를 주제로 한 浮雕가 장식되었다. 그 안에는 佛螺髻发을 담은 金质容器, 塔의 아래에는 한 개의 은을 도금한 鎏金银盒이 있으며 盒 위에는 双凤缠牡丹纹이 장식되고 四周에는 '千秋万岁'라는 4자의 楷字가 나 있다. 银盒에는 한 줄의 가죽 띠가 上面에는 镶嵌한 12건의 银质装饰品이 달려 있다. 铜镜은 直径 20㎝로 背面 가운데 "官" 字의 铭文과 花纹이 있는데 铭文은 "都省铜坊"과 "匠人倪成"字이다. 基底部 아래에는 井穴式地宫이 또 있는데 그 안에 수십 건의 佛教珍贵文物과 供奉物品을 넣었는데 秘藏雕版(御製秘藏詮)印刷의 佛教《一切如来心秘密全身舍利宝箧印陀罗尼经》经卷도 포함된다. 鎏金铜佛像(高 68㎝)은 두 개의 底座가 있고 底座위에는 한 마리의 龙, 龙위는 一莲花宝座가 있다. 이는 가치상 国家一级文物에 속한다.

纯银阿育王塔안 '佛螺髻发' 舍利가 담긴 金棺은 皇妃塔(后称 雷峰塔)의 核心으로 崇佛의 구체적 증거이다. 纯银阿育王塔의 제작은 温州 白象塔出土 漆塔인 延寿造夹纻育王塔에서 직접 영향을 받고 鄞县阿育王塔도 참고를 했던 모양이다.

佛典《涅经》(涅槃, Nirvana)에 기재된 바로 "释迦牟尼入灭后, 弟子们焚化了他的遗体, 将舍利收殓保存, 在王舍城建塔供养"이라고 하였는데 당시 佛祖의 舍利는 이미 佛教 신자들이 가장 숭배하는 佛教 圣物로 후일 古印度八国의 国王이 佛祖舍利를 八份하여 本国에서 建塔·奉安하였다. 이를 "八王分舍利"라고 말한다. 간다라 지방에 불교가 전해진 것은 찬드라 굽타 마우리아가 세운 마우리아 왕조(기원전 317년-기원전 186년) 중 아쇼카 왕 때이다. 아쇼카 왕(印度 孔雀王朝의 第三代国王 阿育王, 阿恕伽 또는 阿輪伽라 번역함, Ashoka/Aśoka the Great, 기원전 304년경-기원전 232년경, 기원전 269년경-기원전 232년경 재위)이 即位하고 佛教를 国教로 정해 世界各国에 불교를 전하였다. 阿育王은 각처에 소장된 佛舍利를 모아 8.4万 개의 舍利塔을 만들었다고 한다. 《法苑珠琳》에는 中国에 21개의 阿育王塔이 있어 舍利를 모시고 있다고 한다. 中国에서 21개소의 阿育王塔이 출현한 것은 서기 1세기부터 印度大乘佛教의 전파의 역사를 보여주며 小乘 및 舍利의 전파는 西域을 통해 中原에 들어온 것이다. 그중 알려진 19개소는 1. 西晋 稽鄮县塔(浙江 宁波), 2. 东晋 金陵长干塔(江苏), 3. 石赵 青州 东城塔(山东), 4. 姚 秦河 东蒲阪塔(山西), 5. 北周 岐州南塔(陕西 法门寺塔), 6. 北周 瓜州城东古塔(甘肃), 7. 北周 沙州 城内大乘寺塔(甘肃), 8. 北周 洛州 故都西塔(河南), 9. 北周 凉州 姑臧故塔(甘肃 莲花山塔), 10. 北周 甘州删丹县故塔(甘肃), 11. 北周 晋州 霍山南塔(山西), 12. 南齐 代州 城东古塔(山西), 13. 隋 益州福感寺塔(四川),

14. 隋 晋源县塔(四川), 15. 隋 郑州 超化寺塔(河南), 16. 隋 并州 净明寺塔(山西), 17. 隋 怀州 妙乐寺塔(河南), 18. 隋 并州 榆杜县塔(山西), 19. 隋 魏州 临黄县塔(山东)이다. 고고학상 중국에서 발견된 부처의 舍利가 실제로 발견된 곳은 다음과 같다.

法门寺塔 地宫 供奉佛指舍利(서기 1987년 발견, 3枚 影骨/真骨, 唐代 佛指骨의 复制品)를 제외하면 ① 北京 西山八大处 灵光寺 佛牙塔舍利[서기 1900년 발견, 佛牙舍利, 现存 2颗로 中国과 스리랑카/斯里兰卡 佛齒寺(Temple of the Tooth, Sri Dalada Maligawa)에 있음], ② 北京 云居寺 雷音洞(2粒, 서기 1981년 발견), ③ 江苏省 镇江 甘露寺는 孙权이 세우고 刘备를 초청한 곳으로 唐末 长庆 年间(서기 821년-서기 824년) 润州 刺史 李德裕 京口(镇江) 北固山에서 甘露寺의 石塔을 세워 金陵 阿育王塔에서 孙权이 봉안한 사리를 이곳에 옮겼다가 宋 熙宁 二년(서기 1069년) 铁塔을 세워 사리를 다시 봉안하였는데 서기 1960년 镇江市에서 铁塔을 복원하면서 地宫안 石函에서 佛舍利 11매를 발견하였다. ④ 浙江省 宁波 阿育王寺 내의 佛国珍宝释迦牟尼의 真身舍利 및 舍利宝塔을 발견하였는데 이곳은 중국 사리를 봉안한 19개소의 寺庙 중 파괴되지 않은 유일한 佛陀真身舍利塔이다. ⑤ 南京 大报恩寺 地宫에서 출토한 佛顶骨舍利佛顶(肉髻)은 髻, 顶髻, 肉髻相, 无见顶相으로 칭하며 释迦牟尼佛의 三十二相의 하나이다. ⑦ 浙江省 杭州市 雷峰塔(皇后塔)의 佛螺髻发이 발견되고, ⑧ 释迦牟尼의 真身舍利는 아니지만 마하가섭(摩訶迦葉, 迦葉佛, Mahākāśyapa)의 舍利가 서기 1957년 苏州市 虎丘塔 안에서 발견된 적이 있다.

9. 南京 大報恩寺·七寶阿育王塔·牛首山 佛頂宮

大报恩寺는 南京市 秦淮区 中华门外 140,000㎡(유지 면적은 5.6万
㎡)에 위하는데 中国历史上 가장 오래된 佛教寺庙(寺院)이다. 그 前身은
东吴 孙权이 赤乌 年间(서기 238년-서기 250년) 江南塔寺의 시작인 建
初寺 및 阿育王塔을 建造하였는데 이것은 杜牧인 쓴 "南朝四百八十寺,
多少楼台烟雨中"중 480寺의 기원인 '江南第一寺'로 洛阳 白马寺의 건립
후에도 长干寺, 天禧寺의 다른 명칭으로 中国 第二座寺庙로 지속되어오
고 있다. 大报恩寺는 中国南方에 세운 第一의 佛寺로 中国的佛教中心으
로 灵谷寺(江苏省 南京市 玄武区) 天界寺(金陵寺)와 함께 중국 3大佛寺
로 그 아래 수백 개의 절을 거느리고 있다.

大报恩寺는 明 成祖 永樂帝 朱棣가 明 太祖 朱元璋과 马皇后를 기념
하기 위해 건립하였다. 明 永乐 10년(서기 1412년) 建初寺 옛터에 19년
걸려 重建하였는데 건조비용이 248.5万两의 白银, 十万军役, 民夫가 동
원되었다. 大报恩寺의 施工을 살펴보면 皇宫을 표준으로 하고 金碧으로
煌辉하게 꾸몄고 주야로 밝게 하였는데 寺院规模를 극대화 하였다. 殿
阁이 30여 채, 僧院이 148间, 廊房 118间, 经房 38间으로 이는 中国历史
上 규모가 최대이고 规格이 最高인 寺院으로 百寺의 으뜸이다.

大报恩寺의 琉璃宝塔은 높이 78.2m, 琉璃를 통째로 구워 만들었으
며 塔 内外에 长明灯 146盏을 설치해 건물을 짓기 시작에서 훼손된 지금
까지 中国最高의 建筑으로 世界建筑史上 奇迹이며 中世纪 世界七大奇
迹의 하나이다. 당시 중국의 건축을 대표하는 标志性建筑으로 '中国之大
古董, 永乐之大窑器'의 영예와 함께 '天下第一塔'으로 불린다.

서기 2008년 大报恩寺 前身인 长干寺의 地宫에서 世界와 佛教界
에 唯一한 '佛顶真骨', '感应舍利', '诸圣舍利'가 나왔는데 이는 '七宝阿

育王塔'으로 世界的인 文物과 圣物이 되었다. 阿育王塔은 东汉 献帝 兴平 年间(서기 194년-서기 195년)에 건립되었는데 南京에서 제일 오래된 佛塔으로 建塔者는 秣陵人 符融으로 徐州刺史 陶谦의 麾下의 广陵, 下邳, 彭城 三郡의 运漕官을 맡아 漕运所의 경비로 지었는데 符融은 中国阁楼式佛塔의 创始者로 불린다. 후일 고향인 秣陵에 머물 때 孙策에 의해 공격을 받아 파손되었다. 东吴 赤乌 10년(서기 247년) 东吴 大帝 孙权은 康居国 僧人을 위해 建初寺와 阿育王塔을 재건하였다. 晋 太康 年间(서기 280년-서기 289년)에 复建하여 长干寺로 부르고 南朝에서 报恩寺로 불렀다. 北宋 端拱 元年(서기 988년) 僧 可政이 唐 三藏 玄奘大师의 顶骨舍利를 얻어 长干에 탑을 세워 모셨다. 宋 天禧 元年(서기 1017년) 长干寺를 중수한 후 天禧寺로 개칭하였으며 寺塔의 이름도 '圣感'으로 바꾸었다. 元 至元 25년(서기 1288년) 天禧寺의 이름을 바꾸어 '元兴慈恩旌忠教寺'로 탑은 "慈恩塔"으로 바꾸었다. 明 永乐 6년(서기 1408년) 불이나 절이 훼손을 입고, 永乐 10년(서기 1412년) 明 成祖 朱棣가 工部에 명해서 重建하도록 하고 明 成祖 이후 明 太祖와 马皇后를 기념하는 장소로 삼았다. 또 工部에 명해서 大报恩寺 및 九层琉璃宝塔(永乐 10년 서기 1412년에 건조를 시작해서 宣德 3년 서기 1428년 竣工)을 중건하게 하였다. 宫阙规制에 의해 天下 夫役 工匠 十万余人인을 징발하고 二百五十万两의 銀錢 金钱 百万兩을 들여 19년 만에 공사를 마무리 지어 이 절이 "依大内图武, 造九级五色琉璃塔, 曰第一塔, 寺曰大报恩寺"라고 하였다. 嘉靖 45년(서기 1566년 번개를 맞아 天王殿, 大殿, 观音殿. 画廊 一百四十余间이 불에 타고 万历 28년(서기 1600년) 塔心木이 썩어 탑이 기울어 僧人 洪恩이 银 数千两을 모아 重修하다. 清 顺治 18년 이후 内府 및 地方 똑같이 비용을 지출해 서기 1802년(清 嘉庆 7년)修复·竣工 後 塔을 그리고 기록해 두다. 咸丰 4년(서기 1854년) 大报恩寺塔이 太平天国(청나라 말기 洪秀全이 세운 太平天国, 서기 1851년–서기 1864년) 운동으로 파괴되었다. 清 同治 4년(서기 1865년) 江宁机器制造局이 大报恩寺遺址의 住房 十二间, 工作间 八十余间, 回廊 五十余间를 잠식해 절의 규모가 점차 줄어들었다. 서기 1958년 眼香庙, 芙蓉山, 窑岗村一帶에서 琉璃塔 조성 시 파편에 쓰인 墨书의 字号标记들이 출토되어 中国国家博物馆, 南京博物院과 南京市博物馆에 분산 저장하였다.

이곳의 주요 건축물로는 서기 2007년 초에서 2010년 南京市博物馆 考古部가 南京 大报恩寺遺址를 系統的으로 考古发掘조사했는데 ① 明代 大报恩寺의 香水河桥, 中轴线의 主干道, 天王殿, 大殿(高 22.67m, 深 36.23m, 长 53.1m), 塔基(大殿 뒤에 위치하며 거리는 12m 떨어져 있다. 平面은 正八边形으로 최대 직경은 25m米이며 5층 結構로 中心部는 地宫으로 圆形地宫 直径 2m, 도굴되지 않고 보존이 양호함), 观音殿, 法堂, ② 北宋 大中祥符 4년(서기 1011년)에 만들어진 长干寺 真身塔 地宫과 北側의 画廊基础 등의 重要遺迹에서 七宝阿育王塔을 발견하여 金棺银椁 등 珍贵文物 등이 중요한 고고학 수확이 되었고, ③ 서기 2010년 중에는 油库, 画廊, 伽蓝殿, 宣德 年间에 세워진 御碑와 御碑亭 基址 2곳 등의 建築遺迹이 조사되었다. ④ 琉璃宝塔은 大殿 뒤에 위치한 大报恩寺 琉璃塔(서기 1412년 시작–서기 1428년 竣工)은 九层八面으로 高 78.2m이다. 塔身은 白瓷贴面, 拱门은 琉璃门券, 底层은 回廊(즉 宋代의 "副阶周匝"), 塔室은 方形, 塔檐, 斗拱, 平坐, 狮子·白象·飞羊으로 장식한 栏杆 등 佛教题材의 五色琉璃砖으로 各层에 연결되었으나 사용된 砖瓦의 크기는 일정하지 않다. 明 成祖朱棣 琉璃塔에 御赐한 塔名 '第一塔'은 '三绝'로 특징지어진다. 가) 第一绝은 '巨构殊形, 高耸云日'로 琉璃塔은 中国古代最高의 建築의 하나로 9层 8边形, 通高 78.02m, 26

层 楼房의 高度에 해당한다. 琉璃塔의 最顶部는 纯金制로 宝珠(直径 약 4m, 무게는 2000余两), 每层의 檐角下都에는 모두 152개의 铜制 风铃이 달려있고 9层 内外 모두 146盏의 등잔이 있는데 각 등잔의 심은 1寸 정도의 길이이다. 나) 第二绝, '通体琉璃, 独步古今'으로 琉璃塔의 主体는 砖砌로 塔顶의 '管心木' 이외에는 나무를 쓰지 않았다. 그 안에는 外表层 全部는 각종 형태와 색깔이 다양한 琉璃구조물로 합성되어 있다. 이런 독특한 裝饰艺术의 합성기술로 인해 "中国之大古董, 永乐之大窑器"의 찬사를 듣게 된다. 다) 第三绝, "长夜深沉, 佛灯永明"로 황혼이 찾아올 무렵 琉璃塔위의 144개의 등잔이 불을 밝힌다. 九层琉璃塔의 각 一面 벽에는 2扇 窗户(2 windows)가 나있어 모두 144扇이 된다. 144 盏油灯이 窗안에 안치되어 "明瓦"로 부른다. 宣德 3년(서기 1428년) 琉璃塔이 완성된 이후 大报恩寺 100名의 僧人이 돌면서 灯에 给油하고 심지를 잘라 주거나 明瓦를 살핀다. 탑의 등잔은 매일 저녁 六两四钱의 灯油가 매달 1,530斤이 소모된다고 한다.

또 地宫은 圆形竖井式 자연암반을 수직으로 깍고 들어가 형성하였다. 地宫 안에는 版築式 夯土로 39층으로 다지고 地表 4.2m의 곳에 边长 약 0.9m, 두께 약 0.25m의 방형 돌이 깔려있는데 이곳이 地宫의 중심이 된다. 이 돌을 걷어내면 方柱状의 石函이 나타나는데 四周에 4덩이의 壁板으로 짠 석함이 높이는 1.5m, 한 변의 길이 0.72m이며 北壁石板에 镌刻长篇铭文이 있는데 "金陵长干寺真身塔藏舍利石函记"라고 되어 있다. 이 기록에 의하면 大中祥符 4년(서기 1011년) 金陵 长干寺 住持 演化大师 可政과 守滑州 助教 王文 등이 宋 真宗의 允许를 얻어 九层宝塔을 修建하고 塔高 '二百尺'으로 만들었는데 塔内地宫 石函안에서 발견된 高 1.3m, 宽 0.5m의 铁函가운데 "感应舍利十颗, 并佛顶真骨, 泊诸圣舍利, 内用金棺, 周以银椁, 并七宝造成阿育王塔, 以

铁函安置"하였다고 언급하고 있다. 石函안에서 발견된 铁函위에 대량으 銅钱, 水晶球, 玛瑙珠, 串珠, 鎏金银凤 등 供养器物을 놓아두고 石函 아래에도 小型의 埋藏坑을 만들어 그 안에 白瓷, 青瓷碗 각 한 점, 青瓷壶 한 점을 넣었다. 地宫은 现存地表인 开口에서 埋藏坑底部까지 6.74m로 中国에서 발견된 가장 깊은 佛塔地宫이다.

이 절에는 中国规格의 最高, 规模로 最大인 완전한 寺庙遗址가 보존되고 있다. 서기 2011년 '2010年度全国十大考古新发现'의 하나로 불렸다. 서기 2013년에는 国务院核定公布로 全国重点文物保护单位로 지정되었으며 서기 2015년 12월 16일 오후 10시 18분 大报恩寺遗址公园에서 开园仪式을 거행하고 12월 17일 大报恩寺遗址公园이 正式으로 开放되었다.

南京 大报恩寺遗址 长干寺 地宫에서 发掘·出土된 鎏金七宝阿育王塔은 높이 1.1m, 폭 40㎝, 무게 50kg이다. 이는 中国과 全世界에서 발견된 최대 규모의 阿育王(아쇼카 왕, 阿恕伽 또는 阿輸伽라 번역함, Ashoka/Aśoka the Great, 기원전 304년경–기원전 232년경, 기원전 269년경–기원전 232년경 재위)塔으로 世界阿育王塔의 王으로 불린다. 塔身에는 宝石, 雕刻佛像, 经文을 镶嵌하였다. 碑文记载와 X射线探测의 두 가지 검증에 의하면 塔身안에는 金棺과 银椁의 두 벌의 관이 있고 그 관 안에는 '佛顶真骨', '感应舍利十颗' 등 稀世의 佛教圣物이 모셔져 있다 한다. 佛顶宫은 南京市 江宁区 牛首山遗址公园에 위치하며 总面积 약 10.8㎢이며 그중 核心구역은 0.6.8㎢나 된다. '天阙藏地宫, 双塔出五禅', '一花五叶'의 布局으로 '一路, 一宫, 一塔, 一叶' 4개 区域을 포괄한다. 牛首山遗址公园은 서기 2012년 建设을 시작하였으며 佛顶宫, 佛顶塔, 佛顶寺를 포함한다. 穹顶의 最底层에서 释迦牟尼佛의 顶骨舍利, 佛祖顶骨舍利를 供奉하는 仿制圣塔에는 鎏金, 水晶, 琉璃, 宝

石 등 佛教 '七宝', 镶嵌, 集青铜, 鎏金, 掐丝珐琅, 雕塑, 錾刻 등 수 십 종의 传统工艺品이 안치되어 있다. 佛顶宮에 진입하면 우선 길게 난 한 길의 回廊을 지나게 되는데 회랑 안에는 地, 火, 水, 风의 四大奇观이 그려져 있다.

江蘇省 南京市 中山陵 동쪽의 靈穀寺 뒤편에 있는 大报恩寺의 琉璃宝塔인 靈穀塔 혹은 磁器塔은 높이는 약 78.2m로 明나라 永樂帝 때 건설되었으며 중세 7대 불가사의 중의 하나로 불리기도 한다. 이 탑은 太平天国(청나라 말기 洪秀全이 세운 太平天国, 서기 1851년-서기 1864년) 운동으로 파괴가 되었으나 재건축되어 서기 2013년에 개장했다. 이를 재건하는데 한 사업가의 기부로 이루어졌다. 그러나 靈穀塔 혹은 磁器塔과는 달리 江苏省 南京市 玄武区 灵谷寺(원래 이름은 開山寺로 서기 514년 梁 武帝 때 창건되었다)의 灵谷塔은 서기 1931년-서기 1935년 때 건설된 塔으로 높이 60m, 9층 8면의 銅塔이다. 이 앞에는 서기 1381년 朱元璋이 孝陵을 만들 때 옮겨진 無量殿(높이 22m, 53.8㎡)도 있다.

10. 北京市 白塔寺

妙应寺는 속칭 白塔寺로 北京市 西城区 阜成门 내 大街 171号에 위치하며 西藏의 格鲁派(게룩파) 寺院이다. 이 절은 元朝 寿昌 2년(서기 1096년)에 만들어졌으며 처음 이름은 '大圣寿万安寺'로 寺内에 있는 元朝의 白塔은 元 至元 8년(서기 1271년) 忽必烈(원 세조 쿠빌라이 칸, 서기 1215년 9월 23일-서기 1294년 2월 18일) 명령을 내려 쌓기 시작해 至元 16년(서기 1279년)에 완공을 보고 佛舍利를 안치한 中

国 내에서 현존하는 가장 오래되고 규모가 가장 큰 喇嘛塔이다. 건설
은 네팔 출신의 건축가 河尼哥이었다. 서기 1961년 "妙应寺白塔"은 中
华人民共和国国务院에 의해 第一批全国重点文物保护单位의 하나로
공포되었다. 辽나라 때 妙应寺는 辽南 京城의 北郊에 위치했다. 현재
면적은 16万㎡이다. 서기 1976년 7월 28일 中国 河北省 唐山地震으
로 일부 파괴된 白塔에 대한 대대적인 보수를 서기 1978년에 시작했는
데 서기 1979년 10월 1일 공사 중 清代 乾隆 18년(서기 1753년)에 塔
刹 顶上 相輪部를 重修하면서 8개의 방에 안치한 鎏金大藏经, 木雕观
世音像, 补花袈裟, 五佛冠, 乾隆手书인《波罗蜜多心经》, 藏文《尊胜
咒》, 铜三世佛像, 赤金舍利长寿佛 등이 발견되었다. 이들은 乾隆帝 시
乾隆帝를 보좌하여 남서부에서 일어난 반란을 진압하는데 공이 큰 青
海省 海东市 佑宁寺에서 북경으로 옮겨온 3世章嘉 · 若必多吉国師(章
嘉呼图克图, 活佛, 甘肅涼州人, 서기 1717년–서기 1786년)에 대한 乾
隆帝의 報恩과 깊은 관련이 있다. 그중 藏文《尊胜咒》(佛頂尊勝陀羅
尼)는 희귀한 국보급에 해당한다. 그리고 이 절은 당시 다민족 민족문
화교류와 청나라의 통일의 상징이라는 의미를 갖고 있다. 이들은 北京
首都博物館에 소장되어 있다.

11. 北京 云居寺

北京 云居寺는 北京西南 시 중심에서 약 70km 떨어진 房山区 大石
窝镇 水头村 해발 450m의 石经山에 위치하며 면적은 70,000㎡이다.
石经山의 藏经洞은 唐 · 辽塔群으로 구성된 中国佛教文化 중 特色있
는 一大宝库로 敦煌石窟에 비교된다. 云居寺는 처음 唐 贞观 5년(서기

631년) 僧人 静琬이 처음 창건한 것으로 처음에는 '智泉寺'로 불리다가 후일 '云居寺'로 개칭되었다. 辽 圣宗时期(서기 983년–서기 1011년)에 五大院落, 六进殿宇로 확대되었고 金, 元, 明, 清 시대에도 重修를 거듭하였다. 서기 1942년 항일전쟁 중 대부분 파괴되었다가 서기 1949년 해방 후 두 번에 걸쳐 복구되었다. 云居寺는 현재 国家4A级旅游景区로 全国重点文物保护单位로 지정되었다. 서기 1981년 石经山 藏经洞 9개굴 중 雷音洞에서 隋 大业 12년(서기 616년)銘이 있는 3호 汉白玉函과 그 안의 4호 鍍金銀製舍利函에서 사리 2顆가 발견되어 北京 首都博物館에 소장되어 있다. 명문에 의하면 "大隋大业十二年 于此函內 安置佛舍利三立 原住持永劫等"에서 원래 사리는 3과이었으나 명대 고승 釋德清이 撰한《涿州西石雷音窟舍利記》에 의하면 불심이 깊은 孝定太后(서기 1546년–서기 1614년, 慈聖皇太后, 隆庆帝의 후궁이자 万历帝의 생모)가 보고 공양을 3일 한 후 이들을 궁에 가져갔다가 2개월 후 돌려주었는데 그때 한 과를 돌려주지 않았던 것으로 추정하고 있다. 이 사리는 北京 靈光寺 招仙塔을 포함하는 北京 八多處 출토 佛牙舍利, 陝西 寶鷄 法門寺 佛指舍利와 함께 海內三寶로 불린다. 이곳에는 辽代砖砌舍利塔('罗汉塔', 서기 1111년–서기 1120년), 5호 굴의 146매의 石經, 纸经藏 22,000多卷(《大方广佛华严经》이 포함된 明代刻印本과 手抄本),《龙藏》[木板经, 清朝 雍正 11년(서기 1733년)–乾隆 3년(서기 1738년, 77,000점), 부처 1056尊, 千佛柱, 九洞에서 발견된 藏经 4,196점, 唐塔 2기, 石凿古井, 隋唐碑刻과 全长 830m의 石经山 索道(千年街道)가 남아 있다. 그중 석경은 隋代 创寺僧인 静琬이 146매를 始刻한 이후 唐, 辽, 金, 元, 明까지 만들어진 것으로 雷音洞内藏经石 4,196매, 절 남쪽의 压经塔下 经穴의 藏经石 10,082매, 모두 佛经 1,122部, 3,452卷으로 云居寺石经陈列馆에 전시되어 있다.

12. 北京 法海寺 明代壁畵

이 벽화는 北京市 石景山区 东北 약 2km 떨어진 翠微山麓의 法海寺 大雄殿(236.7㎡) 안에 있으며 이 벽화는 敦煌, 山西 永乐宫 元代 壁畵의 맥을 잇는 明代 壁畵의 典範이다. 대웅전 안에 모두 九幅壁画에는 观音, 文殊, 普贤의 三尊佛菩, 水月观音, 十八罗汉, 如来佛, 飞天 등 77인의 인물이 그려져 있는데 男女老幼, 神佛鬼怪으로 자태는 说法, 坐禅, 膜拜, 徐行, 飞舞 등 각기 다르다. 여기에는 人物 이외에 禽兽, 神怪 및 牡丹, 月季, 芭蕉와 菩提 등의 草木이 그려져 있는데 形象이 아름다울 뿐만 아니라 생동감, 명쾌함도 있어 한 폭의 清新明净, 庄严肃穆의 佛国仙境의 화면을 보여준다. 벽화는 明 正统 9년(서기 1444년, 明6대 英宗 朱祁镇)甲子 冬日에 완성되었으며 精美绝伦한 壁画의 作者(宫廷画士)는 楞严经 幢上에서 발견된 太监 李福善 捏塑官 陆贵, 许祥, 画士官 宛福清, 王恕, 画士 张平, 王义, 顾行, 李原, 潘福, 徐福要 등의 题名으로 확인된다.

13. 北京 雍和宫

雍和宫은 紫禁城 동북 北京市 东城区 雍和宫 大街에 위치한 中国 汉族地区에서 가장 큰 西藏 佛教寺院의 하나이다. 康熙 33년(서기 1694년) 清 康熙帝가 内城 东北原 明代의 内官 監官房의 舊址를 皇四子 胤禛이 만 16세 때 그를 위해 수축하고 府邸로 삼았다. 그래서 처음에는 '四爷府' 혹은 '禛贝勒府'라 불렀다. 胤禛이 和硕雍亲王으로 被封된 이후에 雍王府로 개칭되었다. 서기 1711년 胤禛의 아들 弘历이 王

府 东书院 '如意室'에서 출생하였다. 서기 1723년 胤禛이 雍正帝(1678
년 12월 13일-서기 1735년 10월 8일, 서기 1723년-서기 1735년 在位)
이 된 후 雍正帝는 紫禁城으로 들어가고 그 후 雍正 3년(서기 1725년)
雍王府 潛邸가 宮殿으로 승격이 되어 雍和宮이 되었다. 雍正 13년(서기
1735년) 10월 8일 옹정제의 사후 15일 안에 紫禁城 乾清宮에서 喪禮를
마친 뒤 清 西陵의 泰陵에 묻히기 전 北京 景山公園의 壽皇殿과 觀德殿
대신 雍和宮의 永佑殿을 梓宮(殯宮)으로 삼아 皇家의 신분에 맞게 黃琉
璃瓦로 덮었다. 雍正帝 在位시기 雍和宮의 中路와 西路는 西藏 佛教上
院으로 사용되고 서남쪽의 반란을 도왔던 格魯派領袖인 3世章嘉·若必
多吉国師(章嘉呼图克图, 活佛, '札萨克达喇嘛', 甘肅涼州人, 서기 1717
년-서기 1786년, 서기 1734년 三世章嘉은 雍正帝의 명을 받아 七世达
赖喇嘛의 西藏으로 돌아가는 것을 호송함)에 대한 乾隆帝의 報恩으로
이곳에서 거주 하였다. 乾隆帝가 즉위 후인 乾隆 9년(서기 1744년) 雍
和宮 中路와 东路는 藏传佛教寺庙로 개칭되고 주요 殿宇는 佛殿이 되
었다. 절 이름도 '噶丹敬恰林'으로 扁額을 乾隆으로부터 하사받았다. 东
路行宮은 계속 황실에서 사용하였지만 후일 화재로 소실되었다. 서기
1961년 雍和宮은 中国国务院批准으로 全国重点文物保护单位로 지정
되었고 서기 1983년 雍和宮은 汉族地区全国重点寺院의 하나로 되었다.
주요건물은 牌楼, 昭泰门, 昭泰门, 正殿(四学殿), 永佑殿, 法轮殿, 万
福阁, 阿嘉仓이다. 그리고 雍和宮 '三绝'은 铜铸照佛, 紫檀木雕의 五百
罗汉山, 白檀香木雕刻弥勒佛像이다. 그리고 法輪殿 안에는 乾隆이 태
어나서 세 번 목욕을 한 金絲楠木의 洗三盆은 황제가 된 건륭에 비유해
'魚龙變化盆'으로도 불린다.

14. 晉城 靑蓮寺

晉城 靑蓮寺는 初名이 硤石寺로 山西省 晉城市区 東南 17km 떨어진 寺南 庄北側의 硤石山中에 위치하며 절 안 蓮花座 위에 釋迦牟尼座佛이 있어 靑蓮寺라 부르며 현재 国家重点文物保护单位로 지정되어 있다. 靑蓮寺는 宋代에 古靑蓮寺와 新靑蓮寺로 나누어져 있으며 丹河畔 山势의 展开에 따라 古靑蓮寺는 아래에 新靑蓮寺는 위에 있다. 摩崖上刻에는 東魏 武定 元年(서기 543년)의 題记가 있다. 古靑蓮寺는 北齐 天保 3년(서기 552년)에 创建되었으나 唐代 咸通 8년(서기 867년) 重修되고 이름도 靑蓮寺로 바뀌었다. 宋 太宗 太平兴国 3년(서기 978년) '福严禅院'이란 赐名을 하사 받았다. 그래서 이 절의 명칭은 硤石寺(北齐)→ 靑蓮寺(唐)→ 古靑蓮寺와 新靑蓮寺(宋)→ 福严禅院(宋)으로 바뀌었음을 알 수 있다. 古寺의 東側에 明代에 만들어진 높이 약 25m의 砖砌藏式佛塔이 西側에는 唐代의 惠峰石塔이 있다. 寺内에는 南殿과 正殿의 두 건물이 있으며 후세에 보수되었다. 오직 南殿 안에 남아있는 塑像과 碑刻은 唐, 宋의 것으로 南殿은 3间으로 남전 안 가운데에 釋迦, 文殊, 普贤, 阿难, 迦叶이 양측에 观音, 罗汉, 韦驮, 胁侍, 供养人 등 彩塑 12尊이 안치되어 있다. 造像의 모습은 靑蓮寺 宋代 塑像과 같은 양식이나 南殿 内《硤石寺大隋远法师遗迹记》라는 唐碑는 宝历 元年(서기 825년)에 세워지고 碑头线刻의 弥勒讲经图, 山门, 围廊, 佛殿, 讲坛은 唐代建筑 양식에 따라 만들어졌다. 殿内 佛坛은 폭이 넓고 위에는 彩塑 7躯, 釋迦, 文殊, 普贤, 二弟子 및 二供养菩萨을 안치하였는데 모두 唐나라 때 만들어진 것으로 面形丰满, 肌肉健美, 身式微屈, 姿态自然하다. 新靑蓮寺는 古靑蓮寺大로부터 약 500m 떨어져 있으며 唐 太和 年间(또는 大和, 서기 827년 2월-서기 835년

12월, 唐 文宗의 연호)에 처음 창건되었으며 藏经阁, 释迦殿, 罗汉楼, 地藏楼 등의 주요 건축물이 남아 있다. 藏经殿은 처음 唐代에 건설된 것으로 藏经文의 장소 현재 藏经 5,000여 권이 있었으나 후세에 모두 소실되었다. 罗汉楼는 뒷담 가운데에 있으며 《罗汉碑记》가 남아 있고 위에는 五百普通罗汉의 姓名이 刻印되어 있어 佛教史를 연구하는데 중요 자료가 된다. 그리고 이 절은 东晋人으로 净土宗의 创始人인 高僧 慧远(서기 334년–서기 416년)과 관계가 많다.

19 客家人(Hakka people)

광동어(广东话/广東話/Cantones)를 사용하는 客家人(커자런, Hakka people)은 5차에 걸쳐 북쪽 山西, 河北, 河南, 山東省 일대의 戰亂을 피해 남으로 迁徒한 주민들의 독특한 문화와 '客家人'(Hakka, Hak-kâ, 커자런)言語를 말한다. 1차 천도는 西晉 말 晉朝의 멸망과 북쪽 匈奴의 洛陽 침입으로 인한 戴冠을 하던 지식분자들의 '衣冠南渡'이며, 2차는 唐 말 黃巢의 亂(起義) 때, 3차는 南宋 말년 蒙古군대가 臨安(杭州)로 침입 했을 때, 4차는 明 말 淸 초, 5차는 淸朝 말년에 일어났다. 그래서 洛陽→ 光州, 潁州→ 開封, 盧江, 彭澤, 九江(尋陽), 臨江, 樂平→ 吉安, 興国, 贛州, 宁石, 都城, 宁化, 汀州의 長江 이남 일대에로의 迁徒가 이루어 졌다.

마지막으로 남천한 곳이 현재 广東省 梅州市 平遠县(현 惠州市 일대)으로 이곳은 南朝 齐国 高祖(齐 高帝 蕭道成, 서기 427년-서기 482년 4월 11일, 서기 479년-서기 482년 재위)가 健康(南京)→ 江西→ 坝头(현 平遠县)로 남천하고 그곳 程源에 정착하여 하여 善行을 베푼 程旼(정민)의 이야기에 감동받아 조정에 出仕하라고 명령을 내렸으나 이를 고사하여 高祖가 그곳을 정민의 이름을 따 程乡县으로 바꾸었으며 客家

人이란 姓氏도 원래 齐国 高祖가 하사한 县名이었다. 이는 淸 嘉庆 때 만들어진《嘉應州志》와《程乡县志》에 기재되어 있다.

이들의 생활상은 현재 客家博物館에 전시되어 있으며 특히 梅县博物館에는 그곳의 유명한 梅县 水車鎭 水車窯 출토의 南遷 時 唐나라의 전통을 그대로 보여주는 青釉双耳瓷罐, 三耳壺, 青釉高身瓷罐, 八獸足瓷硯, 双耳執壺, 四系罐 등의 瓷器와 중원문화와 習俗의 전통을 유지하는 梅州市 千佛塔寺와 南汉千佛塔, 祭祖, 當屋內擇満祭品, 关公畵像(槍州市客屬博物館 소장) 등이 남아있다. 또 그들은 자기들만의 인식 표시로 葛藤을 문에 걸어두고, '客家人' 言語만 사용한다든지 하였다. 그곳에 정착하여 밭을 갈던 려경(犁耕, 쟁기, 보습, plough system)의 도구도 程旼의 이름을 따서 程黎라고 부르고 있으며 程旼의 故居에 淸 嘉庆 때 세운 南齐處士程, 景仰典型란 글씨가 써진 事跡碑가 남아있다.

중국에서 鄕土風情과 傳統建築樣式을 잘 보여주는 것은 ① 陜西 窯洞, ② 北京 四合院, ③ 云南 顆印, ④ 广西 干栏式 건축, ⑤ 福建 围龙屋이다. 唐나라 말기 서기 907년-서기 960년 사이 북쪽의 五代(后梁, 后唐, 后晋, 后汉, 后周)十国(前蜀, 后蜀, 吳, 南唐, 吳越, 闽, 楚, 南汉, 南平, 荆南, 北汉) 사이에서 끊임없는 전란으로 백성들이 岭南지역(中国南方 五嶺의 남쪽과 越南北部地区)으로 이주한 쉬족(畲族 Shē Zú, 畲客, 山客, 中国東南少數民族으로 대부분 畲族은 福建, 江西 畲族을 의미한다) 土著(原住民)도 뽀양(鄱陽)지구의 산세에 잘 적응하여 살아왔다가 다시 五嶺 남쪽의 福建·广東省으로 迁徙하였다. 그들은 중원지방에서의 건축물들을 이곳에서 응용하여 만들었다. 광동성 梅州市에서도 客家人의 하나인 畲族이 환경에 잘 적응해 살아온 결과는 '围屋과 橫屋을 가진 三堂三围八橫의 围龙屋(walled dragon house)'에서 잘 나타난다. 이는 明 弘治 年间(서기 1488년-서기 1505년)에 지어진《仁厚溫公祠》에서 보여 주듯이 '坐北朝南, 依山而健, 前低后高, 整體呈半圓形, 龙屋后山巒 走勢, 鵝卵石을 품은 여자가 잉태한 듯한 化胎의 片半圓形空地와 앞에 防火, 灌漑, 養魚, 取水의 목적을 갖고 있는 半圓形水塘'의 구조를 포함 한다. 三堂은 상·중·하당의 셋이지만 일반사람의 집은 兩堂屋이고 上 堂은 7품 관원 이상만이 만들 수 있으며 이의 기능은 祖宗祠堂의 역할이 다. 그리고 中堂은 事廳으로 公共物品을 저장하며, 下堂은 대문과 입구 로 문에는 남송 말 宋 理宗(서기 1205년 1월 26일-서기 1264년 11월 16 일) 때 몽고군의 南下 시 의용병을 모집하여 저항하다가 순국한 蔡蒙吉 (서기 1245년-서기 1276년)의 門神畵를 모시고 있다. 蔡蒙吉은 广东 梅 州人으로 南宋의 爱国诗人이며 抗元에 저항한 民族英雄으로 著名한 社 会活动家이며 12세에 进士가 된 '神童进士'이다. 그의 순국소식을 듣고 남송의 將領인 文天祥이 쓴 시 "公之生也 名中竹帛 公之死也 重若泰山" 에서 그의 忠孝廉節을 기리는 四字도 벽에 함께 써 그의 충절을 기리고 있다. 전체적인 围龙屋의 구조는 중원지방의 天圓地方의 양식을 따르 고 있다. 그리고 전체 400간의 방에 일가친족 500여 명이 分家하지 않고 한꺼번에 살 수 있으며 필요에 따라 부단히 增築을 하였다. 그리고 半圓 形은 아니지만 方形의 구조를 보이는 집은 광동성 매주시의 南华又護에 서도 볼 수 있는데 이 집의 평면구조는 평탄한 밭 가운데 세운 方形으로 万㎡의 넓이에 '九廳堂 十天井'의 규모를 가진 围龙屋으로 淸나라 때 潘 祥初가 20년 안에 지은 집으로 내부 柱, 梁, 枋, 門에 山水畵, 飛禽走獸 등의 중원건축에서 보이는 그림으로 채워 넣었다.

서기 2008년 세계문화유산으로 등재된 福建省 土樓(Fugian Tulou) 는 현재 46개로 台湾海峽 내륙 복건성 남부 博平岭 120㎞의 길이에 중국 복건성, 광동성과 台湾에서 활발한 媽祖信仰을 믿고 광동語(广东话/广東話/Cantones)를 사용하는 커자런(客家人, 커지아, 하카인, Hakka people)들이 明·淸시대인 서기 15세기-서기 20세기에 匪賊의 침입을 막기 위해 지은 것이다.

복건성 토루는 현재 46개로 台湾海峽 내륙 복건성 남부 博平岭 120㎞의 길이에 중국 복건성, 광동성과 台湾에서 활발한 媽祖信仰을 믿고 광동語(广东话/广東話/Cantones)를 사용하는 커지아/하카인(Hakka people, 客家人)들이 明·淸시대인 서기 15세기-서기 20세기에 匪賊의 침입을 막기 위해 지은 것이다.

전통적인 대가족의 집인 围龙屋에서 방어의 개념을 갖추고 확대·요새화한 변형된 土樓는 석재와 벽돌의 기단과 그 위에 약 2m 두께의 진흙으로 약 5m×36㎝씩 版築(夯土)으로 쌓아 올려 꼭대기에 해당하는 4-5층에는 杉木으로 結構한 목조의 瞭望台와 望樓의 기능까지 갖춘 요새화된 성채와 같은 집이다. 土樓의 外墙은 벼, 차, 담배 밭으로 둘러싸여 있다. 토루는 대개 4-5층 높이의 건물로 1층은 廚房이며 2층은 닭, 오리고기와 야채 저장창고, 3층 이상은 거주(침실, 臥室)용이다. 이 건물은 안쪽으로 향해 通廊式으로 지어졌으며 房은 약 30개-200개, 거주인은 300명-2,000명 정도가 살 수 있도록 지어졌고 원형(圓樓), 방형(方樓)의 평면을 갖고 있다. 內庭을 갖고 外墙은 두터운 판축된 진흙 벽으로 쌓고 지붕을 받친 요새의 형태를 갖춘 방어용의 주거이다. 한 씨족전체가 그 안에서 살기 때문에 '가족용 왕궁', 또는 '시끄러운 소규모의 도시'로도 불린다. 이들은 중국 다른 곳에서 볼 수 없는 예외적인 건물로 전통, 집단과 방어조직, 환경과 조화를 이룬 인간의 거주 등이 특징이 있다. 福建土樓(大型生土建築)는 客家土樓와 閩南土樓의 두 가지 형식으로 대별되고 客家土樓에서는 五鳳樓, 通廊式土樓, 單元式土樓로 나누어진다. 이들은 주로 華安, 南靖, 平和, 詔安, 雲霄, 漳浦, 安溪, 南安, 閩南에 분포하는데 永定県 古竹乡 高北村과 平和県 蘆溪乡 蘆峰村이 중심이 된다. 관광지로는 瑞雲樓, 裕昌樓, 步雲樓, 田螺坑 등이다. 토루는 다음과 같이 분류된다.

가. 初溪客家土樓群(福建省 永定县 下洋镇 初溪村): 集庆樓(明 永樂 17년, 서기 1419년), 余庆樓, 拌庆樓, 永庆樓 등

나. 洪坑村土樓群(福建省 龙岩市 永定县 湖坑镇 洪坑村): 현재 30여 채가 남아있으며 振成樓로 대표되는데 진성루는 서기 1912년(民国 元年)에 지어졌으며 남향 집으로 현재 16호에 林氏가족들 80여 명이 거주하고 있다. 현재 '토루의 왕자'로 불린다.

다. 高北土樓群(福建省 永定县 高头乡 高北村): 南薰樓와 和貴樓가 대표적이다. 南薰樓는 서기 1847년–서기 1850년에 지어졌는데 裕昌樓, 春貴樓, 東升樓, 曉春樓, 永庆樓, 裕興樓 등과 같이 五角形의 외관을 갖은 6座圆土樓이다. 남훈루는 '토루의 왕'으로 중국 특유의 四合院과 같은 구조의 方樓로 높이 21.5m, 5층, 沼澤地 위에 건조로 현재 280년 정도 오래되고 약 300여 명이 거주하고 있다. 현재 이곳에는 14채의 토루가 남아있다. 그리고 또 다른 형식의 토루의 형식은 朝水樓로 대표되는데 이 건물은 서기 1617년–서기 1623년에 지어졌으며 陽照樓, 永盛樓, 繩庆樓(서기 1699년–서기 1702년), 永榮樓, 永貴樓와 같이 6座方形이다. 이곳에는 承啓樓(서기 1709년), 田螺坑土樓群(서기 1796년), 裕昌樓(서기 1308년), 二宜樓(서기 1740년), 聚奎樓(平和県 秀峰鄉 太級村) 등이 있다. 그중 二宜樓는 福建省漳州市 华安县 仙都镇 大地村에 위치하며 清 乾隆五年 서기 1740년에 지어진 双环圆形 土楼로 占地面积이 9300㎡, 동남–서북향으로 자리 잡고 外环

高 4层, 外墙厚 2.53m, 通高 16m, 外径 73.4m, 16单元으로 나뉘어지며 共有房间은 213개이다. 그래서 "土楼之王" 또는 "国之瑰宝"으로 불린다.

그 외에도 福建省 大田县 均溪镇 許思坑村의 前方后圆 형태의 芳聯堡가 있다. 이곳은 서기 1806년(嘉庆 11년)에 지어졌으며 높이 6.9m 2층으로 방이 180여 개나 된다. 현재 張氏一族이 거주하고 있다. 大田의 土堡 중 潭城堡, 龙會堡와 함께 芳聯堡는 福建三明으로 불리고 있다.

토루의 직경도 62.6m-73m, 층수도 3층-5층, 방도 53여 개-288여 개, 넓이도 5,376㎡ 전후로 다양하다. 그리고 广東省 河源市 和平县 林寨镇 古村의 커지아/客家들의 围龙屋, 走马楼, 四角楼 등의 林寨四角楼 30여 기도 토루에 포함된다. 河源市에 남아있는 여러 围龙屋은 方形으로 "府第式", "角楼"로도 불리며, 그 形式도 北方의 전통적 "四合院"이며 河源市의 동쪽 仙塘에는 乾隆 17년(서기 1749년)지어진 건물도 남아있다.

客家人은 崇文重教하여 역대 많은 進士를 배출하여 翰林院에 출사시켰다. 원래 围龙屋 앞 石旗杆에 걸려 있던 扁額·牌扁인 進士, 文魁, 監元, 貢元, 叔姪同榮, 兰桂同芳, 奮趨齐飛(客家博物館 소장) 등이 그 증거이다. 楊之徐(清 康熙 14년 서기 1675년 举人, 강희 27년 서기 1688년 进士, 강희 34년 서기 1695년 河南 光山县 知县으로 임명받음)의 부인 鐃氏는 자식 3명 한림원 학사(一腹三翰林)로 배출시켜 康熙帝로부터 德馨堂이란 扁額을 下賜받기도 하였다. 이곳에는 毅成公家塾, 學官 등 여러 私學이 있었지만 清나라 乾隆 9년 서기 1744년 嘉應(현 梅州市)知州로 부임한 王者輔(康熙 年间 安徽 天长 北乡에서 출생, 乾隆 17년 左右, 两江总督庄滋圃幕府, 袁枚同作幕僚, 乾隆 44년 서

기 1779년 吉林에서 별세)가 건륭 11년 서기 1746년 광동성 매주시 周溪河 근처에 세운 東山書院을 통해 많은 人才를 배출하였다. 王者輔는 梅州市 南汉千佛塔을 새로이 安置하고 狀元橋(石拱橋)를 다시 수리하여 사람이 통행할 수 있도록 하였다. 서기 1905년 黃遵憲(서기 1848년 4월 27일-서기 1905년 3월 28일, 字公度, 別號人境廬主人, 广東 嘉應州에서 태어난 客家人, 晚清詩人, 外交家, 政治家, 教育家)가 샌 프란시코(San Francisco, 旧金山, 서기 1882년 光緒 8년-서기 1885년) 總領事, 光绪 24년 서기 1898년 8월 駐日參贊(日本大臣), 駐英參贊, 싱가포르(新加坡, Republic of Singapore) 總領事 등을 지냈다. 清朝 光緒 24年间(서기 1898년 6월 11일-9월 21일)의 暫政 治改革運動인 戊戌变法의 실패 후 모든 공직에서 퇴임하고 고향에 내려와 東山書院을 대규모로 수리하여 서기 1905년부터 120명의 과거통과자를 제1기의 학생으로 받아들여 일본어와 영어 등을 포함하는 新式教育을 가르칠 선생을 만들 東山初級師範學堂과 명문이 된 東山中學을 만들었다. 이는 서기 1902년 정부에서 반포한 欽定學堂章程에 의한 결과이다. 이곳에서 졸업한 장군이 473명, 교장이 228명이나 되었다. 그의 저서는 梅州市梅县区博物館 소장의 清代木刻板 이외에 서기 1898년에 완간을 본 光緒 24년 上海图书集成印书局出版의 《日本国志》 40권이 있다. 그에 관한 모든 자료들은 현재 黃遵憲記念館, 梅州市梅县区博物館, 客家博物館 將軍館에 소장되어 있다.

광동성을 중심으로 清末民初에 활동하던 黃遵憲과 같이 清나라 말 新式教育을 통해 애국심을 고취하던 客家人 丘逢甲(서기 1864년 12월 26일-서기 1912년 2월 25일)은 譜名은 秉渊, 字는 仙根, 一字 吉甫, 号는 蛰仙, 仲阏, 华严子, 痛哭生, 海东遗民, 南武山人이며 齋號는 蛰庵,

柏莊, 自強不息齋, 嶺雲海日樓. 晚號는 倉海君, 또는 滄海君이다. 그는 清朝官員으로 辛亥革命(서기 1911년) 후 仓海에 이름을 날린 晚清爱国 诗人, 教育家, 抗日保台志士로 台湾府 淡水廳 苗栗县 铜锣湾(현 苗栗县 铜鑼鄉 竹森村, 그의 할아버지는 广东 镇平(현 梅州市 蕉岭县 사람임) 에서 태어나 서기 1887년 举人, 서기 1889년 己丑科同 进士로 工部主事 를 제수 받았다. 그는 특히 서기 1894년(清 光緒 20년) 甲午戰爭(日本은 日清戰爭, 朝鮮은 清日戰爭, 国际通稱은 第一次中日戰爭/First Sino-Japanese War임)의 패전으로 서기 1895년 4월 17일임) 〈馬关條約〉(清 光绪 21년 3월 23일, 日本 明治 28년 日本 山口县 赤間关市/현 山口县 下关市에 맺은 条约으로 原名은 〈马关新约〉이 체결되고 台湾과 彭島列 島(澎湖群島, 또는 澎湖列島)가 일본에 귀속되자 분개하여 抗日保台志 士로 활약하였다. 그는 京做官으로 台湾으로 돌아가 台湾 台中衡文书院 担任主讲으로 후일 台湾의 台南 및 嘉义에 教育新学을 교육하였다. 서 기 1895년 5월 23일 义勇军 统领으로 서기 1895년 가을 广东으로 와서 嘉应과 潮州에 머물면서 汕头 등지에서 教育을 하였다. 新学을 倡导하 고 康梁维新变法을 지지하면서 서기 1903년 兴民学堂 교장으로 초빙되 어 후일 广东教育总会会长을 맡았다. 그가 清 光绪 14년(서기 1888년)에 세운 汕头嶺東의 師範系 신식교육을 가르치던 同文學堂은 黃遵憲의 東 山中學, 東山書院, 桂嶺書院과 함께 광동성의 명문학교를 대표한다. 广 东 咨议局 副议长의 职务로 孙中山(서기 1866년 11월 12일-서기 1925 년 3월 12일)은 서기 1912년 1월 1일-서기 1912년 4월 1일 중화민국 초 대 대통령으로 취임, 서기 1912년 2월 12일-서기 1949년 10월 1일 中华 民国은 孫文→ 遠世凱→ 蔣介石으로 이어짐)의 民主革命에 투신하여 同 盟会 등 革命党人으로 潮州人 许雪秋가 꾸민 潮州黄冈起义 等革命活动 에 참여하였다. 中华民国 建国后 丘逢甲은 广东省 代表参加로 선임되어

孙中山 组织의 臨时政府에 가담하였다. 서기 1912년 元旦 肺病이 재발하여 서기 1912년 2월 25일 镇平县 淡定村에서 별세했는데 향년 48세였다. 台湾에서 그에 대한 紀念으로 逢甲大学을 설립하였다. 그의 詩文으로《柏庄诗草》와《嶺雲海日樓詩鈔》등이 있다. 현재 梅州市 蕉岭县 文福镇 淡定村(今逢甲村)에 있는 서기 2006년 中国国家重點文物保護單位로 지정되어 있는 丘逢甲故居인 围龙屋의 培遠堂과 그 앞에 洗墨池, 丘逢甲與孫文彫像이 있다. 서기 2016년 6월 中国 台湾은 美国에서 2척의 페리급 호위함을 구매해서 '铭传'과 '逢甲'으로 명명하여 清末 台湾을 巡抚하고 抗日에 앞장선 名将 丘逢甲을 紀念하였다. 그리고 培遠堂 안에 걸려 있는 편액의 '心泰平草庐'라는 내용은 그의 마음을 대변한다.

清末民初에 인도네시아(印度尼西亞)의 수도 자카르타(雅加達, 巴達維亞)와 수마트라 메단(Medan, 棉兰)을 중심으로 동남아 일대에서 활약하던 富商인 張榕軒(張煜南으로 改名, 서기 1851년–서기 1911년, 广东梅县의 가난한 농가에서 태어남), 그의 장인 張弼士(서기 1841년–서기 1916년)와 동생 張耀軒(서기 1861년–서기 1921년)의 客家人 張氏三杰은 饒芙裳(广东 梅县人, 서기 1856년 清 咸丰 6년생, 清舉人)과 많은 海外华僑들의 도움을 끌어내어 광동성 매주시의 다리(梅江橋), 도로, 학교와 張弼士故居에 五知堂(松口 围龙屋)을 건설하였다. 이뿐만 아니라 청 정부가 준비하던 武備學堂에 白銀 8万兩을 헌금하였다. 서기 1906년에 준공한 潮州⇄汕头의 潮汕鐵路와 서기 1936년에 개통한 광동성 广州⇄호북성 武汉을 잇는 奧汉鐵路에 막대한 자금을 투자하였다. 서기 1903년 張榕軒은 光緒帝와 慈禧太后를 알현하고 蔭職인 4品 京堂候補를 제수 받고 花翎头品을 頂戴하였다. 그는 오늘날 중국에서 민간철로 건설의 선구자로 불린다.

세계 제2차대전 중 일본군이 침입하여 3년간 말라야, 사바, 사라와크(Sarawak), 싱가포르를 점령하였다. 종전 후 말레이시아는 서기 1957년 8월 31일 영국으로부터 독립하고 서기 1963년 9월 16일 영토를 확장하였다. 1963년 9월 16일 말라야 연방은 사바 주, 사라왁 주, 싱가포르와 연합하면서 말라야(Malaya)란 이름에 si를 추가해 말레이시아(Malaysia)가 되었다. 그러나 싱가포르는 서기 1965년 말레이시아 연방에서 탈퇴하였다. 그리고 서기 15세기 말−서기 16세기 싱가폴, 말레이시아 전역에 중국 본토에서 온 남성 노동자와 말레이 원주민 여자 사이에 생긴 후손들과 그들의 문화를 페라나칸[Peranakan, 峇峇娘惹/土生华人/ethnic Chinese populations of the British Straits Settlements]이나 바바뇨냐(Baba−Nyonya)로 부른다. 이들은 누산타라 群島의 전통문화(Nusantara customs)를 받아들인 화란과 영국이 통치하던 식민지시대의 말레이시아, 쟈바와 기타 군도에 살던 明나라 때 福建省으로부터 이주한 중국인들의 후손들이며 바바는 남성을 뇨냐는 여성을 의미한다. 이는 서기 1521년 이후 스페인계 백인과 원주민 인디언들과의 혼혈은 메스티조(mestizo), 스페인계 백인과 사탕수수 재배용 노예로 데리고 온 흑인과의 혼혈은 뮬라토(mulatto)라 불리고 있는 것과 같은 양상이다.

20 茶馬古道·鹽馬古道

① 茶馬古道는 티베트의 瀾滄江 소금계곡의 鹽井(옌징, 현재 西藏 昌都地区 芒康県 納西民族乡 上鹽井村의 納西族이 운영)에서 나오는 紅鹽과 白鹽, 四川과 云南省 普洱市의 普洱茶·康磚茶를 포함한 교역 루트의 시작으로 보는 古鎮(湖南省 臨湘市 聶市鎮, 磚茶의 黑茶가 만들어짐)을 시작으로 하여→ 湖南省 安化→ 云南省 易武→ 普洱→ 巍山(馬房老家→ 永平→ 大理市 洱源県 風羽鎮→ 미얀마/緬甸−아프카니스탄/阿富汗→ 인도/印度)→ 大理→ 喜洲→ 牛街→ 沙溪→ 麗江市 束河古鎮(木府/土司, 木氏家族, 納西族)→ 香格里拉의 獨克宗(현재 지진과 화재로 파괴된 건물들을 복구 중임)→ 青藏高原邊方 또는 西藏 昌都地区 芒康県 鹽井村→ 拉薩)→ 德欽→ 인도 라다크/印度 拉達克→ 부탄(不丹)→ 네팔(尼泊尔)들을 경유하고 있다. 이 茶馬古道는 동아시아 貿易路의 중앙에 위치하여 무역을 바탕으로 번성하였다.

여기에는 西藏 阿里地区의 해발 4,500m의 札達(치다. 托林) 근처 扎布讓(차파랑, 阿里土林)에 위치한 구거 왕국 또는 구게왕국(Guge, 古格王国, 藏区王国)이 중심이 되고 있다. 구거 왕국은 서기 10세기경−서기 1635년 사이에 존재하였다. 서기 838년 吐蕃王朝 末

정변이 나고 서기 843년 贊普(왕) 朗达玛가 僧人에 의해 살해된 후 吐蕃王朝가 붕괴되고 朗达玛의 아들인 维松과 云丹이 왕위쟁탈을 벌렸으나 维松의 아들 贝考贊이 노예폭동으로 죽고 贝考贊의 아들 吉德尼玛衮이 대세가 기운 것을 알고 阿里地区로 도망 와서 현지에서 아내를 맞아 나라를 세웠다. 吉德尼玛衮의 사후 王国은 三分되었는데 长子 日巴衮은 西面의 麻域(拉达克 일대), 二子인 扎什德衮은 东南部의 布让(今 普兰县), 三子인 德祖衮(데쥬콘)은 象雄(今 扎达县)을 통치하였는데 이후 이를 古格王朝라 한다. 이 왕조는 维松→ 贝考贊→ 吉德尼玛衮→ 1대 德尊贡→ 2대 松额(송례, 라마마 에세외)→ 3대 柯热→ 4대 拉德(라데)→ 5대 沃德(위데)→ 6대 则德→ 7대 巴德→ 8대 纳格德(以上 阿里王统世系)→ 8대 亚隆觉阿世系의 扎西孜巴贝→ 9대 扎西孜巴贝→ 10대 赤穹→ 11대 俞坚→ 12대 索朗伦珠.扎西衮→ 13대 吉旦旺久→ 14대 扎西贡→ 15대 赤扎巴扎西→ 16대 죠닥포(赤扎西扎巴德) 왕으로 이어진다. 서기 1042년 구거 왕국으로 초대받은 印度高僧 디팡가라 아띠샤(Atisha, 阿底峡, 서기 980년-서기 1054년, '上路弘法'으로 언급)로 인도에서 사라진 밀교의 전래를 통해 이곳 구거 왕국에서 다시 불교의 중흥을 이룬다. 扎布讓(차파랑)에 위치한 구거 왕국의 遺蹟은 18万㎡로 서기 1959년-서기 2001년 중국 당국에 의해서 여러 차례 조사되어 80층 마천루의 높이 위에 세워진 궁전[殿堂 2间 및 地下暗道 2条(상, 중, 하 3층으로 나누어진 宮殿]과 議事庁을 비롯한 房屋洞窟 300여 개의 방과 佛塔(高 10여 m) 3座, 寺庙 4座, 1,000여 개의 동굴을 四通八達로 이어지는 여러 비밀스런 暗道, 요새와 같은 성채, 미라화 한 머리 없는 시체를 매장한 동굴(400여 구가 발견됨; 마지막 왕인 조닥포와 왕족 그리고 귀족들의 일가족의 무덤으로 여겨짐), 각종 무기와 갑옷이 저장된 兵器

庫, 스투레지 강(札达象泉河, 藏语로는 朗欽藏布, 象泉河, Xianqua-nhe river)의 물을 끌어들여 식수를 해결하고 저장한 水庫와 식량창고의 흔적, 古岩畵, 壁畵, 彩畵와 塑造 등이 확인되었다. 古格王国은 스투레지 강가 금광에서 나오는 풍부한 砂金, 소금과 羊毛제품(洋絨)으로 네팔-인도를 잇는 누브라 계곡을 중심으로 교역을 하였다.

또 汉源茶馬古道는 四川省 雅安市 汉源県에 위치하며 文物遺蹟들의 年代測定으로 汉에서 清에 이르며 서기 2012년 7월 16일 第八批四川省文物保護單位로 공포되었다. 汉源県 경내에는 현재 3개소의 古道遺蹟, 1개소의 古城址, 1개소의 近現代重要史跡 및 代表建築, 1개소의 古建築이 있어 茶馬古道는 茶馬古道 羊圈門段, 茶馬古道 飛越嶺段, 清溪故城遺址, 護国橋, 孚和店의 九折坂段으로 분류된다. 汉源段 茶馬古道는 川藏茶馬古道의 '大路'에 속하며 榮經県 鳳儀堡에서 시작하여 大相嶺 아래 草鞋坪에서 汉源県으로 들어간다. 羊圈門은 清溪古城을 경유하여 西門으로 나가 西經富莊, 宜東, 三交城으로 꺾여지고 다시 攀飛越嶺으로 가 甘孜州 瀘定県 達康定으로 진입하게 되며, 길이는 약 77.5㎞나 된다. 清溪羊圈門段은 비교적 완전하게 남아있다. 九折坂段 중 飛越嶺段, 羊圈門段 茶馬古道는 秦·汉시기의 西昌, 雲南을 나가 미얀마(버마, 緬甸, 乘象国)로 이어진다. 길도 폭 2m이지만 산과 하천, 다리로 계속 이어져 역사 기록에는 "王陽回車, 王尊叱馭"으로 기술되고 있다. 羊岑鋪는 滇藏茶馬古道에서 미얀마에 이르는 분기점으로 滇西 五大古鹽井이 있는 怒夷古道의 중요한 驛站이다. 五大古鹽井을 지나 老君山을 통과하면 티베트(西藏)에 진입하게 된다. 九折坂段 古道는 汉·唐이래의 犛牛道(또는 稱靈关道, 清溪道)-清溪-富林-西昌-雲南으로 이어짐과 동시에 秦·汉의 清嘉道-清溪-九襄-皇木-峨眉-樂山으로 이어진다. 樂山의 食鹽은 이 길을 따라 淸溪-藏区로 보급된다. 이 길은 소금의 운반을 위주로 하기 때문에 '鹽道'로 불린다. 汉源茶馬古道는 古代中国西南交通의 변천, 문화교류, 변방의 경계와 방위, 경제를 연구하는데 중요하다.

지금부터 2억 년 전의 四川盆地는 현재의 中東死海의 古鹽海와 같은 곳으로 이끼류(蕨類植物, moss plant)과 紅木, 紅杉木, 등이 井研馬門溪龙을 만들게 된 것이다. 사천분지는 中生代 주라기(侏羅紀, Jurassic) 地層이 뚜렷하여 속설과 같이 '四川恐龙多, 井研是個窩'의 井研이 四川盆地의 西南部에 많이 분포되어있는 이유이기도 하다.

② 鹽馬之道는 自貢-井鹽-叙永-納溪, 仁懷-簒江, 云山关-涪陵-叙永을 포함하는 四川에서 滇黔까지 소금을 보급하였던 四川省 내 四個口岸을 말하며 여기에는 鹽馬古道인 叙永 大石乡 赤水鎭의 험난하고 좁은 소금상이 다니던 길도 포함한다. 川南의 井鹽馬幫은 南絲綢之路의 鹽馬古道를 지난다. 鹽井은 禮县 鹽官鎭에서 천여 년 전부터 내려오는 鹽官의 대표적 상징으로 鹽井의 井口는 直徑 4m 정도이다. 《天工開物》에 기재되어 있는 井口는 모두 같지 않으나 우물 깊이는 약 15m, 井壁은 光滑하고 물이 차 밖으로 흘러내리며 井口 주위에는 네모지게 잘 깎은 돌로 울타리를 만들었다. 井水는 염분의 함유량이 매우 높으며 灰色이며 매우 짰다(甚鹹). 井口에는 '井' 字形의 木框을 덮었다. 이 길에는 光緒 元年(서기 1875년, 서기 1871년 8월 14일-서기 1908년 11월 14일)에 세운 길 안내용 指路碑가 있다. 그 길의 중심은 鹽土産地区인 叙永으로 四川省의 川南인 泸州市 叙永县 鹽店街에 청나라 말 山西, 陝西省 등의 소금상이 모금을 하여 공동으로 지은 4,500㎡ 넓이의 면적에 2,500㎡ 면적의 西帮會館인 春秋祠(志存春秋)가 들어서 있다. 이곳에는 鹽業으로 많은 돈을 번 甲富와

大商이 살고 있었다고 한다. 이 건물은 国家級全国重點文物保護單位로 지정되어 있다. 이곳의 主殿은 山西省 출신의 財神인 关羽像(帝关羽)을 모시고 있다. 그러나 그의 모습은 전통적이 关羽의 모습이 아니라 女眞族을 통일해 後金(万历 44년, 서기 1616년, '大金', 后金大汗, 연호는 天命)을 세운 누르하치(愛新覺羅, 努爾哈赤, 努尔哈赤, 淸太祖, 太淸 Nurhaci/Nurgaqi 서기 1559년 2월 21일-서기 1626년 9월 30일. 서기 1616년-서기 1626년 재위)의 모습을 나타내고 있다.

이 건물은 청나라 宮廷式 건물양식으로 지어진 九鳳枋으로 四개의 封閉式四合院이며 鬼斧神工이 조각한 神鳥鳳凰, 百鳥梅花窓과 双橋夜月과 같은 永宁八景이 조각되어 있는 청나라 말기 목조예술의 진수를 보여준다. 지붕 위의 鴟尾를 여러 유리 장식품들은 江西省 景德鎭窯에서 만들어 온 것이다. 비롯한 四川叙永石彫木刻藝術博物館에 전시되어 있는 樓雕人物古事香爐, 关羽像이나 여러 목각 제품은 이곳이 목조예술이 번성했음을 알려준다. 光緒 6년(서기 1880년) 四川總督으로 부임한 丁寶楨(서기 1820년-서기 1886년)이 13家大鹽商, 50鹽幇, 1,000여 명의 鹽商들에게 부탁하여 소금상의 회관인 春秋祠를 짓도록 하였다. 春秋란 말은 关羽가 春秋를 즐겨 읽었다는 고사에서 따온 것이다. 그리고 鬼斧神工은 西太后(慈禧太后, 서기 1835년 11월 29일-서기 1908년 11월 15일)의 60세 壽辰 때 頤和园의 修建을 담당했었지만 범법자가 되어 전국을 떠돌아다니던 刘泗喜일 가능성이 많다. 이곳 叙永県 三滇黔(苗语川黔滇方言 또는 西部方言)은 云南, 貴州, 四川省의 三省交界로 닭이 울면 들릴 정도로 가깝다는 의미의 鷄鳴三省이라고도 한다. 청나라 말 鎭鹽制度가 확립되어 光緒 10년(서기 1884년)에서 光緒 23년(서기 1897년)까지 13년간 거두어들인 소금세(일인당 四錢 銀子)만 銀子 35만량이었다고 한다. 春秋 祠에는 400斤(一斤은 500g)을 나타내는 秤砣石刻과 '西南聯大' 文字 碑가 있다. '西南聯大'는 서기 1937년 7월 7일 일본이 중국의 北京 중 심가에서 15㎞ 떨어진 卢沟桥를 공격해 中日戰爭이 시작된 후 북경 의 北京大, 清华大와 南開大學校가 云南省 昆明市로 옮겨 만든 연합 대학인 西南聯大의 분교가 이곳 叙永 春秋祠 안에 있었고 당시 학생 은 5-600명으로 여학생도 100여 명이 되었다고 한다. 叙永에 대해서 는 당시 '西南聯大'의 교수였던 朱自清이 서기 1940년대에 쓴《致朱光 潛信》에 잘 나타나 있으며 그는 叙永八景 중의 하나인 叙永의 永宁祠 廟와 永宁河에 걸려 있는 蓬萊와 永和橋에 대해서도 기술하고 있다.

四川省 重庆市 石柱土家族自治县의 西沱古镇은 长江(揚子江)南 岸에 위치하며 그곳 石宝寨에서 隔江으로 서로 바라볼 수 있었다. 石宝寨는 重庆市 忠县 石寶鎮 玉印山에 위치하며(長江)의 三峽댐으 로 인해 수몰위기에 처했으나 제방을 쌓아 보호되었다. 清 康熙(서기 1662년-서기 1722년)-乾隆帝(서기 1736년-서기 1795년) 때의 건물 로 서기 17세기 초에 처음 지어진 목조사원이다. 이곳은 옛부터 西沱 古镇은 长江上游의 수심이 깊은 主要한 物资集散地의 역할을 하던 码头(부두)였다. 西沱古镇의 역사는 유구하여 新石器时代부터 사람 이 살고 있었고 土家族의 先人은 일찍이 이곳에서 생활의 터전을 잡 아 왔다. 域内에서는 商·周时期의 유적, 秦·汉时期에는 西沱의 강 변에 镇을 설치해 지금까지 이어져 내려왔다. 이곳은 唐·宋이래 소 금의 운반과 관련된 '巴盐销楚'로 '巴盐古道'를 형성하였다.

《四川省地名錄叢書之六十三·四川省井研県地名錄》에 소금의 생 산과 지어진 이름에 대해 기재 되어 있다. 井研県 내에는 56개소의 鹽井과 覆蓋井있는데 馬踏鎮 紅五月村의 大洪井은 滷水가 홍수처럼 흘러 얻은 지명이고 寶五乡의 四洪井는 염수가 4계절 홍수처럼 흘러 내린다는 연유로 붙여진 이름이고 王村鎭 皂角村의 天海井은 염수를 해수에 비유한 것에 기인한다. 四川省 乐山市 井研县은 千年의 鹽馬古道를 간직하고 있어 '千呼萬喚始出來'라고 한다. 井研의 우물은 매우 깊어 지금까지도 잘 傳承되고 있다. 鹽滷産量의 命名은 鹽井의 形狀에 따라 붙여지는데 馬踏鎭 天华村의 黃桶井은 鹽井口가 黃桶과 비슷하고, 寶五乡의 鹽湾은 鹽井沖에서, 馬踏鎭의 老井壩는 壩는 坝(dam, 뚝, 堤防)에서, 千佛鎭 永裕村 木筒井溝은 卓筒井을 개량해 소금을 끓여 滷煮鹽을 얻은 데에서 이름 지어지고 있다. 井研은 소금이 많이 나오는 곳에서 비롯되며 乎陵州 知州 文同(서기 1018년-서기 1079년, 四川省 绵阳市 盐亭县人으로 著名画家 겸 诗人)이《奏為乞差京朝官知井研県事》에서 "伏見管內井研県, 去州治百里, 地勢深險, 最號僻陋"라 하고 鹽井 때문에 "在昔至為山中小邑"의 井研이 산간에 생겨난 것을 "於今已謂『要據索治』之處"라고 언급한 것은 그리 이상할 것이 없다.

③ 雲南지방에서는 소금이 많이 나지 않으나 大理地区에는 白井, 黑井, 雲龙 등 九井에 소금이 생산된다. 지금으로부터 4000년 전의 新石器時代 晚期에 儲鹵을 채굴하고 原始薪炭法으로 唐나라 때 티베트 버마족이 雲南지방에 세운 왕국인 南詔에서 우물을 파 鹵(소금로)를 솥에 끓여 소금을 만들고(用釜煎鹽) 黑井鹽을 南詔王室의 貢鹽으로 하였다. 元代에는 중앙정부에서 威楚路提領管을 세워 黑鹽井鹽運使司를 두었으나 黑井은 6개의 井口를 가진 鹽井에 불과했다. 明 洪武年에 黑井에 正五品 鹽課提舉司를 설립하고 운남성에 예속시켰다. 淸朝에서는 黑井鹽業이 성황을 이루고 鹽稅가 운남성 염세

의 64%에 달했다. 民国時期(서기 1911년 辛亥革命-서기 1912년 1월 1일 中华民国南京臨時政府成立-서기 1949년 10월 1일 中华人民共和国 新中国성립 이전)에는 黑井에 務公署를 설치하였으나 교통의 발달로 인해 옛날과 같은 鹽都로서의 부의 축적이 이루어지지 않고 衰落의 길을 걸었다.

④ 台湾 섬 북서부에 위치한 銅鑼乡 九湖村과 通霄鎮 南和里에 위치한 苗栗县(먀오리 현)乡道는 清朝 道光 年间(서기 1782년 9월 16일-서기 1850년 2월 26일)에 수축한 官道로 연접하는 苑裡, 通霄, 銅鑼 사이 通霄(苗栗県 通霄鎮에서 虎头山의 '虎头崁古道'와 通霄鎮 城南里 三鄰 부근의 「鹽館埔」을 지난다)에서 나오는 바다소금을 銅鑼에 운반하는 挑鹽古道를 칭한다. 매번 비올 때마다 黃土와 빗물로 길이 험난했고 산에서 토사가 밀려 내려와 조금이라도 걸어가기 힘들었던 지역이었다. 清 同治 4년(서기 1865년) 지방의 후원자들이 돈을 모아 인사들이 자갈을 깔아 道長 1,237개의 구불구불한 계단 길을 만들었으나 彎曲으로 인해 '彎鉤', '彎鉤崎'으로 불렸다. 천여 ㎞의 계단과 산림 사이를 뚫고 가는 숲이 무성한 길로 한번 지나갈려면 생기가 넘쳤다. 挑鹽古道는 通霄鎮 南和里에서 銅鑼乡 九湖村까지이며 이 길은 上·下의 兩段으로 나누어진다. 下段入口는 通霄鎮을 지나 銅鑼乡 사이의 苗 38線 4.5㎞를 지나 全長 약 300㎞, 苗 38線 5.5㎞의 곳을 지나오면 다시 100여 ㎞에 '挑鹽古道'의 上半段에 이른다. 全長 약 700㎞이다. 이외에 飛牛牧場 역시 古道入口로서 통과 할 수 있다. 油桐의 큰길은 숲 사이의 길로 一段種著 茄苳神木群이 있는 步道로 수목이 울창하다. 全長 약 1㎞ 안에 평탄한 길이 이어져 30분 정도면 통과할 수 있다.

21 中国 四大名樓

中国 10대 名楼는 ① 湖北 武汉 黄鹤楼, ② 湖南 岳阳 岳阳楼, ③ 江西 南昌 滕王阁, ④ 山西 永济 鹳雀楼, ⑤ 山东 烟台 蓬莱阁, ⑥ 云南 昆明 大观楼, ⑦ 江苏 南京 阅江楼, ⑧ 湖南 长沙 天心阁, ⑨ 陕西 西安 钟鼓楼, ⑩ 浙江 宁波 天一阁이며 이 중 四大名樓는 黄鶴樓, 岳陽樓, 滕王閣, 鹳雀樓 혹은 鹳雀樓 대신 蓬莱阁 혹은 大觀樓를 들기도 한다.

① 黄鹤楼는 中国 湖北省 武汉市 武昌 蛇山上에 위치하며 江南 四大名楼의 하나이며 동시 中国国家旅游胜地 四十佳 중의 하나이다. 《元和郡县图志》에 기재된 바와 같이 孙权이 처음 夏口에 故城을 짓고 "城西临大江, 江南角因矶为楼, 名黄鹤楼"라는 군사적 목적으로 지어졌는데 《极恩录》에 기재된 것은 辛氏가 酒店으로 개설했다 한다. 唐 永泰 元年(서기 765년) 黄鹤楼는 이미 規模를 갖추고 兵火가 끊임없이 일어났다. 明清两代에 피해가 7번이었으며 重修가 10次나 되었다. '国运昌则楼运盛' 최후의 건물은 同治 7년(서기 1868년)에 이루어졌으며 또 光绪 10년(서기 1884년에 허물어졌

다. 现在 남아 있는 清代 黄鹤楼가 훼손되고 남은 것은 黄鹤楼 铜铸의 楼顶뿐이다. 黄鹤楼는 北宋에서 서기 1950연대까지 道教의 名山圣地로 吕洞宾이 传道, 修行, 教化의 道场으로《道藏·历世真仙体道通鉴》에는 "吕祖以五月二十日登黄鹤楼, 午刻升天而去. 故留成仙圣迹"라 하고《全真晚坛课功经》에는 "黄鹤楼头留圣迹"라 되어 있다. 黄鹤楼는 모두 5层, 높이 50.4m로 三国时代 吴 黄武 2년(서기 223년)에 처음 지어져 지금으로부터 1,780여 년의 역사를 가지고 있다.

이곳에는 여러 시인의 글이 남아있다.

崔颢(서기 704년-서기 754년, 汴州/현 河南 开封市人, 唐代诗人)의
　《黄鹤楼》
　　昔人已乘黄鶴去, 此地空餘黃鶴樓.
　　黃鶴一去不復返, 白雲千載空悠悠.
　　晴川歷歷漢陽樹, 芳草萋萋鸚鵡洲.
　　日暮鄉关何處是? 煙波江上使人愁.
　　(옛사람 황학을 타고 날아가 버리고, 이곳엔 황학루만 남았구나.
　　황학은 한번가고 돌아오지 않으니, 흰구름만 천 년을 멀리 떠가네.
　　한양수는 날갠 시냇가에서 빛나고, 앵무 섬에는 방초 가득하구나.
　　날 저무는데 고향은 어디인가, 안개 피어나는 강 위에 수심 잠기네,
　　위키백과, 우리 모두의 백과사전에서 引用).

李白(서기 701년-서기 762년, 字 太白, 号 青莲居士, 甘肃省 天水市 秦安县人, 唐代诗人)의《黄鹤楼送孟浩然之广陵》
　　故人西辞黄鹤楼,

烟花三月下扬州.

孤帆远影碧空尽,

唯见长江天际流.

(정든 친구 황학루를 작별하고 서쪽으로 가는데

춘삼월 연기처럼 자욱한 꽃길 따라 양주로 내려가네

외로운 돛단배 멀리 푸른 하늘 속으로 사라지고

오직 하늘 끝까지 흐르는 장강물만 보이네, 고시조, 한시-黃鶴樓(황학

루)-이백-문학으로 가는 길, nownforever.co.kr/xe/?mid=poem4&

document_srl=14060&order_type=desc에서 引用)

② 岳阳楼는 中国 湖南省 岳阳市 高踞 岳阳古城 西门 위에 위
치하며, 아래로는 洞庭湖에 임하고 있다. 앞으로는 君山, 북으로
는 长江(揚子江)에 의지하는데 湖北 武昌 黄鹤楼, 江西 南昌滕王阁
과 함께 '江南三大名楼'(또는 江南四大名楼)로 서기 1988년 1월 国
务院确定为全国重点文物保护单位로 지정되었다. '洞庭天下水, 岳
阳天下楼'의 찬사를 듣고 있으며 国家5A级景区이다. 岳阳楼는 처
음 东汉 建安 20년(서기 215년) 孙权과 刘备와의 전쟁에서 이기고
荆州를 쟁탈하고 난 후 서기 220년 전후 三国時期 东吴 大将 鲁肃
이 전략의 요충지 巴丘에 주둔하여 수군을 훈련시키고 만든 望樓가
'阅军楼'이다. 两晋, 南北朝时期에 阅军楼는 巴陵城楼로 개칭되
었으며 南朝诗人 颜延之《登巴陵城楼》의 诗 즉 "清氛霁岳阳, 曾晖
薄澜澳"에서 岳阳이란 말이 나온다. 서기 716년 唐 岳州 太守 張說
이 이곳을 수리하여 다시 세우면서 악양루라 이름을 붙였다.

李白《與夏十二登岳陽樓》

　　樓觀岳陽盡

　　川迥洞庭開

　　雁引愁心去

　　山銜好月來

　　雲間連下榻

　　天上接行杯

　　醉後凉風起

　　吹人舞袖回

　(악양루에서 악양이 다보이네

　시내는 멀고 동정호가 펼쳐지네

　기러기는 시름을 가져가 날아가고

　산들도 좋고 달도 떠오르네

　구름 사이에 숙소 정해 머물고

　하늘 위에서 술잔 돌려 마시네

　취하니 서늘한 바람 불어 휘돌아

　춤추는 사람 소매깃을 휘도네, 위키백과, 우리 모두의 백과사전에서

　引用)

　　이후 처음으로 '岳阳楼'로 칭하게 되었다. 그 당시의 巴陵城은
이미 岳阳城으로 개명되었고 巴陵城楼 역시 岳阳楼로 따라 부르
게 되었다. 그 후 무수한 文人墨客들이 이곳에 올라 洞庭湖의 湖
光山色을 감상하고 난간에 기대어 많은 시를 써 남겼다. 岳阳楼는
청나라 光緖 6년(서기 1880년) 중수한 높이 20m의 3층 목조 건물
이지만 江南三大名楼 중 유일하게 원형의 모습을 간직한 곳이다.

唐 开元 4년(서기 716년) 中书令 张说(서기 667년-서기 730년) 岳州에 좌천되어 이곳에 올라 시를 썼고 그 이후 张九龄, 孟浩然, 贾至, 李白, 杜甫, 韩愈, 刘禹锡, 白居易, 李商隐 등의 시인들이 이곳에 운집하여 많은 시를 남겼다. 그중에도 杜甫의 《登岳阳楼》가 유명하다.

> 昔闻洞庭水, 今上岳阳楼.
> 吴楚东南坼, 乾坤日夜浮.
> 亲朋无一字, 老病有孤舟.
> 戎马关山北, 凭轩涕泗流
> (오랜 전에 동정호에 대하여 들었건만
> 이제야 악양루에 오르게 되었네
> 오와 초는 동쪽 남쪽 갈라 서 있고
> 하늘과 땅이 밤낮 물 위에 떠 있네
> 친한 친구에게조차 편지 한 장 없고
> 늙어가며 가진 것은 외로운 배 한 척
> 싸움터의 말이 아직 북쪽에 있어 난간에 기대어 눈물만 흘리네,
> 위키백과, 우리 모두의 백과사전에서 引用)

北宋의 范仲淹(서기 989년 10월 1일-서기 1052년 6月월 19일)도 《岳阳楼记》에서 "迁客骚人 多会于此"란 글을 남겼다. 그의 《岳阳楼记》는 岳阳楼重修记로 北宋 仁宗 庆曆 4년(서기 1044년) 때 滕子京이 좌천당해 岳州로 와서 부임한지 일 년이 되는 庆曆 5년(서기 1045년) 岳陽樓를 중수하기를 기다려 쓴 글이다. 이곳으로 좌천당한 친구 滕子京을 위로한 말 "不以物喜, 不以己悲, 先天

下之憂而憂, 後天下之樂而樂"(천하의 근심을 앞서 근심하고 천하
의 즐거움을 뒤에 즐긴다)이 잘 알려져 있다. 還请 尹洙의 《岳州学
记》, 欧阳修의 《偃虹堤记》 이외에도 宋·元·明·清의 많은 佳作이
남아 있다.

③ 滕王阁은 江南三大名楼의 하나로 中国 江西省 南昌市 西北
赣江의 东岸에 위치한다. 누각은 唐高祖 李渊의 아들인 李元婴이
唐朝 永徽 4년(서기 653년)에 처음 짓기 시작하여 20년 후에 완공을
보았다. 기록에 의하면 李元婴은 永徽 3년(서기 652년)에 苏州刺史
에 부임하고 洪州都督으로 옮겨 이 등왕각을 세워 이곳에 따로 살
았다고 한다. 李元婴의 封号가 '滕王'으로 이 건물도 滕王阁이 되었
다. 20년 후 당시 洪州都督 阎公이 수 차례 重修하고 준공 후 阎公
은 文人雅士를 모아 글을 짓게 하였다. 그때 이곳을 지나던 王勃(서
기 649/650년-서기 676년)이 《滕王阁序》를 지었다. 이러한 연유로
滕王阁의 이름이 사해에 떨쳤다. 韓愈는 《新修滕王閣記》 중 "愈少
時則聞江南多臨觀之美, 而滕王閣獨為第一, 有'瑰偉絕特'之稱"이라
하였고 清代詩人 尚鎔은 《憶滕王閣》 詩에서 "天下好山水, 必有樓台
收. 山水與樓台, 又須文字留"라 칭찬하였다. 宋, 元, 明, 清에 이르
기까지 滕王阁은 여러 번 세워졌다가 없어졌는데 唐代 五次, 宋代 1
次, 元代 2次, 明代 7次, 清代 13次의 무려 28차의 중수를 거쳤다고
한다. 건축의 외형도 따라서 변하였는데 上元 2년(서기 675년) 洪州
都督 阎公이 重修하고, 王勃이 이를 기술했는데 《秋日登洪府滕王
阁饯别序》에 贞元 6년(서기 790년)과 元和 15년(서기 820년), 御史
中丞洪都观察使 王仲舒가 두 차례 중수 했다고 韓愈의 《重修滕王阁
记》에 나와 있다. 宣宗 大中 2년(서기 848년) 여름 滕王阁이 화재로

불타버리고 江西观察使 纥干가 重建하여 그 해 8월 준공하였다고
한다.

宋朝 大觀 2년(서기 1108년) 江西洪州知府 范坦重이 滕王閣을
세우고 丞相 范致虚가 《重建滕王阁记》에서 말하기를 滕王阁은 "崇
三十有八尺, 广旧基四十尺, 增高十之一. 南北因城以为庑, 夹以二
亭: 南溯大江之雄曰 '压江', 北擅西山之秀曰 '挹翠'라 하였고", 元代
姚遂은 《新修滕王阁记》에서 宋阁 "其基城为阁……大抵非唐屋矣"라
고 언급하고 있다. 元代에 滕王阁은 전란에 파괴되었으나 심하지 않
아 至元 31년(서기 1294년) 滕王阁의 第一次重修를 하였는데 阁의
高는 五丈六尺이었다. 元统 2년(서기 1334년) 江南行台御史大夫 塔
夫帖木儿이 滕王阁에 올라 重修를 명령해 서기 1335년 7월에 준공
을 하였다.

明代 洪武 初年(서기 1368년) 朱元璋이 陈友谅을 격파하고 滕王
阁에 올라 文武群臣에 향연을 베풀었다. 正统 初年(서기 1436년) 江
西布政使 吴润이 重建하고 이름을 '迎恩馆'으로 고쳤다. 景泰 3년
(서기 1452년) 都御史 韩雍이 江西를 巡抚할 때 重建하였는데 "堂
高逾二十尺, 而楼又逾其半, 宏深富丽, ……"이라 하였다. 成化 2년
(서기 1466년) 布政使 翁世资가 重建하면서 '西江第一楼'라 하였는
데 그해 10월에 落成하였다. 工部尚书 谢一夔가 《重修滕王阁记》를
지었다. 明 武宗 正德 14년(서기 1519년) 滕王阁이 宁王朱가 南昌에
서 반란(宸濠兵乱)을 일으켰을 때 불탔으나 都御史 陈洪谟가 重建
하여 서기 1520년 2월 落成을 하였다. 吏部尚书 罗钦顺 撰 《重建滕
王阁记》에 "阁凡七间, 高四十有二尺, 视旧有加"라 언급하였다. 万
历 27년(서기 1599년) 江西巡抚 王佐가 重修하였다. 万历 44년(서
기 1616년) 또 한 차례 화재가 나 江西左布政使 王在晋, 大中丞 王

佐发이 모금을 해 重建하고 王在晋 撰《重建滕王阁碑记》에, 捐款人이 "皆得列名于右"이라고 하였다. 崇祯 6년(서기 1633년) 江西巡抚 解石帆이 捐款하여 滕王阁을 重修하고 邹维琏이《重造滕王阁记》을 撰하였다.

清代 顺治 5년(서기 1648년) 清军이 南昌을 공격하여 滕王阁은 불타 없어져 버렸는데 11년(서기 1654년) 巡抚 蔡士英이 重建하였고 康熙 18년(서기 1679년) 滕王阁이 화재로 파손되고 安世鼎이 重建하였다. 康熙 24년(서기 1685년) 등왕각은 또 다시 화재를 입고 中丞 宋荦이 重建하였다. 康熙四 11년(서기 1702년) 화재로 불타고 江西巡抚 张志栋이 滕王阁을 중건 낙성하였다. 康熙帝가 무척 기뻐하여 董其昌의《滕王阁序》를 써 기증하였다. 康熙 45년(서기 1706년) 또 화재로 불타고 오직 '御碑亭'만 다행히 남았다. 巡抚 郎廷 极随即이 重建하였다. 雍正 9년(서기 1731년) 등왕각은 불에 타고 乾隆 元年(서기 1736년) 江西总督 赵宏恩, 巡抚 俞兆岳이 重建하였다. 乾隆 54년(서기 1789년) 江西巡撫 何裕成이 重建하였다. 嘉庆 年间에는 滕王阁은 수리를 하지 못하고 江西巡抚 秦承恩, 江西巡抚 先福이 重修하였다. 道光 27년(서기 1847년) 화재를 입어 오래 동안 수리를 못하다가 道光 28년(서기 1848년) 江西巡抚 傅绳勋이 重建하고 咸丰 3년(서기 1853년) 4월 太平天国 翼王 石达开가 명을 받아 安庆, 赖汉英, 胡以晃이 군대를 이끌고 南昌을 공격하고 3개월 간 성을 포위하여 清军 安徽巡抚 江忠源이 南昌을 수비하고 把總 李光宽이 太平军에 죽었다. 滕王阁은 완전히 불타 잿더미가 되었다. 同治 11년(서기 1872년) 江西巡抚 刘坤一이 돈을 모아 重建하였다. 光绪 말년(서기 1908년) 등왕각이 화재로 소실되고 宣统 元年(서기 1909년) 重建되었다. 이때 清정부는 內憂外患으로 곤

경을 겪고 있어 등왕각의 복원규모는 예전만 못하였다. 서기 1926년 군벌의 난전으로 등왕각은 다시 불타버리고 贛軍师长 岳思寅이 명령을 내려 南昌城外를 모두 태워 3일간 지속되어 초토화 되었다. 현재의 건물은 현재의 건물은 서기 1985년 梁思成의《重建滕王閣計劃草图》으로 重建이 되고 서기 1989년 10월 8일 낙성되었다. 이는 南昌市를 대표하는 건물의 하나로 宋朝의 건축양식으로 높이 57.5m, 9층으로 宋朝楼阁 '明三暗七'의 格式을 채용하였다. 면적은 13,000㎡이다.

王勃(서기 650년–서기 677년, 字 子安)의《滕王閣》
　　滕王高閣臨江渚, 珮玉鳴鸞罷歌舞.
　　畫棟朝飛南浦雲, 珠簾暮捲西山雨.
　　閑雲潭影日悠悠, 物換星移幾度秋.
　　閣中帝子今何在? 檻外長江空自流.
　　(등왕이 세운 높은 누각 漳江 기슭에 우뚝한 대, 패옥소리 말방울
　　소리 가무조차 사라졌네
　　아침엔 남포의 구름이 채색 기둥으로 흘러갔고, 저녁엔 주렴 걷어
　　서산의 비를 보네.
　　한가한 구름과 연못 그림자 예나 悠悠한대, 사물과 계절 바뀌어 얼마
　　나 많은 세월 흘렀나
　　누각의 왕자는 지금 어디에 계시나! 난간 밖에는 긴 강이 부질없
　　이 밤낮 흐르네, 고시조, 한시–滕王閣(등왕각)–王勃(왕발)–문학으
　　로 가는 길, nownforever.co.kr/xe/?mid=poem4&document_
　　srl=13665&order_type=desc에서 引用)

蘇轍(서기 1039년-서기 1112년, 字 子由, 一字 同叔, 晚年自號潁濱遺老, 眉州眉山/현 今四川 眉山市人)의《滕王閣》도 있다. 본문은 다음과 같다.

客從筠溪來, 敲仄困一葉.

忽逢章貢餘, 滉蕩天水接.

風霜出洲渚, 草木見毫末.

勢奔西山浮, 聲動古城堞.

樓觀却相倚, 山川互開闔.

心驚魚龙會, 目送鳧雁滅.

遙瞻客帆久, 更悟江流闊.

史君東魯儒, 府有徐孺榻.

高談對賓旅, 確論精到骨.

餘思屬湖山, 登臨寄遺堞.

驕王應笑滕, 狂客亦憐勃.

萬錢罄一飯, 千金賣丰碣.

豪風相淩蕩, 俳語終倉猝.

事往空長江, 人來逐飛楫.

短篇竟蕪陋, 絕景費彈壓.

但當倒罍瓶, 一醉付江月. (번역 생략)

④ 鸛雀楼는 中国의 유명한 古代楼阁의 하나로 黄鹤楼, 岳阳楼, 滕王阁와 함께 中国古代四大历史文化名楼이다. 그러나 四大名楼에는 鸛雀楼 대신 蓬莱阁으로 대체하여 이야기하기도 한다. 鸛雀楼는 山西省 蒲州(현 山西省 永济市 蒲州镇)에 위치하며 南北朝时代, 北周와 北齐가 이곳에서 군사적으로 对峙形势를 이루었는데 北周의 장군 宇文护가 방어를 위해 蒲州 西门 밖에 军事瞭望台의 목적으로

高楼 한 채를 지었다. 그런데 鹳이 항상 이 건물 위에 새집을 지어 "鹳雀楼"라 부르게 되었다. 이곳은 黃河를 내려다 볼 수 있어 역대의 허다한 문인들이 모여들었다. 沈括(서기 1031년-서기 1095년, 字 存中, 號 夢溪丈人, 中国北宋科学家)의《夢溪筆談》记에서 "河中府鹳雀楼唐人留诗者甚多, 唯李益, 王文奂, 畅诸三篇能状其景"이라 하였다. 鹳雀楼는 元代 初에 战火로 타버렸고, 明代以后 黃河가 물줄기를 바꾸어 鹳雀楼의 원위치를 찾으려고 노력했으나 힘들었다. 단지 王之焕의 诗句로 蒲州城 西门楼에 鹳雀楼가 위치했다는 것을 알게 되었다. 새로 지은 鹳雀樓는 嘉靖(서기 1522년-서기 1566년) 年间가 黃河의 물길이 바뀌고 홍수가 나서 허물어 졌다. 黃河는 揚子江(長江)과 메콩 강과 같이 靑海省 三江源에서 발원하여 靑海省, 甘肅省(兰州), 內蒙古自治区(包头), 陝西省, 河南省과 山東省을 관통해 흐르는 黃河(黃河의 지류인 渭河도 포함)는 서쪽의 陝西省 宜川县과 동쪽의 山西省 吉县 사이의 大峽谷인 壶口瀑布를 지나 函谷关(東, 하남성 靈寶県), 隴关(西), 武关(南, 섬서성 商県)과 蕭关(北) 사이의 关中平原을 비롯해 咸阳(秦)-西安(섬서성 長安, 前汉, 隋, 唐)-三門峽市-洛陽[하남성, 東周, 后汉, 魏, 西晉, 唐의 수도. 济源의 小浪底댐(Xiǎolàngdǐ)]-鄭州(하남성, 商 두 번째 도읍지)-開封(하남성, 전국시대의 魏, 北宋)-安阳(하남성, 殷墟)과 济南 등지를 지나 산동성 渤海湾 東營区 孤東과 友林村 사이의 현재 油田이 개발 중인 東营市 黃河口(서기 1853년 이후-현재까지의 하구임)로 빠져나간다. 기원전 2278년-기원전 602년, 기원전 602년-서기 11년, 서기 1048년-1194년, 서기 1194년-서기 1289년, 서기 1324년-서기 1853년, 서기 1939년-서기 1947년 등의 水路變更(改道)을 지칭할 정도로 하남성과 산동성 사이의 황하가 1,590회 정도 범

람하고 서기 1855년-서기 1899년 사이에 10회, 서기 1953년 이후
3회를 포함하여 적어도 수 십 회 이상 물줄기가 바뀌어 왔다. 특히
開封의 범람이 가장 심했으며 北宋 때 궁전 터가 현재의 明나라의
궁전(明 太祖 아들이 있던 朱王府) 밑 수 미터 아래에서 확인되는
것도 이러한 것을 입증해주는 한 예다. 서기 1997년 12월 鸛雀楼를
重建하고 서기 2002년 8월 落成하였다. 새로 지은 鸛雀楼는 唐代高
台楼阁을 모방하였고 楼高는 73.9m, 건축면적은 8,222㎡이다. 건
물비용으로 3,550万元이 들었고 楼中에는 王之涣(서기 688년-서기
742년 3월 25일, 字 季凌, 并州/山西 太原人, 盛唐時期의 詩人)의
青铜塑像이 없고, 一层에는 毛泽东의 手书인《登鸛雀楼》가 걸려 있
다. 毛泽东 생전에 이 시를 무척 좋아해 손으로 써 현재 6幅의 手稿
가 남아있다. 鸛雀楼에 관한 初唐诗人 王之涣의 脍炙되는《登鸛雀
楼》五絶詩는 세상에 잘 알려져 있다.《登鸛雀楼》는 "白日依山尽,
黃河入海流. 欲窮千里目, 更上一層楼"(해는 서산으로 지고 황하의
강물은 바다로 흘러간다. 천리 먼 곳을 보려한다면 한 층 더 높이
올라가야 하리)이다.

⑤ 蓬莱阁은 黄鹤楼, 岳阳楼, 滕王阁과 함께 "中国四大名楼"(또
는 黄鹤楼, 岳阳楼, 滕王阁, 鸛雀楼)이며 山东省 烟台市/蓬莱市 北
瀕海의 丹崖山上에 위치한다. 처음 北宋 嘉佑 6년(서기 1061년)에
지었다. 蓬莱阁景区에는 蓬莱阁, 天后宫, 龙五宫, 吕祖殿, 三清殿,
弥陀寺의 6개의 큰 건물들로 이루어졌으며 총 면적은 1.89万㎡이
다. 蓬莱阁의 처처에 문인들이 써놓은 시와 石刻들을 볼 수 있다.
이곳에서는 '人间仙境', '八仙过海', '海市蜃楼' 등의 여러 기이한 모
습도 볼 수 있다. 蓬莱阁은 역사적으로 여러 어려움을 겪어왔지만

古建筑群을 中軸으로 하여 꾸준히 발전해 왔다. 蓬萊水城과 天衡山을 양쪽 날개로 삼아 神仙文化, 精武文化, 港口文化, 海洋文化의 4개 文化를 바탕으로 山(丹崖山), 海(黃渤二海), 城(蓬萊水城), 閣(蓬萊閣)을 한 세트로 형성하고 그 주위에 登州博物館, 古船博物館, 田橫山, 合海亭 및 黃渤海分界 坐標 등 20여 개소의 경관도 아울러 갖추고 있다. 이는 自然风光, 历史名胜, 人文景观이 잘 어울려져 风景名胜区와 휴양지의 역할도 하고 있다. 蓬阁景区는 '全国重点文物保护单位', '国家重点风景名胜区', '全国创建文明行业先进单位', '全国五一劳动奖状', '全国旅游行业最佳诚信单位', '全国首批5A级旅游景区', '全国文明单位', '中国驰名商标', '山东省质量管理工作先进单位', '山东省服务标准化示范单位' 등의 여러 명칭도 지니고 있다. 이외에도 '全国青年文明号'와 '全国巾帼文明示范岗' 등의 영예도 갖고 있다. 蓬阁은 八仙过海, 海市蜃楼 등으로도 불린다.

⑥ 大觀樓는 云南 昆明市 近华浦 南面에 위치하는 三重檐 琉璃筒角木의 结构로 된 建筑物이다. 서기 1673년 12월 28일-서기 1681년 12월 8일 사이 平西王 吳三桂가 平西, 靖南(靖南王 耿精忠), 平南(平南王 尚可喜)의 三藩의 우두머리가 되어 청나라 康熙帝에 대해 일으킨 '三藩의 亂'이 康熙 20년(서기 1681년) 진압된 후 淸 康熙 29년(서기 1690년) 巡抚 王继文이 그곳 백성의 사기를 진작하기 위해 兴建하고 乾隆 年间 孙髯翁이 이를 위해 180자의 长联을 지어 "天下第一长联"이란 명칭을 갖게 되었는데 당시 名士 陆树堂이 글을 쓰고 새겼다. 毛泽东은 이를 "从古未有, 别创一格"이라 평가하였다. 大观楼는 长联으로 인해 黄鹤楼, 岳阳楼, 鹳雀楼와 함께 中国四大名楼로 불리기도 한다. 道光 8년(서기 1828년) 大观

楼를 三层으로 증수하였고 咸丰 3년(서기 1853년) 咸丰帝는 "拔浪千层"란 匾額을 만들어 하사하기도 하였다. 咸丰 7년(서기 1857년) 長联과 楼閣이 병란으로 타 없어져 同治 5년(서기 1866년) 중건하였다. 光緒 9년(서기 1883년) 再修, 光緒 14년(서기 1888년) 趙藩이 楷书로 長联을 새겨 넣었다. 大观楼는 서기 1983년 云南省重点文物保护单, 서기 2013년 全国重点文物保护单位로 지정되었다.

⑦ 阅江楼는 南京市 鼓楼区 下关 狮子山(원래는 戶龙山) 정상에 위치하며 扬子江을 마주한다. 이는 中国 10대文化名楼, 江西 南昌 滕王阁, 湖北 武汉 黄鹤楼, 湖南 岳阳 的岳阳楼와 함께 江南四大名楼의 하나로 新金陵 48景의 하나이며 '江南第一楼'로 칭한다. 阅江楼는 '喻阅江揽胜之意'로 楼高 52m, 外4层 暗3层의 모두 7층으로 碧瓦朱楹, 檐牙摩空, 朱帘凤飞, 彤扉彩盈로 선명한 古典的皇家의 기운이 엿보인다. 明 太祖 朱元璋은 起義軍 首領 陳友諒(서기 1320년-서기 1363년 10월 3일)의 40만 군에 맞서 應天府(남경)의 朱元璋의 8만 군이 서기 1363년 현 南京市 大胜关 근처의 '龙湾戰役' 결과 승리를 얻고 그에 따라 明나라 건설의 기반을 이루게 되었다. 그래서 이 전투를 기념하기 위해 朱元璋이 황제가 된 후 南京城 西北 狮子山에 一楼阁를 짓기를 명한 후 스스로《阅江楼记》와《又阅江楼记》를 撰하였다. 또 朝廷의 모든 文臣에게《阅江楼记》한편을 짓기를 명하였는데 그중 元末明初 著名 文学家 겸 大学士 宋濂이 쓴《阅江楼记》가 최고의 작품으로 뽑혀 후일 이들은《古文观止》12권에 실렸다. 이 건물은 南京과 中都凤阳의 城墙에 비용이 많이 들어 迁都하고, 또《又阅江楼记》에 기록된 '卽日慌俱 乃罷其工'의 기록과《明史》에 기재된 洪武 7년 2월 庚戌-甲寅(14일-18

일) 태양에 흑점이 나타나 '臣掩君主之象'의 凶兆 등의 이유로 朱元璋 스스로 건물을 중단할 것을 결정하였다. 그러나 서기 1997년 南京市政府에서 正式으로 阅江楼를 복원을 결정하고 서기 2001년 9월에 준공하였다.

宋濂의《阅江楼记》는 다음과 같다.

'金陵为帝王之州. 自六朝迄于南唐, 类皆偏据一方, 无以应山川之王气. 逮我皇帝定鼎于兹, 始足以当之. 由是, 声教所暨, 罔间朔南, 存神穆清, 与天同体. 虽一豫一游, 亦可为天下后世法. 京城之西北, 有狮子山, 自卢龙蜿蜒而来. 长江如虹贯, 蟠绕其下. 上以其地雄胜, 诏建楼于巅, 与民同游观之乐. 遂锡嘉名为 "阅江" 云. 登览之顷, 万象森列, 千载之秘, 一旦轩露. 岂非天造地设, 以俟大一统之君, 而开千万世之伟观者欤? 当风日清美, 法驾幸临, 升其崇椒, 凭阑遥瞩, 必悠然而动遐想. 见江汉之朝宗, 诸侯之述职, 城池之高深, 关阨之严固, 必曰: "此朕沐风栉雨, 战胜攻取之所致也." 中夏之广, 益思有以保之. 见波涛之浩荡, 风帆之下上, 番舶接迹而来庭, 蛮琛联肩而入贡, 必曰: "此朕德绥威服, 覃及外内之所及也." 四陲之远, 益思所以柔之. 见两岸之间, 四郊之上, 耕人有炙肤皲足之烦, 农女有将桑行馌之勤, 必曰: "此朕拔诸水火, 而登于衽席者也." 万方之民, 益思有以安之. 触类而推, 不一而足. 臣知斯楼之建, 皇上所以发舒精神, 因物兴感, 无不寓其致治之思, 奚此阅夫长江而已哉! 彼临春, 结绮, 非弗华矣; 齐云, 落星, 非不高矣. 不过乐管弦之淫响, 藏燕赵之艳姬. 一旋踵间, 而感慨系之. 臣不知其为何说也. 虽然, 长江发源岷山, 委蛇七千余里而始入海, 白涌碧翻,

六朝之时, 往往倚之为天堑. 今则南北一家, 视为安流, 无所事乎战
争矣. 然则, 果谁之力欤? 逢掖之士, 有登斯楼而阅斯江者, 当思帝
德如天, 荡荡难名, 与神禹疏凿之功, 同一罔极. 忠君报上之心, 其
有不油然而兴者耶? 臣不敏, 奉旨撰记. 欲上推宵旰图治之切者, 勒
诸贞珉. 他若留连光景之辞, 皆略而不陈, 惧亵也'(번역 생략)

⑧ 天心阁은 湖南省 长沙市 长沙市 天心区 天心路 3号 城南路
와 天心路가 교차하는 古城의 성벽 위에 위치하는 城楼이다. 天心
阁은 높이 14.6m의 三层楼阁으로 건축면적은 846㎡로 목제로 主
副三阁으로 지어졌으며 그 사이에 긴 회랑으로 이어진다. 이 성의
역사는 西汉 高祖 5년(기원전 202년)가 重臣 吴芮를 长沙王으로
봉한 후 처음 만들어진 土城까지 거슬러 올라간다. 그리고 明 洪
武 5년(서기 1372년)长沙府 卫守御指挥使 邱广用이 土城을 砖石으
로 改造하였다. 清 乾隆 11년(서기 1746년)에 抚军 杨锡被가 중심
이 되어 重修하였는데 명칭은《尚书》"咸有一德, 克享天心"에서 따
왔다. 서기 1937년 7월 7일 발생한 北京 蘆溝橋 사건 이후 日本 抗
战期间인 서기 1938년 11월 13일 国民党 당국의 일본군 진입 저지
를 위한 焦土化政으로 인한 '文夕大火'로 다 타버렸다가 서기 1983
년 중건하였다. 天心阁의 성 아래에는 '太平军魂雕塑'가 있는데 이
는 서기 1852년 太平天国의 叛军이 长沙城을 공격하다 天心阁 앞
에 배치한 500斤(1斤은 500kg)의 초대형 대포의 위력에 피해를 많
이 본 역사적 사실을 알리기 위해 만들어졌다. 이곳에는 서기 1946
년 抗日战争时期 长沙三次会战의 战殁将兵들의 영혼을 기리기 위
해 지은 崇烈门, 长沙 天心阁景区 관광객의 편의를 위한 시설인 서
기 2004년 중건한 映山楼, 湖南에서 뛰어난 역사적인 인물 炎帝神

農氏, 朱熹, 曾国藩 등 33인을 기리기 위한 《历史名人石刻画廊》이
있다.

⑨ 钟鼓楼는 '晨钟暮鼓'를 위한 것으로 陕西省 古都 西安市의 中
心인 明 城墙内 东西南北 四条의 大街가 교차하는 지점에서 西北方
약 200m에 위치하며 明 太祖 朱元璋 洪武 23년(서기 1380년)에 长
兴侯 耿炳文(서기 1334년-서기 1403년), 西安 知府 王宗周에 의해
처음 만들어졌으며 明의 南京(北宋의 陪都인 南京应天府)의 것보
다 큰 현존하는 중국 최대의 鼓楼이며 보존상태가 완벽하다. 이는
明 太祖 朱元璋이 西安에로의 迁都를 염두에 두어 만들어진 것으로
보인다. 朱元璋은 太子 朱标로 하여금 서안지방의 실정을 살피도록
하였으나 朱标가 早逝하여 천도를 그만두게 되었다. 康熙 38년(서
기 1699년), 乾隆 4년(서기 1740년) 두 차례에 걸쳐 중수되었다. 乾
隆 5년(서기 1741년) 《重修西安鼓楼记》에는 섬서성에서 지난해 밀
이 많이 수확되어 鼓楼를 중수하였다고 전한다. 鼓楼는 方型基台
위에 砖木으로 结构하고 정상은 重檐形式이다. 총고 36m, 면적은
1,377㎡, 내부는 楼梯의 사다리로 정상에 오를 수 있으며 檐上에는
深绿色 琉璃瓦로 覆盖되고 楼 안에는 金彩绘로 画栋雕梁이 되고 顶
部에는 鎏金宝顶이 있어 西安의 标志性의 建筑이다. 서기 1996년
西安市에서 鼓楼大鼓를 복제하여 걸어 놓았는데 高 1.8m, 鼓面直
径 2.83m, 重 1.5톤이다. 鼓楼에서 300m 떨어진 곳에 위치하는 西
安 钟楼는 明 洪武 17년(서기 1384년)에 만들었으며 원래는 西大街
北广济街 东侧에 鼓楼와 对峙해 있던 것을 明 万历 10년(서기 1582
년) 현재의 곳으로 옮겼다. 钟楼는 紫锦城 中和殿과 같은 重檐三滴
水式 四角攒尖顶의 阁楼式建筑으로 지붕은 深绿色 琉璃瓦로 덮었

다. 면적은 1,377.64㎡이며 青砖을 사용하고 기대 위의 누각은 木质로 结构해 지었다. 西安碑林에 보존되어 있는 国宝 景云钟은 '天下第一名钟'으로 唐 景云 2년(睿宗 李旦, 서기 711년)에 铸成된 것으로 현재 종루에는 복제품이 진열되어 있다. 종신 표면에는 唐 睿宗 李旦이 친히 쓴 铭文이 있으며 钟高 2m, 直径 1.5m, 무게는 万斤이다. 铭文原文은 "原夫一气凝真, 含紫虚而构极, 三清韬秘, 控碧落而崇因, 大道无为, 济物归于善贷, 而妙门有教, 灭咎在于希声. 景龙观者, 中宗孝和皇帝之所造也, 曾城写质, 阆苑图形, 但名在骞林, 而韵停钟虡. 朕翘情八素, 缔想九玄, 命被鼓延, 铸斯无射, 考虞倕之懿法, 得晋旷之宏观, 召广鲸工, 远微凫匠, 耶溪集宝, 丽壑收珍, 警风雨之辰, 节昏明之侯, 飞廉扇炭, 屏翳管炉, 翥鹤呈恣, 蹲熊发状, 角而不震, 侈而克杨, 庶其晓散灵音, 镇入鹓鸾之殿, 夕腾仙韵, 恒流鸀鹊之闱, 聋俗听而咸瘳, 迷方闻而永悟, 洪钧式启, 宝字攸铸. 其铭曰: 紫辰御历, 青元树音, 倾岩集宝, 竭府收珍, 杜夔律应, 张永规陈, 形包九乳, 仪超万钧, 上资七庙, 傍延兆人, 风严韵急, 霜重音新, 自兹千岁, 从今亿春, 悬玉京而荐福, 侣铜史而司辰 景云二年, 太岁辛亥, 金九癸酉金朔, 一十五日丁亥铸成"이다. 그리고 清 乾隆 5년(서기 1741년) 대규모의 수리 후 陕西巡抚 张楷书이 쓴《重修西安钟楼记》碑와 陕西巡抚 龚懋贤이 钟楼의 东迁 후 친필로 쓴《钟楼东迁歌》碑 등이 남아 있다. 서기 1956년 8월 6일 陕西省人民委员会가 鼓楼와 钟楼를 省级重点文物保护单位로 公布하였으며 서기 1996년 11월 20일 国务院에서 鼓楼를 全国重点文物保护单位로 公布하였다.

⑩ 天一阁은 浙江省 宁波市 海曙区 月湖西侧 天一街에 위치하

는데 明朝 中期 퇴직한 明朝 兵部右侍郎 范欽(서기 1505년-서기 1585년)이 明 嘉靖 40년(서기 1561년)-45년(서기 1566년) 사이《天一閣藏书总目》과 같이 개인 소장의 책 7만 여권(方志, 政书, 科举录, 诗文 등)을 보관하는 장서각으로 건조하였다. 면적은 2.6万㎡으로 중국에서 가장 오래된 私家藏书楼으로 中国藏书文化의 代表作이다. 그래서 天一閣은 중국에서 가장 오래된 私家藏书楼, 아시아에서 가장 오래된 图书馆과 世界에서 가장 오래된 가족도서관으로 알려졌다. 서기 1982년 天一閣은 国务院公布로 全国重点文物保护單位로 지정되었다. 范欽은 郑玄의《易经注》와《易经》系辞에 의거하여 "天一生水……地六承之"("天一生水, 地六成之")에서 '天一阁'이란 명칭을 따왔으며 藏书楼인 東明草堂('一吾庐') 내에 寶書樓 등을 지었다. 藏书阁은 '地六成之'의 구절에 맞추어 上层은 하나 下层은 五开의 房을 형성하는 重楼式(重檐硬山顶二层建筑)로 건물 평면이 넓고 방화에 신경을 쓰고 長廊으로 모두 연결되도록 하였다. 防火, 防潮와 防蟲, 通风을 위한 근처 月湖의 물을 끌어들인 天一池와 방화벽의 설치, 防潮를 위한 英石 등을 배치하였으며 동시에 书籍을 보호하기 위해 藝香草 등 각종 防蛀剂(mothproofing agent), 驅蟲 防蟲用 植物을 주위에 심었다. 서기 1773년 乾隆帝가《四库全书》를 만들 때 范欽의 八世孙 范懋柱이 天一阁 珍本 641种을 进呈하여 96종을 이용하였다. 乾隆 39년 6월 乾隆帝 이에 대한 상으로 天一阁에《古今图书集成》一部를 보내 치하하였다. 서기 1676년 范欽의 曾子孙(四世孙) 范光燮이 天一阁 百余种의 书籍을 제공하고 范光燮은 전례를 깨고 大学者 黄宗羲(서기 1610년 9월 24일-서기 1695년 8월 12일)가 천일각에서 장서를 볼 수 있게 하였고 黄宗羲는 天一阁编制书目을 위해《天一阁藏书记》를 편찬하였다. 현재 天一阁 博物館이 들어서서 各类古籍 근 30万卷이 소장되고 그중 《弘治上海志》,《官品令》,《嘉靖 十一年進士登科祿》,《平定回部得勝图》,《兰亭書 碑刻》,《清光緒祝永淸繪天一阁 石刻》등 가장 珍貴珍 椠善本만 8만권에 이른다.

22 香港, 澳門과 厦门 鼓浪屿

　　해상 무역의 결과로 후일 일어난 阿片戰爭[中英第一次鸦片战争 또
는 第一次中英战争, 通商战争임. 서기 1839년 9월 4일(道光 19년 7
월 27일)－서기 1842년 8월 29일(道光 22년 7월 24일)이후 广州市 남
쪽 珠江 강구의 동에 香港(Hong Kong, 서기 1842년 8월 29일－서기
1997년 7월 1일), 현 中华人民共和国香港特別行政区임], 서에 澳門(마
카오, Macau/Macau/Macao, 서기 1887년《中葡和好通商條約》, 서
기 1908년－서기 1999년 12월 20일, 현 中华人民共和国澳門特別行政
区임)이 들어선 것도 우연이 아니다. 그래서 香港/홍콩과 澳門/마카오
의 특수한 존재로 인해 중국의 정치가 공산주의와 민주주의가 병존하
는 一国二體制를 유지하는 것이 불가피하게 되었다. 서기 2017년 7월
1일(일) '庆祝香港回歸祖国二十周年'과 '庆祝香港回歸祖国20周年'을
기념하기 위해 '中共中央总书记, 国家主席, 中央军委主席'인 习近平을
비롯한 国家領導人들이 홍콩을 방문하고 香港特別行政区第五屆政府
신임 行政長官 林鄭月娥의 취임선서식도 가졌다. 그리고 전날 6월 30
일(토) 石崗機場(Shek Kong Airfield, ICAO代码, HSK)에서 군부서
열 1위 겸 부주석인 판창룽(范長龙, 1947년 5월－)을 대동하고 广東軍

区에 속하는 中国人民解放軍駐香港部隊의 査閱式도 가졌다.

　서기 16세기 正德 年间(武宗, 서기 1506년-서기 1521년) 포르투갈 (葡萄牙) 航海探險家 겸 상인인 Jorge Álvares(喬治·歐維士/歐华利, 区华利, 歐維治, 阿爾瓦雷斯 혹 阿尔发勒斯, ?-서기 1521년 7월 8일) 가 서기 1511년 印度 Canonor(坎納諾爾)에서 말레시아(말라카, Malacca/馬來西亞, 马六甲, 満剌加) 해협을 거쳐 서기 1513년 5월 广州 省 서남부의 上川島에 와서 이곳에서 포르투갈의 무역상인으로 활약하 면서 그 해 香港 屯門(Tamão)에서 '發現碑'[포르투갈령 塔馬奧 屯門 島(오늘날 大嶼山)]를 세웠다. 그는 서기 1517년과 서기 1519년 두 번 에 걸쳐 중국 上川島에 와서 貿易을 하였다. 明나라 朱元璋은 무역을 금하였는데 正德연간에 解禁되어 교역을 할 수 있었다. 당시의 무역 품목은 중국 산서성 瓷都인 景德鎭에서 나오는 靑花白磁, 비단과 茶였 는데 한번은 주문한 景德鎭窯의 자기를 운반하던 배가 도중 풍랑과 좌 초로 인해 상자에 담은 자기가 모두 깨어져 上川島 해변 가에 버렸는 데 지금도 그 자기편들이 많이 보여 그 곳을 '花碗坪'이라 부른다. 그는 上川島 石笋村에 약 2m 높이의 포르투갈 왕국문장이 새겨진 立石모양 의 石柱를 세웠는데 그도 서기 1521년 7월 8일 이곳에서 죽어 그곳 石 柱 아래에 묻혔다고 전해진다. 서기 1552년 7월 선교사 성 프란치스코 하비에르(Saint Francis Xavier, San Francisco Javier, 聖 方済各· 沙勿略/聖方済·沙勿略, 서기 1506년 4월 7일-서기 1552년 12월 3일, St. Ignatius of Loyola 소속, 中国广東台山上川島 Portuguese Base at São João Island에서 46세에 사망)가 와서 天主敎堂을 짓고 선교활 동을 하였는데 이곳 上川島에서 사망하여 그의 묘도 이곳에 있다. 그 후 이곳은 동·서교역의 중심지가 되고 후일 澳門(마카오)으로 승격되었다.

澳門/마카오의 경우 서기 2005년 마카오 역사중심지(Historic Cen-tre of Macao: 문화, 2005)로 세계문화유산으로 등재되어 있다. 广東省珠江(Pearl river) 삼각주 남단에 위치한 澳門歷史城区로 알려진 마카오는 明 嘉靖 35년(서기 1557년) 포르투갈(葡萄牙) 상인들이 해적을 소탕한 공로로 명나라 황제로부터 하사받고, 서기 1887년 포르투갈 식민지, 서기 1951년 포르투갈 海外 州로 되어 총독의 통치를 받았다가 서기 1999년 12월 20일 422년 만에 중국에 반환하였다. 마카오란 이름은 처음 포르투갈 인들이 海神 媽祖閣廟(서기 1488년) 근처에 많이 살았다고 해서 마조의 발음을 딴 것으로부터 비롯된다. 澳門과 海島市에는 역사적 거리, 주거, 종교적 성당, 포르투갈인들의 공공건물, 富强救国을 요점으로 하는《盛世危言》의 저자인 중국근대사상가인 鄭觀應이 서구식의 영향을 받아 지은 鄭家大屋과 같은 중국인의 건물(Mandarin's house)들은 東과 西에서부터 받은 美, 문화, 건축과 기술의 영향을 받아 독특한 분위기를 자아낸다. 이곳에는 벽타일을 이용한 벽화와 장식/아주레호/아주레주(azulejos, 포르투갈에서 5세기 동안 변치 않고 사용된 주석유약을 입혀 만든 청금 빛 타일로 포르투갈의 대표적 문화요소 중의하나임, tin-glazed ceramic tilework)와 오늘날의 稅关/海关인 关閘門(border gate)라는 葡萄文(포르투갈문)이 쓰여 있는 民政總署(新馬路 163號, 서기 1784년) 건물을 비롯해 당시의 요새인 大炮台(Mount와 Guia Fortress, 서기 1626년, 여기에는 중국에서 가장 오래된 등대와 교회가 포함)와 성벽들이 그대로 남아있다. 그 외에도 포르투갈인들이 주로 살던 亞婆井街, 성 도밍고 성당/玫瑰堂(서기 1587년), 상파울루/聖保祿성당(Ruins of St. Paul, 서기 1583년에 세워지고 서기 1595과 서기 1601년 및 서기 1835년에 발생한 3차의 화재로 소성됨. 教堂은 서기 1602년에 重建되었음. 현재 서기 1640년에 완성된 前壁인 大三巴牌坊/教堂과 石階만 남아있음)성당, 상파울루/聖保祿大學(서기 1602년-서기 1640년 Jesuits/耶蘇會에서 지음)과 그 앞의 파도거리로 불리는 세나도(Senado) 광장, 성 아우구스틴(St. Augustin)과 성 요셉/(St. Joseph) 교회, 성모 마리아(Nativity of our Lady) 성당, 우리나라 최초의 신부이자 순교자인 金大建(대건 안드레아, 서기 1821년 8월 21일-서기 1846년 9월 16일)이 서기 1837년 6월 7일 마카오에 도착해 신학공부를 했던 성 안토니 성당 (Santo Antonio, 서기 1560년에 지어져 화재로 인해 소실, 서기 1930년 재건) 등이 있다.

그리고 澳門博物館 소장품에는 靑花瓣口山水紋盤, 만찬용 鎖瓷, 耶蘇會章紋蓋盤, 耶蘇會徽聖水碗 등의 서양인의 취향에 맞추어 明代 万历(서기 1573년-서기 1620년) 年间에 제작된 크라크(Kraak porelain, 克拉克, 이의 명칭은 서기 1602년 荷兰東印度公司/Dutch East India Company에서 나포한 포르투갈의 상선 크라크 호에 실려 있는 중국자기에서 비롯된다) 靑花瓷器/靑花白磁가 전시되어 서기 16세기-서기 17세기 당시 澳門-長崎(나가사끼)-馬尼拉(마닐라)-墨西哥(멕시코)-里斯本(리스본)을 잇는 비단, 차, 자기와 약재의 무역을 위한 海洋 絲綢之路의 반영이며 이는 鄭和의 서기 1405년-서기 1423년 7차의 18년에 걸친 西向航海의 결과로 생각된다. 明 崇禎 4년(서기 1631년) 이전에 멕시코의 白銀 1,400万兩이 중국에 유입되었다고 한다.

포르투갈인들이 이곳에서 활발한 교역행위를 벌린 것은 서기 1937년 广東省 珠海市 橫琴島에 위치하던 폭포에서 흐르는 물을 막아 물을 저장하고 이를 기념하기 위해 길이 4.2m 폭 4m 5行의 포르투갈어로 새겨 넣었던 증거에서 잘 나타난다. 이는 포르투갈 상인이 배를 타고와 淡水, 야채(채소), 糧食을 공급받기 위한 생필품을 얻기 위한 행위 중의 하나 였다. 그들의 생필품 중에는 만찬 시 식탁에 꽂아두던 꽃들도 포함된다. 오늘날의 稅关/海关격인 关闸門이 개방되기 전에는 中山, 珠海, 澳門과 橫琴, 香山일대에서 현지인들과 직거래를 활발히 하였으며 中山市 소재 香山商業文化博物館에 전시되어있는 明·淸 당시의 무역시장 내에는 茶 店, 布匹店, 陶瓷器店도 복원해 놓고 있다. 당시 가장 인기 있는 품목은 絲織品으로 포르투갈인들이 처음 교역할 때 白銀 235万 兩을 쓰기도 하 였다고 전한다. 현재 广東省博物館 소장의 石湾窯撇口瓶과 广州博物館 소장의 西村窯首壺도 당시 구매품 중의 하나이다. 그리고 향료와 향수 도 많이 취급하였는데 오늘날 香山県의 香山 또는 大香山은 향료의 취 급 때문에 붙여진 명칭으로 여겨진다. 당시 무역거래인은 買辦(compra-dor, 중국에 있는 외국 상사·영사관 따위에 고용되어 거래의 중개를 하 던 중국인)으로 불리었는데 이곳 현지인들인 唐, 鄭, 容, 徐氏 가족들이 많았다. 그중 唐廷樞는 광동어로 주석을 붙인《英文集全》6권(珠海市博 物館 소장)을 만들었는데 제 6권은 6,000여 개의 商業用 단어와 語句를 모은 買辦問答에 관한 것이다. 이들은 당시 활발했던 무역의 실물증거이 다.

그리고 서기 2017년 세계문화유산으로 등재된 福建省 厦门 鼓浪屿 와 역사적 국제 居住地인 鼓浪屿(Kulangsu: a Historic International Settlement: 문화, 2017)는 중화인민공화국 福建省 샤먼(厦门)市 남부 에 있는 地級(省 내의 地級市, 自治州, 盟)市로, 국제적으로는 아모이 (Amoy)로도 알려져 있다. 섬의 면적은 1.83㎢로 海上花园, 萬国乾縮博 覽會, 銅琴之島의 별칭도 갖고 있다. 厦门 鼓浪屿는 서기 1840년부터 서

기 1842년까지 2년간 벌어진 제1차 阿片戰爭[中英第一次鸦片战争, 또
는 第一次中英战争, 通商战争임. 서기 1839년 9월 4일(道光 19년 7월 27
일)−서기 1842년 8월 29일(道光 22년 7월 24일)]이후 廣州市 남쪽 珠江
강구의 東쪽에 香港(Hong Kong, 서기 1842년 8월 29일−서기 1997년
7월 1일), 현 中华人民共和国香港特别行政区임], 西쪽에 澳門(마카오,
Macau/Macau/Macao, 서기 1887년 〈中葡和好通商條約〉, 서기 1908
년−서기 1999년 12월 20일, 현 中华人民共和国澳門特别行政区임)이 들
어섰다. 香港/홍콩과 澳門/마카오의 특수한 존재로 인해 중국의 정치가
공산주의와 민주주의가 병존하는 一國二體制를 유지하는 것이 불가피
하게 되었다. 서기 1842년 8월 29일 청나라와 영국과의 사이에 체결된
南京條約은 广州, 厦门, 福州, 宁波, 上海 등 5곳의 通商口岸(五口通商)
을 개항하고 여기에 英国领事馆의 주둔, 영국 상인 및 家属들의 自由居
住가 허락되어 있어 섬에는 영국영사관이 두어 지고 公共租界가 만들어
져 서양인이 대부분 살고 있었다. 서기 1902년 1월 10일(光绪 27년 12월
初一日) 英国, 美国, 德国(독일), 法国(프랑스), 西班牙(스페인), 丹麦(덴
마크), 荷兰(네덜란드), 俄罗斯(러시아), 日本 등 전후 18개국의 厦门领
事館이 생겨났다. 그리고 清朝 福建省 兴泉永道 道台延年이 鼓浪屿 日
本领事馆에서 〈厦门鼓浪屿公共地界章程〉을 맺어 厦门英租界와 鼓浪屿
公共租界가 형성하였다. 현재도 서기 18세기경 그들이 살던 양옥, 교회,
서양건축 물 등이 존재한다. 샤먼 섬에서 페리를 통해 5분 정도면 도착
할 수 있다. 서기 2017년 7월 1일(일) '庆祝香港回歸祖国二十周年'과 '庆
祝香港回歸祖国20周年'의 행사가 치러졌다. 广东军区에 속하는 中国人
民解放軍駐 香港部隊의 查閱式도 가졌다. 厦门 鼓浪屿는 중국에서 가장
아름다운 곳('中国最美的城区')이다.

서기 2014년 11월 厦门市政府와 北京 故宮博物院이 〈建设运营鼓浪屿外国文物馆合作框架协议〉에 서명한 후 서기 2017년 5월 13일 福建省 厦门市 思明区 鼓浪屿 鼓新路 70-80号에 개관한 故宮鼓浪屿外国文物館은 北京 故宮博物院의 分馆으로 "故宮鼓浪屿外国文物馆展览"에는 漆器, 瓷器, 琺瑯器, 鐘錶, 科技儀器 등 모두 219件이 전시되었으며 내용은 ① 文物来源: 故宮外国文物의 收藏途径 및 方式 ② 科技典范: 皇宫에서 응용하던 科学仪器 ③ 万国瓷风: 故宮所收藏의 欧洲, 日本 등의 瓷器 ④ 生活韵致: 鼻烟盒을 대표로 하는 西方国家와 中国의 日常用品 ⑤ 典雅陈设: 紫禁城으로부터 圆明园 등의 궁에 소장하던 西方物品 ⑥ 异国情调: 故宮收藏의 西洋의 丝织品의 모방품, 家具 등 서양문화의 유입과 융화와 康熙帝 때부터 중국 정치, 경제와 문화에 끼친 影响이다. 故宮鼓浪屿外国文物馆은 故宮馆藏外国文物을 전시하는 중국 제일의 외국문물관으로 "救世医院 및 护士学校旧址[Hope Hospital, 全国重点文物保护单位, 美国国籍의 荷兰人 郁约翰(Johannes Abraham Otte)이 서기 1898년에 창건하였다], 用地面积은 10,767㎡, 建筑面积은 5,168㎡이다.

故宮鼓浪屿外国文物館 전시실에 전시중인 물품은 康熙帝(서기 1654년 5월 4일–서기 1722년 12월 20일)가 故宮博物院에 소장된 13,000점 중 선택된 219점으로 이들은 서양문물을 膳物의 형식으로 직접 받아들인 것이거나 이를 모방해 中国化시켜 다시 만든 것으로 무기, 자명종, 鍾表, 八音盒(music box), 后妃의 화장대(梳粧台) 등이 포함된다. 이들은 銅鍍金樂箱轉水法轉花鍾, 銅鍍金樂箱花瓶開花活蝶鐘, 銅鍍金琺瑯四明鐘, 銅鍍金象馱轉花鍾, 銅鍍金四豹馱人打鍾, 銅鍍金嵌料石轉人容鏡, 銅鍍金矩度全圓儀, 銅鍍金持平經緯赤道公晷儀(英国

倫敦에서 만든 sun dial), 銅鍍金繪图儀器, 單筒望遠鏡, 琵琶鞘槍, 改鞘槍, 輪船式風雨表, 西洋軍樂瑤琴, 嵌表八音盒, 木樓筒子鍾 등이다. 鍾表(시계)는 대부분 영국 런던에서 만들어진 것이나 이 시계는 귀족과 부자의 신분상징으로 수요가 많아 중국 광동성 广州市에서 서양 상인 들이 공장을 차려 모방·제작한 것도 상당수 있으며 가격도 런던에 비 해 ⅓로 구입할 수 있었다 한다. 广州博物館 소장품 중 帶銘文鍍金銅 鐘에는 광주의 梁錦記가 제작하여 시계 뒤에 영문으로 새겨 넣은 것도 확인된다. 그리고 养心殿造办处(清宮造办处 또는 皇室造办处)에서도 직접 제작하기도 하였다.

　康熙帝는 수학, 천문학, 지리학, 약리학, 樂理(음악이론), 라틴어 (拉丁語), 철학과 회화 등에 관심을 가지고 서기 1669년 그의 나이 15 세 때 직접 해와 달의 운행을 관측해 欽天監 吳明烜의 오차를 지적해 내기도 하였다. 이는 당시 新舊陽陰曆과 관련된 農曆實曆인 明 崇禎 7 년(서기 1634년)의 《崇禎历书》인 '時憲曆'의 계속 시행과 관련된 것이 다. 康熙帝는 네덜란드(荷兰)제 琵琶鞘槍와 李俊賢(Hubert de Meteorit), 潘廷璋(Giuseppe Panzi, 서기 1734년-서기 1812년 이전 사망, 화가), 프랑스(法国)의 蔣友仁(Michel Benoit, 서기 1715년 10월 8 일-서기 1774년 10월 23일)가 선물한 망원경을 무척 좋아 했으며 그는 또 독일(德国)의 湯若望(Johann Adam Scchall von Bell, 서기 1592 년 5월 1일 - 서기 1666년 8월 15일), 벨기에(比利時)인 南懷仁(Ferdinand Verbiest, 서기 1623년 10월 9일-서기 1688년 1월 서기 1812 년 이전 사망) 등과도 紫禁城에서 만나 서구의 선진과학기술을 배웠 다. 서기 1708년 康熙帝의 명령으로 제작된 《康熙皇輿全覽图》는 英国 의 과학자 李約瑟(Noel Joseph Terence Montgomery Needham, 서 기 1900년 12월 9일-서기 1995년 3월 24일)도 칭찬을 아끼지 않았다.

故宮博物院에 소장된 康熙帝의 선진과학기술과 관련된 물품은 康熙帝讀書像, 康熙帝學算術桌,《麋鹿图》이다. 그는 과학기술을 근거로 하여 黃河와 京杭运河의 治水, 天文과 火砲를 발전시키는데 애를 썼다.

그리고 전시된 물품 중 코 막히고(鼻塞), 두통, 감기기운이 있을 때 불어넣어 치료하던 일종의 약인 鼻煙을 담은 약통인 鼻煙盒(snuff box)과 鼻煙壺(snuff bottle)이 많다. 이는 煙草 粉末, 氷片油, 檀香油, 丁香油, 薄荷 등 珍貴 약재를 섞어 10여년 숙성시킨 후 蜂丸으로 密封한 약재를 말한다. 이는 또한 瘧疾(malaria, 말라리아)를 치료하는 金鷄納(Quina, Quinine)의 효과도 가지고 있었다. 明 万历皇帝 때 이탈리아(意大利) 天主教 耶穌会 신부인 马泰奧·里奇(Matteo Ricci, 서기 1552년 10월 6일–서기 1610년 5월 11일)도 이를 황제에게 헌상하기도 하였다. 康熙도 23년(서기 1684년) 南巡 때 2명의 서양인들로부터 鼻煙盒를 선물 받기도 하였고 光緒帝는 30년(서기 1904년) 서양약인 头痛藥膏를 처방받기도 하였다. 羅貫中의《三国演義》, 施耐庵의《水滸傳》, 吳承恩의《西遊記》와 더불어 중국 4대 명저 중의 하나인 清 乾隆 때 曹雪芹이 쓴《紅樓夢》중 寶玉이 하녀 麝月(사월)이 병이 났을 때 '鼻煙盒'을 꺼내어 처방하며, "寶玉便命麝月:「取鼻煙來, 給他嗅些, 痛打幾個嚏噴, 就通了关竅.」麝月果真去取了一個金鑲雙扣金星玻璃的一個扁盒來, 遞與寶玉. 寶玉便揭翻盒扇, 裡面有西洋琺瑯的黃"이라는 구절에서도 鼻煙盒이 나타난다.

러시아국가동방예술박물관(俄羅斯国家東方藝術博物館)에도 시계, 닭, 인물, 화초 등의 각종 문양이 있는 双鷹藥瓶과 함께 西洋人像鼻烟壺가 소장되어 있다. 여기에는 中国朝服, 中国服裝, 漆器, 象牙扇子,

獅子形瓷器와 표트르 1세의 부인 예카테리나 1세(서기 1712년 – 서기 1725년, Catherine I, 叶卡捷琳娜, 리투아니아출신으로 표트르 1세의 두 번째 부인으로, 표트르 1세의 사후 서기 1725년–서기 1727년 女帝로 재위에 오름)를 위해 서기 1708년에 지은 叶卡捷琳娜宮(Catherine palace)의 중국자기, 象棋, 花鳥壁紙, 屛風, 漆器, 餐卓과 관련된 부속 그릇 등이 이를 말해준다. 이 鼻烟壺는 玻璃(glass)로 만들어졌다. 중국에서는 春秋戰国時代 이래 玻璃壁, 玻璃蜻蜓眼挂件이라는 琉璃(玻璃)제품이 제작되기도 하였다. 그러나 서기 1987년 陝西 法門寺 地宮에서 발견된 唐 19대 僖宗(懿宗 第五子, 初名 儼, 서기 873년–서기 888년 재위)이 法門寺에 奉獻한 唐代黃色琉璃盤, 唐四瓣花紋藍色琉璃盤, 唐素紋淡黃色直筒琉璃杯, 唐十字團花紋盤, 唐代钠钙琉璃盤 등의 20점의 유리제품들을 들 수 있다. 그래서 중국의 전통적인 유리제작방식은 古宮博物院 소장의 汉大鉛鋇琉璃矛와 같이 납 성분이 들어간 유리제품(鉛鋇琉璃, lead barium glass system)인데 법문사 유리제품들은 서기 758년 6월 11일 唐 肅宗을 알현한 回紇(Uyghur Khangale)과 大食国(Seljuk) 사신들이 진상한 八瓣花紋藍色琉璃盤, 素面藍色琉璃盤, 菱形双環紋深直筒琉璃杯 등 钠钙琉璃製作方式(soda lime glass system)으로 제작한 玻璃(琉璃)제품의 중국화한 것들이다. 法門寺 발견의 유리제품은 실크로드의 상호연구의 중요성을 강조해준다.

여기에 전시된 鼻煙盒과 鼻煙壺를 포함한 琉璃(玻璃)와 琺瑯(enamel)로 만들어진 漆嵌料石銀邊朶花紋盒, 銅胎畵琺瑯西洋人物图盒, 銅胎畵琺瑯洋人物图橢圓盒, 銅胎畵琺瑯嵌珠橢圓盒, 玻璃團花紋盖罐, 彩繪花卉紋帶銅架玻璃瓶, 玻璃方格文碗, 촛대(燭), 饌具 등의 제품들은 일상생활용품으로 서양문명에서 받아들인 것이다. 康熙帝는

서기 1695년 紫禁城 내에 玻璃廠을 설립해 故宮博物院에 소장된 藍玻璃方花觚, 透明藍玻璃尊, 白玻璃水丞 등을 모방해 만들었다.

万国瓷风 전시실에는 서기 1710년 독일의 황실에서 드레스덴(Dresden, 德勒斯登) 근교에 만든 Meissen(邁森) 도자기 공장에서 중국자기를 모방해 만든 2점의 金邊彩繪花鳥紋盤과 金邊彩繪人物图盤이 보인다. 이는 서기 1700년 감옥소에 들어간 18세의 연금술사 뵈트거(Johann Friedrich Böttger, 巴特格尔, 서기 1682년 2월 4일~서기 1719년 3월 13일)가 서기 1708년 유럽 최초의 硬質白瓷를 만들어 내는 성공에서부터 시작한다. 또 프랑스의 전도사인 殷弘绪(Père Francois Xavier d'Entrecolles, 昂特雷科萊, 서기 1664년~서기 1741년, 天主教 耶穌会 法国籍 传教士)는 서기 1712년부터 江西省 景德鎮窯에서 7년간 머무르면서 原料와 製作過程을 배워 프랑스에 귀국해 자기를 재현하고 있다. 그는 康熙 51년(서기 1712년) 및 康熙 61년(서기 1722년) 두 번이나 景德鎮에서 瓷器製作에서 세부적인 것까지 관찰하고 歐洲 耶穌會에 보고 하였다. 서기 1768년 프랑스 파리(巴黎)에서 400㎞ 떨어진 Limoges(利馬日)의 Saint Tulle(聖提勒)에서 외과의사의 아내가 중국에서와 같은 高嶺土(Kaolinite)를 발견한 후 이곳은 프랑스 도자기의 고향(manufacture nationale de Sèvres, Hauts-de-Seine, France)이 된다. 프랑스 Doré a Sévres(塞夫勒) 공장에서 제작되고 乾隆(서기 1711년 9월 25일~서기 1799년 2월 7일)이라 쓰여진 나무상자에 보관된 鑲銅架綠地花卉紋盤을 비롯해 서기 1787년에 제작된 金彩花卉紋碟, 金邊印花盤, 서기 1881년(18s48)의 藍釉描金花卉紋高足盤, 서기 1904년(s8-1)의 金邊貝買形盤도 전시되어있다. 또 서기 18세기 이탈리아 Capoclimonte(卡波迪家帝) 도자기공장, 영국

의 Wedgewood(韋奇伍德), Derby(德比), Worchester(伍斯特)의 도자기공장에서 만들어진 것도 있다. 당시 유럽의 자기는 이탈리아/意大利 麦迪奇瓷器(Medici porcelain)와 多西亚陶瓷(Doccia porcelain), 독일/德国 迈森陶瓷(Meissen porcelain), 영국/英国 斯托克陶瓷(Spode) 프랑스/法国 利摩日瓷器(Limoges porcelain)를 칭한다. 또 日本에서 만들어진 藍釉攔金開光人物花卉图瓶, 彩繪描金觀音像, 鷄雛紋七寶小瓶도 이 전시실에 함께 전시되어있다. 일본은 司馬辽太郎 [しば りょうたろう, 서기 1923년(大正 12년)8월 7일－서기 1996년(平成 8년 2월 12일)]가 소설화한 鹿兒島県 日置郡 東市來町 美山 소재의 薩摩燒(현재 15대 沈壽官)에서부터 서기 1904년(明治 37년) 森村市左衛門에 의해 愛知県 愛知郡 鷹場村大字 則武(ノリタケ, Noritake 現 名古屋市 中村区 則武) 日本陶器合名会社에 이르기까지 도자기술의 전통을 꾸준히 유지해오고 있다. 이는 중국 汉나라 이후 海上絲綢之路를 통해 유럽으로 수출된 각 시대의 자기들이 부메랑(Boomerang)이 되어 중국에 돌아온 것이다. 이는 漆器에서도 볼 수 있다. 이들은 모두 禮物로 들어온 것으로 文房具, 漆盒, 筆筒 등이다. 일본은 漆器之国이라 불릴 만큼 紫禁城에 많은 영향을 끼쳤다. 康熙帝는 漆器에 대해 관심을 많이 가졌다. 특히 雍正帝는 이를 좋아하여 養心殿 西暖閣에 놓아두고 보기를 좋아하였다. 그러한 행적은 故宮博物院 소장의 擁正行樂图, 雍正이 破塵居士란 이름으로 題詩를 쓴《十二美人图》(博古幽思와 觀書沈吟에서 칠기가 배경으로 나온다)에서도 볼 수 있다. 그리고 그의 아들 怡賢親王 胤祥(서기 1686년 11월 16일－서기 1730년 6월 18일)으로 하여금 養心殿 造辦處를 맡게 하여 칠기를 관리하도록 하였다. 이들은 金漆仙鶴紋亭, 黑漆描金山水图香几, 金漆蝴蝶式盒, 金漆六方六方套金漆山水樓閣, 金漆牡丹紋盒, 金漆山水樓閣图罐, 黑漆描

金浴馬图香几, 黑漆描金山水图執壺, 金漆團花紋盖碗, 金漆山水樓閣套盒, 黑漆描金堤梁壺, 金漆山水樓閣文具盒, 黑漆描金垂釣文具盒이다. 그리고 러시아에서도 銀質蓋爐, 銀幣制綉球式图鈴, 銀樹式座双耳洗를 奉先殿에 바쳤으며 이는 北京 故宮博物院 소장의《萬国來朝图》에서 나타난다.

또 청나라 말기에 비단의 발원지인 중국에서 당시 서구와 미국을 총칭하는 泰西지역에서 수입한 비단으로 옷을 지어 입었다. 이는 서기 1911년 辛亥革命으로 6살에 퇴위한 宣統帝 溥仪[기 1906년 2월 7일-서기 1967년 10월 17일, 서기 1908년-서기 1912년 재위, 서기 1932년 3월 1일-서기 1945년 8월 18일 満洲国皇帝, 영어이름은 亨利(Henry)임]는 서기 1924년까지 황제의 칭호를 유지하고 서기 1924년 11월 5일 復辟사건 후 中国国民革命軍陆軍一级上将 冯玉祥의 부하인 国民革命军高级将领인 鹿鐘麟과 그의 부하들에 의해 紫禁城에서 퇴출되었다. 그는 紫禁城에서 서기 1924년 11월 5일까지 거주하는 동안 서기 1919년 13세 宣統帝 溥仪의 가정교사가 된 45세의 영국 스코틀랜드인 레지널드 존스턴 경[庄士敦, Reginald Fleming Johnston, 서기 1874년 10월 13일-서기 1938년 3월 6일, 英国 苏格兰人, 중국의 마지막 황제,《Twilight in the Forbidden City》(2007년 9월 5일, Simon Wallenberg Press]의 영향에 의해 전통적인 청나라 생활습관을 서구식 생활방식으로 바꾸었다. 그는 궁 안에 전화를 가설하고, 기차, 자전거와 자동차를 타고, 정구를 치며 서양음악을 즐겨 들었다. 그리고 서양식 조리사 4명을 두고 빵과 오트밀을 주식으로 하는 서양식 식사를 하고 소다수와 커피를 즐겨 마셨다. 그리고 양복, 모자, 안경도 서구식으로 바꾸었다. 그의 부인 婉容(婉容皇后, 宣統皇后, 필명은 榮月华,

시호는 孝恪愍皇后, 서기 1906년 11월 13일-서기 1946년 6월 20일 39세로 사망)도 청나라 귀족으로 어려서부터 유럽에서 온 여자 가정교사에 의해 영어와 서구식 생활방식을 배웠다. 이곳 박물관에 전시된 여러 泰西의 비단 옷, 식기(饌具), 의자, 탁자, 피아노(鋼琴)를 포함한 일상 생활용품들이 이를 말해 준다. 그들은 黃色洋花紋凸花緞, 虾靑色洋花紋緞, 銀灰色洋花紋泰西緞懷撻料, 雪灰色銀綻紋泰西紗, 湖色花卉紋泰西紗, 米黃色洋花紋泰西紗緞, 寶藍色洋花紋泰西紗緞, 金漆絨西洋式椅, 紫漆彩繪套桌, 西洋軍樂瑤琴 등이다.

참고문헌

高柄翊

  1964 성종조 최부의 표류와 표해록, 李相伯 博士 回甲紀念論叢, pp.283-306

  1970 최부의 금남표해록, 동아교섭사의 연구, 서울대학교 출판부 2

국립공주박물관 · 南京市博物館

  2011 中国 六朝의 陶磁, 서울: 삼성문화인쇄

국립문화재연구소

  2011 韓 · 中 鐵器資料集 I -중구동북지역 출토 철기-, 서울: 금강인쇄사

  2012 韓 · 中 鐵器資料集 II -하북성 출토 燕国 철기-, 서울: 한국장애이 워크 협회

  2012 韓 · 中 鐵器資料集 III -한반도 북부지역의 초기 철기-, 서울: 한국장애
        이 워크협회

  2012 중국 동북지역 고고조사현황 -요녕성, 내몽고자치구, 흑룡강성편-, 서
        울: 정일사

  2013 韓 · 中 鐵器資料集 IV -한반도 남부의 초기철기-, 서울: 한국장애이
        워크협회

국립부여박물관 · 부여군 · 낙양박물관

  1998 中国洛陽文物名品展, 서울: 동천문화사

국립중앙박물관

  1991 실크로드美術展, 서울: 翰進印刷

金庠基

  1948 중국고대사강요, 서울: 정음사

김영원

  2012 백제출토 중국도자, 최몽룡 편저, 21세기의 한국고고학 V, 서울: 주류
        성, pp.569-589

린 드벤-프랑포르(김주경 옮김)

  2000 고대중국의 재발견, 서울: 시공사

민병훈

  2010 소그드의 역사와 문화, 서울: 국립중앙박물관, pp.7-36

文載范

  2013 中国東北及長城地帶戰国秦汉魏晉北朝時期鐵器的考古學硏究,
        中国社會科學院硏究生院博士學位論文

박양진

  2012 小黑石溝 유적과 夏家店 상층문화의 새로운 이해, 최몽룡 편저, 21세
        기의 한국고고학 V, 서울: 주류성, pp.591-616

세계도자기엑스포 조직위원회

  2001 중국고대토기전, 경기도: 중부일보출판국

유금와당박물관 · 潭淑騫譯

  2017 中国瓦當: 齐 · 燕, 서울: TinyLab

유태용

  2010 요동지방 지석묘의 성격 검토, 최몽룡 편저, 21세기의 한국고고학 III,
        서울: 주류성, pp.353-449

하문식

2010 최근 조사된 중국 동북지역 고인돌 유적의 몇 예, 최몽룡 편저, 21세기의 한국고고학 III, 서울: 주류성, pp.451-519

安金槐 主編 · 오강원 · 홍현선 역

1988 中国考古, 서울: 백산자료원

오강원

2012 요녕지방의 청동기문화와 북방청동기문화 간의 상호작용과 교류양상, 최몽룡 편저, 21세기의 한국고고학 V, 서울: 주류성, pp.617-658

Jonathan Fenby(조너선 펜비) 엮음 · 남경태 옮김

2009 China: 중국의 70가지 경이, 서울: 역사의 아침

장 피에르 드레주(이은국 옮김)

1995 실크로드, 서울: 시공사

鄭汉德

2000 中国考古學 研究, 서울: 學研文化社

崔夢龙 외

2004 東北亞 靑銅器时代 文化研究, 서울: 周留城

崔夢龙

1983 인류문화의 발생과 전개, 서울: 동성사

1991 중국 東三省 답사여적, 서울: 한국상고사학보 제5호, pp.307-317

1991 재미있는 고고학여행, 서울: 학연문화사

1993 韓国文化의 源流를 찾아서 -考古 紀行-, 서울: 학연문화사

1995 세계수중고고학의 발굴동향, 수중문화재의 보호, 유네스코한국위원회 문화정책자료집 제1권, 서울: 유네스코한국위원회, pp.27-40

1997 진시황, 도시 · 문명 · 국가 -고고학에의 접근-(대학교양총서 70), 서울: 서울 대학교 출판부, pp.176-182

2007 중국 청동기시대의 문화사적 배경, 상하이 박물관 소장 중국고대 청동

기 · 옥기, 부산: 부산박물관. pp.19-28

2010 韓国 文化起源의 多元性 -구석기시대에서 철기시대까지 동아시아의 諸文化 · 文明으로부터 傳播-, 동아시아의 문명 기원과 교류, 단국대학교 동양 학연구소 제40회 동양학 국제학술회의, pp.1-45

2014 중국의 신석기시대 · 청동기 · 철기시대 -中国의 多元的 文明發生과 한국의 고대문화-, 이상윤 기증유물 III, 동북아 선사문화로의 초대, 한성백제박물관, pp.180-215

2014 선사와 역사시대의 세계문화유산(World Cultural Heritage List) -유네스코 세계문화유산 중 자연유산을 제외한 문화유산 및 복합유산 목록 810건의 해설-, 국립목포대학교, pp.1-85

2015 중국 동북지구 文明의 발생 -神話에서 歷史로-, 경희대학교 인문학연구원 부설 한국고대사 · 고고학연구소, 고조선사 연구회, 제1회 국제학술회의 <고조선의 여명> 기조강연 2015.10.2.(금), pp.1-28

2016 중국 동북지구 文明의 발생-神話에서 歷史로-, 세계사 속에서의 한국-희정 최몽룡 교수 고희논총-(편저), 서울: 주류성, pp.19-74

2016 한국 선사시대의 문화와 국가의 형성-역사교과서의 편찬 문제-, 서울: 주류성

2017 중국 고고학 -중요 주제·항목별로 본 중국 문화사 서설-의 출간에서 얻은 몇가지 여적과 단상, 서울대학교 명예교수회보 제 13호 2부 컬럼, pp.174-186

2018 中国의 文明發生, 한국교통대학교 박물관 제 6회 특별강연회(2018. 4.11, 수), pp.1-39

2018 中国 文明의 多元論, 충북대학교 박물관(2018, 5.30, 수), pp.1-32

2018 중국의 문명, 전통문화학교 융합고고학과(2018. 9.19. 수), pp.1-33

2018 중국 고고학과 문화사, 강릉·원주대학교 사학과(2018. 10.16. 화),

pp.1-33

K.C. Chang

    1980 Shang Civilization, New Haven: Yale University Press

    1983 Art, Myth, and Ritual -The Path to Political Authority in Ancient China-, Cambridge: Harvard University Press

    1986 The Archaeology of Ancient China, New Haven; Yale University Press

Chêng Tê-K'un

    1960 Shang China, Archaeology in China vol.II, Cambridge: W. Heffer & Sons Ltd.

Cotterell, Arthur ed.

    1980 Encyclopedia of Ancient Civilizations, New York: The Rainbird Pb. Group Ltd., Penguin Books

Exposition Au Musée de L'Homme

    2004 Premiers Hommes de Chine, Dijon: Dossiers d'Archaeologie No.292, Avril

Fairservice, Walter A.

    1959 The Origins of Oriental Civilization, New York: A Mentor Book

Fong, Wen, ed.

    1980 The Great Bronze Age of China, New York: Metropolitan Museum of Art

Foreign Languages Press

    1972/8 New Archaeogical Finds in China(中国新出文物) (I) & (II), Peking: 外文出版社出版

Howells, W.W. & Tsuchitani, Patricia Jones

    1977 Paleolanthropology in the People's Republic of China, Cscprc

Report no.4 Washington, D.C.: National Academy of Science

IVPP Chinese Academy of Science

　1944　Zhoukoudian Peking Man Site, Peking: Institute of Vertebrate Pal-
　　　　aeontology and Palaeoanthropology Chinese Academy of Science

Hongkong Museum of History

　1983　Fossil Man in China, Honkong: The Urban Council

Jia Lanpo

　1980　Early Man in China, Beijing: Foreign Languages Press

Jessica Rawson ed.

　1980　Ancient China, New York: Harper & Row, Pb.

　1996　Mysteries of Ancient China, London: British Museum Press

Keightley, David N.

　1978　Sources of Shang History, The Oracle-Bone Inscription of Bronze
　　　　Age China, Berkeley, Los Angeles, London: University of Califor-
　　　　nia Press

　1983　The Origins of Chinese Civilization, Berkeley and Los Angeles:
　　　　University of California Press

Li Chi

　1957　The Beginnings of Chinese Civilization, Seattle: University of Uni-
　　　　versity of Washington Press

　1977　Anyang, Seattle: University of University of Washington Press

Li Feng, 이청규 옮김

　2017　중국고대사(Early China, 2013 Cambridge University Press, Ltd), 서
　　　　울: 사회평론아카데미

Scarre, Christopher and Fagan, Brian M.

1977   Ancient Civilizations, New York: Longman

Shapiro, Harry L.

1974   Peking Man, New York: Simon and Schuster

St. Petesburg

1995   The Land in thr Heart of Asia, Ego Publishers: printed in Finland

Sulivan, Michael

1979   The Arts of China, Berkeley: University of California Press

UCLA Art Council

1982   The Silk Route and the Diamond Path, Los Angeles: University of California

Warwick Ball

2016   Rome in the East: Transformation of an Empire, 2nd edition, London & New York: Routledge, ISBN 978-0-415-72078-6, p.156

Waugh, Daniel

2007   "Richthofen's "Silk Roads": Toward the Archaeology of a Concept." The Silk Road. Volume 5, Number 1, Summer 2007, p.4.

Jettmar, Karl

1967   Art of the Steppes, London: Methuen

Museum of Historic Treasures of Ukraine

1992   Scythian Gold(スキタイ黃金美術展), Japan: Japan Broadcasting Corporation, NHK Promotions Co., Ltd

Namio, Egami and Kato, Kyujo

1991   The Tresures of Nomadic Tribses in South Russia, Japan: 朝日新聞社

1992   Scythian Gold Catalogue, Japan: NHK Promotions Co. Ltd

Rudenko Sergei Ivanovich

  1970 Frozen Tombs of Siberia -The Pazyryk Burial of Iron-Age Horse-men, Berkeley and Los Angeles: University of California Press

Surimirski, Tadeusz

  1970 Prehistoric Russia, New York: John Baker/Humanities Press

Polsmak, Natalya

  1994 Pastures of Heaven, Washington D.C.: National Geographic vol. 186, no4, pp.28-36

N.V, 폴로스막(Polsmak, Natalya) · 강인욱 옮김

  2016 알타이 초원의 기마인, 경희고대사 · 고고학 연구총서 1, 서울: 주류성

吳汝康 外

  1985 北京遠人遺址綜合研究, 北京: 科學出版社

張士恒 · 黃建秋 · 吳建民

  2003 中国舊石器时代考古(Palaeolithic Archaeology of China), 南京: 南京大學 出版社

陳星仙

  1997 中国史前考古學史研究 1895-1949, 北京: 三聯書店

黃慰文

  2005 北京原人, 杭州: 浙江文藝出版社

陳夢家

  1956 殷墟卜辭綜述, pp.255-258

蘇秉琦

  2009 中国文明起源新探, 沈陽: 辽宁人民出版社

祖友義編

  1991 西安, 香港: 中外文化出版

薛錫編輯

1987 半坡遺址, 西安: 人民美術出版社

中国社會科學院考古研究所編著

1984 新中国的考古發現和研究, 北京: 文物出版社

1999 偃師二裏头 1959年-1978年考古發掘報告, 中国大百科全書出版社

1996 北魏洛陽永宁寺 1979-1994年考古発掘報告(中国大百科全書出版社, 1996年) ISBN 7500057180, 西安 · 香港: 中外文化出版

2014 禹會村遺址研究: 禹會村遺址與淮河流域文明研討會論文集科學出版社

河南省文化局文物工作隊編著

1959 鄭州二裏岡, 科學出版社

河南省文物考古研究所 · 三门峡市文物工作队 編著

1999 三门峡虢国墓(上下卷), 文物出版社

许明纲, 许玉林, 苏小华, 等.

1981 长海县广鹿岛大长山岛贝丘遗址, 考古学报 1, pp.63-110

许玉林 · 傅仁義 · 王傳普

1989 辽宁東溝县後窪遗址发掘概要, 文物 12

金英熙 · 贾笑冰

2009 辽宁长海县小珠山新石器时代遗址发掘简报 考古 5, pp.16-25

孫祖初

1991 論小珠山中層文化的分期及各地比較, 辽海文物學刊 1

陳全家 · 陳国庆

1992 三堂新石器时代遺址分期及相关問題, 考古 3

辛岩

1995 査海遺址發掘再獲重大成果, 中国文物報 第1版

胡品

2014 偏堡子文化与北沟文化研究 吉林大学 硕士學位論文

乌兰

2009 浅析兴隆洼文化陶器[J]. 赤峰学院学报: 汉文哲学社会科学版

刘国祥

2004 興隆溝聚落遺址發掘收獲及意義, 東北文物考古論集, 北京: 科學
出版社, pp.58-74

辽宁省博物馆 等

1977 辽宁敖汉旗小河沿三种原始文化的发现, 文物 12

1992 三堂新石器时代遺址分期及相关問題, 考古 3

辽宁省文物考古研究所 · 吉林大學考古系 · 旅順博物館

1992 辽宁省瓦房店市長興島三堂村新石器时代遺址, 考古 2

辽宁省文物考古研究所 編

1994 辽東半島石棚, 辽宁: 辽宁科學技術出版社

辽宁省文物考古研究所 · 旅順博物館

1984 大蓮市郭家村新石器时代遺址, 考古學報 3

辽宁省文物考古研究所

1994 辽宁阜新县查海遗址1987-1990年 三次发掘, 文物 11

辽宁省文物考古研究所

2012 牛河梁-红山文化遗址发掘报告(1983-2003年度) 제1판, 北京: 文物
出版社

辽宁省 文物保護與長城基金會 및 辽宁省文物考古研究所

1990 辽宁省重大文化史迹, 辽宁: 辽宁美術出版社

新樂遺址博物館編印

2006 新樂遺址介紹單張, 沈陽: 新樂遺址博物館

李曉鍾

1990 瀋陽新樂遺址1982-1988年發掘報告, 辽海文物學刊 1

朝陽市博物館編

1995 朝陽歷史與文物, 沈陽: 辽宁大學出版社

崔琰 · 趙菡編輯

2000 河南博物院, 鄭州: 大象出版社

內蒙古博物館

1987 內蒙古歷史文物 -內蒙古博物館建館三十周年紀念-, 北京: 人民美術出版社

吉林省文物考古研究所編

1987 榆樹老河深, 北京: 文物出版社

吉林省文物考古研究所編

1987 榆樹老河深, 北京: 文物出版社

吉林省文物考古研究所 · 延邊朝鮮族自治区博物館

2001 和龙興城, 北京: 文物出版社

內蒙古自治区 文物考古研究所 · 宁城県辽中京博物館

2009 小黑石溝 -夏家店 上層文化遺址發掘報告, 北京: 科學出版社

李伯謙

1998 中国青銅文化結構體系研究, 北京: 科學出版社

王巍

1998 夏商周時期辽東半島和朝鮮半島西北部的考古學文化序列及其相互关係, 青果集, 吉林大學考古學專攻成立20周年紀念論文集, pp.196-223

1998 商周時期辽東半島與朝鮮大同江流域考古學文化的相互关係, 青

果集, 吉林大學考古學專攻成立20周年紀念論文集, pp.233-244

郭寶均

1963 中国靑銅器时代, 北京: 三聯書店

安金槐 主編

1992 中国考古, 上海: 上海古籍出版社出版

杜迺松

1995 中国靑銅器發展史, 北京: 紫禁城出版社

朱鳳瀚

1995 古代中国靑銅器, 天津: 南開大學出版社

馬承源 主編

1988 中国靑銅器, 上海: 上海古籍出版社出版

田广金

1983 近年來內蒙古地区的匈奴考古, 考古学報 1기

1976 桃紅巴拉的匈奴墓 考古学報, 76-1기

1992 內蒙古石器时代 -靑銅时代考古發現和研究 內蒙古文物考古 92-1, 2기

田广金, 郭素新

1980 西溝畔匈奴墓反映的諸問題, 文物 7기

1980 內蒙古阿魯柴登發現的匈奴遺物 4기

1986 鄂爾多斯式靑銅器, 北京: 文物出版社

安俊

1986 赫哲语简志, 北京: 民族出版社

林幹

1986 匈奴通史, 呼和呼特: 人民出版社

1988 匈奴史年表, 呼和呼特: 人民出版社

1989 東胡史, 呼和呼特: 人民出版社

烏恩

1990 論匈奴考古研究中的幾個問題, 考古學報 4기

鍾侃·韓孔樂

1983 宁下南部春秋戰国時期的青銅文化, 第4次中国考古學會年會論文集

周汛·高春明 栗城延江譯

1993 中国五千年 女性裝飾史, 京都: 京都書院

張占民

2002 墳墓下的王国-始皇陵探秘, 西安: 西北大學出版社

陳星仙

1997 中国史前考古學史研究 1895-1949, 北京: 三聯書店

郁進編

1980 長城, 北京: 文物出版社

文物出版社

1983 中国岩畫, 北京: 文物出版社

2006 2005 中国重要考古發現, 北京: 文物出版社

中国歷史博物館(中国国家博物馆)

1990 中国歷史博物館 图錄, 北京: 中国歷史博物館

北京市文物研究所編

1990 北京考古學四十年, 北京: 北京燕山出版社

陳鐵梅 外

1979 碳14年代測定報告, 文物 12, pp.78-79

盖山林

1986 陰山岩畫, 北京: 文物出版社

武伯綸·武复興

1983 絲綢之路, 上海: 上海人民美術出版社

周菁葆編

1993 絲綢之路岩畫藝術, 北京: 新疆人民出版社

南京市 博物館

2006 南京 上坊 孫吳墓, 南京: 南京市 博物館

2008 南京 江宁 上坊 孫吳墓 發掘簡報, 北京: 文物 2008년 12호, pp.4-34

河姆渡遺址博物館編

2002 河姆渡文化精粹, 北京: 文物出版社

周新华

2002 稻米部族, 杭州: 浙江省文藝出版社

刘斌

2007 神巫的世界 -良渚文化綜論, 杭州: 撮影出版社

王宁遠

2007 遙遠的村居 -良渚文化的聚落和居住形態-, 杭州: 撮影出版社

兪爲

2007 飯稻依麻 -良渚人的衣食文化-, 杭州: 撮影出版社

趙曄

2007 煙滅的古國故都 -良渚遺址概論-, 杭州: 撮影出版社

將衛東

2007 神巫與精緻-良渚玉器研究-, 杭州: 撮影出版社

浙江省 文物研究所

2008 杭州市 余杭区 良渚 古城遺址 2006-2007年的 發掘, 北京: 考古 2008년 7호, pp.3-10

良渚博物院

2009 良渚文化 -實證中华五千年文明, 杭州: 杭州博物院

孫国平

　　2008　遠古江南 -河姆渡遺址-, 天津: 天津古籍出版社

李安軍 主編

　　2009　田螺山遺址 -河姆渡文化新視窓-, 杭州: 西冷印刷出版社

山東大學歷史系考古專業 山東大學 歷史系 考古學專業

　　1992　山東鄒平丁公遺址第二, 三次發掘簡報, 考古 6

中国歷史博物館(中国国家博物馆)

　　1990　中国歷史博物館 图録, 北京: 中国歷史博物館

梅原末治

　　1960　蒙古ノイン·ウラ發見の遺物,東洋文庫論叢第27冊,東京:東洋文庫

江上波夫 · 水野淸一

　　1935　內蒙古 · 長城地帶, 東京: 東亞考古學會

香山陽坪

　　1963　砂漠と草原の遺寶, 東京: 角田書房

江上波夫

　　1967　騎馬民族国家, 東京: 中央公論社

林巳奈夫編

　　1976　汉代の文物, 京都: 京都大學 人文科學研究所

每日新聞社

　　1974　天理參考守藏品により中国古代美術展, 東京: 京玉

東京 · 古代オリエント博物館

　　1991　南ロシア騎馬民族遺寶展, 京都: 朝日新聞社

郁進編

　　1980　長城, 北京: 文物出版社

中国歷史博物館(中国国家博物馆)

1990 中国歷史博物館 图錄, 北京: 中国歷史博物館

1991 西安, 香港: 中外文化出版

北京市文物研究所編

1990 北京考古學四十年, 北京: 北京燕山出版社

盖山林

1986 陰山岩畫, 北京: 文物出版社

武伯綸·武复興

1983 絲綢之路, 上海: 上海人民美術出版社

周菁葆編

1993 絲綢之路岩畫藝術, 北京: 新疆人民出版社

岡內三眞 編著

2008 シルクロ-ドの考古學, 東京: 早稻田大學

2004 朝鮮半島出土の玦狀耳飾について, 玉文化, 創刊號, pp.73-77

松丸道雄編

1980 西周靑銅器とその国家, 東京: 東京大學出版會

楊寬, 尾形勇·太田有子 譯

1981 中国皇帝陵の起源と變遷, 東京: 學生社

藤尾愼一郎

2002 朝鮮半島의 突帶文土器, 韓半島考古學論叢, 東京: すずさわ書店,
     pp.89-123

中山淸隆

1993 朝鮮·中国東北の突帶文土器, 古代 第95號, pp.451-464

2002 繩文文化と大陸系文物, 繩文時代の渡來文化, 東京: 雄山閣,
     pp.214 -233

2004 朝鮮半島の先史玉器と玉作り関聯資料, 季刊考古學 89, pp.89-91

1. 중국의 세계문화유산

1. 明·淸代궁전: 紫禁城(Imperial Palace of the Ming and Qing Dynasties: 문화, 1987): 明나라 3대 成祖(朱棣/주체, 永樂, 서기 1403년-서기 1424년) 서기 1420년에 준공한 궁전으로 淸나라 말 서기 1911년까지 사용되었다. 자금성(北京 故宮, 舊稱 紫禁城)은 동서 760m, 남북 960m, 72만㎡의 넓이에 높이 11m, 사방 4km의 담과 800 채의 건물과 일명 9,999(9,000房間)개의 방이 배치되어 있다. 이의 건축은 元 쿠빌라이 칸(元 世祖 忽必烈)의 上都와 大都를 잇는 남북(子午)선상을 '世界中央之國'의 中心軸으로 삼은 風水地理의 龙脈(dragon back)의 개념이 남아 있으며 明과 淸代의 北京城에는 景山의 北上門과 万春亭, 永定門, 紫禁城의 正门인 午门, 天安門, 正昭門, 地安門, 太和殿, 鐘樓(원래 元 大都 大天壽寺의 것이나 乾隆 10년 서기 1745년 重建으로 높이 7.02m, 직경 3.4m, 무게 63t임)와 鼓樓(大 1, 小 24개, 큰 것의 높이 2.22m로 서기 1900년 8월 八国联军에 의해 파괴, 天明擊鼓催人起, 入夜鳴鐘崔人息으로 아침에는 북, 저녁에는 종을 침) 등의 건

물이 이 중심축 위에 세워졌다. 北京城의 설계는 쿠빌라이 칸 때 刘秉忠(서기 1216년-서기 1274년, 元朝 忽必烈可汗 宰相)이 했다.

外殿으로 太和殿, 中和殿, 保和殿이 있으며 太和殿에는 建極綏猷(書經 湯誥편에 나오는 克綏厥猷로 황제는 법도를 세우고 백성은 이를 편안히 여기게 해야 한다는 뜻으로 皇建有極, 建極軒轅도 비슷한 의미를 지닌다)의 현판이 걸려 있다. 황제즉위식이 거행되는 太和殿은 明成祖 이후 淸 乾隆 때까지 크게 3번(서기 1421년, 서기 1599년, 서기 1679년)에 걸쳐 번개와 화재로 소실되었다가 재건되었다. 서기 1925년 10월 10일 古宮博物院이 되었다. 그 외에도 이곳에는 正大光明(乾淸宮), 日升月恒(坤宁宮) 등의 유명한 額字가 많다. 그러나 紫禁城 古宮博物院에 있던 乾隆帝의 수집품 중 玉器, 靑銅器, 書畵, 陶瓷器 등약 65만점(宋·元·明·淸의 24만점 포함)의 중요한 대부분의 文化財들이 현재 台湾 台北 国立故宮博物院(서기 1965년 개관)에 所藏·展示 중이다(《石渠宝笈》서기 1744년, 天祿琳琅, 物华天寶, 天工寶物 서기 2006년). 이는 中日戰爭 동안 北京(서기 1924년)-上海-南京-武汉-長沙-陽貴-安順-四川省 巴県-重庆-陝西省 寶鷄-南鄭-褒城-峨嵋-南京(서기 1945년)로 옮겨 피신 중이었던 문화재들이 정착을 못하고 또 大長征과 八路軍의 역사적 사건을 거쳐 서기 1949년 10월 1일 들어선 共産主義者 毛泽东의 中华人民共和国 수립에 앞서 民族主義者 蔣介石의 中华民国의 정부가 대만으로 철수할 때 함께 가져갔기 때문이다.

2. 周口店의 북경원인 유적(Peking Man Site at Zhoukoudian: 문화, 1987): 북경에서 서남쪽 40㎞ 떨어진 주구점 龙骨山 석회암 구릉의 洪績世(更新世, Pleistocene) 중기 불의 사용을 처음 알던 50만 년 된 直立猿人/原人(Homo erectus)과 신인(Homosapiens, 山

頂洞)인의 유적으로 서기 1921년 O. Zdansky에 의해 2점의 차아가 발견되고, 서기 1927년 전파론자인 Graffton Elliot Smith의 제자인 Davidson Black은 중국 주구점에서 인골을 발견하여 北京原人(Sinanthropus pekinensis)로 명명하였다. 서기 1929년 12월 2일 裴文中이 완벽한 头蓋骨을 발견한 이후 지금까지 40여 점의 인골 화석이 출토되었다. 이 인골들은 주로 1지구에서 출토되었으나 서기 1941년 일본과의 전쟁직후에 사라져 버렸다. 치아 중 門齒는 shovel-shaped incisor(앞니의 뒤가 삽처럼 파여졌다는데서 근거함)로 북경원인이 아시아의 조상으로 추측되는 근거를 마련하고 있다. 북경원인의 키는 남자가 156cm, 여자 144cm, 두 개 용량은 1,043cc, 두개골에는 骨櫛(矢牀隆起)이 현저하게 남아있다. 유물은 약 10만 점이 되나 석기는 많지 않다. 석기는 주로 15지구에서 발견되었으며 박편, 긁개, 찍개류로 직접타격이나 양극타격을 이용해 석기제작을 하였다. 그러나 片石器가 위주이고 石核石器는 적다. 원료는 주로 脈石英, 砂岩, 燧石이다. 화석은 劍齒虎, 야생말, 양, 비비원숭이, 물소, 곰, 하이에나, 코뿔소, 사슴 등 포유동물이 많다. 이 유적은 불을 이용해 음식을 익혀 먹던 50만 년-20만 년에 걸쳐 살던 직립원인들이다. 또 서기 1934년 주구점 山頂洞에서 두개골 4점 이외에 8명분의 인골과 여러 석기와 골기가 다량으로 나왔는데 이들은 신인(Homo sapiens)으로 후기구석기시대에 살았다.

3. 泰山(Mount Taishan: 복합, 1987): 山東省 中部 泰安市 관할에 속하며 남북 30km, 동서 40km에 달한다. 중국에서 東岳으로 불리며 가장 높은 해발 1,545m에 玉皇頂이 있다. 孔子의 登岳을 비롯해 秦 始皇, 汉 武帝(7대, 無字碑), 唐 玄宗(開元 13년, 서기 725년), 淸 乾隆帝

(乾隆 13년, 서기 1748년) 등이 이곳 정상인 玉皇頂 玉皇廟 근처 하늘에 이르는 門인 '登封台'에서 封禅祭祀를 지냈던 중국 제 1의 聖山이며 산 정상인 玉皇頂 주위에는 碑林를 이루는 듯 각 시대에 따른 많은 石碑와 石刻이 있다. 그중 '五嶽之長', '五嶽獨尊'과 '果然'(淸 康熙 54년, 서기 1714년)의 石刻도 눈에 띤다. 孔子와 杜甫等 名人과 文人들이 이 산을 방문했는데《孟子》의 "登泰山而小天下"를 비롯하여 杜甫의 詩歌인 '望岳', 姚鼐(淸代文学家, 서기 1731년−서기 1815년)의 散文인《登泰山记》가 전해온다. 현재 불교유적으로 玉皇寺, 神宝寺, 普照寺, 도교유적으로 王母池(群王庵), 老君堂, 斗母宫(龙泉观), 碧霞祠, 后石坞庙, 元始天尊庙가 남아있다. 그리고 이곳에는 다른 곳에서는 볼 수 없는 泰山의 著名한 特产物인 螭霖渔[《泰山药物志》에 記載된 "本品因螭头喜霖"으로 이 이름을 얻음, 赤鳞渔로도 불림]가 살고 있으며, 또 태산의 계곡은 天然花紋石, 人物石과 文字石이 많이 나와 壽石(山水景石, 水石)所藏家와 蒐集家들의 聖地(메카)로 각광을 받고 있다.

歷代帝王封禅祭祀泰山一览表는 다음과 같다.

晋, 元, 明나라를 제외하고 統一王朝 皇帝는 모두 이곳에서 封禅을 행하였다.

秦

　秦 始皇 始皇 28년(기원전 219년) 封泰山, 禅梁父山

　二世 胡亥 二世皇帝 元年(기원전 209년) 登封泰山

西汉

　武帝 刘彻

　元封 元年(기원전 110년) 封泰山, 禅肃然山

　元封 2년(기원전 109년) 封泰山, 祠明堂

元封 5년(기원전 106년) 封泰山, 祠明堂

太初 元年(기원전 104년) 封泰山, 禅蒿里山

太初 3년(기원전 102년) 封泰山, 禅石闾山

天汉 3년(기원전 98년) 封泰山, 祠明堂

太始 4년(기원전 93년) 封泰山, 禅石閭山

征和 4년(기원전 89년) 封泰山, 禅石閭山

東汉

光武帝 刘秀 建武 32년(서기 56년) 封泰山, 禅梁父山

章帝 刘炟 元和 2년(서기 85년) 柴祭泰山, 祠明堂

安帝 刘祜 延光 3년(서기 124년) 柴祭泰山, 祠明堂

隋

文帝 楊堅 開皇 15년(서기 595년) 壇設祭泰山

唐

高宗 李治 乾封 元年(서기 666년) 封泰山, 禅社首山(双束碑, 鸳鸯碑)

天册金轮圣神皇帝 武曌 万岁登封 元年(서기 696년) 封太室山, 禅少室山

玄宗 李隆基 開元 13년(서기 725년) 封泰山, 禅社首山

宋

真宗 趙恒 大中祥符 元年(서기 1008년) 封泰山, 禅社首山

清

聖祖 玄燁

康熙 23년(서기 1684년) 祭祀泰山

康熙 42년(서기 1703년) 祭祀泰山

高宗 弘曆 乾隆 13년(서기 1748년)-乾隆 55년(서기 1790년) 사이 前後 10회 祭祀泰山

4. 中国古代四大工程은 长城, 都江堰, 灵渠, 京杭大运河이다. 그중 만리장성은 기원전 221년 秦始皇 때 쌓기 시작하였고 明나라 초 서기 1378년(洪武 11년) 塼을 이용해 보강하였다. 특히 戚継光(척계광, 서기 1528년–서기 1587년)과 譚綸(담윤)이 塼을 이용해 서기 1505년(弘治 18년)에 북경 북쪽의 八達嶺을 쌓은 것을 비롯해 서기 1575년(14대 神宗, 万历 3년) 만리장성을 현재의 모습으로 바꾸어 놓았는데 성 주위에 보(步), 기(騎), 차(車), 중(重) 등의 영(營)을 세웠고 성위의 공심적대(空心敵台, 空心墩)가 특징이다. 明長城은 동쪽 山海关(天下第一关, 老龙头 포함)에서 辽宁省 綏中県과 河北省의 分界處로 九江河를 가로지르는 九門口水上長城(또는 一片石关, 京東首关, 서기 1986년–서기 1989년 복원)을 포함해 서쪽 嘉峪关(天下第一雄关)에서 서쪽 嘉峪关까지 뻗어 있다. 그리고 甘肅省 敦煌市 西北쪽 약 90㎞ 떨어진 곳에 위치한 玉門关으로부터 서쪽은 西域이이라 부른다. 북경을 중심으로 하는 명나라의 장성은 다음과 같다.

北京以東: 虎山長城, 老龙头長城, 山海関

北京周辺: 司馬台長城, 金山嶺長城, 蟠龙山長城, 古北口長城, 大榛峪長城, 黄花城長城, 慕田峪長城, 箭扣長城, 八達嶺長城, 水関長城, 居庸関長城, 挿箭嶺長城, 九門 口水上長城

北京以西: 老牛湾長城, 榆林鎮北楼, 三関口長城, 騰格里砂漠長城, 丹峡口 長城, 嘉峪関, 河倉城, 玉門関, 陽関(본문 8장 萬里長城을 참조할 것)

5. 秦始皇陵(Mausoleum of the First Qin Emperor: 문화, 1987): 秦始皇은 진나라를 기원전 246년–기원전 210년에 통치하였으

며 기원전 221년 戰国时代를 통일하였다. 그의 무덤은 섬서성 임동현 여산(陝西省 臨潼県 驪山)에 위치하며 발굴에서는 보병의 1호(11열로 배치, 1열은 230m임), 각렬의 보병, 궁수·전차와 기마부대의 2호, 그리고 지휘통솔부의 3호의 兵馬坑이 확인되었다. 그리고 최근 중앙 왕릉 근처에서 발견된 80여 개의 坑 중 이어 만든 갑옷인 石製札甲만 수백 벌을 매장한 坑이 새로이 발굴·조사 중이다. 이는 진시황이 전사자들의 영혼을 위로하기 위해 매장한 것으로 추측된다. 그리고 이 묘는 진시황이 기원전 247년 13세로 등극하자마자 만들기 시작해 50세에 죽을 때까지 완성을 보지 못하였다. 그리고 그의 능도 기원전 207년 楚의 霸王 項羽(또는 項籍: 기원전 232년-기원전 202년)에 의해 도굴 당했으며 그 속에서 가져온 보물의 일부는 애첩 虞美人에게로 흘러 들어간 것으로 여겨진다. 그리고 秦始皇帝의 兵馬坑은 다음 汉나라에서도 계속 만들어졌는데 ① 汉 武帝 父親이며 汉陽陵 主人인 景帝墓(기원전 188년-기원전 141년 3월 9일, 汉朝 第6대 皇帝로 기원전 157년 7월 14일—기원전 141년 3월 9日 在位, 무덤은 [汉 景帝 5년/기원전 153년 正月/혹 3월에 만들기 시작해서 景帝 死后 3년/기원전 141년 완공)西安考古所에서 서기 1998년 10여 곳의 陪葬坑, 서기 2004년, 西安考古研究所에서 陵区内의 丛葬坑(部分), 陪葬墓园, 祭祀建筑 등을 발굴하고 汉阳陵考古陈列馆과 帝陵 外葬坑保护展示厅 등을 세웠다], ② 陝西省 咸阳市 楊家灣에서 발견된 4·5호묘(이들은 周勃과 周亞夫 父子묘로 기원전 195년 죽은 汉 高祖무덤인 長陵의 陪葬墓로 추정된다. 서기 1970-서기 1976년 발굴)와 ③ 江蘇省 蘇州 西樵山에서 서기 1988년-서기 1995년 발굴된 諸侯国 楚나라 3대 왕인 刘禹(기원전 155년에 일어난 吳楚七国의 亂이 실패하여 기원전 154년 35세 나이로 자살, 이때는 西汉 6대 景帝 刘啓 前元 3년임)의 것이 잘 알려져 있다.

기원전 247년부터 만들기 시작해 38년이 걸린 전체 면적 56.25㎢ 내 封土墳만 25만㎡의 범위를 가진 秦始皇陵의 地下高樓(궁전, 무덤)를 찾기 위한 물리적 탐사가 서기 1981년 水銀의 함유량 조사 이후 계속 진행되고 있는데 서기 2002년부터 836물리탐사계획 탐사(단장은 刘土毅, 考古隊長은 段清波임)에서 진시황릉의 槨室(墓室) 주위에 보안과 봉토를 쉽게 쌓기 위한 동서 145m, 남북 120m, 높이 30m의 담장을 두르고 그 위에 전체 三段의 구획에 각단 3개의 계단을 갖은 모두 9개의 層段(무덤 하변의 폭 500m, 묘실 바닥에서 봉토까지 전체 높이 115m, 계단 한 층의 높이 3m, 각 계단 폭 2.5m)을 갖고 각 계단의 끝에는 개와를 덮은 極數인 9층의 樓閣지붕을 가진 목조건물의 피라미드 구조가 확인되고 있다. 그 구조 위에는 6-7㎝로 다진 版築의 細夯土(封土下 30-40㎝에서 발견됨, 묘실 위에는 40-60㎝의 두께의 粗夯土로 덮여 있음)로 다진 후 봉토로 덮고 그 위에 享堂(王堂)의 祭祀用 목조 건물을 세운 것으로 밝혀지고 있다. 이는 中国社會科學院 考古研究所 楊鴻勛 研究員의 생각이기도 하다. 이와 같은 형태는 河北省 平山県 城北 靈山下에서 서기 1974년-서기 1978년에 발굴된 戰国 말기 中山国 5대 중산왕릉(기원전 323년)에서 그 기원을 찾아볼 수 있다고 한다. 이 중산왕릉이 만들어진 50년 후 진시황릉이 만들어지게 된다. 그렇다면 高句麗 輯安의 將軍塚의 기원도 밝혀질 수 있을 것이다. 묘실 안에는 司马迁의 《史記》 秦始皇 本紀 第 六에서 언급된 바와 같이 인부 70만 명을 동원해 세 개의 모래층을 판 穿三泉을 한 후 槨(묘실)을 만들고 천장에서 天文(보석으로 별자리를 만든 것으로 추측), 바닥은 水銀(100톤 이상으로 추산)으로 中国의 지형에 따라 강과 바다를 만들고 人魚膏(고래기름)로 長明燈의 불을 밝혀 오래 가도록 하였다. 그리고 弓矢를 장착해 문이 열릴 때 자동적으로 발사하도록 장치를 갖추었다

한다. 수은은 지형 상 바다가 면한 동북쪽과 동쪽에서 많이 含有된 중국의 水界分布를 나타내고 있음이 밝혀졌다. 이는 시체와 부장품들의 腐敗를 防止하기 위한 목적도 있다. 현재 황릉에 대한 다각적인 연구가 진행 중이다.

6. 敦煌의 莫高窟(Mogao Caves: 문화, 1987): 絲綢之路 중 교역물증을 확실하게 알 수 있는 곳은 敦煌의 莫高窟(Mogao Caves, 속칭 "千佛洞"임, 서기 1987년 세계문화유산 등재)이다. 이 막고굴은 甘肅省 敦煌県 동남쪽 20㎞ 떨어져 그 앞에는 月牙泉이 감싸고 있는 鳴沙山 斷崖에 北朝에서 元에 이르는 서기 4세기-서기 14세기 壁畵가 있는 동굴 사원으로, 祁連山脈 河西走(廻)廊의 마지막 종착역이며 실크로드(絲綢之路)의 시발점이다. 前秦 建元 2 년(서기 366년) 樂僔和尙이 처음 이곳에서 굴을 만들기 시작하여 十六国의 前秦-北魏-隨-唐-五代-西夏(서기 1032년-서기 1227년)-宋-元(서기 1206년-서기 1368년)대의 16국에 이르기까지 계속되었다. 동굴 내 벽화는 4.5만㎡에 이르며 세계적 미술의 보고이다. 이곳에는 北朝, 唐, 西夏 시기의 불교관계 벽화가 중심되어 있다. 막고굴에는 현재 洞窟 735개, 壁画 4.5만㎡, 泥质彩塑 2415尊이 있어 世界에서 최대 규모이다. 돈황은 渭河의 서쪽 兰州, 中衛, 武威, 張掖, 酒泉과 嘉峪关을 거치는 河西走(廻)廊을 지나 실크로드가 시작되는 요충지로 서기 1906년-서기 1909년 사이 프랑스 학자 폴 펠리오(Paul Pelliot, 伯希和, 서기 1878년 5월 28일-서기 1945년 10월 26일)가 서기 1908년 鳴沙山 千佛洞 莫高窟에서 蕙超(聖德王 3년 서기 704년-元聖王 3년 서기 787년)의《往五天竺国傳》2 冊(서기 727년, 한행 27-30자 모두 227행, 프랑스 국립도서관 소장)을 발견한 바 있다. 현재 敦煌文物研究院(樊錦詩 院長)에서는 莫高窟 98

호굴의 벽화(佛畵)로부터 50℃에서 소금기를 제거하고 벽화를 복구하는 작업이 진행 중이다.

그리고 서기 1944년 여름 막고굴 220호의 宋나라의 벽화를 모사할 때 북쪽 벽 구석 송나라 벽화아래에서 唐나라의 벽화가 새로이 발견되었는데 이 벽화는 중원에서 온 翟(적, 책)氏望族의 일원인 翟玄邁의 翟家窟의 願刹인 막고굴 220호가 그 당시 翟氏집안에서 출가한 道弘法師의 지휘·감독 하에 조성된 것으로 추측된다. 220호 내의 벽화는 中原에서 모셔온 畵師의 작품들로 《維摩詰經變图》(唐, 길이 895㎝, 폭 570㎝, 높이 495㎝), 文殊菩薩受佛祖囑託, 《各国王子聽法图》, 《歷代帝王图》(미국 보스톤 미술관 소장), 鮮卑族供养人像列(莫高窟 285호, 西魏)와 女供養人畵像(61호, 唐)을 본떠 제작한 翟氏 供養人畵像(당, 220호) 등이 이를 대변해 준다. 翟玄邁의 원찰은 唐 太宗이 貞觀 14년(서기 640년) 侯君集으로 하여금 '西域古国高昌国의 亂'을 평정할 때 絲綢之路의 河西 走(廻)廊을 지나고 현 돈황이 있는 沙州에 兵站을 만든 데서 비롯된다. 이곳에서 사용된 벽화의 안료는 靑金石(아프카니스탄, 回靑), 朱砂, 孔雀石, 雲母 등으로 모두 서역에서 온 것이다. 이 벽화들은 徵妙比丘尼畵像(北周, 286호)와 阿彌陀經變畵(당, 2228호)의 佛头에서 사용되던 안료와 같이 西域顔料, 中原에서 모셔온 畵師와 沙州打窟人의 합작품이다. 또 벽화를 그리고 塑像을 만들 때 整修崖面-鑿掘-벽면에 麥, 棉花와 麻를 섞은 진흙(泥)과 그 위에 白灰를 바른 후 그림을 그리는 繪制壁畵/塑像의 제작과정에서도 서역과 중원의 기술이 융합된 슬기로운 면이 엿보인다. 그리고 당나라 초기의 재상이자 유명한 화가인 閻立本(염립본, 서기 601년-서기 673년 11월 14일)의 작품인 《歷代帝王图》의 亞流도 보인다. 이곳에서 그림을 그릴 때 사용하던 여러 가지 안료의 원료인 천연광 물, 硏과 硯도 발견되어 현재 敦煌博物

館에 전시 중이다. 敦煌 莫高窟은 大同 云岡石窟, 洛陽 龙門石窟, 重庆 大足石窟과 함께 중국 4대 석굴의 하나이다.

7. 黃山(Mount Huangshan: 복합, 1990): 안휘성 남부 소재로 해발 1,873m, 泰山(東岳), 华山(西岳), 衡山(南岳), 恒山(北岳), 崇山(숭산, 中岳)의 五岳과 더불어 중국 10대 명승지 중의 하나로 산록에는 고대 민간 촌락이 많다. 그리고 중국 嶺南畵派 중 黃山畵派(安徽畵派)가 이곳의 경승을 배경으로 일어났는데 淸대의 弘仁, 石濤, 梅淸, 梅庚 등이 대표적 작가들이다.

8. 承德의 遊夏山莊(The Mountain Resort and its Outlying Temples in Chengde: 문화, 1994): 河北省 承德에 있으며 淸나라 황실에서 4-9월의 6개월간에 걸친 여름 避暑宮으로 이곳에서 정치를 하였다. 옛 이름은 熱河로 燕巖 朴趾源(서기 1737년-서기 1805년)이 서기 1780년 乾隆(高宗) 45년 70세 萬壽節 잔치에 다녀온 후 熱河日記를 썼다. 이곳은 宮殿区, 水苑区, 平原区와 山区의 4구역으로 나누어 건축이 이루어지고 둘레는 10㎞의 방어성을 쌓았다. 서기 1703년(康熙 42년)에서 시작하여 서기 1792년(乾隆 57년)에 건립하였다.

9. 라사의 포탈라 궁(Potala Palace of Lhasa: 문화, 1994/2000/2001 확대지정): 라사의 포탈라(布達拉) 궁은 서기 7세기부터 달라이라마의 겨울 궁전으로 티베트의 종교·행정의 중심지이다. 노르블린카(Norbulinka, 羅布林卡)는 여름궁전으로 서기 1755년에 지어졌다. 포탈라 궁은 라사 계곡의 해발 3700m의 紅山 위에 白宮, 紅宮과 부속건물들로 구성되어 있다. 궁의 규모는 동서 길이 400m, 남북 350m이며

높이 300m의 바위 위에선 건물 높이 117m, 100개의 방, 10,000개의 사원, 2만 개의 불상, 13대에 걸치는 달라이 라마의 무덤(서기 1933년에 浮屠塔을 세움)이 있다. 그리고 지진에 대비하기 위해 3-5m 두께의 礎石과 건물 벽을 만들고, 초석에 구리를 부어 기초를 단단하게 만들었다. 토번(吐蕃)의 33대 송짼간뽀(서기 617년-서기 650년) 왕 때 얄룽(嘎朗) 계곡의 쩨탕[澤堂] 칭와닥제 궁전[靑瓦達牧城]에서 遷都한 라싸의 포탈라 紅宮을, 5대 달라이 라마 로상 가쵸(서기 1617년-서기 1682년) 때 白宮을 포함해 포탈라 궁을 오늘날과 같이 增築하였다. 토번왕조 27대 치대죽돈쨴뽀(서기 374년)와 28대 라토토리녠 때 불교를 유입, 38대 치송데짼(서기 754년-서기 791년)의 불교의 국교공인, 그리고 서기 779년 쌈애 사원[桑耶寺]의 건립과 더불어 정식으로 불교가 들어오고 神政政治의 길을 트게 되었다. 이후 티베트에서는 불교를 믿는 주요 4대 학파가 형성되었다. 즉 그들은 닝마(Nyingma, 宁玛派/紅帽派, 紅教 토번왕국 38대 치송데짼 때의 빠드마삼바바[蓮华生]에 의해 들어옴), 카큐(Kagyu, Kagyupa, Kagyud, 噶舉派, 역경승 마르파 서기 1012년-서기 1098년, 鳥葬을 함), 샤카(Sakya, 薩迦派, 샤카 사원에서 유래. 서기 1267년 이후 팍파국사가 元 쿠빌라이 世祖의 스승으로 티베트 불교가 원의 국교로 됨), 게룩(Gelug, 格魯派/黃帽派, 쫑가파 宗喀巴〈서기 1357년-서기 1419년〉에 의해 창시)派들이다. 라사의 포탈라 궁을 중심으로 신전정치를 폈던 法王制는 서기 1642년 쫑가파[宗喀巴]가 창시한 게룩파의 5대 라마[法王]인 아왕 로상 가쵸(서기 1617-서기 1682년)에 의해 서기 1642년 몽고의 支持下에 만들어졌다. 서기 1903년 13대 법왕 톱텐 가쵸(서기 1876년-서기 1933년)가 英国軍을 피해 北京과 印度로, 그리고 서기 1959년 14대 법왕인 달라이라마(서기 1935년-현재, His Holiness the 14th Dalai Lama of Tibet

줄여서 H. H. Dalai Lama로 씀, 우리말로는 聖下라 함)가 24세 때 라싸에서 서기 1959년 3월 10일 신년 '뮌람' 축제에 맞추어 일어난 대규모 시위(拉薩의 武裝蜂起)가 실패함에 따라 서기 1959년 3월 17일 인도 다름살라(Dharmsala)로 망명할 때까지 法王制인 神政政治(theocracy)가 지속되었다. 티베트는 서기 1949년 10월 1일 中华人民共和国의 建国 이듬해인 서기 1950년 중국으로 편입되었고 서기 1951년 10월 19일 3만 명의 인민해방군이 西藏의 昌都를 공격하고 西藏軍이 10월 21일 投降한 결과 서기 1951년 5월 23일 中央人民政府와 西藏地方政府 사이에서 和平解放西藏(北京條約)을 체결하고 中华人民共和国은 '和平解放西藏'을 선언하였다[중화인민공화국의 전 대통령인 胡錦濤(후진타오)는 서기 1985년 7월 貴州省의 공산당 서기, 서기 1988년 12월 西藏自治区의 공산당 서기, 1989년 3월 7일 拉薩의 武裝蜂起를 막기 위해 계엄령을 선포하고 동시에 서기 1990년 10월 티베트 군구 제1서기도 겸하였다].

10. 曲阜의 孔子 유적(Temple and Cemetery of Confucius, the Kong Family Mansion in Qufu: 문화, 1994): 산동성 유교의 창시자인 공자(기원전 552년-기원전 479년)를 기려 건립. 文宣王 孔子墓, 孔廟(大成殿), 孔府(大堂), 孔林(子貢 三年喪 侍墓廬幕) 그리고 그의 후손들의 무덤들이 함께 세계에서 가장 오래된 가족공동묘지를 이루고(世葬山) 있다. 孔廟(大成殿), 孔府(大堂), 孔林을 三孔이라 부른다.

11. 武當山의 고대 건축물군(Ancient Building Complex in the Wudang Mountains: 문화, 1994): 湖北省 鈞県 丹江口市 경내 道教의 名山인 武堂山(주봉은 紫霄峰으로 해발 1,612m)의 서기 14세기-

서기 17세기 도교와 관련된 元·明·淸代 건물군 중 天柱峰(大岳, 太岳)의 金殿을 비롯하여 8宮, 72庵廟와 32橋梁이 유명하다. 건물군 중 天柱峰(大岳, 太岳)의 金殿을 비롯하여 8宮, 72庵廟와 32橋梁이 유명하다. 이 건축물군은 永樂帝(明 3대 成祖 朱棣, 서기 1360년 5월 2일-서기 1424년 8월 12일)가 서기 1417년(永樂 15년)부터 張三丰을 위해 遇眞宮을 비롯한 14년에 걸쳐 33棟의 건물을 지음으로서 시작된다. 그는 이 뿐만 아니라 茅山 欽選道士들에게 무당산에 가서 수도를 하도록 명을 내렸다고 한다. 紫雪宮의 벽화, 武當博物館 소장의 金龙, 聖旨 등은 張三丰, 明 洪武帝, 永樂帝와 道敎中興의 역사적 사실을 전한다. 張三丰의 名声은 朝廷에 알려져 서기 1385년(洪武 17년) 明 洪武帝(朱元璋)는 137세의 張三丰을 찾아 請敎로 궁에 초빙했으나 성사되지 못하고 그의 아들 湘王 朱栢(서기 1371년 9월 12일-서기 1399년, 明太祖 第十二子)이 무당산으로 찾아와 道敎法器인 金龙(높이 4.7cm, 폭 11.2cm, 무게 15g), 石簡, 玉璧을 남기고 떠났다. 이 유물들은 서기 1982년 紫霄宮 賜劍台에서 발견되었다. 특히 벽화는 까치(喜鵲)와 뱀(蛇)과의 싸움을 그린 것으로 이에서 太极拳의 창시자로 알려진 張三丰이 '以靜制攻, 以柔克剛'을 터득했다고 한다. 성지는 永樂帝가 보낸 600여 건의 성지 가운데 12편의 석조와 3점의 목조로 그중 永樂 11년(서기 1413년)의 木彫彩繪聖旨가 눈에 띈다. 이는 四川省 成都 서쪽 都江堰市에 위치해 있는 도교 18개의 名山 중 第5洞天으로 張道陵이 득도한 靑城山과 비교된다.

12. 盧山 국립공원(Lushan National Park: 문화, 1996): 상해 남서쪽 540km 江西省 九江市 盧山 500km²는 해발 1,300-1,500m의 산등성이가 25km 이어지는 절경을 이루고 있으며 그중 三疊泉 폭포가 유명

하다. 따라서 이 빼어난 아름다움을 노래한 시와 문학작품이 많다. 이 곳에는 서기 386년 慧遠이 東林寺를 창건하였는데 唐나라 때 번창하였다. 이 절에는 正殿, 神蓮寶殿이 있으며 李白, 白居易 陸遊, 王陽明의 비가 남아있다. 이곳은 도교, 불교, 유교를 포함한 중국 고대 교육과 종교의 중심지로 중국문명의 정신적 지주가 되어 왔다. 명문 있는 비, 역사적 건물, 중국과 외국인들의 별장 600여 동이 있으며 세계화된 마을을 이루고 있다.

13. 峨眉山과 낙산 대불(樂山 大佛)(Mt. Emei and Leshan Giant Buddha: 복합, 1996): 중국 불교 4대 명산인 峨眉山(大光名山, 해발 3,099m)은 后汉(서기 25년-서기 220년) 때 불교가 처음 들어와 불교의 東遷 據點이 되었던 곳이다. 당나라 開元 元年(서기 713년)에 海通 大師(法師)가 中国 四川省 樂山(옛 이름은 嘉定/嘉洲로 凌云大佛, 嘉定 大佛로 불리었음)市 동쪽 3km 떨어진 凌云寺 옆 岷江, 大渡河, 青衣江이 합류하는 지점에 높이 71m의 砂岩에 높이 71m의 낙산 대불을 조성하기 시작하여 90년 만인 서기 803년(貞元 19년)에 완공하였다. 불상 옆에는 唐 韋皐(위고)의 《嘉州凌雲寺大彌勒石像記》(높이 6.6m)가 있어 이 불상이 海通大師→唐 劍南西川节度使兼西川采访制置使 章仇兼 琼→唐 剑南西川节度使 韋皐의 세 사람의 손을 거쳐 완성된 조성 내력에 관해 자세히 알 수 있으며, 또 근처 암벽에는 바위를 파고 조성한 東汉과 蜀시대의 崖墓가 여러 기 있다. 그리고 전면에 13층 높이의 목조 건물을 세워 햇빛과 비바람을 막아 사암의 풍화를 방지해왔는데 이 건물은 몽고군의 침입으로 불타버렸다. 그러나 불상은 서기 2008년 5월 12일(월) 四川省을 강타한 지진에도 파괴되지 않고 살아남았다. 그리고 다행히도 都江堰의 제방과 물길(寶瓶口) 등 수리시설도 아무런 피

해를 받지 않았다.

14. 平遙 고대도시(Ancient City of Ping Yao: 문화, 1997): 서기 1370년(明 洪武 3년)에 磚石石墙으로 만들어진 山西省 平遙県 平遙古城은 전통적인 중국의 전통적인 마을이다. 그리고 청나라 말기 은행이 들어선 경제도시이기도 하다. 이 日升昌 은행은 山西省 太原의 祁県을 중심으로 내몽고 包头까지 활약하던 청나라 말의 喬致庸이 처음으로 고안해 사용하던 것과 관계가 많은 票號이다. 이곳은 중국 성안의 전통적인 도시계획, 건물과 전통예술이 잘 보존되고 있다. 현재 城壁, 재래시장, 古家를 포함해 雙林寺(北齐 武平 2년, 서기 571년 건립), 鎮国寺 萬佛殿(北汉 天會 7년, 서기 963년), 淸虛觀(唐 顯庆 2년, 서기 657년), 文廟大成殿(北汉 天會 7년, 서기 963년), 惠济橋(淸 康熙 10년, 서기 1671년), 票號인 日升昌(淸 道光 3년, 서기 1823년), 同興公鏢局 등도 남아있다. 중국 四大古城은 阆中古城, 丽江古城, 平遥古城, 歙县古城이다.

15. 蘇州 전통정원(Classical Gardens of Suzhou: 문화, 1997): 江蘇省 長江 삼각주에 위치하는 蘇州 园林으로 明代의 것이 272개소, 淸代의 것이 130개소, 蘇州古城 내에 69곳이 있는데 그중 세계문화유산으로 拙政园, 留园, 網絲园, 環秀山莊, 滄浪亭, 獅子林, 藝圃, 耦园, 退思园의 9개소가 등록되었다. 이것은 세계에서 가장 뛰어난 정원조경으로 불릴 수 있다. 서기 1860년 太平軍, 서기 1863년 촬스 고든(Charles Gordon)의 常勝軍, 서기 1937년의 日本軍의 침입만 없었더라면 더욱더 잘 보존되었을 것이다. 이 정원들은 江南园林 중 私家园林으로서 은퇴한 관리나 부자들이 노후를 즐기도록 자신의 邸宅과 亭子에 自然

地形을 이용해 造景을 한 것이다. 이곳 소주는 南北朝(서기 220년-서기 589년)시대 중 南朝의 晋(서기 317년-서기 418년)나라 때부터 관리들의 퇴직 후 살기 좋은 곳으로 정해졌었다.

16. 麗江 고대마을(Old Town of Lijiang: 문화, 1997): 云南省 麗江古城으로도 불리며 려강(리장)을 끼고 玉龙雪山 밑 해발 2,400m, 3.8km²의 면적에 자리 잡고 있는 宋(서기 1127년-서기 1279년)나라 때부터 들어선 마을이다. 象山에서 흘러내리는 강물이 세 줄기로 나누어져 마을 안으로 흘러 들어오는데 이 물줄기를 이용해 물 공급이 원활한 관개시설과 上水路로 잘 이용하고 있다. 마을에는 300여 기의 돌다리가 있고 마을 중심에 있는 四方街에는 五花石으로 불리는 돌로 길을 鋪石해 놓았다. 이곳에는 汉族, 白族, 藏族 그리고 이 마을의 주인 격인 東巴文化(상형문자 포함)의 納西(나시)族의 문화가 서로 융화되고 있다. 그리고 麗江의 山水는 서기 2001년 12월 17일 中国国家民政部에서 비준한 云南省 香格里拉县의 香格里拉(Shanggri-La)와 함께 文人畵의 範本이 되는 중국 최고의 絶景을 이루며 여기에 리장 고대마을과 寶山石头城을 민속촌으로 이용하고 있는 중국 관광 명승지이다. 明·清시대에는 茶馬古都란 이름답게 茶 무역으로 부를 축적하였다. 이 무역루트는 云南省(普洱茶·康磚茶를 포함한 차의 교역)에서 티베트[瀾滄江 소금계곡의 鹽井(옌징, 차카룽) 자다촌(현재 納西족이 운영)에서 나오는 紅鹽과 白鹽]를 거치고 네팔-인도를 잇는 누브라 계곡을 건너 멀리 네팔과 인도 잠무 카슈미르 주에 있는 라다크(Ladakh)까지 가는 동아시아 貿易路를 말한다. 현재 元代 世襲 麗江 土司 이래 西藏 最高統領인 云南省 麗江市 麗江古城内 納西族의 木氏가 元·明·清 3조 22대 470년간 사용하던 행정관청(衛署)인 木府(근처 金鑛을 기반으로 하여

번영함)라는 古家를 비롯한 풍부한 민속자료가 있다.

그리고 중국 지폐 20元(圓)의 배면의 배경이 된 이웃 广西壮族自治区 陽朔県 일대의 漓江, 桂林과 畵山, 漓江과 陽朔 주위의 九馬畵山, 雲台山과 富里橋의 배경을 포함한 여러 산과 새로이 발견한 鐘乳洞窟 7-8곳에 대해서는 서기 1637년 明나라 徐弘相(호는 霞客임, 서기 1587년 1월 5일-서기 1646년 3월 8일)이 쓴 《徐霞客遊記》 중 麗江紀略과 奧西遊日記(广西県의 別稱이 奧西임)에 잘 나타나 있다. 또 广西壮族自治区 중 桂林市 紅岩村의 恭城 瑤族乡自治県과 南岭 下 龙勝県 紅瑤族部落 黃洛瑤寨(天下第一長髮村), 河池市 環江県 九萬大山 下 康宁村의 布依族, 下塘村의 毛南族, 久保屯村과 都陽山 下 巴馬瑤族自治県 巴盤屯村(世界最長壽村)의 瑤族 등이 모여 사는 河池環江毛南族自治県, 그리고 元寶山下 柳州市 三江侗族自治県 등도 중국의 55개의 소수민족의 실상을 보여주는 중요한 民俗學的 자료들이다. 현재 广西壮族自治区 중 珠江 상류에 해당하는 紅水河 변의 河池市 東兰県의 壯族을 비롯하여 岑王老山 下 广西 田村県 三瑤村 瑤恕屯의 瑤族들은 기원전 600년-서기 3세기경 사이 베트남 북쪽 紅河(Red river)의 삼각주를 중심으로 稻作을 기반으로 번성했던 동손문화(The Đông Sơn bronze culture)인들이 사용하던 전통적인 타악기인 靑銅銅鼓(bronze drum, Heger Type I drum)를 아직도 만들어 사용하고 있다. 이 동고는 '中国三大靑銅禮器' 중의 하나로 가운데 태양을 중심으로 주위 여러 겹의 원형 구획 안에 기둥으로 받쳐진 집, 청개구리(靑蛙), 동물·새와 함께 춤추고, 쌀을 찧고, 長鼓를 치는 사람들을 사실적으로 묘사한 문양을 가진 똑같은 전통적인 銅鼓가 아직도 이 지역에서 鑄造되어 春節, 結婚式과 葬禮式전쟁의 지휘와 같은 중요한 儀式이나 행사 때 銅鼓舞와 함께 사용되고 있다. 다시 말해 銅鼓는 古代의 战争 중 指揮军队의 进

退과 宴会, 乐舞 중에 사용하는 신분의 상징과도 같은 역할을 하는 것으로 广西, 广东, 云南, 贵州, 四川, 湖南 등 少数民族地区의 打击乐器로 东方艺术의 特色을 갖춘 中国少数民族 先民智慧의 象征으로 世界 文化艺术의 宝库이다. 이들은 현재 老挝(라오스), 缅甸(미얀마), 泰国과 印度尼西亚(인도네시아) 诸岛에서도 발견된다. 현재까지 발견되어 박물관에 전시되어 있는 동고는 약 320점으로 이들은 발견된 장소와 문양에 따라 万家坝型铜鼓(云南省 楚雄市 万家坝 古墓葬群 出土가 대표), 石寨山型铜鼓(云南省 晋宁县 石寨山 古墓葬群出土), 冷水冲型铜鼓(广西壮族自治区 藤县 横村 冷水冲出土), 遵义型铜鼓(冷水冲型 铜鼓의 변형), 麻江型铜鼓(贵州省 麻江县 出土) 北流型铜鼓(广西壮族自治区 北流县出土), 灵山型铜鼓(广西壮族自治区 灵山县出土), 西盟型铜鼓(云南省 西盟佤族自治县 佤族村寨出土)로 분류된다.

서기 1976년 8월 广西壮族自治区 博物館에 의해 발굴된 翔鹭纹铜鼓를 비롯해 岭南地区의 广西壮族自治区 百色市 龙川镇 出土 铜鼓를 비롯하여 广西 田东县 祥周乡 甘莲村 江峒屯 등지에서 铜鼓가 발견되고 있다. 이들은 春秋晚期 혹은 战国早期 무덤에서 출토한 특징 있는 石寨山型 铜鼓로 岭南地区 广西 田东县 祥周乡 甘莲村 江峒屯 锅盖岭에서 联福村 陀塑屯 北土岭에 이르는 战国墓에서 주로 출토하고 있다. 또 百色市 龙川镇과 平乐에서도 이미 石寨山型 铜鼓가 발견된 바 있다. 그리고 广西 西林县 普驮에서는 西汉时期의 铜鼓墓에서 4점의 石寨山型 铜鼓가 발견되었다. 贵县(현 贵港市) 罗泊湾 1호 汉墓中에서 2점의 石寨山型铜鼓과 함께 이를 변형시켜 다리가 셋이 달린(三足铜案)된 石寨山型 铜鼓도 발견되었다. 이들은 贵县 高中의 西汉墓, 贺县 沙田乡 龙中村에서도 발견되었다. 岭南지구의 山岭, 田野, 河流에서는 특징있는 冷水冲型, 北流型, 灵山型 铜鼓 등이 많이 발견되는데 新中

国이 성립한 서기 1949년 이후 冷水冲型 铜鼓는 약 80여 점, 北流型铜鼓 약 140점, 灵山型铜鼓약 78점, 麻江型 铜鼓는 广西博物馆소장품(遵义型)을 포함해 320여 점에 이른다. 이외에도 文献记錄에 보고된 것만 해도 唐代-民国時期에 발견된 铜鼓는 186점에 달한다.

이제까지 발견된 320점 이상의 동고 중에서도 北流县(현 北流市) 六靖乡水埇(冲)庵에서 서기 1940년도에 발견되어 현재 南宁市 广西民族博物馆에 전시되어 있는 铜鼓가 '铜鼓王'으로 불린다. 이는 北流型 101号 云雷纹大铜鼓로 직경 165㎝, 무게 299㎏로 태양을 중심으로 圓圈과 그사이에 云雷纹이 그리고 청개구리(靑蛙)가 장식되어 있다. 이 는 铅锡青铜 재질로 구성되어 있으며 铜, 锡, 铅의 比例分別는 66.5%, 9.5%, 18.5%이다.

17. 颐和园(Summer Palace and Imperial Garden in Beijing: 문화, 1998): 北京 16景 중의 하나로 서북부 海淀区에 위치하며 원래 이름은 清漪园이다. 면적은 2.9㎢이며 그중 ¾인 2.2㎢가 인공호수인 昆明湖이다. 서기 1750년(乾隆 15년, 서기 1711년-서기 1799년 재위) 에 건설을 시작하였다. 서기 1860년 아편전쟁 당시 프랑스-영국의 연 합군에 의해 약탈당하고 파괴된 것을 西太后(慈禧太后, 서기 1835년 11월 29일-서기 1908년 11월 15일, 同治帝의 생모이며 光緖帝의 큰어 머님 겸 이모이다. 그 외에도 慈禧太后는 圣母皇太后, 那拉太后로도 불리었다)와 서기 1888년과 서기 1902년에 재건하였다. 전체는 萬壽山 과 곤명호로 이루어지고 있으며, 돌로 만들어진 清晏舫, 東宮門, 人壽 殿, 樂壽堂, 長廊, 佛香閣 등의 건물이 있다. 이화원(頤和園)과 같이 北 京市 海淀区에 위치하는 宮苑 겸 離宮(圓明园)으로는 서기 1709년(康 熙 46년)에 짓기 시작하고 서기 1860년(咸丰 10년) 10월 18일 제2차 아

편전쟁 시 영국파견 지방장관(현 고등판무관)인 엘긴 卿(Lord Elgin)의 명에 따라 英-佛 연합군(Grant와 Montauban 장군)에 의해 철저히 파괴된 圓明園(康熙 46년, 서기 1709년-咸丰 10년, 서기 1860년, The Old Summer Palace)도 들 수 있다. 이곳에는 현재 圓明三園인 长春園과 绮春园(改称 万春园) 폐허의 흔적과 圓明園을 지키던 8品 技勇太監 任亮과 그의 부하 10여 명이 咸丰 10년/서기 1860년 10월 6일 밤 圓明園 大宮門에서 최후의 결전을 벌려 殉死한 내용을 알려주는 任亮碑(圓明園 技勇 '八品首领' 任亮 등의 殉職碑)가 서기 1983년 清华大學 建筑공사장에서 발견되어 당시의 상황을 전해준다. 그 비에는 "勇哉明亭, 遇難不恐, 念食厚祿, 必要作忠, 奮力直前, 寡弗抵衆, 殉難身故, 忠勇可風"이라고 언급하고 있다.

18. 天壇(Temple of Heaven: 문화, 1998): 천단은 중국 北京市 崇文区 永定門내 위치하며 明·清代 황제가 丰年祭와 祈雨祭와 같은 제천의식을 행하던 祭壇이다. 넓이는 273만㎡로 紫禁城의 4배이다. 서기 1406년에 시작하여 成祖 永樂 18년인 서기 1420년에 완공되었다. 당시에는 天地壇이라 불렀고 서기 1530년 嘉靖 9년 3개의 제단을 추가해 天壇으로 부르게 되었다. 중국의 天人合一的 宇宙觀을 보여주는 대표 예이다. 이곳에의 마지막 제사는 서기 1914년 中华民国 3년 황제를 자처한 遠世凱였다. 이곳에는 祈年殿(높이 38m, 明 永乐 18년 서기 1420년 짓기 시작하여 乾隆 16년 서기 1751년 수리하여 기년전으로 개칭함. 光緒 15년 서기 1889년 낙뢰로 불타버린 것을 수 년 후 중건함), 皇穹宇, 三音石, 圓丘壇이 있다. 우리나라에는 高宗 23년(서기 1897년)에 새로이 복원한 圓丘壇(사적 157호)이 전 조선호텔 뒤 정원에 위치하고 있다.

19. 武夷山(Mount Wuyi: 복합, 1999): 福建省 동남쪽 해발 2,158m 의 武夷山(현재 세계문화유산으로 지정된 곳은 해발 750m가 가장 높음)은 아열대림 지역으로 뛰어난 경관과 생태계 보존지구이다. 여기에는 36개의 봉우리 2개의 평풍절벽, 8개의 고개, 4개의 계곡 9개의 여울, 5개의 물웅덩이, 11개의 골짜기, 72개의 동굴, 13개의 샘이 있으며 모두 수려한 자태를 지니고 있다. 한때 이곳에는 4천 년 전 越族이 살기도 하였지만 특히 이곳은 특히 性理學의 대가인 朱熹(朱子, 서기 1130년-서기 1200년, 南宋의 유학자)가 武夷精舍(淳熙 10년, 서기 1183년)에 은거하여 학문을 연구하고 제자를 키우던 곳으로 알려져 있다. 경치가 특히 좋은 곳은 九谷溪를 중심으로 하여 읊은 武夷九曲은 잘 알려져 있다. 그중 桃源洞에 관한 아홉 번째의 곡 "庆熙書文의 번역: 아홉구비 다달으니 앞날이 활짝 활연대각이로구나 어랑은 도원 길을 다시 찾으니 뽕나무 삼나무 비이슬이 평천을 보더라 이 인간에 따로 하늘 있는 게 아니더라(九曲將窮眼豁然 漁廊更覓桃源路 桑麻雨露見平泉 除是人間別有天)"은 앞선 李白(서기 701년-서기 762년)의 山中問答인《李太白文集》"묻노니 그대는 왜 푸른 산에 사는가 웃을 뿐 답은 않고 마음이 한가롭네 복사꽃 띄워 물은 아득히 흘러가나니 별천지 따로 있어 인간 세상 아니네(問余何事棲碧山 笑而不答心自閑 桃花流水 杳然去 別有天地非人間)"과 같은 신선의 세상에 이르는 비슷한 경지를 이야기하고 있다. 虎嘯岩(康熙 46년 서기 1707년 천성선원이 있음), 咸丰(서기 1851년-서기 1861년) 年間 太平軍을 피해 이주한 古崖居(天車架, 해발 717m의 수렴동에 위치), 南平 茫蕩山(1,363m) 등이 있으며 그 외에도 무이산 시 흥전진 城村 서남에서 서기 1958년에 발굴된 한나라의 汉城遺址가 있는데 남북 길이 860m, 동서 너비 550m, 총면적 48㎡에 달하는 규모가 크고 대문, 정원, 主殿, 側殿, 산방, 회랑, 천

장과 배수로의 배치가 무척 치밀하고 규모가 큰 古城으로 현재 중국국
가중점문물보호단위로 지정되어 있다. 武夷宮(천보전, 무이관, 총우
관, 만년궁으로도 불림, 唐의 天寶 年间 서기 742년-서기 745년에 건
설), 武夷碑林, 심영낙선사(천심영락암, 明 嘉庆 7년 서기 1528년 재
건)도 볼거리에 속한다. 황제에게만 상납하는 武夷岩茶도 이곳 御茶园
(원래 宋대부터 시작되었으나 창설기록은 元 成宗 大德 6년 서기 1302
년임)에서 재배된다. 그리고 栗谷 李珥는 朱熹를 본 따 해주 석담에 은
거하여 隱屏精舍를 짓고 武夷九曲歌 대신 孤山九曲歌 짓기도 했다. 尤
菴 宋時烈의 华陽九曲, 안동 屛山書院도 모두 이곳 무이산과 관련이
깊다. 이것은 모두 大紅袍라는 磨崖石刻과 大紅袍記가 상징하는 武夷
茶(무이산차, 武夷岩茶)가 기반이 되고 있다. 육곡 響聲巖의 절벽에는
宋, 元, 明대의 마애석각(磨崖石刻) 20여 점이 있다. 그중에는 주자가
새긴 "逝者如斯"란 글도 있다.

20. 大足 암각화(Dazu Rock Carvings: 문화, 1999): 重庆市서 서
쪽 大足県(唐 乾元 서기 758년-서기 760년에 생김)에 있는 대부분 서
기 9세기-서기 13세기의 石刻으로 敦煌 莫高窟, 大同 云岡石窟, 洛陽
龙門石窟의 중국 3대 석굴에 이은 4대 磨崖石窟이다. 대족석각이 四川
省에 조성된 것은 당나라 安祿山의 난(서기 755년-서기 763년)과 같은
어려움을 피할 수 있는 지리적 조건에 있었다. 대족의 磨崖石刻은 연대
가 가장 올라가는 당나라 太宗 貞觀 23년(서기 649년)부터 시작해 五代
(서기 907년-서기 922년), 南·北宋을 거쳐 明·淸대까지 造成되었다.
이들은 北山, 寶頂山, 南山, 石篆山, 石門山에 집중되어 있다. 마애조
상은 75곳, 彫像은 5만여 位, 碑刻題記는 10만 자나 된다. 그중 寶頂山
臥佛은 길이 31m이며 그 옆에는 불교의 牧牛图도 있다. 또 석전산에

는 孔子를 主尊으로 하는 儒家彫像이 있는데 다른 곳에서는 볼 수 없는 특징이다. 여기에는 佛敎, 道敎와 儒敎의 조각이 공존하면서 세속화, 민간풍속화, 심미적 정취가 긴밀히 결합되어 있다.

21. 靑城山과 都江堰 용수로/관개 시스템(Mount Qincheng and the Dujiangyan Irrigation System: 문화, 2000): 이 두 유적은 모두 四川省 成都 서쪽 都江堰市에 위치해 있으며 청성산은 도교 18개의 名山 중 第5 洞天으로 張道陵이 득도한 道敎의 탄생지 겸 정신적 중심지로 이 고대 사원에서 도교관계 행사가 연이어 벌어진다. 이 산의 뒤로는 蛾眉山(大光名山, 해발 3,099m), 앞에는 川西平原이 있다. 여기에는 建福宮, 上淸宮, 天師洞, 祖師殿 등의 건물이 있다. 이는 서기 14세기-서기 17세기 도교와 관련된 元·明·淸代 건물이 있는 湖北省 鈞県 武堂山과 비교가 되는 곳이다. 그리고 都江堰 灌漑는 秦 昭王(기원전 295년-기원전 251년) 시 蜀太守로 있던 李冰과 그의 아들 李郎이 기원전 256년 成都교외 북서쪽 65㎞ 떨어진 곳에 都江堰계획으로 岷江을 막아 둑을 쌓고 水路를 내고 灌漑農業을 성공시켜 그곳에서 나온 잉여생산물을 축적하였는데 여기에서 축적된 잉여생산물을 후일 秦始皇이 인구증가와 戰国時代를 통일하기 위한 軍備로 사용하고 있었다. 이들 부자는 이 治水의 공으로 근처 二王廟(后汉 乾宁 元年 서기 168년경 初築)에 모셔져 숭앙을 받고 있다.

22. 安徽-西遞와 宏村 고대마을(Ancient Villages in Southern Anhui-Xidi and Hongcun: 문화, 2000): 安徽省이 남부 西遞와 宏村 마을은 북송(서기 960년-서기 1127년)에 만들어져 900년간의 역사를 갖고 있는 중국의 전형적인 농촌마을로 지금은 사라져 없거나 변형되

어가는 거리, 건물, 장식, 용수로, 宏村 汪씨 집성촌의 마을 등 중국역
사의 오랜 定住시기의 농촌의 본 모습을 그대로 간직하고 있다. 지금은
민속촌으로서 좋은 관광자원이 되고 있다.

23. 龙門石窟(Longmen Grottoes: 문화, 2000): 龙門石窟은 河南
省 洛陽의 남부 12.5km 떨어진 용문협곡 동서 두 절벽 사이에 위치하며
甘肅省 敦煌 莫高窟과 山西省 大同 云岡石窟과 함께 중국 3대 석각예
술의 보고로 불린다. 남북 길이가 약 1km로 현존 석굴이 1,300여 개, 洞
窟龕室이 2,345개, 詩文과 碑石 조각 3,600여 점, 佛塔이 50여 개, 佛
像이 9,700여 점이 남아있다. 그중 北魏(서기 386년-서기 534년) 시기
말에 만들어진 賓陽의 中洞과 古陽洞, 唐(서기 386년-서기 907년) 시
기의 奉先寺 불상들이 대표적이다.

24. 明과 淸 시대의 황릉(Imperial Tombs of the Ming and Qing
Dynasties: 문화, 2000/2003, 2004년 확대 지정): 서기 2003년과 2004
년 확대 지정된 明淸皇家陵寢은 江苏 南京 明 孝陵, 北京 明 十三陵,
湖北 钟祥 明 显陵, 河北 遵化 淸 东陵, 河北易县 淸 西陵, 辽宁 沈阳
淸 福陵, 辽宁 沈阳 淸 昭陵, 辽宁 新宾 淸 永陵을 포함한다(본문 16장
'明淸시대의 王陵'을 참조할 것).

25. 云岡石窟(Yungang Grottoes: 문화, 2001): 山西省 大同 武周
山 남쪽 기슭에 위치하는 석회암의 云岡石窟은 鮮卑의 拓拔部의 北魏
(서기 386년-서기 534년) 때인 서기 453년/서기 460년[북위 文成帝
(서기 452년-서기 465년) 興安 2년 또는 和平 1년]경에 시작하여 孝明
帝[正光년(서기 520년-서기 524년)]가 洛陽으로 移都하여 북위의 문화

가 완전히 중국화 될 때까지 계속되었다. 즉 이들은 서기 5세기-서기 6세기경에 만들어졌다. 운강석굴은 河南省 洛陽의 龙門石窟과 甘肅省 敦煌 莫高窟과 함께 중국의 3대 석굴로 불린다. 현재 252개의 석굴과 51,000개의 佛像이 조각들은 중국화의 시작이며 특히 曇曜 5굴은 중국 불교예술의 경전이 되는 대표적이라 할 수 있다. 이곳은 자연 풍화가 심해 遼나라(서기 1049년-서기 1060년) 때 이 석굴사원을 보호하려 10개의 사원을 건조하였으나 파괴되고, 淸나라 서기 1651년(世祖, 順治 8년)에는 목조사원과 17개의 불상을 세운 바도 있다.

26. 고대 高句麗 도읍지와 무덤 군(Capital Cities and Tombs of the Ancient Goguryo Kingdom: 문화, 2004): 옛 고구려시대의(기원전 37년-서기 668년) 수도인 吉林省 輯安 3개 도시의 40기의 무덤(14기 왕릉과 26기 貴族陵)군이다. 여기에는 대부분 서기 472년(長壽王 15년) 평양으로 천도하기 이전의 고분군인 遼宁省 桓仁 五女山城, 길림성 集安시 丸都山城과 国內城, 通口고분군, 將軍塚, 太王陵과 好太王碑, 五盔(塊)墳 1-5호, 산성하 고분군(積石塚)·王子墓, 角抵塚·舞踊塚, 장천 1·2호, 牟 头婁塚(冉牟墓)·서대묘·千秋墓 등 모두 43건이 위치한다.

27. 마카오 역사중심지(Historic Centre of Macao: 문화, 2005): 广東省 珠江(Pearl river) 삼각주 남단에 위치한 澳門歷史城区로 알려진 마카오는 明 嘉靖 35년(서기 1557년) 포르투갈 상인들이 해적을 소탕한 공로로 명나라 황제로부터 하사받고, 서기 1887년 포르투갈 식민지, 서기 1951년 포르투갈 海外 州로 되어 총독의 통치를 받았다가 서기 1999년 12월 20일 422년 만에 중국에 반환하였다. 마카오란 이름

은 처음 포르투갈인들이 海神 媽祖閣廟 근처에 많이 살았다고 해서 마조의 발음을 딴 것으로부터 비롯된다. 澳門과 海島市에는 역사적 거리, 주거, 종교적 포르투갈의 공공건물, 중국인의 건물(Mandarin's house)들은 東과 西에서부터 받은 美, 문화, 건축과 기술의 영향을 받아 독특한 분위기를 자아낸다. 이곳에는 당시의 요새(Mount와 Guia Fortress, 여기에는 중국에서 가장 오래된 등대와 교회가 포함)와 성벽들이 그대로 남아있다. 그 외에도 상파울루(Ruins of St. Paul, 서기 1640년) 성당과 그 앞의 파도거리로 불리는 세나도(Senado) 광장, 성 아우구스틴(St. Augustin)과 성 요셉(St. Joseph) 교회, 성모 마리아(Nativity of our Lady) 성당, 우리나라 최초의 신부이자 순교자인 金大建(안드레아, 서기 1821년 8월 21일－서기 1846년 9월 16일)이 서기 1837년 6월 7일 마카오에 도착해 신학공부를 했던 성 안토니 성당(Santo Antonio, 서기 1560년에 지어져 화재로 인해 소실, 서기 1930년 재건) 등이 있다.

28. 殷墟 유적지(Yin Xu: 문화, 2006): 고대 商王朝(기원전 1750년－기원전 1100/1046년)시대의 마지막 수도인 安阳 小屯임(기원전 1388년－기원전 1122년/1046년). 호(毫: 偃師 二里头: 기원전 1766년)－오(隞: 이곳은 정주 '鄭州' 이리강 '二里崗'임: 기원전 1562년－기원전 1389년)－안양(安阳: 기원전 1388년－기원전 1122년의 266년 동안 11 또는 12왕이 재위)의 순서로 도읍이 변천되었다. 그리고 안양 서북강(西北崗: 후가장 '候家莊')과 대사공촌(大司空村)에 있는 18대 반경(盤庚)에서 28대 제신(帝辛: 상나라 마지막 폭군인 주 '紂' 왕)에 이르는 현재 남아있는 11기의 왕묘와 또 다른 대규묘의 귀족들 무덤에서 보이는 殉葬風習, 靑銅祭器와 藝術에서 보이는 직업의 전문화와 고도

의 물질문화, 항토(夯土)라 불리는 판축법(版築法)으로 지어진 성벽, 사원, 궁전, 무덤과 같은 대규모의 건축, 기술자·노예·평민·귀족 등에서 보이는 사회계층화와 조직적인 노동력의 이용, 집약–관개농업과 이에 따른 잉여생산으로 인한 귀족과 상류층의 존재, 반족(半族)이서로 서로 정권을 교대해서 다스리는 이부체제인 을정(乙丁)제도(이는 族內의 분리로 의례목적상 10干에 따라 분리되는데, 이들은 甲乙과 丙丁 다시 말하여 乙門과 丁門의 두 개로 크게 나누어 왕권을 교대로 맡는다.) 아울러 河南省 南陽市 북쪽에 위치하는 独山[中国 四大名玉 산지 중의 하나인 独山(玉潤独山, 海拔 367.8m)에서 산출되는 玉은 독산으로부터 3㎞ 떨어진 6,000년 전의 玉鏟이 출토한 南陽市 臥龙区 蒲山鎮 黄山村 黄山 신석기시대 晚期의 遺址로부터 잘 알려져 있으며, 南阳玉, 河南玉, 独山玉(bright green jadeite, nephrite jade)으로 불린다. 옥의 主要 组成矿物로는 斜长石(anorthite)을 중심으로 黝带石(zoisite), 角閃石(hornblende), 透辉石(Pyroxene), 铬云母(Fuchsite; chrome mica), 绿帘石(epidote), 阳起石(Tremolite, Tremolite asbestos Actinolite) 등이 있다. 이곳에서 옥은 多色性으로 绿色, 藍色, 翡翠色, 棕色(褐色), 红色, 白色, 墨色 등 7가지 색이 나타나며, 白玉에서 미얀마/버마/Myanmar(乘象国, 緬甸, 서기 1989년 이후 Burma의 새로운 명칭)에서 나오는 翡翠와 유사한 옥에 이르기까지 다양하게 산출된다] 및 密县의 密玉(河南省 密县에서 산출하는 河南玉 또는 密玉이라고도 함), 辽宁省 鞍山市 岫岩 满族自治县(中国 四大名玉산지 중의 하나), 甘肅省 酒泉, 陝西省 藍田, 江蘇省 栗陽 小梅岭, 內蒙古 巴林右旗 靑田(巴林石, 青田石)과 멀리 新疆省 和田과 新疆 昌吉県 瑪納斯에서부터 당시 상류층에서 필요한 玉, 碧玉과 翡翠의 수입 같은 장거리 무역관계도 형성해나갔던 것 같다. 그리고 이

들 무역을 통한 국제관계, 법과 무력의 합법적이고 엄격한 적용과 사용, 천문학과 같은 과학과 청동기에서 보이는 金石文, 卜骨·龜甲과 같은 占卜術 등에서 찾아질 수 있다. 또 상의 사회에서 강력한 부가장제, 도철문(饕餮文)에서 보이는 것과 같은 부족을 상징하는 토템신앙과 조상숭배 또한 빼놓을 수 없는 문명의 요소이다. 候家莊 또는 西北崗의 북쪽에 商의 후기 수도인 殷에서 살던 왕족을 매장한 커다란 무덤들이 11기, 그리고 殉葬된 사람이나 동물을 매장한 작은 묘들이 1,200여 기 발굴되었다. 그리고 鄭州 근처의 구리와 아연광산을 비롯해 安阳 苗圃, 小屯, 薛家庄에서도 鑄銅유적이 확인되고 있다. 서기 1939년 武官村 西北崗에서 출토한 司母戊方鼎은 높이 133㎝, 장방형의 길이는 110㎝×78㎝로 무게가 875㎏(公斤)이나 된다. 이 솥의 표면에 보이는 銘文으로 22대 祖庚이 21대 왕 武丁(또는 22대)의 부인이며 어머니 好(母親 戊)를 위해 만든 것으로 되어 있다. 이 솥은 이제까지 발굴된 제일 크고 무게가 나가는 것이다. 여러 무덤에는 부장품으로 이와 같은 청동제의 대형 솥(鼎)을 비롯해 도기(白陶), 옥, 상아, 대리석의 조각 등이 다수 포함되어 있는데, 이는 상나라 후기 수도인 殷의 공예기술을 대표한다. 동기와 골각기의 제작소, 두 마리의 말이 끄는 전차를 매장한 車馬坑도 발견되었다. 또 1976년 小屯의 북서쪽에서 약 100m 떨어진 곳에서 발굴된 은허 5호묘(婦好墓)는 상의 21대 무정(武丁) 왕의 왕비 好의 무덤으로 그 속에서 동기 200여 점, 명문이 있는 것 111점, 청동무기 130여 점, 옥기 590여 점, 석제품 70여 점 등 대량의 유물이 쏟아져 나오고, 그녀 자신은 당시 5,000명의 가신을 거느려 상나라 상류층의 권력과 부를 한눈에 보여준다. 지금까지 발견된 약 15만 점의 甲骨文 중 90%는 21대 왕 武丁(또는 22대) 때 만들어진 것으로, 占卜의 내용은 건강, 사냥의 허락, 기후의 변화, 제사지낼 대상, 전쟁에 참가여부와 참가할 장수에 이르기까지 상나라 왕실 일상사의 다양한 모습을 보여준다. 그리고 왕은 이러한 占卜/神託으로 미래를 점치고, 조상을 숭배하고(ancestor worship), 우주(신)와 접촉하는데 이용하고 궁극적으로 이를 통해 통치의 정당성을 강조하였다. 발굴에서 나온 유물들의 새로운 검토와 해석은 당시 상나라의 사회상을 밝혀준다. 청동 솥에 담겨져 있는 찜으로 요리되었던 듯한 인간의 두개골은 당시 포로로 잡혀온 四川省의 羌族의 것으로 祭式으로 희생된 食人風習(cannibalism)을 보여준다. 富, 權力과 身分의 상징인 바퀴살 달린 戰車는 남부 러시아-카자흐스탄을 경유해 기원전 1300년-기원전 1200년경 상나라에 들어온 것으로 商의 전투실정에 맞게 3인용으로 변형시켰음도 알 수 있다. 그리고 그는 5호묘(婦好墓)에서 함께 출토하는 양쪽 끝에 방울이 달린 弓형 청동제품은 戰爭時 馬夫가 몸을 戰車에 고정시키고 양손에 무기를 들고 자유롭게 움직이기 위한 '허리 부착구'로 새롭게 해석하고 있다. 따라서 주인공인 婦好는 戰士이자 최초의 여성 馬夫역할도 했던 것으로 추측된다. 상호보완적이고 공생관계에 있는 夏나라의 경우 수도는 왕성강(王城崗)-양성(阳城)-언사 이리두(偃師 二里头: 亳)의 순으로 옮긴 것으로 추정된다. 그런데 중요한 것은 하남성 언사 이리두(亳)유적의 경우 1·2층은 하나라시대이고, 그 위의 3·4층은 상나라 것으로 밝혀졌다.

29. 開平 碉樓 및 村落(Kaiping Diaolou and Villages: 문화, 2007): 广東省 江門市 管轄 開平市에 위치한 고층 누각(19m 전후)의 촌락들이다. 이 누각은 서양의 고층건물과 중국의 전통양식이 결합한 华僑洋屋으로 불리며 현재 1,833棟이 남아 있는데 百合鎭 百合墟 馬降龙(清末-民国 元年 서기 1912년), 百合鎭 齐塘村 雁平樓(서기 1912

년), 塘口鎮 塘口墟 方氏燈樓(古溪樓, 서기 1920년) 碉樓群, 開平市 中山樓 등이 등재되어 있다. 이들은 明나라 후기 서기 16세기경 水害, 匪賊/馬賊, 후일 日本人들의 의한 피해를 방지하기 위해 만들어지기 시작한 望樓建築物群으로 서기 19세기 미국과 캐나다의 서부개발에 따른 중국 노동자의 移住와 移民 그리고 그들이 고국에 보내온 송금에 의해 계속 만들어지기 시작했으며 서기 1900년-서기 1930년대에 1,648동으로 급속히 증가하게 되었다. 건축 재료는 돌, 版築(夯土/항토), 磚과 콘크리트가 이용되었으며 콘크리트로 지어진 것이 많다.

30. 福建省 土樓(Fugian Tulou: 문화, 2008): 복건성 토루는 현재 46개로 台湾海峡 내륙 복건성 남부 博平岭 120km의 길이에 중국 복건성, 광동성과 台湾에서 활발한 媽祖信仰을 믿고 광동어(广东话/广東話/Cantones)를 사용하는 커지아/하카인(Hakka people, 客家人/커자런)들이 明·淸시대인 서기 15세기-서기 20세기에 匪賊의 침입을 막기 위해 지은 것이다. 벼, 차, 담배 밭으로 둘러싸인 토루의 外墙은 석재와 벽돌의 기단과 그 위에 약 2m 두께의 진흙으로 약 5m×36cm씩 版築(夯土)으로 쌓아 올려 꼭대기에 해당하는 4-5층에는 杉木으로 結構한 목조의 瞭望台와 望樓의 기능까지 갖춘 요새화된 성채와 같은 집이다. 토루는 대개 4-5층 높이의 건물로 1층은 廚房이며 2층은 닭, 오리고기와 야채 저장창고, 3층 이상은 거주(침실, 臥室)용이다. 이 건물은 안쪽으로 향해 通廊式으로 지어졌으며 房은 약 30개-200개, 거주인은 300명-2,000명 정도가 살 수 있도록 지어졌고 원형(圓樓), 방형(方樓)의 평면을 갖고 있다. 內庭을 갖고 外墙은 두터운 판축된 진흙 벽으로 쌓고 지붕을 받친 요새의 형태를 갖춘 방어용의 주거이다. 한 씨족전체가 그 안에서 살기 때문에 '가족용 왕궁', 또는 '시끄러운 소규모의 도

시'로도 불린다. 이들은 중국 다른 곳에서 볼 수 없는 예외적인 건물로 전통, 집단과 방어조직, 환경과 조화를 이룬 인간의 거주 등이 특징이 있다. 福建土樓(大型生土建築)는 客家土樓와 閩南土樓의 두 가지 형식으로 대별되고 客家土樓에서는 五鳳樓, 通廊式土樓, 單元式土樓로 나누어진다. 이들은 주로 华安, 南靖, 平和, 詔安, 雲霄, 漳浦, 安溪, 南安, 閩南에 분포하는데 永定県 古竹乡 高北村과 平和県 蘆溪乡 蘆峰村이 중심이 된다. 관광지로는 瑞雲樓, 裕昌樓, 步雲樓, 田螺坑 등이다 (본문 19장 客家人을 참조할 것).

31. 五台山(Mount Wutai: 문화, 2009): 山西省 忻州 五台県에 있는 불교의 聖山으로 정상에 평탄하게 난 葉斗峰, 望海峰, 錦秀峰, 桂月峰, 翠石峰의 5개의 봉우리 때문에 五台山으로 부른다. 山西省 五台山은 四川 蛾眉山, 浙江 寶陀山, 安徽 九华山과 더불어 중국 불교 4대 名山으로 불린다. 봉우리 주위 五台鎮에 있는 顯通寺가 가장 오래된 절로 東汉 永平 明帝(서기 58년—서기 75년) 年間의 서기 1세기경에 지어졌다. 佛光寺 大佛殿(唐나라의 목조건물로 가장 높다), 五百羅汉像 높이 9m의 文殊菩薩像을 안치한 五台山 최대의 殊像寺(明) 大雄寶殿 등이 잘 알려져 있다. 南山寺(元)는 极樂寺, 善德堂와 佑国寺의 세 부분으로 구성되어 있다. 그 외에도 集福寺, 碧山寺, 圓照寺, 鎭海寺, 竹林寺, 龙泉寺 등 서기 1세기에서 서기 20세기까지 53개의 절로 들어서 있다. 이곳에서 塔阮寺의 白塔과 輪藏台, 顯通寺의 銅殿, 文殊寺 千鉢文殊菩薩像, 殊像寺의 瑞相天成, 羅侯寺의 木蓮, 龙觀寺 白大理石製入口를 五台七寶로 들기도 한다.

32. 天地之中 登封의 역사기념물(Historic Monument of Deng-

feng in center of Heaven and Earth: 문화, 2010): 중국 허난성(河南省, 하남성) 덩펑시(登封市) 북쪽에 있으며 夏나라(기원전 2200년-기원전 1750년)의 왕성강(王城崗)-양성(阳城)-언사 이리두(偃師 二里头: 亳) 세 수도 중 양성이 위치하였다. 그리고 泰山(東岳), 华山(西岳), 衡山(南岳), 恒山(北岳), 崇山(숭산, 中岳)의 중국의 五岳 중 중악(中岳)으로 중악산[中岳山, 동서 길이는 60㎞, 높이 1,512m의 위자이산(御寨山)이 최고봉]이 자리 잡고 있다. 崇山은 모두 72개의 산봉으로 이루어져 있으며 예로부터 외방산(外方山), 태실산(太室山), 숭고산(嵩高山) 등 많은 별칭이 있었다. 산중에는 세 첨봉이 있는데 중간을 준극봉(峻極峰), 동쪽을 태실봉(太室峰), 서쪽을 소실봉(少室峰)이라고 한다. 당(唐)나라 때인 서기 688년에 신악(神嶽)으로 지정되었다. 또한 남북조(南北朝)시대부터 종교와 문화의 중심지로 유명하였다. 산중에는 佛教, 道教와 儒教의 수업도량(修業道場)이 많다. 그중 소림봉 북쪽 기슭에 있는 巫術로 알려져 있는 佛教의 소림사(少林寺)는 北魏 太和 19년(孝文帝 19년, 서기 495년) 선종(禅宗)의 시조 달마대사(達磨大師)가 세웠다고 알려져 있다. 태실봉 서쪽 기슭의 숭악사(嵩岳寺)는 수당(隋唐)시대에 북종선(北宗禅)의 중심이었던 절로 숭악사탑(嵩岳寺塔)은 12각 15층 높이 40m이며 북위(北魏) 正光 元年(孝明帝, 서기 520년) 때의 것으로 중국에 현존 하는 최고(最古)의 탑이다. 문화유적으로는 道教의 중악묘(中岳廟), 한(汉)나라 때의 숭산삼관(嵩山三闕), 儒教의 숭양서원(嵩陽書院, 북위 서기 484년에 세워졌으며 宋仁宗 景祐 2년 서기 1035년부터 유교서원으로 됨, 理學/性理學이 유명함), 周公測景台, 관성대(觀星台, 元대, 높이 9.46m), 파왕사(法王寺) 등이 있다. 이곳은 도교, 불교와 유교의 역사건축물이 모여있는 곳으로 中国古代宇宙觀, 天文概念이 王權과의 결합하였으며 이들이 과거 1,500년간 중국의 예술, 종교과학에 막대한 영향을 끼쳐왔다.

33. 杭州 西湖의 문화경관(West Lake Cultural Ladnscape of
Hangzhou: 문화, 2011): 서호는 담수호로, 각각 소제(苏堤), 백제(白
堤), 양공제(杨公堤)의 3개 제방으로 분리되어 있는데 浙江省 杭州市
西湖의 문화경관은 서기 9세기 이래 많은 文人과 詩人의 찬사를 받아
왔다. 여기에는 많은 亭子, 寺刹, 庭园이 있으며 대표적인 것은 淨慈
寺, 靈隱寺, 保俶塔, 岳王庙(岳飞庙), 蘇小小墓, 龙井茶园, 武松墓 등
이다.

서호 10경은 소제춘효(蘇堤春曉), 곡원풍하(曲院風荷), 평호추월
(平湖秋月), 단교잔설(斷橋殘雪; 민간 설화 白蛇傳의 배경), 뇌봉석조
(雷峰夕照), 쌍봉삽운(雙峰插雲), 유랑만앵(柳浪聞鶯), 화항관어(花港
觀魚), 삼담인월(三潭印月), 남병만종(南屛晩鐘)이다.

서기 1984년 항주일보에서 신서호십경 선정 작업을 했는데, 이들은
운서죽경(云栖竹径), 만롱계우(满陇桂雨), 호포몽천(虎跑梦泉), 용정문
차(龙井问茶), 구계연수(九溪烟树), 오산천풍(吴山天风), 완돈환벽(阮
墩环碧), 황룡토취(黄龙吐翠), 옥황비운(玉皇飞云), 보석류하(宝石流
霞)이다.

그리고 서기 2007년 저장성 항주에서 열린 제9회 중국항주서호박
람회 개막식에서 杭州市 王国平 書記가 중국에서 역대 세 번째로 선
정한 '신서호십경(新西湖十景)'은 영은선종(灵隐禅踪); 영은사, 육화청
도(六和听涛); 육화탑, 악묘서하(岳墓栖霞); 악왕묘, 호빈청우(湖滨晴
雨); 호빈로, 전사표충(钱祠表忠), 만송서연(万松书缘), 양제경행(杨堤
景行), 삼대운수(三台云水), 매오춘조(梅坞春早), 북가몽심(北街梦寻)
이다.

34. 上都(The Site of Xanadu/Šanadu/Shangdu of the Yuan Dynasty: 문화, 2012): 현 內蒙古自治区 锡林 郭勒盟正蓝旗(锡林 上都市郭) 东北 正蓝旗 东쪽 약 20km 떨어진 闪电河 北岸(多伦県 西北 闪电 河畔) 蒙古 元나라(서기 1206년-서기 1368년)의 草原经관과 환경이 독특한 원나라의 上都로 別名은 夏都이다. 上都地区에는 金나라(서기 1115년-서기 1234년) 때 金莲川地区 혹은 凉陉으로 景明宫이 있었으며 金나라 때부터 皇帝의 피서 지역이었다. 서기 1259년 蒙哥가 죽은 그 다음 해 忽必烈(Kublai/Qubilai Khan, 元世祖, 서기 1215년 9월 23일-서기 1294년 2월 18일, 서기 1260년-서기 1294년 재위)이 开平에서 大汗으로 즉위했다. 당시 몽고의 도성은 哈剌和林에 있었다. 忽必烈이 僧子聪(刘秉忠)에 명해 桓州 동쪽, 滦水(현 闪电河/金莲川, 옛 濡水) 북쪽에 新城을 축조하여 开平府(内蒙古 正蓝旗 金川 草原 闪电河北岸, 正蓝旗 및 多伦县附近一带)로 삼고 藩邸로 삼아 천도하였다. 中统 4년(서기 1263년) 开平府를 上都로 격상시켰다. 至元 元年(서기 1264년) 燕京[현 北京, 金나라의 中都를 점령하여, 燕京으로 개칭하고, 燕京路总管府를 설치, 至元 9년(서기 1272년) 大都로 고쳐 首都로 삼음]을 中都로 개칭하였다가 9년에 中都를 다시 大都로 정해 都城으로 삼았으며 대신 上都를 매년 4월 황제가 피서를 가서 8·9월 가을에 대도로 돌아오는 피서를 지내는 夏都로 만들었다. 元나라 末 농민(紅巾賊)들이 반란을 일으켜 至正 18년(서기 1358년) 12月 上都를 공격하고 宮闕을 파괴하였다. 明(서기 1368년-서기 1644년)나라 초 조정에서 开平卫를 설립하고 宣宗(서기 1426년-서기 1435년) 때 独石口(河北省 沽源県 独石口)로 옮긴 후 그대로 남겨두어 황폐된 채로 오늘에 이르렀다. 현재의 上都의 遺址는 25,000ha로 版築의 외성(둘레 9km, 동서 2.05km, 남북 2.115km, 북에 2, 서와 남쪽에 각 1대

문이 있음), 그 안에 3중의 내성(남북 장 620m, 동서 폭 570m), 궁성, 사원(大龙光华嚴寺, 乾元寺), 楼台, 亭阁台基, 城内水利工程, 祭祀터와 무덤 등이 남아있으며, 몽고유목민, 티베트 불교와 汉나라의 문화를 융합한 독특한 문화경관과 铁幡竿 渠在内의 水利工程(Tiefan'gang canal) 주변의 風水를 보여준다. 이곳은 内蒙古文物考古研究所에서 서기 2009년에 시작하여 서기 2011년까지 面积 8,000㎢의 발굴조사를 마쳤다.

35. 紅河 哈尼族(Hāní Zú)의 계단상 쌀 경작지(梯田) 문화경관 (Cultural Landscape of Honghe Hani Rice Terraces: 문화, 2013): 哀牢山 哈尼族의 계단상의 논(梯田)은 云南省 紅河区 元陽県에 위치한다. 이 문화경관은 구릉 위에 위치한 숲 아래 울타리로 둘려진 마을과 계단상의 논(梯田) 아래 물을 대는 紅河수로체계(水滔耕作)도 포함한다. 紅河 哈尼族의 계단상의 논은 13,190㏊, 완충지대는 14,810㏊의 넓이를 차지다. 이곳은 쌀 재배문화를 보여주는 전통적인 농촌 풍경이다. 이곳은 두 가지 체계로 이루어진다. 첫 번째 체계는 구릉 위의 숲, 계단상의 논, 논 양쪽에 형성된 마을과 산 아래의 수로체계를 포함하는 독특하고도 통합된 생태계를 형성한다. 구릉 정상의 숲은 물을 저장하고 있다. 구릉 정상의 숲에 저장된 水資源을 이용하기 위해 물이 차 있는 구릉 위의 계단상 논은 여러 군데에 인공적으로 조성한 습지나 소택지와 함께 벼도 자라고 물속에서도 서식할 수 있는 동·식물들도 함께 살도록 공존체계를 갖추었다. 이는 수 백 명의 하니족 이웃에 살고 있는 먀오족(苗族 Miáo Zú), 이족(彝族 Yí Zú), 야오족(瑤族 Yáo Zú), 리족(黎族 Lí Zú), 다이족(傣族 Dǎi Zú), 좡족(壯族 Zhuàng Zú)과 같은 다른 민족들도 그런 방식을 택해 생활을 영위해 나간다. 오랜 기간

동안 이 지역에 살던 사람들은 농사에 알맞은 여러 종류의 벼를 재배해
왔으며 한때는 천여 종이 넘고 오늘날에도 전통적인 벼 품종의 개량에
따라 수 십 가지의 벼를 재배하고 있다. 이는 稻作文化와 식량의 보존
에 무척 중요하다. 두 번째의 체계는 마을, 주거, 생산을 위한 건물, 마
을의 보호수, 관개 작업, 돌로 만든 이정표 등의 有形의 문화적 전통과
口傳으로 내려오는 전통적 생산과 생활방식, 습관, 축제행위, 지식체계
와 같은 無形의 문화전통도 포함한다. 그래서 哈尼梯田(계단식 논)은
하니족의 벼농사를 통해 그들의 민속과 신앙체계까지도 연구하는데 중
요하다. 하니족의 전통에 따르면 45세대 동안 계속해서 보존되어 온 물
을 生活用水 및 農業用水로 분배하는 水分石(Water Dividing Stone)
은 현재 坝达景区 중 全福庄에 남아 있는데 그 역사는 하니족이 이곳
에 처음으로 정착하던 唐나라 때까지 거슬러 올라간다고 한다. 그 기록
은 唐 樊綽 撰《蠻書》에 나와 있으며 明나라 徐光啟(서기 1562년 4월
24일-서기 1633년 11월 18일)는《農政全書》에서 梯田에 관한 구체적
인 정의를 내리기도 하였다. 그러나 서기 1840년 이후 중국 사회는 큰
변화를 겪었지만 전통적인 삶에는 영향이 미미하여 오늘날까지 당시의
생활방식이 유지되어오고 있다. 중국과 비슷한 세계문화유산으로는 필
리핀의 루손(Luzon) 섬에 살던 이푸가오(Ifugao) 족들이 과거 2,000년
동안 해발 1,500m에 이른 코르디에라스 산맥의 높은 구릉을 깎아 계
단식(terrace) 농지를 만들어 二毛作의 집약농경으로 벼농사를 해오던
곳으로 전통가옥, 벼농사와 관련된 닭을 잡아 피를 바치는 의례와 농
사에 필요한 물을 저장하는 삼림을 보호하는 친환경적 삶의 모습이 유
지되고 있는 계단식 벼 경작지인 코르디에라스(Rice Terraces of the
Philippines Cordilleras)를 들 수 있다.

36. 京杭大运河(The Grand Canal: 문화, 2014)는 通州(北通州)와 杭州(南通州, 南宋 때 수도인 臨安)를 잇는 京杭运河, 大运河로 불리는 이 운하(中华人民共和国 全国重点文物保护单位 6-810, 2006년 지정)는 중국뿐만 아니라 세계에서도 가장 긴 1,794㎞의 古代运河로 北京市 東南[北京 通州 八里桥, 이 근처에는 元·明·淸시대의 通惠河 玉河道, 白浮泉遺址, 南新槍, 鎭水獸가 조각되어 있는 萬宁桥(서기 1285년-서기 1293년), 什刹海, 張家湾碼头(부두, 선창), 張家湾城 남문, 通运桥, 通运桥碑記, 通州碼头, 通州城, 御製通州石造碑, 永通桥, 北浮桥 등의 흔적이 남아 있다]에서 시작하여 남쪽으로 杭州市에 이르며 그 사이에 天津, 河北, 山东, 江苏 및 浙江省의 一市와 四省을 경유하며 海河, 黄河, 淮河, 长江(揚子江) 및 钱塘江의 五大水系와 접속·연결되고 있다. 전체 길이는 1,794㎞(1,115마일)이다. 이 운하가 건설된 연대는 春秋时期·北魏에서 南宋을 거쳐 淸代에 걸친다. 그리고 처음 健康(南京)을 수도로 정하려고 생각했다가 서기 1138년(紹興 8년) 수도를 臨安으로 확정한 南宋 高宗 趙構 때에는 杭州를 중심으로 북으로 京杭大运河(淮安, 通济渠, 永济渠), 동북쪽으로 錢塘江, 동남쪽으로 杭州-紹興-宁波(海上絲綢之路 起碇港인 浙江省 宁波市)를 잇는 浙東运河와 연결되어 海上絲綢之路를 이루어 朝鮮, 日本, 東南亞, 페르시아(波斯), 아라비아(大食 (阿拉伯帝国) 등 50여 개 豈不勝取之于民'이라 글을 남기도 하였다. 日本 圓仁의 入唐求法巡礼記, 崔溥의 漂海录과 함께 세계 3대중국기행문 중 이탈리아(意大利) 베네치아 공화국/베니스(威尼斯, Venice) 상인 마르코폴로(馬可波羅, Marco Polo, 서기 1254년 9월 15일-서기 1324년 1월 8일)의 東方見聞錄[1298, 원제목은 세계의 서술(Divisament dou monde, Livres des merveilles du monde임)]가 元나라 때 杭州를 방문하여 '百貨登市로 世界上 最美麗华貴之城'이라

하였다. 당시의 무역품으로는 비단, 도자기, 차(茶葉), 人物騎鳳飛行图
案과 愚意吉祥文이 있는 銅鏡이었다. 海上絲綢之路博物館에는 銅鏡이
외에 南宋銀錠, 鐵剪刀, 鐵錢 등이 소장되어 있다. 杭州에는 南宋 建炎
3년(서기 1129년) 王淵, 苗傅, 正彦 등이 苗刘兵變(刘苗之變, 明受之
變)을 일으켜 高宗을 退位시키려 하였으나 韓世忠, 張俊이 이 운하를
잘 이용하여 반군을 진압하였다. 그래서 운하위에 걸려있는 堰橋는 德
勝橋로 개칭되어 韓世忠의 공로를 기리고 있다. 이외에도 杭州에는 江
張橋(魚碼头)와 黑橋(米碼头)가 남아있다.

明·淸시기에는 이 운하는 南方食量의 漕運에 功能이 많았으며 康
熙와 乾隆帝는 이 운하를 이용해 6차례나 江南을 방문하기도 하였다.

옛날부터 육지에서 인력과 축력에 의해 의존하던 运输는 속도도 느
리고 운반량도 적었으며 비용과 물자의 소모는 무척 컸다. 그래서 이러
한 폐단을 없애려면 수로를 이용하는 운하의 개통만이 유일한 해결책
이었다. 중국에서 큰 강은 서 쪽에서 동쪽으로 흘러간다. 황하유역은
역사적으로 전란이 많은 반면 정치·군사가 중심이며, 그리고 장강유역
은 경제·문화가 중심이 된다. 그래서 남방의 풍부한 물자와 세금이 북
방의 정치 중심지인 북경으로 옮겨져야 하는데 이에는 남북을 관통하
는 수로가 필수적이다. 중국 역대 明과 淸나라의 양대 정부에서는 淮
安府城(현재 淮安市淮安区)을 중심으로 漕运总督과 그 밑에 방대한 기
구를 설립하여 漕运을 맡도록 하였는데, 이 운하는 최근 육지운송이 다
시 활발해지기 이전 전국 물동량의 ¾을 차지하였다. 역사상 이 운하는
隋, 唐, 元, 明, 淸나라 때 필요에 따라 운하를 약간 연장하거나 확장했
을 뿐 기본 구조는 별로 변함이 없었다.

① 邗沟운하: 春秋시대 末 太湖 유역의 吳王 夫差는 중원의 晋

国과 패권을 다투었는데 기원전 486년 邗城(현재의 扬州附近)을 수축하여 북상하는 거점으로 삼았고 여기에서부터 운하를 末口(현재의 江苏 淮安市 淮安区 城北 北辰坊)까지 파서 淮河에 연결해 군대와 군수품을 옮겼다. 이 운하는 "邗沟"라는 명칭으로 기원전 486년 개착, 기원전 484년 완공하였는데 大运河 중에서 가장 빨리 만들어진 것이었다. 이 운하의 공사 중 오나라 사람들은 장강(양자강), 회하의 천연 河道와 호수를 이용하였으며 운하의 양쪽에는 운하와 나란히 인접하는 길을 만들었다. 전체 길이는 약 150㎞이다.

② 隋唐大运河: 수나라 때 남북의 통일을 이루어 운하를 계속 파 洛阳을 운하의 중심으로 삼고 여러 운하를 연결하였다. 여기에는 广通渠(인공 간선수로), 通济渠, 山阳瀆(溝, 도랑), 永济渠, 疏浚 江南河가 포함된다.

(a) 广通渠: 京城 長安에서 潼关 東쪽을 연결하여 黃河에 이르는 길이 전체 300餘里가 되었다. 渭水를 주요 수원으로 삼아 方舟巨舫이라는 큰 배가 다닐 수 있었는데 이 공사는 宇文愷가 중심이 되었다.

(b) 通济渠: 낙양에서 출발하여 회하의 물길을 이용하여 황하에 이어지는데,《通鑒》隋紀四에 의하면 隋炀帝 杨广의 즉위 후 大业 元年(서기 605년) 宇文愷에게 명하여 매월 200만 명의 인부를 이용해 운하를 파는 동시 尙書右丞 皇甫議에게도 명해 河南 淮河의 북쪽에 사는 男女 百餘萬을 通济渠를 개통하도록 하였다고 한다. 通济渠는 黃河의 南岸에 위치하며, 東西兩段으로 나누어진다. 서단은 東汉 陽渠의 기초 위에 폭넓게 형성되었으며 洛陽의 西面에 해당한다. 洛水와 支流인 谷水가 水源이다. 이 운하는 洛阳城 남쪽

으로 흐르고 偃師 東南을 지나 다시 黃河로 들어가도록 굴착되었다. 東段은 西쪽 滎陽 西北의 黃河邊위의 板渚로 黃河水를 끌어들여 淮河의 支流인 汴水로 흐르게 하여 현재의 開封市, 杞県, 睢県, 宁陵, 商丘, 夏邑, 永城 等県을 지나 그리고 다시 동남쪽으로 현재의 安徽省 宿県, 靈壁, 泗県, 江蘇省의 泗洪県을 지나 盰胎県에 이르기까지 물이 흐르도록 했다. 동서 兩段은 全長 近 2,000餘里나 된다.

(c) 山陽瀆: 북에서 흘러오는 淮水의 南岸인 山陽(현재의 江蘇省 淮安市 淮安区) 바로 남쪽으로 향해 江都(현재의 揚州市)의 西南인 長江에 연결되고 通済渠를 만들 때와 같은 시기에 淮南인들을 10여만 명을 동원해 확대한 것인데 대체적으로 邗溝운하의 기반 위에 넓게 다듬어 만들어 졌다.

(d) 永済渠: 黃河의 북쪽 洛阳으로부터 対岸의 沁河口의 北쪽에 위치하는 衛河와 和蘆溝(永定河) 등 自然河道를 이용해 더욱 더 깊게 파서 涿郡(현재의 北京市 경계)에 이르렀다.《隋書》煬帝紀에 의하면 大业 4년(서기 608년)에 河北省 의 여러 군에서 남녀 100여만 명을 징발해 永済渠를 만들고 沁水를 끌어들여 남쪽으로 황하에 접속하고 북쪽으로 涿郡에 통했다고 한다. 大业 四年 그해 일년 만에 완성을 시켰다. 全長 1,900餘里이다.

(e) 疏浚 江南河: 春秋時의 오나라는 도성(蘇州)을 중심으로 太湖의 平原을 굴착해 여러 운하를 만들었다. 그중 하나는 북쪽 장강(양자강)으로 통하고, 다른 하나는 남쪽으로 錢塘江에 연결하였다. 남북으로 흐르는 이 두 개의 운하는 연대가 가장 올라가는 강남의 人工水道이다. 隋 煬帝는 명령을 내려 이 운하를 疏浚까지 연장하였다[《資治通鑒》卷一八一記載: "大业六年冬十二月, 敕穿江南

河, 自京口(今鎭江)至餘杭, 八百餘里, 广十餘丈, 使可通龙舟, 並
置驛宮, 草頓, 欲東巡會稽"].

이들 广通渠, 通済渠, 山陽瀆(隋 煬帝가 後兩者를 御河로 함께
부름), 永済渠와 江南河 等의 渠道들은 비록 같은 시기에 만들어진
것은 아니지만 이들 운하는 정치적인 수도인 長安과 洛陽을 중심으
로 하여 동남쪽의 餘杭, 동북쪽의 涿郡까지 연결되고 있다.

동쪽 도읍지인 洛陽을 中心으로 하여, 서쪽 广通渠를 끼고 大興
城 長安에, 북쪽으로는 永済渠를 경유하여 涿州에, 남쪽으로 通済
渠, 山陽瀆과 江南 運河(江南河)를 지나 江都, 餘杭에 이른다. 洛陽
은 中原大平原의 서쪽에 위치하며 海拔은 비교적 높고 운하공정은
東低西高의 지리적 위치를 이용하였는데 自然河道는 서에서 동으로
흐르는 것이 특징이다. 그래서 운하를 팔 때 인력과 물자를 절약할
수 있었으며 배를 이용하는 것이 훨씬 편하였다. 두 단(兩段)을 가
진 운하는 풍부한 황하의 물을 이용하여 항시 물 걱정이 없었다. 물
이 항상 수평을 이루어 당시의 운하를 파는 기술이 무척 높아 두 줄
기의 가장 긴 渠道 를 만드는데 전후 모두 6년 밖에 안 걸렸다. 南北
大運河라고 부르는 隋나라의 운하는 河北, 河南, 江蘇와 浙江省을
관통하고 있다. 운하 수면의 폭은 30m-79m, 길이 약 2,700餘里이
다. 수나라의 政治 및 軍事中心은 북방에 있어 長安과 북방의 군사
적 요충지에 대량의 식량과 물자의 운반은 山陽瀆 북쪽으로 通済渠
에 진입해 黃河를 거슬러 올라가 渭河를 향해 가면서 마지막에는 長
安에 도착하였다. 남쪽으로는 江南運河를 이용하여 京口(현재의 鎭
江)에 도착해 長江(양자강)을 건넜다.

③ 元朝의 大運河: 元나라는 수도인 大都(현재의 北京)에 식량과 물자를 옮기는데 隋나라의 大運河를 그대로 이용하면서, 海河와 淮河 중간에 済州, 會通, 通惠河 등의 운하를 새로이 만들었는데 이는 洛陽을 中心으로 한 운하를 東北 및 東南쪽으로 연장한 것에 불과하다.

(a) 済州河와 會通河: 元나라의 도성인 大都(현재의 北京)에 동남쪽에서 나오는 식량의 운반하기 위해서는 지방에 대부분 水道가 있어 가능했다. 그러나 오직 大都와 通州 사이 臨淸과 済州 사이에는 水道가 없었다. 이로 인해 南北水道의 貫通을 위해 人工河道가 필요하였다. 臨淸과 済州 사이의 運河는 元나라가 두 번에 걸쳐 만들었는데 먼저 済州河를 다음에 會通河를 개통하였다. 済州河는 남쪽 済州(현재의 済宁)의 남쪽 魯橋鎭에서 시작하여, 북쪽으로 須城(현재의 東平県)의 安山에 이르렀다. 全長은 150餘里이다. 至元 18년(서기 1281년)에 시작하여 至元 20년 8월 26일(서기 1283년 9월 18일)에 완공하였다. 유리한 자연조건을 이용하여 汶水와 泗水를 水源으로 삼아 수문과 제방(閘門, 閘壩), 渠道를 만들어 漕運이 가능하게 되었다.

그리고 會通河는 남쪽 須城의 安山에서 시작하여 済州河에 이어지고 이 운하에서 북쪽으로 파 聊城을 지나 臨淸 接衛河에 이르렀다. 全長은 250餘里이다. 至元 26년 1월 19일(서기 1289년 2월 10일)에 시작하여 至元 26년 6월 4일(서기 1289년 6월 22일)에 완공하였는데 至元 26년 7월 4일(서기 1289년 7월 22일)元 世祖 忽必烈이 會通河로 명명하였다.

會通河와 済州河가 개통된 이후 南方의 양곡선이 衛河, 白河를 거쳐 通州에 이르렀다. 會通河에는 물을 조절하는 31개의 갑문이 만들어져 "闸河"로 불렸다.

(b) 壩河와 通惠河: 옛날에 만들어진 운하의 물동량이 극히 적어 원나라에서는 大都와 通州간 수송량이 많은 壩河와 通惠河를 개통하였다. 먼저 만든 壩河는 서쪽 大都의 光熙門(현재의 北京 東直門 북쪽으로 그 당시에는 주요한 식량창고가 있었다)에서 동쪽으로 通州城의 북쪽 溫楡河에 연결하였다. 이 운하는 길이가 전체 40餘里이다. 至元 16년(서기 1279년) 파기 시작해 그해 완공하여 식량을 운반하는 운하로 이용하였다. 지세는 西高東低로 水差가 20m 전후로 커 이 운하에 7개의 閘壩를 만들었는데 壩河로 불렸다.

후일 壩河의 水源이 不足해 元나라에서는 通惠河를 다시 만들었는데 책임자는 都水監 郭守敬(서기 1231년 – 서기 1316년)으로 昌平 化庄村 东龙山의 白浮泉에서 물을 끌어 积水潭에 물을 모아서 皇城 東側으로 南流시켜 東南쪽 文明門(현재의 北京 崇文門의 北쪽) 동쪽으로 通州의 白河에 연결하였다. 全长 164里이다. 서기 1292년 정월에 시작하여 서기 1293년 7월에 완공하고 至元 37년 7월 23일(서기 1293년 8월 26일) 元 世祖 忽必烈이 "通惠河"로 명명하였다.

通惠河가 만들어진 후 남방에서 오는 조운선이 大都의 성내 积水潭에 직접 들어와 内陆港이 되어 무척 번창하였다. 元나라는 隋나라 때부터 만들어졌던 南北大 運河/京杭大運河를 편의적으로 조정해 全長 1,700㎞를 900㎞로 단축하였다.

④ 明·清의 大运河: 明, 清의 두 나라에서도 大運河를 개조하여

京杭大运河를 다음과 같이 나누었다.

(a) 通惠河: 通惠河는 大运河의 가장 북쪽에 있는 구역으로 北京 東
南에서 通州에 이르며, 水源이 不足하여 현재 배가 지나다니기
가 힘들다.

(b) 北运河: 北运河는 通州에서 天津으로 가는 운하로 길이 186km
이며 永定河 河道를 이용하여 咽喉河의 西쪽으로 가며 天津에서
海河로 진입한다.

(c) 南运河: 南运河는 天津에서 至山의 동쪽 临清에 이른다. 全长
524km로 "卫运河"와 "南运河"의 두 운하로 나눈다. 원래 卫河를
이용하여 배를 몰 수가 있다. 물은 남에서 북으로 흐르며 天津에
서 海河로 그다음 渤海로 진입한다. 서기 1960년대 중반 漳 卫
河 流域의 大兴水利에서 물을 끌어들여 농업용수로 사용하기 때
문에 南运河에 물이 부족해 배가 들어가지 못한다.

(d) 鲁运河: 鲁运河는 會通河로 북쪽 临清에서 시작하여 남쪽의 台
儿庄에 이른다. 山東省 西部를 지나가며 길이는 약 380km이다.
明 永乐 9년(서기 1411년) 工部尚书 宋礼가 명을 받아 이를 개통
하였다. 宋礼는 戴村壩를 수축하고 汶水를 막아 운하를 소통시
켜 대운하의 남북이 관통되었다. 서기 1855년 황하의 물줄기가
북으로 옮겨 鲁运河는 폐쇄되었다.
鲁北运河 또는 位临运河는 临清에서 시작하여 聊城에서 끝나면
서 남쪽 黃河에 연결되나 황하의 물줄기가 바꾸어져 모두 폐쇄
되었다.
鲁南运河는 북쪽 黃河에서 시작하고 남쪽 韩庄에서 끝난다. 서
기 1949년 이후 济宁 이남의 大运河는 济宁에서 바로 兖州 煤炭

으로 南下하는 重要한 水運通道이나 济宁 이북의 鲁南大运河는 水源이 없어 航运이 정지되었다. 黄河는 济宁에 다다라 大运河의 수원이 되고 黄河는 东平湖段(구간)의 出口에서 끝난다.

(e) 江北运河: 이 운하는 북쪽 徐州 铜山의 蔺家壩에서 시작하여 남쪽으로 扬州의 六圩运河의 입구에 이르며 不牢河, 中运河, 里运河를 포함한다. 전체 길이 404km이다. 이외에도 大沙河의 입구에 蔺家壩의 微山湖 西河道가 있다. 길이 57km이다.

(f) 江南运河: 江南运河는 镇江으로부터 杭州에 이르는 330km이며 长江(양자강)과 钱塘江의 수계를 관통하고 있다. 江南运河는 太湖流域의 水网地带를 경유하며, "天堂"이라는 두 개의 城市인 苏州와 杭州를 포함하여 丹阳, 常州, 无锡, 嘉兴 등 东南의 중요한 镇들을 지나친다. 江南运河는 수심을 깊게 파서 배가 많이 운행하고 물동량도 많다. 그리고 운하 위에는 石桥가 많아 江南水乡의 特色을 잘 보여준다. 얼마 전 江南运河를 3级航道로 확장 건설을 하여 1,000톤의 배도 드나들 수 있게 되었다. 江南运河, 长江과 钱塘江에는 각기 船闸(閘門, navigation lock/ship lock)이 하나씩 있어 镇江을 谏壁船闸, 杭州를 三堡船闸으로 만들고 있다. 明, 清나라 때 大运河의 运输量은 元나라의 물동량을 훨씬 초과한다. 현대의 육로교통이 발달하기 이전의 京杭大運河의 货物运输量은 全国의 ¾에 달했다. 明과 清나라 때 大运河가 지나는 길에는 扬州, 淮安-清江浦, 济宁, 临清, 天津과 같은 상업중심 도시가 많이 집중했다.

⑤ 京杭大运河의 衰落: 鸦片战争(서기 1842년, 道光皇帝로 하여금 《中英南京条约》을 맺게함)으로 영국군이 京杭大运河와 长江

(양자강)의 镇江을 탈취해 漕运을 봉쇄하고, 太平天国(서기 1853년)의 난으로 운하 주위 城市의 조운창 건물이 훼손되었다. 그리고 黄河의 물줄기가 바꾸어져 山东省의 여러 운하가 폐쇄(서기 1855년)되고, 또 轮船招商局이 上海에 설립(서기 1872년)되고 津浦铁路가 개설(서기 1911년)됨으로 인해 물동량이 줄어들어 京杭大运河는 유명무실의 상태가 되어 오늘에 이르렀다.

37. 실크로드/絲綢之路(Silk Roads: Initial Section of the Silk Roads, the Routes Network of Tian-shan Corridor: 문화, 2014): 실크로드(비단길, 絲綢之路)란 용어는 서기 19세기 독일의 지리학자 겸 여행가인 바론 페르디난트 폰 리히트호펜(Baron Ferdinand von Richthofen, 서기 1833년-서기 1905년)이 처음 언급하였는데 이는 중국의 비단이 서방세계로 전래되었음을 밝히는데서 비롯된다. 이 길이 처음 개척된 것은 기원전 139년-기원전 126년 사이 前汉(기원전 206년-서기 8년) 7대 武帝(기원전 141년-기원전 87년)의 사신으로 匈奴, 月氏(大月氏国, 현 아프카니스탄/Afghanistan/阿富汗 지역), 大夏国(현 이란/Iran/伊朗 지역의 大月氏国의 이웃). 身毒国(현 印度 / India 지역), 乘象国(현 미얀마/Myanmar/緬甸, Elephant riding kingdom), 烏孫(현 키르기스스탄/Kirghizstan 지역), 大宛(현 우즈베키스탄/Uzbekistan 지역), 康居国(현 우즈베키스탄/Uzbekistan과 이락/Iraq 사이의 북쪽지역), 安息国[기원전 247년-서기 224년, 阿薩息斯王朝/帕提亞帝国으로 옛 페르시아/波斯地区古典时期의 한 王朝로 현 이란 근처임, 기원전 53년 宣帝 甘露 1년 안식국은 로마제국과 전투가 있었는데 당시 로마旗는 중국의 비단으로 제작되었고 당시 중국은 그리스와 로마인들로부터 비단을 의미하는 Seres/Serica/賽里斯로 불

립]과 樓栏(汉나라 때에는 金城임) 등의 西域에 다녀오면서 汗血寶馬/
天馬, 포도와 석류 등의 西域 물품을 가져온 張騫(?-기원전 114년, 이
공로로 河南省 南陽市 博望鎭을 分封받음)에 의해서이다. 그리고 甘
肅省 敦煌市 西北 约 90km 떨어진 곳에 위치한 玉門关으로부터 서쪽
은 西域이라 부르며 敦煌의 莫高窟에는 장건이 서역으로 떠나는 장면
의 벽화도 남아있다. 그리고 武帝는 張騫에 이어 두 번째로《史記》의
저자인 35세의 司马迁을 巴蜀 지역에 보내 成都→ 双流→ 新津→ 邛崃
→ 名山→ 雅安→ 榮經→ 汉源→ 越西→ 喜德→ 冕宁→ 西昌→ 攀枝花
→ 云南 大理→ 哀牢国(애뢰국, 傣族先民이 怒江-澜沧江流域에 建立
한 部落联盟国家)→ 古滇国[고전국《史记》西南 夷列传에 나오며 云南
江川县 李家山 일대 彝族人이 세운 나라로 한 무제 때 하사한 金印 '滇
王之印'이 남아있고 后汉 明帝 永平 12년(서기 69년) 한나라에 귀속하
였다]→ 乘象国(현 미안마/Myanmar/緬甸)→ 身毒国(印度)의 제1루트
와 成都→ 彭山→ 樂山→ 犍殉→ 宣賓→ 高県→ 錫連→ 豆沙芙→ 昭通
→ 曲靖→ 昆明→ 哀牢国(애뢰국, 傣族先民이 怒江-澜沧江 流域에 建
立한 部落联盟国家)과 古滇国(고전국)→ 身毒国(印度)에 이르는 제2루
트의 서남방의 실크로드(絲綢之路)를 자세히 기술하게 하고 있다. 이는
앞서 장건이 大夏国의 시장에서 발견한 四川에서 身毒国(印度)을 거쳐
수입된 蜀布와 四川 邛山 竹子인 邛竹杖 때문이다. 그 결과 汉나라는
后汉 明帝 永平 12년(서기 69년)부터 이 서남방의 絲綢之路를 개척하
고 또 앞서 西汉 汉 武帝 元鼎(기원전 116년-기원전 111년으로 汉 武
帝의 5번째의 연호) 6년(기원전 111년) 广東省 湛江市 徐聞県에 세운
국제무역항인 徐聞港과 함께 한나라의 무역을 크게 확대시켜 나갔다
[(본문 9장 실크로드(絲綢之路)를 참조할 것)].

서기 2014년 6월 15일부터 25일까지 카타르(Quatar) 도하(Doha)

에서 열린 38차 세계 문화유산회의(World Heritage Committee)에서 등재된 '실크로드/絲綢之路(Silk Roads: Initial Section of the Silk Roads, the Routes Network of Tian-shan Corridor: 문화, 2014)'는 중국에서 등재된 37번째의 세계문화유산이며 여기에는 광범위한 실크로드 중 5,000㎞에 해당하며 한과 당나라의 수도였던 長安/洛陽에서 중아아시아 키르기즈스탄(Kirghizstan, 吉爾吉斯坦), 카자흐스탄(Kazakhstan, 哈薩克斯坦)의 제티수(Zhetysu, Zhetisu, Jetisuw, Jetysu, Jeti-su, Jity-su) 지역에 이른다.

이는 기원전 2세기부터 서기 1세기 사이에 형성되었고 다양한 문명을 연결하고 무역, 종교, 과학적 지식, 기술적 혁신, 문화적 실용과 예술을 연결하면서 서기 16세기까지도 이용이 되어 왔다. 실크로드에서 연결된 33곳의 관계 유적들은 여러 제국들의 수도와 궁전, 汗왕국, 무역거래소, 불교 동굴사원, 고대의 길(經路), 驛舍, 关(pass), 烽燧, 萬里長城의 일부, 要塞, 古墳과 종교적 건물 등을 포함한다.

絲綢之路은 일반적으로 三段으로 나누며 또 每一段은 北·中·南 三條의 路線으로 나눈다.
　　① 東段: 長安으로부터 玉門关, 陽关(汉代 開闢)
　　② 中段: 玉門关으로부터 陽关 以西의 蔥嶺(파미르고원)에 이른다 (汉代 開闢)
　　③ 西段: 蔥嶺에서 西쪽으로 中亞를 경과하여 歐洲(유럽)로 이른다(唐代開闢)
　　以下 비단길(絲路)은 各段上의 重要 城市의 名稱이다(括號안은 古地名임).
　　① 東段: 東段의 各路線의 三線 모두 長安을 出發하여 兰州, 武威,

張掖, 匯合, 河西走廊을 따라 敦煌에 도달한다.

가. 北線: 涇川을 시작해 固原, 靖遠을 지나 武威에 이른다. 路線은 가장 짧으나 물이 없고 보급이 용이하지 않다.

나. 南線: 鳳翔을 시작해 天水, 隴西, 臨夏, 樂都, 西宁을 지나 張掖에 이른다. 길이 무척 길다.

다. 中線: 涇川으로부터 平涼을 지나, 會宁, 兰州를 지나 武威에 이른다. 距離와 補給이 모두 수월하다.

西安(長安, 彌山石窟, 麥積山石窟, 炳靈寺石窟), 武威(涼州), 張掖(甘州), 酒泉(肅州), 敦煌(沙州, 莫高窟, 榆林窟) 등이 가는 길에 있다.

서기 10세기 때 北宋政府는 西夏의 領土에서 天水, 青海를 지나 西域의 「青海道」에 이르는 길을 열며, 송나라 이후에는 새로운 商路를 개척하였다.

② 中段: 비단길(絲綢之路) 상의 商隊를 반대로 가면 中段은 西域 境內의 諸 路線이 綠洲이며, 沙漠은 때때로 많은 변화가 있다. 三線은 中途에 安西四鎮(서기 640년 設立)에 이르며 여러 개의 갈래와 支路가 있다.

天水, 西宁, 伏俟城, 索爾庫裏 盆地(索爾庫裏) 등이 가는 길에 있다.

가. 南道(또는 於闐道라 칭함): 동쪽으로 陽关에서 시작하여 塔克拉瑪干 沙漠을 지나 南쪽으로 若羌(鄯善)을 거쳐, 和田(於闐), 莎車를 지나 蔥嶺(파미르)에 이른다.

陽关, 若羌(鄯善), 且末, 尼雅(精絕, 西汉時期 西域三十六国之一), 和田(於闐) 등이 가는 길에 있다.

나. 中道: 玉門关을 지나 塔克拉瑪干 沙漠을 거쳐 북쪽으로 가

면 羅布泊(樓兰), 吐魯番(車師, 高昌), 焉耆(尉犁), 庫車(龜
玆), 阿克蘇(姑墨), 喀什(疏勒)를 지나 費尔干納 盆地(大宛)
에 이른다.

玉門关, 樓兰(鄯善과 같이 겸함, 新疆 若羌県에 속함), 吐魯
番(高昌, 高昌故城, 雅尔湖故城, 柏孜克裡克 千佛洞). 焉耆
(尉犁), 庫車(龜玆, 克孜尔朵哈 烽燧, 克孜尔/Kizil千佛洞,
庫木吐喇/Kumutula千佛洞), 阿克蘇(姑墨), 喀什(疏勒) 등
이 가는 길에 있다.

다. 北道: 安西(瓜州)에서 시작해 哈密(伊吾, 水道를 따라 哈密
瓜가 생산됨)을 지나, 吉木薩尔(庭州), 伊宁(伊犁), 碎葉[葉
城, Suyab, 현재 阿克·贝希姆遺址로 키르기스스탄 吉尔吉
斯斯坦 楚河州 托克馬克(Токмок/Tokmok)市 서남 8㎞]가
가는 길에 있다.

③ 西段: 葱嶺 서쪽으로 바로 歐洲로 이르는 絲綢之路의 西段이며
그것은 北中南三線分別과 中段의 三線이 서로 상접하고 대응
함. 그중에는 裡海(裏海, 카스피해)를 지나 君士坦丁堡(콘스탄
티노폴리스)의 路線은 唐朝中期에 開闢하였다.

가. 北線: 鹹海(아랄 해), 裡海(카스피해)를 연해 黑海의 北岸에
이르며, 碎葉, 怛羅斯(阿拉伯, 아라비아), 阿斯特拉罕(伊蒂
爾, 아스트라한), 伊斯坦堡(君士坦 丁堡, 콘스탄티노폴리스)
에 도착한다.

烏魯木齊, 阿拉木图(哈薩克), 江布尔城(怛羅斯, 현재 카자흐
스탄 哈薩克斯坦城市), 托克瑪克(碎葉, 현재 吉尔吉斯城市),
薩萊(俄羅斯, 러시아), 薩克尔, 伊斯坦布尔(君士坦丁堡, 土
耳其城市 콘스탄티노폴리스) 등이 가는 길에 있다.

나. 中線: 喀什에서 시작하여 費尔干納(페르가나) 盆地를 지나, 撒馬尔罕(사마르 칸트), 布哈拉(우즈베키스탄의 부하라) 등 馬什哈德(伊朗, 이란의 마슈하드)에 도착하고 南線과 만난다. 喀什(혹 喀什尔), 白沙瓦(페샤와르, 哈拉와 林大道), 喀布尔(카불), 巴米揚(바미안, 著名한 巴米揚大佛은 서기 2001년에 파괴됨) 등이 가는 길에 있다.

다. 南線: 帕米尔山(파미르고원)에서 시작하여 克什米爾(카슈미르 또는 캐시미르)를 거쳐 巴基斯坦과 印度에 도착, 白沙瓦(페샤와르), 喀布尔(카불), 馬什 哈德(마슈하드), 巴格達(바그다드), 大馬士革(다마스쿠스 또는 디마슈크)을 거쳐 歐洲(유럽)로 감.

馬什哈德(伊朗), 薩卜澤瓦尔(이란 샵제바), 赫卡托姆皮洛斯(Hecatompylos, Šahr-e Qumis)과 伊朗 達姆甘[이란 스메난과 沙赫魯德(Shahroud) 사이에 있음], 德黑蘭(테헤란), 哈馬丹(하마단), 克尔曼沙汗(케르만샤주), 巴庫拜(아제르바이잔의: 바키, 바쿠/Baku), 巴格達, 阿布哈里卜(Abu Ayyub), 費盧傑(팔루자), 拉馬迪(Ramadi), 阿列頗(敘利亞, Zanabili), 大馬 士革(다마스쿠스 또는 디마슈크), 阿達納(土耳其 터키의 아다나), 科尼亞(터키의 코니아), 安條克(안티옥), 布尔薩(부르사), 君士坦丁堡(伊斯坦堡, 콘스탄티 노폴리스) 등이 가는 길에 있다.

38. 투시유적/土司遺蹟(Tusi Chieftain Sites: Laosicheng Site/老司城 유적, Hailongtun Site/海龙屯遺蹟, Tang Ya Tusi Site/唐崖土司城遺蹟, Rongmei Tusi Site/龙梅土司遺 蹟 문화, 2015): 土司는 中

国邊疆의 官職으로 元朝에서 시작하여 明, 淸에 이르기까지 지속되며 西北, 西南地区의 土着 少数民族部族의 族長(chief, headmen, chieftain)에 해 당한다. 예를 들면 元代 世襲 麗江 土司 이래 西藏 最高統領인 云南省 納西族의 토착세력인 木氏가 元·明·淸 3조 22대 470年间 土司로 임용되었으며 그들이 사용하던 행정관청 (衛署)인 木府도 잘 남아있다. 이 제도는 서기 1253년 대칸 투루이가계의 몽케 칸(Mongke Khan/蒙哥汗/몽가한/서기 1251년-서기 1259년)의 동생인 쿠빌라이(세조, Khubilai/忽必烈/홀필열/서기 1260년-서기 1294년)의 몽고군이 운남성 段王朝의 大理国을 함락시키고 그곳을 지배하는 元朝의 土司로 宣慰使, 宣抚使와 安抚使의 三种武官职务를 두었다.

세계문화유산에는 湖南省 湘西土家族苗族自治州 永順県 靈溪鎮 司城村 老司城 土司遺蹟 (南宋 紹興 5년 서기 AD 1135년-淸 擁正 2년 서기 1724년), 湖北省 咸丰県 唐崖司鎮 轄区唐崖土司城遺蹟(서기 1346년-擁正 13년 서기 1725년), 貴州省 遵義市 匯川区 播州 海龙屯 遺蹟(唐 僖宗 乾符 3년 서기 876년-明 万历 28년 서기 1600년), 湖北省 恩施土家族自治州 咸丰県 彭山 龙梅土司遺蹟(元 至大 3년-元 至正 26년 서기 1366년)이 포함되었다. 명나라 때는 179명의 土司가 존재했지만 擁正 年间에는 정비해 22명의 土司만이 남았다.

그래서 서기 2013년 초부터 三省土司遺蹟의 考古發掘, 文物保護, 環境整備가 진행되어 왔다. 湖南 永順 土司城 遺蹟, 湖北 唐崖土司城 遺蹟, 貴州 遵義市 匯川区 播州 海龙 屯遺蹟은 중국 토사유적을 대표하는 것으로 여기에는 湘鄂黔三省交界的武陵山区, 土司城 遺址, 土司軍事城址, 土司官寨, 土司衙署建築群(湖北省 鹹丰県 唐崖土司城遺址 內의 土司墳), 土司莊园, 土司家族墓葬群 등이 존재한다. 茂樹 翠竹掩은 老司城遺蹟의 한 가운데 있으며 나무담(木墙柱), 土家族의 전형적

인 黛瓦蓋頂형태의 오래된 민가가 차례대로 세워졌으며, 土司內宮, 寢宮, 樂宮, 地宮, 禦街和城墻, 城門, 烽火台, 擺手堂, 演兵場, 土王 祠, 祖師殿 등의 유적도 보인다. 이들 土司遺産에서는 중국의 元-明-淸朝의 역사에서 토착 소수민족이 살던 변방지역을 통치하는 중국의 정치·경제·역사와 문화를 엿볼 수 있으며 이와 아울러 이러한 時·空의 중요성이 中國土司制度, 土司의 社會的 生活方式과 그들 소수민족의 文化特徵에서도 반영된다.

39. 左江 花山 岩畵유적과 문화경관(Zuojiang Huashan Rock Art Cultural Landscape: 문화, 2016): 廣西壯族自治区 宁明县 城 西南 约 25㎞ 떨어진 明江河畔 花山의 岩画와 그 주위 景觀은 지금으로부터 1800년-2500년 전부터의 역사를 지니고 있다. 广西左江 流域의 宁明, 龙州, 崇左, 扶绥, 大新, 天等, 凭祥 등의 县市의 沿江地区 암벽에 벽화가 분포하는데 모두 79개소이며 그중 花山岩画는 左江 流域 岩画群의 代表이며 중국에서 발견된 최대의 것으로 내용도 풍부하고 보존이 잘 되어 있다.

宁明县 城中镇 耀达村 明江 西岸은 战国에서 东汉时期에 岭南 左江 流域 壯族先民인 骆越人의 巫术·儀式活動을 간직하고 있는 유적으로 국내외 '涂绘岩画'로 유명하다. 花山岩画의 年代는 청동기시대 春秋와 철기시대의 战国时期까지 올라가며 西汉, 东汉 등에서도 암화활동이 계속되어 왔다.

花山은 壯族语로 'pay laiz(벋莱)'이며 이는 '그림이 그려진 花山'을 의미한다. 이 산은 高 270m, 南北长 350여m의 강에 면해 돌출한 한덩어리의 바위산 쪽 경사면에 赤铁矿과 动物의 아교(阿膠, 胶)를 혼합해 颜料를 만들어 그리고 있어 암화는 朱红色을 띤다. 그래서 朱红色人

物의 그림은 1,300여 개나 된다. 画面은 폭 170여m, 高 40여m, 面积은 약 8,000㎡이다. 확인할 수 없는 모호한 그림들을 제외하면 图像은 1,800여 개로 대개 110组의 图像으로 분류된다. 画面은 아래쪽 2m 위에서부터 나타나고 5-20m 높이의 중간 부분에 画像이 가장 많다. 岩画는 사람 모습이 구성 주체가 되며 사람은 正面과 側面의 두 모습을 보이며 모두 裸体와 맨발(跣足)이다. 손을 들고 무릎이 반쯤 구부러진 자세를 취하고 있으며 그 옆으로 马, 狗, 铜鼓, 刀, 剑, 钟, 船, 道路, 太阳 등의 그림이 보인다. 정 중앙 또는 약간 上方에 위치하는 사람은 허리에 挂刀를 차고 머리에는 兽形装饰이 있는데 말을 탄 수 미터 키의 거인과 짝을 이룬다. 위풍당당하게 위를 바라보며 북을 치고 미친 듯이 춤을 추며 기뻐하는 사람은 당연히 部族의 족장(首领) 혹은 활동을 指挥하는 사람일 것이다. 이러한 岩画构图와 人物造型勾画는 한 폭의 내용이 풍부하고 의미가 깊은 그림일 것이다. 이는 오랫동안 끊지 않고 내려오는 骆越人들의 社会活动의 情景을 묘사하고 있다. 이는 骆越人의 후예인 현재의 壮族의 종교와 의식을 비교해 볼 때 岩画의 내용은 애니미즘(animism, 精靈崇拜)과 조상숭배(ancestor worship)로 이야기된다. 花山岩画의 图像은 대다수 '平面塑造 즉 投影单色平涂'의 方法을 취하고 있다. 特製의 软笔을 이용하여 岩壁위에 图像의 윤곽을 그림으로써 "剪影(sketch)"의 예술효과도 노리고 있다. 花山岩画의 거친 外貌 및 역동적인 모습은 강렬한 예술적 영감을 주는데 이는 壮族의 先民인 骆越人들의 탁월한 绘画艺术과 传承을 보여준다.

서기 1988년 花山岩画는 国务院에 의해 全国重点文物保护单位로, 또 그해에 花山岩画를 중심으로 하는 花山风景区는 国家级风景名胜区로 지정되었다. 花山岩画는 文化와 自然이 합친 '복합'형식을 갖추고 있다.

40. 厦门 鼓浪屿와 역사적 국제 居住地(Kulangsu: a Historic International Settlement: 문화, 2017): 鼓浪屿(Gulangyu, Gulang Island or Kulangsu)는 중화인민공화국 福建省 샤먼(厦门)市 남부에 있는 地級(省내의 地級市, 自治州, 盟)市로, 국제적으로는 아모이(Amoy)로도 알려져 있다. 섬의 면적은 1.83㎢로 海上花园, 萬国乾縮博覽會, 銅琴之島의 별칭도 갖고 있다. 厦门 鼓浪屿는 서기 1840년부터 서기 1842년까지 2년간 벌어진 제1차 阿片戰爭[中英第一次鸦片战争 또는 第一次中英战争, 通商战争임. 서기 1839년 9월 4일(道光 19년 7월 27일)-서기 1842년 8월 29일(道光 22년 七월 24일)] 이후 广州市 남쪽 珠江 강구의 東쪽에 香港(Hong Kong, 서기 1842년 8월 29일-서기 1997년 7월 1일), 현 中华人民共和国香港特別行政区임], 西쪽에 澳門(마카오, Macau/Macau/Macao, 서기 1887년 〈中葡和好通商條約〉, 서기 1908년-서기 1999년 12월 20일, 현 中华人民共和国澳門特別行政区임)이 들어섰다. 香港/홍콩과 澳門/마카오의 특수한 존재로 인해 중국의 정치가 공산주의와 민주주의가 병존하는 一国二體制를 유지하는 것이 불가피하게 되었다. 서기 1842년 8월 29일 청나라와 영국과의 사이에 체결된 〈南京條約〉은 广州, 厦门, 福州, 宁波, 上海 등 5곳의 通商口岸(五口通商)을 개항하고 여기에 英国领 事馆의 주둔, 영국 상인 및 家属들의 自由居住가 허락되어 있어 섬에는 영국영사관이 두어지고 公共租界가 만들어져 서양인이 대부분 살고 있었다. 서기 1902년 1월 10일(光绪 27년 12월 初一日) 英国, 美国, 德国(독일), 法国(프랑스), 西班牙(스페인), 丹麦(덴마크), 荷兰(네덜란드), 俄罗斯(러시아), 日本 등 전후 18개국의 厦门领事館이 생겨났다. 그리고 清朝 福建省 兴泉永道 道台延年이 鼓浪屿 日本领事馆에서 〈厦门鼓浪屿公共地界章程〉을 맺어 厦门英租界와 鼓浪屿公共租界가 형성하였다. 현

재도 서기 18세기경 그들이 살던 양옥, 교회, 서양건축 물 등이 존재한다. 샤먼 섬에서 페리를 통해 5분 정도면 도착할 수 있다. 서기 2017년 7월 1일(일) '庆祝香港回歸祖国二十周年'과 '庆祝香港回歸祖国20周年'의 행사가 치러졌다. 广東軍区에 속하는 中国人民解放軍駐 香港部隊의 査閲式도 가졌다. 厦门 鼓浪屿는 중국에서 가장 아름다운 곳("中国最美的城区")이다.

2. 중국의 신석기·청동기·철기시대

- 中国의 多元的 文明發生 -

유럽에서는 技術과 經济行爲에 바탕을 둔 구석기(Palaeolithic age)·
신석기(Neolithic age)·청동기(Bronze age)·철기시대(Iron age)라는
편년의 명칭을 사용한다. 그러나 신대륙 중 中美의 고고학 편년은 "hori-
zon과 tradition"(공간과 시간)을 포함하는 "stage"(단계)라는 개념의 용
어를 사용하고 있다. 다시 말해, "리식(石期 Lithic: 후기구석기시대: 기
원전 20000년–기원전 7000년)→ 아케익(古期 Archaic: 중석기시대: 기
원전 7000년–기원전 2000년)→ 퍼마티브(形成期 Formative: 신석기
시대: 기원전 2000년–서기 300년)→ 크라식(古典期시대 Classic: 서기
300년–서기 900년: 마야 古典期)→ 포스트크라식(後古典期시대 Post-
classic: 서기 900년–서기 1521년 8월 13일/1532년 11월 16일/1541년:
아즈텍, 잉카제국과 마야)"라는 용어를 사용한다. 南美의 페루에서는 '문
화 특성이나 유물복합체에 의해 대표되는 공간적 지속'이란 Horizon(공
간)개념을 원용하여, 막스 울(Max Uhle)은 '예술양식의 분포와 문화적
특질'에 바탕을 한 새로운 편년을 설정하여 南美의 문화를,

1) 綿과 無土器时代(Cotton pre–ceramic period/stage, 기원전
   2500년–기원전 1800년)
2) 早期(Initial period)
3) 초기 호라이존(Early Horizon, 차빈/Chavin)
4) 초기 중간 시대(Early intermediate period)
5) 중기 호라이존(Middle Horizon, 티아우아나코/Tiahuanaco/Ti-
   wanaku)
6) 후기 중간 시대(Late intermediate period)

7) 말기 호라이죤(Late Horizon, 잉카/Inca, 서기 1438년–서기 1532
년)의 7시기로 나누었다.

그리고 경제가 사회변동의 가장 중요한 원동력(Economy as a prime
mover in social evolution)으로 보는 唯物史觀論에 입각하는 편년에
따르면, "Pre-class society(원시무리사회 primitive society): pre-
clan(亂婚 promiscuity)→ 母系(matriarchal clan)→ 父系(patriarchal
clan)→ terminal clan stages(씨족제도의 분해), Class society: 奴隷制
社會(slave society)→ 封建社會(feudal society)→ 資本主義社會(capi-
talism), Classless society: 社會主義(socialism)→ 共産主義社會(com-
munism)"의 발전 순이 된다.

그러나 中國에서는 최근 구석기–신석기시대라는 용어도 병행하지만
기본적인 편년 안은 북한과 마찬가지로 공산주의 사회의 유물사관론에
입각하고 있다. 즉 북경 중국 역사박물관에서는 Primitive Society(ca.
170만년–4000년 전)→ Slave Society(夏, 商, 西周, 春秋时代, 기원전
21세기–기원전 476/475년)→ Establishment of the United Multi-
National State and the Development of Feudal Economy and
Culture(秦, 汉, 기원전 221년–서기 220년)→ Social and Economic
Development in the South and Amalgamation of various Nation-
alities in the North(魏, 蜀, 汉, 吳, 西晉, 東晋, 16国, 南北朝, 서기 220
년–서기 580년)–Development of a Unified Multi-National Country
and the Ascendancy of Feudal Economy and Culture(隋, 唐과 5代
10国, 서기 581년–서기 960년)→ Co-existence of Political Powers
of various Nationalities and their Unification; Later Period of the
Feudal Society(北宋, 辽, 南宋, 金, 元, 西夏, 서기 916년–서기 1368
년)–Consolidation of a Unified, Multi-National Country, Gradual

decline of the Feudal System and Rudiment of Capitalism(明, 淸, 서기 1368년-서기 1840년)으로 편년하고 있다(中国歴史博物館/현 中国 国家博物館/The National Museum of China 1990, 北京). 그리고 중 국에서의 共産主義의 시작은 서기 1949년 10월 1일 新中国(中华人民共 和国)의 건립부터이다.

張光直 교수에 의하면 중국문화의 편년은 아래와 같다.

100만 년 전-20만 년 전　直立猿人　　전기구석기시대

20만 년 전-5만 년 전　　初期人類　　중기구석기시대

5만 년 전-12000년 전　　現生人類　　후기구석기시대

기원전 8000년-5000년　初期農耕民들　초기신석기시대

기원전 5000년-3200년　仰韶문화

기원전 3200년-2500년　龙山式문화(용산문화 형성기)

　　청동기시대는 왕성강(王城崗)-양성(阳城)-언사 이리두(偃師 二里 头, 亳)를 잇는 마지막 수도인 언사 이리두의 夏문화(기원전 2080 년-기원전 1580년)부터이다.

기원전 2500년-2200년　龙山문화

기원전 2200년-1750년　夏

기원전 1750년-1100/1046년　商

기원전 1100년-771년　西周

기원전 771년-221년　　東周, 春秋(淹/奄国포함)戰国시대

　　春秋(기원전 771년-기원전 475년), 戰国(기원전 475년-기원전 221년) 시대 기원전 475년부터 封建사회와 철기시대의 시작

기원전 221년-207년　　　秦

기원전 206년-서기 220년　汉[전한: 기원전 206년-서기 9년, 新(王

莽): 서기 9년-서기 25년, 后汉: 서기 25년-서기 220년]

서기 220년-280년　　　三国(魏: 서기 220년-서기 265년, 蜀: 서기

　　221년-서기 263년, 吳/孙吳/东吳 서기 222년-서기 280년)

서기 265년-316년　　　晋(司馬懿/仲達)

서기 317년-418년　　　東晋

서기 302년-577년　　　五胡十六国(서기 302년-서기 421년) 및

　　南北朝시대, 六朝(吳/孙吳/东吳: 서기 222년-서기 280년, 東晋:

　　서기 317년-서기 418년, 宋: 서기 420년-서기 479년, 齐: 서기

　　479년-서기 502년, 梁: 서기 502년-서기 557년, 陳: 서기 557

　　년-서기 589년), 北朝(東魏: 서기 534년-서기 550년, 北周: 서기

　　556년-서기 581년, 北齐: 서기 550년-서기 577 년)

서기 581년-618년　　　隋

서기 618년-907년　　　唐, 武则天의 武周(서기 690년-서기 705년)

서기 897년-서기 979년/서기 907년 - 서기 979년　五代十国

서기 960년-1279년　　　宋

서기 1206년-1368년　　　元

서기 1368년-1644년　　　明

서기 1616년-1912년 2월 12일 해체　　　淸[女眞/金-後金(서기 1601

　　년 努尔哈赤/누르하치/愛新覺羅/努爾哈赤(淸太祖 서기 1616년-서

　　기 1626년 재위)-滿洲/淸(淸太宗, 홍타이지/皇太極, 서기 1626년-

　　서기 1636년 재위 중 国號를 努尔哈赤/누루하치의 後金에서→ 滿洲

　　/淸→ 大淸으로 바꿈)-大淸/皇太 極(서기 1636년-서기 1643년 재

　　위)-順治(福臨, 淸世祖, 서기 1643년-서기 1661년 재위)-康熙-擁

　　正-乾隆-嘉庆-道光-咸丰-同治-光緒-宣統, 서기 1842년 阿片戰爭)

서기 1900년 6월 21일　義和團 사건(55일 천하). 이에 대한 배상금

을 기반으로 하여 미국에 의해 '淸华學堂'이 세워졌으며 서기 1928
년 国立淸华大學으로 됨. 원래 미국 유학을 목표로 학생들을 교육
하기 위해 건립된 학교였다.

서기 1911년　　　　　　　辛亥革命. 이는 淸을 무너뜨리고 중화민국을
성립시킨 중국의 혁명으로 共和革命으로도 불린다.

서기 1912년-현재　　　　中华民国(遠世凱-孫文-蔣介石)

서기 1936년 12월 12일 張作霖의 아들 東北軍 총사령관 張學良에 의
한 西安事變으로 国民黨의 총통 蔣介石을 陝西省의 省都인 西安 华
淸池에서 납치하여 구금하고 공산당과의 내전을 중지하고 일본 제
국주의의 침략에 맞서 함께 싸울 것을 요구한 사건으로 国民黨軍과
中国工農紅軍(약칭 紅軍, 서기 1945년 8월 15일 일본의 항복 이후
人民解放軍으로 명칭이 바뀜)은 国共內戰(Chinese civil war)을 중
지하고 제2차国共合作(1차는 서기 1924년 1월 31일, 2차는 서기
1937년 7월 7일에 이루어져 서기 1945년 8월 15일까지 지속됨)
이 이루어져 함께 대 일본 전쟁을 수행 하는 계기가 되면서 동시에
中国共産黨이 起死回生할 수 있는 계기가 되었다.

満洲国(서기 1932년-서기 1945년, 傅儀)

서기 1949년-현재　　　　中华人民共和国(서기 1949년 10월 1일 건
국), 工農紅軍→ 八路軍→ 人民解放軍의 역사적 사건을 거쳐 대통
령(당 총서기/국가주석/중국에서 실질적인 권력의 자리는 공산당
중앙군사위 주석으로 가장 마지막에 승계된 관행이 있었음)은 毛泽
东(서기 1949년 10월-서기 1976년 10월)-华国鋒(서기 1976년
10월-1981년 6월)-鄧小平(서기 1981년 6월-서기 1989년 11
월)-江澤民(서기 1989년 11월-서기 2004년 9월)-胡錦濤(서기
2004년 9월, 공산당중앙군사위 주석-서기 2013년 3월)-习近平

[서기 2012년 11월 15일-현재, 당 총서기와 공산당중앙군사위 주
석은 장악했으며 국가주석 (president)은 서기 2013년 3월 14일
(목) 中华人民共和国第十二届全国人民 代表大会(全人大)一次會議
第四次全體會議에서 선출되었으나 2016년 10월 27일 中共十八
届六中全会에서 '核心'이란 칭호로 1인 체제를 구축함]으로 이어짐.
서기 2017년 7월 30일(일) 內蒙古自治区 朱日和(실전훈련장) 기
지에서 人民解放軍 창설 90주년(서기 1927년 8월 1일/江西省에
서 紅軍 南昌武裝蜂起日-서기 2017년 8월 1일) 閱兵式이 習近平
国家 主席(현 首長으로 호칭) 참관 하에 열렸다. 그리고 서기 2017
년 10월 14일 18기 중국공산당 중앙위원회 7차 전체회의(18기 7
중전회)에서 '주석직의 부활'로 20년 만에 毛泽东의 반열에 오르게
되었다. 또 서기 2018년 中华人民共和国第十三届全国人民代表大
会(全人大, 3월 5일 월-3월20일 화)第一次會議에서 현행 헌법 79
조에서 '임기가 두 회기(10년)를 초과할 수 없다'라는 대목을 삭제해
習近平이 집권을 세 번째 이상 장기집권을 할 수 있게 되었다.

중국의 신석기시대는 기원전 8000년-기원전 5000년 初期農耕民들의
초기신석기시대에서부터 기원전 5000년-기원전 3200년 仰韶문화시대
에 이른다. 그리고 기원전 3200년-기원전 2500년의 용산식문화(용산문
화형성기)와 기원전 2500년-기원전 2200년의 용산문화기를 거쳐 청동
기시대는 夏代[奴隸制社會의 시작, 기원전 2200년-기원전 1750년/偃師
二里头(亳)의 夏문화(기원전 2080년-기원전 1580년)]·商(기원전 1750
년-기원전 1100년/기원전 1046년)에서 기원전 475년 戰国時代의 시작
까지이다. 다시 말해 技術과 經济行爲로 본 중국의 ① 신석기시대는 기
원전 8000년의 初期農耕民들의 초기신석기시대에서부터 기원전 3200년

의 仰韶문화시대, ② 靑銅器時代는 夏·商·周에서 春秋時代(기원전 771
년-기원전 475년), ③ 철기시대는 都市, 市場과 人本主義가 발전하고
토지의 소유가 가능한 戰國時代(기원전 475년-기원전 221년)로 보고 있
으며, 유물사관론적 견지에서 본 奴隸社會는 夏, 封建制社會는 秦나라,
資本主義社會의 시작은 明나라부터 시작된 것으로 보고 있다.

그러나 최근 새로운 고고학적 자료들로 알려진 內蒙古의 紅山(기원
전 3000년-기원전 2500년경)문화와 夏家店 下層文化, 四川省 广汉県
興鎮 三星堆 祭祀坑(기원전 1200년-기원전 1000년경) 및 蜀国初期都城
(成都 龙馬寶墩 古城, 기원전 2750년-기원전 1050년이나 기원전 16세
기가 중심), 용산문화(기원전 2500년-기원전 2200년)에 속하는 甘肅省
广河県 齐家坪, 清海省 貴南 朶馬台 齐家文化유적, 甘肅省 東乡 林家
(馬家窯期)유적 출토의 거울(鏡)과 칼 등의 청동제품들은 중국의 청동기
시대의 시작이 기원전 2000년 이전으로 올라갈 수 있다는 것을 확인시켜
주고 있다. 그러나 본격적으로 청동기시대로 진입한 것은 偃師 二里头
(毫)의 夏문화(기원전 2080년-기원전 1580년) 때이다. 그러나 앞으로 中
国 靑銅器時代의 上限問題는 龙山문화의 파악, 夏(기원전 2200년-기원
전 1750년)나라가 神話로서의 베일을 벗고 고고학 자료를 바탕으로 하
는 歷史時代로의 進入, 그리고 靑銅器時代와 그에 따른 紅山문화[祭壇,
女神廟와 적석총 등이 발굴된 辽宁 凌源県과 建平県의 牛河梁과 東山嘴
(기원전 3000년-기원전 2500년경)유적, 神樹와 人头의 청동기가 나온
四川省 成都市 广汉県 興鎮 三星堆 祭祀坑[기원전 1200년-기원전 1000
년경: 1호 坑은 商晩期, 2호 坑은 殷墟(기원전 1388년-기원전 1122/기
원전 1046년)晩期] 및 古蜀/蜀国初期都城(四川省 成都 龙馬寶墩 古城,
기원전 2750년-기원전 1050년이나 기원전 16세기가 중심: 商代早期),
国政을 점치거나 또는 제사용으로 사용되었을 것으로 추정되는 土壇유

적], 玉器의 제작으로 유명한 良渚[浙江省 杭州市 余杭区 良渚鎭)문화 (기원전 3350년경-기원전 2350년경) 文明의 多元的 發生과 이의 중국 역사 내에서의 收容 등에 대한 새로운 해석이 가능할 수 있다. 이는 中国考古學會理事長이며 北京大學校 蘇秉琦敎授의 제안이며 앞으로 中国 考古學과 古代史가 당면한 硏究方向이라 할 수 있을 것이다.

中国文明의 多元的 發生에 대한 편년 순서(chronological order)는 다음과 같다.

1) 后李(또는 北辛), 靑蓮崗→ 大汶口[Lungshanoid Culture, 后李 文化→ 北辛文化→ 大 汶口文化(山東省 广饶县 傳家村 392호 묘 출토 인골에서는 5,000년 이전에 행한 뇌 수술/穿头術/管錐術/管 鋸術/開孔術: trepanation의 흔적이 발견된다)→ 龙山文化의 순 서로 보기도 함]→ 岳石→ 山東 龙山文化 (Lungshan Culture)→ 商(기원전 1750년-기원전 1100년/기원전 1046년)

2) 老官台-裵李崗·磁山-仰韶-廟底溝(Lungshanoid Culture 河南 城 陝県)-河南 龙山文化(Lungshan Culture)-夏(기원전 2200년- 기원전 1750년)

3) 老官台-裵李崗·磁山-仰韶-廟底溝-陝西 龙山文化-周(西周시 대: 기원전 1100년-기원전 771년)

4) 彭头山→ 河姆渡→ 馬家浜→ 崧澤→ 良渚[玉器의 제작으로 유명 한 良渚(浙江省 杭州市 余杭区 良渚鎭)문화(기원전 3350년경- 기원전 2350년경)]→ 楚와 辽宁省 阜新市 阜 新县 沙拉乡 査海 村 朝力馬营子(阜新蒙古族自治県)-興隆窪(서기 1982년 발굴 內 蒙古 敖汉旗 興隆窪村/敖汉博物館, 约 7500-8000년 전, 출토곡 물 중 기장/黍/Panicum miliaceum과 수수/粟/高梁/Sorghum

bicolor 10% 栽培→ 趙寶溝→ 富河)→ 紅山→ 小河沿, 小珠山→
後窪, 新樂→ 偏堡子(辽宁 新民)로 이어지는 문화 계통에는 內蒙
古 赤峰市 夏家店문화도 언급된다.

5) 四川省 成都市 广汉県 興鎭 三星堆 祭祀坑[神樹와 人头의 청동기
   가 나온 祭祀坑, 기원전 1200년-기원전 1000년경: 1호 坑은 商晩
   期, 2호 坑은 殷墟(기원전 1388년-기원전 1122/기원전 1046년)
   晩期] 및 古蜀/蜀国初期 都城(四川省 成都 龙馬寶墩 古城, 기원전
   2750년-기원전 1050년이나 기원전 16세기가 중심: 商代早期)의
   国政을 점치거나 또는 제사용으로 사용되었을 것으로 추정되는
   土壇유적

사진 21. 辽宁省 沈阳 新乐遗址: 서기 1992년 8월 18일(화) 필자 촬영

우선 신석기시대 중에서도 벼의 기원과 관련된 대표적인 浙江省 余
姚県 河姆渡鎭 姚江 옆 河姆渡유적(현 河姆渡博物館) 河姆渡유적은 기
원전 5000년-기원전 3300년경에 속하며, 早期와 晩期의 두시기로 나누
어진다.

早期문화(제4·3층) 기원전 5000년-기원전 4000년경: 태토의
　　　많은 식물분말이 소성시 타서 까맣게 된 夾碳黑陶 위주로 건
　　　축유구가 잘 남아 있음.
晚期문화(제2·1층)기원전 4000년-기원전 3300년경: 사질의
　　　陶器인 夾砂紅陶, 紅灰陶가 위주임.

　그러나 이 유적을 달리 제 1기, 2기와 3기의 세 문화기로 나누기도
한다.
　　　제1기(제4문화층, 기원전 5000년-기원전 4500년경): 건축유
　　　　구, 골각기, 목기가 대량으로 발견됨.
　　　제2기(제3문화층, 기원전 4500년-기원전 4000년경): 10여 기
　　　　의 무덤, 土坑, 솥, 盃와 高杯 등의 陶器류, 木胎漆椀가 발견됨.
　　　제3기(제2문화층, 기원전 3500년-기원전 3000년경): 三足器,
　　　　외반구연의 솥, 동체 부가 원형인 솥, 鉢형의 杯와 나팔모양의
　　　　다리를 가진 됴(器台), 盃 등이 발견됨.

　이 유적에서 가장 중요한 것은 대량의 벼가 발견되고 있는 점이다.
재배된 벼는 Oryza Sativa Indica 종류이며 장강(양자강) 하류유역이 벼
의 기원지 중의 하나임을 알려준다. 그 연대는 기원전 5000년경이다. 이
곳에서는 소의 肩胛骨로 만든 골제농기구가 대량으로 출토하고 있다. 또
이 유적에서 두 번째로 중요한 것은 周禮 春官 大宗伯에 보이는 六器(蒼
璧, 黃琮, 靑圭, 赤璋, 白琥, 玄璜) 중 琮·璧과 璜의 세 가지 祭禮重器라
는 玉器 이외에 鉞이 이미 앞선 良渚文化(기원전 3350년경-기원전 2350
년경)에서 나타나고 있는데, 良渚文化보다 약 1650년이 앞서는 이 유적
에서 이미 璜 이외에도 玦玉이 발견된다는 점이다. 이 옥결은 우리나라

고성 문암리(사적 제426호)와 파주 주월리에서도 나타나고 있어 앞으로의 연구과제이다. 그리고 현재 이곳에서 사용되던 옥산지는 江蘇省 栗陽 小梅岑으로 추정되며, 당시 신분의 과시에 필요한 玉과 翡翠의 수입 같은 장거리 무역도 형성되었던 것 같다. 하모도류의 유적의 주요 분포지는 杭州湾 이남의 宁紹平原과 舟山群島 일대이다. 그리고 최근 근처 田螺山에서 기원전 5050년-기원전 3550년에 해당하는 하모도류와 성격이 비슷한 유적이 발굴되고 있어 주목받고 있다. 그리고 최근의 다양한 발굴성과는 皂市下層-彭头山-玉蟾岩으로, 그리고 河姆渡-跨湖橋-上山문화로 발전하는 양상까지도 아울러 보여주고 있다.

賈湖骨笛은 9,000년 전-7,700년 전의 河南省 舞陽県 北舞渡鎮 賈湖村유적[7], 비단의 시작은 지금부터 5,200년 전-4,700년 전 新石器時代 晚期(商周時期의 馬橋文化)의 良渚文化時期에 속한 浙江省 湖州市 呉

---

[7] 河南省 舞陽県 北舞渡鎮 西南 1.5km 賈湖村 출토 賈湖骨笛, 또는 「賈湖骨管」이 河南省博物院에 전시되어 있는데 이 유적은 面積 약 55,000㎡의 신석기시대에 속하며 그 연대는 9,000년 전-7,700년 전이다. 서기 1979년 가을 賈湖村民들이 마을 제방을 수리하는 기간에 그곳 초등학교 선생이 파놓은 구덩이에서 이 피리의 존재를 확인하였으며 또 서기 1986년 5월 초 M78호라 불리는 무덤의 정리에서 2점의 완전한 피리가 발굴되었는데 이는 중국에서 가장 오래되고 보존이 가장 잘된 악기이다. 이 악기는 호숫가에 살던 鶴 종류의 물새 尺骨(Ulna)로 길이 22.7㎝이며 피리에는 7개의 구멍과 그 밑에 부호같이 보이는 小孔이 나있어 賈湖人의 音階와 音距의 基本概念을 잘 보여준다. 서기 1978년에도 여러 점의 피리가 발견되었는데 M282호 출토의 1支七孔骨笛이 완전하다. 이 유적은 서기 1980년 이래 발굴이 수 차례 이루어져 집자리 45, 陶窯 9, 灰坑 370, 墓葬 349, 瓮棺葬 32, 埋狗坑 10개소와 濠溝, 柱洞 등이 조사되고 土陶器, 石器, 骨器 등 수천 점이 발견되었다. 또 이곳에서 原始形態의 粟(Setaria italica, 조)과 稻의 栽培遺跡이 발견되었는데 이것은 世界에서 발견된 가장 오래된 稻種遺跡이다.
모두 26점의 骨笛이 出土한 이곳의 地层 및 피리의 형식분류를 통해 세 시기로 나눌 수 있다.

興区 境內 錢山樣 유적에서부터이다. 錢山樣 유적에서 서기 1956년-서기 1958년 2차에 걸친 발굴에서 비단조각(絹片)이 발견됨으로써 신석기시대에 이미 누에를 키워 養蠶을 했었음이 밝혀지고 있다. 이는 世界에서 가장 오래된 蠶絲織品絹片으로 「世界絲綢之源」으로 불린다. 이 유적은 총 면적 731.5㎡로 발굴된 곳은 4개소로 출토유물은 钱山漾类型文化의 특징인 三足鼎을 비롯해 陶片 6萬여 편, 石器 500여 점, 竹編物 200여 점이다.

신석기시대에서 청동기시대에까지 도시·문명·국가의 발생에 대한 유적별 편년순은 다음과 같이 된다. 이제까지 전통적인 생각으로는 중국에서 도시·문명·국가의 발생은 청동기 시대인 夏·商·周부터이다.[8] 중

---

① 早期: 기원전 7000년-기원전 6600년경. 피리 위에 五孔 또는 六孔이 있으며, 四声音阶와 五声音阶의 연주가 가능하다.

② 中期: 기원전 6600년-기원전 6200년경. 피리 위에 七孔이 있으며 六声과 七声 音阶로 연주가 가능하다.

③ 晚期: 기원전 6200년-기원전 5800년경. 피리 위에 七孔과 八孔이 있으며 완전한 七声音阶 및 七音阶 이외의 变化音의 연주도 가능하다.

이들은 七音阶의 고저음역을 가지며 악기로서 가장 연대가 올라가는 실물악기로 세계음악사 중 중요한 위치를 점한다.

8) 故 장광직(張光直) 교수는 中國文化를 이끌어 온 특성 가운데 하나로 설정된 "政治的 側面에서의 理解"만이 중국을 이해하는 첩경이라 한다. 따라서 古代 中國에 있어서 藝術·神話·儀式(art, myth, ritual) 등은 모두 정치적 권위에 이르는 과정으로 이야기할 수 있다. 중국에서의 이러한 발전과정은 혈연에 기반을 두고 있으며 이에 부수되는 샤머니즘의 우주관과 여러 의식들은 정치권력을 통한 문명 발전의 근거를 제시할 수 있는 보조 역할을 한다. 서구문명이나 국가의 발생에 대한 이론으로 인구의 증가, 관개농업, 전쟁, 종교와 무역 등 여러 요소의 복합작용(乘數效果, multiplier effect)이 제시되고 있으나, 중국의 경우 이와는 달리 정치적인 의미에서 예술, 신화와 의식이 오히려 중요한 역할을 한다고 생각되고 있다. 중국의 문명은 서양의 전통과는 달리 독자적으로 발전해 왔다. 이 점

이 바로 세계 문명의 연구에 있어 Karl Wittfogel이 언급한 세계 제4대 灌漑文明인 中國 특히 靑銅器時代의 商文明이 차지하는 중요성이다.

商나라는 그 다음의 周나라에서 성벽으로 둘러싸인 도시(walled capital towns)에 살던 지배자를 商이라고 불렀듯이 상이란 말은 조상들이 살던 수도(ancestral capital town)를 의미한다(陳夢家 1956, 殷墟卜辭綜述, pp.255-258, K. C. Chang 1980, p.1). 상나라 이전은 三皇(太昊/伏羲·神農/炎帝·女媧)과 五帝(黃帝/軒轅 또는 少昊·顓頊/전욱·帝嚳/제곡·堯·舜)시대와 夏이다.

이는 黃河를 중심으로 일어났다. 黃河, 揚子江(長江)과 메콩 강의 발원지인 靑海省 三江源[36만㎢내에 玉樹, 果洛, 海南, 黃南藏族自治州와 海西蒙古族自治州가 있다. 전장 5,464km의 黃河는 靑海省 巴颜喀拉山脉 噶達素齐老峰(海拔高度 5,369m의 果洛山)에서 발원하며 源斗는 海拔 4,170m-4,200m 고원의 靑海省 果洛藏族自治州 瑪多县에 위치한 扎陵湖와 鄂陵湖의 姊妹湖이다. 黃河의 상징인 楚馬爾河의 牛斗碑가 서있는 곳은 해발 4,610m이다. 그리고 전장 6,236km의 揚子江/長江은 念青唐古拉大雪山/雅鲁藏布江의 冰川에서 발원하며 源斗는 通天河와 楚馬爾河(长江 北源, 红叶江/紅水河)의 상류인 靑海省 玉树藏族自治州 治多县 青藏高原 西北部 唐古拉山(해발 6,099m)과 昆仑山(해발 7,282m) 山脉 사이의 해발 5,000m-6,000m '万山之王', '青色的山梁', '千湖之地', '中华水塔', '万山之地', '美丽的少女'란 의미를 지니고 世界第三大无人区인 해발 5,000m이상의 可可西里/阿卿贡嘉의 沼泽地(长江 南源)와 沱沱河·當曲河이다. 可可西里에는 면적 4.5만㎢의 中国青海可可西里国家級自然保護区(索南達杰自然保護区), 萬里長江第一鎮/唐古拉山鎮에는 長江源水生態保護站, 通天河에는 七渡口, 沱沱河에는 長江源斗第一橋/沱沱河大橋가 標識로서 위치해 있다.]에서 발원하여 靑海省, 甘肅省(兰州), 內蒙古自治区(包头), 陝西省, 河南省과 山東省을 관통해 흐르는 黃河(黃河의 지류인 渭河도 포함)는 函谷关(東, 하남성 靈寶县), 隴关(西), 武关(南, 섬서성 商县)과 蕭关(北) 사이의 关中平原을 비롯해 咸阳(秦)-西安(섬서성 長安, 前汉, 隋, 唐)-三門峽市-洛陽[하남성, 東周, 后汉, 魏, 西晉, 唐. 济源의 小浪底댐(Xiǎolàngdǐ)]-鄭州(하남성, 商 두 번째 도읍지)-開封(하남성, 전국시대의 魏, 北宋)-安阳(하남성, 殷墟)과 济南 등지를 지나 산동성 渤海湾 東營区 孤東과 友林村 사이의 현재 油田이 개발 중인 東營市 黃河口(서기 1853년 이후-현재까지의 하구임)로 빠져나간다. 그리고 揚子江(長江)은 青海, 西藏, 云南, 四川, 重庆, 湖北, 湖南, 江西, 安徽, 江苏, 上海의 省과 市를 거치며 宜宾-泸州-重庆-涪陵

국에서 황하를 중심으로 神話를 歷史로 점차 탈바꿈시키고 있으며 또 이를 통해 중국인민의 마음을 하나로 모으는 정신적 정책을 수립하고 있다. 중국에서는 황하가 관통하는 陝西省 黃陵県 橋山 黃帝陵과 湖南省 株洲 炎陵県 鹿原鎮의 炎帝陵(庙는 宋太祖 乾德 5년/서기 967년에 세움)에서 淸明節(寒食)에 국가단위의 제사를 올리고 있으며 또 현재의 夏华族(汉族)이 모두 신화·전설상의 炎(神農)黃帝(軒轅, 서기 1998년 이미 높이 106m의 炎黃帝像을 河南省 鄭州市 黃河景区 炎黃帝塑像广場에 세웠음)의 同系子孫이라는 中华文明探原大工程이라는 운동을 벌려 종전의 중국의 역사가 기원전 2200년경 禹임금이 세운 夏나라보다 약

-万州-宜昌(三峽大坝)-荆州-岳阳-武汉-黃冈-鄂州-黃石-九江-安庆-池州-铜陵-芜湖-马鞍山-南京-镇江-扬州-南通(無錫과 常州 포함)-上海의 城市를 지난다. 이들은 모두 고대 도읍지로 황하문명의 발생지이다. 특히 세 번째 수도인 安阳의 殷墟를 포함하는 商나라는 황하의 生態·氣候의 변화로 망했다고 할 정도로 황하의 환경변화가 중국 문명의 발생과 성장 그리고 멸망에 막대한 영향을 끼쳤다. 기원전 2278년-기원전 602년, 기원전 602년-서기 11년, 서기 1048년-1194년, 서기 1194년-서기 1289년, 서기 1324년-서기 1853년, 서기 1939년-서기 1947년 등의 水路變更을 지칭할 정도로 하남성과 산동성 사이의 황하가 1590회 정도 범람하고 서기 1855년-서기 1899년 사이에 10회, 서기 1953년 이후 3회를 포함하여 적어도 수십 회 이상 물줄기가 바뀌어 왔다. 특히 開封의 범람이 가장 심했으며 北宋 때 궁전 터가 현재의 明나라의 궁전(明 太祖 아들이 있던 朱王府) 밑 수 미터 아래에서 확인되는 것도 이러한 것을 입증해주는 한 예다. 그리고 이 황하가 관통하는 섬서성 黃陵県 橋山 黃帝陵에서 淸明節(寒食)에 국가단위의 제사를 올리고 있으며 또 현재의 夏华族(汉族)이 모두 신화·전설상의 炎(神農)黃帝(軒轅, 이미 높이 106m의 炎黃帝像을 세웠음)의 同系子孫이라는 中华文明探原大工程이라는 운동을 벌려 종전의 중국의 역사가 기원전 2200년경 禹임금이 세운 夏나라보다 약 1,000년 더 올라가는 三皇五帝의 시절까지 소급시키려 하고 있다. 중국에서 황하를 중심으로 神話를 歷史로 점차 탈바꿈시키고 있으며 또 이를 통해 중국인민의 마음을 하나로 모으는 정신적 정책을 수립하고 있다.

1,000년 더 올라가는 三皇五帝의 시절까지 소급시키려 하고 있다. 이들을 고고학적 유적과 관련지은 발생과정은 아래와 같다.

이 시기는 考古學上으로 청동기시대이다. 바로 그러한 시기가 禹임금부터 다스렸던 전설상의 하(夏)나라이다. 그 이전은 三皇(太昊/伏羲·神農/炎帝·女媧)과 五帝(黃帝/軒轅 또는 少昊·顓頊/전욱·帝嚳/제곡·堯·舜)[9]시대이다. 하나라의 禹임금은 곤(鯀)의 아들로 治水를 잘한 덕에

---

9) 최근 발굴되어 신화나 전설에서 역사로 진입한 중국 유적의 예로 다음을 들 수 있겠다.

① 山西省 吉県 驪山 頂峰에 위치한 人祖廟안에 중국에서 인간을 창조한 여신으로 알려진 太昊/伏羲와 함께 봉안된 女媧像(명나라 때 제작)아래에서 발견된 여자 成人遺骨(두개골)의 주인공은 6,280년 전 三皇時代의 女媧(媧皇)로 주장되고 있다. 人祖廟가 위치한 산은 女媧의 전설이 깃든 黃河中游이며, 主峰은 吉県城 東北 30km 떨어진 海拔 1742.4km, 主峰頂上 人祖廟의 面積은 약 1,400 km²이다. 人祖廟에는 媧皇宮과 伏羲皇帝正廟 두 건물이 남아있다. 媧皇宮은 서기 1984년 文化大革命으로 파괴된 것으로 추측된다. 유골은 黃綾에 싸여 木函에 안치되었으며 木函墨書는 「大明正德十五年(서기 1520년), 天火燒了金山寺, 皇帝遺骨流在此, 十六年上樑立木 ..…皇帝遺骨先人流下」이다. 이곳은 서기 1520년 벼락에 의한 화재로 소실된 것을 서기 1520년에 중건한 것으로 여겨진다. 서기 2011년 8월-10월 사이 考古工作者들은 이곳에서 조사를 해서 戰国(천문대), 汉·唐(龜趺石碑), 宋·元, 明·淸·民国의 遺物 291점을 발견하였다. 그리고 媧皇宮 積土 中에서 人头骨, 木函殘片과 많은 동물 骨头뼈들을 찾아내어 北京大學 考古文博學院에서 행한 방사선 탄소연대 측정으로 人头骨은 6,280년, 動物뼈들은 2100-900년 전의 것으로 밝혀냈다. 이는 중국 国家文物局 전 副局長 張柏, 故宮博物院副院長 李文儒 등 考古, 歷史, 神話, 民俗學者 23명이 '人祖山考古文化旅遊鑒評聽證會'와 現場考察을 거행하면서 나온 것이다(黃河新聞網報導, 2012년 6월 3일). 女媧는 당시 母系社會 중 으뜸가는 原始氏族의 명칭과 氏族首領의 이름으로 여겨지며 한사람에 국한한 것이 아닌 것으로 추정된다. 이는 木函題記 中 나오는 「皇帝」의 이야기는 최후의 女媧이며 인골은 그녀의 것으로 추정하고 있다. 그래서 人祖廟는 중국에서 발견된 가장

오래된 여와의 제사유적으로 보고 있다. 女媧에 대한 제사는 山西省 臨汾市 洪洞県 趙城鎮 侯村 女媧廟/女媧陵에서 행해온 것이 가장 유명한데 서기 2004년 6월 10일 山西省 吉県의 人祖廟가 이와 관련된 새로운 유적임을 확인하였다. 여와의 전설과 관련된 유구는 여와의 전설이 깃든 陝西省 宜川県과 臨山西省 吉県에 속하는 황하 중류의 壺口瀑布, 약 1만년 전에 제작된 여와의 나체그림이 그려진 山西 吉県 柿子湾 岩畵(그외 鹿角 魚尾祖龍 등이 그려져 있으며 근처에서 안료로 사용된 철광석과 磨粉石 등이 발견됨), 그리고 근처 淸水河 양안의 西村과 大田窩에 산재하는 柿子灘의 후기 구석기시대 유구에서 발견된 불을 피던 곳 4개 처의 생활유적에서 발견된 2,000여 점의 유물들을 들 수 있다고 한다. 1만 년 전 일어난 대홍수 시절에 살았던 것으로 전해지는 여와의 신화가 점차 역사적 사실로 탈바꿈 하고 있다.

② 서기 1987년-서기 1988년 7월 河南省 濮阳県 城西南隅 西水坡에서 文物部門配合 引黄调节池工程队가 발굴하여 기원전 4600년 전(6600±135 B.P) 仰韶文化时期에 속하는 조개(蚌, Anodonta woodiana, Mussel 또는 Clam, clamshell)로 만든 蚌龙摆塑形象(蚌壳砌塑龙虎图案)의 龙虎图案을 발굴하였는데 45号 墓穴 중 키 1.84m, 仰卧伸張(头南足北向)의 一男性骨架 좌우에 주인공의 머리와 정반대로 누운 용과 호랑이(머리는 북향, 얼굴은 서향)가 조개껍질로 같이 누워 있는데 용에는 사람이 타고 있는 형상이 나타난다. 그리고 주인공의 좌우와 아래에 旬葬한 세 사람이 함께 묻혀있었다. 중국의 神話傳說로 '黄帝乘龙升天'이 있으며 司马迁이 쓴 史記 五帝本紀 · 集解에 '顓頊都帝丘 今東郡 濮阳是也'라고 있어 이곳이 五帝의 한 명이며 黄帝의 손자인 顓頊遺都임을 알려준다. 따라서 묘의 주인공도 전욱일 가능성이 높다. 그래서 서기 1995년 10월 중순 濮举办에서 열린 "龙文化与中华民族" 学术研讨会에서 '中华第一龙'으로 불리었다. 그러나 이보다 1,000년 이상 앞서고 苏秉琦 교수에 의해 "玉龙故乡, 文明发端"으로 언급되는 查海유적(辽宁省 阜新市 阜新蒙古族自治县 沙拉乡 查海村 西五里 "泉水沟" 朝力馬营子, 서기 1982년 발견, 서기 1987년-서기 1994년 7차 발굴, 6925±95 B.P, 7360±150 B.P, 7600±95 B.P 7,500-8,000년 이전)에서 龙纹陶片가 출토됨으로서 中华第二龙으로 전락 되었다. 그래도 이 유적은 중국의 신화가 역사로 바뀌는 전욱의 무덤과 관련이 있으며 그 후 중국조상을 상징하는 토테미즘(totemism, 图腾崇拜)으로 청동기, 옥기와 자기 등에 계속 용을 그려 넣고 있다. 예를 들어 嵌紅銅龙紋方豆(春秋시대, 河南博

物館 소장), 盤龙銅鏡(唐, 中国国家博物館 소장), 云龙佩飾(宋, 中国国家博物館 소장), 五彩云龙紋盤(明, 中国国家博物館 소장), 靑畵海水云龙扁瓶(明, 景德鎭 御窯廠), 白磁双腹龙柄傳瓶(明, 中国国家博物館 소장) 등이 그러하다.

③ 삼황오제(三皇五帝) 중요(堯)임금과 관련된 도읍으로 섬서성 신목현 석묘촌(陝西省 神木県石峁村)은《史記》권 1, 五帝本紀 제 1, '...命和叔住在幽都(幽州)...')의 유도(幽都)로 龙山晚期에서 夏時期에 걸치는 陶器 중 瓮形斝는 客省庄(陝西省 西安市)文化最晚期에 속하는데 그 연대는 기원전 2000년-기원전 1900년에 속하며 C¹⁴연대측정으로 보면 4030±120 B.P, 3940±120 B.P가 된다. 또 석묘촌에서 회를 이용해 석성을 쌓고 있는데 萬里長城 축조 시 나타난 것보다 훨씬 오래된 수법으로 확인된다. 이곳의 연대는 夏代年代인 기원전 2070경에서 陶寺晚期의 下限년대인 기원전 1900년 사이로 보고 있다. 이 성은 약 4300년 전(龙山中期 혹은 晚期에 세워졌으며 龙山晚期에는 매우 흥성하였던 것으로 보인다)에 세워졌고 夏代에 폐기된 것으로 추정된다. 그래서 이곳의 발굴은 약 400여 만㎡로 상나라 이전 三皇五帝 중 堯임금과 관련된 都邑(《史記》권 1, 五帝本紀 제 1, '...命和叔住在幽都(幽州)...')으로도 추정하고 있다.

④ 산서성 양분현 도사(山西省 襄汾县 陶寺)의 요임금의 평양(堯都平阳)의 소재지로 이제까지의 조사에서 中原地区의 龙山文化에서 陶寺類型이 확인되고 放射性碳素연대로 기원전 2500년-기원전 1900년 사이로 밝혀진 것이 중요하다. 이와 같은 陶寺類型의 유적은 晋西南汾河下游와 澮河流域에서 이미 70 여 군데서 발견되었다. 陶寺遺址에서 나온 유물을 복원하면 中国古代의 階級사회인 夏文化가 된다. 黃河流域出土의 가장 오래된 漆木器實物, 將案, 俎, 盤, 鬥, 勺 등 文物의 歷史가 1,000여 년 전부터 지속되어오고 漆木器의 造型과 圖案도 商과 周漆器와 상당히 근접한다. 이외 晚期墓中 出土한 한 점의 小銅鈴이 있는데 이것은 中国에서 가장 빠른 金屬樂器이며 동시 가장 빠른 複合鎔范 이용해 만든 金屬器로 잘 알려져 있다 또 주거지에서 출토한 한 점의 陶扁壺上에서 毛筆을 이용해 쓴 朱書의 글씨는 字形의 結構가 甲骨文과 동일한 수법을 보인다. 이 유적은 原始氏族社會를 벗어나 새로운 歷史階段인 三皇五帝 중 堯임금의 도시로 이야기 된다. 이곳에는 '王墓', 陶礼器, 铜器, 朱书文字, 城垣, 宮殿, 祭祀区, 仓储区, '观象台' 등이 존재하기 때문이다. 中华文明探源工程의 일환으로 中国社科院考古所과 山西臨汾地区文化局의 연합발굴로 이곳이 中国史前 "第一城"古城임을 밝혔는데 早期는 小城으로 南北长 약 1,000m, 东西폭 약 560m

舜을 이어 임금이 되었다. 하나라는 서기 1957년 河南省 언사(偃師) 이리두(二里头: 亳)에서 발견된 유적을 제외하고는 별다른 증거가 없는 전설상의 국가였다. 그러나 최근 이 이리두 유적에 나타나는 층위와 유물에 대한 새로운 해석을 한 결과 하나라는 상나라에 앞서 실재했던 역사상의 나라로 여겨지고 있다. 그러나 하나라 다음의 상나라는 한나라 7대

로 中期大城의 東北에 위치. 중기의 성은 早期 小城의 남쪽에 위치하며 南北 長 약 1,800m, 東西폭 약 1,500m의 면적은 280만㎡로 170만㎡의 石家河城보다 크다. 그리고 성내에는 宮殿区, 仓储区, 祭祀区로 구획되어진다고 한다. 그리고 陶壺上에 朱書符號는 중국에서 알려진 가장 오래된 中国文字이다. 또 陶寺早期(기원전 2300년—기원전 2100년)와 中期(기원전 2100년—기원전 2000년)의 대형의 王族墓地는 長 5m, 폭 3.7m, 깊이 8.4m로 大城의 南端에 위치하는 陶寺文化의 中期的墓地로 1기의 大墓이며, 72건의 부장품이 출토함으로 볼 때 墓主人은 "王"이 가능하다고 한다. 이곳에서 財富를 상징하는 돼지의 하악골(豬下頜骨), 王權과 兵權을 상징하는 6점의 玉鉞이 발굴되었다. 현재 陶寺 "观象台"를 복원시킨《太极追踪》으로 추정되는 大型圆体의 판축상 夯土建筑과 齒輪의 陶寺文化器物, 中国에서 가장 빠른 金屬樂器이며 동시 가장 빠른 複合鎔范 이용해 만든 金屬器인 陶寺文化早期의 銅鈴과 彩绘龙盘 등으로 볼 때 이곳이 "二十四节令과 四季"와 "期三百有六旬有六日"을 밝히는 등 唐尧时代에 天文历法의 공헌이 많았던 堯임금의 "堯都平阳"의 소재지로 확인된다.

⑤ 하(夏)나라 우(禹)임금의 제사유적으로 안휘성 봉부시 도산(安徽省 蚌埠市 涂山 禹會村)의 우임금 祭祀遺蹟으로 "禹會諸侯"에서 나왔으며《左轉》및《史記》夏本紀에 "禹會諸侯於涂山, 執玉帛者萬国" 및 "夏之興, 源於涂山"라고 기록되어 있다. 禹會유적의 연대는 방사성탄소연대에 의해 4140 B.P(기원전 2190년), 4380 B.P(기원전 2430년)이 나왔으며 이는 원시무리사회 末期인 龙山文化(기원전 2500년–기원전 2200년) 晚期에 해당된다. 그래서 禹임금이 활동하던 시기는 考古學上 龙山文化 晚期로, '禹會', '會墟'의 발굴로 인해 淮河流域 龙山文化를 파악하고, 이를 바탕으로 신화·전설상에만 그치던 夏代(기원전 2200년–기원전 1750년) '大禹'의 사건을 역사적 사실로 바꿀 수 있게되었다. 이곳에서 발굴된 유물은 현재 安徽省 蚌埠市 소재 蚌埠歷史文化博物館에 전시되어있다.

(武帝: 기원전 141년-기원전 87년, 6대로도 언급함, 여기서는 7대로 통일함) 武帝 때 司马迁(기원전 145년-기원전 87년)이 쓴 『史記』은본기(殷本紀)와 같은 문헌과 갑골문이 다량(현재까지 약 17만 점이 발견됨)으로 발견된 殷墟 유적의 발굴로 인해 중국의 문명을 따질 때는 은허만이 商을 대표하는 것처럼 여기게 되었다. 상(商)은 하(夏)·주(周)와 함께 중국 문명의 중심을 이룬다. 그 발생순서는 夏(기원전 2200년-기원전 1750년)-商(기원전 1750년-기원전 1100/1046년)-周(西周: 기원전 1100년/기원전 1046년-기원전 771년)의 순으로 그 시간적 차이가 존재하는 것처럼 보여지지만, 그들이 발전해 나오는 지리적 문화적 배경을 보면 이들의 관계는 각기 따로 떼어놓을 수 있는 완전하게 분리된 독립체라기보다 오히려 공·시(空·時)적이고 유기체적으로 밀접한 상호 交易網 또는 通商圈(interaction sphere)을 형성하면서 발전해 왔던 것으로 이해되고 있다. 상호보완적이고 공생관계에 있으며 상나라보다 앞서 형성된 夏나라의 경우 수도는 왕성강(王城崗)→ 양성(阳城)→ 언사 이리두(偃師 二里头: 毫)의 순으로 옮긴 것으로 추정된다. 그런데 중요한 것은 하남성 언사 이리두(毫)유적의 경우 1·2층은 하나라 시대이고, 그 위의 3·4층은 상나라 것으로 밝혀졌다. 그래서 이것은 하에서 상으로의 점진적인 변화나 연계가 되었음을 짐작케 해준다. 상나라의 경우 언사 이리두(毫)→ 鄭州 二里崗(隞)→ 安阳 小屯(은허 「殷墟」)으로 도읍을 옮겨 발전해 왔다고 한다. 그 다음의 앞선 상나라의 문화내용을 그대로 답습하다시피 한 周나라는 그의 수도를 처음에는 위수지역 서안(西安)의 남서쪽 호경(鎬京)에 두었다가(이때를 西周라 함), 북방 이민족의 침입으로 그 수도를 낙양(洛阳)으로 옮겼다. 이때를 東周라 하며 그 기간은 기원전 771년-기원전 221년 사이이다. 또 그들은 혈족과 祭祀 時 신성시한 나무가 각기 달랐는데, 하나라는 사(似)족으로 소나무를, 상나라는 자

(子)족으로 삼나무를 그리고 주나라는 희(姬)족의 밤나무이다.

그리고 수메르-이집트-인더스를 잇는 세계 제 네 번째의 하천문명 또는 灌漑文明은 中国 黄河유역의 商이다. 기원전 2500년-기원전 2200년경 즉 용산(龙山)문화 단계(용산문화형성기)에 이르면 중국사회는 역사적 전환기로 정치, 경제, 종교에서 커다란 변화가 일어난다. 이러한 증거로서 기원전 2000년경 초부터 도시, 국가, 문명과 문자가 나타난다. 이 시기는 考古學上으로 청동기시대이다. 바로 그러한 시기가 禹임금부터 다스렸던 전설상의 하(夏)나라이다. 구리 장신구로서 최초의 금속은 이미 샤니다르(기원전 8700년), 챠이외뉘(기원전 7200년), 알리 코쉬(기원전 6500년), 좌탈 휘윅(기원전 6500년-기원전 5650년), 그리고 하순나(Hassuna, 야림 테페 유적, 기원전 6000-기원전 5250년) 유적 등지에서 확인된다. 이렇게 단순히 구리만으로 간단한 장신구 등을 만들어 사용한 일은 신석기시대부터 있었다. 그러나 세계적으로 볼 때 구리와 주석(또는 약간의 비소와 아연)의 합금인 청동이 나타나는 청동기시대는 대략 기원전 3000년에서 기원전 1000년 사이에 시작되었다. 청동기시대가 가장 먼저 시작된 곳은 기원전 3500년의 이란 고원 근처이며 터키나 메소포타미아 지역도 대략 이와 비슷한 시기에 시작되었다. 이집트는 중왕조(기원전 2050년-기원전 1786년: 실제는 15, 16왕조 힉소스의 침입 이후 본격화되었다고 한다) 시기에 청동기가 제작되기 시작하였으며, 기원전 2500년경 모헨조다로나 하라파 같은 발달된 도시를 이루고 있던 인더스 문명에서도 이미 청동기를 사용하고 있었다. 또한 최근에 주목받는 태국의 논녹타(Non Nok Tha) 유적은 기원전 2700년, 그리고 반창 유적은 기원전 2000년경부터 청동기가 시작된 것이 확인됨으로써 동남아시아지역에서도 다른 문명 못지않게 일찍부터 청동기가 제작·발달되었음을 알 수 있다. 유럽의 경우 에게 해 크레테 섬의 미노아 문명[초기

미노아 문명기 기원전 3400년-기원전 2100년, 초기 청동기시대(pre-palatial Minoan period)-기원전 2200년경]은 기원전 3000년경에 청동기시대로 진입해 있었으며, 아프리카의 경우 북아프리카는 기원전 10세기부터 청동기시대가 발달했으나 다른 지역에서는 유럽인 침투 이전까지 석기시대로 남아 있는 경우도 있었다. 아메리카대륙에서는 중남미의 페루에서 서기 11세기부터 청동 주조기술이 사용되어 칠레, 멕시코 등에 전파되었으며, 대부분의 북미 인디안들은 서기 13세기-서기 15세기까지도 대량의 청동기를 제작·사용하였다. 중국은 龙山文化나 齐家(甘肃省 广河县 齐家坪)文化와 같이 신석기시대 말기에 홍동(순동) 및 청동 야금기술이 발달했다. 즉 甘肃省 東乡 林家(馬家窯期)에서 기원전 2500년까지 올라가는 鑄造칼이 나오고 있다. 서기 1973년-서기 1985년 河北省 藁城県 台西 商代遺址의 발굴조사에서 鐵刀銅鉞이 나왔는데 날은 隕鐵로 제작되었고 연대는 상나라 말 기원전 12세기경에 해당한다. 상나라 말기에도 철을 사용할 줄 알았던 모양이다. 그러나 본격적인 청동기시대로 진입한 것은 二里头(偃師 二里头: 亳)文化 때이다. 이리두문화의 연대는 기원전 2080년-기원전 1580년 사이이며(방사성탄소연대 기준) 山東省과 河北省의 后李-北辛-靑蓮崗-大汶口文化를 이은 岳石文化, 요서와 내몽고 일대의 内蒙古 赤峰市 夏家店 下層文化[하가점 下層문화는 상나라 말기이며 上層문화는 상나라 말-주나라 초에 속한다. 하층문화는 동쪽으로 요녕 朝陽시 魏營子문화(기원전 14세기-기원전 7세기)-凌河문화(기원전 10세기-기원전 4세기, 十二台營子)로 발전하는데 여기에는 고조선식(비파형)동검이 나와 우리 고조선문화와의 관련도 이야기된다]도 거의 동시기에 청동기시대로 진입했다고 보여 진다. 이러한 청동기 개시연대가 기록상의 夏代(기원전 2200년-기원전 1750년)와 대략 일치하므로 청동기의 시작과 夏문화를 동일시하는 주장도 있다. 한편 최근 辽宁省 凌源県, 建平県의 牛河梁과 喀左県의 東山嘴에서 보이는 紅山(기원전 3000년-기원전 2500년경)문화, 四川省 广汉県 興鎭 三星堆 祭祀坑[기원전 1200년-기원전 1000년경: 1호 坑은 商晚期, 2호 坑은 殷墟(기원전 1388년-기원전 1122년/기원전 1046년)晚期] 및 古蜀/蜀国初期都城[四川省 成都 龙馬寶墩 古城, 기원전 2750년-기원전 1050년이나 기원전 16세기가 중심: 商代早期] 등과 같이 중국문명의 중심지역이 아니라 주변지역으로 여겨왔던 곳에서도 청동기의 제작이 일찍부터 시작되었다는 새로운 사실들이 밝혀지고 있다.

三星堆 祭祀坑遺址(12㎢)는 中国 四川省 广汉市 城西 7㎞ 떨어진 남쪽 南兴镇 三星村 4㎞의 鴨子河畔에 위치하며 成都에서는 약 40㎞ 떨어져 있다. 북쪽으로 德阳 26㎞ 青铜时代文化遺址이다. 三星堆란 이름은 古域内 三개처가 연이어 불룩 튀어나온 '三顆星星'의 黃土堆로 이름을 얻었다. "三星伴月"의 이름도 있다. 서기 1929년 봄 广汉县 南兴镇 真武村 村民 燕道诚 方形坑道에서 玉石器 한 점을 신고하였고 후일 같은 갱도에서 400여 점을 발견하였다. 서기 1934년 3월 华西大學 葛維汉과 林銘均教授가 考古隊를 구성하여 广汉 月亮湾 遺址의 考古發掘을 실시하여 「三星堆文化」란 명칭을 사용하였다. 그 후 祭祀坑遺址가 발굴되어 각광을 받게 되었다. 이곳은 国内最大의 古蜀文化遺址로 古蜀王国의 早期都城도 존재한다. 兩大祭祀坑의 발굴 전후 東, 南, 西, 北城牆에서 성벽의 흔적을 찾아내었다. 三星堆 古城址는 平面은 梯形, 南寬北窄, 東西長 1,600-2,100m, 南北폭 2,000m로 總面積은 3.6㎢이다. 古城의 中軸線 上 三星堆, 月亮湾, 真武宮, 西泉坎 등 4개의 중요한 遺迹이 분포한다. 그러나 玉石器坑과 兩大祭祀坑도 그 선상에 있다. 古城은 作坊区, 宮殿区, 墓葬区, 祭祀区, 生活区(河道供水), 運輸区로 조성되어 있다. 遺址의 年代는 기원전 2800년-기원전 1100년에 속하며 이 시기는 다시 四期

로 나누어지는데 一期는 宝墩文化(前蜀文化), 二·三期는 三星堆文化(古蜀, 기원전 2000년-기원전 1400년), 四期는 十二桥文化(古蜀, 金沙遺址)이다. 이 문화는 中原의 夏·商·周时期에 해당한다. 서기 1986년 7월 28일 四川省文物考古研究所가 발굴을 시작하고 서기 1987년 1월 16일 四川省第二批文物保護單位로 공표되었다. 현재 그곳은 '三星堆国家考古遗址公园'이다. 현재 世界文化遺産의 등재를 신청 중이다. 一號坑에서 国宝级의 金杖을 포함해 약 420점, 二號坑에서는 1,300여 점인데 그 안에는 국보급의 青铜立人像, 青铜神树, 青铜纵目面具(青銅大面具), 玉边璋, 玉牙璋를 포함해 人头像(4점), 青銅手, 青铜兽面具, 黄金面罩, 青铜太阳轮(차륜, 수레바퀴), 跪坐人像, 青铜人身形器, 青铜大鸟头. 10여개의 象牙骨器, 石器, 陶器 등이 발굴되었는데 모두 깨어지고 파괴되어 훼손(破碎)이 심한데 불에 탄 흔적으로 보아 埋納하기전 燔燎祭祀活動을 거행하였던 것 같다. 三星堆遺址의 陶器種類에는 圈足豆, 小平底陶罐, 尖底罐, 雙耳罐, 高領罐, 鳥首, 馬首, 羊首把勺, 高柄豆, 盉, 酒瓶, 弧, 杯, 碟, 盤, 圈足盤, 甕, 缸, 長頸壺, 器蓋, 三足形炊器 등으로 地方特色이 농후하다. 이는 《呂氏春秋》에서 나오는 春秋戰国시기의 吳越 양국 간의 전쟁에서 패하면 宗廟 등이 파괴되고, 《史記》에서는 "中也有戰敗国被 毁其宗廟 遷其重器的例子" 기록에 부합된다. 그리고 禮記에서는 '天子造于四方 先柴燎祭'라고 한다. 燎祭 또는 焚燎는 제사지내고 祭品 등을 태울 때 연기 상승함에 따라 天神聞到하고 天地先祖敬畏之情을 얻게 되는 것이다. 이의 주관자는 神權을 담당하는 巫師였을 것이다. 青铜纵目面具(青銅大面具)에서 보면 눈이 튀어나온 기괴한 모습이다. 이는 古蜀의 모습은 西汉 揚雄이 쓴 《蜀王本記》에서 "未有文字 不瞭禮樂"로 기재되어 있고 《华陽国志》에서 초대왕인 蠶總의 모습은 '蜀候蠶總 其目縱 始稱王'이라고 언급한다. 이는 당시 안구돌출증(甲亢症, Hyperthyroidism, 바세도병 즉, 갑상선 기능 항진증)으로 인한 것이며 나무자루에 금을 입힌 金杖(길이 143㎝, 직경 2.3㎝, 무게 463g)으로 볼 때 그는 권력을 함께 가진 神殿政治(theocracy)나 권력을 지닌 절대왕권의 소유자로 보인다. 金杖의 표면에 삼조의 도안이 나있는데 大漁가 羽箭에 맞아 관통되어 있고 중간에 물오리(부, 鳧)가 새겨져 있어 蠶總(잠총)은 어부국(魚鳧国)王으로 潛淵이나 飛天에 능한 사람으로 金杖은 蠶總이 王權, 神權, 祭祀에 사용하던 '魚鳧王借通神祭祀法器'인 것이다. 중원의 商과 周나라에서 권력의 상징이 靑銅鼎인 반면에 三星堆에서는 金杖이 象徵地位를 대신한다. 三星堆博物館에는 1, 2호 갱에서 나온 王璋, 玉戈, 象牙, 靑銅器, 陶器 등 1,000여 점이 전시되어있는데 수량은 많고 조형은 奇特하다. 그 중 靑銅裸樹는 높이 3.96m로 세 부분으로 구성되어있다. 각 부분 3개의 가지가 있어 모두 9개가 보인다. 꼭대기에는 太陽神을 상징하는 새가 한 마리 있었을 것이나 발굴에서 찾지 못했다고 한다. 이것은 《山海經》 大荒東經에 나오는 扶桑의 神樹로 "湯谷上有扶木一日方至一日方出皆載于烏 遠古時期有十只金烏 巴就是太陽神烏"로 9일은 아래가지(下枝), 1일은 윗가지(上枝)로 올라가는 烏, 飛龙이 通天하는 기세를 보이고 있다. 이 靑銅裸樹의 鑄造는 銅環套로 위와 아래를 연결하는 套鑄, 嵌鑄, 鉚鑄 등 다양한 수법과 복잡한 기술을 사용하고 있다. 그리고 삼성퇴박물관 소장의 獸面紋牛道尊과 靑銅牌飾은 湖南省博物館의 犧首獸面紋銅尊과 河南省博物院 소장의 嵌綠松石饕餮紋牌飾와 유사하다. 그래도 중원에 비해 극소수이고 옥기도 그대로 사용할 수 있는 盛裝玉器로 다른 문화의 성격과는 차이가 난다. 이들의 주인공은 羌族으로 여겨진다. 그리고 印度洋 기원의 貝殼(海貝)이 1,000여 점 이상 발견된다. 古蜀문화의 본 모습은 黃河의 靑銅器문화 長江의 玉器문화와 별개로 獨自的으로 발전하였지만 서로 얽혀져 相互融合, 共同構成 및 發展

을 아루고 있었다. 이는 중원의 夏·商·周와 함께 紅山, 良渚文化는 中国文明의 多元的 起源의 하나로 볼 수 있다.

夏, 商과 周의 발전은 노관대(老官台), 자산(磁山)과 배리강(裵李崗)과 같은 초기 농경민들의 사회인 초기신석기문화를 거쳐 仰韶 문화, 廟底溝문화라는 龙山式 문화(용산문화형성기), 그리고 마지막의 龙山문화의 다음 단계에 나타난다. 즉 기원전 5000년에서 기원전 3200년까지 중국의 앙소와 后李-北辛-靑蓮崗 문화가 초기신석기문화에 이어 등장하며(后李文化-北辛文化-大汶口文化-龙山文化의 순서로 보기도 함), 여기에서부터 기원전 3200년에서 기원전 2500년까지 묘저구, 대문구(大汶口)와 악석(岳石) 문화라는 용산식(Lungshanoid)문화/용산문화형성기가 발생한다. 전자의 묘저구 문화는 陝西省과 河南省에 후자의 대문구와 악석 문화는 山東省을 중심으로 나타난다. 기원전 2500년에서 기원전 2200년까지의 문화가 중국문명이 발생하기 직전의 龙山(Lungshan) 문화 단계이다. 용산문화에서 문명단계와 흡사한 영구주거지, 소와 양의 사육, 먼 곳까지의 문화 전파, 곡식의 이삭을 베는 반월형돌칼, 물레를 이용한 토기의 제작, 占卜, 版築(夯土/hang-t'u, stamped earth)상의 공법으로 만들어진 성벽(山東省 日照県 城子崖, 河南省 淮陽県 平糧台, 河南省 登封県 王城崗)과 무기의 출현, 금속의 출현(河南省 登封県 王城崗, 淸海省 貴南県 朶馬台, 山東省 胶県 三里河), 조직화 된 폭력(河北省 邯鄲県 澗溝村), 계급의 발생, 전문장인의 발생, 제례용 용기와 제도화 된 조상숭배 등의 요소들이 나타난다. 그 다음 기원전 2200년 河南省에서 우(禹)왕의 하(夏)나라, 기원전 1750년 山東省에서 탕(湯, 또는 成湯)왕이 다스리는 商(기원전 1100년/기원전 1046년), 陝西省에서 무(武)왕의 周가 연이어서 나타났다. 하의 桀王(애첩 末姬)과 상의 紂王

(28대 또는 30대 帝辛, 애첩 妲己, 酒池肉林의 古事가 생겨남)은 역사상
잘 알려진 폭군으로 商의 湯王과 周의 武王에 의해 멸망당한 것으로 알
려지고 있다. 그러나 현재 고생물과 花粉연구를 통한 상나라 당시 황하
유역은 나무와 숲이 우거지고 코끼리(中国科學院의 復原後 北京自然博
物館에 所藏된 黃河象), 코뿔소와 사슴들이 뛰어놀던 森林으로 밝혀졌
는데, 오늘날과 같이 황토분지로 되어버린 것은 秦始皇이 설치한 鐵官
등에 의해 만들어진 다량의 철기로 인한 과도한 삼림개간이 원인이 되었
을 것으로 해석되고 있다. 이는 聖域으로 개간되지 않은 陜西省 黃陵県
橋山 黃帝陵 주위에 남아있는 당시 삼림의 원형에서도 찾아 볼 수 있다.
이어서 주에서 東周(기원전 771년-기원전 221년) 즉 춘추전국시대를 거
쳐 기원전 221년 진나라의 통일, 그리고 기원전 206년 한나라의 통일이
연속적으로 이루어진다.

辽宁省 阜新市 阜新県 沙拉乡 査海村 朝力馬营子(阜新蒙古族自治
県)-興隆窪(-趙寶溝-富河)-紅山-小河沿, 小珠山-後窪, 新樂-偏堡
子(辽宁 新民)로 이어지는 문화 계통들도 고려된다. 여기에는 內蒙古
赤峰市 夏家店문화도 언급된다. 이제까지 알려진 夏(기원전 2200년-기
원전 1750년)나라보다 약 800년이나 앞서는 紅山(기원전 3600년-기원
전 3000년)문화는 1935년 초 赤峰市 紅山后에서 발견된 것으로 그 범위
는 내몽고 동남부를 중심으로 辽宁省 서남, 河北 북부, 吉林서부에까지
미친다. 경제생활은 농업과 어로가 위주이고 석기는 타제와 마제석기를
사용하였다. 주요 유적들은 內蒙古 那斯台村, 辽宁県 喀左 東山嘴 冲水
溝(기원전 3000년-기원전 2500년경)와 建平県을 비롯하여 蜘蛛山, 西
水泉, 敖汉旗 三道湾子, 四棱山, 巴林左旗 南楊家營子들이다. 이제까지
알려진 夏나라보다 약 800년이나 앞서는 紅山문화에 속하며 祭壇, 女

神廟와 積石塚 등이 발굴된 辽宁 朝阳市 東山嘴[辽宁省 朝阳市 喀左县
兴隆庄乡章 京营子村 东山嘴屯, 新石器時代 紅山文化晚期, 女神廟, 祭
壇, 積石塚/石棺墓(周溝石棺墓) 20기, 大型祭祀性遺址, 동양의 비너스
로 불리는 女性陶塑像편, 孕妇陶塑像편, 双龙首玉璜饰, 绿松石(土耳其
玉, Turquoise, 터키석)을 조각한 올빼미(효, 鸮, awl), 彩陶祭器, 기원
전 3600년-기원전 3000년]와 朝阳市 建平 牛河梁[辽宁省 朝阳市 建平
县 富山街道와 凌源市 凌北街道의 경계, 新石器時代 紅山文化晚期, 女
神庙, 积石冢, 玉璧, 云形玉佩, 扁圆形玉环, 圆桶形 馬啼形/箍(고)形玉
器, 玉鸟, 玉鸽, 玉龟, 玉鱼, 玉兽 등, 5500년-5000년 전]유적으로 대표
된다. 紅山문화(4,900-5,500년 전, 기원전 4000년-기원전 3000년으로
올라가나 중심연대는 기원전 3000년-기원전 2500년경)는 서기 1935년
초 赤峰市 紅山后에서 발견된 것으로 그 범위는 내몽고 동남부를 중심
으로 辽宁 서남, 河北 북부, 吉林서부에까지 미친다. 경제생활은 농업
과 어로가 위주이고 석기는 타제와 마제석기를 사용하였다. 주요 유적
들은 內蒙古 那斯台村, 辽宁 朝阳市 喀左 東山嘴 冲水溝(기원전 3000년
경), 朝阳市 建平 牛河梁을 비롯하여 蜘蛛山, 西水泉, 敖汉旗 三道湾子,
四棱山, 巴林左旗 南楊家營子들이다. 특히 辽宁 喀左 東山嘴와 建平 牛
河梁유적에서는 祭壇(三重圓形), 女神廟(東山嘴 冲水溝의 泥塑像, 여기
에서 나온 紅銅/純銅의 FT(Fission Track dating, 우라늄이 포함된 광
물이나 유리질의 핵분열에 기초)연대는 4298±345 B.P/2348±345 B.C,
3899±555 B.P/1949±555 B.C, C[14]의 연대는 5000±130 B.P/3150±
130 B.C가 나오고 있다), 積石塚(牛河梁 馬家溝, 祭器로서 彩陶圓筒形
器가 보임), 石棺墓, 禮器로 만들어진 玉器[龙, 渚(묏/멧돼지), 매, 매
미, 거북 자라 등의 動物, 상투(結髮, 離結)를 위한 馬啼形/箍(고)形玉
器(趙寶溝), 環, 璧, 玦 등 100건 이상], 紅陶와 黑陶가 생산된 橫穴式

窯와 一・二次葬을 포함하는 土坑竪穴墓(水葬・風葬・火葬) 등이 알려져 있다. 河南省 南陽市 북쪽에 위치하는 独山[中国 四大名玉 산지 중의 하나인 独山(玉潤独山, 海拔 367.8m)에서 산출되는 玉은 독산으로부터 3㎞ 떨어진 6,000년 전의 玉鏟이 출토한 南陽市 臥龙区 蒲山鎮 黄山村 黄山 신석기시대 晚期의 遺址로부터 잘 알려져 있으며, 南阳玉, 河南玉, 独山玉(bright green jadeite, nephrite jade)으로 불린다. 옥의 主要 組成矿物로는 斜长石(anorthite)을 중심으로 黝带石(zoisite), 角閃石(hornblende), 透辉石(Pyroxene), 铬云母(Fuchsite; chrome mica), 绿帘石(epidote), 阳起石(Tremolite, Tremolite asbestos Actinolite) 등이 있다. 이곳에서 옥은 多色性으로 绿色, 藍色, 翡翠色, 棕色(褐色), 红色, 白色, 墨色 등 7가지 색이 나타나며, 白玉에서 미얀마/버마/Myanmar(緬甸, 서기 1989년 이후 Burma의 새로운 명칭)에서 나오는 翡翠와 유사한 옥에 이르기까지 다양하게 산출된다] 및 密県의 密玉(河南省 密県에서 산출하는 河南玉 또는 密玉이라고도 함), 辽宁省 鞍山市 岫岩 満族自治県(中国 四大名玉산지 중의 하나), 甘肅省 酒泉, 陝西省 藍田, 江蘇省 栗陽 小梅岭, 内蒙古 巴林右旗 靑田(巴林石, 靑田石)과 멀리 新疆省 和田과 新疆 昌吉県 瑪納斯에서부터 당시 상류층에서 필요한 玉, 碧玉과 翡翠의 수입 같은 장거리 무역관계도 형성해나갔던 것 같다. 홍산문화에서 나타나는 옥기들은 鞍山 岫岩玉(満族自治県)이 이용되었다. 홍산 문화에서 査海(6925±95 B.P, 7360±150, 7600±95 B.P 7500-8000년 이전)의 龙纹陶片과 興隆窪(기원전 6200년-기원전 5400년, 7500-8000년 이전)의 돌을 쌓아 만든 용의 형태(石头堆塑龙形图腾) 崇拜(토테미즘, totemism)를 거쳐 玉猪龙이 사슴・새→ 멧돼지용(玉渚龙)에서→ 龙(C形의 玉雕龙으로 비와 농경의 기원)으로 발전하는 图上의 확인뿐만 아니라 紅山岩畵에서 보이는 혈연을 기반으로 하

는 階級社會 중 복합족장사회(complex chiefdom) 또는 그 이상의 종교적 무당 신분의 王이 다스리는 神政政治, theocracy)에 가까운 文明社會를 보여주고 있다. 劣等自然敎는 精靈崇拜(animism)→ 토테미즘(totemism, 图騰崇拜)→ 巫敎(shamanism, 薩満敎)→ 祖上崇拜(ancestor worship)로 발전하는데 이곳 홍산문화에서는 샤만의 원형을 잘 유지하고 있다고 생각되는 고아시아족(Palaeoasiatic people, Palaeosibserian people) 중 축치족(러시아의 Chukotka에 사는 Chukchee/Chukchi족)에서와 같이 見靈者, 豫言者와 醫療者의 역할을 할 수 있는 巫敎(샤마니즘, 薩満敎)의 무당 신분의 王이 중심이 된다. 도시와 문자의 존재로 대표되는 문명의 발생에 神政政治(theocracy)가 처음 나타나고 뒤이어 아즈텍(서기 1325년-서기 1521년 8월 13일)과 잉카(서기 1438년-서기 1532년 11월 16일) 帝国처럼 世俗王權政治(secularism), 군국주의(militarism)와 도시화(urbanism)가 나타난다. 여기에는 만신전(pantheon of gods)과 함께 이에 필요한 공식적인 藝術樣式도 나타난다. 수메르 문명이 발생하기 이전의 고고학유적으로 움 다바기야(Umm Dabaghiyah, 기원전 6500년-기원전 6000년)-하순나(Hassuna/Yarim-Tepw I/야림 테페 I, 기원전 6000년-기원전 5250년)-사마라(Samarra/Tell es-Sawwan/텔 에스 사완, 기원전 5500년)-하라프(Halaf/Yarim-Tepe II/야림 테페 II, 기원전 5500년-기원전 4700년)-우바이드(Ubaid, 기원전 4500년-기원전 3500년)-우르크(Uruk, 기원전 3500년-기원전 3100년)의 여러 단계를 지나며 최후의 수메르 문명기인 젬데트 나스르기(Jemdet Nasr, 기원전 3100년-기원전 2900년)가 된다. 이때가 되면 주거단위가 마을(village)-읍(town)-도시(city)의 순으로 발전해 도시를 중심으로 하는 소규모의 도시국가들이 급격히 증가한다. 그리고 홍산문화에는 東山嘴와 牛河梁처럼 종교의례중심지도 나타나 도시화가 진행되었다고 믿어진다. 도시는 "한 지역에 5,000명 이상의 인구가 긴밀한 문화 체계 안에서 유기적인 연관을 갖고, 또 그들 사이에 있어 노동의 분화, 복잡한 계급제도와 사회계층의 분화, 중앙집권화 된 정부구조, 기념비적인 건물의 존재, 그리고 문자가 없는 경우 부호화된 상징체계나 당시 풍미했던 미술양식과 지역 간의 교역의 존재"를 통해 찾아질 수 있다. 크라이드 크락크혼(Clyde Kluckhohn)은 약 5,000명 이상 주민, 문자와 기념비적인 종교 중심지 중 두 가지만 있어도 도시(city, urban)라 정의할 수 있다고 한다. 그래서 홍산문화는 수메르 문명의 발전단계 중 계단식 사원인 지구라트가 나타나는 초기 신전정치를 행하던 우바이드와 우르크기와도 비교된다. 또 이는 남미의 챠빈(Chavin de Huántar, 기원전 900년-기원전 200년/기원전 750년-기원전 400년, 전성기에는 약 3,000명이 거주) 문명이 武力이나 軍隊를 사용하지 않고도 고도의 챠빈 문화를 700년-800년 이상 유지했던 것은 지배층 司祭를 중심으로 산 페드로 선인장(san-pedro-cactus)에서 추출한 환각제를 사용해서 음악과 춤을 배합한 일종의 챠빈교의 永續性을 유지하려던 정교한 宗敎儀式을 행했던 것처럼 홍산문화도 이와 유사한 神政政治의 모습을 보여준다고 추측된다. 이는 夏·商·周과 같은 고대 중국에 있어서 藝術(art), 神話(myth)와 儀式(ritual) 등은 모두 政治体 또는 정치적 권위에 이르는 과정을 언급한 張光直教授의 견해와도 일치한다. 그러나 甲骨文字와 같은 문자가 없었던 것이 주목된다. 또 그 사회는 母系氏族社會에서 父系氏族社會로 발전하고 있었다. 그러나 이는 結繩文字(매듭문자, 퀴푸, Quipu)가 문자를 대신하는 잉카와 특히 종교적 예술양식의 분포와 문화적 특질'에 바탕을 둔 호라이존(Early Horizon, 차빈/Chavin), 중기 호라이존(Middle Horizon, 티아우아나코/Tiahuanaco/Tiwanaku)과 말기 호라이존(Late Horizon, 잉카/Inca)로 편년하는 페루 지역에서와 같이 玉의 사용과 아울러 龙문양의 지속과 전파가 문자를 대체하여 나타나는 계급 또는 종교적 예술적 상징(symbolism)로 보인다. 그래서 홍산문화는 垓字가 돌린 성역화 된 積石塚/石棺墓(周溝石棺墓)과 玉과 龙으로 상징되는 계급사회와 이를 받침하는 종교 제사유적으로 보아 중국 동북부 지역에서 나타난 최초의 문명이라 할 수 있다. 이 홍산문화 유적은 기원전 4000년-기원전 3000 년이며 중심연대는 기원전 3000년-기원전 2500년으로 중국고고학편년 상 신석기시대 晚期/後期 또는 龙山문화형성기-龙山문화기에 속한다. 특히 토기문양 중 갈 '之'문양은 평북 의주 미송리와 경남 통영 상노대노에서, 玉玦은 경기도 파주 주월리와 강원도 고성 문암리에서 나타난다. 그리고 해자가 돌린 성역화된 적석총/석관(周溝石棺墓)은 강원도 홍천 두촌면 철정리, 강원도 춘천 천전리, 강원도 중도, 충남 서천 오석리와 경상남도 진주 대평 옥방 8지구 등에서 보인다.

이 시기에서 중요한 것은 옥의 사용인데 중국에서 옥의 산지로는 河南省 南陽 獨山 및 密縣, 辽宁省 鞍山市 岫岩 滿族自治县, 甘肅省 酒泉, 陝西省 藍田, 江蘇省 栗陽 小梅岭을 들 수 있으며 홍산문화에서 보이는 옥은 辽宁省 鞍山市 岫岩 滿族自治县에서 가져온 것이다. 그리고 이러한 옥들은 멀리 新疆省 和田에서부터 가져온 것으로 당시 상류층에서 필요한 玉과 翡翠의 수입 같은 장거리 무역관계도 형성해나갔던 것 같다. 그리고 이들 무역을 통한 국제관계, 법과 무력의 합법적이고 엄격한 적용과 사용, 천문학과 같은 과학과 청동기에서 보이는 金石文, 卜骨·龜甲과 같은 占卜術 등에서 찾아질 수 있다. 또 상의 사회에서 강력한 부가장제, 도철문(饕餮文)에서 보이는 것과 같은 부족을 상징하는 토템신앙과 조상숭배 또한 빼놓을 수 없는 문명의 요소이다.

彭头山-河姆渡-馬家浜-崧澤-良渚-楚로 이어지며 玉器의 제작으로 유명한 良渚(浙江省 杭州市 余杭区 良渚鎭)문화(기원전 3350년경-기원전 2350년경) 등과 같이 종래 생각해오던 중국문명의 중심지역뿐만 아니라 상의 영향을 받아 주변지역에서도 청동기의 제작이 일찍부터 시작되었다는 새로운 사실들이 밝혀지고 있어 중국 청동기문화의 시작에 대한 연구를 복잡하게 만들고 있다. 최근 殷墟출토와 三星堆의 청동기 假面의 아연(zinc, Zn)의 동위원소를 분석한 결과 産地가 같다는 결론도 나오고 있어 신석기시대 이래 청동기시대 문화의 多元性과 아울러 상나라의 지배와 영향 등의 새로운 해석도 가능해진다. 그러나 이곳은 商나라의 마지막 수도인 殷墟에서와는 달리 甲骨文字와 같은 문자가 없었던 것이 차이점으로 들 수 있다. 周禮 春官 大宗伯에 보이는 "以玉作六器 以禮天地四方 以蒼璧禮天 以黃琮禮地 以靑圭禮東方 以赤璋禮南方 以白琥禮西方 以玄璜禮北方 皆有牲幣 各放其器之色"라는 六器 중 琮·璧·璜과 鉞의 네 가지 祭禮重器라는 玉器가 이미 앞선 良渚文化에서 나타나고 있다. 그중 큰 琮은 人獸面의 문양을 가지고 무게는 6,500g에 달한다. 그리고 서기 1986년 5월부터 발굴을 시작한 良渚文化에 속하는 余杭 瓶窯鎭 匯觀山 제단, 彭公村墓地(4900 B.P), 盧虎岭과 毛元岭 등 草裹泥로 쌓은 11개소의 水坝(水利시설의 댐), 版築(夯土)을 기초로 쌓은 750m×450m 규모의 莫角山 王城과 宮殿, 外郭城(古城墻)을 비롯한 余杭 反山과 瑤山 귀족 무덤에서 출토한 玉으로 만든 琮·璧·鉞(浙江省博物館과 良渚博物院所藏)은 神權·財權·軍權을 상징하는 것으로 정치권력과 군사통수권을 가진 족장사회(chiefdom)를 넘어선 국가와 같은 수준의 정치적 기반을 갖춘 정부조직이 있었으리라는 추정을 가능하게 한다. 그리고 여기에 '王'자에 가까운 刻畵文字, 莫角山의 土城(堆筑土의 古城)과 宮殿, 瑤山 7호와 反山 23호의 王墓, 滙

觀山의 祭壇 등의 발굴 자료는 良渚文化가 이미 족장사회를 넘어선 고대국가 또는 문명의 단계로 인식되고 있는 실정이다. 그 외에도 비단의 시작은 지금부터 5,200년 전-4,700년 전 新石器時代晚期(商周時期의 馬橋文化)의 良渚文化時期에 속한 浙江省 湖州市 吳興区 境內 錢山樣 유적에서부터이며 이곳에서 서기 1956년-서기 1958년 2차에 걸친 발굴에서 비단조각(絹片)이 발견됨으로서 신석기시대에 이미 누에를 키워 養蠶을 했었음이 밝혀지고 있다. 이는 世界에서 가장 오래된 蠶絲織品絹片으로 '世界絲綢之源'으로 불리 운다. 이 유적은 총면적 731.5㎡로 발굴된 곳은 4개소로 출토유물은 钱山漾类型文化의 특징인 三足鼎을 비롯해 陶片 6萬여 편, 石器 500여 점, 竹編物 200여 점이다. 이곳에서 사용된 玉器의 재료는 江蘇省 栗陽 小梅岭에서 가져온 것으로 보인다. 요새화한 版築城은 河南省 安阳 後崗, 登封 王城崗, 淮陽 平糧台, 山東省 章丘 龙山鎮 城子崖 등 龙山문화에서부터 이미 나타나기 시작하였다. 여하튼 넓은 지역의 중국에서 문화의 多原論(polyhedral, polyphyletic theory)이 제기될 수 있는 것은 가능하며, 이 점은 앞으로 중국고고학에서 해결되어야 할 문제점이다.

广西壯族自治区 중 桂林市 紅岩村의 恭城 瑤族乡自治県과 南岭 下龙勝県 紅瑤族部落 黃洛瑤寨(天下第一長髮村), 河池市 環江県 九萬大山 下 康宁村의 布依族, 下塘村의 毛南族, 久保屯村과 都陽山 下 巴馬瑤族自治県 巴盤屯村(世界最長壽村)의 瑤族 등이 모여 사는 河池環江毛南族自治県, 그리고 元寶山下 柳州市 三江侗族自治県 등도 중국의 55개의 소수민족의 실상을 보여주는 중요한 民俗學的 자료들이다. 현재 广西壯族自治区 중 珠江 상류에 해당하는 紅水河 변의 河池市 東兰県의 壯族을 비롯하여 岑王老山 下 广西 田村県 三瑤村 瑤恕屯의 瑤

族들은 기원전 600년–서기 3세기경 사이 베트남 북쪽 紅河(Red river)의 삼각주를 중심으로 번성했던 동손문화(The Đông Sơn bronze culture)인들이 사용하던 전통적인 타악기인 靑銅銅鼓(bronze drum, Heger Type I drum)를 아직도 만들어 사용하고 있다. 이 동고는 '中国三大青銅禮器' 중의 하나로 가운데 태양을 중심으로 주위 여러 겹의 원형 구획 안에 기둥으로 받쳐진 집, 동물·새와 함께 춤추고, 쌀을 찧고, 長鼓를 치는 사람들을 사실적으로 묘사한 문양을 가진 똑같은 전통적인 銅鼓가 아직도 이 지역에서 鑄造되어 春節, 結婚式, 葬禮式과 전쟁의 지휘와 같은 중요한 儀式이나 행사 때 銅鼓舞와 함께 사용되고 있다.[10]

청동기시대의 夏, 商, 周를 거쳐 철기시대의 秦에 이르는 중국문명은 단절된 것이 아니라 중국역사 전체 속에서 연이어 온 것이다. 기원

---

[10] 현재 广西壯族自治区 중 珠江 상류에 해당하는 紅水河 변의 河池市 東兰県의 壯族을 비롯하여 岑王老山 下 广西 田村県 三瑤村 瑤恕屯의 瑤族들은 기원전 600년–서기 3세기경 사이 베트남 북쪽 紅河(Red river)의 삼각주를 중심으로 稻作을 기반으로 번성했던 동손문화(The Đông Sơn bronze culture)인들이 사용하던 전통적인 타악기인 靑銅銅鼓(bronze drum, Heger Type I drum)를 아직도 만들어 사용하고 있다. 이 동고는 '中国三大青銅禮器' 중의 하나로 가운데 태양을 중심으로 주위 여러 겹의 원형 구획 안에 기둥으로 받쳐진 집, 청개구리(靑蛙), 동물·새와 함께 춤추고, 쌀을 찧고, 長鼓를 치는 사람들을 사실적으로 묘사한 문양을 가진 똑같은 전통적인 銅鼓가 아직도 이 지역에서 鑄造되어 春節, 結婚式과 葬禮式전쟁의 지휘와 같은 중요한 儀式이나 행사 때 銅鼓舞와 함께 사용되고 있다. 다시 말해 銅鼓는 古代의 战争 中 指挥军队의 进退과 宴会, 乐舞 중에 사용하는 신분의 상징과도 같은 역할을 하는 것으로 广西, 广东, 云南, 贵州, 四川, 湖南 등 少数民族地区의 打击乐器로 东方艺术의 特色을 갖춘 中国少数民族 先民智慧의 象征으로 世界文化艺术의 宝库이다. 이들은 현재 老挝(라오스), 缅甸(미얀마), 泰国과 印度尼西亚 诸岛에서도 발견된다. 현재까지 발견되어 박물관에 전시되어 있는 동고는 약 320점으로 이들은 발견된 장소와 문양에 따

전 771년에서 기원전 221년까지의 東周 즉 春秋戰国시대는 도시와 시장의 확대, 무기와 공구에 있어서 철의 사용, 그리고 青銅祭器나 용기의 표면에 나있는 장식에서 보이는 바와 같이 활발한 動物神이나, 神과의 싸움 같은 주제가 보여주는 人本主義의 발달을 들 수 있다. 戰国

라 万家坝型铜鼓(云南省 楚雄市 万家坝 古墓葬群 出土가 대표), 石寨山型铜鼓(云南省 晋宁县 石寨山 古墓葬群出土), 冷水冲型铜鼓(广西壮族自治区 藤县 横村 冷水冲出土), 遵义型铜鼓(冷水冲型 铜鼓의 변형), 麻江型铜鼓(贵州省 麻江县 出土) 北流型铜鼓(广西壮族自治区 北流县出土), 灵山型铜鼓(广西壮族自治区 灵山县出土), 西盟型铜鼓(云南省 西盟佤族自治县 佤族村寨出土)로 분류된다.

서기 1976년 8月 广西壮族自治区 博物館에 의해 발굴된 翔鷺紋銅鼓를 비롯해 岭南地区의 广西壮族自治区 百色市 龙川镇 出土 铜鼓를 비롯하여 广西 田东县 祥周乡 甘莲村 江峒屯 등지에서 铜鼓가 발견되고 있다. 이들은 春秋晚期 혹은 战国早期 무덤에서 출토한 특징 있는 石寨山型 铜鼓로 岭南地区 广西 田东县 祥周乡 甘莲村 江峒屯 锅盖岭에서 联福村 陀塑屯 北土岭에 이르는 战国墓에서 주로 출토하고 있다. 또 百色市 龙川镇과 平乐에서도 이미 石寨山型 铜鼓가 발견된 바 있다. 그리고 广西 西林县 普駅에서는 西汉时期의 铜鼓墓에서 4점의 石寨山型 铜鼓가 발견되었다. 贵县(현 贵港市) 罗泊湾 1호 汉墓中에서 2점의 石寨山型 铜鼓과 함께 이를 변형시켜 다리가 셋이 달린(三足铜案)된 石寨山型 铜鼓도 발견되었다. 이들은 贵县 高中의 西汉墓, 贺县 沙田乡 龙中村에서도 발견되었다. 岭南지구의 山岭, 田野, 河流에서는 특징있는 冷水冲型, 北流型, 灵山型 铜鼓 등이 많이 발견되는데 新中国이 성립한 서기 1949년 이후 冷水冲型 铜鼓는 약 80여 점, 北流型铜鼓 약 140점, 灵山型铜鼓약 78점, 麻江型 铜鼓는 广西博物館소장品(遵义型)을 포함해 320여 점에 이른다. 이외에도 文献记录에 보고된 것만 해도 唐代-民国时期에 발견된 铜鼓는 186점에 달한다.

이제까지 발견된 320점 이상의 동고 중에서도 北流县(현 北流市) 六靖乡水埇(冲)庵에서 서기 1940년도에 발견되어 현재 南宁市 广西民族博物馆에 전시되어있는 铜鼓가 "铜鼓王"으로 불린다. 이는 北流型 101号 云雷纹大铜鼓로 직경 165㎝, 무게 299㎏로 태양을 중심으로 圆圈과 그 사이에 云雷纹이 그리고 청개구리(青蛙)가 장식되어 있다. 이는 铅锡青铜 재질로 구성되어 있으며 铜, 锡, 铅의 比例分別는 66.5%, 9.5%, 18.5%이다.

时代의 시작인 기원전 475년부터는 土地의 私有化와 함께 鐵器时代 (진시황 때 鐵官을 두어 철의 생산과 소비를 관장함) 시작된 것이다. 기원전 221년에 통일한 秦나라는 秦始皇帝(嬴政)를 통하여 자급자족 과 中国歷史의 傳統性의 繼承을 확보했을 뿐만 아니라, 戰国시대의 地 理的 統一과 度量衡과 公文書(隷書의 사용)를 통해 중국에서 처음으 로 지리적·文化的 統一을 이룩해 오늘날의 중국문명의 시작을 이루었 다. 진시황의 묘는 陝西省 臨潼県 驪山에 위치하며 발굴에서는 보병의 1호(11열로 배치, 1열은 230m임), 궁수·전차와 기마부대의 2호, 그리 고 지휘통솔부의 3호의 兵馬坑이 확인되었다. 그리고 최근 중앙 왕릉 근처에서 발견된 80여 개의 坑 중 石板(두께 8mm의 612개의 석판을 청 동 끈으로 꿰어 한 벌을 만듦)이어 만든 갑옷인 石製札甲만 500벌 정 도 매장한 坑이 새로이 발굴·조사 중이다. 이는 진시황이 전사자들의 영혼을 위로하기 위해 매장한 것으로 추측된다. 이와 같은 진의 통일 은 앞서 孝公[秦 25대 君主, 嬴渠梁(기원전 381년-기원전 338년, 기원 전 362/362년-기원전 338년 재위] 때 등용한 法家의 商鞅(기원전 390 년경-기원전 338년)의 덕이었다. 그는 衛나라 사람으로 초명은 公孫 鞅, 衛鞅으로 刑名之學[法家, 秦 25대 孝公 때 作法自斃의 주인공으로 '商君書'가 있다]의 大家로 '變法'을 바탕으로 郡県制, 度量衡과 標準器 등을 실생활에 도입하는 등 富国强兵策을 펴 진나라의 토대를 만들었 다. 이외에도 진나라는 关中平原의 견고한 이점(关中之固)을 살려 渭 河를 중심으로 堤防(決通堤防, 決通川防)을 쌓아 저수지를 만들고 治 水를 행하였던 것 같다. 그리고 秦昭王(28대, 기원전 295년-기원전 251년) 時 蜀太守로 있던 李冰과 그의 아들 李郎이 기원전 256년 成都 교외 북서쪽 65km 떨어진 곳에 都江堰 계획으로 岷江을 막아 둑을 쌓 고 水路를 내고 灌漑農業을 성공시켜 그곳에서 나온 잉여생산물을 축

적하였는데 여기에서 축적된 잉여생산물을 후일 秦始皇이 인구증가와
戰國時代를 통일하기 위한 軍備로 사용하고 있음에서도 잘 알 수 있
다. 이들 부자는 이 治水의 공으로 근처 二王廟(后汉 乾宁 元年 168년
경 초축)에 모셔져 숭앙을 받고 있다. 특히 기원전 221년 戰國의 통일
후 秦나라는 점령한 5국과 북쪽 유목민인 匈奴族에 대항해 전국적으
로 도로를 정비하고 교통체계를 강화하여 새로운 군사용 直道(함양 부
근의 雲陽-內蒙古 包头까지 약 720㎞, 秦始皇 35년/기원전 212년-진
시황 37년/기원전 210년), 황제 전용의 마차길(馳道, 폭 50步, 69.3m,
진시황 27년/기원전 220년), 五尺道(战国时代에 修筑한 中原, 四川과
云南을 잇는 通道로 秦国 蜀郡太守 李冰이 개통), 新道(巴蜀-云南省
동부에서 贵州省으로 뻗은 雲貴高原)를 만들었다. 그 중 '北有長城 南
有靈渠'라고 할 정도로 秦始皇 때(秦始皇 20년/기원전 219년-秦始皇
23년/기원전 215년) 史祿(監御史祿, 水利家)을 파견하여 벌린 가장 규
모가 큰 토목공사의 하나가 현 广西莊族自治区 兴安県 桂林市에 위치
하는 楊子江 水系인 湘江과 珠江 수계의 漓江 사이 전장 36.4㎞를 잇
는 人工運河/인공 간선수로인 靈渠(秦凿渠, 秦堤, 湘桂运河, 兴安运河
로도 불림)의 축조를 들 수 있다. 이 水利工事에는 分水를 위한 人字坝
(人字壩, 閘壩, 閘門, 인자댐)의 형태를 만든 铧嘴(영거의 分水시설로
兴安県 城东南 2.5㎞의 상강 가운데 있으며 큰 돌로 둘레를 쌓아 석축
을 형성함, 높이 약 6m, 폭 23m, 길이 90m), 大小天平坝의 石堤(天
平分水原理를 이용한 "湘七漓三"로 상강에 7, 이강에 3할의 물이 흐르
도록 함, 大天平과 小天平의 두 石堤는 수량을 조절하는 목적으로 만
듦), 泄水天平, 南渠, 北渠, 秦堤와 陡门 등이 포함된다. 그리고 두 강
의 水差인 1.5m를 극복하기 위해 板石을 박아 魚鱗石 모양으로 경사
진 댐을 쌓고 또 陡门은 원래 36곳이 있었음, 폭 5.5m-5.9m, "天下

第一陡"란 말을 붙임)을 설치해 급류를 억제하면서 배가 드나들도록 하였다. 이 靈渠는 秦代의 3대 수리공사(都江堰, 鄭国渠, 靈渠)의 하나로, 식량을 운반(鑿渠運糧)하는 목적으로 만들어진 것이다. 이 영거는 中国古代의 水利工程이며 이로 인해 만들어진 運河는 世界에서 가장 연대가 올라가는 것 중의 하나이다. 영거의 운하가 흐르는 계림시의 약 1km의 水街에는 陡南靈渠(天下第一陡, 陡南口)를 비롯하여 후일 만들어진 萬里橋, 馬嘶橋, 娘娘橋, 接龙橋, 粟家橋 등의 다리가 놓여 주변에 아름다운 景觀을 만들어준다. 북쪽에 萬里長城을 쌓았는데 그이후에도 만리장성을 경계로 토착농경민과 유목민의 끊임없는 대항의 역사를 보여준다.

청동기시대와 철기시대 중국문화의 형성에 영향을 준 스키타이·흉노와 관련된 匈奴의 유물은 春秋(기원전 771년-기원전 475년) 말기부터 汉代(기원전 206년-서기 220년)에 이르기까지 중국의 여러 지역에서 발견되고 있다. 우리나라 永川 漁隱洞 출토의 虎形帶鉤와 함께 金海 大成洞 출토 청동항아리(銅鍑)와 良洞里 고분에서 발견된 鐵鍑(동의대 서기 1991년 발굴 토광목곽묘 162호 출토)과 青銅鼎도 이러한 점에서 이해가 되어야 한다. 아무튼 한국고대문화의 기원지 중의 하나가 스키타이와도 관련이 있다는 것은 매우 흥미 있다. 신라의 찬란한 금관의 경우도 나뭇가지 모양으로 장식했는데, 그러한 형태가 서기 1세기경의 스키타이의 왕관(The Khokhlach Burial Mound에서 출토한 Sarmatian gold diadem, 서기 1864년 Novocherkassk옆 Khokhlach에서 발굴), 아프카니스탄 틸리야 테페(박트리아, Tillya/ Tilla tepe, 서기 1978년 발굴) 4호분에도 보이며, 비교적 최근까지도 시베리아 지역의 샤만들이 머리에 쓰던 관의 형태와도 비슷하다. 흉노 것으로는 內蒙古

伊克昭盟 杭錦旗 阿魯紫登 출토의 금관 및 매(독수리)형 장식을 들 수 있다. 그밖에 신라의 금동제품에 쓰인 누금세공기법(filigree/filagree, 금으로 만든 세공품에 線條細工이나 象嵌을 한 것)도 스키타이의 금제품에 흔히 보이는 것이다. 그러나 엄격한 의미에서 스키타이인은 러시아 남부에 정착했던 부족들에 국한된다. 서기 1929년 그라즈노프(M. P. Glyaznov)에 의해 발굴되고, 서기 1947년 루덴코(S. I. Rudenko)에 의해 재개된 파지리크(Pazyrik) 고분, 서기 1969년-서기 1970년 케말 A. 아카쉐프를 중심으로 한 러시아 까자흐 공화국 내 기원전 5세기-기원전 4세기의 '황금관을 쓴 인간(또는 황금 옷을 입은 인간)'과 약 4,000점의 스키타이 유물이 쏟아져 나온 이식(Issyk) 쿠르간 고분의 발굴은 이란이나 남부러시아에 이주했던 스키타이인들의 문화, 예술, 생활방식이 서부 시베리아나 알타이 지역에 살고 있던 스키타이인들의 것과 유사함을 밝혀 주었다. 이러한 쿠르간 봉토분은 서쪽 멀리 몽골 울란바토르의 북방 하라강(江) 유역 노인 울라(Noin-Ula Site)에 있는 흉노(匈奴) 귀족의 고분군(古墳群)에서도 발견되며 그 시대는 前汉(기원전 206년-서기 9년) 晚期인 기원전 1세기-서기 1세기에 속한다. 서기 1924년-서기 1925년 러시아 탐험가 P. K. 코즐로프 조사단에 의하여 212기(基)의 고분 중 12기가 발굴되었고, 출토된 유물 중에는 한대의 여러 견포(絹布)와 기원전 2년의 명기[銘記雙禽渦紋의 黑漆耳杯의 경우 '上林'과 다리에는 "建平五年(前汉 12대 哀帝 元壽 1년, 기원전 2년)九月 工王譚經 畵工劃壺 天武省"이라는 명문이 새겨져 있다]는 스키타이 문화의 전파와 내용을 알려주는 자료로서 학술적으로 매우 중요하다. 이 고분군의 축조연대는 기원전 1세기-서기 1세기 전반에 걸친 흉노의 중흥기로 당시 동쪽의 중국 汉나라, 서쪽은 파르티아(Parthia, 기원전 247년-서기 224년) 등의 서역(이란)까지, 또한 북쪽은 스키토 시

베리아(Scythito-Siberia) 문화권과도 문화교류가 성행했고 그 문화교류의 중개자로서 匈奴의 역할이 컸을 것으로 추측된다. 따라서 고대의 동서교류사 연구에 중요한 유적이다.

西藏自治区 申扎県 雄梅区 珠洛河畔 山麓 洪積世層 변두리지역에서 서기 1976년 剝片石器 14점, 刮削器, 尖狀器, 石片 등이 발견되었다. 그러나 地層 및 動物化石들이 없어 그 연대를 정확히 밝힐 수 없었으나 华北地区 舊石器时代 晚期(後期)의 유물과 흡사해 이곳에 만기/후기구석기시대의 존재가 있었다는 사실만을 확인시켜주고 있었다. 그러나 최근 定日県 蘇熱, 申扎県 多格則, 珠洛勒, 盧令, 雙湖瑪尼, 綏紹拉, 日土県 扎布 夏達錯東北岸, 吉隆県 宗嘎鄕 哈東洞과 却得洞, 聶拉木県 亞里村과 羊圈 등 만기/후기의 구석기유적들이 새로이 발견되었다. 그 중 多格則과 扎布지점에서 발견된 석기들은 北京 周口店 제1지점과 山西省 朔県 峙峪의 유물들과 유사한데, 山西省 峙峪의 연대는 28135± 1330년 BP로 西藏 구석기시대가 속하는 연대가 20,000년 전까지 거슬러 올라감을 알려준다. 또 서기 1978-서기 1979년 昌都城 東南 卡若 [카루어]村 서쪽 해발 3,100m 산지 구릉에서 발굴한 결과 신석기시대 조기/전기(기원전 3300년)와 만기/후기(기원전 2100년)의 두 문화층이 있음을 확인하였다. 이 유적의 발견은 西藏地区의 신석기문화와 이웃 지구의 유적을 비교하는데 중요한 의의를 갖게 되었다. 그리고 申扎県 雄梅区 珠洛河畔을 비롯한 定日県, 日土県, 吉隆県, 聶拉木県에서 새로이 발견된 여러 구석기시대 만기/후기유적들과 함께 昌都城 卡若지역의 신석기시대 유적은 적어도 지금부터 20,000년 전부터 이곳에 사람이 살기 시작했다는 고고학적 증거로, 神話 上의 티베트가 歷史的 事實로 서서히 입증되어가고 있는 추세를 보여주며 현재 대만의 선사시대도

중국 본토의 문화와 비교하여 연구가 계속되고 있다.

그리고 중국의 문명과 인종의 기원을 밝히는 연구 중 간과할 수 없는 요소는 실크로드(비단길)이다. 실크로드(비단길, 絲綢之路)란 용어는 서기 19세기 독일의 지리학자 겸 여행가인 바론 페르디난트 폰 리히트호펜(Baron Ferdinand von Richthofen, 서기 1833년-서기 1905년)이 처음 언급하였는데 이는 중국의 비단이 서방세계로 전래되었음을 밝히는데서 비롯된다. 이 길이 처음 개척된 것은 기원전 139년-기원전 126년 사이 前汉(기원전 206년-서기 8년) 7대 武帝(기원전 141년-기원전 87년)의 사신으로 匈奴, 月氏(大月氏国, 현 아프카니스탄/Afghanistan/阿富汗 지역), 大夏国(현 이란/Iran/伊朗 지역의 大月氏国의 이웃), 身毒国(현 印度/India 지역), 乘象国(현 미얀마/Myanmar/緬甸, Elephant riding kingdom), 烏孫(현 키르기스스탄/Kirghizstan 지역), 大宛(현 우즈베키스탄/Uzbekistan 지역), 康居国(현 우즈베키스탄/Uzbekistan과 이락/Iraq 사이의 북쪽지역), 安息国[기원전 247년-서기 224년, 阿薩息斯王朝/帕提亞帝国으로 옛 페르시아/波斯地区古典时期의 한 王朝로 현 이란 근처임, 기원전 53년 宣帝 甘露 1년 안식국은 로마제국과 전투가 있었는데 당시 로마旗는 중국의 비단으로 제작되었고 당시 중국은 그리스와 로마인들로부터 비단을 의미하는 Seres/Serica/賽里斯로 불림]과 樓栏(汉나라 때에는 金城임) 등의 西域에 다녀오면서 汗血寶馬/天馬, 포도와 석류 등의 西域 물품을 가져온 張騫(장건, ?-기원전 114년, 이 공로로 河南省 南陽市 博望鎮을 分封받음)에 의해서이다. 그 결과 汉 武帝-召帝-宣帝(한 7대-9대, 기원전 141년-기원전 49년) 때 운영된 甘肅省 敦煌市 懸泉置遺址는 兰州, 武威 張液, 酒泉과 敦煌을 포함하는 河西回廊의 長安-天山 간 실크로드(絲

綱之路) 상에 위치한 大型驛站[11) 중요하다. 그리고 甘肅省 敦煌市 西北约 90㎞ 떨어진 곳에 위치한 玉門关으로부터 서쪽은 西域이라 부르며 敦煌의 莫高窟에는 장건이 서역으로 떠나는 장면의 벽화도 남아있다. 그리고 武帝는 張騫에 이어 두 번째로 《史記》의 저자인 35세의 司马迁을 巴蜀 지역에 보내 成都→ 双流→ 新津→ 邛崍→ 名山→ 雅安→ 榮經→ 汉源→ 越西→ 喜德→ 冕宁→ 西昌→ 攀枝花→ 云南 大理→ 哀牢国(애뢰국, 傣族先民이 怒江-瀾沧江流域에 建立한 部落联盟国家)→ 古滇国[고전국, 《史记》西南夷列传에 나오며 云南 江川县 李家山일대 彝族人이 세운 나라로 한 무제 때 하사한 金印 '滇王之印'이 남아있고 后汉 明帝 永平 12년(서기 69년) 한나라에 귀속하였다]→ 乘象国(현 미안마/Myanmar/緬甸)→ 身毒国(印度)의 제 1루트와 成都→ 彭山→ 樂山→ 犍殉→ 宜賓→ 高県→ 錫連→ 豆沙芙→ 昭通→ 曲靖→ 昆明→ 哀牢国(傣族先民이 怒江-瀾沧江流域에 建立한 部落联盟国家)과 古滇国→ 身毒国(印度)에 이르는 제 2루트의 서남방의 실크로드(絲綢之路)를 자세히 기술하게 하고 있다. 이는 앞서 장건이 大夏国의 시장에서 발견한

---

11) 서기 1992년 5월부터 서기 1992년까지 甘肅省文物考古硏究所에서 발굴한 甘肅省 敦煌市 懸泉置遺址는 兰州, 武威 張液, 酒泉과 敦煌을 포함하는 河西回廊의 長安-天山 간 실크로드(絲綢之路) 상에 위치한 大型驛站이 중요하다. 그 이름은 「敦煌郡效谷县懸泉置」으로 《韩非子·说林下》에 의하면 農夫官職인 嗇夫가 주관하며 驛站公務人員은 37명 정도며 그 시설은 한번에 500명 정도 맞을 수 있을 정도이다. 이 驛站은 敦煌市 동쪽 60㎞ 떨어져 있으며 남쪽은 祁連山脈의 火焰山에 가깝다. 懸泉置란 이름은 부근 산에서 흘러내리는 泉水에서 따왔으며 汉武帝 元鼎 6년(기원전 111년)부터 문을 열었는데 이 驛站의 중요한 기능은 《后汉書》西域傳記載에 의하면 이곳을 지나는 使者, 官吏, 公務人員과 外国賓客을 맞고 보내는데 있었다. 이 유적에서 각종 문물 7만 건이 발굴 되었는데 그중 한나라 木簡(汉簡)이 3.5만 점이나 되며 400여 편의 종이편지와 器物이 나왔다.

四川에서 身毒国(印度)을 거쳐 수입된 蜀布와 四川 邛山 竹子인 邛竹杖 때문이다. 그 결과 汉나라는 后汉 明帝 永平 12년(서기 69년)부터 이 서남방의 絲綢之路를 개척하고 또 앞서 西汉 武帝 元鼎(기원전 116년－기원전 111년으로 汉 武帝의 5번째의 연호) 6년(기원전 111년) 广東省 湛江市 徐聞県에 세운 국제무역항인 徐聞港과 함께 한나라의 무역을 크게 확대시켜나갔다. 그러나 비단길을 확대하는 과정에서 이민족과의 충돌도 잦았던 모양이다. 그 한 예로 서기 1995년 10월 中日조사단이 타크라마칸(塔克拉馬干) 사막 남쪽 新疆維吾爾自治区民 民丰県 喀巴阿斯卡村 尼雅 유적[伊瑪木加法爾薩迪克大麻紮(墳墓)로 赫赫이라고 함. 東汉時期에는 鄯善에 속하며 精絶国의 故址임)에서 부부가 묻혀있는 長方木棺墓(2.2m×0.98m)를 발굴하였는데 그 안에서 목제 빗(梳), 瑞獸汶錦袋와 錦枕이 출토되었다. 특히 남자의 시신에서 화살을 쏠 때 왼쪽 팔을 보호하는 織錦의 护膊와 바지가 나왔는데 면직물의 표면에 '五星出東方 利中国 討南羌'이 새겨져 있었다. 이는 司马迁의《史記》天官書,《汉書》와《后汉書》에 보이는 "五星(土星, 木城, 水星, 火星, 金星) 出東方 中国大利 蠻夷大敗 積干西方 外国用兵子利"란 글을 옮긴 것이며 이의 역사적 배경은 西汉 宣帝 元康 4년(기원전 62년) 비단길을 방해하고 반란을 일으킨 南羌族을 토벌하기위해 한무제 때 활약하던 李广利(?-기원전 88년) 장군을 따라 匈奴族을 토벌한 경험이 많았던 76세의 趙忠国 장군을 파견할 때로 보인다.

비단길은 '초원의 길'과 '오아시스 길'의 둘로 나누어진다. 초원의 길은 비잔티움(콘스탄티노플/이스탄불)-흑해-카스피 해-아랄 해-타시켄트(Tashikent, Uzbekistan의 수도)-알마타(Alma-Ata, Kazakhstan의 수도)-이닝(Yining, 伊宁)-우룸치(Urumchi, 烏魯木齐)-카라

코룸(Karakorum/하라호룸)-울란 바토르(Ulan Bator)를 지난다. 다시
말해서 옛 소련의 중앙아시아 초원지대·외몽고·중국을 잇는 북위 35°
-45° 부근을 지나는데 이 기원전 7세기-기원전 2세기경 동물문양, 무
기와 마구로 대표되는 스키타이 기마민족들에 의해 메소포타미아와 흑
해연안의 문화가 동쪽으로 전래되었다. 우리나라의 金海 大成洞과 良
洞里, 永川 漁隱洞 등에서 나온 청동항아리(銅鍑, cauldron), 鐵鍑(동
의대 서기 1991년 발굴 토광목곽묘 162호), 靑銅鼎과 동물문양의 허리
띠(馬形帶鉤 등)장식 등이 대표적이다. 또 이들에 의해 남겨진 耳飾, 파
지리크와 알타이 유적들은 積石木槨墳의 구조를 갖고 있어 烏丸(烏桓)
과 鮮卑문화를 사이에 둔 신라고분과의 친연성도 제기되고 있다. 秋史
金正喜의 海東碑攷에 나오는 신라 30대 文武王(서기 661년-서기 681
년 재위)의 비문에 의하면 庆州 金氏는 匈奴의 후예이고 碑文에 보이는
星汉王(15대조, 金閼智, 서기 65년-?)은 匈奴 休屠王의 太子 祭天之胤
秺侯(투후) 金日磾(김일제, 기원전 135년-기원전 86/85년)로부터 7대
손이 된다. 그리고 13대 味鄒王(서기 262년-서기 284년, 金閼智-勢汉
-阿道-首留-郁甫-仇道-味鄒王, 三国史記 제2, 新羅本紀 제2)은 경
주 김씨 김알지의 7대손으로 이야기된다. 따라서 경주 김씨의 出自는
"匈奴-東胡-烏桓-鮮卑[12] 등의 유목민족과 같은 복잡한 배경을 가진

---

12) 시베리아의 황인종(Mongoloid)에는 고아시아/고시베리아족(Palaeoasiatic
people, Palaeosiberian)과 퉁구스/신아시아족(Tungus, Neoasiatic people)
족이 있다. 고아시아/고시베리아족에는 축치, 꼬략, 캄차달, 유카기르, 이텔
만, 켓트, 길랴끄(니비크)가, 퉁구스/신아시아족에는 골디(Goldi, a Nanai clan
name, 허저/赫哲), 에벤키(鄂溫克), 에벤, 라무트, 부리야트, 우에지, 사모예
드 등이 있다. 이곳 유목민족은 匈奴-羯族-東胡-烏桓-鮮卑-突厥(Tujue/Tʼu-
chüe/Göktürks, 투쥐에, 튀르크, 타쉬티크: 서기 552년 柔然을 격파하고 유목
국가를 건설. 돌궐 제2제국은 서기 682년-서기 745년임, 서기 7세기-서기 8세

다. 휴도왕의 나라는 본래 중국 북서부 현 甘肅省 武威市(汉 武威郡 休
屠県, 현 甘肅省 民勤県)로, 이는 新羅 積石木槨墳의 기원도 중국 辽宁
省 朝陽에서 보이는 鮮卑族의 무덤·출토유물과 관련하여 생각해 볼 가
능성이 열리게 되었다. 결국 초원의 스키타이인들이 쓰던 쿠르간 封土
墳과의 관련도 배제할 수 없게 되었다. 또 甘肅省 魏晋時期 壁畵古墳으
로 嘉峪关 魏晋墓群, 敦煌 佛爺廟湾 古墳群, 酒泉 丁家閘 五號墓(東晋,
서기 317년-서기 418년)를 들 수 있는데 그중 酒泉 丁家閘 五號墓에
는 황해도 안악군 유설리 3호분(冬壽墓, 永和 13년 서기 357년) 내의 것
과 비슷한 벽화가 그려져 있어 고구려와 鮮卑族과의 관련도 시사해주
고 있다. 특히 丁家閘 五號墓를 제외하고 畵像塼으로 만들었으며 내부
의 고분 구조는 后汉(서기 25년-220년) 말 3세기경의 山東省 沂南 石
墓 后汉(서기 25년-서기 220년) 말 3세기경의 山東省 沂南 石墓와 같
이 맛졸임천장(또는 귀죽임천장, 투팔천장, 抹角藻井이라고도 함. 영
어로는 'corbel style tomb in which the diameter of the circle de-
creased until the final opening at the top could be closed with a
capstone'으로 표현)을 하고 있어 주목된다. 이는 그리스 미케네(기원
전 1550년-기원전 1100년 또는 기원전 1600년-기원전 1200년)의 기원
인 연도(널길)가 달린 솔로스 무덤(tholos tomb with dromos; 복수는

기)-吐蕃(티베트, t'u fan: 38대 치송데짼[赤松德贊 서기 754년-서기 791년]이
서기 763과 서기 767년의 두 번에 걸쳐 唐의 長安을 함락함)-위굴(維吾爾, 回紇:
위굴 제국은 서기 744년-서기 840년임, 위굴 제국은 키르기스 點戛斯에 망하며
키르기스는 서기 9세기 말-서기 10세기경까지 존재)-契丹(辽, 서기 907년-서
기 1125년)-蒙古(元, 서기 1206년-서기 1368년)-女眞/金-後金(서기 1601년 누
르하치/愛新覺羅 努爾哈赤/努尔哈赤(淸太祖 서기 1616년-서기 1626년 재위)-满
洲/淸(淸太宗, 홍타이지/皇太極, 서기 1626년-서기 1636년 재위)-大淸/皇太極
(서기 1636년-서기 1643년 재위)로 발전한다.

tholoi임)이 기원으로 추정된다.

초원의 길 이외의 '오아시스 길'은 天山北路와 天山南路 그리고 西域
南路 등 세 경로가 있다.
1. 天山北路: 西安(長安)-兰州-武威-張掖-嘉峪关-敦煌(陽关鎮,
   玉門关 포함)-新疆省 維吾尔自治区의 哈密(Hami, Kumul)-乌
   鲁 木齐(Urimqi, Urumqi, Ürümqi)-伊宁(Yining)-伊犁河(Yili
   He/Ili River)-알마타(Alma-Ata, Kazakhstan/哈萨克斯坦의 수
   도인 아스타나/阿斯塔纳)-타시켄트(Tashikent, Uzbekistan/乌
   兹別克斯坦의 수도)-아랄 해-카스피 해-黑海-동로마의 비잔티
   움(콘스탄티노플/이스탄불)
2. 西域北路(天山南路): 西安(長安)-兰州-武威-張掖-嘉峪关-敦煌
   (陽关鎮, 玉門关 포함)-新疆省 維吾尔自治区의 哈密(Hami, Ku-
   mul)-吐鲁番(Turfan)-焉耆-庫尔勒-庫车-阿克苏-喀什(Kashi)
   -파미르高原(帕米尔高詢/蔥嶺, Pamir Mountians)-중앙아시
   아(中亚, 키르기즈스탄/Kirghizsstan/吉尔吉斯坦, 타지키스탄/
   Tadzhikistan/Tajikistan/塔吉克斯坦, 瓦罕/Wakan走廊의 阿里
   加布/Aligiabu村)-아프가니스탄 /Afkhanistan/Afghanistan/阿
   富汗의 페샤와르/Peshawar/白沙瓦, 파키스탄/巴基斯坦의 탁실
   라/Taxila와 마니키알라/Manikiala-인도(India)/서아시아(西亚)
3. 西域南路 : 西安(長安)-兰州-武威-張掖-嘉峪关-敦煌(陽关鎮,
   玉門关 포함)-楼兰 (金城)-若羌(Ruòqiang)-且末-民丰県 尼雅
   (鄯善国, 精絶国)-和田(Hotan, 和闐, 于闐国)-喀什-파미르高原
   (帕米尔高詢/蔥嶺, Pamir Mountians)-중앙아시아(中亚, 카자
   흐스탄/Kazakhstan, 키르기즈스탄/Kirghizsstan, 타지키스탄/

Tadzhikistan/Tajikistan, 아프가니스탄/Afkhanistan/Afghanistan)-인도(India)/서아시아(西亞)

　이 길도 중국 陝西省의 西安(長安/西安 唐의 大明宮 南門인 朱雀門
남쪽으로 뻗어있는 朱雀大路 서쪽에 위치한 당시 실크로드/絲綢之路의
시발점인 西市의 遺址에 현재 陝西省 西安市 大唐西市博物館이 들어서
있음)에서 寧夏回族自治区 黃河와 渭河의 서쪽 兰州, 武威, 張掖과 嘉
峪关을 거치는 河西走(廻)廊을 지나 실크로드(絲綢之路)의 요충지인 甘
肅省 敦煌 莫高窟에서 시작한다. 敦煌에서 哈密-乌鲁木齐-伊犁河-알
마타-타시켄트-동로마로 가면 天山(Tian Shan) 北路, 西安-敦煌-哈
密-吐魯番(高昌国)-焉耆(焉耆国)-库尔勒-庫車(龜玆国)-阿克苏-喀
什(Kashi/Kashkar/Kashgar, 疏勒国)을 가면 西域北路(天山南路), 西
安-敦煌(陽关鎭, 玉門关 이후부터 西域임)-楼兰(金城)-若羌-且末-
民丰县 尼雅(鄯善国, 精絶国)-和田(和闐, 于闐国)-喀什으로 가면 西域
南路가 된다. 喀什(Kashi)에서는 파미르 고원(Pamir Mountians)을 지
나 키르기즈스탄/Kirghizsstan, 타지키스탄/Tadzhikistan/Tajikistan,
아프가니스탄/Afkhanistan/Afghanistan을 거치면 터키의 비잔티움
(콘스탄티노플/이스탄불), 이란과 인도의 세 방향으로 나아갈 수 있다.
이들은 모두 新疆省 維吾尔自治区와 甘肅省에 위치하며 天山山脈(최
고봉은 公格尔山으로 海拔 7,719m임), 타림 분지(塔里木盆地, Tarim
Basin)와 타크라마칸 사막(塔克拉瑪干沙漠, Takla Makan Desert)을
피하거나 우회해야 하기 때문에 만들어진 것이다.

　중국의 汉/唐 나라와 로마 제국과의 만남은 필연적이다. 다시 말해
비잔티움(콘스탄티노플/이스탄불)과 西安[長安, 西安 唐의 大明宮 南
門인 朱雀門 남쪽으로 뻗어있는 朱雀大路 서쪽에 위치한 당시 실크로

드/絲綢之路의 시발점인 西市의 遺址에 현재 陝西省 西安市 大唐西市 博物館이 들어서 있음↔安息国(현 이란/伊朗과 이라크/伊拉克지역, 阿薩息斯王朝 혹은 帕提亞帝国, Emperâturi Ashkâniân: 기원전 247년－기원전 224년)↔羅馬/大秦/Roma]이 시발점과 종착역이 된다. 실크로드의 가장 중요한 상품 중의 하나는 비단이다. 세레스 지역에서 전래된 비단으로 만든 토가라는 옷[그리스의 긴 옷인 페프로스(peplos)와 비슷한 것으로 로마에서는 이를 토가(toga)나 세리카(sarica/serica, silken garments)로 부른다]은 로마시민의 마음을 사로잡았다. 비단길을 통해 중국에서 서역으로 제지술, 인쇄활자 프린트, 도자기, 나침반과 화약이 가고, 서역에서는 유약, 유리 제조술, 유향, 몰약(myrrh, 향기 있는 樹脂), 말, 쪽빛 나는 青华白磁 顔料(cobalt blue), 호도, 복숭아, 면화, 후추와 백단향 등이 들어왔다. 이 비단길을 통해 교역뿐만 아니라 인도의 불교, 동로마제국(비잔틴 제국)의 기독교(景教), 페르시아의 마니교(페르시아의 마니가 3세기경 제창한 종교)와 조로아스터교(拜火教), 그리고 이슬람교(回教)까지 들어와 예술, 과학과 철학을 포함하는 문화의 교류도 함께 있었다. 汉나라의 海上絲綢之路/실크로드의 시발점인 广東省 湛江市 徐聞県 二橋村과 遂溪県 仕尾村(大汉三墩港口, 汉 武帝의 徐聞県城이 위치)의 徐聞港→ 자바(Java/Jawa, 爪哇)→ 인도(Maharashtra 주의 Kãrli 동굴사원 石柱에 새겨진 로마상인의 돈의 기부 흔적)→ 미얀마/버마(緬甸, 乘象国)의 퓨/뿅 고대도시(Pyu Ancient cities, 驃城邦 중 驃国)→ 베트남(오케오와 겟티 유적에서 나타난 로마상인의 흔적)→ 로마[羅馬, 汉나라에서는 大秦으로 부름, 서기 166년경, 이집트의 紅海(Red sea) 연안의 베로니카(Veronica) 항구]를 잇는 해상 비단교역로도 최근 밝혀지고 있다. 베트남의 롱수엔(Long Xuen)에서 30㎞ 떨어진 안기안(An Gian) 주, Thoi 현, Sap-ba 산록의 오케오(Oc Eo) 유적의 발굴 결과 이곳에서 로마의 주화와 중국의 거울이 나오고 있다. 그래서 이곳이 서기 50년-서기 500년 사이의 扶南王国(Phu Nam/Funan 왕국, 베트남 남쪽과 캄보디아의 扶南王国)의 항구도시로서 인도와 중국의 중계무역이 이루어지고 있었음을 확인할 수 있다.

서기 2003년 新疆省 타림 분지 내 新疆省 羅布泊地区의 북부 樓兰의 小河 太陽墓地의 발굴조사에서 얻은 3,800년 전의 '樓栏美女'(扎浪魯克女尸, 30세 전후의 樓兰公主)와 新疆省 維吾爾自治区 鄯善県 '양하이(洋海古墓, Yanghai)의 巫堂'미라(吐魯番市 勝金乡 勝金店村 火焰山 下 姑師/車師文化 墓地 M90 出土, 2050-2200 B.P/기원전 1000년경)를 포함한 기원전 2000년-기원전 4세기까지 포함되는 12구의 미라들을 上海 复旦대학교 펠릭스 진(Fellics Jin)과 Spencer Wells 등이 실시한 DNA 분석결과 이들이 코카사스의 체첸(Chechen)/남러시아 파지리크(Pazyrik)인을 포함하는 유라시아 계통의 사람들일 가능성이 높다고 발표하는 데에서도 나타나고 있다. 이는 洋海古墓에서 나온 土器의 口緣裝飾에서 多産(fecundity)의 祈願을 위해 이탈리아에서 자라는 紫草(gromwell, Lithospermum officinale)의 씨를 이용하고 있음이 확인되는 데에서도 신빙성을 더해준다. 또 吉林대학 고고유전자연구팀의 연구결과는 이들이 동양과 서양의 混血人들로 밝히고 있다. 또 Cannabis(Cannabis sativa, Cannabis indica, Cannabis ruderalis, hemp, marijuana/marihuana, drug)가 나와 기원전 450년경에서 기원전 420년경에 써진 헤로도투스의 역사(The History of Herodotus)에서 언급되어 있던 스키타이인의 淨化儀式(purification rite)이 사실로 나타나고 있다. 기원전 8세기-기원전 4세기경에는 초원지대를 사이에 두고 끊임없이 東西의 접촉이 있어 왔고 스키타이(Scythian)/匈奴가 대표적이다. 이들은 오늘날 중국을 구성하는 55개의 소수민족 중의 하나가 될 것이다.

그리고 인도네시아 자바의 키리반 해역에서 서기 960년(宋 太祖 建隆 원년)경에 침몰한 중국 5代 10国(서기 907년–서기 960년)의 주로 도자기 50만 점의 화물을 실은 商船이 조사되어 당시 중국, 자바(Java/Jawa, 爪哇), 싱가포르의 북부, 말라카(Malacca/馬來西亞의 馬六甲), 샹후와 하노이[吳權(고구엔)의 吳朝 서기 938년–서기 968년(최초의 독립왕조)와 丁朝 서기 968년–서기 980년]를 잇는 당시 동남아시아 사회, 종교, 경제와 초기역사를 알려주는 자료도 계속 나타나고 있어 주목을 받고 있다.

또 明 3대 成祖(朱棣, 永樂 서기 1403년–서기 1424년, 서기 1420년 紫禁城을 완공) 때 宦官 鄭和(云南省 昆陽人, 서기 1371년/서기 1375년–서기 1433년/서기 1435년)에 의해 서기 1403년 南京 龙조선소에서 제작된 300여척의 배로 조직된 선단으로 서기 1405년–서기 1423년의 18년 동안 7차에 걸쳐 개척된 뱃길은 江蘇省 蘇州 刘家河 太倉市를 기점으로 자바(Java/Jawa, 爪蛙)→ 말라카(Malacca/馬來西亞의 馬六甲)→ 싱가포르(新加坡)→ 수마트라(印度尼西亞)→ 세이론(斯里兰卡)→ 인도(印度)의 말라바[캘리컷(Calicut), 페르시아 만의 Hormuz, 霍爾木玆], 짐바브웨를 거쳐 오늘날의 아프리카와 紅海(Red Sea) 입구인 예멘의 아덴(Aden)과 케냐의 말린디(Malindi)까지 왔던 것으로 추측된다. 서기 2013년 3월 13일(수) 챠푸르카 쿠심바(Chapurukha Kusimba, The Field Museum)와 슬로안 윌리엄스(Sloan Williams, the University of Illinois–Chicago)가 이끄는 합동조사단이 케냐의 만다섬(Kenyan island of Manda)에서 중국 명나라 때의 永樂通寶[서기 1408년(永樂 6년)南京과 北京에서 錢局을 설치하여 永樂通寶의 주조를 시

작하고 서기 1411년(永樂 9년)浙江, 江西, 广東, 福建에도 錢局을 설치·발행하여 明나라 전역에서 사용하게 함]를 발견하였다는 미국 일리노이 주의 시카고 필드박물관(The Field Museum in Chicago)의 발표가 있었다. 그리고 중국 元나라에서 만들어진 세계지도인 混一彊理图/大明混一图(복제품은 混一彊理歷代国都地图로 朝鮮 太宗 2년 서기 1402년 것임)가 제작된 것으로 추측되기도 한다. 중국 明나라에서 이슬람 세계로 나가는 중요한 교역품은 비단과 함께 靑华白磁였다. 이는 이슬람 지역으로부터 얻어온 코발트 (1300℃에서 용융) 안료, 당초문이 중국의 질 좋은 高嶺土와 결합해서 나타난 문화복합의 結晶體이다. 중국의 汉·唐과 明 나라 사이에서의 국제무역의 증거는 계속 나타나고 있는데, 이는 당시 국제적 필요에 의한 필연적인 결과였다.

그리고 서기 2003년 新疆省 타림 분지 내 新疆省 羅布泊地区의 북부 樓兰의 小河 太陽墓地의 발굴조사에서 얻은 3,800년 전의 '樓栏美女' (扎浪魯克女尸, 30세 전후의 樓兰公主)와 新疆省 維吾爾自治区 鄯善県 '양하이(洋海古墓, Yanghai)의 巫堂'미라(吐魯番市 勝金乡 勝金店村 火焰山下 姑師/車師文化 墓地 M90 出土, 2050−2200 B.P/기원전 1000년경)를 포함한 기원전 2000년−기원전 4세기까지 포함되는 12구의 미라들을 上海 复旦대학교 펠릭스 진(Fellics Jin)과 Spencer Wells 등이 실시한 DNA 분석결과 이들이 코카사스의 체첸(Chechen)/남러시아 파지리크(Pazyrik)인을 포함하는 유라시아 계통의 사람들일 가능성이 높다고 발표하는 데에서도 나타나고 있다. 이는 洋海古墓에서 나온 土器의 口緣裝飾에서 多産(fecundity)의 祈願을 위해 이탈리아에서 자라는 紫草(gromwell, Lithospermum officinale)의 씨를 이용하고 있음이 확인되는 데에서도 신빙성을 더해준다. 또 吉林대학 고고유전자연구팀의 연구결과는 이들이 동양과 서양의 混血人들로 밝히고 있다. 또 Cannabis(Cannabis sativa, Cannabis indica, Cannabis ruderalis, hemp, marijuana/marihuana, drug)가 나와 기원전 450년경에서 기원전 420년경에 써진 헤로도투스의 역사(The History of Herodotus)에서 언급되어 있던 스키타이인의 淨化儀式(purification rite)이 사실로 나타나고 있다. 기원전 8세기-기원전 4세기경에는 초원지대를 사이에 두고 끊임없이 東西의 접촉이 있어 왔고 스키타이(Scythian)/匈奴가 대표적이다. 이들은 오늘날 중국을 구성하는 55개의 소수민족 중의 하나가 될 것이다. 그리고 인도네시아 자바의 키리반 해역에서 서기 960년(宋 太祖 建隆 원년)경에 침몰한 중국 5代 10国(서기 907년-서기 960년)의 주로 도자기 50만 점의 화물을 실은 商船이 조사되어 당시 중국, 자바, 싱가포르의 북부, 말라카(Malacca, 말레이시아), 샹후와 하노이[吳權(고구엔)의 吳朝 서기 938년-서기 968년(최초의 독립왕조)와 丁朝 서기 968년-서기 980년]을 잇는 당시 동남아시아 사회, 종교, 경제와 초기역사를 알려주는 자료도 계속 나타나고 있어 주목을 받고 있다. 또 明 3대 成祖(朱棣, 永樂 서기 1403년-서기 1424년, 서기 1420년 紫禁城을 완공) 때 宦官 鄭和(云南省 昆陽人, 서기 1371년/서기 1375년-서기 1433년/서기 1435년)에 의해 서기 1403년 南京 龙조선소에서 제작된 300여 척의 배로 조직된 단으로 서기 1405년-서기 1423년의 18년 동안 7차에 걸쳐 개척된 뱃길은 江蘇省 蘇州 刘家河 太倉市를 기점으로 자바, 말라카(Malacca, 말레이시아), 수마트라, 세이론, 인도의 말라바[캘리컷(Calicut), 페르시아 만의 Hormuz], 짐바브웨를 거쳐 오늘날의 아프리카와 紅海(Red Sea) 입구인 예멘의 아덴(Aden)과 케냐의 말린디(Malindi)까지 왔던 것으로 추측된다. 서기 2013년 3월 13일(수) 챠푸르카 쿠심바(Chapurukha Kusimba, The Field Museum)와 슬로안 윌리엄스(Sloan Williams, the University of Illinois-Chicago)가 이끄는 합동조사단이 케냐의 만다 섬(Kenyan island of Manda)에서 중국 명나라 때의 永樂通寶[서기 1408년(永樂 6년) 南京과 北京에서 錢局을 설치하여 永樂通寶의 주조를 시작하고 서기 1411년(永樂 9년) 浙江, 江西, 广東, 福建에도 錢局을 설치·발행하여 明나라 전역에서 사용하게 함]를 발견하였다는 미국 일리노이 주의 시카고 필드박물관(The Field Museum in Chicago)의 발표가 있었다. 그리고 중국 元나라에서 만들어진 세계지도인 混一彊理図/大明混一图(복제품은 混一彊理歷代国都地图로 朝鮮 太宗 2년 서기 1402년 것임)가 제작된 것으로 추측되기도 한다. 중국 明나라에서 이슬람 세계로 나가는 중요한 교역품은 비단과 함께 青华白磁였다. 이는 이슬람 지역으로부터 얻어온 코발트(1300℃에서 용융) 안료, 당초문이 중국의 질 좋은 高嶺土와 결합해서 나타난 문화복합의 結晶體이다. 중국의 汉·唐과 明 나라 사이에서의 국제무역의 증거는 계속 나타나고 있는데, 이는 당시 국제적 필요에 의한 필연적인 결과였다.

그리고 난하-대릉하-요하가 흐르는 요녕성과 내몽고 지역에는
① 부신 사해(辽宁省 阜新市 阜新县 沙拉乡 查海村 朝力馬营子 阜新蒙古族自治县)-흥륭와 (興隆窪, 內蒙古 敖汉旗 興隆窪村)-조보구(趙寶溝···→ 부하(富河)-홍산(紅山)-소하연(小河沿)을 잇는 홍산(紅山, 중국 옥룡문화)문화
② 하-상-주-연(燕)나라-한(汉)나라-당(唐)-····金-後金-满洲/청(淸)
③ 스키타이-오르도스(Ordos/Erdos, 鄂尔多斯沙漠, 河套/河南)-흉노(匈奴)-갈족(羯族)-동 호(東胡)-오환(烏桓)-선비(鮮卑)-돌궐(突厥)-토번(吐藩)-위굴(回紇, 維吾爾)-거란(契丹)-몽고(蒙古/元)

④ 키토이-이사코보-세르보-아파나쉐이브-오쿠네보-안드로노
보-카라숙-타가르문화[러시아 동부시베리아(프리바이칼 지
역)의 신석기-청동기시대 편년은 Kitoi-Isakovo(기원전 4000
년-기원전 3000년)-Servo(기원전 3000년-기원전 2000년)-
Affanasievo-Okunevo-Andronovo-Karasuk-Tagar의 순으로
되는데 우리나라에서 기원전 1000년-기원전 600년의 청동기시대
중기에 나타나는 공렬토기와 구순각목토기는 Isakovo와 Servo에
서 이미 나타나고 있다.]
⑤ 신락(新樂)-편보자(偏堡子, 辽宁 新民)의 평저즐문토기
⑥ 소주산(小珠山)-후와(後窪) 문화의 즐문토기와 돌대문토기
⑦ 예(濊)-고조선(古朝鮮), 맥(貊)-부여(夫餘)-고구려(高句麗)-백
제(百济)-신라(新羅)
⑧ 읍루(挹婁)-숙신(肅愼)-물길(勿吉)-말갈(靺鞨)-흑수말갈(黑水靺
鞨)-여진(女眞)-생여진(生女 眞)-금(金, 서기 1115년-서기 1234
년)-후금(後金, 서기 1616년-서기 1626년)-만주/청(满 洲/淸, 서
기 1626년-서기 1636년)-대청(大淸, 서기 1636년-서기 1911년)
의 8개의 독립된 문화들이 융합·혼재되어 있는 용광로와 같은 지역
(melting point of furnace)이다.

그중 고조선문화의 특징인 지석묘와 비파형동검이 나오는 유적의
연대는 대략 기원전 17세기-기원전 12세기로 좁혀지고 있다. 그리고
①의 홍산문화는 중국의 옥룡(玉龙)문화로 玉의 사용과 아울러 龙문양
의 지속과 전파가 문자를 대체하여 나타나는 계급 또는 종교적 예술적
상징(symbolism)로 보인다. 그래서 홍산문화는 갑골문자와 같은 문자
가 출현하지 않았지만 해자(垓字)가 돌린 성역화 된 주구석관묘(周溝石

棺墓)와 옥과 용으로 상징되는 계급사회와 이를 뒷받침하는 종교 제사 유적으로 보아 중국 동북부 지역 동산취(東山嘴)와 우하량(牛河梁)처럼 종교의례중심지도 나타나 도시화가 진행되었던 최초의 문명이라 할 수 있다. 또 홍산문화는 모계씨족사회(母系氏族社會)에서 부계사회로 넘어가는 단계로 신정정치(神政政治, theocracy)의 모습을 보여준다. 이 유적은 기원전 4000년-기원전 3000년이며 중심연대는 기원전 3000년-기원전 2500년으로 중국고고학편년 상 신석기시대 만기/후기 또는 용산(龙山)문화형성기(Lungshanoid cullture, 기원전 3200년-기원전 2500년)-용산문화기(Lungshan culture, 기원전 2500년-기원전 1750년)에 속한다. 이 문화는 지석묘와 비파형/고조선식동검으로 대표되는 고조선(단군조선)의 문화와는 구별된다. 오히려 중국의 신석기시대 ⑥ 소주산-후와 문화[東港市 馬家店鎭 三家子村 後窪屯, 下層 6000년 전 이상, 上層은 4465±90 B.P 4980±159 B.P로 5000년 전, 기원전 3000년-기원전 2900년), 石雕龙이 나옴, III-상층 기원전 3000년-기원전 2500년으로 돌대문토기의 말기 후와 문화에서는 한국 청동기시대 조기(기원전 2000년-기원전 1500년)의 대표적인 돌대문토기가 나온다. 한국의 청동기시대의 시작(청동기시대 조기)은 돌대문의 출현으로 확인된다. 이들 토기는 중국 요녕성 소주산(中国 辽宁省 小珠山유적의 상층, 신석기시대 후기)과 같거나 약간 앞서는 것으로 생각되는 요동반도 남단 요녕성 대련시 석회요촌, 대련시 장흥도 삼당유적(기원전 2450년-기원전 1950년경으로 여겨짐), 요동만(辽東彎)연안 와점방시 교류도향 마루촌 교류도 합피지, 길림성 화룡현 동성향 흥성촌 삼사(早期 興城三期, 기원전 2050년-기원전 1750년), 그리고 연해주 보이즈만 신석기시대 말기의 자이사노프카의 올레니와 시니가이 유적(이상 기원전 3420년-기원전 1550년)에서 발견되고 있어 중국의 서쪽 요녕성과 동쪽 길림성, 러시아의 연해주(沿海州)의 세 군데에서 영향을 받았을 가능성이 많다. 이들 유적들은 모두 신석기시대 말기에서 청동기시대 조기에 속한다. 이제까지 전라남도 여천 적량동 상적 지석묘와 강원도 춘천 중도 레고랜드 개발지에 이르기까지 남한에서 출토한 13군데의 비파형동검관계 유적의 연대도 이중구연 단사선문(중국에서는 그 상한을 기원전 13세기로 봄), 구순각목, 공렬토기와 같이 출토하고 있어 그 연대도 청동기시대 전기 말-중기 초로 기원전 13세기-기원전 11세기까지 올라가고 있음을 보여 준다. 고조선 중 단군조선의 건국연대가 서거정·최부 등이 공찬한 동국통감 외기에 의한 기원전 2333년을 인정하면, 그 시대는 한국고고학 편년 상 신석기시대 말기-청동기시대 조기에, 그리고, 마지막 단계인 위만조선의 건국은 기원전 194년으로 철기시대 전기 말에 해당한다. 고조선은 서거정의 동국통감에 의하면 기원전 2333년 단군왕검(檀君王儉)에 의해 아사달에서 건국되었다고 한다. 단군왕검이란 당시 지배자의 칭호였다. 고조선은 요녕지방을 중심으로 성장하여, 점차 인접한 족장사회들을 통합하면서 한반도까지 발전하였다고 보이는데 이와 같은 사실은 지석묘와 비파형동검, 거친무늬거울, 미송리식 단지 등 출토되는 유적과 유물의 공통성 및 분포에서 알 수 있으며 환웅부족과 곰 토템 부족의 결합, 제정일치의 사회, 농사를 중시하는 점 등이 큰 줄기임을 알 수 있다. 경제나 기술이 아닌 조직이나 구조에 기반을 둔 엘만 서비스의 모델인 통합론에서 인류사회는 군집사회(band)-부족사회(tribe)-족장사회(chiefdom)-고대국가(ancient state)로, 기본자원에 대한 불평등한 접근에서 일어나는 갈등에 기반을 둔 모턴 프리드의 갈등론의 도식인 평등사회(egalitarian society)-서열사회(ranked society)-계층사회(stratified society)-국가(state)라는 발전단계와 비교해보아도 단군조선은 족장사회나 계층사회로 보인다.

徐居正·崔溥 등의 東国通鑑 外紀의 본문은 '동방에 처음에는 군장(君長)이 없었으며 신인(神人)이 나무 아래로 내려와 국인(国人)이 이를 군장으로 삼았는데 이는 단군으로 국호는 조선이다. 그 때가 요임금 무진년이다. 처음 도읍지를 평양으로 정하고 후일 백악으로 옮겼으며 상나라 무정 8년 을미년 아사달에 들어가 산신이 되었다. 본문은 '東方初無君長, 有神人降于檀木下, 国人立爲君, 是爲檀君, 国號朝鮮, 是唐堯戊辰歲也. 初都平壤, 後徙都白岳, 至商.武丁八年乙未(기원전 1317년), 入阿斯達山爲神'이다. 여기에서 국인이 세운 단군이란 군장은 당나라 방교/현령 등이 찬한 진서 사이전(唐 房喬/玄齡 等 撰《晋書》四夷傳) 숙신(肅愼)조의 행정 상 우두머리이나 왕이 아닌 군장(君長)과도 같은 족장(chief)에 해당한다. 이러한 고조선은 기원전 3세기-기원전 3세기 말엽에는 부왕(否王)과 준왕(準王) 등 왕을 칭하고 왕위를 세습하였으며 관직도 두게 되었다. 한편 전국시대(戰國時代, 기원전 475년-기원전 221년) 이후 중국이 혼란에 휩싸이자 북경 근처의 연(燕)나라를 주로 하는 유이민들이 대거 우리나라로 넘어와 살게 되었다. 그리고《三国史記》卷 第 29, 年表 上에도 "海東有国家久矣. 自箕子受封於周室, 衛満僭號於汉初, 年代綿邈, 文字疎略, 固莫得而詳焉. 至於三国鼎峙, 則傳世尤多, 新羅五十六王, 九百九十二年. 高句麗二十八王, 七百五年. 百済三十一王, 六百七十八年, 其始終可得而考焉, 作三国年表. 唐賈言忠高麗自汉有国, 今九百年誤也"라고 하여 司马迁의《史記》에 나오는 箕子朝鮮과 衛満朝鮮의 존재를 모르지 않았음을 示唆하고 있다.

◦ 참고문헌 ◦

崔夢龙

2013 인류문명발달사(개정 5판) -고고학으로 본 세계문화사-, 서울: 주류성

2014 한국고고학연구 -세계사속에서의 한국-, 서울: 주류성

2014 중국의 신석기시대 · 청동기 · 철기시대 -中国의 多元的 文明發生 과 한국의 고대문화-, 이상윤 기증유물 III, 동북아 선사문화로의 초 대, 한성백 제박물관, pp.180-215

2015 중국 동북지구 文明의 발생 -神話에서 歷史로-, 경희대학교 인문학 연 구원 부설 한국고대사·고고학연구소, 고조선사 연구회, 제1회 국 제학 술회의 「고조선의 여명」 기조강연, pp.1-47

2015 인류문명발달사(교재 · 축소용, 개정 6판) -고고학으로 본 세계문화 사-, 서울: 주류성

2015 韓国 考古學에서 본 古朝鮮 問題와 衛満朝鮮의 性格, 古朝鮮學報 1호, pp.7-59

2016 驪州 欣岩里 遺蹟과 文化史的 脈絡 -孔列土器, 支石墓 그리고 古 朝鮮-, 古朝鮮學報 제4호, pp.5-74

2016 한국 선사시대의 문화와 국가의 형성 -고고학으로 본 한국 상고사-, 서울: 주류성

2016 중국 동북지구 文明의 발생 -神話에서 歷史로-, 세계사 속에서의 한 국 -희정 최몽룡 교수 고희논총-(편저), 서울: 주류성, pp.19-74

2018 中国의 文明發生, 교통대학교 박물관, 제6회 특별강연회, 2018. 4. 11 수, pp.1-39

2017 중국 고고학 -중요 주제·항목별로 본 중국 문화사 서설-의 출간에서 얻은 몇가지 여적과 단상, 서울대학교 명예교수회보 제 13호 2부 컬

럼, pp.174-186

2018 中国의 文明發生, 한국교통대학교 박물관 제 6회 특별강연회(2018. 4.11, 수), pp.1-39

2018 中国 文明의 多元論, 충북대학교 박물관(2018, 5.30, 수), pp.1-32

3. 長沙 馬王堆 前汉 고분
– 高句麗 古墳 壁畵와 관련된 몇 가지 斷想 –

이 고분은 서기 1972년–서기 1974년에 湖南省 長沙市(汉나라 당시의 이름은 臨湘임) 東郊 馬王堆路 馬王堆 省馬王堆療養阮 옆에서 발견된 것으로 그 후 湖南省博物館 관장인 熊傳薪에 의해 발굴되었다. 이곳은 중국 前汉(기원전 206년–서기 8년) 장사국의 재상(長沙丞相)이며 700戶를 分封받은 초대 軑侯인 利蒼(2호. 呂后 2년 기원전 186년에 죽음), 이창의 부인 辛追의 무덤(1호, 2대 대후인 利豨의 在位 年间인 기원전 160년경에 50세 전후로 죽음)과 그들의 아들 무덤(3호, 30세 가량의 利蒼과 辛追의 아들로 文帝 12년 기원전 168년에 죽음. 5대 文帝[13]

---

13) 汉나라 高祖(기원전 206년–기원전 195년)–惠帝(기원전 195년–기원전 188년)–少帝恭(기원전 188년–기원전 184년)–少帝弘(기원전 184년–기원전 180년)–文帝(기원전 180년–기원전 157년)–景帝(기원전 156년–기원전 141년)–武帝(기원전 141년–기원전 87년)로 高后(呂雉, 기원전 187년–기원전 180년) 대신 少帝恭(기원전 188년–기원전 184년)–少帝弘(기원전 184년–기원전 180년)으로 摘記하

15년 기원전 165년에 죽은 2대 대후인 利豨의 동생으로 여겨짐)의 세 무덤으로 이루어지고 있다. 학자마다 주인공의 生沒年代가 약간씩 차이가 있지만 무덤의 축조방식으로 보아 그 무덤 축조는 초대 대후 利蒼의 무덤(2호, 기원전 186년경)→ 이창의 아들인 2대 대후 利豨의 동생의 무덤(3호, 기원전 168년경)→ 이창의 부인 辛追의 무덤(1호, 기원전 160년경)의 순서이다. 발굴보고자들은 이 셋의 무덤이 기원전 186년에서 기원전 160년경 사이에 축조된 것으로 보고 있다. 軑侯의 순서는 초대 利蒼-2대 利豨-3대 利彭祖-4대 利秩이다. 근처에서 2대-4대 대후 무덤도 발견될 것이다. 이러한 연대는 무덤축조보다 늦게 써진『史記』를 비롯해 무덤 속에서 나온 비단에 베껴 쓴 책, 竹簡, '利蒼', '長沙丞相', '軑侯之印', '妾辛追'의 印章과, '遺策'(鄭注: 書遣于策의 준말, 策은 簡, 遣은 猶로 送也라는 뜻을 지님) 등으로 추정된다. 신추가 묻힌 무덤은 '湖南省 省級 文物保護單位 馬王堆 汉墓'라는 보존구역 안에 있으며, 그의 아들이며 利豨 동생의 무덤은 '馬王堆 汉墓 3號墓坑'이라는 비석과 함께 '馬王堆 3號 汉墓 墓址'라는 전시관에 공개되고 있다. 이 시기는 汉 7대 武帝(기원전 141년-기원전 87년)가 衛満朝鮮(기원전 194년-기원전 108년)을 멸하고 汉四郡을 세운 기원전 108년보다 약 80-60년 전의 일이다.

마왕퇴고분의 중요성은 그곳에서 출토된 비단 壽衣, 木俑, 樂器와 漆器 등의 工藝 뿐만 아니라 비단에 그려진 지도, 비단에 베껴 쓴 帛書의 문헌자료에 의해 지리, 천문학, 의학, 종교학 등 다방면에 걸치고 있는 것이다. 여기에는 老子의 道經과 德經을 비롯해 法經, 春秋事語, 星

기 때문에 文帝는 5대, 武帝는 7대가 된다.

經, 竹書紀年, 周易, 相馬經, 52 病方(失傳된 皇帝外經으로 여겨짐), 陰陽五行, 竹簡의 禮記 등이 포함된다. 1·3호의 묘 내관 상부 덮개로 사용한 T자형 彩繪帛畵(彩色柏花, 오늘날 관 위에 덮는 붉은색의 影幀과 같은 덮개, 旌幡 또는 魂幡이라고도 함)가 매우 중요한데 그중에서도 三重의 단단한 木製 外槨(가장 바깥쪽의 것이 長 6.76m 幅 4.88m이며, 목관은 南北長軸임) 속 黑漆木棺 위에 안

사진 22. 利倉의 부인 辛追(1호 무덤, 기원전 160년경)

치했던 1호 辛追婦人墓의 것이 가장 잘 알려져 있다. 전체 길이 2.05m, T자형에 해당되는 넓은 폭이 0.92m, 아래 좁은 폭이 0.47m인 이 畵幅의 내용은 天上(天国), 人間世上(地上)과 地下世界의 세 부분으로 이루어져 있으며 가운데 人間世上을 묘사한 부분에는 지팡이를 든 老軀의 여자가 주인공인 辛追로 여겨진다. 나중 내관에 잘 보존된 시신을 檢屍해 본 결과 이 그림의 주인공인 50세 전후의 利倉의 부인 辛追를 묘사한 것으로 판명이 되었다. 따라서 이 그림은 주인공을 사후 천상의 세계로 인도하는 것으로 '引魂升天', '升魂'의 의미를 지닌 것으로 보인다. 辛追의 직접적인 死因은 冠狀動脈硬化에 의한 心臟痲痺였으며, 그 외에도 혈액형 A, 膽石症, 鞭蟲, 요충과 吸血蟲과 같은 寄生蟲에 시달리며, 위에는 죽기 직전 먹은 참외(甛瓜)씨 138과가 있었다는 사실도 알 수 있었다.

汉 7대 武帝 때 董仲舒(기원전 179년-기원전 104년)가 건의하고 司马迁(기원전 145년-기원전 87년)이 《史記》 권47 孔子世家 제17과 권67 仲尼弟子列傳 제7에 기록해 둠으로써 儒敎를 基本理念으로 삼아 政治를 공고화하기 이전에는 三皇五帝 시절의 우주·내세관과 老子와 庄子의 道家思想이 중심이 되었던 것을 보여주고 있다. 이 고분에서 老子의 도경과 덕경의 원문을 파악할 수 있는 복사본이 나오고, 또 T자형 彩繪帛畵에 묘사된 주제도 도가사상을 암시하고 있다 하겠다. 그러나 중요한 것은 최상부 T자형 帛畵 좌우에 삼족오(三足烏)가 들어있는 태양과, 두꺼비와 토끼를 태우고 있는 달(上弦이나 下弦달의 모습)이 그려진 점이다. 두꺼비(섬여, 蟾蜍)와 토끼(玉兎)는 《汉語大詞典》에 "后用爲月亮的對稱", "傳說月中有蟾蜍, 因借指月亮", "指神話中月亮里的白兎"과 같이 나오는 것으로 보아 달을 지칭하는 다른 이름으로 보아도 된다. 그리고 三足烏는 古代傳說 中 神鳥로 '爲西王母取食之鳥', '日中有三足烏', '태양을 실어 나르는 새'(爾雅) 등으로 언급되고 있어 태양(해) 속에 있는 三足烏와 태양은 불가분의 관계로 표현된다. 鳥夷族은 先秦時 중국 동부 근해에서 살던 사람들을 칭하는 이름으로 이야기하기도 하는데 (《史記》五帝本紀), 그들은 이 삼족오의 신앙과도 관련이 있다. 해와 달의 신앙은 중국 측의 기록에서 볼 때 삼황오제(伏羲, 神農, 女媧/燧人, 黃帝/少昊, 帝嚳, 顓頊, 堯, 舜) 때부터의 일이다. 중국신화에서 인류의 선조는 伏羲와 女媧이며 西王母는 중국의 女仙人으로 長生不老의 상징으로 되어 있다. 이들은 우리의 신화하고는 거리가 멀다. 단지 고구려 广開土王(서기 391년-서기 412년) 때 大使者(6품) 벼슬을 한 牟头婁(또는 冉牟)墓의 묘지명에서 朱蒙(東明王)을 '日月之子'로 표현하고 있다. 그러나 五盔(塊)분 4호의 伏羲와 女媧가 떠받치는 日月神像图는 중국적인 요소가 강하다. 그리고 마왕퇴고분의 帛畵는 우리 고구려 고분벽화의 제작연대와 시간적으로 너무 차이가 난다. 馬王堆 汉墓와 적어도 560년간의 시차가 있다. 그러나 三皇五帝 시절부터 내려오던 중국인의 神話와 來世觀이 고구려 고분벽화에 끼친 영향은 너무나 뚜렷하다. 그 것은 馬王堆 汉墓 중 신추의 1호묘 내관 덮개인 T자형 彩繪帛畵에 나타난 해와 달의 모습이 고구려의 고분벽화에 나타남으로써 한국문화의 기원이나 원류의 하나가 중국에 있다는 사실을 알 수 있게 되었다.

고구려의 벽화에서 日月图가 뚜렷이 보이는 것만도 현재 20여 기나 되는데, 원래 고구려의 벽화고분을 축조할 때 처음부터 일월도가 그려져 있었던 것으로 보아도 무리가 없겠다. 馬王堆 汉墓의 T자형 彩繪帛畵에 나타난 것과 주제가 같은 태양과 달의 모습을 그린 고구려의 벽화고분들은 아래와 같다.

덕흥리고분(서기 408년, 평남 남포시 강서구역 덕흥동)
안악 1호분(서기 4세기 말, 황해남도 안악군 대추리)
무용총(서기 4세기 말-서기 5세기 초, 길림성 집안)
각저총(서기 4세기 말-서기 5세기 초, 길림성 집안)
약수리분(서기 5세기 초, 평안남도 강서군 약수리)
성총(서기 5세기 중엽, 남포시 와우도구역 신령리)
천왕지신총(서기 5세기 중엽, 평안남도 순천시 북창리)
장천 1호분(서기 5세기 중엽, 길림성 집안)
수렵총(서기 5세기 말, 남포시 용강군 용강읍)
쌍영총(서기 5세기 후반, 평안남도 용강군 용강읍)
대안리 1호분(서기 5세기 후반, 평안남도 용강군 대안리)
덕화리 1호분(서기 5세기 말-서기 6세기 초, 평안남도 대동군 덕화리)

덕화리 2호분(서기 6세기 전반, 평안남도 대동군 덕화리)

개마총(서기 6세기 초, 평양시 삼석구역 노산리)

내리 1호분(서기 6세기 전반, 평양시 삼석구역 노산리)

진파리 4호분(서기 6세기 전반, 평양시 역포구역 용산리)

진파리 7호분 출토 금동보관장식(서기 6세기 전반, 평양시 역포구역
  용산리)

사신총(서기 6세기 전반, 길림성 집안)

五盔(塊)墳 4호 및 5호(서기 6세기 후반, 길림성 집안)

강서 중묘(서기 6세기 후반-서기 7세기 초, 평안남도 강서군 삼묘리)

司马迁의《史記》권 115 朝鮮列傳 55에 자세히 기록되어 있는 衛滿
朝鮮(기원전 194년-기원전 108년)이 韓国에 있어서 最初의 国家成立
과 文明의 發生 研究에 있어서 重要한 示唆를 해준다. 衛滿朝鮮이 屬
하는 시기는 韓国考古學 編年上 鐵器時代 前期(기원전 400년-기원전
1년)이다. 따라서 韓国에 있어서 国家와 文明의 시작은 考古學上 鐵器
時代 前期에 일어난다. 이의 바탕은 武力과 戰爭에 의한 征服国家이
다. 이때가 韓国에 있어서 歷史의 시작이며 아울러 歷史考古學研究의
始發点이다. 그 당시의 考古學的 情況은 비록 中国側과의 力學关係에
의한 文明化의 길로 들어 선 所謂 第二次的인 文明과 국가(a second-
ary civilization & state)라고 말할 수 있겠다. 이는 紀元前 108年 7대
汉 武帝가 세운 汉四郡(기원전 108년-서기 313년) 중의 하나인 樂浪을
통해 中国의 鐵器, 土壙墓, 汉字 그리고 後日 고구려 소수림왕 2년(서
기 372년) 佛敎까지 流入되면서 더욱 더 加速化되었다. 그리고 종교도
서기 372년(고구려 소수림왕 2년) 佛敎가 한국에 유입되기 이전 精靈
崇拜(animism)와 토테미즘(totemism, 图騰崇拜)의 단계를 지나 祖上

崇拜(ancestor worship)가 바탕이 되는 전문화된 巫敎(shamanism)가 나타나 血緣을 기반으로 하는 階級社會인 族長段階(chiefdom)의 政治進化와 竝行하게 된다. 청동기시대의 精靈崇拜(animism)와 巫敎(shamanism)를 거쳐 철기시대에는 환호를 중심으로 전문제사장인 天君이 다스리는 別邑인 蘇塗가 나타난다. 고고학 자료로 본 한국의 종교는 신석기시대의 정령숭배(animism), 청동기시대는 劣等自然宗敎 중 精靈崇拜(animism), 토테미즘(totemism)이며, 철기시대에는 巫敎(shamanism)와 조상숭배(ancestor worship)가 중심이 된다. 그리고 衛滿朝鮮과 같이 血緣을 기반으로 하지 않는 階級社會인 발전된 국가단계에서 나타나는 宗敎 또는 理念은 아직 확실치는 않으나 汉 高祖 12년(기원전 195년) 燕王 盧綰이 汉나라에 叛하여 匈奴로 도망감에 따라 부하였던 衛滿은 古朝鮮 지역으로 망명하였으며 그의 出自는 秦·汉 이전의 戰国時代(기원전 475년-기원전 221년) 燕나라(기원전 222년 멸망) 지역으로, 그곳은 당시 劣等自然敎 단계를 벗어난 高等自然敎(多神敎期)나 一神敎 단계임이 확실하다. 그중에서도 道敎나 汉 제7대 武帝(기원전 142년-기원전 87년) 때 董仲舒(기원전 179년-기원전 104년)의 기용(기원전 134년, 武帝 元光 원년)으로 이후 유교가 국가의 이념으로 되는 儒敎의 영향을 많이 받았을 것으로 추정된다. 철기시대 전기에 祭·政이 기록상으로는 분리되고 있었지만 이러한 별읍 또는 소도의 전신으로 생각되는 환호 또는 별읍을 중심으로 하여 직업적인 제사장이 다스리던 신정정치(theocracy)도 가능했을 것이다. 그 다음 삼국시대 전기(서기 1년-서기 300년)에는 세속왕권정치(secularism)가 당연히 이어졌을 것이다. 이러한 관계는 고구려 소수림왕(서기 372년), 백제 침류왕(서기 384년)과 신라 제23대 법흥왕(서기 527년) 때 정치적 기반을 굳게 하기 위한 불교의 수용과 전파를 통해 확대된다. 이는 원시종교적 측면에서 다루어진 한국의 종교는 불교를 공식적으로 수용하여 국가의 지배 이데올로기로 삼기 이전을 말한다. 여기에 국가단계로 발전한 기반을 공고히 다지는 原動力(prime mover)의 하나가 되는 宗教的인 側面이 강조되고 있다. 서기 371년 백제 13대 近肖古王(서기 346년-서기 375년 재위) 때 평양에서 벌린 전투에서 16대 故国原王(서기 331년-서기 371년 재위)이 전사한다. 또 20대 長壽王(서기 413년-서기 491년 재위) 서기 427년 평양으로 천도한다. 그 이후 고구려가 멸망하는 서기 660년까지 평양을 중심으로 내부에 壁畵가 그려진 封土石室墳이 만들어진다.

道教도 마찬가지이다. 부여 능산리(陵山里) 고분군(사적 제14호)과 나성(羅城, 사적 제58호) 사이에서 확인된 공방터라 추정되던 건물지에서[현재 능사로 알려진 이 일대의 발굴에서 보희사(寶喜寺)·자기사(子基寺)란 사찰 명칭이 적힌 목간(木簡)이 확인되기도 함] 백제시대 백제금동대향로[百济金铜大香爐: 처음에는 금동용봉봉래산향로(金铜龙鳳鳳莱山香爐, 국보 287호)로 불렸으며, 일명 박산로(博山爐)라고도 함, 중국에서는 오늘날의 '모기향'처럼 害蟲劑/熏劑로 많이 사용되었다]에 장식된 문양을 통해 볼 때 백제사회에 도교와 불교사상이 깊이 침투해 있음을 알 수 있다. 기록에 의하면, 백제 15대 침류왕(枕流王) 원년(서기 384년) 진(晋)나라에서 온 호승(胡僧) 마라난타가 백제에 불교를 전래했다. 불사는 그 이듬해 한산(汉山)에서 이루어졌으며, 그 곳에 10여 명의 도승이 거주하고 있었다고 기록되어 있다. 그러나 도교에 관한 기록은 거의 없다. 최근 무령왕릉(武宁王陵)에서 발견된 매지권(買地券 : 죽어 땅 속에 묻히기 전에 산의 주인인 산신에게 땅을 사는 문권, 국보 제163호)의 말미에 보이는 부종률령(不從律令 : 어떠한 율령에도 구속

받지 않는다)이란 단어가 도교사상에서 기인한 묘지에 대해 신의 보호를 기원하는 주술적인 의미로 해석되기도 한다. 또 제13대 근초고왕이 서기 371년 고구려 고국원왕을 사살시키고 난 후 장수 막고해가 언급했던 "지족불욕(知足不辱) 지지불태(知止不殆)"라는 표현은《노자(老子)》의 명여신(名與身)의 글을 그대로 인용한 것으로 당시 백제사회에 도교의 영향이 있었음이 확실하다. 이러한 견해를 수용한다면 도교가 이미 백제왕실에 전래되어 있었던 것으로 해석할 수 있겠다. 남포시 강서구역 삼묘리의 江西 大墓에서와 같이 고구려 고분벽화에는 연개소문이 심취했던 도교의 신선사상의 표현이라 할 수 있는 사신도[四神图: 남주작(南朱雀), 북현무(北玄武), 좌청룡(左青龙), 우백호(右白虎)]가 빈번히 등장한다. 공주 송산리 6호분과 부여 능산리 2호분 벽화에서 보이는 사신도, 부여 규암면 외리에서 발견된 반룡문전(蟠龙文塼), 봉황문전과 산수산경문전(山水山景文塼)도 이러한 맥락에서 이해될 수 있다. 삼국 중 중국의 앞선 문물을 가장 빨리 받아들여 이를 백제화하고, 더 나아가서 일본에까지 전파시킨 백제의 문화감각으로 볼 때, 도교는 이미 상류층의 사상적 기조를 이루고 있었을 것이다.

멀리 그리스 미케네(기원전 1550년-기원전 1100년 또는 기원전 1600년-기원전 1200년)의 'Treasury of Atreus'의 무덤 내부에서 보이는 맛졸임천장(또는 귀죽임천장, 투팔천장, 抹角藻井이라고도 함. 영어로는 'corbel style tomb in which the diameter of the circle decreased until the final opening at the top could be closed with a capstone'으로 표현)의 기원인 연도(널길)가 달린 솔로스 무덤(tholos tomb with dromos; 복수는 tholoi임)은 后汉(서기 25년-서기 219년) 말 3세기경의 山東省 沂南 石墓를 거쳐 高句麗의 고분 구조에 영향을

끼치었다. 그리고 호남성 장사의 마왕퇴 채색백화에 그려진 삼족오(三足烏), 두꺼비와 토끼로 표현되는 해와 달에 대한 우주·종교적 來世觀도 중국으로부터의 영향으로 보인다. 이는 한국 기록에서 나타나는 龙의 기원에서도 찾아볼 수 있다. 이러한 점은 여러 고고학적 증거에서 찾아볼 수 있다. 이러한 내세관이 당시 중국을 포함한 동북아시아지역에 공통적이었다고 감안해 말하더라도 시간적인 차이 때문에 기원과 전파문제를 고려하지 않을 수 없다. 이 馬王堆 汉墓가 비록 우리 문화와 멀리 떨어져 있는 異質的인 것으로도 볼 수 있지만, 좀 더 穿鑿해 보면 이 고분은 한국의 문화와 내세관을 포함한 종교의 기원을 해결할 수 있는 실마리를 제공할 수 있을는지 모른다. 다시 말해 고구려 고분을 포함한 한국문화의 기원은 다원적인 것에서 찾아야 할 것이다.

° 참고문헌 °

사회과학원 고고학연구소

　1975　고구려문화, 평양: 사회과학출판사

김원용

　1986　한국 고고학개설(3판), 서울: 일지사 p.156 및 p.174

서울대학교 출판부

　2000　북한의 문화재와 문화유적 고구려편 I, II, 서울

서경보

　1969　세계의 종교, 을유문고 11, 을류문화사

이성규

　2002　문헌에 보이는 한민족문화의 원류, 한국사 1. 총설, 서울: 국사편찬
　　　　위원회, pp.140-169

조선일보사

　1993　집안 고구려 고분벽화, 서울

전호태

　2000　고구려 고분벽화연구, 서울: 사계절

최몽룡

　1991　마왕퇴 고분, 재미있는 고고학 여행, 서울: 학연문화사, pp.89-96

　1997　도시·문명·국가-고고학에의 접근-(대학교양총서 70), 서울: 서울대
　　　　학교 출판부

　2000　용-고고학과 신화 상으로 본 상징- 흙과 인류, 서울: 주류성 pp.154-172

　2002　고고학으로 본 문화계통 -문화계통의 다원론적 입장-, 한국사 1, 총
　　　　설, 서울: 국사편찬위원회 pp.89-110

　2006　위만조선 연구의 신국면을 맞아, 서울: 계간 한국의 고고학 창간호

pp.6-13

2006 최근의 고고학 자료로 본 한국고고학·고대사의 신 연구, 서울: 주류성

최무장·임연철

1990 고구려 벽화고분, 서울: 신서원

Ikomos-Korea

2004 고구려의 고분벽화, 서울: 예맥출판사

Biers, William R.

1996 The Archaeology of Greece, Ithaca & London: Cornell University Press, pp.73-75

Chin Yung

1978 Books copied on Silk from Han Tomb No.3 at Mawangtui, New Archaeological Finds in China(II), Peking: Foreign Languages Press, pp.65-71

J. B. Noss(노스, 윤이흠 역)

1986 세계종교사(상), 서울: 현음사

朱榮憲

1972 高句麗の壁畵古墳, 東京: 學生社

湖南省博物館

1979 馬王堆汉墓研究, 長沙: 湖南人民出版社

熊傳薪·游振群

2006 長沙 馬王堆 汉墓, 北京: 三聯書店

何賢武·王秋华

1993 中国文物考古辭典, 辽宁: 辽宁科學技術出版社

侯良

2006 神秘的馬王堆 汉墓, 長沙: 湖南人民出版社

4. 티베트·대만

티베트는 현재 中国 西藏自治区(서기 1955년 北京에서 열린 제1회 전국인민대표회의에서 승인)로 면적 1,221,700㎢, 인구 130만으로 수도는 라싸(拉薩, Lhasa, 포탈라 布達拉宮, 해발 3,700m)이다. 일찍이 이 나라는 뵈, 뵈릭, 투베, 토번[(吐蕃, t'u fan), 그러나 신강 위구르 자치구(新疆維吾爾自治区) 투르판(吐魯番)의 高昌国은 이 토번국과 달리 서기 499년 麴文泰가 나라를 세웠으나 640년 唐에 멸망함]과 구게 왕국[古格王国은 阿里地区 札達(차다) 근처 扎布讓(차파랑)에 위치하며, 서기 10세기경−서기 1630년/서기 1635년 동안 존재] 등으로 잘 알려져 있다. 33대 송짼간뽀(松贊干布, 서기 617년−서기 650년)가 얄룽 계곡의 쩨탕[澤堂] 칭와닥제 궁전[靑瓦達牧城]에서 迁都한 라싸의 포탈라 궁[紅宮, 5대 달라이 라마 때 白宮을 포함해 포탈라 궁을 오늘날과 같이 增築함]은 그 이후 뵈릭(토번) 민족의 정신적 고향이 되었다. 티베트는 서기 1949년 10월 1일 中华人民共和国의 建国 이듬해인 서기 1950년 중국으로 편입되었고 서기 1951년 10월 19일 3만 명의 인민해방군이 西藏의 昌都를 공격하고 西藏軍이 10월 21일 投降한 결과 서기 1951년 5월 23일 中央人民政府와 西藏地方政府 사이에서 和平解放西藏(北京條約)을 체결하고 中华人民共和国은 "和平解放西藏"을 선언하였다[중화인민공화국의 전 대통령인 胡錦濤(후진타오)는 서기 1985년 7월 貴州省의 공산당 서기, 서기 1988년 12월 西藏自治区의 공산당 서기, 1989년 3월 7일 拉薩의 武裝蜂起를 막기 위해 계엄령을 선포하고 동시에 서기 1990년 10월 티베트 군구 제1서기도 겸하였다]. 그러나 서기 1993년 1월 런던에서 저명한 국제법학자 30명이 모여 국제법에 의거해 티베트민족은 자결권을 지니며 중국 및 여타 국가들이 티베트민족이 자결권을 가지는 것에 반발해서는 안 된다는 결론을 내린 바 있다.

 이 티베트는 吐蕃王国(T'u fan/Tubo empire, 서기 7세기-서기 9
세기 古代藏族이 建立한 정권으로 서기 6世紀末 以前에는 歷史證據가
부족하다)란 세속왕권정치(secularism)를 벗어나 팍파/파스파(八思
巴, 서기 1235년-서기 1280년) 元 国師의 후원을 얻은 쫑가파(宗喀巴,
서기 1357년-서기 1419년)가 창시한 게룩파(Gelug, 格魯波) 5대 아
왕 로상 가쵸(서기 1617년-서기 1682년)가 서기 1642년에 몽고의 支
持下에 法王制를 만들어 서기 1903년 13대 법왕 톱텐 가쵸(서기 1876
년-서기 1933년)가 英国軍을 피해 北京과 印度로, 그리고 서기 1959
년 14대 법왕(第十四祖)인 달라이 라마(达赖喇嘛, 서기 1935년-서기
2011년 현재, His Holiness the 14th Dalai Lama of Tibet 줄여서 H.
H. Dalai Lama로 씀, 우리말로는 聖下라 함)가 24세 때 라싸에서 서
기 1959년 3월 10일 신년 '묀람' 축제에 맞추어 일어난 대규모 시위(拉
薩의 武裝蜂起)가 실패함에 따라 서기 1959년 3월 17일 인도 다름살
라(Dharmsala)로 망명할 때까지 신정정치(theocracy)를 지속하였다.
지구상에서 이와 유사한 예는 페르시아 …… 사파비드 왕조(Safavid
dynasty, 서기 1501년-서기 1794년)-카쟈르(Qajar dynasty) 왕조(서
기 1794년-서기 1925년)를 이은 팔라비(Pahlavi dynasty) 왕조[서기
1926년-서기 1979년, 팔레비 왕조(Reza Khan이 1926년 Reza Shah
Pahlavi로 등극)]를 몰아내고 새운 이란 이슬람공화국을 들 수 있다.
그 이후 이란은 호메이니 Ayatollah Khomeini-1대 대통령 바니샤르
(Abolhassan Banisadr)-알리 라자이(Mohammad Ali Rajai)-카메
네이(Ali Khamenei)-라프산쟈니(Akbar Hashemi Rafsanjani)-모
하마드 하타미(Mohammad Khatami, 서기 1997년-서기 2005년 재

위)-현 마흐무드 아흐마디네쟈드(Mahmoud Ahmadinejad)-하산
로하니(Hassan Rohani) 대통령으로 이어지고 있다.

티베트는 해발 3-4,000m 이상의 고산지대에 존재하며 大陸坂
(plate)이 서로 부딪쳐 상승한 세계의 지붕이라 일컫는 주위의 쪼모랑
마[珠穆朗瑪/聖母峰, Qomolangma]인 에베레스트 산(額菲爾士峰, 埃
佛勒斯峰, Mount Everest) 8,848.43/8,850m, 사르체 東 7,519m, 눕
체 西 7,855m, 로체 南 8,516m, 창체 北 7,580m의 다섯 개의 높은 산
에 둘러싸여 있다. 이들을 劣等自然敎인 多靈敎 중의 하나인 精靈崇拜
(animism)의 대상으로 다섯 신으로 섬기고 있다. 그리고 티베트인들
의 민족기원은 그들 티베트인들의 神話에 나타나는 太古의 히말라야
바다설, 그 후에 나타나는 투와 초라는 원숭이 부부로부터 티베트인들
이 생겨났다는 유인원 진화설, 기원전 237년경 12개의 부족장들과 뵌
뽀의 사제들이 모여 네치쩬뽀라는 새 임금을 추대하여 開國하였다는
역사적 사실, 그리고 마지막 28대 라토토리녠쩬(서기 433년) 때 佛敎의
傳來 以後 불교적 輪回說 등과 결부되어 있다. 그러나 티베트가 佛敎
를 공식적으로 승인한 것은 38대 치송데쩬[赤松德贊 서기 754년-서기
791년]이 서기 763년과 서기 767년의 두 번에 걸쳐 唐의 長安을 함락한
후, 서기 779년 삼애사원[桑耶寺]에 세웠던 興佛盟誓碑 때부터이다.

서기 1976년 西藏自治区 申扎県 雄梅区 珠洛河畔 山麓 洪積世層 변
두리지역에서 剝片石器 14점, 刮削器, 尖狀器, 石片 등이 발견되었다.
그러나 地層 및 動物化石들이 없어 그 연대를 정확히 밝힐 수 없었으
나 华北地区 舊石器時代 晩期(後期)의 유물과 흡사해 이곳에 만기/후
기구석기시대의 존재가 있었다는 사실만을 확인시켜주고 있었다. 그러

나 최근 定日県 蘇熱, 申扎県 多格則, 珠洛勒, 盧令, 雙湖瑪尼, 綏紹拉,
日土県 扎布 夏達錯東北岸, 吉隆県 宗嘎郷 哈東洌과 却得洌, 聶拉木県
亞里村과 羊圈 등 만기/후기의 구석기유적들이 새로이 발견되었다. 그
중 多格則과 扎布지점에서 발견된 석기들은 北京 周口店 제1지점과 山
西省 朔県 峙峪의 유물들과 유사한데, 山西省 峙峪의 연대는 28135±
1330년 B.P로 西藏 구석기시대가 속하는 연대가 20,000년 전까지 거
슬러 올라감을 알려준다. 또 서기 1978-서기 1979년 昌都城 東南 卡若
[카루어]村 서쪽 해발 3,100m 산지 구릉에서 발굴한 결과 신석기시대
조기/전기(기원전 3300년)와 만기/후기(기원전 2100년)의 두 문화층이
있음을 확인하였다. 이 유적의 발견은 西藏地区의 신석기문화와 이웃
지구의 유적을 비교하는데 중요한 의의를 갖게 되었다. 그리고 申扎県
雄梅区 珠洛河畔을 비롯한 定日県, 日土県, 吉隆県, 聶拉木県에서 새
로이 발견된 여러 구석기시대 만기/후기유적들과 함께 昌都城 卡若지
역의 신석기시대 유적은 적어도 지금부터 20,000년 전부터 이곳에 사람
이 살기 시작했다는 고고학적 증거로, 神話 上의 티베트가 歷史的 事實
로 서서히 입증되어 가고 있는 추세를 보여준다.[14]

---

14) 서기 2014년 5월 2일(금) 中国中央電視台(CCTV 4)에서 岩畵의 고향이라고 알
려져 있는 西藏 阿里地区 格布에서 새로운 岩畵 168점이 발견되었다고 전하고
있다. 그러나 이미 해발 평균 4,000m 이상의 동물의 천당인 阿里高原의 日土
県 任姆棟(日姆栋, 瑪嘎藏布河 東岸 山腳的 岩石面上), 魯日朗卡, 恰克桑, 牙璽
溝, 扎布, 蘆布湖, 左龙湖, 康巴熱久, 那布龙, 塔康巴, 曲嘎爾羌 岩畵, 尼瑪県 榮
瑪乡 加林山 夏倉岩畵, 改側県 先遣乡 阿壟溝 山谷里 大石, 塔康巴, 烏江村 岩
畵 등 수십 여개소가 잘 알려져 있다. 여기에는 인물(巫師), 牦牛图, 馬, 犛牛
(야크), 羚羊(antelope), 鹿(사슴), 雙峰駱駝. 虎, 鹿 등이 그려져 있으나 烏江村
岩畵의 경우 동물 이외에 戰爭, 狩獵과 祭祀와 鬼神들도 묘사되어 있다. 이들은
2,000년-3,000년 전에 이곳에 살던 유목민들에 의해 제작된 것으로 추정된다.

현재 사용하는 티베트 문자는 33대 송짼감뽀[松贊干布] 왕 때 재상 톤미쌈보따가 만들었다고 한다. 티베트의 国家 成立은 티베트 고유 토착신앙인 뵌뽀교와 불교의 대립으로 시작된다. 얄룽 계곡에 중심을 둔 샹슝국[象雄国, 慧超의《往五天竺国傳》의 羊同国임]의 얄룽 왕조(嘎朗王朝)[15]는 기원전 237년 초대 네치짼뽀 왕(聶赤贊普, 뵌교의 교주는 센

그러나 當雄县 納木錯 扎西島 洞窟 벽화의 상한은 吐藩王朝(서기 7세기-서기 9세기 古代藏族이 建立한 정권으로 서기 6世紀 末 以前에는 歷史證據가 부족하다) 이전의 早期金屬器时代까지 올라가며 늦은 것은 吐藩王朝 이후에 만들어진 것으로 보고 있다. 岩畵는 금속도구로 쪼아 파거나 새기고 또 홍색 안료로 그린 것도 있다.

15) 西藏에서 '雪峰王朝'로 칭하는 嘎朗王朝(얄룽 왕조)는 서기 560년 창건 이래 600여 년간 53대왕이 계속해 지속한 西藏에서 가장 오래된 王朝[얄룽 계곡에 중심을 둔 샹슝국/象雄国(慧超의《往五天竺国傳》의 羊同国임)로 기원전 237년 초대 네치짼뽀 왕(뵌교의 교주는 센랍미우체임, 제1-7대는 祭政分離의 정치를 함)에서 시작하여 제16대에 가서 끝났다. 서기 642년 嘎朗王朝에서 갈라져나간 吐蕃国의 토번왕조 33대 송짼감뽀 왕(松贊干布, 서기 617년-서기 650년)에 의해 西藏 전 지역이 통합되어 현재의 강역을 이루었다. 嘎朗王朝는 松贊干布(33대 송짼간뽀, 서기 617년-서기 650년)가 세운 吐蕃王朝와 같은 조상을 두었으나 吐蕃王朝와는 달리 신비한 독립성을 유지해왔다. 초대왕인 夏赤/波密王(波密土王, 嘎朗第巴)은 西藏王 止贡赞普의 왕자로 大臣 阿罗木達孜가 살해당한 후 夏赤王子 및 그의 가족은 波密로 피신하여 嘎朗王朝를 세웠다. 서기 1240년 제2대 嘎朗王 巴哉落准는 嘎朗第巴朝(현재 嘎朗村 王朝遺址)에서 규모는 라사의 布達拉宮에 못 미치나 그와 유사하며 1,000㎡ 넓이의 青瓦達孜宮[얄룽 계곡의 쩨탕(澤堂) 칭와닥제 궁전(青瓦達牧城)]을 세웠다. 嘎朗王朝 통치시기에 易贡, 布堆, 曲宗의 三大区域을, 전성기에는 山南, 工布, 康区, 墨脱 등지를 통치하였으며 강대세력을 700년이나 이어왔다. 서기 1927년에서 서기 1931년 제27대 嘎朗王 旺青堆堆는 西藏의 噶厦政府와 충돌로 噶厦政府軍에 의해 波密이 포위되고 旺青堆堆는 잔여병력을 이끌고 察隅 변경 지역을 거쳐 印度로 도망갔다. 嘎朗王朝는 다시 회복을 하지 못했다. 그 후예들은 현재 인도에서 생활하고 民国(서기 1912년-서기 1949년) 後期에 嘎朗王宮은 전란으로 전부 불타 버렸다. 波密县城 西南향 15

랍미우체임, 1-7대는 祭政分離의 정치를 함)에서 시작하여 16대에 가서 끝나고, 서기 642년 吐蕃国의 토번왕조 33대 송짼감뽀 왕(赞普囊日论赞 의 아들, Songzän Gambo/Srong bTsan sGam Po/Songtsen Gampo, 서기 617년?-서기 650년, 吐蕃 雅鲁王朝 第33대 赞普, 吐蕃帝国의 建 立者, 서기 약 629년-서기 650년 在位)에 의해 전 지역이 통합되어 현

---

km에 遺址가 남아있는데 산을 의지하고 嘎朗湖에 면해 궁전을 지었는데 난공불 락의 요새였다.

그리고 曲松县 拉加里 王宮遺址는 西藏自治区 山南地区 曲松县 城南側에 위치 하며 서기 13세기에 건립되었다. 吐蕃王室의 후예들인 萨迦 및 帕竹 등이 세운 地方割據政權으로 현재 建築物은 早, 中, 晩의 3期로 나눌 수 있다. 早期 建築 物은 '扎西群宗'으로 불리며 서기 13세기에 건립되고 현존하는 것은 12m의 宮 의 담장 일부와 南, 北의 大門이다. 中期의 건축물은 '甘丹 拉孜'으로 불리며 서 기 15세기에 건립되었는데 拉加里王宮遺址의 主体建築을 이루고 있다. 王宮 주 위에 倉庫, 拉康(宮殿), 广场, 마구간 등이 만들어지고, 궁은 원래는 5층이었으 나 현재는 3층만 남아있다. 건물 벽에는 壁画가 약간 남아 있다. 晩期의 건축물 은 '夏宮'이라 부르며 서기 18세기에 지어졌다. 현재 曲松县에서 복원작업을 진 행하고 있다.

그리고 西藏自治区 東部 橫断山脉과 三江(金沙江, 瀾沧江, 怒江) 流域의 昌都地 区에 위치한 東女国은 서기 6세기-서기 7세기경 여러 部落의 집합체 및 地方政 权으로 藏族歷史上 重要한 文明古国으로 旧唐書 卷197 '蛮西南蛮傳'의 기록은 '东 女国 西羌之别种 以西海中复有女国 故称東女焉 俗以女为王 东与茂州 党项接 东 南与雅州接 界隔罗女蛮及白狼夷 其境东西九日行 南北二十日行 在大小八十余城 其王所居名康延川 中有弱水南流 用牛皮为船为渡'이라고 언급하고 있다. 東女国 의 文化 중 가장 큰 특징은 女性中心 및 母系社會와 같은 女性崇拜의 社会制度를 갖고 있는 점이다. 현재 西藏自治区 金川县 馬奈乡에는 東女国의 後裔인 嘉絨藏 族(岷江의 지류인 大渡河 상류, 大金川江)이 살고 있고 金川县 马尔帮乡 独足沟 村 大山에는 당시 돌로 쌓은 碉樓(곡물창고 겸 望樓), 왕궁 내의 古塔과 寺院, 女 王의 거주지인 9층 높이의 碉房을 포함한 王宮遺址가 남아있다. 이 궁전은 '小布 達拉宮'으로도 불렸다.

재의 강역을 이루었다. 象雄国은 기원전 237년경 12개의 부족장들과 뵌뽀의 사제들이 모여 네치짼뽀라는 새 임금을 추대하여 開国하였다고 한다. 그리고 吐蕃国왕조는 초대 네치짼뽀 왕으로부터 마지막 42대 랑데르마(Lang Darma)가 살해(842년)될 때까지 專制王權政治를 이루었다. 이 사건은 티베트 왕권의 지나친 佛教崇尚과 뵌뽀교[土着巫俗教]의 대립 결과였다. 쫑가파[宗喀巴]가 창시한 게룩파의 5대 라마[法王]인 아왕로상 가쵸(서기 1617년-서기 1682년) 때인 서기 1642년부터 法王制(神政政治)가 실시되었다. 토번왕조는 1대 네찌짼뽀, 8대 지굼짼보[普通王朝의 始作], 9대 뿌데꿍제, 27대 치데죽돈짼뽀, 28대 라토토리넨짼, 33대 송짼감뽀(松贊干布), 37대 치데죽짼(赤德竹贊, 서기 704년-서기 754년)과 38대 치송데짼(赤松德贊, 서기 754년-서기 791년)으로 이어진다. 吐蕃과 唐과의 역사적 관계는 唐 太宗(서기 627년-서기 649년)년간 서기 641년 예부상서 강하왕 李道宗의 딸 文成公主(티베트에 養蠶을 전래, 松贊干布와 文成公主의 史蹟은 山南地区 昌珠鎭의 三聖寺인 桑耶寺, 雍布拉康, 昌珠寺와 山南지구 究结县 宗山의 西南方 藏王들이 묻혀있는 21기의 藏王墓群에서 찾아볼 수 있으며 또 昌珠寺의 珍珠 佛畵/幀畵/唐卡도 잘 알려져 있다)가 33대 송짼감뽀 왕에게 또 唐 中宗(서기 684년-서기 710년)의 양녀인 14살의 金城公主가 서기 710년 37대 치데죽짼 왕에게 시집을 온 것과, 그리고 唐 代宗(서기 762년-서기 779년) 연간인 서기 763과 서기 767년 두 번에 걸쳐 토번의 38대 치송데짼[赤松德贊] 왕이 長安(陝西省)을 침공하여 당나라가 서기 767년 興唐寺에서 토번과 굴욕적인 평화조약을 맺은 사건 등으로 잘 알려져 있다. 토번국은 宁夏回族自治区 黄河와 渭河의 서쪽 兰州, 武威, 張掖과 嘉峪关을 거치는 河西走(廻)廊을 지나 실크로드(絲綢之路)가 시작하는 요충지인 甘肅省 敦煌 莫高窟도 서기 781년-서기 848년의 67년간 점령하다가 唐 宣宗 2년(서기 848년)에 재탈환 당하였다. 당시 토번의 장군은 재상인 가르뚱쨴(綠東贊)의 둘째 아들인 가르친링[綠欽陵]이였다. 唐 代宗은 楊貴妃사건으로 얼룩진 玄宗(서기 712년-서기 756년)과 그의 아들인 肅宗(서기 756년-서기 761년) 다음의 왕이다. 그리고 41대 치죽데쨴[赤竹德贊] 왕은 서기 821년 長安 교외에 長安 교외에서 唐 穆宗(서기 820년-서기 823년)과 평화조약을 체결하고 서기 823년 長庆會盟碑를 조캉(大昭寺, Jokhang) 사원 앞에 세운다. 토번왕국은 한때 당나라를 제압할 정도로 강성했었다. 그러나 會昌 3년(서기 843년) 불교를 박해하던 마지막 贊普인 랑다르마(朗達瑪)가 불교승 拉垅贝吉多吉에 잡혀 피살되고 達磨의 두 아들 俄松과 云丹이 父親의 死後에 贊普/왕의 지위를 얻기 위해 內戰이 일어났다. 咸通 10년(서기 869년) 奴隶의 반란이 일어나, 乾符 4년(서기 877년) 贊普들의 陵墓가 파헤쳐지고, 王室과 貴族들이 척살당하면서 吐蕃王朝가 완전히 붕괴되었다. 시베리아와 만주(요녕성, 길림성과 흑룡강성)에서는 역사적으로, 가) 挹婁-肅愼-勿吉-靺鞨-黑水靺鞨-女眞-生女眞-金(서기 1115년-서기 1234년)-満洲-淸(서기 1616년-서기 1911년), 나) 匈奴-羯族-東胡-烏桓-鮮卑-突厥(Tujue/Tʻuchüe/Göktürks, 투쥐에, 뛰르크/Türk, 타쉬트익/Tashityk: 서기 552년 柔然을 격파하고 유목국가를 건설. 돌궐 제2제국은 서기 682년-서기 745년임, 서기 7세기-서기 8세기)-吐藩(티베트, tʻu fan: 38대 치송데쨴[赤松德贊 서기 754년-791년]이 서기 763년과 서기 767년의 두 번에 걸쳐 唐의 長安을 함락함)-위굴(維吾爾, 回紇: 위굴 제국은 서기 744년-서기 840년임, 위굴 제국은 키르기스 點戛斯에 망하며 키르기스는 10세기경까지 존재. 그러나 투르판(吐魯番)의 高昌国은 이 토번국과 달리 서기 499년 麴文泰가 나라를 세웠으나 서기 640년 唐에 멸망함. 그리고 吐谷渾은 靑海省 북부와 新彊省 동남부 일대에 살던 鮮卑족의 한 갈

래임.)-契丹(辽, 서기 907년-서기 1125년)-蒙古(元, 서기 1206년-서
기 1368년)-女眞/金(서기 1115년-서기 1234년)-後金(서기 1616년-서
기 1636년)-滿洲/淸(서기 1616/1636년-서기 1911년), 다) 예 : 고조선,
맥 : 부여-고구려-백제/신라로 이어지는 종족과 국가의 변천이 있어
왔다. 吐藩왕국이 강성할 무렵에는 돌궐(투줴, 투르크)과 위굴(回紇)의
세력도 커 나오고 있었다. 그런 가운데 토번왕조 27대 치대죽돈쩬뽀(서
기 374년)와 28대 라토토리녠 때 불교가 유입, 38대 치송데쩬(서기 754
년-서기 791년)의 불교의 국교공인, 그리고 서기 779년 쌈애 사원[桑耶
寺]의 건립과 더불어 정식으로 불교가 공인되고 神政政治의 길을 트게
되었다. 이후 티베트에서는 불교를 믿는 주요 4대 학파가 형성되었다.
즉 그들은 닝마(Nyingma, 宁玛派/紅帽派, 红敎 토번왕국 38대 치송데
쩬 때의 빠드마삼바바[蓮华生]에 의해 들어옴), 카큐(Kagyu, Kagyupa,
Kagyud, 噶擧派, 역경승 마르파 서기 1012년-서기 1098년, 鳥葬을
함), 샤카(Sakya, 薩迦派, 샤카 사원에서 유래. 서기 1267년 이후 팍파
국사가 元 쿠빌라이 世祖의 스승으로 티베트 불교가 원의 국교로 됨),
게룩(Gelug, 格魯派/黃帽派, 쫑가파 宗喀巴〈서기 1357년-서기 1419년
〉에 의해 창시)派들이다. 법왕제는 서기 1642년 쫑가파[宗喀巴]가 창시
한 게룩파의 5대 라마[法王]인 아왕 로상 가쵸(达赖罗桑嘉措, 서기 1617
년-서기 1682년)[16]에 의해 만들어져, 현 14대 달라이라마(达赖喇嘛)가
인도 다름살라에 망명정부를 수립하고 있다. 티베트 최초의 불교사원은

---

16) 格魯派의 历代 달라이라마(达赖喇嘛)는 一世达赖根敦朱巴, 二世达赖根敦嘉措,
　　三世达赖索南嘉措, 四世达赖云丹嘉措, 五世达赖罗桑嘉措, 六世达赖仓央嘉措, 七
　　世达赖噶桑嘉措, 八世达赖强白嘉措, 九世达赖隆朵嘉措, 十世达赖楚臣嘉措, 十一
　　世达赖凯珠嘉措, 十二世达赖成烈嘉措, 十三世达赖土登嘉措, 十四世达赖丹增嘉
　　措이다.

770　中國 考古學 -중요 주제·항목별로 본 中國 文化史 序說-

쌈애 사원[桑耶寺]이다. 서기 746년 11월 15일 티베트에 온 것으로 알려진 파키스탄 태생의 인도승인 빠드마 삼바바(Padmasambhava, 蓮華生)는 구루 린뽀체나 우르간 빠드마로도 불리는데 그는 善行에 기반을 둔 輪回說인 티베트 사자의 서(바르도 퇴돌, The Tibetian Book of the Dead, 埋葬經典이라고도 함)를 만들어 죽음의 문제를 직면한 삶의 터득과 죽은 자를 다음 생으로 인도하는 법을 가르쳤다. "사자의 서" 중 가장 완벽하고 유명한 것으로 이집트 19왕조 기원전 1250년경에 제작된 23m의 두루마리(scroll) "아니의 파피루스(Ani's papyrus)"를 들 수 있으며, 티베트의 것보다 2,000년 이상 앞선다. 그리고 佛敎는[석가모니의 탄생. 그의 입멸 연대는 夏安居로 본 衆聖点記說〈曆大三寶記: 이는 중국 南齐(서기 479년~서기 502년) 永明(서기 483년~서기 493년) 7년 서기 489년 부처님의 입멸 후 매년 실시하는 하안거의 숫자가 975점이 찍힌 책, 江蘇省 南京 栖霞寺에는 永明 6년 서기 488년에 조각된 佛光의 기적을 일으키는 불상이 있다〉에 의해 기원전 485년(기원전 564년~기원전 485년)설과, 아쇼카 왕[阿育王]이 세운 石柱說에 의한 기원전 467년(기원전 546년~기원전 467년)이 있다. 현재는 서기 1956년 네팔 카트만두에서 열린 세계 4차 불교대회에서 서기 1956년을 佛紀 2500년으로 공식 인정함에 따라 석가모니가 기원전 544년 2월 15일 80세로 입적(입멸)한 것으로 인정(기원전 623년 4월 8일 탄생~기원전 544년 2월 15일 입적. 서기 2014년이 佛紀 2558년임] 부처님의 입멸 이후 근본불교–부파불교–대승불교(반야·공사상, 연화장사상, 유식론, 진언·만다라·대일여래/비로자나불의 밀교)로 발전해왔다. 티베트는 다른 佛敎信奉国들과 다른 인도에서 서기 10세기경 사라진 밀교, 活佛制(Tulku: 린뽀체), 轉生制를 가지고 있는데 이는 卽身成佛의 예이다.

西藏 르카쩌市 또는 시가체(日喀則, Zhikatsé, Shigatse)市는 중화인민공화국 티베트 자치구에 위치하는 地級市(省 내의 地級市, 自治州, 盟)이다. 서기 2014년 7월 르카쩌 지구를 폐지하고 지급시 르카쩌 시를 설립했다. 원래 縣級市(自治旗, 旗, 特区, 村区)였던 르카쩌 시는 쌍주쯔 구(桑珠孜区, Sāngzhūzī Qū)로 개편되었다. 全国重点文物保护单位의 하나로 지정된 타쉬룬포 사원(扎什伦布寺, 吉祥須弥寺, Tashilhunpo Monastery)은 티베트 시가체 지구 게룩(Gelug, 格鲁派/黃帽派)파 최대의 사원으로 창시자인 宗喀巴(Zongkaba, Tsong-kha-pa, 宗喀人이란 의미, 서기 1357년-서기 1419년, 法名은 罗桑札巴으로 "善慧"이란 의미, 格鲁派/黄教의 创始者)의 첫 후계자인 根敦珠巴(第一世达赖喇嘛, 法名은 根敦朱巴, 서기 1391년-서기 1474년, 萨迦寺附近의 霞堆牧场)가 브라마푸트라 강(牙魯藏布, Brahmaputra)의 지류인 年楚河와 서족의 尼瑪山 사이에 사원을 만들면서 처음에는 네팔(尼泊尔) 불교의 영향을 받아 불상도 제작하고, 雪域興佛이란 의미의 '康建曲枇'라고 이름 지었다가 길상수미사(吉祥須弥寺), 찰십륜포사(扎什伦布寺), 타쉬룬포(扎什伦布寺)로 사원의 명칭을 바꾸었다. 라싸(拉萨)市의 3대 사원인 간덴사(甘丹寺) 사원, 세라사(色拉寺) 사원, 드레펑(哲蚌寺) 사원과 함께 게룩파 4대 사원으로 불리며, 여기에 칭하이 성의 쿰붐 타얼스(青海省 西宁市 西南 25km 떨어진 中县 鲁沙尔镇 搭爾寺) 사원과 간쑤성 라브랑(甘肃省 甘南藏族自治州 夏河县 大夏河岸边 拉卜楞寺, 원명은 噶丹夏珠卜达吉益苏奇贝琅이며 줄여서 扎西奇寺라고도 함) 사원과 함께 게룩파 육대 사원으로 불린다. 서기 1662년 95세의 나이로 입적하여 '第四世班禅大师靈塔紀殿'(曲康夏, Tomb Stupa)에 모셔져 있는 판첸 라마 4세(四世班禅大师 罗桑曲结坚赞, 서기 1570년-서기 1662년, Panchen Lama, 班禅額爾德尼, 班禅额尔德尼阿彌陀佛, 阿彌

陀佛의 化身, 서기 1666년 건립) 이후 이곳은 정치와 종교 활동의 중심지가 되었다. 판첸 라마 4세의 靈塔은 높이 11m로 다이아몬드(鉆石), 진주, 마노, 猫眼石(cat's eye), 藍寶石(sapphire), 황금 2,700兩, 白銀 33,000兩, 보석 7,773顆가 들었다고 한다. 确吉坚赞(法名은 罗桑赤列伦珠确吉坚赞, Losang Chinlä Lhünchub Qögyi Gyäcän, 서기 1938년 2월 3일–서기 1989년 1월 28일) 입적해 모셔진 높이 11.52m의 '第十世班禅大师靈塔紀殿'(释颂南捷)의 영탑은 金塔으로 금 614kg, 은 275kg이 들어갔다고 한다. 영탑은 4세, 10세(确吉坚赞, 서기 1938년–서기 1989년), 5-9세를 모신 세 건물이 있다. 시가체 시 거리의 서쪽에 있는 니세리 산(尼色日山)의 주위의 길이 3,000m, 산허리의 15만㎢에 지어져 전성기에는 50개 이상의 경당과 3,000여 개가 넘는 객방 승려 5,000여 명을 가진 큰절이었다. 이 절은 明朝 正统 12년(서기 1447년) 根敦珠巴가 건립했다. 후일 서기 1459년 이후 린뽀체(活佛/tulku), 活佛輪回의 화신인 판첸 라마 4세 却吉坚赞이 확장하였다. 错钦大殿(釋迦牟尼金銅佛, 大雄寶殿, Assembly Hall)에 2,000人이 독송을 할 수 있는 크기로 大殿안에는 释迦牟尼像, 그 옆에 게룩파의 창시자 宗喀巴와 그의 후계자인 根敦主巴(서기 1391년–서기 1474년)와 판첸 라마 4세 상이 있다. 서기 1959년 3월 17일 인도 다름살라(Dharmsala)로 망명한 14대 법왕인 달라이 라마 丹增嘉措(서기 1935년–현재)를 대신해 중국 정부가 내세운 11대 판첸 라마 기트 노르브(坚赞诺布, 서기 1990년–현재)가 주지로 있다. 지붕의 마루에는 法輪, 双鹿, 經幢으로 장식한 금빛의 金頂紅墻의 大殿两側 옆에는 弥勒殿과 三世诸佛과 一切众生의 어머니상인 度母像을 모신 度母殿이 있고 이 안에는 舍利肉身을 보존하고 이들 외에도 벽화로 둘러싸인 教·学·密敎를 함께 배우는 四扎仓(经院, 大经堂, 600㎡ 넓이의 講經場), 甲纳拉康, 汉佛堂偏殿, 强巴佛殿(彌勒

殿, Maitreya Temple), 曲康夏, 扎什南捷(吉祥胜利), 释颂南捷, 度母 및 度母殿들이 있다. 또 汉佛堂으로 불리는 자나라캉(甲纳拉康) 불전에 는 청나라 역대 황제들이 판첸라마에게 선물한 도자기와 금, 은기, 옥 기, 견직물 등이 전시되어 있다. 그중 가장 유구한 역사를 자랑하는 것 이 唐나라 때 文成公主가 가져온 9구의 청동불상이다. 여기에는 乾隆 의 畵像과 道光의 位牌가 모셔져 있다. 乾隆이 여러 진귀한 보석과 아 울러 하사한 金印은 무게 16.5kg으로 汉, 藏, 满의 3개의 언어로 새겨진 도장이다. 그리고 清代 西藏 軍政長官인 駐紮大臣 和林이 쓴 시는 '塔鈴 風雲韻東丁, 一派生机静空生, 山吐顯云痴作雨, 水呑活石怒爲聲'이라고 이 절의 분위기를 잘 묘사하고 있다. 서기 1459년 扎什伦布寺에는 大 小佛堂 5동, 供奉佛像 12동, 僧侶 200인을 갖추고 있었다. 현재는 密宗 佛殿, 大经院, 展佛台, 大小佛殿 7동, 供奉佛像 53尊이 殿堂과 四壁彩 绘의 讲经场, 铁桑林에 모셔져 있으며 石刻佛像은 약 2,000구로 절 내 铁桑林에 모셔져 있다. 또 이곳은 게룩파(格鲁派) 최대사원일 뿐만 아 니라 西藏에서 영향이 가장 큰 勉拉頓珠를 시작으로 하는 勉唐画派 또 "门赤画派"라고 하는 畵派가 만들어 진 곳으로 拉萨를 활동의 중심으 로 삼고 있다. 이 파의 창시자는 勉拉頓珠으로 扎什倫布寺 勉唐殿에 거 주하면서 〈造像度量如意寶〉란 불상제작 이론서를 만든 사람으로 洛扎 勉唐乡(현 山南地区)에서 태어나 勉唐画派란 이름은 이에서 유래한다. 그의 제자로는 藏区와 曲英嘉臘 이외에 350명이나 되었다고 한다. 北 京 古宮博物院 소장의 扎什利瑪(鑄造, 晚期西藏金銅造像作品 중 扎什 倫布寺利瑪像, 北京首都博物館 소장의 扎什利瑪像, 唐卡(帧畵, 佛畵, 蔓茶羅, 須彌山图), 扎什伦布寺 소장의 '根敦珠巴親手塑的觀音'과 乾 隆皇帝御賜金印은 당시 扎什伦布寺 勉唐画派와 清정부와의 긴밀한 관 계를 보여준다. 서기 1914년부터 4년간에 걸쳐 9세 班禅 却吉尼玛(서기 1883년-서기 1937년)의 지휘 아래 藏族과 네팔(尼泊尔)의 장인 110명이 强巴佛殿(彌勒殿)에 세운 세계 최대의 금동(鎏金)불상인 强巴佛像(扎什利瑪 鑄造佛像)은 높이 26.2m(9층 높이), 폭 11.5m, 귀 2.8m, 손바닥 2.2m, 손가락 길이 1.2m로 黃銅 23萬斤, 黃金 6,7000兩과 산호, 호박, 綠松石(突厥玉, turquoise, 土耳其石) 1,000顆, 진주 300顆이 들어갔다. 그리고 불상 兩眉間 사이의 白毫에는 호두 크기의 다이야몬드(鑽石)를 박아 놓았다. 그때까지 가장 큰 金銅佛은 奈良 東大寺의 것이 가장 컷으며 이도 扎什伦布寺에서 기술을 배워 만든 것으로 알려졌다.

達賴와 班禅世系列表. 根敦朱巴(《互动百科》www.baike.com/wiki/根敦朱巴에서 引用)

达赖喇嘛	本名	年代	|	班禅	本名	年代
一世达赖	根敦朱巴	1391年-1474年	|	一世班禅(追认)	格雷贝桑	1385年-1438年
二世达赖	根敦嘉措	1475年-1542年	|	二世班禅(追认)	索南乔郎	1439年-1504年
三世达赖	索南嘉措	1543年-1588年	|	三世班禅(追认)	温萨八罗桑敦主	1505年-1566年
四世达赖	云丹嘉措(蒙古族)	1589年-1616年	|	四世班禅	罗桑却吉坚赞	1567年-1662年
五世达赖	罗桑嘉措	1617年-1682年	|	五世班禅	罗桑意希	1663年-1737年
六世达赖	仓央嘉措(门巴族)	1683年-1706年	|			
七世达赖	格桑嘉措	1708年-1757年	|	六世班禅	贝丹意希	1738年-1780年
八世达赖	强白嘉措	1758年-1804年	|	七世班禅	丹贝尼玛	1782年-1853年

九世 达赖	隆朵嘉措	1806年−1815年			
十世 达赖	楚臣嘉措	1816年−1837年			
十一世 达赖	凯珠嘉措	1838年−1856年	八世班禅	丹贝旺秋	1854年−1882年
十二世 达赖	成烈嘉措	1856年−1875年			
十三世 达赖	土登嘉措	1876年−1933年	九世班禅	却吉尼玛	1883年−1937年
十四世 达赖	丹增嘉措	1935年 현재	十世班禅	确吉坚赞	1938年−1989年
			十一世班禅	坚赞诺布	1990年 현재

서기 1961년 国务院에 의해 全国重点文物保护单位로 지정된 "第二敦煌"이라 애칭을 가지며 '灰白土'('萨'은 '土', '迦'는 '灰白色'임, 本波山의 长年风化의 灰白色岩石에서 유래)란 의미의 萨迦寺는 西藏自治区 서남쪽 日喀则地区 萨迦县 本波山(해발 4,316m, 히말라야산맥/喜馬拉雅山脈)下에 위치하며, 仲曲河가 가로 질러 河北岸의 本波山 '灰白土' 山岩下의 '萨迦北寺'와 河南岸 平坝之上의 '萨迦南寺'로 나누어져 있다. 이 사원에서 속칭 '花教'인 샤카파(Sakya, 薩迦派)가 유래한다. 圣者라는 의미의 팍파국사/八思巴国師(萨迦派 第五祖 萨迦法王, 'Phags−pa/Phagpa, 서기 1235년−서기 1280년, 서기 1251년−서기 1266년 재위)가 서기 1267년 이후 칭기즈 칸(成吉思汗, 서기 1155/1162/1167년? 4월 16일−서기 1227년 8월 25일)의 손자인 元 세조 쿠빌라이칸(元 世祖 忽必烈, Qubilai qayan, 서기 1215년 9월 23일−서기 1294년 2월 18일, 서기 1271년−서기 1294년 재위)의 스승으로 티베트 불교가 元나라의 국교로 되어 이 절이 최고의 전성을 누렸으며 또 西藏의 전승 문화를 유지

하는 티베트 최대 절의 하나가 되었다. 팍파국사는 西藏佛教 萨迦派의 第五代法王으로 전생의 달라이 라마(達賴喇嘛)로 인정되며 本名은 羅卓堅贊(blo-gros-rgyal-mtshan) 혹은 洛珠坚赞인데 이는 '聖者慧幢'의 의미를 지닌다. 그는 乌思藏萨斯迦人(현 西藏 萨迦县)이다. 이 절은 서기 1073년에 吐蕃贵族 昆氏家族의 后裔이며 萨迦派의 创始人이며 萨迦寺의 创建者인 '宝王'이란 의미의 昆·贡却杰布(서기 Khön Könchog Gyelpo, 서기 1034년-서기 1102년)에 의해 本波山 南侧에 후일 '萨迦阔布'라 불리는 절이 세워졌다. 萨迦派는 血统传承과 法统传承의 두 가지 방식으로 계승되었는데 그가 입적한 후 그의 아들인 贡噶宁布(서기 1092년-서기 1158년)가 계승하여 萨迦寺의 主持가 되었다. 贡噶宁布는 학문이 넓고 깊어 萨迦派로 하여금 教法체계를 확립하여 萨迦派初祖인 '萨钦'(萨迦大师)로 추존되었다. 贡噶宁布의 둘째 아들인 索南孜摩이 萨迦二祖, 萨迦寺의 主持로 57년간 있었던 셋째 아들인 扎巴堅贊가 萨迦三祖, 넷째아들인 贝钦沃布의 큰아들 萨班贡噶坚赞(서기 1182년-서기 1251년)이 '萨班' 또는 '萨迦班智达'로 불리며 萨迦四祖가 되었다.

서기 1271년 12월 18일 '大蒙古国'에서 '大元'으로 개칭하여 開封에서 大都(汗八里, 현 北京)로 迁都한 元나라의 世祖 쿠빌라이(忽必烈)의 長兄인 蒙哥登基는 大蒙古国의 皇帝로서 吐蕃에서 宗教의 總首領인 샤카(Sakya, 萨迦派)파의 萨迦班智達(萨迦派 第四祖, 萨迦法王, Qöjê Sa' gya 'Bantida' Günga Gyäcän, 서기 1182년-서기 1251년, 서기 1216년-1251년 재위)의 조카(侄子) 겸 종교후계자인 팍파를 그의 스승으로 모셔 티베트의 불교가 원나라의 국교가 되었다. 이 과정에는 징기스칸(成吉思汗)의 손자인 蒙古汗国凉州(현 甘肅省 武威市)王 闊端과 萨迦班智達 사이의 수 차례의 담판, 그리고 팍파/八思巴와 忽必烈 사이 絲綢之

路와 정권의 지배에서 서로 긴밀한 傍助와 後援이 작용하였다. 이와 관계된 당시의 정치상황은 《薩迦班智達致蕃人書》(서기 1247년, 西藏博物館 소장, 길이 45.5㎝, 폭 7.3㎝ 종이)에서 잘 보여준다. 薩迦班智達의 圓寂塔은 甘肅省 武威市 白塔寺(옛 玄化寺)에 八思巴의 것은 大元国師印(西藏博物館 소장)과 八思巴王駐像(46세에 圓寂, 拉薩 布達拉宮 소장)이 남아있다.

　　薩迦寺에는 모두 40여 개의 건물이 있는데 서기 1073년(北宋 熙宁 6년)에 贡却杰布가 처음 '薩迦阔布'를 지었다. 이 절은 薩迦北寺의 前身으로 당시 北寺의 규모는 매우 적었다. 薩迦派初祖인 贡嘎宁布가 薩迦北寺의 건물을 확장하는데 공헌을 했다. 그는 '拉章夏'를 세워 도량으로 삼았다. 그 후 '古绒'의 建筑群을 지어 护法神殿, 塑像殿, 藏书室을 조성하였다. 薩迦北寺의 主要建筑은 '乌孜宁玛'大殿으로 贡嘎宁布가 创建했고 그의 아들 薩迦二祖인 索南孜摩이 扎巴坚赞 등의 건물을 확장하고 후일 그 위에 銅鎏金(鍍金)图案으로 만들어진 불교적 吉祥图案과 祥麟法, 灰色은 金剛手菩薩, 白色은 觀音菩薩을 상징한다. 元朝 때 大殿 西側을 지어 속칭 '乌孜薩玛殿'이라는 八根柱子의 配殿을 짓고 후일 历代 薩迦法王들이 산등성이에 薩迦北寺의 건물을 지어 薩迦北寺 建筑群이 형성되었다. 서기 14세기 이후 宗教活动中心이 薩迦南寺로 이전되어 北寺에서는 더 이상 건물의 증축이 없었다. 서기 1950년대에 건물이 부서지고 서기 1960년대에는 사람들에 의해 파괴되어 대다수의 건물이 벽만 남아 있었다. 오직 贡康努, 拉章夏, 仁钦岗 등 소수의 건축물이 서기 20세기 말-서기 21세기 초에 복구되었다. 薩迦南寺의 건물들은 확장 및 복원이 되어 規模가 매우 크고 웅장한 建筑群이 형성되었다. 平面은 方形의 요새로 높은 담으로 둘러져 있다. 전체 면적은

14,760㎡로 萨迦南寺 성벽 안에서 가장 빠른 건물은 拉康钦莫(大佛殿)이다. 서기 1961년 萨迦寺가 中华人民共和国国务院에서 第一批全国重点文物保护单位로 확정되었으나 文化大革命期间에 萨迦寺는 많은 피해를 보고 萨迦北寺는 폐허로 변했다. 改革开放 이후에는 萨迦寺는 조금씩 회복이 되었다. 서기 21세기 초, 国家가 萨迦寺, 布达拉宫, 罗布林卡를 西藏自治区 '三大重点文物保护维修工程'으로 삼아 전면적인 복원잡업을 벌렸다. 서기 2005년-서기 2007년 陕西省考古研究所와 西藏文物保护研究所가 합작으로 萨迦北寺遗址의 발굴조사를 하였다.

萨迦北寺는 仲曲河 北岸에 지어졌고 일찍이 古绒森吉呀尔布颇章, 森康宁巴(旧宫殿), 努·曲美增卡典曲颇章(胜乐宫殿), 细脱格笔玛(细脱措钦大殿), 乌孜宁玛祖拉康, 乌孜萨玛朗达古松殿, 德却颇章(또는 "德确颇章"), 朗杰拉康, 都康拉康, 玉妥拉康, 夏珠拉康 등 중요 건축물과 细脱拉章, 都让拉章, 仁钦岗拉章, 甘丹拉章, 苏康拉章, 仲琼拉章, 扎木且拉章, 堆敦塔, 灵塔群, 尼达拉章, 夏旦拉章 등의 부속 건물도 있었다. 萨迦北寺는 文化大革命 때 파괴가 심했고 文物이 흩어졌으나 서기 21세기 초 森康宁巴는 높이 3층으로 이미 복원되었다. 四大拉章 중 三座가 萨迦北寺에 분포되어 있는데 그들은 细脱拉章, 仁钦岗拉章, 都却拉章이다.

萨迦南寺는 仲曲河의 南岸 玛永扎玛 平坝 위에 위치한다. 서기 1268년 萨迦第一任本钦 释迦桑布이 八思巴의 뜻을 받들어 杰日拉康을 범본으로 삼아 拉康大殿을 설계하고 후일 역임하는 萨迦本钦("乌思藏本钦", 元朝萨迦政权의 首席行政长官)들이 확장하였는데 第九任本钦 阿伦의 직무기간에 萨迦寺의 建筑工程을 완전히 끝냈다. 萨迦南寺의 平面은 方形으로 东西 길이 214m, 南北 폭 210m, 전체 면적 44,940

㎡이다. 건축물은 汉, 印, 西藏의 풍격을 지니고 전체 요새와 같은 城의 모습을 본 땄다. 拉康钦莫大殿의 内城墙의 폭은 3m, 높이 8m, 内城墙의 四角에는 3-4층 높이의 角楼(방어용 碉樓)가 있고 内城墙 四面 가운데 敌楼(敌台, 또는 馬面)가 세워졌다. 内城 벽의 南, 北, 西三面에 성문이 없으며 오직 东面 한가운데에 城门이 있다. 外城墙은 "羊马城"으로 부르며 "回"形土筑城墙이다. 外城墙의 北面에는 仲曲河가 흐르고 东, 西, 南 三面의 성벽 밖으로 垓字를 둘렀는데 폭이 8m에 이른다. 서기 2005년~서기 2007년의 발굴 작업 중 萨迦南寺의 东面, 南面, 西面의 羊马墙 및 护城河 垓字, 东面의 두 개의 门址. 羊马城城墙 및 萨迦南寺内城의 4면에 나있는 护城河環壕를 조사하였는데 羊马城의 성벽은 内城墙의 共同 防御体系를 위해 护城河環壕 안쪽에 직접 세웠음을 알 수 있었다. 이곳의 중요한 건물은 门廊, 大经堂(40개의 기둥이 건물을 받치고 있으나 忽必烈柱, 野午柱, 猛虎柱, 墨血柱의 4柱가 유명함), 佛塔群, 拉康强, 普巴拉康, 次久拉康, 格尼拉康, 喇嘛拉康, 薛札拉康, 拉康拉章, 卓玛拉康, 拉康孜贡康, 拉康钦莫大殿(Assembly Hall)의 1층 大經堂 뒤 石壁에 길이 60m, 높이 10m로 만들어진 經書墙에는 인도의 貝陀羅樹葉에 쓴 貝葉經을 비롯한 세계 최대의 大藏經, 천문, 지리, 의학서적, 백과사전인 '布德甲龙馬' 경전, 2층의 釋迦牟尼가 살던 壇城(曼荼羅)을 묘사한 元代 壁畵와 라마교 의식인 法螺로 이용하는 海螺), 欧东仁增拉康 등이다. 海螺는 인도의 석가모니가 사용했다고 전해진 것으로 古印度 왕국을 거쳐 忽必烈에게 전달된 것을 다시 이 절에 하사한 것으로 萨迦南寺의 최고의 보물이다. 이곳에는 經書, 瓷器, 佛像, 壁制祭紅釉高足碗 등은 萨迦南寺의 보물급 소장품이다.

또 다른 중요한 보물로서 서기 2008년 8월 8일부터 24일까지 중화인

민공화국 베이징에서 열린 제29회 하계 올림픽대회 때 첫 선을 보인 明
宣德(서기 1426년-서기 1435년, 明朝 第五皇帝 明 宣宗)年製의 萨迦南
寺宣德五彩蓮池鴛鴦紋高足碗(明青花五彩蓮池鴛鴦紋高足碗, 또는 靑
花五彩高足碗)를 들 수 있다. 이 자기는 薩迦寺 소장품으로 江西省 景
德鎭官窯에서 만들어진 것으로 높이 11.5㎝, 口徑 17㎝, 碗口 口沿의
內側에 돌아가면서 16字의 靑花藏文吉祥經(晝吉祥, 夜吉祥 晝夜吉祥)
이 쓰여 있는데 字體工整, 美, 裝飾效果는 매우 아름답고 우수하다. 外
壁 口沿 上腹部에 靑花雲龙紋을 돌리고 있으며, 上下에 靑花弦紋三道
의 문양을 공유하고 있다. 五彩란 靑花白磁(blue & white porcelain)
의 푸른색과 흰색 이외에 紅, 綠, 黃의 3色을 가한 것이다. 明 天啓(서
기 1621년-서기 1627년)년간에 발행된《博物要覽典》에는 "宣窯五彩
深厚堆垜"라고 언급하고 있다. 서기 2007년 12월에 出版된《中国文物
鑑賞大系》一書인《中国陶瓷鑑賞図典》에서 薩迦寺宣德青花五彩器에
대해 언급하고 있는데 "此器是目前所發現燒造年代最早, 保存最完好的
宣德青花五彩器, 国内僅見兩件, 極為珍貴"로 이 자기가 宣德青花五彩
碗의 가장 권위 있는 것으로 인정하고 있다. 또 이는 明 朝廷의 官窯에
서 西藏 薩迦寺에 보낸 賞賜品으로 특별히 구워낸 것이며 그릇의 마모
정도로 볼 때 누군가에 의해 장기간 사용되었음을 알 수 있고 또 이는
明朝 中央政府와 西藏地方과의 관계를 알려주는 실물증거가 된다.

五彩는 斗彩(鬥彩, contrasting colours, joined colours, doucai)
로 '豆彩', '逗彩', '塡彩'로 불리는데 釉下의 靑花와 釉上의 彩相이 결
합하는 일종의 彩色瓷器裝飾工藝를 말한다. 초벌구이 때 靑花/青华를
입히고 그 후 3색의 색채를 입혀 低溫에서 二次燒成을 한다. 明代에는
'斗'의 이름이 없었기 때문에 '五彩'란 용어를 사용했다. 宣德 年間에는
鬥彩의 萌發期로 西藏 薩迦寺 소장의 有明宣宗御賜品인 '靑花五彩蓮

池鴛鴦紋碗'(現 藏西藏博物館 소장)은 鴛鴦의 그림이 青花와 五彩技法이 결합한 것으로 鬥彩의 的萌發期로 그 다음 正統, 景泰, 天順 三朝의 空白期를 거쳐 成化 年间에 최고도로 발전한다.

이러한 관계는 南宋(서기 1127년 6월 12일–서기 1279년 3월 19일)의 마지막 황제인 恭宗 赵㬎(xiǎn, 서기 1271년 7월 2일–서기 1323년 5월, 宋恭帝로 불리며 南宋 第七位皇帝로 서기 1274년 8월 12일–서기 1276년 2월 4일 在位)과 萨迦寺와의 관계에서 비롯된다. 그는 宋 度宗의 둘째아들로 全皇后 소생으로 宋 端宗 赵昰의 동생이며 宋 怀宗 赵昺의 형이다. 즉위 전 嘉国公, 左卫上将军 등으로 봉해졌다. 宋 端宗이 尊号를 孝恭懿圣皇帝로 추존하고 蒙古人의 谥号는 恭皇帝, 원나라 말기 홍건적의 지도자 韩林儿(서기 1340년–서기 1366년) 그를 谥号法宗章文敬武睿孝皇帝로 추존하였다. 咸淳 10년(서기 1274년) 度宗이 붕어하자 즉위했는데 나이가 4살로 너무 어렸기 때문에 太皇太后 謝太后(谢道清)가 臨朝하여 정치에 참여했다.

德祐 元年(서기 1275년) 원나라 장수 바얀(伯顔)이 남송을 침공해 賈似道의 군대가 蕪湖에서 궤멸 당해 장강 이북 땅을 모두 점령당했다. 文天祥을 右丞相으로 삼고 여러 차례 元나라에 사신을 보내 화의를 요청했지만 거부당했다. 德祐 2년(서기 1276년) 1월에 원나라에 항복하였고 3월에 伯顔이 장강을 건너 수도 臨安(현 浙江省 杭州)을 함락당했다. 서기 1279년 2월 5일(3월 19일) 临安皇城 안에서 항복의식을 거행하고 宋恭帝는 퇴위를 선포하였다. 남송의 황족들을 비롯해 포로로 북쪽에 끌려간 뒤 그는 瀛国公으로 강등되었고 그는 19세에 土番 즉 西藏 喇嘛庙(新疆 尼勒克县城)로 출가하여 法号는 '合尊'로 合尊法師이었다. 藏文의 翻译家로 활약하고 萨迦寺의 总持를 맡으면서 薩迦寺와 인연을 맺었다. "至治三年四月, 赐瀛国公合尊死于河西 诏僧儒金书藏经"라는 기록

과 같이 至治 3년(서기 1323)년 4월 元 英宗에 의해 賜死를 당했는데 西藏에 거주한 이래 35년이 지났으며 享年 53세였다. 그는 萨迦南寺 소장의《百法明门论》,《因明入正理论》의 번역서를 내기도 하였다.

해발 4,000m 히말라야산맥(喜馬拉雅山脈) 阿里地区 普兰县 科迦村의 科迦寺는 서기 996년 大译师 仁钦桑布(서기 959년–서기 1055년)에 의해 창건된 萨迦派寺院으로 科迦는 系藏语로 '定居'의 의미를 지닌다. 이 절은 명성이 높아 阿里地区의 札达, 噶尔等县과 네팔(尼泊尔)에서도 신도가 모여 든다. '文革' 기간에 寺院文物 특히 建筑, 殿内塑像, 壁画 등의 파괴가 심했다 서기 20세기 80년대 이후 복구가 계속되어 서기 2001년 6월 25일 科迦寺는 서기 996에 세워진 강시의 모든 建筑物을 복원하고 国务院에 의해 全国重点文物保护单位로 지정되었다. 科迦寺의 중요 建筑은 觉康과 百柱殿 两殿의 'L'자형 伽藍配置에 있다. 觉康은 절의 南部에 있어 북쪽을 향하고 百柱殿은 절의 西部에 위치해 동쪽을 향한다. 两殿 앞에는 넓지 않은 广场이 있고 광장의 중앙에는 우물, 높은 塔钦(大金, 塔青)과 香炉가, 广场의 四周 담 벽 위의 墙廊에는 벽화와 회전하는 경전인 마니꼬르(玛尼筒, 玛尼筒)가 설치되어 있어 민간인들의 宗教活动을 도와준다. 사찰 건축 주위에는 经道가 있다. 觉康의 23.5m 높이의 銀製 文殊菩薩像, 서기 15세기–서기 16세기에 제작된의 百柱殿의 벽화가 잘 알려져 있다.

阿里지구 普兰县 古宫寺는 속칭 悬空寺로 北魏 때부터 만들어지기 시작한 잘 알려진 山西省 大同市 浑源县의 悬空寺와 같은 명칭을 갖고 있다. 清藏高原 중 岩石, 土林과 雪山 三個로 둘러싸인 日土, 古格과 푸란의 세 곳 중에서 이 절은 히말라야(喜馬拉雅) 西段 普兰县 多油乡 山

口에서 72㎞ 떨어진 兰批雅 孔雀河 부근에 위치한다. 절은 높이 30m에 위치하며 길이 23.4m의 폭에 20개의 천연동굴인 岩穴을 이용하여 杜康殿, 經堂, 修養殿 등을 조성하고 있다.《阿里史話》에 의하면 吐蕃国왕조는 초대 네치짼뽀(聶赤赞普, gNya'-khri bTsan-po) 왕으로부터 서기 842년 살해되는 마지막 42대 랑데르마(Lang Darma, 贊普 朗達瑪)의 重孫이며 吐蕃末代王인 孫吉德尼瑪袞가 阿里로 도망 와서 이 절을 창건하였다고 한다. 그때의 수도는 噶爾县 扎西崗 부근이었다. 그러나 이곳이 너무 추워 都城을 辜卡尼松城堡(후일 普兰王의 夏宮)으로 옮겼다. 그러나 남아있는 벽화와 바위에 구멍을 내 나무支柱를 박고 그위에 판자를 얹은 棧橋로 보면 서기 16세기에 창건되었던 것으로 추정된다. 五世 達賴 時期에 라다크(拉達克, Ladakh)인들을 축출한 阿里의 전투 이후 서기 1841년(道光 21년) 阿里軍民이 카시미르(克什米尔)의 森巴部落入의 침입을 막기 위해 격렬한 전투를 치루었는데 이를 森巴戰爭 또는 中国-锡克战争이라 한다. 이 전쟁 이후 拉達克는 英国의 屬地로 되었다. 그리고 이곳에는 당시부터 내려오는 珊瑚, 蜜납, 綠松石(터키옥, turquoise, 土耳其石, 土耳其玉), 금·은과 瑪瑙로 장식한 石鏈, 头飾, 腰帶, 披肩(wrap, cape, shawl), 項鏈과 양모로 만든 藏袍를 포함한 7겹, 모두 10㎏ 무게의 普兰傳統服飾(또는 孔雀服飾, 飛天服飾이라 함)이 눈에 띠며 이들 중 대표적인 것은 普兰文物管理所에 보관되어 있다. 이는 普兰县에 내려오는 洛桑王子와 雍卓拉母의 전설에 기인한다고 한다. 이곳은 인도, 네팔과 양모, 보석과 麝香(사향)을 교역하였던 곳으로 알려졌다.

서기 2005년 阿里地区 葛尔县 冈底斯山 以南 약 75㎞ 떨어진 면적 10여 만㎢ 古如江寺(古入江寺) 문전에서 발견된 遺址에서 汉-東晉시기의 고분(石槨墳) 1,800여 기가 확인되었는데 서기 2008년의 발굴에서 黃金面具(길이 3.2cm), 隷書의 王侯라는 글자가 보이는 丝绸织绵(王侯織綿), 木案, 찻잎덩어리(湖南省 長沙 馬王堆, 陝西省 西安 陽陵에서 출토한 것과 유사한 茶葉殘块)가 발견되고 찻잎의 방사성탄소연대가 지금으로부터 1700년 전 샹슝국[象雄国, 慧超의 《往五天竺国傳》의 羊同国으로 전성기에는 군대가 9만 명이 상주해 있었다]의 얄룽 왕조(嘎朗王朝)의 유적 다시 말해 古代象雄遺址 또는 象雄王国遺址임이 확인되었다. 이들은 古如江寺의 소장이다. 그중 黃金面具는 북인도와 네팔과의 교역에 의해 생겨난 것으로 阿里지구는 당시 丝绸之路의 중심이었다. 근처의 최근의 고고학 성과로는 120여 개의 古建筑遺迹이 확인되고 그 안에서 대량의 陶器, 石器, 铁器, 骨雕 등이 발견되었다. 또 噶尔县 门士乡 卡尔东城에는 西藏传说 중의 象雄都城址인 穹窿银城도 확인된다. 그래서 이곳을 '神鸟的山谷'이라고도 한다. 穹窿银城 안에서는 聚落이 있었고 또 대량의 牛, 羊 등의 动物骨骸가 확인되어 동물을 犧牲하여 祭祀宗教祭祀의 习俗도 있었다고 추정된다. 이 古代遺迹 주위에는 다음 시기 불교의 전래 후의 佛塔같은 佛跡이 산재하며 불교의 기원으로 추정되는 青铜双面神像도 출토한 바 있다. 이 유적은 海拔 4,400m의 卡尔东 山顶의 면적 10여 만㎡로 서기 2012년 6월-8월 中国社会科学院考古研究所와 西藏自治区文物保护研究所가 합동으로 "穹窿银城" 및 古如江유적을 시굴한 바 있다.

히말라야산맥(喜馬拉雅山脈)과 얄룽창포강(雅魯藏布江, Yarlung Tsangpo) 옆에 자리하고 있는 西藏 르카쩌 또는 시가체(日喀則)市 江孜县 宗山의 白居寺는 라싸(拉萨) 포탈라궁(布達拉宮), 日喀則市 日喀則地区 萨迦县 本波山의 萨迦寺와 같이 西藏三大藝術寶庫로 불린다. 西藏 日喀則市의 喜马拉雅山 산맥의 자락을 자카르타["杰卡尔孜, 약

칭 杰孜(江孜)"]로 부르는데 그 뜻은 "至高无上的王宫"이다. 杰卡尔孜에 세워진 白居寺는 城堡, 紅色城壁을 가진 요새와 같이 지어진 절로서 그 안에 措欽大殿과 白居塔이 유명하다. 措欽大殿은 佛堂과 僧房과 같은 대규모의 집회장소로 서기 1042년 구거(Guge, 古格王国, 藏区王国)왕국으로 초대받은 印度高僧 디팡가라 아띠샤(Atisha, 阿底峽, 서기 980년-서기 1054년, 서기 982년-서기 1054년, 阿提沙, 阿帝夏로 부르며 원명는 月藏 法號는 燃燈吉祥智이다)는 서기 746년 11월 15일 티베트에 온 것으로 알려진 파키스탄 태생의 인도승인 빠드마 삼바바(Pad-masambhava)인 蓮华生, 格鲁派(黃帽派)의 창시자인 宗喀巴, 千手天眼觀音像 등의 泥塑像들이 안치되어 있다. 白居塔은 江孜县의 귀족 熱丹袞桑舶와 克珠杰이 힘을 합쳐 근처 日喀則 拉孜县의 覺囊寺塔을 범본으로 만든 것으로 흰색, 9층, 40m의 높이로 塔座, 塔瓶, 塔頂의 3부분으로 구성되어있다. 1-6층은 12角, 6층 이상은 원형으로 모두 108개의 문이 있다. 원형의 塔瓶에는 한 쌍의 눈(眼睛)의 浮彫가 있으며 그 주위는 輪廓으로 돌려져 있다. 이 탑은 네팔로부터 영향을 받은 것으로 되는데 이는 서기 642년 吐蕃国의 토번왕조 33대 송쩬감뽀 왕(서기 617년?-서기 650년)이 唐 太宗(서기 627년-서기 649년)년간 서기 641년 예부상서 강하왕 李道宗의 딸 文成公主(서기 623년?-서기 680년 11월 1일)와 네팔(Nepal, 尼泊尔)의 尺尊公主(?-서기 649년, "拜木萨尺尊", 赤尊公主, 赤真公主, 赤贞公主, 墀尊公主 등의 별칭이 있음)를 부인으로 맞아들이고 있어 그녀와 함께 온 네팔의 건축양식의 영향을 받은 것은 당연하다. 이 안에는 神龕, 經堂, 佛殿 등 77間이 있고 각 벽에는 三世诸佛과 一切众生의 어머니상인 度母像, 菩薩像, 護法像, 癫汉, 曼荼羅, 唐卡 등 명나라 초의 9,800폭의 벽화로 가득하다. 그래서 《汉藏史集》에서 白居寺에는 조소, 벽화 등 10만 점이 있어 '塔中有寺 寺中有

塔', '十萬佛塔' 이라고 하였다. 탑 위 4면에 8개의 문이 있으며 각 문 위에는 飛龙, 跑獅, 走象 등으로 장식하였다. 이 탑은 회화, 조소, 건축예술의 총체로 서장 최고의 탑 '西藏塔王'으로 불린다. 이 벽화들은 서기 2017년을 기준으로 하면 藏曆 6월 14일(서기 2017년 8월 6일)에 거행하는 西藏 江孜地区 藏族傳統節目인 江孜達瑪節과 区藏族人民의 传统宗教节로 藏历二月初(四月中旬 혹은 六月中旬)에 거행하며 그때 唐卡를 내다거는 晒佛節과 관련이 있으며 현재 白居寺에 '巨幅宗喀巴堆綉唐卡'와 藏戲服飾'이 소장되어 있는 것도 이와 무관하지 않다.

唐 太宗(서기 627년-서기 649년) 時 百济(서기 660년)와 高句麗(서기 668년)가 羅唐聯合軍에 의해 멸망당한 이후 포로로 잡혀와 外人部隊격인 團結兵으로 당나라에 배치되어 당나라를 위해 아프칸(小勃律, Gilgit), 파키스탄(大勃律, Scarado, 서기 735년)까지 가서 싸운 高仙芝 장군을 비롯하여 黑齒常之 장군 등이 한국과의 구체적 관계를 보여준다. 高仙芝 장군은 서기 751년 7월 Talas(怛罗斯) 전투에서 패전하고 서기 755년 2월에 斬首당하였다. 그리고 불교를 통한 우리나라와의 관계도 볼 수 있다. 고려시대의 불교유물인 海州 陀羅尼石幢(북한문화재 국보유적 82호), 光州 十信寺址 梵字碑(大佛頂尊勝陀羅尼碑: 석존이 사위국의 祇樹給孤獨园/祇园精舍에 있으면서 善住天子를 위하여 재난을 덜고 오래살 수 있는 묘법으로 독송하기를 권한 경), 敬天寺 10층 石塔(국보 제86호), 미륵사가 위치한 月岳山 국립공원 관리사무소 구내의 多羅尼碑片(제천시 한수면 송계리 693-1 월광사 입구에서 출토), 서울 圓覺寺 10층 석탑(국보 제2호)과 昌庆宮 내 春塘池 옆 팔각칠층석탑(보물 제1119호) 등은 元(서기 1271년-서기 1368년)나라의 티베트 불교에 의해 전해져온 것으로 볼 수 있다. 이는 몽고족의 高麗侵入 때 영향

2016年西藏节日对照表

藏历节日	藏历日期	公历对照	节日区域
火猴年藏历新年	藏历一月初一	2月 9日	西藏全区
酥油花灯节	藏历一月十五	2月22日	拉萨大昭寺
楚布寺跳神节	藏历四月十一	5月17日	西藏全区
萨嘎达瓦节	藏历四月十五	5月21日	四什伦布寺
直贡寺跳神节	藏历四月廿四	6月 1日	拉萨
日喀则展佛节	藏历五月十四	6月20日	日喀则扎什伦布寺
烧香节	藏历五月十五	6月21日	西藏全区
朝山节	藏历六月初四	7月 8日	西藏全区
甘丹寺展佛节	藏历六月初九	7月13日	甘丹寺
雪顿节	藏历七月初一	8月 5日	拉萨
沐浴节	藏历七月初八	8月13日	西藏全区
佛祖天降节	藏历九月廿二	10月22日	西藏全区
工布新年	藏历十月初一	11月 1日	林芝, 普兰
吉祥天姆日(仙女节)	藏历十月十五	11月16日	拉萨
燃灯节	藏历十月廿五	11月26日	拉萨

2017年西藏节日对照表

藏历节日	藏历日期	公历对照	节日区域
藏历新年	藏历一月初一	2月27日	西藏全区
日喀则展佛节	藏历五月十四	7月 8日	四什伦布寺
林卡节	藏历五月十五	7月 9日	拉萨
朝山节	藏历六月初四	7月27日	西藏全区

甘丹寺展佛	藏历六月初九	8月 1日	甘丹寺
江孜达玛节	藏历六月十四	8月 6日	江孜
雪顿节	藏历七月初一	8月22日	拉萨
神降节	藏历七月廿二	11月10日	西藏全区
工布节	藏历十月初一	11月19日	林芝, 普兰
仙女节	藏年十月十五	12月 3日	拉萨
燃灯节	藏年十月廿五	12月12日	拉萨

을 주었던 것으로 보인다. 이는 元의 8대 順帝(惠宗, 서기 1333년-서기 1367년)의 제2황후이며 황태자 愛猷識里達獵의 어머니인 高麗여인 奇皇后(奇子敖의 딸)의 영향도 있었던 것으로 생각된다.

구거 왕국 또는 구게왕국(Guge, 古格王国, 藏区王国)은 西藏 阿里 地区의 해발 4,500m의 札達(치다. 托林) 근처 扎布讓(차파랑, 阿里土林)에 위치해 있으며. 서기 10세기경-서기 1635년 사이에 존재하였다. 서기 838년 吐蕃王朝末 정변이 나고 서기 843년 赞普(왕) 朗达玛가 僧人에 의해 살해된 후 吐蕃王朝가 붕괴되고 朗达玛의 아들인 维松과 云丹이 왕위쟁탈을 벌렸으나 维松의 아들 贝考赞이 노예폭동으로 죽고 贝考赞의 아들 吉德尼玛衮이 대세가 기운 것을 알고 阿里地区로 도망 와서 현지에서 아내를 맞아 나라를 세웠다. 吉德尼玛衮의 사후 王国은 삼분되었는데 长子 日巴衮은 西面의 麻域(拉达克 일대), 二子인 扎什德衮은 东南部의 布让(今 普兰县), 三子인 德祖衮(데쥬콘)은 象雄(今 扎达县)을 통치하였는데 이후 이를 古格王朝라 한다. 이 왕조는 维松→ 贝考赞→ 吉德尼玛衮→ 1대 德尊贡→ 2대 松额(송례, 라마마 에 세외)→ 3대 柯热→ 4대 拉德(라데)→ 5대 沃德(위데)→ 6대 则德→ 7 대 巴德→ 8대 纳格德(以上 阿里王统世系)[17]→ 8대 亚隆觉阿世系의 扎

17) 朗达玛의 아들인 维松→ 贝考赞→ 吉德尼玛衮→ 德尊贡(1대 古格王朝의 왕)로 이어지는 维松世系(世家)는 다음과 같다. 维松서기 842년(唐武宗会昌二年)–서 기 905년(唐哀宗天佑二年), 朗达玛侧妃所生의 遗腹子, 被韦氏家族拥立为赞普, 据 亚隆琼结一带约如地区, 建立小王廷, 在位二十三年. 弑于臣, 生子贝考赞. 在位期 间, 在政教方面的业绩概括起来为, 4岁时阻止了父王开始的灭佛活动, 5岁时在神 像前立誓皈依佛门, 供奉三宝, 七八岁时西藏东境和北界一些地方被唐朝军队收复, 26岁时发生平民反叛(公元 869年), 34岁时发生掘墓(서기 877년), 36时佛教在朵康 地区有所复燃. 贝考赞？–서기 923년(后梁末帝龙德三年, 后唐庄宗同光元年), 维 松子, 父弑于臣后逃至后藏日喀则一带建立政权, 后被平民起义军所杀. 长妻生子 吉德尼玛衮, 次妻生子扎西孜巴贝, 他们二人统治的地区大部分被云丹的后裔夺取, 所以逃至阿里. 又说, 其执政的第十一年, 公元 895年, 藏历木兔年, 唐昭宗乾宁二 年, 被农民起义军首领苏布. 达则聂所杀. 古格王统. 亚泽王统世系吉德尼玛衮贝考 赞嫡子, 父亡后逃至阿里普兰地区, 与当地贵族联姻生有三子, 长子白季贡, 占据孟 域(今扎达县以西一带地区), 分出拉达克王统世系; 次子扎西贡, 占据布让(今普兰 县境); 幼子德尊贡, 占据象雄(扎达县境), 分出古格王统世系. 此三子号称"上部三 贡", "上部"即指阿里地区, 因为是小邦土王, 故称为贡, 贡为救主之意. ① 德尊贡吉 德尼玛衮幼子, 第一代古格王, 生有二子, 柯热, 松额. ② 松额德尊贡次子, 先继位, 并生有二子, 那噶惹扎, 德哇热扎. 后出家, 称为天喇嘛. 意希沃, 서기 996년, 藏历 火猴年, 宋太宗至道二年, 修建了托林寺, 为后弘期上路宏传的主要道场. 派遣译师 仁钦桑布, 俄. 勒比喜饶等往天竺学法, 后来二人翻译了许多佛经, 为佛教在西藏的 重新兴盛作出了重大贡献, 后人分别称他们为洛钦(即大译师)和洛穹(即小译师). 他 本人后来也亲自前往天竺迎取高僧, 可惜在途中被一小国所虏, 该国索要等身重量 的黄金做为赎金, 天喇嘛, 绛曲沃所携不足, 意希沃便要求绛曲沃不必费心, 与其以 财救人不如往天竺以来高僧, 绛曲沃乃从其言, 意希沃逐被杀. ③ 柯热德尊贡长子, 继位于松额, 生子拉德. 曾迎请班智达. 苏波希与麦汝二人. ④ 拉德松额之子, 生有 三子, 普拉. 希瓦沃, 天喇嘛. 绛曲沃(原名扎西沃, 出家后改名, 朗达玛八世孙), 沃 德. 서기 1042년, 藏历第一饶迥水马年, 北宋仁宗庆历二年, 天喇嘛. 绛曲沃迎取天 竺高僧阿底峡来到阿里, 使佛法得以在阿里弘扬, 并由阿里传到卫藏, 佛法又在卫 藏重光. 两位天喇嘛功不可没, 后世佛教徒尊其为佛教大施主. ⑤ 沃德, 生子则德.

⑥ 则德, 生子巴德. ⑦ 巴德, 之后有札喜德, 巴热, 纳格德德等, 分别统治古格, 布让, 孟域等地. 此以上为阿里王统世系. ⑧ 纳格德巴德幼子, 生子赞劫德, 往亚泽为王, 后让位与礼喜德. 自此以下为亚泽王统的世系. 礼喜德, 生子扎赞德. 扎赞德, 生子札巴德. 札巴德, 生子阿若德. 阿若德, 生子阿所德. 阿所德, 生有二子, 孜达美, 阿伦达美. 阿伦达美, 生子日鲁美. 日鲁美, 生有二子, 桑格美, 孜塔美. 拉萨觉阿宝像头顶建造一黄金顶盖. 孜塔美, 生子阿哲美. 阿哲美, 生子噶伦美. 噶伦美, 生子巴底美. 布尼美, 巴底美绝嗣, 乃由布让迎安达. 索南德来亚泽继承王位, 改名为布尼美. 亚泽世系绝. 布尼美, 生子孜底美, 与其家臣白丹札二人共为拉萨十一面尊像建造一黄金顶盖. 亚隆觉阿世系 ⑨ 扎西孜巴贝贝考赞庶子, 吉德尼玛衮之兄, 父亡后, 占据江孜建立政权, 生有三子, 巴德, 沃德, 基德, 此三子号称"下部三德", "下部"指卫藏地区, 是拉堆巴, 亚隆觉阿世系之始.

巴德的后裔直到思波充波之间, 有考贡塘巴, 鲁甲瓦, 基巴拉孜瓦, 朗隆, 尊柯瓦等. 基德, 生有六子, 散处于后藏各地. 沃德, 生有四子, 帕巴德斯, 赤德, 赤穹, 聂德, 其中赤穹为亚隆觉阿世系的祖宗. ⑩ 赤穹沃德三子, 维松五世孙, 亚隆觉阿世系的祖宗, 生子沃结巴. 至亚隆, 建琼安达孜宫. 由于仅据亚隆一地, 故不称赞普而称觉阿, "觉阿"即主公之意. 沃结巴, 生有七子, 长子为向吉. 查赤巴, 余为赞普六弟兄, 分别为拉坚(无后), 俞坚(由此即有亚隆觉阿), 达与(无后), 伦波(无后), 沃德, 贡赞. 向吉. 查赤巴, 生有六子, 拉木瓦, 琼安瓦顿喀瓦, 唐柯巴等, 发展出了良俞托之世系. ⑪ 俞坚沃结巴之子, 赤穹之孙, 生子觉噶. 首任亚隆觉阿. 觉噶, 生有三子, 长子甲萨拉钦(修建中萨寺, 故得名), 次子拉希瓦(出家), 幼子赤达马祖德. 赤达马祖德, 生有四子, 祖德(无后), 赤祖, 觉阿南交, 觉阿门朗(出家, 建布谷森康噶布寺). 赤祖, 生子赤赞. 赤赞, 生子夏喀赤. 夏喀赤, 生子拉赤. 觉阿南交, 生有三子, 长子觉巴, 次子拉钦布(서기 1158년-서기 1232년), 幼子拉昂雪巴(出家). 觉巴, 生有五子, 觉阿. 释迦贡布, 拉. 卓卫贡布(서기 1186년-서기 1259년), 德波, 德穹(被杀, 无后), 觉杰(继位). 觉阿. 释迦贡布, 生子觉阿. 释迦扎西. 觉阿. 释迦扎西, 서기 1250년-서기 1286년, 生有二子, 长子拉. 札喀巴, 幼子安达. 札巴仁钦, 曾任八思巴的侍者, 至内地受元世祖浩封. 安达. 札巴仁钦, 生有三子, 长子洛朱沃, 次子安达. 释迦贡布, 幼子拉尊. 楚称桑布(出家, 著有《亚隆觉阿王统史)德波, 生子觉阿. 释迦杰. 觉阿. 释迦杰, 生子觉阿·释迦白(出家). 觉杰, 生子觉八. 觉八, 生有二子, 长子拉. 索康巴(서기 1277년-서기 1381년), 幼子拉充波巴

또 阿里(古格)(846-1200): 安达沃松 → 吉巴克赞 → 基德尼玛贡 → 德尊贡 → 柯热

西孜巴贝→ 9대 扎西孜巴贝→ 10대 赤穹→ 11대 俞坚→ 12대 索朗伦珠.扎西衮→ 13대 吉旦旺久→ 14대 扎西贡→ 15대 赤扎巴扎西→ 16대 죠닥포(赤扎西巴德) 왕으로 이어진다. 서기 1042년 구거 왕국으로 초대받은 印度高僧 디팡가라 아띠샤(Atisha, 阿底峽, 서기 980년-서기 1054년, "上路弘法"으로 언급)로 인도에서 사라진 밀교의 전래를 통해 이곳 구거 왕국에서 다시 불교의 중흥을 이룬다. 扎布讓(차파랑)에 위치한 구거 왕국의 遺蹟은 18万㎡로 서기 1959년-서기 2001년 중국 당국에 의해서 여러 차례 조사되어 80층 마천루의 높이 위에 세워진 궁전[殿堂 2间 및 地下暗道 2条(상, 중, 하 3층으로 나누어진 宮殿]과 議事廳을 비롯한 房屋洞窟 300여 개의 방과 佛塔(高 10여 m) 3座, 寺庙 4座, 1,000여 개의 동굴을 四通八達로 이어지는 여러 비밀스런 暗道, 요새와 같은 성채, 미라화 한 머리 없는 시체를 매장한 동굴(400여 구가 발견됨; 마지막 왕인 조닥포와 왕족 그리고 귀족들의 일가족의 무덤으로 여겨짐), 각종 무기와 갑옷이 저장된 兵器庫, 스투레지 강(札达象泉河, 藏语로는 朗钦藏布, 象泉河, Xianquanhe river)의 물을 끌어들여 식수를 해결하고 저장한 水庫와 식량창고의 흔적, 古岩畵, 壁畵, 彩畵와 塑造 등이 확인되었다. 古格王国은 스투레지 강가 금광에서 나오는 풍부한 砂金, 소금과 羊毛제품(洋絨)으로 네팔-인도를 잇는 누브라 계곡을 중심으로 교역을 하였다. 그리고 멀리 티베트의 瀾滄江 소금계곡의 鹽井(옌징, 현재 西藏 昌都地区 芒康県 納西民族乡 上鹽井村의 納西族이 운영)에서 나오는 紅鹽과 白鹽, 四川과 云南省 普洱市의 普洱茶·康磚茶를 포함한 교역루트인 茶馬古道의 古鎭[湖南省 臨湘市 聶市

→ 仲颜→ 沃德→ 哲德→ 坝德→ 赞德→ 巴德→ 札喜德→ 巴热→ 纳格德→ 赤扎西旺久→ 叶班贡德→ 索朗伦珠. 扎西衮→ 吉旦旺久→ 扎西贡→ 赤扎巴扎西→ 赤扎西查巴德으로 표기하기도 한다.

鎮에서 磚茶의 黑茶가 만들어져 茶馬古道의 시작으로 봄→ 湖南省 安化→ 云南省 易武→ 普洱→ 巍山(馬房老家→ 永平→ 大理市 洱源県 風羽鎮→ 미얀마/緬甸, 乘象国-아프카니스탄/阿富汗→ 인도/印度)→ 大理→ 喜洲→ 牛街→ 沙溪→ 麗江市 束河古鎮(木府/土司, 木氏家族, 納西族)→ 香格里拉의 獨克宗(현재 지진과 화재로 파괴된 건물들을 복구 중임→ 靑藏高原邊方 또는 西藏 昌都地区 芒康県 鹽井村→ 拉薩)→ 德欽→ 인도 라다크/印度 拉達克→ 부탄/不丹→ 네팔/尼泊尔]들을 경유하는 동아시아 貿易路의 중앙에 위치하여 무역을 바탕으로 번성하였다. 구거 왕국이 번성할 때는 인구가 2만 명, 승려가 2,000명 정도가 되기도 하였다. 불교의 중흥은 구거왕궁 紅殿의 仁欽桑布와 禮佛図 등의 벽화, 托林寺의 銀眼象嵌佛像, 阿底峡佛像 등으로 입증된다.

그리고 古格王国의 북서쪽 약 40㎞ 떨어진 西藏 阿里地区 札達県 皮央(Pyang)村의 東嘎(Donggar)遺址를 포함하는 남북 2㎞ 내의 土林 지대에서 약 200여 개의 建物群이 밀집해 있다. 이 중에서 제2의 돈황(敦煌, 燉煌)이라 불리 는 동굴사원, 寺廟와 古格王国의 夏宮이 포함된다. 東嘎遺址 안에는 1,550개의 石窟群이 있으며 이 중 20여 개에서 벽화가 확인된다. 석굴 중1호와 2호의 석굴(千佛殿)가 대표적인데 그 안에서 발견된 서기 11세기의 불화(壁畵)에서 북인도의 카시미르, 라다크, 페르시아(사자상), 돈황(飛天像)과 아프카니스탄 바미얀 석불(서기 2001년 3월 2일 탈레반에 의하여 파괴됨)과 고구려(末角藻井, 鬪八天障 또는 모줄임 天障) 등 유라시아를 포함한 여러 나라의 문화요소를 담고 있어 이곳이 정치, 경제와 문화의 중심지임이 확인된다. 1호의 비천상, 末角藻井 건축양식, 2호 남면의 108, 북면의 164 존상, 동서 308의 불·보살상들은 보존이 매우 양호하다. 그리고 불경을 모사한 경판도 잘 남아 있다.

구거 왕국이 망한 원인은 서기 1630년 마지막 16대 국왕인 조닥포

(古格王 赤扎西扎巴德, 赤·扎西巴登)왕과 그의 동생인 托林寺[투어린/
Tholing 사원]의 住持僧이며 동시 宗教領袖 겸 最高法王인 古格王 赤
扎西扎巴德의 동생 치다/扎达(또는 叔和王弟)와 죠닥포 왕의 叔祖拉
尊, 喇嘛僧 首领 洛桑益希欧 등 格鲁派僧人들과의 종교를 빙자한 권
력다툼에 의한 것이다. 다시 말해 구거 왕국의 멸망은 게룩파의 5대 라
마[法王]인 아왕 로상 가쵸(达赖罗桑嘉措, 서기 1617년-서기 1682년)
의 내정간섭을 불러오고 또 죠닥포 왕의 군사력에 맞서 서기 1633년 古
格王의 동생 치다/扎达가 인도 인도 캐시미르에 위치했던 라다크 왕국
[Ladakh/拉達克, 국왕 僧格南嘉, 僧格郎嘉, 森格郎吉, 서기 1595년-
서기 1645년, 잠무와 카시미르(Jammu와 Kashmir)주에 속하며 중심
지는 동쪽의 티베트와 서쪽의 캐시미르, 인도와 중국 사이에서 무역의
중요한 기착지인 해발 3,000m의 레/Leh이며 이곳에 서기 16세기에 지
어진 9층의 왕궁이 남아있음]에 구원군을 청해 불러일으킨 內亂으로 인
한 것이었다. 구거(古格)王이 라다크군에게 투항하지 않아 일가족은 몰
살되었다. 서기 1635년 구거왕국을 침입란 拉达克王 森格郎吉은 親征
후 그의 아들 因陀罗菩提南杰(Indara-bhoti-rnam-rgyal, 英达博蒂
郎吉)로 하여금 이곳 구거(古格)왕국에 파견해 통치하도록 하였다. 구
거왕국의 멸망 후 44년이 지나 라다크 전쟁(拉达克战争)이 발발하였다.
이는 서기 1679년(清 康熙18년) 5월28일 7월 7일-서기 1684년 봄 사이
에 일어났으며 게룩파의 5대 法王(达赖喇嘛)인 아왕 로상 가쵸(罗桑嘉
措), 그의 애제자 第巴桑结嘉措와 持教法王 达赖汗이 몽고지역의 噶丹
(噶尔丹, Galdan, 서기 1644년-서기 1697년) 和硕特汗国 泽旺으로 하
여금 蒙·藏연합군을 지휘·통솔하고 拉达克王에 반격을 가해 拉达克의
首都인 列城을 침입하였다. 그리고 拉达克王으로부터 구거와 日土 등
의 옛 지역을 반환받고 다시 称臣과 纳贡的制度를 유지한 것이었다. 전

쟁 장소는 현 西藏 阿里 印度河 上游, 扎西岗 附近의 荒原, 印控克什米尔 拉达克 列城 근교의 羌拉이며 참전국은 西藏 甘丹颇章 政权, 拉达克 王国, 和硕特汗国, 莫卧儿帝国이며 참전병은 蒙古骑兵 2,500人, 西藏兵 약 5,000여 명이었다.

제14대 달라이라마가 나온 게룩파는 종교의 지도자가 속세의 왕이 되어야 한다는 티베트불교의 한 파이고 따라서 죠닥포의 동생 투어린 사원의 주지승 치다/扎达도 불교를 장악해 형이 갖고 있던 왕권에 대한 도전장을 내밂으로써 형제 간의 알력이 심화했던 것이다. 이러한 멸망은 서기 1624년 8월 초와 서기 1625년 8월 이곳을 2차 방문하여 천주교를 적극 포교한 포르투갈 예수회(Jesuit) 신부인 안토니오 데 안드라데(António de Andrade, 安夺德神父, 安东尼奥·德尔·安德拉德 서기 1580년-서기 1634년 3월 19일, 葡萄牙耶穌会传教士)에 의해 알려지기도 하였다. 그가 죠닥포 왕에게 남기고 간 성경책은 권력다툼의 소용돌이 속에 희생으로 참수된 왕과 왕족들의 가면(death mask, 面具, 사자의 동굴에서 발견)의 재료로 쓰이기도 하였다.

서기 1635년 구거왕국의 멸망과 서기 1679년-서기 1684년 사이의 라다크 전쟁이 일어난 이 사건을 세계사적 측면에서 보면 인도 무갈 제국의 5대 샤 자한 왕과 아우랑제브 왕(Aurangzeb, 6대 서기 1658년-서기 1707년) 때로 추정된다. 무갈 제국은 바브르 왕(Baber/Babur, 1대 서기 1483년-서기 1530년), 후마윤(Humâyûn, 2대 서기 1530년-서기 1556년), 아크바르(Akbar, 3대 서기 1556년-서기 1605년), 자한기르(Jahangir, 4대 서기 1605년-서기 1627년)를 거쳐 5대 왕으로 등극한 샤 자한 왕으로 이어진다. 그리고 샤 자한 왕은 부인 뭄타즈[Mumtaz Mahal/아르주망 바누 베굼(Arjumand Banu Begum), 서기 1593년 4월-서기 1631년 6월 17일]의 영묘인 타지마할(Taj Mahal Mausoleum, 서기 1631년-서기 1645년에 축조)을 축조하느라 국가의 재정을 거의 탕진해 아들 아우랑제브 왕에 의해 아그라포트에 감금당한 후 8년 만에 사망하는 비운의 장본이기도 하다. 무갈 제국은 3대 아크바르 왕 당시는 오늘날의 아프카니스탄, 파키스탄, 네팔, 방글라데시와 미얀마를 아우르던 강대국이었다.

구거왕국 이전에 西藏 阿里地区를 중심으로 하는 샹슝국[象雄国, xang xung/zhang zhung, 慧超의 《往五天竺国傳》의 羊同国임]이 있었다. 이는 唐代史书에서 언급하던 "羊同"이었다. 象雄古国은 기원전 1500년에 세워져 西元 元年(西汉 孝平帝 元始 元年, 서기 1년)까지의 铁器时代에 존재했으며 서기 645년 吐蕃王朝의 33대 松赞干布에 의해 멸망하였다. 이때 전 藏族이 통일 되었다. 传说에 의하면 苯教(Bön/bon, 西藏의 本土宗教 苯教는 西藏의 原始샤만/萨满信仰의 변형으로 西藏历史上 가장 오래된 宗教임) 创始人 辛绕(興饒) 象雄国을 통일한 초대 君主라고 하며 吐蕃이 흥하면서 象雄은 衰落의 길을 걷고 末代国王인 李迷夏(lig mi rkya)가 松赞干布의 여동생인 赞蒙赛玛噶(sad mar gar)를 비로 삼아 双方이 同盟关係를 유지하였다고 한다. 다시 말해 서기 5세기 이전에 이미 象雄文이라는 文字와 自己语言를 가진 고도로 발달한 국가이었으며 국토는 西쪽으로 카시미르(克什米尔), 南으로 라타크(拉达克, 현 印度 북방 변경지대), 가운데는 西藏高原 大部地区, 北으로 青海高原, 东으로 四川盆地를 포함하는 당시 青藏高原에서 제일 빠른 文明中心이었다. 《册府元龟》에 의하면 이 나라는 '东女国'으로 칭하며 그의 군대도 한 때 89만 명이 되었다고 한다. 이는 서기 2005년 阿

里 噶尔县 도로변 무덤에서 출토한 '王, 候, 宜'라는 이름이 수놓아져 있는 汉나라의 비단조각(織綿), 서기 2016년 6월-9월 西藏 阿里 噶尔县 象泉河上游地区에서 발굴된 大型竪穴土坑墓葬에서 黄金面具 2점, 長方形木案, 茶叶(古入江寺 所藏, 연대는 1800-2000 B.P), 穹窿銀城과 鳥江岩畫, 그 외에 서기 2013년 昌都地区 察雅县 境内墓葬 3기, 서기 2016년 7월 裝饰品, 兵器, 人骨, 马骨 등이 출토한 日喀则地区 曲孜卡县 查务乡 森格龙村에서 발견된 蕃王朝时期의 大型古墓群, 山南 琼结县 宗山 西南方向 서기 7세기-서기 9세기 대에 축조된 吐蕃 赞普의 王陵墓群도 이러한 역사적 배경을 설명해준다.

티베트가 불교를 신봉하는 神政政治를 계속하는 한 린뽀체[活佛/tulku, 부탄에서는 투르크/Trulkus라고 함], 마니꼬르(마니차/mani-cha/manisha/manikor, 經桶/회전하는 경전, 우리나라에는 보물 제684호 경북 예천 龙門寺 輪藏台가 있다), 딴뜨라(Tantra, 金剛乘, 印度後期 密教의 聖典인 眞言密教의 다른 이름), 死者의 書(빠드마가 쓴 바르도 퇴톨 즉 埋葬經典이라 함, 38대 치송데짼 왕 때 만들어짐), 탕카(幀畵, 佛畵, 蔓茶羅, 須彌山図, 唐卡), 다루쪽(經幡旗), 念誦, 佛塔(초르텐/chorten, 마을의 이정표, cairn), 目黑天(시바 신의 일종, 딴뜨라), 옴마니반뫼훔(연꽃 속의 보석이여), 業障[카르마] 등의 단어는 계속 사용이 될 것이다. 앞으로 티베트가 중국의 통치하에서 벗어나 다시 법왕제를 실시하는 독립국으로 된다면 법왕 서열 1위 14대 법왕 로상텐진가쵸(달라이 라마, 达赖喇嘛), 2위 따시룬 사원 11대 법주 빤첸[班禅]라마, 3위 레팅 사원 7대 법주 쐐남푼꾹(서기 1997년 2세 때 즉위)의 순이 된다. 현재 법왕 로상텐진가쵸(달라이라마) 14세는 인도 다름살라(Dharmsala) 망명정부에서 티베트의 독립을 위해 노력 중이며, 미국의 영화배우 리차드 기어(Richard Gere)도 이를 물심양면으로 돕고 있다.

台湾(타이완)역사의 편년은 선사시대(-서기 1624년)→ 네덜란드(화란)점령시기(서기 1624년-서기 1662년)→ 스페인 점령시기(서기 1626년-서기 1642년)→ 東宁王国(the Kingdom of Tungning, 서기 1662년-서기 1683년)→ 淸나라(서기 1683년-서기 1895년)→ 대만민주국(서기 1895년)→ 일본 식민지배 시대(서기 1895년-서기 1945년)→ 台湾戰後時期(Republic of China, 서기 1945년 10월 25일-현재)로 구성된다. 대만의 선사시대는 섬 전체에서 여러 고고학적 유적이 발견되나 서기 1624년 네덜란드(화란)의 동인도회사가 들어오면서 끝난다. 인류가 살던 초기의 흔적은 낮은 대만해협(Taiwan Strait)으로 육지와 분리되던 30,000년-20,000년 전까지 거슬러 올라가며, 5,000년 전에는 중국본토에서 농경인들이 이주해 살았다. 이들은 대만에서부터 동남아, 마다가스카르와 태평양 넓은 지역에 퍼진 오스트로네시안 어족(The Austronesian languages, 南島語系)의 언어를 사용했으며 현재 대만의 원주민들이 그들의 후손으로 여겨진다. 台湾의 원주민은 高山族과 平埔族의 둘로 나뉘는데 이들은 전통적인 명칭으로는 高山族이라 한다. 여기에는 모두 14個 部族이 포함된다. 그중 傳統 9族이 包含되는 高山族에는 泰雅族, 阿美族, 布農族, 卑南族, 排湾族, 魯凱族, 鄒族, 賽夏族 및 兰嶼上의 達悟族(舊稱雅美族)이 있으며 근래 太魯閣族, 賽德克族은 泰雅族에서 분리되었고 撒奇萊雅族은 阿美族에서 갈라져 나왔다. 平埔族에는 有邵族과 噶瑪兰族이 있다. 이들 台湾原住民族은 南島語系에 속한다.

中华民国 台湾은 구석기시대후기 沖積世(Holocene) 때까지 본토와 連陸되어 본토의 동식물이 건너오게 되었다.

서기 1972년 台南 左鎭区 臭屈(Chouqu)와 岡子林(Gangzilin)의 菜寮溪(Cailiao River)에서 현생인류에 속하는 3개의 두개골편과 대구치 화석이 발견되었는데 그 연대는 30,000-20,000년 전에 속한다. 그래서 이 화석 인골은 左鎭人(Zuo zhen Man, 台湾陸橋人)으로 명명되었으나 여기에서 별다른 석기는 발견되지 않았다. 그리고 서기 2000년-서기 2005년 대만 連江県 馬祖列島 亮島에서 기원전 6370-6210년(7180±40 B.P, 1호 인골), 기원전 5480-5360년(6490±30 B.P, 2호 인골)의 인골도 발견되었다. 대만에서 가장 연대가

사진 23. 鳥居龙藏(とりいりゅうぞう, 서기 1870년 5월 4일-서기 1953년 1월 14일)가 서기 1896년경 처음 조사한 立石

올라가는 석기는 동남해안의 台東県 長濱文化(Changbin culture)의 礫石器(chipped-pebble tools)로 그 연대는 福建省에서 발견되는 이 시기의 유적들과 비슷한 15,000년에서 5,000년에 속한다. 台東県 長濱의 八仙洞 洞窟遺蹟은 서기 1968년에 처음 발굴·조사된 것으로 5,000년 전까지 존속했던 남쪽 끝의 鵝鑾鼻(Eluanbi) 유적과 비슷하다. 연대가 가장 올라가는 층위에서는 석기들이 나와 수렵과 채집의 생활을 영위했고, 연대가 늦은 층위에서는 석영제 석기를 비롯하여 뼈, 뿔, 조개 등으로 만든 도구들이 나와 어업과 패류의 채집에로의 경제가 바뀌고 있음을 알 수 있다. 서기 1980년대에 조사된 대만 서북쪽의 苗栗県의 網形文化[Wangxing culture: 長濱文化와는 달리 苗栗県 大湖郷 新

開村 網形과大湖, 苗栗県 卓兰鎮 西坪里 壢西坪 遺蹟의 후기 구석기 문화를 총칭하는 명칭으로 대만 서북지역 苗栗県 伯公龙 遺蹟(47,000년-8,250년 전)의 발굴은 刘益昌에 의해 網形文化로 명명됨]에서는 크기가 작아지고 세월이 지날수록 표준화된 소형 박편석기(flake tools)들이 나와 채집에서 사냥의 생활로 바뀌고 있음을 보여준다.

신석기시대는 오스트로네시안 어족(The Austronesian languages, 南島語系)이 澎湖(Penghu, Pénghú)섬을 포함하여 대만 내륙과 해안으로 급속도로 퍼져나가 기원전 4000년-기원전 3000년경 台北県 八里鄉 大坌坑文化와 서기 1964년-서기 1965년 미국 하바드 대학교 張光直교수가 發掘한 高雄県 林园鄉 鳳鼻头文化(新石器时代晚期文化, 最上層의 紅砂-灰砂陶文化는 Lungshanoid/용산식문화/龙山形成期의 晚期에 속함)와 같은 고고학 유적과 유물이 많이 나타난다. 台北 大坌坑 유적들은 繩文이 찍힌 토기(細繩紋紅陶文化, Fine Corded Red Ware Culture), 礫石器, 磨研된 자귀(有溝石斧), 초록색 粘板岩(slate)제의 화살촉과 같은 토착적인 문화요소를 가지고 있다. 이들은 쌀과 기장을 재배하고 사냥을 했을 뿐만 아니라 바닷가의 조개잡이와 어업에도 생계를 많이 의존하였다. 많은 학자들은 이 문화가 長濱文化에서 직접 파생된 것이 아니라 오늘날 오스트로네시안 어족인 대만의 원주민들이 대만해협을 건너와 형성된 것으로 보고 있다. 중국 본토에서 이들 문화의 조상이 직접 확인된 것은 아니나 현존하는 여러 가지의 고고학증거들은 본토의 문화와 계속 접촉을 했던 것으로 시사한다. 그 다음의 1,000여 년 동안 이러한 기술은 대만 남쪽으로 250km 떨어진 루존(Luzon)섬에서도 나타나는데 이들을 받아들인 루존섬 사람들도 오스트로네시안 어족(The Austronesian languages, 南島語系)이었을 것이다.

이러한 문화적 전파와 이주는 오스트로네시안 어족의 한 분파인 말라요-폴리네시안 어족(Malayo-Polynesian languages)을 형성하게 하였고 그 이후 마다가스카르(Madagascar), 하와이, 이스터섬(라파누이섬/Rapa Nui, Aku-aku 섬)과 뉴질랜드(New Zealand)까지 퍼져 나갔다. 이런 전파의 시발점이 대만이다. 대만 전역의 大坌坑문화의 후손들은 지역적으로 퍼져 문화적인 차이가 생기게 되었다. 繩文문양이 타날된 적색토기(細繩紋紅陶文化, Fine Corded Red Ware Culture)가 특징 있는 鳳鼻头文化는 섬의 서쪽인 澎湖와 대만의 중앙과 서남부지역에서도, 또 비슷한 토기를 가진 문화가 동쪽 해안가에서도 발견된다. 이것은 후일 대만 중앙지역의 牛罵头文化(彰化市)와 營埔文化, 서남부의 牛稠子文化와 大湖文化, 동남의 卑南文化, 중앙의 麒麟文化로 분화되어 나갔다. 북동쪽의 圓山文化는 자루를 결박하기 위한 중앙에 분리된 어깨가 있는 자귀(유구석부)와 細繩紋이 없는 토기의 존재가 이들과 밀접히 연결되지는 않고 아직은 그와 비슷한 유적이 발견되지 않았지만 중국 본토에서 이주해 왔을 가능성도 배제하지 않고 있다.

철기와 다른 금속유물들은 서력기원전후 대만에서 발견된다. 이들은 무역품으로 들어왔지만 서기 400년경 필립핀에서 소개된 塊鐵爐를 이용한 鍊鐵(wrought iron)이 지역적으로 생산되기 시작했다. 분명히 철기시대가 대만의 여러 곳에서 알려지게 되었다. 대만의 북쪽에서는 台北十三行文化, 서북쪽에는 番仔园文化, 南投県 서남의 大邱园文化, 중서부의 崁頂(貓兒干文化, 서북의 蔦松文化, 남쪽 끝의 龜山文化, 동해안의 靜浦文化 등이 철기시대에 속하는 것으로 알려져 있다.

티베트와 마찬가지로 중국이 오늘날의 영토를 확보한 것은 淸나라

(서기 1644년-서기 1911년) 康熙(서기 1662년-서기 1722년) 때의 일이다. 《台湾外纪》와 《奥海关志》에 의하면 淸 康熙 22년(서기 1683년)에 東宁王国(台湾王, 서기 1661년 明 永明王 15년/順治 18년-서기 1683년)을 폐하였다고 한다. 東宁王国은 永明王 永曆 18년, 淸 康熙 3년)에 공식적으로 성립하였다.

서기 1544년 台湾 원주민인 시라야(Siraya)와 후알렌 아미족(Austronesian ethno-linguistic group of people) 등이 살고 있던 이곳을 지나던 포르투갈 상선에 탑승한 네덜란드(화란)인 항해사 얀 리소텐(Jan Huygen van Lischoten)이 '아름다운 섬'(beautiful island)이라고 명명한 뜻의 台湾(Ilha Formosa)이 중국에 편입된 것은 서기 1683년(康熙 22년) 淸將 施琅(서기 1621년-서기 1696년)의 침공에 의해서이다. 그 이전에는 포르투갈-스페인(서기 1626년-서기 1642년 현 基隆근처에 San Salvador와 1638년 폐쇄한 淡水/Tamsui 要塞를 구축)-네덜란드[Dutch, 서기 1624년-서기 1661년, 淡水 安東尼古堡/Anthonio 요새와 台南 安平城 제란디아(Zeelandia) 즉 熱兰遮城(安平古堡)를 중심]-明(서기 1661년)-淸-영국(서기 1867년)-일본(서기 1895년)-대만(서기 1949년) 순서의 영토였다. 특히 福建省에서 온 鄭成功(鄭芝龙의 아들, 서기 1624년 8월 24일-서기 1662년 6월 23일 39세, 国姓爺, Koxinga/Coxinga로 불림, 수도는 台南)은 아들 鄭經(서기 1643년-서기 1681년)-손자 鄭克塽(서기 1670년-?)과 함께 삼대의 鄭氏王国(서기 1661년-서기 1683년, 東宁王国)을 형성하고 抗淸復明을 주장하였다. 그리고 鄭成功은 서기 1662년 2월 1일 네덜란드의 台南 安平城 제란디아(Zeelandia)을 공격하여 코예트 총독[Frederick Coyett: 중국명은 揆一로 서기 1615년? 스톡홀름/Stockholm 혹은 모스크바/Moscow에서 태어나서 서기 1687년 10월 17일 암스텔담/Amsterdam에 묻혔는데 그는 스웨덴의 귀족으로 네덜란드가 점령한 대만에서 서기 1656년 - 서기 1662년 기간에 재직한 마지막 총독이었다]의 항복을 받아냈다. 그 후 대만은 서기 1883년(光緖 9년)에 중국의 行省이 되고 1895년 청나라가 淸日戰爭에 패한 후 馬关條約에 의해 日本에 귀속되었다. 서기 1949년 10월 1일 中华人民共和国의 수립과 더불어 대륙에서 온 將介石에 의해 中华民国이 들어서게 되었다. 鄭氏王国의 수도는 台南이고 궁전은 오늘날의 大媽祖寺院(大天后宮)이다. 이와 같은 역사는 네덜란드인들이 서기 1624년 들어와 台南 安平城을 빼앗긴 다음 해인 서기 1662년 요새까지 쌓아 鄭成功과의 전쟁에서 다시 上海-홍콩(香港)-봄베이(현 뭄바이/Mumbai)를 잇던 바다의 실크로드의 중요 기지인 澎湖列島 馬公의 風櫃尾(Fongguiwei) 荷兰城堡마저 잃게 된 것까지 포함하고 있다.

◦ 참고문헌 ◦

국립중앙박물관

2009 차마고도의 삶과 예술, 서울: 중앙문화인쇄

김규현

2003 티베트 역사산책, 서울: 정신세계사

서화동

2006 디베트·타클라마칸 기행, 서울: 은행나무

티베트문화연구소

1988 티베트, 인간과 역사, 서울: 열화당

崔夢龙

1978 光州 十信寺址 梵字碑 및 石佛移轉 始末, 서울: 考古美術, 138·
139합집, pp.128-135

1997 도시·문명·국가-고고학에의 접근-(대학교양총서 70), 서울: 서울
대학교 출판부

Abrams Discoveries

2003 Tibet: An Enduring Civilization, London: Thames & Hudson Ltd.

K.C. Chang (張光直)

1986 The Archaeology of Ancient China, New Haven; Yale University
Press

Liu Yichang(刘益昌)

2011 Broad Essay: Prehistorical period of Taiwan(台湾史前時期總
論), Encyclopedia of Taiwan(台湾大百科全書)

2011 Wangxing Culture(網形文化), Encyclopedia of Taiwan(台湾大
百科全書) The Tibet Peoples's Publishing House

1987 A Survey of Tibet, Tibet: The Tibet Xinhua Bookstore

Tucci, Giuseppe

1967 Tibet, Novara: Paul Elek Production Limited

Xinhua Bookstore

1981 Le Tibet en Transformation, Beijing: Guoji Shudian

何賢武 · 王秋华

1993 中国文物考古辭典, 辽宁: 辽宁科學技術出版社

張之恒 · 黃建秋 · 吳建民

2002 中国舊石器时代考古, 南京: 南京大學校出版社

連照美

1982 卑南遺址第109號墓葬及其相关問題. 台湾大學文史哲學報, no.31, pp.191-221

1989 卑南遺址搶救考古發掘始末, 考古人類學刊, no. 45, pp.66-84

連照美 · 宋文薫

1983 台東县卑南遺址發掘報告 (一). 考古人類學刊, no. 43, pp.17-36

1985 卑南遺址發掘資料整理報告. 第二卷：墓葬分析. 台北: 国立台湾大學人類學 系.

陳仲玉

2014 亮島人, DNA研究, 台湾: 連江県政府出版

5. 스키타이·匈奴와 한국 고대문화

– 한국 문화기원의 다양성 –

구라파에는 신석기시대로 LBK(Linear Band Keramik) 문화가 있다. 유럽을 관통하는 다뉴브 강 이름을 따서 다뉴브 I 문화(Danubian I Culture)라고 불리는 이 문화는 유럽 중앙과 동부에서 기원전 5000년대부터 쉽게 경작할 수 있는 황토지대에 화전민식 농경(slash and burn agricultural cultivation)을 행하였고 또 서쪽으로 전파해 나갔는데, 이 문화에서 나타나고 있는 토기의 문양이 우리의 빗살무늬(櫛文/櫛目文) 토기와 유사하여 '線土器文化(Linear Pottery culture)'라 한다. 이것의 獨譯이 'Kamm Keramik(comb pottery)'으로 번역하면 '櫛文(櫛目文) 土器' 즉 우리말로는 빗살무늬토기이다.

일찍부터 이 문양의 토기들은 우리나라 신석기시대 빗살무늬토기의 기원과 관련지어 주목을 받아왔다. 이후에 'Corded ware(繩文土器文化, 東方文化複合體)'와 'Beaker cup culture(비커컵 토기문화, 일본에서는 鐘狀杯로 번역함, 西方文化複合體)'가 유럽의 북부 독일지역과 남쪽 스페인에서부터 시작하여 유럽을 휩쓸었다. 그리고 스톤헨지의 축조의 마지막 시기는 기원전 2500년–기원전 2400년경으로, 이때 유럽 본토에서 기원전 2400년–기원전 2200년경 이곳으로 이주해 온 비커컵족들의 靑銅器와 冶金術의 소개로 인해 농업에 바탕을 두던 영국의 신석기시대의 종말이 도래하게 된 것이다. 이 시기를 民族移動期(기원전 3500년–기원전 2000년)라고 한다. 印歐語(인도–유러피안 언어)를 쓰며, 폴란드, 체코와 북부 독일의 비스툴라(Vistula)와 엘베(Elbe) 강 유역에 살던 繩文土器文化(Corded ware culture)에서 기원하여 기원전 2400년–기원전 2200년경 동쪽 유라시아 고원으로 들어가 쿠르간(kurgan) 봉토분을 형성하던 스키타이(Scythia)종족, 인더스 문명을 파괴한 아리안족(Aryan race)이나 남쪽으로 그리스에 들어간 아카이아(Achaea/Achaia, 아카이아인의 나라 아키야와 Akhkhyawa)나 도리아(Doria)족과 같은 일파로 생각된다. 그 이후 'Urnfield culture(火葬文化)'를 지난 다음 '할슈타트(Hallstatt)와 라떼느(La Tène)'의 철기문화가 이어졌다. 그 이후 이탈리아에서는 에트루스칸(Etruscan)에 이어 로마로, 그리고 서기 476년경이면 게르만, 고트[동고트(Ostrogoth), 서고트(Visigoth)], 골, 훈(Huns), 반달(Vandal), 롬바르드(Lombard) 등의 異民族이 세력을 팽창해 서로마제국의 滅亡(서기 476년 9월 4일)을 가져오게 된다.

后汉(서기 25년-서기 220년)과 南匈奴가 서기 89년(후한 4대 和帝 永元 1년)-서기 91년에 연합하여 北匈奴의 토벌작전을 벌려 그 주력을 金微山(지금의 알타이산맥)에서 제거하는데, 북흉노의 잔여세력이 서쪽으로 이동하여 서기 4세기에는 러시아 볼가강에 이르는 '훈족의 대이동'이 일어난다. 이들이 바로 훈족으로 불리는 북흉노이다. 北匈奴(Huns)로 알려진 훈/아틸라(Attila)족은 서기 375년 고트족의 영역에 침입하고 서기 448년 아틸라 왕국을 세우게 된다. 이 왕국은 서기 453년 아틸라 왕(Attila the Hun, ?-서기 453년)이 그 자신의 결혼식 날 술에 취해 죽음으로써 그의 아들들인 엘락(Ellac, 공식 후계자), 덴기지흐(Dengizich)와 에르나크(Ernakh) 사이의 권력투쟁과 서기 454년 동고트족(Ostrogoths)과의 네다오(Nedao)전투로 와해가 된다.

스키타이(Scythian, Scyths)는 그리스인들이 이란어를 말하며 당시 스키타이로 알려진 카스피해 연안(Pontic-Caspian)을 중심으로 하여 중앙아시아, 러시아, 루마니아와 우크라이나의 초원지대에서 말을 타는 기마 유목민족을 지칭한다. 이들은 아케메니드 왕조(Achemenid, 기원전 559년-기원전 331년) 다리우스 3세[기원전 380년-기원전 330

년, 기원전 331년 10월 1일 마케도니아의 알렉산더 대왕에 의해 가우가
메라 전투에서 패함]의 110개 列柱가 서 있는 페르세폴리스 궁전 아파
다나(Apadana Hall) 謁見室 동쪽 계단에 浮彫된 各国使節들 중 사카
(Saka) 인도 스키타이인을 묘사해 놓은 것에서 모습을 엿볼 수 있다. 또
한, 이들은 그리스의 역사가 헤로도투스(Herodotus, 기원전 약 440년
경)의 '역사'와 오비드(Ovid, 기원전 43년-서기 17년)의 시에서도 볼 수
있다. 이 외에도 고고학적 유물들이 남부 러시아와 우크라이나 등지에
서 많이 확인되며, 동물문양·무기와 마구·금을 이용한 세밀한 금속공
예 등으로 대표되는 스키타이 문화(Scythian culture)의 특징은 동부
유럽으로부터 알타이 산맥의 초원지대에 이르기까지 광범위한 지역에
서 발견된다. 그 연대는 기원전 9/7세기-기원전 3세기경이 중심이다.
중국 북부 지역에 자주 등장하는 스키타이는 원래 중앙아시아로부터 왔
다고 전해지며, 기원전 8세기/기원전 7세기에서 기원전 2세기까지 흑
해북안에 왕국을 세웠다. 그들의 원 고향은 카스피 연안-흑해-알타이
산맥의 동쪽 어딘가로 믿어지는데, 그곳에서 기원전 9세기경에 살았던
것으로 보이며, 이들이 남부러시아에 정착한 것은 기원전 7세기경으로
추정된다. 그만큼 그들의 기원에 대해 확실하게 알려진 것은 없다.

스키타이(Scythian)란 말은 그리스인에 의해, 그리고 같은 의미의 사
카(Saka)는 페르시아인들에 의해 불렸다. 이들이 중국에 알려진 것은 周
나라 11대 宣王(靜, 기원전 827년-기원전 782년) 때로, 그는 중국 서쪽
변경을 자주 침범하던 흉노족을 제거하기 위해 군대를 파견하였는데 이
에 쫓긴 흉노족들에 의해 알타이 동쪽에 있던 스키타이인들도 따라서 서
쪽으로 대규모 이주를 하게 된 다음부터이다. 그래서 그들이 정착한 중
심지는 흑해의 동쪽 쿠반과 남부러시아가 된다. 그들의 후손들은 우크
라이나 지역에 살고 있는 로얄 스키타안(Royal Scythians)으로 알려져

있는 철기시대의 집단인 사르마티안(Sarmatian, An ancient Scythian tribe, 기원전 5세기-서기 4세기)들로 기원전 5세기경부터 번영하다가 훈(Huns)과 고트(Goths)족의 이동에 따라 크리미아 지역으로 몰아 서기 4세기경 멸망할 때까지 존속하였다.

부계사회인 스키타이의 정치는 4개의 행정구역으로 나뉘어 다스려 졌으며 또 자유부족민으로 구성된 군대에 의해 지탱되었다. 그들은 말을 중히 여겨 금속제의 말등자[중국에서 현존하는 실물 중 가장 오래되며 등자 중 古式인 木芯長直柄包銅皮马镫(鎏金铜马镫)은 서기 1965년 辽宁省 北票市 西官营 镇馒头沟村 将军山 北燕(서기 409년-서기 431년)文成帝 馮跋의 동생으로 서기 415년(太平 7년)에 사망한 馮素弗墓에서 나왔으며 그 연대는 서기 3세기 말 서기 4세기 초로 보고 있다]를 사용하지 않았지만, 양탄자나 가죽으로 된 발걸이를 이용했을 것으로 믿어진다. 말도 종자가 좋은 훼르가나(Fergana)種을 사용하였지만 대부분 몽고의 포니가 이용되었다. 그리고 사냥과 고기잡이에 능숙하였으며, 부장품도 많이 넣는 후한 장례를 치렀다. 재미있는 것은 鑄造되고 아가리에 동물문양이 부착된 스키타이 문화 특징이 잘 나타나 있는 청동항아리(銅鍑)가 고분에서 자주 출토된다. 파지리크에서도 돌과 麻(삼)씨가 가득 담긴 청동항아리가 셋 또는 여섯 개의 지주로 지탱이 된 가죽 혹은 털 담요의 텐트 밑에서 나왔는데, 그리스의 역사가인 기원전 440년경 헤로도투스(Herodotus)가 쓴 '역사(History)'에 이것을 스키타이인의 정화의식(Scythian purification rite)용으로 만들어진 것이며 마씨를 태운 연기를 들여 마셔 뜨거운 돌에 뿜는다고 적어 놓고 있다. 이 기록은 파지리크와 한국의 김해 대성동에 이르는 광범위한 분포지역의 고분에서 똑같은 것이 하나씩 발견될 때까지 전혀 이해가 되지 않았는데, 이것은 마씨가 타는 연기가 오늘날의 코카인이나 마약처럼 쾌락 때문에 들여 마시는 것이지 헤로도투스가 이야기하는 종교적인 것이 아니라는 설도 있을 정도이다.

스키타이와 관련된 匈奴의 유물은 春秋(기원전 771년-기원전 475년) 말기부터 汉代(기원전 206년-서기 220년)에 이르기까지 중국의 여러 지역에서 발견되고 있다. 우리나라 永川 漁隱洞 출토의 虎形帶鉤와 함께 金海 大成洞 출토 청동항아리(銅鍑)와 良洞里 고분에서 발견된 鐵鍑(동의대 서기 1991년 발굴 토광목곽묘 162호 출토)과 靑銅鼎도 이러한 점에서 이해가 되어야 한다. 아무튼 한국고대문화의 기원지 중의 하나가 스키타이와도 관련이 있다는 것은 매우 흥미 있다. 신라의 찬란한 금관의 경우도 나뭇가지 모양으로 장식했는데, 그러한 형태가 서기 1세기경의 스키타이의 왕관(The Khokhlach Burial Mound에서 출토한 Sarmatian gold diadem, 서기 1864년 Novocherkassk옆 Khokhlach에서 발굴), 아프카니스탄 틸리야 테페(박트리아, Tillya/ Tilla tepe, 서기 1978년 발굴) 4호분에도 보이며, 비교적 최근까지도 시베리아 지역의 샤만들이 머리에 쓰던 관의 형태와도 비슷하다. 흉노 것으로는 內蒙古 伊克昭盟 杭錦旗 阿魯紫登 출토의 금관 및 매(독수리)형 장식을 들 수 있다.

사진 24. 內蒙古 伊克昭盟 杭錦旗 阿魯紫登 출토의 금관 및 매(독수리)형 장식 : 서기 1992년 8월 14일(금) 필자 촬영 內蒙古博物館 1987 內蒙古歷史文物-內蒙古博物館建館三十周年紀念-, 北京: 人民美術出版社. p.338

그밖에 신라의 금동제품에 쓰인 누금세공기법(filigree/ filagree, 금으로 만든 세공품에 線條細工이나 象嵌을 한 것)도 스키타이의 금제품에 흔히 보이는 것이다. 그러나 엄격한 의미에서 스키타이인은 러시아 남부에 정착했던 부족들에 국한된다. 서기 1929년 그라즈노프(M. P. Glyaznov)에 의해 발굴되고, 서기 1947년 루덴코(S. I. Rudenko)에 의해 재개된 파지리크(Pazyrik) 고분, 서기 1969년-서기 1970년 케말 A. 아카쉐프를 중심으로 한 러시아 까자흐 공화국 내 기원전 5세기-기원전 4세기의 '황금관을 쓴 인간(또는 황금 옷을 입은 인간)'과 약 4,000점의 스키타이 유물이 쏟아져 나온 이식(Issyk) 쿠르간 고분의 발굴은 이란이나 남부러시아에 이주했던 스키타이인들의 문화, 예술, 생활방식이 서부 시베리아나 알타이 지역에 살고 있던 스키타이인들의 것과 유사함을 밝혀 주었다. 이러한 쿠르간 봉토분은 서쪽 멀리 몽골 울란바토르의 북방 하라강(江) 유역 노인 울라(Noin-Ula Site)에 있는 흉노(匈奴) 귀족의 고분군(古墳群)에서도 발견되며 그 시대는 前汉(기원전 206년-서기 9년) 晚期인 기원전 1세기-서기 1세기에 속한다. 서기 1924년-서기 1925년 러시아 탐험가 P. K. 코즐로프 조사단에 의하여 212기(基)의 고분 중 12기가 발굴되었고, 출토된 유물 중에는 한대의 여러 견포(絹布)와 기원전 2년의 명기[銘記雙禽渦紋의 黑漆耳杯의 경우 '上林'과 다리에는 "建平五年(前汉 12대 哀帝 元壽 1년, 기원전 2년) 九月 工王譚經 畵工劃壺 天武省"이라는 명문이 새겨져 있다]는 스키타이 문화의 전파와 내용을 알려주는 자료로써 학술적으로 매우 중요하다. 이 고분군의 축조연대는 기원전 1세기-서기 1세기 전반에 걸친 흉노의 중흥기로 당시 동쪽의 중국 汉나라, 서쪽은 파르티아(Parthia, 기원전 247년-서기 224년) 등의 서역(이란)까지, 또한 북쪽은 스키토 시베리아(Scythito-Siberia) 문화권과도 문화교류가 성행했고 그 문화교류의 중개자로서 匈奴의 역할이 컸을 것으로 추측된다. 따라서 고대의 동서교류사 연구에 중요한 유적이다.[18]

시베리아의 황인종(Mongoloid)에는 고아시아/고시베리아족(Palaeoasiatic people, Palaeosiberian)과 퉁구스/신아시아족(Tungus,

Neoasiatic people)족이 있다. 고아시아/고시베리아족에는 축치, 꼬

---

18) 노인올라(몽고어 지명으로는 준-모데)는 울란바토르에서 북쪽으로 100km 정도
에 위치해 있는 산악지대이며, 금광지대이다. 노인올라는 국내에 잘 알려진 대
표적인 흉노의 고분으로 다른 흉노유적과는 달리 그 규모가 매우 크며 출토유물
이 매우 풍부하다. 전체적인 무덤구조로는 봉분이 잘 발달된 점과 봉토 내부의
중앙에 수혈토광을 만들고 목곽 및 목관이 설치되어 있는 형태이다. 서기 1912년
에 금광탐사업자에 의해서 처음 발견된 것도 이와 같은 구조의 특성으로 봉분 상
단부가 함몰되었기 때문이다. 무덤의 구조는 한대 목곽묘와 상당히 유사하며 자
바이칼(바이칼 동쪽) 및 중국 오르도스에서 발견된 기타 수혈토광목관묘와는 판
이하게 다른 것이다. 때문이다. 이후 수 차례에 걸쳐 조사가 되었지만 일부 발굴
을 제외하고는 체계적으로 조사되지 않은 채 유물만이 레닌그라드 에르미타주
박물관에 소장되어 있다. 기존의 여러 연구자에 의해 행해진 노인올라 발굴성과
는 서기 1962년에 루덴코에 의해 보고된다. 그들에 대한 종합적인 보고서를 루
덴코가 1962년에 출판했다. 그중 체계적으로 보고가 된 것은 24호(테플로우호프
에 의해 발굴), 1호(일명 모크리 고분)고분 및 6, 23, 25호 등으로 모두 상트 페테
르부르그 소재 에르미타주 박물관에 소장되어 있다. 중국 경내에서 匈奴문화는
오르도스 문화와 밀접한 관련을 가지고 있다. 즉, 오르도스(Ordos/Erdos, 鄂尔
多斯沙漠, 河套/河南) 지역을 비롯한 내몽고와 宁夏-甘肅省 동부에서 발견되는
銅劍[기원전 12세기-기원전 6세기의 오스트리아 할슈타트/Hallstatt 문화와 연
관이 될 가능성이 높은 안테나식 또는 조형검파두식이 나오며 이는 한반도의 철
기시대전기(기원전 400년-기원전 1년)와도 무관하지 않을 것이다], 곡괭이형 銅
斧, 동물장식 靑銅佩飾(주로 맹수가 사냥하는 모습), 立形 또는 臥形의 사슴 및
말장식과 같은 動物裝飾 등은 흔히 '오르도스계' 또는 동물양식, 무기와 마구가
주된 '스키타이 문화'와는 다른 계통인 중국북부에서 자생한 '先匈奴文化'로도 부
르기도 한다. 중국에서 흉노문화는 오르도스계 문화에서 커다란 차이를 보이지
않으며, 단지 汉代로 진입하면서 鐵器 및 金粧飾이 증가하며 이에 五銖錢, 汉鏡,
漆器 등이 새로 유물조합상에 추가되는 양상 정도이다. 묘제는 土壙墓가 주를 이
루며 일부 木棺이나 木槨이 사용된다. 기타 头向이나 單人葬 등 기본적인 묘제
도 그대로 유지된다. 오르도스계의 흉노무덤은 크게 春秋末期-戰国時代와 汉代
의 것으로 나눌 수 있다. 이 지역의 시기구분에 대해서는 크게 田广金과 烏恩의
견해를 참조할 수 있다. 그러나 대부분의 학자는 戰国時代(기원전 475년-기원전

략, 캄차달, 유카기르, 이텔만, 켓트, 길랴끄(니비크)가, 퉁구스/신아시
아족에는 예벤키(鄂溫克), 에벤, 라무트, 사모에드, 우에지(Udegey), 브
리야트(Buryat), 골디(Golds/Goldie, Nanai, 赫哲, 허져) 등이 있다. 그
리고 시베리아와 만주(요녕성, 길림성과 흑룡강성)에서는 역사적으로,

가) 挹婁-肅愼-勿吉-靺鞨-黑水靺鞨-女眞-生女眞-女眞/金(서기
   1115년-서기 1234년)-後金(서기 1616년-서기 1636년)-滿洲/
   淸(서기 1616/1636년-서기 1911년)으로 발전한다.

나) 匈奴-羯族-東胡-烏桓-鮮卑-突厥-吐藩-위굴(回紇, 維吾
   爾)-契丹(辽)-蒙古/元

다) 예-고조선/맥-부여-고구려-백제-신라

로 이어진다. 이곳 유목민족은 匈奴-羯族-東胡-烏桓-鮮卑-突厥(Tu-
jue/T'u-chüe/Göktürks, 투쥐에, 튀르크/Türk, 타쉬트익/Tashityk:

221년)에 들어오면 오르도스 문화와 흉노문화 사이의 연관성은 인정하나 시대
적으로 앞선 商代까지 그리고 지역적으로 靑海, 甘肅, 宁夏回族自治区 이남지구
와 연결시키고자 하지 않는다. 노인울라 이외에도 몽고경내에서 발견된 유적 중
에서 일반적인 고분은 후니-흘을 꼽을 수 있다. 후니-흘의 소형석곽묘는 길이
1.8-2m이고 仰臥伸展葬이며 머리 근처에는 1-3개의 토기가 있으며 목 근처에
는 구슬, 녹송석, 가슴 부위에는 직물의 흔적이 발견되었다. 허리 근처에는 철도
와 철제 재갈, 漆耳杯도 발견되었다. 수지 강 중류의 이림 분지에는 목곽묘가 있
다. 1-3개의 통나무로 장방형의 곽실을 만들었는데 길이는 1-3m로 다양하다.
돌수트에서도 목관이 발견되고 있으나 소련경내에만 한정된 것이다. 그리고 몽
고경내에서 서부지역에서는 확실한 흉노유적이 발견되지 않았다. 그 시기에 해
당하는 유적으로는 울란곰(Ulaangom) 고분군이 유일하다. 울란곰 고분군은 그
시기가 대부분 匈奴 이전 시기에 속하며 몽고 서부쪽은 흉노의 영향이 거의 영향
이 미치지 않은 채 그 이전 시기인 카라숙의 문화가 계속 유지된다고 볼 수 있다.

서기 552년 柔然을 격파하고 유목국가를 건설. 돌궐 제2제국은 서기 682년–서기 745년임, 서기 7세기–서기 8세기)–吐藩[티베트의 t'u fan: 38대 치송데짼(赤松德贊 서기 754년–서기 791년)이 서기 763년과 서기 767년의 두 번에 걸쳐 唐의 長安을 함락함)]–위굴(維吾爾, 回紇: 위굴 제국은 서기 744년–서기 840년임, 위굴 제국은 키르기스 點戛斯에 망하며 키르기스는 서기 9세기 말–서기 10세기경까지 존재)–契丹(辽, 서기 907/916년–서기 1125년)–蒙古(元, 서기 1206년–서기 1368년)–女眞/金–後金(万历 44년, 서기 1616년, '大金', 后金大汗, 年号天命)을 세운 누르하치(愛新覺羅, 努爾哈赤, 努尔哈赤, 淸太祖, 太淸 Nurgaqi 서기 1559년 2월 21일–서기 1626년 9월 30일. 서기 1616년–서기 1626년 재위)–滿洲/淸(淸太宗, 홍타이지/皇太極, 서기 1626년–서기 1636년 재위)–大淸/皇太極(서기 1636년–서기 1643년 재위)로 발전한다.

辽나라는 서기 916년 辽 太祖 耶律阿保机가 통일을 하여 国号를 契丹으로 부르고 수도를 臨潢府(현 内蒙古 赤峰市 巴林左旗 南波罗城에 둔 辽나라(서기 907/916년–서기 1125년, 契丹族이 建立한 封建王朝로 九帝, 210년 존속, 서기 947년 辽 太宗이 五代后晋을 멸하고 '辽'로 개칭하고 서기 983년 다시 '大契丹'으로 바꾸었다가 서기 1066년 辽 道宗 耶律洪基가 다시 国号를 '辽'로 회복하였다. 猛禽類 중 최대의 하나인 海東靑(鶻鷹)으로 상징되는 여진(女眞, nǔzhēn, Jurchen)은 滿洲의 烏蘇里(usuri ula)江과 松花江 一帶로부터 外興安嶺以南의 外滿州에 걸쳐 居住하던 퉁구스계 滿州族으로 民族의 聖地는 長白山(白头山)이며 여기에는 현재 중국의 辽宁省, 吉林省, 黑龙江省과 한반도의 함경도, 러시아의 연해주, 하바로프스크(Khabarovsk) 지방, 아무르(Amur) 주가 포함된다. 서기 1115년 女眞 完顔部의 阿骨打(完颜旻, 女真族完顔部의 族

長, 서기 1068년 8월 1일-서기 1123년 9월 19일, 金의 初代皇帝로 서기 1115년 1월 28일/1월 1일-서기 1123년 9월 19일/8월 28일 재위)가 辽의 9대 황제인 耶律延禧(서기 1075년 6월 5일-서기 1128/1156년) 때 辽로부터 自立하여 金나라를 建国하였다. 금나라는 수도가 처음 上京 会宁府(현재 黑龙江省 哈尔滨市 阿城区 南白城)이었다가 4대 황제인 完顔亮이 贞元 元年 3월 26일(서기 1153년 4월 21일) 金中都(中国 金나라의 都城 中都, 中都路大兴府이며 옛 이름은 大兴城이며, 현 北京 西城 丰台一带/燕京, 中府城)로 천도하였다. 금나라의 역대 10황제는 完顔阿骨打(완안아골타, 서기 1115년-1123년, 太祖)→ 完顔晟(서기 1123년-서기 1135년, 太宗)→ 完顔亶(서기 1035년-서기 1049년)→ 完顔亮(서기 1149년-서기 1161년)→ 完顔雍(서기 1161년-서기 1189년)→ 完顔璟(서기 1189년-서기 1208년)→ 完顔允济(서기 1208년-서기 1213년)→ 完顔珣(서기 1213년-서기 1223년)→ 完顔珣(서기 1223년-서기 1234년, 哀宗)→ 完顔承麟(서기 1234년)의 순으로 이루어진다.

서기 1988년 哈尔滨市 阿城区 巨源乡 城子村 松花江 南岸에서 발굴된 金 齐国王 完顔晏 王墓는 男女合葬용 竖穴土坑 石椁木棺墓로 石椁은 10매석으로 이루어졌다. 棺盖正中에 一阳文 篆书로 "太尉开府仪同三司事齐国王"이라고 쓰여진 银质铭牌가 나왔으며 棺内에는 老年 男性(58-63세)으로 胡须(수염, beard; moustach)가 양호하게 남아 있고 腰佩로 玉柄短刀가 있으며, 양쪽 손바닥 안에 금 한 덩이씩 쥐고, 몸은 8겹의 수의를 입고 있었다. 中年女性(37-43세)은 머리와 얼굴에 黄色丝织品包裹이 덮여져 있고 腰佩에는 장식품이, 머리에는 玛瑙金丝链이 놓여 있고 몸은 9겹의 수의를 입고 있으며 두 사람의 머리 뒤에는 楷书로 "太尉仪同三司事齐国王"라는 木牌가 놓여 있었다. 중요한 유물로는 花珠冠과 丝织品包裹 등으로 모두 哈尔滨市 博物館에 소장되어 있다

《考古》1993第 12期). 完颜晏은 皇统 元年(서기 1141년)에 北京留守,
正隆 2년(서기 1157년)에는 西京留守를 지내고 大定 2년(서기 1141년)
正月에 죽어 颜晏 王墓에 무덤을 썼다.

이 여진족은 현재 남아있는 黑龙江省 樺川县 桦川县 悦兴乡 万里河
村의 瓦里霍呑城址에서 요나라를 물리치고 금나라를 세운 강성했던 시
절을 떠올린다. 이 성의 성벽(城墙)은 松花江南岸의 강 옆에 나있는 둔
덕을 이용하여 판축(夯土筑)으로 쌓았으며 전체 면적 80만㎡의 不规则
形으로 성둘레 길이 3.5㎞, 현재 남아있는 성벽의 평균높이는 6m이나
东南의 최고 높은 곳은 10m에 달한다. 东, 南, 西의 3개문이 있고 东,
西양문의 瓮城이 대부분 양호하게 보존되어 있다. 城内에는 길이 40m,
高 2m의 "金兀术点将台"라고 부르는 圆形土台 등의 遺迹이 남아 있고
성안에서는 물레로 만든 灰陶片, 宋 '崇宁通宝', 金 '大定通宝', 仿定窑
瓷片, 布纹瓦 등의 유물이 발견된다. 瓦里霍呑古城遗址는 금나라를 포
함하는 辽-金-清에 이르는 黑龙江古代史, 民族史를 연구하는데 중요
한 자료로 인해 서기 2006년 5월 国务院에서 第六批全国重点文物保护
单位로 지정되었다. 이 성은 辽와 金나라의 古城으로 辽代에는 宛里城,
元代에는 脱斡怜军民万户府, 明代에는 万里河卫城으로 불리고 清代에
는 松花江下游 赫哲族이 살던 宛里和屯이었다. 史料에 의하면 瓦里霍
呑城은 女真人이 松花下游에 修筑한 五国城의 하나로 여겨진다.

여진에는 五国部이 있으며 이는 阿里国, 奥里米国, 越里国, 盆奴里
国, 越里吉国로 辽와 金나라 시기에 다섯 개의 生女真 部落이다. 현재
五国部의 유적은 다음과 같다.

五国城遗址: 黑龙江省과 哈尔滨市의 依兰县

桃温万户府故城·盆奴里国故城: 黑龙江省 佳木斯市 汤原县 香兰镇

奥里米城址·奥里米国部落城堡-酋帅驻地: 黑龙江省 鹤岗市 绥滨县

中兴城址, 奥里米国部落城堡, 位于黑龙江省鹤岗市绥滨县忠仁镇

蜿蜒河古城·奥里米国部落城堡-酋帅驻地: 蜿蜒河汇入 黑龙江处

四方城城址·剖阿里国-明朝 速温河 주위 少量의 남아있는 곳 중의

하나: 黑龙江省 黑河市 孙吴县

　　詩作을 하고 자신의 書法(宋徽宗瘦金体千字文 등의 서법)을 만든 예술가 황제인 北宋 徽宗 赵佶(서기 1082년 5월 5일-서기 1135년 6월 5일, 宋朝 제8대 皇帝로 在位는 서기 1100년 2월 23일-서기 1126년 1월 18일의 25년)은 靖康 元年(서기 1126년)윤년 11월 말 金軍이 再次 南下하여 북송이 망하고 12월 15일 东京과 汴京을 공격하고 金 太宗(서기 1123년-서기 1135년)에 의해 휘종의 아들 9대 钦宗 赵桓과 함께 庶人이 되고 靖康 2년(서기 1127년) 3월 말 포로로 金나라에 끌려가 54세를 일기로 생애를 마치었으며 그의 무덤은 현재 浙江省 绍兴市 柯桥区 东南 35里에 위치한다. 당시 金帝 太宗은 徽, 钦의 二帝, 后妃, 宗室, 百官数千人, 教坊乐工, 技艺工匠을 포로로 잡고 法驾, 仪仗, 冠服, 礼器, 天文仪器, 珍宝玩物, 皇家藏书, 天下州府地图를 전리품으로 취하였는데 이를 '靖康之变'이라 부른다. 徽宗일행은 河南 开封에서 金国都城에 간 후 金太祖 完颜阿骨打의 庙宇에 알현하고 金太宗으로부터 2품 昏德公을 제수한 뒤 韩州(현 辽宁省 昌图县에 압송되고 金 天会 8년(서기 1130년) 7월 수행원 140명과 함께 五国城(五头国城, 현 黑龙江省 依兰县)에 연금되어 金 天会 13년(서기 1135년) 4월 甲子일에 최후를 마쳤다. 金 熙宗은 그를 河南 广宁(현 河南 洛阳附近에 묻었으나 南宋과의 관계개선을 위해 金 皇统 2년(서기 1142년) 8월 乙酉日宋 徽宗을 1

품의 天水郡王에 봉한 뒤 그의 유해를 都城 绍兴(浙江省 绍兴市)으로 보냈다. 입구가 위에 잇는 土室과 같은 竪穴坑(현 '坐井觀天' 유적)에서의 8년간 연금기간에도 휘종은 6명의 아들과 8명을 딸을 두었다. 서기 1988년 黑龙江省 依兰县의 발굴에서 송나라의 崇宁通寶, 金나라의 大定通寶와 함께 송나라의 定窯瓷器편이 나오고 있는 것은 당시의 사정을 잘 말해주는 것 같다.

이 유목민족들은 스키타이인들의 東進에 따라 종족 간의 혼혈이 자연스럽게 이루어지게 되며, 최근 여러 곳에서 발견된 문신이 있는 미라들이 이를 입증한다. 서기 1991년 중국 新疆省과 접경지대인 러시아 고르노 알타이의 베르텍 지역 아크하라 강 유역에서 나타샤 폴로스마크 여사에 의해 기원전 8세기-기원전 7세기의 파지리크 초기의 쿠르간(Kurgan) 봉토분(2호)이 발굴되었다. 이 무덤에서 발견된 6-7세의 소년은 금관과 목걸이를 비롯한 여러 가지 금제 장신구를 몸에 걸치고 있었으며, 그밖에 가죽지갑에 들어 있는 청동제검 등 여러 가지 화려한 유물이 출토되었다. 다른 하나는 직경 30m로 기원전 7세기-기원전 8세기의 스키타이 전기의 무덤으로 이 무덤에서는 장년의 사내가 가죽지갑에 넣은 청동검을 허리에 찬 채 발견되었다. 그 위에는 이 남자가 평소 타고 다녔으리라 생각되는 네 마리 말이, 그리고 평소 부리던 하인인 것으로 여겨지는 여덟 사람의 머리만이 순장(殉葬)된 채로 있었다. 서기 1994년에는 3호분이 발굴되었는데 그곳에서 그리핀/그리폰(griffin, griffon: 몸통은 사자이며 머리와 날개는 독수리인 괴물, 후일 龙의 기원이라 추측하기도 함)의 문신을 한 23세 가량의 여사제가 미라의 형태로 완전하게 발굴되었다. 그녀는 후일 '냉동 또는 얼음공주'로 불리게 된다. 이러한 미라의 출현은 루덴코의 발굴 이후 처음 발견된 것이다. 서기 1980년 발굴된 楼兰国(기원전 77년 汉 昭帝때 楼兰国은 鄯善国으로 바꾸었음)의 城北 孔雀河 古河道 北岸 太阳墓地[19]에서 지금부터 3,800년 전의 것으로 추정되는 '楼兰美女'로 불리는 45세 전후의 구라파인(소아시아) 中年女性의 미라(干尸, mira)가 조사되었다. 그리고 서기 2003년 발굴된 新疆省 維吾爾自治区 吐魯番市 鄯善県 吐峪沟乡 洋海夏村 西北 火焰山 南麓의 戈壁(고비, Gobi)沙漠地帯 5.4万㎡ 太阳墓地古墓群 '양하이(洋海古墓, Yanghai, 서기 2006년 5월 国务院公布로 全国重点文物保护单位로 지정)와 吐魯番市 勝金乡 勝金店村 火焰山下 姑師/車師文化 墓地에서 薩満敎(Shamanism)의 巫堂' 미라(姑師/車師文化 墓地 M90 出土, 2050-2200 B.P/기원전 1000년경)가 조사되었다. 見靈者, 豫言者와 醫療者인 薩満敎(Shamanism)의 巫堂을 포함한 기원전 2000년-기원전 4세기까지 포함되는 12구의 미라들을 上海 复旦대학교 펠릭스 진(Fellics Jin)과 Spencer Wells 등이 실시한 DNA 분석결과 이들이 코카사스의 체첸(Chechen)/남러시아 파지리크(Pazyrik, 巴澤雷克)인을 포함하는 유라시아 계통의 사람들일 가능성이 많다고 발표하는 데에서도 나타나고 있다. 이는 洋海古墓와 姑師墓地에서 마른 포도, 見靈者, 豫言者와 醫療者인 薩満敎(Shamanism)의 巫堂의 악기인 箜篌와 환각제인 大麻, 土器의 口緣裝飾에서 多産(fecundity)의 祈願을 위해 이탈리아에서 자라는 紫草(gromwell, Lithospermum officinale)의 씨를 이용하고 또 그들이 입던 옷의 連雷文 문양이 확인되는 데에서도 신빙성을 더해

---

19) 新疆省 羅布泊地区 樓兰의 小河 주거지에서 기원전 1000년경의 국수(麵條/noodle)가 출토하였는데 이보다 더 오래된 기원전 2000년경의 수수/기장(millet)으로 만든 국수가 서기 2005년 10월 黃河江 上流인 青海省 民和県 喇家村 유적에서 2.4m의 길이로 발견되어 喇家遺址博物館에 전시되어 있으며 이 유적은 아직도 四川大學校 考古系 발굴팀이 발굴 중에 있다.

준다. 또 吉林대학 고고유전자연구팀의 연구결과는 이들이 동양과 서양의 混血人들로 밝히고 있다. 또 Cannabis(Cannabis sativa, Cannabis indica, Cannabis ruderalis, hemp, marijuana/marihuana, drug, 大麻)가 나와 기원전 450년경에서 기원전 420년경에 써진 헤로도투스의 역사(The History of Herodotus)에서 언급되어 있던 스키타이인의 淨化儀式(purification rite)이 사실로 나타나고 있다. 기원전 8세기-기원전 4세기경에는 초원지대를 사이에 두고 끊임없이 東西의 접촉이 있어 왔고 스키타이(Scythian)-오르도스(Ordos/Erdos, 鄂尔多斯沙漠, 河套/河南)-匈奴가 대표적이다. 이들은 오늘날 중국을 구성하는 55개의 소수민족 중의 하나가 될 것이다. 몽고를 보면, 동쪽에는 岩刻畵, 케렉수르(Kereksur/Kheregsuur/Khirigsuur: Kurgan covered with stones)와 사슴의 돌(Stagstone)이 대표되는 카라숙(Karasuk, 기원전 14세기-기원전 8세기)과 타가르(Tagar, 기원전 700년-기원전 200년), 서쪽에는 板石墓를 가지고 중국과 문화와 교류를 보이는 匈奴(훈, Huns)와 튀르크(Türk)인 등 황인종의 유목민족이 대두한다. 이 중 타가르는 흉노와의 同一性/正體性(identity) 비교가 중요하다. 특히 오르혼 계곡 문화유산 지역(Orkhon Valley Cultural Landscape)에는 청동기시대 카라숙(Karasuk)의 사슴돌(Stagstone), 岩刻畵, 케렉수르와 흉노의 板石墓[20]를 비롯하여 위굴제국(維吾爾, 回紇: 위굴 제국은 서기 744년-서

---

20) 한국 국립중앙박물관에서도 서기 2000년 7월 4일부터 8월 7일까지 몽골 투브 아이막 알탄볼락 솜 모린 톨고이 유적과 서기 2001년 7월 12일부터 8월 28일까지 몽골 호드긴 톨고이 흉노 무덤을 조사한 바 있다. 전자의 솜 모린 톨고이 유적의 적석목곽(상부 적석부 지름 14m, 묘광 깊이 5m, 지하 3단 묘광)에서는 청동거울 및 비단 천, 나무그릇과 뼈 젓가락, 백화수피, 심발형 토기, 인골 및 동물 뼈 등이 발굴되었고 그 연대는 목관의 뚜껑 위에서 출토된 規矩鏡 편과 토기편을

기 840년임, 위굴제국은 키르기스 黠戛斯에 망하며 키르기스는 서기 9세기 말—서기 10세기경까지 존재)의 수도 칼라코토(Khara khoto)의 흔적도 보인다. 그리고 서기 13세기—서기 14세기 칭기즈칸이 세운 몽골제국(서기 1206년—서기 1368년) 수도였던 카라코룸(Karakorum/Kharkhorum/하라호룸/카르호럼)의 궁전터, 돌거북, 티베트의 샤카파[Sakya, 샤카 사원에서 유래하며 서기 1267년 이후 팍파국사가 元 蒙古(元, 서기 1206년—서기 1368년) 쿠빌라이 世祖의 스승으로 티베트 불교가 원의 국교로 됨] 불교의 영향 하에 만들어진 에르벤쥬 사원(서기 1586년)도 포함된다. 이들은 오늘날 중국 내몽고를 구성하는 55개의 소수민족 중의 하나가 될 것이다. 그 이후에 이들 초원지대는 흉노족의 후예로 추정되는 징기스칸의 蒙古族이란 황인종이, 그리고 이어 제정 러시아시대 하바로브 장군의 원정 때부터 현재까지 완전히 슬라브(Slav)족이란 백인의 무대가 되어 버린다.

이러한 문화교류와 접촉이 이루어진 초원의 길은 비잔티움(콘스탄

통해 서기 1세기 후반경으로 추정되고 있다. 인골의 AMS(가속질량연대분석)연대는 1950±60 B.P, 1920±60 B.P, 부장된 나무그릇 AMS 연대는 1990±40 B.P이다. 그리고 후자의 호드긴 톨고이 유적에서는 흉노무덤 4기가 조사되었는데 그중 1호 무덤 적석부(지름 동서 11.1m, 남북 11.0m, 깊이 3.5m)에서는 호형토기, 심발형 토기, 두형 토기, 청동제 말방울, 청동제 머리 장식구, 철제 화살통 부속구, 호형 교구, 원형 장식구, 교구, 재갈, 대도, 도자, 톱, 철촉, 목제 화살촉, 화살대, 골제 활 부속구, 은박 제품, 칠편, 동물 뼈 등이, 그리고 2호 무덤(적석부 지름 5m, 깊이 1.9m) 심발형 토기, 호형 토기, 등잔, 기대, 철제 도자, 고리, 교구, 각종 동물 뼈 등이, 3호 무덤(적석부 지름 3.8-4.3m, 깊이 1.2m)에서는 토기 편 및 각종 동물 뼈가, 4호 무덤(적석부 지름 3.5-4.5m)에서는 호형토기, 등잔, 철제 도자, 유리구슬, 각종 동물 뼈 등이 각각 출토되었다. 1호의 연대는 목관 편 AMS 2060±40 B.P, 목탄 1910±40 B.P, 씨앗 1980±40 B.P로 앞선 솜 모린 톨고이 유적과 비슷한 연대로 추정된다.

티노플/이스탄불)-흑해-카스피 해-아랄 해-타시켄트(Tashikent, Uzbekistan의 수도)-알마타(Alma-Ata, Kazakhstan의 수도)-이닝(Yining, 伊宁)-우룸치(Urumchi, 烏魯木齐)-카라코룸(Karakorum/하라호룸)-울란 바토르(Ulan Bator)를 지난다. 다시 말해서 옛 소련의 중앙아시아 초원지대·외몽고·중국을 잇는 북위 35°-45° 부근을 지나는데 기원전 7세기-기원전 2세기경 동물문양, 무기와 마구로 대표되는 스키타이 기마민족들에 의해 메소포타미아와 흑해연안의 문화가 동쪽으로 전래되었다. 중국의 경우 시베리아 초원지대를 경유한 문화경로 이외에도 '오아시스 길'은 天山北路와 天山南路 그리고 西域南路 등 세 경로가 있다. 이는 문화기원과 교류의 다양성을 이야기해준다.

1. 天山北路: 西安(長安)-兰州-武威-張掖-嘉峪关-敦煌(陽关鎭, 玉門关 포함)-新疆省 維吾尔自治区의 哈密(Hami, Kumul)-乌鲁 木齐(Urimqi, Urumqi, Ürümqi)-伊宁(Yining)-伊犁河(Yili He/Ili River)-알마타(Alma-Ata, Kazakhstan/哈萨克斯坦의 수도인 아스타나/阿斯塔纳)-타시켄트(Tashikent, Uzbekistan/乌兹别克斯坦의 수도)-아랄 해-카스피 해-黑海-동로마의 비잔티움(콘스탄티노플/이스탄불)

2. 西域北路(天山南路): 西安(長安)-兰州-武威-張掖-嘉峪关-敦煌(陽关鎭, 玉門关 포함)-新疆省 維吾尔自治区의 哈密(Hami, Kumul)-吐鲁番(Turfan)-焉耆-库尔勒-库车-阿克苏-喀什(Kashi)-파미르高原(帕米尔高詢/蔥嶺, Pamir Mountians)-중앙아시아(中亚, 키르기즈스탄/Kirghizsstan/吉尔吉斯坦, 타지키스탄/Tadzhikistan/Tajikistan/塔吉克斯坦, 瓦罕/Wakan走廊의 阿里加布/Aligiabu村)-아프가니스탄 /Afkhanistan/Afghanistan/

阿富汗의 페샤와르/Peshawar/白沙瓦, 파키스탄/巴基斯坦의 탁실라/Taxila와 마니키알라/Manikiala-인도(India)/서아시아(西亚)1. 天山北路: 西安(長安)-兰州-武威-張掖-嘉峪关-敦煌-哈密(Hami, Kumul)-乌鲁木齐(Urimqi, Urumqi, Ürümqi)-伊宁(Yining)-伊犁河(Yili He/Ili River)-알마타(Alma-Ata, Kazakhstan의 수도)-타시켄트(Tashikent, Uzbekistan의 수도)-아랄해-카스피 해-黑海-동로마의 비잔티움(콘스탄티노플/이스탄불)

3. 西域南路: 西安(長安)-兰州-武威-張掖-嘉峪关-敦煌-楼兰-若羌(Ruòqiang)-且末-尼 雅-和田(Hotan)-喀什(Kashi)-파미르高原(帕米尔高詢/蔥嶺, Pamir Mountians)-중앙아시아(中亚, 키르기즈스탄/Kirghizsstan, 타지키스탄 Tadzhikistan/Tajikistan, 아프가니스탄/Afkhanistan/Afghanistan)-인도(India)/ 서아시아(西亚)

이 길도 중국 陝西省의 長安(西安)에서 宁夏回族自治区 黄河와 渭河의 서쪽 兰州, 武威, 張掖과 嘉峪关을 거치는 河西走(廻)廊을 지나 실크로드(絲綢之路)의 요충지인 甘肅省 敦煌 莫高窟에서 시작한다. 敦煌에서 哈密-乌鲁木齐-伊犁河-알마타-타시켄트-동로마로 가면 天山(Tian Shan) 北路, 西安-敦煌-哈密-吐魯番(高昌国의 수도)-焉耆-庫尔勒-庫車(龜玆国)-阿克苏-喀什(Kashi/Kashkar/Kashgar)을 가면 西域北路(天山南路), 西安-敦煌-楼兰-若羌-且末-尼雅-和田-喀什으로 가면 西域南路가 된다. 또한 喀什(Kashi)에서는 파미르 고원(Pamir Mountians)을 지나 키르기즈스탄/Kirghizsstan, 타지키스탄/Tadzhikistan/Tajikistan, 아프가니스탄/Afkhanistan/Afghanistan을 거치면 터키의 비잔티움(콘스탄티노플/이스탄불), 이란과 인도의 세 방

향으로 나아갈 수 있다. 이들은 모두 新疆省 維吾尔自治区와 甘肅省에 위치하며 天山山脈(최고봉은 公格尔山으로 海拔 7,719m임), 타림 분지 (塔里木盆地, Tarim Basin)와 타크라마칸 사막(塔克拉瑪干沙漠. Takla Makan Desert)을 피하거나 우회해야 하기 때문에 만들어진 것이다. 중국의 汉·唐 나라와 로마 제국과의 만남은 필연적이다. 다시 말해 비잔티움(콘스탄티노플/이스탄불)과 西安(長安)이 시발점과 종착역이 된다.

언어연대학(言語 年代學, glottochronology)에 의하면 알타이어 (Proto-Altaic→ Proto-Northern & Peninsular Altaic(proto-Tungus-Korean-Japanese)에서 한국어와 만주어(Proto-Tungus→ Manchu, Goldi, Evenki, Lamut)와의 분리는 지금으로부터 6,200년-5,500년 전이며, 일본어(Old-Janpanese)와 한국어의 직접 분리는 4,600년 전으로 추정된다고 한다. 또 이들 언어를 고고학적으로 비교해 볼 때 원시 한반도어는 빗살무늬토기(즐문토기)가 널리 제작되어 사용되던 신석기시대로, 또 신시베리아/퉁구스(Neosiberian/Tungus: 에벤키, 에벤, 라무트, 사모에드, 우에지, 브리야트, 골디 등)어는 무늬없는 토기(무문토기)가 사용되던 청동기시대와 일치시켜 볼 수 있다. 따라서 한국고대문화와 한민족의 기원을 언급하려면 구석기, 신석기(기원전 8000년-기원전 2000/1500년), 청동기시대(기원전 2000/1500년-기원전 400년)와 철기시대 전기(기원전 400년-기원전 1년)의 문화내용을 잘 파악하고 있어야 한다. 그리고 생화학(biochemistry)적 연구를 하는 학자들은 조직적 合成抗原의 유전자빈도수를 볼 때 한민족을 구성하는 인종은 북몽고 갈래이며, 약 13,000년 전 대빙하가 녹은 다음의 후빙하시대인 충적세의 따뜻한 기후와 함께 바이칼 호를 떠나 한반도에 정착한 것으로 생각한다. 또 지문, 콩팥의 흰자질, 쓸개의 붉은 홋집(ADA), 항체유전자, 혈청촉진흰자질 등으로 볼 때에도 우리 민족이 만주, 몽고, 티베트, 부리야트, 아이누, 고략족들과 유사하다고 주장한다.

알타이 지역에서 가장 연대가 올라가는 전기구석기시대 유적으로 고르노-알타이스크 시 근처 역석기가 나오는 울라링카(70-50만 년 전), 차간 아구이(Tsagan agui, 73만 년 전) 유적을 들 수 있는데, 그 연대는 발열광연대측정법[Thermoluminescence(TL) dating]으로 약 150만 년 전까지 올라가는 것으로 알려졌으나 지금은 그 연대가 수정되어 70-50만 년 전으로 추정되고 있다. 최근 중국의 周口店, 藍田, 한국의 丹陽 금굴과 상원 검은모루봉 등의 유적연대로 보아 이러한 연대가 될 가능성이 높다. 최근 몽고 켄테이 노로브린 소움 살키트 지구(Salkhit, Norovlin soum, Khentey province, 2006년 발견)에서 Mongolantropus 라고 명명한 호모 에렉투스(Homo erectus)의 두개골(30-28만 년 전으로 추정)이 발견되어 주목을 끈다. 그 다음에 오는 알타이 지역의 10만-4만 년 전의 중기구석기시대와 4만-1만 년 전의 후기구석기시대의 유적에 대한 발굴조사는 데니소바 기지를 중심으로 활발히 진행되고 있다. 다시 말하여 최근 오브 강의 상류인 야누이 강을 따라 중기에서 후기구석기시대 이르는 유적들이 노보시비르스크 역사·언어·철학연구소에 의해 여러 지점이 발견되어 수년 내로 조사가 진행 중이다. 여기에서 보이는 자갈돌석기문화는 267,000-24,000년에 해당한다.

현재 데니소바 기지를 중심으로 발굴하고 있는 중기-후기 구석기시대 유적은 데니소바 동굴유적(22층의 연대는 282,000년 전, 224,000년 전/상층은 4-3만 년 전), 야누이 제2 유적(27,000-20,000년 전), 우스트카라콜(31,000년 전), 스타라쉬나야(40,000년 전), 카민나야 동굴(31,300-11,900년 전), 카라 봄(33,000년 전)으로 모두 무스테리안의 석기가 나오는 중기 구석기시대 말에서 후기 구석기시대에 걸친다. 여기에 유적을 형성하고 살던 사람들은 어쩌면 우리 조상들과 관련이 될지 모른다. 이곳에 사람이 살기 시작한 것은 기후가 점차 따뜻해짐에 따라 북상해 간 맘모스의 출현과 관계가 깊다. 이 시대가 데니소바 기지 근처에서 발견되는 유적들의 연대와 비슷한 4-3만 년 전으로 후기구석기시대가 된다. 또 이웃 카자흐스탄이나 중앙아시아에서도 이 시기의 유적이 발견되는데 슈르빙카 집자리가 대표적이다. 예니세이 강 유역의 유스트코바 유적, 바이칼 호 호안의 이르쿠츠크 근처의 말타와 뷰렛 유적도 이 시기의 대표적이다. 특히 어린아이의 뼈가 발굴된 말타와 뷰렛 유적에서 각기 출토한 비너스라 불리는 풍요의 여신상은 시베리아에서 처음 발견된 것들이다. 이러한 여신상을 우리가 다산이나 풍요에 연결시켜 추측해 보지만, 오늘날 백인계 러시아 여인들이 30세 전후에 거의 대부분 이와 같은 여신상의 모습을 닮아가고 있음도 확인할 수 있다.

신석기시대 유적은 알타이 지역에서 뚜렷하지 않으나 이웃 카자흐스탄, 바이칼과 아무르 강 유역의 여러 곳에서 발견된다. 기원전 4000년경의 남쪽 카자흐스탄 보타이 집자리 유적에서는 말뼈가 한꺼번에 만여 점 이상이 나와 당시 이곳의 주민은 움집에 살며 말 사육을 하던 유목민들로 밝혀졌다. 중앙아시아 카자흐스탄의 잠불(Jambul) 지역, 바이칼 호 동쪽 흑룡강 상류 쉴카와 레나 강의 지류인 알단 강의 벨카친스크 유적 등에서는 우리나라의 빗살무늬토기와 유사한 토기들이 나타나고 있다. 바이칼 호 지역의 신석기시대 유적은 주로 앙가라 강을 따라 분포되어 있는데, 이들은 키토이, 이자꼬보, 세로보의 세 시기로 나누어진다. 첫 번째의 이자꼬보기는 기원전 4000년-기원전 3000년으로 이 시기의 주민은 주로 사냥에 의해 생계를 유지해 나갔다. 다음의 세로보기는 기원전 3000년-기원전 2000년의 바이칼 유역의 대표적인 신석기시대로, 이 시기에 활이 등장한다. 마지막의 세로보기는 다음에 올 아화나시에보 청동사용문화와 앞선 과도기시대로, 무덤에 철의 산화물이 들어있는 황토를 사용하고, 또 결합낚시도구를 이용해 고기잡이로 생계를 유지하였다.

전시대에 걸쳐 나타나는 토기를 통해서 보면, 이 지역에서 가장 오래된 토기는 織物 또는 押捺文 토기이며, 우리나라 신석기시대에 나타나는 빗살무늬토기양식은 청동기시대까지도 나타나고 또 벨카친스크 유적(기원전 4,020년)에서는 아가리 둘레에 點列을 몸통부분에는 壓引繩蓆文이 있는 토기가 출토되고 쉴카 동굴유적에는 몸통부분에 문양이 없는 아가리무늬−뾰족밑토기가 보인다. 그래서 쉴카토기는 두만강유역의 신석기시대전기의 아가리무늬와 동일한 토기전통을 가진 것으로 바이칼, 레나, 아무르 지역에 북유럽의 빗살무늬계통의 토기가 들어오기 전에 있었던 것으로 주장되기도 한다.

시베리아 신석기문화를 지역적으로 서부 시베리아와 레나 강 유역의 둘로 나누는데, 바이칼 지역의 문화는 이들 두 지역의 혼합문화로 보고 있다. 오늘날의 백인종과 유사한 집단인 고아시아어족이 수렵과 어로의 경제적인 배경을 가진 이 지역의 신석기문화 주인공이라면, 이들도 우리와 관련이 있는 문화로 보는 것이 좋겠다. 현재 이 지역에 남아있는 신시베리아/퉁구스[Neosiberian/Tungus: 에벤키(鄂溫克), 에벤, 라무트, 사모에드, 우에지, 브리야트, 골디(Goldi, a Nanai clan name, 허저/赫哲) 등은 퉁구스어족들인데 비해, 오히려 연해주, 캄차카나 베링해협 서쪽에 현재 살고 있는 꼬략, 축치, 길야크족들이 당시 이들 신석기시대의 주인공들로 여겨진다. 이것은 이 지역의 주인공인 고아시아어족이 퉁구스어족에 쫓겨나 오늘의 거주 지역으로 옮겨간데 기인한다.

충청북도 부여 송국리와 가까운 충남 연기 금남 대평리유적에서는 청동기시대 조기의 돌대문토기 이외에도 청동기시대 중기에 속하는 토기 바닥에 직경 3㎝ 내외의 구멍이 하나 뚫린 것이 나타나는데 이는 러시아 우수리 강의 얀콥프카나 리도프카 문화에서 보이는 것들이다. 최근 다른 청동기시대 중기의 유적에서 공렬토기와 함께 공반하는 경우가 많다. 러시아 동부 시베리아(프리바이칼 지역)의 신석기-청동기시대 편년은 Kitoi-Isakovo(기원전 4000년-기원전 3000년)-Servo(기원전 3000년-기원전 2000년)-Affanasievo-Okunevo-Andronovo의 순으로 되는데 우리나라에서 기원전 1000년-기원전 600년의 청동기시대 중기에 나타나는 공렬토기와 구순각목토기는 Isakovo와 Servo에서 이미 나타나고 있다. 그리고 충청남도 아산 탕정면 용두리, 경기도 가평 외서면 청평 4리, 경기도 광주시 장지동, 경기도 가평 설악면 신천리, 강원도 횡성 공근면 학담리와 춘천 거두리와 천전리에서 출토된 해무리굽과 유사한 바닥을 지닌 경질무문토기는 아무르 강 중류 리도프카 문화와 끄로우노프까(北沃沮, 黑龙江省 東宁県 團結村 團結文化) 문화에서도 보이고 그 연대도 기원전 3세기-서기 1세기 정도가 된다. 한반도의 철기시대에 러시아문화의 영향을 고려할 필요가 있다.

시베리아의 삼림지역에서의 생활양식은 빙하가 물러간 충적세 이후 유럽인들의 접촉이 있을 때까지 변화가 없었는데 이는 최근까지도 농사를 배제한 자연환경의 조건에 기인한다. 최근에도 이 지역에 채소가 모자라 극심한 경제난을 가중시켜 왔는데 이는 농경에 기반을 두지 않는 종래의 생활환경의 반영으로 보인다. 이렇듯 삼림지역은 어쩔 수 없이 세계에서 오지로 밀려나 있었다. 그러나 시베리아의 남쪽변경지대를 가로지르는 삼림-대초원과 대초원지대는 아시아 여타 지역의 문화변화에 민감하게 영향을 받고 있었다. 이지역의 청동기시대가 그러하다. 청동기시대는 아화나시에보, 안드로노보, 카라숙(Karasuk, 기원전 1300년-기원전 700년), 타가르(Tagar, 기원전 700년-기원전 200년)로 나누어진다.

서반부 대초원지대나 동쪽의 예니세이 계곡에 처음으로 식량생산이 알려 지게된 것은 기원전 2000년경으로, 아화나시에보라고 하는 문화의 담당자인 유럽계통의 종족에 의해서였다. 이들은 인도-유럽어족으로 그들의 유적은 볼가 강 하류와 아랄 해에서 발견된다. 이들은 낮은 封土무덤이라고 하는 쿠르간의 초기단계의 무덤을 사용하고 있다. 아화나시에보 토기는 아랄 해 근처의 켈테미나 문화에서 나타나는 것과 유사하며 무덤에서 나오는 조개장식도 아랄 해에서 얻은 것이다. 시베리아 남부 전역에 퍼져 있는 이 문화는 그들의 기동성을 잘 보여준다. 그들은 소, 양, 그리고 말을 기르며, 무덤은 주위에 둥글게 돌려놓은 호석이 있는 봉토분으로 그 속에 톱니무늬가 찍힌 토기가 함께 매장된다. 기술은 여전히 석기와 골각기를 만드는 수준이나, 가끔 약간의 구리 장식도 발견된다.

중상류 예니세이 강 근처 대초원 가운데 섬이며, 청동기시대의 중심지인 미누신스크 분지는 삼림으로 뒤덮인 산맥으로 둘러싸여 있다. 이 분지 내에서 커다란 변화가 자주 일어나는데, 아화나시에보 주민이 이웃 삼림지역에 살고 있던 주민들에 의해 대체되고 오쿠네보(기원전 2000년-기원전 1500년)라는 문화가 새로이 나타났다. 이들의 존재는 미누신스크 분지 내에 산재하고 있는 무덤유적에서 확인되고 있다. 그들의 경제와 문화에 대해서 잘 알려져 있지 못하지만 그들은 정복한 아화나시에보 주민들로부터 가축의 사육법을 그대로 전수받고, 또 초보적이긴 하지만 청동야금술도 알았던 것 같다. 돌과 뼈에 새긴 풍부한 예술품들은 인간과 동물을 사실대로 묘사해, 이것이 후일 세계의 유명한 미술전통의 하나가 된 대초원의 스키토-시베리안 동물문으로 발전해 나간 뿌리가 된 것이다.

야금술은 그다음의 안드로노보기(기원전 1500년-기원전 1000년)에 들어와서야 발견되는데, 그 시기는 기원전 약 1500년부터이다. 알타이

지역은 구리와 주석이 매우 풍부한 당시 광물의 주산지여서 자연히 시베리아 지역 야금업의 중심지가 되었다. 안드로노보 문화는 돈 강에서 예니세이 강에 이르는 동쪽 절반의 지역을 대표하며, 후일 중앙아시아와 시베리아 초원을 떠돌며 살아가던 주민들의 조상으로 볼 수 있다. 반대쪽의 서반부에는 이와는 달리 표도로브스카야(기원전 1600년-기원전 1300년), 이르멘스카야(기원전 1000년-기원전 800년)와 스키타이인의 조상으로 여겨지는 木槨墳문화(Timber grave culture)가 있었다. 그러나 그들 대부분은 인도-유럽어(印歐語)족의 갈래이다. 안드로노보인들은 유목민이 아니라 통나무로 만든 영구적인 반수혈주거지에 살며, 밀과 조를 재배하고, 소·말·양·돼지와 같은 가축을 키웠다. 그들의 무덤은 주위에 호석을 두르고 지하에 박공식의 지붕을 가진 통나무곽이나 石箱墳으로, 이들은 그들 사회에 상·하 계층이 뚜렷이 존재해 있었다는 증거를 처음으로 보여준다.

기원전 14세기경 카라숙(기원전 1300년-기원전 700년) 문화가 같은 지역에서 안드로노보 문화로부터 나온다. 여기에는 전자와 달리 계절적 이동이나, 양을 키우는데 있어서 필수적인 반유목적인 생활이 나타난다. 또 미누신스크 분지에는 관개시설도 보인다. 그들의 무덤은 낮은 봉토에 덮인 석상분이지만 그 주위에는 항상 방형의 호석이 돌려져 있다. 대규모의 카라숙 분묘들은 크고 영구적인 주거지에서 생활했음을 반영한다. 야금술은 대규모로 커지고, 많은 청동제품이 발견된다. 모직물도 알려졌으나, 그들의 옷의 대부분은 가죽이나 털로 해 입었다. 재갈의 발견은 시베리아의 대초원에서 처음으로 말을 타기 시작했음을 알려준다. 오쿠네보 문화에서 처음 나타났던 사실적인 동물 미술이 이시기에 와서는 청동장식문양으로 좀 더 뚜렷하게 발전하였다. 식량생산 겸 초원의 청동사용문화는 미누신스크 분지에서 부터 시작하였는데, 이제까지 약 40,000점 이상의 청동제품이 발견되었다. 또 아무르 강 유역이나 쿠치엘라를 포함하는 알타이 지역에서 발견되는 4-5백 점 이상의 암각화는 사슴, 동심원문, 방형문등이 주제가 되고 있는데, 이는 우리나라 울주 반구대(국보 285호)나 고령 양전동(보물 605호)에서 발견되는 암각화와 그 주제가 유사하다. 앞으로 이 지역의 암각화가 좀 더 조사되고 그 내용이 파악된다면 한국문화의 원류를 이해하는데 많은 도움을 줄 것이다. 여하튼 러시아의 최근 고고학적 조사는 도굴이나 파괴가 덜되었다고 생각되는 알타이 지역에 집중되고 있다.

기원전 7세기에서 서기 1세기까지 타가르(Tagar, 기원전 700년-기원전 200년)라 불리는 초기유목민이 미누신스크 분지를 제외한 다른 지역을 지배하고 있었다. 타가르 문화는 바이노보(기원전 8세기-기원전 7세기), 포드고르노보(기원전 7세기-기원전 6세기), 사가라쉬(기원전 5세기-기원전 3세기)와 테스(기원전 2세기-서기 1세기)의 넷으로 나누어진다. 유라시아 초원지대에 문화의 동질성이 보이고, 또 알타이 지역에서도 이 시기에 러시아 남쪽의 스키타이 문화와 공통점을 갖고 있었다. 인도-유럽어족의 동쪽 경계는 대개 예니세이 강 상류로 몽골로이드(황인종)와의 인종적인 혼혈이 이루어진 것은 기원전 5세기-기원전 3세기경의 사라가쉬기 동안이고, 서력기원 전후에는 시베리아 초원지대의 주민들은 대부분 황인종으로 바뀌었다. 또 기원전 4세기-기원전 2세기경이면 청동기가 철기로 대체된다. 사람들은 마차나 텐트에서 살며, 가축의 이동에 따라 함께 움직인다. 다른 주민들과의 무역이나 접촉은 기동성에 따라 그 범위가 대단히 넓어졌다. 전쟁이 다반사로 일어나, 말을 탄 전사들은 뛰어난 기동력을 바탕으로 한 군사적인 우월성으로 역사의 흐름이나 문화-기술적인 발달에 커다란 영향을 미쳤다. 중국, 근동과 유럽의 문명들이 항상 이들의 위협 속에 지나게 되는 것도 말을 이용한 뛰어난 기동력 때문이었다. 한마디로 말해 그들의 문화는 정착에서가 아니라 동쪽과 서쪽의 주민의 이동과 문화적인 교류로 인한 혼합이 결과적으로 나타나게 되었다. 이것은 파지리크 고분을 발굴했던 루덴코 박사의 이야기대로 인종적인 혼혈에까지 이르게 되었던 것이다.

그들 사회의 계층화는 장례의식에서 보여주는 바와 같이 상당히 발전하였다. 일반전사나 그의 부인은 조그만 봉토 아래 통나무로 짠 목곽분에 묻히고, 곽 주위나 그 위에는 말이 함께 매장된다. 남자는 무기, 여자는 거울이나 칼과 함께 매장된다. 옷에 부착된 장신구, 음식을 담던 항아리, 그 속에서 나온 양 꼬리 부분 등은, 당시에도 양고기가 오늘날과 마찬가지로 즐겨 먹던 음식임을 알려준다. 족장이나 높은 신분의 사람들은 무덤도 크고 그 속에 부장품도 풍부하게 들어가 있었다. 서기 1947년 루덴코에 의해 발굴된 파지리크 제5호를 비롯한 여러 쿠르간 봉토분을 보면 깊이 4-7m 폭과 길이 6-7m의 구덩이에 남쪽 절반은 통나무로 짠 목곽이 북쪽의 절반은 중앙아시아산의 종자가 매우 좋은 말 5-2마리에 생전의 장신구를 그대로 단채 순장되어 있었다. 통나무 목곽분은 내부가 채워진 다음 그 위에 돌을 쌓아 구릉을 만들었는데 그 구조는 庆州에 있는 新羅의 積石木槨墳과 비슷하다. 이것을 만드는데 연인원 3,000명의 노동력이 든 것으로 피장자 생전의 부와 권력이 그대로 입증이 된다. 왕묘에서는 주인공과 부인이 두터운 통나무 관에 묻혀 있는데, 아마도 부인은 殉葬으로 남편 곁에 묻힌 모양이다. 이는 아마도 인도-유럽어족의 오래된 습관으로 볼 수 있겠다. 대부분의 유물들은 매장 된지 얼마 되지 않아 도굴되곤 하였는데 파지리크 고분의 경우 당시의 기후에 의해 얼어버린 채 그대로 있어 고고학자들에게는 다행스럽게 많은 유물이 도굴되지 않고 그대로 남아 있게 되었다. 깔개, 벽걸이, 말안장용의 털 양탄자, 옷, 가죽제품뿐만 아니라 피장자인 족장의 몸에 그려 넣은 문신과 말의 내장 속에 들어있던 음식물도 고스란히 남게 되었다. 비록 도굴이 되어버렸지만 나타리 폴로시마크의 책임하에 발굴되었던 쿠투르쿤타스 스키타이 쿠르간 봉토분에서도 발굴시 곽내의 온도가 0℃로 양탄자들이 거의 언 상태로 남아 있었다. 특히 몰로딘 비아체스라브가 책임자로 있던 우코크의 발굴에서도 이런 식으로 물고기 모양의 양탄자가 나왔는데, 고기의 눈 위에 신라에서 자주 발견되는 曲玉문양이 묘사되어 있어 주목을 끈다. 신라의 적석목곽분의 무덤구조와 곡옥의 존재는 이곳의 무덤이 우리의 문화와 무관하지 않음을 보여주고 있다. 또 많은 물건들에서 흔히 보여지는 문양이 스키토-시베리안 동물문이다. 사자, 사슴, 말과 호랑이 등이 대표적인데, 우리나라 영천 어은동에서 말과 호랑이 그리고 김해 대성동에서 호랑이 모습을 한 허리띠 바클(帶鉤)이 나와 새삼 이곳의 문화와의 관련성에 놀라움을 금할 수 없다. 이러한 쿠르간 봉토분은 고르노 알타이 지역에서 파지리크를 비롯하여 베렐, 우코크, 우란드릭, 우스디드시베, 투에크타, 바샤다르, 카탄다의 9개소 모두 수천기이상이 발견되고 있으며 최근 우코크와 이웃 알타이어로 바보의 돌이라는 의미의 쿠투르쿤타스 지역에 위치한 쿠르간 봉토분(직경이 26m, 1991년 발굴)이 발굴되었다.

이와 같은 시기에 고립된 미누신스크 분지 내에는 타가르 문화(기원전 700년-기원전 200년)가 번성하고 있었는데, 이것은 앞선 카라숙(기원전 1300년-기원전 700년)의 문화전통을 강력하게 유지하고 있었으나, 그래도 많은 부분 동물양식미술과 같은 대초원지대의 요소를 함께 하고 있었다. 초기의 단계는 커다란 석상분을 이용한 수 만 개의 쿠르간 봉토분에 의해 대표된다. 말기에는 평민을 위한 여러 번에 걸쳐 사용된 집단묘가 나타나는데, 이는 청동기가 철기로 대체되는 시기와 일치한다. 서기 1세기경 미누신스크 분지는 바테노요보(서기 1세기-서기 3세기)와

텝세이(서기 3세기-서기 5세기)로 세분되는 타쉬트익(Tashityk, 서기 1세기-서기 5세기)로 알려진 주민들이 살고 있었는데, 이들은 동쪽으로 향해 문호를 넓혀 나갔다. 이는 아마도 몽골 지방에 있었던 匈奴를 통한 중국의 영향이나 동쪽 초원지방으로부터의 침입에 의한 것으로 여겨진다. 서기 6세기-서기 10세기경이면 突厥족이 몽골 서쪽으로부터 이주해 알타이 지역을 차지하면서 이후 이곳을 그들의 고향처럼 생각하게 되었다. 그리고 바이칼 호 근처에는 현재의 레나 계곡으로 이주한 부리야트족의 조상인 쿠리간족이 이시기에 농경을 하고 가축을 키우며 살았다.

스키타이인의 이동과 문화교류는 타슈켄트-알마아타-카라코룸을 잇는 다시 말해 북위 30°-35°선을 잇는 중앙아시아-오르도스-중국에 이르는 비단길 중의 하나가 이미 이 당시부터 형성되었다. 이것은 흉노, 타쉬트익(서기 1세기-서기 5세기), 돌궐(서기 6세기-서기 10세기), 위굴과 몽골(元나라, 서기 13세기-서기 16세기)과 그 다음에 오는 帝政 러시아와 같이 역사적으로 잘 알려진 종족이나 나라들의 연이은 흥망성쇠에 그 영향력을 크게 행사하였다. 따라서 알타이 지방을 중심으로 하는 산간과 초원지방은 동쪽과 서쪽의 문화와 인종을 결합하는 무대였다.

세계문화유산으로 등재된 할슈타트-다하슈타인 문화경관(Hallstatt-Dachstein Salzkammergut Cultural Landscape: 문화, 1997)은 기원전 2000년경 岩鹽을 채취하고 벌목하던 시절부터 구라파의 철기시대(기원전 12세기-기원전 6세기/A: 기원전 12세기-기원전 11세기, B: 기원전 10세기-기원전 8세기, C: 기원전 7세기, D: 기원전 6세기의 4기)를 거쳐 서기 20세기 중반에 이르기까지 번영을 누린 할슈타드 호반(Hallstätter See)에 자리한 서기 19세기-서기 20세기의 풍족하고 고풍스런 주택들로 들어찬 할슈타트 시, 이 시를 둘러싸고 있는 알프스 산록의 풍경과 고사우 계곡의 수려한 환경을 지닌 잘쯔캄머구트(Salzkammergut) 지역을 포함한다. 이곳은 잘쯔캄머구트(estate of the salt chamber) 말이 의미하듯이 소금 광산의 채굴로 인해 이 시를 부유하게 유지해 왔으며 이것은 할슈타트 시의 건축물에서도 잘 반영된다. 합스부르그 왕가(Habsburg/Hapsburg, 서기 1278년-서기 1918년)에서도 독자적으로 운영할 만큼 'Imperial Salt Chamber'란 말도 만들어진다. 기원전 500년경 켈트(Celt)족의 선조인 할슈타트인들은 주거의 흔적도 없이 자취를 감추었으나 그들이 쓴 분묘와 그 속에서 나온 철검 손잡이의 안테나식 장식은 멀리 우리나라의 세형동검(韓国式銅劍)에까지 영향을 미친다. 즉 英国 大英博物館 소장의 '鳥形柄头 細形銅劍'이 우리나라에서 철기시대 전기(기원전 400년-기원전 1년)의 대표적인 유물인 세형동검의 자루 끝에 '鳥形 안테나'가 장식된 안테나식 검(Antennenschwert, Antennae sword)으로 보고, 그것이 오스트리아 잘쯔캄머구트 유적에서 시작하여 유럽의 철기시대의 대명사로 된 할슈탓트 문화에서 나타나는 소위 'winged chape'(날개달린 물미)에 스키타이식 동물문양이 가미되어 나타난 것으로 보인다. 이러한 예는 대구 비산동 유물(국보 137호)을 포함해 4점에 이른다. 그리고 오늘날 그곳에 살고 있는 주민들은 현재 서기 12세기 이래의 전통인 二次葬을 하면서 조상의 두개골을 따로 한 곳에 보관하고 있다.

辽宁省 阜新市 阜新县 沙拉乡 查海村 朝力馬营子(阜新蒙古族自治县, 기원전 6000년경)−興隆洼[8000-7600 B.P/趙寶溝(7400-6700 B.P)−富河]−紅山(6500-5000 B.P/기원전 3600년-기원전 3000년)−小河沿(기원전 3000년경 이후), 小珠山−後洼, 新樂(기원전 4500년경)−偏堡子(辽宁 新民, 기원전 3000년경)와 彭头山−河姆渡−馬家浜−崧澤−良渚−楚로 이어지는 문화 계통들도 고려된다. 偏堡子(辽宁 沈阳 新民市 張屯乡, 偏堡子村, 서기 1956년 조사, 기원전 3000년-기원전 2500

년)로 이어지는 문화계통에는 內蒙古 赤峰市 夏家店 하층문화[內蒙古 早期青銅文化, 3965±90 B.P(2015 B.C; 校正연대 2410 B.C), 기원전 22세기-기원전 11세기, 기원전 2000년-기원전 1500년, 4000 B.P-3200 B.P]→ 夏家店 상층문화(西周-春秋早期, 기원전 8세기-기원전 3세기의 青銅文化로 內蒙古 辽宁省 辽河 一帶에 분포, 戈, 矛, 短劍, 鏃, 飾牌青銅器가 발견된다]→ 요녕 朝陽시 魏營子문화(기원전 14세기-기원전 7세기)→ 凌河문화(기원전 10세기-기원전 4세기, 十二台營子)로 발전하는데 여기에는 비파형동검(琵琶形/辽宁式/满洲式/古朝鮮式銅劍)이 나와 우리 古朝鮮문화와의 관련도 언급된다. 이제까지 알려진 夏나라보다 약 800년이나 앞서는 紅山문화에 속하며 祭壇, 女神廟와 積石塚 등이 발굴된 辽宁 朝阳市 東山嘴[辽宁省 朝阳市 喀左县 兴隆庄乡章 京营子村 东山嘴屯, 新石器时代 红山文化晚期, 女神廟, 祭壇, 積石塚/石棺墓(周溝石棺墓) 20기, 大型祭祀性遗址, 동양의 비너스로 불리는 女性陶塑像편, 孕妇陶塑像편, 双龙首玉璜饰, 绿松石鸮(효, 올빼미, awl), 彩陶祭器, 기원전 3600년-기원전 3000년]와 朝阳市 建平 牛河梁[辽宁省 朝阳市 建平县 富山街道와 凌源市 凌北街道의 경계, 新石器时代 红山文化晚期, 女神庙, 积石冢, 玉壁, 云形玉佩, 扁圓形玉环, 圓桶形 馬啼形/箍(고)形玉器, 玉鸟, 玉鸽, 玉龟, 玉鱼, 玉兽 등, 5500년-5000년 전]유적으로 대표된다. 紅山문화(4,900-5,500년 전, 기원전 4000년-기원전 3000년으로 올라가나 중심연대는 기원전 3000년-기원전 2500년경)는 1935년 초 赤峰市 紅山后에서 발견된 것으로 그 범위는 내몽고 동남부를 중심으로 辽宁 서남, 河北 북부, 吉林서부에까지 미친다. 경제생활은 농업과 어로가 위주이고 석기는 타제와 마제석기를 사용하였다. 주요 유적들은 內蒙古 邪斯台村, 辽宁 朝阳市 喀左 東山嘴 冲水溝(기원전 3000년경), 朝阳市 建平 牛河梁을 비롯하여 蜘蛛

山, 西水泉, 敖汉旗三道湾子, 四楞山, 巴林左旗 南楊家營子들이다. 특히 辽宁 喀左 東山嘴와 建平 牛河梁유적에서는 祭壇(三重圓形), 女神廟(東山嘴 冲水溝의 泥塑像, 여기에서 나온 紅銅/純銅의 FT(Fission Track dating, 우라늄이 포함된 광물이나 유리질의 핵분열에 기초)연대는 4298±345 B.P/2348±345 B.C, 3899±555 B.P/1949±555 B.C, C^{14}의 연대는 5000±130 B.P/3150±130 B.C가 나오고 있다), 積石塚(牛河梁 馬家溝 14-1, 1-7호, 1-4호, 祭器로서 彩陶圓筒形器가 보임), 石棺墓(2호), 禮器로 만들어진 玉器[龙, 渚(묏/멧돼지), 매, 매미, 거북 자라 등의 動物, 상투(結髮, 魋結)를 위한 馬啼形/箍形玉器(趙寶溝, 14-a), 環, 璧, 玦 등 100건 이상], 紅陶와 黑陶가 생산된 橫穴式窯와 一·二次葬을 포함하는 土坑竪穴墓(水葬·風葬·火葬) 등이 알려져 있다. 河南省 南陽市 북쪽에 위치하는 独山[中国 四大名玉 산지 중의 하나인 独山(玉潤独山, 海拔 367.8m)에서 산출되는 玉은 독산으로부터 3㎞ 떨어진 6,000년 전의 玉鏟이 출토한 南陽市 臥龙区 蒲山鎮 黃山村 黃山 신석기시대 晚期의 遺址로부터 잘 알려져 있으며, 南阳玉, 河南玉, 独山玉(bright green jadeite, nephrite jade)으로 불린다. 옥의 主要 组成矿物로는 斜长石(anorthite)을 중심으로 黝带石(zoisite), 角閃石(hornblende), 透辉石(Pyroxene), 铬云母(Fuchsite; chrome mica), 绿帘石(epidote), 阳起石(Tremolite, Tremolite asbestos Actinolite) 등이 있다. 이곳에서 옥은 多色性으로 綠色, 藍色, 翡翠色, 棕色(褐色), 红色, 白色, 墨色 등 7가지 색이 나타나며, 白玉에서 미얀마/버마/Myanmar(緬甸, 서기 1989년 이후 Burma의 새로운 명칭)에서 나오는 翡翠와 유사한 옥에 이르기까지 다양하게 산출된다] 및 密県의 密玉(河南省 密県에서 산출하는 河南玉 또는 密玉이라고도 함), 辽宁省 鞍山市 岫岩 满族自治県(中国 四大名玉산지 중의 하나), 甘肅省 酒泉,

陝西省 藍田, 江蘇省 栗陽 小梅岭, 內蒙古 巴林右旗 靑田(巴林石, 靑田石)과 멀리 新疆省 和田과 新疆 昌吉県 瑪納斯에서부터 당시 상류층에서 필요한 玉, 碧玉과 翡翠의 수입 같은 장거리 무역관계도 형성해나갔던 것 같다. 홍산문화에서 나타나는 옥기들은 鞍山 岫岩玉(満族自治県)이 이용되었다. 홍산 문화에서 査海(6925±95 B.P, 7360±150, 7600±95 B.P 7500-8000년 이전)의 龙纹陶片과 興隆窪(기원전 6200년-기원전 5400년, 7500-8000년 이전)의 石头堆塑龙形图腾崇拜, totemism를 거쳐 玉猪龙이 사슴·새→ 묏/멧돼지용(玉渚龙)에서→ 龙(C形의 玉雕龙으로 비와 농경의 기원)으로 발전하는 图上의 확인뿐만 아니라 紅山岩畵에서 보이는 종교적 무당 신분의 王(神政政治, theocracy)에 가까운 혈연을 기반으로 하는 階級社會 중 복합족장사회(complex chiefdom) 또는 그 이상의 단계인 文明社會를 보여주고 있다. 劣等自然教는 精靈崇拜(animism)→ 토테미즘(totemism, 图腾崇拜)→ 巫教(shamanism)→ 祖上崇拜(ancestor worship)로 발전하는데 이곳 홍산문화에서는 샤만의 원형을 잘 유지하고 있다고 생각되는 고아시아족(Palaeoasiatic people, Palaeosibserian people) 중 축치족(러시아의 Chukotka에 사는 Chukchee/Chukchi족)에서와 같이 見靈者, 豫言者와 醫療者의 역할을 할 수 있는 巫教(샤마니즘, 薩満教)의 무당 신분의 王이 중심이 된다. 도시와 문자의 존재로 대표되는 문명의 발생에 神政政治(theocracy)와 그에 뒤이어 世俗王權政治(secularism)가 나타난다. 여기에는 만신전(pantheon of gods)과 함께 이에 필요한 공식적인 藝術樣式도 나타난다. 이는 남미의 챠빈(Chavin de Huántar, 기원전 900년-기원전 200년/기원전 750년-기원전 400년, 전성기에는 약 3,000명이 거주)문명이 武力이나 軍隊를 사용하지 않고도 고도의 챠빈문화를 700년-800년 이상 유지했던 것은 지배층 司祭를 중심으로 산

페드로 선인장(san-pedro-cactus)에서 추출한 환각제를 사용해서 음악과 춤을 배합한 일종의 챠빈교의 永續性을 유지하려던 정교한 宗敎儀式을 행했던 것처럼 홍산문화도 이와 유사한 神政政治의 모습을 보여준다고 추측된다. 이는 夏·商·周과 같은 고대 중국에 있어서 藝術(art), 神話(myth)와 儀式(ritual) 등은 모두 政治体 또는 정치적 권위에 이르는 과정을 언급한 張光直의 견해와도 일치한다. 그러나 甲骨文字와 같은 문자가 없었던 것이 주목된다. 또 그 사회는 母系氏族社會에서 父系氏族社會로 발전하고 있었다. 그러나 이는 結繩文字(매듭문자, 퀴푸, Quipu)가 문자를 대신하는 잉카와 특히 종교적 예술양식의 분포와 문화적 특질'에 바탕을 둔 호라이존(Early Horizon, 차빈/Chavin), 중기 호라이존(Middle Horizon, 티아우아나코/Tiahuanaco/Tiwanaku)과 말기 호라이존(Late Horizon, 잉카/Inca, 서기 1438년-서기 1532년)으로 편년하는 페루 지역에서와 같이 玉의 사용과 전파가 문자를 대체하여 나타나는 계급 또는 종교적 예술적 상징(symbolism)로 보인다. 그래서 홍산문화는 垓字가 돌린 성역화 된 積石塚/石棺墓(周溝石棺墓)이 나타나는 계급사회, 옥을 바탕으로 종교 제사유적을 바탕으로 하는 중국 동북부 지역에서 나타난 최초의 문명이라 할 수 있다. 이 유적은 기원전 4000년-기원전 3000년으로 중국고학편년 상 산석기시대 晚期/後期에 속한다. 대개 문명은 청동기시대에 나타나는 것으로 알려져 있으나 시리아의 텔 카라멜(Qaramel, Tel Qaramel, Tel al-Qaramel)은 기원전 11000년-기원전 9650년, 터키 산리우르화(Şanliurfa 이전의 Urfa/Edessa)읍의 동북쪽 아나톨리아 고원 동남쪽 쾨베크리 구릉(Göbekli Tepe, Potbelly Hill)은 기원전 9130년-기원전 8800년(9559 ±53 B.C), 기원전 9110년-기원전 8620년(9452±53 B.C)의 연대를 보인다. 텔 카라멜 유적은 제리코(Jericho) 유적보다도 약 2,000년, 수메르 문명이나 피라미드의 축조보다 적어도 약 6,000년 이상이 앞선 의례 중심지(ceremonial center)이다.[21] 홍산문화 중 趙寶溝文化의 陶器에

---

21) 텔 콰라멜 (Qaramel, Tel Qaramel, Tel al-Qaramel) 유적은 시리아북부 알레포(Aleppo) 북쪽 25㎞, 타우루스(Taurus) 산맥의 남쪽으로 65㎞ 떨어지고 쿠웨이크(Quweiq)강 옆에 위치하며 무토기신석기시대(the Pre-Pottery Neolithic A)에서 헬레니즘(기원전 304년-기원전 30년)까지 포함하는데 서기 1970년도 후반부터 조사되기 시작하였다. 무토기신석기시대(the pre-pottery Neolithic phase)의 유적은 3㏊의 범위로 서기 1999년 이후 폴란드 바르샤바 대학교 마주로우스키(Prof. Ryszard F. Mazurowski of Warsaw University) 교수에 의해 발굴되고 있다. 동물의 사육이나 식물의 재배가 없던 단계에 이곳에서 돌로 지어진 주거지가 확인되었다. 특히 여기에서 5개의 둥근 石塔의 기단부가 발견되었는데 직경은 6m, 벽 두께는 1.5m이다. 방사선탄소연대(C14)는 기원전 11000년-기원전 9650년이 나왔는데 동물의 사육이나 재배의 흔적 없이 영구주거 유적으로 이제까지 이 관계 유적으로 가장 연대가 올라가는 제리코(Jericho, 서기 1949년 요르단, 서기 1967년 이스라엘 1994년부터 팔레스타인 자치 정부/Palestinian Authority에 귀속) 유적보다도 약 2,000년 앞서는 세계 최초의 것으로 추정된다. 그리고 터키 산리우르화(Şanliurfa 이전의 Urfa/Edessa)읍의 동북쪽 아나톨리아 고원 동남쪽 쾨베크리 구릉(Göbekli Tepe, Potbelly Hill, 높이 15m 직경 300m의 구릉, 서기 1994년 발견)에서 금속이나 토기조차 사용하지 않았던 초기 신석기시대 사람들이 11,000년 전 거대한 돌로 울타리를 두른 세계 최초의 신전(sanctuary)이 독일 고고학연구소 슈미트(Klaus Schmidt, the Deutsches Archäologisches Institut)에 의해 발굴되었다. 神殿은 III층에서 보이며 울타리(Enclosure)로 구성된 유구가 20여 개로 T자형 A 석주(높이 5.7m, 2ton) 2의 수소, 여우, 학, 멧돼지가, 울타리 T자형 C 석주 27의 사자와 같은 포식성 동물이외에도 다른 석주에는 거위, 새, 곤충과 추상화한 인간 등이 浮彫로 새겨져 있는데 신전의 연대는 기원전 9130년-기원전 8800년(9559±53 B.C), 기원전 9110-기원전 8620년(9452±53 B.C)이다. 이 유적은 기원전 3000년경의 수메르 문명이나 피라미드의 축조보다 적어도 약 6,000년 이상이 앞선 의례중심지(ceremonial center)이다. 이 유적에 대해 아직 해석이 분분하지만 노아의 方舟(Noah's Ark)와 관련된 터키 영내의 아라라트(Ararat)산과 연계시켜 方舟에 실린 동물들이 이곳의 석주들에 묘사된 것이 아닌가도 해석하고 있다.

서 보이는 토기문양 중 갈 '之' 문양은 평북 의주 미송리와 경남 통영 상노대노에서, 玉玦은 경기도 파주 주월리와 강원도 고성 문암리에서 나타난다. 周溝石棺墓는 강원도 홍천 두촌면 철정리, 강원도 춘천 천전리, 충남 서천 오석리와 경남 진주 대평 옥방 8지구 등에서 보여 홍산문화와 한국의 선사문화의 관련성이 점차 증가하는 추세이다.

興隆洼[8000-7600 B.P/趙寶溝(7400-6700 B.P)-富河]-紅山(6500-5000 B.P/기원전 3600년-기원전 3000년)-小河沿(기원전 3000년경 이후), 小珠山-後洼, 新樂(기원전 4500년경)-偏堡子(辽宁 新民, 기원전 3000년경)와 彭头山-河姆渡-馬家浜-崧澤-良渚-楚로 이어지는 문화 계통들도 고려된다. 여기에는 內蒙古 赤峰市 夏家店문화도 언급된다. 偏堡子(辽宁 沈阳 新民市 張屯乡, 偏堡子村, 서기 1956년 조사, 기원전 3000년-기원전 2500년)로 이어지는 문화계통에는 內蒙古 赤峰市 夏家店 하층문화[內蒙古早期青銅文化, 3965±90 B.P(2015 B.C; 校正연대 2410 B.C), 기원전 22세기-기원전 11세기, 기원전 2000년-기원전 1500년, 4000 B.P-3200 B.P]→ 夏家店 상층문화(西周-春秋早期, 기원전 8세기-기원전 3세기의 青銅文化로 內蒙古 辽宁省 辽河一帶에 분포, 戈, 矛, 短劍, 鏃, 飾牌青銅器가 발견된다.]→ 요녕 朝陽시 魏營子문화(기원전 14세기-기원전 7세기)→ 凌河문화(기원전 10세기-기원전 4세기, 十二台營子)로 발전하는데 여기에는 비파형동 검(琵琶形/辽宁式/满洲式/古朝鮮式銅劍)이 나와 우리 古朝鮮문화와의 관련도 언급된다.

이제까지 알려진 夏(기원전 2200년-기원전 1750년)나라보다 약 800년이나 앞서는 紅山(기원전 3600년-기원전 3000년)문화는 서기 1935년 초 赤峰市 紅山后에서 발견된 것으로 그 범위는 내몽고 동남부를 중심으로 辽宁省 서남, 河北 북부, 吉林서부에까지 미친다. 경제생활은 농업과 어로가 위주이고 석기는 타제와 마제석기를 사용하였다.

주요 유적들은 內蒙古 那斯台村, 喀左 東山嘴 冲水溝(기원전 3000년-기원전 2500년경)와 建平 牛河梁유적을 비롯하여 蜘蛛山, 西水泉, 敖汉旗三道湾子, 四棱山, 巴林左旗南楊家營子들이다. 특히 辽宁 喀左 東山嘴와 建平 牛河梁유적에서는 祭壇(三重圓形), 女神廟(東山嘴 冲水溝의 泥塑像, 여기에서 나온 紅銅/純銅의 FT(Fission Track)연대는 4298±345 B.P, 3899±555 B.P C¹⁴의 연대는 5000±130 B.P가 나오고 있다), 積石塚(牛河梁 馬家溝 14-1, 1-7호, 1-4호, 祭器로서 彩陶圓筒形器가 보임), 石棺墓(2호), 禮器로서의 鞍山 岫岩玉으로 만들어진 玉器[龙, 渚(묏돼지), 매, 매미, 거북 자라 등의 動物, 상투(結髮, 魋結)를 위한 馬啼形玉器(14-a), 環, 璧, 玦 등 100건 이상], 紅陶와 黑陶가 생산된 橫穴式 窯와 一·二次葬을 포함하는 土坑竪穴墓(水葬·風葬·火葬) 등이 알려져 있다. 이 홍산문화에서 興隆洼(8000-7600 B.P)에서 보이는 玉渚龙이 사슴·새-묏돼지용(玉渚龙)에서 龙(C形의 玉雕龙으로 비와 농경의 기원)으로 발전하는 图上의 확인뿐만 아니라 紅山岩畵에서 보이는 종교적 무당 신분의 王(神政政治, theocracy)에 가까운 최소한 족장(chief) 이상의 우두머리가 다스리는 階級社會 또는 文明社會를 보여주고있다. 토기문양 중 '之' 문양은 평북 의주 미송리와 경남 통영 상노대노에서, 玉玦은 경기도 파주 주월리와 강원도 고성 문암리에서 나타난다. 해자가 돌린 성역화된 적석총/석관(周溝石棺墓)은 강원도 홍천 두촌면 철정리, 강원도 춘천 천전리, 충남 서천 오석리와 경남 진주대평 옥방 8지구 등에서 보여 紅山문화와 한국의 선사문화의 관련성이 점차 증가하는 추세이다. 이들도 스키타이-흉노와 마찬가지로 한국문화의 기원의 다양성을 알려준다.

그리고 商나라(상문명)의 競爭者인 四川省의 羌族의 것으로 추정되는 四川省 广汉県 興鎮 三星堆 祭祀坑[기원전 1200년-기원전 1000년

경: 1호 坑은 商晚期, 2호 坑은 殷墟(기원전 1388년-기원전 1122/기원전 1046년)晚期] 및 蜀国初期都城(四川省 成都 龙馬寶墩 古城, 기원전 2750년-기원전 1050년이나 기원전 16세기가 중심: 商代早期)의 国政을 점치거나 또는 제사용으로 사용되었을 것으로 추정되는 청동기와 土壇 유적 등도 종래 생각해오던 중국문명의 중심지역뿐만 아니라 상의 영향을 받아 주변지역에서도 청동기의 제작이 일찍부터 시작되었다는 새로운 사실들이 밝혀지고 있어 중국 청동기문화와 文明의 다원화에 대한 연구를 가능하게 만들고 있다. 최근 殷墟출토와 三星堆의 청동기 假面의 아연(zinc, Zn)의 동위원소를 분석한 결과 産地가 같다는 결론도 나오고 있어 신석기시대 이래 청동기시대 문화의 多元性과 아울러 상나라의 지배와 영향 등의 새로운 해석도 가능해진다.

그리고 紅山문화와 마찬가지로 玉器의 제작으로 유명한 良渚(浙江省 杭州市 余杭区 良渚鎭)문화(기원전 3350년경-기원전 2350년경)에 속하는 余杭 甁窯鎭 匯觀山 제단을 비롯한 余杭 反山과 瑤山에서 출토한 玉으로 만든 琮·璧·鉞은 神權·財權·軍權을 상징하는 것으로 정치권력과 군사통수권을 가진 족장사회(chiefdom)를 넘어선 국가와 같은 수준의 정치적 기반을 갖춘 정부조직이 있었으리라는 추정도 가능하게 한다. 후일 周禮 春官 大宗伯에 보이는 "以玉作六器 以禮天地四方 以蒼璧禮天 以黃琮禮地 以靑圭禮東方 以赤璋禮南方 以白琥禮西方 以玄璜禮北方 皆有牲幣 各放其器之色"라는 六器 中 琮·璧·璜과 유적에서 나오는 鉞의 네 가지 祭禮重器라는 玉器가 이미 앞선 良渚文化에서 나타나고 있다. 그리고 이곳에서 사용된 玉器의 재료는 江蘇省 栗陽 小梅岭에서 가져온 것으로 보인다. 玉玦은 이미 경기도 파주 주월리와 강원도 고성 문암리에서, 叉와 비슷한 것은 경기도 연천 군남면 강내리, 圭는 황해도 봉산 지탑리유적[CXX(120)-14]과 경기도 연천 중면 횡산리에서 출도되고 있다. 그리고 여기에 '王'자에 가까운 刻畵文字, 莫角山의 土城(堆筑土의 古城), 瑤山 7호와 反山 23호의 王墓, 滙觀山의 祭壇 등의 발굴 자료는 良渚文化가 이미 족장사회를 넘어선 古代国家 또는 文明의 단계로 인식되고 있는 실정이다. 이미 요새화한 版築城은 河南省 安阳 後崗, 登封 王城崗, 淮陽 平糧台, 山東省 章丘 龙山鎭 城子崖 등 龙山문화에서부터 이미 나타나고 있는 점은 앞으로 중국 고고학의 사회발전단계의 연구에서 해결되어야 할 문제점이다.

그리고 중국북방의 匈奴는 기원전 3세기에서 서기 약 460년까지의 약 700년간 존속했다. 현재의 兰州-武威-張掖의 內蒙古 蒙古高原지대를 중심으로 北狄 獫狁(험윤, 흉노의 옛 이름, 중국발음으로 獫狁과 葷粥은 匈奴와 같음), 葷粥(훈육, 흉노의 옛 이름) 山戎이 있으며 周(戰国): 戎狄, 秦 月氏 匈奴 东胡, 汉: 丁零 鮮卑, 魏晋 南北朝: 高車 柔然, 隋 鐵勒 突厥, 唐: 東突厥, 回鶻(회흘, 回紇), 契丹 黠戛斯 阻卜 西夏, 辽 乃蛮 克烈, 金 大蒙古国, 元·明: 北元/韃靼 喀爾喀蒙古, 清中华民国 蒙古国 中华人民共和国 蒙古人民共和国, 蒙古国으로 맥을 이어오고 있다. 흉노는 유럽에서 시베리아를 거쳐 오는 欧亞大陸의 游牧民族으로 기원전 209년-서기 30년 蒙古中心의 国家를 형성하였다. 《史記》나 《汉書》 등에서 보면 汉朝時 강대한 유목민족, 기원전 215년 黃河河套地区로 쫓겨나고 東汉時 분열을 일으켰다. 前汉 말 王莽이 新을 건국한 후 흉노와 중국의 관계는 악화되어 흉노는 다시 중국을 침입하기 시작하였다. 匈奴는 匈奴王인 呼韓邪單于(기원전 58년-기원전 31년 재위) 이후 한과 흉노 사이에는 평화관계가 유지된다. 그러나 新(서기 9년-서기 25년)의 건국 후 新을 건국한 王莽은 儒敎에 입각하여 주위의 이민족은 반드시 그들에게 복속해야 한다는 강경한 정책을 고집하며 이에 흉노를 비롯한 주변 제 민족은 크게 반발하게 된다. 결국 흉노는 서기 21년(新 王

莽 地皇 2년) 반란을 야기하였다. 이에 王莽은 "匈奴單于"를 '降奴服于'라고 모멸하여 부르고 12장군에 대군 30만을 주어 흉노 토벌을 감행했으나 내부적 문제로 실패한다. 또한 이 사이에 西域諸国에서도 반란이 일어나 新에서 이탈하여 버리게 된다. 이후 중국은 곧 내란에 휩싸이게 되고 그 사이에 흉노는 다시 서역제국에 대한 영향력을 회복하게 된다.

남흉노의 日逐王 比[醞落尸逐鞮単于 呼韓邪單于(?-55년)로 이름은 比이며 匈奴烏珠留若鞮單于의 아들로 처음에는 右日逐王으로 불리었다. 서기 48년 南匈奴로 분리하고 서기 49년 北匈奴를 공격하였다. 그리고 한나라에 의해 오르도스/河套地区에 거주하게 되었다]는 前汉에 투항했던 呼韓邪單于의 손자로 흉노의 남방 및 烏桓을 통치하고 있었다. 后汉은 그가 투항하자 그의 조부의 칭호와 같이 呼韓邪單于의 칭호를 주었고 前汉 때와 마찬가지로 한과 연합하여 북흉노를 몰아냈다. 한편 남흉노와 后汉제국의 연합으로 고립된 북흉노는 后汉 1대 光武帝 建武 27년(서기 51년) 后汉에 사신을 보내 화친을 청하였으나 남흉노의 입장을 고려한 光武帝는 이 和親 제의를 거절하고 그 대신에 絹, 帛 등을 보내 회유, 무마하였다. 2대 明帝시대에 북흉노가 북변을 침입하고 다시 화친을 제의하였으므로 明帝는 북흉노의 변경침탈을 중지시키기 위해 북흉노의 和親을 수락하고, 永平 8년(서기 65년)에 사신을 파견하였다. 북흉노의 경우《后汉書》匈奴列傳의 "南部攻其前, 丁零寇其後, 鮮卑擊其左, 西域侵其右"이라는 기록에서 보는 바와 같이 사방에서 汉, 丁零, 鮮卑, 西域 제국의 압력을 받자 고비사막 북쪽에서 몽고 오르혼 강 서쪽으로 밀려난다. 后汉(서기 25년-서기 220년)은 서기 89년(和帝 永元 1년)-서기 91년에 남흉노와 연합하여 대토벌을 감행해서 그 주력을 金微山(지금의 알타이산맥)에서 제거한다. 이들을 훈(Hun)족으로 보기도 한다. 이후 잔여세력은 서쪽으로 이동을 시작해서 후에

서기 4세기에는 러시아 볼가 강에 이르는 소위 '훈족의 대이동'이 일어난다. 북쪽 헝가리, 불가리아, 독일, 프랑스와 스페인 일대에 살고 있던 훈(Hun)족, 골(Gaul), 동고트(Ostrogoth), 서고트(Visigoth), 반달(Vandal), 프랑크와 롬바르드 등의 계속적인 공격과 약탈에 의해 서기 476년 서로마제국은 멸망한다. 匈奴(Huns)로 알려진 아틸라(Attila)족은 서기 375년 고트족의 영역에 침입, 서기 410년 서고트에 패하나, 서기 448년 아틸라 왕은 현 헝가리에 아틸라 왕국을 세워 황제가 된다. 아틸라 왕은 서기 451년 서로마 아이티우스 장군이 이끈 고트 등의 부족 연합군과 프랑스 오르레앙 카타로니아에서 벌린 샬롱 전투에서 패하여 서로마제국 정벌에 실패한다. 이때 사라진 북흉노는 古西域의 烏孫의 유목지구를 거쳐 康居까지 가며 그들은 Alani(Alans, 阿爛那人: 흑해 북동쪽에 거주하며 서기 1세기 로마기록에 나타나는데, 서기 370년경 훈족에 의해 멸망함)을 몰아내고 돈 강 유역까지 진출하는 것으로 추측된다. 북흉노가 떠난 이후 몽골 고원에는 南匈奴가 중국의 番兵 역할을 하며 오르도스 및 山西省 일대에서 북방을 방어하였다. 후한은 南匈奴의 군대를 용병으로 활용하여 鮮卑, 烏桓, 羌 등을 토벌하기도 하였다. 흉노 單于 於扶羅의 아들 刘豹[呼廚泉의 조카이며, 前趙(汉)의 황제 刘淵(서기 252년?-서기 310년, 재위: 서기 304년-서기 310년의 아버지]가 서기 202년 반란을 일으켰으나 曹操가 보낸 장군 鍾繇(종요)에 대패하여 조조에게 귀순했다. 그래서 三国時代(서기 220년-서기 280년)에 들어와서 흉노는 유명무실하게 되고 흉노는 5부로 재편되어 중국의 실질적인 통제를 받게 되었다. 흉노는 언어학적으로 오늘날 몽고족의 직계조상으로 추정되기도 하며, 이들은 후일 十六国時期에 前趙(汉, 서기 304년-서기 329년), 北涼(서기 397년-서기 439년), 夏(서기 407년-서기 432년) 등 지방정권을 세워 차츰 중국화 되어 갔다.

토착농경사회와 흉노와 같은 유목민족의 관계는 西汉(前汉) 10대 元帝 16년(기원전 33년) 汉나라의 유화정책에 의해 匈奴王 呼韓邪單于에게 政略結婚으로 시집가 그곳에서 죽어 內蒙古 자치구 호화호트(呼和浩特) 시에 묻혀있는 呼韓邪單于(기원전 58년-기원전 31년 재위)의 부인 王昭君(王嬙)의 묘가 이를 잘 입증해준다. 이 王昭君(王嬙)[22]에 대해서는 李白(서기 701년-서기 762년)의 "昭君拂玉鞍 上馬啼紅頰 今日汉宮人 明朝胡地妾"과 唐 則天武后(서기 624년 2월 17일-서기 705년 12월 16일)의 左史였던 東方虯의 昭君怨 "胡地無花草 春來不似春 自然依帶緩 非是爲腰身"(원래는 3수로 앞의 두 시는 다음과 같다. "汉道初全盛 朝廷足武臣 何須薄命妾 辛苦遠和親. 掩涕辭丹鳳 銜悲向白龙 單於浪驚喜 無複舊時容)"의 두 詩가 남아 있다.

경주 蘿井(사적 245호)은 발굴 결과 철기시대 전기의 유적으로, 수원 고색동, 파주 탄현 갈현리 등지의 粘土帶土器 유적에서 나오는 台脚에 굵은 豆形토기도 보이는 점토대토기문화가 바탕 되었음이 드러났다. 따라서 기원전 57년 신라가 건국했던 연대도 이들의 시기와 일치한다. 또 실제 그곳에는 朴赫居世의 신당(神堂), 또는 서술성모의 신궁이 팔각(八角)형태의 건물로 지어져 있었음으로 신라의 개국연대가 기원전 57년이라는 것도 믿을 수 있게 되었다. 그리고 秋史 金正喜의 海東碑攷에 나오는 신라 30대 文武王(서기 661년-서기 681년 재위)의 비문(서기 2009년 9월 4일, 金, 碑의 상부가 다시 발견됨)에 의하면 庆州 金氏는 匈奴의 후예이고 碑文에 보이는 星汉王은 흉노의 休屠王의 太子 祭天

---

22) 王昭君(기원전 52년-?)은 기원전 33년 西汉後期 握衍朐鞮單于의 아들 匈奴單于인 呼韓邪單于(기원전 58년-기원전 31년 재위)의 요구대로 시집을 와 기원전 31년 呼韓邪單于가 세상을 뜬 후 胡俗인 Levirate marriage(兄死娶嫂制)에 따라 呼韓邪寵妾大閼氏의 長子인 復株累若鞮單于에게 再嫁하게 된다.

之胤 秺侯(투후)金日磾[김일제, 기원전 135년-기원전 86/85년, 한 7대 武帝(기원전 141년-기원전 87년) 때 霍去病(기원전 140년-기원전 117년) 장군에 의해 현 武威에서 포로가 되었으며 후일 무제의 암살을 막은 공로로 秺侯라는 봉토를 하사 받았다]로부터 7대손이 된다. 그리고 13대 味鄒王[서기 262년-서기 284년, 金閼智(星汉王, 서기 65년-?, 金城 서쪽 始林/鷄林/사적 19호 黄金櫃에서 나옴)-勢汉-阿道-首留-郁甫-仇道-味鄒王,『三国史記』제2, 新羅本紀 제2]은 경주 김씨 김알지의 7대손으로 이야기된다. 따라서 경주 김씨의 出自는 匈奴-羯族-東胡-烏桓-鮮卑 등의 유목민족과 같은 복잡한 배경을 가진다. 휴도왕의 나라는 본래 중국 북서부 현 甘肅省 武威市(汉 武威郡 休屠県, 현 甘肅省 民勤県)로, 이는 新羅 積石木槨墳의 기원도 중국 辽宁省 朝陽에서 보이는 鮮卑族의 무덤·출토유물과 관련하여 생각해 볼 가능성이 열리게 되었다. 결국 신라의 적석목곽분은 초원의 스키타이인들이 쓰던 쿠르간 封土墳의 영향 하에 만들어졌을 가능성을 배제할 수 없게 되었다.

청동기문화의 발전과 함께 族長이 지배하는 계급사회(chiefdom society)가 출현하였다. 이들 중에서 강한 족장은 주변의 여러 족장사회를 통합하고 점차 권력을 강화하여 갔다. 기원전 3세기-기원전 2세기부터의 단순족장사회에서 좀 더 발달한 복합족장사회로 나아갔다. 마한이 그 예이다. 이는《三国志》魏志 弁辰條에 族長격인 渠帥(또는 長帥, 主帥라도 함)가 있으며 이는 격이나 규모에 따라 신지(臣智, 또는 秦支·踧支라고도 함), 검측(險側), 번예(樊濊), 살계(殺奚)와 읍차(邑借)로 불리어지고 있었음을 알 수 있다. 이는 정치 진화상 같은 시기의 沃沮의 三老, 東濊의 侯, 邑長, 三老, 挹婁의 大人, 肅愼의 君長과 같은 国邑이나 邑落을 다스리던 혈연을 기반으로 하는 계급사회의 行政의 우두머리인 族長(chief)에 해당된다.

우리나라에서 가장 먼저 나라로 발전하였다고 이야기되는 한 것은 고조선 중 단군조선이다. 고조선은 단군왕검(檀君王儉)에 의하여 건국되었다고 한다(기원전 2333년).[23] 단군왕검은 당시 지배자의 칭호였다. 그러나 고조선은 辽宁지방을 중심으로 성장하여, 점차 인접한 족장사회들을 통합하면서 한반도로까지 발전하였다고 보는데, 이와 같은 사실은 출토되는 비파형 동검의 분포로서 알 수 있다. 고조선의 세력 범위는 청동기시대를 특징 짓는 유물의 하나인 비파형 동검(고조선식 동검)이 나오는 지역과 거의 일치하고 있다. 이러한 내용은 신석기시대 말에서 청동기시대로 발전하는 시기에 계급의 분화와 함께 지배자가 등장하면서 새로운 사회질서가 성립되는 것을 잘 보여준다. "널리 인간을 이롭게 한다[弘益人間]"는 것도 새로운 질서의 성립을 의미하는 것이다. 이 시기에는 사람들이 구릉지대에 거주하면서 농경생활을 하고 있었다. 이때, 환웅부족은 태백산의 신시를 중심으로 세력을 이루었고, 이들은 하늘의 자손임을 내세워 자기 부족의 우월성을 과시하였다. 또, 풍백, 우사, 운사를 두어 바람, 비, 구름 등 농경에 관계되는 것을 주관하게 하였으며, 사유 재산의 성립과 계급의 분화에 따라 지배계급은 농사와 형벌 등의 사회생활을 주도 하였다. 선진적 환웅부족은 주위의 다른 부족을 통합하고 지배하여 갔다. 곰을 숭배하는 부족은 환웅부족과 연합하여 고조선을

---

23) 檀君朝鮮의 건국연대는 徐居正·崔溥의 《東国通鑑(外紀)》, 刘恕의 《資治通鑑外紀》, 安鼎福의 《東史綱目》과 李承休의 《帝王韻紀》 東国君王開国年代 前朝鮮紀(卷下)에서 기원전 2333년(戊辰年의 건국연대는 기원전 2313년이나 殷/商나라 武丁 8년 乙未年까지 단군이 다스리던 기간이 1,028년이 아닌 1,048년으로 본다면 20년이 올라간 기원전 2333년이 된다), 그리고 《三国遺事》에서 건국연대는 기원전 2311(唐高, 堯 즉위 후 50년 庚寅/丁巳年) 등 그 설도 다양하다. 이는 史記 五帝 本紀 주석에서 皇甫謐가 唐堯(帝堯)가 甲申年(기원전 2377년)에 태어나서 甲辰年에 즉위(기원전 2357년)했다고 하는 여러 설에서 기인되기도 한다.

형성하였으나, 호랑이를 숭배하는 부족은 연합에서 배제되었다. 단군은 제정일치의 지배자로 고조선의 성장과 더불어 주변의 부족을 통합하고 지배하기 위해 자신들의 조상을 하늘에 연결시켰다. 즉, 각 부족 고유의 신앙체계를 총괄하면서 주변 부족을 지배하고자 하였던 것이다. 고조선은 초기에는 요녕지방에 중심을 두었으나, 후에 와서 대동강 유역의 왕검성을 중심으로 독자적인 문화를 이룩하면서 발전하였다. 고조선은 연나라의 침입을 받아 한때 세력이 약해지기도 하였다. 그러나 기원전 3세기경에는 부왕(否王), 준왕(準王)과 같은 강력한 왕이 등장하여 왕위를 세습하였으며, 그 밑에 상(相), 대부(大夫), 장군(將軍) 등의 관직도 두었다. 또, 요하를 경계선으로 하여 중국의 연(燕)과 대립할 만큼 강성하였다. 4대 87년간은 존속했던 위만조선은 衛滿에서 이름이 전해지지 않는 아들을 거쳐 손자인 右渠에 이르는 혈연에 의한 세습왕권이었다. 汉 高祖 12년(기원전 195년) 燕王 盧綰이 汉나라에 叛하여 匈奴로 도망감에 따라 부하였던 衛滿과 우거 이외에 기록에 나타나는 裨王 長, 朝鮮相 路人, 相 韓陶(韓陰), 大臣 成己, 尼鷄相 參, 將軍 王唊, 歷谿卿, 濊君 南閭 등은 그러한 세습왕권을 유지하는 고위각료들이었던 것으로 생각되며 이들이 곧 전문화된 군사·행정집단인 것으로 보인다. 또한 朝鮮相 路人의 아들 最가 등장하는 것으로 보아 왕위와 마찬가지로 상류층에서도 지위세습이 존재했으며 그러한 상위계층에 대응하는 하나 이상의 하위 신분계층이 더 존재했을 가능성을 시사해주고 있다. 이러한 신분체계와 아울러 기록을 통해서 알 수 있는 위만조선의 사회구조에 관한 것은 내부의 부족 구성과 인구수 등이다. 위만조선의 인구규모는《汉書》와《后汉書》의 기록을 종합해 볼 때 약 50만에 이른 것으로 추정된다. 족장단계(chiefdom society)를 넘어서는 이러한 인구규모를 통제하기 위해서는 경제적 배경이나 영토, 이외에 법령과 치안을 담당할 군대도 필요하다.

《汉书》 지리지에는 한의 풍속이 영향을 미친 이후 80여 조에 달하는 法令이 제정되었다는 기록이 있고, 《后汉书》 東夷傳 濊條에도 역시 그와 유사한 기록이 있다. 그래서 한반도 최초의 고대국가는 위만조선(기원전 194년-기원전 108년)이다. 국가는 무력, 경제력과 이념(종교)이 바탕이 되며, 무력을 합법적으로 사용하고 중앙집권적이고 전문화된 정부조직을 갖고 있다. 세계에서 도시·문명·국가는 청동기시대에 나타나는데 우리나라의 경우 중국의 영향 하에 성립되는 이차적인 국가가 되며, 또 세계적인 추세에 비해 훨씬 늦은 철기시대 전기에 나타난다. 고인돌은 기원전 1500년에서부터 시작하여 경상남도, 전라남도와 제주도에서는 철기시대기 말까지 존속한 한국토착사회의 묘제로서 그 사회는 혈연을 기반으로 하는 계급사회인 족장사회로, 교역, 재분배 경제, 직업의 전문화, 조상숭배 등을 바탕으로 하고 있었다. 그리고 그 다음에 오는 고대국가의 기원은 앞으로 고고학적인 자료의 증가에 따라 단군조선에까지 더욱 더 소급될 수도 있으나, 문헌에 나타나는 사회조직, 직업적인 행정관료, 조직화된 군사력, 신분의 계층화, 행정중심지로서의 왕검성(평양 일대로 추정)의 존재, 왕권의 세습화, 전문적인 직업인의 존재 등의 기록으로 보아서 위만조선이 현재로는 한반도내 최초의 국가체제를 유지하고 있었던 것으로 보인다. 또한 국가형성에 중요한 역할을 차지하는 시장경제와 무역의 경우 위만조선 이전의 고조선에서도 교역이 있었으며, 변진과 마한, 왜, 예 등은 철을 중심으로 교역이 행해졌던 것으로 보여진다. 위만조선의 경우 한반도 북쪽의 지리적인 요충지에 자리 잡음으로 해서, 그 지리적인 이점을 최대한으로 이용한 '중심지무역'으로 이익을 얻고, 이것이 국가를 성립시키고 성장하는데 중요한 요인이 되었을 것이다. 위만은 입국할 때에 상투를 틀고 조선인의 옷을 입고 있었던 것으로 보아 연나라에서 살던 조선인으로 생각된다. 위만은 나라 이름 그대로 조선이라 하였고, 그의 정권에는 토착민 출신으로 높은 지위에 오른 자가 많았다. 따라서 위만의 고조선은 단군의 고조선을 계승한 것으로 볼 수 있다. 그리고 국가가 되기 위해서는 '무력의 합법적인 사용과 중앙 관료체제의 확립'이나 '전문화나 '전문화된 정부 체제를 지닌 사회'라는 조건을 갖추어야 하는데 위만조선의 경우 이에 해당한다고 하겠다. 따라서 위만조선은 중국의《史記》와《汉書》등의 기록에 의하면 우리나라에서 처음으로 확실한 국가의 체제를 갖추었다고 하겠다.

고고학·고대사 연구에서 스키타이와 그 문화전통을 잇는 匈奴에 대한 연구는 매우 미진했을 뿐 아니라 중국의 입장에서 바라본 흉노는 중국변방의 北狄이란 한 오랑캐로 편입시켜 소개되어 왔다. 그러나 이 匈奴는 중앙아시아, 시스바이칼(바이칼호 서쪽) 호 주변일대, 동부 몽고, 중국 동북지방의 일부 지역에 넓게 형성되었던 종족이며 후일 新疆維吾爾自治区를 거쳐 남부시베리아로 진입하여 당시 미누신스크 분지 일대에 펴져 있던 타가르(Tagar) 문화를 흡수. 통합하여 현 하카시인의 원 조상격인 타쉬트의(Tashityk) 문화를 만들었고, 그들 중 상당수는 다시 그 방향을 서쪽으로 잡아 진행하면서 스키타이 종족들이 점거했던 초원지대를 자신들의 무대로 바꾸어 놓은 강력한 몽고로이드계 유목제국을 형성한 대 정복민족이었다. 그들의 문화는 러시아에서 훈-사르마트(Hun-Sarmat)기라고 명명할 정도로 러시아 고고학, 특히 초원지대를 점령했던 종족을 중심으로 한 시대구분에서 한 시대를 장식하며 元과 현재의 蒙古人들도 그들의 직계후손으로 생각하고 있을 정도이다. 그들은 또한 시베리아와 극동의 초원지대뿐 아니라 후에 중국의 역사구도 속에서도 중국을 위협하는 변방제국으로서 중국고대사에서 빼 놓을 수 없는 政治體를 형성하였다. 흉노가 중부아시아에서 발흥하여 큰 무리는 서쪽으로 이동한 반면 한 집단은 동쪽으로 전진하면서 중국의《史

記》와《汉書》의 여러 문헌에서 그들에 대한 기록이 발견된다. 그중에서
도 강성했던 흉노시기의 유물은 춘추시대(기원전 771년-기원전 475년)
말기부터 汉代(기원전 206년-서기 220년)에 이르기까지 오랫동안 중국
의 여러 지역에서 발견되고 있다. 이들은 또 한국의 庆州 金氏의 조상
인 金日磾, 衛滿朝鮮(기원전 194년-기원전 108년)의 성립과도 밀접한
관련을 맺고 있다.

그 외에도 시대가 떨어지는 唐나라 때 우즈베키스탄(Uzbekistan)
사마르칸트(Samarkand)의 동쪽 펜지켄트(Pendzhikent, 1946년 러
시아인 Boris Marshak이 발굴, 서기 719년-서기 739년 아랍인의 침
공으로 멸망)의 조그만 도시국가에 중심을 둔 소그드인들은 그들의 습
관이 중국의《舊唐書》胡書에 기록으로 남아있을 정도로 카라반(隊商)
을 형성하여 중국의 수와 당나라 때 활발한 무역을 했었다. 당나라 때
에는 西安과 高昌에 정착을 하여 그들의 우두머리가 관리책임자인 薩
寶라는 직을 맡기도 하였다. 그들의 무역활동 흔적은 벨기 후이 성당
과 일본 正倉院/法隆寺의 비단(소그드의 씨실 비단 직조법과 사산 왕조
의 영향을 받은 문양), 그리고 甘肅省 敦煌 莫高窟 45호와 西安 北周의
安伽墓(陝西省考古研究所, 2004)와 史君墓(펜지켄트 근처 부하라와 키
쉬 출신으로 성을 '安', '康', '史', '石' 등으로 삼음)의 石槨 표면에 보이
는 벽화를 들 수 있다. 그들의 후손으로 여겨지는 安祿山의 亂(唐玄宗,
서기 755년-서기 763년)의 실패로 소그드인의 활동이 약화되었다. 그
들의 문화는 앞선 페르시아의 사산(Sassan, 서기 224년-서기 652년)
왕조 문화의 영향을 많이 받았다. 그리고 庆州 월성군 외동리 소재 新
羅 38대 元聖王의 掛陵(사적 26호, 서기 785년-서기 798년)의 石像(보
물 1427호), 41대 憲德王陵(서기 809년-서기 826년, 사적 29호), 42대
興德王陵(서기 826년-서기 836년, 사적 30호)의 무인석상과 경주 용

강동 고분(사적 328호) 출토 土俑도 실크로드를 따라 중국 隋(서기 581년–서기 618년)와 唐(서기 618년–서기 907년)나라 때의 胡商인 소그드(Sogd/Soghd)의 영향으로 생각된다.

그렇지만 흉노의 문화는 여러 가지 점에서 유라시아의 초기철기시대에 유행했던 스키타이의 문화와 비슷하다.

1) 遊牧과 騎馬를 바탕으로 하여 주변의 토착농경민족과 대립하고 있다. 이는 유목민족과 토착농경민족의 대립양상에서 살펴야 할 것이다.

2) 유목민족에서는 인류학에서 언급하는 고고학으로 본 문명과 국가의 정의[24]에 필요·충분한 조건인 '都市와 文字' '무력을 합법적으

---

[24] 고고학의 서술에 있어서 문화(culture)와 문명(civilization)의 구분은 필수적이다. 이를 토대로 국가(state), 도시(city)란 개념도 정의할 수 있다. 1960년대 이래 미국과 유럽에서 고고학연구의 주제로, "농업의 기원"과 마찬가지로 "문명의 발생"이 커다란 주류를 형성해 왔다. 최근에는 생태학적인 연구에 힘입어 그들의 발생은 독립적인 것보다 오히려 상호 보완적인 점에서 찾는 쪽으로 나아가고 있다. 고고학의 연구목적은 衣·食·住를 포함하는 생활양식의 복원, 문화과정과 문화사의 복원에 있다. 문화는 인간이 환경에 적응해서 나타난 결과인 모든 생활양식의 표현이며, 衣·食·住로 대표된다. 생태학적으로 문화란 인간이 환경에 적응해 살아남자고 하는 전략이라고도 할 수 있다. 반면에 문명의 정의는 故 張光直(Chang Kwang-Chih, 1931–2001) 교수의 이야기대로 "기념물이나 종교적 예술과 같은 고고학적 자료 즉 물질문화에서 특징적으로 대표되는 양식(style)이며 하나의 질(quality)"이라고 할 수 있다. 문명이란 사전적인 용어의 해석대로 인류역사상 문화발전의 한 단계이며 엄밀한 의미에서 도시와 문자의 사용을 필요·충분조건으로 삼고, 여기에 고고학상의 특징적인 문화인 공공건물(기념물), 시장, 장거리무역, 전쟁, 인구증가와 기술의 발전 같은 것에 근거를 두게 된다. 이들 상호작용에 의한 乘數효과(multiplier effect)가 都市, 文明과 國家를 형성하게 된다. 이들의 연구는 歐美학계에서 서기 1960년대 이후 신고고

로 사용하고 통치권을 행사할 수 있는 지배체제의 존재와 힘/무력

학(New Archaeology)에서 Leslie White와 Julian Steward의 新進化論(neo-evolutionary approach; a systems view of culture)과 체계이론(system theory)을 받아들임으로써 더욱 더 발전하게 된다. 이들 연구의 주제는 農耕의 起源과 文明의 發生으로 대표된다. 이들의 관점은 生態學的인 接近에서 나타난 自然全體觀(holistic view)으로 物理的環境(physical environment), 生物相(biota; fauna, flora)과 文化(culture)와의 相互 적응하는 생태체계(ecosystem)로 이루어진다. 즉 文化는 환경에 적응해 나타난 結果이다. 보편적인 문화에서 量的·質的으로 變化하는 다음 段階, 즉 都市와 文字가 나타나면 文明인 것이다. 여기에 武力을 合法的으로 使用하고 中央集權體制가 갖추어져 있거나, 힘/武力(power), 경제(economy)와 이념(ideology)이 함께 나타나면 国家段階의 出現을 이야기한다. 따라서 都市, 文明과 国家는 거의 동시에 나타난다고 본다.

Elman Service의 모델인 統合論(Integration theory)에서는 인류사회는 경제나 기술이 아닌 조직이나 구조에 기반을 두어 군집사회(band)-부족사회(tribe)-족장사회(chiefdom)-고대국가(ancient state)로 구분하고 있다. 그리고 기본자원에 대한 불평등한 접근에서 일어나는 갈등에 기반을 둔 Morton Fried의 갈등론(Conflict theory)의 도식인 평등사회(egalitarian society)-서열사회(ranked society)-계층사회(stratified society)-국가(state)라는 발전단계도 만들어진다. 서비스는 국가단계에 앞선 족장사회를 잉여생산에 기반을 둔 어느 정도 전문화된 세습지위들로 조직된 위계사회이며 재분배체계를 경제의 근간으로 한다고 규정한 바 있다. 족장사회에서는 부족사회 이래 계승된 전통적이며 정기적인 의식행위(calendric ritual, ritual ceremony, ritualism)가 중요한 역할을 하는데, 의식(ritualism)과 상징(symbolism)은 최근 후기/탈과정주의 고고학(post-processual archaeology)의 주요 주제이기도 하다.

국가단계 사회에 이르면 권력(power), 경제(economy)와 함께 종교형태를 띤 이념(ideology)이 발전하게 된다. Timothy Earle은 국가를 '무력을 합법적으로 사용하고 통치권을 행사할 수 있는 지배체제의 존재와 힘/무력(power)·경제(economy)와 이념(ideology, 또는 religion)을바탕으로 한 중앙집권화 되고 전문화된 정부제도'라 정의하였다. 한편 Kent Flannery는 법률, 도시, 직업의 분화, 징병제도, 세금징수, 왕권과 사회신분의 계층화를 국가를 특징짓는 요소들로 추가하였다. 국가에는 Jonathan Haas, Timothy Earle, Yale Ferguson과

(power)·경제(economy)와 이념(ideology, 또는 religion)을 바
탕으로 한 중앙집권화 되고 전문화된 정부제도'가 존재하지 않아
형태상으로 국가의 단계에 이르러도 행정중심지가 없고 또 문자
로 남겨진 기록이 없기 때문에 자체의 문화를 남의 나라의 기록에
의존할 뿐만 아니라 사회발전단계를 논하기에 애로점이 많다.

3) 막스 울(Max Uhle, 서기 1856년-서기 1944년)이 南美의 문화를
   '문화 특성이나 유물복합체에 의해 대표되는 공간적 지속(Spatial
   continuity represented by cultural traits and assemblages)'
   이란 Horizon(공간)개념을 원용하여, 초기 호라이죤(Early Ho-
   rizon, 차빈), 중기 호라이죤(Middle Horizon, 티아우아나코),
   말기 호라이죤(Late Horizon, 잉카, 서기 1438년-서기 1532
   년)으로 나누었다. 이와 마찬가지로 동물 문양, 무기와 마구, 금
   을 이용한 세밀한 금속공예, 쿠르간 봉토분 등으로 대표되는 스
   키타이 문화(Scythian culture)의 특징인 '예술양식의 분포와 문

같은 절충론(eclecticism)자들도 "경제·이념·무력의 중앙화, 그리고 새로운 영
역(new territorial bounds)과 정부의 공식적인 제도로 특징지어지는 정치진
화 발전상 뚜렷한 단계"가 있는 것으로 정의한다. 도시(city, urban)는 Clyde
Kluckhohn이 언급하듯이 약 5,000명 이상 주민, 문자와 기념비적인 종교중심
지 중 두 가지만 있어도 정의할 수 있다고 한다. 또 그들 사이에 있어 노동의 분
화, 복잡한 계급제도와 사회계층의 분화, 중앙집권화 된 정부구조, 기념비적인
건물의 존재, 그리고 문자가 없는 경우 부호화된 상징체계나 당시 풍미했던 미
술양식과 지역 간의 교역의 존재를 통해 찾아질 수 있다. 그리고 이를 유지해 나
가기 위해 사회신분의 계층화를 비롯해 조세와 징병제도, 법률의 제정과 아울러
혈연을 기반으로 하지 않는 왕의 존재와 왕권, 그의 집무소, 공공건물 등이 상징
적으로 부가된다. 따라서 도시, 국가와 문명은 상호 有機體的이고 補完的인 것
으로, 이것들은 따로 떼어내서 독립적으로 연구할 수 없는 불가분의 것이다(최
몽룡 2011, 인류문명발달사 개정 4판, pp.33-36).

화적 특질'에 바탕을 둔 새로운 編年案이 제시되어야 한다. 여기에 고분과 유물의 형식과 분포를 함께 제시하면 더욱 더 좋을 것이다. 그래서 예를 들어 만약 Early Horizon(스키타이), Middle Horizon(Ordos), Late Horizon(匈奴) 등과 같은 편년과 분포범위를 제시할 수 있다면 문화의 중심지와 변두리(marginal, belated, retarded)문화의 비교까지도 가능하다. 이러한 늦은 변두리의 문화단계는 중심지 출토유물과의 정확한 비교를 통해볼 수 있을 것이다. 이에는 스키타이-오르도스-흉노의 문화내용과 분포범위의 구체적인 제시가 필요할 것이다.

중국북방의 흉노문화만 가지고 언급해볼 때 한국문화가 이들로부터 많은 영향을 받았다는 고고학·고대사적 증거가 많이 나타나고 있다. 이들을 통해 멀리 유럽의 신석기시대의 즐문토기문화, 카스피 해 연안의 스키타이 문화, 오스트리아의 할슈타트 문화, 그리고 흉노와의 문화 교류를 통해 韓国文化起源의 多樣性을 다시 확인할 수 있다.

1) 러시아와 중국은 각기 서기 1990년 9월 30일과 1992년 8월 24일 국교를 수립해 학문의 교류와 자료를 수집상 어려운 점이 없어 자료의 빈곤으로 인한 문화교류를 논하지 못할 이유는 없을 것이다.
2) 이제는 자본주의, 중남미의 Stage-Horizon개념, 공산주의 유물사관의 이념적인 고고학적 틀을 벗어나 모두 공감하고 공통으로 이용할 수 있는 編年체계를 設定해야 한다. 북한에서는 원시사회(원시무리사회-모계씨족사회-부계씨족사회)-노예사회-봉건사회-공산사회의 순으로 하고 있다. 中國에서는 최근 구석기-신석기시대라는 용어도 병행하지만 기본적인 편년 안은 북한과 마

찬가지로 유물사관론에 입각하고 있다. 즉 북경 중국역사박물관 (현 中国国家博物館)에서는 Primitive Society(ca. 170만 년-4000년 전)-Slave Society(夏, 商, 西周, 春秋时代, 기원전 21세기-기원전 476년/475년)-Establishment of the United Multi-National State and the Development of Feudal Economy and Culture(秦, 汉, 기원전 221년-서기 220년)-Social and Economic Development in the South and Amalgamation of various Nationalities in the North(魏, 蜀, 汉, 吳, 西晉, 東晋, 16国, 南北朝, 서기 220년-서기 580년)-Development of a Unified Multi-National Country and the Ascendancy of Feudal Economy and Culture(隋, 唐과 5代10国, 서기 581년-서기 960년)-Co-existence of Political Powers of various Nationalities and their Unification; Later Period of the Feudal Society(北宋, 辽, 南宋, 金, 元, 西夏, 서기 916년-서기 1368년)-Consolidation of a Unified, Multi-National Country, Gradual decline of the Feudal System and Rudiment of Capitalism(明, 清, 서기 1368년-서기 1840년)으로 편년하고 있다.

3) 한국의 고고학과 관련된 문화적 총체를 世界文化史的 觀點에서 살펴보고 考古學을 古代史·人類學에 접목시켜 學際的으로 綜合化해야 한다. 특히 "進化論, 通時的인 史觀, 世界史속의 韓国과 日人학자들이 형성한 한국문화의 半島性, 停滯性, 他律性, 事大性에 바탕을 日帝植民史觀의 拂拭"에 초점을 두고 韓国考古學의 現住所를 世界文化사 속에서 座標를 올바로 설정해야 한다.

4) 이러한 관점에서 보면 한국문화 자체적으로 볼 때에도 韓国文化起源의 多樣性이 재삼 확인될 것이다.

◦ 참고문헌 ◦

강인욱

2012 匈奴遺蹟 출토 銘文자료에 대한 일고찰, 서울: 한국상고사학보 75
집, pp.189-219

국립중앙박물관

1991 스키타이 황금 -소련 국립에르미타주 박물관소장-, 서울: 조선일보사

2018 칸의 제국 몽골, 서울: 국립중앙박물관

국립경주문화재연구소

2008 돌에 새긴 유목민의 삶과 꿈, 경주: 국립경주문화재연구소

金貞培 외

1998 몽골의 암각화, 서울: 열화당

대한민국 국립중앙박물관·몽골 국립역사박물관·몽골과학아카데미 역사연구소

2001 몽골 투브 아이막 알탄볼락 솜 모린 톨고이 유적, 몽골 모린 톨고이
흉노 무덤, 한-몽 공동학술조사보고 제2책

대한민국 국립중앙박물관·몽골국립역사박물관·몽골과학아카데미 고고학연구소

2003 몽골 호드긴 톨고이 흉노 무덤, 한-몽 공동학술조사보고 제3책

사회과학원 역사연구소·고고학연구소

1979 조선전사 I, 평양: 과학백과사전

서울대학교박물관

2005 초원의 지배자, 서울: 서울대학교 박물관

2008 몽골, 초원에 핀 고대문화, 서울: 서울대학교박물관

장윤정

2012 古代 馬具로 본 東아시아사회, 서울: 학연

지·에프 주식회사

1996　징기스칸-대몽고전, 서울: 성인문화

최몽룡

1991　이식의 스키타이 문명, 재미있는 고고학 여행, 서울: 학연문화사, pp.166-170

1993　한국문화의 원류를 찾아서, 서울: 학연문화사

1994　스키타이인의 문화, 전망 11월호, pp.106-112

1995　한국문화 관련된 시베리아와 극동지역의 주요 문화에 대한 試考, 亞
　　　細亞 古文化: 石溪黃龙渾敎授定年紀念論叢, pp.335-344

1995　시베리아 고고학의 최근 성과 -우코크 지역의 발굴 참관기-, 광복 50
　　　주년 기념·우리의 뿌리를 찾아서, 알타이문명전, 서울: 국립중앙박물
　　　관, pp.10-13

1995　한국문화기원과 관련된 시베리아와 극동의 주요 유적들, 문화재연구
　　　소 해외 소재 우리역사 관련 문화유적의 현황과 보존(5월 24일), 해
　　　외문화유적 연구 학술회의발표논문집, pp.37-45

1997　주변지역 청동기문화와의 비교 -시베리아 및 극동지역- 한국사 3 청
　　　동기 문화와 철기문화, 서울: 국사편찬위원회, pp.287-296

1997　철기시대, 한국사 3 청동기문화와 철기문화, 서울: 국사편찬위원회,
　　　pp.325-342

2000　민족의 기원과 국가형성-시베리아 청동기·초기철기시대문화와 한
　　　국문화 의 기원-, 흙과 인류, 서울: 주류성, pp.32-46

2002　고고학으로 본 문화계통 -문화계통의 다원론적 입장-, 한국사 1 총
　　　설, 국사편찬위원회, pp.89-110

2005　한국고고학과 시베리아 -교류 15년을 결산하며-, 시베리아 고대문
　　　화 특별전, 초원의 지배자, 서울: 서울대학교 박물관, pp.98-99

2006　다원론의 입장에서 본 한국문화의 기원과 시베리아, 한·러 공동발굴
　　　특별전, 아무르·연해주의 신비, 대전: 국립문화재연구소, pp.137-154

2007 동북아시아적 관점에서 본 한국청동기·철기시대 연구의 신경향 -다원론적 입장에서 본 한국문화의 기원과 편년설정-, 환동해지역 선사시대 사회집단 형성과 문화 교류, 제35회 한국상고사학회 학술발표대회(11월 17일), pp.1-40

2010 韓国 文化起源의 多元性 -구석기시대에서 철기시대까지 동아시아의 諸 文 化·文明으로부터 傳播-, 동아시아의 문명 기원과 교류, 단국대학교 동양 학연구소, 제40회 동양학 국제학술대회, pp.1-45

2011 韓国 文化起源의 多元性 -구석기시대에서 철기시대까지 동아시아의 제문화·문명으로부터 전승, 동북아시아의 문명 기원과 교류, pp.21-88

2011 부여 송국리 유적의 새로운 편년, 최몽룡 편저, 21세기의 한국고고학 vol.IV. 서울: 주류성 pp.211-226

2011 인류문명발달사 -고고학으로 본 세계문화사(개정 4판)-, 서울: 주류성

2011 韓国 考古學 研究의 諸 問題, 서울: 주류성

2012 스키타이·匈奴와 한국고대문화 -한국 문화기원의 다양성- 국립중앙박물관·부경대학교 인문사회과학연구소, 흉노와 그 동쪽의 이웃들, pp.7-31

崔夢龙·李憲宗

1994 러시아의 고고학, 서울: 학연문화사

崔夢龙·李憲宗·姜仁旭

2003 시베리아의 선사고고학(공저), 서울: 주류성

D. 마이달·N. 츄르템저(김구산 역)

1991 몽고문화사, 서울: 동문선

E.V. 뻬레보드치꼬바저(정석배 역)

1999 스키타이 동물양식 -스키타이시대 유라시아의 예술-, 서울: 학연문화사

E.V. 노브고라도바저(정석배 역)

　1995　몽고의 선사시대, 서울: 학연문화사

다니엘 비탈리(김원욱 옮김)

　2007　켈트, 세계 10대 문명 시리즈(9권), 서울: 생각의 나무

D. Tseveendorj, N. Batbold, Ts. Amgalantugs

　2007　Mongolanthropus was discovered in Mongolia, Ulanbaatar:
　　　　Mongolian Academy of Sciences Institute of Archaeology

Gordon R. Willey and Philip Phillips

　1975　Method and Theory in American Archaeology, Chicago: The
　　　　University of Chicago Press

C. Melvin Aikens and Takayasu Higuchi

　1982　Prehistory of Japan, New York: Academic Press

Jettmar, Karl

　1967　Art of the Steppes, London: Methuen

Museum of Historic Treasures of Ukraine

　1992　Scythian Gold(スキタイ黄金美術展), Japan: Japan Broadcast-
　　　　ing Corporation, NHK Promotions Co., Ltd

Namio, Egami and Kato, Kyujo

　1991　The Tresures of Nomadic Tribses in South Russia, Japan: 朝日
　　　　新聞社

　1992　Scythian Gold Catalogue, Japan: NHK Promotions Co. Ltd

Rudenko Sergei Ivanovich

　1970　Frozen Tombs of Siberia -The Pazyryk Burial of Iron-Age Horse-
　　　　men, Berkeley and Los Angeles: University of California Press

Polsmak, Natalya

1994 Pastures of Heaven, Washington D.C.: National Geographic vol.
186, no 4, pp.28-36

N.V, 폴로스막(Polsmak, Natalya) · 강인욱 옮김

2016 알타이 초원의 기마인, 경희고대사 · 고고학 연구총서 1, 서울: 주류성

Surimirski, Tadeusz

1970 Prehistoric Russia, New York: John Baker/Humanities Press

Lothar von Falkenhausen 編

2003 奇異的凸目--西方學者看三星堆, 成都: 巴蜀書社

西江清高 編

2002 扶桑與若木：日本學者對三星堆文明的新認識, 成都: 巴蜀書社

內蒙古博物館

1987 內蒙古歷史文物 -內蒙古博物館建館三十周年紀念-, 北京: 人民美
術出版社

饒宗頤

2010 西南文化創世紀--殷代隴蜀部族地理與三星堆, 金沙文化, 上海:
上海古籍出 版社

林幹

1986 匈奴通史, 呼和呼特: 人民出版社

1988 匈奴史年表, 呼和呼特: 人民出版社

1989 東胡史, 呼和呼特: 人民出版社

田广金

1983 近年來內蒙古地区的匈奴考古 考古学報 1기

1976 桃紅巴拉的匈奴墓 考古学報 76-1기

1992 內蒙古石器时代 -靑銅时代考古發現和研究 內蒙古文物考古
92-1, 2기

烏恩

    1990　論匈奴考古研究中的幾個問題 考古學報 4기

田广金, 郭素新

    1980　西溝畔匈奴墓反映的諸問題 文物 7기

    1980　內蒙古阿魯柴登發現的匈奴遺物 4기

    1986　鄂爾多斯式靑銅器, 北京: 文物出版社

鍾侃 · 韓孔樂

    1983　宁下南部春秋戰国時期的靑銅文化, 第4次中国考古學會年會論
        文集

中国歷史博物館(中国国家博物館)

    1990　中国歷史博物館 图録, 北京: 中国歷史博物館

梅原末治

    1960　蒙古ノイン·ウラ發見の遺物, 東洋文庫論叢第27冊, 東京: 東洋文庫

江上波夫 · 水野淸一

    1935　內蒙古·長城地帶, 東京: 東亞考古學會

香山陽坪

    1963　砂漠と草原の遺寶, 東京: 角田書房

江上波夫

    1967　騎馬民族国家, 東京: 中央公論社

林巳奈夫編

    1976　汉代の文物, 京都: 京都大學 人文科學研究所

每日新聞社

    1974　天理參考守藏品により中国古代美術展, 東京: 京玉

東京·古代オリエント博物館

    1991　南ロシア騎馬民族遺寶展, 京都: 朝日新聞社